제2판

상법의 脈

변호사 공태용 편저

해커스

상법의 맥 머리말

상법의 맥은 변호사시험을 준비하는 수험생들이 상법에 대한 부담을 덜고 효율적으로 상법을 공부하는데 도움이 되고자 준비하였습니다. 변호사시험 상법 기출 쟁점과 판례를 세밀히 검토하여 변호사시험 상법의 제반 쟁점을 모두 담았습니다. 국가공무원 시험 상법의 경우에도 변호사시험에 출제되는 중요 쟁점들이 출제되고 있으므로, 국가공무원 시험을 준비하는 수험생들 또한 상법의 맥을 통하여 상법의 법리를 파악하고 효과적으로 시험에 대비할 수 있도록 하였습니다.

본서의 특징은 다음과 같습니다.

1. 상법의 쟁점을 망라하는 기본서

상법의 맥은 변호사시험 상법에 출제 가능한 제반 쟁점을 모두 망라하였습니다. 변호사시험에 이미 출제된 부분은 물론 향후 출제가 가능한 모든 쟁점을 다루었습니다. 아울러 교수님들의 교과서에서 다루어지고 있는 중요 쟁점 또한 반영하여 로스쿨 상법 과정의 교과서로도 활용할 수 있게 하였습니다. 교과서의 전체적인 체계는 최대한 상법의 규정 체계를 반영하였습니다. 다만 상법을 보다 논리적으로 파악하고 쉽게 이해하는데 도움이 되는 경우 전체적인 체계를 유지하는 범위에서 일부 위치를 조정하였습니다.

2. 중요 상법 조문의 표기

중요 상법 조문은 해당 쟁점의 의의 항목에 최대한 법률 원문대로 기재하면서 다만 조문에 어렵고 낯선 용어가 사용된 경우나 조문이 장문인 경우에는 이해하기 쉬운 표현으로 변경하고, 원문의 내용을 변경하지 않는 범위 내에서 최대한 간략히 기재하였습니다.

3. 학 설

학설을 보완하여 해당 쟁점과 관련된 학설을 통하여 해당 쟁점을 보다 구체적으로 이해할 수 있는 경우 학설의 내용과 학설 대립의 실익을 기재하였습니다. 이와 달리 견해 대립이 없거나 학설의 제목만으로 그 내용을 파악할 수 있는 경우에는 학설의 제목 위주로 기재하였습니다.

4. 판 례

대법원 2025. 2. 28. 선고 중요판결까지 변호사시험 상법에 출제 가능한 상법 판례를 모두 반영하여, 상법의 맥에 담긴 내용만으로 변호사시험 상법 판례를 완벽하게 정리할 수 있도록 하였습니다.

판례의 내용은 쟁점 중심으로 정리하되 최대한 구체적으로 판례를 기재하였습니다. 이를 통해서 수험생들이 별도로 판례 원문을 검색하지 않더라도 판례의 구체적인 내용을 파악할 수 있도록 하였습니다. 이와 동시에 결론만 파악해도 충분한 판례의 경우 결론을 요약하여 본문에 기재하였습니다. 판례의 결론뿐만 아니라 구체적인 판결이유까지 파악하여야 하는 판례는 출제 가능한 내용을 중심으로 판결이유를 함께 기재하였습니다. 아울러 사례형으로 출제 가능한 판례 및 사실관계를 통하여 판례의 쟁점을 보다 명확하게 이해할 수 있는 경우에는 판례의 사실관계를 해당 판례 항목 하단에 정리하여 기재하였습니다. 회사법은 물론 보험법과 어음수표법의 경우에도 판례의 사실관계를 통해 법리를 보다 쉽게 이해할 수 있기에 다소 분량이 늘어나더라도 최대한 구체적으로 사실관계를 기재하였습니다.

5. 기출 표기 및 사례기출의 요약

2025년 변호사시험까지의 변호사시험 기출 문제와 2024년 10월 법전협 모의고사까지의 법전협 문제를 분석하여 관련 쟁점마다 파란색으로 선택형과 사례형 기출연도를 표기하였습니다. 이를 통해 수험생들이 변호사시험의 출제 경향을 파악하고, 각 쟁점별 출제가능성과 중요도에 맞추어 효율적으로 변호사시험에 대비할 수 있도록 하였습니다.

사례형의 경우 해당 쟁점과 관련된 기출사례 지문을 별도의 페이지를 할애하여 기재하고 해당 사례 문제에 대한 쟁점과 결론을 기재하여 수험생들이 사례형의 출제 쟁점과 경향을 파악하여 사례형에 효과적으로 대비할 수 있도록 하였습니다.

아무쪼록 상법의 맥을 통하여 수험생들이 변호사시험 상법을 보다 효과적으로 준비하여 모두가 소원하는 결과를 얻을 수 있기 바랍니다. 앞으로도 본서가 수험생들에게 더욱 도움이 되도록 부족한 부분들을 꾸준히 보완해 나가도록 하겠습니다. 본서에 관한 의문이나 질문이 있으신 분은 namualw@gmail.com으로 의견을 보내주시기 바랍니다.

2025년 3월

편저자 공 태 용

차 례

제1편 총칙

제1장 상법의 법원 ········ 3

Ⅰ. 상법과 민법 / 3
Ⅱ. 정관 등 상사자치법규 / 3
Ⅲ. 상관습법 / 3

제2장 상인 ········ 5

Ⅰ. 당연상인과 의제상인 / 5
Ⅱ. 법인의 상인자격 / 8
Ⅲ. 자연인의 상인자격 취득시점 / 9
Ⅳ. 미성년자의 영업능력과 소상인 / 11

제3장 상업사용인 ········ 13

Ⅰ. 상업사용인의 의의 / 13
Ⅱ. 지배인 / 13
Ⅲ. 기타 상업사용인 / 18
Ⅳ. 상업사용인의 경업금지 및 겸직금지의무 / 20

제4장 상호 ········ 22

Ⅰ. 상호의 의의 및 선정 / 22
Ⅱ. 상호등기 / 22
Ⅲ. 상호권 / 23
Ⅳ. 명의대여자의 책임 / 28

제5장 상업장부 ········ 33

제6장 상업등기 ········ 34

Ⅰ. 상업등기의 의의 / 34
Ⅱ. 상업등기의 효력 / 34
Ⅲ. 부실등기(제39조) / 36

제7장 영업양도 ········ 39

Ⅰ. 영업양도의 의의 / 39
Ⅱ. 영업양도인의 경업금지의무 / 41
Ⅲ. 영업양수인의 책임 / 42
Ⅳ. 영업상 채무자의 보호 / 46

제2편 상행위

제1장 상행위 총칙 ········ 53

Ⅰ. 상행위의 분류 / 53
Ⅱ. 민법 총칙에 대한 특칙 / 54
Ⅲ. 민법 물권에 대한 특칙 / 60
Ⅳ. 민법 채권에 대한 특칙 / 63
Ⅴ. 상사매매 / 67
Ⅵ. 상호계산 / 73
Ⅶ. 익명조합 / 75
Ⅷ. 합자조합 / 78

차 례

제2장 상행위 각칙 ········ 80

Ⅰ. 대리상 /80
Ⅱ. 중개업 / 82
Ⅲ. 위탁매매업 / 84
Ⅳ. 운송주선업 / 88
Ⅴ. 운송업 / 90
Ⅵ. 공중접객업 / 99
Ⅶ. 창고업 / 100
Ⅷ. 금융리스업 / 103
Ⅸ. 가맹업 / 105
Ⅹ. 채권매입업 / 106

제3편 회사법

제1장 총칙 ········ 109

Ⅰ. 회사의 능력 / 109
Ⅱ. 회사의 종류 / 115
Ⅲ. 회사의 조직변경과 해산 등 / 118

제2장 주식회사 ········ 123

제1관 주식회사의 설립 ········ 123

Ⅰ. 발기인 및 정관 / 123
Ⅱ. 변태설립사항 / 124
Ⅲ. 인수와 납입 및 설립경과의 조사 등 / 128
Ⅳ. 설립등기 / 132
Ⅴ. 가장납입 / 133
Ⅵ. 설립 중의 회사 / 137
Ⅶ. 발기인 등의 책임 / 138
Ⅷ. 회사 설립의 무효 / 141

제2관 주식과 주권 ········ 142

Ⅰ. 주식과 주주 / 142
Ⅱ. 종류주식 / 151
Ⅲ. 주식담보 / 156
Ⅳ. 주식의 병합, 분할, 소각, 자본감소 / 159
Ⅴ. 주권 / 164

제3관 주식의 양도 제한, 주식의 취득, 명의개서 ········ 169

Ⅰ. 주식의 양도 제한 / 169
Ⅱ. 주식의 취득과 제한 / 178
Ⅲ. 주주명부와 명의개서 / 190

제4관 주주총회 ········ 199

Ⅰ. 주주총회의 권한 / 199
Ⅱ. 주주총회의 소집 / 200
Ⅲ. 주주총회의 의제, 의안 및 주주제안권 / 204
Ⅳ. 주주총회 의장 / 208
Ⅴ. 주주의 의결권 / 208
Ⅵ. 주주총회의 결의 / 217
Ⅶ. 주주총회결의의 하자 / 227

제5관 이사, 이사회, 대표이사 ········ 241

Ⅰ. 이사의 지위, 정원 및 자격 / 241
Ⅱ. 이사의 선임, 임기 및 종임 / 242
Ⅲ. 이사의 해임, 결원, 이사직무집행정지 및 이사직무대행자선임가처분 / 246
Ⅳ. 이사의 보수 / 252
Ⅴ. 이사회 / 259
Ⅵ. 대표이사 / 266
Ⅶ. 이사의 의무 / 288
Ⅷ. 이사의 책임 / 306
Ⅸ. 소수주주권 / 317

제6관 감사, 감사위원회 ········ 332

Ⅰ. 감사 / 332
Ⅱ. 감사위원회 / 338

제7관 상장회사 특례 ········ 341

제8관 신주발행 348
Ⅰ. 주주의 신주인수권 / 348
Ⅱ. 신주의 발행 / 354
Ⅲ. 신주발행 하자 관련 구제수단 / 357
제9관 사 채 370
Ⅰ. 사채의 발행과 유통 / 370
Ⅱ. 특수한 사채 / 372
Ⅲ. 사채관리회사와 사채권자집회 / 380
제10관 회사의 회계 384
Ⅰ. 재무제표 등 / 384
Ⅱ. 준비금 / 385
Ⅲ. 이익배당 / 387
제11관 회사의 구조조정 398
Ⅰ. 합병 / 398
Ⅱ. 주식의 포괄적 교환과 이전 / 409
Ⅲ. 회사분할 / 416

제3장 주식회사 이외의 회사 426

제1관 합명회사 426
Ⅰ. 의의 / 426
Ⅱ. 설립 / 426
Ⅲ. 지분 / 427
Ⅳ. 내부관계 / 428
Ⅴ. 외부관계 / 431
제2관 합자회사 434
Ⅰ. 의의와 설립 / 434
Ⅱ. 내부관계 / 434
Ⅲ. 외부관계 / 436
제3관 유한책임회사 438
Ⅰ. 의의 / 438
Ⅱ. 설립 / 438
Ⅲ. 내부관계 / 439
Ⅳ. 외부관계 / 441
제4관 유한회사 442
Ⅰ. 유한회사의 개요 / 442
Ⅱ. 설립 / 442
Ⅲ. 지분의 양도와 입질 / 443
Ⅳ. 사원의 권리와 의무 / 444
Ⅴ. 기관 / 445
Ⅵ. 유한회사의 재무 / 447
Ⅶ. 합병 / 448

제4편 보험법

제1장 보험과 보험법 451

Ⅰ. 보험계약의 의의 및 개념요소 / 451
Ⅱ. 보험에 적용되는 원칙 / 451
Ⅲ. 보험의 종류 / 452
Ⅳ. 보험약관 / 453
Ⅴ. 보험계약 관련자 / 453
Ⅵ. 보험계약 관련 용어 / 456

제2장 보험계약 460

제1관 보험계약의 체결 460
Ⅰ. 보험자의 낙부통지의무 및 승낙 전 보험사고 / 460
Ⅱ. 보험약관 교부 · 설명의무 / 460
Ⅲ. 고지의무 / 465

제2관 보험계약자의 의무 ······ 470
Ⅰ. 보험료지급의무 / 470
Ⅱ. 위험변경 · 증가의 통지의무 / 472
Ⅲ. 위험유지의무 / 473
Ⅳ. 보험사고 발생 통지의무 / 473
제3관 보험자의 의무 ······ 474
Ⅰ. 보험증권 교부의무 / 474
Ⅱ. 보험금 지급의무 / 474
Ⅲ. 보험료 반환의무 / 477
제4관 타인을 위한 보험계약 ······ 478
Ⅰ. 의의 / 478
Ⅱ. 타인을 위한다는 합의 / 479
Ⅲ. 피보험자 또는 보험수익자의 권리의무 / 479
Ⅳ. 보험계약자의 권리의무 / 480

제3장 손해보험 ······ 481
제1관 의의 ······ 481
Ⅰ. 이득금지의 원칙 / 481
Ⅱ. 피보험이익 / 481
Ⅲ. 보험가액과 보험금액 / 482
Ⅳ. 초과보험 / 483
Ⅴ. 중복보험 / 483
Ⅵ. 일부보험 / 485
Ⅶ. 사고발생 후의 목적 멸실과 보상책임 / 485
Ⅷ. 손해액의 산정 기준 / 485
Ⅸ. 보험목적의 양도 / 486
Ⅹ. 보험계약자와 피보험자의 손해방지 · 경감의무 / 487
제2관 보험자대위 ······ 490
Ⅰ. 의의 / 490
Ⅱ. 보험목적에 관한 보험대위 - 잔존물대위 / 490
Ⅲ. 제3자에 대한 보험대위 - 청구권대위 / 490
제3관 각종 손해보험 ······ 498
Ⅰ. 화재보험 / 498
Ⅱ. 운송보험 / 498
Ⅲ. 해상보험 / 499
Ⅳ. 자동차보험 / 501
Ⅴ. 보증보험 / 501
제4관 책임보험 ······ 503
Ⅰ. 의의 / 503
Ⅱ. 책임보험계약의 효과 / 504
Ⅲ. 제3자의 직접청구권 / 506
Ⅳ. 재보험 / 509

제4장 인보험 ······ 510
제1관 의의 ······ 510
Ⅰ. 인보험의 개념 / 510
Ⅱ. 인보험의 특성 / 510
제2관 생명보험 ······ 511
Ⅰ. 의의 / 511
Ⅱ. 타인을 위한 생명보험과 보험수익자의 지정 · 변경 / 511
Ⅲ. 타인의 생명보험 / 512
Ⅳ. 면책사유 / 514
Ⅴ. 단체보험 / 515
제3관 상해보험 및 질병보험 ······ 516
Ⅰ. 상해보험 / 516
Ⅱ. 질병보험 / 517

제5편 어음법 및 수표법

제1장 어음법 총칙 ····· 521

제1관 어음의 의의 ····· 521

Ⅰ. 환어음 / 521
Ⅱ. 약속어음 / 521
Ⅲ. 어음의 유가증권으로서의 특성 / 521

제2관 어음행위 ····· 523

Ⅰ. 어음행위의 의의 / 523
Ⅱ. 어음행위의 특성 / 524
Ⅲ. 어음행위의 형식적 요건 / 526
Ⅳ. 어음행위의 실질적 요건 / 528
Ⅴ. 어음행위의 대리 / 530
Ⅵ. 어음의 위조 / 536
Ⅶ. 어음의 변조 / 542

제3관 어음의 실질관계 ····· 545

Ⅰ. 의의 / 545
Ⅱ. 원인관계 / 545
Ⅲ. 자금관계 / 551
Ⅳ. 어음할인 / 551

제4관 어음항변 ····· 553

Ⅰ. 의의 / 553
Ⅱ. 물적 항변 / 553
Ⅲ. 어음법 제17조의 인적 항변 / 553
Ⅳ. 어음법 제17조 이외의 항변 / 558
Ⅴ. 특수한 항변 / 559
Ⅵ. 제3자의 항변 / 562

제2장 어음상 권리의무의 발생 ····· 564

제1관 어음의 발행 ····· 564

Ⅰ. 발행의 의의 / 564
Ⅱ. 필수적 기재사항 / 565
Ⅲ. 유익적 기재사항 및 유해적 기재사항 / 571
Ⅳ. 복본과 등본 / 573

제2관 백지어음 ····· 575

Ⅰ. 의의 / 575
Ⅱ. 요건 / 575
Ⅲ. 백지어음의 권리행사 / 576
Ⅳ. 백지보충권 / 578

제3관 환어음의 인수 ····· 583

Ⅰ. 인수의 의의 / 583
Ⅱ. 인수제시 / 583
Ⅲ. 인수의 방식 / 586
Ⅳ. 인수 및 인수거절의 효력 / 588
Ⅴ. 수표 지급보증과의 구별 / 589

제4관 어음보증 ····· 587

Ⅰ. 의의 / 590
Ⅱ. 어음보증의 방식 / 591
Ⅲ. 어음보증의 효력 / 592

제3장 어음상 권리의 이전 ····· 595

Ⅰ. 어음상 권리의 이전방법 / 595
Ⅱ. 배서의 의의 / 596
Ⅲ. 배서의 방식 / 598
Ⅳ. 배서의 효력 / 599
Ⅴ. 배서의 연속 / 602
Ⅵ. 특수한 배서 / 607
Ⅶ. 어음상 권리의 선의취득 / 617

차 례

제4장 어음상 권리의 행사 ························ 621

제1관 지급제시 및 지급 ························ 621

Ⅰ. 지급제시 / 621
Ⅱ. 지급 / 623

제2관 상환청구 ························ 628

Ⅰ. 의의 / 628
Ⅱ. 상환청구의 당사자 / 628
Ⅲ. 만기 후 상환청구의 요건 / 629
Ⅳ. 만기 전 상환청구의 요건 / 630
Ⅴ. 상환청구의 절차 / 631
Ⅵ. 재상환청구 / 632

제5장 어음 말소, 훼손, 상실, 어음권리소멸 ························ 634

Ⅰ. 어음의 말소, 훼손 / 634
Ⅱ. 어음의 상실, 공시최고, 제권판결 / 634
Ⅲ. 어음상 권리의 소멸 / 636
Ⅳ. 이득상환청구권 / 638

제6장 수 표 ························ 642

Ⅰ. 수표의 의의 / 642
Ⅱ. 수표의 발행 / 642
Ⅲ. 수표상 권리의 양도 / 645
Ⅳ. 수표의 지급 / 646
Ⅴ. 특수한 수표 / 647
Ⅵ. 수표 소멸시효 / 649

제 1 편

총칙

- 제1장 상법의 법원
- 제2장 상인
- 제3장 상업사용인
- 제4장 상호
- 제5장 상업장부
- 제6장 상업등기
- 제7장 영업양도

제1장 상법의 법원

Ⅰ. 상법과 민법

상사에 관하여 본법에 규정이 없으면 상관습법에 의하고 상관습법이 없으면 민법의 규정에 의한다는 상법 제1조는 민법이 상사에 적용된다는 것과 적용순위를 규정한 것일 뿐 민법을 상법의 법원으로 규정한 것은 아니다. 민법은 법률행위 일반에 대하여 규정하고 있을 뿐 상거래에 관한 내용을 직접적으로 규정하고 있지 않으므로 상법의 법원에 해당하지 않는다.

Ⅱ. 정관 등 상사자치법규

상사자치법규는 회사의 정관과 같이 기업의 조직이나 활동에 관한 규칙을 의미한다. 상거래의 경우에도 사적자치의 원칙에 따라 강행규정이 아닌 한 회사 정관이 상법에 우선하여 적용된다.

정관과 같은 자치규약이 상법의 법원인지에 관하여 견해는 나뉘고 있으나, 다수의 견해는 정관은 강행규정에 위배되지 않는 한 사원에게 적용된다는 점에서 법원에 해당한다고 보고 있다.

대법원은 "**사단법인의 정관**은 정관 작성 후에 가입한 사원 등도 구속하므로 그 법적 성질은 계약이 아니라 **자치법규**이므로, 정관의 해석은 객관적인 기준에 따른 법규해석의 방법으로 해석되어야 하고 해석 당시의 사원의 다수결에 의한 방법으로 자의적으로 해석될 수는 없다."고 판시하여(대판 2000.11.24. 99다12437) 정관의 법원성을 인정하고 있다.

Ⅲ. 상관습법

1. 의의

상관습법은 관습의 형태로 존재하는 상사에 관한 규칙을 의미한다.

2. 상관습을 인정한 판례

① 은행의 신용장개설에 따라 이루어진 격지 간의 상품매매에 따른 상품운송에 있어서 선하증권상 수하인으로 되어 있어 장래 그 선하증권의 취득이 확실시되는 신용장개설은행의 보증하에 그 명의의 화물선취보증장과 상환으로 선하증권과 상환함이 없이 그 선하증권상에 통지처로 되어 있는 실수요자에게 운송물을 인도하는 형태의 이른바 '보증도'는 국제해운업계에서 일반적으로 행하여지는 세계적인 상관습이다.(대판 1991.12.10. 91다14123)

[기타 판시사항] "이러한 '보증도'의 상관습은 운송인 또는 선박대리점의 정당한 선하증권 소지인에 대한 책임을 면제함을 직접 목적으로 하는 것이 아니고 오히려 '보증도'로 인하여 정당한 선하증권 소지인이 손해를 입게 되는 경우 해상운송인 또는 선박대리점 등이 그 손해를 배상하는 것을 전제로 하고 있는 것으로서, 운송인 또는 운송취급인은 진정한 선하증권 소지인이 아닌 자에게 운송물을 인도하게 되면 선하증권 소지인의 운송물에 대한 권리를 침해하는 결과가 발생될 수 있음을 인식하고 있었다고 보아야 할 것이고 만약 그 결과의 발생을 인식하지 못하였다면 그와 같이 인식하지 못하게 된 점에 대하여 운송인 또는 운송취급인으로서의 주의의무를 현저히 결여한 중대한 과실이 있다고 볼 것이다."고 판시하여 보증도로 인하여 운송인 또는 운송취급인의 주의의무가 경감되지 않는다.

② 재보험관계에서 재보험자가 원보험자에게 재보험금을 지급하면 원보험자가 취득한 제3자에 대한 권리는 지급한 재보험금의 한도에서 다시 재보험자에게 이전된다. 그리고 재보험자가 보험자대위에 의하여 취득한 제3자에 대한 권리의 행사는 재보험자가 이를 직접 하지 아니하고 원보험자가 재보험자의 수탁자의 지위에서 자기 명의로 권리를 행사하여 그로써 회수한 금액을 재보험자에게 재보험금의 비율에 따라 교부하는 방식에 의하여 이루어지는 것이 상관습이다.(대판 2015.6.11. 2012다10386)

③ 피고와 태백정밀은 제일엔지니어링으로부터 이 사건 조립식 접속함 제작과 관련하여 지정된 하청업체들로서 제일엔지니어링의 필요한 지시에 따라야 할 위치에 있었을 뿐만 아니라, 위 제일엔지니어링이 시작품 제작에 관여하게 된 경위 등에 관하여 잘 알고 있었거나 알 수 있었던 상태에 있었다고 추정함이 상당하므로 적어도 위 제일엔지니어링이 비밀유지의무를 지고 있음을 잘 알고 있었다고 보이고, 피고나 태백정밀 또한 위 제일엔지니어링이나 피고에 대하여 상관습상 이러한 비밀유지의무를 부담한다.(대판 2005.2.18. 2003후2218)

3. 상관습을 부인한 판례

① 상법이 감사를 상임 감사와 비상임 감사로 구별하여 비상임 감사는 상임 감사에 비해 그 직무와 책임이 감경되는 것으로 규정하고 있지도 않을 뿐 아니라, 우리나라의 회사들이 비상임 감사를 두어 비상임 감사는 상임 감사의 유고시에만 감사의 직무를 수행하도록 하고 있다는 상관습의 존재도 인정할 수 없으므로, 비상임 감사는 감사로서의 선관주의의무 위반에 따른 책임을 지지 않는다는 주장은 허용될 수 없다.(대판 2007.12.13. 2007다60080)

② 수표분실계가 제출되면 지급은행은 수표금을 지급하지 아니하는 상관습은 존재하지 아니한다.(대판 1959.9.10. 4291민상835)

③ '조합원 상호 간에서는 현실적으로 참여하지 않은 공사 부분에 대하여는 공사대금의 분배청구권이 없는 것은 당연한 것'이라는 주장과 같은 '조합계약에 출자의무의 이행과 이익분배를 직접 연계'시키는 내용의 상관습이 있었다고 볼 수 없다.(대판 2006.8.25. 2005다16959)

제2장 상인

Ⅰ. 당연상인과 의제상인

1. 당연상인

(1) 의의

1) 권리의무의 귀속주체

자기명의로 상행위를 하는 자를 상인이라 한다(제4조). 이 때 자기명의란 자신이 권리의무의 귀속주체가 된다는 의미이다. 자신이 권리의무의 귀속주체이면 되고, 자기의 계산으로 상행위를 해야 하는 것은 아니다. 즉 타인이 손해와 이익의 귀속주체가 되는 경우에도 자신이 권리의무의 귀속주체가 되어 상행위를 하는 경우 상인에 해당한다.

2) 실제 영업상 주체

행정관청에 대한 인·허가 명의나 국세청에 신고한 사업자등록상의 명의와 실제 영업상의 주체가 다를 경우 실제 영업상의 주체가 상인이 된다.(대판 2008.12.11. 2007다66590)(변호 14, 모의 20, 23)[**모의 22**]

(2) 기본적 상행위

상법 제46조 각 호에 규정된 행위를 영업으로 하는 경우 상행위에 해당한다(제46조 본문). 그러나 오로지 임금을 받을 목적으로 물건을 제조하거나 노무에 종사하는 자의 행위는 그러하지 아니하다(제46조 단서).

상법 제46조 각 호에 규정된 행위는 매매(제1호), 임대차(제2호), 제조, 가공, 수선(제3호), 도급의 인수(제5호), 수신·여신 기타의 금융거래(제8호), 공중이 이용하는 시설에 의한 거래(제9호, 공중접객업), 상행위 대리의 인수(제10호, 대리상), 중개에 관한 행위(제11호, 중개상), 위탁매매 기타의 주선에 관한 행위(제12호, 위탁매매, 운송주선), 운송의 인수(제13호, 운송인), 임치의 인수(제14호, 창고업), 보험(제17호), 광물 또는 토석의 채취에 관한 행위(제18호), 기계, 시설, 그 밖의 재산의 금융리스에 관한 행위(제19호, 금융리스업), 상호·상표 등의 사용 허락에 의한 영업에 관한 행위(제20호, 가맹업), 신용카드, 전자화폐 등을 이용한 지급결제 업무의 인수(제22호) 등을 포함한다.

(3) 원시생산업자 판매 행위의 상행위 여부

1) 의의

상법은 광물 또는 토석의 채취에 관한 행위를 상행위로 규정하면서(제46조 제18호) 원시생산업자가 재배한 과일 등을 판매하는 행위가 상행위에 해당하는지는 규정하고 있지 않다. 그 결과 원시생산업자가 재배한 과일 등을 판매하는 행위가 제46조 제1호에 규정된 '매매'에 해당하는지 문제된다.

2) 학설

학설은 ① 제46조 제1호에 규정된 매매는 매도 또는 매수를 의미하며, 매도의 경우 매수와 내적 연관성을 가지고 있어야 하고 내면적 연관성이란 매수한 물건을 매도하는 경우와 같이 직접적 관련성은 아니더라도 매도는 매수가 어느 정도 전제가 되는 경우를 말한다고 보는 견해(원시생산업자의 매도행위의 경우 매수 행위가 존재하지 않으므로 매매에 해당하지 않는다고 본다)와 ② 원시생산업자의 매도 행위가 영업성을 갖추었으면 매매에 해당한다고 보는 견해가 존재한다.

3) 판례

자기가 재배한 농산물을 매도하는 행위도 이를 영업으로 할 경우에는 상행위에 해당한다고 볼 수 있겠으나, 약 5,000평의 사과나무 과수원을 경영하면서 그중 약 2,000평 부분의 사과나무에서 사과를 수확하여 이를 대부분 대도시의 사과판매상에 위탁 판매하는 경우 영업으로 사과를 판매하는 것으로 볼 수 없으므로 상인이 아니다.(대판 1993.6.11. 93다7174,7181)

[사실관계] 피고는 약 5,000평의 사과나무 과수원을 경영하면서 그 중 약 2,000평의 사과나무에서 수확한 사과를 사과판매상에 위탁판매 하여 왔다. 원고는 피고로부터 21~22㎏ 사과 1,300상자를 매수한 후 이를 15kg들이 1,650상자로 다시 포장하였는데 그 가운데 537상자의 사과에 과심이 썩은 하자를 발견하고 6개월 내에 피고에게 하자를 통지하고 손해배상을 청구하였다.

[판시사항] ① 상인 간의 매매는 매도인과 매수인이 모두 상인이어야 하는데 매도인인 피고가 상인이 아니므로 상사매매에 적용되는 매수인의 목적물 검사통지의무가 적용되지 않는다. ② 피고를 상인으로 보더라도 사과의 속심이 썩은 하자는 즉시 발견할 수 없는 하자에 해당하고 매수인인 원고가 6개월 이내에 하자통지를 하였으므로 원고의 손해배상청구는 인정된다.

2. 의제상인

(1) 의의

의제상인은 자기 명의로 점포 기타 유사한 설비에 의하여 상인적 방법으로 기본적 상행위 이외의 행위를 영업으로 하는 자를 말한다(제5조 제1항). 상법은 의제상인으로 설비상인과 민사회사를 규정하고 있다. 상행위에 관한 상법의 규정은 의제상인에 대해서도 준용된다(제66조).(변호 14)

(2) 설비상인

1) 의의

점포 기타 유사한 설비에 의하여 상인적 방법으로 영업을 하는 자는 상행위를 하지 아니하더라도 상인으로 본다(제5조 제1항).(변호 14, 모의 24)

2) 점포 기타 유사한 설비

'점포 기타 유사한 설비'란 사회통념상 상인적 설비에 해당하는 것을 의미하는데, 물적 설비(영업소, 상호, 상업장부 등)와 인적 설비(상업사용인)를 포함한다.

3) 상인적 방법

'상인적 방법'이란 당연상인의 일반적인 영업방법과 동일한 방법을 말한다.

4) 관련 판례

계주가 낙찰계 운영 수입으로 가계를 꾸려 왔다 할지라도 계주가 상인적 방법에 의한 영업으로 계를 운영한 것이 아니라면 계주를 의제상인이나 대금, 환금 기타 금융거래를 영업으로 운영한 것으로 볼 수 없으므로 계불입금채권을 5년의 소멸시효가 적용되는 상사채권으로 볼 수 없다.(대판 1993.9.10. 93다21705)

[사실관계] 계주로부터 계금을 수령한 계원은 자신이 납부해야 하는 금액을 분할하여 계주에게 지급하게 되는데, 여러 개의 계를 운영하면서 이로부터 발생하는 수입으로 생활하던 계주인 甲이 계불입금을 연체하고 있던 乙에게 계불입금의 지급을 청구하자 乙은 계불입금채권이 상사채권으로 상사소멸시효가 적용된다고 항변한 사안.

[기타 판시사항] 계불입금채권은 민법상 3년의 단기소멸시효가 적용되는 정기금채권에 해당하지 않고, 계주가 상인적 방법에 의한 영업으로 계를 운영한 것이 아니라면 계불입금채권은 상사채권에 해당하지 않는다.

(3) 전문직의 상인 여부

① 변호사의 영리추구 활동을 엄격히 제한하고 그 **직무에 관하여 고도의 공공성과 윤리성을 강조하는 변호사법의 여러 규정과 제반 사정을 참작**하여 볼 때, 변호사를 상법 제5조 제1항에 규정된 상인적 방법에 의하여 영업을 하는 자로 볼 수 없으므로, **변호사는 의제상인에 해당하지 않는다.**(대결 2007.7.26. 2006마334)(모의 23, 24)

[기타 판시사항] 법무법인의 설립등기를 '상호' 등을 등기사항으로 하는 상법상 회사의 설립등기나 개인 상인의 상호등기와 동일시할 수 없다. 변호사가 상인이 아닌 이상 상호등기에 의하여 그 명칭을 보호할 필요가 있다고 볼 수 없으므로 등기관이 변호사의 상호등기신청을 각하한 처분이 적법하다.

② 의사의 영리추구 활동을 제한하고 직무에 관하여 고도의 공공성과 윤리성을 강조하며 의료행위를 보호하는 의료법의 여러 규정과 제반 사정을 참작하면 **의사나 의료기관**을 상법 제4조 또는 제5조 제1항이 규정하는 **상인이라고 볼 수는 없고, 의사가 의료기관에 대하여 갖는 급여, 수당, 퇴직금 등 채권은 상사채권에 해당한다고 할 수 없다.**(대판 2022.5.26. 2022다200249)

③ 민법 제163조 제5호에서 정하고 있는 '변호사, 변리사, 공증인, 공인회계사 및 법무사의 직무에 관한 채권'에 만 3년의 단기 소멸시효가 적용되고, 이와 유사한 직무를 수행하는 **세무사의 직무에 관한 채권에 대하여는 민법 제163조 제5호가 유추적용 된다고 볼 수 없다.** 세무사를 상법 제4조 또는 제5조 제1항이 규정하는 상인이라고 볼 수 없고, 세무사의 직무에 관한 채권이 상사채권에 해당한다고 볼 수 없으므로, **세무사의 직무에 관한 채권에 대하여는 민법 제162조 제1항에 따라 10년의 소멸시효가 적용된다.**(대판 2022.8.25. 2021다311111)(모의 23)

④ 법무법인은 변호사가 그 직무를 조직적 · 전문적으로 수행하기 위하여 변호사법에 따라 설립하는 것으로서 변호사법과 다른 법률에 따른 변호사의 직무를 업무로서 수행할 수 있다. 변호사법은 법무법인에 관하여 변호사법에 정한 것 외에는 상법 중 합명회사에 관한 규정을 준용하도록 하고 있을 뿐 이를 상법상 회사로 인정하고 있지 않으므로 **법무법인이 상법 제5조 제2항에서 정하는 의제상인에 해당한다고 볼 수도 없다.** 따라서 **변호사가 소속 법무법인에 대하여 갖는 급여채권은 상사채권에 해당한다고 할 수 없다.**(대판 2023.7.27. 2023다227418)

(4) 민사회사

회사는 상행위를 하지 아니하더라도 상인으로 본다(제5조 제2항).

'상사회사'란 기본적 상행위를 영업으로 하는 회사를 말하고, '민사회사'란 기본적 상행위 외의 행위를 영업으로 하는 회사를 말한다. 농업 · 축산업 등은 기본적 상행위에 해당하지 않으므로 이를 목적으로 하는 회사는 민사회사에 해당한다. 영리법인인 회사는 당연상인 또는 의제상인 중 하나에 해당하게 되므로 회사의 상인성은 언제나 인정되고, 설립등기 시점에 상인자격을 취득한다.

Ⅱ. 법인의 상인자격

1. 회사의 상인자격 취득과 소멸

회사는 설립등기시에 상인자격을 취득하고 청산사무가 사실상 종결된 때에 소멸한다. 청산등기가 되었더라도 청산사무가 남아 있다면 회사는 소멸한 것이 아니다.

2. 공법인의 상인자격

(1) 의의

공법인의 상행위에 대하여는 법령에 다른 규정이 없는 경우에 한하여 상법을 적용한다(제2조). 공법인에 대하여 상인자격을 인정할 수 있는지 문제된다.

(2) 학설

학설은 일반적으로 공법인도 설립 목적 달성을 위해 필요한 범위 내에서 영업이 허락되는 경우 부수적 영업의 범위 내에서 상인자격이 인정된다고 본다.

(3) 판례

判例는 대한광업진흥공사, 새마을금고, 농업협동조합, 수산업협동조합, 한국토지공사 등 공법인의 상인자격을 부인한다.

다만 한국전력공사가 '영업으로 하는 전기의 공급에 관한 행위'는 상법상 기본적 상행위에 해당하고 (제46조 제4호), 전기공급주체가 공법인인 경우에도 법령에 다른 규정이 없는 한 상법이 적용되므로 (제2조), 그러한 전기공급계약에 근거한 위약금 지급채무 역시 상행위로 인한 채권으로서 상법 제64조에 따라 5년의 소멸시효기간이 적용된다고 본다.(대판 2013.4.11. 2011다112032)

① **대한광업진흥공사가 광업자금을 광산업자에게 융자하여 주고 이자 및 연체이자를 지급받는다고** 하더라도, 이러한 대금행위는 같은 법 제1조 소정의 목적인 민영광산의 육성 및 합리적인 개발을 지원하기 위하여 하는 사업이지 이를 **'영리를 목적'으로 하는 행위라고 보기는 어렵다.**(대판 1994.4.29. 93다54842)

② 새마을금고법의 제반 규정에 의하면 새마을금고는 우리나라 고유의 상부상조 정신에 입각하여 자금의 조성 및 이용과 회원의 경제적 · 사회적 · 문화적 지위의 향상 및 지역사회개발을 통한 건전한 국민정신의 함양과 국가경제발전에 기여함을 목적으로 하는 비영리법인이므로, **새마을금고가 금고의 회원에게 자금을 대출하는 행위는** 일반적으로는 **영리를 목적으로 하는 행위라고 보기 어렵다.** (대판 1998.7.10. 98다10793)

③ **농업협동조합법에 의하여 설립된 조합이** 영위하는 사업의 목적은 영리를 목적으로 하는 것이 아니므로, 동 조합이 그 사업의 일환으로 **조합원이 생산하는 물자의 판매사업을 한다 하여도 동 조합을 상인이라 할 수는 없고,** 따라서 그 **판매대금 채권은 3년의 단기소멸시효가 적용되는 민법 제163조 제6호 소정의 '상인이 판매한 상품의 대가'에 해당하지 아니한다.**(대판 2000.2.11. 99다53292)(모의 22)

④ 구 수산업협동조합법에 의하여 설립된 조합은 영리 또는 투기를 목적으로 하는 업무를 행하지 못하는 것이므로, 김제수협을 상인으로 볼 수는 없다.(대판 2006.2.10. 2004다70475)

⑤ 구 한국토지공사법에 따라 설립된 한국토지공사가 택지개발사업을 위하여 토지소유자로부터 토지를 매수하더라도 한국토지공사를 상인이라 할 수 없고, 한국토지공사가 택지개발사업 지구 내에 있는 토지에 관하여 토지소유자와 매매계약을 체결한 행위를 상행위로 볼 수 없다.(대판 2020.5.28. 2017다265389)

⑥ 축산업협동조합이 양계업을 하는 조합원에게 사료를 판매한 행위가 조합원의 구매사업에 해당하더라도 상인인 조합원의 영업을 위한 사료구매에 해당하므로 그 거래행위는 상행위이고 그 외상대금채권은 상사채권이다.(대판 1993.3.9. 92다44329)

[판례검토] 위 판례는 축산업협동조합이 상인인지에 대해서는 명시적으로 판시하고 있지 않으나, '조합원의 구매사업에 해당하더라도' 라고 판시한 부분에 비추어 보면 축산업협동조합의 상인자격을 부정한 것으로 볼 수 있다. 다만 위 판례는 사료판매행위가 상인인 조합원의 영업을 위한 사료구매행위로서 조합원의 상행위에 해당하므로 그 외상대금채권은 상사채권이라고 판시하고 있다.

Ⅲ. 자연인의 상인자격 취득시점

1. 쟁점

상인이 영업의 목적인 기본적 상행위를 개시하기 전에 영업을 위한 준비행위를 하는 시점에 상인자격을 취득하는지 문제된다. 개업준비행위 시점에 상인 자격을 취득한다고 보는 경우 개업준비행위에 대하여 상행위에 관한 상법의 규정이 적용된다는 점에서 논의의 실익이 있다. 한편 개업준비행위와 관련된 논의는 자연인에 관한 것으로서 회사의 경우에는 설립 중의 회사의 법리가 문제된다.

2. 학설

학설은 ① 개업 의사를 주관적으로 실현하는 행위를 한 때에 상인자격을 취득한다는 견해, ② 영업행위를 아직 개시하지 않았더라도 개업준비행위 단계에서 상대방이 영업 의사를 객관적으로 인식할 수 있게 된 때에 상인자격을 취득한다는 견해, ③ 상호등기, 개업광고, 간판부착 등 대외적으로 개업 의사를 표시한 때에 상인자격을 취득한다는 견해, ④ 객관적으로 영업조직이 갖추어진 때에 상인자격을 취득한다는 견해 등이 있다.

3. 판례

판례는 준비행위의 성질로 보아 영업의사를 상대방이 객관적으로 인식할 수 있는 경우와 영업자금 차입행위의 경우로 나누어 판시하고 있다.

(1) 준비행위의 성질로 보아 영업의사를 상대방이 객관적으로 인식할 수 있는 경우

영업의 목적인 기본적 상행위 개시 전에 영업을 위한 준비행위를 하는 자는 영업으로 상행위를 할 의사를 실현하는 것이므로 준비행위를 한 때 상인자격을 취득하고 개업준비행위는 영업을 위한 행위로서 최초의 보조적 상행위가 된다. 개업준비행위는 상호등기, 개업광고, 간판부착 등에 의해 영업의사를 일반적 · 대외적으로 표시할 필요는 없으나, 점포구입, 영업양수, 상업사용인 고용 등 준비행위의 성질로 보아 영업의사를 상대방이 객관적으로 인식할 수 있으면 당해 준비행위는 보조적 상행위로서 상행위에 관한 상법 규정이 적용된다.(대판 1999.1.29. 98다1584)(변호 14, 19, 모의 20, 23)**[모의 22]**

[사실관계] 원고는 부동산임대업에 대한 개업준비행위로 같은 영업을 하고 있던 피고로부터 건물을 매수하였는데, 원고가 위 건물을 피고로부터 이전받은 날로부터 6개월이 지나 발견된 건물 하자를 이유로 피고를 상대로 손해배상을 청구한 사안.

[판시사항] ① 원고의 매수행위는 보조적 상행위로서의 개업준비행위에 해당하므로 위 개업준비행위에 착수하였을 때 상인자격을 취득한다. ② 상사매매에 있어서 매매의 목적물에 상인에게 통상 요구되는 객관적인 주의의무를 다하여도 즉시 발견할 수 없는 하자가 있는 경우에도 매수인은 6월 내에 그 하자를 발견하여 지체 없이 이를 통지하지 아니하면 매수인은 과실의 유무를 불문하고 매도인에게 하자담보책임을 물을 수 없다.

(2) 영업자금 차입행위

영업자금 차입 행위는 행위 자체의 성질로 보아서는 영업의 목적인 상행위를 준비하는 행위라고 할 수 없지만, 행위자의 주관적 의사가 영업을 위한 준비행위이었고 상대방도 행위자의 설명 등에 의하여 그 행위가 영업을 위한 준비행위라는 점을 인식하였던 경우에는 상행위에 관한 상법의 규정이 적용된다.(대판 2012.4.13. 2011다104246)(변호 14, 19, 모의 22, 23)**[모의 22]**

[사실관계] 피고는 학원 설립을 준비하면서 이러한 사정을 아는 원고로부터 학원 설립에 사용할 목적으로 자금을 차입하였다. 변제일로부터 5년이 지나 원고가 피고를 상대로 위 대여금의 상환을 청구하자 피고가 상사 소멸시효가 완성되었다고 항변한 사안.

[판시사항] (원고의 대여행위가 상행위가 아니더라도) 피고가 원고로부터 영업자금을 차입한 시점에 피고가 상인자격을 취득하였으므로 위 대여금채권에는 상사소멸시효가 적용된다.

(3) 다른 상인의 영업을 위한 준비행위

영업을 준비하는 행위가 보조적 상행위로서 상법의 적용을 받기 위해서는 행위를 하는 자 스스로 상인자격을 취득하는 것을 당연한 전제로 하므로, 어떠한 자가 다른 상인의 영업을 위한 준비행위를 하는 경우, 그 행위는 행위를 한 자의 보조적 상행위가 될 수 없다. 회사 설립을 위하여 개인이 한 행위는 그것이 설립 중 회사의 행위로 인정되어 장래 설립될 회사에 효력이 미쳐 회사의 보조적 상행위가 될 수 있는지는 별론으로 하고, 장래 설립될 회사가 상인이라는 이유만으로 당연히 개인의 상행위가 되어 상법 규정이 적용된다고 볼 수는 없다.(대판 2012.7.26. 2011다43594)(변호 15, 18)

[사실관계] A가 자신이 설립할 회사의 설립 준비 과정에서 향후 설립될 회사의 사업을 준비하기 위하여 이러한 사실을 B에게 설명하고 A의 명의로 B로부터 자금을 차입하였고, A의 위 차입금 채무를 피담보채무로 하여 C가 자신의 부동산에 B를 근저당권자로 하는 근저당권을 설정하여 주었다. 그 후 A는 甲회사를 설립하고 대표이사로 취임하였는데, 위 대여금의 변제일로부터 5년이 지나 C가 피담보채무가 소멸시효완성으로 소멸되었다는 이유로 위 근저당권의 말소를 청구한 사안.

[판시사항] 회사의 대표이사가 회사 설립 준비과정에서 향후 설립될 회사의 사업을 준비하기 위하여 대표이사 명의로 한 차용행위는 대표이사 개인의 보조적 상행위가 아니므로 대표이사 개인의 차용금채무에 대하여 5년의 상사시효가 적용되지 않는다.

Ⅳ. 미성년자의 영업능력과 소상인

1. 미성년자의 영업능력

(1) 영업능력의 의의

영업능력이란 스스로 유효하게 영업행위를 할 수 있는 능력을 의미한다. 상법은 제6조부터 제8조까지 미성년자의 영업(제6조)과 미성년자가 무한책임사원이 된 경우(제7조) 및 법정대리인에 의한 영업의 대리(제8조)에 관하여 규정하고 있다.

(2) 미성년자의 영업과 등기

미성년자가 법정대리인의 허락을 얻어 영업을 하는 때에는 등기를 하여야 한다(제6조).(모의 17)

미성년자는 상인이 될 수는 있으나 상인이 되더라도 영업능력은 제한된다.

(3) 미성년자와 무한책임사원

미성년자가 법정대리인의 허락을 얻어 회사의 무한책임사원이 된 때에는 그 사원자격으로 인한 행위에는 능력자로 본다(제7조).

(4) 법정대리인에 의한 영업의 대리

법정대리인이 미성년자, 피한정후견인 또는 피성년후견인을 위하여 영업을 하는 때에는 등기를 하여야 한다(제8조 제1항).(모의 17) 이 경우 법정대리인의 대리권에 대한 제한은 선의의 제3자에게 대항하지 못한다(제8조 제2항).

2. 소상인

(1) 의의

자본금액 1천만 원 미만의 상인으로서 회사가 아닌 자를 소상인이라 한다(제9조, 시행령 제2조).

회사는 아무리 규모가 작아도 소상인에 해당되지 않는다. 소상인 여부의 판단기준이 되는 자본금은 회사법상의 자본금이 아니라 상인의 영업자산의 현재가치를 의미한다.

(2) 적용 제외 규정 (변호 12, 19, 모의 24)

지배인, 상호, 상업장부와 상업등기에 관한 규정은 소상인에게 적용하지 않는다(제9조). 다만 소상인이 임의로 지배인, 상호, 상업장부와 상업등기를 이용하는 것은 가능하다.

그 밖의 상인에 관한 규정은 소상인에게도 적용된다.

기출사례

★ 원시생산물 판매업자의 상인 여부 [변호 25]

농부 甲은 도시 근교에서 점포 및 대규모 생산시설과 설비를 갖추고 상인적 방법으로 사과를 재배하여 판매하는 자로서, 자신이 재배하는 사과가 유기농으로 3개월 보관이 가능한 품종이라는 점을 홍보하고자 한다. 이에 甲은 A주식회사와 사이에, A회사가 甲이 디자인한 도안과 규격에 맞춘 포장지를 제작하여 甲에게 공급하기로 하는 계약을 체결하였다.

甲은 상인인가?

Ⅰ. 결론

甲은 사과와 같은 원시생산물을 재배하여 판매하는 자이나 물적 설비인 점포 및 대규모 생산설비와 시설을 갖추고 홍보를 통해 상인적 방법으로 사과 판매 영업을 하는 자로서 상인에 해당한다.

Ⅱ. 쟁점

甲이 사과를 재배하여 판매하는 것과 관련하여 상인적 설비를 갖추고 상인적 방법으로 사과를 판매한다는 점에서 甲이 의제상인에 해당하는지 문제된다.

제3장 상업사용인

Ⅰ. 상업사용인의 의의

상업사용인이란 특정 상인에 종속되어 그 상인의 영업에 관한 대외적 거래를 대리하는 자를 말한다. 특정 상인에 대한 '종속성'과 그 상인의 영업에 관한 대외적 '대리권'이 상업사용인의 징표이다.

상법은 상업사용인의 유형으로 지배인(제11조 내지 제14조), 부분적 포괄대리권을 가진 상업사용인(제15조), 물건판매점포사용인(제16조)을 규정하고 있다. 모든 상업사용인은 경업 및 겸직금지의무를 부담한다(제17조). 상업사용인은 상인의 대리인이므로 상인과 상업사용인 사이에는 대리권을 부여하는 수권행위가 존재하여야 한다. 다만 물건판매점포의 사용인에 대해서는 상법에 의하여 대리권이 주어지므로(제16조 제1항), 영업주가 대리권을 부여하지 않은 경우에도 점포 내에서 물건을 판매할 권한이 있는 것 같은 외관이 존재하면 적용된다.

대리상은 특정한 상인의 거래를 보조하고, 중개인이나 위탁매매인은 불특정 상인의 거래를 보조한다는 점에서 상업사용인과 유사하나, 대리상, 중개인, 위탁매매인 모두 종속성이 인정되지 않으므로 상업사용인이 아니라 독립된 상인이다.

Ⅱ. 지배인

1. 지배인의 의의, 선임

(1) 지배인의 의의

지배인이란 영업주에 갈음하여 그 영업에 관하여 재판상 또는 재판외의 모든 행위를 할 수 있는 대리권을 가진 상업사용인을 말한다(제11조 제1항). 지점장 또는 영업부장의 명칭을 사용하더라도 지배인으로서의 대리권이 부여되어 있는 경우 지배인에 해당한다.

(2) 선임

상인의 대리인도 지배인을 선임할 수 있다. 그러나 지배인은 다른 지배인을 선임할 수 없다(제11조 제2항). 주식회사의 지배인 선임은 이사회 결의로 한다(제393조 제1항). 상인이 그 영업에 관하여 수여한 대리권은 본인의 사망으로 소멸하지 아니하므로(제50조), 상인이 선임한 지배인의 지배권도 본인의 사망으로 소멸하지 않는다.

(3) 등기

상인은 지배인의 선임과 그 대리권의 소멸에 관하여 영업소(회사의 경우 본점을 말한다)의 소재지에서 등기하여야 한다(제13조).(모의 20) 지배인 등기는 효력요건이 아니라 대항요건이므로(제37조 제1항), 지배인의 선임과 그 대리권의 소멸의 효력은 해당 사유 발생시점에 발생한다.

2. 공동지배인

(1) 의의

공동지배인이란 수인의 지배인들이 공동으로만 대리권을 행사할 수 있는 지배인을 말한다(제12조 제1항). 공동지배인 중 1인에 대한 의사표시는 영업주에 대하여 유효하다(제12조 제2항).(모의 17)

공동지배인의 선임과 그 변경에 관하여 영업소(회사의 경우 본점을 말한다)의 소재지에서 등기하여야 한다(제13조).

(2) 공동지배인의 단독행위

공동지배인이 단독으로 한 행위는 무권대리에 해당하여 본인에 대하여 효력이 없다. 영업주가 공동지배인을 등기하지 않았다면 제37조 제1항에 의하여 선의의 제3자에게 대항할 수 없고, 표현지배인 규정에 따른 표현책임과 민법 제756조에 의한 사용자책임이 문제된다.

(3) 공동지배인의 불법행위

공동지배인은 법률행위를 통한 지배권남용을 방지하기 위한 것이므로 불법행위에는 적용되지 않으며 공동지배인 1인이 불법행위를 한 경우 영업주는 민법 제756조의 사용자책임을 질 수 있다.

3. 지배인의 권한

(1) 재판상 또는 재판외 모든 행위에 대한 포괄적 권한

지배인은 영업주에 갈음하여 그 영업에 관한 재판상 또는 재판외의 모든 행위를 할 수 있다(제11조 제1항). 지배인의 권한은 자금차입, 어음행위와 같은 보조적 상행위도 포함한다.

지배인은 지배인이 아닌 점원 기타 사용인을 선임 또는 해임할 수 있다(제11조 제2항).(모의 17)

영업에 관한 행위란 영업의 존속을 전제로 하므로 새로운 점포의 개설, 영업의 양도나 폐지는 지배인의 권한에 포함되지 않는다.

(2) 상인의 영업 범위에 속하는 행위

1) 상인의 영업 범위 내에 속할 것

일반적으로 상업사용인은 상인의 영업 범위 내에 속하는 일에 관하여 그 상인을 대리할 수 있고 영업과 관계없는 일에 관하여는 특별한 수권이 없는 한 대리권이 없는 것이므로 **상업사용인이 권한 없이 상인의 영업과 관계없는 일에 관하여 상인의 행위를 대행한 경우에 특별한 수권이 있다고 믿을 만한 사정이 없는 한 상업사용인이라는 이유만으로 그 대리권이 있는 것으로 믿을 만한 정당한 이유가 있다고 보기 어렵다.**(대판 1984.7.10. 84다카424,425)(모의 17)

[사실관계] 피고 회사의 상업사용인인 A가 원고로부터 자신이 매수한 부동산 대금의 지급을 위하여 자기명의의 어음을 원고에게 발행하고 그 어음금의 지급을 보증하는 뜻으로 위 어음에 피고 회사 명의의 배서를 하였다. 그 후 원고가 피고 회사에 어음금을 청구하자 피고 회사는 A가 피고 회사 명의의 배서를 할 권한이 없다고 주장하였고, 이에 대하여 원고는 A가 피고 회사의 지점장으로서 피고 회사 명의로 영업을 하고 있었으므로 A에게 피고 회사 명의의 배서를 대행할 권한이 있는 것으로 믿었고, 이렇게 믿을 만한 정당한 사유가 있었으므로 피고 회사가 표현대리의 법리에 따라 원고에게 어음금을 지급할 책임을 진다고 주장한 사안.

[판시사항] 피고 회사가 상업사용인 개인의 토지매매대금채무의 변제를 담보하는 일은 피고 회사의 영업 범위 내에 속하는 일이라고 볼 수 없으므로 위 배서에 관한 특별수권이 있었다고 믿을 만한 사정이 없는 한 A가 피고 회사의 지점장으로서 피고 회사 명의로 영업을 하고 있다는 사실만으로 A에게 위와 같은 피고 회사의 배서를 대행할 권한이 있는 것으로 믿을 만한 정당한 사유가 있다고 보기 어렵다.

[기타쟁점] A는 위 어음에 피고 회사 명의의 배서를 하면서 발행지를 기재하지 않았으나 위 어음의 발행인 명칭에 "신라체인 점촌지점" 이라는 상호를 기재하였다. 이에 판례는 어음법 제76조 제4항에 의하여 발행인의 명칭에 부기한 지를 발행지로 볼 것이고 발행지 기재는 독립된 최소 행정구역을 표시하면 족하므로 위 각 상호에 포함된 점촌의 표시를 발행지 기재로 보아 위 어음이 완전어음에 해당한다고 판시하였다.

2) **영업 범위 내에 속하는 행위인지 여부는 행위의 객관적 성질에 의해 판단**

㉠ 지배인의 행위가 영업주의 영업에 관한 것인가의 여부는 지배인의 행위 당시의 주관적인 의사와는 관계없이 그 행위의 객관적 성질에 따라 추상적으로 판단한다.(모의 18) ㉡ 지배인이 영업주 명의로 한 어음행위는 객관적으로 영업에 관한 행위로서 지배인의 대리권의 범위에 속하는 행위라 할 것이므로 지배인이 개인적 목적을 위하여 어음행위를 한 경우에도 그 행위의 효력은 영업주에게 미친다.(변호 15, 모의 24(2)) ㉢ 이러한 법리는 표현지배인의 경우에도 동일하다.(대판 1998.8.21. 97다6704)

[사실관계] A는 피고 회사의 지점장으로 임명된 적이 없음에도 피고 회사의 부산 분실의 인적 조직을 갖추고 대표자로 활동하면서 약국 등에 피고 회사가 제조한 약품을 판매하고 대금을 수금하며 거래처에서 수금한 약속어음 등을 할인하여 피고 회사에 입금하는 업무를 처리해 왔다. 그러던 중 A는 자신의 개인적 목적을 위하여 아무런 권한 없이 피고 회사 명의의 배서를 위조하여 원고로부터 약속어음을 할인받았고, 그 후 원고가 피고 회사에 위 약속어음금을 청구한 사안.

[판시사항] A는 피고 회사의 지배인이 아니지만 부산 분실이 상법상 지점의 실체를 갖추었으므로 A는 피고 회사의 표현지배인에 해당하고, A가 개인적 목적으로 피고 회사 명의의 배서를 위조했더라도 위 어음행위는 피고 회사의 객관적인 영업에 관한 행위로서 지배권의 범위에 포함되므로 위 어음행위의 효력은 피고 회사에 미친다.

(3) 권한의 정형성

지배인의 권한은 법 규정에 의하여 일률적으로 주어진다. 따라서 지배인과 거래하는 상대방은 지배인이라는 사실만 확인하면 대리권의 범위를 별도로 확인하지 않아도 된다.

(4) 수 개의 영업과 지배인의 권한

개인 상인이 여러 상호로 여러 영업을 하는 경우, 지배인의 권한은 하나의 상호의 영업에만 미친다. 이 경우 상인은 수 개의 영업에 대한 지배권을 가진 지배인을 둘 수 있다.

4. 지배인 권한의 내부적 제한 [변호 17]

(1) 지배인 권한 제한의 효력

영업주가 지배인의 권한을 제한하더라도 선의의 제3자에게 대항할 수 없다(제11조 제3항).

(2) 제3자의 범위

㉠ 지배인의 어떤 행위가 그 객관적 성질에 비추어 영업주의 영업에 관한 행위로 판단되는 경우에 지배인이 영업주가 정한 대리권에 관한 제한 규정에 위반하여 한 행위에 대하여는 제3자가 위 대리권의 제한 사실을 알고 있었던 경우뿐만 아니라 알지 못한 데에 중과실이 있는 경우에도 영업주는 그러한 사유를 들어 상대방에게 대항할 수 있다.(모의 21) ㉡ 이러한 제3자의 악의 또는 중대한 과실에 대한 주장 · 입증책임은 영업주가 부담한다.(모의 21) ㉢ 제3자의 범위에는 그 지배인으로부터 직접 어음을 취득한 상대방뿐만 아니라 그로부터 어음을 다시 배서 양도 받은 제3취득자도 포함된다.(모의 22, 24)(대판 1997.8.26. 96다36753)

[사실관계] 甲이 원고 은행으로부터 대출을 받기 위해 융통어음을 발행한 후 피고 은행의 삼성출장소 소장 乙에게 위 어음에 대한 배서를 요청하여 피고 명의의 배서를 받은 후 이를 원고 은행에 담보로 제출하였다. 피고 은행 규정상 융통어음에 대한 배서가 금지되어 있었다. 위 어음은 丙에게 배서양도 된 이후 원고에게 전득되었다. 이에 원고가 피고 은행에 대하여 어음금을 청구하자 피고 은행은 원고가 대리권 제한을 알지 못한 경우 뿐만 아니라 알지 못한 데에 중과실이 있는 경우에도 대리권 제한으로 원고에게 대항할 수 있다고 주장한 사안.

[판시사항] 위 사안에서 乙은 피고 은행의 지배인이므로 乙은 피고 은행의 영업에 관한 포괄적 대리권을 가지고, 어음행위는 그 행위의 객관적 성질상 피고 은행의 영업에 관한 행위에 해당한다. 乙이 지배권 제한에 위반한 경우 제3자가 대리권 제한을 알지 못한 데에 중과실이 있는 경우에도 제3자에게 대항할 수 있으나 사안의 경우 원고의 중과실을 인정할 사정이 존재하지 않고, 대리권 제한 규정에 위배한 지배인의 어음행위에 대항할 수 있는 제3자에는 그 지배인으로부터 어음을 다시 배서양도 받은 제3취득자도 포함되므로 선의, 무중과실인 원고에 대한 피고 은행의 어음채무가 인정된다.

5. 지배권남용

(1) 의의

지배권 남용이란 지배인이 자신이나 제3자의 이익을 위하여 권한을 행사한 경우를 말한다. 지배권 남용의 경우에 영업주가 책임을 부담하는지 문제된다.

(2) 학설

① '권리남용설'은 상대방이 지배권 남용을 알았음에도 지배인의 행위가 영업주에게 효력이 있다고 주장하는 것은 권리남용에 해당하여 지배권 남용 행위가 무효라고 보고, ② '심리유보설'은 상대방이 지배권 남용을 알았거나 알 수 있었을 경우 민법 제107조 제1항 단서가 유추적용되어 지배권 남용 행위가 무효라고 본다. 권리남용설은 악의의 제3자에 대해서만 대항할 수 있으나, 심리유보설은 과실 있는 제3자에 대해서도 대항할 수 있다는 점에서 차이가 있다.

(3) 판례

지배인의 행위가 영업에 관한 것으로서 대리권한 범위 내의 행위이더라도 영업주 본인의 이익이나 의사에 반하여 **자기 또는 제3자의 이익을 도모할 목적으로 그 권한을 행사한 경우에 상대방이 지배인의 진의를 알았거나 알 수 있었을 때에는 민법 제107조 제1항 단서의 유추해석상 그 지배인의 행위에 대하여 영업주 본인은 아무런 책임을 지지 않는다.** (모의 19, 20)(대판 1999.3.9. 97다7721,7738)

6. 표현지배인

(1) 의의

표현지배인이란 지배인이 아님에도 본점 또는 지점의 본부장, 지점장 등 지배인으로 인정될 만한 명칭을 사용하는 자를 말한다. 표현지배인은 지배인과 동일한 권한이 있는 것으로 본다(제14조).

표현지배인 제도는 영업주가 지배인이 아닌 자에게 지배인으로 인정되는 명칭 사용을 허락한 경우 지배인으로 인정되는 명칭을 사용한 자를 지배인으로 믿고 거래한 상대방에게 영업주가 책임을 지도록 한 것으로서, 외관주의 법리 또는 금반언의 법리에 근거한 거래 안전을 위한 것이다.

(2) 요건

1) 지배인으로 인정될 수 있는 명칭의 사용(외관의 존재)

① 지배인으로 인정될 만한 명칭 여부

본점 또는 지점의 본부장, 지점장 등 지배인으로 인정될 만한 명칭을 사용하여야 한다. 지점차장(대판 1993.12.10. 93다36974),(모의 13, 18) 지점장대리(대판 1994.1.28. 93다49703)(모의 13) 등 명칭 자체에서 상위직이 존재한다는 것을 알 수 있는 경우에는 표현지배인에 해당 하지 않는다. 건설회사 현장소장, 보험회사 영업소장은 표현지배인으로 인정되는 명칭이 아니다.

② 영업소 실질의 존재

㉠ 의의

표현지배인이 성립하기 위해서 표현지배인이 표시한 본점 또는 지점이 상법상 영업소로서의 실질을 갖추고 있어야 표현지배인이 성립하는지 문제된다.

㉡ 학설

학설은 i) 표현지배인 제도는 거래상대방의 신뢰를 보호하기 위한 것이고, 영업주의 이익과 거래안전 보호 사이의 균형을 위하여 본점 또는 지점의 실체를 가지고 독립적인 영업활동을 할 수 있어야 한다는 실질설과 ii) 거래 안전을 위해 본점 또는 지점이 영업소로서의 외관을 갖춘 이상 영업소로서의 실체를 가지고 있지 않더라도 표현지배인이 성립할 수 있다는 형식설이 존재한다.

㉢ 판례 **[모의 22]**

표현지배인 조항을 적용하려면 당해 사용인의 근무 장소가 **상법상의 영업소인 본점 또는 지점의 실체를 가지고 어느 정도 독립적으로 영업활동을 할 수 있어야 한다.** 본 · 지점의 기본적인 업무를 독립하여 처리할 수 있는 것이 아니라 단순히 **본 · 지점의 지휘 감독 아래 기계적으로 제한된 보조적 사무만을 처리하는 것으로밖에 볼 수 없는 경우,** 상법상의 영업소인 본점 · 지점에 준하는 영업장소라고 볼 수 없어 **표현지배인이라고 볼 수 없다.**(대판 1978.12.13. 78다1567)(모의 13, 18)

③ 지배인 권한 범위 내의 행위

표현지배인은 지배인의 권한 범위 내의 행위를 하여야 한다. 재판상 행위에는 표현지배인이 성립하지 않는다(제14조 제1항 단서).

표현지배인의 행위가 영업에 관한 것인지 여부는 개인적 목적이나 의도와 상관없이 행위의 객관적 **성질에 따라 추상적으로 판단한다.**(대판 1998.8.21. 97다6704)(모의 18)

2) 영업주의 명시적 · 묵시적 허락(외관의 부여)

표현적 명칭의 사용에 영업주의 명시적 또는 묵시적 허락이 있었어야 한다.

어떠한 경우에 영업주의 묵시적 허락이 있었다고 볼 수 있는지에 관한 명시적인 판례는 없지만 외관주의법리에 기초한 상법 제39조(부실등기)와 상법 제395조(표현대표이사)와 관련된 판례를 표현지배인과 관련해서도 적용할 수 있을 것이다.

표현대표이사와 관련하여, 대법원은 표현대표자의 행위에 대하여 회사가 책임을 지는 것은 회사가 표현대표자의 명칭 사용을 명시적으로나 묵시적으로 승인할 경우에 한하고 **회사의 명칭 사용 승인 없이 임의로 명칭을 참칭한 자의 행위에 대하여는 비록 그 명칭 사용을 알지 못하고 제지하지 못한 점에 있어 회사에게 과실이 있다고 할지라도 회사는 선의의 제3자에 대해서도 책임을 지지 않는다고** 판시하고 있다.(대판 1995.11.21. 94다50908)(모의 13, 18)

3) 상대방의 선의(외관의 신뢰)

선의의 대상은 표현지배인이 지배인이라는 사실이다. 상대방이 표현지배인을 진정한 지배인으로 알았거나 상대방이 단순 과실로 표현지배인이 지배인이 아니라는 사실을 알지 못한 경우에는 영업주가 책임을 부담한다.

(3) 효과

표현지배인은 진정한 지배인과 동일한 권한이 있는 것으로 의제되므로 표현지배인의 거래행위에 대하여 영업주가 책임을 부담한다.(모의 13, 18)

Ⅲ. 기타 상업사용인

1. 부분적 포괄대리권을 가지 상업사용인

(1) 의의

부분적 포괄대리권을 가진 상업사용인이란 영업의 특정한 종류 또는 특정한 사항에 대한 대리권을 가진 사용인을 말한다(제15조 제1항).(모의 21, 24) 주식회사의 기관인 상무이사도 상법 제15조 소정의 부분적 포괄대리권을 가지는 사용인을 겸임할 수 있다.(대판 1996.8.23. 95다39472)(모의 17, 21)

(2) 포괄적, 획일적, 정형적 대리권

① 부분적 포괄대리권을 가진 사용인은 영업의 특정한 종류 또는 특정한 사항에 관한 재판 외의 모든 행위를 할 수 있는 대리권을 가진 상업사용인을 말하므로, **사용인의 업무 내용에 영업주를 대리하여 법률행위를 하는 것이 당연히 포함되어 있어야 한다.**(대판 2007.8.23. 2007다23425)(변호 18, 모의 17, 24)

② 부분적 포괄대리권을 가진 사용인은 영업의 특정한 종류 또는 특정한 사항에 대하여 지배인과 같이 포괄적 대리권을 가지며, 획일적 정형적으로 대리권이 주어진다. 따라서 개개의 행위에 대하여 영업주로부터 별도의 수권을 받을 것이 요구되지 않는다.(모의 17) 다만 소송행위는 대리권에서 제외된다(제15조 제1항). 대리권 범위의 제한은 선의의 제3자에게 대항할 수 없다(제15조 제2항, 제11조 제3항).(모의 20, 21)

(3) 대리권의 범위

① **건설회사 현장소장은 표현지배인이라고 할 수는 없고 부분적 포괄대리권을 가진 사용인**에 해당한다. 건설회사 현장소장은 공사자재, 노무관리, 하도급계약 체결, 하도급공사대금 지급, 공사 중기의 임대차계약 체결과 임대료 지급에 관해 대리권이 있으나 아무리 소규모라 하더라도 **새로운 수주활동과 같은 영업활동은 업무범위에 속하지 아니한다.** 일반적으로 건설회사 현장소장에게 회사의 부담으로 될 채무보증 또는 채무인수 등과 같은 행위를 할 권한이 회사로부터 위임되어 있다고 볼 수는 없으나, **중기임대료에 대한 보증행위를 할 권한은 위임하였다고 보는 것이 상당하고 거래상대방이 이를 신뢰하는데 정당한 이유가 있다고** 보아야 한다.(대판 1994.9.30. 94다20884)(변호 22, 모의 17)

② 전산개발장비 구매와 관련된 실무를 총괄하는 상업사용인의 지위에 있는 자가 회사에 새로운 채무부담을 발생시키는 지급보증행위를 하는 것은 부분적 포괄대리권을 가진 상업사용인의 권한에 속하지 아니한다.(대판 2006.6.15. 2006다13117)(변호 22)

(4) 대리권남용

부분적 포괄대리권을 가진 상업사용인이 권한 범위 내에서 한 행위는 자기 또는 제3자의 이익을 위하여 권한을 남용한 경우에도 영업주 본인을 위한 행위로 유효하나 상대방이 진의를 알았거나 알 수 있었을 경우에는 민법 제107조 단서의 유추해석상 영업주 본인에 대하여 무효이다.(대판 2008.7.10. 2006다43767)(변호 22, 모의 21)

(5) 표현지배인 규정의 유추적용 여부

1) 의의

부분적 포괄대리권이 없는 사용인이 부분적 포괄대리권이 있는 사용인과 유사한 명칭을 사용한 경우 상법상 표현책임에 관한 규정이 없음에도 표현지배인의 규정을 유추적용할 수 있는지 문제된다.

2) 학설

학설은 ① 민법상 표현대리나 사용자책임 규정에 의해서 상대방을 보호할 수 있으므로 표현지배인의 규정이 유추적용되지 않는다는 부정설과 ② 민법상 표현대리 규정에 의해서는 상대방 보호가 불충분하다는 점에서 거래안전보호를 위해 표현지배인 규정을 유추적용하여야 한다는 긍정설이 존재한다.

3) 판례

① 부분적 포괄대리권을 가진 사용인이 아닌 사용인이 그러한 사용인과 유사한 명칭을 사용하여 법률행위를 한 경우 거래상대방은 민법 제125조의 표현대리나 민법 제756조의 사용자책임 등의 규정에 의해 보호될 수 있으므로, 부분적 포괄대리권을 가진 사용인의 경우에도 표현지배인에 관한 상법 제14조의 규정이 유추적용 되어야 한다고 할 수는 없다.(대판 2007.8.23. 2007다23425)(변호 15, 모의 11, 13, 21)

② 부분적 포괄대리권을 가진 상업사용인이 특정된 영업이나 특정된 사항에 속하지 아니하는 행위를 한 경우, 영업주가 책임을 지기 위하여는 민법상의 표현대리의 법리에 의하여 그 상업사용인과 거래한 상대방이 그 상업사용인에게 그 권한이 있다고 믿을 만한 정당한 이유가 있어야 한다.(대판 2012.12.13. 2011다69770)(변호 22, 모의 17, 21)

2. 물건판매점포사용인

(1) 의의

물건을 판매하는 점포의 사용인은 그 판매에 관한 모든 권한이 있는 것으로 본다(제16조). 학설은 물건 판매를 목적으로 하지 않는 물건임대업, 금융업, 공중접객업에도 물건판매점포의 사용인에 관한 상법 규정이 유추적용 된다고 본다.

(2) 수권행위의 불요

물건판매점포의 사용인에 대해서는 상법에 의하여 대리권이 주어지므로 영업주가 대리권을 부여하지 않은 경우에도 권한이 인정되고, 점포 내에서 물건을 판매할 권한이 있는 것 같은 외관이 존재하면 적용된다.(모의 18, 20) 따라서 영업주 가족이 판매행위를 하는 경우처럼 고용계약이 없어도 판매에 관한 권한이 인정된다.

(3) 점포 내에서의 물건의 판매

물건판매점포의 사용인에게는 점포 내에서의 판매대금 수령, 판매가격 할인, 물건 교환에 대한 권한이 인정된다. 물건판매점포 사용인이라 하더라도 점포 밖에서 이루어진 행위에 대해서는 적용되지 않는다.(모의 18) 따라서 점포 외에서의 대금 수령권한은 인정되지 않는다.

Ⅳ. 상업사용인의 경업금지 및 겸직금지의무

1. 경업금지의무

(1) 의의

상업사용인은 영업주의 허락 없이 자기 또는 제삼자의 계산으로 영업주의 영업부류에 속한 거래를 하지 못한다(제17조 제1항 전단).(모의 16)

① '계산'이란 경제적 효과인 이익의 귀속 주체를 의미하고 명의가 누구인지는 상관없다.

② '영업부류에 속한 거래'란 영업주의 기본적 상행위 또는 준상행위를 의미하고 보조적 상행위 및 영리적 성격이 없는 행위는 제외된다.(모의 16)

(2) 경업금지의무 위반의 효과

1) 개입권

① 영업주는 그 거래가 상업사용인의 계산으로 한 것인 때에는 이를 영업주의 계산으로 한 것으로 볼 수 있고 제3자의 계산으로 한 것인 때에는 영업주는 사용인에 대하여 이로 인한 이득의 양도를 청구할 수 있다(제17조 제2항).(모의 17, 19, 20)

② 개입권은 형성권으로 일방의 의사표시만으로 성립된다. 개입권은 영업주가 거래를 안 날로부터 2주간, 거래가 있은 날로부터 1년의 제척기간이 적용된다(제17조 제4항).(모의 16)

③ 영업주가 직접 거래 당사자가 되는 것은 아니며, 상업사용인은 거래로 인한 경제적 이익을 영업주에게 이전할 의무를 부담한다.

2) 계약해지 및 손해배상

영업주는 상업사용인과의 계약을 해지하거나 손해배상을 청구할 수 있다(제17조 제3항).(모의 16, 17, 20) 경업금지의무 위반의 경우에도 상업사용인과 상대방 사이의 거래는 유효하다.(모의 22)

2. 겸직금지의무

(1) 겸직금지의 범위

상업사용인은 영업주의 허락 없이 회사의 무한책임사원, 이사 또는 다른 상인의 사용인이 되지 못한다(제17조 제1항 후문).(모의 16, 20, 22) 익명조합의 조합원, 합자조합의 유한책임조합원, 주식회사 주주, 합자회사의 유한책임사원, 유한회사와 유한책임회사의 사원이 되는 것은 허용된다.

(2) 동종영업 여부 불문

겸직금지의무의 취지는 상업사용인으로 하여금 영업주의 이익에 전념하라는 것이므로, 겸직 결과 상업사용인이 수행하는 영업이 영업주의 영업부류와 동종인지 여부를 불문한다.

※ 대리상, 합명회사의 사원, 주식회사 이사의 겸직금지는 동종 영업에 대해서만 적용된다.

(3) 겸직금지의무 위반의 효과

겸직금지의무 위반의 경우 영업주는 상업사용인과의 계약을 해지하거나 손해배상을 청구할 수 있다(제17조 제3항).(모의 16, 20) 겸직금지의 대상은 거래가 아니기 때문에 개입권은 인정되지 않는다.

기출사례

★ 지배인 권한의 내부적 제한 [변호 17]

호텔업을 목적으로 설립된 비상장회사 甲주식회사(자본금 250억원, 이하 '甲회사')의 대표이사 A는 이사회를 소집하여 이사들의 논의를 거친 후 적법한 이사회 결의에 따라 B를 甲회사의 동수원 사무소 영업소장으로 임명하고 B를 지배인으로 등기하였다. 이사회 결의 당시 B가 5천만 원 이상의 구매행위를 하는 경우에는 이사회의 결의를 얻은 후에 할 수 있도록 결의하였다. 그런데 B는 이사회의 승인을 얻지 않고 甲회사 영업소장 명의로 거래처 사장인 C로부터 동수원 모델하우스 주차장에 필요한 쇄석 등 건축자재를 9천만 원에 구매하였다.

C는 甲회사에게 물품대금 9,000만 원을 청구할 수 있는가?

Ⅰ. 결론

B가 甲회사 영업소장 명의로 C로부터 쇄석 등 건축자재를 구매한 행위는 甲회사의 영업에 관한 것이고, B는 甲회사의 지배인으로서 甲회사의 영업에 관한 모든 행위를 할 권한이 있으므로, 甲회사가 B의 지배인 권한을 제한하였다 하더라도 이러한 제한으로 선의, 무중과실인 제3자에게 대항할 수 없다.
따라서 C는 대금 9천만 원을 甲회사에 청구할 수 있고, 甲회사는 C의 악의, 중과실을 주장, 입증하지 못하는 한 C에게 위 9천만 원을 지급하여야 한다.

Ⅱ. 쟁점

甲회사 지배인 B가 甲회사 영업소장 명의로 C로부터 쇄석을 구매한 행위가 甲회사의 영업에 관한 행위에 해당하는지, 甲회사가 이사회결의로 지배인 B의 권한을 제한하였음에도 B가 이러한 제한에 위반한 행위를 하였다는 점에서 지배인 권한에 대한 내부적인 제한의 효력이 제3자인 C에게 미치는지 여부가 문제된다.

제4장 상호

Ⅰ. 상호의 의의 및 선정

1. 상호의 의의

상호란 상인이 영업활동에 사용하는 명칭을 말한다. 상호는 문자로 표시되고 발음될 수 있는 것이어야 한다. 상호는 상인이 자신의 상품을 다른 상인의 상품과 구별하기 위하여 상품에 사용하는 기호, 문자, 도형, 소리, 이미지 등을 의미하는 상표와 구별된다.

2. 상호의 선정

(1) 상호선정의 자유

상인은 그 성명 기타의 명칭으로 상호를 정할 수 있다(제18조).

(2) 회사의 상호

회사는 그 종류에 따라 회사의 상호에 합명회사, 합자회사, 유한책임회사, 주식회사 또는 유한회사의 문자를 사용하여야 한다(제19조). 회사가 아니면 상호에 회사를 표시하는 문자를 사용하지 못한다(제20조). 개인이 회사의 영업을 양수한 경우에도 개인은 회사가 아니므로 상호에 회사를 표시하는 문자를 사용하지 못한다(제20조).(모의 23, 24)

(3) 상호의 단일성

동일한 영업에는 단일상호를 사용하여야 한다(제21조 제1항).(변호 25)

하나의 영업에 둘 이상 상호를 사용한 경우, 등기 여부를 불문하고 모두 상호로 보호되지 못한다. 수개의 영업에 하나의 상호를 사용하는 것은 허용된다.(변호 25)

회사의 상호는 회사 자체를 표시하므로, 회사는 여러 영업을 하더라도 하나의 상호만 사용해야 한다.(변호 12, 17, 모의 23, 24) 개인은 독립된 영업별로 다른 상호를 사용하는 것이 가능하다.

Ⅱ. 상호등기

1. 상호의 등기

회사의 상호는 등기사항이다(제180조, 제179조, 제271조, 제287조의5, 제317조, 제549조).(변호 25) 자연인의 상호는 등기가 강제되지 않으나,(변호 25) 자연인의 상호도 일단 등기되면 변경과 소멸은 등기되어야 한다.

2. 상호등기의 효과

(1) 동일지역 내 동종영업 동일상호 등기 제한

타인이 등기한 상호는 동일한 특별시 · 광역시 · 시 · 군에서 동종영업의 상호로 등기하지 못한다(제22조).(모의 18, 20, 22) 동일상호에 대해서만 적용되고, 유사상호에 대해서는 적용되지 않는다. 동일지역 내에서만 적용되고 인접지역에는 적용되지 않는다. 상호의 동일성 여부는 회사 표시 이외 부분을 기준으로 한다. 삼성 주식회사와 삼성 유한회사는 동일상호에 해당한다.

(2) 부정목적 사용의 추정

동일한 특별시 · 광역시 · 시 · 군에서 동종영업으로 타인이 등기한 상호를 사용하는 자는 부정한 목적으로 사용하는 것으로 추정한다(제23조 제4항).(모의 18, 20, 22)

判例는 위 조항의 적용과 관련하여 상호의 요부가 동일한 경우 상호의 동일성을 인정하면서 부정한 목적을 추정하되, 구체적인 사실관계를 바탕으로 부정한 목적이 존재하는 것으로 볼 수 없는 경우 이러한 추정을 부정하고 있다.(대판 1993.7.13. 92다49492, 대판 1995.9.29. 94다31365)

예컨대, 사업목적이 지주회사인 '대성홀딩스 주식회사'와 '주식회사 대성지주'는 상호가 전체적으로 관찰하여 유사하고, 각 회사의 주된 영업 목적이 지주사업으로 동일하므로 '주식회사 대성지주'는 '대성홀딩스 주식회사'의 영업으로 오인할 수 있는 상호에 해당하고, 이처럼 상호가 유사하여 일반인으로 하여금 오인 · 혼동을 일으킬 수 있다는 것을 충분히 알 수 있었음에도 '주식회사 대성지주'라는 상호를 사용한 경우 부정한 목적이 인정된다.(대판 2016.1.28. 2013다76635)(모의 18)

3. 상호가등기

(1) 의의

상호의 가등기는 본등기 이전에 상호등기의 보전을 위하여 미리 행하는 등기를 말한다(제22조의2).

물적 회사의 경우 설립이나 상호나 영업 목적의 변경에 시간이 소요되는 관계로 이러한 절차의 진행 중에 제3자가 동일 행정구역 내에 동일 사항을 등기하는 경우 발생할 수 있는 문제를 방지하고자 하는데 상호가등기 제도의 취지가 있다.

(2) 상호가등기가 허용되는 경우

상호의 가등기는 자연인에게는 허용되지 않는다.(변호 17, 모의 24(2)) 설립시 상호가등기는 주식회사와 유한회사 및 유한책임회사만 가능하다.(변호 13, 24, 모의 17, 18, 23, 24) 설립 이후 상호와 목적사항 변경의 경우 모든 회사에 대하여 상호가등기가 허용된다.(변호 17, 23, 모의 17, 18, 24) 설립 이후 본점을 이전하는 경우 모든 회사에 대하여 이전할 곳 관할 등기소에서의 상호가등기가 허용된다.

(3) 상호가등기의 효력

타인이 가등기한 상호는 동일한 특별시 · 광역시 · 시 · 군에서 동종영업의 상호로 등기하지 못한다(제22조의2 제4항, 제22조).(모의 18) 즉 가등기 상호에 대해서는 등기배척권이 인정된다.

가등기 상호의 경우 등기된 상호에 대하여 인정되는 상호폐지청구권(제23조)은 인정되지 않는다.

Ⅲ. 상호권

1. 상호폐지청구권 [변호 20]

(1) 의의

부정한 목적으로 타인의 영업으로 오인할 수 있는 상호를 사용하는 자가 있는 경우 이로 인하여 손해를 받을 염려가 있는 자 또는 상호를 등기한 자는 폐지를 청구할 수 있다(제23조 제1항, 제2항).(모의 18, 20, 22)

상호폐지청구권은 ① 등기상호가 아닌 경우에도 인정될 수 있고,(변호 25, 모의 22) ② 지역 제한 없으며, ③ 두 영업주체가 밀접하게 관련된 것으로 일반인들이 오인할 가능성이 있으면 되고 영업의 동일성까지 요구되지 않고,(변호 23, 모의 24) ④ 상호의 유사성이 요구될 뿐 상호의 동일성까지 요구되지 않는다.(변호 23)

(2) 요건

1) 상호권자의 상호 선정 및 사용

상호권자는 자신의 상호를 적법하게 선정하여 사용하였어야 한다. 즉 상호폐지청구의 상대방보다 상호권자가 먼저 자신의 상호를 선정하여 사용하였을 것이 요구된다.

2) 부정한 목적

① 부정한 목적이란 어느 명칭을 자기의 상호로 사용함으로써 일반인으로 하여금 자신의 영업을 상호권자의 영업으로 오인시키려는 의도를 말한다.(대판 2004.3.26. 2001다72081)(모의 24)

② 상호권자가 사용자의 부정한 목적을 입증하여야 한다. 그런데 동일한 특별시 · 광역시 · 시 · 군에서 동종영업으로 타인이 등기한 상호를 사용하는 자는 부정한 목적으로 사용하는 것으로 추정된다.(모의 18, 20)

③ 甲의 상호인 '서울 고려당'은 그 요부가 '고려당'에 있고, 거래계에서는 '고려당'으로 호칭될 것이므로 乙의 상호인 '고려당'과 동일하여 양자는 오인, 혼동의 우려가 있어 서로 유사한 상호로 봄이 상당하고, 乙의 '고려당' 상호가 먼저 등기되었으므로 甲이 위 상호를 동일한 시에서 동종영업을 위하여 사용하는 이상 상법 제23조 제4항에 의하여 甲의 부정한 목적이 추정되나, 甲이 간판에 '서울 고려당 마산분점'이라고 표시한 것이 서울에 소재한 주식회사 고려당과의 관계를 나타내기 위한 것이라면 乙의 상호인 마산의 '고려당'이 가지는 신용 또는 경제적 가치를 자신의 영업에 이용하고자 하는 의도가 있었다고 볼 수 없다.(대판 1993.7.13. 92다49492)

[사실관계 및 판시사항] 乙은 마산시 합포구에 고려당이라는 상호로 제과점을 운영하면서 1959.7.21. 고려당이라는 상호를 등기하였는데 甲은 마산시 회원구에 서울고려당마산분점이란 상호로 제과점을 개설하였다. 한편 甲은 제과점의 개설 이전에 서울에 본점을 둔 주식회사 고려당과 계약을 체결하고 서울고려당마산분점이라는 상호를 사용할 권리를 취득하였다. 주식회사 고려당은 1944년 무렵 서울시 종로2가에서 설립된 고려당이 1971.10.1. 주식회사로 설립된 것인데 그 전신인 고려당이 사용한 기간을 합하면 40년 이상 고려당으로 선전해 왔고, 甲이 서울고려당마산분점을 개설할 당시 전국 250여개 판매대리점과 직영점이 있었다. 이를 이유로 대법원은 사안의 경우 상법 제23조 제4항에 따른 추정이 적용되기는 하나 甲에게 乙의 상호를 사용할 부정한 목적이 있었다고 볼 수 없다고 판시하였다.

3) 오인가능성

사용자가 사용한 상호가 상호권자의 상호와 유사하여 상호권자의 상호로 오인될 가능성이 있어야 한다.

① '상호의 유사성'은 중요 부분에서 동일하면 인정된다. 상호의 유사성은 영업의 종류, 규모, 지역성을 고려하여 결정하며, 상호가 반드시 동종영업일 것을 요건으로 하지는 않으나(모의 24) 최소한 두 영업주체가 밀접하게 관련되어 있을 것으로 일반인들이 오인할 정도는 되어야 한다.

② '오인가능성'은 일반인의 입장에서 영업주체를 혼동할 우려가 있는지를 기준으로 판단한다.

③ 判例는 ㉠ 대성홀딩스 주식회사와 주식회사 대성지주는 전체적으로 유사하고 영업이 지주사업으로 동일하여 오인가능성이 있다고 보았으나(대판 2016.1.28. 2013다76635),(모의 18) ㉡ 서울에 개설된 보령약국과 수원에 개설된 수원보령약국(대판 1976.2.24. 73다1238) 및 ㉢ 종합유선방송업자인 주식회사 파워콤과 전자제품 도소매업자인 파워콤 주식회사는 오인가능성이 없다고 보았다.(대판 2002.2.26. 2001다73879)

4) 손해를 받을 염려 또는 등기상호

상호권자가 손해를 받을 염려가 있거나 상호권자가 상호를 등기하여야 한다. 다만 실제 손해가 발생해야 하는 것은 아니며, 상호를 등기한 경우에는 손해를 받을 염려가 있을 것이 요구되지도 않는다.

즉 미등기상호의 경우에는 상호권자가 손해를 받을 염려가 있음을 입증하여야 하나, 등기상호권자는 이를 입증할 필요 없이 유사상호의 폐지를 청구할 수 있다(제23조 제2항).(모의 22)

가등기상호는 상법 제23조의 적용에 있어서는 미등기 상호로 취급되므로 손해를 받을 염려를 입증하여야 한다.

(3) 효과

1) 상호폐지청구 및 등기말소청구

상호권자는 유사상호의 폐지 청구가 가능하며, 유사상호가 등기된 경우에는 등기의 말소를 청구할 수 있다.(변호 25) 상인이 아닌 자도 제23조의 유추적용에 의해 상호폐지청구권의 주체가 될 수 있다고 본다.

2) 손해배상

상호권자는 부정한 목적으로 상호권자의 영업으로 오인할 수 있는 상호를 사용하는 자에 대하여 손해배상청구권을 가진다(제23조 제3항).(모의 22) 제23조 제3항에 따른 손해배상청구권은 민법상 불법행위책임에 대한 특칙으로 민법상 불법행위 성립요건을 모두 입증하지 않더라도 상호의 부정사용으로 인한 손해발생 사실을 증명하는 경우 손해배상을 청구할 수 있다.

2. 선등기자의 등기배척권 [변호 20]

(1) 의의

① 타인이 등기한 상호는 동일한 특별시 · 광역시 · 시 · 군에서 동종영업의 상호로 등기하지 못한다(제22조).

② 자신의 상호를 등기한 자는 동일한 특별시 · 광역시 · 시 · 군에서 다른 제3자가 자신의 상호와 동일한 상호를 동종영업의 상호로 등기하는 것을 배척할 수 있다. 등기배척권은 ㉠ 상호등기를 한 자에게만 인정되고, ㉡ 특 · 광 · 시 · 군의 지역적인 제한이 있으며, ㉢ 유사상호가 아닌 동일상호에 대해서만 적용되며,(변호 25, 모의 22) ㉣ 동종영업일 것이 요구된다는 점에서 상호폐지청구권과 구별된다.

③ 2009.5.28. 법률 제9749호로 개정된 상업등기법 제30조는 '동일한 특별시 · 광역시 · 시 또는 군 내에서는 동일한 영업을 위하여 다른 사람이 등기한 것과 동일한 상호는 등기할 수 없다.'라고 규정함으로써 먼저 등기된 상호가 가지는 등기 배척력이 미치는 범위를 동일한 상호로 한정하였다. 이러한 상법 제22조의 규정 취지 및 상업등기법 제30조의 개정 경위에 비추어 볼 때, 위와 같이 개정된 상업등기법의 시행 이후에는 **상법 제22조에 의하여 선등기자가 후등기자를 상대로 등기의 말소를 소로써 청구할 수 있는 효력이 미치는 범위 역시 동일한 상호에 한정된다.**(대판 2011.12.27. 2010다20754)(변호 25)

(2) 후등기에 대한 말소청구 가능 여부

1) 의의

선등기에도 불구하고 후등기가 된 경우 선등기권자가 상법 제22조를 근거로 후등기말소를 청구할 수 있는지 문제된다.

2) 학설

① '실체법설'은 선등기권자는 후등기자의 등기의 말소를 청구할 수 있는 실체법적 권리를 가진다고 보고, ② '등기법설'은 제22조는 등기소의 의무에 관한 규정일 뿐이므로 일단 후등기가 이루어진 이상 제23조의 요건에 해당하는 경우에만 상호폐지의 방법으로 말소를 청구할 수 있다고 본다.

3) 판례

상법 제22조의 규정은 동일한 특별시 · 광역시 · 시 또는 군 내에서는 동일한 영업을 위하여 타인이 등기한 상호 또는 확연히 구별할 수 없는 상호의 등기를 금지하는 효력과 함께 그와 같은 상호가 등기된 경우에는 선등기자가 후등기자를 상대로 그와 같은 등기의 말소를 소로써 청구할 수 있는 효력도 인정한 규정이다.(대판 2004.3.26. 2001다72081)(변호 23, 모의 22, 24)**[모의 22]**

3. 상호역혼동

(1) 의의

상호의 역혼동이란 선사용자의 상호와 동일 · 유사한 상호를 나중에 사용한 후사용자의 상호가 선사용자의 상호보다 훨씬 저명해 진 경우, 선사용자가 자신의 상품의 출처가 후사용자인 것으로 소비자를 기망하였다는 오해를 받을 수 있게 되는 경우를 의미한다.

(2) 판례

선사용자의 상호와 동일 · 유사한 상호를 사용하는 후사용자의 영업규모가 선사용자보다 크고 그 상호가 주지성을 획득한 경우, 후사용자의 상호사용으로 인하여 마치 선사용자가 후사용자의 명성이나 소비자 신용에 편승하여 선사용자의 상품의 출처가 후사용자인 것처럼 소비자를 기망한다는 오해를 받아 선사용자의 신용이 훼손된 때 등에 있어서는 이른바 역혼동에 의한 피해로 보아 후사용자의 선사용자에 대한 손해배상책임을 인정할 여지가 전혀 없지는 않다고 할 것이나, 상호를 보호하는 상법과 부정경쟁방지 및 영업비밀보호에 관한 법률의 입법 취지에 비추어, 선사용자의 영업이 후사용자의 영업과 그 종류가 다른 것이거나 영업의 성질이나 내용, 영업방법, 수요자층 등에서 밀접한 관련이 없는 경우 등에 있어서는 위와 같은 역혼동으로 인한 피해를 인정할 수 없다.(대판 2002.2.26. 2001다73879)(모의 18, 20, 22, 24)

[사실관계] 원고 회사는 1995.6.20. 서울특별시를 본점소재지로 하여 전자부품 등의 도소매업 및 수출입업 등을 목적으로 하여 설립된 뒤 상호를 1995.12.29. 파워컴전자 주식회사로, 1999.11.3. 파워컴 주식회사로 변경하고 변경등기를 마쳤고, 한국전력공사는 광통신망 등을 현물출자 하여 피고 회사를 설립하면서 1999.9.21. 주식회사 파워콤으로 상호가등기를 경료하였고, 피고 회사는 2000.1.26. 서울특별시를 본점소재지로 하여 전기통신회선설비 임대사업, 종합유선방송 전송망 사업 등을 목적으로 설립된 후 위 상호가등기에 기하여 상호등기를 경료하였다. 피고 회사의 설립 후 피고 회사의 상호가 국내에 널리 알려지게 되자 원고 회사는 피고 회사를 상대로 상법 제23조 제1항에 근거한 손해배상 및 상호역혼동에 따른 신용훼손을 이유로 손해배상을 청구한 사안.

[판시사항] 대법원은 ㉠ 피고 회사가 원고 회사의 상호와 동일 · 유사한 상호를 사용하더라도 일반 수요자들이 피고 회사의 영업을 원고 회사의 영업으로 오인할 염려가 없다고 보아 상법 제23조 제1항에 근거한 청구를 기각하고, ㉡ 동일한 사정을 근거로 후사용자인 피고 회사의 상호 사용으로 인해 선사용자인 원고 회사의 신용이 훼손되었다고 볼 수 없다고 판단하여 원고의 청구를 기각하였다.

기출사례

★ 상호폐지청구권 [변호 20]

삼광 주식회사(이하 '삼광'이라 한다)는 2000년 초에 설립된 비상장회사이며 대표이사는 甲이다. 삼광은 전기배터리사업과 태양광사업을 주된 사업으로 하고 있다.
삼광은 위에서 언급한 주된 사업과 관련하여 일반인에게 널리 알려져 있으며 성남시에 '삼광 주식회사'라는 상호로 등기되어 있다. 삼광전기 주식회사(이하 '삼광전기'라 한다)는 2018년 초에 성남시에서 설립된 이래 '삼광전기 주식회사'라는 상호를 사용하며 삼광이 생산, 판매하는 전기배터리와 유사 제품인 전기배터리를 생산, 판매하고 있다. 삼광과 삼광전기의 주 고객층은 대부분 겹친다.

삼광은 삼광전기를 상대로 상법상 어떠한 권리를 행사할 수 있는가?

Ⅰ. 결론

삼광은 삼광전기보다 먼저 삼광이라는 상호를 선정하여 사용해 왔고, 삼광의 상호가 등기되어 있고 삼광과 삼광전기는 상호의 주요 부분인 삼광이 동일하다는 점에서 상호의 동일성이 인정되므로 오인가능성이 존재하고 삼광전기의 부정한 목적이 추정된다. 따라서 삼광은 삼광전기에 대하여 상호폐지를 청구할 수 있고, 그와 함께 자신의 손해를 입증하여 삼광전기에 대하여 손해배상을 청구할 수 있다. 다만 상법 제22조가 적용되기 위해서는 상호가 동일해야 하므로 상법 제22조에 따른 등기배척권은 인정되지 않는다.

Ⅱ. 쟁점

삼광이 삼광전기보다 먼저 설립되어 일반인에게 널리 알려져 있고, 삼광과 삼광전기 상호의 주요 부분이 동일하고 삼광과 삼광전기의 영업이 전기배터리사업으로 동일하고 주 고객층이 대부분 겹친다는 점에서 삼광이 상법 제23조에 따른 상호폐지청구권과 손해배상청구권을 행사할 수 있는지 및 삼광의 상호가 등기되어 있다는 점에서 상법 제22조에 따른 선등기권자의 등기배척권을 행사할 수 있는지 문제된다.

4. 상호의 양도

(1) 상호양도가 가능한 경우

상호는 영업을 폐지하거나 영업과 함께 하는 경우에 한하여 양도할 수 있다(제25조 제1항).(변호 17, 25, 모의 17, 18, 20) 영업을 폐지하는 경우 영업과 분리하여 상호만을 양도하는 것이 가능하다.(변호 25)

상법 제25조 제1항은 상호는 영업을 폐지하거나 영업과 함께 하는 경우에 한하여 이를 양도할 수 있다고 규정하고 있어 영업과 분리하여 상호만을 양도할 수 있는 것은 영업의 폐지의 경우에 한하여 인정되는데 위 법조항에 규정된 **영업의 폐지라 함은 정식으로 영업폐지에 필요한 행정절차를 밟아 폐업하는 경우에 한하지 아니하고 사실상 폐업한 경우도 이에 해당한다.**(대판 1988.1.19. 87다카1295)(변호 23)

(2) 상호양도와 등기

상호의 양도는 등기하지 아니하면 제3자(선의, 악의 불문)에게 대항하지 못한다(제25조 제2항).(모의 18, 모의 24(2)) 그 결과 상호 이중양도의 경우, 양수인의 선악을 불문하고 선등기자가 우선한다.

상호양도 등기의 대항력에 관한 제25조 제2항은 상업등기의 효력에 관한 제37조의 예외규정이다.

5. 상호의 폐지

상호의 폐지란 상인이 상호권을 포기하여 절대적으로 소멸시키는 것을 의미한다. 상호를 등기한 자가 정당한 사유 없이 2년간 상호를 사용하지 않으면 폐지한 것으로 본다(제26조).(모의 17, 18)

상호권자가 상호의 변경 또는 폐지 시점으로부터 2주간 내에 변경 또는 폐지의 등기를 하지 않으면, 이해관계인은 그 등기의 말소를 청구할 수 있다(제27조). 상호의 변경, 폐지의 경우 당사자는 지체 없이 변경 또는 소멸의 등기를 하여야 한다(제40조).

6. 상호의 부정사용에 대한 제재

회사가 아니면서 상호에 회사임을 표시하는 문자를 사용한 자(제20조)와 부정한 목적으로 타인의 영업으로 오인할 수 있는 상호를 사용한 자(제23조 제1항)는 200만 원 이하의 과태료에 처한다.

Ⅳ. 명의대여자의 책임 [모의 17, 18, 22]

1. 의의

타인에게 자기의 성명 또는 상호를 사용하여 영업을 할 것을 허락한 자는 자기를 영업주로 오인하여 거래한 제3자에 대하여 그 타인과 연대하여 변제할 책임이 있다(제24조).(모의 17, 23) 명의대여자의 책임은 금반언의 법리 및 외관주의의 법리에 따라 선의의 제3자를 보호하기 위한 것이다.

2. 명의대여자의 상인 여부

명의대여자가 상인이 아니거나 명의차용자의 영업이 상행위가 아니라 하더라도 명의대여자 책임의 법리를 적용하는 데에 아무런 영향이 없다.(대판 1987.3.24. 85다카2219)(변호 14, 18, 20, 모의 14, 17)

[사실관계] 인천광역시는 사단법인 한국병원관리연구소에게 인천직할시립병원이라는 명칭을 사용하여 병원업을 경영할 것을 승낙하였고, 원고는 위 인천직할시립병원에 의약품을 납품한 후 대금을 지급받지 못하자 인천광역시를 상대로 명의대여자책임을 이유로 대금 지급을 청구한 사안.

[판시사항] 대법원은 명의대여자책임은 명의대여자가 상인이 아니어도 성립하므로 상인이 아닌 인천광역시가 명의대여자에 해당할 수 있고, 명의차용자의 영업이 상행위가 아니어도 되므로 인천직할시립병원의 영업이 상행위가 아니더라도 명의대여자책임이 성립할 수 있다고 판시하였다. 다만 대법원은 원고와 인천직할시립병원 사이에 이루어진 의약품 납품거래의 내용에 비추어 볼 때 병원의 운영자가 인천광역시가 아니라는 것을 원고가 알았다고 보아야 하고, 만일 이를 몰랐다 하더라도 중대한 과실이 인정된다는 이유로 인천광역시의 명의대여자책임을 부인하였다.

3. 명의대여자 책임의 요건

(1) 명의대여자의 영업으로 오인될 수 있는 명칭의 사용(외관의 존재)

1) 명의의 동일성

① 거래통념상 명의대여자의 영업으로 오인될 수 있는 명칭을 사용하여야 한다.

② 명의대여자의 상호에 지점, 출장소(대판 1976.9.28. 76다955), 영업소 등의 명칭을 부가한 경우 명의의 동일성이 인정된다.

③ 일반거래에서 실질적인 법률관계는 대리상, 특약점 또는 위탁매매업 등이면서도 대리점이란 명칭으로 통용되고 있고, 타인의 상호 아래 대리점이란 명칭을 붙인 경우는 지점, 영업소, 출장소 등을 붙인 경우와는 달리 타인의 영업을 종속적으로 표시하는 부가 부분이라고 보기도 어렵기 때문에 제3자가 자기의 상호 아래 대리점이란 명칭을 붙여 사용하는 것을 허락하거나 묵인하였더라도 상법상 명의대여자로서의 책임을 물을 수는 없다.(대판 1989.10.10. 88다카8354)(모의 22)

2) 영업외관의 동일성

① 의의

명의대여자가 영업을 하고 있는 경우 명의대여자와 명의차용자의 영업 외관이 동일하여야 하는지 문제된다.

② 학설

㉠ 영업외관이 다르면 외관에 대한 일반적 신뢰가 어렵다는 점에서 외관의 동일성이 필요하다고 보는 '필요설'과 ㉡ 영업외관의 동일성은 필요하지 않다고 보는 '불요설'이 존재한다.

③ 판례

호텔 운영자가 자신의 명의로 된 나이트클럽을 다른 사람에게 임대하여 준 경우 다른 사람에게 자신의 영업허가 명의를 사용하여 영업을 하도록 허락한 이상 상법 제24조의 규정에 따라 명의대여자 책임을 진다.(대판 1978.6.13. 78다236)(변호 16)

[사실관계] 호텔 경영자인 피고는 자신이 운영하는 호텔 지하에 있는 나이트클럽에 대한 영업허가를 얻어 10여 일 동안 자신의 명의로 나이트클럽을 운영하다 명의차용자에게 나이트클럽을 임대하였다. 그런데 호텔 경영자인 피고는 이러한 임대 사실을 자신이 나이트클럽을 운영하던 시기에 자신에게 식료품을 납품했던 업체인 원고에게 알리지 않았고 이에 원고는 명의차용자에게 계속 식료품을 납품한 후 피고를 상대로 명의대여자책임을 이유로 식료품 납품대금을 청구하였다.

(2) 명의사용의 허락(외관의 부여)

1) 명시적 · 묵시적 허락

명의사용의 허락은 명시적 허락과 묵시적 허락을 포함한다.

2) 영업임대차와 동업 탈퇴의 경우

① 피고가 용당정미소라는 상호로 경영하던 정미소를 甲에게 임대하였는데, 甲이 같은 상호를 사용하여 그 정미소를 경영하면서 원고로부터 백미를 받은 경우, 원고가 피고를 용당정미소의 영업주로 오인하였다는 사실이 인정되면 피고는 백미보관으로 인한 책임을 면할 수 없다.(대판 1967.10.25. 66다2362)(변호 14)

② 명의자가 타인과 동업계약을 체결하고 공동 명의로 사업자등록을 한 후 타인으로 하여금 사업을 운영하도록 허락하였고, 거래상대방도 명의자를 공동사업주로 오인하여 거래를 하여온 경우, 그 후 명의자가 동업관계에서 탈퇴하고 사업자등록을 타인 단독 명의로 변경했다 하더라도 이를 거래상대방에게 알리는 등의 조치를 취하지 아니하여 여전히 공동사업주로 오인하게 하였다면 명의자는 탈퇴 이후 타인과 거래상대방 사이에 이루어진 거래에 대하여도 명의대여자로서의 책임을 부담한다.(대판 2008.1.24. 2006다21330)(변호 16)

3) 법률에 위반한 명의대여

명의대여가 명의대여를 금지한 법률에 위반하여 무효라고 하더라도, 명의대여자는 선의의 제3자에 대하여 상법상 명의대여자의 책임을 진다.

농약판매업을 하고자 하는 자는 등록을 하도록 되어 있고 그 등록명의를 다른 사람에게 빌려 주는 것은 금지된다. 그러나 등록명의자가 등록명의를 대여하였다거나 그 명의로 등록할 것을 다른 사람에게 허락하였다면 농약판매업에 관하여 등록명의자 스스로 영업주라는 것을 나타낸 것이므로 명의대여자로서 농약거래로 인하여 생긴 채무를 변제할 책임이 있다.(대판 1988.2.9. 87다카1304)(변호 14, 23, 모의 14, 16, 22)

4) 상호의 사용 없이 단순히 상점 등의 사용을 방치한 경우

상호의 사용 없이 단순히 자신의 상점, 전화, 창고 등을 수회 사용하는 것을 방치한 것은 묵시적 허락에 해당하지 않는다.(대판 1982.12.28. 82다카887)

5) 명의사용 허락의 철회

명의대여자가 명의사용 허락을 철회하였더라도 명의차용자가 계속 명의대여자의 성명 또는 상호를 사용한 경우에는 명의대여자책임이 인정될 수 있다. 명의대여자가 책임을 면하기 위해서는 명의차용자에게 명의사용 허락을 철회하는 것으로는 부족하고 명의사용을 허락한 방법과 동등한 방법이나 그 이상의 방법으로 명의대여의 외관을 제거하여야 한다.

(3) 외관의 신뢰

1) 의의

제3자가 명의대여자를 영업주로 오인하였어야 한다. 명의대여자 책임이 인정되기 위해서는 오인과 피해 발생 사이에 인과관계가 있어야 한다.(대판 1998.3.24. 97다55621)(모의 17)

어떠한 경우에 상대방이 명의대여자를 영업주로 오인한 것으로 인정되는지 문제된다.

2) 학설

학설은 ① 선의의 경우를 의미한다는 견해, ② 선의, 무과실의 경우를 의미한다는 견해, ③ 선의, 무중과실을 의미한다는 견해가 존재한다. 상거래에 있어 중과실은 악의와 동일시된다는 점에서 선의, 무중과실을 의미한다는 견해가 다수설이다.

3) 판례

명의대여자의 책임은 명의자를 영업주로 오인하여 거래한 제3자를 보호하기 위한 것으로 거래상대방이 명의대여사실을 알았거나 모른 데 대하여 중대한 과실이 있는 때에는 책임을 지지 않는다. 상대방의 악의와 중과실은 면책을 주장하는 명의대여자들이 입증책임을 부담한다.(대판 2001.4.13. 2000다10512)(변호 14, 20, 모의 14, 16, 17)

4. 명의대여자 책임의 효과

① 명의대여자는 명의차용자와 연대하여 책임을 부담한다.

② 명의대여자와 명의차용자의 책임은 일방의 채무가 변제 등으로 소멸하면 타방의 채무도 소멸하는 부진정연대의 관계에 있다. 부진정연대채무에서 채무자 1인에 대한 이행청구 또는 채무자 1인의 채무승인 등 소멸시효 중단사유나 시효이익 포기는 다른 채무자에게 효력을 미치지 아니한다.(대판 2011.4.14. 2010다91886)(변호 14, 모의 16, 22, 23)

③ 부진정연대채무자 중 1인의 변제, 대물변제, 공탁, 상계는 다른 채무자에게 효력이 있다.(변호 20)

④ 명의차용자에 대한 이행청구 등 소멸시효 중단이나 시효이익 포기는 명의대여자에게 효력이 없다.(변호 16, 18, 20, 모의 14)

⑤ 명의대여자가 변제한 경우 명의차용자에게 구상권을 행사할 수 있으나, 명의차용자가 변제한 경우 명의대여자에게 구상권을 행사할 수 없다.

⑥ 명의대여자와 명의차용자가 공동피고인 사건에서 명의대여자만 항소한 경우, 항소로 인한 확정차단 효력은 명의대여자에 대해서만 발생하고 명의차용자에게는 발생하지 않는다.(변호 20)

5. 적용범위

(1) 허락한 영업범위 내의 채무

명의대여자는 자신이 허락한 영업범위 내의 채무에 대해서 책임을 부담하는지에 대하여 학설은 긍정설과 부정설이 존재한다.

판례는 정미소 부지 내에 있는 창고 및 살림집을 제3자에게 임대한 행위는 설령 명의차용자가 임대행위의 목적이 정미소 창고 건축비용을 조달키 위함이라고 제3자에게 말하였다고 하더라도 정미소 영업범위 외의 거래이므로 그에 관하여 명의대여자에게 책임을 물을 수 없다고 판시하여(대판 1983.3.22. 82다카1852) 허락한 영업범위 내의 채무에 대해서 책임을 부담한다고 본다.

허락한 영업범위 내인지 여부는 명의대여자가 대여한 명의에서 객관적으로 추론되는 영업거래인지 여부를 기준으로 판단한다. 명의대여 된 영업과 관련이 있는 이상 채무불이행으로 인한 손해배상채무 또는 계약해제로 인한 원상회복의무를 모두 포함한다.

(2) 명의차용자의 피용자의 행위

1) 의의

명의차용자의 피용자의 행위에 대해서도 명의대여자가 책임을 지는지 문제된다.

2) 학설

학설은 일반적으로 명의차용자의 피용자의 행위가 명의차용자의 영업을 위한 것인 경우 이러한 피용자의 행위에 대해서도 명의대여자의 책임이 인정된다고 본다.

3) 판례

명의대여자의 책임규정은 거래상의 외관보호와 금반언의 원칙을 표현한 것으로서 명의대여자가 영업주로서 자기의 성명이나 상호를 사용하는 것을 허락했을 때에는 명의차용자가 그것을 사용하여 법률행위를 함으로써 지게 된 거래상의 채무에 대하여 변제의 책임이 있다는 것을 밝히고 있는 것에 그치는 것이므로 **명의대여자의 책임은 명의 사용을 허락받은 자의 행위에 한하고 명의차용자의 피용자의 행위에 대해서까지 미칠 수는 없다.**(대판 1989.9.12. 88다카26390)(변호 18, 모의 14, 16, 17, 23)

[사실관계] 토목, 건축업 등을 하는 A회사가 B를 피고 회사의 이사인 것처럼 내세워 발주처와 교섭을 진행한 끝에 발주처와 공사도급계약을 체결하였는데, A와 B는 B가 위 공사를 자신의 계산으로 하되 명의는 A회사의 명의를 사용하여 공사하기로 약정하였다. B는 위 공사 현장에 현장사무실을 마련하여 A회사의 승낙 아래 위 사무실에 "A회사 공사현장사무실"이라는 간판을 걸고 자신은 위 현장사무실의 본부장으로 행세하면서 C를 위 사무실의 현장소장으로 임명하여 위 공사의 기초작업 등을 하게 하였다. B는 공사자금이 부족하게 되자 C에게 공사자금을 차용하여 오도록 지시하였고 C는 원고에게 공사자금을 대여해 줄 것을 요청하였는데 원고는 A회사가 위 공사를 하는 것으로 오인하고 C에게 금 2천만 원을 대여하였고, C 명의의 차용증을 교부받은 후 위 대여금 2천만원의 상환을 A회사에게 요구한 사안.

[판시사항] 원심은 A회사는 B에게 자신의 상호를 사용하여 영업할 것을 허락한 자로서 B의 피용자인 C가 원고로부터 차용한 위 금원을 변제할 책임이 있다고 판단하였으나, 대법원은 명의차용자의 피용자에 대해서는 명의대여자책임이 인정되지 않는다는 이유로 A회사의 변제책임이 인정되지 않는다고 판시하였다.

(3) 불법행위책임

1) 의의

명의대여자책임이 외관주의 법리를 근거로 한다는 점에서 거래 행위가 아닌 불법행위에 대해서도 명의대여자책임이 인정되는지 문제된다.

2) 학설

학설은 사실적 불법행위와 거래적 불법행위로 나누어 사기와 같은 거래적 불법행위에 대해서는 명의대여책임을 인정하고 있다.

3) 판례

불법행위의 경우에는 피해자가 명의대여자를 영업주로 오인하고 있었더라도 **그와 같은 오인과 피해의 발생 사이에 아무런 인과관계가 없으므로,**(모의 17, 23) **신뢰관계를 이유로 명의대여자에게 책임을 지워야 할 이유가 없다.**(대판 1998.3.24. 97다55621)(변호 18, 모의 13, 16)

(4) 어음수표행위

어음·수표상의 채무는 영업거래 채무로 인정될 수 있으므로 어음·수표행위에 명의대여자 책임을 인정하는 것이 통설과 判例의 입장이다.

대한교육보험주식회사가 甲에게 대한교육보험주식회사 부산지사라는 상호를 사용하여 보험계약을 체결·알선하는 것을 허락하고, 甲은 부산지사 비품대금 조달을 위해 대한교육보험주식회사 부산지사장의 직인을 찍어 乙에게 약속어음을 발행한 경우, 乙이 甲의 어음발행 행위의 주체를 대한교육보험주식회사로 오인한 데에 중과실이 있다고 보이지 않으므로 대한교육보험주식회사는 명의대여자로서 책임을 진다.(대판 1969.3.31. 68다2270)

제5장 상업장부

1. 의의

상업장부란 상인이 영업상의 재산 및 손익의 상황을 명백히 하기 위하여 작성하여야 하는 장부로서 회계장부와 대차대조표를 말한다(제29조 제1항).

2. 상업장부의 작성

상업장부의 작성에 관하여 상법에 규정한 것을 제외하고는 일반적으로 공정·타당한 회계관행에 의한다(제29조 제2항).

회계장부에는 거래와 기타 영업상의 재산에 영향이 있는 사항을 기재하여야 한다(제30조 제1항).

상인은 영업을 개시한 때와 매년 1회 이상 일정시기에, 회사는 성립한 때와 매 결산기에 회계장부에 의하여 대차대조표를 작성하고, 작성자가 이에 기명날인 또는 서명하여야 한다(제30조 제2항).

3. 상업장부 관련 의무

(1) 상업장부 작성의무

상인은 영업상의 재산 및 손익의 상황을 명백히 하기 위하여 상업장부를 작성할 의무를 부담한다.

(2) 상업장부 보존의무

상인은 10년간 상업장부와 영업에 관한 중요서류를 보존하여야 한다(제33조 제1항 본문). 다만, 전표 또는 이와 유사한 서류는 5년간 이를 보존하여야 한다(제33조 제1항 단서).

제33조 제1항의 기간은 상업장부에 있어서는 그 폐쇄한 날로부터 기산한다(제33조 제2항).

(3) 의무 위반에 대한 제재

개인상인은 상업장부 작성의무를 위반하더라도 사법상의 책임을 지지 아니하며, 상법에 이에 대한 제재규정도 없다. 회사의 경우 업무집행사원, 이사, 집행임원, 감사 등이 상업장부를 작성하지 않거나 부실하게 작성한 경우 500만원 이하의 과태료를 부과한다.

제6장 상업등기

Ⅰ. 상업등기의 의의

1. 상업등기의 의미

상업등기란 상인에 관한 일정한 사항을 법원의 상업등기부에 하는 등기를 말한다. 상법에 따라 등기할 사항은 당사자의 신청에 의하여 영업소(회사의 경우 본점을 말한다) 소재지 관할법원의 상업등기부에 등기한다(제34조).

2. 절대적 등기사항과 상대적 등기사항

① '절대적 등기사항'이란 등기의무가 부여되어 등기가 요구되는 등기사항을 말한다.

② '상대적 등기사항'이란 당사자가 자유롭게 등기 여부를 선택할 수 있는 등기사항을 말한다. 상대적 등기사항도 일단 등기를 하면 그 변경 또는 소멸은 반드시 등기를 하여야 하므로 절대적 등기사항이 된다(제40조).

3. 창설적 등기사항과 보고적 등기사항

① '창설적 등기사항'이란 등기를 함으로써 효과가 생기는 등기사항을 말한다. 회사설립등기, 합병등기 등이 이에 해당한다.

② '보고적 등기사항'이란 이미 발생한 효과를 사후적으로 확인하는 의미의 등기사항을 말한다. 지배인 선임등기, 해임등기, 상호등기 등이 이에 해당한다.

Ⅱ. 상업등기의 효력

1. 상업등기의 소극적 효력(제37조 제1항)

> 제37조 (등기의 효력) ① 등기할 사항은 이를 등기하지 아니하면 선의의 제3자에게 대항하지 못한다.
> ② 등기한 후라도 제3자가 정당한 사유로 인하여 이를 알지 못한 때에는 제1항과 같다.

(1) 의의

등기할 사항은 이를 등기하지 아니하면 선의의 제3자에게 대항하지 못한다(제37조 제1항).(모의 21) 등기한 후라도 제3자가 정당한 사유로 인하여 이를 알지 못한 때에는 선의의 제3자에게 대항하지 못한다(제37조 제2항).(모의 21) 이를 상업등기의 소극적 효력이라 한다.

(2) 요건

1) 등기할 사항

등기할 사항은 절대적 등기사항 뿐만 아니라 상대적 등기사항도 포함한다.(모의 19) 창설적 등기사항은 등기하지 아니하면 효력이 발생하지 않으므로 상업등기의 소극적 효력이 적용될 여지가 없다.

2) 미등기

등기의무자의 귀책사유로 등기되지 않았을 것을 요건으로 하지 않는다. 등기공무원의 과실로 등기가 되지 않은 경우도 포함한다. 상업등기의 소극적 효력은 외관법리에 기초하지 않는다.

3) 선의의 제3자

제3자의 선의란 등기대상인 사항에 대해 알지 못하는 것이며 등기 여부를 몰랐다는 것이 아니다. 상대방은 선의, 무중과실이어야 한다. 제3자가 등기대상인 사항에 대하여 악의인 경우에는 등기가 되지 않았다 하더라도 등기대상인 사항을 주장할 수 있다.

(3) 효과

대항하지 못한다는 것은 등기신청권자가 제3자에게 등기할 사항에 따른 법률효과를 주장하지 못한다는 것이다. 제3자가 등기신청권자에게 등기할 사항에 따른 법률효과를 주장하는 것은 가능하다.

예컨대, 甲주식회사가 A와 B를 공동대표이사로 선임하였음에도 공동대표이사 등기를 하지 않았다면 A의 단독 명의로 거래행위를 한 상대방 C에 대하여 甲회사는 A가 공동대표이사임을 주장하여 거래행위의 무효를 주장할 수 없다. 다만 이 경우에도 상대방 C가 A가 공동대표이사임을 이유로 거래의 무효를 주장하는 것은 가능하다.

2. 상업등기의 적극적 효력

등기할 사항을 등기하면 선의의 제3자에게도 대항 할 수 있다.

제37조 제2항은 등기한 후라도 제3자가 정당한 사유로 인하여 이를 알지 못한 때에는 그러한 제3자에게 대항할 수 없다고 규정하고 있으나, 제3자에게 정당한 사유가 있었는지 여부를 판단함에 있어 제3자의 주관적인 사정(질병, 여행, 휴업 등)은 포함되지 않는다.

3. 상업등기의 소극적·적극적 효력의 적용범위

(1) 창설적 등기

창설적 등기사항은 등기가 없으면 그 법률관계 자체가 효력을 발생하지 않으므로 창설적 등기사항에는 등기의 일반적 효력이 적용되지 않는다.

(2) 상호의 양도

상호의 양도는 등기하지 않으면 악의의 제3자에게도 대항할 수 없다(제25조 제2항). 따라서 상호의 양도에도 등기의 일반적 효력 조항이 적용되지 않는다.

(3) 불법행위

① 불법행위의 경우에는 상대방의 신뢰가 존재하지 않으므로 불법행위에는 상업등기의 효력이 적용되지 않는다는 견해와 ② 상거래의 안정을 위하여 불법행위의 경우에도 상업등기의 효력이 적용된다는 견해 및 ③ 사실적 불법행위에는 적용되지 않으나 사기와 같은 거래적 불법행위의 경우에는 적용된다는 견해가 있다.

(4) 공법관계

등기의 일반적 효력과 관련된 선의의 제3자란 대등한 지위에서 하는 보통의 거래관계의 상대방을 말한다 할 것이므로 조세권에 기하여 조세의 부과처분을 하는 경우의 국가는 동조 소정의 제3자라 할 수 없다.(대판 1978.12.26. 78누167)(모의 19, 24)

(5) 상법 제395조 표현책임과의 관계

1) 의의

상업등기의 효력은 등기된 사항에 대한 신뢰 보호를 위한 것이고, 표현책임은 등기와 상관없이 외관에 대한 신뢰 보호를 위한 것이다. 甲이 대표이사에서 해임된 이후 해임등기가 되지 않은 상태에서 乙과 회사 명의의 거래를 한 경우 乙은 상법 제395조의 표현대표이사 책임과 상법 제37조에 따른 상업등기의 효력을 모두 주장할 수 있다. 이와 관련하여 표현책임 규정과 상업등기 규정의 관계가 문제된다.

2) 학설

① 표현책임에 관한 규정은 외관주의법리에 따른 책임을 규정한 것으로서 상업등기와는 적용의 차원을 달리한다고 보는 견해(이차원설)와 ② 거래상대방이 상업등기를 확인하여야 한다는 것은 상거래의 신속과 원활을 위한 상법의 취지에 반하므로 표현책임은 상업등기의 예외규정에 해당한다고 보는 견해(예외규정설)가 존재한다.

3) 판례

상법 제395조는 상업등기와는 다른 차원에서 회사의 표현책임을 인정한 규정이므로 제395조를 적용함에 있어 상업등기가 있는지 여부는 고려대상이 아니다.(대판 1979.2.13. 77다2436)

4. 상업등기의 특수적 효력

등기로써 효력이 발생하는 창설적 효력(①), 등기가 되는 경우 등기의 전제가 되는 법률관계에 존재하는 하자를 주장할 수 없게 되는 보완적 효력(②, ③), 등기에 의하여 일정한 행위에 대한 제한이 해제되거나 면책이 주어지는 해제적 효력(④, ⑤, ⑥), 추정력(⑦)이 존재한다.

① 설립등기(제172조)와 합병등기(제234조)와 같은 창설적 등기사항은 등기로써 효력이 발생한다.

② 회사의 설립등기 후에는 주식인수의 무효나 취소를 주장할 수 없다(제320조 제1항).

③ 신주발행 변경등기일로부터 1년 이후에는 주식인수의 무효나 취소를 주장할 수 없다(제427조).

④ 회사설립 등기 후에는 주권발행 전 주식 양도도 회사에 대해 효력을 가진다(제335조 제3항).

⑤ 주식의 인수로 인한 권리의 양도도 주식회사 설립등기 이후에는 허용된다(제319조).

⑥ 합명회사 사원은 퇴사 등기 후 2년이 지나면 책임이 면제된다(제225조 제1항).

⑦ 법인등기부에 이사 또는 감사로 등재되어 있는 경우에는 특단의 사정이 없는 한 정당한 절차에 의하여 선임된 적법한 이사 또는 감사로 추정된다.(대판 1991.12.27. 91다4409,4416)(변호 15, 모의 24)

Ⅲ. 부실등기(제39조) [모의 16]

1. 의의 및 법적 성질

(1) 의의

고의 또는 과실로 사실과 다른 사항을 등기한 자는 등기가 사실과 다르다는 것을 선의의 제3자에게 대항하지 못한다(제39조).(변호 18, 모의 21)

(2) 법적 성질

제39조의 법적 성질에 대하여 ① 상업등기의 공신력을 제한적으로 인정한 것으로 보는 견해(제한적 공신력설)와 ② 부실등기의 외관을 신뢰하고 거래한 선의의 제3자를 보호하기 위한 것으로 보는 견해(외관주의설)가 존재한다.

회사등기에는 공신력이 인정되지 않으므로, 합자회사 사원 지분등기가 부실등기인 경우 부실등기를 믿고 사원 지분을 양수하였다 하여 지분을 양수한 것으로 될 수 없다.(대판 1996.10.29. 96다19321)

2. 요건

(1) 사실과 다른 등기의 존재(외관의 존재)

1) 의의

사실과 다른 등기가 존재하여야 한다. 이와 관련하여 등기 시점에는 사실과 부합했으나 그 이후 사정변경으로 사실과 상위하게 된 경우 및 등기의무자가 변경등기를 게을리한 경우 기존 등기를 믿고 거래한 제3자를 제37조 제1항에 따라 보호할 것인지 제39조에 따라 보호할 것인지가 문제된다.

2) 학설

학설은 ① 제37조 제1항과 제39조가 모두 적용된다는 견해와 ② 등기의무자의 부작위에 관한 것이므로 제37조 제1항만 적용된다는 견해(다수설)가 존재한다.

3) 판례

소송에서 주식회사의 대표이사의 이사 자격이 부정되었음에도 불구하고 해당 회사가 이사 말소등기를 하지 않은 상태에서 그를 정당한 대표이사로 믿고 거래한 제3자에 대해서는 회사가 대표이사의 무자격을 주장하지 못한다.(대판 1974.2.12. 73다1070)(모의 19)

(2) 등기신청인의 귀책사유(외관의 부여)

1) 등기신청인의 고의 또는 과실

① 등기신청인의 고의, 과실이 존재해야 한다.(변호 18) 등기신청인의 고의, 과실은 법인의 대표자를 기준으로 판단한다. 등기공무원의 잘못으로 사실과 다른 등기가 된 경우에는 적용되지 않는다.

② 합명회사에 있어서 부실등기에 대한 고의 과실의 유무는 대표사원을 기준으로 판정하여야 하고 대표사원의 유고로 회사정관에 따라 업무를 집행하는 사원이 있다고 하더라도 그 사원을 기준으로 판정하여서는 아니 된다.(대판 1981.1.27. 79다1618,1619)(변호 15, 18, 24 모의 24)

③ 이사 선임의 주주총회결의에 대한 취소판결이 확정되어 그 결의가 소급하여 무효가 된다고 하더라도 그 선임 결의가 취소되는 대표이사와 거래한 상대방은 상법 제39조의 적용 내지 유추적용에 의하여 보호될 수 있으며, 주식회사의 법인등기의 등기신청권자는 회사 자체이므로 취소되는 주주총회결의에 의하여 이사로 선임된 대표이사가 마친 이사 선임 등기는 상법 제39조의 부실등기에 해당된다.(대판 2004.2.27. 2002다19797)(변호 15, 20, 24, 모의 24)

[사실관계] 甲회사의 주주총회결의를 통해 이사로 선임된 A는 같은 날 이사회 결의를 통해 대표이사로 선임되었고, A를 이사 및 대표이사로 하는 등기가 이루어졌다. 그 후 A는 甲회사 대표이사의 명의로 B와 거래계약을 체결하였는데 위와 같은 계약 체결 후 A를 이사로 선임한 주주총회결의취소의 소가 원고 승소 판결로 확정되었다. 이에 甲회사는 주주총회결의취소를 이유로 甲회사와 B 사이의 거래 행위의 무효를 주장하였다.

[판시사항] 대법원은 이사 선임의 주주총회결의에 대한 취소판결이 확정된 경우 그 결의에 의하여 이사로 선임된 이사들에 의하여 구성된 이사회에서 선정된 대표이사는 소급하여 그 자격을 상실하고, 그 대표이사가 이사 선임의 주주총회결의에 대한 취소판결이 확정되기 전에 한 행위는 대표권이 없는 자가 한 행위로서 무효가 된다고 판시하면서, 그러한 대표이사와 거래한 제3자의 보호와 관련하여 상법 제39조 적용을 통하여 보호될 수 있다고 보았다.

2) 제3자에 의해 이루어진 부실등기

① 의의

등기신청권자가 아닌 제3자가 문서를 위조하는 등의 방법으로 부실등기가 된 경우 원칙상 제39조가 적용되지 않는다. 다만 제3자에 의하여 이루어진 부실등기가 방치된 경우 회사에게 제39조의 책임을 묻기 위한 요건이 문제된다.

② 학설

학설은 ㉠ 등기신청권자가 부실등기를 알면서도 이를 방치한 것이 등기신청권자의 작위와 동일하게 볼 수 있는 경우 제39조가 유추적용 된다는 견해와 ㉡ 등기신청권자가 중과실로 부실등기를 방치한 경우에도 제39조를 적용할 수 있다는 견해 및 ㉢ 등기신청권자가 단순한 과실로 부실등기를 방치한 경우에도 제39조를 적용할 수 있다는 견해가 존재한다.

③ 판례

㉠ 등기신청권자 아닌 자가 주주총회의사록 등을 허위로 작성하여 대표이사 선임등기를 마친 경우, 주주총회의 개최와 결의가 존재하나 무효 또는 취소사유가 있는 경우와 달리, 대표이사 선임에 관한 회사 내부 의사결정은 존재하지 않아 등기신청권자인 회사가 그 등기에 관여할 수 없었을 것이므로, 회사의 적법한 대표이사가 부실등기에 협조 · 묵인하는 등의 방법으로 관여했거나 회사가 부실등기의 존재를 알고 있음에도 시정하지 않고 방치하는 등 회사의 고의 또는 과실로 부실등기를 한 것과 동일시할 수 있는 특별한 사정이 없는 한, 회사에게 상법 제39조에 의한 부실등기 책임을 물을 수 없고, 이 경우 허위 주주총회결의 등의 외관을 만들어 부실등기를 마친 사람이 회사의 상당한 지분을 가진 주주이더라도 회사의 고의 또는 과실로 부실등기를 한 것과 동일시할 수는 없다.(대판 2008.7.24. 2006다24100)(변호 15, 18, 모의 18, 19, 24)

㉡ 상법 제39조는 제3자의 문서위조 등의 방법으로 이루어진 부실등기에 있어서 등기신청권자에게 그 부실등기의 경료 및 존속에 있어서 그 정도가 어떠하건 과실이 있다는 사유만으로 회사가 선의의 제3자에게 대항할 수 없음을 규정한 취지가 아니다.(대판 1975.5.27. 74다1366)(모의 19)

(3) 선의의 제3자(외관의 신뢰)

제3자는 등기가 사실과 다르다는 것을 알지 못했어야 한다. 상거래에서 중과실은 악의와 동일시되므로 제3자는 선의, 무중과실이어야 하는 것으로 본다. 제37조 제1항의 선의의 제3자와 동일하다.

3. 효과

등기가 사실과 다르다는 것을 주장할 수 없고, 등기를 신뢰한 제3자에 대하여 책임을 진다.

제7장 영업양도

Ⅰ. 영업양도의 의의

1. 영업양도의 개념

영업양도는 물건, 권리, 사실관계를 포함하는 조직적 · 기능적 재산으로서의 영업재산 일체를 영업의 동일성을 유지하면서 이전하기로 하는 채권계약을 의미한다. 영업이란 유기적으로 결합되고 조직화되어 있는 상인의 영업재산 전체를 의미한다.

상법상 **영업양도란 일정한 영업목적에 의하여 조직화된 총체 즉 물적 · 인적 조직을 그 동일성을 유지하면서 일체로서 이전하는 것으로서, 영업양도 당사자 사이의 명시적 또는 묵시적 계약이 있어야 한다.**(대판 1997.6.24. 96다2644)(모의 16, 19)

영업양도는 양수인이 유기적으로 조직화된 수익의 원천으로서의 기능적 재산을 이전받아 양도인과 같은 영업적 활동을 계속하고 있는지에 따라 판단되어야 한다.(대판 2005.7.22. 2005다602)

영업양수인이 영업양도인의 채권과 채무를 승계하는지 여부는 영업양도의 요건이 아니므로, 채권채무의 승계가 없더라도 영업목적을 위하여 조직화된 유기적 일체로서 기능적 재산이 그대로 이전되었다면 영업양도에 해당한다.(모의 20)

영업양도는 불요식계약이고, 영업양도에 있어서 등기가 효력발생요건이 아니다.(모의 16)

2. 당사자의 상인 여부

양도인은 상인이어야 하고 처분권한이 있어야 한다. 영업의 임차인과 경영위임을 받은 자는 처분권이 없으므로 영업양도인이 될 수 없다. 양수인은 반드시 상인이어야 하는 것은 아니나, 양수인이 자연인인 경우 영업양수는 개업준비행위로서 보조적 상행위에 해당하게 되어 양수인은 영업양수 시점에 상인자격을 취득하게 된다.

3. 채권계약

① 영업양도는 채권계약이므로 양도인이 재산이전의무를 이행함에 있어서는 상속이나 회사의 합병과 같이 포괄적 승계가 인정되지 않고 특정 승계에 의하여 재산의 종류에 따라 개별적으로 이전행위를 하여야 하는바, 양도인의 제3자에 대한 매매계약 해제에 따른 원상회복청구권은 지명채권이므로 그 양도에는 양도인의 채무자에 대한 통지나 채무자의 승낙이 있어야 채무자에게 대항할 수 있다.(대판 1991.10.8. 91다22018,22025)

② 영업양도의 경우 **영업양도인은 영업재산이 영업양도 전후에 동일성이 유지되도록 포괄적으로 영업양수인에게 이전해야** 하고, **등기나 인도 등 영업재산을 이루는 개개의 구성부분을 이전하는 이행행위(물권행위)도 함께** 행해져야 한다.(대판 1991.10.8. 91다22018,22025)(모의 19, 24)

③ 채무자가 영업재산과 영업권이 유기적으로 결합된 일체로서의 영업을 양도함으로써 채무초과상태에 이르거나 이미 채무초과상태에 있는 것을 심화시킨 경우, **영업양도는 채권자취소권 행사의 대상이 된다.**(대판 2015.12.10. 2013다84162)(모의 16)

④ 채무자가 자기의 유일한 재산인 부동산을 매각하여 소비하기 쉬운 금전으로 바꾸는 경우, **매각목적이 채무를 변제하거나 변제자력을 얻기 위한 것이고 대금이 부당한 염가가 아니며 실제 이를 채권자에 대한 변제에 사용하거나 변제자력을 유지하고 있는 때에는** 채무자가 일부 채권자와 통모하여 다른

채권자를 해칠 의사를 가지고 변제를 하는 등의 특별한 사정이 없는 한, 사해행위에 해당한다고 볼 수 없다. 이는 유일한 재산으로서 영업을 양도하는 경우에도 마찬가지로 적용된다.(대판 2021.10.28. 2018다223023)

4. 영업의 동일성 유지

(1) 조직을 해체하여 양도한 경우

영업재산의 일부를 유보한 채 영업시설을 양도했어도 그 양도한 부분만으로도 종래의 조직이 유지되어 있다고 사회관념상 인정되면 영업양도이지만,(모의 22) 영업 전부가 매각되었더라도 조직을 해체하여 양도하였다면 영업양도가 아니다.(대판 2007.6.1. 2005다5812,5829,5836)(변호 13, 모의 14, 16, 19)**[모의 23]**

(2) 영업조직이 이전되지 않거나 종업원 상당수를 해고한 경우

① 설비 등의 자산만 이전되고 영업조직이 이전되지 않은 경우에는 영업양도가 아니다. 물적 시설 전부를 양수하면서 종업원의 상당수를 해고한 경우에도 영업양도가 아니다.(모의 22)

② 甲 회사의 사업 부문 폐지에 따라 근로자 절반 정도는 다른 직장에 취업하고 나머지 절반 정도의 근로자들은 폐지되는 사업과 동일한 사업을 하고 있던 계열회사인 乙 회사에 입사한 경우, 乙 회사가 그 사업 부문에 속한 근로자 등 인적 조직과 장비 등의 물적 시설을 그대로 인수하지 아니하였으므로 乙 회사가 甲 회사의 사업 부문을 동일성을 유지한 채 포괄적으로 이전 받은 것으로 볼 수 없다.(대판 1995.7.14. 94다20198)(모의 15)

③ 운수업자가 운수업을 폐지하는 자로부터 그 소속 종업원들에 대한 임금 및 퇴직금 등 채무를 청산하기로 하고 그 운수사업의 면허 및 운수업에 제공된 물적 시설을 양수한 후, 폐지 전 종업원 중 일부만을 신규채용의 형식으로 새로이 고용한 경우, 그러한 사정만으로는 영업양도라고 볼 수 없다.(대판 1995.7.25. 95다7987)(모의 14, 22)

④ 양도인이 영업의 물적 설비 일체를 양도하면서 종업원을 전원 해고한 경우 영업양도가 성립하지 않으므로 양도인은 경업금지의무를 부담하지 않는다.(대판 1995.7.14. 94다20198)

(3) 근로관계의 이전

1) 근로관계 등 인적 조직의 승계

영업양도 당사자 사이에 근로관계 일부를 승계대상에서 제외하기로 한 특약이 있는 경우에는 그에 따라 근로관계의 승계가 이루어지지 않을 수 있으나, 그러한 특약은 실질적으로 해고와 다름이 없으므로 근로기준법 제27조 제1항의 정당한 이유가 있어야 유효하다.(대판 1995.9.9. 94다54245)

2) 해고의 효력을 다투는 근로자의 근로관계 승계 여부

영업양도에 의해 승계되는 근로관계는 계약체결일 현재 실제로 그 영업부문에서 근무하고 있는 근로자와의 근로관계만을 의미하고, 계약체결일 이전에 해당 영업부문에서 근무하다 해고된 근로자로서 해고의 효력을 다투는 근로자와의 근로관계까지 승계되는 것은 아니다.(대판 1996.5.31. 95다33238)(변호 21, 모의 14)

3) 영업양도 이전에 부당해고 된 근로관계의 승계

근로자가 영업양도 이전에 정당한 이유 없이 해고된 경우 양도인과 근로자 사이의 근로관계는 여전히 유효하고, 해고 이후 영업 전부의 양도가 이루어진 경우 해고된 근로자는 양도인을 상대로 원직 복직도 사실상 불가능하게 되므로, 양수인은 양도인으로부터 정당한 이유 없이 해고된 근로자와의 근로관계를 원칙적으로 승계한다고 보아야 한다. 영업 전부 양도의 경우 영업양도 당사자 사이에 정당한 이유 없이 해고된 근로자를 승계대상에서 제외하는 특약이 있는 경우에는 근로관계 승계가 되지 않을 수 있으나,

그러한 특약은 실질적으로 해고나 다름없으므로, 근로기준법상 정당한 이유가 있어야 유효하고, 영업양도만으로 정당한 이유를 인정할 수 없다.(대판 2020.11.5. 2018두54705)

4) 반대의사를 표시한 근로관계의 승계 여부

영업양도의 경우에 근로관계의 승계를 거부하는 근로자에 대하여는 근로관계가 양수하는 기업에 승계되지 아니하고 여전히 양도기업과 사이에 존속되며, 원래의 사용자는 영업 일부의 양도로 인한 경영상 필요에 따라 감원이 불가피하게 되는 사정이 있어 정리해고로서의 정당한 요건이 인정된다면 그 절차에 따라 승계를 거부한 근로자를 해고할 수 있다.(대판 2010.9.30. 2010다41089)(변호 13)

5. 영업양도와 합병

영업양도	합병
특정승계	포괄승계
회사 해산사유 ×	회사 해산사유 ○
영업 일부 양도 ○	회사 일부 합병 ×
반대주주의 주식매수 청구권 인정	
주식회사 영업의 전부 또는 중요한 일부의 양도 및 합병은 주주총회 특별결의사항	

6. 주식회사의 영업양도

주식회사의 영업양도와 관련해서는, ① 중요자산 처분에 대한 이사회결의(제393조), ② 주주총회 특별결의(제374조) 및 ③ 반대주주의 주식매수청구권(제374조의2)을 검토하여야 한다.

Ⅱ. 영업양도인의 경업금지의무 [모의 18]

1. 의의

영업을 양도한 경우에 다른 약정이 없으면 양도인은 10년간 동일한 특별시 · 광역시 · 시 · 군과 인접 특별시 · 광역시 · 시 · 군에서 동종영업을 하지 못한다(제41조 제1항).(변호 12, 13, 20, 모의 22, 23)

양도인이 동종영업을 하지 아니할 것을 약정한 때에는 동일한 특별시 · 광역시 · 시 · 군과 인접 특별시 · 광역시 · 시 · 군에 한하여 20년을 초과하지 아니한 범위 내에서 그 효력이 있다(제41조 제2항).(모의 15, 22)

상법은 영업양도의 실효성을 보장하고 영업양수인을 보호하기 위하여 일정한 지역과 기간 내에서 영업양도인의 경업행위를 금지하고 있다.

당사자 간의 특약으로 상법 제41조 제1항에서 정한 영업양도인의 경업금지의무를 완화 또는 강화할 수 있다.(서울북부지법 2023.10.26. 2023가단132791)

2. 적용범위

(1) 경업금지기간

경업금지기간은 경업금지 약정이 없는 경우 10년, 약정이 있는 경우 20년 이내로 제한된다.

(2) 경업금지장소

① 경업금지장소는 동일 및 인접 특별시 · 광역시 · 시 · 군으로 제한된다.

② 동일 지역 또는 인접 지역인지 여부는 양도된 물적 설비가 있던 지역이 아니라 영업양도인의 통상적인 영업활동이 이루어지던 지역을 기준으로 정한다.(대판 2015.9.10. 2014다80440)(모의 22)

(3) 영업양도인이 상인이 아닌 경우

상법상의 영업양도에 관한 규정은 양도인이 상인이 아닌 경우에는 적용할 수 없고,(모의 16) 농업협동조합법상 농업협동조합을 상인이라 할 수 없으므로 동 조합이 도정공장을 양도하였다 하더라도 동 조합은 양수인에 대하여 상법 제41조에 의한 경업금지 의무는 없다.(대판 1969.3.25. 68다1560)

(4) 영업양도인의 특수관계인

경업금지의무를 지는 자는 회사의 대표이사나 지배주주 또는 이들이 새로 설립한 회사를 모두 포함한다. 영업을 제3자 명의로 하더라도 양도인의 계산으로 하는 것은 허용되지 않는다.

(5) 영업양수인의 전전양수인

㉠ 영업양도계약에서 경업금지에 관하여 정함이 없는 경우 영업양수인은 영업양도인에 대해 상법 제41조 제1항에 근거하여 경업금지청구권을 행사할 수 있고, 나아가 ㉡ 영업양도계약에서 경업금지청구권의 양도를 제한하는 등의 특별한 사정이 없다면 위와 같이 양도된 영업이 다시 동일성을 유지한 채 전전양도 될 때 영업양수인의 경업금지청구권은 영업재산의 일부로서 영업과 함께 그 뒤의 영업양수인에게 전전양도 되고, 그에 수반하여 ㉢ 지명채권인 경업금지청구권의 양도에 관한 통지권한도 전전이전 된다고 보는 것이 타당하다.(대판 2022.11.30. 2021다227629)(모의 23, 24)

3. 경업금지의무 위반의 효과

① 상법은 경업금지의무 위반의 효과에 관해 규정하고 있지 않다. 따라서 민법 채무불이행 원칙에 따라 양수인은 양도인에 대해 영업의 폐지 청구, 손해배상청구, 영업양도계약의 해제가 가능하다.

② 영업양도인이 경업금지의무에 위반하여 영업을 창출한 경우 그 의무위반 상태를 해소하기 위해서는 영업을 폐지할 것이 요구되고 그 영업을 타에 임대한다거나 양도한다고 하더라도 그 영업의 실체가 남아있는 이상 의무위반 상태가 해소되는 것은 아니므로, 그 이행강제의 방법으로 영업양도인 본인의 영업 금지 외에 제3자에 대한 영업의 임대, 양도 기타 처분을 금지하는 것도 가능하다.(모의 19, 22) 다만 위 가처분에 의하여 영업양도인의 제3자에 대한 임대, 양도 등 처분행위의 사법상 효력이 부인되는 것은 아니고, 영업양도인이 그 의무위반에 대한 제재를 받는 것에 불과하다.(대판 1996.12.23. 96다37985)

③ 개입권은 인정되지 않는다.(모의 22)

Ⅲ. 영업양수인의 책임 [변호 14, 18, 모의 13, 17]

1. 의의

영업양수인이 양도인의 상호를 계속 사용하는 경우에는 양도인의 영업으로 인한 제3자의 채권에 대하여 양수인도 변제할 책임이 있다(제42조 제1항).(모의 15, 20, 24) 영업양수인이 양도인의 상호를 계속 사용하지 아니하는 경우에 양도인의 영업으로 인한 채무를 인수할 것을 광고한 때에는 양수인도 변제할 책임이 있다(제44조).

영업양도인의 채무 가운데 영업양수인에게 이전되지 않는 채무는 여전히 영업양도인의 채무로 남게 된다. 그에 반하여 영업양도인의 영업재산 등 책임재산이 영업양수인에게 이전되면 영업양도인의 변제 자력이 약화되며 이는 영업양도인의 채권자 보호에 문제가 발생하게 된다.
이에 상법은 영업양수인이 영업양도인의 상호를 계속 사용하거나 영업양도인의 영업으로 인한 채무를 인수할 것을 광고한 경우 영업양수인이 영업양도인의 채무를 변제할 책임이 있는 것으로 규정하고 있다. 이는 외관법리에 기초한 채권자보호제도에 해당한다.
상호속용 영업양수인의 책임은 당사자의 의사나 인식과 관계없이 발생하는 법정 책임으로서, 상호속용 영업양수인은 상법 제42조 제1항에 의하여 영업양도인의 채권자에 대한 영업상 채무를 중첩적으로 인수하게 된다.(대판 2023.12.7. 2020다225138)

2. 요건

(1) 영업양도의 존재

(2) 양도인의 영업으로 인한 제3자의 채권

1) 영업활동으로 인한 채무

상법 제42조 제1항에 규정된 양도인의 영업으로 인한 채무란, **영업상의 활동에 관하여 발생한 채무를** 말하는 것이다.(대판 2002.6.28. 2000다5862)

2) 채무불이행, 불법행위 등 관련

영업활동과 관련성이 인정되면 채무불이행, 불법행위, 부당이득으로 인한 채권과 어음 · 수표와 같은 증권채권도 적용대상이 된다.(모의 14, 19, 22)

3) 주식회사 명의로 된 행위의 추정

영업양도인이 주식회사인 경우에는 회사에게 사적인 생활이 존재하지 아니한 관계로 주식회사의 명의로 한 행위는 반증이 없는 한 회사의 영업을 위하여 하는 행위로 추정되며, 그로 인하여 회사가 부담하는 채무도 영업으로 인한 채무로 추정된다.(대판 2002.6.28. 2000다5862)

[기타 판시사항] 대법원은 위 판시 사항과 함께, 반증에 의하여 그 채무가 영업으로 인한 채무가 아니라는 점이 밝혀지는 경우 위 추정은 복멸될 수 있다고 판시하면서,(모의 20) 파주레미콘의 사실상의 소유주인 甲이 파주레미콘의 목적사업과 전혀 무관하게 개인적으로 주유소영업을 하기 위하여 乙로부터 주유소부지 등을 매입한 후 그 대금지급을 위하여 마침 보관 중이던 파주레미콘의 명판과 대표이사 인감도장을 이용하여 약속어음을 발행한 경우 乙의 채권은 파주레미콘의 영업활동과는 전혀 무관한 것으로서 양도인의 영업으로 인한 채권으로 볼 수 없으므로, 상호 속용 영업양수인에 대하여 그 이행책임을 물을 수 없다고 보았다.

4) 영업양도 전 발생 채무

① 영업양수인이 **상법 제42조 제1항에 따라 책임지는 채권은 영업양도 당시 변제기가 도래할 필요는 없더라**도 그 **당시까지 발생한 것이어야** 하고, **영업양도 당시로 보아 가까운 장래에 발생될 것이 확실한 채권은 양수인이 책임져야 한다고 볼 수 없다.**(대판 2020.2.6. 2019다270217)(변호 21)

② 상호를 속용하는 영업양수인이 변제책임을 지는 양도인의 제3자에 대한 채무는 양도인의 영업으로 인한 채무로서 영업양도 전에 발생한 것이면 족하고, **반드시 영업양도 당시의 상호를 사용하는 동안 발생한 채무에 한하는 것은 아니다.**(대판 2010.9.30. 2010다35138)

③ 상법 제42조 제1항으로 인하여 **영업양도인이 영업양도 이후에 발생한 영업양수인의 제3자에 대한 채무를 함께 변제할 책임을 부담하는 것은 아니다.**(대판 2013.4.11. 2012다64116)

(3) 상호속용 또는 채무인수 광고

1) 상호 속용 또는 채무인수 광고

① 영업양수인이 양도인의 상호를 계속 사용하거나, 상호를 사용하지 않더라도 양도인의 영업으로 인한 채무를 인수할 것을 광고하는 외관이 존재하여야 한다.(변호 21)

② 양도인의 채권자에 대하여 개별적으로 통지를 하는 방식으로 그 취지를 표시한 경우에도 제44조가 적용되어, 그 채권자와의 관계에서는 채무변제의 책임이 발생한다.(대판 2008.4.11. 2007다89722)

2) 양도합의의 무효, 취소, 상호 무단 사용의 경우

상호를 속용 하는 영업양수인에게 책임을 묻기 위해서는 상호속용의 원인관계가 무엇인지에 관하여 제한을 둘 필요는 없고 상호속용이라는 사실관계가 있으면 충분하다. **상호의 양도 또는 사용허락이 있는 경우는 물론 그에 관한 합의가 무효 또는 취소된 경우라거나 상호를 무단 사용하는 경우도 상호속용에 포함된다.**(대판 2009.1.15. 2007다17123,17130)

3) 상호 동일성의 정도 [모의 13]

① **영업양도 전후에 사용된 상호가 주요 부분에서 공통**되면 된다.(대판 1989.12.26. 88다카10128)

② 判例는 ㉠ 삼정장여관과 삼정호텔, ㉡ 남성사와 남성정밀공업주식회사, ㉢ 협성산업과 주식회사 협성, ㉣ 주식회사 파주레미콘과 파주콘크리트 주식회사는 상호 계속 사용에 해당한다고 본다.

③ 영업양수인이 자신의 상호를 그대로 보유·사용하면서 영업양도인의 상호를 자신의 영업 명칭 내지 영업 표지로서 속용하고 있는 경우에는 영업상의 채권자가 영업주체의 교체나 채무승계 여부 등을 용이하게 알 수 없다는 점에서 일반적인 상호속용의 경우와 다를 바 없으므로, 이러한 경우도 상법 제42조 제1항의 상호속용에 포함된다.(대판 2009.1.15. 2007다17123,17130)

4) 옥호 또는 영업표지에의 유추적용

양수인에 의하여 속용 되는 **명칭이 상호 자체가 아닌 옥호 또는 영업표지**인 때에도 그것이 영업주체를 나타내는 것으로 사용되는 경우에는 영업상의 채권자가 영업주체의 교체나 채무승계 여부 등을 용이하게 알 수 없다는 점에서 일반적인 상호속용의 경우와 다를 바 없으므로, **양수인은 특별한 사정이 없는 한 상법 제42조 제1항의 유추적용에 의하여 채무를 부담한다.**(대판 2010.9.30. 2010다35138)(변호 20, 24)**[모의 23]**

[사실관계] 주식회사 서울종합예술은 교육시설인 "서울종합예술원"을 운영하던 A회사와 교육시설을 양수하고 전·현직 교수 및 교직원들에 대한 급여 등 채무를 인수하는 사업양도양수계약을 체결하고, 교육시설이 소재한 건물의 임차인 지위를 승계하여 소유자와 임대차계약서를 작성하였으며, 관할 교육청에 교육시설 설치자 변경신고를 하였다. 주식회사 서울종합예술은 사업양수 이후 "서울종합예술원"이라는 명칭을 계속 사용하면서 교육시설을 운영하였는데, 영업양수도 이전에 A회사와의 거래관계에서 채권을 보유한 채권자가 주식회사 서울종합예술을 상대로 채무의 변제를 청구한 사안.

(4) 채권자의 선의

① 채권자의 선의란 **채무인수가 없었다는 사실에 대한 선의**를 의미한다. **영업양도 사실을 알았더라도 채무인수가 없었다는 사실을 몰랐다면 선의의 제3자에 해당한다.**(모의 21) **채권자의 악의에 대한 주장, 입증책임은 영업양수인**에게 있다.(대판 2009.1.15. 2007다17123,17130)(변호 24)

② 채권자가 영업양도 당시 채무인수 사실이 없음을 알고 있었거나 그 무렵 알게 된 경우에는 영업양수인의 변제책임이 발생하지 않으나, **채권자가 영업양도 무렵 채무인수 사실이 없음을 알지 못한**

경우에는 특별한 사정이 없는 한 상법 제42조 제1항에 따른 영업양수인의 변제책임이 발생하고, 이후 채권자가 채무인수 사실이 없음을 알게 되었다고 하더라도 이미 발생한 영업양수인의 변제책임이 소멸하는 것은 아니다.(대판 2022.4.28. 2021다305659)(변호 24)

3. 효과

(1) 부진정연대채무

양수인은 양도인과 함께 부진정연대채무를 부담한다.(모의 15, 19, 20)

(2) 양수인의 무한책임

양수인의 책임은 양수한 재산으로 제한되지 않고, 양수인은 무한책임을 부담한다. 양수인은 양도인의 항변사유를 주장할 수 있다.

(3) 피보증인 지위의 불승계

상법 제42조 제1항의 상호속용 영업양수인의 책임에 관한 규정에 의하여 영업양수인은 양도인의 영업자금과 관련한 피보증인의 지위까지 승계하는 것으로 볼 수는 없다.(대판 2020.2.6. 2019다270217)(변호 21)**[모의 23]** 따라서 영업양도인의 영업상 채무에 대하여 제3자가 보증을 한 경우, 보증인이 양도인의 채무를 변제하더라도 양수인에게 구상권을 행사할 수 없다.

(4) 채권양도 대항요건

채권자가 영업양도인에 대한 채권을 타인에게 양도하였다는 사정만으로 영업양수인에 대한 채권까지 당연히 함께 양도된 것이라고 단정할 수 없고, 함께 양도된 경우라도 채권양도의 대항요건은 채무자별로 갖추어야 한다.(대판 2009.7.9. 2009다23696)

(5) 양도인에 대한 판결의 효력

① 양도인에 대한 판결의 효력이 양수인에게 당연히 미치는 것은 아니다.

② 채권자가 양수인의 재산에 강제집행을 하기 위해서는 양도인과 양수인 양자를 공동피고로 제소하여 각자에 대한 집행권원을 취득하여야 하고, 영업양도인에 대한 채무명의로써 바로 양수인의 소유재산에 대하여 강제집행을 할 수는 없다.(대판 1967.10.31. 67다1102)(변호 24, 모의 23)

4. 양도인 책임의 단기 제척기간

영업양수인이 제42조 제1항 또는 전 조의 규정에 의하여 변제 책임이 있는 경우에는 양도인의 제3자에 대한 채무는 영업양도 또는 광고 후 2년이 경과하면 소멸한다(제45조).(변호 13, 24, 모의 19, 22(2))
상법 제45조에 의한 영업양도인의 책임의 존속기간은 제척기간이므로 그 기간이 경과하였는지 여부는 직권조사사항으로서 이에 대한 당사자의 주장이 없더라도 법원이 당연히 직권으로 조사하여 재판에 고려하여야 한다.(대판 2013.4.11. 2012다64116)

5. 면책 등기와 면책 통지

양수인이 영업양도를 받은 후 지체 없이 양도인의 채무에 대한 책임이 없음을 등기한 때에는 양수인은 책임을 부담하지 않는다(제42조 제2항).(변호 12, 20) 면책등기는 모든 채권자에게 효력이 미친다.
양도인과 양수인이 지체 없이 제3자에 대하여 책임이 없음을 통지한 경우 통지받은 제3자에게는 양수인이 책임을 부담하지 않는다(제42조 제2항).(변호 13) 면책통지는 그 통지를 받은 채권자에 대하여만 효력이 있다.

6. 현물출자에의 유추적용 [모의 13]

(1) 의의

현물출자는 단체법적 행위라는 점에서 채권계약인 영업양도와 다르다. 다만 외관이 비슷하고 이해관계자에게 미치는 영향이 동일한 관계로 현물출자에 영업양도 규정이 유추적용되는지 문제된다.

(2) 학설

① 영업양도는 채권계약이므로 단체법적 행위인 현물출자와 구별되므로 영업양도 규정이 현물출자에 유추적용 될 수 없다는 부정설과 ② 현물출자와 영업양도는 영업재산을 법률행위에 의해 이전한다는 점에서 유사하므로 영업양도 규정이 현물출자에 유추적용 될 수 있다는 긍정설이 존재한다.

(3) 판례

① 영업을 출자하여 주식회사를 설립하고 그 상호를 계속 사용하는 경우에는 영업 양도는 아니지만 출자 목적이 된 영업의 개념이 동일하고 법률행위에 의한 영업의 이전이라는 점에서 영업 양도와 유사하며 채권자의 입장에서 볼 때는 외형상의 양도와 출자를 구분하기 어려우므로 새로 설립된 법인은 제42조 제1항 규정의 유추적용에 의하여 출자자의 채무를 변제할 책임이 있다.(대판 1996.7.9. 96다13767)(변호 21, 모의 14, 16)

② 영업을 출자하여 주식회사를 설립하고 그 상호를 계속 사용함으로써 상법 제42조 제1항의 규정이 유추적용되는 경우에는 (양도인의 제3자에 대한 채무는 영업양도 후 2년이 경과하면 소멸한다는) 상법 제45조의 규정도 당연히 유추적용된다.(대판 2009.9.10. 2009다38827)(변호 21)

7. 영업임대차에의 유추적용 여부 [모의 17]

① 영업임대차의 경우 ㉠ 제42조 제1항과 같은 법률규정이 없고, ㉡ 영업재산의 소유권이 모두 임대인에게 유보되어 있고 임차인은 사용·수익권만을 가질 뿐이어서 임차인에게 임대인의 채무에 대한 변제책임을 부담시키면서까지 임대인의 채권자를 보호할 필요가 있다고 보기 어려우며, ㉢ 양수인이 부담하는 책임은 양수한 영업재산에 한정되지 아니하고 그의 전 재산에 미친다는 점 등을 더하여 보면, 영업임대차의 경우에 제42조 제1항을 그대로 유추적용 할 것은 아니다.(대판 2016.8.24. 2014다9212)(변호 16, 20, 모의 20, 24)

② 영업임대차의 종료로 영업을 반환하는 경우에도 마찬가지이다.(대판 2017.4.7. 2016다47737)

Ⅳ. 영업상 채무자의 보호

1. 의의

영업양수인이 양도인의 상호를 계속 사용하는 경우, 양도인의 영업으로 인한 채권에 대하여 채무자가 선의이며 중대한 과실 없이 양수인에게 변제한 때에는 그 효력이 있다(제43조).(변호 21, 모의 15) 이는 이중변제의 위험으로부터 선의, 무중과실의 변제자를 보호하기 위한 것으로서 외관법리에 기초한 채무자보호제도이다. 민법 제470조 채권의 준점유자에 대한 변제와 달리 단순한 과실이 있는 채무자도 보호된다.

2. 요건

(1) 요건 일반

① 영업양도, ② 양도인의 영업으로 인한 제3자의 채무 존재, ③ 양도인과 양수인 사이의 채권양도 부존재, ④ 양수인의 양도인 상호 속용, ⑤ 채무자의 선의·무중과실의 요건이 요구된다.

(2) 선의, 무중과실의 의미

채무자의 선의의 대상에 관하여 ① 영업상 채권자 보호의 경우와 달리 영업상 채무자 보호의 경우 채무자의 선의란 채권양도가 없었다는 사실이 아니라 영업양도가 있었다는 사실을 모른 경우만을 의미한다는 견해와 ② 영업상 채권자 보호와 달리 볼 이유가 없으므로 영업상 채무자보호의 경우에도 채무자의 선의란 채권양도가 없었다는 사실을 모른 경우를 의미한다는 견해가 존재한다.

3. 효과

양수인에게 변제한 채무자는 면책된다. 양도인과 양수인 사이에 채권이 양도되지 않았다면 양수인이 채무자로부터 수령한 급부는 부당이득으로 양도인에게 반환되어야 한다. 양도인이 양수인에게 실제로 채권을 양도하였으나 채권양도에 대한 대항요건이 갖추어지지 않은 상황에서 채무자가 양수인에게 변제한 경우에는 제43조와 상관없이 변제가 유효하다.

4. 양수인이 상호를 속용하지 않는 경우

영업상 채권자보호의 경우와 달리 영업상 채무자보호의 경우에는 채권양도 광고에 관한 규정이 존재하지 않는다. 따라서 채권양도 광고가 있는 경우에도 제43조가 적용되지 않는다. 그 결과 양수인이 상호를 속용하지 않는 경우에는 민법 제470조 채권의 준점유자에 대한 변제 규정이 적용된다. 채권의 준점유자에 대한 변제 요건이 인정되지 않으면 양수인에게 채무를 변제한 채무자는 변제의 효력을 주장할 수 없다.

기출사례

★ 상호속용 영업양수인의 책임 [변호 18]

'금강자동차부품 주식회사'는 자동차부품의 제조 · 판매업을 목적으로 하고 있다. 경영상 어려움을 겪게 된 '금강자동차부품 주식회사'는 대표이사 등 임원진을 제외한 모든 회사의 인적 · 물적 자원을 丙주식회사(이하 '丙회사')에 양도하였다. 丙회사는 자동차부품 제조 · 판매업을 집중적으로 성장시키기 위하여 위 영업을 양수한 직후 회사 상호를 '금강오토부품 주식회사'로 변경하였다. Y는 '금강자동차부품 주식회사'에 부품제조에 필요한 원자재를 공급하였는데, '금강자동차부품 주식회사'로부터 원자재 공급에 대한 대금을 지금까지 받지 못하였다.

Y는 '금강오토부품 주식회사'에 위 원자재 대금의 지급을 청구할 수 있는가?

Ⅰ. 결론

금강오토부품 주식회사가 금강자동차부품 주식회사의 모든 회사의 인적 · 물적 자원을 양수한 것은 상법상 영업양도에 해당한다. Y의 대금채권은 금강자동차부품의 영업으로 인한 채권에 해당하고, 금강오토부품이 영업양수 이후 사용한 상호인 금강오토부품은 금강자동차부품과 상호의 동일성이 인정되며, 달리 Y가 채무인수가 없었다는 사실을 알았다는 내용은 보이지 않는다.

따라서 Y의 채권이 영업양도 이전에 발생한 경우 Y는 상법 제42조 제1항의 상호속용 영업양수인의 책임에 따라 금강오토부품에 대하여 금강자동차부품에 대한 대금의 지급을 청구할 수 있다.

Ⅱ. 쟁점

금강오토부품 주식회사가 금강자동차부품 주식회사의 영업을 양수한 이후 금강자동차부품 주식회사의 상호와 유사한 상호를 계속해서 사용하였다는 점에서 상호속용 영업양수인의 책임이 문제된다. 이와 관련해서는 금강자동차부품 주식회사가 모든 회사의 인적 · 물적 자원을 丙 회사에 양도한 것이 영업양도에 해당하는지, Y가 영업양수인에게 채권을 행사할 수 있는 영업양도 전 채권자에 해당하는지, 丙 회사가 변경한 상호인 금강오토부품 주식회사가 금강자동차부품 주식회사의 상호를 계속 사용한 것으로 볼 수 있는지, Y의 선의, 무중과실 여부 및 상호속용 영업양수인이 부담하는 책임의 내용이 문제된다.

기출사례

★ 상호속용 영업양수인의 책임 [변호 14]

동양주식회사(이하, '동양'이라 함)는 자본금 20억 원인 비상장회사이다. 동양은 기계부문과 섬유부문의 2개 사업부문으로 구성되어 있는데, 기계부문에서는 의료기계를, 섬유부문에서는 섬유원단을 생산 · 판매하고 있다. 동양은 각 사업부문별로 '동양기계', '동양섬유'라는 영업표지를 사용하면서 독자적인 영업활동을 하여 왔다. 동양은 기존의 의료기계 생산 · 판매 이외에도 수입 · 판매처와 계약을 체결하는 등 의료기계의 수입 · 판매 분야에도 사업확장을 준비하고 있다.
A주식회사는 동양의 섬유 사업부문에 섬유원사를 공급하여 그 대금으로 5억 원의 채권을 가지고 있다. 그 후 동양은 회사 전체 영업의 일부로서, 실적이 부진한 섬유부문을 B주식회사에 양도하였다. B회사는 섬유부문의 영업을 양수한 후 '동양섬유'라는 영업표지를 계속하여 사용하면서 동양의 종전 거래처를 상대로 동일하게 영업을 하고 있다.

동양이 B회사에 대하여 섬유부문을 양도한 행위가 유효한 경우, A회사는 동양 및 B회사를 상대로 섬유원사 공급대금 5억 원의 지급을 청구할 수 있는지를 설명하시오.

Ⅰ. 결론

B주식회사가 동양의 섬유 사업부문을 영업양수 하였는데, A주식회사의 대금 채권은 영업양도 이전에 동양의 섬유부문 영업과 관련된 채권이고, 동양의 섬유 사업부문 영업표지였던 '동양섬유'를 영업양수인인 B주식회사가 영업양수 이후에도 계속해서 사용한 경우에도 상호속용 영업양수인의 책임에 관한 상법 조항이 유추적용 되며, 영업양도인과 영업양수인은 부진정연대채무를 부담하므로, A주식회사는 영업양도인인 동양과 영업양수인인 B주식회사에 대하여 섬유원사 공급대금 5억 원의 지급을 청구할 수 있다.

Ⅱ. 쟁점

B주식회사가 동양의 섬유부문을 양수한 이후 동양섬유라는 영업표지를 계속해서 사용하였다는 점에서 영업표지 속용의 경우에도 상호속용 영업양수인의 책임을 부담하는지 문제된다.

제 2 편

상행위

- 제1장 상행위 총칙
- 제2장 상행위 각칙

제1장 상행위 총칙

Ⅰ. 상행위의 분류

1. 기본적 상행위와 준상행위 및 보조적 상행위

> 제47조(보조적 상행위) ① 상인이 영업을 위하여 하는 행위는 상행위로 본다.
> ② 상인의 행위는 영업을 위하여 하는 것으로 추정한다.

(1) 기본적 상행위

기본적 상행위란 당연상인이 영업으로 하는 제46조에 규정된 행위를 말한다.

(2) 준상행위

준상행위란 제66조에 의하여 상인으로 의제되는 의제상인이 영업으로 하는 행위를 말한다.

(3) 보조적 상행위

① 보조적 상행위란 당연상인 또는 의제상인이 영업을 위하여 하는 행위를 말한다. 영업을 위하여 하는 행위인지 여부는 행위의 객관적 성질에 의하여 결정된다. 보조적 상행위는 법률행위에 한하지 않고 준법률행위, 사실행위도 포함된다. 다만 상행위법은 거래에 관한 것이므로 불법행위는 보조적 상행위에 해당되지 않는다.

② 금전대여를 영업으로 하지 않는 상인이더라도 영업상 이익 또는 편익을 위하여 금전을 대여하거나 영업자금의 여유가 있어 이자 취득을 목적으로 대여하는 경우가 있을 수 있으므로, **상인의 금전대여행위는 반증이 없는 한 영업을 위하여 하는 것으로 추정된다.**(대판 2008.12.11. 2006다54378)(변호 14)

③ 상인의 행위는 영업을 위하여 하는 것으로 추정되는바, 부동산 중개업자가 중개를 성사시키기 위하여 또는 중개에 대한 책임으로 매수인의 잔금채무를 보증한 경우, 그 보증행위는 영업을 위하여 한 것으로 추정되고, 그 추정을 번복할 만한 증거가 없는 한 상행위로 간주된다.(대판 2008.12.11. 2007다66590)

④ 상인이 기본적 **영업활동을 종료하거나 폐업신고를 하였더라도 청산사무나 잔무처리가 남아 있는 동안에는 청산사무나 잔무처리는 영업을 위한 행위로서 보조적 상행위**로 볼 수 있다. 피고들이 폐업신고 이후 원고에게 대여금채권에 관하여 공정증서를 작성한 행위는 유체동산 가압류에 대한 대응 및 폐업에 따른 청산사무 또는 잔무를 처리하는 보조적 상행위에 해당한다.(대판 2021.12.10. 2020다295359)

⑤ 회사는 상행위를 하지 않더라도 상인으로 보고, 상인이 영업을 위하여 하는 행위는 상행위로 보며, 상인의 행위는 영업을 위하여 하는 것으로 추정된다. 그러므로 **회사가 한 행위는 영업을 위하여 한 것으로 추정되고, 회사가 영업을 위하여 하는 행위는 상행위**로 보아야 한다. 이와 같은 추정을 번복하기 위해서는 **회사의 행위가 영업을 위하여 한 것이 아니라는 사실을 주장하는 사람이 이를 증명할 책임**이 있다.(대판 2024.3.12. 2021다309927)

⑥ **상인이 그 영업과 상관없이 개인자격에서 돈을 투자하는 행위는 상인의 기존 영업을 위한 보조적 상행위로 볼 수 없다.**(대판 2018.4.24. 2017다205127)

2. 일방적 상행위와 쌍방적 상행위

제3조 (일방적 상행위) 당사자중 그 1인의 행위가 상행위인 때에는 전원에 대하여 본법을 적용한다.

일방적 상행위란 당사자 일방에게만 상행위인 경우를 말한다. 당사자 중 그 1인의 행위가 상행위인 때에는 전원에 대하여 상법을 적용한다(제3조).[변호 24, 모의 18]

쌍방적 상행위란 상인 간의 상행위를 말한다. 상사유치권(제58조), 상사매매 특칙(제67조 이하)은 쌍방적 상행위에만 적용된다.

Ⅱ. 민법 총칙에 대한 특칙

1. 대리

(1) 비현명주의

① 민법상으로는 대리인이 본인을 표시하지 않은 행위는 원칙적으로 본인에 대하여 효력이 없다(민법 제115조 본문) 그러나 상법상 대리의 경우, 대리인이 본인을 위한 것임을 표시하지 아니하여도 그 행위는 본인에 대하여 효력이 있다(제48조 본문).(변호 15, 18, 21, 모의 13)

② 조합대리에 있어서 법률행위가 조합에게 상행위가 되는 경우 조합을 위한 것임을 표시하지 않았더라도 법률행위의 효력은 본인인 조합원 전원에게 미친다.(대판 2009.1.30. 2008다79340)(변호 22)

[사실관계] 甲은 금전을 출자하고 乙은 골재를 생산하여 이익금을 50:50으로 분배하기로 하는 동업계약을 甲과 乙이 체결한 후 乙이 골재생산 중장비에 사용할 유류를 丙으로부터 공급받았고, 丙이 甲에게 유류대금을 청구하였다. 원심은 조합의 대외적 법률행위는 조합원 전원의 이름으로 하거나 조합대리 방식으로 해야 하고, 조합대리의 경우 업무집행조합원도 조합원 전원의 성명을 제시하거나 적어도 상대방이 알 수 있을 정도로 조합을 표시해야 하는데, 乙이 丙으로부터 유류를 공급받으면서 조합대리 방식을 따랐다고 볼 증거가 없다고 보아 丙의 청구를 기각하였다.

[판시사항] 대법원은 乙은 조합의 업무집행조합원에 해당한다고 볼 수 있고, 乙이 골재생산 중장비에 사용할 유류를 공급받는 행위는 골재생산업을 하는 상인인 甲과 乙을 조합원으로 한 조합이 영업을 위하여 하는 행위로서 보조적 상행위에 해당한다고 볼 수 있으므로, 乙이 丙에게 조합을 위한 것임을 표시하지 않았다 하더라도 상법 제48조에 따라 유류공급계약의 효력은 조합원 전원에게 미친다고 판단하여 甲의 책임을 인정하였다.

(2) 대리인에 대한 이행청구

상대방이 본인을 위한 것임을 알지 못한 경우 대리인에게도 이행을 청구할 수 있다(제48조 단서).(변호 15, 18, 21, 모의 13) 이 경우에도 거래 자체는 본인과 상대방 사이에 성립한다. 상행위의 대리에 있어서 상대방의 악의 여부는 대리인에 대한 이행청구가 가능한지에 관계된다.

본인과 대리인은 부진정연대채무가 성립한다.

(3) 비현명주의의 적용범위

1) 회사 대표이사의 개인명의 거래에의 유추적용 여부

회사의 대표이사가 회사를 표시하지 않고 개인 명의로 거래한 경우, 제48조를 유추 적용할 것인지에 대하여 ① 대표와 대리는 법적 구조가 유사하다는 점에서 유추적용을 인정하는 유추적용설과 ② 명문의 규정이 없으므로 제48조가 적용될 수 없다는 부정설이 존재한다.

2) 어음 · 수표행위

어음 · 수표행위의 경우 어음 · 수표의 문면에 나타나지 않은 사정으로 어음 · 수표 관계를 변경시키는 것은 어음 · 수표의 문언성에 반하므로 어음 · 수표행위에는 제48조가 적용되지 않고, 대리인이 본인을 위한 것임을 표시하지 않은 경우에는 상대방이 대리사실을 알았다 하더라도 본인에게 효력이 미치지 않는다는 견해가 일반적이다. 어음 · 수표는 민법보다 더 엄격한 현명주의를 취하고 있다.

2. 상행위의 위임

상행위의 위임을 받은 자는 위임의 본지에 반하지 아니한 범위 내에서 위임을 받지 아니한 행위를 할 수 있다(제49조). 민법의 경우에도 수임인은 이와 유사한 조치를 취할 수 있다고 보므로 위 상법 규정은 민법의 취지를 명확히 한 주의적 규정에 해당한다고 본다.

3. 본인의 사망과 대리권의 존속

상인이 영업에 관하여 수여한 대리권은 본인의 사망으로 소멸하지 않는다(제50조). (모의 13, 17, 24)

4. 상사시효

(1) 5년의 상사시효

상행위로 인한 채권은 상법에 다른 규정이 없는 때에는 5년간 행사하지 아니하면 소멸시효가 완성한다. 그러나 다른 법령에 이보다 단기의 시효 규정이 있는 때에는 그 규정에 의한다(제64조).

(2) 다른 법령상 단기소멸시효

1) 민법상 3년의 단기소멸시효

① 이자, 부양료, 급료, 사용료 기타 1년 이내의 기간으로 정한 금전채권 등(민법 제163조 제1호)

② 수급인, 기사 기타 공사의 설계, 감독 등 공사에 관한 채권(민법 제163조 제3호)

③ 생산자 및 상인이 판매한 생산물 및 상품의 대가(민법 제163조 제6호)(모의 22)

2) 어음법상 환어음 인수인 등 주채무자에 대한 채권

인수인에 대한 환어음상의 청구권은 만기일부터 3년간 행사하지 아니하면 소멸시효가 완성된다(어음법 제70조 제1항). (모의 19)

(3) 법원의 직권에 의한 상사시효의 적용

소멸시효 항변은 변론주의 원칙에 따라 당사자의 주장이 있어야만 법원의 판단대상이 된다. 그러나 어떤 시효기간이 적용되는지에 관한 주장은 권리소멸이라는 법률효과를 발생시키는 요건사실에 관한 주장이 아니라 법률의 해석이나 적용에 관한 의견을 표명한 것이므로 변론주의가 적용되지 않고 법원이 당사자의 주장에 구속되지 않고 직권으로 판단할 수 있다. **당사자가 민법에 따른 소멸시효기간을 주장한 경우에도 법원은 직권으로 상법에 따른 소멸시효기간을 적용할** 수 있다. (대판 2017.3.22. 2016다258124)(변호 20)

(4) 소멸시효의 진행

이사회결의부존재에 따른 제3자의 부당이득반환청구권처럼 회사의 내부적인 법률관계가 개입되어 있어 청구권자가 권리의 발생 여부를 객관적으로 알기 어려운 상황에 있고 청구권자가 과실 없이 이를 알지 못한 경우에는 **이사회결의부존재확인 판결의 확정과 같이 객관적으로 청구권의 발생을 알 수 있게 된 때로부터 소멸시효가 진행된다.** (대판 2003.4.8. 2002다64957,64964)(변호 18)

(5) 상사시효가 적용되는 경우

1) 일방적 상행위와 보조적 상행위 [모의 19, 18]

① 당사자 쌍방에 모두 상행위가 되는 행위로 인한 채권뿐만 아니라 당사자 일방에 대하여만 상행위가 되는 행위로 인한 채권도 5년의 소멸시효기간이 적용되는 상사채권에 해당하고, 그 상행위에는 상법 제46조 각호에 해당하는 기본적 상행위뿐만 아니라, 상인이 영업을 위하여 하는 보조적 상행위도 포함되며, 상인의 행위는 영업을 위하여 하는 것으로 추정된다.(대판 2018.6.15. 2018다10920)(변호 23, 모의 13, 16, 19, 20, 22, 23)**[모의 18, 19]**

[사실관계] 세탁업체를 운영하던 피고가 2009.6.1. 甲으로부터 그 사업 자금으로 1억 원을 이자 월 2%로 정해 차용한 경우, 피고는 상법 제46조 제3호에 정한 제조·가공 또는 수선에 관한 행위를 영업으로 하는 상인이고, 피고의 위와 같은 금전차용 행위는 그 영업을 위한 행위로서 상행위에 해당하므로, 차용금 채권은 상사채권으로서 5년의 소멸시효기간이 적용된다고 본 사안.

② 신용협동조합의 대출을 받은 회원이 상인으로서 그 영업을 위하여 대출을 받았다면 그 대출금채권은 상사채권이라고 보아야 한다.(대판 2017.5.30. 2016다254658)

③ 기부자가 상인인 경우 지방자치단체와 그 기부자 사이에 체결된 기부채납 약정은 다른 사정이 없는 한 상인이 영업을 위하여 한 보조적 상행위에 해당하므로, 그러한 기부채납 약정에 근거한 채권에는 5년의 상사 소멸시효기간이 적용된다.(대판 2022.4.28. 2019다272053)(변호 23)

④ 상행위인 계약이 정한 주식매수청구권의 법적성질은 형성권이고, 계약에서 행사기간을 정하지 않은 경우 상사시효에 관한 상법 제64조가 유추적용 되며, 그 제척기간의 기산점은 계약이 정한 바에 따라 주식매수청구권을 행사할 수 있는 날(사안의 경우 투자대상회사의 의무불이행시점)이 된다.(대판 2022.7.14. 2019다271661)(변호 25)

2) 상행위로 인한 채무의 불이행에 기한 손해배상채권

① 상사시효가 적용되는 채권은 직접 상행위로 인하여 생긴 채권뿐만 아니라 상행위로 인하여 생긴 채무의 불이행에 기하여 성립한 손해배상채권도 포함한다.(대판 1997.8.26. 97다9260)(변호 23, 모의 13, 21)**[모의 24]**

② 매매계약이 상행위인 경우 매도인의 채무불이행책임이나 하자담보책임에 기한 매수인의 손해배상채권에도 상사소멸시효가 적용된다. 상인이 부동산을 매도하기 위해 체결한 매매계약은 영업을 위한 것으로 추정되고, 그와 같은 추정은 매매계약이 토지보상법에 의한 협의취득이라는 사정만으로 번복되지 않는다. 한국토지주택공사가 회사로부터 토지보상법에 따른 협의취득절차로서 매수한 토지에 하자가 있다고 주장하면서 제기한 손해배상청구에 상사소멸시효가 적용된다.(대판 2022.7.14. 2017다242232)

3) 상행위인 계약의 해제로 인한 원상회복청구권

상행위인 계약의 해제로 인한 원상회복청구권에도 상사시효가 적용된다.(대판 1993.9.14. 93다21569)(변호 13, 25, 모의 13, 23)

4) 면책적으로 인수된 상사채무

원래 채무가 상사시효 적용을 받았다면 면책적 채무인수로 인하여 채무자가 바뀌어도 상사시효가 적용된다.(대판 1999.7.9. 99다12376)(모의 21)

5) 은행 대출금에 대한 변제기 이후의 지연손해금 (변호 15, 모의 13, 14, 16)

은행이 그 영업행위로서 한 대출금에 대한 변제기 이후의 지연손해금은 단기소멸시효 대상인 이자채권도 아니고, 불법행위로 인한 손해배상 채권에 관한 단기소멸시효의 대상도 아니므로, 상행위로 인한 채권에 관하여 적용되는 5년의 소멸시효가 적용된다.(대판 1979.11.13. 79다1453)

6) 위탁자의 위탁매매인에 대한 이득상환청구권 등

위탁자의 위탁매매인에 대한 이득상환청구권 또는 이행담보책임 이행청구권은 민법 제163조 제6호의 상품의 대가가 아니므로 특별한 사정이 없는 한 상사시효 대상이 된다.(대판 1996.1.23. 95다39854)(모의 21, 22)

7) 단체협약에 따른 유족의 위로금채권

근로협약이나 단체협약도 보조적 상행위이므로 단체협약에 따른 유족의 위로금채권도 상사시효가 적용된다.(대판 2006.4.27. 2006다1381)(모의 21)

8) 권리금 보증금 반환채권

사업장 마련을 위해 전대차계약을 체결하고자 권리금과 보증금을 지급하였으나 끝내 계약이 성립되지 않은 경우의 권리금과 보증금 반환채권에는 상사시효가 적용된다.(대판 2021.9.9. 2020다299122)

9) 부당이득반환청구권

① 부당이득반환청구권이 상행위인 계약에 기초한 급부 자체의 반환을 구하는 것으로서 법률관계를 상거래 관계와 같은 정도로 신속하게 해결할 필요성이 있는 경우 상법 제64조가 유추적용 되어 5년 상사소멸시효기간 적용된다.(대판 2021.8.19. 2018다258074)

② 은행으로부터 대출받으면서 근저당권설정비용을 부담한 채무자가 비용부담의 근거가 된 약관조항의 무효를 주장하면서 자신이 부담한 비용 등의 부당이득 반환을 구하는 경우, 그러한 부당이득반환채권에는 상사소멸시효가 적용된다.(대판 2014.7.24. 2013다214871)(변호 18, 22)

③ 임대사업자가 일률적으로 정한 분양전환가격으로 분양계약을 체결한 자가 납부한 분양대금과 정당한 분양전환가격의 차액에 대한 부당이득반환채권은 거래관계를 신속하게 해결할 필요가 있으므로, 상법 제64조가 적용되어 5년의 소멸시효가 적용된다.(대판 2015.9.15. 2015다210811)(변호 22)

④ 가맹점사업자가 가맹본부를 상대로 가맹계약상 근거를 찾을 수 없는 Administration Fee이라는 항목으로 매장 매출액의 일정 비율로 지급받은 금액을 부당이득으로 반환청구 하는 경우, 그러한 부당이득반환채권은 상행위가 되는 가맹계약에 기초하여 발생한 것일 뿐만 아니라, 가맹본부가 수백 명에 달하는 가맹점사업자들에게 같은 내용의 부당이득반환채무를 부담하는 점 등 채권 발생 경위나 원인 등에 비추어 볼 때 그로 인한 거래관계를 신속하게 해결할 필요가 있으므로, 상법 제64조에 따라 5년간 행사하지 않으면 소멸시효가 완성된다.(대판 2018.6.15. 2017다248803,248810)(변호 22, 모의 20)

10) 보험자의 보험금에 대한 부당이득반환청구권

① 보험계약자가 다수의 계약을 통하여 보험금을 부정 취득할 목적으로 보험계약을 체결하여 민법 제103조에 따라 선량한 풍속 기타 사회질서에 반하여 무효인 경우 보험자의 보험금에 대한 부당이득반환청구권에는 상사 소멸시효가 적용된다.(대판 2021.7.22. 2019다277812 전합)(변호 23, 25)

② 상행위에 해당하는 보증보험계약에 기초한 급부가 이루어짐에 따라 발생한 부당이득반환청구권은 상행위에 해당하는 보증보험계약에 기초한 급부가 이루어짐에 따라 발생한 것일 뿐 아니라, 채권 발생의 경위, 원인, 원고와 피고의 지위와 관계 등에 비추어 법률관계를 상거래와 같은 정도로 신속하게 해결할 필요성이 있다고 보이므로, 5년의 상사소멸시효가 적용된다.(대판 2007.5.31. 2006다63150)(모의 13, 16)

③ 발생하지 않은 보험사고 발생을 가장하여 청구 · 수령된 보험금 상당 부당이득반환청구권에는 상사 소멸시효가 적용된다.(대판 2021.8.19. 2018다258074)

④ 보험회사의 보험수익자인 피고를 상대로 한 보험계약자 겸 피보험자의 **과잉입원을 원인으로 수령한 보험금에 대한 부당이득반환청구에는 상사소멸시효가 적용된다.**(대판 2021.8.19. 2019다269354)

(6) 상사시효가 적용되지 않는 경우

1) 물상보증인의 채무자에 대한 구상권

물상보증인이 변제 등에 의하여 채무자를 면책시키는 것은 위임사무의 처리가 아니고 법적 의미에서는 의무 없이 채무자를 위하여 사무를 관리한 것에 유사하다. 따라서 **물상보증인의 채무자에 대한 구상권은** 물상보증위탁계약의 법적 성질과 관계없이 그 소멸시효에 **민법상 일반채권에 관한 규정이 적용된다.**(대판 2001.4.24. 2001다6237)(모의 16)

2) 불법행위로 인한 손해배상채권

단기소멸시효의 규정은 운송인의 운송계약상의 채무불이행으로 인한 손해배상청구에만 적용되고 일반불법행위로 인한 손해배상청구에는 적용되지 아니하는 것이고, 또한 상법 제64조의 일반상사시효 역시 상행위로 인한 채권에만 준용되고 상행위 아닌 **불법행위로 인한 손해배상채권에는 적용되지 아니 한다.**(대판 1985.5.28. 84다카966)(변호 14, 15, 21, 23, 모의 14)**[변호 24]**

3) 근로계약상 주의의무위반으로 인한 손해배상청구권

근로자의 근로계약상의 주의의무 위반으로 인한 손해배상청구권은 특별한 사정이 없는 한 10년의 민사 소멸시효기간이 적용된다.(대판 2005.11.10. 2004다22742)

사용자가 상인으로서 영업을 위하여 근로자와 체결하는 근로계약이 보조적 상행위에 해당하더라도 사용자가 근로계약에 수반되는 신의칙상의 부수적 의무인 보호의무를 위반하여 근로자에게 손해를 입힘으로써 발생한 근로자의 손해배상청구와 관련된 법률관계는 근로자의 생명, 신체, 건강 침해 등으로 인한 손해의 전보에 관한 것으로서 그 성질상 정형적이고 신속하게 해결할 필요가 있다고 보기 어렵다. 따라서 **근로계약상 보호의무 위반에 따른 근로자의 손해배상청구권은 특별한 사정이 없는 한 10년의 민사 소멸시효기간이 적용된다**고 봄이 타당하다.(대판 2021.8.19. 2018다270876)

4) 임대차계약 종료 후 무단점유에 대한 부당이득 반환청구

임대인 주식회사와 임차인 주식회사 사이의 건물임대차계약이 종료된 뒤 임차인이 무단점유 사용한 경우 **임차인에 대한 부당이득 반환청구는** 특별한 사정이 없는 한 **10년의 민사소멸시효**가 적용된다.(대판 2012.5.10. 2012다4633)

5) 대표이사 개인의 차용금 채무

회사가 상법에 의해 상인으로 의제되더라도 대표이사 개인은 상인이 아니어서 **대표이사 개인이 회사 자금으로 사용하기 위해서 차용하더라도 상행위에 해당하지 아니하여 차용금채무를 상사채무로 볼 수 없다.** 따라서 회사 설립을 위하여 개인이 한 행위는 그것이 설립 중 회사의 행위로 인정되어 장래 설립될 회사에 효력이 미쳐 회사의 보조적 상행위가 될 수 있는지는 별론으로 하고, 장래 설립될 회사가 상인이라는 이유만으로 당연히 개인의 상행위가 되어 상법 규정이 적용된다고 볼 수는 없다.(대판 2012.7.26. 2011다43594)(변호 18, 모의 21)

6) 이사 또는 감사의 회사에 대한 임무해태로 인한 손해배상책임

주식회사의 이사 또는 감사의 회사에 대한 임무해태로 인한 손해배상책임은 일반불법행위 책임이 아니라 **위임관계로 인한 채무불이행 책임**이므로 **소멸시효기간은 일반채무와 같이 10년이다.**(대판 1986.6.25. 84다카1954)(변호 13, 모의 23)

7) 부동산매매계약 무효를 이유로 한 부당이득반환청구권

주식회사인 부동산 매수인이 의료법인인 매도인과의 부동산매매계약의 이행으로서 매매대금을 지급하였으나, 매도인 법인을 대표하여 매매계약을 체결한 대표자의 선임에 관한 이사회결의가 부존재하는 것으로 확정됨에 따라 매매계약이 무효임을 이유로 매도인에게 매매대금 상당액의 반환을 구하는 부당이득반환청구의 경우, 상거래와 같은 정도로 신속하게 해결할 필요성이 있다고 볼 만한 합리적인 근거도 없으므로 위 부당이득반환청구권의 소멸시효기간은 민법에 따라 10년이다.(대판 2003.4.8. 2002다64957,64964)(변호 22, 25)

8) 위법배당에 따른 부당이득반환청구권

이익의 배당이나 중간배당은 회사가 획득한 이익을 내부적으로 주주에게 분배하는 행위로서 회사가 영업으로 또는 영업을 위하여 하는 상행위가 아니므로 배당금지급청구권은 상법 제64조가 적용되는 상행위로 인한 채권이라고 볼 수 없다. 위법배당에 따른 부당이득반환청구권 역시 상행위에 기초하여 발생한 것이라고 볼 수 없다. 특히 배당가능이익이 없는데도 이익의 배당이나 중간배당이 실시된 경우 회사나 채권자가 주주로부터 배당금을 회수하는 것은 회사의 자본충실을 도모하고 회사 채권자를 보호하는 데 필수적이므로, 회수를 위한 부당이득반환청구권 행사를 신속하게 확정할 필요성이 크다고 볼 수 없으므로, 위법배당에 따른 부당이득반환청구권은 10년의 민사소멸시효에 걸린다고 보아야 한다.(대판 2021.6.24. 2020다208621)(변호 22, 23, 모의 22(2), 23)

☞ 주식회사의 주주총회 또는 이사회가 이익배당의 결의를 한 경우, 주주의 배당금 지급청구권의 소멸시효기간은 상법상 5년으로 규정되어 있다(제464조의2 제2항).(변호 13)

9) 경매사건 배당절차에 의한 배당금에 대한 부당이득반환청구권

甲회사가 채무자의 재산에 관한 경매사건 배당절차에서 가지는 권리를 乙이 침해하였다고 주장하며 乙이 수령한 배당금에 대하여 부당이득반환을 구한 사안에서, 甲회사가 주장하는 부당이득반환청구권은 상행위에 해당하는 계약에 기초하여 이루어진 급부 자체의 반환을 구하는 것이 아니고, 甲회사와 乙의 법률관계를 상거래 관계와 같은 정도로 신속하게 해결할 필요성이 없으므로 상법 제64조가 적용되지 아니하고 10년의 민사소멸시효기간이 적용된다.(대판 2019.9.10. 2016다271257)

10) 보험자대위에 의한 구상권

보험금을 지급한 보험자가 보험자대위에 의하여 다른 공동불법행위자 및 그의 보험자에 대하여 가지는 구상권의 소멸시효 기간은 일반채권과 같이 10년이고, 그 기산점은 구상권이 발생한 시점, 즉 구상권자가 현실로 피해자에게 손해배상금을 지급한 때이다.(대판 1999.6.11. 99다3143)(모의 16)

11) 보험사업자의 피해자에 대한 부당이득반환청구권

교통사고 피해자가 가해차량이 가입한 책임보험의 보험자로부터 사고 보험금을 수령하였음에도 자동차손해배상 보장사업을 위탁받은 보험사업자로부터 또다시 피해보상금을 수령한 것을 원인으로 한 보험사업자의 피해자에 대한 부당이득반환청구권에는 상법 제64조가 적용되지 아니하고, 소멸시효기간은 민법에 따라 10년이다.(대판 2010.10.14. 2010다32276)(모의 13)

(7) 보증채무

주채무자에 대한 확정판결에 의하여 단기소멸시효에 해당하는 주채무의 소멸시효기간이 10년으로 연장된 상태에서 주채무를 보증한 경우, 특별한 사정이 없는 한 보증채무에 대하여는 단기소멸시효가 적용될 여지가 없고, 성질에 따라 보증인에 대한 채권이 민사채권인 경우에는 10년, 상사채권인 경우에는 5년의 소멸시효기간이 적용된다.(대판 2014.6.12. 2011다76105)(변호 18, 모의 20)**[모의 18]**

Ⅲ. 민법 물권에 대한 특칙

1. 일반상사유치권 [모의 21]

(1) 의의

상인간의 상행위로 인한 채권이 변제기에 있는 때에는 채권자는 변제를 받을 때까지 그 채무자에 대한 상행위로 인하여 자기가 점유하고 있는 채무자 소유의 물건 또는 유가증권을 유치할 수 있다(제58조 본문). 그러나 당사자 간에 다른 약정이 있으면 그러하지 아니하다(제58조 단서).

민법상 유치권과 달리 견련관계를 요구하지 않음으로써 상인 간의 거래에서 용이하게 유치권이 성립할 수 있도록 하는데 그 취지가 있다.

(2) 요건

1) 당사자 쌍방 상인 (모의 21, 23, 24)

채권자와 채무자 쌍방이 모두 상인이어야 한다. 피담보채권 성립시점과 유치물 점유 개시시점에 상인이어야 한다. 유치권이 성립한 이후에는 상인자격을 상실해도 상사유치권은 유지된다.

2) 상행위로 인한 채권 및 변제기 도래 (변호 14, 모의 14, 16, 17, 21, 24)

채권자와 채무자 쌍방에 상행위가 되는 행위로 발생하여야 하고, 변제기가 도래하여야 한다.

채권자가 제3자로부터 양수한 채권인 경우에는 상사유치권이 성립되지 않는다.

3) 채무자 소유물 (변호 14, 21, 모의 14, 16, 17, 19, 21, 22, 23)

목적물은 채무자 소유 물건 또는 유가증권이어야 한다. 유치권이 성립한 후 목적물의 소유권을 양도하더라도 유치권은 행사 할 수 있다. 상사유치권의 대상이 되는 물건에는 부동산도 포함된다.(대판 2013.5.24. 2012다39769,39776)

4) 개별적 견련성 불요 (변호 13, 14, 모의 14, 16, 19(2), 21, 22, 23, 24)

피담보채권과 유치권의 개별적 견련성은 요구되지 않는다.

5) 반대특약의 부존재

당사자 간의 특약으로 상사유치권의 성립을 배제할 수 있다(제58조 단서). 이러한 특약은 묵시적으로 할 수 있다.(대판 2012.9.27. 2012다37176)(변호 14, 모의 16, 17, 21)**[모의 21]**

(3) 효력

상법은 상사유치권의 효력에 대해서는 별도로 규정하고 있지 않으므로, 상사유치권의 효력에 대해서는 민법 규정이 적용된다.

유치권자는 채권 전부의 변제를 받을 때까지 유치물 전부에 그 권리를 행사할 수 있으므로, 유치물은 그 각 부분으로써 피담보채권의 전부를 담보하고, 유치권의 불가분성은 그 목적물이 분할 가능하거나 수개의 물건인 경우에도 적용되며, 상법 제58조의 상사유치권에도 적용된다. 하나의 채권을 피담보채권으로 하여 여러 필지의 토지에 대하여 유치권을 취득한 유치권자가 그중 일부 필지의 토지에 대하여 선량한 관리자의 주의의무를 위반하였다면 특별한 사정이 없는 한 위반행위가 있었던 필지의 토지에 대하여만 유치권 소멸청구가 가능하다고 해석하는 것이 타당하다.(대판 2022.6.16. 2018다301350)

(4) 선행저당권에 기한 낙찰자에 대한 대항력 여부

채무자 소유 부동산에 이미 선행저당권이 설정되어 있는 상태에서 상사유치권이 성립한 경우, **상사유치권자는 채무자 및 그 이후 채무자로부터 부동산을 양수하거나 제한물권을 설정받는 자에게는 대항할 수 있지만, 선행저당권자 또는 선행저당권에 기한 임의경매절차에서 부동산을 취득한 매수인에 대한 관계에서는 상사유치권으로 대항할 수 없다.**(대판 2013.2.28. 2010다57350)(변호 14, 21, 모의 14, 16, 17, 21, 22, 23, 24)

(5) 특수상사유치권 (변호 13, 14, 모의 14, 16, 17, 23, 24)

대리상(제91조), 위탁매매인(제111조), 운송주선인(제120조), 운송인(제147조)에 대해서는 별도의 유치권 규정이 존재한다. 채무자 소유 여부 및 견련성에 관하여 정리하면 아래와 같다.

	일반 상사유치권	민사유치권	운송인 운송주선인	대리상	위탁매매인
채무자소유	○	×	×	×	×
견련성	×	○	○	×	×

2. 유질계약의 허용 [변호 21]

(1) 의의

상행위로 인한 채권을 담보하는 질권에는 유질계약이 가능하다(제59조).(모의 13, 19) 민법상 유질계약은 금지되나(민법 제339조), 상법상 유질계약은 허용된다.

상행위로 인하여 생긴 채권을 담보하기 위한 질권에는 유질을 허용함으로써 상사채권의 담보를 강화하여 상거래의 원활을 도모하는 것을 취지로 한다.

(2) 질권설정자가 상인이어야 하는지 여부

질권설정계약에 포함된 유질약정이 유효하기 위해서는 피담보채권이 상행위로 인해 생긴 채권이면 충분하고, 질권설정자가 상인이어야 하는 것은 아니다. 또한 일방적 상행위로 생긴 채권을 담보하기 위한 질권에 대해서도 유질약정을 허용한 상법 제59조가 적용된다.(대판 2017.7.18. 2017다207499)(변호 20, 모의 20)

(3) 별도 유질약정의 존재

상행위 채권을 담보하기 위한 질권에 유질계약이 허용된다고 하여 **모든 상사질권설정계약이 당연히 유질계약에 해당한다고 할 수는 없고,** 상사질권설정계약에 있어서 유질계약의 성립이 인정되려면 그에 관하여 **별도의 명시적 또는 묵시적인 약정이 성립**되어야 한다.(대판 2008.3.14. 2007다11996)(변호 20, 모의 20)

(4) 질권실행방법

상법은 유질약정에 따른 질권 실행방법이나 절차를 규정하고 있지 않으므로, **유질약정이 포함된 질권설정계약이 체결된 경우 질권 실행 방법이나 절차는 원칙적으로 질권설정계약에서 정한 바에 따라야 한다.** 채권자가 비상장주식에 대한 유질약정을 근거로 일반적인 여러 비상장주식 가격 산정방식 중 하나를 채택하여 처분가액을 산정한 이상, 나중에 합리적인 가격이 아니었다고 인정되더라도, 다른 특별한 사정이 없는 한 유질약정의 내용에 따라 채권자와 채무자 사이에서 피담보채무의 소멸 범위나 초과액의 반환 여부, 손해배상 등이 문제 될 뿐이고 채권자와 처분 상대방 사이에서 채권자의 처분행위 자체는 유효하다.(대판 2021.11.25. 2018다304007)

기출사례

★ 상사유질약정 [변호 21]

甲주식회사는 건설업을 목적으로 2010년 설립된 비상장회사이다. 보통주만을 발행한 甲회사의 발행주식총수는 100만 주이고, 자본금은 5백억 원이다. 甲회사의 발행주식총수 중 대표이사 A는 30만 주, 이사 B와 이사 C는 각각 20만 주를 소유하고 있으며 모두 명의개서를 완료한 상태이다(주권 미발행 상태임). 甲회사는 건설경기 불황으로 자금사정이 나빠지자 2020. 초경 乙은행으로부터 30억 원의 대출을 받았다. A는 甲회사의 乙은행에 대한 대출채무의 담보로 자신이 소유한 甲회사 주식 30만 주에 대하여 근질권을 설정하는 계약을 체결하였는데, 그 계약의 주요 내용은 다음과 같다.

근질권설정계약

1. 향후 甲회사의 모든 정기주주총회 및 임시주주총회에서의 담보주식에 대한 의결권 행사를 乙은행에 위임한다.
2. 乙은행은 적당하다고 인정되는 방법과 시기, 가격으로 담보주식을 임의처분하여 그 취득금을 충당하거나 피담보채무의 변제에 갈음하여 담보주식을 취득할 수 있다.

A와 乙은행 사이의 근질권설정계약에 포함된 유질약정은 유효한가?

Ⅰ. 결론

근질권자인 乙은행의 甲회사에 대한 대출금채권은 상행위로 인한 채권에 해당하므로 이를 담보하기 위하여 설정된 근질권에는 유질약정이 허용되고, 유질약정은 근질권설정자가 상인일 것을 요건으로 하지 않으므로, A와 乙은행 사이의 유질약정은 유효하다.

Ⅱ. 쟁점

상사유질약정의 요건 및 질권설정자가 상인이 아닌 경우에도 유질약정이 유효한지 문제된다.

Ⅳ. 민법 채권에 대한 특칙

1. 상사법정이율 [변호 24]

> 제54조 (상사법정이율) 상행위로 인한 채무의 법정이율은 연 6분으로 한다.

① 일방적 상행위의 경우에도 상사법정이율이 적용된다.(모의 23)

② 원본채권이 상행위로 인한 채권일 경우 그 지연손해금도 상행위로 인한 채권이고, 판결에 의해 권리의 실체적인 내용이 바뀌는 것은 아니며 이행판결이 확정된 지연손해금에 대해서도 채권자의 이행청구에 의해 지체책임이 생긴다. 따라서 **상행위로 인한 원본채권 및 그에 대한 지연손해금 지급을 명하는 이행판결이 확정된 경우 확정판결에서 지급을 명한 지연손해금도 상행위로 인한 채권**이므로, 지연손해금에 대한 채권자의 이행청구에 의해 채무자가 지체책임을 지는 경우 그 지연손해금에 대하여는 상법 제54조에 정한 **상사법정이율인 연 6%의 비율을 적용**하여야 할 것이다.(대판 2022.12.1. 2022다258248)

③ 상사법정이율은 상행위로 직접 생긴 채무뿐만 아니라 그와 동일성이 있거나 그 변형으로 인정되는 채무에도 적용된다. 원고는 소외 회사의 피고에 대한 **운송계약상의 채무불이행을 원인으로 한 손해배상청구권을 대위행사**하고 있으므로, 그 **지연손해금은 민사법정이율이 아닌 상법 제54조가 정한 연 6%의 상사법정이율을 적용**하여 산정하여야 한다.(대판 2014.11.27. 2012다14562)

④ 부당해고 기간 중의 미지급 임금은 상행위로 생긴 것이므로 그 변형으로 인정되는 지연손해금채무, 즉 채무불이행으로 인한 손해배상채무도 상사채무라 할 것이어서 상법이 정한 연 6%의 상사법정이율이 적용된다.(대판 2014.8.26. 2014다28305)

⑤ 상행위가 아닌 불법행위로 인한 손해배상채무에는 상사법정이율이 적용되지 않는다.(대판 1985.5.28. 84다카966)(변호 15, 21, 모의 14)

⑥ 고속국도 관리청이 송유관 매설자의 비용을 대신 부담함으로써 발생한 부당이득반환채무는 법률 규정에 의한 법정 채무일 뿐이므로, 그 지연손해금에 관하여 상사법정이율을 적용할 수 없다.(대판 2009.9.10. 2009다41786) ☞ 법률 규정에 의한 법정 채무에는 상사법정이율이 적용되지 않는다.

2. 법정이자청구권

(1) 영업 관련 금전소비대차에 대한 법정이자

① 상인이 영업에 관하여 금전을 대여한 경우 법정이자를 청구할 수 있다(제55조 제1항).(모의 13)

② 대여는 영업에 관련된 것이면 충분하고 영업으로 해야 하는 것은 아니다. 상인이 비상인에게 금전을 대여한 경우에도 적용된다. 상인과 비상인 사이에 이자의 약정이 없더라도 대주인 상인은 법정이자를 청구할 수 있다.

③ **상인 간에서 금전소비대차에 따른 약정이자를 구하는 청구**에는 약정이자율이 인정되지 않더라도 **상법 소정의 법정이자의 지급을 구하는 취지가 포함**되어 있다고 보아야 한다.(대판 2007.3.15. 2006다73072)(변호 21)

(2) 체당금에 대한 법정이자

상인이 그 영업범위 내에서 타인을 위하여 금전을 체당한 경우, 체당한 날 이후의 법정이자를 청구할 수 있다(제55조 제2항). 체당이란 부동산중개인이 등기비용을 대신 납부하는 경우와 같이, 금전소비대차에 의하지 않고 타인을 위하여 금전을 지출하는 것을 말한다. 민법상 사무관리의 경우 이자청구권이 인정되지 않으나(민법 제739조 제1항), 상법상 체당의 경우 법정이자를 청구할 수 있다.

3. 지점 거래의 채무이행장소

채권자의 지점에서의 거래로 인한 채무이행의 장소가 행위의 성질 또는 당사자의 의사표시에 의하여 특정되지 아니한 경우 특정물 인도 외의 채무이행은 그 지점을 이행장소로 본다(제56조).
민법상 일반원칙과 비교할 때 채권자의 지점을 이행장소로 규정한 지참채무의 의미를 가진다. 민법상 특정물인도의 이행장소는 채권 성립 당시 물건이 있던 장소이고, 특정물인도 이외에는 채권자의 현주소 또는 채무가 영업에 관한 것이면 채권자의 영업소가 이행장소가 된다(민법 제467조).

4. 다수당사자의 연대책임 [모의 18]

> **제57조 (다수채무자간 또는 채무자와 보증인의 연대)** ① 수인이 그 1인 또는 전원에게 상행위가 되는 행위로 인하여 채무를 부담한 때에는 연대하여 변제할 책임이 있다.(변호 19, 21, 모의 14)

① 채무자에게 상행위가 되어야 하나, 채무자 전원에게 상행위가 되어야 하는 것은 아니다. 채권자는 상인이 아니어도 된다. 하나의 공동행위로 수인이 채무를 부담하여야 한다.

② 조합의 채무는 조합원의 채무로서 특별한 사정이 없는 한 조합의 채권자는 각 조합원에 대하여 지분의 비율에 따라 또는 균일적으로 변제의 청구를 할 수 있을 뿐이나, **조합채무가 특히 조합원 전원을 위하여 상행위가 되는 행위**로 인하여 부담하게 된 것이라면 상법 제57조 제1항을 적용하여 **조합원들의 연대책임**을 인정함이 타당하다.(대판 2018.4.12. 2016다39897)(변호 17, 19)

③ 공동수급체의 구성원들이 상인인 경우 탈퇴한 조합원에 대하여 잔존 조합원들이 탈퇴 조합원의 지분을 환급할 의무는 구성원 전원의 상행위에 따라 부담한 채무로서 잔존 조합원들은 연대하여 탈퇴한 조합원에게 지분환급의무를 이행할 책임이 있다.(대판 2016.7.14. 2015다233098)

④ 조달본부의 물품구매행위는 독립한 법인체인 계열회사들이 조달본부에 대행을 위임하거나 대리권을 수여한 행위이므로 그 법률효과는 그 당사자에게만 미치고 다른 계열회사는 아무런 권리의무가 발생하지 않는 제3자의 지위에 있다. 따라서 조달본부에서 물품을 발주 구입하였다는 사실을 이유로 수인이 그 1인 또는 전원에게 상행위로 인하여 부담하는 공동구매라고 할 수 없다.
(대판 1987.6.23. 86다카633)

5. 보증인의 연대책임

> **제57조 (다수채무자간 또는 채무자와 보증인의 연대)** ② 보증인이 있는 경우에 그 보증이 상행위이거나 주채무가 상행위로 인한 것인 때에는 주채무자와 보증인은 연대하여 변제할 책임이 있다.(변호 19)

보증인이 상인이 아닌 경우에도 보증채권자가 상인이거나 주채무자가 상인인 경우에는 주채무자와 보증인이 연대하여 변제할 책임을 부담하게 된다.

6. 보수청구권

상인이 그 영업범위 내에서 타인을 위하여 행위를 한 때에는 이에 대하여 상당한 보수를 청구할 수 있다(제61조). 상인의 영업범위 내 행위에는 보조적 상행위도 포함된다. 타인을 위한다는 것은 경제적 관점에서 타인을 위한다는 것을 의미한다. 현실적으로 타인에게 이익이 발생하지 않아도 무방하다. 당사자 사이의 약정으로 보수청구권을 배제할 수 있다.(대판 2007.9.20. 2006다15816)

7. 상사임치

상인이 그 영업범위 내에서 물건의 임치를 받은 경우에는 보수를 받지 않는 경우에도 선량한 관리자의 주의를 하여야 한다(제62조).(변호 21) 임치가 보조적 상행위인 경우를 포함한다.

8. 대화자간 청약의 구속력

대화자간 계약의 청약은 상대방이 즉시 승낙하지 아니한 때에는 그 효력을 잃는다(제51조).(모의 13)

격지자간 계약의 청약은 상대방이 상당한 기간 내에 승낙 통지를 발송하지 않으면 효력을 상실한다는 종전 제52조 규정은 삭제되었다. → 격지자간 계약의 청약에 대한 승낙도 도달주의가 적용된다.

9. 청약에 대한 낙부통지의무

상인이 상시 거래관계에 있는 자로부터 그 영업부류에 속한 계약의 청약을 받고 지체 없이 낙부의 통지를 발송하지 않으면 이를 승낙한 것으로 본다(제53조).(변호 16, 18, 모의 24)

청약자와 상대방 사이에 상시 거래관계가 있는 경우 특별한 사정이 없는 한 청약한 대로 계약이 체결된다고 믿은 청약자의 신뢰를 보호함으로써 상거래의 신속과 안전을 보장하기 위한 규정이다.

① 청약을 받은 자는 상인이어야 한다. ② 청약은 승낙기간을 정하지 않은 격지자 간의 청약을 의미한다. ③ 영업부류에 속한 계약과 관련하여 보조적 상행위는 이에 포함되지 않는다.

10. 청약 및 물건 수령자의 물건보관의무

① 상인이 그 영업부류에 속한 계약의 청약을 받고 견품 기타의 물건을 받은 때에는 그 청약을 거절한 때에도 청약자의 비용으로 그 물건을 보관하여야 한다(제60조).(변호 16, 모의 24)

② 물건의 가액이 보관비용보다 적거나 보관으로 인하여 손해를 받을 염려가 있는 때에는 보관의무를 지지 않는다(제60조).

③ **상법 제60조는** 물건의 현상이나 가치를 반송할 때까지 계속 유지, 보존하는 **보관비용의 상환에 관한 규정일 뿐 그 물건이 보관된 장소의 사용이익 상당의 손해의 배상에 관한 규정은 아니다.**(대판 1996.7.12. 95다41161,41178)

[사실관계] 甲은 기계제품을 乙에게 판매하기 위해 乙의 공장에 기계제품을 설치하고 乙과 가격협상을 하였으나 협상이 결렬되었다. 그런데 乙은 기계를 반환하지 않고 자신이 공장에서 기계를 사용하면서 甲을 상대로 건물명도와 기계제품의 건물점유기간 동안의 건물 임대료 상당의 부당이득반환과 손해배상 및 乙이 기계제품을 사용하는 동안 지출한 수리비에 대한 필요비상환을 청구하였다.

[판시사항] 대법원은 甲이 공장을 불법 점유한 것으로 볼 수 없고 甲이 기계를 가동하지 않았으므로 공장 용도에 따른 이득을 얻었다 할 수 없으며, 상법 제60조는 물건의 현상이나 가치를 반송할 때까지 계속 유지, 보존하는 보관 비용의 상환에 관한 규정일 뿐 그 물건이 보관된 장소의 사용이익 상당의 손해의 배상에 관한 규정은 아니므로 보관 장소의 사용이익을 甲이 부담해야 하는 것은 아니며, 통상의 필요비는 점유자가 과실을 취득하면 상환을 구할 수 없다는 이유로 乙의 청구를 기각하였다.

기출사례

★ 상사법정이율 [변호 24]

甲주식회사는 비상장회사로서 아파트 건설업을 주된 영업으로 하고 있다. 甲회사는 설립 당시 의결권 있는 주식만을 100,000주 발행하였다. 무직자인 A는 甲회사로부터 아파트를 분양받은 자인데, 甲회사의 귀책으로 말미암아 아파트 건설 공사 기간이 3개월 가량 늘어남에 따라 당초 입주 예정일을 한참 지난 후에서야 입주하게 되었다. 얼마 지나지 않아 甲회사는 위 아파트를 분양하는 과정에서 대표이사의 주도로 甲회사가 거액을 들여 허위 · 과장광고를 하였다는 이유로 벌금형에 처해졌다.

A가 자신이 분양받은 아파트에 대한 입주 지연과 甲회사의 허위 · 과장광고로 입은 손해에 대하여 상사법정이율을 각각 적용하여 배상을 청구하는 경우 법원은 이를 인용할 것인가?

Ⅰ. 결론

A가 분양받은 아파트에 대한 입주 지연에 따른 손해배상채권은 상행위인 분양계약에 따른 채무의 불이행에 기한 손해배상채권으로서 상사채권에 해당하므로 A가 이에 대하여 상사법정이율을 적용하여 배상을 청구하는 경우 법원에서 인용될 것이나, 甲회사의 허위 · 과장광고로 입은 손해에 대한 손해배상채권은 불법행위로 인한 손해배상채권으로서 상사채권이 아니므로 A가 이에 대하여 상사법정이율을 적용하여 청구한 부분은 법원에서 기각될 것이다.

Ⅱ. 쟁점

분양계약에 따른 채권이 상사채권에 해당하는지, 상행위로 인한 채무불이행채권이 상사채권에 해당하는지 문제되고, 대표이사의 업무상 불법행위에 대한 회사의 연대책임과 이러한 불법행위로 인한 손해배상채권에 상사법정이율이 적용되는지 문제된다.

Ⅴ. 상사매매

1. 의의

상법은 상사매매의 법률관계를 신속히 종결시키기 위해 양 당사자가 상인인 매매에 적용되는 특칙을 규정하고 있다. 매매업을 하지 않아도 당사자 쌍방이 상인인 경우 상사매매 특칙이 적용된다. 당사자 쌍방이 상인이어야 하고, 당사자 쌍방에게 매매계약이 모두 상행위이어야 한다.(모의 20)

상행위에 해당하는 이상 보조적 상행위인 경우에도 상사매매에 해당한다.

상사매매에 관한 특칙은 모두 임의규정이므로 당사자 사이에 반대 특약이 있는 경우에는 상사매매 특칙이 적용되지 않는다.

2. 매도인의 목적물 공탁, 경매권

상인간의 매매에서 매수인이 목적물의 수령을 거부하거나 수령할 수 없는 경우 매도인은 그 물건을 공탁하거나 상당한 기간을 정하여 최고한 후 경매할 수 있다(제67조 제1항).(변호 18, 모의 24)

매수인에 대하여 최고를 할 수 없거나 목적물이 멸실 또는 훼손될 염려가 있는 때에는 최고없이 경매할 수 있다(제67조 제2항).

상인간의 매매의 경우 매도인은 최고만으로 목적물 경매가 가능하다. 민법상 경매는 목적물이 공탁에 부적절하거나 멸실 · 훼손의 우려가 있는 경우, 공탁에 과다한 비용이 소요되는 경우 법원의 허가를 얻는 경우에 가능하다(민법 제490조). → 상법의 원칙적 경매 vs 민법의 예외적 경매

3. 확정기매매

상인간의 매매에 있어서 매매의 성질 또는 당사자의 의사표시에 의하여 일정한 일시 또는 일정한 기간 내에 이행하지 아니하면 계약의 목적을 달성할 수 없는 경우에 당사자의 일방이 이행시기를 경과한 때에는 상대방은 즉시 그 이행을 청구하지 아니하면 계약을 해제한 것으로 본다(제68조). (변호 16, 18, 모의 13, 14, 19, 22, 23, 24)**[모의 23]**

확정기매매란 매매의 성질 또는 당사자의 의사표시에 의하여 일정한 일시 또는 일정한 기간 내에 이행하지 아니하면 계약의 목적을 달성할 수 없는 매매를 의미한다.

확정기매매의 이행기가 지나도록 매수인이 즉시 이행청구를 하지 않으면 매매계약이 해제된 것으로 간주되므로 매수인은 매도인에게 다시 이행청구를 할 수 없고, 채무불이행에 기한 손해배상청구만 할 수 있다. 매매계약에만 적용되므로 도급계약의 경우에는 민법 제545조가 적용된다.

민법상 정기행위의 이행지체의 경우 최고 없이 계약을 해제할 수 있다(민법 제545조).

4. 매수인의 목적물의 보관 및 공탁의무

상인간의 매매계약에서 매수인이 매매계약을 해제한 경우, 매수인은 매매목적물을 보관하거나 공탁해야 한다(제70조 제1항). 목적물이 멸실 · 훼손될 염려가 있는 경우, 매수인은 법원의 허가를 얻어 경매 후 대가를 보관 또는 공탁해야 한다(제70조 제1항). 목적물의 인도장소가 매도인의 영업소 또는 주소와 동일한 특별시 · 광역시 · 시 · 군에 있는 때에는 적용되지 않는다(제70조 제3항).

목적물의 하자 또는 수량 부족을 이유로 한 해제뿐만 아니라 확정기매매의 해제에도 유추적용 되는 등 해제의 원인은 중요하지 않다. 매도인이 해제의 원인에 대하여 악의인 경우에도 적용된다.

매도인이 매수인에게 인도한 물건이 목적물과 다르거나 수량을 초과한 경우, 매수인은 상위 또는 초과한 부분에 대해 매도인의 비용으로 보관 또는 공탁해야 하고, 목적물이 멸실 또는 훼손될 염려가 있는 때에는 법원의 허가를 얻어 경매하여 그 대가를 보관 또는 공탁해야 한다(제71조, 제70조).

5. 매수인의 검사통지의무 [변호 17, 21, 22, 25]

> **제69조 (매수인의 목적물의 검사와 하자통지의무)** ① 상인간의 매매에 있어서 매수인이 목적물을 수령한 때에는 지체없이 이를 검사하여야 하며 하자 또는 수량의 부족을 발견한 경우에는 즉시 매도인에게 그 통지를 발송하지 아니하면 이로 인한 계약해제, 대금감액 또는 손해배상을 청구하지 못한다. 매매의 목적물에 즉시 발견할 수 없는 하자가 있는 경우에 매수인이 6월내에 이를 발견한 때에도 같다.
> ② 전항의 규정은 매도인이 악의인 경우에는 적용하지 아니한다.

(1) 의의

매수인이 현실적으로 목적물 수령 후 상당한 시간이 경과하는 경우 매도인이 인도 당시에 하자가 없었다는 사실을 증명하기 어려울 수 있다는 점을 감안하여 상사매매를 신속히 종결시킴으로써 상거래의 신속을 도모하고 매도인을 보호하는데 그 취지가 있다.

(2) 요건

1) 양 당사자 모두 상인

매수인에게 즉시 목적물의 검사와 하자통지를 할 의무를 지우고 있는 상법 제69조의 규정은 상인간의 매매에 적용되는 것이며, 매수인이 상인인 한 매도인이 상인인지 여부를 불문하고 위 규정이 적용되어야 하는 것은 아니다.(대판 1993.6.11. 93다7174,7181(반소)).(변호 23, 모의 20)

2) 매매

① 상사매매에 관한 상법 제69조는 상인 간의 수량을 지정한 건물의 임대차계약에 준용될 수 없다. (대판 1995.7.14. 94다38342)

② 대체물인 경우에는 매매에 관한 규정이 적용되나, **부대체물인 경우에는 물건의 공급과 함께 그 제작이 계약의 주목적이 되어 도급의 성질을** 강하게 띠므로 이 경우에는 **매매 관련 규정이 당연히 적용된다고 할 수 없다.**(대판 1987.7.21. 86다카2446)(변호 18, 모의 19)**[변호 25]**

③ 甲회사가 乙회사와 승강기 제작 · 설치공사계약을 체결한 경우, 계약의 대상인 승강기가 乙회사의 신축 건물에 맞추어 일정한 사양으로 특정되어 있으므로, 그 계약은 대체가 어렵거나 불가능한 제작물의 공급을 목적으로 하는 계약으로서 도급의 성질을 갖고 있다.(대판 2010.11.25. 2010다56685)

3) 매수인의 목적물 수령

매수인이 목적물을 현실적으로 수령해야 한다. 따라서 점유개정이나 운송관계 서류만을 수령하는 경우는 해당하지 않는다. 매매 목적물은 특정물과 불특정물 모두를 포함하며, 부동산도 대상이 된다.

4) 목적물의 수량 부족이나 하자

목적물의 하자 및 수량부족의 경우에만 적용된다. '권리의 하자 또는 경매'의 경우나 '목적물의 수량초과'나 '다른 물건'이 인도된 경우에는 상법상 검사통지의무가 적용되지 않는다.

5) 매도인의 선의

매매 당시 매도인이 악의 또는 중과실인 경우에는 적용되지 않는다(제69조 제2항).(변호 14)

6) 배제특약의 부존재 [변호 22]

상법 제69조 제1항은 민법상의 매도인의 담보책임에 대한 특칙으로 전문적 지식을 가진 매수인에게 신속한 검사와 통지의 의무를 부과함으로써 상거래를 신속하게 결말짓도록 하기 위한 규정으로서 그 성질상 임의규정으로 보아야 할 것이고 따라서 당사자간의 약정에 의하여 이와 달리 정할 수 있다고 할 것이다.(대판 2008.5.15. 2008다3671)(변호 15, 모의 19)

(3) 효과

1) 매수인의 목적물 검사 및 통지의무

① 매수인은 목적물의 검사 및 통지의무를 부담한다. 위 의무 불이행시 매수인은 수량부족이나 하자를 주장할 수 없게 된다.

② 매수인은 ㉠ 목적물에 수량부족이나 하자가 존재한다는 사실, ㉡ 그로 인한 손해, ㉢ 검사 및 통지의무를 이행했다는 사실을 입증하여야 한다.

③ 매수인이 목적물을 수령한 때에 지체 없이 그 목적물을 검사하여 즉시 매도인에게 그 하자를 통지한 사실, 만약 매매의 목적물에 즉시 발견할 수 없는 하자가 있는 경우에는 6월내에 이를 발견하여 **즉시 통지한 사실 등에 관한 입증책임은 매수인에게 있다.**(대판 1990.12.21. 90다카28498,28504(반소))

2) 6개월 이내 발견할 수 없었던 하자 [변호 17, 21]

통설과 判例는 6개월 이후 하자가 발견된 경우, 매수인이 무과실이어도 매도인에게 담보책임을 물을 수 없다고 본다. 6개월 제척기간의 기산점은 하자를 안 날이 아니라 목적물을 수령한 날이다.

제69조는 상거래의 신속과 매도인 보호를 위한 규정이므로, 설령 **매매 목적물에 상인에게 통상 요구되는 객관적인 주의의무를 다하여도 즉시 발견할 수 없는 하자가 있는 경우에도 매수인이 6월 내에 그 하자를 발견하여 지체 없이 이를 통지하지 아니하면 매수인은 과실의 유무를 불문하고 매도인에게 하자담보책임을 물을 수 없다.**(대판 1999.1.29. 98다1584)(변호 14, 18, 23, 모의 19, 20)

3) 불완전이행으로 인한 손해배상청구와의 관계

상법 제69조 제1항은 민법상 매도인의 담보책임에 대한 특칙으로, **채무불이행에 해당하는 불완전이행으로 인한 손해배상책임에는 적용되지 않는다.**(대판 2015.6.24. 2013다522)(변호 23, 모의 19)

[사실관계] 甲유한회사가 乙주식회사로부터 토지를 매수하고 이를 인도받은 날로부터 6개월이 경과한 시점에 위 토지에 유류, 중금속이 매립되어 있음을 발견하고 매도인의 하자담보책임 또는 불완전이행으로 인한 손해배상을 청구한 사안.

[판시사항] 대법원은 甲회사가 토지를 인도받아 소유권이전등기를 마친 때로부터 6개월이 경과한 후에 토양 오염 등의 하자를 통지하였으므로 하자담보책임에 기한 손해배상청구는 인정되지 않으나, 乙회사가 오염된 토양을 정화하지 않은 채 토지를 인도한 것은 불완전이행에 해당한다는 이유로 오염된 토양을 정화하는 데 필요한 비용 상당의 손해배상책임이 인정된다고 판시하였다.

기출사례

★ 상사매수인의 하자검사통지의무 [변호 17]

호텔업을 목적으로 설립된 비상장회사 甲주식회사(자본금 250억 원, 이하 '甲회사')는 2016. 3. 2. 건축 내장재를 제조 · 판매하는 乙주식회사(이하 '乙회사')로부터 제주도 호텔신축에 필요한 전동 블라인드 470개를 구매하고 그 즉시 수령하였다. 甲회사는 전동 블라인드를 설치한 후 2016. 10. 12. 전동배터리가 고장 난 블라인드 120개를 발견하고(이 하자는 성질상 점유이전일로부터 6개월 내에 도저히 발견할 수 없었던 것임), 乙회사에게 "불량품이 인도되었으니 회수하여 가시기 바랍니다."라고 통지하였다.

甲회사는 乙회사에게 전동 블라인드의 하자로 인한 손해배상청구를 할 수 있는가?

Ⅰ. 결론

甲회사와 乙회사 모두 회사로서 상인이고, 전동블라인드에 대한 매매계약이 체결되었으며, 甲회사가 전동블라인드를 현실적으로 수령하였고, 전동배터리 고장이라는 하자가 존재하였으며, 달리 乙회사가 악의였다는 사정이 보이지 않으므로, 甲회사는 검사통지의무를 부담한다.

사안의 경우 전동배터리 고장은 즉시 발견할 수 없는 하자이므로 甲회사는 전동블라인드를 수령한 2016. 3. 2.로부터 6개월 이내에 乙회사에 하자를 통지하여야 한다. 이는 하자가 수령일로부터 6개월 이내에 발견할 수 없었던 때에도 마찬가지이다.

甲회사가 하자 발견 후 乙회사에 통지한 2016. 10. 12.은 수령일로부터 6개월이 경과한 때이므로 甲회사는 乙회사에 전동블라인드의 하자로 인한 손해배상청구를 할 수 없다.

Ⅱ. 쟁점

甲 회사가 상사매수인의 검사통지의무를 부담하는지 및 블라인드의 하자가 성질상 수령일로부터 6개월 이내 발견할 수 없었다는 점에서 그러한 경우에도 6개월 이내에 검사통지의무를 부담하는지가 문제된다.

기출사례

★ 상사매수인의 하자검사통지의무 [변호 22]

甲은 2차 전지 제조업을 영위하는 A주식회사(상장회사, 보통주만 발행, 자본금 100억 원)의 발행주식총수의 100분의 15에 해당하는 주식을 가진 주주로, 회사 운영에 깊은 관심을 가지고 있다. 甲은 인공지능을 활용한 신제품을 개발할 계획으로 이 분야의 전문가인 乙을 초빙하였고 A회사는 적법한 절차를 거쳐 乙을 대표이사로 선임하였다.
A회사는 회사 사무실 인테리어를 위하여 가구회사인 D주식회사로부터 가구를 3천만 원에 매수하여 2021. 5. 10. 해당 가구를 인도받았다. A회사는 D회사로부터 매입한 가구에 결함이 있음을 2021. 12. 15. 발견하였다. 해당 결함은 구성품인 볼트의 문제 때문에 가구의 이음새가 비틀리는 것으로 즉시 발견이 불가능한 것이다.

A회사는 위 사실을 몰랐던 D회사에 하자담보책임을 물을 수 있는가? 만일 가구 인도 시점으로부터 36개월간 D회사가 가구의 품질과 성능을 보증하기로 하고 해당 보증기간 내 하자 발생 시 하자담보책임을 지기로 하는 특약이 A회사와 D회사 간에 있는 경우에는 어떠한가?

Ⅰ. 결론

A회사는 가구를 인도받은 날로부터 6개월이 지난 시점에 하자를 발견하였으므로 비록 하자가 즉시 발견할 수 없는 것이었다 하더라도 D회사에 하자담보책임을 물을 수 없다.
다만 당사자 사이의 배제특약은 유효하므로, A회사와 D회사가 가구 인도 시점으로부터 36개월간 D회사가 가구의 품질과 성능을 보증하기로 하고 해당 보증기간 내 하자 발생 시 하자담보책임을 지기로 하는 특약을 한 경우 A회사가 하자를 발견한 시점이 가구 인도 시점으로부터 36개월 이내이므로 A회사는 D회사에 하자담보책임을 물을 수 있다.

Ⅱ. 쟁점

A 회사가 상사매수인의 검사통지의무를 부담하는지 및 가구의 하자가 즉시 발견이 불가능한 경우에도 6개월 이내에 검사통지의무를 부담하는지 및 배제 특약이 유효한지가 문제된다.

기출사례

★ 상사매수인의 하자검사통지의무 [변호 25]

농부 甲은 도시 근교에서 점포 및 대규모 생산시설과 설비를 갖추고 상인적 방법으로 사과를 재배하여 판매하는 자로서, 자신이 재배하는 사과가 유기농으로 3개월 보관이 가능한 품종이라는 점을 홍보하고자 한다. 이에 甲은 A주식회사와 사이에, A회사가 甲이 디자인한 도안과 규격에 맞춘 포장지를 제작하여 甲에게 공급하기로 하는 계약을 체결하였다. 甲은 A회사로부터 포장지를 인도받고 즉시 그 하자 유무에 관하여 검사하지 않은 채 보관하다가, 5개월이 지난 후에야 甲 자신이 디자인한 도안 및 규격과 달라서 사용할 수 없음을 발견하고 이를 A회사에 통지하였다.

甲은 A회사와 체결한 포장지 공급계약을 「상법」 제69조에 따라 해제할 수 없는 것인가?

Ⅰ. 결론

상사매매에 있어서 매수인은 하자검사통지의무를 부담하나 甲이 디자인한 도안과 규격에 맞춘 포장지를 제작하여 甲에게 공급하는 계약은 매매계약이 아니므로 사안에서 甲이 A회사로부터 포장지를 인도받고 그 즉시 하자 유무에 관하여 검사하지 않고 5개월이 지나서 통지를 하였더라도 상법 제69조에 따른 해제 제한은 적용되지 않고 甲은 포장지 공급계약의 해제 요건을 주장, 입증하여 이를 해제할 수 있다.

Ⅱ. 쟁점

甲이 디자인한 도안과 규격에 맞춘 포장지를 제작하여 甲에게 공급하는 계약에 대해서도 상사매수인의 하자검사통지의무에 관한 상법 제69조가 적용되는지 문제된다.

Ⅵ. 상호계산

1. 의의

상호계산이란 상인간 또는 상인과 비상인간에 상시 거래관계가 있는 경우 일정기간의 거래로 인한 채권채무의 총액에 관하여 상계하고 그 잔액을 지급할 것을 내용으로 하는 계약을 말한다(제72조). (변호 12, 17, 19) 상호계산은 영업을 위하여 이용되는 계약으로, 보조적 상행위에 해당한다. 상호계산은 상거래 결제의 편리성 증대와 신용 부여 및 담보제공의 기능을 가진다.

2. 요건

(1) 당사자

적어도 일방 당사자는 상인이어야 한다.(변호 12, 19)

(2) 상시 거래관계

계속적 거래관계가 존재하여야 한다. 채권과 채무가 상호 발생하는 거래가 예상되어야 한다.

(3) 상호계산기간

상호계산기간이란 채권채무 총액에 관한 상계의 단위가 되는 기간을 말한다. 상호계산기간은 상호계산의 존속기간과 구별된다. 당사자가 상호계산기간을 정하지 않은 경우 그 기간은 6월로 한다(제74조).(변호 12)

(4) 상호계산대상

① 거래로 인한 금전채권채무만이 대상이 된다. 어음·수표는 지급기일 등 일정한 시기에 일정한 방법으로 지급되는 것이 예정되어 있으므로 상호계산의 대상이 되지 않는다.

② 다만, 어음·수표 수수에 따른 대가채권은 상호계산 대상이 된다. 예를 들어 甲이 丙이 발행한 액면금 1억 원의 약속어음을 乙로부터 9천만 원에 어음할인 받기로 하고, 약속어음을 乙에게 양도하는 경우 할인대금 9천만 원은 甲과 乙의 상호계산에 포함시킬 수 있다. 이와 관련하여 乙이 만기에 丙으로부터 위 약속어음금을 지급받지 못하게 된 경우 乙은 9천만 원의 채무를 상호계산에서 제외할 수 있다. 이는 甲에 대한 乙의 채권이 상계되는 것을 방지하기 위한 것이다. 이 경우 乙은 甲에게 상환청구권을 행사할 수 있고, 甲에게 할인대금 9천만 원을 지급할 채무를 부담한다.

③ 불법행위채권, 제3자로부터 양수한 채권 및 금전채권이 아닌 특정물의 인도를 목적으로 하는 채권은 상호계산대상에서 제외된다.(변호 19)

3. 효력

(1) 채권·채무의 독립성 상실

① 상호계산 중의 채권·채무는 독립성을 잃고 하나의 계산단위가 된다. 채권·채무의 효력은 정지되고 개별 채권·채무를 임의로 양도, 입질 등 처분할 수 없다. 제3자가 상호계산에 편입된 채권을 개별적으로 양수하거나 압류할 수 있는지에 대해서 ㉠ 제3자의 양수와 압류가 허용되지 않는다는 절대적 효력설, ㉡ 제3자의 양수와 압류가 허용된다는 상대적 효력설, ㉢ 제3자의 압류는 허용되지 않으나 채권양수는 가능하다고 보는 절충설이 존재한다.

② 어음 기타의 상업증권으로 인한 채권채무를 상호계산에 포함시킨 경우에 그 증권채무자가 변제하지 아니한 때에는 그 채무의 항목을 상호계산에서 제거할 수 있다(제73조).(변호 19)

③ 편입된 채권과 관련해서는 이행지체와 소멸시효 진행이 발생하지 않고, 편입되지 않은 채권과 편입된 채권 사이의 상계가 허용되지 않는다.

④ 편입된 채권에 대한 이행의 소는 제기할 수 없으나, 확인의 소는 제기할 수 있다.

(2) 상호계산기간 만료에 따른 잔액채권의 성립

① 상호계산기간이 만료되면 쌍방의 채권채무는 총액에서 상계된 후 잔액 채권이 성립된다.

② 채권채무 상계 방식과 관련하여, ㉠ 양 당사자 채권의 발생순서에 따라 상계된다는 견해, ㉡ 양 당사자의 모든 채권의 비율로 상계된다는 견해, ㉢ 민법의 변제 충당에 관한 규정에 따라 상계된다는 견해가 존재한다.

③ 상계 후 잔액에 대하여는 채권자는 계산폐쇄일 이후의 법정이자를 청구할 수 있고, 당사자는 각 항목을 상호계산에 계입한 날로부터 이자를 붙일 것을 약정할 수 있다(제76조).

(3) 계산서승인의 효과

① 각 당사자가 계산서를 승인하면 잔액채권이 확정되어 각 항목에 대하여 이의를 할 수 없다(제75조). 이는 각 항목의 발생원인의 무효 · 취소 사유를 주장할 수 없다는 의미이다. 계산서승인 행위 자체의 무효 · 취소를 다투는 것은 가능하다.

② 어느 항목에 착오나 탈루가 있는 경우에는 다툴 수 있다(제75조 단서).(변호 17) 이 경우 승인행위 자체의 효력에는 영향이 없고 착오나 탈루된 부분에 대해 부당이득의 반환을 청구할 수 있다고 보는 것이 다수설이다.

(4) 잔액채권의 소멸시효

확정된 잔액채권은 소멸시효가 진행된다. 소멸시효 기산점과 관련하여, ① 계산폐쇄일설은 상법 제76조 제1항이 상계 후 잔액에 대한 법정이자의 기산일을 계산폐쇄일 이후로 규정하고 있으므로 계산폐쇄일로 봐야 한다고 보고, ② 승인시설은 잔액채권이 확정되는 승인시점으로 봐야 한다고 본다.

4. 상호계산의 해지

각 당사자는 언제든지 상호계산을 해지할 수 있다. 이 경우에는 각 당사자는 즉시 계산을 폐쇄하고 잔액의 지급을 청구할 수 있다(제77조).(변호 17)

Ⅶ. 익명조합 [변호 23]

1. 의의

익명조합이란 익명조합원이 영업자의 영업을 위하여 출자하고, 영업자는 그 영업으로 인한 이익을 분배하기로 하는 계약이다(제78조).

영업자는 상인이어야 하나, 익명조합원은 상인이 아니어도 된다.(모의 16, 21, 23)

익명조합원은 자신을 대외적으로 드러내지 않고 출자에 따른 영업 이익을 분배받을 수 있고, 영업자는 익명조합원의 출자를 이용하여 대외적으로 자신이 단독으로 영업활동을 하게 된다.

2. 내부관계

(1) 익명조합원의 출자의무

① 출자 목적물은 금전 또는 현물에 한정된다(제86조, 제272조).(모의 23, 24) 신용 또는 노무 출자는 허용되지 않는다.

② 익명조합원이 출자한 금전 기타의 재산은 영업자의 재산으로 본다(제79조).(변호 17, 모의 23, 24)

③ 익명조합의 익명조합원이 출자한 금전 기타의 재산은 영업자의 재산이 되므로 영업자는 타인의 재물을 보관하는 자의 지위에 있지 않고, 따라서 영업자가 영업이익금 등을 임의로 소비하였더라도 횡령죄가 성립할 수는 없다.(대판 2011.11.24. 2010도5014)(모의 16, 17, 21, 23)

(2) 이익분배약정

1) 이익분배

익명조합은 이익분배를 본질적 요소로 하므로 이익분배를 하지 않는다는 특약이 있으면 상법상 익명조합에 해당하지 않는다. **영업 이익 여부와 상관없이 익명조합원이 일정 금원을 지급받는 경우 상법상 익명조합에 해당하지 않는다.**(변호 22, 모의 16) 익명조합원이 매출액의 일정 비율을 지급받는 경우도 익명조합이 아니다. 이익분배비율에 대한 당사자 사이의 약정이 없으면 조합의 이익분배에 관한 민법 제711조를 유추적용 하여 출자가액에 비례하여 정한다.

음식점시설제공자에게 이익여부에 관계없이 정기적으로 일정액을 지급하고, 대외적 거래관계는 경영자 단독으로 하여 권리의무가 그에게만 귀속되는 동업관계는 상법상 익명조합도 아니고 민법상 조합도 아니어서 대외적으로는 경영자만 권리를 취득하고 채무를 부담한다.(대판 1983.5.10. 81다650)

2) 이익배당과 손실분담

손실분담은 본질적 요소가 아니다. 따라서 익명조합원이 전혀 손실을 부담하지 않는다는 약정도 유효하다.(모의 16) 다만 익명조합원의 출자가 손실로 인하여 감소된 때에는 그 손실을 전보한 후가 아니면 이익배당을 청구하지 못한다(제82조 제1항).(변호 12, 22, 모의 23, 24) 손실이 출자액을 초과한 경우, 익명조합원은 이미 받은 이익의 반환 또는 증자할 의무가 없다(제82조 제2항). 당사자 간에 다른 약정이 있으면 손실을 전보하기 전에도 이익배당 청구가 가능하고, 익명조합원이 이익반환의무 또는 증자의무를 부담할 수 있다(제82조 제3항).

(3) 익명조합원의 감시권

익명조합원은 영업자의 회계장부 · 대차대조표 기타의 서류를 열람할 수 있고, 영업자의 업무와 재산 상태를 검사할 수 있다(제86조, 제277조). 열람과 검사 이외에 추가 조치 권한은 없다.

(4) 지위의 양도 제한

익명조합계약은 당사자 간의 인적 신뢰를 전제로 하는 것이므로, 각 당사자의 지위는 특약이 없는 이상 이를 양도할 수 없다.

3. 외부관계

(1) 영업자와 제3자의 관계

익명조합은 영업자의 단독기업이므로, 영업자만이 제3자와의 거래당사자가 된다.

대외적인 모든 책임은 영업자가 지고, 익명조합원은 책임을 지지 않는다. 따라서 영업자는 무한책임을 지고, 익명조합원은 유한책임을 진다. 영업자의 채권자는 익명조합원이 출자한 재산에 압류할 수 있으나, 익명조합원의 채권자는 익명조합원이 출자한 재산에 대하여 압류할 수 없다.

(2) 익명조합원과 제3자의 관계

익명조합원은 영업자의 행위에 관하여 제3자에 대하여 권리의무가 없다(제80조).(변호 12, 17)

익명조합원이 자기의 성명을 영업자의 상호 중에 사용하게 하거나 자기의 상호를 영업자의 상호로 사용할 것을 허락한 때에는 그 사용 이후의 채무에 대하여 영업자와 연대하여 변제할 책임을 부담한다(제81조).(변호 22, 모의 16) 제24조 명의대여자책임과 동일한 취지의 규정이다.

4. 익명조합계약의 해지와 익명조합의 종료

(1) 익명조합계약의 해지

조합계약으로 조합의 존속기간을 정하지 아니하거나 어느 당사자의 종신까지 존속할 것을 약정한 때에는 각 당사자는 6개월 전에 상대방에게 예고 후 영업연도 말에 계약을 해지할 수 있다(제83조 제1항). 조합의 존속기간의 약정의 유무에 불구하고 부득이한 사정이 있는 때에는 각 당사자는 언제든지 계약을 해지할 수 있다(제83조 제2항).

(2) 익명조합계약의 종료

익명조합계약은 ① 영업의 폐지 또는 양도, ② 영업자의 사망 또는 성년후견개시, ③ 영업자 또는 익명조합원의 파산(모의 21)으로 종료된다(제84조). 익명조합원의 사망, 성년후견개시는 종료사유가 아니다.

조합계약이 종료한 때에는 영업자는 익명조합원에게 그 출자 가액을 반환해야 한다(제85조 본문). 출자가 손실로 인하여 감소된 때에는 그 잔액을 반환하면 된다(제85조 단서).

5. 합자회사 유한책임사원 규정의 준용

익명조합원에 대해서는 합자회사의 유한책임사원 규정 일부가 준용된다(제86조). 익명조합원에 준용되는 유한책임사원 규정은 제272조(유한책임사원 출자), 제277조(유한책임사원 감시권), 제278조(유한책임사원업무집행, 회사대표금지)이다.

기출사례

★ 익명조합 [변호 23]

유명 가수인 甲은 乙과 대형 레스토랑 사업에 관하여 다음과 같이 약정하였다.

1. 甲은 사업자금 5억 원 전액을 출자하되, 레스토랑 운영에는 관여하지 않는다.
2. 레스토랑은 乙의 단독명의로 운영한다.
3. 이익의 분배는 甲과 乙이 7대 3의 비율로 한다.
4. 상호는 '월드스타 甲 레스토랑'으로 한다.

乙은 위 약정에 따라 레스토랑 영업을 개시한 이후 식자재도매상인 丙과 식자재납품계약을 체결하였는데 丙에게 3억 원의 대금을 변제하지 못하고 있다.

丙은 지급받지 못한 식자재납품대금을 甲과 乙에게 청구할 수 있는가?

Ⅰ. 결론

甲은 익명조합원에 해당하고 乙은 익명조합의 영업자에 해당하므로 甲은 원칙적으로 乙이 丙과 체결한 식자재납품계약에 따른 책임을 부담하지 않는다. 그러나 甲은 자신의 성명을 영업자인 乙의 상호에 사용하도록 허락하였으므로 그러한 사용 이후에 발생한 乙의 채무에 대하여 乙과 연대하여 변제할 책임을 부담한다. 따라서 丙은 甲과 乙에게 식자재납품대금을 청구할 수 있다.

Ⅱ. 쟁점

甲과 乙의 법률관계가 익명조합에 해당하는지, 자신의 성명을 영업자의 상호에 사용하도록 허락한 甲이 그 이후 발생한 丙의 채권을 변제할 책임을 지는지, 그 경우 甲과 乙의 대외적 책임의 내용이 문제된다.

Ⅷ. 합자조합

1. 의의

합자조합이란 조합의 업무집행자로서 조합의 채무에 대하여 무한책임을 지는 조합원과 출자가액을 한도로 하여 유한책임을 지는 조합원이 상호 출자하여 공동사업을 경영할 것을 내용으로 하는 계약을 말한다(제86조의2).

2. 합자조합의 성립

합자조합은 업무집행조합원 1인 이상과 유한책임조합원 1인 이상 사이의 조합계약 체결로 성립된다(제86조의2). 회사는 제173조의 유추적용에 따라 업무집행조합원이 될 수 없다. 출자의무이행은 합자조합의 성립요건이 아니다. 합자조합의 설립등기는 합자조합의 실질이 기업조직이라는 점을 감안한 대외적 공시일 뿐 합자조합의 성립요건이 아니다.

3. 내부관계

(1) 조합원의 출자의무

모든 조합원이 출자의무를 부담한다. 출자된 재산은 민법 일반원칙에 따라 조합원의 합유가 된다. 업무집행조합원의 출자목적물에 제한이 없고, 신용, 노무 출자도 가능하다. 유한책임조합원의 출자목적물은 금전 또는 현물로 한정되고, 신용, 노무 출자는 허용되지 않는다. 다만, 조합계약으로 유한책임조합원의 신용이나 노무 출자를 허용하는 경우 가능하다.

(2) 업무집행조합원

1) 각자 업무집행과 대리

업무집행조합원은 조합계약에 다른 규정이 없으면 각자가 업무를 집행하고 대리한다(제86조의5 제1항). 둘 이상의 업무집행조합원이 있는 경우에 조합계약에 다른 정함이 없으면 각 업무집행조합원의 업무집행에 관한 행위에 대하여 다른 업무집행조합원의 이의가 있는 경우에는 그 행위를 중지하고 업무집행조합원 과반수의 결의에 따라야 한다(제86조의5 제3항).(변호 22)

2) 경업금지 및 자기거래금지 (변호 17)

업무집행조합원에는 합명회사 일부 규정이 준용된다(제86조의8 제2항). 업무집행조합원은 다른 모든 조합원의 동의가 없으면 자기 또는 제3자의 계산으로 합자조합의 영업부류에 속하는 거래를 하지 못하며 동종영업을 목적으로 하는 다른 회사의 무한책임사원 또는 이사가 되지 못한다(제86조의8 제2항, 제198조). 경업금지 위반의 경우 개입권이 인정되고, 손해배상청구도 가능하다. 개입권은 다른 조합원 과반수의 결의가 요구되며, 다른 조합원 1인이 거래를 안 날로부터 2주가 지나거나 거래가 있은 날로부터 1년이 지나면 소멸한다. 업무집행조합원은 다른 조합원 과반수의 결의가 있는 때에 한하여 자기 또는 제3자의 계산으로 합자조합과 거래를 할 수 있다(제86조의8 제2항, 제199조). 업무집행조합원의 경업금지, 자기거래금지는 조합계약으로 달리 정할 수 있다(제86조의8 제2항 단서).

3) 조합재산의 처분

민법상 조합재산의 처분변경 행위는 조합의 특별사무에 해당하는 업무집행으로서 업무집행조합원의 과반수로써 결정할 수 있다.(대판 2000.10.10. 2000다28506,28513)

(3) 유한책임조합원

유한책임조합원에는 합자회사 유한책임사원의 일부 규정이 준용된다(제86조의8 제3항). 유한책임조합원은 업무집행권한이 없으나(제86조의8 제3항, 제278조), 조합계약으로 달리 정할 수 있다(제86조의8 제3항). 유한책임조합원은 감시권을 가진다(제86조의8 제3항, 제277조).

유한책임조합원은 경업금지의무는 없으나, 자기거래금지의무는 부담한다(제86조의8 제3항, 제199조). 조합계약에서 유한책임조합원에게 업무집행권을 부여한 경우 경업금지의무를 진다고 본다.

(4) 손익분배

손익분배는 조합계약으로 정한다. 손익분배에 관해 정하지 않았더라도 조합계약이 무효가 되지는 않는다. 이 경우 민법에 따라 이익분배는 출자가액에 비례하고 손실분담은 이익분배비율에 따른다.

(5) 조합원의 변동과 지분 양도

업무집행조합원의 지분 양도는 다른 조합원 전원의 동의가 요구된다(제86조의7 제1항). 유한책임조합원 지분은 조합계약에서 정하는 바에 따라 양도 가능하다(제86조의7 제2항). 유한책임조합원 지분의 양수인은 양도인의 조합에 대한 권리 · 의무를 승계한다(제86조의7 제3항).

신규 조합원의 가입은 조합계약에서 달리 정하지 않는 한 조합원 전원 동의사항이다. 조합원은 민법 제716조에 따라 탈퇴할 수 있고, 지분을 계산하여 반환할 수 있다. 조합원 제명은 조합계약에서 달리 정하지 않는 한 민법 제718조에 따라 조합원 전원 동의 사항이다.

4. 외부관계

(1) 업무집행조합원

업무집행조합원은 업무집행권한이 있는지 여부와 상관없이 직접 · 연대 · 무한책임을 부담한다. 연대책임이란 업무집행조합원들 간의 연대책임으로서 조합재산으로 조합채무를 완전히 변제할 수 없거나 조합재산에 대한 강제집행의 효력이 없을 경우에 지는 책임을 말한다(제86조의8 제2항, 제212조).

(2) 유한책임조합원

유한책임조합원은 직접 · 유한책임을 부담한다. 유한책임조합원은 조합계약에서 정한 출자가액에서 이미 이행한 부분을 뺀 가액을 한도로 하여 조합채무를 변제할 책임을 부담한다(제86조의6 제1항). (변호 17, 22) 그 경우 합자조합에 이익이 없음에도 불구하고 배당을 받은 금액은 변제책임을 정할 때에 변제책임의 한도액에 더한다(제86조의6 제2항).(변호 22)

5. 합자조합의 종료

합자조합은 업무집행조합원 또는 유한책임조합원의 전원이 탈퇴한 경우 해산된다. 잔존한 업무집행조합원 또는 유한책임조합원은 전원의 동의로 새로 유한책임조합원 또는 업무집행조합원을 가입시켜서 합자조합을 계속할 수 있다(제86조의8 제1항, 제285조).

제2장 상행위 각칙

Ⅰ. 대리상

1. 의의

(1) 대리상의 의미

대리상이란 일정한 상인을 위하여 상업사용인이 아니면서 상시 그 영업부류에 속하는 거래의 대리(체약대리상) 또는 중개(중개대리상)를 영업으로 하는 자를 의미한다(제87조).

대리상의 본인은 반드시 상인이어야 한다.(변호 12, 모의 14) 다만 대리상은 상업사용인과 달리 다른 상인에게 종속되어 있는 것이 아니라 자신이 독립된 상인의 지위를 가진다.

대리상은 일정한 상인을 대리하므로 경업금지의무, 겸직금지의무 및 영업비밀유지의무가 부여되며, 경업금지의무 위반시 개입권이 인정된다.

(2) 대리상과 구별되는 상행위

대리상은 일정한 상인의 영업만을 보조하고 상법상 경업금지의무를 부담하나, 중개인은 일정한 상인임을 요하지 아니하며, 경업금지의무 규정이 없다.(변호 12, 모의 13, 14, 15) 위탁매매인은 자신의 명의로 거래를 한다는 점에서 대리상과 구별된다.(변호 12) 대리상의 본인은 반드시 상인이어야 하나, 위탁매매인의 위탁자는 상인이 아니어도 된다. 가맹사업자도 자기의 명의와 자기의 계산으로 영업을 한다는 점에서 대리상과 구별된다.

2. 대리상의 의무

(1) 통지의무

대리상이 거래의 대리 또는 중개를 한 때에는 지체 없이 본인에게 통지를 발송하여야 한다(제88조). 대리상의 통지의무는 개별 거래의 대리 또는 중개시마다 발생한다.

(2) 경업금지의무 및 겸직금지의무

1) 경업금지의무 및 겸직금지의무의 내용

대리상은 본인의 허락 없이 자기나 제3자의 계산으로 본인의 영업부류에 속한 거래를 하거나 동종영업을 목적으로 하는 회사의 무한책임사원 또는 이사가 되지 못한다(제89조 제1항).(모의 20, 23)

동종영업을 목적으로 하는 경우에만 금지된다는 점을 제외하고는 상업사용인과 동일하다.

2) 의무위반의 효과

경업금지의무 위반의 경우 개입권, 해지권, 손해배상청구권이 인정되며, 겸직금지의무 위반의 경우 개입권은 인정되지 않는다(제89조 제2항, 제17조 제2항 내지 제4항).(모의 22, 23)

대리상의 경우 특정 상인을 보조하므로 경업금지의무를 지지만, 중개인은 불특정상인을 보조하므로 경업금지의무를 지지 않는다.

(3) 영업비밀준수의무

대리상은 계약 종료 후에도 계약과 관련하여 알게 된 본인의 영업비밀을 준수하여야 한다(제92조의3).(모의 14)

3. 대리상의 권리

(1) 보수청구권

대리상은 상인이므로 보수의 약정이 없더라도 상당한 보수를 청구할 수 있다(제61조).(모의 13)

(2) 특별상사유치권

1) 의의

대리상은 거래의 대리 또는 중개로 인한 채권이 변제기에 있는 때에는 그 변제를 받을 때까지 본인을 위하여 점유하는 물건 또는 유가증권에 대해 유치권을 행사할 수 있다(제91조).(변호 12, 모의 14)

2) 요건 (변호 21, 모의 21)

① 당사자 모두 상인이어야 한다. ② 피담보채권은 거래의 대리 또는 중개로 인한 채권에 한정된다.
③ 견련성을 요하지 않는다. ④ 본인을 위하여 점유하는 물건이면 본인 소유가 아니어도 된다.
⑤ 유치권 성립을 배제하는 반대약정이 없어야 한다.

(3) 보상청구권

1) 의의

대리상의 활동으로 본인이 새로운 고객을 획득하거나 영업상의 거래가 현저하게 증가하고 계약의 종료 후에도 본인이 이익을 얻고 있는 경우 대리상은 본인에 대하여 보상을 청구할 수 있다(제92조의2 제1항).(모의 14)

2) 요건

① '대리상계약 종료' 대리상계약이 종료되어야 한다. 대리상의 귀책으로 인하여 계약 종료의 경우 적용되지 않는다(제92조의2 제1항 단서).
② '영업상 거래증가' 대리상의 활동으로 인하여 영업상 거래가 증가하여야 한다.
③ '본인이익 현존' 대리상계약 종료 이후에도 그로 인한 본인 이익이 현존하여야 한다.
④ '포기특약의 부존재' 다수설은 보상청구권 포기 특약을 인정하고 있다.

3) 효과

대리상은 본인에게 상당한 보상을 청구할 수 있다. 보상금액은 계약의 종료 전 5년간의 평균 연보수액 및 5년 미만 기간 평균 연보수액을 한도로 한다(제92조의2 제2항). 계약이 종료한 날부터 6개월이 지나면 보상청구권은 소멸한다(제92조의2 제3항).(모의 22)

4) 특약점에의 유추적용 여부

제조자 등으로부터 제품을 구매하여 자기의 이름과 계산으로 판매하는 특약점이 공급자의 판매조직에 편입되어 대리상과 동일하거나 유사한 업무를 수행하고, 계약 종료 후 제조자나 공급자에게 고객관계를 이전할 의무를 부담하며, 계약 체결 경위, 투자한 자본, 회수 규모 및 영업 현황 등에 비추어 대리상과 마찬가지의 보호필요성이 인정되는 경우, **특약점에도 대리상의 보상청구권이 유추적용된다.**(대판 2013.2.14. 2011다28342)(모의 23)

(4) 통지수령권

물건의 판매나 중개의 위탁을 받은 대리상은 매매의 목적물의 하자 또는 수량 부족 기타 매매의 이행에 관한 통지를 받을 권한이 있다(제90조).(모의 23)

매매계약 무효, 취소, 해제 등의 통지 및 기타 계약과 관련된 통지는 본인에게 직접 하여야 한다.

4. 대리상과 제3자의 관계

대리상의 외부관계는 민법에 의하여 해결된다. 그 결과 민법상 대리의 법리에 따라 거래의 효과는 본인에게 귀속된다. 대리상은 원칙적으로 거래상의 책임을 부담하지 않는다.

5. 대리상계약의 종료와 해지

대리상계약의 존속기간을 약정하지 아니한 때에는 각 당사자는 2개월 전에 예고 후 해지 할 수 있다(제92조 제1항). 부득이한 경우에는 예고 없이 언제든지 해지가 가능하다(제92조 제2항, 제83조 제2항). 상법은 대리상계약의 종료사유에 대해서 별도로 규정하지 않고 있다. 따라서 대리상계약은 민법상 위임계약 종료 사유(민법 제690조)에 의하여 종료된다. 대리상계약의 존속기간 만료, 영업의 폐지, 양도 또한 대리상계약의 종료사유이다. 본인의 사망은 대리상계약의 종료원인이 아니다(제50조).

Ⅱ. 중개업

1. 의의

타인간의 상행위의 중개를 영업으로 하는 자를 중개인이라 한다.(모의 14)

① 중개의 대상이 상행위이므로 일방은 상인이어야 한다. ② 중개인은 사실행위인 중개를 한다는 점에서 법률행위를 대리하는 체약대리상과 구별된다. ③ 중개인은 불특정 다수를 중개한다는 점에서도 특정 상인을 중개하는 중개대리상과 비교된다. 상행위가 아닌 결혼중매인, 공인중개사 등은 민사중개인에 해당한다. 민사중개인의 중개행위도 제46조 제11호에 해당하므로 이를 영업으로 하는 경우 당연상인이 된다.(모의 16)

2. 중개인의 의무

(1) 선관주의의무

중개인은 수임인으로서 민법 제681조에 따라 선관주의의무를 부담한다. 중개인은 거래관계의 법적 당사자가 아니므로 제3자와의 외부관계는 문제되지 않는다.

(2) 견품보관의무

중개인이 중개행위에 관하여 견품을 받은 때에는 그 행위가 완료될 때까지 이를 보관하여야 한다(제95조). 행위가 완료된 때란 중개행위 완료나 계약이 이행된 때가 아니라 그 물건의 품질에 관한 분쟁이 발생하지 않을 것이 확실하게 된 때를 의미한다. 중개업의 경우 당사자들이 직접 협상을 하지 않으므로 계약에 대한 증거를 남기는 것이 중요하다. 그 결과 중개인과 관련해서는 견품보관, 결약서, 일기장 작성에 관한 규정이 중요한 의미를 가진다.

(3) 결약서 교부의무

중개 대상 계약이 성립되면 중개인은 지체 없이 각 당사자의 성명 또는 상호, 계약 연월일과 요령을 기재한 서면인 결약서를 작성하여 각 당사자에게 교부하여야 한다(제96조 제1항). 당사자가 즉시 이행해야 하는 경우를 제외하고 중개인은 각 당사자로 하여금 결약서에 기명날인 또는 서명하게 한 후 그 상대방에게 교부해야 한다(제96조 제2항). 당사자의 일방이 결약서의 수령을 거부하거나 기명날인 또는 서명하지 않는 경우 중개인은 지체 없이 상대방에게 그 통지를 발송해야 한다(제96조 제3항). 결약서는 계약서가 아닌 증거증권에 불과하다.

(4) 일기장 작성의무 및 일기장 등본 교부 의무

중개인은 중개행위의 요령을 기재한 장부인 일기장을 작성하여야 한다(제97조 제1항). 중개인은 당사자가 청구하는 경우 일기장의 등본을 교부하여야 한다(제97조 제2항).

(5) 성명 · 상호 묵비의무

당사자가 성명 또는 상호를 상대방에게 표시하지 않도록 중개인에게 요구한 경우 중개인은 상대방에게 교부할 결약서와 일기장 등본(일기장에는 가능)에 이를 기재할 수 없다(제98조).

(6) 개입의무

1) 개입의무의 의의

중개인이 임의로 또는 어느 당사자의 요구에 의하여 당사자의 일방의 성명 또는 상호를 상대방에게 표시하지 아니한 경우 상대방은 중개인에 대하여 이행을 청구할 수 있다(제99조).(모의 15, 16, 22, 23) 개입의무 때문에 일방 당사자입장에서는 상대방의 성명이나 상호를 모르더라도 중개인에게 이행청구할 수 있다는 점에서 안심하고 거래에 임할 수 있게 된다.

2) 개입의무 발생의 요건

개입의무가 발생하기 위해서는 ① 중개인의 임의 또는 일방 당사자의 성명, 상호 묵비 요구가 있어야 하며, ② 중개인이 타방 당사자의 성명이나 상호를 묵비하여야 하고, ③ 상대방이 중개인에게 이행을 청구하여야 한다.

3) 개입의무 발생의 효과

중개인의 개입의무 발생 이후, 중개인이 당사자의 성명 또는 상호를 밝히더라도 중개인에 대한 이행청구권은 소멸하지 않는다. 개입의무가 성립하더라도 중개인이 거래당사자가 되는 것은 아니며, 거래는 당사자들 사이에 성립한다. 위탁매매인의 개입권 행사의 경우 위탁매매인이 당사자가 되는 것과 구별된다. 개입의무에 따라 이행한 중개인은 민법상 변제자 대위의 법리에 따라 묵비된 당사자에게 구상권을 행사할 수 있다.

3. 중개인의 권리

(1) 보수청구권

중개인은 결약서를 작성하여 교부한 경우 보수를 청구할 수 있다(제100조 제1항).(모의 13, 16) 중개인의 보수는 당사자 쌍방이 균분하여 부담한다(제100조 제2항).(모의 13, 16) 결약서는 당사자 간의 계약체결을 전제로 하므로, 중개인의 보수는 중개행위만으로 인정되지 않고 계약이 유효하게 성립되어야 인정된다.

(2) 급부수령권, 비용청구권 및 특별상사유치권의 부존재

중개인은 그 중개한 행위에 관하여 당사자를 위하여 지급 기타의 이행을 받지 못한다(제94조 본문). 다른 약정이나 관습이 있으면 지급 기타의 이행을 받을 수 있다(제94조 단서).(모의 16, 23)

중개인의 개입의무와 관련하여 당사자가 중개인에게 성명 또는 상호의 묵비를 요구한 경우 중개인에게 급부수령권까지 인정하는 묵시적 합의를 하였다고 보는 것이 통설이다. 이 경우에도 중개인은 거래당사자가 아니므로 상대방에게 이행을 청구할 수는 없다. 중개인은 개입의무만 있을 뿐, 개입권이 인정되지 않는다. 중개인의 견품보관의무에도 불구하고 비용청구권에 관한 규정이 없으므로 중개인의 비용청구권은 인정되지 않는다. 중개인에게는 별도의 특별상사유치권이 인정되지 않는다.

Ⅲ. 위탁매매업

1. 의의

(1) 위탁매매의 의미

자기명의로써 타인의 계산으로 물건 또는 유가증권의 매매를 영업으로 하는 자를 위탁매매인이라 한다(제101조).(모의 14, 16, 21, 22)

위탁매매란 자기의 명의로 타인의 계산으로 물품을 매수 또는 매도하고 보수를 받는 것으로서 명의와 계산의 분리를 본질로 한다. '**자기명의**'란 자신이 법률행위의 당사자가 되는 것을 말하고, '**타인의 계산**'이란 법률행위의 경제적 효과를 타인에게 귀속시킨다는 것을 말한다.

(2) 위탁매매계약과 일반매매계약의 구별

어떤 계약이 일반 매매계약인지 위탁매매계약인지는 계약의 명칭 또는 형식적인 문언을 떠나 실질에 따라 판단하여야 한다.(변호 21) 자기 명의로 타인의 계산으로 매매 아닌 행위를 영업으로 하는 준위탁매매의 경우에도 마찬가지이다.(대판 2011.7.14. 2011다31645)(모의 21)

(3) 위탁매매의 영업적 상행위

자기 명의로 타인의 계산으로 법률행위를 하는 것을 일반적으로 주선행위라 한다. 위탁매매는 매매를 주선하는 것인데 위탁매매인의 영업적 상행위는 제46조 제12호에 규정된 주선행위의 인수이며, 매매 그 자체는 보조적 상행위에 해당한다.

(4) 위탁매매 관련 당사자

위탁자는 불특정다수인이며, 상인이 아니어도 된다. 위탁자와 위탁매매인 사이에는 위탁계약이 체결되고, 위탁매매인과 거래상대방 사이에는 매매계약이 체결된다. 위탁자와 거래상대방 사이에는 직접적인 법률관계가 존재하지 않는다.

2. 위탁매매인의 의무

(1) 선관주의의무

위탁매매인은 수임인으로서 민법 제681조에 따라 선관주의의무를 부담한다. 중개인과 마찬가지로 불특정상인을 위해 거래를 보조하므로 경업금지의무를 부담하지 않는다.

(2) 통지의무 및 계산서 제출의무

위탁매매인이 위탁받은 매매를 한 경우 지체 없이 위탁자에게 계약의 요령과 상대방의 주소, 성명을 통지하고 계산서를 제출하여야 한다(제104조).

(3) 위탁매매 목적물 관련 통지의무

위탁매매인이 위탁매매의 목적물을 인도받은 후에 그 물건의 훼손 또는 하자를 발견하거나 그 물건이 부패할 염려가 있는 때 또는 가격 저락의 상황을 안 경우 지체 없이 위탁자에게 통지하여야 한다(제108조 제1항). 위탁자의 지시를 받을 수 없거나 그 지시가 지연되는 때에는 위탁매매인은 위탁자의 이익을 위하여 적당한 처분을 할 수 있다(제108조 제2항).(변호 16)

(4) 지정가격준수의무 [모의 19, 24]

① 위탁매매인은 위탁자가 지정한 가액을 준수하여야 한다.

② 위탁자가 지정한 가액보다 염가로 매도하거나 고가로 매수한 경우 위탁매매인이 체결한 매매계약은 유효하나, 경제적 효과를 위탁자에게 귀속시킬 수 없다(제106조 제1항). 이 경우 위탁매매인은 매매계약 체결에 대한 보수를 청구할 수 없다. 위탁매매인이 그 차액을 부담하면 그 매매는 위탁자에 대하여 효력이 있다(제106조 제1항).(변호 25, 모의 21) 차액을 부담한 경우 위탁매매인은 위탁자에게 보수를 청구할 수 있다.

③ 위탁자가 지정한 가액보다 고가로 매도하거나 염가로 매수한 경우에는 그 차액은 다른 약정이 없으면 위탁자의 이익으로 한다.(변호 13, 16, 모의 13, 18, 21)**[모의 24]**

(5) 이행담보책임

① 위탁매매인은 위탁자를 위한 매매에 관하여 상대방이 채무를 이행하지 아니하는 경우에는 위탁자에 대하여 이를 이행할 책임이 있다.(변호 13, 16, 25, 모의 18, 21, 22) 그러나 다른 약정이나 관습이 있으면 그러하지 아니하다.

② 위탁자를 보호하기 위한 법정책임으로서의 무과실 이행담보책임이다. 이행담보책임은 ㉠ 위탁매매 상대방이 채무를 이행하지 않을 것, ㉡ 채무의 급부가 대체이행이 가능한 것일 것, ㉢ 이행담보책임을 배제하는 특약이나 관습이 없을 것을 요건으로 한다(제105조 단서).

③ 위탁매매인이 부담하는 책임은 상대방이 이행하여야 하는 채무와 동일하다. 위탁매매인은 상대방의 항변권 행사가 가능하다.

④ 위탁매매는 상법상 전형적 상행위이며 위탁매매인은 당연한 상인이고 위탁자도 통상 상인일 것이므로, **위탁자의 위탁매매인에 대한 매매 위탁으로 인한 채권은 다른 특별한 사정이 없는 한 통상 상행위로 인하여 발생한 채권이어서 5년의 상사소멸시효의** 대상이 된다.(대판 1996.1.23. 95다39854)(모의 21, 22)

3. 위탁매매인의 권리

(1) 보수청구권

위탁매매인은 상인이므로 보수 약정이 없더라도 상당한 보수를 청구할 수 있다(제61조).

(2) 개입권

① 위탁매매인이 거래소의 시세가 있는 물건 또는 유가증권의 매매를 위탁받은 경우에는 직접 그 매도인이나 매수인이 될 수 있다(제107조 제1항).(변호 21, 25, 모의 15, 20, 21) 이 경우의 매매대가는 위탁매매인이 매매의 통지를 발송할 때의 거래소의 시세에 따른다.

② 개입권을 행사한 경우에 위탁매매인은 위탁자에게 보수를 청구할 수 있다.(모의 16, 21)

③ 위탁매매인의 개입권은 형성권으로서 위탁매매인이 개입권을 행사하면 위탁자에 대한 관계에서 위탁매매인이 매매의 상대방이 된다.

④ 개입권이 행사되면 위탁자와 위탁매매인 사이에는 위탁매매계약과 별개로 매매계약의 법률관계가 형성되게 되고, 위탁매매인은 위탁자에게 보수를 청구할 수 있다.

(3) 위탁매매 목적물 처분권

위탁매매인이 위탁매매의 목적물 관련 통지의무를 이행하였음에도 위탁자의 지시를 받을 수 없거나 지시가 지연되는 경우, 위탁자의 이익을 위하여 적당한 처분을 할 수 있다(제108조 제2항).

(4) 매수물의 공탁, 경매권

위탁자가 위탁매매인이 매수한 물건의 수령을 거부하거나 수령할 수 없는 경우, 위탁매매인은 그 물건을 공탁하거나 상당한 기간을 정하여 최고한 후 경매할 수 있다(제109조, 제67조). 그 경우 지체 없이 위탁자에게 통지를 발송하여야 한다. 위탁자에게 최고를 할 수 없거나 목적물이 멸실 또는 훼손될 염려가 있는 경우 위탁매매인은 최고 없이 매수한 물건을 경매할 수 있다(제109조, 제67조). 위탁매매인은 경매대금에서 경매비용을 공제한 잔액을 공탁하여야 한다(제109조, 제67조). 위탁매매인은 경매대금의 전부나 일부를 매매대금에 충당할 수 있다(제109조, 제67조).

(5) 특별상사유치권

위탁매매인의 보수채권 등 위탁매매로 인한 채권이 변제기에 있는 경우, 위탁매매인은 변제를 받을 때까지 위탁자를 위하여 점유하는 물건 또는 유가증권을 유치할 수 있다(제111조, 제91조).(모의 18) 특별상사유치권은 ① 피담보채권이 위탁매매로 인한 채권일 것, ② 견련성 불요, ③ 위탁자를 위하여 점유하는 물건이면 위탁자 소유물이 아니어도 됨, ④ 위탁자가 상인이 아니어도 됨, ⑤ 배제특약의 부존재를 요건으로 한다.

(6) 민법상 위임 규정에 따른 비용선급청구권, 필요비상환청구권 등

위탁매매인에게는 민법 위임 규정에 따른 비용선급청구권, 필요비상환청구권 등이 인정된다.

4. 위탁매매의 법률관계

(1) 위탁매매인의 매매계약상 권리취득 및 의무부담

매매계약의 상대방과의 관계에서 위탁매매인이 직접 권리를 취득하고 의무를 부담한다(제102조).(변호 25, 모의 16, 18, 21, 22) 매매계약의 무효, 취소 등은 위탁매매인을 기준으로 판단한다.(변호 13) 위탁자가 미성년자라도 위탁매매인과 제3자간의 계약은 유효하며, 미성년자인 위탁자가 위탁매매인과의 위탁계약을 제한능력을 이유로 취소하여도 이를 가지고 제3자에게 대항할 수 없다.

(2) 매매계약 관련 위탁자의 지위

위탁자는 매매계약 당사자가 아니므로 상대방과의 사이에 권리와 의무가 존재하지 않는다.

위탁자는 상대방에 대하여 이행을 청구하거나 손해배상을 청구할 수도 없다. 위탁자는 위탁매매인의 이행담보책임을 근거로 위탁매매인에게 이행을 청구할 수 있다.

(3) 위탁자가 상인인 경우의 특칙

상인인 위탁자가 그 영업에 관하여 물건의 매수를 위탁한 경우 위탁자와 위탁매매인 간의 관계에는 상사매매 규정 중 제68조(확정기매매의 해제), 제69조(매수인의 목적물검사와 하자통지의무), 제70조(매수인의 목적물보관공탁의무) 및 제71조(수량초과 등의 경우)를 준용한다(제110조).

제67조(매도인의 목적물의 공탁, 경매권)는 제109조에 의하여 준용된다.(모의 18) 제67조를 분리하여 제109조에서 준용하는 결과 위탁자가 상인이 아니더라도 제67조가 준용되게 된다.

5. 위탁물의 귀속

> **제103조 (위탁물의 귀속)** 위탁매매인이 위탁자로부터 받은 물건 또는 유가증권이나 위탁매매로 인하여 취득한 물건, 유가증권 또는 채권은 위탁자와 위탁매매인 또는 위탁매매인의 채권자간의 관계에서는 이를 위탁자의 소유 또는 채권으로 본다.(변호 25, 모의 13, 14, 15, 17, 18, 21)**[모의 24]**

① 위탁매매인의 채권자가 위탁물에 대하여 강제집행을 하는 경우, 위탁자는 소유자로서 제3자 이의의 소를 제기할 수 있다. 위탁매매인의 파산절차, 회생절차가 진행되는 경우 위탁자는 환취권을 행사할 수 있다.

② 위탁매매인이 대금채권을 제3자에게 양도한 경우 위탁자에 대해서는 무권리자가 양도한 것이므로 제3자가 선의라도 그 채권양도는 위탁자에 대해 효력이 없다.(모의 21) 위탁매매인이 제3자에 대하여 부담하는 채무를 담보하기 위하여 그 채권자에게 위탁매매로 취득한 채권을 양도한 경우 위탁매매인은 위탁자에 대한 관계에서는 위탁자에 속하는 채권을 무권리자로서 양도한 것이고, 따라서 그 채권양도는 양수인이 그 채권을 선의취득하였다는 등의 특별한 사정이 없는 한 위탁자에 대하여 효력이 없다. 이는 채권양수인이 양도의 목적이 된 채권의 귀속 등에 대하여 선의였다거나 그 진정한 귀속을 알지 못하였다는 점에 관하여 과실이 없다는 것만으로 달라지지 아니한다.(대판 2011.7.14. 2011다31645)(변호 16, 21)

③ 위탁매매인이 위탁물의 판매대금을 임의로 사용한 경우 횡령죄가 성립한다.(대판 1982.2.23. 81도2619)(변호 15, 16, 모의 16, 17, 21)

6. 준위탁매매

① 자기명의로써 타인의 계산으로 매매 아닌 행위를 영업으로 하는 자를 준위탁매매인이라 한다.(모의 16) 위탁매매에 관한 규정은 준위탁매매에 준용된다. 매매를 전제로 하는 규정은 준용되지 않는다.

② 어떠한 계약이 일반의 매매계약인지 위탁매매계약인지는 계약의 명칭 또는 형식적인 문언을 떠나 그 실질을 중시하여 판단하여야 한다. 이는 자기 명의로써, 타인의 계산으로 매매 아닌 행위를 영업으로 하는 준위탁매매에 있어서도 마찬가지이다. 甲이 독점 판권을 가지고 있는 영화에 대해 乙과 국내배급대행계약을 체결하고 乙이 각 극장들과 상영계약을 체결한 경우, 배급대행계약서의 내용 등에 비추어 볼 때 乙이 甲의 계산으로 자신의 명의로 극장들과 상영계약을 체결하였다고 보아야 하므로, 乙은 준위탁매매인의 지위에 있다.(대판 2011.7.14. 2011다31645)

7. 정리

대리상과 위탁매매인 및 중개인 관련 내용을 표로 정리하면 아래와 같다.

	대리상	중개인	위탁매매인
독립된 상인 여부	독립된 상인	독립된 상인	독립된 상인
보조의 대상	일정한 상인	불특정 다수	불특정 다수
경업금지	적용 ○	적용 ×	적용 ×
본인의 상인 여부	본인이 상인일 것	일방은 상인일 것	위탁자 상인일 필요 ×
특별상사유치권	○	×	○
명의와 계산	본인 명의 본인 계산		위탁매매인 명의 위탁자 계산

Ⅳ. 운송주선업

1. 의의

① 운송주선인이란 자기 명의로 타인의 계산으로 운송인과 운송계약을 체결하는 자를 말한다(제114조). 운송주선과 위탁매매는 주선행위라는 점에서 유사하므로 운송주선인에 대해서는 위탁매매인에 관한 규정이 준용된다(제123조). **[모의 19]**

② 운송주선인은 자기의 이름으로 주선행위를 하는 것이 원칙이지만, 실제로 주선행위를 하였다면 하주나 운송인의 대리인, 위탁자의 이름으로 운송계약을 체결하는 경우에도 운송주선인으로서의 지위를 상실하지 않는다.(대판 2007.4.26. 2005다5058)(모의 14, 17)

③ **위탁자의 청구에 의하여 화물상환증을 작성하거나 운송주선계약에서 운임의 액을 정한 경우에는 운송인의 지위도 취득할** 수 있지만,(모의 14) 운송주선인이 위에 따라 운송인의 지위를 취득하지 않는 한, **운송인의 대리인으로서 운송계약을 체결하였더라도 운송의뢰인에 대한 관계에서는 여전히 운송주선인의 지위에** 있다.(대판 2007.4.27. 2007다4943)(모의 14)

④ ㉠ 운임확정 주선계약, ㉡ 개입권 행사, ㉢ 화물상환증 발행의 경우 운송주선인이 운송인 지위를 취득한다.

2. 운송주선인의 권리

(1) 개입권

운송주선인은 다른 약정이 없으면 직접 운송할 수 있다. 이 경우에는 운송주선인은 운송인과 동일한 권리의무가 있다(제116조 제1항).(모의 14, 20, 22) 운송주선인이 위탁자의 청구에 의하여 화물상환증을 작성한 때에는 직접 운송하는 것으로 본다(제116조 제2항).

운송주선인의 개입권은 위탁매매인의 개입권과 유사하나 운송물이 거래소의 시세가 있을 것을 요하지 않는다. 개입권 행사의 경우 운송주선인은 운송주선인의 지위와 운송인의 지위를 함께 가진다. 개입권을 행사한 경우 운송주선인은 ① 운송주선계약을 이행한 것으로 보아 위탁자에게 보수를 청구할 수 있고, ② 운송인의 지위도 가지게 되므로 직접 운임을 청구할 수 있다.

(2) 보수청구권 [모의 19]

① 운송주선인은 운송물을 운송인에게 인도한 때(운송계약 체결시나 운송완료시가 아님)에는 즉시 보수를 청구할 수 있다(제119조 제1항).

② 운송주선계약으로 운임의 액을 정한 경우에는 다른 약정이 없으면 따로 보수를 청구하지 못한다(제119조 제2항).(모의 14)

③ 확정운임 운송주선계약에 해당하려면 주선인에게 운송인으로서의 기능을 수행할 수 있는 재산적 바탕이 있어야 하고, 정해진 운임의 액이 운송 부분의 대가만이 아니고 운송품이 위탁자로부터 수하인에게 도달되기까지의 액수가 정해진 경우라야 한다.(대판 1987.10.13. 85다카1080)

(3) 특별상사유치권

운송주선인은 운송물에 관하여 받을 보수, 운임, 기타 위탁자를 위한 체당금이나 선대금에 관하여서만 그 운송물을 유치할 수 있다(제120조).(변호 21, 모의 21) 일반상사유치권과 달리 견련성을 요하고, 위탁자 소유물일 것을 요하지 않는다.(모의 21)

(4) 운송물의 공탁 · 경매권, 비용청구권

운송주선인에 관하여는 위탁매매인에 관한 규정이 준용되므로(제123조), 운송주선인은 운송물에 대한 공탁 · 경매권을 가진다. 또한 운송주선인은 위탁매매에 준용되는 민법 위임 규정에 따라 운송주선인의 비용선급청구권, 필요비상환청구권 등을 가진다.

(5) 운송주선인 채권의 소멸시효

운송주선인의 위탁자 또는 수하인에 대한 채권의 소멸시효는 1년이다(제122조).(모의 14)

3. 운송주선인의 의무

운송주선인 또한 위탁매매인과 마찬가지로 자기의 명의로 타인의 계산으로 물건운송의 주선을 영업으로 하는 관계로 상법은 위탁매매인에 관한 규정을 운송주선인에게 준용하고 있다.

그 결과 운송주선인에게도 위탁매매인의 통지의무와 계산서제출의무(제123조, 제104조), 지정운임준수의무(제123조, 제106조), 하자통지의무(제123조, 제108조)가 적용된다.

4. 운송주선인의 손해배상책임의 내용

(1) 의의

운송주선인은 자기나 그 사용인이 운송물의 수령, 인도, 보관, 운송인이나 다른 운송주선인의 선택 기타 운송에 관하여 주의를 해태하지 아니하였음을 증명하지 아니하면 운송물의 멸실, 훼손 또는 연착으로 인한 손해를 배상할 책임을 면하지 못한다(제115조).(모의 14)

운송주선인의 손해배상책임은 육상운송인의 경우(제135조 이하)와 대부분 동일하다.

다만 ① 육상운송인의 정액배상과 달리 운송주선인은 완전배상책임을 부담하고, ② '다른 운송주선인 또는 운송인의 선택상 과실이 있는 경우'에도 책임을 부담한다는 점에서 운송인과 다르다.

(2) 운송주선인 책임의 소멸시효(제121조)

운송주선인의 책임은 수하인(운송인이 아님)이 운송물을 수령한 날로부터 1년의 소멸시효가 적용된다. 운송물이 전부 멸실한 경우 운송물을 인도할 날로부터 기산한다. 운송주선인이나 그 사용인이 악의인 경우에는 5년의 상사소멸시효가 적용된다.

5. 순차운송주선

(1) 의의

순차운송주선이란 동일한 운송물을 순차적으로 운송을 주선하는 것을 의미한다.

① 하수운송주선이란 최초 운송주선인이 전체 운송주선을 인수하고 다른 운송주선인에게 하도급을 주는 것을 말한다.

② 부분운송주선이란 운송주선인이 구간별로 개별적으로 위탁자와 운송주선계약을 체결하는 것을 말한다.

③ 중간운송주선이란 최초 운송주선인이 일부 구간의 운송을 주선하고, 나머지 구간은 최초 운송주선인이 자기 명의로 위탁자의 계산으로 다른 운송주선인에게 운송주선을 의뢰하는 것을 말한다.

(2) 순차운송주선의 법률관계

1) 중간운송주선인의 대위의무

수인이 순차로 운송주선을 하는 경우, 후자는 전자에 갈음하여 그 권리를 행사할 의무를 부담한다(제117조 제1항).(모의 14) 전자의 권리란 유치권, 운송물의 공탁 · 경매권을 의미한다. 전자가 위탁자로부터 보수나 비용을 지급받지 못하고 있음에도 중간운송주선인이 수하인에게 운송물을 인도하는 것을 방지하고, 수하인이 운송물 수령을 거부하는 경우 중간운송주선인이 공탁 · 경매할 수 있도록 하기 위한 것이다.

2) 중간운송주선인의 운송주선인 권리의 취득

중간운송주선인이 운송주선인에게 변제한 경우 운송주선인의 권리를 취득한다(제117조 제2항).(모의 14) 중간운송주선인이 변제로 취득하는 권리는 보수청구권 또는 비용상환청구권을 의미한다.

3) 운송인 권리의 취득

순차운송주선에서 운송주선인이 운송인에게 변제한 경우, 운송인의 권리를 취득한다(제118조).

위 규정은 운송주선인과 운송인 사이에 운송계약 등 계약관계가 없는 경우에 관한 규정이다. 즉 최초 운송주선인 甲에 의하여 선임된 중간운송주선인 乙이 甲이 선임한 운송인에게 변제한 경우에 관한 규정이다.

4) 순차운송주선인의 연대책임 부존재

운송주선의 경우 순차운송인의 연대책임에 관한 제138조가 준용되지 않는다. 따라서 순차운송주선인은 각자 구간에서 발생한 손해에 한하여 책임을 부담한다.

Ⅴ. 운송업

1. 의의

육상 또는 호천, 항만에서 물건 또는 여객의 운송을 영업으로 하는 자를 운송인이라 한다(제125조).

해상운송, 항공운송은 운송업에 포함되지 않는다. 육상운송에는 해상운송 및 항공운송과 달리 운송인의 책임제한이 인정되지 않고, 면책사유가 규정되어 있지 않다. 운송인은 운송을 영업으로 하여야 하므로, 식당의 음식물 배달, 가구점의 가구 배달과 같은 보조적 상행위에 의한 운송의 경우에는 상법상 운송업에 관한 규정이 적용되지 않는다.

물건운송계약의 당사자는 송하인과 운송인이고, 수하인은 물건운송계약의 당사자가 아니다. 물건운송계약은 송하인과 운송인 사이의 낙성계약이며 불요식계약이다. 화물상환증 작성은 운송계약의 성립과 무관하다.(모의 14) 물건운송은 물건운송이라는 일의 완성을 목적으로 하므로 도급계약의 성질을 가진다.

2. 운송인의 권리

(1) 운송물인도청구권 및 화물명세서 교부청구권

운송인은 송하인에게 운송물의 인도를 청구할 수 있다. 운송물의 인도는 현실의 인도를 의미하고 점유개정이나 목적물반환청구권의 양도에 의한 인도는 포함되지 않는다.(대판 1995.6.13. 92다19293)

화물명세서란 운송물의 내역, 도착지, 수하인, 운임 등 운송에 관한 주요사항이 기재된 서면을 말한다. 화물명세서는 운송인의 청구에 의해 송하인이 작성하여 운송인에게 교부한다(제126조 제1항).

송하인이 화물명세서에 허위, 부정확한 기재를 한 경우, 운송인이 악의인 경우를 제외하고, 운송인의 손해를 배상할 책임을 진다(제127조). 화물명세서는 운송물에 관한 어떠한 재산권도 화체되어 있지 않으므로 유가증권이 아니며 운송계약의 내용을 증명하기 위한 증거증권에 불과하다.

(2) 운임 기타 비용청구권

1) 운임청구권 [모의 22]

① 운임은 원칙적으로 운송을 완료함으로써 청구할 수 있고, 운송의 완료란 운송물을 현실적으로 인도할 필요는 없으나 운송물을 인도할 수 있는 상태를 갖추면 충분하다.(대판 1993.3.12. 92다32906)

② 운임청구의 상대방은 송하인이다. 수하인 또는 화물상환증소지인도 운송물을 수령한 경우, 운임을 지급해야 한다(제141조).

③ 운송물의 전부 또는 일부가 송하인의 책임 없는 사유로 인하여 멸실한 경우, 운송인은 운임을 청구할 수 없다(제134조 제1항). 운송물의 전부 또는 일부가 그 성질이나 하자 또는 송하인의 과실로 인하여 멸실한 경우 운송인은 운임 전액을 청구할 수 있다(제134조 제2항).

④ 운송인과 송하인은 운임에 관하여 다른 특약을 할 수 있다.(대판 1972.2.22. 71다2500)(모의 13)

2) 기타 비용청구권

수하인이 운송물을 수령한 경우, 운송인은 수하인에게도 기타 운송에 관한 비용과 체당금을 청구할 수 있다(제141조). 기타 운송에 관한 비용과 체당금이란 운송계약 체결 당시 고려되지 않았던 비용과 체당금을 말한다. 위험부담의 문제가 아니므로 불가항력으로 운송물이 멸실 · 훼손된 경우에도 운송에 관한 비용과 체당금의 청구가 가능하다.

(3) 특별상사유치권 [모의 22]

운송인은 운송물에 관하여 받을 운임, 기타 송하인을 위한 체당금이나 선대금에 관하여서만 그 운송물을 유치할 수 있다(제147조, 제120조). ① 운송물에 한하고, ② 피담보채권은 운송물에 관한 것으로 제한되며, ③ 일반상사유치권과 달리 견련성을 요하나, ④ 송하인 소유물이 아니어도 된다.

(4) 운송물 공탁 · 경매권

1) 수하인 불명의 경우(제142조)

수하인을 알 수 없는 경우, 운송인은 운송물을 공탁할 수 있다(제142조 제1항). 수하인을 알 수 없는 경우, 운송인은 송하인에 대하여 상당한 기간을 정하여 운송물의 처분에 대한 지시를 최고하고, 그 기간 내에 송하인이 지시를 하지 아니한 경우 운송물을 경매할 수 있다(제142조 제2항).

2) 운송물의 수령거부, 수령불능의 경우(제143조)

수하인이 운송물의 수령을 거부하거나 수령할 수 없는 경우, 운송인은 운송물을 공탁하거나 송하인에 대하여 상당한 기간을 정하여 운송물의 처분에 대한 지시를 최고하고 그 기간 내에 송하인이 지시를 하지 아니한 경우 운송물을 경매할 수 있다(제143조 제1항). 운송인이 경매를 하는 경우 송하인에 대한 최고 전에 수하인에 대하여 상당한 기간을 정하여 운송물의 수령을 최고하여야 한다(제143조 제2항).

3) 송하인, 화물상환증소지인, 수하인 불명의 경우(제144조)

송하인, 화물상환증소지인과 수하인을 알 수 없는 경우, 운송인은 권리자에 대하여 6월 이상의 기간을 정하여 그 기간 내에 권리를 주장할 것을 관보나 일간신문에 2회 이상 공고 후 그 기간 내에 권리주장자가 없는 경우 운송물을 경매할 수 있다.

4) 목적물 멸실 또는 훼손의 염려가 있는 경우(제145조, 제67조 제2항, 제3항)

목적물이 멸실, 훼손될 염려가 있는 경우 운송인은 최고 없이 경매할 수 있다. 운송인은 경매대금에서 경매비용을 공제한 잔액을 공탁하여야 한다. 운송인은 그 전부나 일부를 운임에 충당할 수 있다.

3. 운송인의 의무

(1) 화물상환증 발행의무(제128조)

운송인은 송하인의 청구에 의하여 화물상환증을 교부하여야 한다(제128조 제1항).

(2) 운송물 처분의무(제139조)

운송인은 송하인 또는 화물상환증이 발행된 경우 그 소지인의 지시에 따라 운송의 중지, 운송물의 반환 기타 처분을 할 의무가 있다(제139조 제1항 전문).(변호 19, 모의 13, 17) 이 경우 운송인은 운송 비율에 따른 운임, 체당금과 처분으로 인한 비용을 청구할 수 있다(제139조 제1항 후문). 화물상환증이 발행된 경우 화물상환증 소지인만 처분권을 가진다.(변호 19)

(3) 운송물 인도의무

1) 화물상환증이 발행되지 않은 경우

① 운송물이 목적지에 도착하기 전까지는 송하인의 지시에 따라야 한다.

② 운송물이 목적지에 도착한 이후에는 수하인의 인도청구가 송하인에 우선한다(제140조 제2항). 운송인이 수하인과의 계약으로 운송물의 소유권을 취득한 자에게 인도하더라도 수하인과의 관계에서는 목적물 인도의무 위반이 된다.

2) 화물상환증이 발행된 경우

화물상환증이 발행된 경우 **화물상환증의 정당한 소지인만이 운송물 인도청구권**을 가진다. 운송인이 고의, 중과실로 운송물을 화물상환증소지인이 아닌 자에게 인도한 경우, 화물상환증소지인에 대해 고의 또는 중과실에 의한 불법행위가 성립한다. 이 경우 운송물을 인수한 자가 운송물을 선의취득 하는 등 사유로 화물상환증 소지인이 운송물에 대한 소유권을 상실해야만 불법행위가 성립하는 것이 아니라 **운송인이 화물상환증 소지인이 아닌 자에게 운송물을 인도함으로써 화물상환증 소지인의 운송물에 대한 권리행사가 어렵게 되면 곧바로 불법행위가 성립한다.**(대판 2001.4.10. 2000다46795)

3) 가도, 보증도

① '가도'란 화물상환증이 발행되었음에도 수하인의 요청으로 화물상환증과 상환하지 않고 운송인이 수하인에게 운송물을 인도하는 것을 말한다.

② '보증도'란 은행 기타 제3자의 보증서를 받고 운송인이 화물상환증과 상환하지 않고 운송물을 인도하는 것을 말한다. 보증도로 인해 운송인의 행위가 정당화되거나 주의의무가 경감된다고 할 수 없고, 운송인은 화물상환증소지인에 대해 불법행위책임을 진다.(대판 1992.2.25. 91다30026)

4. 운송인의 손해배상책임

(1) 손해배상책임의 내용

운송인은 자기 또는 운송주선인이나 사용인, 그 밖에 운송을 위하여 사용한 자가 운송물의 수령, 인도, 보관 및 운송에 관하여 주의를 게을리 하지 아니하였음을 증명하지 아니하면 운송물의 멸실, 훼손 또는 연착으로 인한 손해를 배상할 책임이 있다(제135조).(변호 24, 모의 19)

운송인이 자신에게 귀책사유 없음을 입증해야 하고, 송하인은 손해만 입증하면 된다.

손해배상액 정액화(제137조), 고가물특칙(제136조), 책임특별소멸사유(제146조), 1년 단기소멸시효(제147조, 제121조)를 통해 운송인의 책임이 완화된다.

(2) 손해배상액의 정형화(제137조)

1) 의의 및 취지

상법은 운송물의 멸실 · 훼손 · 연착으로 인한 운송인의 손해배상책임과 관련하여 민법상 일반원칙에 따라 채무불이행과 상당인과관계에 있는 손해액의 배상이 아니라 운송물의 가격을 기준으로 배상책임을 규정하고 있는바, 이를 정액배상주의라 한다. 그 결과 운송물의 멸실 · 훼손 · 연착으로 인하여 특별손해가 발생하고 운송인이 이러한 특별한 사정을 알았거나 알 수 있었던 경우에도 배상의 범위에서 제외된다.

2) 손해배상금액

① 운송물이 전부멸실 또는 연착된 경우의 손해배상액은 인도할 날의 도착지의 가격에 따른다.(모의 17, 19)

② 운송물이 일부 멸실 또는 훼손된 경우의 손해배상액은 인도한 날의 도착지의 가격에 의한다.(변호 14, 모의 13, 18)

3) 적용범위

① 정액배상주의가 적용되는 운송인의 과실은 운송물의 멸실 · 훼손 · 연착의 경우로 제한되고, 나아가 운송인의 고의나 중대한 과실로 인한 때에는 운송인은 모든 손해를 배상하여야 한다(제137조 제3항).(변호 19, 24, 모의 22)

② 운송물의 멸실 또는 훼손으로 인하여 지급을 요하지 아니하는 운임 기타 비용은 전 3항의 배상액에서 공제하여야 한다.

③ 운송물이 일부 멸실 또는 훼손되어 연착된 경우의 손해배상액에 대하여 학설은 일반적으로 인도할 날의 도착지 가격을 기준으로 한다고 본다.

(3) 고가물책임

1) 의의

화폐, 유가증권 기타의 고가물에 대하여는 송하인이 운송을 위탁할 때에 그 종류와 가액을 명시한 경우에 한하여 운송인이 손해를 배상할 책임이 있다(제136조).

고가물책임 규정은 운송인에게 고가물의 종류와 가액을 명시하도록 함으로써 운송인으로 하여금 고가물에 대한 적절한 주의의무를 기울이도록 하고 이에 따른 운임이 산정되도록 함으로써 운송인을 보호하고 아울러 고가물의 손해를 사전에 방지하고자 하는 측면도 있다.

2) 명시의 상대방

고가물 명시의 상대방은 운송인 또는 그 대리인에 대하여 명시하면 족하고 그 운송인을 위해 운송행위를 하는 자 또는 그 운송인의 하도급을 받아 운송하는 자에까지 명시할 필요는 없다.(대판 1991.1.11. 90다8947)(변호 14, 모의 13, 19)

3) 명시하지 않은 경우의 책임

① 송하인이 고가물을 명시하지 않은 경우, 운송인이 보통물에 대한 주의의무를 다하면 책임을 부담하지 않는다.

② 송하인이 고가물을 명시하지 않았는데 운송인이 보통물에 대한 주의의무를 다하지 않은 경우 운송인이 책임을 부담하는지에 관하여 ㉠ 보통물에 해당하는 손해배상책임을 부담한다는 견해와 ㉡ 보통물에 해당하는 손해배상책임도 부담하지 않는다는 견해가 존재한다.

③ 운송인이 우연히 고가물임을 안 경우, ㉠ 운송인이 우연히 알게 된 주관적 사정을 이유로 운송인의 책임을 달리 정할 수 없다는 견해와 ㉡ 운송인이 고가물임을 알게 된 이상 고가물로서의 주의의무를 기울여야 하고 이를 위반한 경우 손해배상책임이 인정된다는 견해 및 ㉢ 운송인이 고가물임을 알게 된 이상 적어도 보통물로서의 주의의무는 가지며 이를 위반한 경우 고가물에 대한 손해배상책임을 진다는 견해가 존재한다.

(4) 운송인 책임소멸사유

운송인의 책임은 수하인 또는 화물상환증소지인이 유보 없이 운송물을 수령하고 운임 기타의 비용을 지급한 경우 소멸한다(제146조 제1항 본문).(모의 19) 다만 ① 운송물에 즉시 발견할 수 없는 훼손 또는 일부 멸실이 있는 경우 운송물 수령일로부터 2주간 내에 운송인에게 통지를 발송한 경우(제146조 제1항 단서),(모의 19) ② 운송인 또는 사용인이 악의인 경우에는 운송인의 책임이 소멸되지 않는다(제146조 제2항).(모의 19) 악의란 운송인이 운송물의 멸실 · 훼손 사실을 알면서 알리지 않은 경우를 의미한다.

(5) 단기소멸시효

① 운송물이 전부멸실된 경우는 인도할 날로부터, 운송물이 일부 멸실, 훼손 또는 연착된 경우는 인도한 날로부터 1년의 단기소멸시효가 적용된다(제147조, 제121조). 운송인이 자신의 무과실에 관한 증거를 장기간 보관하기 어렵다는 점을 고려하여 운송인의 책임이 단기에 소멸하도록 함으로써 운송인을 보호하기 위한 규정이다.

② 운송인이나 그 사용인이 악의인 경우에는 5년의 상사시효가 적용된다. 악의란 운송인이나 그 사용인이 운송물에 훼손 또는 일부 멸실이 있다는 것을 알면서 이를 수하인에게 알리지 않고 인도한 경우를 말한다.(대판 1987.6.23. 86다카2107)

③ 육상운송의 경우에는 상법 제147조, 제121조에 따라 운송인의 책임은 수하인이 운송물을 수령한 날로부터 1년을 경과하면 소멸시효가 완성하고 이는 당사자의 합의에 의하여 연장하거나 단축할 수 있다.(대판 2009.8.20. 2008다58978)(변호 14, 모의 19)

④ '운송물을 인도할 날'이란 통상 운송계약이 그 내용에 좇아 이행되었으면 인도가 행하여져야 했던 날을 말한다. 운송물이 물리적으로 멸실되는 경우뿐만 아니라 운송인이 운송물의 인도를 거절하거나 운송인의 사정으로 운송이 중단되는 등의 사유로 운송물이 인도되지 않은 경우에도 '운송물을 인도할 날'을 기준으로 하여 제소기간이 도과하였는지를 판단하여야 한다.(대판 2019.7.10. 2019다213009)

(6) 불법행위책임과의 관계

1) 의의

운송물이 멸실 · 훼손된 경우, 채무불이행책임과 별도로 불법행위책임을 물을 수 있는지 문제된다.

2) 학설

학설은 ① 채무불이행책임만을 물을 수 있다는 법조경합설과 ② 계약책임과 불법행위책임은 그 요건과 효과를 달리 하므로 피해자는 어느 하나를 선택적으로 청구할 수 있다는 청구권경합설 ③ 운송계약의 특성상 경과실의 경우에는 불법행위책임을 물을 수 없으나 고의, 중과실의 경우에는 불법행위책임도 물을 수 있다는 견해가 존재한다.

3) 판례

① 운송약관상의 채무불이행 책임과 불법행위로 인한 책임이 병존하는 경우에 상법상 소정의 단기소멸시효나 고가물 불고지에 따른 면책 등의 규정 또는 운송약관규정은 운송계약상의 채무불이행으로 인한 청구에만 적용되고 불법행위로 인한 손해배상청구에는 그 적용이 없다.(대판 1977.12.13. 75다107)(변호 14, 모의 13, 18, 19)

② 운송인의 이행보조자가 운송과 관련하여 고의, 과실로 송하인에게 손해를 가한 경우, 이행보조자는 운송계약의 당사자가 아니어서 운송계약상 채무불이행으로 인한 책임은 부담하지 않으나 불법행위로 인한 손해배상책임을 부담하므로 운송인의 면책규정은 적용될 여지가 없다. 따라서 운송인은 이행보조자의 고의, 과실로 인한 송하인의 손해에 대하여 민법상 사용자책임을 진다.(대판 1991.8.23. 91다15409)

5. 수하인의 법적 지위

(1) 화물상환증이 발행되지 않은 경우

① '운송물 도착 전' 수하인은 아무런 권리의무가 없다.

② '운송물 도착 후' 수하인은 송하인과 동일한 권리의무를 가진다(제140조 제1항).(변호 19, 모의 22)

③ '운송물의 도착 및 수하인의 인도 청구 후' 운송물이 도착지에 도착한 후 수하인이 그 인도를 청구한 때에는 수하인의 권리가 송하인의 권리에 우선한다(제140조 제2항).(모의 17) 다만, 수하인이 인도를 청구한 뒤 수령지체나 수령불능에 빠지는 경우 운송인이 송하인에게 처분지시를 최고할 수 있는데 이 경우 송하인이 운송물처분권을 행사하게 된다.

④ '수하인의 운송물 수령 후' 수하인이 운송물을 수령한 때에는 운송인에 대하여 운임 기타 운송에 관한 비용과 체당금을 지급할 의무를 부담한다(제141조).

(2) 화물상환증이 발행된 경우

화물상환증이 발행된 경우, 화물상환증 소지인만이 배타적으로 운송물에 대한 권리를 행사한다. 수하인은 아무런 권리의무가 없다. 화물상환증 미발행 상태에서 수하인이 도착 화물에 대하여 운송인에게 인도청구를 하였다면, 그 이후에 화물상환증이 발행되었더라도 이미 행사된 수하인의 권리에 우선할 수 없다.

6. 화물상환증

(1) 의의

화물상환증이란 운송인에 대한 운송물 인도청구권을 표창하는 유가증권을 말한다. 화물상환증을 작성한 경우에는 이와 상환하지 아니하면 운송물의 인도를 청구할 수 없고(제129조), 운송물에 관한 처분은 화물상환증으로써 하여야 한다(제132조).(모의 19)

화물상환증은 채권증권, 요식증권(제128조), 상환증권(제129조), 지시증권(제130조), 처분증권(제139조), 요인증권, 문언증권에 해당한다.

(2) 발행 및 배서에 의한 양도

화물상환증은 송하인의 청구에 의하여 운송인이 발행한다(제128조 제1항).

화물상환증은 당연한 지시증권으로 기명식으로 발행된 경우에도 배서에 의해 양도 가능하다(제130조 본문). 화물상환증에 배서를 금지하는 뜻을 기재한 경우 배서에 의한 양도는 불가능하다(제130조 단서). 화물상환증의 배서에는 권리이전의 효력은 있으나 담보적 효력은 없다.

(3) 채권적 효력

1) 의의 및 쟁점

화물상환증은 운송물의 선적 또는 수령을 원인으로 하여 받는 요인증권이면서 화물상환증에 기재된 내용에 따라 권리가 결정되는 문언증권인 관계로 실제 운송계약의 내용 내지 선적된 운송물과 화물상환증의 기재 내용이 다른 경우 문제가 된다. 화물상환증의 채권적 효력은 선의의 증권소지인을 보호하기 위한 것이므로 운송인이 실제로 수령한 운송물의 수량이 화물상환증에 기재된 수량보다 많은 경우 운송인은 실제로 수령한 운송물 전부를 인도하여야 한다.

2) 운송인과 송하인의 관계

화물상환증이 발행된 경우, 운송인과 송하인 사이에 화물상환증에 적힌 대로 운송계약이 체결되고 운송물을 수령한 것으로 추정한다(제131조 제1항).(변호 24) 송하인과 운송인 사이에서는 실제 운송계약이 적용되나 운송인이 운송물의 수량이 화물상환증에 기재된 것과 다르다고 송하인에게 주장하는 경우 운송인이 그러한 사실을 증명해야 한다.

3) 운송인과 화물상환증 소지인의 관계

화물상환증을 선의취득한 소지인에 대하여 운송인은 화물상환증에 적힌 대로 운송물을 수령한 것으로 보고 화물상환증에 적힌 바에 따라 운송인으로서 책임을 진다(제131조 제2항).(변호 19, 모의 19)

화물상환증의 선의취득자에 대해 간주적 효력이 부여된다. 이러한 소지인에는 수하인도 포함된다.

4) 운송계약 없이 발행된 화물상환증의 경우

운송계약 없이 화물상환증이 발행된 이른바 공권(空券)의 경우에도 화물상환증을 선의로 취득한 소지인에 대하여 운송인이 책임을 부담하는지 문제된다.

운송물을 수령 또는 선적하지 아니하였는데도 발행된 선하증권은 원인과 요건을 구비하지 못하여 목적물의 흠결이 있는 것으로서 무효이고, 이러한 경우 선하증권의 소지인은 운송물을 수령하지 않고 선하증권을 발행한 운송인에 대하여 불법행위로 인한 손해배상을 청구할 수 있다.(대판 2005.3.24. 2003다5535)

(4) 물권적 효력

1) 의의 및 요건

화물상환증에 의하여 운송물을 받을 수 있는 자에게 화물상환증을 교부한 때에는 운송물 위에 행사하는 권리의 취득에 관하여 운송물을 인도한 것과 동일한 효력이 있다(제133조).(모의 19)

화물상환증의 교부에 의한 물권적 효력의 발생은 ① 운송인이 실제로 운송물을 수령할 것(따라서 공권의 경우 물권적 효력이 인정되지 않는다), ② 화물상환증의 교부 시점에 운송물이 존재하였을 것(화물상환증 교부 당시 운송물이 멸실되었거나 도난 · 분실된 운송물이 제3자에 의해서 선의취득된 경우에는 물권적 효력이 인정되지 않는다), ③ 화물상환증에 의해서 운송물을 받을 수 있는 자에게 화물상환증이 교부되었을 것을 요건으로 한다.

2) 운송인의 운송물 직접 점유와의 관계

① 의의

민법 제190조의 목적물반환청구권 양도 조항과 상법 제133조의 관계와 관련하여 화물상환증의 교부 당시 운송인이 운송물을 직접 점유하고 있어야 하는지 나아가 운송인의 점유의 성격이 타주점유이어야 하는지가 문제된다.

② **학설**

㉠ '절대설'은 운송물의 존재와 화물상환증의 교부만으로 인도가 이루어지고 운송인의 직접 점유는 요구되지 않는다고 본다.

㉡ '대표설'은 화물상환증이 운송물을 대표한다고 보아 운송인의 직접 점유(타주점유)와 화물상환증 교부가 필요하다고 본다.

㉢ '절충설'은 제133조는 화물상환증 교부에 의한 독자적인 방식을 규정한 것이므로 화물상환증이 교부될 당시 운송인이 운송물을 점유하고 있기만 하면 자주점유이어도 무방하다고 본다.

운송물을 제3자가 선의취득 한 경우, 어느 학설에 의하더라도 법적으로는 운송물 멸실에 해당하므로 물권적 효력이 인정되지 않는다.

③ **판례**

㉠ 운송물을 처분하는 당사자 간에는 운송물에 관한 처분은 증권으로써 하여야 하며 운송물을 받을 수 있는 자에게 증권을 교부한 때에는 운송물 위에 행사하는 권리취득에 관하여 운송물을 인도한 것과 동일한 물권적 효력이 발생하므로 **운송물의 권리를 양수한 수하인 또는 그 이후의 자는 선하증권을 교부받음으로써 채권적 효력으로 운송계약상의 권리를 취득함과 동시에 물권적 효력으로 목적물의 점유를 인도받은 것이 되어 운송물의 소유권을 취득**한다.(대판 1998.9.4. 96다6240)

㉡ 운송인이 송하인에게 선하증권을 발행 · 교부하는 경우 송하인은 선하증권 최초의 정당한 소지인이 되고, 그로부터 배서의 연속이나 그 밖에 다른 증거방법에 의하여 실질적 권리를 취득하였음을 증명하는 자는 그 정당한 소지인으로서 선하증권상의 권리를 행사할 수 있다. **선하증권을 발행한 운송인이 선하증권과 상환하지 아니하고 운송물을 선하증권 소지인이 아닌 자에게 인도함으로써 운송물에 관한 선하증권 소지인의 권리를 침해하였을 때에는 고의 또는 중대한 과실에 의한 불법행위가 성립**하고, 이때 불법행위로 인한 손해배상청구권은 선하증권에 화체되어 그 선하증권의 소지인에게 이전된다. 따라서 **선하증권의 정당한 소지인은 선하증권과의 상환 없이 운송물이 인도됨으로써 불법행위가 성립하는 경우, 운송인 또는 운송인과 함께 그와 같은 불법행위를 저지른 공동불법행위자를 상대로 손해배상청구**를 할 수 있다.(대판 2023.8.31. 2018다289825)

7. 순차운송

(1) 의의 및 유형

순차운송이란 수인이 순차로 운송을 인수하는 경우를 말한다.

① '하수운송'이란 최초 운송인이 전체 운송을 인수하고 다른 운송인에게 하도급 주는 순차운송을 의미한다.

② '부분운송'이란 수인의 운송인이 구간별로 개별적으로 송하인과 운송계약을 체결하는 순차운송을 의미한다.

③ '중간운송'이란 최초 운송인이 일부 구간의 운송을 인수하고 나머지 구간은 최초 운송인이 자기명의 송하인의 계산으로 다른 중간 운송인에게 운송을 의뢰하는 순차운송을 의미한다.

(2) 순차운송인의 연대책임 및 구상권(제138조)

① 수인이 순차로 운송할 경우에는 각 운송인은 운송물의 멸실, 훼손 또는 연착으로 인한 손해를 연대하여 배상할 책임이 있다.(변호 19, 모의 13, 19)

② 운송인 중 1인이 전항의 규정에 의하여 손해를 배상한 때에는 그 손해의 원인이 된 행위를 한 운송인에 대하여 구상권이 있다.

③ 전 항의 경우에 그 손해의 원인이 된 행위를 한 운송인을 알 수 없는 때에는 각 운송인은 그 운임액의 비율로 손해를 분담한다. 그러나 그 손해가 자기의 운송구간 내에서 발생하지 아니하였음을 증명한 때에는 손해분담의 책임이 없다.(변호 19, 모의 13, 19)

(3) 중간운송인의 대위의무 등

순차운송의 경우 후자는 전자에 갈음하여 그 권리를 행사할 의무를 부담한다(제147조, 제117조 제1항). 전자의 권리란 유치권과 운송물 공탁 · 경매권을 말한다. 전자가 송하인으로부터 보수나 비용을 지급받지 못하고 있는 경우, 중간운송인이 수하인에게 운송물을 인도하는 것을 방지하고, 수하인이 운송물 수령을 거부하는 경우 중간운송인이 이를 공탁 · 경매할 수 있도록 하는 취지이다.

순차운송에서 후자가 전자에게 변제한 경우 전자의 권리를 취득한다(제147조, 제117조 제2항). 후자가 변제로 취득하는 권리는 운임청구권 또는 비용청구권을 의미한다.

8. 여객운송

(1) 여객에 대한 손해배상책임

운송인은 자기 또는 사용인이 운송에 관한 주의를 해태하지 아니하였음을 증명하지 아니하면 여객이 운송으로 인하여 받은 손해를 배상할 책임이 있다(제148조 제1항). 법원은 피해자와 그 가족의 정상을 참작하여 손해배상액을 정하여야 한다(제148조 제2항). 여객의 생명, 신체에 대한 손해배상은 민법 일반원칙에 따른다. 여객의 생명, 신체에 대한 운송인의 손해배상책임은 상사소멸시효인 5년 소멸시효가 적용된다.

(2) 수하물에 대한 손해배상책임

1) 탁송수하물의 경우

운송인이 여객으로부터 인도를 받은 수하물(탁송수하물)에 관하여는 운임을 받지 않은 경우에도 물건운송인과 동일한 책임을 부담한다(제149조 제1항).

탁송수하물의 경우, 운송인의 과실 추정, 손해배상의 정형화, 고가물책임, 책임소멸사유, 1년 단기 소멸시효 등 물건운송인과 동일한 책임이 인정된다. 탁송수하물의 경우, 운송인 스스로가 자신의 과실 없음을 증명하여야 한다.

탁송수하물이 도착지에 도착한 날로부터 10일 내에 여객이 그 인도를 청구하지 아니한 때에는 공탁 또는 경매가 가능하고, 이 경우 주소 또는 거소를 알지 못하는 여객에 대하여는 최고와 통지를 하지 않아도 된다(제149조 제2항).

2) 휴대수하물의 경우

운송인은 여객으로부터 인도를 받지 아니한 수하물의 멸실 또는 훼손에 대하여는 자기 또는 사용인의 과실이 없으면 손해를 배상할 책임이 없다(제150조). 휴대수하물의 경우, 여객이 운송인 또는 그의 사용인에게 과실이 있음을 증명하여야 한다.

Ⅵ. 공중접객업

1. 의의

극장, 여관, 음식점, 그 밖의 공중이 이용하는 시설에 의한 거래를 영업으로 하는 자를 공중접객업자라 한다(제151조). 극장, 여관, 음식점 외에 그 밖에 공중이 이용하는 시설로는 커피전문점, 헤어, 당구장, 목욕탕, 골프장 등을 그 예로 들 수 있다.

2. 임치 받은 물건에 대한 책임(제152조 제1항)

(1) 의의

공중접객업자는 자기 또는 그 사용인이 고객으로부터 임치받은 물건의 보관에 관하여 주의를 게을리하지 아니하였음을 증명하지 아니하면 그 물건의 멸실 또는 훼손으로 인한 손해를 배상할 책임이 있다.(변호 17, 모의 17, 23) 임치 받은 물건의 경우 공중접객업자가 자신의 무과실을 입증하여야 한다.

(2) 묵시적 임치 합의

① 공중접객업자와 고객 사이에 최소한 물건 보관에 관한 명시적 또는 묵시적 합의가 있어야 한다. 이와 관련하여 어떠한 경우에 보관에 관한 묵시적 합의가 있었다고 인정될 수 있는지 문제된다.

② 주차장 출입과 주차사실을 여관 측에서 통제하거나 확인하지 않은 경우, 부설주차장 관리자로서의 주의의무 위반 여부는 별론으로 하고 주차장에 주차한 것만으로 여관업자와 투숙객 사이에 임치의 합의가 있은 것으로 볼 수 없고, **투숙객이 여관 측에 주차사실을 고지하거나 차량열쇠를 맡겨 차량의 보관을 위탁한 경우에만 임치의 성립을 인정할 수 있다.**(대판 1992.2.11. 91다21800)

③ 공중접객업자가 이용객들의 차량을 주차할 수 있는 주차장을 설치하면서 **주차장에 차량출입을 통제할 시설이나 인원을 따로 두지 않았다면,** 그 주차장은 단지 이용객의 편의를 위한 주차장소로 제공된 것에 불과하고, 공중접객업자와 이용객 사이에 통상 주차차량에 대한 관리를 공중접객업자에게 맡긴다는 의사까지는 없다고 보이므로, **공중접객업자에게 차량시동열쇠를 보관시키는 등의 명시적이거나 묵시적인 방법으로 주차차량의 관리를 맡겼다는 등의 특수한 사정이 없는 한, 공중접객업자에게 선량한 관리자의 주의로써 주차차량을 관리할 책임이 있다고 할 수 없다.**(대판 1998.12.8. 98다37507)(변호 17, 24)**[모의 21]**

3. 임치 받지 않은 물건에 대한 책임(제152조 제2항)

공중접객업자는 고객으로부터 임치받지 아니한 경우에도 그 시설 내에 휴대한 물건이 자기 또는 그 사용인의 과실로 인하여 멸실 또는 훼손되었을 때에는 그 손해를 배상할 책임이 있다.(변호 17, 19, 24, 모의 23) 임치 받지 않은 물건의 경우 고객이 공중접객업자의 과실을 입증하여야 한다.

4. 면책특약 및 면책고지의 효력

공중접객업자의 책임을 면제 · 감경하는 특약도 유효하다. 다만 고객의 휴대물에 대하여 책임이 없음을 알린 것만으로는 공중접객업자의 책임이 면제되지 않는다(제152조 제3항).(변호 17, 19, 모의 23)

5. 고가물에 대한 책임

① 화폐, 유가증권, 그 밖의 고가물에 대하여는 고객이 그 종류와 가액을 명시하여 임치하지 아니하면 공중접객업자는 그 물건의 멸실 또는 훼손으로 인한 손해를 배상할 책임이 없다(제153조).(모의 23)

② '고가물'이란 그 용적이나 중량에 비하여 그 성질 또는 가공 정도 때문에 고가인 물건을 의미한다. 고객이 영업주의 사용인에게 고가물을 명시하지 않았더라도 그 사용인이 그 이전에 그 고가물을 임치받은 적이 있어 그 종류와 가액을 잘 알고 있었다면 공중접객업자는 고가물 멸실에 대한 책임을 부담한다.(서울민사지방법원 1985.5.1. 84나1190)

6. 소멸시효(제154조)

공중접객업자의 책임(제152조)과 고가물에 대한 책임(제153조)은 공중접객업자가 임치물을 반환하거나 고객이 휴대물을 가져간 후 6개월이 지나면 소멸시효가 완성된다(제154조 제1항). 물건이 전부 멸실된 경우 위 기간은 고객이 그 시설에서 퇴거한 날부터 기산한다(제154조 제2항).(모의 23) 공중접객업자나 그 사용인이 악의인 경우, 단기소멸시효는 적용되지 않고, 5년의 상사소멸시효가 적용된다(제154조 제3항).

7. 인적 손해에 대한 배상책임

① **공중접객업인 숙박업자가 투숙객과 체결하는 숙박계약은 일시사용을 위한 임대차계약으로서,**(변호 24) 숙박업자는 통상의 임대차와 같이 여관 객실 및 관련시설을 고객이 사용수익하게 할 의무뿐 아니라 **고객 안전을 배려하여야 할 보호의무를 부담하며** 이는 숙박계약의 특수성을 고려하여 신의칙상 인정되는 부수적인 의무로서 숙박업자가 이를 위반하여 고객의 생명, 신체를 침해하여 **손해를 입힌 경우 불완전이행으로 인한 채무불이행책임을 부담한다.**(대판 1994.1.28. 93다43590)(변호 17, 24)

② 임차인이 임대차기간 중 목적물을 직접 지배함을 전제로 한 임대차 목적물 반환의무 이행불능에 관한 법리는 숙박계약에 그대로 적용될 수 없다. **고객이 숙박계약에 따라 객실을 사용·수익하던 중 발생 원인이 밝혀지지 않은 화재로 인하여 객실에 발생한 손해는 특별한 사정이 없는 한 숙박업자의 부담으로 귀속된다고** 보아야 한다.(대판 2023.11.2. 2023다244895)

Ⅶ. 창고업

1. 의의

타인을 위하여 창고에 물건을 보관함을 영업으로 하는 자를 창고업자라 한다(제155조).

창고란 물건을 보관하기 위한 설비로 충분하고 반드시 건물이어야 하는 것은 아니다. 야적장과 저수장과 같은 수면도 창고가 될 수 있다. 창고가 창고업자의 소유가 아니어도 된다. 창고업자는 임치물에 대한 점유를 취득할 뿐 소유권을 취득하지 않는다. 따라서 소비임치는 창고업에 해당하지 않는다. 혼장임치는 임치인이 공유권을 가지므로 창고업이 될 수 있다.

2. 창고증권

(1) 의의

창고증권이란 창고업자에 대한 임치물 반환청구권을 표창하는 유가증권을 말한다. 창고업자는 임치인의 청구에 의하여 창고증권을 교부하여야 한다(제156조 제1항).(모의 17) 창고증권은 법률상 당연한 지시증권이다. 창고증권에는 화물상환증의 규정이 준용된다(제157조).

창고증권이 발행되면 그 발행일자 이후에는 창고증권의 명의인이 물건의 소유권을 취득하고 그 이후의 창고료, 화재보험료는 물론 감량 등에 대한 책임도 그 명의인이 진다.(대판 1963.5.30. 63다188)

(2) 분할부분에 대한 창고증권 및 창고증권 입질과 일부 출고

창고증권 소지인은 창고업자에게 창고증권을 반환하고 임치물을 분할하여 각 부분에 대한 창고증권을 교부할 것을 청구할 수 있다(제158조 제1항).(모의 17) 창고증권으로 임치물을 입질한 경우에도 질권자의 승낙이 있으면 임치인은 변제기 전이라도 임치물 일부의 반환을 청구할 수 있다.(모의 17) 이 경우 창고업자는 반환한 임치물의 종류, 품질과 수량을 창고증권에 기재해야 한다(제159조).

이는 화물상환증에는 인정되지 않고 창고증권에만 인정된다.

3. 창고업자의 의무

(1) 선관주의의무

창고업자는 보관료를 받지 않는 경우에도 선관주의의무를 부담한다(제62조).

(2) 임치물반환의무

임치기간을 정하지 않은 경우, 창고업자는 임치물을 받은 날로부터 6월이 지난 후에는 언제든지 임치물을 반환할 수 있다(제163조 제1항). 그 경우 창고업자는 2주 전에 반환을 예고하여야 한다(제163조 제2항). 부득이한 사유가 있는 경우, 창고업자는 언제든지 임치물을 반환할 수 있다(제164조).

임치기간에 상관없이 임치인이나 창고증권 소지인은 언제든지 임치물의 반환을 청구할 수 있다.

(3) 임치물의 검사, 견품적취, 보전처분에 응할 의무

임치인 또는 창고증권 소지인은 영업시간 내에 언제든지 창고업자에 대하여 임치물의 검사 또는 견품의 적취를 요구하거나 보존에 필요한 처분을 할 수 있다(제161조).

(4) 임치물의 훼손, 하자 통지의무 및 처분의무

창고업자가 임치물을 인도받은 후 물건의 훼손 또는 하자를 발견하거나 물건이 부패할 염려가 있는 때 또는 가격 하락의 상황을 안 때에는 지체 없이 임치인에게 그 통지를 발송하여야 한다(제168조, 제108조). 다만, 가격 하락의 상황은 통지 의무에서 제외된다는 것이 통설이다.

(5) 창고업자의 손해배상책임

창고업자는 자기 또는 사용인이 임치물의 보관에 주의를 해태하지 아니하였음을 증명하지 못하면 임치물의 멸실 또는 훼손에 대하여 손해를 배상하여야 한다(제160조). 임치물이 대체물이라도 임치물이 멸실되면 창고업자는 이행불능에 의한 손해배상책임을 진다. 손해배상액의 정형화(제137조)나 고가물 책임(제136조)과 같은 규정은 없다.

(6) 창고업자책임의 1년 소멸시효

① 임치물의 멸실 또는 훼손으로 인하여 생긴 창고업자의 책임은 그 물건을 출고한 날로부터 1년이 경과하면 소멸시효가 완성한다(제166조 제1항). 위 기간은 임치물이 전부 멸실한 경우에는 임치인과 알고 있는 창고증권소지인에게 그 멸실의 통지를 발송한 날로부터 기산한다(제166조 제2항). (모의 17)

② 창고업자 또는 그 사용인이 악의인 경우 1년의 소멸시효가 아닌 5년의 상사소멸시효가 적용된다. 창고업자는 자신 또는 사용인이 악의가 아니었다는 점에 대한 입증책임을 부담한다.

③ 창고업자책임의 단기소멸시효는 임치인의 청구에만 적용되고, 임치물이 타인 소유인 경우 소유권자인 타인의 청구에는 적용되지 않는다.

④ 상법 제166조의 멸실이라 함은 임치물을 반환받을 정당한 권리자가 아닌 자에게 인도하여 정당한 권리자가 그의 반환을 받지 못하게 된 경우도 해당하고 이 경우에 악의라고 함은 인도받은 자가 그 임치물을 반환받을 정당한 권리자가 아님을 알면서 그 자에게 출고한 경우를 말한다. 이 경우에도 1년의 경과로 창고업자의 책임은 시효소멸하지만 창고업자가 자신 또는 그 사용인이 악의가 아니었다는 점을 입증하지 못하면 책임을 면할 수 없다.(대판 1978.9.26. 78다1376)

[사실관계] 1974.5. 하순경 소외 A회사가 수입양고기 250상자를 피고 회사에 보관시킨 후 위 양고기를 원고에게 양도하였는데 피고 회사도 이러한 양도사실에 동의하고 임치인 명의를 원고로 변경하였다. 그런데 위 양고기 250상자가 1974.8.10부터 1974.9.5.까지 원고가 아닌 자에게 전부 출고되었고 이에 원고가 피고 회사를 상대로 물품인도 및 손해배상(예비청구)을 구하는 소를 1977.1.27. 제기한 사안.

[판시사항] 원심은 피고 회사의 출고가 잘못된 것이더라도 창고업자인 피고의 원고에 대한 책임은 원고가 그 사실을 알게 된 1974.9 초순경부터 1년이 경과한 1975.5 초순경 상법 제166조에 의하여 소멸시효의 완성으로 면책되었다 하여 원고의 물품인도를 구하는 주위적 청구 및 금전배상을 구하는 예비적 청구를 배척하였다. 그러나 대법원은 피고가 악의가 아니었다는 점을 입증하지 못하는 이상 피고의 책임이 인정된다고 판시하였다.

4. 창고업자의 권리

(1) 보관료 및 비용상환청구권(제162조)

① 창고업자는 임치물을 출고할 때가 아니면 보관료 기타의 비용과 체당금의 지급을 청구하지 못한다.(모의 17) 그러나 보관기간 경과 후에는 출고 전이라도 이를 청구할 수 있다.(모의 17)

② 임치물의 일부출고의 경우에는 창고업자는 그 비율에 따른 보관료 기타의 비용과 체당금의 지급을 청구할 수 있다.

(2) 유치권

창고업자에 대해서는 상법상 별도의 유치권 규정이 없다. 따라서 일반상사유치권(임치인이 상인인 경우) 또는 민사유치권(임치인이 상인이 아닌 경우)에 의한다.

(3) 임치물의 공탁권, 경매권

상인인 임치인이 임치물의 수령을 거부하거나 이를 수령할 수 없는 경우, 창고업자는 임치물을 공탁하거나 상당한 기간을 정하여 최고한 후 경매할 수 있다. 이 경우 창고업자는 지체 없이 임치인에게 그 통지를 발송하여야 한다. 임치인에게 최고를 할 수 없거나 목적물이 멸실 또는 훼손될 염려가 있는 때에는 최고 없이 경매할 수 있다(제165조, 제67조 제1항, 제2항).

(4) 창고업자 채권의 1년 소멸시효

창고업자의 임치인 또는 창고증권 소지인에 대한 채권은 물건을 출고한 날로부터 1년의 소멸시효가 적용된다(제167조).

Ⅷ. 금융리스업

1. 의의 및 법적 성질

(1) 의의

금융리스이용자가 선정한 기계, 시설, 그 밖의 재산("금융리스물건")을 제3자("공급자")로부터 취득하거나 대여받아 금융리스이용자에게 이용하게 하는 것을 영업으로 하는 자를 금융리스업자라 한다(제168조의2).(모의 18, 21)

금융리스거래에는 리스이용자와 리스료를 받고 물건을 빌려주는 리스회사 및 리스물건을 생산하여 리스회사에 공급하고 대금을 받는 공급자가 존재한다.

(2) 법적 성질

① 금융리스의 법적 성질에 대해서는 학설은 ㉠ 특수임대차계약설, ㉡ 특수소비대차계약설, ㉢ 비전형계약설(통설)이 있다.

② **시설대여(리스)는 시설대여회사가 대여시설이용자가 선정한 물건을 취득하거나 대여 받아 그 물건에 대한 유지 · 관리책임을 지지 않으면서 대여시설이용자에게 일정기간 사용하게 하고 그 기간 종료 후 물건의 처분에 관해서는 당사자 간의 약정으로 정하는 계약**으로서, 형식은 임대차계약과 유사하나, **실질은 대여시설 취득자금에 관한 금융편의를 제공하는 것을 본질적인 내용으로 하는 물적 금융**이고 임대차계약과는 다른 특질이 있으므로 이에 대하여는 **민법 임대차 관련 규정이 바로 적용되지 아니한다.**(대판 1996.8.23. 95다51915)(모의 16, 18, 21)

[사실관계] 렌털이용자 A는 직접 물건공급자와 협상하여 물건을 선정하고 거래조건을 결정하였다. 렌털회사 B는 렌털이용자 A가 선정한 물건을 취득해서 렌털이용자 A가 60개월 동안 사용할 수 있도록 하고 그 기간 동안 렌털료를 지급받는 렌털계약을 체결하였다. 렌털계약서상 렌털회사 B가 물건 인도시 물건이 정상적인 성능을 갖추고 있는 것을 담보하도록 규정하면서 렌털이용자가 물건인도인수확인서를 발급하였을 때에는 물건이 정상적인 것을 확인한 것으로 간주하고(제6조), 물건의 사용, 보관 및 유지책임과 물건의 멸실, 훼손책임을 이용자가 부담하도록 규정하고 있었다(제7조, 제8조). 렌털이용자 A는 렌털물건인 컴퓨터를 인수한 후 아무 이의 없이 렌털회사 B에게 인수확인서를 작성해 주었다. 그 후 렌털이용자 A는 렌털회사 B를 상대로 위 렌털계약이 임대차계약이라고 주장하면서 렌털계약 중 임차인인 렌털이용자 A에게 불리한 제6조, 제7조, 제8조의 규정이 민법 제652조에 따라 무효이고, 계약목적물인 컴퓨터의 하자로 인해 사용수익이 불가능하여 계약의 목적을 달성할 수 없으므로 렌털계약을 해지한다고 주장한 사안.

2. 금융리스업자의 권리의무

(1) 금융리스물건의 인도의무

① 금융리스업자는 금융리스이용자가 금융리스계약에서 정한 시기에 적합한 금융리스물건을 수령할 수 있도록 하여야 한다(제168조의3 제1항).(모의 16, 21, 23, 24)

② 금융리스계약 당사자 사이에 특별한 약정이 없는 한, **금융리스업자는 금융리스이용자가 공급자로부터 적합한 금융리스물건을 수령할 수 있도록 협력할 의무를 부담할 뿐 독자적인 금융리스물건 인도의무 또는 검사 · 확인의무를 부담하지 않는다.** 금융리스업자는 공급자의 이행보조자가 아니므로 **공급자의 고의 · 과실로 인해 리스물건의 인도가 현저히 지연되거나 리스물건에 중대한 하자가 존재한다는 이유로 리스이용자가 금융리스업자와의 리스계약을 해제하거나 리스료 지급을 거절할 수 없다.**(대판 2019.2.14. 2016다245418,245425,245432)(모의 21, 23)

(2) 금융리스물건 대금지급의무

금융리스업자는 공급자에게 금융리스물건의 대금을 지급하여야 한다. 금융리스업자는 물건수령증의 교부가 없더라도 금융리스물건이 공급되었다는 것과 이용자가 정당한 사유 없이 물건수령증을 교부하지 않고 있다는 것을 알고 있다면 공급자에 대한 대금 지급을 거절할 수 없다.

(3) 하자담보책임 여부

금융리스업자가 리스물건에 대하여 하자담보책임을 지지 않는다는 특약은 유효하다.(모의 18)

시설대여계약은 법적 성격이 비전형계약으로서 민법의 임대차에 관한 규정이 적용되지 아니하는 점 및 시설대여 제도의 본질적 요청(금융적 성격) 등에 비추어, **시설대여 회사의 하자담보책임을 제한하는 약정조항은 유효**하다.(대판 1996.8.23. 95다51915)

3. 금융리스 이용자의 권리의무

(1) 리스료 지급의무

금융리스이용자는 금융리스물건을 수령함과 동시에 금융리스료를 지급하여야 한다(제168조의3 제2항). 금융리스이용자가 금융리스물건 수령증을 발급한 경우에는 적합한 금융리스물건이 수령된 것으로 추정된다(제168조의3 제3항).(모의 21)

(2) 금융리스물건의 유지 및 관리의무

금융리스이용자는 금융리스물건을 수령한 이후에는 선량한 관리자의 주의로 금융리스물건을 유지 및 관리하여야 한다(제168조의3 제4항).(모의 16, 24)

4. 공급자의 물건 인도의무

공급자는 공급계약에서 정한 시기에 물건을 이용자에게 인도하여야 한다(제168조의4 제1항).

리스물건이 공급계약에서 정한 시기와 내용에 따라 공급되지 않은 경우, 이용자는 공급자에게 직접 손해배상을 청구하거나 공급계약의 내용에 적합한 리스물건의 인도를 청구할 수 있다(제168조의4 제2항).(모의 16, 21, 24)

5. 금융리스계약의 해지

(1) 이용자의 책임 있는 사유에 의한 해지

이용자의 책임 있는 사유로 금융리스계약을 해지하는 경우 리스업자는 잔존 리스료 상당액의 일시 지급 또는 리스물건의 반환을 청구할 수 있다(제168조의5 제1항).(모의 17, 24) 리스업자는 잔존 리스료 일시지급이나 리스물건 반환으로 회복되지 않은 손해에 대한 배상을 청구할 수 있다(제168조의5 제2항).

(2) 중대한 사정변경에 의한 해지

이용자는 중대한 사정변경으로 리스물건을 계속 사용할 수 없는 경우 3개월 전에 예고하고 리스계약을 해지할 수 있다(제168조의5 제3항). 이 경우 이용자는 계약의 해지로 인하여 리스업자에게 발생한 손해를 배상하여야 한다.(모의 16, 18, 24) 잔존 리스료는 이러한 손해에 해당되지 않는다.

Ⅸ. 가맹업

1. 의의

가맹업자란 자신의 상호 · 상표 등을 제공하는 것을 영업으로 하는 자를 말하고, 가맹상이란 가맹업자로부터 그의 상호 등을 사용할 것을 허락받아 가맹업자가 지정하는 품질기준이나 영업방식에 따라 영업을 하는 자를 말한다(제168조의6). 가맹상은 자신의 명의와 계산으로 거래한다는 점에서 본인의 명의로 거래하는 대리상이나 위탁자의 계산으로 영업하는 위탁매매인과 구별된다.(모의 14)

2. 가맹업자의 권리의무

가맹업자는 가맹상의 영업을 위하여 필요한 지원을 하여야 한다(제168조의7 제1항).(모의 19)

가맹업자는 다른 약정이 없으면 가맹상의 영업지역 내에서 동일 또는 유사한 업종의 영업을 하거나, 동일 또는 유사한 업종의 가맹계약을 체결할 수 없다(제168조의7 제2항).(변호 21, 모의 14, 19, 23, 24)

가맹업자가 경업피지의무를 위반한다고 하더라도 개입권에 대한 명문규정이 없으므로 가맹상에게는 개입권이 인정되지 않는다.

가맹본부가 예상최저매출액을 과다 산정한 '예상매출액 산정서'를 제공한 행위로 인하여 가맹점주들이 잘못된 정보를 바탕으로 가맹계약을 체결한 경우 가맹본부는 그로 인한 가맹점주들의 손해를 배상할 책임이 있다. 이 경우 가맹점주들의 손해에는 가맹점주들이 가맹점을 운영하면서 발생한 영업손실(매출로 충당되지 아니한 가맹점 운영 지출비용) 손해도 포함된다.(대판 2022.5.26. 2021다300791)

3. 가맹상의 권리의무 및 가맹상 영업의 양도

가맹상은 가맹업자의 영업에 관한 권리가 침해되지 않도록 하여야 한다(제168조의8 제1항).(모의 14, 19)

가맹상은 계약이 종료한 후에도 가맹계약과 관련하여 알게 된 가맹업자의 영업상 비밀을 준수하여야 한다(제168조의8 제2항).(모의 14, 19, 24)

가맹상은 가맹업자의 동의를 받아 영업을 양도할 수 있다. 가맹업자는 특별한 사유가 없으면 영업양도에 동의하여야 한다(제168조의9).(변호 21, 모의 19, 24)

4. 가맹계약의 해지

가맹계약상 존속기간에 대한 약정의 유무와 관계없이 부득이한 사정이 있으면 각 당사자는 상당한 기간을 정하여 예고한 후 가맹계약을 해지할 수 있다(제168조의10).(모의 19, 24) 이러한 상법 규정을 계약으로 배제하는 경우 가맹점사업자의 권리가 부당하게 침해될 위험이 있는 관계로, 가맹사업법은 가맹본부가 가맹계약을 해지하려는 경우에는 가맹점사업자에게 2개월 이상의 유예기간을 두고 계약의 위반 사실을 구체적으로 밝히고 이를 시정하지 아니하면 그 계약을 해지한다는 사실을 서면으로 2회 이상 통지하여야 한다고 규정하고(동법 제14조 제1항), 이에 위반한 가맹계약해지는 효력이 없다고 규정하고 있다(동법 제14조 제2항).

X. 채권매입업

1. 의의

채권매입업이란 타인이 물건 · 유가증권의 판매, 용역의 제공 등에 의하여 취득하였거나 취득할 영업상의 채권인 영업채권을 매입하여 회수하는 영업을 말한다(제168조의11). 팩토링이라는 이름으로 불리던 거래를 말한다.

① '진정채권매입'이란 채권이 회수되지 못한 위험을 채권매입업자가 부담하는 채권매입을 말한다.

② '부진정채권매입'이란 채권이 회수되지 못하는 경우 채권매입업자가 채권을 양도한 상인에게 상환을 청구할 수 있는 채권매입을 말한다. 상법상 채권매입은 부진정채권매입을 의미한다. 영업채권의 채무자가 채무를 이행하지 않는 경우 채권매입업자는 채권매입계약의 채무자에게 그 영업채권액의 상환을 청구할 수 있다. 다만, 채권매입계약에서 달리 정할 수 있다(제168조의12).

2. 채권의 양도

채권매입은 현재 및 장래의 채권을 양도하는 것을 내용으로 한다. 영업채권의 양도는 개별적 양도뿐만 아니라 사전에 포괄적으로 양도하는 것도 가능하다고 본다.

채권매입의 경우, 기본계약이 먼저 체결되고 이에 따라 개별 채권이 채권매입업자에게 양도된다. 채권매입계약에 따른 채권의 양도는 채권양도의 형식을 취하며 민법상 채권양도의 법리가 적용된다. 진정채권매입의 경우에는 매매의 성질을 가지나 부진정채권매입의 경우에는 소비대차의 일종으로 볼 수 있다.

제 3 편

회사법

- 제1장 총칙
- 제2장 주식회사
- 제3장 주식회사 이외의 회사

제1장 총칙

Ⅰ. 회사의 능력

1. 회사의 권리능력

회사는 재산권, 명예 · 신용에 관한 인격권과 상호권의 주체가 된다. 회사는 생명 · 신체에 대한 권리와 친족권 · 상속권의 주체가 될 수 없고, 지배인 등 영업주와의 신뢰관계를 바탕으로 하는 상업사용인이 될 수 없다. 회사는 다른 회사의 무한책임사원이 되지 못하나(제173조), 유한책임사원, 주주는 될 수 있다.

회사가 발기인이 될 수 있는지에 관해서는 발기인이 설립사무를 수행한다는 점에서 발기인이 될 수 없다는 부정설과 상법상 발기인 자격에 제한이 없으므로 회사도 발기인이 될 수 있다는 긍정설(다수설)이 존재한다.

회사가 주식회사의 이사가 될 수 있는지에 관하여, ① 회사도 대외적으로 책임을 부담할 수 있고 회사도 발기인이 될 수 있다는 점에서 회사가 이사가 될 수 있다는 긍정설과 ② 이사는 이사회를 통해 회사의 업무를 집행하고 감시의무를 부담하는 등 인적 개성이 강하다는 점에서 회사는 이사가 될 수 없다는 부정설 및 ③ 업무를 담당하는 이사와 업무를 담당하지 않는 이사를 나누어 후자의 경우에는 회사도 이사가 될 수 있다는 견해가 존재한다.

2. 정관상 목적에 의한 권리능력 제한 [변호 15, 18, 모의 19]

(1) 쟁점

민법 제34조는 법인의 권리능력을 정관상 목적범위 내로 인정하고 있으나, 상법은 이에 대해서 별도로 규정하고 있지 않은 관계로 회사의 권리능력이 정관의 목적범위로 제한되는지 문제된다.

(2) 학설

① '제한설'은 민법 제34조가 법인 일반에 적용되고 회사의 정관상 목적 사항은 공시되므로 제3자에게 불측의 손해를 줄 위험이 없다는 이유로 제한을 인정한다.

② '부정설'(다수설)은 상법상 민법 제34조를 준용하는 규정이 없고, 회사의 목적 사항이 공시되더라도 제3자가 어떤 거래가 범위 내인지 확인하기 어려우므로 거래안전을 위해 제한을 부정한다.

(3) 판례

판례는 회사의 권리능력은 회사의 설립 근거가 된 법률과 정관상 목적에 의하여 제한되나, 목적범위 내의 행위라 함은 정관에 명시된 목적 자체에 국한되는 것이 아니라, 목적을 수행하는 데 있어 직접, 간접으로 필요한 행위는 모두 포함되고, 목적수행에 필요한지 여부는 행위의 객관적 성질에 따라 판단한다고 본다.(대판 1999.10.8. 98다2488)(변호 12)

① 회사의 목적이 부동산임대 및 매매업인 경우 대표이사가 채무인수 또는 지급약정을 하는 행위, ② 회사가 거래관계 또는 자본관계에 있는 주채무자를 위하여 보증하는 등의 행위(대판 2005.5.27. 2005다480), ③ 회사의 목적이 어음의 인수 및 보증, 어음매매 중개인 경우 대표이사가 지급 담보 배서를 한 행위(대판 1987.9.8. 86다카1349)는 회사의 목적범위 내의 행위에 해당한다.

3. 상장회사 신용공여금지

① 상법상 상장회사는 주요주주(특수관계인 포함), 이사, 집행임원, 감사를 위한 보증을 할 수 없으므로 계열회사를 위한 보증이 금지된다(제542조의9 제1항).

② **상장회사 신용공여금지 조항은 강행규정으로 이에 위반한 신용공여는 무효이고 누구나 무효 주장 가능하며, 이사회 사전승인이나 사후추인이 있어도 유효로 될 수 없다. 다만 선의, 무중과실인 제3자에게는 무효 주장할 수 없다.**(대판 2021.4.29. 2017다261943)(변호 24, 25, 모의 23)

③ 제542조의9 제1항을 위반하여 신용공여를 한 자는 5년 이하의 징역 또는 2억 원 이하의 벌금에 처한다(제624조의2).(변호 24)

4. 회사의 불법행위책임

(1) 회사와 대표기관의 부진정연대책임

① 회사를 대표하는 사원이 그 업무집행으로 인하여 타인에게 손해를 가한 때에는 회사는 그 사원과 연대하여 배상할 책임이 있다(제210조).(변호 19) 회사와 대표기관은 부진정연대책임을 진다.

② **주식회사의 대표이사가 업무집행을 하면서 고의 또는 과실에 의한 위법행위로 타인에게 손해를 가한 경우 주식회사는 상법 제389조 제3항, 제210조에 의하여 손해배상책임을 부담하고, 대표이사도** 민법 제750조 또는 상법 제389조 제3항, 제210조에 의해 **주식회사와 연대하여 불법행위책임을 부담한다.**(대판 2013.6.27. 2011다50165)

(2) 업무집행의 판단기준

행위의 외형상 주식회사의 대표이사의 업무집행이라고 인정할 수 있는 것이라면 설령 그것이 대표이사의 개인적 이익을 도모하기 위한 것이거나 법령의 규정에 위배된 것이라고 하더라도 주식회사의 손해배상책임을 인정하여야 한다.(대판 2017.9.26. 2014다27425)

(3) 상대방이 악의·중과실인 경우 책임 불성립

대표변호사의 행위가 **외형상 법무법인 대표변호사의 업무집행으로 인정될 수 있다면 그것이 대표변호사의 개인적 이익을 위한 것이거나 법령에 위배되더라도 법무법인은 손해배상책임을 부담한다. 다만, 그 행위가 외형상 업무집행행위에 속하더라도 그 업무 내지는 직무권한에 속하지 아니함을 상대방이 알았거나 중과실로 알지 못한 때에는 손해배상책임을 부담하지 않는다.**(대판 2015.11.12. 2013다44645)

[사실관계 및 판시사항] 법무법인의 대표변호사 甲이 소유권이전등기 말소소송의 항소심을 위임한 乙에게 위 소유권이전등기에 따른 양도소득세 납부 자금이 압류될 수 있으니 대신 보관하여 주겠다며 건네받은 후 횡령한 사안. 대법원은 甲의 행위는 외형상 법무법인 대표변호사로서의 업무집행행위에 해당되고, 甲의 행위가 법무법인 대표변호사로서의 적법한 업무집행에 해당하지 않는다는 점에 관한 乙의 악의나 중대한 과실을 인정하기 어렵다고 보아, A법무법인의 손해배상책임을 인정하였다.

(4) 회사의 채무불이행책임에 대한 대표기관 책임 불성립

상법 제210조는 법인의 불법행위능력에 관한 특칙이므로, 법무법인의 대표변호사가 법무법인과 연대하여 제3자에 대해 손해배상책임을 부담하는 것은 대표변호사가 업무집행 중 불법행위를 한 경우에 한정된다. **불법행위로 인한 손해배상책임이 아니라 소송위임계약상의 채무불이행으로 인한 손해배상책임에 대해서는 대표변호사에게 연대책임을 물을 수는 없다.**(대판 2013.2.14. 2012다77969)

[사실관계 및 판시사항] A법무법인은 B주식회사와 소송위임계약을 체결하고 대표변호사 甲을 담당변호사 중 1인으로 지정하였다. 그런데 A법무법인이 상고이유서제출기한을 도과하여 B회사의 상고가 기각되었다. 이에 B회사가 A법무법인과 甲을 상대로 채무불이행으로 인한 손해배상을 청구하였다. 위 사안에서 대법원은 甲에 대한 손해배상청구를 기각하였다.

5. 법인격부인 [모의 13, 22]

(1) 의의

물적 회사의 경우 법인인 회사와 사원은 별개의 법인격을 가지고 있고 사원은 간접, 유한 책임을 부담하므로 원칙적으로 회사의 법적 책임을 주주에게 물을 수 없다.

법인격부인이란 회사 법인격이 남용되어 회사가 사원과 독립된 실체를 갖지 못하는 경우 회사와 제3자 사이의 법률관계에서 회사 법인격을 인정하지 않고 회사의 책임을 사원에게 인정하는 것을 말한다.

(2) 인정근거

1) 학설

법인격부인의 인정근거에 관하여 학설은 ① 회사와 사원이 별개이 법인격을 가지는 것이 신의성실의 원칙에 반하는 경우 회사의 법인격을 부인할 수 있다는 신의칙설과 ② 회사에 대하여 사원과 별개의 법인격을 인정한 것은 공공의 이익을 증대하기 위한 것이므로 법인격남용의 경우에는 이러한 회사의 내재적 한계를 벗어난 것이어서 법인격을 부인하는 것이 당연하다는 내재적 한계설이 존재한다.

2) 判例 [신의칙설]

회사가 외형상으로는 법인의 형식을 갖추고 있으나 법인의 형태를 빌리고 있는 것에 지나지 아니하고 실질에 있어서는 법인격의 배후에 있는 타인의 개인기업에 불과하거나 배후자에 대한 법률적용을 회피하기 위한 수단인 경우, 외견상으로는 회사의 행위라 할지라도 회사와 배후자가 별개의 인격체임을 내세워 회사에게만 법적 효과가 귀속됨을 주장하면서 배후자의 책임을 부정하는 것은 신의성실의 원칙에 위반되는 법인격의 남용으로서 심히 정의와 형평에 반하여 허용될 수 없고, 따라서 회사는 물론 배후자에 대해서도 회사의 행위에 관한 책임을 물을 수 있다.(대판 2001.1.19. 97다21604)

(3) 요건

1) 객관적 요건(법인격의 형해화)

① 회사가 법인격의 배후에 있는 사원과 독립된 실체를 가지지 못해야 한다. 단순한 임원의 겸직이나 주주가 회사 주식 전부를 소유하고 있다는 것만으로는 법인격 형해화가 인정되지 않는다.

② 친자회사는 상호간에 상당 정도의 인적 · 자본적 결합관계가 존재하는 것이 당연하므로, 자회사의 임 · 직원이 모회사의 임 · 직원을 겸하고 있다거나 모회사가 자회사의 전 주식을 소유하여 자회사에 대해 강한 지배력을 가진다거나 자회사의 사업 규모가 확장되었으나 자본금의 규모가 그에 상응해 증가하지 않은 사정만으로는 모회사가 자회사의 독자적 법인격을 주장하는 것이 법인격남용에 해당한다고 보기 부족하고, 적어도 자회사가 독자적인 의사 또는 존재를 상실하고 모회사가 자기 사업의 일부로 자회사를 운영한다고 할 수 있을 정도로 완전한 지배력을 행사할 것이 요구되며, 구체적으로는 ㉠ 모회사와 자회사 간의 재산과 업무 및 대외적인 기업거래활동 등이 명확히 구분되지 않고 양자가 혼용되어 있다는 등의 객관적 징표가 있어야 하며, ㉡ 자회사의 법인격이 모회사에 대한 법률 적용을 회피하기 위한 수단으로 사용되거나 채무면탈이라는 위법한 목적 달성을 위해 회사제도를 남용하는 등의 주관적 의도 또는 목적이 인정되어야 한다.(대판 2006.8.25. 2004다26119)

③ 회사의 법인격이 형해화되었다고 볼 수 있는지 여부는 문제가 되고 있는 법률행위나 사실행위를 한 시점을 기준으로, 개인이 회사의 법인격을 남용하였는지 여부는 채무면탈 등의 남용행위를 한 시점을 기준으로 각 판단하여야 한다.(대판 2023.2.2. 2022다276703)(모의 24)

2) 주관적 요건

① 의의

법인격남용이 인정되기 위하여 법인격형해화라는 객관적 요건 이외에 부정적 목적이라는 주관적 요건도 요구되는지 문제된다.

② 학설

학설은 주관적 요건인 부정적 목적을 입증하기 어렵고 거래상대방을 보호하기 위한 법인격남용의 취지를 고려할 때 주관적 요건이 요구되지 않는다고 본다.

③ 판례

법인격 남용을 인정하려면 적어도 회사의 법인격이 배후자에 대한 법률적용을 회피하기 위한 수단으로 함부로 이용되거나, 채무면탈, 계약상 채무의 회피, 탈법행위 등 위법한 목적달성을 위하여 회사제도를 남용하는 등의 주관적 의도 또는 목적이 인정되어야 한다.(대판 2010.2.25. 2007다85980)

3) 보충적 적용

법인격부인론의 근거가 신의칙에 있다는 학설과 판례에 의할 때 법인격부인론은 직접 적용되는 법률 규정으로 해결되지 않는 경우에 보충적으로 적용되어야 한다,

(4) 적용효과

주주의 책임이 인정된다. 주주는 회사의 항변사유를 주장 할 수 있다. 회사의 법인격이 소멸하는 것은 아니기 때문에 회사도 여전히 책임을 부담한다. 통설은 법인격 남용을 규제하기 위하여 불법행위의 경우에도 법인격부인론이 적용된다고 본다.

회사에 대한 판결의 기판력 및 집행력이 주주에게 미치지 않고 주주에 대하여 별도의 집행권원을 확보해야 한다.(대판 1995.5.1.2. 93다44531)

(5) 법인격부인의 역적용

1) 의의

법인격부인의 역적용이란 주주가 지는 책임을 그 주주가 지배하는 회사에 부담시키는 것을 말한다. 법인격부인의 역적용의 경우 채무자가 보유하게 된 주식에 대한 강제집행, 회사해산명령(제176조 제1항 제1호), 사해설립취소의 소(제185조)와 같은 실정법상 다른 구제수단이 존재한다는 점서 법인격부인의 역적용을 인정할 것인지 문제된다.

2) 학설

학설은 ① 법인격부인론은 신의칙을 근거로 하므로 보충적으로 적용되어야 하는데 법인격부인의 역적용의 경우에는 다른 구제수단이 존재하므로 그 필요성을 부정하는 부정설과 ② 다른 구제수단이 존재하더라도 회사의 내재적 한계를 벗어난 경우 법인격부인론을 역적용하는 것이 가능하다는 긍정설이 존재한다.

3) 판례

① 판례는 신의칙설에 근거하면서 채무면탈을 위해 회사를 설립하는 경우를 법인격부인이 한 유형으로 보고 있다.

② 기존회사가 채무를 면탈할 목적으로 기업의 형태 · 내용이 실질적으로 동일한 신설회사를 설립하였다면, 신설회사의 설립은 기존회사의 채무면탈이라는 위법한 목적달성을 위해 회사제도를 남용한 것이므로, 기존회사의 채권자에 대하여 위 두 회사가 별개의 법인격을 갖고 있음을 주장하는 것은 신의성실의 원칙상 허용될 수 없고, 기존회사의 채권자는 위 두 회사 어느 쪽에 대해서도 채무 이행을 청구할 수 있다.(대판 2004.11.12. 2002다66892)(모의 22)

[사실관계 및 판시사항] 甲은 A회사의 지배주주이자 대표이사인데 피고 회사의 주요 이사들과 주주는 甲의 친인척 또는 직원이고, 피고 회사는 A회사와 동일한 회사로 홍보하여 대외적으로 피고 회사가 A회사와 동일한 회사로 인식되어 공사를 수주했고, 피고 회사에서 甲이 회장직을 수행했으며, 1심 판결에서 피고 회사가 패소하자 또 다른 회사를 설립하여 공사를 수주하였다. 이를 근거로 대법원은 피고 회사가 A회사와 별개의 법인격임을 내세워 책임을 부정하는 것은 신의성실의 원칙에 반하거나 법인격을 남용하는 것으로서 허용될 수 없다고 판시하였다.

③ 회사와 개인이 별개의 인격체임을 내세워 회사 설립 전 개인의 채무 부담행위에 대한 회사의 책임을 부인하는 것이 심히 정의와 형평에 반한다고 인정되는 때에는 회사에 대하여 회사 설립 전에 개인이 부담한 채무의 이행을 청구하는 것도 가능하다.(대판 2021.4.15. 2019다293449)

④ 원고의 甲에 대한 채권 중 일부가 피고 회사의 설립 이후에 발생하였더라도 설립 당시 채무면탈 의도가 인정되는 경우 채무면탈이라는 위법한 목적을 달성하기 위하여 회사제도를 남용한 이상 피고 회사가 甲의 채권자인 원고에 대해 甲과 별개의 법인격을 가지고 있음을 주장하는 것은 신의성실의 원칙상 허용될 수 없다.(대판 2021.3.25. 2020다275942)

⑤ 기존회사 채무를 면탈할 의도로 신설회사를 설립한 것인지 여부는, 신설회사가 기존회사의 대표이사에 의해 지배되고 있다는 사정만으로는 인정할 수 없고, 기존회사의 폐업 당시 경영상태, 자산상황, 신설회사의 설립시점, 기존회사에서 신설회사로 유용된 자산의 유무와 정도, 기존회사에서 신설회사로 이전된 자산에 대한 정당한 대가의 지급 여부 등 제반 사정을 종합적으로 고려해서 판단해야 한다.(대판 2008.8.21. 2006다24438)

[사실관계] A회사는 의약품제조업을 하던 중 1997.6. 경 부도가 났고, 피고 회사는 2000.5.9. A회사와 같은 주소지에서 설립되었는데 영업목적이 A회사와 동일하고 임원진과 주주는 A회사 대표이사인 甲의 아내, 자녀, 부하 직원이었고, 피고 회사는 A회사의 부동산과 기계류를 10억 원 상당에 낙찰받은 후 자신의 명의로 대출받은 자금으로 낙찰대금을 지급하였고, A회사의 제조시설, 제조방법, 의약품제조 관련 인허가 일체를 1억5천만 원에 A회사로부터 양수하였으며, A회사의 근로자 대부분을 승계하고 A회사와 동일한 약품을 생산하였다. 피고 회사는 甲의 부하직원이 주도적으로 설립했는데 피고 회사의 설립자금 및 甲의 아내와 자녀의 자금 출처도 불분명한 사안.

[판시사항] 이러한 사정을 바탕으로 대법원은 의약품제조 허가권 등에 대한 평가나 대금 일부 면제가 부당하게 이루어졌거나, 영업권이 아무런 대가 없이 이전되었거나, 그 밖에 A회사의 자산이 피고 회사 설립비용으로 유용되었다는 사실 등 A회사의 채권자에게 불리한 결과를 초래하는 채무면탈에 관한 사정이 없는 한 위 사정만으로는 A회사의 채무면탈 목적으로 피고 회사를 설립하였다고 볼 수 없다고 판시하였다.

⑥ 법인격 남용의 법리는 어느 회사가 이미 설립되어 있는 다른 회사 중 기업의 형태 · 내용이 실질적으로 동일한 회사를 채무면탈 의도로 이용한 경우에도 적용된다. 기존회사의 자산이 기업의 형태 · 내용이 실질적으로 동일한 다른 회사로 바로 이전되지 않고, 기존회사에 정당한 대가를 지급한 제3자에게 이전되었다가 다시 다른 회사로 이전되었더라도, 다른 회사가 제3자로부터 자산을 이전받는 대가로 기존회사의 다른 자산을 이용하고도 기존회사에 정당한 대가를 지급하지 않았다면, 기존회사에서 다른 회사로 직접 자산이 유용되거나 정당한 대가 없이 자산이 이전된 경우와 다르지 않다.(대판 2019.12.13. 2017다271643)

[사실관계] 甲 주식회사가 乙에게 건물 신축공사를 도급하였는데, 도급계약 체결 당시 위 건물의 건축주는 甲회사였다. 도급계약 체결 뒤 丙 주식회사가 甲회사를 상대로 건축주 명의변경을 구하는 소에서 승소하여 丙회사로 건축주 명의가 변경되었다가 이후 다시 丁 주식회사로 변경되었다. 그런데 甲회사와 丁회사는 모두 戊가 설립하여 실질적으로 운영하는 회사이고, 甲회사와 丁회사는 설립목적과 형태 · 내용이 실질적으로 동일하며, 甲회사의 유일한 자산은 위 건물의 건축주 지위였는데, 확정판결에 따라 건축주 지위가 丙회사에 이전되었다가 다시 丁회사에 이전되었고, 丁회사는 丙회사로부터 건축주 지위를 양수할 무렵 별다른 자산이 없었던 사안.

[판시사항] 대법원은 甲회사로부터 丙회사에 건축주 지위가 이전된 것이 丙회사의 정당한 권원에 기초한 것이라 하더라도, 이후 丙회사로부터 丁회사에 다시 건축주 지위가 이전되는 과정에서 甲회사가 차용한 자금이 사용되는 등 甲회사 자산이 정당한 대가 없이 이전되었거나 유용되었다면, 甲회사의 채무면탈이라는 위법한 목적을 달성하기 위해 丁회사를 이용하여 회사제도를 남용한 것으로 볼 수 있으므로, 甲회사의 채권자는 甲회사뿐만 아니라 丁회사에 대해서도 채무의 이행을 청구할 수 있다고 판시하였다.

⑦ 신설회사가 기존회사로부터 공장 건물, 기계 및 인력 대부분을 그대로 인수하여 종전과 동일한 영업을 하고 있는 사실 등은 인정되지만, **기존회사 주주와 신설회사 주주가 완전히 다른 점, 기존회사로부터 무상 이전받은 자산이 없다는 점**에 비추어 보면, **신설회사가 기존회사와 실질적으로 동일한 회사로서 그 채무를 면탈할 목적으로 설립된 것이라고 볼 수 없다.**(대판 2010.1.14. 2009다77327)

[사실관계] 피고 회사는 2005년 1월 말경 A주식회사로부터 공장건물, 기계 및 인력 대부분을 인수하여 A회사의 기존 거래처와의 거래를 계속하였는데 A회사의 대표이사 甲은 피고 회사의 대표이사 乙의 고모부이고, 乙은 과거 3년 동안 A회사의 이사로 재직하였다. 원고는 2005. 2. 1.부터 같은 달 22일까지 A 회사 명의로 된 거래명세표를 작성하여 피고 회사 직원으로부터 제품인수확인을 받아 왔는데, 2005. 2. 23. 피고 회사는 "당사 상호변경의 건"이라는 제목으로, "금년 2005년 2월부터 회사명 변경으로 인해 아래와 같이 공문합니다"라는 내용의 공문을 원고에게 보내어 업태와 종목이 동일하고 단지 상호, 사업자등록번호 및 대표자만 바뀐 A회사와 피고 회사를 변경전후로 나누어 표시하였고 공문의 발신인 주소 또한 A회사의 종전 공장 소재지를 기재하였다. 이에 따라 원고는 2005. 2. 28.부터 피고 회사 앞으로 세금계산서를 발행하였고 A회사로부터 받지 못한 물품대금을 피고 회사로부터 지급받았다. 그런데 A회사의 주주와 피고 회사의 주주는 완전히 달랐고, 피고 회사가 A 회사의 소유 공장건물과 기계류 등을 경매로 취득하면서 지출한 매수대금 14억5천만 원을 피고 회사의 증자대금과 수출대금 및 은행 대출금 등으로 마련했고, 피고 회사가 A회사로부터 무상 이전받은 자산은 없었다.

[판시사항] 이러한 사정을 바탕으로 대법원은 피고 회사가 A 회사와 실질적으로 동일한 회사로서 채무를 면탈할 목적으로 설립된 것으로 볼 수는 없다고 판시하였다. 다만 대법원은 피고 회사는 상법 제44조의 채무인수를 광고한 영업양수인에 해당하여 A회사의 원고에 대한 미지급 물품대금 채무를 변제할 책임이 있다고 판시하였다.

⑧ **기존회사가 채무면탈을 위하여 기업의 형태 · 내용이 실질적으로 동일한 신설회사를 설립하였다면, 신설회사의 설립은 기존회사의 채무면탈이라는 위법한 목적 달성을 위하여 회사제도를 남용한 것에 해당한다. 이 경우 기존회사의 채권자는 두 회사 어느 쪽에 대하여도 채무의 이행을 청구할 수 있다. 기존회사에 대한 소멸시효가 완성되지 않은 상태에서 신설회사가 기존회사와 별도로 자신에 대하여 소멸시효가 완성되었다고 주장하는 것 역시 별개의 법인격을 갖고 있음을 전제로 하는 것이어서 신의성실의 원칙상 허용될 수 없다.**(대판 2024.3.28. 2023다265700)

Ⅱ. 회사의 종류

1. 상법상 회사의 종류

회사는 합명회사, 합자회사, 유한책임회사, 주식회사와 유한회사의 5종으로 한다(제170조).

인적 회사는 사원의 개성과 인적 신뢰관계를 기초로 한다. 합명회사와 합자회사는 인적 회사이다.

물적 회사는 사원이 출자한 재산을 기초로 한다. 주식회사와 유한회사는 물적 회사이다. 유한책임회사는 인적 회사와 물적 회사의 성격을 함께 가진다.

사원의 책임과 관련하여 ① '무한책임'이란 사원 개인 재산으로 회사 채권자에 대하여 책임을 지는 것을 말하고, ② '유한책임'이란 자신의 출자액을 한도로 책임을 지는 것을 말하며, ③ '직접책임'이란 사원이 회사채권자에게 직접 변제할 책임을 지는 것을 말하고, ④ '간접책임'이란 회사채권자에 대한 책임은 회사가 지고 사원은 회사에 출자할 책임만 지는 것을 말한다.

2. 모회사와 자회사

'모회사'란 다른 회사 발행주식 총수의 50%를 초과하는 주식을 가진 회사를 말하고, **'자회사'**란 발행주식 총수의 50%를 초과하는 주식이 모회사에 의하여 보유된 회사를 말한다(제342조의2 제1항).

다른 회사의 발행주식의 총수의 50%를 초과하는 주식을 모회사 및 자회사 또는 자회사가 가지고 있는 경우 그 다른 회사는 상법의 적용에 있어 그 모회사의 자회사로 본다(제342조의2 제3항).

3. 상장회사

상장회사란 증권시장에 상장된 주권을 발행한 주식회사를 말한다(제542조의2 제1항). 상장회사에 대해서는 상법 제542조의2 이하의 특례규정이 적용된다.

4. 소규모회사

(1) 소규모회사의 의의

소규모회사란 자본금 10억 원 미만의 소규모 주식회사를 말한다.

(2) 소규모회사의 특례

1) 발기설립시 정관 공증 면제

정관은 공증인의 인증을 받음으로써 효력이 생긴다. 다만, 소규모회사를 발기설립 하는 경우에는 각 발기인이 정관에 기명날인 또는 서명함으로써 효력이 생긴다(제292조).

2) 발기설립시 잔고증명서에 의한 납입금보관증명서의 대체

소규모회사를 발기설립 하는 경우에는 금융기관의 납입금보관증명서를 은행이나 그 밖의 금융기관의 잔고증명서로 대체할 수 있다(제318조 제3항).(변호 14, 모의 17)

3) 주주총회 소집기간의 단축(2주 → 10일)

소규모회사가 주주총회를 소집하는 경우에는 주주총회일의 10일 전에 각 주주에게 서면으로 통지를 발송하거나 각 주주의 동의를 받아 전자문서로 통지를 발송할 수 있다(제363조 제3항).(변호 17, 25)

4) 주주전원 동의에 의한 주주총회 소집절차 생략 및 서면결의 (변호 12, 15, 모의 14, 16, 20, 22)

소규모회사는 주주 전원의 동의가 있을 경우에는 소집절차 없이 주주총회를 개최할 수 있고, 서면결의로써 주주총회의 결의를 갈음할 수 있다(제363조 제4항). 결의의 목적사항에 대하여 주주 전원이 서면으로 동의를 한 때에는 서면에 의한 결의가 있는 것으로 본다(제363조 제4항).

5) 1인 또는 2인의 이사

소규모회사는 이사를 1명 또는 2명으로 할 수 있다(제383조 제1항 단서).(변호 17, 23)

6) 주주총회에 의한 이사회 권한 행사

이사가 2인 이하인 소규모회사의 경우 ① 주식양도에 관한 승인, ② 주식매수선택권 부여의 취소, ③ 이사의 경업 및 겸직에 대한 승인, ④ 회사의 사업기회 이용에 대한 승인, ⑤ 이사 등의 자기거래 승인,(변호 17) ⑥ 주식발행사항 결정, ⑦ 무액면주식 발행의 경우 자본금으로 계상하는 금액의 결정, ⑧ 준비금의 자본금 전입 결정, ⑨ 중간배당, ⑩ 사채 발행 결의, 전환사채 발행사항 결정 및 신주인수권부사채 발행사항의 결정의 경우 이사회를 주주총회로 본다(제383조 제4항).

7) 이사에 의한 회사 대표 및 이사회 기능 담당 (변호 17)

이사가 2인 이하인 소규모회사의 경우 각 이사(정관에 따라 대표이사를 정한 경우에는 그 대표이사를 말한다(모의 17))가 회사를 대표하고, ① 회사 보유 자기주식의 소각, ② 주주총회 소집결정, ③ 주주제안 사항의 처리, ④ 소수주주의 임시주주총회 소집청구의 상대방, ⑤ 전자적 방법에 의한 주주총회 의결권 행사방법의 결정, ⑥ 중요한 자산의 처분 및 양도, 대규모 재산의 차입, 지배인의 선임 또는 해임과 지점의 설치·이전 또는 폐지 등 회사의 업무집행(제393조 제1항),(변호 17) ⑦ 감사의 임시주주총회 소집 청구 상대방 및 ⑧ 중간배당일 결정의 기능을 담당한다(제383조 제6항).

8) 감사의 불선임

소규모회사는 감사를 선임하지 않을 수 있다(제409조 제4항).(변호 12, 14, 15, 23, 모의 17)

감사를 선임하지 아니한 소규모회사가 이사에게 또는 이사가 그 회사에게 소를 제기하는 경우 회사, 이사 또는 이해관계인은 법원에 회사를 대표할 자를 선임해 줄 것을 신청해야 한다(제409조 제5항).(변호 25)

감사의 직무와 보고요구 및 조사권한(제412조), 이사의 보고의무(제412조의2),(모의 22) 모회사 감사의 자회사 조사권(제4125조의 5)과 관련하여 감사는 주주총회로 본다(제409조 제6항).

9) 사채권자집회 공고기간 단축(3주 → 2주)

소규모회사의 무기명식 사채권자집회 공고기간은 2주로 단축된다(제491조의2 제2항).

5. 1인 회사

(1) 1인 회사의 의미

1인 회사란 주식회사, 유한회사, 유한책임회사와 같은 물적 회사에서 사원이 1인인 경우를 말한다. 합명회사와 합자회사와 같은 인적 회사의 경우, 사원이 2인 이상이어야 하므로 사원이 1인이 되면 해산사유에 해당한다. 1인 회사의 경우에도 이사는 선임하여야 한다.(모의 18)

실질적으로 1인 회사인 주식회사의 주주총회는 그 절차상에 하자가 있다 하더라도 그 주주총회에서 어떤 결의를 한 것으로 **주주총회 의사록이 작성되어** 있으면 특별한 사정이 없는 한 **1인 주주에 의하여 그와 같은 결의가 있었던 것이라고 볼 수 있어 유효하다**.(대판 1992.6.23. 91다19500)(모의 17, 18, 19)

(2) 주주총회 소집통지 하자의 치유

1인 회사의 경우, 그 주주가 주주총회에 출석한 이상 주주총회 소집통지에 하자가 있더라도 하자가 치유된다. 소집통지가 전혀 없었던 경우에도 주주 전원이 출석한 경우 적법한 주주총회로 인정된다.

주주총회의 소집절차가 위법하더라도 1인 주주회사에서 그 주주가 참석하여 총회 개최에 동의하고 아무 이의 없이 결의한 경우 그 결의 자체를 위법한 것이라고 할 수 없다.(대판 1993.6.11. 93다8702)(변호 23, 모의 17, 18)

(3) 주주총회 의사록 작성에 의한 주주총회 결의 인정

실제로 총회를 개최한 사실이 없더라도 1인 주주에 의해 의결이 있었던 것으로 주주총회 의사록이 작성되었다면 주주총회 결의가 있었던 것으로 본다.

(4) 1인 주주인 대표이사 동의에 의한 특별결의 인정

영업양도에 대하여 1인 주주이자 대표이사인 사람의 동의가 있었다면 영업양도에 대한 주주총회 특별결의를 대신할 수 있다.(변호 25) 그러나 발행주식 98%를 소유한 주주의 의사에 기하여 주주총회 없이 의결이 있었던 것처럼 주주총회 의사록이 작성된 경우 주주총회 결의부존재 사유에 해당한다.(모의 19)

(5) 회사법 일부 규정의 적용 배제

① 특별이해관계인의 주주총회 의결권 배제 조항(제368조 제3항), ② 감사 선임시 의결권 제한 조항(제409조), ③ 정관상 주식 양도에 이사회 승인 요구 조항은 1인 회사에 적용될 실익이 없다.

(6) 1인 주주인 이사의 자기거래

1) 의의

1인 주주인 이사의 자기거래에 대해서도 이사회 승인이 요구되는지 문제된다.

2) 학설

학설은 ① 회사 재산은 회사 채권자에 대한 담보이므로 이사가 1인 주주라 하더라도 회사의 이해관계와 일치할 수 없으므로 이사회 승인을 요한다는 긍정설과 ② 상법 제398조는 회사의 이익을 보호하기 위한 규정이므로 회사의 이익과 1인 주주의 이익이 일치하는 1인 회사에는 이사회 승인이 요구되지 않는다는 부정설이 존재한다.

3) 판례(부정설)

회사의 채무부담행위가 상법 제398조 소정의 이사의 자기거래에 해당하여 이사회의 승인을 요한다고 할지라도, 위 규정의 취지가 회사 및 주주에게 예기치 못한 손해를 끼치는 것을 방지함에 있다고 할 것이므로, 그 채무부담행위에 대하여 사전에 주주 전원의 동의가 있었다면 회사는 이사회의 승인이 없었음을 이유로 그 책임을 회피할 수 없다.(대판 2002.7.12. 2002다20544)

(7) 정관에 의한 주식양도제한

정관에 의한 주식양도제한에 관한 상법 제335조 제2항이 1인 회사에도 적용되는지 문제된다.

학설은 ① 주주와 회사를 동일시할 수 없다는 점에서 1인 주주가 주식을 양도하는 경우에도 이사회의 승인을 얻어야 한다는 긍정설과 ② 정관에 의한 주식양도제한의 취지는 기존 주주들의 의사에 반하는 새로운 주주를 막는데 있으므로 1인 주주가 주식을 양도하는 경우에는 이사회 승인이 없더라도 유효하다는 부정설이 존재한다.

(8) 1인 주주인 이사의 형사책임

① 주식회사의 주식이 사실상 1인 주주에 귀속하는 1인 회사에 있어서도 회사와 주주는 별개의 인격이어서 1인 회사의 재산이 곧바로 그 1인 주주의 소유라고 볼 수 없으므로, 사실상 1인 주주라고 하더라도 회사의 자금을 임의로 처분한 행위는 횡령죄를 구성한다.(대판 2010.4.29. 2007도6553)(모의 17, 18, 19)

② 1인 회사에서 1인 주주가 임원의 의사에 기하지 아니하고 그 임원의 사임서를 작성하거나 이에 기한 등기부의 기재를 한 경우, 사문서위조죄 및 공정증서원본불실기재죄가 성립한다.(대판 1992.9.14. 92도1564)(변호 25, 모의 19)

Ⅲ. 회사의 조직변경과 해산 등

1. 회사의 조직변경

(1) 의의

조직변경이란 회사가 법인격을 그대로 유지하면서 다른 종류의 회사로 변경하는 것을 말한다. 조직변경 전후의 회사는 동일하므로 종전의 권리 의무는 같은 회사에 그대로 존속한다. 주식회사와 유한회사, 유한책임회사 상호간, 합명회사와 합자회사 상호간에만 조직변경이 인정된다.

조직변경의 경우 대내적으로 총사원의 동의가 필요하고, 대외적으로는 회사채권자 보호절차가 요구된다. 조직변경은 회사의 법적 형태가 변경되므로 기존 회사를 해산하고 새로운 회사를 설립하게 된다(제243조, 제286조 제3항, 제600조, 제607조 제5항, 제287조의44).

조직변경의 효력은 현실적으로 조직이 변경되었을 때 발생한다는 견해도 있으나, 다수설은 합병의 경우와 마찬가지로 해산등기와 설립등기를 한 때 효력이 발생한다고 본다.

상법상 유한회사가 주식회사로의 조직변경은 유한회사가 법인격의 동일성을 유지하면서 조직을 변경하여 주식회사로 되는 것이고, 조직변경으로는 소송절차가 중단되지 아니하므로 조직이 변경된 주식회사가 소송절차를 수계할 필요가 없다.(대판 2021.12.10. 2021후10855) → 당사자표시정정사유

(2) 합명회사와 합자회사 사이의 조직변경

1) 총사원의 동의

합명회사와 합자회사 상호간 조직변경에는 총사원의 동의를 요한다(제242조 제1항, 제286조 제1항).

① 합명회사는 일부 사원을 유한책임사원으로 하거나 새로 유한책임사원을 가입시킨다.

② 합자회사는 총사원의 동의로 유한책임사원 전원이 무한책임사원으로 변경된다. 유한책임사원 전원이 퇴사한 경우 무한책임사원 전원의 동의로 합명회사로 변경할 수 있다. 다만 무한책임사원이 1명만 남게 되면 합명회사의 해산사유에 해당하므로 조직변경은 허용되지 않는다.

2) 채권자보호

합명회사가 합자회사로 변경되면 무한책임사원 일부가 유한책임사원이 되므로 채권자에 대한 담보가치가 감소하게 된다. 합명회사 사원으로서 유한책임사원이 된 자는 본점등기를 하기 전에 생긴 회사 채무에 대하여는 등기 후 2년 동안 무한책임사원의 책임을 부담한다(제244조). 합자회사가 합명회사로 변경되는 경우에는 무한책임사원이 추가로 생기므로 채권자 보호절차가 요구되지 않는다.

(3) 주식회사와 유한회사, 유한책임회사 사이의 조직변경

1) 총주주(총사원)의 일치에 의한 주주총회(사원총회) 결의

주식회사는 총주주 동의에 의한 주주총회의 결의로 유한회사, 유한책임회사로 변경할 수 있다(제604조 제1항).

유한회사, 유한책임회사도 총사원 동의에 의한 총회결의로 주식회사로 변경할 수 있다(제607조 제1항, 제287조의43).(모의 22) 유한회사, 유한책임회사는 정관 규정이 있는 경우 특별결의로 주식회사로 조직변경을 할 수 있다(제607조 제1항 단서, 제287조의44). 유한회사, 유한책임회사가 주식회사로 조직변경을 하려면 법원의 인가를 얻어야 한다(제607조 제3항, 제287조의44).

2) 미상환사채 상환, 자본금총액 제한 및 채권자보호절차

유한회사, 유한책임회사는 사채발행이 허용되지 않으므로 주식회사가 유한회사, 유한책임회사로 조직변경을 하려면 미상환 사채를 모두 상환해야 한다(제604조 제1항 단서, 제287조의44).

조직변경 이후의 회사의 자본금총액이 그 이전 회사의 순 재산액보다 많아질 수 없다(제604조 제2항, 제607조 제2항, 제287조의44). 채권자보호절차(이의 공고, 최고 후 이의 채권자에 대한 변제, 상당한 담보제공 또는 상당한 재산의 신탁)를 거쳐야 한다(제608조, 제232조, 제287조의44).

2. 회사의 해산

(1) 해산의 개념 및 사유

회사의 해산은 회사 법인격의 소멸을 가져오는 법률사실을 말한다.

회사의 일반적 해산사유는 ① 존립기간의 만료 기타 정관으로 정한 해산사유의 발생, ② 총사원의 동의 또는 주주(사원)총회의 특별결의, ③ 회사의 합병 및 회사의 파산, ④ 법원의 해산명령 또는 해산판결이 존재한다(제227조 제1호, 제2호, 제4호, 제5호, 제6호).

(2) 회사의 종류별 해산사유

① 합명회사와 합자회사는 사원이 1인으로 된 경우(제227조 제3호, 제269조).

② 합자회사의 무한책임사원 또는 유한책임사원 전원의 퇴사(제285조 제1항).(모의 21)

③ 유한책임회사의 사원이 없게 된 경우(제287조의38 제2호).

④ 주식회사는 회사의 분할(또는 분할합병)에 의한 해산과 휴면회사의 해산제도가 인정된다.

(3) 효과

회사가 해산하면 청산절차가 개시되지만, 합병과 파산에 의한 해산은 청산절차가 개시되지 않는다. 회사가 해산된 때에는 합병과 파산의 경우 외에는 그 해산사유가 있은 날부터 2주일 내에 본점의 소재지에서 해산등기를 하여야 한다(제228조). 해산등기는 효력요건이 아니라 대항요건이다.

3. 회사의 청산

(1) 의의

청산이란 해산한 회사가 존립 중에 발생된 재산적 사무를 정리하여 회사의 법인격을 소멸시키는 것을 말한다. 회사가 해산하면 청산절차가 진행되는데, 청산 중 회사는 청산의 목적범위 내에서 존속하는 것으로 본다(제245조, 제269조, 제542조, 제613조).(모의 22)

(2) 청산인

청산인은 청산 중 회사의 업무집행기관이다. 합명회사와 유한책임회사는 총사원 과반수 결의로 청산인을 선임하고, 합자회사는 무한책임사원 과반수의 결의로 청산인을 선임하되, 이러한 청산인이 없는 경우 업무집행사원이 청산인이 된다(제251조 제2항, 제287조, 제287조의45). 물적 회사인 주식회사는 이사가 청산인이 되나, 정관으로 정하거나 총회의 결의로 청산인을 선임할 수 있다(제531조 제1항, 제613조). 청산인이 없는 경우 법원은 사원(주주), 이해관계인, 검사의 청구에 의하여 또는 직권으로 청산인을 선임한다(제252조, 제269조, 제542조 제1항, 제613조 제1항).

(3) 잔여재산의 분배

청산인은 회사 채무를 완제한 후가 아니면 회사재산을 사원에게 분배하지 못한다. 다툼이 있는 채무에 대하여는 변제에 필요한 재산을 보류하고 잔여재산을 분배할 수 있다(제260조, 제542조 제1항).

(4) 청산절차 및 청산종결

인적 회사는 정관의 규정이나 총사원의 동의로 정한 방법으로 청산할 수 있으나(제247조), 채권자보호절차는 이행하여야 한다(제248조, 제249조, 제269조). 물적 회사의 청산은 정관의 규정이나 총주주의 동의로 정한 방법으로 할 수 없고, 법률 규정에 따라 청산하여야 한다.

회사의 법인격은 청산사무가 사실상 종결한 때에 소멸한다. 청산사무가 종결된 경우 청산종결의 등기를 하여야 한다(제264조, 제269조, 제287조의45, 제542조 제1항, 제613조 제1항).

상법 제520조의2에 따라서 주식회사가 해산되고 청산이 종결된 것으로 보게 되는 회사라도 어떤 권리관계가 남아 있으면 그 범위에서는 아직 완전히 소멸하지 않고, 회사의 해산 당시의 이사는 정관에 다른 정함이 있거나 주주총회에서 따로 청산인을 선임하지 않은 경우에 당연히 청산인이 되며, 그러한 청산인이 없는 때에 비로소 이해관계인의 청구에 따라 법원이 선임한 자가 청산인이 되어 청산 중 회사의 청산사무를 집행하고 대표하는 유일한 기관이 된다.(대판 2019.10.23. 2012다46170)

4. 회사의 해산명령과 해산판결

(1) 회사의 해산명령

① 법원은 아래의 경우 이해관계인이나 검사의 청구에 의하여 또는 직권으로 회사의 해산을 명할 수 있다(제176조). 법원의 해산명령은 공익적 성격을 가진다. 해산명령의 경우 법원은 사원 기타의 이해관계인이나 검사의 청구에 의하여 또는 직권으로 청산인을 선임한다(제542조 제1항, 제252조, 제227조 제6호).

㉠ 회사의 설립목적이 불법인 때

㉡ 정당한 사유 없이 설립 후 1년 내에 영업을 개시하지 않거나 1년 이상 영업을 휴지하는 때

㉢ 이사 또는 회사의 업무를 집행하는 사원이 법령 또는 정관에 위반하여 회사의 존속을 허용할 수 없는 행위를 한 때(변호 23)

② 관광개발준비업을 목적으로 설립된 회사가 대지와 미완성 호텔용 건축물을 양수하였으나 대표이사가 발기인으로서 주금납입을 가장하여 투자도 하지 않았고, 호텔용 건물 공사보증금까지 횡령하여 공사가 진행되지 못하던 중 세무서로부터 영업실적이 없다는 이유로 세적이 되었고, 그 후에도 대표이사로 있던 자들이 사기로 형사 처벌을 받아 공사가 중단되었다가 유일한 재산이던 대지와 건축물도 제3자에게 이전되어 아무런 자산을 갖고 있지 않다면, 해당 회사는 정당한 사유 없이 설립 후 1년 내에 영업을 개시하지 아니하거나 1년 이상 영업을 휴지하였을 뿐만 아니라 이사가 법령 또는 정관에 위반하여 회사의 존속을 허용할 수 없는 행위를 한 때에 해당한다.(대결 1987.3.6. 87마1)

(2) 회사의 해산판결

1) 의의

회사의 해산판결이란 사원, 주주의 이익을 보호하기 위하여 법원이 판결로써 회사를 해산시키는 것을 말한다(제241조, 제269조, 제520조, 제613조). 해산판결은 사익보호의 성격을 가진다. 해산판결 청구소송은 형성소송에 해당한다. 인적 회사의 경우 각 사원이 원고가 된다. 물적 회사의 경우 발행주식 총수의 10% 이상 주식을 가진 주주(사원)가 원고가 된다.

2) 인적 회사와 유한책임회사의 해산청구

인적회사와 유한책임회사의 경우, 부득이한 사유가 있는 때에는 각 사원은 회사의 해산을 법원에 청구할 수 있다(제241조, 제269조, 제287조의42).

3) 물적 회사의 해산청구

① 주식회사 발행주식의 총수의 10% 이상 주식을 가진 주주는 아래의 경우 부득이한 사유가 있는 때에는 회사의 해산을 법원에 청구할 수 있다(제520조). 유한회사의 경우에도 같다(제613조 제1항).

㉠ 회사의 업무가 현저한 정돈상태(회사의 업무가 정체된 상태)를 계속하여 회복할 수 없는 손해가 생긴 때 또는 생길 염려가 있는 때

㉡ 회사재산 관리 또는 처분의 현저한 실당(현저한 부당)으로 회사의 존립을 위태롭게 한 때

② 회사의 업무가 현저한 정돈상태를 계속하여 회복할 수 없는 손해가 생긴 때 또는 생길 염려가 있는 때란 이사 간, 주주 간의 대립으로 회사의 목적 사업이 교착상태에 빠지는 등 회사의 업무가 정체되어 회사를 정상적으로 운영하는 것이 현저히 곤란한 상태가 계속됨으로 말미암아 회사에 회복할 수 없는 손해가 생기거나 생길 염려가 있는 경우를 말하고, 부득이한 사유가 있는 때란 회사를 해산하는 것 외에는 달리 주주의 이익을 보호할 방법이 없는 경우를 말한다.(대판 2015.10.29. 2013다53175)

5. 회사의 계속

(1) 의의

회사의 계속이란 해산된 회사가 사원들의 자발적인 노력에 의하여 해산 전의 상태로 복귀하여 해산 전 회사의 동일성을 유지하면서 회사로서 존속하는 것을 말한다.

회사가 해산등기를 한 이후 계속할 경우 본점 소재지에서 2주일 내에 회사의 계속등기를 하여야 한다(제194조 제3항, 제229조 제3항, 제285조 제3항, 제287조의40, 제521조의2, 제611조).

(2) 합명회사의 회사 계속

합명회사가 존립기간의 만료 기타 정관상의 사유와 총사원의 동의로 해산한 경우, 사원의 전부 또는 일부의 동의로 회사를 계속할 수 있다. 그러나 동의를 하지 않은 사원은 퇴사한 것으로 본다(제229조 제1항, 제227조 제1호, 제2호).(모의 17) 합명회사의 사원이 1인이 되어 해산한 경우, 새로 사원을 가입시켜서 회사를 계속할 수 있다(제229조 제2항).

합명회사의 회사설립 무효, 취소의 판결이 확정된 경우, 무효, 취소의 원인이 특정사원에 한하는 경우 다른 사원의 동의로 회사를 계속할 수 있다(제194조 제1항). 이 경우 무효, 취소의 원인이 있는 특정사원은 퇴사한 것으로 본다(제194조 제2항).

(3) 합자회사의 회사 계속

합자회사가 무한책임사원만 남는 경우, 전원 동의로 유한책임사원을 가입시켜 회사계속을 할 수 있다(제285조 제2항).(모의 17) 유한책임사원만 남는 경우, 전원 동의로 무한책임사원을 가입시켜 회사계속을 할 수 있다(제285조 제2항).(모의 17)

합자회사의 경우에도 존립기간의 만료 기타 정관상의 사유와 총사원의 동의로 해산한 경우, 사원의 전부 또는 일부의 동의로 회사를 계속할 수 있고, 회사설립 무효, 취소의 판결이 확정된 경우, 무효, 취소의 원인이 특정사원에 한하는 경우 다른 사원의 동의로 회사를 계속할 수 있다(제269조).

합자회사가 정관으로 정한 존립기간 만료로 해산한 경우에도, 사원 전부 또는 일부의 동의로 회사를 계속할 수 있다. 합자회사가 존립기간 만료로 해산한 후 사원의 일부만 회사계속에 동의하였다면 사원들의 동의로 정관 규정을 변경하거나 폐지할 수 있다. 합자회사의 회사계속 여부에 대한 사원 전부의 의사가 동시에 분명하게 표시되어야만 회사계속이 가능한 것은 아니므로, 일부 사원이 회사계속에 동의하였다면 나머지 사원들의 동의 여부가 불분명하더라도 회사계속의 효과는 발생한다.(대판 2017.8.23. 2015다70341)

(4) 유한책임회사의 회사 계속

유한책임회사의 경우 존립기간의 만료 기타 정관상의 사유와 총사원의 동의로 해산한 경우, 사원의 전부 또는 일부의 동의로 회사를 계속할 수 있다(제287조의40, 제227조 제1호, 제2호, 제229조 제1항, 제3항). 회사설립 무효, 취소의 판결이 확정된 경우, 무효, 취소의 원인이 특정사원에 한하는 경우 다른 사원의 동의로 회사를 계속할 수 있다(제287조의6, 제194조).

(5) 주식회사의 회사 계속

회사가 존립기간의 만료 기타 정관에 정한 사유의 발생 또는 주주총회의 결의에 의하여 해산한 경우에는 주주총회 특별결의로 회사를 계속할 수 있다(제519조).(모의 17) 최후 등기 후 5년을 경과하여 해산이 간주된 휴면회사의 경우, 해산된 것으로 간주되는 시점으로부터 3년 이내에는 주주총회 특별결의에 의하여 회사를 계속할 수 있다(제520조의2 제3항).

(6) 유한회사의 회사 계속

유한회사가 존립기간의 만료 기타 정관으로 정한 사유의 발생으로 인하여 해산한 경우 또는 사원총회의 결의에 의해 해산한 경우, 사원총회의 결의로써 회사를 계속할 수 있다(제610조 제1항).

(7) 회사 계속의 효과

회사계속에 의하여, 해산한 회사는 장래에 향하여 해산 전의 회사로 복귀하여 다시 존립하게 된다. 회사계속의 효력은 소급효가 없으므로 해산 후 계속까지에 청산인이 한 행위는 그 효력이 있다. 회사계속에 의하여 청산인의 활동이 종료되고 존속 중의 회사의 기관으로 교체되어야 한다.

제2장 주식회사

제1관 주식회사의 설립

Ⅰ. 발기인 및 정관

1. 발기인

① 발기인이란 정관에 발기인으로 기명날인 또는 서명한 자를 말한다(제289조 제1항).

② 주식회사의 주주는 정관에 의하여 확정되지 않고 주식의 인수절차를 거쳐 확정되므로 주식회사의 설립절차를 담당할 별도의 주체가 필요하다. 발기인은 주식회사의 설립을 기획하고, 설립 중의 회사의 기관으로서 설립사무를 수행하며, 주식회사가 성립되거나 성립되지 않는 경우 책임을 부담한다. 발기인자격에 제한이 없고, 법인 또는 제한능력자도 발기인자격이 인정된다. 발기인은 1인 이상이면 된다.

③ 발기인조합이란 회사 설립을 목적으로 하는 2인 이상의 발기인들의 조합으로 민법상 조합에 해당한다. 발기인조합의 의사결정은 민법 제706조 제2항에 규정된 조합 의사결정 방법인 과반수 의결에 의한다. 정관 작성(제289조 제1항), 설립시 주식발행사항 결정(제291조)은 발기인 전원의 동의가 요구된다.

④ ㉠ 당사자들이 자금을 출자하여 공동으로 주식회사를 설립하여 운영하고 그에 따르는 비용의 부담과 이익의 분배를 지분 비율에 따라 할 것을 내용으로 하는 동업약정은 주식회사 주식의 매매계약과 주식회사의 공동경영과 이익분배에 관한 주주 사이의 계약이 혼합된 계약의 성격을 가지고, 특별한 사정이 없는 한 공동사업을 위하여 민법상 조합을 결성할 것을 목적으로 한다고 볼 수 없다. ㉡ 이러한 **동업약정은 당사자들의 공동사업을 주식회사의 명의로 하고 대외관계 및 대내관계에서 주식회사의 법리에 따름을 당연한 전제로** 하므로, 위와 같은 **동업약정에 따라 주식회사가 설립되어 그 실체가 갖추어진 이상, 주식회사의 청산에 관한 상법의 규정에 따라 청산절차가 이루어지지 않는 한 일방 당사자가 잔여재산을 분배받을 수 없다.** ㉢ 이러한 법리는 동업약정에 따라 주식회사가 설립된 후 **당사자 일방이 동업관계에서 탈퇴하였다고 주장하며 정산을 구하는 경우에도 그대로 적용된다.**(대판 2024.6.27. 2022다302022)

[기타 판시사항] 동업약정 당사자들의 공동사업이 주식회사 명의로 운영되고 대내관계 및 대외관계에서 주식회사의 법리에 따르기 위해서는 동업약정 당사자들이 출자한 자금으로 주식회사의 주식을 인수하여 주식회사의 주주가 되는 것이 전제되어야 한다. 당사자 일부는 주식회사 주식을 취득하였지만 다른 일부가 주식을 취득하지 않아 당사자들 모두가 주주가 되지는 않은 동업약정의 경우, 주주가 되지 않은 동업약정 당사자들의 자금이 주식회사에 투자되었다고 하더라도 이러한 동업약정의 당사자들이 공동으로 주식회사를 설립하거나 운영한다고 볼 수 없고, 주식회사 주식이나 주식회사 소유의 재산도 동업약정의 재산이 될 수 없다.

2. 정관

(1) 의의

정관이란 회사의 조직이나 활동에 대한 근본 규칙으로서의 자치법규를 말한다. 설립 시에 작성된 정관을 '원시정관'이라 하고, 이후 변경되는 정관을 '변경정관'이라 한다.

(2) 절대적 기재사항

정관의 절대적 기재사항이란 정관에 반드시 기재해야 하고, 정관에 기재되지 않는 경우 정관이 무효가 되어 회사 설립 자체가 무효가 되는 사항을 말한다(제289조 제1항).

① 목적, ② 상호, ③ 회사가 발행할 주식의 총수,(모의 15, 18) ④ 액면주식 1주의 금액, ⑤ 회사설립 시에 발행하는 주식의 총수, ⑥ 본점 소재지, ⑦ 공고방법, ⑧ 발기인의 성명, 주민등록번호 및 주소는 절대적 기재사항이다.

(3) 상대적 기재사항

정관의 상대적 기재사항이란 정관에 기재되지 않더라도 정관의 효력에 영향이 없으나, 해당 내용이 구속력을 가지기 위해서는 정관에 기재되어야 하는 사항을 말한다.

① 변태설립사항(제290조), ② 종류주식의 발행(제344조), ③ 주주총회에서의 대표이사 선임(제389조 제1항), ④ 주주 외 제3자에 대한 신주인수권 부여(제418조 제2항)는 상대적 기재사항이다.

(4) 임의적 기재사항

정관의 임의적 기재사항이란 정관에 기재되어야 효력이 생기는 것은 아니지만 해당 내용을 기재하면 기재대로 효력이 발생하는 사항을 말한다.

(5) 정관의 효력발생

① (원시)정관은 공증인의 인증을 받음으로써 효력이 생긴다. 다만, 자본금 총액이 10억 원 미만인 회사를 제295조 제1항에 따라 발기설립 하는 경우에는 제289조 제1항에 따라 각 발기인이 정관에 기명날인 또는 서명함으로써 효력이 생긴다(제292조).(변호 14, 15, 모의 17, 22)

② **원시정관은 공증인의 인증을 받음으로써 효력이 생기는 것이지만 일단 유효하게 작성된 정관을 변경할 경우에는 주주총회의 특별결의가 있으면 그때 유효하게 정관변경이 이루어지는 것이고, 서면인 정관이 고쳐지거나 변경 내용이 등기사항인 때의 등기 여부 내지는 공증인의 인증 여부는 정관변경의 효력발생에는 아무 영향이 없다.**(대판 2007.6.28. 2006다62362)(모의 14, 16)

Ⅱ. 변태설립사항

1. 의의

변태설립사항이란 발기인이 그 권한을 남용하여 회사의 재산적 기초를 위태롭게 하여 이해관계자의 이익을 침해할 위험이 큰 사항으로서, 발기인의 특별이익, 현물출자, 재산인수, 설립비용과 발기인의 보수(제290조)를 말한다.(변호 17)

변태설립사항은 정관에 기재하여야 하고(제290조), 모집설립의 경우에는 주식청약서에 기재하여야 한다(제302조 제2항 제2호). 변태설립사항에 대해서는 검사인 · 공증인 · 감정인의 검사절차를 거쳐야 한다(제299조 제1항, 제299조의2, 제310조). 사후설립은 변태설립사항에 해당하지 않는다.(변호 17)

2. 발기인의 특별이익

발기인의 특별이익이란 발기인이 회사설립 실패의 위험을 부담하고, 회사 설립사무를 관장한 것에 대한 대가로 주어지는 보상을 말한다.(모의 20)

설비이용의 특혜, 신주인수 우선권, 회사와의 계속적 거래 약속 등은 발기인의 특별이익으로 발기인에게 부여되는 것이 인정된다.

주주총회 의결권 관련 특권, 우선적 이익배당, 납입의무 면제, 이사나 감사 지위의 약속 등은 발기인의 특별이익으로 발기인에게 부여될 수 없다.(모의 20(2))

3. 현물출자 [모의 14]

(1) 의의

현물출자란 금전 이외의 재산으로 하는 출자이다. 회사 설립시 현물출자의 경우 현물출자를 하는 자의 성명과 그 목적인 재산의 종류, 수량, 가격과 이에 대하여 부여할 주식의 종류와 수 등을 정관에 기재함으로써 그 효력이 발생한다(제290조 제2호).(변호 14, 17, 모의 17, 20) 현물출자 된 재산이 과대평가되는 경우, 자본충실의 원칙에 위배되므로 이를 방지하기 위하여 정관의 기재 및 검사인의 조사, 모집설립에서 주식청약서에의 기재를 요구하고 있다.

(2) 현물출자의 목적

현물출자의 목적물은 금전 이외의 재산으로서 대차대조표 자산의 부에 기재될 수 있는 것이면 모두 가능하다. 동산, 부동산, 제3자에 대한 채권, 타회사 주식, 유가증권, 영업 자체, 광업권, 해당 회사에 대한 채권(해당 회사가 제3자에 대하여 발행한 어음을 취득 후 신주인수시 해당 어음으로 출자하는 것도 허용됨)은 현물출자의 목적물이 될 수 있다.

제3자가 발행한 약속어음은 제3자에 대한 금전채권을 현물출자 하는 것으로 현물출자의 목적물이 될 수 있으나, 은행이 지급보증한 수표는 현물출자의 목적물이 될 수 없다.(모의 20) 노무나 신용을 현물출자하는 것은 허용되지 않는다.

(3) 현물출자의 이행

발기설립의 경우 현물출자를 하는 발기인은 납입기일에 지체 없이 출자 목적인 재산을 인도하고 등기, 등록 기타 권리의 설정, 이전을 요할 경우에는 이에 관한 서류를 완비하여 교부해야 한다(제295조 제2항).(모의 17)

(4) 현물출자의 조사 (모의 16, 17, 20)

발기설립의 경우 이사는 법원에 검사인의 선임을 청구하여야 하고(제298조 제4항), 검사인은 현물출자 이행을 조사하여 법원에 보고하여야 한다(제299조 제1항). 이 때 법원 선임 검사인의 조사는 공인된 감정인의 감정으로 대신할 수 있으며 이 경우 감정인은 감정결과를 법원에 보고하여야 한다(제299조의2).

모집설립의 경우, 발기인은 변태설립사항을 조사할 검사인을 선임해 줄 것을 법원에 청구하여야 한다(제310조 제1항). 모집설립의 경우, 변태설립사항의 보고 대상과 변경 주체는 창립총회이다(제310조 제2항). 모집설립의 경우에도 법원 선임 검사인의 조사는 공인된 감정인의 감정으로 대신할 수 있으며 이 경우 감정인은 감정결과를 법원에 보고하여야 한다(제310조 제3항, 제299조의2).

(5) 현물출자의 부당평가 [모의 14]

설립등기 이전에 현물출자가 부당평가 된 것으로 드러난 경우, 현물출자에 대한 설립경과조사 절차에 의하여 시정될 수 있다.

설립등기 이후에 현물출자가 부당평가 된 것으로 드러난 경우, ① '부당평가 정도가 경미'하고 회사가 손해를 입었다면 발기인, 이사, 감사는 연대하여 이를 배상할 책임이 있고(제322조, 제323조), (변호 19) ② '부당평가 정도가 중대'하면 현물출자가 무효로 되고, ③ 해당 출자 재산이 '회사의 목적수행에 필수불가결한 재산'이면 설립무효사유에 해당한다.

(6) 현물출자의 불이행 [모의 14]

회사성립 이전에 현물출자 불이행이 발생할 경우, 발기인들은 출자자에 대하여 강제이행을 요청하거나, 설립을 포기하여 회사를 불성립시킬 수 있다(제300조 제2항, 제314조 제2항).

회사성립 이후에 현물출자의 불이행이 발생할 경우, ① 금전출자의 경우와 달리 발기인의 자본충실책임(제321조)이 인정되지 않는다는 견해와 ② 현물출자 재산이 다른 재산으로 대체될 수 없으면서 회사의 목적사업 수행에 불가결한 것이라면 자본충실책임으로 해결할 수 없지만, 다른 재산으로 대체가능한 것이라면 발기인에게 자본충실책임을 추궁할 수 있다는 견해가 존재한다.

4. 재산인수 [모의 17, 21]

(1) 의의

재산인수란 발기인이 설립될 회사를 위해서 회사의 성립을 조건으로 하여 특정인으로부터 일정한 재산을 양수하기로 약정하는 개인법상의 계약을 말한다(제290조 제3호).(변호 17, 모의 22, 24) 재산인수 또한 현물출자와 마찬가지로 재산 과대평가의 위험이 있으므로 변태설립사항에 해당된다. 정관에 기재되지 아니한 재산인수는 무효이다(제290조).(변호 19, 모의 17, 18)

재산인수는 양수계약이 회사 설립 단계에서 발기인에 의해 이루어진다는 점에서 회사 설립 이후 대표이사에 의하여 이루어지는 사후설립(제375조: 회사가 그 성립 후 2년 내에 그 성립 전부터 존재하는 재산으로서 영업을 위하여 계속하여 사용하여야 할 것을 자본금의 100분의 5 이상에 해당하는 대가로 취득하는 계약을 하는 경우에는 주주총회 특별결의가 있어야 한다)(변호 17) 과 구별된다. 따라서 회사 성립 후 회사의 대표이사가 계약을 체결한 것은 재산인수가 아니다. 현물출자는 재산취득의 대가로 주식이 발행되나 재산인수와 사후설립은 금전이 지급된다.(모의 20)

검사인 조사를 회피하기 위하여 현물출자자가 금전을 출자하고 회사 설립 후 회사가 금전으로 재산을 매수할 수 있는 관계로, 재산인수(제290조 제3호)와 사후설립(제375조)이 규정된다.

(2) 현물출자약정과 재산인수

① 현물출자에 따른 번잡함을 피하기 위하여 회사 성립 후 회사와 현물출자자 사이의 매매계약에 의하여 현물출자를 완성하기로 하고 회사 설립 후 위 약정에 따른 현물출자가 된 경우, 이러한 약정은 재산인수에 해당하여 정관에 기재되지 않는 한 무효이다.(대판 1994.5.13. 94다323)(변호 19, 모의 17, 18, 24)

② 재산인수란 발기인이 회사의 성립을 조건으로 다른 발기인이나 주식인수인 또는 제3자로부터 일정한 재산을 매매의 형식으로 양수할 것을 약정하는 계약을 체결함을 의미하며, 아직 원시정관의 작성 전이어서 발기인의 자격이 없는 자가 장래 성립할 회사를 위하여 위와 같은 계약을 체결하고 그 후 그 회사의 설립을 위한 발기인이 되었다면 위 계약은 재산인수에 해당하고 정관에 기재가 없는 한 무효이다.(모의 20) 乙이 장래 설립 · 운영할 丙 주식회사에 甲이 토지를 현물로 출자하거나 매도하기로 약정하고 丙회사 설립 후 甲이 소유권이전등기를 마쳐 준 다음 회장 등 직함으로 장기간 丙회사의 경영에 관여해 오다, 丙회사가 설립된

때부터 약 15년이 지난 후에 甲이 토지 양도의 무효를 주장하면서 소유권이전등기의 말소를 구하는 경우, 위 약정은 재산인수로서 정관에 기재가 없어 무효이나, 甲이 위와 같은 사정 아래에서 토지양도의 무효를 주장하는 것은 신의성실의 원칙에 반하여 허용될 수 없다.(모의 18) 신의성실의 원칙 위반 또는 권리남용은 강행규정에 위배되는 것으로서 법원은 당사자의 주장이 없더라도 직권으로 판단할 수 있다.(모의 18)(대판 2015.3.20. 2013다88829)

(3) 정관 미기재 재산인수 및 사후설립의 추인

1) 의의

정관에 기재되지 않은 재산인수 약정을 회사 설립 이후 주주총회 특별결의로 추인할 수 있는지 여부가 문제된다.

2) 학설

학설은 ① 정관에 기재하지 않고 이루어진 재산인수를 무권대리로 보아 추인할 수 있다고 보는 긍정설과 ② 재산인수를 변태설립사항으로 규정하여 정관에 기재하도록 한 것은 회사의 자본충실을 기하기 위한 것이므로 주주총회의 특별결의로 이를 추인할 수 없다는 부정설(다수설)이 존재한다.

3) 판례

甲과 乙이 축산업 등을 목적으로 하는 회사를 설립하기로 하고 甲은 부동산을 현물출자하고 乙은 현금을 출자하되, 현물출자에 따른 번잡함을 피하기 위하여 회사 성립 후 회사와 甲 간의 매매계약에 의한 소유권이전등기의 방법으로 현물출자를 완성하기로 하고 회사설립 후 현물출자가 된 것이라면, 현물출자 약정은 재산인수에 해당하므로 정관에 기재되지 아니하는 한 무효이나, 이러한 현물출자가 동시에 상법 제375조가 규정하는 사후설립에 해당하고 이에 대하여 주주총회의 특별결의에 의한 추인이 있었다면 회사는 유효하게 위 현물출자로 인한 부동산의 소유권을 취득한다.(대판 1992.9.14. 91다33087)(모의 13, 17, 18)

5. 설립비용

(1) 의의

설립비용이란 회사의 설립에 필요한 행위에 지출한 비용을 말한다. 설립사무소의 임차료, 통신비, 정관 등 인쇄비, 주주모집 광고비, 설립사무소 직원 보수 등이 이에 해당된다. 회사 설립 이후 영업에 필요한 공장, 건물, 재료의 구입비는 개업준비를 위한 비용이므로 설립비용에 해당되지 않는다는 것이 통설이다. 설립 이후 사용할 사무소의 임차료 또는 보증금 또한 설립비용에 해당하지 않는다.

(2) 설립비용의 내부관계

정관에 기재되지 않은 설립비용이나 정관에 기재된 금액을 초과한 설립비용을 발기인이 부담한 경우 이러한 설립비용을 누가 부담할 것인지 여부가 문제된다. 학설은 정관에 기재가 없는 한 이를 회사의 부담으로 할 수 없고 발기인이 부담하여야 하고, 발기인은 부당이득 또는 사무관리에 의해서도 회사에 설립비용을 청구할 수 없다는 것이 통설이다.(변호 19, 모의 24) 발기인들은 해당 비용에 대해 연대책임을 부담한다. 설립비용을 정관에 기재하지 아니한 경우 회사가 설립비용을 지급하였다면 회사는 발기인에게 구상할 수 있다.(모의 13)

(3) 설립비용의 외부관계

1) 의의

회사 성립 당시에 발기인이 거래상대방에 대하여 설립비용 관련 채무를 미이행한 경우 이러한 설립비용을 누가 부담할 것인지 여부가 문제된다.

2) 학설

학설은 ① 회사의 자본충실을 위하여 발기인이 전액 부담한다는 전액발기인부담설, ② 거래안전을 위해 성립 후의 회사가 채무를 부담한다는 전액회사부담설, ③ 거래안전을 위하여 발기인과 회사가 채무를 부담한다는 중첩부담설, ④ 정관에 기재된 금액을 한도로 회사가 책임을 지고 이를 초과하는 금액은 발기인이 각각 책임을 진다는 분담설이 존재한다.

3) 판례

회사의 설립비용은 발기인이 설립중의 회사의 기관으로서 회사설립을 위하여 지출한 비용으로서 원래 회사성립 후에는 회사가 부담하여야 하는 것이다.(대결 1994.3.28. 93마1916)(모의 16, 19, 24)

(4) 설립비용의 변경

창립총회는 변태설립사항이 부당하다고 인정되는 경우 변경할 수 있다(제314조 제1항). 다만, 축소 또는 삭제와 같은 소극적 변경만 가능하고 추가 또는 확장과 같은 적극적 변경은 허용되지 않는다.

6. 발기인보수

발기인보수란 발기인이 회사 설립을 위해 노무를 제공한 것에 대한 대가를 의미한다. 발기인보수를 변태설립사항으로 규정한 취지는 발기인보수가 과다하게 지출되는 것을 방지하기 위한 것이다.

Ⅲ. 인수와 납입 및 설립경과의 조사 등

1. 주식발행사항의 결정

회사설립 시에 발행하는 주식에 관하여 아래 사항을 정관으로 정하지 아니하면 발기인 전원의 동의로 정한다(제291조). 아래와 같은 주식발행사항에 대하여 발기인 전원의 동의가 없으면 회사설립의 무효사유가 된다.

① 주식의 종류와 수, ② 액면주식의 경우, 액면 이상 발행할 때에는 그 수와 금액

③ 무액면주식의 발행가액과 무액면주식의 발행가액 중 자본금으로 계상하는 금액

2. 발기설립과 모집설립

(1) 발기설립과 모집설립의 의의

'발기설립'은 주식회사 설립시 발행하는 주식 전부를 발기인이 인수하는 형태의 설립이다.

'모집설립'은 주식회사 설립시 발행하는 주식 일부를 발기인이 인수하고, 나머지 잔여주식을 인수할 주주를 모집하는 형태의 설립이다. 모집설립에서는 발기인이 아닌 주주의 납입의무 불이행시 실권절차 및 창립총회와 같은 의사결정기관에서 발기설립과 차이가 있다.

(2) 발기설립절차

발기설립은 정관 작성, 발기인의 주식인수와 납입, 설립경과 조사 및 설립등기에 의하여 회사설립절차가 이루어진다. 발기인의 주식 인수에 의하여 주주가 확정된다(제293조). 발기인은 주식 총수를 인수한 때 지체 없이 인수가액을 납입하여야 하고, 현물출자를 이행하여야 한다(제295조). 발기인 의결권의 과반수로 이사와 감사를 선임한다(제296조 제1항).

(3) 모집설립절차

모집설립의 경우 발기인 이외의 주주를 모집하기 위한 주식인수 청약절차가 진행된다(제301조, 제302조, 제303조). 주식인수인의 납입절차 및 납입의무 불이행시 실권절차가 진행된다(제305조, 제307조). 출석한 주식인수인의 의결권의 3분의 2 이상 및 인수된 주식의 총수의 과반수에 해당하는 다수에 의한 창립총회 결의로 이사와 감사를 선임한다(제309조, 제312조).

3. 발기설립에 있어서의 인수와 납입, 설립경과 조사 및 변태설립사항 검사

(1) 발기인의 주식인수

발기인은 서면에 의하여 주식을 인수하여야 한다(제293조). 서면에 의하지 않은 주식인수는 무효이다. 발기인은 회사 성립 후에는 주식인수와 관련하여 사기, 강박, 착오 등 의사표시 하자를 주장하여 이를 취소할 수 없다. 제한능력에 의한 취소나 의사무능력에 의한 무효는 주장 가능하나 이 경우에도 회사 설립 자체는 무효, 취소되지 않는다.

(2) 출자의 이행

1) 전액납입주의

발기인이 회사의 설립 시에 발행하는 주식의 총수를 인수한 때에는 지체없이 각 주식에 대하여 그 인수가액의 전액을 납입하여야 한다(제295조 제1항).(변호 12, 모의 14) **주금으로 납입한 당좌수표가 현실적으로 결제되어 현금화되기 전이라면 수표의 예입만으로 주금의 납입이 있었다고 할 수 없다.**(대판 1977.4.12. 76다943)(변호 12, 19)**[모의 21]**

2) 납입은행 등

발기인은 납입을 맡을 은행 기타 금융기관과 납입장소를 지정하여야 하는데(제295조 제1항), 납입금을 보관한 은행이나 금융기관은 발기인 또는 이사의 청구를 받으면 보관금액에 관하여 증명서를 발급하여야 한다(제318조 제1항). 소규모회사가 발기설립을 하는 경우, 납입금보관증명서를 금융기관의 잔고증명서로 대체할 수 있다(제318조 제3항).

3) 실권제도의 불인정

발기설립의 경우, 모집설립에서 인정되는 실권제도(제307조)가 없다. 발기인이 납입하지 않는 경우, 발기인에게 이행을 청구하거나 설립절차가 중단되어야 한다. 발기인이 납입을 하지 않았는데 회사가 설립되는 경우, 불이행의 정도가 크지 않으면 발기인이 연대하여 납입담보책임을 지고, 불이행의 정도가 중대하면 설립무효사유가 된다.

4) 현물출자의 이행

현물출자는 재산의 유형에 따라 권리이전에 필요한 요건을 갖추어야 한다. 등기 · 등록이 필요한 재산은 등기 · 등록에 필요한 서류를 교부하는 것으로 한다(제295조 제2항). 등기가 완료되어야 하는 것은 아니다. 설립의 경우와 달리 설립 후 신주발행의 경우, 현물출자 재산의 등기 · 등록을 해야 한다. 현물출자가 이행되지 않으면 회사가 설립할 수 없고, 발기인 전원 동의로 정관을 변경하여 다시 설립절차를 진행해야 한다.

(3) 이사와 감사의 선임

납입과 현물출자의 이행이 완료되면 발기인은 지체 없이 의결권의 과반수로 이사와 감사를 선임해야 한다(제296조 제1항).(모의 14, 17) 발기인의 의결권은 인수주식 1주에 대하여 1개로 한다(제296조 제2항).

설립등기 전까지 발기인과 선임된 이사 중 설립중의 회사의 기관을 누구로 볼 것인지에 대해서 ㉠ 이사와 감사의 임기는 회사 설립 시에 개시된다는 점에서 회사 성립 전에는 발기인이 설립중의 회사의 기관이라는 견해와 ㉡ 발기인과 이사 · 감사 모두 설립중의 회사의 기관으로 보는 견해가 존재한다.

(4) 설립경과의 조사

이사와 감사는 취임 후 지체 없이 회사의 설립에 관한 모든 사항이 법령 또는 정관의 규정에 위반되지 않는지 여부를 조사하여 발기인에게 보고하여야 한다(제298조 제1항).(변호 14, 21, 모의 14, 17)

(5) 변태설립사항의 조사

1) 검사인의 조사

이사는 변태설립사항에 관한 조사를 하게 하기 위하여 검사인의 선임을 법원에 청구하여야 한다(제298조 제4항). 검사인은 조사 결과를 법원에 보고하여야 한다(제299조 제1항).(모의 16, 17, 20)

다만 판례에 의하면 **주식회사의 현물출자에 있어 검사인의 조사 절차를 거치지 아니한 신주발행 및 변경등기가 당연무효가 된다고 볼 수 없다.**(대판 1980.2.12. 79다509)

2) 법원의 변경결정

법원은 변태설립사항이 부당하다고 인정하는 경우, 이를 변경하여 각 발기인에게 통고할 수 있다.(제300조 제1항). 법원의 결정에 반대하는 발기인은 자신의 주식인수를 취소할 수 있고, 그 경우 나머지 발기인들이 정관을 변경하여 설립절차를 속행할 수 있다(제300조 제2항).

3) 공증인의 조사, 보고와 감정인의 감정

발기인의 특별이익과 설립비용은 공증인의 조사로, 현물출자와 재산인수는 감정인의 감정으로 검사인 조사에 갈음할 수 있다(제299조의2). 공증인 또는 감정인은 조사 또는 감정결과를 법원에 보고하여야 한다(제299조의2).

4) 조사, 보고의무의 면제

아래의 경우에는 검사인의 조사 및 법원에 대한 보고의무가 면제된다(제299조 제2항).

① 현물출자와 재산인수의 대상인 재산의 가액이 자본금의 20% 이하 및 5천만 원 이하인 경우(제299조 제2항 제1호).

② 거래소의 시세가 있는 유가증권으로 정관상 가격이 시행령으로 정한 방법에 따른 시세 이하인 경우(제299조 제2항 제2호).

4. 모집설립에 있어서의 인수와 납입, 설립경과 조사 및 변태설립사항 검사

(1) 발기인의 주식인수

모집설립은 발기인이 발행되는 주식의 일부를 인수하고 나머지 주식은 모집되는 주주가 인수하는 방식에 의한 설립을 의미한다. 발기인은 최소 1주 이상의 주식을 인수해야 한다(제302조 제2항 제4호).

(2) 주주의 모집

발기인이 회사의 설립시에 발행하는 주식의 총수를 인수하지 아니하는 때에는 주주를 모집하여야 한다(제301조). 발기인이 주주를 모집하는 경우, 주금의 납입을 맡을 은행 기타 금융기관과 납입장소 등을 기재한 주식청약서를 작성하여야 한다(제302조 제2항).(변호 12)

(3) 주식인수의 청약

1) 청약서의 작성

주식인수를 청약하는 모집주주는 청약서 2통에 인수할 주식의 종류 및 수와 주소를 기재하고 기명날인 또는 서명하여야 한다(제302조 제1항). 모집설립 시 변태설립사항이 주식청약서에 기재되지 않은 경우 그러한 청약서에 의한 청약은 무효이고, 이 경우 창립총회에 출석하여 그 권리를 행사한 바 없는 주식인수인은 회사의 성립 시까지 그 인수의 무효를 주장하여야 한다.(모의 20)

2) 주식인수 취소 등의 제한

① 회사성립 후에는 모집주주는 주식청약서의 요건 흠결을 이유로 인수의 무효를 주장하거나 사기, 강박 또는 착오를 이유로 인수를 취소하지 못하고(제320조 제1항),(변호 22, 모의 21) ② 회사성립 이전이라도 창립총회에서 권리를 행사한 이후에는 위 사유를 이유로 인수의 무효나 취소를 주장할 수 없으며(제320조 제2항)(모의 14) ③ 민법 제107조 제1항 단서의 비진의 의사표시 규정이 적용되지 않으므로 발기인이 주식인수인의 청약이 진의가 아님을 알았더라도 청약은 유효하다(제302조 제3항).(모의 21)**[모의 21]**

3) 제한능력, 무권대리, 사해행위를 이유로 한 주식인수 취소

다만, 제한능력, 무권대리, 사해행위 등을 이유로 주식인수를 취소할 수 있는데 그 경우에도 회사설립이 무효, 취소되지 않고 발기인이 담보책임을 부담하게 된다.

(4) 주식의 배정

주식인수를 청약한 자는 발기인이 배정한 주식의 수에 따라서 인수가액을 납입할 의무를 부담한다(제303조). 발기인은 청약된 수량과 달리 배정할 수 있고 청약자는 이에 구속된다.

주식배정과 신주인수의 법적 성질을 설립중의 회사에 대한 입사계약으로 보는 것이 통설, 判例이다. **신주인수의 법률적 성질은 상법상으로는 사원 관계의 발생을 목적으로 하는 입사계약이다.**(대판 2004.2.13. 2002두7005)(모의 18)

(5) 출자의 이행 및 실권제도

주식의 총수가 인수된 때에는 발기인은 지체 없이 주식인수인에 대하여 각 주식에 대한 인수가액의 전액을 납입시켜야 한다(제305조 제1항).(모의 15) 대물변제나 경개는 허용되지 아니하고, 어음이나 당좌수표로 납입한 경우에는 현실적인 지급이 있어야만 유효한 납입으로 된다.**[모의 21]**

(6) 실권절차

주식인수인이 제305조의 규정에 의한 납입을 하지 아니한 때에는 발기인은 일정한 기일을 정하여 그 기일 내에 납입을 하지 아니하면 그 권리를 잃는다는 뜻을 기일의 2주간 전에 그 주식인수인에게 통지하여야 한다.(모의 15) 위 통지를 받은 주식인수인이 그 기일 내에 납입의 이행을 하지 아니한 때에는 그 권리를 잃는다. 이 경우에는 발기인은 다시 그 주식에 대한 주주를 모집할 수 있다. 실권절차는 그 주식인수인에 대한 손해배상의 청구에 영향을 미치지 아니한다(제307조).

실권절차에 의하지 아니하고는 인수인이 주금을 납입하지 않았다고 하더라도 주식인수인의 권리가 바로 상실되지 않는다.

(7) 창립총회

납입과 현물출자의 이행 완료 후 발기인은 지체 없이 창립총회를 소집하여야 한다(제308조 제1항). 창립총회는 주주총회의 규정을 준용하나 결의는 출석한 주식인수인 의결권 3분의 2와 인수된 주식 총수의 과반수로 하여야 한다(제309조).

창립총회는 ① 이사와 감사 선임권(제312조), ② 발기인, 이사 · 감사로부터 회사 설립에 관한 보고를 받을 권한(제311조, 제313조), ③ 부당한 변태설립사항의 변경권한(제314조 제1항), ④ 정관변경 또는 설립폐지 결정권한(제316조 제1항)을 가진다. 정관변경 또는 설립폐지는 소집통지서에 기재되지 않은 경우에도 할 수 있다(제316조 제2항).

(8) 설립경과 및 변태설립사항의 조사 (모의 16, 17, 20)

발기인은 회사의 창립에 관한 사항을 서면에 의하여 창립총회에 보고하여야 한다(제311조 제1항). 이사와 감사는 취임 후 지체 없이 회사의 설립에 관한 모든 사항이 법령 또는 정관의 규정에 위반되지 아니하는지의 여부를 조사하여 창립총회에 보고하여야 한다(제313조 제1항).

발기인은 변태설립사항을 조사할 검사인 선임을 법원에 청구하여야 한다(제310조 제1항). 모집설립의 경우, 변태설립사항의 보고 대상과 변경 주체는 창립총회이다(제310조 제2항, 제314조 제1항).

※ 발기설립과 모집설립의 설립경과 조사 및 변태설립사항 검사

	설립경과 조사		변태설립사항 검사		
	조사주체	보고대상	검사인 선임청구자	검사인 선임기관	검사인 보고대상
발기설립	이사와 감사	발기인	이사	법원	법원
모집설립	이사와 감사	창립총회	발기인	법원	창립총회

Ⅳ. 설립등기

1. 의의

주식회사는 설립등기에 의하여 법인격을 취득하고 성립된다. 설립등기는 창설적 효력을 가진다. 주식회사의 설립등기는 실체형성 절차의 종료일로부터 2주 내에 해야 한다(제317조 제1항).

2. 설립등기사항

주식회사의 설립등기사항은 ① 목적, ② 상호, ③ 발행할 주식 총수, ④ 액면주식 1주의 금액, ⑤ 본점 소재지, ⑥ 공고방법, ⑦ 자본금, ⑧ 발행주식의 총수, 그 종류와 각종 주식의 내용과 수, ⑨ 주식의 양도에 관한 이사회 승인 관련 규정, ⑩ 주식매수선택권,(모의 14) ⑪ 지점 소재지, ⑫ 회사의 존립기간 또는 해산사유, ⑬ 전환주식, ⑭ 사내이사, 사외이사, 그 밖에 상무에 종사하지 아니하는 이사, 감사 및 집행임원의 성명과 주민등록번호, ⑮ 대표이사 또는 집행임원의 성명 · 주민등록번호 및 주소, ⑯ 공동대표이사 또는 공동대표집행임원, ⑰ 명의개서대리인의 상호 및 본점소재지, ⑱ 감사위원회 위원의 성명 및 주민등록번호 등이다(제317조 제2항).

3. 설립등기의 효과

(1) 회사의 성립 및 주권의 발행

설립등기에 의하여 주식회사가 성립된다. 설립등기에 의하여 설립중의 회사는 소멸하고 설립중의 회사가 취득한 권리의무는 자동적으로 성립된 회사로 승계된다. 회사는 성립 후 또는 신주의 납입기일 후 지체 없이 주권을 발행하여야 한다(제355조 제1항).

(2) 주식인수의 무효 주장, 취소의 제한

회사성립 후에는 주식을 인수한 자는 주식청약서의 요건의 흠결을 이유로 하여 그 인수의 무효를 주장하거나 사기, 강박 또는 착오를 이유로 하여 그 인수를 취소하지 못한다(제320조 제1항).

(3) 권리주의 양도

주식의 인수로 인한 권리를 의미하는 권리주의 양도는 회사에 대하여 효력이 없다(제319조).

회사가 성립되면 권리주 상태가 종료되므로 권리주 양도제한이 적용되지 않는다.

Ⅴ. 가장납입 [변호 13, 16, 모의 14]

1. 의의

가장납입이란 발기인이 제3자로부터 차입한 자금으로 주금을 납입한 다음 회사 성립 후 즉시 납입금을 인출하여 차입금을 상환하는 형태의 납입을 말한다.

2. 효과

1) 의의

가장납입은 실질적인 자금의 납입이 없다는 점에서 그 효력이 문제된다.

2) 학설

㉠ 가장납입은 실질적 자금의 납입이 없어 회사의 자본충실을 저해하므로 무효라는 견해(다수설)와 ㉡ 자금의 현실적 이동이 있고, 회사가 가장납입 주주에게 인수대금의 상환을 청구할 수 있으므로 회사의 자본충실을 기할 수 있다는 점에서 유효하다고 보는 견해가 존재한다.

3) 판례

① 주금의 가장납입의 경우에도 금원의 이동에 따른 현실의 불입이 있는 것이고, 설령 그것이 실제로는 주금납입의 가장 수단으로 이용된 것이라고 할지라도 이는 그 납입을 하는 발기인 또는 이사들의 주관적 의도의 문제에 불과하므로, 이러한 내심적 사정에 의하여 회사의 설립이나 증자와 같은 집단적 절차의 일환을 이루는 주금납입의 효력이 좌우될 수 없다.(대판 1997.5.23. 95다5790)(변호 14, 22, 모의 16, 17)

② 회사 설립 당시 원래 주주들이 주식인수인으로서 주식을 인수하고 가장납입의 형태로 주금을 납입한 이상 그들은 바로 회사의 주주이고, 그 후 그들이 회사가 청구한 주금 상당액을 납입하지 아니하였다고 하더라도 이는 회사 또는 대표이사에 대한 채무불이행에 불과할 뿐 그러한 사유만으로 주주로서의 지위를 상실하게 된다고는 할 수 없다.(대판 1998.12.23. 97다20649)

3. 회사설립에 미치는 영향 [모의 14]

判例에 의하면 가장납입도 유효하므로 회사설립에는 영향이 없다.

납입무효설에 의하면 가장납입의 정도가 중대하면 설립무효 사유가 되나, 가장납입의 정도가 경미하면 발기인의 납입담보책임이 문제되고 회사설립무효 사유에는 해당되지 않는다.

4. 가장납입에 대한 책임 [모의 14]

(1) 발기인의 자본충실책임

判例에 의하면 납입이 유효하므로 발기인의 자본충실책임이 문제되지 않는다.

납입무효설에 의하면 발기인의 자본충실책임에 따른 납입담보책임이 문제된다. 가장납입의 정도가 경미하면 발기인이 납입담보책임을 지나, 가장납입의 정도가 중하면 회사의 설립무효사유에 해당되어 발기인의 납입담보책임은 문제되지 않는다.

(2) 발기인의 손해배상책임

발기인이 회사의 설립에 관하여 그 임무를 해태한 때에는 그 발기인은 회사에 연대하여 손해를 배상하여야 한다(제322조 제1항). 가장납입은 발기인이 회사설립에 관하여 자본충실의무 등 선량한 관리자로서의 임무를 해태한 것이므로 발기인은 회사에 연대하여 손해배상책임을 진다.(변호 14)

발기인인 甲, 乙이 주식인수대금을 가장납입하기로 공모하고, 회사설립과 동시에 주식인수대금을 인출하였다면 甲과 乙은 회사설립에 관하여 자본충실의무 등 선량한 관리자로서의 임무를 다하지 못한 발기인들로서 또는 회사의 소유재산인 주식인수납입금을 함부로 인출하여 회사에 손해를 입힌 **공동불법행위자로서 회사에 대하여 손해를 연대하여 배상할 책임**이 있다.(대판 1989.9.12. 89누916)

(3) 주식인수인의 납입금 상환의무

가장납입의 경우에도 주금납입의 효력을 부인할 수 없으므로 주금납입절차는 일단 완료되고 주식인수인이나 주주의 주금납입의무도 종결되었다고 보아야 하나, 이러한 **가장납입에 있어서 회사는 일시 차입금을 가지고 주주들의 주금을 체당 납입한 것과 같이 볼 수 있으므로 주금납입 절차가 완료된 후에 회사는 주주에 대하여 체당 납입한 주금의 상환을 청구**할 수 있다.(대판 1985.1.29. 84다카1823,1824)(변호 14, 모의 13, 16)

(4) 가장납입과 형사책임

납입가장의 경우 회사를 위하여 사용했다는 특별한 사정이 없는 한 실질적으로 회사 자본이 늘어난 것이 아니어서 **납입가장죄 등이 성립하고,** 납입가장행위는 주금납입 및 인출의 전 과정에서 회사 자본금에는 실제 아무런 변동이 없으므로, 회사의 돈을 임의로 유용한다는 불법영득의 의사가 있다고 보기 어렵고, **상법상 납입가장죄의 성립을 인정하는 이상** 회사 자본이 실질적으로 증가됨을 전제로 한 **업무상횡령죄가 성립한다고 할 수는 없다**.(대판 2004.6.17. 2003도7645)(변호 14, 모의 13, 23)

5. 회사자금에 의한 주식취득

회사가 제3자에게 주식인수대금 상당의 대여를 하고 제3자는 그 대여금으로 주식인수대금을 납입한 경우, 회사가 처음부터 제3자에 대해 대여금 채권을 행사하지 아니하기로 약정되어 있는 등으로 대여금을 실질적으로 회수할 의사가 없었고 제3자도 그러한 회사의 의사를 전제로 하여 주식인수청약을 한 때에는, 그 **제3자가 인수한 주식의 액면금액에 상당하는 회사의 자본이 증가되었다고 할 수 없으므로 위와 같은 주식인수대금의 납입은 단순히 납입을 가장한 것에 지나지 아니하여 무효**이다.(대판 2003.5.16. 2001다44109)

6. 가장납입과 명의대여주주의 책임

타인의 승낙을 얻어 그 명의로 주식을 인수한 자는 그 타인과 연대하여 주금을 납입할 책임이 있다(제332조 제2항). 즉 명의대여자와 명의차용자는 주금납입에 관하여 연대책임을 진다.

이러한 연대책임은 주금이 납입되지 않은 경우에 관한 것으로서 주금납입의 효력이 발생한 경우에는 비록 주금납입이 가장납입에 해당하는 경우에도 주금납입책임은 문제되지 않는다.

명의대여자 및 명의차용자의 주금납입에 대한 연대책임은 이미 주금납입의 효력이 발생한 주금의 가장납입에는 적용되지 않고, 가장납입에 따른 주금상환채무는 실질상 주주인 명의차용자가 부담하고 명의대여자는 부담하지 않는다. 주금납입이 종료된 후에도 주주는 회사에 대하여 체당 납입한 주금을 상환할 의무가 있다고 하여도 이러한 주금상환채무는 실질상 주주인 명의차용자가 부담하는 것일 뿐 단지 명의대여자로서 주식회사의 주주가 될 수 없는 자가 부담하는 채무라고는 할 수 없다.(대판 2004.3.26. 2002다29138)(모의 16)

7. 신주발행 부존재의 경우

신주발행의 실체가 존재한다고 할 수 없고 신주발행 변경등기만이 있는 경우와 같이 **신주발행의 외관만 존재하는 신주발행 부존재의 경우에는 처음부터 신주발행의 효력이 없고 신주인수인들의 주금납입의무도 발생하지 않으며 증자로 인한 자본 충실의 문제도 생기지 않으므로 그 주금의 납입을 가장하였더라도 상법상의 납입가장죄가 성립하지 아니한다.**(대판 2006.6.2. 2006도48)

기출사례

★ 가장납입 [변호 16]

냉방기기 제조 및 판매업을 영위하는 비상장회사인 A주식회사(이하 'A회사'라 한다)는 2005. 1. 전동자전거 제조 및 판매업을 영위하는 비상장회사인 B주식회사(이하 'B회사'라 한다)를 설립하여 그 주식 100%를 보유하고 있다.
B회사는 설립 후 신제품 개발 및 마케팅에 성공하여 비약적인 성장을 거듭하고 있던 중 2012. 9. 주요 고객 중 하나인 중국 수입선의 부도로 자금조달에 일시적으로 어려움을 겪게 되었다. 이를 해소하기 위하여 2012. 10. 주주배정방식으로 총 발행가액 500억 원 규모(보통주 500만 주)의 유상증자(이하 '이 사건 유상증자'라 한다)를 실시하기로 하였다. A회사의 이사는 甲, 乙, 丙 3인인데, 이사회는 특별한 검토 없이 이 사건 유상증자 직전 B회사의 단기적 유동성 부족 문제만을 이유로 자신에게 배정된 신주를 전부 인수하지 아니하기로 전원일치로 결의하였다.
이에 B회사 이사회는 실권주 처리를 위하여 A회사 최대주주 겸 대표이사인 甲의 배우자인 丁에게 실권한 500만 주 전부를 배정하기로 결의하였다. 丁이 배정주식 전부를 인수한 결과 丁은 B회사의 주식 80%를 보유하게 되었고, 그 결과 A회사가 보유한 B회사 지분은 20%로 감소하였다.
丁은 사채업자로부터 빌린 자금으로 B회사의 실권분 신주인수대금을 납입하였고, B회사의 대표이사와 공모하여 증자등기 완료 후 즉시 위 납입금 전액을 인출하여 차입금을 변제하였다.

이 경우 丁에 대한 신주배정이 적법하다고 전제할 때, 丁의 납입은 유효한가?

Ⅰ. 결론

사안의 경우 丁의 신주인수대금 납입은 실질적인 자본의 납입이 없는 가장납입으로서 무효이다.
다만 判例에 의하는 경우 금원의 이동에 따른 현실적인 불입이 있었으므로 丁의 납입은 유효하다.

Ⅱ. 쟁점

丁이 사채업자로부터 빌린 자금으로 신주인수대금을 납입하고 증자등기 완료 후 B회사의 대표이사와 공모하여 납입금 전액을 인출하여 차입금을 변제하였다는 점에서 이러한 가장납입에 의한 주금납입이 유효한지 여부가 문제된다.

Ⅵ. 설립 중의 회사

1. 의의

설립 중의 회사란 발기인이 회사의 설립을 위하여 필요한 행위로 인하여 취득하게 된 권리의무가 회사의 설립과 동시에 그 설립된 회사에 귀속되는 관계를 설명하기 위한 강학상의 개념이다.(대판 1970.8.31. 70다1357)(모의 18, 24) 설립중의 회사의 법적 성격은 법인 아닌 사단이다.(대판 2008.2.28. 2007다37394,37400)(모의 18) 설립 중의 회사는 회사의 설립등기와 함께 소멸한다.(모의 16)

2. 성립시기

(1) 의의

설립 중의 회사는 강학상 개념이므로 그 성립시기가 문제된다. 설립 중의 회사의 법리가 적용되기 위해서는 법률행위가 설립 중의 회사가 성립한 이후에 이루어져야 하고, 설립 중의 회사가 성립되기 이전에 이루어진 법률행위는 별도의 이전 절차가 없는 한 설립된 회사에 귀속되지 않는다.

(2) 학설

설립 중의 회사의 성립시기에 관해서는 ① 정관작성시설, ② 발기인인수시설(최소한 발기인이 1주 이상의 주식을 인수한 때), ③ 총액인수시설이 존재한다.

(3) 판례

설립 중의 회사는 정관이 작성되고 발기인이 적어도 1주 이상의 주식을 인수하였을 때 성립하고,(변호 21, 모의 18, 24) 설립중의 회사로서의 실체가 갖추어지기 이전에 발기인이 취득한 권리의무는 구체적 사정에 따라 발기인 개인 또는 발기인조합에 귀속되고 이들에게 귀속된 권리의무를 설립 후의 회사에 귀속시키기 위해서는 양수나 채무인수 등의 특별한 이전행위가 있어야 한다.(대판 1994.1.28. 93다50215)(변호 19, 모의 16, 17, 22, 24)

3. 설립 중의 회사의 권리능력

설립 중의 회사는 설립이라는 목적범위 내에서 제한적으로 권리능력의 주체가 된다. 설립 중의 회사는 소송상 당사자능력,(모의 18) 등기능력이 인정된다.

발기인이 회사의 설립을 추진 중에 행한 불법행위가 외형상 객관적으로 설립 후 회사의 대표이사로서의 직무와 밀접한 관련이 있는 경우 회사의 불법행위책임이 인정된다.(대판 2000.1.28. 99다35737)(모의 16)

4. 설립된 회사로의 권리의무의 귀속 - 발기인의 권한범위

(1) 의의

설립 중의 회사에 귀속되는 발기인의 권한을 어디까지 인정할 것인지 여부가 문제된다.

(2) 학설

① '최협의설'은 정관작성, 사원 확정, 창립총회 소집, 설립등기와 같이 설립 자체를 직접적인 목적으로 하는 행위만 해당하고 개업준비행위는 원칙적으로 제외된다고 본다.

② '협의설'은 설립사무소 임차, 주식청약서 인쇄, 주식모집광고 위탁 등 회사의 설립을 위한 행위만 해당하고 개업준비행위는 원칙적으로 제외된다고 본다.

③ '광의설'은 점포나 공장의 임차, 기계의 구입 등 설립목적에 반하지 않는 한 모든 행위가 해당하고 개업준비행위도 포함된다고 본다.(모의 24)

(3) 판례

발기인대표가 회사설립사무로 체결한 자동차조립계약에 따라 제작된 자동차를 설립 후 회사가 인수하여 운행한 경우 위 계약의 효력이 설립 후 회사에 미친다.(대판 1970.8.31. 70다1357)(모의 13, 24)

5. 발기인의 권한 외의 행위의 효력

(1) 의의

발기인의 권한 외의 행위는 설립 후 회사로 귀속되지 않는다. 결국 발기인 개인 또는 발기인조합에 효력이 미치게 되는데, 별도의 이전행위나 추인을 통하여 이러한 행위의 효력을 설립 후의 회사에 귀속시킬 수 있는지가 문제된다.

(2) 학설

학설은 ㉠ 발기인의 권한 외의 행위에 대한 추인의 문제는 회사의 재산적 기초의 형성과 관계가 없으므로 무권대리의 법리에 따라 추인이 가능하다는 긍정설과 ㉡ 발기인의 권한 범위 외의 행위는 무효이므로 추인이 허용되지 않는다는 부정설이 존재한다.

(3) 판례

정관에 기재되지 않은 부동산 취득이 재산인수로서 무효인 경우에도 사후설립에 해당하는 경우 주주총회의 특별결의에 의한 추인이 있었다면 회사는 유효하게 부동산의 소유권을 취득한다.(대판 1992.9.14. 91다33087)(모의 13, 17, 18)

Ⅶ. 발기인 등의 책임 [모의 14, 21]

1. 발기인의 인수·납입담보책임

(1) 의의

발기인의 인수·납입담보책임이란 회사 성립 과정에서 발행주식의 인수와 납입이 없었음에도 이를 간과하여 설립등기가 된 경우 회사의 자본적 기초를 확보하기 위하여 발기인에게 인수와 납입의 책임을 지우는 제도를 말한다. 발기인의 인수·납입담보책임은 법정책임이자 무과실책임으로 총주주의 동의로도 면제되지 않는다.(모의 22)

(2) 인수담보책임

회사설립시에 발행하는 주식의 총수가 인수된 때에는 발기인은 지체없이 주식인수인에 대하여 각 주식에 대한 인수가액의 전액을 납입시켜야 한다(제305조 제1항).(모의 15)

회사설립시 발행한 주식 중 회사성립 후에 아직 인수되지 아니한 주식이 있거나 주식인수의 청약이 취소된 때에는 발기인이 이를 공동으로 인수한 것으로 본다(제321조 제1항).(모의 17, 20)

회사성립 이후에는 주식인수인의 착오, 사기, 강박 등의 주관적 사유로 주식인수를 취소하는 것이 제한되므로(제320조 제1항), 발기인의 인수담보책임에서 주식인수의 청약이 취소된 때란 주식인수인의 제한능력으로 인수행위를 취소하거나 주식인수인의 채권자가 사해행위를 이유로 채권자취소를 한 경우를 의미한다.

인수담보책임의 경우 발기인들이 주주가 되고, 인수가 의제된 주식을 공유하게 된다.

(3) 납입담보책임

회사 성립 후 납입을 완료하지 아니한 주식이 있는 때에는 발기인은 연대하여 납입을 하여야 한다(제321조 제2항).(모의 17, 20) 인수담보책임의 경우와 달리, 발기인들이 납입담보책임을 이행하더라도 주주가 되는 것은 아니며 주식인수인이 여전히 주주의 지위를 가진다.(모의 15)

(4) 설립무효와의 관계

인수되지 않은 주식이나 납입이 완료되지 않은 주식의 정도가 현저하여 회사의 재산적 기초를 형성할 수 없을 정도인 경우에도 발기인에게 자본충실책임을 물을 수 있는지에 관하여, 그 경우 설립무효가 되고 발기인의 인수·납입담보책임이 문제되지 않는다고 보는 견해(다수설)와 발기인의 자본충실책임은 설립무효 여부에 따라 달라지지 않으므로 발기인에게 자본충실책임을 물을 수 있다는 견해가 존재한다.

(5) 현물출자 불이행의 경우

현물출자가 이행되지 않은 경우 발기인이 담보책임을 부담하는지에 대하여 다수설은 현물출자의 개성을 강조하여 현물출자가 이행되지 않으면 회사가 출자자에게 손해배상을 청구할 수 있고, 발기인이 별도로 납입담보책임을 지지는 않는다고 본다.

2. 발기인의 회사에 대한 손해배상책임

발기인이 회사의 설립에 관하여 그 임무를 해태한 때에는 그 발기인은 회사에 대하여 연대하여 손해를 배상할 책임이 있다(제322조 제1항).(변호 22, 모의 21)

발기인의 회사에 대한 손해배상책임은 상법상의 특수한 손해배상책임으로 과실책임에 해당한다.

3. 대표소송 및 총주주 동의에 의한 손해배상책임 면제

주주대표소송의 규정은 발기인에게 준용된다. 따라서 대표이사가 발기인에 대한 책임 추궁을 게을리 하는 경우 대표소송에 의하여 발기인의 책임을 물을 수 있다(제324조, 제403조).(변호 22) 발기인의 회사에 대한 손해배상책임은 총주주의 동의로 면제될 수 있다(제324조, 제400조).(모의 21)

4. 발기인의 제3자에 대한 손해배상책임

발기인이 악의 또는 중대한 과실로 인하여 그 임무를 해태한 때에는 그 발기인은 제삼자에 대하여도 연대하여 손해를 배상할 책임이 있다(제322조 제2항).(모의 15, 17)

발기인의 제3자에 대한 손해배상책임은 회사에 대한 손해배상책임과 달리 '악의 또는 중대한 과실'을 요건으로 한다. 발기인이 주식청약서를 허위로 기재한 경우, 재산인수계약을 정관에 기재하지 않아 재산인수가 무효가 된 경우, 가장납입을 한 경우 등이 이에 해당한다.

발기인의 제3자에 대한 책임은 상법상 특수한 법정책임이다. 경과실의 경우 발기인의 제3자에 대한 책임은 성립되지 않고, 악의 또는 중과실은 발기인의 임무해태와 관련하여 존재하면 되고, 제3자의 손해에 대하여 악의 또는 중과실이 요구되지는 않는다. 발기인의 행위가 민법상 불법행위의 요건을 갖춘 경우에는 민법상 불법행위책임과 경합하게 된다.

제3자란 회사 이외의 모든 자를 포함하는 것으로 본다. 그 결과 회사의 주주도 포함된다고 본다.

5. 회사불성립의 경우 발기인의 책임

회사가 성립하지 못한 경우에는 발기인은 그 설립에 관한 행위에 대하여 연대하여 책임을 진다(제326조 제1항).(모의 22) 회사가 성립하지 못한 경우에 회사의 설립에 관하여 지급한 비용은 발기인이 부담한다(제326조 제2항).(모의 15, 17) 회사불성립의 경우의 발기인의 책임은 무과실책임이다.

회사불성립의 경우 주식인수인이나 주주는 대외적으로 책임을 지지 않고 자신이 납입한 주금의 반환을 청구할 수 있다. 회사의 설립에 관하여 지급한 비용은 변태설립사항으로 기재되지 않았더라도 설립사무실 임차료나 인건비 등 설립을 위해 지출한 모든 비용을 포함한다.

회사가 성립하지 못한 경우란 회사의 설립등기가 이루어지지 못한 경우를 말한다. 회사 설립등기 이후 설립무효판결이 확정된 경우에는 회사성립시의 발기인 책임이 문제되고, 회사불성립시의 발기인 책임이 문제되지는 않는다.

6. 유사발기인의 책임

주식청약서 기타 주식모집에 관한 서면에 성명과 회사의 설립에 찬조하는 뜻을 기재할 것을 승낙한 자를 유사발기인이라 한다. 유사발기인은 발기인과 동일한 책임이 있다(제327조). 이는 외관의 신뢰를 보호하기 위한 것이나, 상대방의 선의를 요건으로 하지 않는다는 점에서 일반적인 외관법리와 차이가 있다. 유사발기인은 회사설립사무를 수행하지는 않으므로 임무해태를 전제로 한 회사 및 제3자에 대한 손해배상책임을 지지는 않는다. 결국 유사발기인의 책임은 회사가 성립한 경우의 인수·납입담보책임과 회사가 불성립한 경우의 납입된 주금반환 및 설립비용에 관한 책임을 의미한다.

7. 이사, 감사, 검사인의 책임 [모의 14]

이사 또는 감사가 제313조 제1항의 규정에 의한 설립절차에 대한 조사 · 보고 임무를 해태한 경우 회사 또는 제3자에 대하여 손해를 배상할 책임을 진다(제323조). 그 경우 발기인도 책임을 질 때에는 그 이사, 감사와 발기인은 연대하여 손해를 배상할 책임이 있다(제323조).

제3자에 대한 책임의 경우 발기인에게 고의 또는 중과실을 요한다는 점에서 이사 등의 책임 또한 고의 또는 중과실을 요건으로 한다고 본다. 법원이 선임한 검사인이 악의 또는 중대한 과실로 임무를 해태한 때에는 회사 또는 제3자에 대하여 손해를 배상할 책임이 있다(제325조).

Ⅷ. 회사 설립의 무효

1. 설립무효원인

설립무효의 원인은 아래와 같은 객관적 사유로 한정된다.(변호 21) 발기인이나 주식인수인의 주관적 사유(무권대리, 제한능력, 의사표시 무효 · 취소 등)만으로는 무효사유에 해당하지 않는다.(변호 21, 22, 모의 21) 주식회사는 인적회사나 유한회사와 달리 설립취소가 인정되지 않고 설립무효만 인정된다.

① 정관 절대적 기재사항의 흠결

② 발행주식의 인수 납입이 현저히 미달되어 발기인의 인수납입담보책임으로 치유될 수 없는 경우

③ 주식발행사항에 발기인전원의 동의가 없었던 경우

④ 창립총회의 소집이 없거나 조사보고가 이루어지지 않은 경우

⑤ 설립등기가 무효인 경우

2. 설립무효의 소

주식회사 설립의 무효는 주주 · 이사 또는 감사에 한하여 회사성립의 날로부터 2년 내에 소만으로 이를 주장할 수 있다.(변호 21, 23, 모의 24) 설립무효의 소는 형성의 소에 해당한다.

합명회사 설립무효에 관한 상법 제186조 내지 제193조의 규정은 주식회사의 설립무효에 준용된다(제328조 제2항).

관할법원은 본점소재지 지방법원의 전속관할이다(제328조 제2항, 제186조).

설립무효의 소가 그 심리 중에 원인이 된 하자가 보완되고 회사의 현황과 제반사정을 참작하여 설립을 무효 또는 취소하는 것이 부적당하다고 인정한 때에는 법원은 그 청구를 기각할 수 있다(제328조 제2항, 제189조).(변호 23)

3. 원고 승소판결의 효력

설립무효의 판결은 제3자에 대하여도 그 효력이 있다. 그러나 판결 확정 전에 생긴 회사와 사원 및 제3자간의 권리의무에 영향을 미치지 아니한다(제328조 제2항, 제190조).(모의 17)

즉 원고 승소판결은 대세적 효력을 가지나, 소급효는 인정되지 않으므로 설립이 무효가 되더라도 이미 성립된 당사자들의 권리의무에 영향을 미치지 않는다.

회사설립무효의 소가 확정되면 회사는 해산의 경우에 준하여 청산하여야 하며, 이 때 법원은 이해관계인의 청구에 의하여 청산인을 선임할 수 있다(제328조 제2항, 제193조).(모의 17)

4. 회사의 불성립과 부존재

① '회사의 불성립'이란 회사의 설립절차가 설립등기 이전에 중단된 경우를 말하고,

② '회사의 부존재'란 회사로 인정할 만한 실체의 형성이 전혀 이루어지지 않은 경우를 의미한다. 회사의 부존재의 경우 누구나 언제든지 어떠한 방법으로든지 부존재를 주장할 수 있다.

제2관 주식과 주권

Ⅰ. 주식과 주주

1. 주식의 개념과 특성

(1) 주식의 개념

주식이란 주식회사의 사원인 주주가 출자자로서 회사에 대해서 가지는 지분을 말한다. 주식은 주주권을 표창하는 유가증권인 주권과 구별된다.

주식은 균등한 단위로 세분된다는 점에서 인적회사의 지분과 구별된다. 주식회사의 지분을 단위로 세분한 이유는 일반 공중으로부터 자금을 조달할 수 있도록 하여 대규모 자금을 형성하기 위함이다.

주식은 사원으로서의 지위 즉 사원권을 의미한다. 사원권은 회사의 지배에 참여할 수 있는 권리와 회사로부터 배당을 받을 수 있는 권리로 나뉜다.

(2) 주식의 불가분성

주주는 출자액에 상응하는 수의 주식을 보유하게 된다. 주식은 하나의 단위를 더 잘게 나눌 수 없으며, 이를 주식불가분의 원칙이라고 한다. 주식을 나누어 양도하거나 이익배당청구권이나 의결권 등 사원권의 일부만을 양도하는 것도 불가능하다.

신주발행, 주식배당, 준비금의 자본금전입, 주식병합, 합병, 전환사채의 전환 등에서는 1주 미만의 주식이 관념상 존재하며, 이러한 1주 미만의 주식을 단주라고 한다.

(3) 주식의 공유

수인이 주식을 공유할 수 있다(제333조).

수인이 공동으로 주식을 인수한 자는 연대하여 납입할 책임이 있다(제333조 제1항).(모의 20)

주식의 공유자는 주주권을 행사할 자 1인을 정해야 한다(제333조 제2항).(변호 22)

주주권을 행사할 자가 없는 경우 공유자에 대한 통지, 최고는 그 1인에게 하면 된다(제333조 제3항).(모의 20)

(4) 주주의 유한책임

주주의 책임은 그가 가진 주식의 인수가액을 한도로 한다(제331조). 회사가 채무초과가 되더라도 주주는 회사 채무의 변제책임이나 추가 출자 책임을 지지 않는다. 주주의 유한책임은 주식회사의 가장 본질적인 특성으로 정관이나 주주총회 결의로 주주의 책임을 가중하는 것은 허용되지 않는다. 다만, 주주들의 동의에 따라 주주들이 회사 채무를 분담하는 것은 가능하다.

주주 유한책임의 원칙은 주주의 의사에 반하여 주식의 인수가액을 초과하는 새로운 부담을 시킬 수 없다는 취지에 불과하고 **주주들의 동의 아래 회사 채무를 주주들이 분담하는 것까지 금하는 취지는 아니다.** (대판 1983.12.13. 82도735)

(5) 주주평등의 원칙 [모의 18]

1) 의의

주주의 권리는 주식을 단위로 정해진다. 같은 종류의 주식은 회사에 대해서 동등한 권리를 가진다. 주주평등원칙에 관한 규정은 강행규정이다.

상법상 주주평등원칙에 관한 일반규정은 없으나 의결권(제369조 제1항), 신주인수권(제418조 제1항), 이익배당청구권(제464조), 잔여재산분배권(제538조), 전환사채인수권(제513조의2 제1항), 신주인수권부사채인수권(제516조의11) 등에서 개별적으로 주주평등원칙을 반영하고 있다.

주주평등원칙에 반하는 정관의 규정, 주주총회 및 이사회의 결의, 이사의 업무집행은 무효이다.

종류주식, 단주처리(제443조, 제530조 제3항), 소수주주권 등은 주주평등원칙에 대한 상법상 예외규정이다. 주주총회에서 대주주가 소수주주보다 적은 비율의 이익배당을 받기로 결의하는 것은 주주평등원칙 위반이 아니다.

2) 관련 판례

① ㉠ 주주평등의 원칙이란, 주주가 회사와의 법률관계에서 그가 가진 주식의 수에 따라 평등한 취급을 받아야 함을 의미한다. ㉡ 이를 위반하여 회사가 일부 주주에게만 우월한 권리나 이익을 부여하기로 하는 약정은 특별한 사정이 없는 한 무효이다.(모의 24) ㉢ 다만 법률이 허용하는 절차와 방식에 따르거나 차등적 취급을 정당화할 수 있는 특별한 사정이 있는 경우 이를 허용할 수 있다.(대판 2023.7.27. 2022다290778)

② ㉠ 회사가 신주인수인에게 금전 지급을 약정한 경우, 그 약정이 실질적으로는 신주인수대금을 전액 보전해 주거나 법률 규정에 의한 배당 외에 다른 주주들에게는 지급되지 않는 수익을 지급하는 것이라면, 회사가 해당 주주에게만 투하자본회수를 절대적으로 보장함으로써 다른 주주들에게 인정되지 않는 우월한 권리를 부여하는 것으로서 주주평등원칙 위반으로 무효이다. ㉡ 회사가 주주평등원칙에 위반하여 일부 주주에게 우월한 권리나 이익을 부여하는 내용의 약정을 체결하면서 주주 전원으로부터 동의를 받은 경우 상법 등 강행법규에 위반하지 않고 법질서가 허용하는 범위 내라면 사안에 따라서 그 효력을 인정할 여지가 있다. ㉢ 그러나 주주에게 투하자본의 회수를 절대적으로 보장하는 취지의 금전지급 약정은 회사의 자본적 기초를 위태롭게 하고 주주의 본질적 책임에서조차 벗어나게 하여 특정 주주에게 상법이 허용하는 범위를 초과하는 권리를 부여하는 것으로서 강행법규 위반에 해당하므로, 주주 전원의 동의를 받았더라도 무효이다.(대판 2023.7.27. 2022다290778)

③ 주주평등원칙은 주주와 회사의 법률관계에 적용되고, 주주와 다른 주주 내지 이사 개인의 법률관계에는 직접 적용되지 않는다. 주주는 회사와 계약을 체결하면서 사적자치의 원칙상 다른 주주 내지 이사 개인과도 회사와 관련한 계약을 체결할 수 있고, 그 계약의 효력은 주주와 회사가 체결한 계약의 효력과는 별개로 보아야 한다.(대판 2023.7.27. 2022다290778)(모의 24)

④ ㉠ 회사가 신주인수계약을 체결하면서 신주인수인에게 회사 의사결정에 대한 사전동의를 받기로 한 약정은 회사가 일부 주주에게만 우월한 권리를 부여함으로써 주주들을 차등적으로 대우하는 것이지만, 회사에 반드시 필요한 자금이었고 투자유치를 위해 불가피하였으며 다른 주주가 실질적 · 직접적인 손해나 불이익을 입지 않고 오히려 경영활동에 대한 감시의 기회를 제공하여 다른 주주와 회사에 이익이 되는 등 차등적 취급을 정당화할 수 있는 특별한 사정이 있다면 이를 허용할 수 있다.(변호 25)

㉡ 회사와 주주가 사전동의 위반으로 인한 손해배상 약정을 한 경우 주주의 손해를 배상하고 의무 이행을 확보하기 위한 것이라면, 손해배상액예정으로 유효하고, 주주평등원칙 위배로 단정할 수 없다.

㉢ 다만 손해배상액예정이 유효하더라도, 금액이 부당히 과다하다면 법원이 감액할 수 있다. 법원은 손해배상예정액의 부당성 여부를 판단할 때 약정이 사실상 투하자본 회수를 절대적으로 보장하는 수단으로 기능하지 않도록 유의할 필요가 있다.(대판 2023.7.13. 2021다293213)

⑤ 회사가 전환상환우선주를 인수한 투자자와 회사가 회생절차 개시신청을 하는 경우 투자자 동의를 얻어야 하고 이에 위반한 경우 손해배상으로 투자자에게 주식인수 총액 등을 지급하기로 한 약정은 차등적 취급을 정당화할 수 있는 특별한 사정이 인정되어 허용할 여지가 많고, 손해배상 약정도 회사의 동의권 약정 의무 이행을 확보하기 위한 것으로 허용할 여지가 있다.(대판 2023.7.13. 2023다210670)

⑥ 상환전환우선주를 인수한 투자자들과 대주주겸 대표이사 甲이 회사 회생절차가 개시되면 甲이 회사와 연대하여 주식인수대금 등을 지급하는 약정을 체결한 경우 회사와의 금전지급약정은 주주평등원칙에 위반하여 무효이다. 투자자들과 甲 사이의 법률관계에는 주주평등원칙이 직접 적용되지 않아서 무효가 아니고, 甲은 회사의 투자자들에 대한 금전지급의무와 동일한 내용의 연대채무를 부담하는 계약을 체결하였다고 볼 여지가 크다.(대판 2023.7.13. 2022다224986)(변호 25, 모의 24)

⑦ 주주평등의 원칙이란 주주는 회사와의 법률관계에서는 그가 가진 주식의 수에 따라 평등한 취급을 받아야 한다는 것을 의미하므로, 이를 위반하여 회사가 일부 주주에게만 우월한 권리나 이익을 부여하기로 하는 약정은 특별한 사정이 없는 한 무효이다.(대판 2018.9.13. 2018다9920,9937)

[사실관계] 甲회사의 운영자금을 조달하기 위해 乙과 '乙은 우리사주조합원들의 甲회사 발행주식 일부를 매수하고, 甲회사에 자금을 대여하며, 甲회사 임원 1인에 대한 추천권을 가진다.'는 내용의 주식매매약정을 하였고, 그 후 甲회사가 乙과 임원추천권 대신 매월 약정금을 지급하기로 합의하여 매월 약정금을 지급하였는데, 甲회사가 위 약정금지급약정이 주주평등원칙에 반하여 무효라고 주장하면서 지급된 약정금에 대한 부당이득반환을 청구한 사안.

[판시사항] 대법원은 乙이 甲회사로부터 운영자금을 조달해 준 대가를 전부 지급받으면 甲회사 채권자로서의 지위를 상실하고 주주로서의 지위만을 가지게 되는데, 채권자의 지위를 상실하여 주주에 불과한 乙에게 甲회사가 계속해서 약정금을 지급하는 것은 다른 주주들보다 우월한 권리를 부여하는 것으로 주주평등의 원칙에 위배된다고 판시하였다.

⑧ 회사가 직원들을 유상증자에 참여시키면서 퇴직시 출자손실금을 전액 보전해 주기로 약정한 경우, 그러한 손실보전합의 및 퇴직금 특례지급기준은 회사가 투하자본 회수를 절대적으로 보장하고 다른 주주들에게 인정되지 않는 우월한 권리를 부여하는 것으로서 주주평등원칙에 위반되어 무효이다. 다만, 손실보전약정이 무효라는 이유로 신주인수계약까지 무효가 되는 것은 아니다.(대판 2007.6.28. 2006다38161,38178)(모의 17)

[기타 판시사항] 법률행위의 일부가 강행법규에 위배되어 무효가 되는 경우 그 부분의 무효가 나머지 부분의 유효·무효에 영향을 미치는가를 판단함에 있어서는 개별 법령이 일부무효의 효력에 관한 규정을 두고 있는 경우에는 그에 따라야 하고, 그러한 규정이 없다면 원칙적으로 민법 제137조가 적용될 것이나, 당해 효력규정 및 그 효력규정을 둔 법의 입법 취지를 고려할 때 나머지 부분을 무효로 한다면 당해 효력규정 및 그 법의 취지에 명백히 반하는 결과가 초래되는 경우에는 나머지 부분까지 무효가 된다고 할 수는 없다. 직원들의 신주인수의 동기가 된 손실보전약정이 주주평등의 원칙에 위배되어 무효라는 이유로 신주인수까지 무효로 보아 신주인수인들로 하여금 주식인수대금을 부당이득으로서 반환받을 수 있도록 한다면 이는 사실상 다른 주주들과는 달리 그들에게만 투하자본의 회수를 보장하는 결과가 되어 강행규정인 주주평등의 원칙에 반하는 결과를 초래하게 되므로, 위 신주인수계약까지 무효로 보아서는 아니 된다.

⑨ 甲회사가 제3자 배정 방식의 유상증자를 실시하면서 이에 참여한 乙 등과 그 투자금을 유상증자 청약대금으로 사용하되 투자원금을 반환하고 소정의 수익금을 지급하기로 하는 내용의 투자계약을 체결하고 이를 이행하였는데, 이후 甲 회사가 위 투자계약이 주주평등의 원칙에 반하여 무효라며 乙 등을 상대로 그들이 지급받은 수익금 상당의 부당이득반환을 구한 경우, 위 투자계약은 乙 등의 주주 지위에서 발생하는 손실의 보상을 주된 목적으로 하는 것이므로 주주평등원칙에 위배되어 무효이다.(대판 2020.8.13. 2018다236241)

⑩ 甲주식회사의 대표이사인 乙과 사내이사인 丙 등이 체결한 회사 공동운영 동업계약에서 '동업자 중 한 명이 자의로 회사를 퇴직할 경우, 보유 주식 전부를 대표이사에게 액면가로 양도한다. 자의적인 퇴사가 아닌 경우, 보유 주식 중 일정 비율을 대표이사에게 액면가에 매각한다.'라고 정하였는데, 그 후 甲회사 주주총회에서 丙의 이사직 해임을 결의한 경우, 丙은 근속조항에 따라 甲회사 보유 주식 일부를 대표이사인 乙에게 액면가로 매각할 의무가 있다.(대판 2021.3.11. 2020다253430)

⑪ 합명회사, 합자회사 등과는 달리 주식회사에서는 사원의 퇴사가 인정되지 않으므로, 정관에서 정한 일정 사유가 발생하는 경우 주주의 의사와 관계없이 주주 지위를 상실시키고, 회사가 주주에게 출자금을 환급하도록 하는 내용의 정관 조항은 사실상 주주의 퇴사에 관한 내용을 정한 것이어서 물적회사로서의 주식회사의 본질에 반하여 효력이 없다.(대판 2024.7.11. 2020다258824)

2. 액면주식과 무액면주식

(1) 액면주식과 무액면주식의 선택

주식은 액면금액의 여부에 따라 액면주식과 무액면주식으로 나뉜다. 회사는 정관으로 액면주식과 무액면주식을 선택할 수 있지만(제291조 제2호, 제3호), 양자를 모두 발행하는 것은 허용되지 않는다(제329조 제1항 단서).(변호 16, 모의 19, 20)

(2) 액면주식 발행

액면주식을 발행하는 경우, 액면은 정관의 절대적 기재사항이고(제289조 제1항 제4호), 액면금액은 100원 이상 균일해야 한다(제329조 제2항, 제3항).(변호 13, 모의 19, 24) 액면주식을 발행하는 경우, 자본금은 액면총액이 된다(제451조 제1항).

(3) 무액면주식 발행

무액면주식 발행의 경우 자본금은 발행가액의 2분의 1이상으로서 이사회가 임의로 정하는 금액이 된다(제451조 제2항). 정관으로 신주발행을 주주총회에서 결정하기로 정한 회사에서는 주주총회가 이를 결정한다(제451조 제2항). 무액면주식 1주의 발행가액은 정관기재사항이 아니다.(모의 20)

(4) 액면주식과 무액면주식의 전환

1) 정관에 의한 전환

회사는 정관으로 정하는 바에 따라 발행된 액면주식을 무액면주식으로 전환하거나 무액면주식을 액면주식으로 전환할 수 있다(제329조 제4항).(변호 13, 모의 19, 20) 회사는 1월 이상의 기간을 정하여 주권을 회사에 제출할 것을 공고하고 주주와 질권자에 대해 별도로 통지를 해야 한다(제329조 제5항, 제440조). 개별 주주의 청구에 의해 발행주식의 일부를 변경하는 것은 허용되지 않는다.(변호 13)

2) 채권자보호절차 불요

전환으로 인하여 자본금의 변동이 없으므로 채권자보호절차는 요구되지 않는다.(변호 13, 17, 모의 20)

3) 주식전환 효력발생시기

주식의 전환은 주주에 대한 공고기간이 만료한 때 효력이 발생한다(제329조 제5항, 제441조).

4) 주식전환으로 인한 자본금 변경 금지

회사의 자본금은 액면주식을 무액면주식으로 전환하거나 무액면주식을 액면주식으로 전환함으로써 변경할 수 없다(제451조).(변호 16, 21, 모의 19)

무액면주식을 액면주식으로 전환하는 경우, 전환 당시의 자본금이 액면주식의 액면총액과 같아져야 하기 때문에, 전환으로 발행되는 액면주식수가 종전과 동일한 경우 전환되는 액면금액은 자본금을 발행주식총수로 나눈 금액이 된다. 예를 들어 자본금 1억 원으로 발행된 무액면주식 1만주를 액면주식 1만주로 전환하는 경우 액면금액은 1만원이 된다.

3. 유상신주, 무상신주

유상신주는 주금을 납입시키고 신주를 발행하는 경우의 주식을 말하고, 무상신주는 회사가 자산의 재평가적립금이나 준비금을 자본금에 전입하여 주주에게 무상으로 교부하는 주식을 말한다.

4. 자본금

(1) 수권자본제도

총액인수주의는 회사의 정관에 자본금을 기재하고, 회사 설립시 자본금 전부에 해당하는 주식을 인수하도록 하는 것을 말한다. 수권주식주의는 회사의 정관에 자본금을 기재하지 않고, 회사가 발행할 주식의 총수 즉 수권주식만을 기재하고 회사의 설립시에 그 일부의 주식의 인수가 이루어지고 설립 이후 이사회가 수권주식의 범위 내에서 수시로 신주를 발행하도록 하는 것을 말한다.

상법은 수권주식주의를 채택하고 있다(제289조 제1항, 제416조). 즉 정관에는 발행할 주식의 총수만을 기재하고 자본금을 기재하지 않는다(제289조 제1항). 회사 설립 후 주식 발행에 관한 사항은 이사회 결의로 정한다(제416조). 한편 회사 설립시 발행주식총수가 발행예정주식 총수의 1/4 이상이어야 한다는 종전의 상법 제289조 제2항의 규정은 2011년 개정 상법에서 폐지되었다.

(2) 액면주식 발행의 경우 자본금

액면주식의 경우 발행주식의 액면총액이 회사의 자본금이 된다(제451조 제1항).(변호 17) 즉 액면주식의 경우, 자본금은 주식의 액면가액에 발행주식 총수를 곱한 금액이다.

다만, 주식상환 또는 소각의 경우 그 재원이 자본금이 아니라 이익이므로 주식상환이나 소각의 경우 자본금은 변하지 않으면서 상환되거나 소각된 주식수 만큼 발행주식 총수가 감소하게 된다. 그 결과 제345조의 상환주식의 상환과 제343조 제1항 단서의 자기주식 소각의 경우 자본금은 발행주식의 액면총액과 일치하지 않게 된다.

(3) 무액면주식 발행의 경우 자본금

회사가 무액면주식을 발행하는 경우 회사의 자본금은 주식 발행가액의 2분의 1 이상의 금액으로서 이사회(제416조 단서에서 정한 주식발행의 경우에는 주주총회를 말한다)에서 자본금으로 계상하기로 한 금액의 총액으로 한다. 이 경우 주식의 발행가액 중 자본금으로 계상하지 아니하는 금액은 자본준비금으로 계상하여야 한다(제451조 제2항).(변호 13, 16, 모의 19)

회사 설립 시에 무액면주식을 발행하는 경우 주식 발행가액과 주식 발행가액 중 자본금으로 계상하는 금액을 정관으로 달리 정하지 않으면 발기인 전원 동의로 이를 정한다(제291조 제3호).(모의 17)

(4) 자본금의 등기

자본금은 금액으로 표시되고 등기사항이다(제317조 제2항 제2호). 자본금은 정관 기재사항은 아니다.(모의 21)

(5) 최저자본금제의 폐지

액면주식 1주의 금액은 100원 이상이면 된다(제329조 제3항). 따라서 발기인 1인이 액면가액 100원인 주식 1주를 발행하여 자본금 100원인 주식회사를 설립하는 것도 가능하다.

회사의 최저자본금을 5천만 원으로 정하였던 종전 상법 규정은 2009년 상법 개정으로 폐지되었다.

5. 자본충실의 원칙

(1) 회사의 자본충실

회사는 자본금에 해당하는 재산을 실질적으로 보유해야 한다. 자본충실의 원칙은 주주의 출자가 확실히 이행되도록 하는 것과 주주에 대하여 회사 재산의 반환을 제한하는 것으로 구성된다.

주식회사가 주주의 제명에 관한 규정을 두고 있지 않은 것은 자본의 결합을 본질로 하는 물적 회사로서의 주식회사의 특성을 특별히 고려한 입법이라고 해석되므로, **주주의 구성이 소수에 의하여 제한적으로 이루어져 있다거나 주주 상호간의 신뢰관계를 기초로 하고 있다는 등의 사정이 있더라도, 그러한 사정만으로 인적 회사인 합명회사의 사원 제명에 관한 규정을 물적 회사인 주식회사에 유추적용하여 주주의 제명을 허용할 수 없다. 주주 간의 분쟁 등 일정한 사유가 발생할 경우 어느 주주를 제명시키되 회사가 그 주주에게 출자금 등을 환급해 주기로 하는 내용을 정관이나 내부규정**에 두는 것은 **회사 또는 주주 등에게 생길지 모르는 중대한 손해를 회피하기 위한 것이라 하더라도 법정사유 이외에는 자기주식의 취득을 금지하는 상법 제341조의 규정에 위반되므로, 주주를 제명하고 회사가 그 주주에게 출자금 등을 환급하도록 하는 내용을 규정한 정관이나 내부규정은 물적 회사로서의 주식회사의 본질에 반하고 자기주식의 취득을 금지하는 상법의 규정에도 위반되어 무효**이다.(모의 17)(대판 2007.5.10. 2005다60147)

(2) 주주의 출자이행 확보

주주 출자의 이행을 확보하기 위한 규정은 아래와 같다.

① 금전출자의 전액 납입 및 현물출자의 전부 이행(제295조, 제305조, 제421조, 제425조).

② 액면미달발행의 금지 또는 제한(제330조, 제417조).

③ 변태설립사항에 대한 엄격한 규제(제299조, 제310조, 제313조, 제314조, 제422조).

④ 가설인 · 타인 명의 주식인수인의 주금납입담보책임(제332조).

⑤ 회사 동의 없는 출자전환 금지(제421조 제2항).

⑥ 발기인 · 이사 담보책임(제321조, 제428조).

(3) 주주에 대한 재산 반환 제한

주주에 대한 회사재산의 반환을 제한하는 규정은 아래와 같다.

① 이익배당 · 자기주식 취득 관련 배당가능이익규제(제462조, 제341조).

② 법정준비금 적립 의무(제458조, 제459조).

6. 가설인, 타인의 명의에 의한 주식의 인수 [모의 19]

(1) 주식청약서에 의한 주식인수 청약

주식인수의 청약을 하고자 하는 자는 주식청약서 2통에 인수할 주식의 종류 · 수와 주소를 기재하고 기명날인하거나 서명하여야 한다(제302조 제1항, 제425조).

상법에서 주식인수의 방식을 정한 이유는 회사가 다수 주주의 법률관계를 형식적이고도 획일적인 기준으로 처리할 수 있도록 하여 사무처리의 효율성과 법적 안정성을 도모하기 위한 것이다.(대판 2017.12.5. 2016다265351)

(2) 대외적인 주주권의 귀속

1) 가설인 또는 무단으로 타인명의를 이용한 경우

가설인의 명의로 주식을 인수하거나 타인의 승낙 없이 그 명의로 주식을 인수한 자는 주식인수인으로서의 책임이 있다(제332조 제1항).(모의 24)

실제 출자자가 가설인 명의나 타인의 승낙 없이 그 명의로 주식을 인수하기로 하는 약정을 하고 출자를 이행하였다면, 주식인수계약의 상대방(발기설립의 경우에는 다른 발기인, 그 밖의 경우에는 회사)의 의사에 명백히 반한다는 등의 특별한 사정이 없는 한, 주주의 지위를 취득한다.(대판 2017.12.5. 2016다265351)(변호 13, 모의 20, 24)

2) 타인의 승낙을 얻어 차명으로 주식을 인수한 경우

타인의 승낙을 얻어 그 명의로 주식을 인수한 자는 그 타인과 연대하여 납입할 책임이 있다(제332조 제2항).(모의 24)

타인의 승낙을 얻어 그 명의로 주식을 인수하기로 약정한 경우에는 계약 내용에 따라 명의자 또는 실제 출자자가 주식인수인이 될 수 있으나, **원칙적으로는 명의자를 주식인수인으**로 보아야 한다. **명의자와 실제 출자자가 실제 출자자를 주식인수인으로 하기로 약정한 경우에도 실제 출자자를 주식인수인이라고 할 수 없다.** 실제 출자자를 주식인수인으로 하기로 한 사실을 **주식인수계약의 상대방인 회사 등이 알고 이를 승낙하는 등 특별한 사정이 없다면, 상대방은 명의자를 주식인수계약의 당사자로 이해하였다고 보는 것이 합리적이기 때문이다.**(대판 2017.12.5. 2016다265351)(변호 13, 모의 20, 21, 23, 24)

제3자가 신주인수대금의 납입행위를 하였다는 사정만으로는 그 제3자를 주주명의의 명의신탁관계에 기초한 실질상의 주주라고 단정할 수 없으며, **주주명부의 주주명의가 신탁된 것이고 실질상의 주주가 따로 있음을 주장하려면** 그러한 **명의신탁관계를 주장하는 측에서 명의차용사실을 입증하여야** 한다.(대판 2007.9.6. 2007다27755)(변호 17, 모의 13, 16)

(3) 회사에 대한 주주권의 귀속

1) 의의

실제 출자자와 명의자 중 누가 회사에 대하여 주주권을 행사할 수 있는지가 문제된다.

2) 학설

학설은 ㉠ 단체적 법률관계를 획일적으로 처리하고, 회사가 실질주주를 파악하는 것이 사실상 불가능하다는 점에서 명의와 상관없이 명의상의 주식인수인이 회사에 대하여 주주권을 행사할 수 있다고 보는 형식설과 ㉡ 실질주주의 권리보호를 위하여 실질적인 주식인수인이 주주권을 행사할 수 있다고 보는 실질설이 존재한다.

3) 판례

주식을 양수하였으나 아직 주주명부에 명의개서를 하지 아니하여 주주명부에는 양도인이 주주로 기재되어 있는 경우뿐만 아니라, 주식을 인수하거나 양수하려는 자가 타인의 명의를 빌려 주식을 인수하거나 양수하고 타인의 명의로 주주명부 기재까지 마치는 경우에도, 회사에 대한 관계에서는 주주명부상 주주만이 주주권을 적법하게 행사할 수 있다.(대판 2017.3.23. 2015다248342)(모의 13, 17, 20, 24)

기출사례

★ 형식주주와 실질주주 및 주주명부의 대항력 [변호 13]

스마트폰 부품의 제조와 판매를 업으로 하는 비상장회사인 X주식회사는 자본금이 2억 5천만 원이며 주주명부에는 동 회사의 발행주식총수 중 A가 50%, B가 30%, C가 10%, D가 10%를 각각 보유하는 것으로 기재되어 있다. 다만, D는 X주식회사의 주주명부에 주주로 기재되어 있지만 실제로는 E가 D의 승낙을 얻어 D의 명의를 차용한 것이다. A의 추천으로 甲과 乙이 이사로 선임되었으며, 그중 甲이 대표이사를 맡고 있다. 나머지 1명의 이사는 B가 추천한 사람이다.
X주식회사는 신기술 도입에 필요한 자금을 조달하기 위하여 신주를 발행하기로 하고, 이사회 결의로 기존 주주들의 지분율에 비례하여 신주를 배정하고 기존 주주 전원이 신주인수대금을 전액 납입함에 따라 자본금을 3억 원으로 변경하는 등기를 마쳤다(이하 '제1차 신주발행'이라고 함).

X주식회사는 E의 명의차용 사실을 알고 있음에도 불구하고 제1차 신주발행에서 D에게 신주를 배정한 경우, 그러한 신주배정은 적법한가?

Ⅰ. 결론

주주명부의 대항력은 회사에도 미치므로 X주식회사에 대하여 주주권을 행사할 수 있는 자는 D이고, X주식회사 또한 D가 형식주주에 불과하다는 것을 알았다 하더라도 주주명부에 주주로 기재된 D를 주주로 인정해야 하고 그 이외의 자를 주주로 인정할 수도 없다.
따라서 X주식회사가 D에게 신주를 배정한 것은 적법하다.

Ⅱ. 쟁점

D가 비록 X주식회사의 주주명부상의 주주이기는 하나 D는 E에게 명의만 빌려준 형식주주에 불과하고 실질주주는 E라는 점에서 누구를 X주식회사의 주주로 볼 것인지 문제되고, D가 형식주주라는 사실을 X주식회사가 알고 있었던 경우에도 X주식회사는 실질주주 E가 아닌 주주명부상 주주 D를 주주로 보아야 하는지 문제된다.

Ⅱ. 종류주식

1. 의의 [모의 21]

(1) 종류주식의 의의

종류주식이란 이익의 배당, 잔여재산의 분배, 주주총회에서의 의결권의 행사, 상환 및 전환 등에 관하여 내용이 다른 종류의 주식을 말한다(제344조 제1항).(모의 15) 회사의 기업자금의 편의성을 제공하고 투자자에게 다양한 금융상품을 제공하기 위한 목적에서 인정된다.

둘 이상의 종류주식을 결합하여 주식을 발행하는 것이 가능하다. 우선주를 의결권이 없는 주식으로 하거나, 우선주를 의결권이 없는 것으로 하면서 상환주식으로 발행할 수도 있다. 회사의 이익으로써 소각할 수 있는 조건이 붙은 의결권 없는 이익배당우선주의 발행도 가능하다.(변호 16)

(2) 종류주식의 발행

종류주식을 발행하기 위해서는 정관에 종류주식의 내용과 수를 정하여야 한다(제344조 제2항).(변호 21, 모의 17, 24) 종류주식은 주주평등 원칙의 예외이므로 정관상 근거가 요구된다.

회사 설립시에는 발기인 전원의 동의로 종류주식을 발행하고, 회사 성립 후에는 정관에 주주총회의 권한으로 정하지 않는 한 이사회 결의로 종류주식을 발행한다.

(3) 종류주식에 대한 주식의 특수한 배정

회사가 종류주식을 발행하는 경우, 정관에 다른 정함이 없어도 주식의 종류에 따라 신주의 인수, 주식의 병합 · 분할 · 소각 또는 회사의 합병 · 분할로 인한 주식의 배정에 관하여 특수하게 정할 수 있다(제344조 제3항).

(4) 종류주식에 대한 주식배당

주식을 배당하는 경우, 회사가 종류주식을 발행한 때에는 각각 그와 같은 종류의 주식으로 할 수 있다(제462조의2 제2항).(변호 17)

(5) 종류주주총회 결의

회사가 종류주식을 발행한 경우에 정관을 변경함으로써 어느 종류주식의 주주에게 손해를 미치게 될 때에는 주주총회의 결의 외에 그 종류주식의 주주의 총회의 결의가 있어야 한다(제435조 제1항).(변호 17) 종류주주총회의 결의는 출석한 주주의 의결권의 3분의 2 이상 및 그 종류의 발행주식 총수의 3분의 1 이상이어야 한다(제435조 제2항).

2. 이익배당·잔여재산분배에 관한 종류주식

(1) 의의

이익배당, 잔여재산분배에 관한 종류주식이란 이익의 배당 또는 잔여재산분배에 관하여 내용이 다른 종류주식을 말한다.

회사가 이익의 배당에 관하여 내용이 다른 종류주식을 발행하는 경우에는 정관에 그 종류주식의 주주에게 교부하는 배당재산의 종류, 배당재산의 가액의 결정방법, 이익을 배당하는 조건 등 이익배당에 관한 내용을 정하여야 한다(제344조의2 제1항).(변호 23, 모의 17)

배당 또는 분배의 순서를 기준으로 보통주, 우선주, 후배주, 혼합주로 나누어진다. 종류주식에 대한 배당은 현물배당도 가능하다.

(2) 우선주의 발행

우선주는 이익배당이나 잔여재산분배에 있어 다른 주식보다 우선권이 주어지는 주식을 말한다. 보통주는 이익배당이나 잔여재산분배에 있어 제한이나 우선권이 없는 주식을 말한다. 회사는 보통주를 발행하지 않고 우선주나 후배주만을 발행할 수는 없다.

우선주는 다른 주식보다 선순위로 확정된 배당금을 받는 주식을 의미하지만 보통주보다 많은 배당을 받는 종류주식으로 발행하는 것도 가능하다. "이익배당에 관해 보통주보다 1% 더 많은 배당을 하되 현물로만 배당하는 주식을 발행할 수 있음"을 정한 정관 규정은 효력이 있다.(모의 19)

우선주는 통상 무의결권주식으로 발행되고 있고 투자유인을 제공하기 위해 상환주식 또는 전환주식의 형태로 발행되기도 한다.

(3) 참가적 우선주와 비참가적 우선주

참가적 우선주란 우선주의 최저배당률보다 보통주의 배당률이 높은 경우 우선주의 주주가 그 차액에 참가하여 배당을 받을 수 있는 우선주를 말하고, 비참가적 우선주란 이러한 차액 배당에 참가할 수 없는 우선주를 말한다.

(4) 누적적 우선주와 비누적적 우선주

누적적 우선주란 어느 결산기에 우선주가 현실적으로 받은 이익배당이 최저배당률에 미치지 못하는 경우, 최저배당률과 현실적으로 받은 배당률의 차액을 다음 결산기로 이월하여 받을 수 있는 우선주를 말하고, 비누적적 우선주란 이러한 이월이 인정되지 않는 우선주를 말한다.

3. 의결권의 배제·제한에 관한 종류주식

(1) 의의

의결권 배제 · 제한에 관한 종류주식이란 의결권이 없거나 제한되는 종류주식을 말한다. 보통주의 의결권을 배제하거나 제한하는 종류주식도 허용된다. 의결권 부활의 조건 또한 우선적 배당을 받지 못하는 경우로 제한되지 않고 정관에서 자유로이 정할 수 있다. 2011년 개정상법은 우선주, 보통주뿐만 아니라 이익배당여부와 무관하게 의결권이 제한되는 종류주식을 인정한다.

(2) 발행

의결권이 제한되는 종류주식을 발행하는 경우 정관에 의결권을 행사할 수 없는 사항, 의결권행사 또는 부활의 조건을 정한 경우에는 그 조건 등을 정해야 하고(제344조의3 제1항), 의결권이 제한되는 종류주식의 총수는 발행주식 총수의 4분의 1을 초과하지 못한다(제344조의3 제2항).(변호 14, 17, 21, 모의 15, 16, 17, 24) 초과한 경우 회사는 지체 없이 제한을 초과하지 않도록 하기 위하여 필요한 조치를 취해야 한다(제344조의3 제2항).

(3) 의결권 배제 · 제한의 내용

특정 사안에 대하여 종류주주의 동의를 받아야 결의가 효력을 가질 수 있도록 하는 주식이나 의결권 수를 1주당 0.5 또는 2개 등으로 차등 부여하는 주식은 허용되지 않는다.(변호 17) 특정 사안에 대해 의결권이 없는 주식이나 특정 사안에 대해서만 의결권이 있는 주식은 허용된다. 따라서 이사 선임에 관해서는 의결권을 행사할 수 없지만 정관변경에 관해서는 의결권을 행사할 수 있는 주식과 같이 안건별로 의결권 행사의 가부를 달리하는 주식을 발행할 수 있다.(변호 14)

(4) 총회결의 정족수 미산입

총회결의 정족수 계산시, 의결권 없는 주식 수는 발행주식 총수에 산입하지 않는다(제371조 제1항).

(5) 의결권 이외의 주주권 및 주주총회 소집 통지

의결권이 제한되는 종류주식의 주주는 의결권 이외의 모든 주주권을 보유한다.

의결권이 없거나 제한되는 주주에 대해서는 주주총회 소집통지를 생략할 수 있다(제363조 제7항 본문).[모의 22] 그러나 ① 주식의 포괄적 교환, ② 주식의 포괄적 이전, ③ 영업양도, ④ 합병 및 분할합병과 같이 반대주주의 주식매수청구권이 인정되는 사항에 관한 주주총회의 경우에는 의결권 없는 주주에 대해서도 소집통지를 해야 한다(제363조 제7항 단서).(모의 16)

(6) 의결권이 인정되는 경우 (모의 16)

① 창립총회결의(제308조 제2항, 제363조 제7항 및 제371조 제1항을 준용하지 않음),(모의 21) ② 주식회사의 유한회사로의 조직변경 결의(제604조 제1항), ③ 종류주주총회 결의(제435조 제3항), ④ 회사분할 또는 분할합병결의(합병 ×), ⑤ 이사, 집행임원, 감사, 감사위원회 책임면제 결의.

4. 상환주식

(1) 의의

상환주식이란 회사의 이익으로써 소각할 수 있는 종류주식을 말한다. 상환종류주식은 주주에 대한 출자환급이 인정되는 예외적인 경우에 해당한다. 상환주식은 회사가 상환권을 갖는 주식 또는 주주가 상환을 청구할 수 있는 주식 모두 가능하다.(변호 16) 회사상환주식은 회사가 주식을 발행하여 자금을 조달한 후 회사의 자금사정이 좋아지면 주식을 상환할 수 있고, 주주상환주식은 주주가 상환기간 내에 회사의 경영상황을 판단하여 투자자금을 회수 할 수 있다.

(2) 발행

회사상환주식의 경우, 정관에 상환가액, 상환기간, 상환의 방법과 상환할 주식의 수를 정하여야 한다(제345조 제1항). 주주상환주식의 경우, 정관에 주주가 회사에 대하여 상환을 청구할 수 있다는 뜻, 상환가액, 상환청구기간, 상환의 방법을 정하여야 한다(제345조 제3항).

보통주식, 상환주식, 전환주식에 상환권을 붙이는 것은 허용되지 않는다(제345조 제5항).(모의 15)

상환권을 붙이지 못하는 전환주식이란 상환주식으로 전환될 수 있는 전환주식을 의미하는 것으로 좁게 해석하여야 한다는 견해가 존재한다. 실제로는 상환전환우선주가 널리 발행되고 있다.

이익배당 · 잔여재산분배에 우선권 있는 종류주식과 의결권 제한 종류주식은 상환권을 부여할 수 있다.

(3) 상환

1) 회사가 상환권을 갖는 경우

상환결정은 이사회 결의에 의한다. 상환결정은 배당가능이익이 있어야 하고 주주총회 또는 이사회의 재무제표 승인 절차를 거쳐야 한다. 회사는 상환대상인 주식의 취득일부터 2주 전에 그 사실을 그 주식의 주주 및 주주명부에 적힌 권리자에게 따로 통지하거나 공고해야 한다(제345조 제2항).

2) 주주가 상환권을 갖는 경우

주주의 상환청구는 형성권이다. 주주가 상환을 청구하는 경우 재무제표 승인 절차는 요구되지 않으나, 회사에 배당가능이익이 없다면 상환이 지연될 수 있다.

3) 상환의 방식 (변호 16, 모의 15, 17, 19)

상환주식 상환의 경우 회사는 주식 취득의 대가로 현금 외에 유가증권(다른 종류주식은 제외한다)이나 그 밖의 자산을 교부할 수 있다. 다만, 이 경우에는 그 자산의 장부가액이 배당가능이익을 초과하여서는 아니 된다(제345조 제4항). 다만 다른 종류주식으로 상환하는 것은 허용되지 않는다.

(4) 상환의 효과

1) 자본금 불변

상환주식의 상환은 배당가능이익으로 하므로 상환주식이 상환되더라도 회사의 자본금이 감소하지 않기 때문에 채권자보호절차를 거칠 필요가 없다.(변호 21, 모의 23) 액면주식의 상환이 이루어지면 발행주식의 액면총액이 자본금이라는 등식이 성립되지 않는다.

상법상 배당가능이익으로 주식을 소각할 수 있는 경우는 배당가능이익으로 취득한 자기주식의 소각(제343조 제1항 단서)과 상환주식의 소각 두 가지 경우이다.

2) 미발행주식수의 부활 여부

상환된 주식 수만큼 미발행주식수가 다시 살아나는지에 대해서는 신주발행에 대한 무한한 수권을 부여하는 결과가 된다는 이유로 부정하는 부정설과 발행예정주식총수란 현재의 시점을 기준으로 하므로 과거 발행되었던 주식을 감안할 필요가 없다는 이유로 긍정하는 긍정설이 대립한다.

3) 상환효력의 발생시점

주주가 상환권을 행사하면 회사는 주식 취득의 대가로 주주에게 상환금을 지급할 의무를 부담하고, 주주는 상환금을 지급받음과 동시에 회사에게 주식을 이전할 의무를 부담한다. 정관이나 상환주식 인수계약 등에서 특별히 정한 바가 없으면 **주주가 회사로부터 상환금을 지급받을 때까지는 상환권을 행사한 이후에도 여전히 주주의 지위에 있다.**(대판 2020.4.9. 2017다251564)(변호 21, 모의 21, 23, 24)**[모의 21]**

5. 전환주식

(1) 의의

전환주식이란 다른 종류의 주식으로 전환할 수 있는 권리가 부여된 주식을 말한다. 회사가 전환권을 갖는 주식 또는 주주가 전환을 청구할 수 있는 주식 모두 가능하다. 전환의 대상은 보통주와 모든 종류주식이며, 전환의 대가는 보통주를 포함하는 다른 종류주식이 된다. 다만, 전환주식의 대가로 금전 지급은 제외되므로 전환주식은 상환주식화 될 수 없고, 전환주식의 대가로 사채의 지급을 청구할 수 있는 전환주식은 허용되지 않지 않는다.(변호 16)

(2) 발행

1) 정관 규정 사항

주주가 전환권을 가지는 전환주식은 정관으로 전환의 조건, 전환의 청구기간, 전환으로 인하여 발행할 주식의 수와 내용을 정하여야 한다(제346조 제1항). 회사가 전환권을 가지는 전환주식은 정관으로 전환의 사유, 전환의 조건, 전환의 기간, 전환으로 인하여 발행할 주식의 수와 내용을 정하여야 한다(제346조 제2항).

2) 발행할 주식수의 유보

종류주식의 수 중 새로 발행할 주식의 수는 전환청구기간 또는 전환의 기간 내에 그 발행을 유보해야 한다(제346조 제4항).

3) 전환주식 발행의 결정

전환주식 발행의 결정은 회사 설립시에는 발기인 전원의 동의로, 신주 발행시에는 이사회의 결의로 한다.

4) 주식청약서 또는 신주인수권증서 기재사항

전환주식을 발행하는 경우 주식청약서 또는 신주인수권증서에 ① 주식을 다른 종류의 주식으로 전환할 수 있다는 뜻, ② 전환의 조건, ③ 전환으로 인하여 발행할 주식의 내용, ④ 전환청구기간 또는 전환의 기간에 관한 사항을 적어야 한다(제347조).

(3) 전환의 효력발생

주주가 전환권을 가지는 경우, 전환청구시에 전환의 효력이 발생하며, 회사가 전환권을 가지는 경우 주권제출기간 만료시에 전환의 효력이 발생한다(제350조 제1항).(변호 17, 21, 모의 17, 21)

주주가 전환권을 가지는 경우, 주주는 청구서 2통에 주권을 첨부하여 회사에 제출하여야 하고(제349조 제1항), 청구서에 전환하고자 하는 주식의 종류와 수 등을 기재하고 기명날인 또는 서명해야 한다(제349조 제2항). 회사가 전환권을 가지는 경우, 이사회는 주주와 주주명부에 기재된 권리자에게 전환할 주식 등에 대하여 통지하여야 하는데, 이 통지는 공고로 갈음할 수 있다(제346조 제3항).

주주명부폐쇄기간 중에 전환된 주식의 주주는 그 기간 중의 총회결의에 관해 의결권을 행사할 수 없다(제350조 제2항).

(4) 전환으로 인해 발행하는 주식의 발행가액

전환으로 인하여 신주식을 발행하는 경우에는 전환전의 주식의 발행가액을 신주식의 발행가액으로 한다(제348조).(모의 15, 23)

전환 이전이든 전환 이후이든 주식의 액면가는 100원 이상으로 균일하여야 한다. 액면미달발행 금지로 인하여 위 규정은 전환비율을 제한하는 효과가 있다. 전환비율이 1:1인 경우 자본금 변동이 없고 1주당 발행가액도 변동이 없으나, 전환비율이 1:1을 초과하는 경우 자본금이 증가하게 되나 전환비율이 지나치게 높은 경우 1주당 발행가액이 액면에 미달할 수 있다. 전환비율이 1:1 미만인 경우는 자본금이 감소하게 된다. 이처럼 전환비율에 따라 회사의 자본금이 변경될 수 있다.(변호 17)

				자본금	비고
액면가액	500원	전환주식총수	20주	10,000원	
		전환주식발행가액	신주발행가액		
		16,000원	16,000원		
		전환 후 주식수	주당인수가액		
전환비율	1:2	40주	400원	20,000원	액면미달발행
	1:1.5	30주	533원	15,000원	
	1:0.8	16주	1,000원	8,000원	자본금 감소

Ⅲ. 주식담보

1. 주식담보 설정의 자유와 제한

(1) 주식담보설정의 자유

주식은 재산적 가치를 가지고 있고 양도성이 있으므로 원칙적으로 자유롭게 담보로 제공할 수 있다. 주식에 대한 질권설정, 양도담보설정이 가능하다.

(2) 권리주와 주권발행 전 주식에 대한 담보설정 제한

권리주는 회사에 대하여 효력이 없으므로 권리주의 입질 또는 양도담보는 당사자 사이에서만 유효하고 회사에 대하여 효력이 없다.

주권발행 전의 주식에 대한 입질 또는 양도담보의 등록을 청구할 수 없다. 회사의 성립 또는 신주납입기일로부터 6월이 경과한 때에는 주식의 양도로 회사에 대항할 수 있으므로 질권 또는 양도담보의 설정 또한 가능하다.(변호 25) 그 방법은 민법 제345조의 권리질권 설정방법에 의하여야 한다.

(3) 자기주식에 대한 담보설정

자기주식을 질권의 목적으로 취득하는 것도 가능하지만 발행주식총수의 20분의 1을 초과하지 못한다(제341조의3). ① 회사의 합병 또는 다른 회사의 영업전부의 양수로 인한 경우 및 ② 회사의 권리를 실행함에 있어 그 목적을 달성하기 위하여 필요한 경우에는 이러한 한도를 초과하여 질권의 목적으로 할 수 있다(제341조의3 단서).

(4) 상호주식

상호주식의 경우 자회사가 모회사의 주식을 담보로 취득하는 것을 금지하는 규정은 없으므로 자회사가 모회사 주식에 대한 질권을 취득하는 것은 제한 없이 허용된다. 질권설정의 경우 질권설정자가 의결권을 행사하므로 의결권이 왜곡되지 않는다는 것을 이유로 한다.

2. 주식입질

(1) 주권이 발행된 주식의 입질

① 주식에 대한 질권을 설정하기 위해서는 주권을 질권자에게 교부하여야 한다(제338조 제1항).(변호 23)

② 주식질권설정에 필요한 요건인 **주권의 점유를 이전하는 방법으로는 현실 인도(교부) 외에 간이인도나 반환청구권 양도도 허용되고,**(변호 13, 17, 25) **주권을 제3자에게 보관시킨 경우 주권을 간접점유하고 있는 질권설정자가 반환청구권 양도에 의해 주권의 점유를 이전하려면 질권자에게 자신의 점유매개자인 제3자에 대한 반환청구권을 양도하여야 하고, 이 경우 대항요건으로서 제3자의 승낙 또는 질권설정자의 제3자에 대한 통지를 갖추어야 한다. 이러한 법리는 제3자가 다시 타인에게 주권을 보관시킴으로써 점유매개관계가 중첩적으로 이루어진 경우에도 마찬가지이므로, 최상위 간접점유자인 질권설정자는 질권자에게 자신의 점유매개자인 제3자에 대한 반환청구권을 양도하고 대항요건으로서 제3자의 승낙 또는 제3자에 대한 통지를 갖추면 충분하며, 직접점유자인 타인의 승낙이나 그에 대한 질권설정자 또는 제3자의 통지까지 갖출 필요는 없다.**(변호 18, 23)(대판 2012.8.23. 2012다34764)

[사실관계] 질권설정자 A가 주식의 주권을 B에게 보관시켰고, B는 다시 C에게 해당 주권을 재보관시킨 상황에서 질권설정자 A가 D를 질권자로 하는 질권을 설정한 후 D에게로의 주권반환청구권을 양도하는 것을 내용으로 하는 주권반환청구권 양도통지를 B에게만 하고 C에게는 하지 않은 사안. 대법원은 이 경우에도 질권이 유효하게 성립되었다고 판시하였다.

③ 주식에 대해 질권이 설정되었다고 하더라도 **질권설정계약 등에 따라 질권자가 담보제공자인 주주로부터 의결권을 위임받아 직접 의결권을 행사하기로 약정하는 등의 특별한 약정이 있는 경우를 제외하고 질권설정자인 주주는 여전히 주주로서의 지위를 가지고 의결권을 행사**할 수 있다.(대판 2017.8.18. 2015다5569)(변호 17, 20, 21, 모의 18, 22)

(2) 주권 발행 전 주식의 입질

① 주권이 발행되지 아니한 경우에도 회사의 성립 또는 신주 납입기일로부터 6월이 경과한 때에는 주식에 대하여 질권을 설정할 수 있다. 이 경우 질권의 설정은 채권질의 성질을 가진다.

② 주권발행 전의 주식 입질에 관하여는 상법 제338조 제1항의 규정이 아니라 권리질권 설정의 일반원칙인 민법 제346조로 돌아가 그 권리의 양도방법에 의하여 질권을 설정할 수 있다고 보아야 한다.(대결 2000.8.16. 99그1)(변호 13, 23) **주권발행 전 주식에 대한 질권 설정은 당사자 사이의 합의에 의해 효력이 발생하고 회사에 대한 통지 또는 회사의 승낙으로 회사에 대한 대항력을 갖게 된다.**

3. 등록질과 약식질의 설정

(1) 등록질

등록질은 질권설정에 관한 ① 물권적 합의와 ② 주권의 교부뿐만이 아니라, ③ 질권자의 성명을 주주명부에 기재하여야만 입질의 효력이 발생한다(제340조 제1항).(변호 17, 23, 모의 24)

상법은 질권자의 성명을 기재하도록 하고 있으나 통설은 질권자의 성명을 기재하지 않더라도 등록질 성립에 지장이 없다고 본다. 등록질의 경우 주주명부의 기재가 회사에 대한 대항요건이 된다. 그러나 제3자에 대한 대항요건은 약식질과 같이 주권의 점유이다.(변호 17, 25, 모의 24)

주주명부에의 기재는 질권자가 아니라 질권설정자의 청구에 의한다. 등록질이 성립된 이후에는 회사에 대한 권리를 행사하기 위해 주권을 제시하거나 권리를 입증하지 않아도 된다.

(2) 약식질

약식질은 주주명부에 질권자의 성명을 기재하지 아니하고 ① 물권적 합의와 ② 주권의 교부만으로 입질하는 것이다(제338조 제1항).(변호 23) 약식질의 경우 질권자는 주권을 계속 점유하여야만 회사와 제3자에게 대항할 수 있다(제338조 제2항).(변호 25)

4. 주식 질권의 효력

(1) 일반적 효력

주식 질권은 민법에 따라 유치권, 우선변제권, 물상대위의 효력을 가진다.

물상대위와 관련하여 상법은 ① 주식 소각 · 병합 · 분할 또는 전환, ② 신주발행 무효(제432조 제3항), ③ 준비금 자본금 전입(제461조 제7항), ④ 합병(제530조 제3항), ⑤ 주식교환(제360조의14 제4항), ⑥ 주식이전(제360조의23 제4항), ⑦ 조직변경(제604조 제4항, 제601조), ⑧ 청산(제542조 제2항) 등에서도 물상대위를 적용하고 있다.

다만 통설은 신주인수권을 행사하는 경우에는 별도의 주금납입이 있어야 하므로 신주인수권을 기존 주식의 변형물이라고 볼 수 없다는 이유로 질권의 효력이 미치지 않는다고 본다.

(2) 등록질과 약식질에 공통된 효력

1) 물상대위

주식의 소각, 병합, 분할 또는 전환이 있는 때에는 이로 인하여 종전의 주주가 받을 금전이나 주식에 대하여도 종전의 주식을 목적으로 한 질권을 행사할 수 있다(제339조).(변호 17, 23, 25, 모의 17)

주식의 약식질권자가 주식의 소각대금채권에 대하여 물상대위권을 행사하기 위하여는 민법 제342조, 제355조, 구 민사소송법 제733조 제2항, 제3항에 의하여 질권설정자가 지급받을 금전 기타 물건의 지급 또는 인도 전에 압류하여야 한다.(대판 2004.4.23. 2003다6781)(변호 13, 17)

2) 준비금의 자본금전입에 의한 무상주

준비금의 자본금전입에 발행된 주식(무상주)에 대해서도 약식질과 등록질 모두 질권의 효력이 미친다(제461조 제7항, 제339조).(모의 22) 약식질권자는 주권 교부 전에 압류해야 한다고 본다.(변호 13, 17)

3) 잔여재산분배청구권

잔여재산분배청구권은 회사의 해산시 주식의 변형물에 해당하므로 약식질과 등록질 모두 질권의 효력이 미친다. 약식질권자의 경우에는 지급 또는 교부 전에 압류하여야 한다고 본다.(변호 17)

4) 주식매수청구권의 행사에 따른 대금

주식매수청구로 회사로부터 받은 주식매수대금에는 약식질과 등록질 모두 질권의 효력이 미친다.

(3) 이익배당청구권

상법은 등록질의 경우 이익배당에도 효력이 미친다고 규정하고 있으나(제340조 제1항),(변호 23)

약식질에 대한 규정은 없다. 이에 대해 ① '긍정설'은 이익배당은 과실에 해당하므로 일반원칙에 따라 약식질의 효력이 미치고, 질권자의 권리 등록여부에 따라 달라진다고 보는 것은 부당하다는 것을 이유로 하고, ② '부정설'은 상법 제340조 제1항의 반대해석 및 약식질은 주식의 교환가치만을 담보의 목적으로 한다는 이유로 이익배당에는 약식질의 효력이 미치지 않는다고 본다.

(4) 주식배당청구권

주식배당에 관해 상법은 제462조의2 제6항에서 등록질의 효력을 인정하고 있으나, 약식질에 대한 규정은 없다. 그 결과 약식질과 관련하여 ① 주식배당의 성격을 이익배당으로 보게 되면 이익배당청구권에서 논의된 동일한 사항이 문제되고, ② 주식배당의 성격을 주식분할로 보게 되면 배당된 주식은 기존 주식의 변형물이므로 배당된 주식에 대해서도 질권의 효력이 미친다고 보게 된다.

5. 주식의 양도담보

(1) 주식양도담보의 설정

주식에 대한 담보설정의 방법으로 이용되는 양도담보의 경우 ① 주권을 교부하면서 명의개서까지 하는 등록양도담보와 ② 명의개서는 하지 않는 약식양도담보로 나눌 수 있다. 주식의 효력 발생 후 6개월 이내에 주권이 발행되지 않는 경우, 당사자 사이의 합의에 의하여 효력이 발생하고 회사에 대한 통지 또는 회사의 승낙으로 대항력을 가지게 된다.

(2) 주식양도담보권자의 지위

① 주식을 환매조건부로 취득하여 주주명부상 명의개서까지 마친 매수인은 주주로서의 의결권 기타의 공익권도 행사할 수 있고, 설사 주식 양도가 양도담보의 의미로 이루어지고 양수인이 양도담보권자에 불과

하더라도, 회사에 대한 관계에 있어서는 양도담보권자가 주주의 자격을 갖는 것이어서 의결권 기타의 공익권도 담보권자인 양수인에게 귀속한다.(대판 1992.5.26. 92다84)

② 채무자가 채무담보 목적으로 주식을 채권자에게 양도하여 채권자가 주주명부상 주주로 기재된 경우, 양수인이 주주로서 주주권을 행사할 수 있고 회사 역시 주주명부상 주주인 양수인의 주주권 행사를 부인할 수 없다. 양도담보권자의 피담보채무가 변제로 소멸하였더라도 양도담보권자인 주주가 법원에 임시주주총회 소집허가를 신청하는 것은 권리남용에 해당하지 않는다.(대결 2020.6.11. 2020마5263)(변호 25)

③ 채권의 담보 목적으로 양도된 주식에 관한 담보권이 귀속청산의 방법으로 실행되어 주식이 채권자에게 확정적으로 이전되기 위해서는, 채권자가 그 주식을 적정한 가격으로 평가한 후 그 가액으로 피담보채권의 원리금에 충당하고 잔액을 반환하거나, 평가액이 피담보채권액에 미달하는 경우에는 채무자에게 통지하는 등 정산절차를 마쳐야 하고, 그와 같은 정산절차를 마치지 않은 상태에서는 아직 피담보채권이 소멸되었다고 볼 수 없다.(대판 1999.12.10. 99다14433)

Ⅳ. 주식의 병합, 분할, 소각, 자본감소

1. 주식의 병합

(1) 의의 [모의 21]

주식의 병합이란 수개의 주식을 합하여 그보다 적은 수의 주식을 발행하는 것을 말한다. 주식병합이 이루어지더라도 회사 재산에는 변화가 없다. 주식병합은 자본금감소의 수단으로 이용되고, 단주처리를 이용하여 소수주주 축출에도 이용될 수 있다.

예를 들어 회사의 발행주식 총 1만주를 A(9천주), B(190주), C(190주), D(180주), E(150주), F(90주), G1 ~ G4(각 50주)가 보유한 경우 주식을 100대1로 병합하면 A(90주), B(1주), C(1주), D(1주), E(1주), F(0주), G1 ~ G4(각 0주)를 보유하게 되어 F부터 G4까지 주주가 축출되게 되고, A는 총발행주식의 95.7%(90/94)를 보유하게 되어 나머지 주주들에게 지배주주의 주식매수청구를 할 수 있게 된다.

(2) 절차 [모의 21]

1) 주주총회 특별결의 및 채권자보호절차

주식의 병합으로 인하여 자본금이 감소하기 때문에 결손의 보전을 위한 경우가 아니라면 주주총회의 특별결의(제438조 제1항, 제2항)(변호 13, 모의 17) 및 채권자보호절차(채권자에게 이의 제기 여부 공고 후 이의제기 채권자에게 변제 또는 상당한 담보를 제공하거나 상당한 재산을 신탁)를 거쳐야 한다(제439조 제2항, 제232조).

2) 구주권 폐기 및 신주권 교부

회사는 1월 이상의 기간을 정하여 그 뜻과 그 기간 내에 주권을 회사에 제출할 것을 공고하고 주주명부에 기재된 주주와 질권자에 대하여는 각별로 그 통지를 해야 한다(제440조).(변호 22, 모의 13) 사실상 1인 회사는 공고 등 절차를 거치지 않았다고 하더라도 주식병합이 유효하다.

구주권을 회사에 제출할 수 없는 자가 있는 경우 회사는 그 자의 청구에 의하여 3월 이상의 기간을 정하고 이해관계인에 대하여 그 주권에 대한 이의가 있으면 그 기간 내에 제출할 뜻을 공고하고 그 기간이 경과한 후에 신주권을 청구자에게 교부할 수 있다(제442조 제1항).(변호 22)

주식병합 이후 신주식을 양도하려면 신주권의 교부가 필요하게 된다. 신주식의 양도에 구주권이 필요한 것은 아니다.(변호 18)

주식병합의 효력이 발생하면 구주권은 실효되고 회사는 신주권을 발행하여야 하며, 주주는 병합된 만큼 감소된 수의 신주권을 교부받게 되는데, 이에 따라 교환된 주권은 병합 전의 주식을 표창하면서 그와 동일성을 유지한다.(대판 2012.2.9. 2011다62076,62083).(모의 24)

(3) 단주의 처리

병합에 적당하지 아니한 수의 주식이 있는 때에는 그 병합에 적당하지 아니한 부분에 대하여 발행한 신주를 경매하여 각 주수에 따라 그 대금을 종전의 주주에게 지급하여야 한다(제443조 제1항). 거래소의 시세 있는 주식은 거래소를 통하여 매각하고, 거래소의 시세 없는 주식은 법원의 허가를 받아 경매 외의 방법으로 매각할 수 있다(제443조 제1항 단서).

(4) 주식병합의 효력발생

1) 자본금이 감소하는 주식병합

자본금이 감소하는 주식병합은 주권제출기간 만료 및 채권자보호절차 종료시 그 효력이 발생한다(제441조 단서, 제232조).(변호 15, 16, 22, 모의 17, 22, 24) 액면을 병합하지 않는 주식병합은 주식수가 감소하므로 자본금이 감소한다.

2) 자본금이 감소하지 않는 주식병합

액면을 병합하는 주식병합과 같이 자본금이 감소하지 않는 주식병합은 주권제출기간 만료시 발생한다(제441조). 예컨대 액면금 500원인 주식 100주를 1주로 병합하면서 액면을 5만원으로 병합하면 자본금은 변동되지 않는다.

(5) 주식병합을 다투는 절차

상법은 주식병합을 다투는 것에 관한 규정을 두고 있지 않다. 주식병합으로 자본금이 감소되는 경우에는 주주 · 이사 · 감사 · 청산인 · 파산관재인 또는 자본금의 감소를 승인하지 아니한 채권자만이 자본금 감소로 인한 변경등기가 된 날부터 6개월 내에 소만으로 주장할 수 있다(제445조).

주식병합의 실체가 없음에도 주식병합의 등기가 되어 있는 외관이 존재하는 경우 등과 같이 주식병합의 절차적 · 실체적 하자가 극히 중대하여 주식병합이 존재하지 아니한다고 볼 수 있는 경우에는, 주식병합 무효의 소와는 달리 출소기간의 제한에 구애됨이 없이 그 외관 등을 제거하기 위하여 주식병합 부존재확인의 소를 제기하거나 다른 법률관계에 관한 소송에서 선결문제로서 주식병합의 부존재를 주장할 수 있다.(모의 17)(대판 2009.12.24. 2008다15520)

(6) 주식병합의 무효사유

주식병합으로 소수주주가 주주의 지위를 상실했다 할지라도 그 자체로 위법이라고 볼 수는 없다. 甲회사가 임시주주총회를 개최하여 1주당 액면가를 5,000원에서 50,000,000원으로 인상하는 10,000:1의 주식병합을 하고, 10,000주에 미치지 못하는 주식을 보유한 주주에게 1주당 액면가 5,000원을 지급하기로 하는 내용의 '주식병합 및 자본금감소'를 결의하였고, 이에 따라 乙을 포함하여 10,000주 미만의 주식을 보유한 주주들이 주주의 지위를 상실하였더라도, 위 주식병합은 법에서 정한 절차에 따라 주주총회 특별결의와 채권자보호절차를 거쳐 모든 주식에 대해 동일한 비율로 주식병합이 이루어졌고, 단주의 처리 과정에서 주식병합 비율에 미치지 못하는 주식수를 가진 소수주주가 자신의 의사와 무관하게 주주의 지위를 상실하게 되지만, 이러한 단주의 처리 방식은 상법에서 명문으로 인정한 주주평등원칙의 예외이므로, 위 주식병합의 결과 주주의 비율적 지위에 변동이 발생하지 않았고, 달리 乙이 그가 가진 주식의 수에 따라 평등한 취급을 받지 못한 사정이 없는 한 이를 주주평등원칙의 위반으로 볼 수 없다.(대판 2020.11.26. 2018다283315)(모의 21, 23)

[판시사항] 위 대법원 판결은 다음 사항도 함께 판시하고 있다. ㉠ 상법은 자본금감소의 무효와 관련하여 개별적인 무효사유를 열거하고 있지 않으므로, 자본금감소의 방법 또는 기타 절차가 주주평등의 원칙에 반하는 경우, 기타 법령·정관에 위반하거나 민법상 일반원칙인 신의성실의 원칙에 반하여 현저히 불공정한 경우에 무효소송을 제기할 수 있다. ㉡ 즉 주주평등의 원칙은 그가 가진 주식의 수에 따른 평등한 취급을 의미하는데, 만일 **주주의 주식수에 따라 다른 비율로 주식병합을 하여 차등감자가 이루어진다면 이는 주주평등의 원칙에 반하여 자본금감소 무효의 원인**이 될 수 있다.**[변호 24]** ㉢ 또한 주식병합을 통한 자본금감소가 현저하게 불공정하게 이루어져 권리남용금지의 원칙이나 신의성실의 원칙에 반하는 경우에도 자본금감소 무효의 원인이 될 수 있다. ㉣ 엄격한 요건 아래 허용되고 있는 소수주주 강제매수를 회피하기 위하여 탈법적으로 동일한 효과를 갖는 다른 방식을 활용하는 것은 위법하다. ㉤ 주식병합을 통해 지배주주가 회사의 지배권을 독점하려면, 단주로 처리된 주식을 소각하거나 지배주주 또는 회사가 단주로 처리된 주식을 취득하여야 하고 이를 위해서는 법원의 허가가 필요하다. 주식병합으로 단주로 처리된 주식을 임의로 매도하기 위해서는 대표이사가 사유를 소명하여 법원의 허가를 받아야 하고(비송사건절차법 제83조), 이때 단주 금액의 적정성에 대한 판단도 이루어지므로 주식가격에 대해 법원의 결정을 받는다는 점은 소수주식의 강제매수제도와 유사하다. 따라서 결과적으로 주식병합으로 소수주주가 주주의 지위를 상실했다 할지라도 그 자체로 위법이라고 볼 수는 없다. ㉥ 위 주식병합 및 자본금감소는 주주총회 참석주주의 99.99% 찬성(발행주식총수의 97% 찬성)을 통해 이루어졌는데, 이러한 회사의 결정은 지배주주뿐만 아니라 소수주주의 대다수가 찬성하여 이루어진 것으로 볼 수 있고, 이와 같은 회사의 단체법적 행위에 현저한 불공정이 있다고 보기 어려우며, 또한 해당 주주총회의 안건 설명에서 단주의 보상금액이 1주당 5,000원이라고 제시되었고, 이러한 사실을 알고도 대다수의 소수주주가 주식병합 및 자본금감소를 찬성하였으므로 단주의 보상금액도 회사가 일방적으로 지급한 불공정한 가격이라고 보기 어렵다.

2. 주식의 분할

(1) 의의

주식의 분할이란 주식을 나누어 발행주식총수를 증가시키는 것이다. 자본금은 변화가 없고, 주식수가 증가하므로 결국 주식분할은 액면분할을 의미한다. 회사나 주주에게 아무런 변동 없이 회사가 주주에게 주식을 지급하는 경우는 주식분할, 무상증자, 주식배당이 존재한다. 주식분할은 주주총회 특별결의(액면금 감소), 무상증자는 이사회 결의, 주식배당은 주주총회 보통결의로 한다.

(2) 절차

① 주식의 분할은 주주총회 특별결의(출석 의결권의 3분의 2 이상, 발행주식총수 3분의 1 이상)에 의한다.(변호 16, 모의 20, 24) 주식액면은 정관 기재사항이고, 정관변경은 주주총회 특별결의사항이다. ② 자본금에 변화가 없으므로 채권자보호절차가 필요 없다.(모의 24) ③ 주식분할의 절차(제440조), 주식분할 효력발생(제441조), 기타 구주권의 제출 및 신주권의 교부(제442조), 단주처리(제443조)에 관하여는 주식병합에 관한 규정을 준용한다(제329조의2 제3항). 따라서 액면주식을 분할하는 경우 회사가 공고한 주권제출기간 내에 주주가 구주권을 제출하더라도 주권제출기간이 지나야 신주권의 발행 및 교부를 청구할 수 있다.(모의 15)

무액면주식은 분할이 되더라도 액면가가 변동되지 않기 때문에 무액면주식의 분할은 주주총회 특별결의가 아닌 이사회 결의로 가능하고, 주식분할로 주권 자체에 변화가 있는 것도 아니므로 구주권을 제출할 필요 없이 추가로 신주만 발행하면 된다.

(3) 주식분할의 효과

주식분할의 효력은 주권제출기간 만료시에 발생한다.(모의 24) 주식분할로 발행주식총수가 증가하나 액면이 감소하므로 자본금은 변하지 않는다. 회사 재산에도 변화가 없다.

3. 주식의 소각

주식의 소각은 회사의 존속 중 특정 주식을 절대적으로 소멸시키는 회사의 행위이다. 자본금을 감소시키는 소각(자본감소)은 채권자보호절차를 거쳐야 한다.

자본금이 감소하는 주식소각은 주식병합을 준용하여 주권제출기간 만료시에 효력이 발생한다. 다만 채권자보호 절차가 종료하지 않은 경우 그 종료 시에 효력이 발생한다(제441조).(변호 22, 모의 24)

배당가능이익으로 자기주식을 취득한 후 소각하는 자본금 감소가 없는 자기주식소각은 채권자보호 절차를 거치지 않아도 된다. 이사회 결의로 자기주식을 소각하는 경우 자본금 감소 규정에 의하지 않을 수 있다(제343조 제1항).(변호 22, 모의 24)

2011년 개정상법에 의하면 자본금으로 주식을 소각하고자 하면 자본금감소 절차에 의하고, 배당가능이익으로 주식을 소각하고자 하면 자기주식을 취득한 뒤 이사회 결의로 소각하게 된다.

4. 자본금감소

자본금감소란 자본금의 금액을 축소시키는 것이다. 유상감자는 회사재산이 감소하는 실질상의 자본금감소를 말한다. 무상감자는 회사재산이 감소하지 않는 명목상의 자본금감소를 말한다.

실질감자인 유상감자는 주주총회 특별결의에서 정해야 하고(제438조 제1항, 제434조),(모의 13, 21, 24) 채권자보호절차를 거쳐야 한다(제439조 제2항 본문, 제232조).(모의 13, 24) 그러나 결손보전 목적의 무상감자는 주주총회 보통결의에 의하고(제438조 제2항, 제368조 제1항), 채권자보호절차가 요구되지 않는다(제439조 제2항 단서).(변호 13, 15, 16, 모의 13, 21(2), 22, 24)

예를 들어 액면금 500원의 주식 100주가 발행되어 현재 자본금이 5만원인 회사가 40주를 소각하는 것과 관련하여 이익잉여금이 5만원 발생한 경우와 이익잉여금이 마이너스 2만원 발생한 경우로 나누어 유상감자와 무상감자를 정리하면 아래 표와 같다. 아래 표에서 이익잉여금이 마이너스 2만원인 경우 1주당 가치는 300원이어서 신주를 발행하고자 하는 경우 액면미달발행을 해야 하는 문제가 발생한다. 이를 해결하기 위하여 40주를 무상감자하게 되면 자본금은 3만원으로 감소하나 이익잉여금은 0원이 조정되고 1주당 가치는 500원이 되어 액면발행이 가능하게 된다.

구분	유상감자	무상감자
이익잉여금	50,000원	− 20,000원
회사가치	100,000원(자본금 + 이익잉여금)	30,000원(자본금 + 이익잉여금)
1주당가치	1,000원(회사가치 ÷ 주식수)	300원(회사가치 ÷ 주식수)
40주 소각	주주에게 합계 40,000원 지급	무상으로 40주 소각
소각 후 자본금	30,000원(60주 × 500원)	30,000원(60주 × 500원)
소각 후 이익잉여금	30,000원(회사가치 − 자본금)	0원(회사가치 − 자본금)
소각 후 1주당 가치	1,000원(60,000원 ÷ 60주)	500원(30,000원 ÷ 60주)

유상감자에서 채권자보호절차를 거치지 않은 경우, 자본금감소를 승인하지 않은 채권자는 감자무효소를 제기할 수 있다. 자본금 감소에 대하여 사채권자가 이의를 제기하려면 사채권자집회 결의가 있어야 하며(모의 21) 이 경우 법원은 이해관계인의 청구에 의해 사채권자를 위하여 이의제기기간을 연장할 수 있다(제439조 제3항).(모의 13)

유상감자는 주권제출기간 만료 및 채권자보호절차 종료시 효력이 발생하고, 무상감자는 주권제출기간 만료시에 효력이 발생한다.(모의 24)

5. 감자무효의 소 [모의 21]

> **제445조 (감자무효의 소)** 자본금 감소의 무효는 주주 · 이사 · 감사 · 청산인 · 파산관재인 또는 자본금의 감소를 승인하지 아니한 채권자만이 자본금 감소로 인한 변경등기가 된 날부터 6개월 내에 소만으로 주장할 수 있다.
> **제446조 (준용규정)** 제186조 내지 제189조(재량기각) · 제190조 본문 · 제191조 · 제192조 및 제377조의 규정은 제445조(감자무효)의 소에 관하여 이를 준용한다.

(1) 감자무효사유

자본금감소 절차나 내용에 하자가 있는 경우, 주주 · 이사 · 감사 · 청산인 · 파산관재인 또는 자본금의 감소를 승인하지 아니한 채권자만이 자본금 감소로 인한 변경등기가 된 날부터 6개월 내에 소만으로 주장할 수 있고(제445조),(변호 21, 모의 21)**[모의 21]** 이 기간이 경과한 후에는 새로운 무효사유를 추가하여 주장할 수 없다.(대판 2010.4.29. 2007다12012)(변호 16, 모의 13, 14, 19, 21, 23)

(2) 판결의 효력

원고 승소 판결은 제3자에게도 효력이 있다.(변호 15) 감자무효의 소와 관련하여 제190조 본문만 준용되므로(제446조) 감자무효 판결의 소급효가 인정된다.(모의 24) 원고 패소 판결은 제3자에게 효력을 미치지 않는다(민사소송법 제218조 제1항). 감자무효 소를 제기한 자가 패소한 경우 악의 또는 중과실이 있는 때에는 회사에 대하여 연대하여 손해를 배상할 책임이 있다(제446조, 제191조).

(3) 주주총회결의 하자와의 관계

무효사유가 주주총회결의의 하자인 경우, 감자결의무효 확인을 구할 수 없고 감자무효의 소에 의해야 한다. ① 감자등기 이전에는 감자결의무효 확인의 소를 제기한 후, 감자등기 후 감자무효의 소로 변경하여야 한다. ② 감자등기로부터 6개월 경과 후에는 감자결의 무효확인의 소도 허용되지 않는다.

주주총회결의 취소사유가 존재하는 경우, 주주총회 결의일로부터 2개월 이내에 감자무효의 소를 제기해야 하나 감자등기가 그 기간 중에 이루어지 않을 경우에는 위 기간 내에 감자결의 취소의 소를 제기한 후 감자등기 이후 감자무효의 소로 변경해야 한다.

주주총회의 자본감소 결의에 취소 또는 무효의 하자가 있다고 하더라도 그 하자가 극히 중대하여 자본감소가 존재하지 아니하는 정도에 이르는 등의 특별한 사정이 없는 한 취소 또는 무효의 하자가 있는 주주총회의 결의에 기초한 자본금 감소 절차가 실행되어 자본감소의 효력이 발생한 후에는 자본감소 무효의 소에 의해서만 다툴 수 있다.(대판 2010.2.11. 2009다83599)(변호 15, 모의 14)**[변호 24]**

(4) 재량기각

감자무효의 소가 그 심리 중에 원인이 된 하자가 보완되고 회사의 현황과 제반사정을 참작하여 설립을 무효 또는 취소하는 것이 부적당하다고 인정한 때에는 법원은 그 청구를 기각할 수 있다(제446조, 제189조).

법원이 감자무효의 소를 재량 기각하기 위해서는 원칙적으로 그 소 제기 전이나 그 심리 중에 원인이 된 하자가 보완되어야 한다고 할 수 있지만, **하자가 추후 보완될 수 없는 성질의 것으로서 자본감소 결의의 효력에는 아무런 영향을 미치지 않는 것인 경우** 등에는 그 하자가 보완되지 아니하였다 하더라도 회사의 현황 등 제반 사정을 참작하여 자본감소를 무효로 하는 것이 부적당하다고 인정한 때에는 **법원은 그 청구를 기각할 수 있다.**(대판 2004.4.27. 2003다29616)(변호 23, 모의 14)

Ⅴ. 주권

1. 주권의 발행

① 주권이란 주식 또는 주주권을 표창하는 유가증권을 말한다. 주권은 회사의 성립 후 지체 없이 발행하여야 한다(제355조 제1항). 주식은 주권의 교부를 통하여서만 양도되므로, 주식의 양도성을 보장하기 위하여 주권발행의무가 강제되는 것이다.

② 회사는 회사성립 전이나 신주납입기일 이전에는 주권을 발행할 수 없으며, 설령 발행되었다고 하더라도 무효이다(제355조 제2항, 제3항).(변호 16)

③ 주식 · 사채 등의 전자등록에 관한 법률 시행 이후 상장주식에 대해서는 유효한 주권이 발행되거나 존재할 수 없으므로 주권의 발행 및 인도를 청구할 수 없다.(대판 2024.7.25. 2020다273403)

④ **대표이사가 주권 발행에 관한 주주총회나 이사회 결의 없이 주주 명의와 발행연월일을 누락한 채 단독으로 주권을 발행한 경우**, 특별한 사정이 없는 한 주권발행은 대표이사의 권한이고, 회사 정관상 주권 발행에 주주총회나 이사회 의결을 거치도록 되어 있다고 볼 근거도 없으며, **기명주권의 경우에 주주의 이름이 기재되어 있지 않다거나 또한 주식의 발행연월일의 기재가 누락되어 있다고** 하더라도 이는 주식의 본질에 관한 사항이 아니므로, **주권의 무효 사유가 된다고 할 수 없다.**(대판 1996.1.26. 94다24039)(모의 14)

⑤ **주권은 유가증권으로서 재물에 해당되므로 횡령죄 객체가 될 수 있으나, 주주권을 의미하는 주식은 재물이 아니므로 횡령죄 객체가 될 수 없다.**(대판 2023.6.1. 2020도2884)

2. 주권의 효력발생시기

(1) 의의

주권이 불법적으로 유통되거나 주주가 아닌 자에게 교부된 경우와 관련하여 주권이 어느 시점에 유가증권으로서 효력이 발생하는지 문제된다.

(2) 학설

① '작성시설'은 회사가 주권을 작성한 때에 주권의 효력이 발생한다고 본다.

② '발행시설'은 주권이 작성된 후 회사의 의사에 기하여 교부가 이루어진 때(교부대상은 주주에 한정되지 않는다)에 주권의 효력이 발생한다고 본다.

③ '교부시설'은 주권이 정당한 주주에게 교부된 때에 주권의 효력이 발생한다고 본다. 교부시설에 의하면 정당한 주주에게 교부되기 전에는 주권에 대한 선의취득이나 압류가 불가능하다.(모의 16)

(3) 판례

주권 발행은 상법 제356조의 형식을 구비한 문서를 작성하여 이를 주주에게 교부하는 것을 말하고, 위 문서가 **주주에게 교부된 때에 비로소 주권으로서의 효력을 발생**하므로 회사가 주주권을 표창하는 문서를 작성하여 주주가 아닌 제3자에게 교부하였더라도 위 문서는 아직 회사의 주권으로 효력을 갖지 못한다.(대판 1977.4.12. 76다2766)(변호 16, 모의 14, 19, 24)

3. 주권의 선의취득

(1) 의의

주권의 선의취득이란 주권의 양도인이 무권리자라 하더라도 양수인이 선의로 주권을 취득한 경우 양수인이 유효하게 주권을 취득하고 주주로서의 지위를 취득하는 제도를 의미한다.

(2) 요건 [모의 21]

1) 주권의 유효

교부시설과 판례에 의하면, 주권이 진정한 주주에게 교부되기 전에는 선의취득의 대상이 되지 않는다. 위조된 주권, 제권판결로 실효된 주권, 불소지신고의 주권은 선의취득의 대상이 되지 않는다.

2) 양도인의 무권리

① 의의

양도인에게 제한능력, 의사표시의 하자, 무권대리 등의 사유가 있어 양도행위가 무효 또는 취소되는 경우 선의취득이 성립되는지 여부가 문제된다.

② 학설

학설은 ㉠ 양도인이 무권리자인 경우에만 선의취득이 인정되고 양도인이 제한능력자, 무권대리인인 경우 등에는 선의취득이 인정되지 않는다는 견해와 ㉡ 주식거래의 안전을 위해서 양도인이 무권리자인 경우뿐만 아니라 제한능력자, 무권대리 등으로 양도행위가 무효 또는 취소되는 경우에도 선의취득이 인정된다는 견해(다수설)가 존재한다.

③ 판례

주권의 선의취득은 양도인이 무권대리인인 경우에도 인정된다.(대판 1997.12.12. 95다49646)(모의 16, 21)[모의 21]

3) 주권의 교부

주권의 선의취득은 주권이 정상적인 방법으로 양수된 경우에 인정된다. 주권 교부는 간이인도, 반환청구권의 양도도 해당된다. 주권의 간이인도 또는 반환청구권의 양도에 의한 선의취득은 지명채권 양도의 대항요건을 갖추어야 한다.(모의 16)

4) 양수인의 선의 · 무중과실

양수인은 선의 · 무중과실이어야 한다. 주관적 요건의 판단시점은 주권의 취득시점이다.

양수인의 '악의'란 교부계약에 하자가 있다는 것을 알고 있었던 경우, 즉 종전 소지인이 무권리자 또는 무능력자라거나 대리권이 흠결되었다는 등의 사정을 알고 취득한 것을 말하고, **'중대한 과실'이란 거래에서 필요로 하는 주의의무를 현저히 결여한 것을** 말한다. 주권 등을 취득하면서 통상적인 거래기준으로 판단할 때 양도인이 무권리자임을 의심할 만한 사정이 있음에도 이에 대해 상당하다고 인정될 만한 조사를 하지 아니한 채 만연히 주권 등을 양수한 경우 양수인에게 '중대한 과실'이 있다고 보아야 한다.(대판 2018.7.12. 2015다251812)(변호 20)

(3) 효력

양수인은 주권을 유효하게 취득하고 주권을 상실한 자에게 주권을 반환하지 않아도 된다.

4. 주권불소지제도

(1) 의의

주권의 불소지제도란 주권을 도난당하거나 분실할 경우 선의의 제3자가 주권을 선의취득 할 수 있는 위험을 방지하기 위하여 주주가 회사에 주권을 소지하지 않겠다는 뜻을 신고하고 주권을 소지하지 않을 수 있는 제도를 말한다.

주주는 정관에 다른 정함이 있는 경우를 제외하고는 그 주식에 대하여 주권의 소지를 하지 아니하겠다는 뜻을 회사에 신고할 수 있다(제358조의2 제1항).(모의 22) 따라서 주주가 주권불소지의 신고를 하면 회사는 주권불소지에 관하여 정관에 아무런 근거규정이 없다는 이유로는 이를 거절할 수 없다.(변호 16, 17)

(2) 요건

회사의 정관에 주권 불소지를 금지하는 규정이 없어야 한다(제358조의2 제1항).

주권불소지 신고는 주주명부상 주주로 명의개서가 되어 있는 주주가 할 수 있다. 명의개서를 하지 않은 주주는 불소지신고를 할 수 없다.

(3) 절차

주권불소지 신고는 주권 발행 전후를 불문하고 가능하다. 다만, 주권이 발행된 이후에는 이미 발행된 주권을 회사에 제출해야 한다(제358조의2 제3항). 주주명부폐쇄기간에도 주권불소지 신고는 가능하다. 자신이 보유하고 있는 주식의 일부에 대해서 불소지신고를 하는 것도 가능하다.

(4) 주권발행 전 불소지신고

주권의 발행 전에 주권불소지 신고가 된 경우 회사는 지체 없이 주권을 발행하지 아니한다는 뜻을 주주명부와 그 복본에 기재하고, 그 사실을 주주에게 통지하여야 한다(제358조의2 제2항).(변호 16) 이 경우 회사는 그 주권을 발행할 수 없다(제358조의2 제2항). 주권발행 전에 불소지신고가 되었음에도 주권이 발행된 경우 해당 주권은 효력이 없고 선의취득의 대상도 되지 않는다.

(5) 주권발행 후 불소지신고

주권의 발행 후에 주권불소지 신고가 된 경우 주주는 발행된 주권을 회사에 제출해야 한다(제353조의2 제3항). 이 경우 회사는 제출된 주권을 무효로 하거나 명의개서대리인에게 임치하여야 한다(제353조의2 제3항).(변호 16)

(6) 주권의 발행 또는 반환청구

주주는 언제든지 회사에 대하여 주권의 발행 또는 반환을 청구할 수 있다(제353조의2 제4항).(변호 16) 주권불소지신고가 된 주식을 양도하고자 하는 경우, 해당 주식양도는 주권발행 전 주식양도가 아니므로 지명채권양도방식에 의하여 주식을 양도할 수 없고, 양도인은 주권을 다시 발행받아 주권을 교부하는 방법으로만 주식을 양도할 수 있다.(변호 14, 16)

5. 제권판결

(1) 의의

제권판결이란 도난, 분실 등으로 상실한 주권에 대하여 공시최고 절차를 통하여 해당 주권을 무효로 하는 판결을 의미한다. 주권은 공시최고의 절차에 의하여 이를 무효로 할 수 있다(제360조 제1항, 민사소송법 제487조). 주권을 상실한 경우 공시최고의 신청권자는 주주명부상 주주이며, 그가 이미 주식을 양도한 때에는 최종의 양수인이 주주이다.(모의 16)

주주권은 주식양도, 주식의 소각 또는 주금 체납에 의한 실권절차 등 법정 사유에 의하여서만 상실되고, 단순히 당사자 간의 특약이나 주식 포기의 의사만으로는 주식이 소멸하거나 주주의 지위가 상실되지 아니한다. (대판 1999.7.23. 99다14808)(모의 17, 19, 20, 23)

(2) 효력

① 주권을 상실한 자는 제권판결을 얻지 아니하면 회사에 대하여 주권의 재발행을 청구하지 못한다(제360조 제2항). 신청인은 제권판결에 기하여 회사에 대하여 주권의 재발행을 청구할 수 있다.

② 제권판결이 내려진 경우 주권이 무효가 되고(민사소송법 제496조), 신청인이 회사에 대하여 주권 없이도 주권에 따른 권리를 행사할 수 있게 된다(민사소송법 제497조).

③ 주권이 상실된 경우 공시최고절차에 의해 제권판결을 얻지 아니하는 이상 회사에 주권의 재발행을 청구할 수 없다. 주권을 분실한 것이 주권발행 회사라 하더라도 주권에 대한 제권판결이 없는 이상 동 회사에 대하여 주권의 재발행을 청구할 수 없다. (대판 1981.9.8. 81다141)(모의 14, 15)

(3) 선의취득과 제권판결의 관계

1) 의의

제권판결 전에 주권을 선의로 취득한 자가 제권판결 전에 법원에 권리신고를 하게 되면 주권을 선의취득하게 된다. 제권판결 후에는 주권을 선의로 취득하더라도 제권판결로 인해 주권이 무효가 되었으므로 주권에 대한 선의취득이 인정되지 않는다. 제권판결 전에 주권을 선의취득한 자가 법원에 권리신고를 하지 않고 그 이후 제권판결이 선고된 경우 선의로 주권을 취득한 자와 제권판결취득자 중 누가 우선하는지 문제된다.

2) 학설

학설은 ① 제권판결제도의 취지에 의할 때 선의취득자가 권리신고를 하지 않았다면 제권판결로 권리를 잃는다는 견해, ② 주권 유통에 따른 거래안전을 보호하기 위하여 선의취득자는 권리를 잃지 않고 선의취득자가 우선한다는 견해, ③ 선의취득자가 공시최고기간 중에 명의개서를 마친 경우에는 선의취득자가 권리를 잃지 않고 선의취득자가 우선한다는 견해가 존재한다.

3) 판례

제권판결 이전에 주식을 선의취득한 자는 제권판결이 취소되지 않는 한 회사에 대하여 적법한 주주로서의 권한을 행사할 수 없으므로 회사의 주주로서 주주총회 및 이사회결의무효확인을 구할 이익이 없다. (대판 1991.5.28. 90다6774)(모의 18, 19, 24)

(4) 제권판결이 취소된 경우

제권판결의 효력은 공시최고 신청인에게 증권을 소지하고 있는 것과 동일한 지위를 회복시키는 것에 그치고 그가 실질적인 권리자임을 확정하는 것은 아니다. (변호 20) 따라서 정당한 권리자는 제권판결이 있더라도 실질적 권리를 상실하지 아니하고, 다만 제권판결로 인하여 증권이 무효로 되었으므로 증권에 따른 권리를 행사할 수 없게 될 뿐이다. 제권판결에 대한 불복의 소가 제기되어 제권판결 취소판결이 확정되면 제권판결은 소급하여 효력을 잃고 정당한 권리자가 소지하고 있던 증권도 소급하여 효력을 회복하게 된다. 따라서 제권판결에 대한 불복의 소가 제기되어 제권판결 취소판결이 확정되면, 제권판결에 기해 재발행된 주권은 소급하여 무효로 되고, 그 소지인이 그 후 이를 선의취득 할 수 없다. (대판 2013.12.12. 2011다112247,112254)

기출사례

★ 주식병합 및 감자무효의 소 [변호 24]

주택 건설업을 주된 영업으로 하는 乙주식회사의 발행주식총수 1,000,000주 중 B는 970,000주, E는 12,000주, F는 12,000주, G는 6,000주를 소유하고 있었다. 그런데 乙회사는 2023. 12.경 B에게는 5,000:1, 나머지 주주에게는 15,000:1로 주식병합을 하였고, E, F, G가 각각 소유하였던 주식을 단주 처리하였다. 주식병합을 실행하기에 앞서 개최된 주주총회에는 소집 통지를 받지 못한 E, F, G(이하 'E 등'이라 한다) 없이 B만 출석하여 관련 안건에 대한 결의를 하였고, 乙회사는 채권자보호절차 등 주식병합에 필요한 나머지 상법상 절차를 적법하게 거쳤다. 자본금 변경등기는 2023. 12. 27. 경료되었다. E 등은 주주 지위에서 축출당한 것이 부당하다고 보아 소(訴)로써 다투고자 한다.

2024.1.13. 현재 주주가 아닌 E 등이 제기할 수 있는 소의 유형과 원인은 무엇인가?

Ⅰ. 결론

E 등은 자본금감소에 이의가 있는 주주이므로 자본금감소 무효의 소의 원고 적격이 인정된다. 2024.1.13. 현재 자본금 변경등기일인 2023.12.27.로부터 6개월 이내이므로 E 등은 자본금감소 무효의 소를 제기할 수 있으나, 2024.1.13. 현재 乙회사의 주식병합의 효력이 발생하였으므로 주주총회결의취소의 소를 제기할 수는 없다. 2024.1.13. 현재 주식병합을 위한 주주총회결의일로부터 2개월 이내인 경우 주주 E 등에 대한 소집통지 없이 이루어진 주주총회결의의 하자 또한 자본금감소의 무효원인으로 주장할 수 있고, 주주인 E 등에 대하여 B와는 다른 비율로 주식병합이 이루어졌다는 점에서 주주평등원칙에 반하는 자본금감소 무효원인이 존재한다고 주장할 수 있다.

Ⅱ. 쟁점

소의 유형과 관련하여 주식병합에 따른 자본금 변경등기가 이루어진 이후 주식병합의 효력을 다투기 위한 감자무효의 소를 제기할 수 있는지와 주식병합의 효력이 발생한 후 감자무효의 소와 별도로 주주총회결의 취소의 소를 제기할 수 있는지, 소의 원인과 관련하여 주주총회결의 하자가 존재하는지, 감자무효의 소에서 주식병합을 위한 주주총회결의취소사유를 주장할 수 있는지 및 주주들에 대하여 차등비율을 적용하여 이루어진 주식병합에 무효원인이 존재하는지 문제된다.

제3관 주식의 양도 제한, 주식의 취득, 명의개서

Ⅰ. 주식의 양도 제한

1. 정관에 의한 주식양도 제한 [모의 16, 19, 22]

(1) 의의

주식은 타인에게 양도할 수 있다(제335조 제1항).(변호 16) 다만 회사는 정관으로 정하는 바에 따라 그 발행하는 주식의 양도에 관하여 이사회의 승인을 받도록 할 수 있다(제335조 제1항 단서).(변호 12, 모의 19) 정관에 의한 주식의 양도 제한은 법률행위에 의한 양도에만 적용되므로 상속, 합병 등 포괄승계, 입질, 양도담보 등 주식 담보제공, 주주의 채권자에 의한 주식의 압류에는 이사회 승인을 요하지 않는다. 다만 채권실현을 위해 주식이 경매되는 경우 경락인이 이사회의 승인을 얻어야 한다.

(2) 양도제한의 방법

1) 정관의 규정

설립 후에 정관을 개정하여 양도를 제한하는 것도 허용된다.

상법 제335조 제1항 단서는 주식의 양도를 전제로 하고, 다만 이를 제한하는 방법으로서 이사회의 승인을 요하도록 정관에 정할 수 있다는 취지이지 주식의 양도 그 자체를 금지할 수 있음을 정할 수 있다는 뜻은 아니기 때문에, **정관의 규정으로 주식의 양도를 제한하는 경우에도 주식양도를 전면적으로 금지하는 규정을 둘 수는 없다.**(대판 2000.9.26. 99다48429)

2) 이사회 승인

정관으로 주주총회 승인을 받도록 하는 것도 허용되지 않는다. 이사회 승인권한을 대표이사에게 위임하는 것도 허용되지 않는다. 주식의 양도에 주주 전원의 동의를 얻도록 하는 것은 사실상 양도금지에 해당하여 무효이다. 다만, 자본금 총액 10억 원 이하 소규모 주식회사에서 이사회가 없는 경우에는 주주총회의 승인으로 할 수 있다.

3) 공시

주식 양도에 이사회 승인을 얻도록 정한 경우, 이는 설립등기사항이고, 주식청약서와 주권에도 기재해야 한다. 주식청약서에 양도제한을 기재하지 않은 경우, 주식청약서 요건 흠결로 주식인수의 무효사유에 해당한다. 양도제한이 등기되어 있으나 주권에 기재되지 않은 경우 주주가 양도제한 사실을 알지 못한 정당한 사유가 있다고 보기 어려우므로 주권 기재 흠결은 법률관계에 영향을 미치지 않는다.

(3) 양도승인의 절차

1) 양도인의 승인 청구

① 서면에 의한 승인 청구

주식의 양도에 관하여 이사회의 승인을 얻어야 하는 경우, 주식을 양도하고자 하는 주주는 회사에 대하여 양도의 상대방 및 양도하고자 하는 주식의 종류와 수를 기재한 서면으로 양도의 승인을 청구할 수 있다(제335조의2 제1항).(변호 12, 모의 19, 24)

② 이사회 승인 간주

회사가 양도인의 승인 청구가 있는 날부터 1월 이내에 주주에게 그 승인여부를 서면으로 통지하지 아니한 때에는 주식의 양도에 관하여 이사회의 승인이 있는 것으로 본다(제335조의2 제3항).

③ 회사의 승인거부 통지시 양도상대방 지정 또는 주식매수 청구

양도승인 거부의 통지를 받은 주주는 통지를 받은 날부터 20일 내에 회사에 대하여 양도의 상대방의 지정 또는 그 주식의 매수를 청구할 수 있다(제335조의2 제4항).(변호 12)

2) 양도상대방 지정 청구

① 양도상대방 지정 통지

주주가 양도의 상대방을 지정하여 줄 것을 청구한 경우, 이사회는 이를 지정하고 청구가 있은 날부터 2주간 내에 주주 및 지정된 상대방에게 서면으로 통지하여야 한다(제335조의3 제1항). 위 기간 내에 주주에게 상대방 지정의 통지를 하지 아니한 때에는 주식의 양도에 관하여 이사회의 승인이 있는 것으로 본다(제335조의3 제2항).

② 지정된 상대방의 매도청구

㉠ 10일 이내 서면에 의한 매도청구

상대방으로 지정된 자는 지정통지를 받은 날부터 10일 이내에 지정청구를 한 주주에 대하여 서면으로 그 주식을 자기에게 매도할 것을 청구할 수 있다(제335조의4 제1항). 지정매수인의 매수청구로 매매계약이 성립한다. 이는 형성권이다.

㉡ 이사회 승인 간주

상대방으로 지정된 자가 위 기간 내에 매도 청구를 하지 않는 경우, 주식의 양도에 관하여 이사회의 승인이 있는 것으로 본다(제335조의4 제2항).

㉢ 매매가격의 결정

매매가격은 주주와 지정된 자 간의 협의로 결정된다(제335조의5 제1항). 만약 주주가 매도청구를 받은 날로부터 30일 이내에 협의가 이루어지지 않는 경우 주주 또는 매도청구인은 법원에 매매가액의 결정을 청구할 수 있고,(변호 12) 법원은 회사의 재산상태 그 밖의 사정을 참작하여 공정한 가액으로 이를 산정하여야 한다.

비상장주식의 평가방법을 규정한 관련 법규들은 그 제정 목적에 따라 서로 상이한 기준을 적용하고 있으므로, 어느 한 가지 평가방법이 항상 적용되어야 한다고 단정할 수 없고, 당해 회사의 상황이나 업종의 특성 등을 종합적으로 고려하여 공정한 가액을 산정하여야 한다.(대결 2006.11.24. 2004마1022)

3) 회사에 대한 주식매수청구 [모의 22]

① 주식매수청구

회사로부터 양도승인거부의 통지를 받은 주주는 통지를 받은 날부터 20일 내에 회사에 대하여 그 주식의 매수를 청구할 수 있다(제335조의2 제4항). 회사는 주주가 양도승인거부통지를 받은 날로부터 20일이 종료하는 날부터 2개월 이내에 그 주식을 매수하여야 한다.

② 매매계약의 성립시기

통설은 주식매수청구를 형성권으로 보아 주식매수청구 시점에 매매계약이 성립한다고 본다.

주식양도에 이사회승인을 얻어야 하는 경우 주식을 취득한 자는 회사에 주식의 종류와 수를 기재한 서면으로 그 취득의 승인을 청구할 수 있고, 이러한 **주식매수청구권은 형성권**이어서 그 **행사에 따라**

회사의 승낙 여부와 관계없이 곧바로 주식에 관한 매매계약이 성립한다. 이 경우 주주의 지위는 주식을 취득한 자가 회사로부터 주식의 매매대금을 지급받은 때에 이전된다.(대판 2019.7.10. 2018다292975)

③ **매매가액의 결정**

주식의 매매가액은 주주와 회사 간의 협의에 의하여 결정한다. 매수청구기간이 종료하는 날부터 30일 이내에 매매가격이 결정되지 않는 경우 회사 또는 주식의 매수를 청구한 주주는 법원에 대하여 매수가액의 결정을 청구할 수 있다. 법원은 회사의 재산상태 그 밖의 사정을 참작하여 공정한 가액으로 매수가액을 산정하여야 한다.

(4) 주식양수인의 승인 청구

주식의 양도에 관하여 이사회의 승인을 얻어야 하는 경우에 주식을 취득한 자(주식을 취득하고자 하는 자 ×)는 회사에 대하여 그 주식의 종류와 수를 기재한 서면으로 그 취득의 승인을 청구할 수 있다(제335조의7 제1항).(모의 24)

양수인도 서면청구라는 점에서 양도인의 경우와 동일하지만, 사전 청구가 아니라 양도 이후의 사후 청구라는 점에서 구별된다.

주식양도에 이사회승인을 얻어야 하는 경우 회사로부터 양도승인거부통지를 받은 양수인의 회사에 대한 주식매수청구권은 형성권으로서 그 행사로 회사의 승낙 여부와 관계없이 주식매매계약이 성립하므로, 주식을 취득하지 못한 양수인이 회사에 대하여 주식매수청구를 하더라도 이는 아무런 효력이 없고, 사후적으로 양수인이 주식 취득의 요건을 갖추게 되더라도 하자가 치유될 수는 없다.(대판 2014.12.24. 2014다221258,221265)(모의 24)

(5) 이사회 승인 없는 양도의 효력 [모의 19]

정관상 양도제한에 위반하여 이사회의 승인을 얻지 아니한 주식의 양도는 회사에 대하여 효력이 없다(제335조 제2항).(변호 12) 양수인은 회사에 대하여 자신이 주주임을 주장할 수 없고, 회사도 임의로 양수인을 주주로 인정할 수 없다.

이사회 승인 없는 경우에도 양도인과 양수인 사이에서는 채권적으로 유효하다.(변호 20)

2. 주주 간 주식양도제한약정의 효력

(1) 의의

주식의 양도를 제한하는 내용의 주주 사이의 약정이 유효한지가 문제된다.

(2) 학설

학설은 회사에 대하여 주주간의 양도제한약정의 효력을 주장할 수 없으므로 회사는 주식양수인의 명의개서 청구를 거부할 수 없다고 본다. 다만, 양도제한약정이 투하자본의 회수가능성을 전면적으로 부정하거나 사회질서에 반하지 않는 한 당사자 사이의 채권적 효력은 인정되는 것으로 본다.

(3) 판례

① 주식 양도를 제한하는 방법으로 이사회 승인을 받도록 정관에 정할 수 있다는 상법 제335조 제1항 단서의 취지에 비추어 볼 때, 주주 사이에서 주식의 양도를 일부 제한하는 약정을 한 경우, 그 약정은 주주의 투하자본회수 가능성을 전면적으로 부정하는 것이 아니고, 선량한 풍속 그 밖의 사회질서에 반하지 않는다면 당사자 사이에서는 원칙적으로 유효하다.(모의 21, 24) 주주협약에서 주식양도에 출자자 전원의 동의를 요구하면서, 그와 별도로 출자자의 우선매수권을 규정하는 것은 유효하다.(대판 2022.3.31. 2019다274639)

② 회사의 설립일로부터 5년 동안 주식의 전부 또는 일부를 다른 당사자 또는 제3자에게 매각 · 양도할 수 없다는 내용은 설립 후 5년간 일체 주식의 양도를 금지하는 것으로 이를 정관으로 규정하였다고 하더라도 주주의 투하자본회수의 가능성을 전면적으로 부정하는 것으로서 무효이므로 회사와 주주들 사이에서 또는 주주들 사이에서 이러한 내용을 약정하였다고 하더라도 무효이다.(대판 2000.9.26. 99다48429) (모의 16, 23, 24(2))

3. 주권발행 전 주식양도 [변호 23, 모의 14, 16, 18, 21]

(1) 의의 및 쟁점

주권발행 전에 한 주식의 양도는 회사에 대하여 효력이 없으나, 회사성립 후 또는 신주의 납입기일 후 6월이 경과한 때에는 그러하지 아니하다(제335조 제3항 제1문).

상법은 주식을 양도하기 위해서는 주권을 교부해야 하는 것으로 규정하고 있으므로(제336조 제1항), 주권이 발행되지 않은 경우 주식양도를 위해 교부할 주권이 존재하지 않고 주식양도에 관한 공시제도도 존재하지 않으며, 주권발행 전 주식양도를 허용할 경우 주식거래의 안전이 침해되고 주권발행 사무에 혼란이 초래될 수 있다는 점에서 상법은 주권발행 전에 한 주식양도는 원칙적으로 회사에 대하여 효력이 없는 것으로 규정하고 있다.

한편 제335조 제3항 단서 조항이 1984.4.10. 개정 상법에 규정되어 6개월이 경과한 경우 주권발행 전이라도 주식양도가 가능하게 되었다. 이와 관련하여 ① 회사성립 후 또는 신주의 납입기일 후 6월이 경과하기 전에 주권발행 없이 이루어진 주식양도의 효력과 ② 그러한 주식양도의 효력이 6월 경과한 이후 치유될 수 있는지 나아가 ③ 회사성립 후 또는 신주의 납입기일 후 6월이 경과 후에 주권발행이 없는 상태에서의 주식 양도의 방법 및 이중양도의 효력이 문제된다.

(2) 6월 경과 전 주식양도 [모의 19]

1) 6월 경과 전 주식양도의 효력

회사성립 후 또는 신주의 납입기일로부터 6월이 지나기 전에 주권 발행 전에 이루어진 주식양도는 회사에 대하여 효력이 없다.

2) 회사가 양도의 효력을 인정할 수 있는지 여부

회사도 임의로 이러한 양도의 효력을 인정할 수 없다. 회사가 주권발행 전 주식양도를 승인하고 명의개서를 하더라도 무효이므로 양수인은 회사에 대하여 주권발행을 청구할 수 없고, 회사가 주권을 발행해 주더라도 주권으로서의 효력이 없다.

회사 성립 후 6개월이 경과하기 전에 주권발행 없이 이루어진 주식의 양도는 회사에 대하여 효력이 없다고 규정하고 있으므로 회사가 이를 승인하여 주주명부에 그 변경을 기재하거나 후일 회사에 의하여 주권이 발행되었다 할지라도 회사에 대한 관계에 있어서는 효력이 없다.(대판 1987.5.26. 86다카982,983)(변호 17, 19, 모의 14, 16, 22)

3) 주식양수인의 대위행사

상법 제335조 제2항이 양도당사자 사이에 있어서까지 양도양수의 효력을 부정하는 취지라고 해석되지 않으므로 당사자 간에서는 유효하다. 따라서 주권발행 전의 주식을 전전 양수한 원고가 회사에 대하여 원시 주주를 대위하여 직접 원고에게 주권의 발행교부를 청구할 수는 없다 할지라도 원시 주주들의 회사에 대한 주권발행 및 교부청구권을 대위행사 하여 원시 주주에의 주권발행 및 교부를 구할 수 있다. (대판 1982.9.28. 82다카21)(변호 17, 모의 15, 16, 19)

4) 6월 경과에 따른 치유 여부 [모의 14]

① 의의

신주의 효력발생 이후 6개월이 경과하기 전에 주권발행 전에 이루어진 주식양도가 6개월이 경과함으로써 하자가 치유되는지 문제된다.

② 학설

학설은 ㉠ 하자치유를 인정하는 경우 주권발행 전 주식양도가 조장될 수 있다는 점에서 주식양도계약이 다시 체결되어야 한다는 부정설과 ㉡ 주식양도계약을 다시 체결하여야 한다고 보는 것은 절차만 번거롭게 하므로 하자치유를 인정하는 긍정설이 존재한다.

③ 판례

㉠ **주권발행 전에 한 주식의 양도가 회사성립 후 또는 신주의 납입기일 후 6월이 경과하기 전에 이루어졌다고** 하더라도 그 이후 **6월이 경과하고 그 때까지 회사가 주권을 발행하지 않았다면, 그 하자는 치유되어 회사에 대하여도 유효한 주식양도가** 된다.(대판 2002.3.15. 2000두1850)(변호 14, 19, 모의 16, 19)**[모의 14]**

㉡ 주식병합이 있어 구주권이 실효되었음에도 주식병합 후 6월이 경과할 때까지 회사가 신주권을 발행하지 않은 경우 주권의 교부가 없더라도 당사자의 의사표시만으로 주식양도의 효력이 생긴다. **주식병합으로 실효되기 전의 구주권의 교부가 없는 상태에서 주식병합이 이루어지고** 그로부터 **6월이 경과할 때까지 회사가 신주권을 발행하지 않았다면 주식병합 후 6월이 경과한 때에 주식병합 전의 당사자 사이의 의사표시만으로 주식양도의 효력이 생긴다.**(대판 2012.2.9. 2011다62076,62083)(변호 18, 모의 14)

㉢ 주식병합의 효력이 발생하면 구주권은 실효되고 회사는 신주권을 발행해야 하며, 주주는 병합된 만큼 감소된 수의 신주권을 교부받게 되는데, 이에 따라 **교환된 주권 역시 병합 전의 주식을 표창하면서 그와 동일성을 유지하고, 주권발행 전 주식을 양수한 사람은 특별한 사정이 없는 한 양도인의 협력을 받을 필요 없이 단독으로 주식양수 사실을 증명하여 회사에 명의개서를 청구**할 수 있다. **주식병합 전 주식을 양수하였다가 주식병합 후 6개월이 경과할 때까지 신주권이 발행되지 않은 경우 양수인은 구주권 또는 신주권의 제시 없이 주식양수 사실을 증명하여 회사에 명의개서를 청구**할 수 있다.(대판 2014.7.24. 2013다55386)(모의 17, 24)

(3) 6월 경과 후 주식양도

1) 효력

회사성립 후 또는 신주 납입기일로부터 6월 경과 후에 이루어진 주권발행 전 주식양도는 회사에 대해 효력이 있다(제335조 제3항 제2문).(변호 17) 양수인은 양도사실을 입증하여 회사에 대하여 명의개서를 청구할 수 있고,(변호 21) 회사에 대하여 주권의 발행 및 교부를 청구할 수 있다.(모의 15, 21)

2) 지명채권 양도방법에 의한 양도

① 주권발행 전 주식은 민법 제460조에 따른 지명채권 양도방법에 따라 양도된다. 당사자 사이에서는 의사표시만으로 주식이 양도된다.

② 주권발행 전에 한 주식의 양도는 회사성립 후 6월이 경과한 때에는 회사에 대하여 효력이 있는 것으로서, 이 경우 **주식의 양도는 지명채권의 양도에 관한 일반원칙에 따라 당사자의 의사표시만으로 효력이 발생하는** 것이고, **주주명부상의 명의개서는 주식의 양수인이 회사에 대한 관계에서 주주의 권리를 행사하기 위한 대항요건**에 지나지 아니한다.(대판 2003.10.24. 2003다29661)

③ 주권발행 전 주식에 관하여 주주명의를 신탁한 사람이 수탁자에 대하여 명의신탁계약을 해지하면 그 주식에 대한 주주의 권리는 해지의 의사표시만으로 명의신탁자에게 복귀하고, 이 경우 주주명부상 주주명의인이 주주권을 다투는 경우에 실질적인 주주가 주주명부상 주주명의인을 상대로 주주권 확인을 구할 이익이 있다. 이는 실질적인 주주의 채권자가 자신의 채권을 보전하기 위하여 실질적인 주주를 대위하여 명의신탁계약을 해지하고 주주명의인을 상대로 주주권의 확인을 구하는 경우에도 마찬가지이고, 그 주식을 발행한 회사를 상대로 명의개서절차의 이행을 구할 수 있다거나 명의신탁자와 명의수탁자 사이에 직접적인 분쟁이 없다고 하여 달리 볼 것은 아니다.(대판 2013.2.14. 2011다109708)(변호 21, 모의 24)

④ 회사 성립 후 또는 신주의 납입기일 후 6개월이 경과한 주권발행 전의 주식에 대한 주식양도계약이 해제되면 계약의 이행으로 이전된 주식은 당연히 양도인에게 복귀한다. 채무자가 채무액 일부만 변제공탁을 하였으나 그 후 부족분을 추가로 공탁하였다면 그 때부터는 모든 채무액에 대하여 유효한 공탁을 한 것으로 볼 수 있다.(대판 2022.5.26. 2020다239366)(모의 23)

⑤ ㉠ 매매계약에서 대가적 의미가 있는 어느 의무가 선이행의무이더라도 이행기가 지난 때에는 이행기가 지난 후에도 선이행하기로 약정하는 등의 특별한 사정이 없는 한 그 의무를 포함하여 매도인과 매수인 쌍방의 의무는 동시이행관계에 놓이게 된다. ㉡ 주식양도와 함께 경영권이 이전하는 경우 경영권 이전은 발행주식 전부 또는 지배주식의 양도에 따른 부수적인 효과에 지나지 않아 주식 양도의무와 독립적으로 경영권 양도의무가 인정되지 않는다. ㉢ 주식양도청구권의 압류나 가압류가 된 경우에도 채무자는 제3채무자를 상대로 주식양도를 구하는 소를 제기할 수 있고 법원은 가압류가 되어 있음을 이유로 이를 배척할 수 없다. ㉣ 다만 주권발행 전 주식의 양도를 명하는 판결은 의사의 진술을 명하는 판결에 해당하고, 주식의 양도를 명하는 판결이 확정되면 채무자는 일방적으로 주식 양수인의 지위를 갖게 되고, 제3채무자는 이를 저지할 방법이 없으므로, 가압류의 해제를 조건으로 하지 않는 한 법원은 이를 인용해서는 안 된다. 이는 가압류의 제3채무자가 채권자 지위를 겸하는 경우에도 동일하다.(대판 2021.7.29. 2017다3222,3239)(모의 22)

3) 제3자에 대한 대항요건 [모의 19]

① 확정일자 있는 양도통지가 존재하는 경우

㉠ 주권발행 전 주식의 양도는 당사자의 의사표시만으로 효력이 발생하고, 주권발행 전 주식을 양수한 자는 특별한 사정이 없는 한 양도인의 협력을 받을 필요 없이 단독으로 자신이 주식을 양수한 사실을 증명하여 회사에게 명의개서를 청구할 수 있지만, 제3자에게 양도 사실을 대항하기 위하여는 확정일자 있는 증서에 의한 양도통지 또는 승낙을 갖추어야 한다.(대판 2006.9.14. 2005다45537)(변호 17, 20, 21, 모의 16, 20, 22)[**모의 19**]

㉡ 신주인수권 양도의 제3자에 대한 대항요건은 확정일자 있는 증서에 의한 양도통지 또는 회사의 승낙이고, 주주명부상의 명의개서는 주식 또는 신주인수권의 양수인들 상호간의 대항요건이 아니라 적법한 양수인이 회사에 대한 관계에서 주주의 권리를 행사하기 위한 대항요건에 지나지 아니한다.(대판 1995.5.23. 94다36421)

㉢ 주권발행 전 주식의 양수인과 동일 주식에 대해 압류명령을 집행한 자 사이의 우열은 확정일자증서에 의한 양도통지 또는 승낙의 일시와 압류명령의 송달일시 선후에 의한다.(대판 2018.10.12. 2017다221501)(변호 17)

② 확정일자 있는 양도통지나 승낙이 없는 경우

㉠ 확정일자 있는 양도통지나 승낙이 없는 경우 누구도 우열을 주장할 수 없다. 결과적으로 회사가 먼저 명의개서를 해 준 양수인이 우월적 지위를 가지는 것처럼 된다.

㉡ 주권발행 전 주식이 양도된 경우 **회사가 확정일자 있는 증서에 의하지 아니한 주식양도통지나 승낙의 요건을 갖춘 제1 주식양수인에게 명의개서**를 마쳐 준 경우, 주식을 이중으로 양수한 제2 주식양수인이 그 후 회사에 대해 양도 통지나 승낙의 요건을 갖추었다 하더라도, 그 통지 또는 승낙 역시 **확정일자 있는 증서에 의하지 아니한 것이라면 제2 주식양수인으로서는 주식양수로써 제1 주식양수인에 대한 관계에서 우선적 지위에 있음을 주장할 수 없으므로**, 회사에 대하여 제1 주식양수인 명의로 이미 적법하게 마쳐진 명의개서를 말소하고, 제2 주식양수인 명의로 명의개서를 하여 줄 것을 청구할 권리가 없다. 따라서 **회사가 제2 주식양수인의 청구를 받아들여 그 명의로 명의개서를 마쳐 주었다 하더라도 이러한 명의개서는 위법하므로 회사에 대한 관계에서 주주의 권리를 행사할 수 있는 자는 여전히 제1 주식양수인이다.**(대판 2010.4.29. 2009다88631)

㉢ 주식의 양도통지가 확정일자 없는 증서에 의하여 이루어져 제3자에 대한 대항력을 갖추지 못하였더라도, **확정일자 없는 증서에 의한 양도통지나 승낙 후에 그 증서에 확정일자를 얻은 경우에는 그 일자 이후에는 제3자에 대한 대항력을 취득하**는 것이나 그 **대항력 취득의 효력이 당초 주식 양도통지일로 소급하는 것은 아니다.**(대판 2010.4.29. 2009다88631)(모의 23)

[사실관계] 甲은 자신의 주식을 乙에게 양도한 후 또 다시 丙에게 이중으로 양도하였는데 해당 주식에 대한 명의개서는 甲에서 乙로 먼저 이루어진 뒤 丙의 명의개서 요구에 따라 丙으로의 명의개서가 이루어졌다. 그 이후 임시주주총회가 개최되었는데 임시주주총회일까지 乙과 丙 어느 누구도 확정일자 있는 증서에 의한 주식양도통지를 하지 않았다. 그런데 임시주주총회일 이후 甲은 丙에 대한 주식양도통지사실을 내용증명으로 회사에 통지하였다.

[판시사항] 대법원은 위 임시주주총회에서 의결권을 행사할 자는 乙이고, 다만 내용증명통지 이후에는 丙이 주주로서의 권리를 보유한다고 판시하였다.

㉣ **주권발행 전의 주식양도라 하더라도 회사 성립 후 6월이 경과한 후에 이루어진 때에는 회사에 대하여 효력이 있으므로 그 주식양수인은 주주명부상의 명의개서 여부와 관계없이 회사의 주주가 되고**, 그 후 그 **주식양도 사실을 통지받은 바 있는 회사가 그 주식에 관하여 주주가 아닌 제3자에게 주주명부상의 명의개서절차를 마치고 나아가 그에게 기명식 주권을 발행하였다 하더라도, 그로써 그 제3자가 주주가 되고 주식양수인이 주주권을 상실한다고는 볼 수 없다.**(대판 2000.3.23. 99다67529)(변호 17)

4) 회사에 대한 명의개서 청구

무효인 매매계약에 따라 매수인에게 명의개서절차가 이행되었더라도, 매도인은 특별한 사정이 없는 한 매수인의 협력을 받을 필요 없이 단독으로 매매계약이 무효임을 증명하여 회사에 대해 명의개서를 청구할 수 있다. 주권이 발행되지 않은 주식에 관하여 체결된 매매계약이 구 상법 제341조에서 금지한 자기주식 취득에 해당하여 무효인 경우에도 마찬가지이다.(대판 2018.10.25. 2016다42800,42817,42824,42831)(변호 21)

[기타 판시사항] 주권이 발행되지 않은 주식에 관하여 체결된 매매계약이 구 상법에서 금지한 자기주식의 취득에 해당하여 무효인 경우, 매도인은 지급받은 주식매매대금을 매수인에게 반환할 의무를 부담하는 반면 매수인은 매매계약 체결 당시 이행받은 급부가 없으므로 특별한 사정이 없는 한 반환할 부당이득이 존재하지 않는다.

(4) 이중양도인의 책임 [모의 16]

1) 불법행위책임

양도인이 제1양수인에 대한 계약상 의무를 위반하여 자신에 속하지 아니하게 된 주식을 다시 제3자에게 양도하고 제2양수인이 주주명부상 명의개서를 받아 제1양수인이 회사에 대한 관계에서 주주로서의 권리를 행사할 수 없게 되었다면, 이는 제1양수인이 적법하게 취득한 주식에 관한 권리를 위법하게 침해하는 행위로서 양도인은 제1양수인에 대하여 불법행위책임을 진다.(대판 2012.11.29. 2012다38780)(변호 14, 17, 모의 21, 23)

2) 배임죄 불성립

주권발행 전 주식의 양도는 양도인과 양수인의 의사표시만으로 그 효력이 발생한다. 주식양수인은 특별한 사정이 없는 한 양도인의 협력을 받을 필요 없이 단독으로 주식양수 사실을 증명하여 회사에 명의개서를 청구할 수 있다.(모의 24) 따라서 양도인이 양수인으로 하여금 회사 이외의 제3자에게 대항할 수 있도록 확정일자 있는 증서에 의한 양도통지 또는 승낙을 갖추어 주어야 할 채무를 부담하더라도 이는 자기의 사무이고, 양수인과의 신임관계에 기초하여 양수인의 사무를 맡아 처리하는 것으로 볼 수 없어 배임죄가 성립하지 않는다.(모의 23)(대판 2020.6.4. 2015도6057)

3) 제3자 적극가담의 경우 이중양도의 무효

양도인이 채권양도의 통지를 하기 전에 제3자에게 이중으로 양도하고 회사에게 확정일자 있는 양도통지를 하는 등 대항요건을 갖추어 줌으로써 양수인이 그 제3자에게 대항할 수 없게 되었고, 이러한 양도인의 배임행위에 제3자가 적극 가담한 경우라면, 제3자에 대한 양도행위는 사회질서에 반하는 법률행위로서 무효이다.(대판 2006.9.14. 2005다45537)(변호 17, 모의 19, 21)

4. 주권발행 후 주식양도

주권발행 후 주식의 양도는 주권을 교부하여야 효력이 발생하고 주권의 교부는 현실인도 이외에 간이인도, 점유개정, 반환청구권의 양도에 의하여도 할 수 있다.(대판 2014.12.24. 2014다221258)(모의 19)

5. 권리주 양도제한

권리주란 주식인수인의 지위를 말한다. 주식의 인수로 인한 권리의 양도는 회사에 대하여 효력이 없다(제319조, 제425조 제1항). 권리주 양도를 이용한 투기행위를 방지하고 권리주 양도에 따른 회사설립이나 신주발행 절차 혼잡의 위험을 방지하기 위하여 권리주 양도를 제한한다.

권리주가 양도된 경우 다수설과 判例는 양수인이 회사에 대항할 수 없고, 회사 또한 양수인을 주주로 인정할 수 없다고 본다.(대판 1965.12.7. 65다2069)

기출사례

★ 주권발행전 주식양도 [변호 23]

A주식회사는 중고자동차 수출입업을 하는 비상장회사이다. A회사는 비상장회사인 C주식회사의 발행주식총수 9천 주 중 7천6백 주를 주권 형태로 소유하고 있으며 주주명부에 명의개서까지 완료한 상태이다. 아울러 C회사는 자기주식 1천 주를 보유하고 있다. C회사는 경제 상황이 불안정해지자 자금을 추가 조달할 생각으로 A회사의 거래처인 D주식회사에 주식 1천 주를 적법하게 추가 발행하였다. C회사는 D회사의 명의로 주주명부에 명의개서까지 완료하였으나 주권을 발행하지는 않았다. 그런데 D회사는 신주를 발행받은 후 C회사의 경영실적이 급격히 악화되자 A회사에 C회사 주식 1천 주를 매수할 것을 요구하였다. 이에 A회사는 신주 발행일로부터 4개월이 지난 시점에 D회사로부터 1천 주를 매수하였고, D회사는 이를 C회사에 통지하였다. A회사가 D회사로부터 주식을 매수한 후 3개월이 더 지났으나 C회사는 여전히 1천 주에 대한 주권을 발행하지 않고 있으며, 주주명부상 D회사가 여전히 1천 주의 주주로 기재되어 있다. 경영실적이 더욱 악화된 C회사는 A회사가 「상법」상 지배주주의 매도청구권을 이용하여 C회사 소수주주들의 주식 전부를 강제적으로 매수하는 것이 C회사의 경영정상화의 첫걸음이라고 판단하였다. A회사, D회사, 소수주주들에게 소집통지를 하여 개최된 C회사의 주주총회에서는 A회사와 D회사의 찬성으로 A회사가 C회사의 소수주주들에게 주식의 매도를 청구할 수 있도록 승인하는 결의가 이루어졌다.

A회사는 D회사로부터 1천 주를 유효하게 취득하였는가?

Ⅰ. 결론

주권미발행 주식의 양도는 지명채권양도방법에 따라 양도 합의에 의하고 양도사실을 발행회사에 대항하기 위해서는 발행회사에 대한 양도통지 또는 발행회사의 승낙이 이루어져야 한다. A회사가 D회사 사이에 주식매매계약이 체결된 시점이 주식발행일로부터 6개월이 경과하기 전이므로 A회사와 D회사 사이의 주식매매계약은 A회사와 D회사 사이에서는 유효하나 이를 C회사에 주장하지 못한다.
한편 주식발행일로부터 6개월이 지나도록 회사가 주권을 발행하지 않는 경우 6개월 전에 이루어진 주식양도의 하자가 치유되고 양수인은 회사에 대하여 주식취득을 주장할 수 있다. 따라서 A회사는 D회사로부터 1천주를 유효하게 취득하였다.

Ⅱ. 쟁점

주권미발행 주식의 양도방법과 A회사와 D회사 사이에 주권미발행 주식에 대한 매매계약 체결 시점이 주식발행일로부터 6개월이 경과하지 않았다는 점에서 이러한 주식매매계약이 유효한지 주식발행일로부터 6개월이 지나도록 주권이 발행되지 않은 경우 하자가 치유되는지 문제된다.

Ⅱ. 주식의 취득과 제한

1. 자기주식취득 [변호 21, 모의 13, 15, 16]

(1) 의의

자기주식취득이란 회사가 자신이 발행한 주식을 취득하여 주주가 되는 것을 의미한다.

2011년 개정 상법은 배당가능이익의 범위 내에서의 자기주식취득과 특정한 목적에 의한 자기주식취득을 인정하고 있다(제341조, 제341조의2). 2011년 개정 상법 이전에는 취득한 자기주식을 즉시 처분하도록 하였으나, 2011년 개정 상법은 자기주식의 처분을 이사회의 재량으로 정하도록 규정하고 있다. 배당가능이익의 범위 내에서의 자기주식취득은 경제적 효과에서 이익배당과 유사하다.

(2) 자기주식취득 해당 여부

1) 회사의 자금 출연 및 회사의 계산으로 된 타인 명의 자기주식 취득 [변호 21, 모의 13, 16]

① 2011년 개정상법은 개정 전과 달리 자기주식취득과 관련하여 "회사가 자기의 계산으로 취득하지 못한다." 중 "자기의 계산"을 삭제하였으나 회사재산의 반환을 제한한다는 취지에 비추어 2011년 개정상법에서도 여전히 회사가 자기의 계산으로 자기주식을 취득하는 것은 금지된다고 본다.

② **회사가 제3자 명의로 회사 주식을 취득하였을 때 그것이 자기주식의 취득에 해당한다고** 보기 위해서는, **㉠ 주식취득을 위한 자금이 회사의 출연에 의한 것이고 ㉡ 주식취득에 따른 손익이 회사에 귀속되는 경우** 이어야 한다.(대판 2011.4.28. 2009다23610)**[변호 21]**

③ **회사가 제3자의 명의로 주식을 취득하더라도 그 주식의 취득대금이 회사로부터 출연된 것이고, 주식의 보유에 따른 손익이 회사에 귀속되면 회사의 계산으로 주식을 취득한 것에 해당하고,** 상법 제341조가 금지하는 **자기주식의 취득에 해당한다.**(대판 2003.5.16. 2001다44109)(변호 13, 모의 14, 23)**[모의 13, 16]**

2) 회사의 자금지원에 의한 타인 명의 자기주식 취득 [변호 21]

① 회사가 주식을 취득하는 제3자에게 보증, 담보제공, 금전대여 등으로 자금을 지원한 경우, 단순한 자금지원은 회사의 계산으로 한 것으로 볼 수 없다는 점에서 자기주식취득에 해당하지 않는다. **회사가 주식취득자금을 지원하였더라도, 주식취득에 따른 손익이 회사에 귀속되지 않는 한 자기주식취득이 아니다.**

② 甲회사 이사 등이 乙회사를 설립한 후 甲회사 최대 주주에게서 乙회사 명의로 甲회사 주식을 인수한 경우, **乙회사가 주식인수대금을 마련한 것이 甲회사의 출연에 의한 것이라는 점만을 인정할 수 있을 뿐, 주식취득에 따른 손익이 甲회사에 귀속된다는 점을 인정할 수 없으므로,** 乙회사의 주식취득이 상법 제341조에서 금지하는 **자기주식의 취득에 해당한다고 볼 수 없다.**(대판 2011.4.28. 2009다23610)

(3) 배당가능이익으로 하는 자기주식취득

1) 의의

회사는 배당가능이익의 범위 내에서 자기주식을 취득할 수 있다(제341조 제1항).(변호 13, 23, 모의 14) 배당가능이익으로 하는 자기주식취득은 적대적인 인수합병으로부터 회사의 경영권을 방어하는 기능을 할 수 있다. 자기주식의 취득재원은 배당가능이익을 한도로 하고, 취득방법은 주주평등의 원칙에 의하여야 한다.

배당가능이익 = 순자산액 - 자본금 - 자본준비금 - 이익준비금 - 미실현이익

2) 요건

① 배당가능이익에 의한 자기주식취득은 회사의 명의와 회사의 계산으로 한다.(변호 13, 모의 14) 회사의 명의란 법률효과가 회사에 귀속된다는 의미이고, 회사의 계산이란 손익이 회사에 귀속된다는 의미이다.

② 자기주식의 취득가액의 총액은 배당가능이익 범위 내여야 한다(제341조 제1항 단서). 자기주식을 취득하기 위해서는 자본금, 법정준비금 항목에 결손이 없어야 한다(제341조 제3항).

③ 배당가능이익은 채권자의 책임재산과 회사 존립을 위한 재산적 기초를 확보하기 위한 것으로서 회사가 당기에 배당할 수 있는 한도를 의미하는 것이지 회사가 보유하고 있는 특정한 현금을 의미하는 것이 아니다. 회사가 자기주식을 취득하는 경우 당기 순자산이 취득가액의 총액만큼 감소하는 결과 배당가능이익도 같은 금액만큼 감소하게 되는데, 이는 회사가 자금을 차입하여 자기주식을 취득하더라도 마찬가지이다. 따라서 **상법 제341조 제1항 단서는 자기주식 취득가액의 총액이 배당가능이익을 초과하여서는 안 된다는 것을 의미할 뿐 차입금으로 자기주식을 취득하는 것이 허용되지 않는다는 것을 의미하지는 않는다.**(대판 2021.7.29. 2017두63337)(변호 23, 모의 23, 24)

3) 의사결정

① 자기주식취득의 결정은 원칙적으로 주주총회의 결의로 ㉠ 취득할 수 있는 주식의 종류 및 수, ㉡ 취득가액 총액의 한도, ㉢ 1년을 초과하지 아니하는 범위에서 자기주식을 취득할 수 있는 기간에 관한 사항을 결정하여야 한다(제341조 제2항 본문).(변호 15, 23) 회사가 배당가능이익을 재원으로 자기주식을 취득하는 것은 잉여금처분의 성격을 가지며, 잉여금을 처분하는 것은 주주총회의 결의에 의한 재무제표의 승인과 관련되기 때문이다.

② 정관상 이익배당을 이사회결의로 할 수 있는 경우에는 이사회 결의로 자기주식 취득을 결정할 수 있다(제341조 제2항 단서).(변호 14, 23)

③ 직전 결산기를 기준으로 배당가능이익이 있더라도, 해당 연도 결산기에 결손이 발생할 우려가 있는 경우에는 회사는 자기주식을 취득하여서는 아니 된다(제341조 제3항).(변호 13)

4) 취득방법

① 상장회사는 거래소시장에서 매수한다. 비상장회사는 취득하고자 하는 자기주식 수량을 정하여 각 주주가 가진 주식 수에 따라 균등한 조건으로 각 주주가 취득할 자기주식의 수량을 정하여 모든 주주에게 통지 또는 공고 등으로 매도기회를 보장하는 방법으로 매수한다.

② 회사가 특정주주만을 선택하여 거래하는 것은 주주평등원칙에 반한다.

③ 상환주식은 발행조건으로 정한 상환방법으로 상환하면 되므로 자기주식취득 대상에서 제외된다.

(4) 특정목적에 의한 자기주식취득(제341조의2) [모의 15]

① 회사는 아래와 같은 경우 자기주식을 취득할 수 있다.(변호 13, 14, 15, 16, 23, 모의 14, 15, 19, 22(2), 23, 24)

㉠ 회사의 합병 또는 다른 회사의 영업전부의 양수로 인한 경우

㉡ 회사의 권리를 실행함에 있어 그 목적을 달성하기 위하여 필요한 경우

㉢ 단주의 처리를 위하여 필요한 경우, ㉣ 주주가 주식매수청구권을 행사한 경우

※ 회사가 자기주식을 질권의 목적으로 보유하는 경우, 발행주식총수의 5% 이내로 제한된다(합병, 영업전부 양수, 권리실행의 경우 5% 초과 보유 허용됨)(제341조의3).(변호 16)

② 회사의 권리를 실행함에 있어서 그 목적을 달성하기 위하여 필요한 때란 채무자에 회사의 주식 이외에 재산이 없는 때에 한하는 것으로 해석되며 채무자의 무자력은 회사의 자기 주식취득을 위한 요건사실로서 자기주식 취득을 주장하는 회사에게 그 무자력의 입증책임이 있다.(대판 1977.3.8. 76다1292)

③ 회사가 특정 주주와 특정금액으로 주식을 매수하기로 약정함으로써 사실상 매수청구를 할 수 있는 권리를 부여하여 주주가 권리를 행사하는 경우는 상법 제341조의2 제4호가 적용되지 않으므로, 상법 제341조에서 정한 요건에서만 회사의 자기주식취득이 허용된다. 개정 상법이 자기주식취득 요건을 완화하였다고 하더라도 법이 정한 경우에만 자기주식취득이 허용된다는 원칙에는 변함이 없으므로 상법상 요건 및 절차에 의하지 않은 자기주식취득 약정은 무효이다.(대판 2021.10.28. 2020다208058)(변호 23, 모의 23, 24)

(5) 회사가 취득한 자기주식의 지위 및 처분 [모의 15]

① 회사가 취득한 자기주식에 대해서는 의결권,(모의 22) 소수주주권 등 공익권, 자익권이 인정되지 않는다. 사실상 소각된 것과 차이가 없다.

② 회사가 보유하는 자기의 주식을 처분하는 경우에 처분할 주식의 종류와 수, 처분가액과 납입기일, 처분의 상대방 및 처분방법으로서 정관에 규정이 없는 것은 이사회가 결정한다(제342조).(변호 13, 14, 15, 16, 모의 24) 2011년 개정상법은 취득한 자기주식의 처분에 관한 내용을 삭제하고 자기주식의 처분을 이사회가 결정하도록 규정하고 있다. 상법상 회사가 보유하는 자기주식의 처분기한은 없다.(변호 15, 모의 19, 23) 회사가 자기주식을 제3자에게 처분하는 경우, 주주의 신주인수권을 침해하는 것이 아닌지에 대한 입법론적 논의가 있다.

(6) 위법한 자기주식취득의 효과

1) 의의

상법은 위법한 자기주식취득의 효과에 관해 규정하고 있지 않은 관계로 위법한 자기주식취득이 유효한지 문제된다.

2) 학설

학설은 ① 자기주식취득은 자본충실에 반하여 출자환급의 결과를 가져오므로 상대방의 선의, 악의를 불문하고 무효라고 보는 무효설(다수설), ② 자기주식취득 제한에 관한 규정은 효력규정이 아니므로 자기주식취득은 유효하고 회사의 손해는 이사에 대한 손해배상책임에 의한다고 보는 유효설, ③ 자기주식취득은 원칙적으로 무효이나 거래안전을 위해 예외적으로 유효할 수 있다는 상대적 무효설(상대적 무효설은 ㉠ 회사가 타인명의로 회사 계산으로 자기주식을 취득한 경우 양도인이 선의라면 유효라는 견해, ㉡ 자기주식취득금지의 보호 대상은 회사이므로 양도인은 선악을 불문하고 유효를 주장하지 못하나 회사도 양도인이 선의인 경우 무효를 주장하지 못한다는 견해, ㉢ 양도인의 선악을 불문하고 무효이나 선의의 전득자에 대해서는 대항하지 못한다는 견해)이 존재한다.

3) 판례

① 상법 제341조, 제341조의2, 제342조의2 등에서 명시적으로 자기주식의 취득을 허용하는 경우 외에, 회사가 자기주식을 무상으로 취득하는 경우 또는 타인의 계산으로 자기주식을 취득하는 경우와 같이, 회사의 자본적 기초를 위태롭게 하거나 주주 등의 이익을 해한다고 할 수 없는 것이 명백한 경우에도 자기주식의 취득이 예외적으로 허용되지만,(변호 23) 설령 회사 또는 주주나 회사채권자 등에게 생길지도 모르는 중대한 손해를 회피하기 위하여 부득이 한 사정이 있다고 하더라도 자기주식의 취득은 허용되지 아니하는 것이고 금지규정에 위반하여 회사가 자기주식을 취득하는 것은 당연히 무효이다.(대판 2003.5.16. 2001다44109)(모의 22)

② 주주의 구성이 소수에 의하여 제한적으로 이루어져 있다거나 주주 상호간의 신뢰관계를 기초로 하고 있다는 등의 사정만으로 인적 회사인 합명회사의 사원 제명에 관한 규정을 물적 회사인 주식회사에 유추적용하여 주주의 제명을 허용할 수 없다. **주주 간의 분쟁 등 일정한 사유가 발생할 경우 어느 주주를 제명시키되 회사가 그 주주에게 출자금 등을 환급해 주기로 하는 내용을 정관이나 내부규정에 두는** 것은 회사 또는 주주 등에게 생길지 모르는 중대한 손해를 회피하기 위한 것이라 하더라도 법정사유 이외에는 자기주식취득을 금지하는 상법에 위반되므로, 이러한 정관이나 내부규정은 **물적 회사인 주식회사의 본질에 반하고 자기주식취득을 금지하는 상법의 규정에도 위반되어 무효**이다. (대판 2007.5.10. 2005다60147)(모의 17, 23)

(7) 이사의 책임

해당 영업연도의 결산기에 배당가능이익이 없음에도 불구하고, 회사가 배당가능이익을 한도로 자기주식을 취득한 경우 이사는 회사에 대하여 연대하여 그 미치지 못한 금액을 배상할 책임이 있다(제341조 제4항 본문).(모의 19) 다만, 이사가 배당가능이익이 없을 것이라고 판단하는 때에 주의를 게을리하지 아니하였음을 증명한 경우에는 배상책임을 면한다(제341조 제4항 단서). 이사가 자신이 주의의무를 위반하지 않았다는 것에 대한 입증책임을 진다.

(8) 불법원인급여 여부

불법원인급여는 선량한 풍속 기타 사회질서에 반하는 경우만을 의미하고, 강행법규 위반은 포함되지 않는다는 것이 통설, 判例의 입장이다. 따라서 회사가 자기주식 취득금지 규정에 반하여 주식을 취득하더라도 이는 불법에 해당하지 않으므로 거래당사자는 서로에 대해 반환청구를 할 수 있다.

기출사례

★ 자기주식취득 [변호 21]

甲주식회사는 건설업을 목적으로 2010년 설립된 비상장회사이다. 보통주만을 발행한 甲회사의 발행주식총수는 100만 주이고, 자본금은 5백억 원이다. 甲회사의 발행주식총수 중 대표이사 A는 30만 주, 이사 B와 이사 C는 각각 20만 주를 소유하고 있으며 모두 명의개서를 완료한 상태이다(주권 미발행 상태임). 甲회사는 건설경기 불황으로 자금사정이 나빠지자 2020. 초경 乙은행으로부터 30억 원의 대출을 받았다.
甲회사의 경영 상태가 호전되지 않자 B와 C는 A를 이사직에서 해임하기로 뜻을 모았다. 이를 알게 된 A는 C를 설득하여 시장가격보다 높게 甲회사 주식 20만 주 전부를 자신의 친구인 D에게 양도하는 매매계약을 체결케 하였고, D명의로 명의개서까지 마쳐 주었다. 그런데 실제 D는 甲회사의 자금으로 C에게 매수대금을 지급하였고, 甲회사 주식을 취득함에 따른 손익 모두를 甲회사에 귀속하기로 甲회사와 합의하였다.

C와 D 사이의 주식매매계약은 유효한가?

Ⅰ. 결론

D의 주식취득은 매매대금이 甲회사의 자금으로 출연되었고, 주식취득에 따른 손익이 甲회사에 귀속된다는 점에서 甲회사의 자기주식취득에 해당한다. 甲회사의 자기주식취득은 주주인 C로부터만 주식을 매매의 방식으로 취득하였다는 점에서 상법상 자기주식취득 규정에 위배되고, 상법상 특정 목적에 의한 자기주식에도 해당되지 않아 위법하다. 위법한 자기주식취득은 무효이다.
따라서 C와 D 사이의 주식매매계약은 甲회사의 위법한 자기주식취득에 해당하여 무효이다.

Ⅱ. 쟁점

D가 C로부터 취득한 주식의 취득자금이 甲회사 자금이었고, 주식취득에 따른 손익 모두를 甲회사에 귀속하기로 합의하였다는 점에서 D의 주식취득이 甲회사의 자기주식취득에 해당하는지, 자기주식취득에 해당하는 경우 자기주식취득의 요건을 갖추었는지, 위법한 자기주식취득의 효력이 문제된다.

기출사례

★ 자기주식취득

A주식회사는 식품가공업을 영위하는 자본금 30억 원 규모의 비상장회사이다. A회사의 지분은 甲 20%, 乙 20%, 丙 15%, 丁 45% 보유하고 있다. 甲은 A회사의 대표이사이고, 乙과 丙은 甲은 A회사의 이사이다. 甲은 사업확대를 위하여 전국적인 영업조직망의 구축을 주장하였고, 乙은 사업 확장보다 내실 있는 경영을 주장하였다. 甲과 乙은 이 문제로 크게 다투었는데, 乙은 자신의 의사가 반영되지 않을 경우 회사를 떠나겠다고 하였다. 甲은 乙의 반대에도 불구하고 이사회 논의를 거치지 않은 채 지점을 전국에 개설하였다. 이에 乙은 이사직을 사임하면서 나머지 주주들에게 자신의 주식을 매수할 것을 요구하였고, 2019. 10. 20. 대표이사 甲은 이사 丙의 동의를 얻어 회사명의와 회사자금으로 乙의 주식을 취득하였다.

A회사의 주식취득은 유효한가?

Ⅰ. 결론

A회사의 자기주식취득은 A회사의 명의와 계산으로 乙의 주식을 취득하였다는 점에서 회사 명의와 계산에 의한 취득 요건은 인정되나 ① 배당가능이익의 범위 내인지 여부가 분명하지 않고, ② 주주총회 결의를 거치지 않았으며, ③ 주주인 乙로부터만 주식을 취득하였다는 점에서 주주평등의 원칙에 위배되어 위법하다. A회사의 주식취득은 특정목적에 의한 주식취득에도 해당하지 않는다. 위법한 자기주식취득을 무효로 보는 判例에 의할 때 A회사의 2019. 10. 20. 乙 주식 취득은 무효이다.

Ⅱ. 쟁점

회사의 자기주식취득에 요구되는 실체적 요건과 절차적 요건이 인정되는지, 위법한 자기주식취득의 효력이 문제된다.

2. 자회사의 모회사주식 취득제한 [모의 21]

(1) 의의

어느 회사가 다른 회사의 발행주식 총수의 50%를 초과하는 주식을 가지는 경우, 해당 회사를 모회사라 하고 그 다른 회사를 자회사라고 한다. 자회사가 모회사의 주식을 취득하는 것은 예외적인 경우를 제외하고 금지된다(제342조의2 제1항). 모회사 및 자회사 또는 자회사가 다른 회사의 발행주식의 총수의 50%를 초과하는 주식을 가지고 있는 경우, 그 다른 회사는 그 모회사의 자회사에 해당하여 모회사의 주식을 취득할 수 없다(제342조의2 제3항).

(2) 모자회사 관계의 판단기준

모자회사 관계의 판단기준인 주식보유 여부는 형식적인 법적 소유를 기준으로 판단한다.

상법이 단순히 발행주식총수라고만 규정하고 있으므로 의결권이 배제, 제한되는 종류주식 및 의결권 없는 주식도 보유비율 산정의 기준이 되는 발행주식 총수에 포함된다.

(3) 취득이 금지되는 유형

① A가 B의 모회사인 경우, B는 A의 주식을 취득할 수 없다. 자회사가 타인명의로 모회사 주식을 취득하는 것도 금지된다. B가 A의 주식을 취득할 당시에는 A의 자회사가 아니었으나 취득 이후 자회사가 된 경우에는 6개월 이내 처분의무가 발생한다.

② A가 B의 모회사이고, A와 B가 합하여 C 주식을 50% 초과하여 보유하는 경우, C는 A 주식을 취득할 수 없다. 이 경우 B가 보유하는 C 주식이 50% 이하인 경우, C는 B 주식은 취득할 수 있다. 이와 달리 B가 보유하는 C 주식이 50% 초과인 경우, C는 B 주식도 취득할 수 없다.

③ A가 B의 모회사이면서 B가 C 주식을 50% 초과하여 보유하는 경우, C는 A 주식을 취득할 수 없고 또한 B 주식도 취득할 수 없다.

(4) 위반의 효과

자회사의 모회사 주식취득 제한에 위반한 자회사의 모회사 주식 취득은 무효이다.

(5) 예외적 허용

아래의 경우에는 예외적으로 자회사의 모회사 주식 취득이 허용된다(제342조의2 제1항).

① 주식의 포괄적 교환, ② 주식의 포괄적 이전, ③ 회사의 합병 또는 다른 회사의 영업전부의 양수, ④ 회사의 권리를 실행함에 있어 그 목적을 달성하기 위하여 필요한 때

(6) 자회사가 취득한 모회사 주식의 지위

자회사가 예외적으로 모회사의 주식을 취득하더라도 그러한 주식은 의결권이 없다(제369조 제3항). 자익권 및 공익권도 없다는 것이 통설이다. 회사가 취득한 자기주식의 경우와 달리 자회사가 취득한 모회사의 주식은 취득일로부터 6개월 이내 처분하여야 한다(제342조의2 제2항).(모의 19)

사후적으로 모자관계가 성립하는 경우에는 자회사는 자신이 보유하고 있는 모회사 주식을 6개월 이내에 처분하여야 한다. 예컨대 A회사가 B회사 발행주식 20%를 보유하고 있던 중 B회사가 A회사의 모회사가 되는 경우 A회사는 자신이 보유하고 있던 B회사 발행주식 20%를 처분하여야 한다.

3. 지배주주의 소수주주 주식 전부취득 [변호 23, 모의 18]

(1) 지배주주 매도청구권의 의의

회사 발행주식 총수의 95% 이상을 자기의 계산으로 보유하고 있는 주주를 지배주주라 하고, 다른 주주를 소수주주라 한다. 지배주주는 회사의 경영상 목적을 달성하기 위하여 필요한 경우, 소수주주에게 그 보유하는 주식의 매도를 청구할 수 있다(제360조의24).(변호 15, 17, 24, 모의 17, 18, 20)

지배주주의 매도청구권은 지배주주가 소수주주에게 공정한 가격을 지급한다면, 일정한 요건 하에 발행주식 전부를 지배주주 1인의 소유로 할 수 있도록 함으로써 회사 경영의 효율성을 향상시키고자 한 제도이다.(대판 2020.6.11. 2018다224699)

(2) 지배주주 매도청구권의 요건

1) 발행주식총수의 95% 이상의 보유

① 타인명의 보유 주식

명의가 아니라 계산을 기준으로 하기 때문에 타인의 명의로 되어 있더라도 주식의 취득 및 보유에 관한 손익이 지배주주에게 귀속되면 지배주주에 해당한다.

② 무의결권 주식과 의결권 제한 주식의 포함

무의결권 주식과 의결권이 제한되는 주식 또한 보유비율 산정시 분모와 분자에 모두 포함된다.

③ 모회사와 자회사 보유 주식의 합산

보유주식의 수는 모회사와 자회사가 보유한 주식을 합산한다(제360조의24 제2항).(변호 21, 모의 17)

예를 들어 C회사 주식을 A회사가 70%, B회사가 25% 보유하고 있는 경우 A회사가 B회사의 모회사이므로 지배주주요건을 충족한다. 이 경우 회사가 아닌 주주가 발행주식총수의 50%를 초과하는 주식을 가진 회사가 보유하는 주식도 그 주주가 보유하는 주식과 합산한다(제360조의24 제2항).

예를 들어 甲이 A회사의 주식을 51% 보유하면서 B회사의 주식을 50% 보유하는 상황에서 A회사가 B회사 주식을 45% 보유하는 경우 甲은 B회사의 지배주주에 해당한다.

④ 자기주식의 포함 여부

자회사가 보유하는 자기주식도 보유비율 산정시 분모와 분자에 모두 포함되는지에 대하여 학설은 견해가 나뉘고 있다.

판례는 보유주식의 수를 산정할 때에는 모회사와 자회사가 보유한 주식을 합산하도록 규정할 뿐 자회사가 보유한 자기주식을 제외하도록 규정하고 있지 않으므로 **자회사가 보유하고 있는 자기주식은 모회사의 보유주식에 합산되어야** 한다고 본다.(대결 2017.7.14. 2016마230)(변호 21, 24, 모의 18, 20)**[변호 23, 모의 18]**

[사실관계] A 회사의 주식을 甲 85%, 자기주식 13%, 소수주주 2% 비율로 보유하고 있는 경우 A 회사가 보유하고 있는 자기주식도 지배주주 여부 판단의 기준이 되는 발행주식총수에 포함되고, A회사가 甲의 자회사이므로 A 회사가 보유하고 있는 자기주식도 甲이 보유한 주식과 합산하여 지배주주 여부를 판단하므로 甲이 A회사의 지배주주에 해당한다고 본 사안.

⑤ 보유시점

지배주주는 주주총회, 매도청구시점, 매매 완료 시점에 95% 이상 보유하고 있어야 한다.

2) 경영상 목적

주주관리, 비용의 절감 등도 경영상 목적에 해당한다고 본다. 결국 지배주주의 매도청구권과 관련해서는 경영상 목적이 부정되는 경우가 존재하기 어렵다.

(3) 행사절차

1) 주주총회 사전승인

주주총회의 사전승인을 받아야 한다(제360조의24 제3항).(변호 17, 21)

주주총회의 소집시 ① 지배주주의 회사 주식의 보유 현황, ② 매도청구의 목적, ③ 매매가액의 산정 근거와 적정성에 관한 공인된 감정인의 평가, ④ 매매가액의 지급보증에 관한 사항을 적어야 하고 주주총회에서 지배주주가 설명하여야 한다(제360조의24 제4항).

주주총회 승인을 이사회 승인으로 갈음할 수 없다. 강제매수는 경영상 목적으로 이루어지는 것이므로 지배주주는 제368조 제3항의 특별이해관계인에 해당하지 않는다.

주주총회 개최를 요구하는 것은 ① 소수주주에게 강제매수 관련 정보를 설명하고, ② 소수주주에게 의견을 제시할 기회를 부여하여 정당성을 확보하고, ③ 단체법적 구속력을 부여하기 위한 것이다.

2) 매도청구권의 통지 및 공고

지배주주는 매도청구의 날 1개월 전까지 ① 소수주주는 매매가액의 수령과 동시에 주권을 지배주주에게 교부하여야 한다는 뜻, ② 교부하지 않으면 매매가액을 수령하거나 매매가액을 공탁한 날에 주권은 무효가 된다는 뜻을 공고하고, 주주명부에 적힌 주주와 질권자에게 따로 통지를 하여야 한다(제360조의24 제5항).

3) 현실적 매도청구

위와 같은 통지 및 공고와 별도로 소수주주에게 매도청구를 현실적으로 하여야 한다. 소수주주의 일부에 대한 매도청구는 허용되지 않는다고 본다.(모의 24)

4) 매도청구의 대상

지배주주가 상법 제360조의24 제1항에 따라 매도청구권을 행사하는 경우, 반드시 소수주주가 보유하는 주식 전부에 대하여 권리를 행사하여야 한다.

지배주주의 매도청구권은 지배주주가 소수주주에게 공정한 가격을 지급한다면, 일정한 요건 하에 발행주식 전부를 지배주주 1인의 소유로 할 수 있도록 함으로써 회사 경영의 효율성을 향상시키고자 한 제도이다. 이러한 입법 의도와 목적 등에 비추어 보면, **지배주주가 매도청구권을 행사할 때에는 반드시 소수주주가 보유하고 있는 주식 전부에 대하여 권리를 행사하여야** 한다.(대판 2020.6.11. 2018다224699)(변호 24, 모의 24)

(4) 매매계약의 효력발생

1) 매매계약의 효력발생시점

매도청구권은 형성권으로 매도청구 시점에 소수주주의 승낙 여부와 상관없이 매매계약이 체결된다.

2) 소수주주의 매도의무

매도청구를 받은 소수주주는 매도청구를 받은 날부터 2개월 내에 지배주주에게 그 주식을 매도하여야 한다(제360조의24 제6항).(변호 21, 24) 위 조항에 규정된 주식 매도기간 2개월은 지배주주의 매수대금 지급의무 이행기를 의미한다. 매매가액의 협의가 되지 않았더라도 위 2개월이 경과하면 지배주주는 매수대금 지체책임을 부담한다.(모의 20)

3) **주식의 이전시기**

주식의 이전은 지배주주가 매수대금을 지급한 시점에 이루어진다(제360조의26 제1항).(변호 24, 모의 18)

4) **매매가액의 공탁 및 주식의 이전**

매매가액을 지급할 소수주주를 알 수 없거나 소수주주가 수령을 거부할 경우에는 지배주주는 그 가액을 공탁할 수 있으며, 이러한 경우에는 공탁한 날에 그 주식이 지배주주에게 이전된 것으로 본다(제360조의26 제2항).

상법 제360조의26 제1항과 제2항의 '매매가액'은 지배주주가 일방적으로 산정하여 제시한 가액이 아니라 소수주주와 협의로 결정된 금액 또는 법원이 상법 제360조의24 제9항에 따라 산정한 공정한 가액으로 보아야 한다.(대판 2020.6.11. 2018다224699)

5) **매도청구 이후 소수주주 주식처분의 효력**

지배주주의 매도청구 이후 소수주주가 주식을 제3자에게 처분한 경우, 제3자는 매매계약의 효과를 승계한다고 보아 지배주주가 제3양수인에게 매수대금을 지급하고 주식을 이전받을 수 있다고 본다. 매매대금의 지급전까지 주식은 소수주주의 소유이므로 제3자의 선의취득 여부는 문제되지 않는다.

(5) **매매가액의 결정**

1) **협의에 의한 매매가액 결정**

매매가액은 매도청구를 받은 소수주주와 매도를 청구한 지배주주 간의 협의로 결정한다(제360조의24 제7항).(모의 17)

2) **법원에 대한 매매가액 결정 청구**

소수주주가 매도청구를 받은 날부터 30일 내에 매매가액에 대한 협의가 이루어지지 아니한 경우, 소수주주 또는 지배주주는 법원에 매매가액의 결정을 청구할 수 있다(제360조의24 제8항).

법원이 주식의 매매가액을 결정하는 경우에는 회사의 재산 상태와 그 밖의 사정을 고려하여 공정한 가액으로 산정하여야 한다(제360조의24 제9항). 매매가액에 대한 협의는 소수주주별로 이루어지게 되므로 최종 매매가격은 소수주주별로 다를 수 있다.

4. 소수주주의 매수청구권 [변호 21, 모의 18]

지배주주가 있는 회사의 소수주주는 언제든지 지배주주에게 소수주주가 보유한 주식의 매수를 청구할 수 있다(제360조의25 제1항).(변호 22, 모의 18, 20)

소수주주의 매수청구권은 소수주주의 개별적인 청구권이므로, 일부 소수주주만 매수 청구할 수 있고, 경영상 목적이 요구되지도 않는다. 매수청구를 받은 지배주주는 매수를 청구한 날을 기준으로 2개월 내에 매수를 청구한 주주로부터 그 주식을 매수하여야 한다(제360조의25 제2항).

기출사례

★ 소수주주의 주식매수청구 [변호 21]

甲주식회사는 건설업을 목적으로 2010년 설립된 비상장회사이다. 보통주만을 발행한 甲회사의 발행주식총수는 100만 주이고, 자본금은 5백억 원이다. 甲회사의 발행주식총수 중 대표이사 A는 30만 주, 이사 B와 이사 C는 각각 20만 주를 소유하고 있으며 모두 명의개서를 완료한 상태이다(주권 미발행 상태임).
丙주식회사는 암반발파 사업을 하는 회사이며 그 발행주식총수는 10만 주이다. 丙회사의 주식 중 甲회사는 9만 주, E는 4천 주를 각 소유하고 있으며, 나머지 6천 주는 丙회사가 자기주식으로 보유 중이다(명의개서 각 완료).

E는 甲 회사에 대하여 자기가 소유한 丙회사 주식 4천 주의 매수를 청구할 권리가 있는가?

Ⅰ. 결론

지배주주 여부를 판단함에 있어서 자회사의 자기주식 또한 포함되므로, 丙회사가 보유한 자기주식 6천주 또한 지배주주 여부를 판단함에 있어 甲회사가 보유한 주식수에 포함된다. 甲회사는 丙회사 발행주식 중 96,000주를 보유하여 丙회사 발행주식의 95% 이상을 보유한 지배주주이므로 E는 甲회사에 대하여 자신이 보유하는 丙회사 발행주식 4천주의 매수를 청구할 권리가 있다.

Ⅱ. 쟁점

소수주주의 주식매수청구권과 관련하여 지배주주가 보유하는 회사 주식에 자회사가 보유하고 있는 자기주식이 포함되는지 여부가 문제된다.

기출사례

★ 지배주주의 소수주주 주식매도청구 [변호 23]

A주식회사는 중고자동차 수출입업을 하는 비상장회사이다. A회사는 비상장회사인 C주식회사의 발행주식총수 9천 주 중 7천6백 주를 주권 형태로 소유하고 있으며 주주명부에 명의개서까지 완료한 상태이다. 아울러 C회사는 자기주식 1천 주를 보유하고 있다. C회사는 경제 상황이 불안정해지자 자금을 추가 조달할 생각으로 A회사의 거래처인 D주식회사에 주식 1천 주를 적법하게 추가 발행하였다. C회사는 D회사의 명의로 주주명부에 명의개서까지 완료하였으나 주권을 발행하지는 않았다. 그런데 D회사는 신주를 발행받은 후 C회사의 경영실적이 급격히 악화되자 A회사에 C회사 주식 1천 주를 매수할 것을 요구하였다. 이에 A회사는 신주 발행일로부터 4개월이 지난 시점에 D회사로부터 1천 주를 매수하였고, D회사는 이를 C회사에 통지하였다. A회사가 D회사로부터 주식을 매수한 후 3개월이 더 지났으나 C회사는 여전히 1천 주에 대한 주권을 발행하지 않고 있으며, 주주명부상 D회사가 여전히 1천 주의 주주로 기재되어 있다. 경영실적이 더욱 악화된 C회사는 A회사가 「상법」상 지배주주의 매도청구권을 이용하여 C회사 소수주주들의 주식 전부를 강제적으로 매수하는 것이 C회사의 경영정상화의 첫걸음이라고 판단하였다. A회사, D회사, 소수주주들에게 소집통지를 하여 개최된 C회사의 주주총회에서는 A회사와 D회사의 찬성으로 A회사가 C회사의 소수주주들에게 주식의 매도를 청구할 수 있도록 승인하는 결의가 이루어졌다.

A회사는 C회사의 소수주주들에게 주식의 매도를 청구할 권리가 있는가?

Ⅰ. 결론

지배주주의 주식매도청구와 관련하여 무의결권 주식도 발행주식총수에 포함되므로 C회사 발행주식총수는 1만주이고, 자회사가 보유한 자기주식도 지배주주가 보유한 주식에 포함되고, 지배주주가 보유한 주식은 명의개서 여부와 관계없이 지배주주가 실질적으로 보유한 주식을 기준으로 하므로 아직 A회사 명의로 명의개서가 되지 않았더라도 A회사가 보유한 D회사 명의의 주식 또한 A회사가 보유하는 것으로 인정된다. 따라서 A회사는 C회사 발행주식총수 1만주 중 9천6백주를 보유하여 발행주식총수의 95% 이상을 보유하였고, 주주총회에서 주식매도청구 승인결의가 이루어졌으므로 A회사는 C회사의 소수주주들에게 주식의 매도를 청구할 권리가 있다.

Ⅱ. 쟁점

지배주주의 주식매수청구권과 관련하여 자기주식과 같이 의결권없는 주식이 발행주식총수에 포함되는지, 자회사가 보유한 자기주식이 지배주주가 보유한 주식에 포함하는지, 지배주주가 보유한 주식은 명의개서를 기준으로 하는지가 문제된다.

Ⅲ. 주주명부와 명의개서

1. 의의

주주명부란 주주 및 주권에 관한 사항을 획일적으로 정하기 위하여 작성되는 장부를 말한다.

명의개서란 주식이 양도된 경우 양수인의 성명과 주소를 주주명부에 기재하는 것을 말한다.

주주명부는 다수의 주주와 관련된 법률관계를 처리할 수 있는 형식적이고 획일적인 기준이다. 회사는 원칙적으로 주주명부를 본점에 비치하여야 한다(제396조 제1항).(모의 17)

상법이 주주명부제도를 둔 이유는, 주식의 발행 및 양도에 따라 주주의 구성이 계속 변화하는 단체법적 법률관계의 특성상 회사가 다수의 주주와 관련된 법률관계를 외부적으로 용이하게 식별할 수 있는 형식적이고도 획일적인 기준에 의하여 처리할 수 있도록 하여 이와 관련된 사무처리의 효율성과 법적 안정성을 도모하기 위함이다.(대판 2017.3.23. 2015다248342)

2. 명의개서의 청구

(1) 양수인의 명의개서 청구

① 명의개서는 양수인이 단독으로 청구할 수 있고 양도인의 협력을 필요로 하지 않는다.

② 주식을 취득한 자는 특별한 사정이 없는 한 점유하고 있는 주권의 제시 등의 방법으로 자신이 주식을 취득한 사실을 증명함으로써 회사에 대하여 단독으로 그 명의개서를 청구할 수 있다.(대판 2019.5.16. 2016다240338)(변호 17, 21, 25)

③ 주식 양도인은 다른 특별한 사정이 없는 한 회사에 대하여 주식 양수인 명의로 명의개서를 하여 달라고 청구할 권리가 없다. 이러한 법리는 주권이 발행되어 주권의 인도에 의하여 기명주식이 양도되는 경우뿐만 아니라, 회사 성립 후 6월이 경과하도록 주권이 발행되지 아니하여 양도인과 양수인 사이의 의사표시에 의하여 기명주식이 양도되는 경우에도 동일하게 적용된다.(대판 2010.10.14. 2009다89665)(모의 13, 16, 22)

(2) 주권의 제시

① 명의개서 청구에는 주권이 제시되어야 한다. 명의개서 청구와 관련하여 주권 이외에 다른 서류의 제출을 요구하는 정관 규정은 무효이다.

② 명의개서의 청구에 소정 서류의 제출을 요한다고 하는 정관 규정이 있다 하더라도, 이는 주식의 취득이 적법하게 이루어졌음을 회사로 하여금 간이명료하게 알 수 있게 하는 방법을 정한 것에 불과하여 주식을 취득한 자가 그 취득사실을 증명한 이상 회사는 위와 같은 서류가 갖추어지지 아니하였다는 이유로 명의개서를 거부할 수는 없다.(대판 1995.3.24. 94다47728)

③ 주권이 발행되어 있는 주식을 취득한 자가 주권을 제시하는 등 그 취득사실을 증명하는 방법으로 명의개서를 신청하고, 그 신청에 관하여 주주명부를 작성할 권한 있는 자가 형식적 심사의무를 다하였으며, 그에 따라 명의개서가 이루어졌다면, 특별한 사정이 없는 한 그 명의개서는 적법한 것으로 보아야 한다.(대판 2019.8.14. 2017다231980)

(3) 회사의 형식적 자격 심사

㉠ 회사는 명의개서를 청구하는 자가 진정한 주권을 점유하고 있는가(주권이 발행된 경우) 또는 주식을 취득한 사실을 증명하고 있는가(주권이 발행되지 않은 경우) 등 명의개서청구에 관한 형식적 자격만을 심사하면 족하고, 청구자가 진정한 주주인가에 대한 실질적 자격까지 심사할 의무는 없다. ㉡ 따라서 주식을 양수한 자가 취득 사실을 증명하는 방법으로 명의개서를 청구하고 회사가 형식적 심사의무를 다하여 그에 따라 명의

개서를 하였다면 특별한 사정이 없는 한 그 명의개서에 따른 주주명부의 기재는 적법한 것으로 보아야 한다. ㉢ 명의개서가 적법하다고 볼 수 없는 경우 명의개서 직전에 작성된 주주명부가 존재하고, 그 주주명부의 기재가 적법하게 이루어진 것으로 볼 수 있다면 그 주주명부상 주주가 회사에 대한 관계에서 주주권을 행사할 수 있다. ㉣ 대부분 주주에게 소집통지를 발송하지 아니하고 개최된 주주총회는 특별한 사정이 없는 한 그 성립과정의 하자가 너무나 중대하여 사회통념상 총회 자체의 성립이 인정되기 어렵다.(대판 2024.6.13. 2018다261322)

3. 명의개서의 효력 [변호 13, 21]

(1) 대항력

① 주식의 이전은 취득자의 성명과 주소를 주주명부에 기재하지 아니하면 회사에 대항하지 못한다(제337조 제1항).

② 명의개서 전에는 회사를 상대로 주주총회 소집통지를 요구하는 것을 포함하여 어떠한 주주권도 행사할 수 없고 이를 소로써 구하는 경우, 원고 적격 흠결로 각하 판결의 대상이 된다.

③ 주식을 취득한 자가 회사에 대해 주주권을 행사하려면 자기의 성명과 주소를 주주명부에 기재해야 한다. 회사도 주주명부에 기재된 자에게 주주권을 인정한 경우 주주명부상 주주가 진정한 주주가 아니더라도 책임을 지지 않는다. 그러나 상법은 주주명부 기재를 회사에 대한 대항요건으로 정하고 있을 뿐 주식 이전의 효력발생요건으로 정하고 있지 않으므로 명의개서가 이루어졌다고 하여 무권리자가 주주가 되는 것은 아니고, 명의개서가 이루어지지 않았다고 해서 주주가 그 권리를 상실하는 것도 아니다.(대판 2018.10.12. 2017다221501)[변호 21]

④ 주식의 소유권 귀속에 관한 권리관계와 주주의 회사에 대한 주주권 행사국면은 구분되고, 회사와 주주 사이에서 주식의 소유권, 즉 주주권의 귀속이 다투어지는 경우에는 회사가 주주명부에 주주로 기재된 자를 상대로 주주가 아니라는 확인의 소를 제기할 수 있다.(대판 2020.6.11. 2017다278385)

(2) 추정력

① 주주명부에 명의개서를 한 자는 주주로 추정된다. 주주명부 등재에 창설적 효력이 인정되는 것은 아니다. 주주명부에 기재된 주주가 실질주주가 아니라는 사실은 주주권을 부인하는 자가 입증해야 한다.

② 주주명부에 주주로 등재된 자는 주주로 추정되며 이를 번복하기 위해서는 주주권을 부인하는 측에 입증책임이 있으므로, 주주명부의 주주 명의가 신탁된 것이고 명의차용인으로서 실질상 주주가 따로 있음을 주장하려면 명의신탁관계를 주장하는 측에서 명의차용사실을 입증하여야 한다.(대판 2007.9.6. 2007다27755)

③ 주주명부상의 주주가 아닌 제3자가 주식을 인수하고 그 대금을 납입한 경우 그 제3자를 실질상의 주주로 보기 위해서는 단순히 제3자가 주식인수대금을 납입하였다는 사정만으로는 부족하고 제3자와 주주명부상 주주 사이의 내부관계, 주식 인수와 주주명부 등재에 관한 경위 및 목적, 주주명부 등재 후 주주로서의 권리행사 내용 등을 종합하여 판단해야 한다.(대판 2019.5.16. 2016다240338)(변호 17, 22, 모의 22)

(3) 면책력

회사가 주주명부에 기재된 자에게 주주로서의 권리를 부여하였다면 설령 그가 진정한 주주가 아니었다 하더라도 회사는 책임을 면한다(제353조 제1항).

4. 주주명부상 주주의 확인의 이익

① 주주명부상 주주인 甲이 명의개서대리인을 상대로 주권의 인도를 구할 수 있다고 하더라도 그와 별도로 자신의 주식에 대하여 실제 소유자라고 주장하는 乙을 상대로 그 주식이 甲의 소유라는 확인을 구할 확인의 이익이 있다.(대판 2017.10.26. 2016다23274)

② 명의개서대리인이 주식발행 및 교부, 명의개서 업무 등을 대행하고 있는 경우에도 주주명부상 주주는 발행회사에게 자기 명의 주권의 발행 및 교부를 청구할 수 있다. 명의개서대리인이 발행회사의 주권을 발행하여 보관하고 있다고 하더라도, 발행회사는 이행대행자에 불과한 명의개서대리인을 통하여 그 주권에 관한 지배를 계속하고 있다고 볼 수 있으므로, 이것이 주주가 발행회사를 상대로 주권의 인도를 구하는 데에 장애가 되지 아니한다.(대판 2017.10.26. 2016다23274)

③ 위조된 주식매매계약서에 의해 타인 앞으로 명의개서가 된 주주 甲이 회사를 상대로 자신의 주주권의 확인을 구하는 것은 甲이 회사를 상대로 직접 자신이 주주임을 증명하여 명의개서절차의 이행을 구할 수 있으므로, 甲의 권리 또는 법률상 지위에 현존하는 불안 · 위험을 제거하는 유효 · 적절한 수단이 아니거나 분쟁의 종국적 해결방법이 아니어서 확인의 이익이 없다.(대판 2019.5.16. 2016다240338)(변호 21, 25 모의 22(2), 23)

④ 주권발행 전 주식에 관하여 주주명의를 신탁한 사람이 수탁자에 대하여 명의신탁계약을 해지하면 그 주식에 대한 주주의 권리는 해지의 의사표시만으로 명의신탁자에게 복귀하는 것이고, 이러한 경우 주주명부에 등재된 형식상 주주명의인이 실질적인 주주의 주주권을 다투는 경우에 실질적인 주주가 주주명부상 주주명의인을 상대로 주주권의 확인을 구할 이익이 있다.(대판 2013.2.14. 2011다109708)

⑤ 주주명의를 신탁한 사람이 수탁자에 대하여 명의신탁계약을 해지하면 바로 주주의 권리가 명의신탁자에게 복귀하는 것이지, 주식의 양도를 위하여 새로 법률행위를 하여야 하는 것도 아니다. 따라서 원고들이 주권발행 전의 주식에 관한 주주명의를 피고들에게 신탁하였다가 회사성립 후 또는 신주 납입기일 후 6월이 경과한 다음에 명의신탁계약을 해지하였더라도, 원고들이 그와 같은 사실을 증명하여 회사를 상대로 주주명부상의 명의개서를 청구하지 아니하고 수탁자인 피고들을 상대로 명의개서절차의 이행을 소구하는 것은, 소의 이익이 있다고 할 수 없을 것이다.(대판 1992.10.27. 92다16386)(모의 24)

5. 명의개서를 마치지 않은 주식양수인의 지위 [변호 13, 23, 모의 14, 18, 19]

(1) 의의

주식을 취득하였으나 명의개서를 마치지 않아 주주명부상 주주로 기재되지 않는 자가 어떠한 법적 지위를 가지는지 문제된다.

(2) 학설

① '편면적 구속설'은 상법 제337조 제1항은 명의개서를 하지 않으면 주주가 회사에 대항하지 못한다는 것을 규정할 뿐 회사가 임의로 상대방을 주주로 인정하는 것을 금지하는 것은 아니고 명의개서는 회사의 단체법적 사무처리의 편의를 기하기 위한 제도이므로 회사가 편익을 포기하고 주식양수인을 주주로 인정하는 것은 가능하므로 회사는 명의개서를 마치지 않은 자를 주주로 인정할 수 있다고 본다.

② '쌍면적 구속설'은 회사가 주주권을 행사할 주주를 임의로 결정할 수 있게 하는 것은 단체적 법률관계의 객관성과 획일성을 저해할 수 있고 명의개서 제도는 회사의 이해관계인 모두의 이익을 위한 것이므로 회사가 임의로 이를 포기할 수 없다는 점에서 회사가 명의개서를 마치지 않은 자를 주주로 인정할 수 없다고 본다.

(3) 판례

주주명부에 적법하게 주주로 기재되어 있는 자는 회사에 대한 관계에서 주식 의결권 등 주주권을 행사할 수 있고, 회사 역시 주주명부상 주주 외에 실제 주식을 인수하거나 양수하고자 하였던 자가 따로 존재한다는 사실을 알았든 몰랐든 간에 주주명부상 주주의 주주권 행사를 부인할 수 없으며, 주주명부에 기재를 마치지 않은 자의 주주권 행사를 인정할 수도 없다.(변호 15, 17, 19, 25, 모의 19, 20, 22(2)) 주주명부에 기재를 마치지 않고도 회사에 대한 관계에서 주주권을 행사할 수 있는 경우는 주주명부 기재 또는 명의개서청구가 부당하게 지연되거나 거절되었다는 등의 예외적인 사정이 있는 경우에 한한다.(모의 20(2), 22)(대판 2017.3.23. 2015다248342)[변호 13, 23, 모의 14, 18, 19]

[기타 판시사항] 위 전원합의체판결의 다수의견은 다음과 같은 근거를 제시하고 있다. ㉠ 주주명부 제도는 주주를 형식적이고도 획일적인 기준에 의하여 처리할 수 있도록 하여 사무처리의 효율성과 법적 안정성을 도모하기 위한 것이고, ㉡ 주주명부상 주주가 실질주주의 의사에 반하여 주주권을 행사하더라도, 이는 주주명부상 주주에게 주주권을 행사하는 것을 허용함에 따른 결과이므로 신의칙에 반한다고 볼 수 없으며, ㉢ 상법 제337조 제1항에서 말하는 대항력은 그 문언에 불구하고 회사도 주주명부에의 기재에 구속되어, 주주명부에 기재된 자의 주주권 행사를 부인하거나 주주명부에 기재되지 아니한 자의 주주권 행사를 인정할 수 없다는 의미를 포함하는 것으로 해석함이 타당하고, ㉣ 회사가 주주권을 행사할 자를 선택할 수 있다고 보는 경우 주주 사이에 주주권 행사요건을 달리 해석하게 되어 주주평등원칙에도 어긋나며, 회사가 누구에게 주주로서의 권리를 인정할 것인가에 대해 선택권을 가지게 되는 불합리한 점이 있고, 주주명부상 주주에게는 실질적인 권리가 없다는 이유로, 주주명부 기재를 마치지 아니한 주식인수인이나 양수인에게는 주주명부 기재를 마치지 않았다는 이유로, 양자의 권리행사를 모두 거절할 수도 있게 되어 권리행사의 공백이 생길 수 있으며, 회사의 잘못된 판단으로 정당한 권리자가 아닌 자에게 권리행사를 인정하면 주주총회결의 취소사유가 발생하는 등 다수의 주주와 회사를 둘러싼 법률관계 전체를 불안정하게 하고, 회사가 일일이 실질주주를 조사하여 주주명부상 주주의 주주권 행사를 배제하고 실질주주의 주주권 행사를 인정하는 것은 사실상 불가능하고 바람직하지도 않다.

6. 명의개서의 부당거절 [변호 21, 모의 19, 22]

(1) 명의개서 부당거절의 경우 양수인의 권리

회사가 정당한 이유 없이 부당하게 명의개서를 거절하는 경우 양수인은 회사를 상대로 명의개서청구의 소를 제기할 수 있고 이에 따른 손해배상을 청구할 수 있다. 명의개서가 부당하게 거절된 경우, 양수인은 ① 의사진술을 명하는 판결을 구하거나, ② 이사 및 회사에 대하여 손해배상을 청구하거나, ③ 보전소송으로 임시주주지위결정 가처분 신청 등을 할 수 있다.

(2) 명의개서 부당거절의 경우 양수인의 주주권 행사

명의개서 부당거절의 경우 양수인이 의사진술을 명하는 판결 등의 절차를 거치지 않고 바로 주주권을 행사할 수 있는지와 관련하여 학설과 판례는 주주권 행사를 인정하고 있다. 따라서 명의개서를 부당거절 당한 양수인은 명의개서가 없이도 직접 주주권을 행사할 수 있다. 그 결과 회사가 부당하게 명의개서 청구를 거절하면서 명의개서를 거절당한 주주에게 소집통지를 하지 않고 주주총회를 개최한 경우 그 결의에 하자가 인정된다.

주식을 양도받은 주식양수인들이 명의개서를 청구하였는데도 위 주식양도에 입회하여 그 양도를 승낙하였고 더구나 그 후 주식양수인들의 주주로서의 지위를 인정한 바 있는 회사의 대표이사가 정당한 사유 없이 그 명의개서를 거절한 것이라면 회사는 그 명의개서가 없음을 이유로 그 양도의 효력과 주식양수인의 주주로서의 지위를 부인할 수 없다.(대판 1993.7.13. 92다40952)(변호 17, 모의 22)

7. 명의개서 지체 중 발생한 이익의 귀속

(1) 회사에 대한 관계

회사에 대해서는 주주명부상 주주인 양도인이 이익배당이나 신주발행에 관한 권리를 가진다. 주주명부상의 주주를 주주로 인정하는 회사의 행위는 주주명부의 면책력 때문에 원칙적으로 유효하다. 그 결과 양수인이 회사에 대하여 이익배당이나 신주발행을 청구하더라도 회사는 이에 응하지 않을 수 있다.

회사가 신주를 발행하면서 권리의 귀속자를 주주총회나 이사회의 결의에 의한 일정 시점에 주주명부에 기재된 주주로 한정할 경우, 그 신주인수권은 이러한 일정 시점에 실질상의 주주인지의 여부와 관계없이 회사에 대하여 법적으로 대항할 수 있는 주주, 즉 주주명부에 기재된 주주에 귀속된다. (대판 1995.7.28. 94다25735).(변호 17, 20, 모의 13, 16)

(2) 양도인과 양수인 사이의 관계

양수인은 양도인에게 배당금이나 신주의 반환을 청구할 수 있다. 이에 대한 법적 근거와 관련하여 학설은 ㉠ 양도인이 신주의 인수와 납입을 한 이상 신주 자체는 양도인에게 귀속하므로 양수인은 신주의 반환을 청구할 수 없고 양도인이 신주인수로 얻은 이익(납입금액과 신주발행 직후 신주의 가액의 차액)에 대한 부당이득반환을 청구할 수 있다고 보는 부당이득설, ㉡ 양도인은 주주명부상 주주로서 형식적 법률관계가 존재하므로 법률상 원인이 없다고 보기 어려우므로 사무관리의 법리에 따라 양도인이 취득한 신주나 신주의 매매대금을 양수인에게 인도하여야 하고 양도인이 납입한 납입대금을 포함한 유익비용의 상환을 양수인에게 청구할 수 있다고 보는 사무관리설, ㉢ 사무관리설을 취하면서 다만 양도인에게 양수인을 위한 사무관리의사가 없다는 점에서 준사무관리의 법리에 의해야 한다는 준사무관리설이 있다.

기출사례

★ 명의개서미필 주주의 지위

비상장회사인 X주식회사는 자본금이 2억 5천만 원이며 주주명부에는 발행주식총수 중 A가 50%, B가 30%, C가 10%, D가 10%를 각각 보유하는 것으로 기재되어 있다. 다만, D는 X주식회사의 주주명부에 주주로 기재되어 있지만 실제로는 E가 D의 승낙을 얻어 D의 명의를 차용한 것이다. X회사는 신기술 도입에 필요한 자금을 조달하기 위하여 신주를 발행하기로 하고, 이사회 결의로 기존 주주들의 지분율에 비례하여 신주를 배정하고 기존 주주 전원이 신주인수대금을 전액 납입함에 따라 자본금을 3억 원으로 변경하는 등기를 마쳤다.

X주식회사가 E의 명의차용 사실을 알고 있음에도 불구하고 D에게 신주를 배정한 경우, 그러한 신주배정은 적법한가?

Ⅰ. 결론

주주명부의 대항력은 회사에도 미치므로 X주식회사에 대하여 주주권을 행사할 수 있는 자는 D이고, X주식회사 또한 D가 형식주주에 불과하다는 것을 알았다 하더라도 주주명부에 주주로 기재된 D를 주주로 인정해야 하고 그 이외의 자를 주주로 인정할 수도 없다. 따라서 X회사가 D에게 신주를 배정한 것은 적법하다.

Ⅱ. 쟁점

회사가 주주명부상의 주주가 형식주주임을 알았던 경우에도 형식주주에게 주주권 행사를 인정하여야 하는지 아니면 회사가 실질주주를 주주로 인정할 수 있는지 문제된다.

기출사례

★ 주주명부의 효력 및 주주총회결의의 하자 [변호 23]

A주식회사는 중고자동차 수출입업을 하는 비상장회사이다. A회사는 비상장회사인 C주식회사의 발행주식총수 9천 주 중 7천6백 주를 주권 형태로 소유하고 있으며 주주명부에 명의개서까지 완료한 상태이다. 아울러 C회사는 자기주식 1천 주를 보유하고 있다. C회사는 경제 상황이 불안정해지자 자금을 추가 조달할 생각으로 A회사의 거래처인 D주식회사에 주식 1천 주를 적법하게 추가 발행하였다. C회사는 D회사의 명의로 주주명부에 명의개서까지 완료하였으나 주권을 발행하지는 않았다. 그런데 D회사는 신주를 발행받은 후 C회사의 경영실적이 급격히 악화되자 A회사에 C회사 주식 1천 주를 매수할 것을 요구하였다. 이에 A회사는 신주 발행일로부터 4개월이 지난 시점에 D회사로부터 1천 주를 매수하였고, D회사는 이를 C회사에 통지하였다. A회사가 D회사로부터 주식을 매수한 후 3개월이 더 지났으나 C회사는 여전히 1천 주에 대한 주권을 발행하지 않고 있으며, 주주명부상 D회사가 여전히 1천 주의 주주로 기재되어 있다. 경영실적이 더욱 악화된 C회사는 A회사가 「상법」상 지배주주의 매도청구권을 이용하여 C회사 소수주주들의 주식 전부를 강제적으로 매수하는 것이 C회사의 경영정상화의 첫걸음이라고 판단하였다. A회사, D회사, 소수주주들에게 소집통지를 하여 개최된 C회사의 주주총회에서는 A회사와 D회사의 찬성으로 A회사가 C회사의 소수주주들에게 주식의 매도를 청구할 수 있도록 승인하는 결의가 이루어졌다.

A회사의 매도청구를 승인하는 C회사의 주주총회결의에서 D회사가 소집통지를 받고, 의결권을 행사한 것은 결의의 하자라고 할 수 있는가?

Ⅰ. 결론

주주명부기재의 대항력은 회사에도 미치므로 회사는 주주명부상 주주 이외에 실질주주가 따로 있다는 것을 알고 있더라도 원칙적으로 주주명부상 주주 이외의 자에게 주주권을 인정할 수 없고, 실질주주라 하더라도 회사에 의하여 명의개서가 부당하게 거절되거나 지연되는 경우를 제외하고는 명의개서 없이 회사에 대하여 주주권을 행사할 수 없다. 사안의 경우 A회사가 명의개서를 청구한 사실이 없으므로 C회사가 주주명부상 주주인 D회사에게 소집통지를 하고 주주총회에서 D회사가 의결권을 행사한 것은 적법하다. 따라서 C회사 주주총회결의에서 D회사가 소집통지를 받고, 의결권을 행사한 것은 결의의 하자라고 할 수 없다.

Ⅱ. 쟁점

회사에 대하여 주주권을 행사할 수 있는 자가 주주명부상 주주인 D회사인지 아니면 실질주주인 A회사인지 문제된다.

8. 주식의 전자등록

(1) 상법상 전자주주명부

회사는 정관으로 정하는 바에 따라 전자문서로 주주명부를 작성할 수 있고, 이러한 주주명부를 전자주주명부라 한다(제352조의2).

(2) 주식 · 사채 등의 전자등록에 관한 법률(이하, '전자등록법')

1) 주식 전자등록의 의의

주식의 전자등록이란 주식의 종류, 종목, 금액, 권리자 및 권리 내용 등 주식에 관한 권리의 발생 · 변경 · 소멸에 관한 정보를 전자등록계좌부에 전자적 방식으로 기재하는 것을 말한다. 전자등록법은 2019.9.16. 시행되었다. 상장회사의 주식은 전자등록기관에 전자등록되어야 한다.

2) 고객계좌의 개설 및 고객계좌부의 작성

은행을 비롯하여 전자등록법에 규정된 기관이 계좌관리기관이 되는데, 전자등록주식의 권리자가 되려는 자는 계좌관리기관에 고객계좌를 개설하여야 하고, 고객계좌가 개설되면 계좌관리기관은 ① 권리자의 성명 또는 명칭 및 주소, ② 발행인의 명칭, ③ 전자등록주식의 종류, 종목 및 종목별 수량 또는 금액 등을 전자등록하여 권리자별로 고객계좌부를 작성하여야 한다. 이러한 고객계좌부를 전자등록계좌부라 한다.

3) 고객관리계좌의 개설 및 고객관리계좌부의 작성

계좌관리기관은 고객계좌부에 전자등록된 전자등록주식의 총수량 또는 총금액을 관리하기 위하여 전자등록기관에 고객관리계좌를 개설하여야 하고, 고객관리계좌가 개설된 경우 전자등록기관은 계좌관리기관의 명칭 및 주소, 전자등록주식의 종류, 종목 및 종목별 수량 및 금액을 기록하여 계좌관리기관별로 고객관리계좌부를 작성하여야 한다.

4) 주식전자등록의 효력

전자등록계좌부에 전자등록된 자는 해당 전자등록주식에 대하여 전자등록된 권리를 적법하게 가지는 것으로 추정한다. 전자등록주식을 양도하는 경우에는 계좌간 대체의 전자등록을 하여야 그 효력이 발생한다. 전자등록주식을 질권의 목적으로 하는 경우에는 질권 설정의 전자등록을 하여야 입질의 효력이 발생한다. 선의로 중대한 과실 없이 전자등록계좌부의 권리 내용을 신뢰하고 소유자 또는 질권자로 전자등록된 자는 해당 전자등록주식에 대한 권리를 적법하게 취득한다.

9. 주주명부폐쇄와 기준일

(1) 의의

일정 기간 주주명부의 기재를 변경하지 않는 것을 '**주주명부의 폐쇄**'라 하고, 일정한 날에 주주명부에 기재된 주주 또는 질권자를 주주권을 행사할 자로 보는 경우의 일정한 날을 '**기준일**'이라 한다. 주식회사는 주주명부 폐쇄기간과 기준일제도를 병용하여 실시할 수 있다.(모의 13)

(2) 주주명부의 폐쇄

1) 폐쇄기간 및 공고

주주명부 폐쇄기간은 3월 이내로 제한된다(제354조 제2항). 폐쇄기간이 3월을 초과한 경우 초과기간이 무효가 되고, 초과기간이 불분명한 경우에는 폐쇄기간 전부가 무효이다. 폐쇄기간의 2주 전에 공고하여야 한다(제354조 제4항). 다만 정관으로 폐쇄기간이 규정된 경우 공고를 하지 않아도 된다.

2) 폐쇄기간 중 명의개서의 금지

폐쇄기간 동안 명의개서가 금지되는 결과 폐쇄 직전에 주주명부에 기재된 자가 주주로 확정된다. 주식회사는 주주명부 폐쇄기간 중 명의개서청구가 있으면 명의개서를 하여야 할 의무를 부담하지 아니한다.(모의 13, 22) 다만 주주권 변동과 관계없는 주소변경, 법인의 대표자 변경 등은 폐쇄기간 중에도 변경이 가능하다. 또한 전환주식과 전환사채의 전환청구, 신주인수권부사채의 신주인수권 행사는 폐쇄기간 중에도 가능하나, 그에 따라 주식이 폐쇄기간 중에 발행되더라도 해당 주식은 폐쇄기간 중에 이루어진 주주총회 결의에 관해서는 의결권이 없다.

3) 폐쇄기간 중 명의개서

폐쇄기간 중에 회사가 임의로 행한 명의개서의 효력에 관하여 ① 주주평등의 원칙과 폐쇄기간의 취지에 비추어 볼 때 폐쇄기간 중의 명의개서를 무효로 보는 견해와 ② 명의개서 자체는 유효하나 그 효력은 폐쇄기간 경과 후에 발생한다고 보는 견해(다수설)가 존재한다.

(3) 기준일

기준일은 주주 또는 질권자로서 권리를 행사할 날에 앞선 3월 내의 날이어야 한다(제354조 제3항). 기준일의 2주 전에 공고하여야 한다는 점은 주주명부 폐쇄와 동일하나, 기준일의 공고에는 목적을 정하여야 하고, 목적 이외에는 기준일이 적용되지 않는다는 점이 주주명부 폐쇄와 다르다. 정관으로 기준일이 규정된 경우 공고가 요구되지 않는다. 기준일이 권리를 행사할 날에 앞서 3월을 초과하거나 공고절차를 불이행하거나 2주보다 짧은 기간 전에 공고를 한 경우 기준일의 지정은 무효이다.

기준일 이후의 명의개서가 가능하고 주식의 양도가 가능하다.

제4관 주주총회

Ⅰ. 주주총회의 권한

1. 회사 구조 관련 사항

① 주식교환계약서 승인(제360조의3 제1항), ② 주식이전계획서 승인(제360조의16 제1항), ③ 영업양도 등(제374조), ④ 정관변경(제433조 제1항), ⑤ 자본금감소(제438조), ⑥ 해산(제517조), ⑦ 회사의 계속(제519조), ⑧ 합병계약서 승인(제522조 제1항), ⑨ 분할계획서 승인(제530조의3 제1항), ⑩ 유한회사로의 조직변경(제604조 제1항)

2. 회사 기관 구성 관련 사항

이사(제382조, 제385조), 감사(제409조 제1항, 제415조), 청산인(제531조, 제539조) 선임과 해임

3. 주주 이해관계 관련 사항

① 재무제표 승인(제449조 제1항), ② 이익배당 결정(제462조 제2항), ③ 주식배당 결정(제462조의2 제1항), ④ 이사(제400조 제1항), 감사(제415조), 청산인(제542조) 책임면제, ⑤ 전환사채(제513조 제3항), 신주인수권부사채의 제3자 배정(제516조의2 제4항)

4. 정관에 의한 주주총회 권한의 확대

(1) 상법상 허용되는 정관에 의한 주주총회 권한 확대

아래 사항은 정관의 규정에 의하여 주주총회의 권한으로 할 수 있다.

① 대표이사의 선임(제389조 제1항), ② 신주발행사항의 결정(제416조), ③ 준비금의 자본금전입(제461조), ④ 전환사채 발행(제513조 제2항), ⑤ 신주인수권부사채의 발행(제516조의2 제2항)

(2) 상법상 이사회 권한 사항을 정관으로 주주총회 권한으로 할 수 있는지

1) 의의

상법상 이사회의 권한으로 정해진 사항을 정관으로 주주총회의 권한으로 할 수 있는지 문제된다.

2) 학설

① 확장설(통설)은 주주총회는 주식회사의 최고기관이므로 주식회사의 본질이나 강행법규에 위배되지 않는 한 이사회 권한 사항도 정관으로 주주총회의 권한으로 할 수 있다고 본다.

② 제한설은 상법상 이사회의 권한에 관한 규정은 강행규정이고 정관으로 이를 주주총회의 권한으로 변경하는 것은 소유와 경영의 분리원칙에도 반하므로 허용되지 않는다고 본다.

3) 판례

이사와 회사 사이의 이익상반거래에 대한 승인은 주주 전원의 동의가 있다거나 그 승인이 정관에 주주총회의 권한사항으로 정해져 있다는 등의 특별한 사정이 없는 한 이사회의 전결사항이라 할 것이므로, 이사회의 승인을 받지 못한 이익상반거래에 대하여 아무런 승인 권한이 없는 주주총회에서 사후적으로 추인 결의를 하였다 하여 그 거래가 유효하게 될 수는 없다.(대판 2007.5.10. 2005다4284)(변호 19, 22)

5. 총주주 전원 동의에 의한 결의

이사의 자기거래가 이사회 승인 없이 이루어졌다 하더라도 주주 전원의 동의가 있는 경우 그 거래는 유효하다.(변호 19) 사실상 1인 주주이자 대표이사인 자의 개인채무를 회사가 인수하는 것에 대해 이사회결의가 없더라도 대표이사가 동의한 경우 주주 전원의 동의로 보아 유효하다.

회사의 채무부담행위가 상법 제398조 소정의 이사의 자기거래에 해당하여 이사회의 승인을 요한다고 할지라도, 위 규정의 취지가 회사 및 주주에게 예기치 못한 손해를 끼치는 것을 방지함에 있다고 할 것이므로, 그 채무부담행위에 대하여 사전에 주주 전원의 동의가 있었다면 회사는 이사회의 승인이 없었음을 이유로 그 책임을 회피할 수 없다.(대판 2002.7.12. 2002다20544)

Ⅱ. 주주총회의 소집

1. 이사회의 주주총회 소집 결정

제362조 (소집의 결정) 총회의 소집은 본법에 다른 규정이 있는 경우 외에는 이사회가 이를 결정한다.

2. 소수주주의 임시주주총회 소집청구권

(1) 의의

발행주식총수의 100분의 3 이상에 해당하는 주식을 가진 주주는 회의의 목적사항과 소집의 이유를 적은 서면 또는 전자문서를 이사회에 제출하여 임시총회의 소집을 청구할 수 있다(제366조 제1항). 소수주주는 먼저 이사회에 주주총회 소집을 요청한 후 이사회가 소집을 거부하는 경우, 법원의 허가를 얻어 스스로 주주총회를 소집할 수 있다(제366조 제2항).

(2) 요건

1) 발행주식총수 3% 이상 주주

소수주주는 발행주식총수의 3% 이상을 가진 주주를 말한다. 소수주주의 주식을 합산할 수 있다. 상장회사는 6개월 이상 보유 조건으로 발행주식총수의 1.5% 이상을 가진 주주를 말한다(제542조의6 제1항). 의결권 없는 주식은 발행주식총수에 포함되지 않는다는 견해도 있으나 통설은 소수주주의 주주총회 소집청구권의 감독 기능, 공익권 성격을 강조하여 의결권 없는 주식을 포함하는 것으로 본다.

2) 회의 목적사항과 소집 이유

① 소수주주가 상법 제366조에 따라 주주총회소집허가 신청을 하는 경우, 주주총회 결의사항이 아닌 것을 회의목적사항으로 할 수 없다. 주주총회는 상법 또는 정관이 정한 사항에 한하여 결의할 수 있고, 대표이사는 정관에 특별한 정함이 없는 한 이사회 결의로 선임되므로(제389조), **정관에서 주주총회 결의사항으로 '대표이사의 선임 및 해임'을 규정하지 않은 경우 이를 회의목적 사항으로 삼아 상법 제366조에서 정한 주주총회소집허가 신청을 할 수 없다.**(대결 2022.4.19. 2022그501)(변호 25, 모의 23(2))

② **소수주주가 제출한 임시총회소집청구서에 회의목적 사항이 '대표이사 해임 및 선임'으로 기재되었으나 소집의 이유가 현 대표이사의 '이사직 해임'과 '후임이사 선임'을 구하는 취지로 기재되어 있고, 회사의 정관에 '대표이사의 해임'이 주주총회 결의사항으로 정해져 있지 않다면, 회의목적 사항과 소집의 이유가 서로 맞지 않으므로 법원으로서는 소수주주로 하여금 회의의 목적 사항으로 기재된 '대표이사 해임 및 선임'의 의미를 정확하게 밝히고 그에 따른 조치를 취할 기회를 갖도록 할 필요가 있다.**(대결 2022.9.7. 2022마5372)

3) 서면 또는 전자문서

상법 제366조 제1항에서 정한 '전자문서'란 정보처리시스템에 의하여 전자적 형태로 작성 · 변환 · 송신 · 수신 · 저장된 정보를 의미하고, 이는 작성 · 변환 · 송신 · 수신 · 저장된 때의 형태 또는 그와 같이 재현될 수 있는 형태로 보존되어 있을 것을 전제로 그 내용을 열람할 수 있는 것이어야 하므로, 이와 같은 성질에 반하지 않는 한 **전자우편은 물론 휴대전화 문자메시지 · 모바일 메시지 등까지 포함된다.** (대결 2022.12.16. 2022그734)(변호 25)

[사실관계] 소수주주(신청인)의 임시주주총회 소집청구서가 회사의 대표이사에게 우편으로 송달되지 않았으나, 위 소수주주(신청인)의 소송대리인이 회사의 대표이사에게 임시주주총회 소집청구서를 카카오톡 메시지로 발송하여 대표이사가 이를 수신하였음에도 임시주주총회 소집절차를 밟지 않은 경우, 위 소수주주(신청인)의 상법 제366조 제1항에 따른 임시주주총회 소집청구가 적법하다고 보아 특별항고를 기각한 사안.

4) 이사회에 대한 소집청구

상법 제366조 제1항에서 정한 소수주주는 회의의 목적사항과 소집 이유를 적은 서면 또는 전자문서를 이사회에 제출하는 방법으로 임시주주총회의 소집을 청구할 수 있다(제366조 제1항). 이때 **'이사회'는 원칙적으로 대표이사를 의미하고,** 예외적으로 **대표이사 없이 이사의 수가 1인 또는 2인인 소규모 회사의 경우에는 각 이사를 의미한다**(제383조 제6항). (대결 2022.12.16. 2022그734)

(3) 주주총회 의장의 선임

소수주주의 주주총회 소집 청구가 있은 후, 지체 없이 총회소집의 절차를 밟지 아니한 때에는 청구한 주주는 법원의 허가를 받아 총회를 소집할 수 있다. 이 경우 주주총회의 의장은 법원이 이해관계인의 청구나 직권으로 선임할 수 있다(제366조 제2항).

(4) 소집권한의 소멸

법원이 총회의 소집을 구하는 소수주주에게 회의 목적사항을 정하여 허가하면서 총회의 소집기간을 구체적으로 정하지 않은 경우에도 소집허가를 받은 주주는 소집의 목적에 비추어 상당한 기간 내에 총회를 소집해야 한다. 따라서 **총회소집허가결정일로부터 상당한 기간이 경과하도록 총회가 소집되지 않았다면, 소집허가결정에 따른 소집권한은 특별한 사정이 없는 한 소멸한다.** (대판 2018.3.15. 2016다275679).(변호 19, 모의 20, 21, 23)

[기타 판시사항] 위 대법원 판결의 판시사항에는 다음 사항도 포함되어 있다. 甲 회사의 일시대표이사인 丁이 甲 회사를 대표하여 甲 회사의 소수주주가 소집한 주주총회에서 이사로 선임된 丙을 상대로 이사선임결의의 부존재를 주장하며 이사 지위의 부존재 확인을 구하는 소를 제기하는 경우 일시대표이사인 丁으로 하여금 甲 회사를 대표하도록 하였더라도 그것이 공정한 소송수행을 저해하는 것이라고 보기는 어려우므로 위 소에 상법 제394조는 적용되지 않는다.

(5) 검사인 선임

소수주주의 소집 청구에 의한 주주총회는 회사의 업무와 재산 상태를 조사하기 위하여 검사인을 선임할 수 있다(제366조 제3항).

3. 감사 또는 감사위원회에 의한 임시주주총회 소집 청구권

소수주주의 소집청구와 동일하다(제412조의3, 제415조의2 제7항).

4. 법원에 의한 주주총회 소집 명령

법원은 회사의 업무와 재산 상태에 대한 조사를 위해 선임된 검사인의 보고에 의하여 필요하다고 인정한 때에는 대표이사에게 주주총회의 소집을 명할 수 있다(제467조 제3항).

5. 주주총회 소집장소

주주총회는 정관에 다른 정함이 없으면 본점소재지 또는 이에 인접지에 소집하여야 한다(제364조). (변호 25) **주주총회의 개회시각이 소집통지 된 시각보다 지연되어 개회시각을 사실상 부정확하게 만들고 소집통지 된 시각에 출석한 주주들의 참석을 기대하기 어려워 그들의 참석권을 침해하기에 이르렀다면 주주총회의 소집절차가 현저히 불공정한 경우에 해당하고,** (변호 25, 모의 19) **당초의 소집장소에서 개회를 하여 소집장소를 변경하기로 하는 결의조차 할 수 없는 부득이한 사정이 발생한 경우, 소집권자가 대체 장소를 정한 다음 당초의 소집장소에 출석한 주주들로 하여금 변경된 장소에 모일 수 있도록 상당한 방법으로 알리고 이동에 필요한 조치를 다한 때에 한하여 적법하게 소집장소가 변경되었다고 볼 수 있다.** (대판 2003.7.11. 2001다45584)

6. 주주총회 소집통지 [모의 17, 19, 21]

(1) 통지시기, 통지사항, 통지방법

주주총회일의 2주 전에 주주총회 소집을 통지해야 한다(제363조 제1항). 이 기간은 정관으로 연장만 가능하고, 단축은 허용되지 않는다는 것이 통설이다.

소집통지에는 주주총회의 일시와 장소 및 목적사항이 포함되어야 한다. 목적사항은 세부사항까지 기재되어야 하는 것은 아니나, 정관변경 등의 경우에는 의안의 요령 등 세부 내용을 기재하여야 한다.

서면으로 통지를 발송하거나 각 주주의 동의를 받아 전자문서로 통지를 발송하여야 한다. 정관으로도 다른 방법을 정할 수 없다는 것이 통설이다. 상장회사의 경우, 소액주주에 대해서는 둘 이상의 일간신문에 2회 이상 공고하거나 전자공시시스템에 공고하는 것으로 통지에 갈음할 수 있다.

(2) 통지대상 - 주주명부상 주주

주주총회의 소집통지는 주주명부상의 주주에게 해야 한다. 따라서 실제적으로 주식을 취득하였더라도 명의개서를 하지 아니한 주주에게는 소집통지를 할 필요가 없는데 이는 주식취득자가 누구인지를 이미 대표이사와 회사가 명확히 알고 있는 경우에도 동일하다. (대판 2017.3.23. 2015다248342)

명의개서를 하지 아니한 주식양수인에 대하여 주주총회소집통지를 하지 않았다고 하여 주주총회결의에 절차상의 하자가 있다고 할 수 없다. (대판 1996.12.23. 96다32768,32775,32782)

(3) 소집통지의 생략

1) 소집통지 생략이 가능한 경우

① 의결권 없는 주주(무의결권 주식, 자기주식, 상호주 보유 주주, 자회사가 취득한 모회사 주식),

② 3년간 통지가 도달하지 않은 주주(제363조 제1항 단서), (모의 13, 16)

③ 명의개서를 하지 않은 주주에 대해서는 소집통지를 생략할 수 있다.

2) 소집통지를 생략할 수 없는 경우

소집통지 생략이 가능한 경우라도, 통지서에 적은 회의목적 사항에 ① 주식의 포괄적 교환(제360조의5), ② 주식의 포괄적 이전(제360조의22), ③ 영업양도 등(제374조의2), ④ 합병(제522조의3)(모의 16, 20) 및 ⑤ 분할합병(제530조의11)에 따라 반대주주의 주식매수청구권이 인정되는 사항이 포함된 경우에는 소집통지를 해야 한다(제363조 제7항 단서).

7. 주주총회의 연기·속행 및 주주총회 소집의 철회, 변경

① 주주총회에서 회의의 연기와 속행을 결의할 수 있고, 그 경우 주주총회 소집절차를 다시 거치지 않아도 된다(제372조).

② 주주총회 소집의 통지, 공고가 행하여진 후 임시주주총회 소집을 철회하기로 하는 이사회결의를 거친 후 주주들에게 소집통지와 같은 방법인 서면에 의한 소집철회통지를 한 경우 임시주주총회 소집이 적법하게 철회된 것으로 인정된다.(대판 2011.6.24. 2009다35033)(모의 16, 19)

[사실관계] 대표이사가 이사회결의를 거쳐 주주들에게 임시주주총회 소집통지서를 발송하였다가 이를 철회하는 이사회결의를 거친 후 총회 개최장소 출입문에 총회 소집이 철회되었다는 공고문을 부착하고, 이사회에 참석하지 않은 주주들에게는 퀵서비스를 이용하여 총회 소집이 철회되었다는 내용의 소집철회통지서를 보내는 한편, 전보와 휴대전화(직접 통화 또는 메시지 녹음)로도 같은 취지의 통지를 한 사안.

③ 이미 서면으로 소집통지 된 주주총회 소집일로부터 3일 전에 이사회가 주주총회 연기를 결정한 후 서면통지가 아니라 휴대폰 문자메시지를 발송하는 방법으로 각 주주에게 통지하고 일간신문 및 주주총회 장소에 연기를 공고한 경우, 주주총회가 적법하게 연기되었다고 할 수 없다.(대판 2009.3.26. 2007도8195)

8. 주주총회 소집 절차의 하자 [변호 24, 모의 17, 19]

① 정당한 소집권자에 의하여 소집된 이상 주주총회 소집을 위한 이사회 결의가 없었고, 소집통지가 서면이 아닌 구두로 이루어지면서 법정소집기간도 지키지 않았고, 극히 일부 주주에 대해 소집통지가 누락된 경우 이러한 소집절차상의 하자는 주주총회결의의 단순한 취소사유에 불과하다 할 것이고, 법정기간 내에 제기된 소에 의하여 취소되지 않는 한 유효하다.(대판 1987.4.28. 86다카553)(모의 20, 23)[변호 24]

② 총주식의 과반수를 넘는 주식을 소유한 주주가 참석하여 참석주주 전원의 찬성결의가 있었다면 일부 주주에게 소집통지를 하지 아니하였거나 법정기간을 준수한 서면통지를 하지 않아 소집절차에 하자가 있었더라도 주주총회결의 무효나 부존재 사유로 볼 수 없다.(대판 1981.7.28. 80다2745,2746)

③ 2인의 공동대표이사 중 1인이 다른 공동대표이사와 공동으로 임시주주총회를 소집하지 않았다거나 다른 공동대표이사와 41% 주식을 보유한 주주에게 소집통지를 하지 않았다는 등의 소집절차상 하자만으로 임시주주총회 결의가 부존재한다거나 무효라고 할 정도의 중대한 하자라고 볼 수 없다.(대판 1993.1.26. 92다11008)

④ 주주총회를 소집할 권한이 없는 자가 이사회의 주주총회 소집결정도 없이 소집한 주주총회에서 이루어진 결의는 특별한 사정이 없는 한 총회 및 결의라고 볼 만한 것이 사실상 존재한다고 하더라도 그 성립과정에 중대한 하자가 있어 법률상 존재하지 않는다고 보아야 한다.(대판 2022.11.10. 2021다271282)

9. 주주총회 소집절차상 하자의 치유 [모의 19]

(1) 1인 회사

1인 회사의 경우에는 그 주주가 유일한 주주로서 주주총회에 출석하면 전원총회로 성립하고 그 주주의 의사대로 결의될 것임이 명백하므로 총회소집절차가 필요 없다 할 것이고, **실제로 총회를 개최한 사실이 없더라도 1인 주주에 의하여 의결이 있었던 것으로 주주총회 의사록이 작성되었다면** 특별한 사정이 없는 한 **그 내용의 결의가 있었던 것으로 볼 수 있어 형식적인 사유로 결의가 없었던 것으로 다툴 수는 없다.**
(대판 1993.6.11. 93다8702)(변호 23, 모의 17, 18, 19, 20)

(2) 주주전원 출석 주주총회

임시주주총회가 법령 및 정관상 요구되는 이사회의 결의 및 소집절차 없이 이루어졌다 하더라도, **주주명부상 주주 전원이 참석하여 총회를 개최하는 데 동의하고 아무런 이의 없이 만장일치로 결의가** 이루어졌다면 그 결의는 특별한 사정이 없는 한 **유효하다.**(대판 1996.10.11. 96다24309)(변호 25, 모의 19)

(3) 주주 전원 위임에 의한 의사록 작성

실제로 주주총회 개최하지 않았더라도 주주 전원의 위임을 받아 주주총회 의사록이 작성되었다면 유효한 주주총회 결의가 있는 것으로 볼 것이다.(대판 2008.6.26. 2008도1044)

(4) 98% 지배주주에 의한 의사록 작성의 경우

회사의 지배주주가 회사 주식의 98%를 소유하고 있다고 하여도 1인 회사가 아니므로 정관변경 결의 당시 실제의 소집절차와 결의절차를 거치지 아니한 채 주주총회의 결의가 있었던 것처럼 **주주총회 의사록을 허위로 작성한** 것은 그 결의가 존재한다고 볼 수 없을 정도로 중대한 하자가 있는 때에 해당하여 그 **주주총회의 결의는 무효 내지 부존재** 한다.(대판 2007.2.22. 2005다73020)(모의 19)

Ⅲ. 주주총회의 의제, 의안 및 주주제안권

1. 주주총회 의제

의제란 주주총회의 목적사항(예: 재무제표 승인, 이익배당, 이사선임 등)을 말한다. 의제는 주주총회를 구속하고, 주주총회에서 통지된 의제 이외의 사항을 결의하게 되면 주주총회 취소사유에 해당한다. **당해 주주총회 출석주주 전원이 의제 변경에 동의하더라도 총주주 참석이 아닌 한 결의 취소사유에 해당한다.**
(대판 1979.3.27. 79다19)(모의 19)

2. 주주총회 의안

의안이란 의제의 구체적인 내용을 의미하며, 상법상 의안의 요령으로 규정된다(제433조 제2항 등). 의안의 경우, 당해 주주총회에서 의안의 변경이나 새로운 의안의 제안이 가능하다.

상장회사의 이사·감사 선임은 통지된 후보자 중에서만 선임할 수 있어 이사·감사 선임 의안의 변경이 허용되지 않는다(제542조의5). 상장회사가 감사의 선임 또는 감사의 보수결정을 위한 의안을 상정하려는 경우에는 이사의 선임 또는 이사의 보수결정을 위한 의안과는 별도로 상정하여 의결하여야 한다(제542조의12 제5항).

3. 주주제안권 [변호 19, 20, 모의 24]

(1) 의의

의결권 없는 주식을 제외한 발행주식총수의 3% 이상 주식을 가진 주주는 이사에게 주주총회일의 6주 전에 서면 또는 전자문서로 일정한 사항을 주주총회의 목적 사항으로 할 것을 제안할 수 있고(제363조의2 제1항), 회의목적 사항에 추가하여 당해 주주가 제출하는 의안의 요령을 주주총회 소집통지에 기재할 것을 청구할 수 있다(제363조의2 제1항).(변호 20, 24, 모의 14, 17, 20)

(2) 제안권자

의결권 없는 주식을 제외한 발행주식총수의 3% 이상 가진 주주에게만 인정된다.

상장회사는 6개월 보유 조건으로 회사 규모에 따라 1% 또는 0.5%(자본금 1천억 이상) 이상 주식을 보유한 주주가 행사할 수 있다(제542조의6 제2항).

(3) 제안내용 및 절차

주주총회의 목적 사항인 의제와 의제의 구체적인 내용인 의안의 요령을 제안할 수 있다.

주주총회일의 6주 전까지 서면 또는 전자문서의 형태로 이사에게 하여야 한다.

(4) 효과

주주제안을 받은 이사는 이사회에 이를 보고하고, 이사회는 주주제안의 내용이 법령 또는 정관에 위배되는 경우 등 거부할 수 있는 경우에 해당하지 않는 한 주주총회의 의제 또는 의안으로 해야 한다(제363조의2 제3항).(변호 20, 24, 모의 14, 17) 주주제안을 한 주주의 청구가 있으면 주주총회에서 그 내용을 설명할 기회를 주어야 한다(제363조의2 제3항).(변호 24, 모의 14, 17)

(5) 주주제안의 거부

이사회가 주주제안을 거부할 수 있는 경우는 아래와 같다(상법 시행령 제12조).

① 주주총회에서 의결권의 10% 미만의 찬성밖에 얻지 못하여 부결된 내용과 같은 내용의 의안을 부결된 날부터 3년 내에 다시 제안하는 경우

② 주주 개인의 고충에 관한 사항

③ 소수주주권에 관한 사항

④ 상장회사의 경우 임기 중에 있는 임원의 해임에 관한 사항(모의 14, 17, 20)

⑤ 회사가 실현할 수 없는 사항, 제안 이유가 명백히 거짓이거나 특정인의 명예를 훼손하는 사항

(6) 주주제안을 무시한 결의의 효력

주주제안이 된 의제가 총회의 의안으로 상정되지 않은 경우, 주주제안에 대응하는 결의 자체가 없으므로 주주총회는 유효하고 주주제안을 거부당한 주주는 손해배상을 청구할 수 있을 뿐이다.

주주제안이 된 의안을 총회의 의안으로 올리지 않고 소집통지에도 기재하지 않은 경우, 그 결의는 소집절차 또는 결의방법에 하자가 있어 취소할 수 있다는 것이 통설이다.

기출사례

★ 주주제안 [변호 19]

丙회사(자본금 100억 원 규모의 비상장회사)는 의결권 있는 보통주 80,000주와 의결권 없는 우선주 20,000주를 발행하였고, E는 이 중 의결권 있는 보통주 2,800주와 의결권 없는 우선주 1,000주를 소유하고 있다. 丙회사는 2017. 11. 13. 甲회사와의 합병승인결의를 위한 주주총회의 소집(주식매수청구권의 내용 및 행사방법 포함)을 통지하였다. E는 재무상황이 열악한 甲회사와의 합병이 오히려 丙회사의 주주에게 손해를 야기할 것으로 판단하였다. 이에 E는 丙회사의 주주총회 전에 서면으로 합병승인결의에 반대한다는 의사를 통지하였다. 丙회사는 2017. 11. 30. 개최된 주주총회에서 합병승인결의를 하였는데, 동 주주총회에 E는 참석하지 않았다. E는 2017. 12. 11. 丙회사에 자신이 소유한 주식 전량을 매수해 줄 것을 서면으로 청구하였고, 동 서면이 같은 날 丙회사에 도달하였다. E와 丙회사는 주식매수가액을 1주당 10만원으로 하기로 합의하였으나(보통주 · 우선주를 불문하고 동일한 매수가액을 적용하기로 함), 丙회사는 회사의 자금사정을 이유로 2019. 1. 11. 현재 주식매수가액의 지급을 지연하고 있다. 한편 E는 丙회사의 대표이사 F가 甲회사와의 합병을 추진한 것이 중대한 임무해태행위를 한 것으로 보았다. 이에 E는 임시주주총회일인 2018. 6. 11.의 6주 전에 F를 丙회사의 이사직에서 해임하는 안건을 위 주주총회의 목적사항으로 제안하였다.

丙회사의 이사회는 위 '이사 F를 해임하는 건'을 주주총회의 목적사항으로 하여야 하는가?

Ⅰ. 결론

E는 丙회사의 의결권 있는 발행주식총수의 3%이상을 보유한 주주이고, 丙회사는 비상장회사이므로 이사해임에 관한 사항도 주주제안의 대상이 될 수 있으며, E는 임시주주총회일인 2018. 6. 11. 6주 전에 이사 F에 대한 해임안건을 丙회사에 제안하였고, 달리 丙회사가 E의 주주제안을 거부할 수 있는 사정은 보이지 않는다. 나아가 E가 주식매수청구권을 행사하였다 하더라도 丙회사로부터 주식매매대금을 지급받기 전까지는 丙회사의 주주의 지위에 있으므로 E의 주주제안은 적법, 유효하다. 따라서 丙회사의 이사회는 이사 F 해임 안건을 주주총회의 목적사항으로 하여야 한다.

Ⅱ. 쟁점

E가 이사 F를 해임하는 안건을 주주총회의 목적사항으로 제안한 것이 주주제안의 요건을 갖추었는지 여부가 문제된다. E가 합병결의에 반대하여 주식매수청구를 하였으나 주주제안 당시 주식의 매매대금을 지급받지 못하고 있었다는 점에서 이러한 주식매수청구권을 행사한 주주 또한 주주제안권자에 해당하는지 여부가 문제되고, E가 제안한 이사해임 안건이 주주제안의 대상이 되는지 문제된다.

기출사례

★ 주주제안 [변호 20]

삼광 주식회사(이하 '삼광'이라 한다)는 2000년 초에 설립된 비상장회사이며 대표이사는 甲이다. 삼광은 전기배터리사업과 태양광사업을 주된 사업으로 하고 있다.
삼광의 발행주식총수(모두 의결권 있음) 70%는 甲이, 30%는 乙이 각 소유하고 있다. 삼광의 기존 이사는 3명인데 그들의 임기가 조만간 만료될 예정이어서 삼광은 신임이사 3명을 선임하기 위하여 주주총회를 개최할 계획이다. 그런데 삼광은 위 주주총회에서 甲이 신임이사 후보로 추천한 A, B, C만을 이사 후보로 상정하고 乙이 신임이사 후보로 추천한 D는 이사 후보로 상정하지 아니할 태도를 취하고 있다.

乙이 위 주주총회에서 D를 신임이사 후보로 상정할 수 있는 상법상 방법이 있는가?

Ⅰ. 결론

乙은 삼광의 의결권 있는 발행주식 총수의 3% 이상인 30%의 주식을 보유한 주주로서 주주총회일의 6주 전까지 삼광의 이사에게 주주총회의 목적사항인 이사 선임에 대한 요령으로 이사 후보 D를 포함시킬 것을 청구할 수 있고, 삼광은 이러한 乙의 주주제안 내용을 주주총회 요령에 포함시켜야 하므로, 乙은 이와 같은 주주제안권의 행사에 의해 이사 후보 D를 삼광의 이사 후보로 상정할 수 있다.

Ⅱ. 쟁점

삼광은 乙이 이사후보로 추천한 D를 이사 후보로 상정할 태도를 취하지 않고 있으므로, 이사회 결정에 의하여 D가 이사 후보로 상정되기 어려운 상황이다. 상법은 소수주주가 주주총회의 의제와 의안을 제안할 수 있도록 소수주주에게 주주제안권을 부여하고 있다. 사안의 경우 乙이 이러한 주주제안권을 행사할 수 있는지 문제된다.

Ⅳ. 주주총회 의장

1. 선임

총회의 의장은 정관에서 정함이 없는 때에는 총회에서 선임한다(제366조의2 제1항). 발행주식총수의 3% 이상 주식을 가진 주주가 이사회에 임시총회의 소집을 청구하였음에도 이사회가 지체 없이 총회소집절차를 밟지 않은 경우, 청구한 주주는 법원의 허가를 받아 총회를 소집할 수 있다. 이 경우 주주총회의 의장은 법원이 이해관계인의 청구나 직권으로 선임할 수 있다(제366조 제2항).

2. 권한

총회의 의장은 총회의 질서를 유지하고 의사를 정리한다(제366조의2 제2항). 총회의 의장은 현저히 질서를 문란하게 하는 자에 대하여 그 발언의 정지 또는 퇴장을 명할 수 있다(제366조의2 제3항).

3. 임시의장

주주총회에서 의안에 대한 심사를 마치지 아니한 채 법률상으로나 사실상으로 의사를 진행할 수 있는 상태에서 주주들의 의사에 반하여 의장이 자진하여 퇴장한 경우 주주총회가 폐회되었다거나 종결되었다고 할 수는 없으며, 이 경우 퇴장 당시 회의장에 남아 있던 주주들이 임시의장을 선출하여 진행한 주주총회의 결의도 적법하다.(대판 2001.5.15. 2001다12973)(모의 19)

Ⅴ. 주주의 의결권

1. 의의 및 성격

주주의 의결권은 주주가 주주총회 결의에 참여할 수 있는 권리이다. 의결권은 주주의 권리 중 가장 중요한 공익권이고 고유권이므로 정관으로도 이를 박탈하거나 제한할 수 없다.

2. 의결권의 수

의결권은 1주당 1의결권이 주어진다(제369조 제1항). 특정 주식에 여러 개의 의결권이 부여되는 복수의결권 주식이나 거부권이 주어지는 황금주 같은 주식은 허용되지 않는다.(모의 21) 1주 1의결권은 강행규정이라는 것이 통설이다.

1주 1의결권의 원칙을 규정하고 있는 상법 제369조 제1항은 강행규정이므로 법률에서 위 원칙에 대한 예외를 인정하는 경우를 제외하고, 정관의 규정이나 주주총회의 결의 등으로 위 원칙에 반하여 의결권을 제한하더라도 효력이 없다.(대판 2009.11.26. 2009다51820)(변호 14, 17, 20, 모의 21)

최대주주가 아닌 주주와 특수관계인 등에 대하여도 일정 비율을 초과하여 소유하는 주식에 관하여 감사 선임 및 해임에 있어서 의결권을 제한하는 내용의 정관 규정이나 주주총회결의 등은 무효이다.(대판 2009.11.26. 2009다51820)

3. 의결권행사에 관한 주주간 계약

의결권 행사에 관한 주주간 계약은 주주 사이에서 채권적 효력을 가지나 **회사에 대해서는 효력이 없다.** 따라서 **계약에 반하는 내용으로 의결권이 행사되더라도 주주총회결의에 아무런 하자가 없다.**

주주권은 주식의 양도나 소각 등 법률에 정하여진 사유에 의하여서만 상실되고 단순히 당사자 사이의 특약이나 주주권 포기의 의사표시만으로 상실되지 아니하며 다른 특별한 사정이 없는 한 그 행사가 제한되지도 아니한다. **주주가 7년간 주주권 및 경영권을 포기하고 주식의 매매와 양도 등을 하지 아니하며 타인에게 정관에 따라 주주로서의 의결권 행사권한을 위임하기로 약정하였다는 이유로, 그 주주가 의결권을 직접 행사할 수 없게 되었다고 볼 수 없다.**(대판 2002.12.24. 2002다54691)(변호 20, 21, 모의 18)

4. 의결권의 제한

회사가 정관에 의결권을 행사할 수 없는 사항과 의결권행사 또는 부활의 조건을 정하여 의결권이 없거나 제한되는 종류주식을 발행하는 경우, 그러한 종류주식은 의결권을 행사할 수 없는 사항에 대하여 의결권이 배제 · 제한된다(제344조의3).

회사가 보유한 자기주식(제369조 제2항),(변호 16, 17, 모의 13, 19) 상호주의 경우 피참가회사가 보유한 참가회사의 주식, 자회사가 보유하는 모회사 주식은 의결권이 없다. 해당 주식은 제3자에게 매각되는 경우, 의결권이 살아난다. 특별이해관계인은 해당 결의사항에 대해 의결권이 없다.

5. 자기주식의 의결권 제한

회사가 가진 자기주식은 의결권이 없다(제369조 제2항).(변호 16, 17, 모의 13, 19)

6. 상호주의 의결권 제한 [모의 17, 19]

(1) 의의

회사, 모회사 및 자회사 또는 자회사가 다른 회사의 발행주식의 총수의 10분의 1을 초과하는 주식을 가지고 있는 경우 그 다른 회사가 가지고 있는 회사 또는 모회사의 주식은 의결권이 없다(제369조 제3항).(변호 15, 22, 모의 13, 17, 18, 19(3), 22)

모자회사 관계가 없는 회사 사이의 주식의 상호소유를 규제하는 주된 목적은 상호주를 통해 출자 없는 자가 의결권 행사를 함으로써 주주총회결의와 회사의 지배구조가 왜곡되는 것을 방지하기 위한 것이다.(대판 2009.1.30. 2006다31269)

(2) 상호주식 보유 여부의 판단기준

1) 발행주식총수 기준

다른 회사 발행주식 총수의 10%를 초과하는 주식을 보유하는지 여부는 발행주식총수를 기준으로 한다. 의결권이 배제, 제한되는 종류주식 및 의결권 없는 주식도 발행주식 총수에 포함된다.

A회사의 자회사인 B회사가 A회사 발행주식을 취득하는 것은 자회사의 모회사 주식 취득금지에 반하므로 B회사가 A회사 발생주식총수의 10%를 초과 취득하더라도 A회사 보유 B회사 발행주식에 대한 의결권은 인정된다. 그 결과 상호주는 두 회사가 모자관계에 있지 않는 경우에 적용된다.

2) 실제 소유 주식 기준 및 주주총회일 기준

상법 제354조가 규정하는 기준일 제도는 일정한 날을 정하여 그 날에 주주명부에 기재되어 있는 주주를 계쟁 회사의 주주로서의 권리를 행사할 자로 확정하기 위한 것일 뿐, 회사의 주주를 확정하는 기준으로 삼을 수는 없으므로, ① 기준일에는 상법 제369조 제3항이 정한 요건에 해당하지 않더라도, 실제로 의결권이 행사되는 주주총회일에 위 요건을 충족하는 경우에는 상법 제369조 제3항이 정하는 상호소유 주식에 해당하여 의결권이 없다. ② 이때 회사, 모회사 및 자회사 또는 자회사가 다른 회사 발행주식 총수의 10분의 1을 초과하는 주식을 가지고 있는지 여부는 앞서 본 '주식 상호소유 제한의 목적'을 고려할 때, 실제로 소유하고 있는 주식수를 기준으로 판단하여야 하며 주주명부상의 명의개서 여부와는 관계가 없다.(대판 2009.1.30. 2006다31269)(모의 22)**[모의 17]**

(3) 의결권이 제한되는 유형

① A가 C 발행주식 11%를 보유하는 경우

A가 C 발행주식 11%를 보유하고, C가 A 발행주식 5%를 보유하는 경우, A가 보유하는 C 발행주식은 의결권이 있으나, C가 보유하는 A 발행주식은 의결권이 없다.(변호 17)

② A가 B의 모회사이고 A와 B가 각각 C의 주식을 7% 보유하는 경우

A가 B의 모회사이고 A와 B가 각각 C의 주식을 7% 보유하는 경우, C가 보유하는 A 발행 주식은 의결권이 없으나 C가 보유하는 B 발행주식은 의결권이 있다.

③ A가 B의 모회사이고 B가 C의 주식을 11% 보유하는 경우

A가 B의 모회사이고 B가 C의 주식을 11% 보유하는 경우, C가 보유하는 A 발행주식도 의결권이 없고 C가 보유하는 B 발행주식도 의결권이 없다.

④ A가 B 주식 11%를 보유하고 B의 100% 자회사 C가 A 주식을 보유하는 경우

A가 B 발행주식 11%를 보유하는 상황에서 B가 100% 자회사 C를 설립하고 C가 A 발행주식을 취득하는 경우 C가 보유하는 A 발행주식은 의결권이 인정된다.

(4) 의결권 제한의 효과

> **제371조 (정족수, 의결권 수의 계산)** ① 총회의 결의에 관하여는 제344조의3 제1항과 제369조 제2항 및 제3항의 의결권 없는 주식의 수는 발행주식총수에 산입하지 아니한다.(변호 22)
> ② 총회의 결의에 관하여는 제368조 제3항에 따라 행사할 수 없는 주식의 의결권 수와 제409조 제2항 및 제542조의12 제4항에 따라 그 비율을 초과하는 주식으로서 행사할 수 없는 주식의 의결권 수는 출석한 주주의 의결권의 수에 산입하지 아니한다.

A가 B 발행주식 총수의 10%를 초과 보유하는 경우, A의 주주총회 결의와 관련하여 B가 보유하는 A 발행주식은 발행주식총수에 산입되지 않는다(제371조 제1항). 만약, 쌍방이 서로 10%를 초과하여 보유한다면, 양쪽이 다 의결권이 없고 발행주식총수 계산시 산입되지 않는다.

의결권이 없으므로 주주총회소집통지를 받을 권리는 인정되지 않는다(제363조 제7항). 의결권 이외에 자익권과 공익권은 인정된다. 의결권 제한에 위반한 경우 주주총회결의 취소사유에 해당한다.

(5) 주식취득 통지의무

회사가 다른 회사의 발행주식총수의 10분의 1을 초과하여 취득한 때에는 그 다른 회사에 대하여 지체없이 이를 통지하여야 한다(제342조의3).(변호 15, 모의 14, 20)

통지의무 위반의 경우, 취득한 주식에 대한 의결권이 부여되지 않는다. 그럼에도 불구하고 주주총회에서 의결권이 행사되었다면 결의방법의 하자로서 결의취소의 소의 원인이 된다.

상법은 "회사가 다른 회사의 발행주식 총수의 10분의 1을 초과하여 취득한 때에는 그 다른 회사에 대하여 지체없이 이를 통지하여야 한다."라고 규정되어 있는바, 이는 회사가 다른 회사의 발행주식 총수의 10분의 1 이상을 취득하여 의결권을 행사하는 경우 경영권의 안정을 위협받게 된 다른 회사는 역으로 상대방 회사의 발행주식의 10분의 1 이상을 취득함으로써 상호보유주식의 의결권 제한 규정에 따라 서로 상대 회사에 대하여 의결권을 행사할 수 없도록 방어조치를 취하여 다른 회사의 지배가능성을 배제하고 경영권의 안정을 도모하도록 하기 위한 것으로서, 특정 주주총회에 한정하여 각 주주들로부터 개별안건에 대한 의견을 표시하게 하여 의결권을 위임받아 의결권을 대리행사하는 경우에는 회사가 다른 회사의 발행주식 총수의 10분의 1을 초과하여 의결권을 대리행사 할 권한을 취득하였다고 하여도 위 규정이 유추적용되지 않는다.(대판 2001.5.15. 2001다12973)

7. 특별이해관계인 [모의 19, 22]

(1) 의의

총회의 결의에 관하여 특별한 이해관계가 있는 자는 의결권을 행사하지 못한다(제368조 제3항).

특별이해관계가 있는 주주의 의결권의 수는 발행주식총수에는 산입되나, 출석한 주주의 의결권의 수에는 산입되지 아니한다(제371조 제2항).(모의 17)

특별이해관계가 있는 주주는 의결권을 대리 방식으로도 행사할 수 없다. 특별이해관계가 있는 주주가 100% 주식을 보유하고 있는 경우 의결권이 인정된다.

특별이해관계가 있는 주주가 해당 의안에 대하여 의결권을 행사하면 결의취소 사유에 해당한다.

(2) 특별이해관계의 의미

1) 의의

주주의 의결권이 제한되는 특별이해관계가 무엇을 의미하는지 문제된다.

2) 학설

① '특별이해관계설'은 모든 주주가 아닌 특정주주에게만 이해관계가 있는 경우를 의미한다고 본다.

② '이해관계설'은 결의에 의하여 주주의 권리의무가 변경되는 모든 경우, 즉 법률상 이해관계가 발생하는 경우를 의미한다고 본다.

③ '개인법설'은 주주의 입장을 떠나 개인적으로 경제적 이해관계를 가지는 경우를 의미한다고 본다.

3) 판례

주주총회가 재무제표를 승인한 후 2년 내에 이사와 감사의 책임을 추궁하는 결의를 하는 경우 당해 이사와 감사인 주주는 회사로부터 책임을 추궁당하는 위치에 서게 되어 주주의 입장을 떠나 개인적으로 이해관계를 가지는 경우로서 그 결의에 관한 특별이해관계인에 해당한다.(대판 2007.9.6. 2007다40000)

(3) 특별이해관계인에 해당하는 경우

① 이사 등의 책임을 면제하는 결의에서 그 이사 등인 주주, ② 영업양도 · 영업양수 등의 결의에서 그 상대방인 주주, ③ 이사보수 또는 퇴직금을 정하는 결의에서 그 이사인 주주,(모의 21) ④ 주주총회가 재무제표를 승인한 후 2년 내에 이사와 감사의 책임을 추궁하는 결의를 하는 경우 당해 이사와 감사인 주주(변호 17, 모의 20)는 특별이해관계인에 해당한다.

(4) 특별이해관계인에 해당되지 않는 경우

① 이사 · 감사의 선임 · 해임 결의,(변호 22, 모의 14, 22) ② 재무제표의 승인, ③ 합병과 같이 회사 지배와 관련되는 경우는 주주의 특별이해관계에 해당하지 않는다.(변호 22, 모의 14, 23)[변호 20]

8. 감사·감사위원회위원의 선임·해임시 의결권 제한

(1) 감사의 선임

의결권 없는 주식을 제외한 발행주식의 총수의 3%를 초과하는 수의 주식을 가진 주주는 그 초과하는 주식에 관하여 감사의 선임에 있어서는 의결권을 행사하지 못한다(제409조 제2항).(변호 14, 모의 21, 22, 23) 정관으로 비율을 낮출 수는 있으나 높일 수는 없다(제409조 제2항). 3%의 계산에 있어서 무의결권주식, 자기주식, 상호주 등 의결권이 없는 주식은 모두 제외된다.

(2) 상장회사 감사의 선임과 해임

상장회사의 감사를 선임 또는 해임할 때에는 의결권 없는 주식을 제외한 발행주식총수의 3%를 초과하는 수의 주식을 가진 주주는 그 초과하는 주식에 관하여 의결권을 행사하지 못한다(제542조의12 제7항, 제4항).(변호 14, 23) 최대주주인 경우에는 감사를 선임 또는 해임할 때에 ① 특수관계인, ② 최대주주 또는 특수관계인의 계산으로 주식을 보유하는 자, ③ 최대주주 또는 특수관계인에게 의결권(의결권의 행사를 지시할 수 있는 권한을 포함한다)을 위임한 자(해당 위임분만 해당)가 소유하는 주식을 합산한다(제542조의12 제7항, 제4항, 시행령 제38조 제2항, 제1항).

(3) 상장회사 감사위원회 위원의 선임과 해임

감사위원회 위원의 선임과 해임은 이사회 결의사항이나 자산총액 2조원 이상 대규모 상장회사는 주주총회의 권한이다(제542조의12 제1항).(변호 23) 자산총액 2조원 이상 대규모 상장회사에 적용되는 감사위원회 위원을 선임 또는 해임할 때에는 의결권 없는 주식을 제외한 발행주식총수의 3%를 초과하는 수의 주식을 가진 주주는 그 초과하는 주식에 관해 의결권을 행사하지 못한다(제542조의12 제4항).(변호 14, 23) 최대주주인 경우에는 사외이사가 아닌 감사위원회위원을 선임 또는 해임할 때에 ① 특수관계인, ② 최대주주 또는 특수관계인의 계산으로 주식을 보유하는 자, ③ 최대주주 또는 특수관계인에게 의결권(의결권의 행사를 지시할 수 있는 권한을 포함한다)을 위임한 자(해당 위임분만 해당)가 소유하는 주식을 합산한다(제542조의12 제4항, 시행령 제38조 제1항).(변호 23)

(4) 3% 주식의 발행주식총수 산입 여부 관련 판례 [모의 18]

감사를 선임하려면 '출석한 주주의 의결권의 과반수' 및 '발행주식총수의 4분의 1 이상의 수'가 충족되어야 하는데, 상법 제371조 제1항은 '발행주식총수에 산입하지 않는 주식'에 대하여 상법 제409조 제2항의 의결권 없는 주식을 포함시키지 않고 있다. **만약 3% 초과 주식이 발행주식총수에 산입된다고 보면, 어느 주주가 발행주식총수의 78%를 초과 소유하는 경우와 같이 3% 초과 주식의 수가 발행주식총수의 75%를 넘는 경우 '발행주식총수의 4분의 1 이상의 수'라는 요건을 충족시킬 수 없게 되는데, 이는 감사를 필요적 상설기관으로 규정하고 있는 상법과 모순된다.** 따라서 **감사 선임에 있어서 3% 초과 주식은 발행주식총수에 산입되지 않는다고** 보아야 한다.(변호 18, 21, 모의 20) **이는 자본금 총액이 10억 원 미만이어서 감사를 반드시 선임하지 않아도 되는 주식회사도 마찬가지이다.**(대판 2016.8.17. 2016다222996)

[사실관계] 피고 회사가 발행한 총 1,000주를 A가 340주(34%), B가 330주(33%), C가 330주(33%)씩 보유하고 있는 가운데 A, B, C가 참석하여 개최된 임시주주총회에서 B와 C의 찬성으로 D를 감사로 선임하는 결의가 이루어졌다. 위 결의가 적법한지와 관련하여 대법원은 A, B, C는 감사 선임에 있어서 발행주식총수의 3%(30주)를 초과하는 주식에 관해서는 의결권이 없으므로 의결권이 있는 발행주식총수는 90주인데, 위 90주 중 D의 감사 선임에 찬성한 주식 수는 B와 C의 각 30주 합계 60주로서, 출석한 주주의 의결권의 과반수와 발행주식총수의 1/4 이상의 찬성이 있었으므로 위 결의는 적법하다고 보았다.

9. 의결권의 불통일행사

(1) 의의

주주는 그 의결권을 자유롭게 행사할 수 있다. 주주의 의결권 행사 자유가 보장되지 않은 주주총회는 결의방법이 현저히 불공정한 경우에 해당하여 결의취소의 대상이 된다. 주주가 2 이상의 의결권을 가지고 있는 때에는 이를 통일하지 아니하고 행사할 수 있다(제368조의2 제1항 본문). 이 경우 주주총회일의 3일 전에 회사에 대하여 서면 또는 전자문서로 그 뜻과 이유를 통지하여야 한다(제368조의2 제1항 단서).(모의 14, 17, 19, 23)

(2) 절차

주주총회일의 3일 전에 회사에 대하여 서면 또는 전자문서로 그 뜻과 이유를 통지하여야 한다. 3일 전까지 통지가 도달하여야 한다.

불통일행사의 통지가 주주총회 회일의 3일 전이라는 시한보다 늦게 도착하였더라도 회사가 스스로 총회운영에 지장이 없다고 판단하여 이를 받아들이기로 하였다면, 그것이 주주평등의 원칙을 위반하거나 의결권 행사의 결과를 조작하기 위하여 자의적으로 이루어진 것이라는 등의 특별한 사정이 없는 한, 그와 같은 의결권의 불통일행사를 위법하다고 볼 수는 없다.(대판 2009.4.23. 2005다22701,22718)(변호 15, 모의 19, 23)

(3) 회사의 거부

주주가 주식의 신탁을 인수하였거나 기타 타인을 위하여 주식을 가지고 있는 경우 외에는 회사는 주주의 의결권의 불통일행사를 거부할 수 있다(제368조의2 제2항).

(4) 효과

불통일 행사된 의결권은 모두 유효하게 계산된다. 명의주주가 실질주주에 대하여 불통일행사의무를 부담한다고 하더라도 이는 명의주주와 실질주주간의 내부적인 문제이므로 이에 위반한 의결권행사의 효력에는 영향이 없다. 통지 없이 이루어진 불통일 행사는 결의방법상의 하자로서 주주총회 결의 취소 사유에 해당한다.

10. 의결권의 대리행사

(1) 의의

주주는 대리인으로 하여금 그 의결권을 행사하게 할 수 있다. 이 경우에는 그 대리인은 대리권을 증명하는 서면을 총회에 제출하여야 한다(제368조 제2항). 주주 의결권의 대리 행사는 원칙적으로 허용된다.

주주의 자유로운 의결권 행사를 보장하기 위해 주주가 의결권 행사를 대리인에게 위임하는 것이 보장되더라도 **주주 의결권행사를 위한 대리인 선임이 무제한적으로 허용되는 것은 아니고, 의결권 대리행사로 주주총회 개최가 부당하게 저해되거나 혹은 회사 이익이 부당하게 침해될 염려가 있는 등의 특별한 사정이 있는 경우에는 회사는 이를 거절할 수 있다.**(대판 2001.9.7. 2001도2917)(변호 13, 19, 21, 22, 모의 17, 18)

(2) 대리인의 자격 [변호 13]

1) 의의

정관으로 대리인의 자격을 주주로 제한할 수 있는지 문제된다.

2) 학설

학설은 ① 주주가 아닌 제3자에 의해 주주총회가 교란되는 것을 방지할 필요가 있다는 점에서 대리인 자격을 제한할 필요성이 인정되므로 대리인의 자격을 주주로 제한하는 것은 유효하다는 유효설과 ② 의결권 대리행사는 상법으로 허용된 주주의 권리이므로 정관으로 대리인 자격을 제한하는 것은 허용되지 않는다는 무효설이 존재한다.

3) 판례

① 대리인의 자격을 주주로 한정하는 주식회사의 정관 규정은 주주총회가 주주 이외의 제3자에 의하여 교란되는 것을 방지하여 회사 이익을 보호하는 취지에서 마련된 것으로서 합리적인 이유에 의한 상당한 정도의 제한이라고 볼 수 있으므로 이를 무효라고 볼 수는 없다.(대판 2009.4.23. 2005다22701,22718)(변호 18, 20)

[사실관계 및 판시사항] 위 판결은 국민은행의 부실금융기관 합병에 관한 합병철회 및 주주총회결의취소에 관한 것인데 위 판결에서 문제된 쟁점과 대법원의 판단은 다음과 같다. ㉠ 국민은행 노동조합은 주식 13,214주에 대하여 노조대표 이외에 9,000장의 참석장을 노조원들에게 나눠 주어 각 노조원들이 주주총회에 참석하도록 하였는데 이에 대하여 회사가 주주총회방해금지가처분을 받아 주주총회 당일 주주총회장 입구를 봉쇄하고 노조대표자 1인만 입장하도록 하고 나머지 노조원들의 입장을 제지하였으며, 다른 주주들은 별도의 통로로 입장하였는데, 이러한 조치는 정당하고, ㉡ 상법상 대리권을 증명하는 서면이란 위임장을 말하는 것이므로 회사가 위임장과 함께 인감증명서와 참석장 등을 요구하는 것은 대리인 자격을 확실히 하기 위한 것일 뿐 다른 것으로 위임장의 진정성이 확인되면 대리권을 부정할 수 없으므로 참석장이 없더라도 신분증과 합병 전에 은행에 제출된 동일인감으로 된 위임장이 제출된 경우 대리인 신분증과 위임장의 인적사항을 대조하고 인감의 동일 여부를 확인하여 대리권을 부여한 것은 정당하며, ㉢ 정관상 대리인자격을 주주로 제한하더라도 주주인 국가, 공공단체 등의 소속공무원, 직원이 주주의 대리인으로서 의결권을 대리 행사하는 것은 허용되어야 하고 이를 정관에 위반한 무효의 의결권 대리행사로 볼 수 없고, ㉣ 외국인 주주로부터 의결권 행사를 위임받은 상임대리인은 복대리인을 선임할 수 있으며, ㉤ 주주총회 참석 주주 누구도 사전에 반대하지 않은 경우 투개표절차를 거치지 않고 박수에 의하여 가결한 것은 문제가 없고, ㉥ 의결정족수 계산에 일부 오류가 있고 일부 소수주주가 참석하지 못하여 해당 소수주주의 의사가 반영되지 않았다 하더라도 이를 시정하더라도 승인결의정족수가 충족되면 문제가 없고, ㉦ 불통일행사 통지가 3일 전에 도달하지 못해도 회사가 이를 인정할 수 있다.

② 대리인 자격을 주주로 한정하는 정관규정이 있더라도 주주인 국가, 지방공공단체 또는 주식회사 소속 공무원, 직원 또는 피용자의 대리권 행사를 거부하게 되면 사실상 국가, 지방공공단체 또는 주식회사의 의결권 행사의 기회를 박탈하는 것과 같은 부당한 결과를 초래할 수 있으므로, 주주인 국가, 지방공공단체 또는 주식회사 소속 공무원, 직원 또는 피용자 등이 주주를 위한 대리인으로서 의결권을 대리행사 하는 것이 정관에 위반한 무효의 의결권 대리행사라고 할 수는 없다.(대판 2009.4.23. 2005다22701,22718)(변호 18, 모의 17)

(3) 대리권의 범위 [변호 21]

① 대리권은 개별 의제별로 부여될 필요 없이 주주총회를 하나의 단위로 하여 부여될 수 있다.

② 대리인이 주주의 의사에 반하여 의결권을 행사하더라도 이는 대리인과 주주 간의 내부적인 문제에 불과하므로 주주총회의 의결에 영향을 미치지 않는다. 수임자는 위임자나 그 회사 재산에 불리한 영향을 미칠 사항에 관하여도 그 주주권을 행사할 수 있다.(대판 1969.7.8. 69다688)(변호 13, 모의 14, 17, 21)

③ 주주권 행사를 포괄적으로 위임할 수 있는지와 관련하여 학설은 포괄적 위임을 인정하는 경우 사실상 의결권만의 양도가 가능해지게 되어 주식의 불가분성에 반하므로 허용될 수 없다는 부정설과 일정한 기간 내에 포괄적인 대리권을 수여하는 것이 허용되어야 한다는 견해가 존재한다. 판례는 주주 의결권 행사의 포괄적 위임도 가능하다고 본다.(대판 2014.1.23. 2013다56839)

④ 법률행위의 성질상 본인이 복대리금지 의사를 명시하지 않는 한, 복대리인의 선임에 묵시적인 승낙이 있는 것으로 보는 것이 타당하므로, **외국인 주주로부터 의결권 행사를 위임받은 상임대리인은 특별한 사정이 없는 한 제3자에게 의결권 대리행사를 재위임할 수 있다.**(대판 2009.4.23. 2005다22701,22718)(변호 13, 모의 17, 19, 23)

(4) 대리권 행사의 방법

① 대리인은 대리권을 증명하는 서면을 총회에 제출하여야 한다(제368조 제2항).

② 상법 제368조 제3항이 규정하는 **'대리권을 증명하는 서면'이라 함은 위임장을 일컫는 것으로서 회사가 위임장과 함께 인감증명서, 참석장 등을 제출하도록 요구하는 것은 대리인의 자격을 보다 확실하게 확인하기 위하여 요구하는 것일 뿐, 이러한 서류 등을 지참하지 아니하였다 하더라도 주주 또는 대리인이 다른 방법으로 위임장의 진정성과 위임의 사실을 증명할 수 있다면 회사는 그 대리권을 부정할 수 없다.** 한편, 회사가 주주 본인에 대하여 주주총회 참석장을 지참할 것을 요구하는 것 역시 주주 본인임을 보다 확실하게 확인하기 위한 방편에 불과하므로, **다른 방법으로 주주 본인임을 확인할 수 있는 경우에는 회사는 주주 본인의 의결권 행사를 거부할 수 없다.**(대판 2009.4.23. 2005다22701,22718)(변호 13, 15, 모의 23)

③ **대리권을 증명하는 서면은 위조나 변조 여부를 쉽게 식별할 수 있는 원본이어야** 하고, 특별한 사정이 없는 한 사본은 그 서면에 해당하지 아니하고, **팩스를 통하여 출력된 팩스본 위임장 역시 성질상 원본으로 볼 수 없다.**(대판 2004.4.27. 2003다29616)(변호 18, 모의 23)

④ **실질주주가 지정한 변호사가 주주총회에 참석하여 실질주주의 위임장 원본을 제출**하였다면, 비록 그 변호사가 지참한 **명의주주의 위임장 및 인감증명서가 모두 사본이라 하더라도 그 변호사의 의결권 대리행사가 제한되지 않는다.**(대판 1995.2.28. 94다34579)

⑤ 의결권을 위임받았음을 증명하는 위임장 중 **신분증의 사본 등이 첨부되지 아니한 위임장**(단 팩스로 출력된 위임장 제외)에 대하여 피고 회사가 그 **위임장의 접수를 거부하는 것은 부당하다.**(대판 2004.4.27. 2003다29616)

(5) 대리권의 중복위임

① 2주 이상의 주식을 보유하는 주주가 주식을 나누어 대리인을 선임하는 경우, 의결권의 불통일행사가 되어 상법상 불통일행사에 요구되는 절차를 거쳐야 하고, 이를 거치지 않는 경우 전체 주식의 의결권이 제한되게 된다.

② 주주가 자신이 가진 복수의 의결권을 불통일행사하기 위하여는 회일의 3일 전에 회사에 대하여 서면으로 그 뜻과 이유를 통지하여야 할 뿐만 아니라, 회사는 주주가 주식의 신탁을 인수하였거나 기타 타인을 위하여 주식을 가지고 있는 경우 외에는 주주의 의결권 불통일행사를 거부할 수 있는 것이므로, 주주가 의결권 불통일행사의 요건을 갖추지 못한 채 의결권 불통일행사를 위하여 수인의 대리인을 선임하고자 하는 경우에는 회사는 역시 이를 거절할 수 있다.(대판 2001.9.7. 2001도2917)(변호 13, 19, 모의 17, 18, 23)

11. 서면투표, 전자투표

(1) 의의

1) 서면투표의 의미

서면투표는 주주가 정관이 정한 바에 따라 총회에 출석하지 아니하고 서면에 의하여 의결권을 행사하는 것을 의미한다(제368조의3 제1항).(변호 15, 23, 모의 17, 19, 20, 21, 23)

2) 전자투표의 의미

전자투표는 이사회의 결의로 주주가 총회에 출석하지 아니하고 전자적 방법으로 의결권을 행사하는 것을 의미한다. 회사는 이사회의 결의로 주주가 총회에 출석하지 아니하고 전자적 방법으로 의결권을 행사할 수 있음을 정할 수 있다(제368조의4 제1항).(변호 21, 25, 모의 23)

3) 서면결의, 사전투표

서면투표와 전자투표 모두 주주총회는 개최하여야 한다. 유한회사와 자본금총액 10억 원 미만의 소규모 주식회사에 인정되는 서면결의는 총회 자체를 개최하지 않는다(제363조 제4항, 제577조). 상법상 명문 규정은 없으나 주주총회의 사전투표는 허용된다.(대결 2014.7.11. 2013마2397)(모의 18)

(2) 요건

서면투표는 정관에 규정이 있어야 하고, 전자투표는 정관에 규정이 없더라도 이사회결의로 가능하다.(변호 15) 회사가 서면투표와 전자투표 모두를 채택할 수 있으나 동일주식에 대해서는 하나만 선택해야 한다.(모의 23) 서면투표와 전자투표는 주주총회의 전날까지 회사에 도착하여야 한다.

(3) 효과

전자투표를 한 주주는 해당 주식에 대한 의결권 행사를 철회하거나 변경하지 못한다는 종전 규정은 2020. 1. 29. 상법 시행령 개정으로 삭제되었다(종전 상법 시행령 제13조 제3항).(모의 14, 21, 22)

12. 이익공여의 금지 [모의 22]

① 회사는 누구에게든지 주주의 권리행사와 관련하여 재산상의 이익을 공여할 수 없다(제467조의2 제1항).(모의 16) 회사가 특정의 주주에 대하여 무상으로 재산상의 이익을 공여한 경우에는 주주의 권리행사와 관련하여 이를 공여한 것으로 추정한다. 회사가 특정의 주주에 대하여 유상으로 재산상의 이익을 공여한 경우에 있어서 회사가 얻은 이익이 공여한 이익에 비하여 현저하게 적은 때에도 또한 같다(제467조의2 제2항). 이익공여 금지 규정을 위반하고 재산상의 이익을 공여한 때에는 그 이익을 공여 받은 자는 이를 회사에 반환하여야 하며, 회사의 발행주식 총수의 100분의 1 이상을 보유한 주주는 이익의 반환을 청구할 수 있다(제467조의2 제3항, 제4항).(모의 16)

② 甲 주식회사가 이사회를 개최하여 정기주주총회에서 실시할 임원선임결의에 관한 사전투표 시기를 정관에서 정한 날보다 연장하고 사전투표에 참여하거나 주주총회에서 직접 의결권을 행사하는 주주들에게 골프장 예약권과 상품교환권을 제공하기로 결의한 다음, 사전투표에 참여한 주주들에게 이를 제공하여 주주총회에서 종전 대표이사 乙 등이 임원으로 선임되자, 대표이사 등 후보자로 등록하였다가 선임되지 못한 주주 丙 등이 주주총회결의의 부존재 또는 취소사유가 존재한다고 주장하면서 乙 등에 대한 직무집행정지가처분을 구한 경우, 주주총회결의는 정관을 위반하여 사전투표기간을 연장하고 사전투표기간에 전체 투표수의 약 67%에 해당하는 주주들의 의결권행사와 관련하여 사회통념상 허용되는 범위를 넘어서는 위법한 이익이 제공됨으로써 주주총회결의 취소사유에 해당하는 하자가 있고, 가처분신청은 乙 등에 대한 직무집행정지가처분을 구할 피보전권리의 존재가 인정된다.(대결 2014.7.11. 2013마2397)(모의 16, 18, 19, 21)

③ 甲주식회사 대표이사인 피고인이 주주총회에서 특정 의결권 행사방법을 독려하기 위한 방법으로 甲회사의 주주총회에 참석하여 사전투표 또는 직접투표 방식으로 의결권을 행사한 주주들에게 甲회사의 계산으로 甲회사 발행 20만 원 상당의 상품교환권 등을 무상으로 제공한 것은 주주총회 의결권 행사와 관련된 이익의 공여로서 사회통념상 허용되는 범위를 넘어서는 것이어서 상법상 주주의 권리행사에 관한 이익공여의 죄에 해당한다.(대판 2018.2.8. 2015도7397)

Ⅵ. 주주총회의 결의

1. 의의

주주총회 결의는 주주총회의 의사표시를 의미하고, 의결은 주주총회에서의 주주의 의사표시를 의미한다. 주주의 개별적 의결권 행사의 무효, 취소는 주주총회의 결의의 효력에 영향을 주지 못한다. 결의의 법적 성질은 특수한 법률행위로 보는 것이 다수설이다. 주주총회의 결의 방법은 주주의 찬성과 반대 의사표시가 명확하게 드러나야 한다.

반대하는 주주의 거수로 반대주주의 수를 확인한 다음 그 이외에는 모두 찬성하는 것으로 간주하여 결의한 것은 주주총회의 취소사유에 해당한다.(대판 2001.12.28. 2001다49111)

2. 보통결의

(1) 의의

총회의 결의는 상법 또는 정관에 다른 정함이 있는 경우를 제외하고는 출석한 주주의 의결권의 과반수와 발행주식총수의 4분의 1 이상의 수로써 하여야 한다(제368조 제1항). 정관으로 보통결의 요건을 가중하는 것은 허용된다.(모의 23) 정관으로 보통결의 요건을 완화할 수 있는지와 관련해서는 출석의 결권의 과반수 요건은 완화할 수 없다는 견해가 통설이나, 발행주식총수의 4분의 1 이상의 요건에 대해서는 단체적 의사결정에 비추어 볼 때 완화할 수 없다는 견해와 허용된다고 보는 견해가 존재한다.

(2) 정관에 의한 의사정족수

상법 제368조 제1항은 주주총회의 성립에 관한 의사정족수를 따로 정하고 있지는 않지만, 보통결의 요건을 정관에서 달리 정할 수 있음을 허용하고 있으므로, **정관에 의하여 의사정족수를 규정하는 것은 가능하다.** 주식회사의 정관에서 이사의 선임을 발행주식총수의 과반수에 해당하는 주식을 가진 주주의 출석과 출석주주의 의결권의 과반수에 의한다고 규정하는 경우, **집중투표에 관한 위 상법 조항이 정관에 규정된 의사정족수 규정을 배제한다고 볼 것은 아니므로, 이사의 선임을 집중투표의 방법으로 하는 경우에도 정관에 규정한 의사정족수는 충족되어야 한다.**(대판 2017.1.12. 2016다217741).(변호 19, 23, 모의 23)

3. 특별결의

(1) 의의

특별결의는 출석한 주주 의결권의 3분의 2 이상의 수와 발행주식 총수 3분의 1 이상의 수로써 하는 결의를 말한다(제434조). 특별결의의 경우 '제434조의 규정에 의한 결의'라는 표현이 사용된다.

정관으로 특별결의 요건을 완화할 수 없다는 것이 통설이다. 특별결의 요건을 가중할 수 있는지와 관련해서는 총주주의 동의를 요하는 것으로 가중하는 것도 허용된다는 것이 다수설이다.

(2) 특별결의사항

① 정관변경(제434조),(변호 20, 모의 18, 19) ② 자본금감소(제438조), ③ 주식분할(제329조의2), ④ 합병(제522조), ⑤ 분할 · 분할합병(제530조의3),(변호 17) ⑥ 주식교환(제360조의3), ⑦ 주식이전(제360조의16), ⑧ 영업양도 · 영업양수(제374조), ⑨ 회사의 해산(제518조),(변호 19, 20) ⑩ 회사의 계속(제519조), ⑪ 이사 · 감사의 해임(제385조 제1항, 제415조),(변호 20, 모의 19) ⑫ 주식매수선택권의 부여(제340조의2), ⑬ 사후설립(제375조), ⑭ 제3자에 대한 전환사채 · 신주인수권부사채의 발행(제513조 제3항, 제516조의2 제4항), ⑮ 액면미달발행(제417조 제1항)

4. 영업의 전부 또는 중요한 일부의 양도·양수 [변호 14, 모의 13, 18, 22, 23]

(1) 의의

회사가 ㉠ 영업의 전부 또는 중요한 일부의 양도, ㉡ 회사의 영업에 중대한 영향을 미치는 다른 회사의 영업 전부 또는 일부의 양수, ㉢ 영업임대 또는 경영위임, 손익공유계약에 관한 행위를 하는 경우 주주총회의 특별결의를 거쳐야 한다(제374조 제1항).

양수한 영업이 양수인 회사의 영업에 중대한 영향을 미치지 않는 경우에는 양수한 회사의 주주총회 특별결의를 거치지 않아도 된다.

(2) 중요한 경우의 판단기준

어떠한 경우에 특별결의가 요구되는 중요한 경우에 해당하는지와 관련하여 자본시장법상 수시공시 의무와 공정거래법상 기업결합신고의무가 발생하는 영업의 양도, 양수가 모두 자산 또는 매출액의 10%를 기준으로 하고 있는 점에서 자산 또는 매출액의 10% 여부를 기준으로 생각해 볼 수 있다.

(3) 특별결의 없이 이루어진 영업양도의 무효 [모의 18, 22]

① 상법 제374조 제1항 제1호는 주식회사가 영업의 전부 또는 중요한 일부의 양도행위를 할 때에는 주주총회의 특별결의를 얻도록 하여 그 결정에 주주의 의사를 반영하도록 함으로써 주주의 이익을 보호하려는 강행법규이므로, **주식회사가 영업의 전부 또는 중요한 일부를 양도한 후 주주총회의 특별결의가 없었다는 이유를 들어 스스로 그 약정의 무효를 주장하더라도 주주 전원이 그와 같은 약정에 동의한 것으로 볼 수 있는 등 특별한 사정이 인정되지 않는다면 위와 같은 무효 주장이 신의성실 원칙에 반한다고 할 수는 없다.** 회사의 주주 중 84%의 지분을 가진 주주들이 이 사건 양도계약에 동의하였다는 사정만으로는 회사의 무효 주장을 배척할 만한 특별한 사정이 있다고 볼 수 없다.(대판 2018.4.26. 2017다288757)(변호 20, 23, 모의 18)

② 주식회사의 주주는 주식의 소유자로서 회사의 경영에 이해관계를 가지고 있기는 하지만, 직접 회사의 경영에 참여하지 못하고 주주총회의 결의를 통해서 이사를 해임하거나 일정한 요건에 따라 이사를 상대로 그 이사의 행위에 대하여 유지청구권을 행사하여 그 행위를 유지시키고 대표소송에 의하여 그 책임을 추궁하는 소를 제기하는 등 회사의 영업에 간접적으로 영향을 미칠 수 있을 뿐이다. **주주가 회사의 재산관계에 대하여 법률상 이해관계를 가진다고 평가할 수 없고, 주주는 직접 제3자와의 거래관계에 개입하여 회사가 체결한 계약의 무효 확인을 구할 이익이 없다.** 이러한 법리는 **회사가 영업의 전부 또는 중요한 일부를 양도하는 계약을 체결하는 경우에도 마찬가지이다.**(대판 2022.6.9. 2018다228462,228479)(변호 25, 모의 24(3))**[모의 13]**

③ **채권자는 회사가 제3자와 체결한 계약이 자신의 권리나 법적 지위를 구체적으로 침해하거나 이에 직접적으로 영향을 미치는 경우에는 계약의 무효확인을 구할 수 있으나, 계약으로 인하여 회사의 변제 자력이 감소되어 채권의 전부나 일부가 만족될 수 없게 될 뿐인 때**에는 채권자의 권리나 법적 지위가 그 계약에 의해 구체적으로 침해되거나 직접적으로 영향을 받는다고 볼 수 없으므로 **직접 그 계약의 무효확인을 구할 이익이 없다.**(대판 2022.6.9. 2018다228462,228479)(변호 25, 모의 24)

(4) 간이영업양도 [모의 17]

영업양도의 경우 회사의 총주주의 동의가 있거나 그 회사의 발행주식총수의 90% 이상을 상대방이 소유하고 있는 경우에는 그 회사의 주주총회 승인은 이사회의 승인으로 갈음할 수 있다(제374조의3 제1항).(모의 16) 주주총회 승인은 이사회 승인으로 갈음하더라도 소액주주의 주식매수청구권이 인정되므로, 회사는 주주총회의 승인을 받지 아니하고 영업양도, 양수, 임대 등을 한다는 뜻을 공고하거나 주주에게 통지하여야 한다(제374조의3 제2항). 다만, 총주주의 동의가 있는 경우에는 공고와 통지를 하지 않아도 된다(제374조의3 제2항).

5. 중요한 재산의 처분 또는 담보제공

(1) 중요 재산의 처분과 주주총회 특별결의 여부 [변호 21, 모의 14, 16, 17, 19, 21]

영업양도가 아닌 개별적인 재산의 처분은 원칙적으로 주주총회의 결의 대상이 아니다. 그러나 재산의 처분으로 영업의 양도나 폐지 상태에 이르게 되는 경우 주주총회 특별결의 대상이 된다.

주주총회 특별결의가 있어야 하는 영업양도는 일정한 영업목적을 위하여 조직되고 유기적 일체로 기능하는 재산의 전부 또는 중요한 일부를 총체적으로 양도하는 것을 의미하는 것으로서, 단순한 영업용 재산의 양도는 이에 해당하지 않으나, 영업용 재산의 처분으로 회사 영업의 전부 또는 일부를 양도하거나 폐지하는 것과 같은 결과를 가져오는 경우에는 주주총회의 특별결의가 필요하다.(대판 2004.7.8. 2004다13717)(변호 17, 모의 14, 16, 20)

주식회사가 회사 존속의 기초가 되는 중요한 재산을 처분할 당시에 이미 사실상 영업을 중단하고 있었던 상태라면 그 처분으로 인하여 비로소 영업의 전부 또는 일부가 폐지 또는 중단됨에 이른 것이라고는 할 수 없으므로 주주총회의 특별결의가 없었다 하여 그 처분행위가 무효로 되는 것은 아니다.(대판 1988.4.12. 87다카1662)(변호 17, 모의 13, 14, 16)

영업의 중단이란 영업의 계속을 포기하고 일체의 영업활동을 중단하여 영업의 폐지에 준하는 상태를 말하고 일시적 영업활동 중지는 이에 해당하지 않는다.(대판 1992.8.18. 91다14369)

(2) 담보제공과 주주총회 특별결의 여부

담보제공의 경우에도 영업의 양도, 폐지와 동일한 결과가 초래되는지 여부로 판단한다.

회사의 중요한 재산이라도 그 위에 근저당권설정계약을 체결함에 있어서 주주총회의 특별결의를 필요로 하는 사안은 아니다.(대판 1971.4.30. 71다392)

영업용재산 거의 전부를 매도담보로 제공하는 행위는 회사의 영업의 전부 또는 중요한 일부를 양도 내지 폐지하는 것과 동일한 결과를 초래하는 것으로 주주총회의 특별결의를 거쳐야 한다.(대판 1987.4.28. 86다카553)

6. 특수결의

(1) 총주주의 동의를 요하는 경우

이사(제400조 제1항)·감사(제415조)의 책임면제, 유한회사로의 조직변경(제604조 제1항).

(2) 모집설립시 창립총회 결의

모집설립시 창립총회는 출석한 주식인수인 의결권의 3분의 2 이상 및 인수된 주식 총수의 과반수로 결의한다(제309조).

(3) 초다수결의제

초다수결의제와 관련하여 지방법원 판례이기는 하나 상법 규정의 문언과 의미 및 입법취지에 비추어 현행 상법에서 초다수결의제는 원칙적으로 허용될 수 없고, 예외적으로 허용된다고 하더라도 보편적으로 이용되는 출석의결권수의 가중비율과 발행주식총수의 가중비율을 모두 현저히 초과하여 가중비율이 지나치게 과도한 것은 상법에 반하여 허용될 수 없으므로 이러한 내용으로 정관을 변경한 주주총회결의는 무효로 보았다.(전주지법 2020.10.29. 2017가합2297)

[사실관계] 甲회사의 주주총회가 총회의 안건이 적대적 인수합병을 위한 안건임을 총회 소집 전 이사회가 결의로 확인한 경우 총회의 결의요건을 출석한 주주의 의결권의 100분의 90 이상과 발행주식총수의 100분의 70 이상으로 한다는 조항과 위 조항을 개정하고자 하는 경우에도 위와 같은 방법에 의한다는 조항을 신설하는 내용의 정관변경결의를 하자, 甲회사의 주주 乙이 위 결의가 상법 제434조 등에 위반된다는 이유로 주주총회결의무효확인을 구한 사안.

7. 결의요건의 산정 (변호 22)

제371조 (정족수, 의결권 수의 계산) ① 총회의 결의에 관하여는 제344조의3 제1항과 제369조 제2항 및 제3항의 의결권 없는 주식의 수는 발행주식총수에 산입하지 아니한다.
② 총회의 결의에 관하여는 제368조 제3항에 따라 행사할 수 없는 주식의 의결권 수와 제409조 제2항 및 제542조의12 제4항에 따라 그 비율을 초과하는 주식으로서 행사할 수 없는 주식의 의결권 수는 출석한 주주의 의결권의 수에 산입하지 아니한다.(모의 17, 23)

제371조는 제1항에서 의결권 없는 주식을 발행주식총수에 산입하지 않으면서 제2항에서 의안에 따라 의결권을 행사할 수 없는 경우에는 출석주주의 의결권에 산입하지 않는다고 규정하고 있는 관계로, 의안에 따라 의결권을 행사할 수 없는 주식은 발행주식총수에는 산입되게 된다.

그 결과 제371조에 의하면 제368조 제1항과 제434조의 결의요건을 충족시키지 못하는 경우가 발생하게 된다. 판례는 감사 선임의 경우 3% 초과 주식은 제371조의 규정에도 불구하고 제368조 제1항에서 말하는 발행주식총수에 산입되지 않는다고 본다.(대판 2016.8.17. 2016다222996)(변호 18, 21, 모의 18, 20, 22, 23)**[모의 18]**

한편 주식의 이전 등 관계로 당사자 간에 주식의 귀속에 관하여 분쟁이 발생하여 **진실의 주주라고 주장하는 자가 명의상의 주주를 상대로 의결권의 행사를 금지하는 가처분의 결정을 받은 경우, 그 명의상의 주주는 주주총회에서 의결권을 행사할 수 없으나, 그가 가진 주식 수는 발행주식의 총수에는 산입되는 것으로 해석된다.**(대판 1998.4.10. 97다50619)

기출사례

★ 영업양도와 주주총회 특별결의 [변호 14]

동양주식회사(이하, '동양'이라 함)는 자본금 20억 원인 비상장회사이다. 동양의 발행주식총수는 10만주이며, 甲이 4만주, 乙이 3만주, 丙이 2만주, 丁이 1만주를 각각 보유하고 있다. 동양의 이사는 甲, 乙, 丙 3인이고 그중 甲이 대표이사로서 사실상 전권을 행사하고 있다.
동양은 기계부문과 섬유부문의 2개 사업부문으로 구성되어 있는데, 기계부문에서는 의료기계를, 섬유부문에서는 섬유원단을 생산 · 판매하고 있다. 동양의 연매출액은 100억 원이며, 매출액의 구성은 기계부문이 95억 원, 섬유부문이 5억 원이다. 동양은 각 사업부문별로 '동양기계', '동양섬유'라는 영업표지를 사용하면서 독자적인 영업활동을 하여 왔다. 동양은 기존의 의료기계 생산 · 판매 이외에도 수입 · 판매처와 계약을 체결하는 등 의료기계의 수입 · 판매 분야에도 사업확장을 준비하고 있다.
A주식회사는 동양의 섬유 사업부문에 섬유원사를 공급하여 그 대금으로 5억 원의 채권을 가지고 있다. 그 후 동양은 甲, 乙, 丙 3인의 이사가 모두 참석한 이사회에서 이사 전원의 찬성으로 회사 전체 영업의 일부로서, 실적이 부진한 섬유부문을 B주식회사에 양도하였다. 동양의 섬유부문의 가치는 회사 전체의 영업 가치에서 차지하는 비중이 크지 않고 섬유부문의 영업양도 이후에도 동양의 영업은 크게 축소되거나 변동되지 않았다. B회사는 섬유부문의 영업을 양수한 후 '동양섬유'라는 영업표지를 계속하여 사용하면서 동양의 종전 거래처를 상대로 동일하게 영업을 하고 있다.
그 후 甲은 이사회 승인 없이 동양이 생산하는 동종의 의료기계를 수입 · 판매하는 C의료기계주식회사를 설립하여 그 대표이사에 취임하였다. 甲은 C회사의 운영자금으로 20억 원이 필요하였고 D은행은 C회사에 대한 대출에 연대보증을 요구하였다. 이를 위하여 甲은 동양의 이사회를 소집하였고, 甲과 乙만이 출석한 이사회에서는 출석이사 전원의 찬성으로 동양의 연대보증을 결의하였다. 乙은 위 이사회에서 甲이 이사회의 승인 없이 C회사를 설립하여 운영하고 있다는 사정을 잘 알고 있었음에도 별다른 이의를 제기하지 아니하였다. D은행은 동양의 이사회 회의록 및 기타 대출 관련 서류를 확인한 후에 동양과 연대보증계약을 체결하고서 C회사에 대하여 20억 원을 대출해 주었다. D은행은 위와 같은 동양의 내부 사정은 전혀 알지 못하였다.
C회사의 사업이 본격화되면서 그 매출액이 급증하자 이로 인하여 동양의 매출액은 현저히 감소하였고, 동양의 주가는 50% 하락하였다.

동양이 B회사에 대하여 섬유부문을 양도한 행위가 유효한지를 설명하시오.

Ⅰ. 결론

사안의 경우 동양의 연매출액 100억 원 중 섬유부문의 매출액은 5억 원에 불과하고 영업양도 당시 섬유부문의 실적이 부진하였고, 섬유부문의 가치는 회사 전체의 영업가치에서 차지하는 비중이 크지 않고 섬유부분의 영업양도 이후에도 동양의 영업은 크게 축소되거나 변동되지 않았으므로 동양의 섬유부문 영업은 동양의 중요한 영업의 일부에 해당하지 않는다. 따라서 동양의 섬유부문 영업의 양도에 동양의 주주총회 특별결의가 요구되지 않고, 동양이 이사회결의에 의하여 B회사에 대하여 섬유부문을 양도한 행위는 적법, 유효하다.

Ⅱ. 쟁점

동양의 섬유부문 영업의 양도가 중요한 영업 일부의 양도에 해당하여 주주총회 특별결의가 요구되는지 문제된다.

기출사례

★ 이사 등의 자기거래, 중요재산처분 [변호 21]

甲주식회사는 건설업을 목적으로 2010년 설립된 비상장회사이다. 보통주만을 발행한 甲회사의 발행주식총수는 100만 주이고, 자본금은 5백억 원이다. 甲회사의 발행주식총수 중 대표이사 A는 30만 주, 이사 B와 이사 C는 각각 20만 주를 소유하고 있으며 모두 명의개서를 완료한 상태이다(주권 미발행 상태임).
丙주식회사는 암반발파 사업을 하는 회사이며 그 발행주식총수는 10만 주이다. 丙회사의 주식 중 甲회사는 9만 주, E는 4천 주를 각 소유하고 있으며, 나머지 6천 주는 丙회사가 자기주식으로 보유 중이다(명의개서 각 완료). 丙회사는 암반발파 사업에 필수적인 특허권을 공정한 평가가액보다 20% 정도 할인된 금액인 8억 원으로 甲회사에 양도하는 매매계약을 체결하려고 한다. 위 매매계약에 대하여 丙회사의 이사들은 甲회사와의 관계, 시장상황 등을 고려하여 전원이 계약 체결을 승인한 후 위 매매계약이 2020. 6. 체결되었고, 이 과정에서 丙회사 주주총회에 의한 승인결의는 이루어지지 않았다.

위 특허권 매매계약은 유효한가?

Ⅰ. 결론

甲회사와 丙회사 사이의 특허권 매매계약은 상법상 이사 등의 자기거래에 해당한다. 丙회사의 이사들은 甲회사와의 관계, 시장상황 등을 고려하여 전원이 계약 체결을 승인하였으므로, 공정한 평가가액보다 20% 정도 할인된 금액으로 특허권이 甲회사에 매각된다 하더라도 이에 대한 이사회 승인은 인정된다. 다만 丙주식회사는 암반발파 사업을 하는 회사이고, 특허권은 암반발파 사업에 필수적인 것이므로 丙 주식회사의 특허권 매각에는 주주총회 특별결의가 요구된다. 따라서 丙 주식회사의 주주총회 특별결의 없이 체결된 특허권 매매계약은 무효이다.

Ⅱ. 쟁점

甲회사가 丙회사의 발행주식 10만 주 중 9만주를 보유하고 있다는 점에서 甲회사와 丙회사의 특허권 매매계약이 이사 등의 자기거래에 해당하는지, 이사 등의 자기거래에 요구되는 丙회사 이사회 승인이 있었다고 볼 수 있는지, 암반발파 사업을 하는 丙회사의 사업에 필수적인 특허권 매매계약체결에 丙회사의 주주총회 승인결의가 요구되는지, 이러한 결의가 없는 특허권 매매계약의 효력이 문제된다.

8. 반대주주의 주식매수청구권 [변호 19, 21]

(1) 의의

회사의 주식교환, 주식이전, 영업양도 · 영업양수, 합병, 분할합병에 반대하는 주주(의결권이 없거나 제한되는 주주를 포함한다)는 주주총회 전에 회사에 대하여 서면으로 그 결의에 반대하는 의사를 통지한 경우에는 그 총회의 결의일부터 20일 이내에 주식의 종류와 수를 기재한 서면으로 회사에 대하여 자기가 소유하고 있는 주식의 매수를 청구할 수 있다(제374조의2 제1항).(변호 14, 16, 모의 16(2), 17, 18(2))

(2) 주식매수청구권이 인정되는 주주총회결의

1) 주식매수청구권이 인정되는 경우

주식교환(제360조의5), 주식이전(제360조의22), 영업양도 · 영업양수(제374조의2 제1항), 합병(제522조의3), 분할합병(제530조의11 제2항), 간이합병(제527조의2)(모의 16)

2) 주식매수청구권이 인정되지 않는 경우

소규모(흡수)합병(제527조의3 제5항), 소규모분할(흡수)합병(제530조의11 제2항), 소규모주식교환(제360조의10 제7항)의 경우, 존속회사(완전모회사)의 주주에게는 주식매수청구권이 인정되지 않는다.(모의 16) 정관변경, 자본금감소, 분할, 해산에 대한 주주총회결의에 대해서는 반대주주의 주식매수청구권이 인정되지 않는다.(변호 14, 모의 16)

3) 회사가 임의로 주식매수청구권을 인정할 수 있는지 여부

회사가 특정 주주와 주식매수를 약정함으로써 사실상 매수청구를 할 수 있는 권리를 부여하여 주주가 권리를 행사하는 경우는 상법 제341조의2 제4호가 적용되지 않으므로, 상법 제341조에서 정한 요건 하에만 회사의 자기주식취득이 허용된다. 개정 상법이 자기주식취득 요건을 완화하였다고 하더라도 여전히 법이 정한 경우에만 자기주식취득이 허용된다는 원칙에는 변함이 없으므로 **상법상 요건 및 절차에 의하지 않은 자기주식취득 약정은 무효**이다.(대판 2021.10.28. 2020다208058)

(3) 청구권자

결의에 반대하는 주주는 주주총회 전에 회사에 대하여 서면으로 그 결의에 반대하는 의사를 통지해야 한다(제374조의2 제1항). 반대주주가 주주총회에 출석하지 않아도 주식매수청구권이 인정된다.(변호 14) 반대주주가 주주총회에 출석하여 찬성투표를 한 경우에는 주식매수청구권이 인정되지 않는다. 의결권이 없거나 제한되는 종류주식을 보유한 주주도 주식매수청구권이 인정된다. 간이합병(제527조의2), 간이분할합병(제530조의11 제2항), 간이주식교환(제360조의5 제2항)의 경우, 주주총회를 거치지 않아도 사전에 반대의사를 서면통지 한 주주에게 주식매수청구권이 인정된다.

(4) 절차

1) 회사의 주주총회 소집통지 및 주식매수청구권 명시

회사는 반대주주의 주식매수청구권이 인정되는 주주총회의 소집의 통지를 하는 때에는 주식매수청구권의 내용 및 행사방법을 명시해야 한다(제374조 제2항). 주주총회 소집통지의 대상이 아닌 의결권 없는 주주나 주주총회가 생략되는 간이합병 등의 경우에도 반대주주의 주식매수청구권을 보장하기 위해 통지를 하여야 한다. 회사가 주식매수청구권의 내용 및 행사방법을 명시하지 않은 경우, 반대주주는 반대의사의 사전 통지 없이도 주식매수청구권을 행사할 수 있다.(모의 16)

2) 반대주주의 반대의사 사전 통지

결의에 반대하는 주주는 주주총회 전에 회사에 대하여 서면으로 그 결의에 반대하는 의사를 통지하여야 한다(제374조의2 제1항).

3) 주주총회 결의

반대주주가 총회에 출석하지 않은 경우, 반대주주의 보유 주식은 결의요건 관련 출석주주 및 반대주식수로 계산되지 않는다.

4) 반대주주의 매수청구

반대주주는 총회의 결의일로부터 20일 이내에 주식의 종류와 수를 기재한 서면으로 회사에 대하여 자기가 소유하고 있는 주식의 매수를 청구할 수 있다(제374조의2 제1항). 간이합병 등 주주총회가 개최되지 않는 경우, 반대주주는 간이합병 등의 공고 또는 통지를 한 날부터 2주가 경과한 날부터 20일 이내에 주식매수청구권을 행사할 수 있다(제522조의3 제2항).

반대주주가 주식매수청구권 행사 전에 제3자에게 양도한 주식에 대해서는 양도인과 양수인 모두 주식매수청구권을 행사할 수 없다. (대판 2010.7.22. 2008다37193)

(5) 효과

1) 주식매매계약의 성립

회사는 매수청구기간이 종료하는 날부터 2개월 이내에 그 주식을 매수하여야 한다(제374조의2 제2항). (변호 23)**[변호 19]**

학설과 판례는 주식매수청구권을 형성권으로 보고 주주의 주식매수청구로 매매계약이 바로 성립되고 매수청구기간이 종료하는 날로부터 2개월 이내에 회사가 대금을 지급할 의무가 발생한다고 본다.

영업양도 반대주주의 주식매수청구권은 형성권으로서 그 행사로 회사의 승낙 여부와 관계없이 주식매매계약이 성립하고, 상법 제374조의2 제2항의 **회사가 주식매수청구를 받은 날로부터 2월은 주식매매대금 지급 의무의 이행기를 정한 것**이라고 해석된다. 이러한 법리는 **위 2월 이내에 주식의 매수가액이 확정되지 아니하였더라도 다르지 아니하다.** (대판 2011.4.28. 2010다94953)(변호 16)

2) 주식의 이전시기

주식은 매매대금의 지급시점에 회사로 이전된다. 주식매수청구를 한 주주도 대금 지급 전에는 주주총회결의 무효, 취소의 소를 제기할 수 있다. (모의 18)

3) 매매가액의 결정

① 협의에 의한 매수가액의 결정

주식의 매수가액은 주주와 회사 간의 협의에 의하여 결정한다(제374조의2 제3항). **[변호 19]**

② 법원에 대한 매수가액 결정 청구

매수청구기간이 종료하는 날부터 30일 이내에 회사와 주주 간의 협의가 이루어지지 아니한 경우에는 회사 또는 주주는 법원에 대하여 매수가액의 결정을 청구할 수 있다(제374조의2 제4항). 법원이 주식의 매수가액을 결정하는 경우에는 회사의 재산상태 그 밖의 사정을 참작하여 공정한 가액으로 이를 산정하여야 한다(제374조의2 제5항). (변호 16) 비상장주식 가액은 회사 상황, 업종, 특성을 고려하여 공정한 가액을 산정해야 한다.

회사의 합병 또는 영업양도 등에 반대하는 주주가 회사에 대하여 비상장 주식의 매수를 청구하는 경우, 비상장주식의 거래에 있어서 그에 관한 객관적 교환가치가 적정하게 반영된 정상적인 거래의 실례가 있는 경우에는 그 거래가격을 시가로 보아 가액을 평가하여야 하나,(변호 16) 그러한 거래사례가 없으면 비상장주식의 평가에 관하여 보편적으로 인정되는 시장가치방식, 순자산가치방식, 수익가치방식 등 여러 가지 평가방법을 활용하되, 어느 한 가지 평가방법이 항상 적용되어야 한다고 단정할 수 없고, 회사의 상황이나 업종의 특성 등을 종합적으로 고려하여 공정한 가액을 산정하여야 한다.(대결 2006.11.24. 2004마1022)

4) 매수한 자기주식의 처분 여부

2011년 개정상법에서 회사가 취득한 자기주식의 처분 조항을 삭제하였으므로 회사는 취득한 자기주식을 장기적으로 보유할 수 있다.

(6) 매수청구의 실효

합병무효의 소 등으로 거래가 사후적으로 무효, 취소가 된 경우 매수청구의 효력은 어떻게 되는지 여부가 문제된다.

주식교환, 주식이전, 합병, 분할합병의 무효와 같이 소급효가 인정되지 않는 경우에는 매수대금이 지급되지 않았으면 매수청구가 장래를 향하여 실효되고, 만약 매수대금이 지급되었다면 소급효가 제한되어 이미 완료된 주식매수의 효력에 영향이 없다.

영업양도는 영업양도를 결의한 주주총회결의의 무효, 취소를 주장하게 되는데, 이러한 소의 소급효가 인정된다. 소급효가 인정되는 영업양도와 관련된 매수청구는 매수대금이 지급되었는지 여부와 관계없이 소급하여 실효되고, 만약 매수대금이 지급되었으면 원상회복되어야 한다.

(7) 주식매수청구와 결의의 하자를 다투는 소의 관계

주식매수청구로써 결의의 하자가 치유되었다고 볼 수 없으므로 주식매수청구를 한 주주도 주주총회결의 무효, 취소의 소를 제기할 수 있다.(모의 18) 매수대금이 지급되기 전에 원고 승소 판결이 확정되면 결의가 없어졌으므로 매수청구는 실효하고, 판결 확정 전에 매수대금이 지급되면 원고는 주주의 지위를 상실하게 되어 당사자적격 흠결로 소가 각하된다.

기출사례

★ 주식매수청구에 따른 매매대금의 산정과 지급 [변호 19]

丙회사(자본금 100억 원 규모의 비상장회사)는 의결권 있는 보통주 80,000주와 의결권 없는 우선주 20,000주를 발행하였고, E는 이 중 의결권 있는 보통주 2,800주와 의결권 없는 우선주 1,000주를 소유하고 있다. 丙회사는 2017. 11. 13. 甲회사와의 합병승인결의를 위한 주주총회의 소집(주식매수청구권의 내용 및 행사방법 포함)을 통지하였다. E는 재무상황이 열악한 甲회사와의 합병이 오히려 丙회사의 주주에게 손해를 야기할 것으로 판단하였다. 이에 E는 丙회사의 주주총회 전에 서면으로 합병승인결의에 반대한다는 의사를 통지하였다. 丙회사는 2017. 11. 30. 개최된 주주총회에서 합병승인결의를 하였는데, 동 주주총회에 E는 참석하지 않았다. E는 2017. 12. 11. 丙회사에 자신이 소유한 주식 전량을 매수해 줄 것을 서면으로 청구하였고, 동 서면이 같은 날 丙회사에 도달하였다. E와 丙회사는 주식매수가액을 1주당 10만원으로 하기로 합의하였으나(보통주·우선주를 불문하고 동일한 매수가액을 적용하기로 함), 丙회사는 회사의 자금사정을 이유로 2019. 1. 11. 현재 주식매수가액의 지급을 지연하고 있다. 한편 E는 丙회사의 대표이사 F가 甲회사와의 합병을 추진한 것이 중대한 임무해태행위를 한 것으로 보았다. 이에 E는 임시주주총회일인 2018. 6. 11.의 6주 전에 F를 丙회사의 이사직에서 해임하는 안건을 위 주주총회의 목적사항으로 제안하였다.

E가 2019. 2. 21. 현재 丙회사에 청구할 수 있는 금액을 산출하는 과정을 근거와 함께 설명하라.

Ⅰ. 결론

의결권이 없거나 제한되는 종류주식을 보유한 주주에게도 주식매수청구권이 인정되므로 E는 자신이 보유한 3,800주 전부에 대하여 주식매수청구권을 행사할 수 있다. 丙회사와 E가 매수가액을 1주당 10만원으로 합의하였으므로 3,800주의 매매대금은 3억8천만 원이다. E의 매수청구기간 종료일은 합병승인 주주총회 결의일인 2017. 11. 30부터 20일이 되는 2017. 12. 20이고 이로부터 2개월이 경과한 시점은 2018. 2. 21이 된다. 따라서 丙회사는 매매대금인 3억8천만 원 및 그에 대한 지연손해금으로 주식매수청구행사기간 종료일부터 2개월이 경과한 날인 2018. 2. 21.부터 다 갚는 날 까지 상법 소정의 연 6%의 비율로 계산한 금원을 지급하여야 한다. 따라서 2019. 2. 21. 현재 E는 丙회사에 대하여 매매대금 3억8천만 원과 지연손해금 2천2백8십만 원의 합계인 4억2백8십만 원을 청구할 수 있다.

Ⅱ. 쟁점

E의 주식매수청구의 대상이 되는 주식 및 주식매수청구에 따른 매매대금의 지급시기가 문제된다.

Ⅶ. 주주총회결의의 하자

1. 의의

상법은 단체적 법률관계를 획일적으로 처리하고 법적 안정성을 보장하기 위하여 주주총회 결의의 절차와 내용상의 하자의 유형을 법률로 정하면서 상법에 규정된 소에 의해서만 하자를 주장할 수 있도록 규정하고 있다. 상법상 인정되고 있는 소는 ① 결의취소의 소(제376조), ② 결의무효확인의 소(제380조), ③ 결의부존재확인의 소(제380조), ④ 부당결의 취소·변경의 소(제381조) 4가지이다.

2. 소의 원인

(1) 결의취소의 소 [변호 21, 모의 15, 16, 19, 21, 22]

> 제376조 (결의취소의 소) ① 총회의 소집절차 또는 결의방법이 법령 또는 정관에 위반하거나 현저하게 불공정한 때 또는 그 결의의 내용이 정관에 위반한 때에는 주주·이사 또는 감사는 결의의 날로부터 2월내에 결의취소의 소를 제기할 수 있다.(변호 12, 23, 모의 13, 14, 16, 17, 21)
> ② 제186조 내지 제188조, 제190조 본문과 제191조의 규정은 제1항의 소에 준용한다.

1) 소집절차의 하자

① 이사회 결의가 없거나 무효인 경우

정당한 소집권자에 의하여 소집된 주주총회의 결의라면 **주주총회의 소집에 이사회의 결의가 없었고, 소집통지가 서면에 의하지 아니한 구두소집통지를 하고, 법정기간을 준수하지 아니하고, 극히 일부의 주주에 대하여는 소집통지를 하지 않았다** 하더라도 그와 같은 하자는 **주주총회결의의 단순한 취소사유에 불과하다** 할 것이고, **취소할 수 있는 결의는 법정기간 내에 제기된 소에 의하여 취소되지 않는 한 유효**하다.(대판 1987.4.28. 86다카553)(변호 22)

② 소집권자가 아닌 자에 의한 주주총회 소집

대표이사 아닌 이사가 이사회의 소집 결의에 따라서 주주총회를 소집한 경우 주주총회결의의 취소사유에 해당한다.(대판 1993.9.10. 93도698)

③ 소집통지의 누락 및 통지방법의 하자 (변호 22)

㉠ 일부 주주에게 소집통지를 하지 않은 경우(대판 1981.7.28. 80다2745,2746)(모의 22),**[변호 24]** ㉡ 소집통지 기간을 준수하지 않은 경우(대판 1981.7.28. 80다2745,2746), ㉢ 구두, 전화, 문자메시지에 의하여 소집통지가 된 경우, ㉣ 결의된 목적사항이 통지에 기재되지 않은 경우(대판 1979.3.27. 79다19),(모의 20) ㉤ 통지된 소집장소와 일시가 현저하게 부적당한 경우, ㉥ 총회일 2주 전까지 통지하지 못한 경우 주주총회 결의의 취소사유에 해당한다.

2) 결의방법의 하자

① 의결권 없는 자의 의결권 행사

주주가 아닌 자 또는 대리권 없는 자가 의결권을 행사한 경우는 취소사유에 해당한다.

의결권 없는 주주가 의결권 행사한 경우에는 해당 의결권 수를 제외하는 것이 아니라 결의취소사유에 해당한다.(대판 1983.8.23. 83도748)(모의 21(2))

② **결의요건 위반**

정족수 미달임에도 가결한 경우, 특별결의를 보통결의로 가결한 경우, 투표수를 잘못 계산한 경우, 특별이해관계 있는 주주가 결의에 참여한 경우, 의결권의 대리행사에 하자가 있는 경우, 주주 아닌 자가 주주총회에 출석하여 결의한 경우, 의결권의 불통일 행사가 부적법한 경우.

③ **의사진행의 현저한 하자**

㉠ 의사진행이 부당하게 불공정하거나 강압적으로 이루어진 경우 결의취소사유에 해당한다.

㉡ 결의에 반대가 예상되는 주주 또는 대리인을 부당하게 퇴장시키거나 총회장 입장을 방해한 경우, 의장이 아닌 자가 회의를 진행한 경우 결의취소사유에 해당한다. 주주의 의결권을 제한하는 무효인 정관에 따라 의결한 때 결의취소사유에 해당한다.

㉢ 정관상 **의장이 될 사람이 아닌 자가 정당한 사유 없이 주주총회의 의장이 되어 의사에 관여한** 사유만으로는 주주총회결의가 부존재한 것으로 볼 수 없고 **주주총회결의취소사유에 해당한다**.(대판 1977.9.28. 76다2386)

㉣ **정관상 주주의결권 제한 규정이 위법, 무효인** 경우 **회사가 그러한 위법, 무효 정관 조항에 따라 주주의 의결권을 제한하여 이루어진 주주총회결의는 결의 방법에 법령에 위반된 하자가 있는 경우에** 해당하여 **주주총회결의취소사유가 인정된다**.(대판 2009.11.26. 2009다51820)

[사실관계] A회사의 정관은 '최대주주가 아닌 주주와 그 특수관계인 등'에 대하여도 일정 비율을 초과하여 소유하는 주식에 관하여 감사의 선임 및 해임에 있어서 의결권을 제한하는 내용의 규정을 두고 있었고, A회사의 주주총회에서는 위와 같은 의결권 제한 규정에 따라 최대주주가 아닌 주주의 의결권을 제한하였다. 이에 대하여 주주총회결의취소의 소가 제기된 사안.

[판시사항] 상법 제369조 제1항에서 주식회사의 주주는 1주마다 1개의 의결권을 가진다고 하는 1주 1의결권의 원칙을 규정하고 있는바, 위 규정은 강행규정이므로 법률에서 위 원칙에 대한 예외를 인정하는 경우를 제외하고, 정관의 규정이나 주주총회의 결의 등으로 위 원칙에 반하여 의결권을 제한하더라도 그 효력이 없다. 그런데 상법 제409조 제2항 · 제3항은 '주주'가 일정 비율을 초과하여 소유하는 주식에 관하여 감사의 선임에 있어서 그 의결권을 제한하고 있을 뿐이므로, '최대주주가 아닌 주주와 그 특수관계인 등'에 대하여도 일정 비율을 초과하여 소유하는 주식에 관하여 감사의 선임 및 해임에 있어서 의결권을 제한하는 내용의 정관 규정이나 주주총회 결의 등은 무효라고 보아야 한다. 따라서 A 회사가 무효인 정관 조항에 따라 원고 및 그 특수관계인 등의 의결권을 제한한 것은 위법하여 이 사건 결의는 결의방법에 법령에 위반한 하자가 있는 경우로서 주주총회결의 취소 사유가 존재한다.

3) **결의내용이 정관에 위배되는 경우**

결의내용이 정관에 위배되는 경우 결의취소 사유에 해당한다(제376조 제1항).

(2) 결의무효확인의 소 [모의 18]

> 제380조 (결의무효 및 부존재확인의 소) 제186조 내지 제188조, 제190조 본문, 제191조, 제377조와 제378조의 규정은 총회의 결의의 내용이 법령에 위반한 것을 이유로 하여 결의무효의 확인을 청구하는 소와 총회의 소집절차 또는 결의방법에 총회결의가 존재한다고 볼 수 없을 정도의 중대한 하자가 있는 것을 이유로 하여 결의부존재의 확인을 청구하는 소에 이를 준용한다.

1) **결의내용의 법령 위반**

총회의 결의의 내용이 법령에 위반한 경우 결의무효사유에 해당한다(제380조).

2) 결의무효사유의 예

① 주주평등원칙에 반하는 결의, ② 배당가능이익 초과 이익배당결의, ③ 주주총회 전속적 결의사항을 위임하는 결의, ④ 주주총회 권한이 아닌 사항에 대한 결의, ⑤ 선량한 풍속 기타 사회질서에 반하는 내용의 결의, ⑥ 주주에게 추가출자의무를 지우는 등 주주 유한책임과 모순되는 결의.(모의 19)

최대주주가 아닌 주주와 그 특수관계인 등에 대하여도 일정 비율을 초과하여 소유하는 주식에 관하여 감사의 선임 및 해임에 있어서 의결권을 제한하는 내용의 정관 규정이나 주주총회결의 등은 무효이다.(대판 2009.11.26. 2009다51820)(모의 20)

(3) 결의부존재확인의 소 [변호 12, 모의 16, 17]

1) 결의부존재사유

총회의 소집절차 또는 결의방법에 총회결의가 존재한다고 볼 수 없을 정도의 중대한 하자가 있는 경우에는 총회 결의 부존재확인소송을 제기할 수 있다(제380조).(변호 20)

2) 결의부존재사유의 예

① 대부분 주주에게 소집통지를 하지 않은 경우, 이사회 결의 없이 소집권한 없는 자가 일부 주주에게만 구두로 소집통지를 한 경우,(모의 24) 유효한 주주총회 종료 이후 일부 주주에 의해 결의가 이루어진 경우, 결의에 참여한 자가 대부분 주주가 아닌 경우, 실제로 주주총회가 없었음에도 지배주주가 허위로 의사록을 작성한 경우.(모의 19)

② 사회자의 주주총회 산회선언 후 주주 3인이 별도 장소에서 결의를 한 경우, 위 주주 3인이 과반수를 훨씬 넘는 주식을 가진 주주이더라도 일부 주주들만 모여서 한 결의를 유효한 주주총회결의로 볼 수는 없다. 제1주주총회결의가 부존재인 이상 이에 기해 대표이사로 선임된 자들은 적법한 주주총회 소집권자가 될 수 없어 그들에 의해 소집된 제2주주총회결의 역시 법률상 결의부존재이다.(대판 1993.10.12. 92다28235,28242)

③ 회사 발행주식의 70%를 보유한 甲이 이사회결의를 거치지 않고 임시주주총회를 개최하면서 주주명부상 30%의 지분을 보유하고 있는 乙에게 정관에 따른 임시주주총회 소집통지를 하지 않고 정관에 규정된 주주총회 소집 장소가 아닌 곳에서 의결이 있었던 것으로 임시주주총회 의사록을 작성한 경우 도저히 결의가 존재한다고 볼 수 없을 정도로 중대한 하자가 있는 경우에 해당한다.(대판 2018.6.19. 2017도21783)

[사실관계 및 판시사항] 위 판결은 공정증서원본불실기재죄 성립 여부가 문제된 사안이었다. 원심은 주주총회결의 하자를 취소사유로 판단하여 공정증서불실기재죄 성립을 부정하였으나 대법원은 공정증서원본에 기재된 사항이 부존재하거나 외관상 존재한다고 하더라도 무효에 해당되는 하자가 있다면 그 기재는 부실기재에 해당하나, 기재된 사항이나 그 원인된 법률행위가 객관적으로 존재하고, 다만 거기에 취소사유인 하자가 있을 뿐이라면 취소되기 전에 공정증서원본에 기재된 이상 그 기재는 공정증서원본의 불실기재에 해당하지는 않는다고 판시하면서 사안의 경우 주주총회결의가 부존재하므로 공정증서원본불실기재죄가 성립한다고 판시하였다.

④ 주주총회를 소집할 권한이 없는 자가 이사회의 주주총회 소집결정도 없이 소집한 주주총회에서 이루어진 결의는 특별한 사정이 없는 한 총회 및 결의라고 볼 만한 것이 사실상 존재한다고 하더라도 그 성립과정에 중대한 하자가 있어 법률상 존재하지 않는다고 보아야 한다.(대판 2022.11.10. 2021다271282)

⑤ 대부분 주주에게 소집통지를 발송하지 아니하고 개최된 주주총회는 특별한 사정이 없는 한 그 성립과정의 하자가 너무나 중대하여 사회통념상 총회 자체의 성립이 인정되기 어렵다.(대판 2024.6.13. 2018다261322)

3) 결의부존재 사유의 입증책임

주주총회결의 자체가 있었는지 및 그 결의에 이를 부존재로 볼 만한 중대한 하자가 있는지 등 주주총회결의의 존부에 관하여 다툼이 있는 경우, ① **주주총회결의 자체가 있었다는 점에 관해서는 회사가 증명책임을 부담하고,** ② **그 결의에 이를 부존재로 볼 만한 중대한 하자가 있다는 점에 관해서는 주주가 증명책임을 부담하는 것이 타당하다.**(대판 2010.7.22. 2008다37193)(변호 19, 23, 모의 17)

4) 결의무효확인의 소와 결의부존재확인의 소의 관계

회사의 총회결의에 대한 부존재확인청구나 무효확인청구는 모두 법률상 유효한 결의의 효과가 현재 존재하지 아니함을 확인받고자 하는 점에서 동일하므로 예컨대, 사원총회가 적법한 소집권자에 의하여 소집되지 않았을 뿐 아니라 정당한 사원 아닌 자들이 모여서 개최한 집회에 불과하여 **법률상 부존재로 볼 수밖에 없는 총회결의에 대하여는 결의무효 확인을 청구**하고 있더라도 이는 부존재확인의 의미로 **무효확인을 청구하는 취지라고 풀이함이 타당**하므로 적법하다.(대판 1983.3.22. 82다카1810)(변호 12, 17, 23, 모의 15, 22, 23)

(4) 부당결의 취소·변경의 소

특별이해관계가 있어 의결권을 행사할 수 없었던 주주는 해당 결의가 현저하게 부당하고 자신이 의결권을 행사하였더라면 이를 저지할 수 있었을 때에는 그 결의의 날로부터 2월 이내에 결의의 취소의 소 또는 변경의 소를 제기할 수 있다(제381조).

3. 소의 성질

(1) 결의취소의 소 및 부당결의 취소·변경의 소

결의취소의 소와 부당결의 취소·변경의 소는 형성의 소이다. 판결로 취소되기 전까지 해당 결의는 유효하고, 2개월의 제소기간이 경과하면 확정적으로 유효하게 된다. 따라서 소에 의해 결의가 취소되기 전에는 결의가 유효하지 않다는 점을 다른 소송의 공격방어방법으로 주장할 수 없다.(모의 20)

(2) 결의무효확인의 소 및 결의부존재확인의 소

1) 의의

결의무효확인의 소와 결의부존재확인의 소의 성질이 확인소송인지 형성소송인지 문제된다. 확인소송으로 보는 경우 소 이외의 방법으로도 무효와 부존재를 주장할 수 있으나 형성소송으로 보는 경우에는 소에 의해서만 무효와 부존재를 주장할 수 있게 된다. 확인소송으로 보는 경우 주주총회결의 이후 후속행위가 이루어진 경우 선결적으로 무효확인이나 부존재확인판결을 받을 것이 요구되지 않으나 형성소송으로 보는 경우 선결적으로 무효확인이나 부존재확인판결을 받을 것이 요구된다.

2) 학설

학설은 ① 결의무효와 부존재확인소송의 경우 제소권자와 제소기간에 제한이 없고 주주총회결의의 하자가 중대한 경우에도 무효 또는 부존재확인 판결이 확정될 때까지 주주총회결의가 일단 유효하게 된다는 점에서 부당하므로 확인소송으로 보아야 한다는 견해와 ② 무효와 부존재확인소송의 원고승소판결이 대세효를 가지고, 단체적 법률관계를 획일적으로 확정한다는 점에서 형성소송에 해당한다는 견해가 존재한다.

3) 판례

주주총회결의의 효력이 제3자 사이의 소송에 있어 선결문제로 된 경우에는 당사자는 언제든지 당해 소송에서 주주총회결의가 처음부터 무효 또는 부존재하다고 다투어 주장할 수 있고, 반드시 먼저 회사를 상대로 제소하여야만 하는 것은 아니다. 이와 같이 제3자 간의 법률관계에 있어서는 상법 제380조, 제190조는 적용되지 아니한다.(대판 1992.9.22. 91다5365)(변호 20, 23, 25, 모의 18, 19, 20, 22(2))

[기타 판시사항] ① 주주총회결의부존재확인판결은 '주주총회결의'라는 의사결정이 존재하지만 주주총회 소집절차 또는 결의방법에 중대한 하자가 있기 때문에 그 결의를 법률상 유효한 주주총회결의라고 볼 수 없음을 확인하는 판결을 말하고, 실제 소집절차와 회의절차 없이 주주총회의사록을 허위로 작성하여 도저히 결의가 존재한다고 볼 수 없을 정도로 중대한 하자가 있는 경우에는 상법상 주주총회결의부존재확인판결에 해당한다고 보아 상법 제190조를 준용할 것도 아니다. ② 회사가 표현대표이사의 행위에 책임을 지려면 제3자가 선의이었어야 하고 회사가 적극적 또는 묵시적으로 표현대표를 허용한 경우에 한하며, 회사가 표현대표를 허용하였다고 하려면 진정한 대표이사가 허용하거나, 이사 전원이 아닐지라도 적어도 이사회결의 성립을 위해 정관에서 정한 이사의 수, 그러한 정관 규정이 없다면 최소한 이사 정원 과반수가 적극적 또는 묵시적으로 표현대표를 허용했어야 한다. ③ 실제 소집 절차와 회의 절차 없이 주주총회 의결서가 작성된 것이라면, 주주총회 의결서가 절대다수의 주식을 소유하는 대주주로부터 위임을 받은 자에 의해 작성되었더라도 위 주주총회의 결의는 부존재하다고 볼 수밖에 없다.

(3) 필수적 공동소송

주주총회결의부존재 또는 무효 확인의 소를 여러 사람이 공동으로 제기한 경우 당사자 1인이 받은 승소판결의 효력이 다른 공동소송인에게 미치므로 공동소송인 사이에 소송법상 합일확정의 필요성이 인정되고, 상법상 회사관계소송에 관한 전속관할이나 병합심리 규정(상법 제186조, 제188조)도 당사자 간 합일확정을 전제로 하는 점 및 당사자의 의사와 소송경제 등을 함께 고려하면, 이는 민사소송법 제67조가 적용되는 필수적 공동소송에 해당한다.(대판 2021.7.22. 2020다284977 전합)(변호 23, 모의 22(2), 23, 24(2)) → 별개 의견(통상공동소송)

4. 소의 원고

(1) 결의취소의 소 - 주주, 이사, 감사(제376조 제1항) [변호 21, 모의 16]

1) 주주 [변호 25]

① 의결권 없는 주주, 결의 당시 주주가 아니었더라도 소 제기 당시 주주,(모의 16, 21) 결의에 찬성했던 주주 모두 원고 적격이 인정된다.

② 결의취소의 소를 제기할 수 있는 주주는 주주명부상 주주를 말한다. 명의개서를 하지 않은 주식양수인은 원고가 될 수 없다.[모의 18]

③ 원고 적격은 변론종결시까지 유지되어야 하므로 소 제기 이후 주주가 사망하거나 주식을 양도한 경우 등 더 이상 주주가 아니게 된 경우 소 각하 사유가 된다.

④ 총회에 참석하여 의결권을 행사한 주주도 다른 주주에 대한 소집절차의 하자를 이유로 취소의 소를 제기할 수 있다.(대판 2003.7.11. 2001다45584)(변호 12, 14, 21, 모의 13, 14, 16, 18, 19, 23, 24)

⑤ 주주총회결의 취소소송의 계속 중 원고가 주주로서의 지위를 상실하면 원고는 상법 제376조에 따라 그 취소를 구할 당사자적격을 상실하고, 이는 원고가 자신의 의사에 반하여 주주의 지위를 상실하였다 하여 달리 볼 것은 아니다.(대판 2016.7.22. 2015다66397)(변호 21, 22, 24, 모의 17, 20)

[사실관계 및 판시사항] 甲 주식회사의 주주인 乙 등이 주주총회결의 부존재 확인 및 취소를 구하는 소를 제기하였는데 소송 계속 중에 甲 회사와 丙 주식회사의 주식 교환에 따라 丙 회사가 甲 회사의 완전모회사가 되고 乙 등은 丙 회사의 주주가 된 경우, 乙 등에게 주주총회결의 부존재 확인을 구할 이익이 없고, 결의취소의 소를 제기할 원고 적격도 인정되지 않는다.(변호 21)

2) 이사, 감사

소 제기 시점에 이사, 감사의 지위에 있어야 한다. 학설은 하자있는 결의에 의하여 해임당한 이사, 감사도 원고가 될 수 있다고 본다.

퇴임에 의해 법률 또는 정관 소정의 이사 원수를 결하게 됨으로써 적법 선임된 이사가 취임할 때까지 이사로서의 권리의무를 보유하는 경우 이사로서 후임이사를 선임한 주주총회결의나 이사회결의의 하자를 주장하여 부존재확인을 구할 법률상 이익이 있다.(대판 1992.8.14. 91다45141)(변호 20, 22, 모의 14, 19, 22)

(2) 결의무효, 부존재확인의 소 [모의 16, 18]

① 누구나 확인의 이익이 있는 한 소 제기가 가능하다.(변호 12, 17, 모의 22, 24) 따라서 어떠한 경우에 확인의 이익을 인정할 것인지가 문제된다.

② 회사의 다른 주주는 주주총회결의 무효확인소송에 참가할 수도 있고, 별개의 소송을 제기할 수도 있다.(변호 12, 24, 모의 24)

③ 주주명부에 명의개서를 하지 아니하여 회사에 대항할 수 없는 이상 그 주주에 대한 채권자에 불과하고, 또 제권판결 이전에 주식을 선의취득한 자는 위 제권판결에 하자가 있다 하더라도 제권판결에 대한 불복의 소에 의하여 그 제권판결이 취소되지 않는 한 회사에 대하여 적법한 주주로서의 권한을 행사할 수 없으므로 회사의 주주로서 주주총회 및 이사회결의 무효확인을 소구할 이익이 없다.(대판 1991.5.28. 90다6774)(모의 18, 19)

④ 주식양도인이 양수인에게 주권을 교부할 의무를 이행하지 않고 있다가 그 후의 양수인이 중심이 되어 개최한 임시주주총회결의의 부존재를 주장하는 것은 의무불이행상태를 권리로 주장하는 것이어서 신의성실의 원칙에 반한다.(대판 1991.12.13. 90다카1158)

⑤ 법원의 해산판결이 선고, 확정되어 해산등기가 마쳐졌고 법원이 적법하게 그 청산인을 선임하여 그 취임등기까지 경료된 경우, 해산 당시 이사가 해산판결 선고 이전에 부적법하게 해임된 바 있어 주주총회의 이사해임 결의가 무효라 하더라도 위 이사로서는 해산판결 전에 이루어진 회사의 주주총회 결의나 이사회 결의의 무효확인을 구할 법률상 이익이 없다.(대판 1991.11.22. 91다22131)

⑥ 주주총회의 임원선임결의의 부존재나 무효확인 또는 취소를 구하는 소에 있어서 결의에 의하여 선임된 임원들이 모두 취임하지 아니하거나 사임하고 그 후 새로운 주주총회 결의에 의하여 후임 임원이 선출되어 선임등기까지 마쳐진 경우라면 새로운 주주총회의 결의가 무권리자에 의하여 소집된 총회라는 하자 이외의 다른 절차상, 내용상의 하자로 인하여 부존재 또는 무효임이 인정되거나 결의가 취소되는 등의 특별한 사정이 없는 한 당초의 임원선임결의에 어떠한 하자가 있었더라도 그 결의의 부존재나 무효확인 또는 취소를 구할 소의 이익은 없다.(대판 2008.8.11. 2008다33221)(변호 14, 모의 19, 20, 21, 22)

⑦ 채권자는 주주총회결의가 자신의 권리 또는 법적지위를 구체적으로 침해하고 직접적으로 영향을 미치는 경우에 한하여 주주총회결의 무효 또는 부존재확인을 구할 이익이 있다. 회사에 구상금채권을 보유한 이유만으로는 채권자가 주주총회결의 부존재확인을 구할 이익이 없다.(대판 1992.8.14. 91다45141)(모의 13, 14, 15, 18)

⑧ 회사가 적법한 절차에 따라 소집, 의결한 주주총회에서 하자 있는 종전 결의를 그대로 추인하거나 재차 동일한 안건에 대한 결의를 한 경우, 그 새로운 주주총회 결의가 절차상, 내용상의 하자로 인하여 부존재 또는 무효임이 인정되거나 그 결의가 취소되는 등의 특별한 사정이 없는 한, 설령 종전 결의에 어떠한 하자가 있었더라도 종전의 하자 있는 결의에 대하여 부존재나 무효확인 또는 그 취소를 구할 소의 이익이 없다.(대판 2024.7.11. 2024다222861)

⑨ 부존재확인을 구하는 주주총회의 결의는 피고 회사의 이사 감사를 선임하는 것과 상호변경 및 회사 사업 목적의 추가에 관한 것이므로 이러한 주주총회 결의에 의하여 채권자인 원고들의 권리나 법적지위가 현실적으로 직접 어떠한 구체적인 영향을 받았다고도 할 수 없다.(대판 1980.10.27. 79다2267)

(3) 부당결의 취소, 변경의 소

주주총회결의에 특별이해관계가 있어 의결권을 행사할 수 없었던 주주만이 원고가 될 수 있다.

5. 소의 피고

회사만이 피고가 될 수 있다.(변호 14, 17, 20, 모의 13, 14, 19, 20, 24)

이사선임 결의가 무효 또는 부존재임을 주장하여 결의의 무효 또는 부존재확인을 구하는 소송에서 회사를 대표할 자는 현재 대표이사로 등기되어 그 직무를 행하는 자이고, 그 대표이사가 무효 또는 부존재확인청구의 대상이 된 결의에 의하여 선임된 이사라고 할지라도 그 소송에서 회사를 대표할 수 있는 자임에는 변함이 없다. (대판 1983.3.22. 82다카1810)(변호 19, 24, 모의 16, 21)

6. 제소기간 [모의 16]

(1) 결의취소의 소와 부당결의 취소, 변경의 소

① 결의취소의 소와 부당결의 취소 · 변경의 소는 결의의 날로부터 2개월 이내에 제기할 수 있다(제376조 제1항, 제381조 제1항).(변호 23, 모의 24)

② 주주총회에서 여러 개의 안건에 대한 결의가 이루어진 경우 각 안건별로 제소기간을 지켜야 한다.(변호 19, 22, 23, 모의 16, 18, 19, 20, 22)

③ 주주총회 결의내용이 등기사항인 경우 제소기간의 기산일은 그 등기일을 기준으로 산정되지 아니하며, 이사가 주주총회 결의가 있었음을 알지 못한 경우에도 제소기간은 그 사실을 안 날로부터 기산되지 않는다.(모의 16)

④ **주주총회에서 이사 선임 결의와 감사 선임 결의가 각각 이루어진 뒤 이사 선임 결의 취소를 결의일로부터 2개월 이내에 제기하였더라도 결의일로부터 2개월 후에 감사 선임결의 취소를 추가적으로 병합하는 것은 제소기간이 지난 것으로 부적법하다.**(대판 2010.3.11. 2007다51505)(변호 14, 21, 23, 모의 16, 24(2))

⑤ **부존재확인청구를 결의일로부터 2개월 이내에 제기한 후 항소심에서 결의취소청구를 예비적으로 추가한 경우 부존재확인의 소를 취소의 소 제기기간 내에 제기한 이상 제소기간 경과 후 결의취소의 소를 변경 · 추가한 경우에도 제소기간을 준수한 것이다.**(대판 2003.7.11. 2001다45584)(변호 12, 19, 21, 25, 모의 14, 15, 16, 17, 18, 19, 21, 22, 23, 24(2))

(2) 결의무효 · 부존재 확인의 소

결의무효 · 부존재 확인의 소는 제소기간에 제한이 없다.(변호 17, 모의 22(2))

7. 소송물

(1) 의의

부존재확인의 소를 제기하여야 함에도 결의취소 또는 무효확인의 소를 제기한 경우와 같이 주주총회 결의 하자와 관련된 각 소송의 소송물을 별개로 볼 것인지 같은 것으로 볼 것인지 여부가 문제된다.

(2) 학설

학설은 하자있는 결의의 효력을 해소하고자 하는 점에서 소송목적과 이익이 같으므로 소송물은 동일하다고 보는 견해가 일반적이다.

(3) 판례

총회결의에 대한 부존재확인청구나 무효확인청구는 모두 법률상 유효한 결의의 효과가 현재 존재하지 아니함을 확인받고자 하는 점에서 동일한 것이므로 법률상 부존재로 볼 수밖에 없는 총회결의에 대하여는 결의무효 확인을 청구하고 있다고 하여도 이는 **부존재확인의 의미로 무효확인을 청구하는 취지라고 풀이함이 타당**하므로 적법하다.(대판 1983.3.22. 82다카1810)(변호 12, 17, 23, 모의 15, 22, 23)

8. 소송절차

(1) 동일한 소송절차

소송절차는 모든 주주총회결의 하자 소송에서 동일하다. 관할법원은 회사 본점 소재지 지방법원이다(제376조 제2항, 제186조).(모의 22) 회사는 소가 제기된 사실을 공고하여야 한다(제376조 제2항, 제188조). 수 개의 소가 제기된 경우에는 병합하여야 한다(제376조 제2항, 제188조).(변호 14, 모의 14, 23)

(2) 주주에 대한 담보제공명령 신청

주주가 결의취소 소를 제기한 경우 법원은 회사의 청구에 의해 상당한 담보를 제공할 것을 명할 수 있다. 그러나 그 주주가 이사 또는 감사인 때에는 그러하지 아니하다(제377조 제1항).(모의 20, 24)

(3) 화해, 조정 등의 불허

원고는 화해를 할 수 없고, 피고가 청구를 인낙하거나 화해 또는 조정을 하는 것은 허용되지 않는다.(변호 24) 다만, 소의 취하는 법원의 허가 없이 자유롭게 할 수 있다.(모의 14)

주주총회결의의 부존재 · 무효를 확인하거나 결의를 취소하는 판결이 확정되면 당사자 이외의 제3자에게도 그 효력이 미쳐 제3자도 이를 다툴 수 없게 되므로, **주주총회결의의 하자를 다투는 소에 있어서 청구의 인낙이나 그 결의의 부존재 · 무효를 확인하는 내용의 화해 · 조정은 할 수 없고**, 이러한 내용의 청구 인낙 또는 화해 · 조정이 이루어졌다 하여도 그 인낙조서나 화해 · 조정조서는 효력이 없다.(대판 2004.9.24. 2004다28047)(변호 17, 25, 모의 14, 20, 24)

9. 재량기각

① 결의취소의 소가 제기된 경우에 결의의 내용, 회사의 현황과 제반사정을 참작하여 그 취소가 부적당하다고 인정한 때에는 법원은 그 청구를 기각할 수 있다(제379조).

② **재량기각은 결의절차에 하자가 있는 경우 결의를 취소하여도 회사 또는 주주에게 이익이 되지 않든가 이미 결의가 집행되었기 때문에 취소하여도 아무런 효과가 없음에도 결의를 취소하는 경우에** 발생할 수 있는 **회사의 손해나 일반거래의 안전을 해치는 것을 막고 결의취소 소의 남용을 방지하려는 취지**이고, 위와 같은 **사정이 인정되는 경우에는 당사자의 주장이 없더라도 법원이 직권으로 재량기각할 수도 있다**.(대판 2003.7.11. 2001다45584)(변호 23, 모의 13, 16, 18, 20, 21, 22)

③ 결의취소의 소 이외에 결의무효 및 부존재확인의 소송에서는 재량기각이 허용되지 않는다.(변호 12, 모의 14, 19, 22)

④ 재량기각 판결도 기각판결이므로 대세적 효력이 없다.

10. 판결의 효력

(1) 원고 승소 판결의 효력

원고 승소 판결은 제190조 본문에 따라 대세효가 인정되고, 제190조 단서가 준용되지 않으므로 소급효를 가진다. 그 결과 결의의 유효를 전제로 한 법률관계가 소급해서 무효가 된다.(변호 17, 모의 13, 14, 15, 19, 20, 24)

이사 선임을 위한 주주총회결의 무효확인의 소의 원고 승소판결은 그 결의에 의하여 선임된 이사에게도 그 효력이 미치므로, 당해 이사는 주주총회결의 무효확인의 소에 공동소송적 보조참가를 할 수 있다.(모의 13, 16)

유사필수적 공동소송이란 공동소송이 강제되지는 않지만, 공동소송을 할 경우에는 합일확정이 법률상 필수적으로 요구되는 소송으로 소송법상 판결의 효력이 제3자에게 확장되는 경우에 인정되므로 소송법상 이유에 의한 필수적 공동소송이다. 유사필수적 공동소송에는 주주와 이사가 제기하는 주주총회결의 취소의 소, 주주공동의 대표소송, 회사합병무효의 소, 회사설립무효의 소등이 있다.(변호 13, 모의 13, 14)

(2) 원고 패소 판결의 효력

원고 패소 판결은 대세효가 없으므로 다른 제소권자가 별도의 소를 제기할 수 있다.(변호 20, 모의 13)

(3) 추인

부존재인 주주총회 결의를 사후에 추인한다 하더라도 소급효는 인정되지 않는다. 추인에 의해 동일한 내용의 주주총회결의를 한 것으로 볼 수 있다. 따라서 이러한 경우 종전의 결의부존재를 구하는 것은 확인의 이익이 결여된다.

무효행위를 추인한 때에는 달리 소급효를 인정하는 법률규정이 없는 한 새로운 법률행위를 한 것으로 보아야 하고, 이는 무효인 결의를 사후에 적법하게 추인하는 경우에도 마찬가지이다.(대판 2011.6.24. 2009다35033)

11. 하자있는 주총과 관련된 별도 소송이 존재하는 경우

(1) 의의

합병무효, 신주발행무효, 자본금감소무효의 경우와 같이 그 무효를 다투는 소가 별도로 존재하는 경우 해당 소로써만 무효를 주장할 수 있는지 아니면 해당 주주총회 결의의 하자를 별도로 다툴 수 있는지 여부가 문제된다.

(2) 학설

① '병존설'은 합병결의를 다투는 소와 합병무효의 소는 서로 요건이 다르므로 선택적으로 제기할 수 있다고 본다.

② '흡수설'(다수설)은 합병결의는 합병의 효력이 발생하기 위한 요소에 불과하므로 합병결의를 다투는 소는 합병무효의 소에 흡수된다고 본다.

흡수설에 의하면, ㉠ 합병등기 이전에는 합병결의 자체를 다투는 소를 제기하고, 합병등기 이후 합병무효의 소로 변경해야 한다. ㉡ 주주총회 결의 취소 사유에 해당하는 경우, 취소의 소 제기기간 내에 합병등기가 되지 않았다면 제소기간 내에 결의취소의 소를 제기하고, 등기 이후 합병무효의 소로 변경해야 하는데 이 경우에는 6개월 이내에 변경할 것이 요구되지는 않는다. ㉢ 주주총회 결의 무효·부존재 사유에 해당하는 경우, 합병무효의 소의 제기기간만 문제된다. 합병무효의 소 제기기간 이후에는 결의무효·부존재 소도 제기할 수 없다.

(3) 판례

① 자본감소의 무효는 주주 등이 자본감소로 인한 변경등기가 있은 날로부터 6월 이내에 소만으로 주장할 수 있으므로, 주주총회의 자본감소 결의에 취소 또는 무효의 하자가 있다고 하더라도 그 하자가 극히 중대하여 자본감소가 존재하지 아니하는 정도에 이르는 등의 특별한 사정이 없는 한 자본감소의 효력 발생 후에는 자본감소 무효의 소에 의해서만 다툴 수 있다.(대판 2010.2.11. 2009다83599)(모의 15)

② 합병등기에 의하여 합병의 효력이 발생한 후에는 합병무효의 소를 제기하는 외에 합병을 결의한 주주총회의 합병결의무효확인을 독립된 소로서 구할 수는 없다.(대판 1993.5.27. 92누14908)(변호 21, 23, 모의 17, 21)

12. 종류주주총회

(1) 의의

종류주주총회란 회사가 종류주식을 발행한 경우, 특정 종류주식을 가진 주주들만으로 결의되는 주주총회를 의미한다. 종류주주총회는 주주총회의 결의가 효력을 발생하기 위하여 추가로 요구되는 요건일 뿐 그 자체로 회사의 기관에 해당하거나 독립된 주주총회에 해당하는 것은 아니다. 종류주주총회 관련 규정은 강행규정이므로 이를 생략하는 정관규정은 무효이다. 다만, 해당 주식의 모든 주주들의 동의가 있으면 종류주주총회의 생략이 가능하다.

(2) 종류주주총회가 요구되는 경우

정관을 변경함으로써 어느 종류의 주주에게 손해가 발생하는 경우(제435조 제1항), 회사의 분할 또는 분할합병, 주식교환, 주식이전 및 회사의 합병으로 인하여 어느 종류의 주주에게 손해를 미치게 될 경우(제436조) 종류주주총회가 요구된다.(변호 18, 모의 17)

'어느 종류의 주주에게 손해를 미치게 될 때'라 함에는, 어느 종류의 주주에게 직접적으로 불이익을 가져오는 경우는 물론이고, 외견상 형식적으로는 평등한 것이라고 하더라도 실질적으로는 불이익한 결과를 가져오는 경우도 포함되며, 어느 종류의 주주의 지위가 정관의 변경에 따라 유리한 면이 있으면서 불이익한 면을 수반하는 경우도 어느 종류의 주주에게 손해를 미치게 될 때에 해당된다.(대판 2006.1.27. 2004다44575,44582)(변호 17, 18, 모의 17)

[사실관계 및 판시사항] 피고 회사는 우선주의 내용을 10년 후에도 보통주로 전환할 수 없되 10년의 제한 없이 우선배당권을 가지는 것으로 정관변경을 하면서 종류주주총회를 개최하지 않았다. 대법원은 이러한 정관변경은 보통주 전환에 의한 의결권 취득을 원했던 우선주주에게는 불리한 반면, 의결권 취득에는 관심이 적고 이익배당에 관심이 있던 우선주주에게는 유리하므로 이처럼 정관을 변경함으로써 우선주주 각자의 입장에 따라 유리한 점과 불리한 점이 공존하고 있을 경우에는 우선주주들의 종류주주총회의 결의가 필요하다고 판시하였다.

(3) 결의요건

종류주주총회의 결의는 출석한 주주의 의결권의 3분의 2 이상의 수와 그 종류의 발행주식총수의 3분의 1 이상의 수로써 하여야 한다(제435조 제2항). 이 요건은 가중과 감경 모두 허용되지 않는다는 것이 통설이다.(변호 18) 의결권 없는 주식도 의결권을 가진다(제435조 제3항).

(4) 결의의 하자

종류주주총회 결의의 하자는 제435조 제3항이 주주총회에 관한 규정을 준용하고 있으므로 주주총회 결의취소의 소 등에 의하여야 한다는 견해가 다수설이나 종류주주총회는 주주총회결의의 효력이 발생하기 위한 요건에 불과하므로 주주총회결의의 하자로 다투어야 한다는 견해도 존재한다.

(5) 종류주주총회 결의가 없는 주주총회결의의 효력 [모의 18, 21]

1) 의의

종류주주총회결의가 요구됨에도 불구하고 이를 거치지 않은 주주총회결의가 유효한지 여부 및 이러한 하자는 어떠한 방법으로 다투어야 하는지 문제된다.

2) 학설

① '유동적 무효설'은 종류주주총회가 없는 상태에서 주주총회결의는 완전한 효력을 발생하지 못하고 유동적으로 무효인 불발효 상태에 있다고 본다.

② '취소설'은 종류주주총회는 주주총회결의가 효력을 발생하기 위한 절차적 요건을 규정한 것이므로 종류주주총회를 거치지 않은 경우 주주총회결의취소사유에 해당한다고 본다.

3) 판례

종류주주총회의 결의는 정관변경이라는 법률효과가 발생하기 위한 하나의 특별요건이므로 정관변경에 관하여 종류주주총회의 결의가 이루어지지 않았다면 정관변경의 효력이 발생하지 않는 데에 그칠 뿐이고 정관변경을 결의한 주주총회결의 자체의 효력에는 아무런 하자가 없고,(변호 18, 모의 17) 정관의 변경결의와 관련된 종류주주총회의 개최를 회사가 거부하고 있는 경우 그 종류의 주주는 정관변경이 무효라는 확인을 구하면 되고 정관변경을 내용으로 하는 주주총회결의 자체가 아직 효력을 발생하지 않고 있는 상태(이른바, 불발효 상태)라는 관념을 애써 만들어서 그 주주총회결의가 그러한 '불발효 상태'에 있다는 확인을 구할 필요는 없다.(모의 18, 19)(대판 2006.1.27. 2004다44575,44582)

기출사례

★ 주주총회결의취소의 소[원고적격, 결의취소사유] [변호 21]

甲주식회사는 건설업을 목적으로 2010년 설립된 비상장회사이다. 보통주만을 발행한 甲회사의 발행주식총수는 100만 주이고, 자본금은 5백억 원이다. 甲회사의 발행주식총수 중 대표이사 A는 30만 주, 이사 B와 이사 C는 각각 20만 주를 소유하고 있으며 모두 명의개서를 완료한 상태이다(주권 미발행 상태임). 甲회사는 건설경기 불황으로 자금사정이 나빠지자 2020. 초경 乙은행으로부터 30억 원의 대출을 받았다. A는 甲회사의 乙은행에 대한 대출채무의 담보로 자신이 소유한 甲회사 주식 30만 주에 대하여 근질권을 설정하는 계약을 체결하였는데, 그 계약의 주요 내용은 다음과 같다.

근질권설정계약

1. 향후 甲회사의 모든 정기주주총회 및 임시주주총회에서의 담보주식에 대한 의결권 행사를 乙은행에 위임한다.
2. 乙은행은 적당하다고 인정되는 방법과 시기, 가격으로 담보주식을 임의처분하여 그 취득금을 충당하거나 피담보채무의 변제에 갈음하여 담보주식을 취득할 수 있다.

A의 노력에도 甲회사의 경영 상태가 호전되지 않자 B와 C는 A를 이사직에서 해임하기로 뜻을 모았다. 이를 알게 된 A는 C를 설득하여 시장가격보다 높게 甲회사 주식 20만 주 전부를 자신의 친구인 D에게 양도하는 매매계약을 체결케 하였고, D명의로 명의개서까지 마쳐 주었다. 그런데 실제 D는 甲회사의 자금으로 C에게 매수대금을 지급하였고, 甲회사 주식을 취득함에 따른 손익 모두를 甲회사에 귀속하기로 甲회사와 합의하였다.
C의 배신을 알게 된 B가 C에게 강력하게 항의하자, C는 다시 마음을 바꿔 D에게 위 주식매매계약이 무효임을 주장하였다. 또한 C는 甲회사에 자신의 명의로 명의개서를 청구하였으나 甲회사 대표이사 A는 이를 거절하였다. 이후 B가 A의 이사 해임을 안건으로 하는 임시주주총회 소집을 요구하자, A는 乙은행이 자신에 대한 이사 해임에 반대하여 해임결의가 부결될 것으로 믿고 이사회결의를 거쳐 주주총회일 2주 전에 각 주주에게 서면으로 임시주주총회 소집을 통지하였다(위 통지절차에서 A는 C 대신 D에게 소집통지서를 발송함). 2020. 12. 개최된 위 임시주주총회에 乙은행, B, D가 참석하였고, D의 반대에도 불구하고 乙은행과 B의 찬성으로 A를 이사에서 해임하는 결의가 성립하였다.

A에 대한 이사해임결의의 효력은 누가 어떠한 사유와 방법으로 다툴 수 있는가?

Ⅰ. 결론

주주총회에 참석하지 않은 주주도 주주총회결의 하자를 다툴 수 있으므로 A가 주주총회에 참석하지 않은 경우에도 주주총회결의 하자 소송의 원고 적격이 인정된다. A는 이사의 지위에서도 주주총회결의 하자 소송의 원고 적격이 인정된다. 결의에 찬성한 주주도 주주총회결의 하자 소송의 원고 적격이 인정되므로 B는 자신이 의결권을 행사한 주주총회결의 하자 소송의 원고 적격이 인정된다. C와 D의 주식매매계약은 甲회사의 자금 출연과 계산으로 된 것으로서 甲회사의 자기주식취득에 해당하여 무효이므로 C는 여전히 주주의 지위에 있고 甲회사가 C의 명의개서청구를 부당하게 거절하였으므로 C는 명의개서 없이도 주주권을 행사할 수 있고 D는 주주권을 행사할 수 없다. 乙은행은 주주가 아니라 대리인에 불과하므로 주주총회결의 하자 소송을 제기할 수 없다.

주주인 C에 대한 주주총회소집통지 누락은 주주총회 소집절차의 법령 위반에 해당한다. D의 의결권 행사는 주주총회 결의방법의 법령 위반에 해당한다. 甲회사의 주주인 A, B, C는 C에 대한 주주총회소집통지의 누락 및 주주가 아닌 D의 주주총회의결권 행사를 이유로 주주총회결의의 취소의 소를 주주총회결의일로부터 2개월 이내에 제기하는 방법으로 이사해임결의를 다툴 수 있다.

Ⅱ. 쟁점

이사 해임에 관한 주주총회결의 효력을 다툴 수 있는 방법과 주주총회결의 하자 소송의 원고 적격이 문제된다. 이사해임에 관한 주주총회결의에 의하여 해임된 이사인 A에게 원고 적격이 있는지, 주주총회에 참석하지 않은 주주인 A에게 원고 적격이 있는지, 주주총회결의에 찬성한 주주 B에게 원고 적격이 인정되는지, 무효인 주식양도계약의 양도인인 C에게 원고 적격이 인정되는지 근질권자인 乙은행의 의결권 행사가 적법한지, C가 아닌 D에 대한 주주총회소집통지 및 D의 의결권 행사가 적법한지가 문제된다.

기출사례

★ 주식질권과 주주권 행사 [변호 25]

A주식회사는 주식의 전자등록을 하지 않은 비상장회사이다. 甲은 A회사의 정기주주총회에서 2023. 6. 9.부터 정관에 따라 임기를 3년으로 하는 이사로 선임되었다. 한편, A회사의 발행주식총수의 1%를 소유하는 乙(주주명부상 명의개서를 완료함)은 丙에 대한 채무의 이행을 담보하기 위하여 자신이 소유한 A회사 주식 전부에 질권을 설정하였고, 丙은 2024. 10. 초순 「상법」상 등록질권자로서의 요건을 갖추었다. 2024. 11. 중순 소집된 A회사의 이사회는, 甲을 이사에서 해임하는 건을 의제로 하는 임시주주총회를 2025. 1. 10. 개최하기로 적법하게 결의하였다(의결권 행사 기준일: 2024. 12. 1.). A회사는 임시주주총회 소집통지 과정에서 乙에게는 소집통지를 하지 아니하고 丙에게만 소집통지를 하였다. 이후 2025. 1. 10. 개최된 임시주주총회에서 甲을 이사에서 해임하는 안(案)이 가결되었고, 丙은 위 임시주주총회에 참석하여 위 해임안에 대하여 의결권을 행사하였다. 이에 甲은 정당한 이유 없이 임기 만료 전에 해임되었음을 이유로 A회사를 상대로 상법 제385조 제1항 후문에 따른 손해배상을 구하는 소를 제기하였다.

乙이 A회사를 상대로 위 해임 결의의 효력을 다투는 상법상 소를 제기한 경우, 법원은 이를 인용할 것인가?

Ⅰ. 결론

주식질권 설정자는 질권설정계약에서 의결권 행사 등 주주권을 질권자에게 위임하지 않는 한 여전히 주주로서 주주총회소집통지를 받고 주주총회에서 의결권을 행사하는 등 주주로서의 권한을 행사할 수 있고, 주주총회결의하자에 대한 소송을 제기할 수 있다. A회사의 주주총회는 주주인 乙에 대한 소집통지를 누락한 소집절차상 하자와 주주 아닌 丙이 의결권을 행사한 결의 방법상 하자가 존재하므로 乙이 이를 이유로 주주총회결의취소의 소를 제기할 수 있고, 법원에서 인용될 수 있다(재량기각의 경우 예외).

Ⅱ. 쟁점

주식질권이 설정된 경우 설정자가 주주로서 주주총회결의 취소소송을 제기할 원고 적격이 인정되는지 및 주주총회 소집통지를 수령하고 주주총회에서 의결권을 행사할 수 있는지 문제된다.

제5관 이사, 이사회, 대표이사

Ⅰ. 이사의 지위, 정원 및 자격

1. 이사의 지위

이사는 이사회의 구성원으로 회사의 업무집행 의사결정에 참여하고 이사회를 통하여 대표이사의 업무집행을 감독한다. 주주총회에서 선임되지 않은 자는 상법상 이사가 아니다. 회사와 이사의 관계는 민법의 위임에 관한 규정을 준용한다(제382조 제2항). 이사는 회사에 대하여 선량한 관리자의 주의의무를 부담한다. 이사는 회사에 대하여 의무를 부담할 뿐 개별 주주에 대하여 의무를 부담하지는 않는다. 상법상 이사는 사내이사, 사외이사, 그 밖에 상무에 종사하지 아니하는 이사가 존재한다(제317조 제2항 제8호).

2. 이사의 정원

(1) 비상장회사

이사는 3명 이상이어야 한다(제383조 제1항). 자본금 총액이 10억 원 미만인 회사는 1명 또는 2명으로 할 수 있다(제383조 제1항 단서).(변호 12, 15, 17)

(2) 상장회사 특례

상장회사는 이사 총수의 4분의 1 이상을 사외이사로 선임해야 한다(제542조의8 제1항 본문). 자산총액 2조원 이상 대규모 상장회사는 사외이사를 3인 이상 및 이사 총수의 과반수로 해야 한다(제542조의8 제1항 단서, 시행령 제34조 제2항).

3. 이사의 자격

(1) 상법상 자격제한

이사의 자격은 상법상 제한이 없다. 상업사용인, 대리상, 이사, 감사는 겸직이 제한되므로 그 범위에서 이사의 자격이 제한된다. 이사는 회사의 업무집행을 실제로 수행해야 하므로 법인은 이사가 될 수 없다. 이사의 성명과 주민등록번호가 등기사항이라는 점이 이를 뒷받침한다.

(2) 사외이사의 자격제한

① 회사의 상무에 종사하는 이사 · 집행임원 및 피용자 또는 최근 2년 이내에 회사의 상무에 종사한 이사 · 감사 · 집행임원 및 피용자, ② 최대주주가 자연인인 경우 본인과 배우자 및 직계 존속 · 비속, ③ 최대주주가 법인인 경우 법인의 이사 · 감사 · 집행임원 및 피용자, ④ 이사 · 감사 · 집행임원의 배우자 및 직계 존속 · 비속, ⑤ 회사의 모회사 또는 자회사의 이사 · 감사 · 집행임원 및 피용자, ⑥ 회사와 거래관계 등 중요한 이해관계에 있는 법인의 이사 · 감사 · 집행임원 및 피용자, ⑦ 회사의 이사 · 집행임원 및 피용자가 이사 · 집행임원으로 있는 다른 회사의 이사 · 감사 · 집행임원 및 피용자는 사외이사가 될 수 없고, 이에 해당하게 되는 경우 그 직을 상실한다(제382조 제3항).

(3) 상장회사의 사외이사

① 제한능력자, ② 최대주주 및 최대주주의 특수관계인(제542조의8 제2항 제5호), ③ 의결권 없는 주식을 제외한 발행주식총수의 10% 이상을 보유하거나 기타 주요 경영사항에 대하여 사실상의 영향력을 행사하는 주요주주와 그 배우자, 직계존비속(제542조의8 제2항 제6호) 등은 상장회사의 사외이사가 될 수 없고, 사외이사가 이에 해당하게 되는 경우 그 직을 상실한다.

(4) 정관에 의한 자격제한 및 자격주

정관으로 이사의 자격을 제한하는 것은 합리적인 범위 내에서 가능하다. 정관으로 이사가 가질 주식의 수를 정할 수 있는데, 이 경우에 내부거래를 방지하기 위해 이사는 그 수의 주권을 감사 또는 감사위원회에 공탁하여야 한다(제387조).(변호 19, 모의 23)

Ⅱ. 이사의 선임, 임기 및 종임

1. 이사의 선임기관

이사는 주주총회에서 선임한다(제382조 제1항). 이사 선임에 관한 주주총회의 권한은 강행규정으로 정관으로도 제3자에게 위임하거나 주주총회의 권한을 제한할 수 없고 그러한 규정은 무효이다.

2. 이사후보의 추천

(1) 비상장회사의 이사

비상장회사의 이사는 이사회의 추천으로 한다. 비상장회사의 경우, 주주총회 소집통지서에 기재되지 않은 이사 후보를 주주총회 당시 추천하여 이사로 선임하는 결의를 할 수 있다.

(2) 상장회사의 이사

상장회사가 이사의 선임에 관한 사항을 목적으로 하는 주주총회를 소집통지 또는 공고하는 경우에는 이사 후보자의 성명, 약력, 추천인 등 후보자에 관한 사항을 통지하거나 공고하여야 한다(제542조의4 제2항). 상장회사는 그에 따라 통지하거나 공고한 후보자 중에서 이사를 선임하여야 한다(제542조의5). 상장회사의 주주총회장에서 주주가 다른 이사 후보를 추천하는 것은 허용되지 않는다. 주주는 주주제안권을 통해 이사 후보를 추천할 수 있다.

(3) 대규모상장회사

대규모상장회사는 ① 사외이사 후보를 추천하기 위하여 사외이사 후보추천위원회를 설치하여야 하고(제542조의8 제4항), ② 사외이사 후보추천위원회의 추천을 받은 자 중에서 사외이사를 선임하여야 하며(제542조의8 제5항), ③ 주주제안권을 보유한 주주가 총회일의 6주 전에 추천한 사외이사 후보를 포함시켜야 한다(제542조의8 제5항 단서).

3. 집중투표제 [변호 20]

(1) 의의

단순투표는 주주총회 이사선임결의에 있어서 이사 1인에 대하여 하나씩 선임결의를 하는 투표를 의미한다. 단순투표의 경우 주주는 각 후보자에 대한 찬성과 반대의 투표만을 한다. 이사는 주주총회에서 선임하고(제382조 제1항) 이러한 주주총회 결의는 출석한 주주의 의결권의 과반수와 발행주식 총수의 4분의 1 이상의 찬성으로 한다(제368조 제1항). 상법은 의결권은 1주마다 1개로 한다고 규정하여 1주 1의결권의 원칙을 규정하고 있다(제369조 제1항). 그 결과 단순투표제로 주주총회에서 이사를 선임하는 경우 발행주식 총수의 과반수를 보유한 주주에 의하여 모든 이사가 선임되게 된다.

집중투표는 이사의 선임결의에 관하여 각 주주가 1주마다 선임할 이사의 수와 동일한 수의 의결권을 가지고 그 의결권을 이사 후보자 1인 또는 수인에게 집중하여 투표하는 방법으로 행사할 수 있게 하는 제도를 말한다(제382조의2 제3항).(변호 13, 21, 모의 14, 18, 19)

(2) 요건

1) 2인 이상 이사 선임을 위한 주주총회의 소집

2인 이상 이사의 선임을 목적으로 하는 총회의 소집이 있는 경우에 적용된다.

2) 정관상 집중투표 배제 조항의 부존재

정관에 집중투표를 배제하는 규정이 없어야 한다. 정관상 집중투표에 관한 근거 규정이 있어야 하는 것은 아니다. 즉 정관에 아무 규정이 없으면 집중투표가 가능하다.

3) 소수주주의 집중투표 청구

소수주주가 회사에 대하여 집중투표의 방법으로 이사를 선임할 것을 청구하여야 한다(제382조의2 제1항).

소수주주의 주식 보유요건은 ① 비상장회사와 자산총액 2조원 미만의 상장회사의 경우 의결권 있는 발행주식총수의 3% 이상이고,(변호 21) ② 자산총액 2조원 이상 상장회사의 경우 의결권 있는 발행주식총수의 1% 이상이다(제542조의7 제2항).(변호 17, 모의 16, 18, 19) 상장회사라 하더라도 집중투표 청구의 경우에는 주주총회일의 6개월 전부터 계속하여 주식을 보유할 것이 요구되지 않는다.(모의 16) 이사 후보를 추천하는 주주제안은 집중투표 청구와 별도로 회사에 제출하여야 한다.(변호 13, 모의 18)

4) 집중투표 청구 기한

청구는 비상장회사의 경우 주주총회일의 7일 전까지 서면 또는 전자문서로 하여야 하고(제382조의2 제2항),(변호 24) 상장회사의 경우 6주 전까지 하여야 한다(제542조의7 제1항).(변호 13, 모의 14, 18, 19)

(3) 이사 선임방법

집중투표의 방법으로 이사를 선임하는 경우에는 투표의 최다수를 얻은 자부터 순차적으로 이사에 선임되는 것으로 한다(제382조의2 제4항).(변호 13, 21, 모의 18, 19) 의결정족수에 관한 제368조 제1항(주주총회 보통결의방법)은 집중투표제에는 적용되지 않는다.

이사 선임을 위한 주주총회 결의의 의사정족수를 규정한 정관 조항은 유효하다.(모의 19, 23) **정관에서 이사 선임을 발행주식총수 과반수에 해당하는 주식을 가진 주주의 출석과 출석주주 의결권의 과반수에 의한다고 규정하는 경우**, 집중투표에 관한 상법 조항이 정관에 규정된 의사정족수 규정을 배제한다고 볼 것은 아니므로 **이사의 선임을 집중투표의 방법으로 하는 경우에도 정관에 규정한 의사정족수는 충족되어야 한다.**
(대판 2017.1.12. 2016다217741)(변호 19, 21, 22, 23, 24, 모의 18, 19)**[모의 23]**

[기타 판시사항] 전체 주주들이 주주총회에 출석한 이상 그 중 일부가 실제로 투표하지 않고 기권했더라도 회사의 주주 전원이 출석한 것이므로 의사정족수 요건이 충족되었다.(변호 21, 모의 19)

(4) 집중투표의 고지 및 공시

소수주주의 집중투표 청구가 있는 경우 의장은 의결에 앞서 그러한 청구가 있다는 취지를 알려야 한다(제382조의2 제5항). 소수주주의 청구가 있는 한 주주총회에서 집중투표를 배제하는 결의를 할 수 없다. 소수주주가 제출한 집중투표 청구 서면은 총회가 종결될 때까지 본점에 비치하고 주주가 영업시간 내에 열람할 수 있게 하여야 한다(제382조의2 제6항).

(5) 대규모상장회사의 집중투표 관련 정관 변경

대규모상장회사가 정관으로 집중투표를 배제하거나 그 배제된 정관을 다시 변경하려는 경우, 발행주식총수의 3%를 초과하는 주식을 가진 주주는 그 초과하는 주식에 관해 의결권을 행사하지 못한다(제542조의7 제3항 본문). 다만, 정관으로 낮게 주식 보유비율을 정할 수 있다(제542조의7 제3항 단서). 대규모상장회사가 주주총회의 목적사항으로 집중투표 배제에 관한 정관 변경에 관한 의안을 상정하려는 경우, 다른 의안과 별도로 상정하여 의결하여야 한다(제542조의7 제4항).(변호 22)

4. 이사 선임과 임용계약

주주총회에서 이사나 감사를 선임하는 경우, 선임결의와 피선임자의 승낙만 있으면, 피선임자는 대표이사와 별도의 임용계약을 체결하였는지와 관계없이 이사나 감사의 지위를 취득한다.(대판 2017.3.23. 2016다251215 전합)(변호 19, 20, 22, 23, 모의 19, 21, 24)

5. 이사 등기

이사의 성명과 주민등록번호는 등기사항이다(제317조 제2항 제8호). 이사는 등기되지 않아도 주주총회에서 선임되고 승낙하면 이사의 지위를 가진다.

대표이사를 포함한 이사가 임기 만료나 사임에 의하여 퇴임함으로 말미암아 법률 또는 정관에 정한 대표이사나 이사의 원수(최저인원수 또는 특정 인원수)를 채우지 못하게 되는 결과가 일어나는 경우, 그 퇴임한 이사는 새로 선임된 이사(후임이사)가 취임할 때까지 이사로서의 권리의무가 있는 것인바, 이러한 경우에는 **이사의 퇴임등기를 하여야 하는 2주 또는 3주의 기간은 일반의 경우처럼 퇴임한 이사의 퇴임일부터 기산하는 것이 아니라 후임이사의 취임일부터 기산하며, 후임이사가 취임하기 전에는 퇴임한 이사의 퇴임등기만을 따로 신청할 수 없다.**(대결 2007.6.19. 2007마311)(모의 22)

6. 이사의 임기

이사의 임기는 3년을 초과하지 못한다(제383조 제2항). 이사의 임기는 정관으로 그 임기 중의 최종의 결산기에 관한 정기주주총회의 종결에 이르기까지 연장할 수 있다(제383조 제3항).(변호 25, 모의 22)

이사의 임기를 정한 경우란 정관 또는 주주총회 결의로 임기를 정하고 있는 경우를 말하고, 이사의 임기를 정하지 않은 때에는 이사 임기의 최장기인 3년을 경과하지 않는 동안에 해임되더라도 손해배상을 청구할 수 없고,(모의 16) **정관에서 이사의 임기는 3년을 초과하지 못한다고 규정한 것이 이사의 임기를 3년으로 정하는 취지라고 해석할 수 없다.**(대판 2001.6.15. 2001다23928)(변호 16, 모의 14)

임기 중의 최종의 결산기에 관한 정기주주총회란 임기 중에 도래하는 최종의 결산기에 관한 정기주주총회를 말하고, 임기 만료 후 최초로 도래하는 결산기에 관한 정기주주총회(모의 22) **또는 최초로 소집되는 정기주주총회를 의미하는 것은 아니므로,** 위 규정은 **이사 임기가 최종 결산기 말일과 당해 결산기에 관한 정기주주총회 사이에 만료되는 경우에** 정관으로 **임기를 정기주주총회 종결일까지 연장할** 수 있도록 허용하는 규정이라고 보아야 한다.(대판 2010.6.24. 2010다13541)(변호 25, 모의 16, 19, 20, 22)

7. 이사의 종임

이사는 민법상 위임의 종료사유에 의해 종임된다. 이사의 임기만료, 정관에 규정된 자격의 상실, 회사의 해산, 파산, 이사의 사망, 파산, 성년후견개시 등에 의해 종임된다.

이사가 그 지위에 기해 주주총회결의취소의 소를 제기한 뒤 소송계속 중 사망하였거나 사실심 변론종결 후에 사망했다면, 소송은 이사의 사망으로 중단되지 않고 그대로 종료된다.(대판 2019.2.14. 2015다255258)(변호 21, 모의 20, 21, 22, 23, 24(2))

기출사례

★ 집중투표 [변호 20]

삼광 주식회사(이하 '삼광'이라 한다)는 2000년 초에 설립된 비상장회사이며 대표이사는 甲이다. 삼광은 전기배터리사업과 태양광사업을 주된 사업으로 하고 있다.
삼광의 발행주식총수(모두 의결권 있음) 70%는 甲이, 30%는 乙이 각 소유하고 있다. 삼광의 기존 이사는 3명인데 그들의 임기가 조만간 만료될 예정이어서 삼광은 신임이사 3명을 선임하기 위하여 주주총회를 개최할 계획이다. 그런데 삼광은 위 주주총회에서 甲이 신임이사 후보로 추천한 A, B, C만을 이사 후보로 상정하고 乙이 신임이사 후보로 추천한 D는 이사 후보로 상정하지 아니할 태도를 취하고 있다.

乙이 위 주주총회에서 D를 신임이사로 선임할 수 있는 상법상 방법이 있는가? (다만 D도 신임이사 후보로 상정되었다고 전제함)

Ⅰ. 결론

사안의 경우 삼광의 발행주식 총수 중 甲이 70%를 보유하고 있고, 乙이 30%를 보유하고 있다. 이러한 甲과 乙 사이의 주식 보유비율에 의하면 집중투표에 의하는 경우 乙이 자신의 의결권 전부를 D에게 투표하면 D는 4명의 이사 후보자 중 최소한 세 번째로 많은 득표를 얻을 수 있다. 집중투표에 의하는 경우 최다수를 얻은 자부터 순차적으로 이사에 선임되므로 사안의 경우 최다득표자 순으로 3명의 이사가 선임되게 되고, 그 결과 D는 乙에 의하여 이사로 선임될 수 있다. 따라서 乙은 주주총회 개최일의 7일 전까지 서면 또는 전자문서로 삼광에 집중투표의 방법으로 이사를 선임할 것을 청구한 뒤 해당 주주총회에서 자신이 보유한 의결권 전부를 D에게 투표함으로써 D를 삼광의 이사로 선임할 수 있다.

Ⅱ. 쟁점

乙이 집중투표제에 의하여 D를 신임이사로 선임할 수 있는지 문제된다.

Ⅲ. 이사의 해임, 결원, 이사직무집행정지 및 이사직무대행자선임가처분

1. 주주총회 결의에 의한 이사해임

(1) 주주총회 특별결의에 의한 해임

이사는 언제든지 주주총회의 특별결의로 해임할 수 있다(제385조 제1항 본문).(변호 20) 주주총회의 해임결의에 정당한 이유가 있어야 하는 것도 아니다.

퇴임이사는 새로 선임된 이사가 취임하거나 상법 제386조 제2항에 따라 일시 이사의 직무를 행할 자가 선임되면 별도의 주주총회 해임결의 없이 이사로서의 권리의무를 상실한다.(변호 25) 따라서 상법 제385조 제1항에서 해임대상으로 정하고 있는 '이사'에는 '임기만료 후 이사로서의 권리의무를 행사하고 있는 퇴임이사'는 포함되지 않는다.(대판 2021.8.19. 2020다285406)(변호 23)

(2) 임기 전 해임에 대한 회사의 손해배상책임 [모의 18]

이사의 임기를 정한 경우에 정당한 이유 없이 그 임기만료 전에 해임한 때에는 그 이사는 회사에 대하여 해임으로 인한 손해의 배상을 청구할 수 있다(제385조 제1항 단서). 임기를 정하지 아니한 때에는 회사는 손해배상책임을 지지 않는다.(모의 22) 해임이 아닌 이사의 사임에 의한 경우에도 회사는 손해배상책임을 지지 않는다.

(3) 이사 해임에 대한 정당한 이유 [변호 25]

① 이사 해임에 대한 정당한 이유란 주주와 이사 사이에 불화 등 단순히 주관적인 신뢰관계 상실로는 부족하고,(모의 18) ㉠ 이사가 법령이나 정관에 위배된 행위를 하였거나 ㉡ 정신적 · 육체적으로 경영자의 직무를 감당하기 현저하게 곤란한 경우, ㉢ 중요한 사업계획 수립이나 추진에 실패함으로써 경영능력에 대한 근본적인 신뢰관계가 상실된 경우 등 이사가 경영자로서 업무를 집행하는 데 장해가 될 객관적 상황이 발생한 경우를 의미한다.(대판 2004.10.15. 2004다25611)(모의 24)

② 이사 해임에 정당한 이유가 있는지는 해임결의 당시 객관적으로 존재하는 사유를 참작하여 판단할 수 있고, 주주총회에서 해임사유로 삼거나 해임결의시 참작한 사유에 한정되지 않는다. 해임결의 당시 이미 발생한 이사의 경업금지의무 위반행위는 해임사유에 해당하므로 주주총회에서 해임사유로 삼지 않았더라도 이를 이사 해임에 정당한 이유가 있었는지를 판단하는 데에 참작할 수 있다.(대판 2023.8.31. 2023다220639)(모의 24)

③ 이사 해임에 대한 정당한 이유의 존부에 관한 입증책임은 손해배상을 청구하는 이사가 부담한다.(대판 2006.11.23. 2004다49570)(변호 16, 23, 모의 14, 22, 24) **[변호 25]**

④ 정관에 이사 해임사유에 관한 규정이 있는 경우 이사의 중대한 의무위반 또는 정상적인 사무집행 불능 등의 특별한 사정이 없는 이상 법인은 정관에서 정하지 않은 사유로 이사를 해임할 수 없다. 이때 정관에서 정한 해임사유가 발생하였다는 요건 외에 법인과 이사 사이의 신뢰관계가 더 이상 유지되기 어려울 정도에 이르러야 한다는 요건이 추가로 충족되어야 하는 것은 아니다.(대판 2024.1.4. 2023다263537)

(4) 해임으로 인한 이사의 손해

해임으로 인한 이사의 손해가 무엇인지에 대하여 통설과 判例는 잔여 임기 동안 이사가 받을 수 있었던 보수를 손해로 본다.

임기가 정하여져 있는 감사가 임기만료 전에 정당한 이유 없이 주주총회의 특별결의로 해임되었음을 이유로 회사를 상대로 남은 임기 동안 또는 임기 만료시 얻을 수 있었던 보수 상당액을 해임으로 인한 손해배상액으로 청구하는 경우, **감사가 해임으로 인하여 남은 임기 동안** 회사를 위한 위임사무 처리에 들이지 않게 된 자신의 시간과 노력을 **다른 직장에 종사하여 사용함으로써 얻은 이익이 해임과 사이에 상당인과관계가 인정된다면 해임으로 인한 손해배상액을 산정함에 있어서 공제되어야** 한다.(대판 2013.9.26. 2011다42348)

2. 소수주주의 이사해임청구 [모의 17, 21]

(1) 의의

이사가 그 직무에 관하여 부정행위 또는 법령이나 정관에 위반한 중대한 사실이 있음에도 불구하고 주주총회에서 그 해임을 부결한 때에는 발행주식의 총수의 100분의 3 이상에 해당하는 주식을 가진 주주는 총회의 결의가 있은 날부터 1월내에 그 이사의 해임을 법원에 청구할 수 있다(제385조 제2항).(변호 19, 20, 21, 모의 13, 21)

(2) 소수주주 요건 [모의 21]

① 비상장회사의 경우 발행주식 총수의 3% 이상(제385조 제2항), ② 상장회사의 경우 6개월 보유조건으로 발행주식총수의 0.5% 이상(제542조의6 제3항), ③ 자본금 1천억 원 이상인 상장회사는 0.25% 이상(제542조의6 제3항) 보유한 자이다.

이러한 보유요건은 사실심 종결시까지 갖추면 된다. 의결권 없는 주주도 이사해임청구 가능하다. 소수주주의 요건은 단독으로 또는 다른 주주들과 합하여 충족하면 된다.

(3) 해임청구사유

해임청구사유는 ① 직무에 관한 부정행위 또는 ② 법령이나 정관 위반의 존재 및 ③ 주주총회에서의 해임 부결이다. 해임청구사유는 이사 임기 중에 존재하면 되고 해임청구시점에는 사유가 존재하지 않아도 된다.

이사해임의 건을 상정하여 소집한 임시주주총회가 정족수가 미달되어 유회된 경우도 해임이 부결된 때에 해당한다.(대판 1993.4.9. 92다53583)

경업금지의무를 위반한 행위는 특별한 다른 사정이 없는 한 **이사의 해임에 관한 "법령에 위반한 중대한 사실"이 있는 경우에 해당한**다.(대결 1990.11.2. 90마745)

납입 또는 현물출자의 이행을 가장하는 행위는 특별한 다른 사정이 없는 한, **이사 해임에 관한 그 직무에 관하여 부정행위 또는 법령에 위반한 중대한 사실이 있는 경우에 해당한**다.(대판 2010.9.30. 2010다35985)(변호 18)

(4) 해임의 소의 성질 및 당사자

해임청구의 소는 형성의 소이므로 원고 승소판결이 확정되면 바로 이사 해임의 효력이 발생한다. 해임청구의 소는 회사와 이사를 공동피고로 하여야 한다. 이사해임청구의 소는 본점소재지의 지방법원의 관할에 전속한다(제385조 제3항, 제186조).

3. 퇴임이사와 일시이사

(1) 퇴임이사

① 임기만료 또는 사임으로 이사가 퇴임함으로써 법률 또는 정관에 정한 이사의 원수를 결한 경우 퇴임한 이사는 새로 선임된 이사가 취임할 때까지 이사의 권리의무가 있는데(제386조 제1항), (변호 23, 모의 16, 19, 20, 22)**[모의 21]** 이러한 이사를 퇴임이사라 한다.

② 이사 중의 일부에 임기가 만료되었다 하더라도 아직 임기가 만료되지 않은 다른 이사들로써 정상적인 법인의 활동을 할 수 있는 경우에는 임기 만료된 이사로 하여금 이사로서의 직무를 계속 수행케 할 필요는 없으므로 위와 같은 경우에는 임기만료로서 당연히 퇴임한다.(대판 1988.3.22. 85누884)(변호 25, 모의 24)

③ 임기 만료 당시 이사 정원에 결원이 생기거나 후임 대표이사가 선임되지 아니하여 퇴임이사 또는 퇴임대표이사의 지위에 있던 중 특정재산범죄로 유죄판결이 확정된 사람은 유죄판결된 범죄행위와 밀접한 관련이 있는 기업체의 퇴임이사 또는 퇴임대표이사로서의 권리의무를 상실한다. 퇴임대표이사의 지위에 있던 중 재산범죄 유죄판결이 확정되어 퇴임대표이사로서의 권리의무를 상실한 자가 이사회결의 없이 소집한 임시주주총회의 소집절차상의 하자는 취소사유가 아니라 결의부존재사유에 해당한다. (대판 2022.11.10. 2021다271282)

④ 퇴임이사가 임기만료 후부터 일정기간 과거 이사의 지위에 있었음에 대하여 확인을 구하는 경우 이사로서의 보수청구권 발생 등만으로 과거의 법률관계에 대한 확인의 이익을 인정할 수는 없다.(대판 2022.6.16. 2022다207967)(모의 23)

[기타 판시사항] 회사의 이사로 근무하다가 임기가 만료된 원고가 자신의 임기만료 후 개최된 주주총회의 결의에 모두 하자가 존재하여 이사 정원에 결원이 발생하였으므로 자신의 이사 지위가 계속 유지된다고 주장하면서 이사 지위의 확인을 구하는 소를 제기하였다가, 소송 계속 중 새로운 이사가 선임되자, 자신이 임기가 만료된 때부터 약 2년 4개월 동안 이사의 지위에 있었음에 대한 확인을 구하는 것으로 청구를 변경한 경우, 변경 후 청구는 과거의 법률관계에 대하여 확인을 구하는 것이므로 원고가 회사 등과 현재 법률적 분쟁이 있고 원고의 과거 지위에 대한 확인을 받는 것이 이러한 분쟁을 해결하는 유효 · 적절한 수단이 될 수 있다는 등의 특별한 사정이 있는 경우에 한하여 확인의 이익이 인정될 수 있는데, 원고에게는 위 기간 동안 이사로서의 보수를 청구할 권리가 있다는 점 외에 현재 회사 등과 어떠한 법률적 다툼이 존재한다고 볼 만한 구체적 사정을 찾을 수 없고, 원고가 보수청구권을 가진다고 하여 그것만으로 과거 이사 지위에 있었음에 대한 확인을 구할 이익이 곧바로 긍정되는 것도 아니며, 확인의 소로 원고의 과거 이사 지위가 확인되더라도 적정 보수액 등을 둘러싼 추가적인 분쟁 등까지 일거에 해소될 수 있다고 보기 어려워, 위 확인의 소가 보수청구권과 관련된 분쟁을 해결할 수 있는 유효 · 적절한 수단이라고 단정할 수도 없다.

(2) 일시이사

① 법률 또는 정관에 정한 이사의 원수를 결한 경우, 필요하다고 인정할 때에는 법원은 이사, 감사 기타의 이해관계인의 청구에 의하여 일시 이사의 직무를 행할 자를 선임할 수 있다(제386조 제2항). (모의 19)

② 법원에 의한 이사의 직무를 행할 자의 선임은 이사 전원이 부존재하던, 사망으로 인하여 이사의 결원이 있던, 장구한 시일에 걸치어 주주총회의 개최도 없고 이사의 결원이 있던, 그 어떠한 경우이던 이사의 결원이 있을 때에는 법원은 상법 제386조 제2항에 의하여 이사직무를 행할 자를 선임할 수 있다.(대판 1964.4.28. 63다518)(모의 16, 20, 22, 24)

③ 일시이사의 선임이 필요한 때란 ㉠ 이사의 사망으로 결원이 생기거나 ㉡ 종전의 이사가 해임된 경우 ㉢ 이사가 중병으로 사임하거나 ㉣ 장기간 부재 중인 경우 등과 같이 퇴임이사로 하여금 이사로서의 권리의무를 가지게 하는 것이 불가능하거나 부적당한 경우를 의미한다.(대결 2000.11.17. 2000마5632)

(3) 퇴임이사 및 일시이사의 권한

퇴임이사와 일시이사의 권한은 이사의 권한과 동일하다.(모의 16, 19, 20, 22) 직무대행자의 권한이 회사의 상무로 제한되는 것과 구별된다(제408조 제1항).

회사가 해산한 경우, 해산 당시의 이사는 청산인이 되는 것으로 규정하고 있는바, 이러한 이사에는 일시이사도 포함된다. 일시이사는 직무대행자와는 달라 본래의 이사나 대표이사와 꼭 같은 권한을 가지며 회사의 상무에 속하지 아니하는 행위도 할 수 있기 때문이다.(대판 1981.9.8. 80다2511)

4. 이사의 직무집행정지 및 직무대행자선임 가처분

(1) 의의

이사선임결의의 무효나 취소 또는 이사해임의 소가 제기된 경우에는 법원은 당사자의 신청에 의하여 가처분으로써 이사의 직무집행을 정지할 수 있고 또는 직무대행자를 선임할 수 있다. 급박한 사정이 있는 때에는 본안소송 제기 전에도 처분을 할 수 있다(제407조 제1항).(변호 18, 19, 20, 25, 모의 19, 21, 22) 주식회사 이사의 직무집행을 정지하고 그 대행자를 선임하는 가처분은 민사집행법 제300조 제2항에 의한 임시의 지위를 정하는 가처분의 성질을 가지는 것이다.(변호 15)

(2) 요건

본안소송이 제기되었거나 급박한 사정이 존재해야 한다. 피보전권리가 존재해야 한다. 가처분 결정 전에 이사가 사임하거나 주주총회결의로 해임되면 피보전권리가 없으므로 법원은 가처분 신청을 각하해야 한다. 보전의 필요성이 존재하여야 한다. 가처분이 되지 않을 경우, 회사에 회복할 수 없는 손해가 발생할 위험이 있다는 것이 인정되어야 한다.

퇴임이사로 하여금 이사로서의 권리의무를 가지게 하는 것이 불가능하거나 부적당한 경우 등에는 상법 제386조 제2항에 정한 일시 이사의 선임을 법원에 청구할 수 있으므로, **퇴임이사를 상대로 해임사유의 존재나 임기 만료 · 사임 등을 이유로 직무집행정지를 구하는 가처분신청은 허용되지 않는다.** 퇴임이사가 퇴임할 당시에 법률 또는 정관에 정한 이사의 원수가 충족되어 있는 경우 퇴임이사는 임기 만료 또는 사임과 동시에 이사로서의 권리의무를 상실한다. 그럼에도 불구하고 그 이사가 여전히 이사로서의 권리의무를 실제로 행사하고 있는 경우 그 권리의무의 부존재확인청구권을 피보전권리로 하는 직무집행정지 가처분신청이 허용된다.(대결 2009.10.29. 2009마1311)(변호 25, 모의 16, 19)

(3) 당사자

임시지위를 정하기 위한 이사직무집행정지가처분에 있어서 피신청인이 될 수 있는 자는 그 성질상 당해 이사이고, 회사에게는 피신청인 적격이 없다.(대판 1982.2.9. 80다2424)(변호 21, 23, 24, 모의 19, 24)

주식회사의 이사나 감사를 피신청인으로 하여 그 직무집행을 정지하고 직무대행자를 선임하는 가처분이 있는 경우 가처분결정은 이사 등의 직무집행을 정지시킬 뿐 이사 등의 지위나 자격을 박탈하는 것이 아니므로, 특별한 사정이 없는 한 가처분결정으로 인하여 이사 등의 임기가 당연히 정지되거나 가처분결정이 존속하는 기간만큼 연장된다고 할 수 없다. 나아가 위와 같은 가처분결정은 성질상 당사자 사이뿐만 아니라 제3자에 대해서도 효력이 미치지만, 이는 어디까지나 직무집행행위의 효력을 제한하는 것일 뿐이므로, 이사 등의 임기 진행에 영향을 주는 것은 아니다.(대판 2020.8.20. 2018다249148)(변호 23, 24, 모의 23(2), 24)

[기타 판시사항] 甲회사 주주들이 법원의 허가를 받아 개최한 주주총회에서 乙이 감사로 선임되었는데도 甲회사가 감사 임용계약 체결을 거부하자, 乙이 甲회사를 상대로 감사 지위확인을 구하는 소를 제기하여, 소 제기 당시는 물론 대법원이 乙의 청구를 받아들이는 취지의 환송판결을 할 당시에도 감사임기가 남아 있었는데, 환송 후 원심 도중 乙의 임기가 만료되어 후임 감사가 선임됨으로써 乙의 감사지위 확인 청구가 과거의 법률관계에 대한 확인을 구하는 것이 되었더라도, 과거의 법률관계라고 할지라도 현재의 권리 또는 법률상 지위에 영향을 미치고 이에 대한 위험이나 불안을 제거하기 위하여 그 법률관계에 관한 확인판결을 받는 것이 유효·적절한 수단이라고 인정될 때에는 확인의 이익이 있으므로, 乙에게 현재의 권리 또는 법률상 지위에 대한 위험이나 불안을 제거하기 위해 과거 법률관계에 대한 확인을 구할 이익이나 필요성이 있는지를 석명하고 이에 관한 의견을 진술하게 하거나 청구취지를 변경할 수 있는 기회를 주어야 한다.

(4) 가처분결정의 효력

① 가처분결정의 효력은 가처분이의 신청에 의하여 가처분이 취소되어야만 소멸한다.

② 직무집행정지, 직무대행자선임 가처분결정이 있는 때에는 본점 소재지에서 등기하여야 한다(제407조 제3항).

③ 직무대행자결정가처분의 대세효에 의해서, 법원에서 A를 직무대행자로 결정하였다면, A가 적법한 대표권자이고, 사정에 의하여 A가 직무대행자가처분에 대한 등기가 되지 않았다 할지라도 이 사실을 잘 알고 있었던 제3자에게도 A가 대표권자라는 효력이 미친다.

④ **법원의 직무집행정지 가처분결정에 의해 회사를 대표할 권한이 정지된 대표이사가 그 정지기간 중에 체결한 계약은 절대적으로 무효이고, 그 후 가처분신청이 취하되었다 하여 무효인 계약이 유효하게 되지는 않는다.**(대판 2008.5.29. 2008다4537)(변호 15, 23, 25, 모의 19)

⑤ **대표이사의 직무집행정지 및 직무대행자선임의 가처분이 이루어진 이상, 그 후 대표이사가 해임되고 새로운 대표이사가 선임되었더라도 가처분결정이 취소되지 아니하는 한 직무대행자의 권한은 유효하게 존속하고, 새로이 선임된 대표이사는 그 선임결의의 적법 여부에 관계없이 대표이사로서의 권한을 가지지 못한다.**(변호 19, 21, 23, 24) 대표이사직무집행정지 및 직무대행자선임 가처분은 그 성질상 제3자에게도 효력이 미치므로, **새로이 선임된 대표이사가 위 가처분에 위반하여 회사 대표자의 자격에서 한 법률행위는 제3자에 대한 관계에서도 제3자의 선의·악의와 관계없이 무효이다.**(대판 1992.5.12. 92다5638)(변호 15, 모의 22)

⑥ **청산 중인 주식회사의 청산인을 피신청인으로 하여 그 직무집행을 정지하고 직무대행자를 선임하는 가처분결정이 있은 후, 그 선임된 청산인 직무대행자가 주주들의 요구에 따라 소집한 주주총회에서 회사를 계속하기로 하는 결의와 아울러 새로운 이사들과 감사를 선임하는 결의가 있었다고 하여, 그 주주총회의 결의에 의하여 청산인 직무대행자의 권한이 당연히 소멸하는 것은 아니다.**(모의 19) 위 주주총회의 결의에 의하여 위 직무집행정지 및 직무대행자선임의 가처분결정은 더 이상 유지할 필요가 없는 사정변경이 생겼다고 할 것이므로, **위 가처분에 의하여 직무집행이 정지되었던 피신청인으로서는 그 사정변경을 이유로 가처분이의의 소를 제기하여 위 가처분의 취소를 구할 수 있다.**(대판 1997.9.9. 97다12167)(변호 15, 16)

⑦ **가처분에 의해 직무집행이 정지된 이사 등을 선임한 주주총회 결의의 취소나 무효 또는 부존재확인을 구하는 본안소송에서 가처분채권자가 승소하여 그 판결이 확정된 때에는 가처분은 직무집행정지기간의 정함이 없는 경우에도 본안승소판결의 확정과 동시에 그 목적을 달성한 것이 되어 당연히 효력을 상실하게 된다.**(대판 1989.9.12. 87다카2691)(변호 22, 모의 19)

⑧ 이사 직무집행정지 및 직무대행자선임 가처분은 성질상 당사자 사이뿐만 아니라 제3자에 대한 관계에서도 효력이 미치므로 **가처분에 반하여 이루어진 행위는 제3자에 대한 관계에서도 무효**이므로 **가처분에 의해 선임된 이사직무대행자의 권한은 법원의 취소결정이 있기까지 유효**하게 존속한다.(변호 24) 또한 등기할 사항인 직무집행정지 및 직무대행자선임 가처분은 상법 제37조 제1항에 의하여 이를 등기하지 아니하면 위 가처분으로 선의의 제3자에게 대항하지 못하지만 악의의 제3자에게는 대항할 수 있고, **대표이사 및 이사 직무집행정지 및 직무대행자 선임 가처분결정은 그 결정 이전에 직무집행이 정지된 주식회사 대표이사의 퇴임등기와 직무집행이 정지된 이사가 대표이사로 취임하는 등기가 경료되었다고 할지라도 직무집행이 정지된 이사에 대하여는 여전히 효력이 있으므로** 가처분결정에 의하여 선임된 대표이사 및 이사 직무대행자의 권한은 유효하게 존속하고, **반면에 가처분결정 이전에 직무집행이 정지된 이사가 대표이사로 선임되었다고 할지라도 그 선임결의의 적법 여부에 관계없이 대표이사로서의 권한을 가지지 못한다.**(대판 2014.3.27. 2013다39551)(변호 18, 23, 25)

(5) 직무대행자의 권한

① 직무대행자는 가처분명령에 다른 정함이 있는 경우 외에는 회사의 상무에 속하지 아니한 행위를 하지 못한다. 그러나 법원의 허가를 얻은 경우에는 그러하지 아니하다(제408조 제1항).(변호 15, 21, 25) 직무대행자가 전 항에 위반한 행위를 한 경우에도 회사는 선의의 제삼자에 대하여 책임을 진다(제408조 제2항).

② **회사의 상무는 회사 경영에 중요한 영향을 미치지 않는 보통의 업무**를 뜻하고, **회사의 사업 또는 영업의 목적을 근본적으로 변경하거나 중요한 영업재산을 처분하는 것과** 같이 **당해 분쟁에 관하여 종국적인 판단이 내려진 후에 정규 이사로 확인되거나 새로 취임하는 자에게 맡기는 것이 바람직하다고 판단되는 행위가 아닌 한 직무대행자의 상무에 속한다.**(대판 1991.12.24. 91다4355)(변호 25)

③ 대표이사 직무대행자로 선임된 자가 변호사에게 소송대리를 위임하고 보수계약을 체결하거나 반소제기를 위임하는 행위는 회사의 상무에 속하나, **회사 상대방 변호인의 보수에 관한 약정**은 회사의 상무에 속한다고 볼 수 없으므로 **법원의 허가를 받지 않는 한 효력이 없다.**(대판 1989.9.12. 87다카2691)

④ 변론기일에서 **상대방의 청구에 대해 인낙하는 것은 회사의 상무에 속하지 않는다.**(대판 1975.5.27. 75다120)

⑤ 가처분결정에 의해 선임된 청산인 직무대행자가 가처분의 본안소송인 주주총회결의 무효확인의 제1심 판결에 대한 **항소를 취하하는 것은 회사의 상무에 속하지 않는다.**(대판 1982.4.27. 81다358)

⑥ **직무대행자가 소집하는 정기주주총회 안건에 이사회의 구성 자체를 변경하는 행위나 주주총회 특별결의 사항 등 회사의 경영 및 지배에 영향을 미칠 수 있는 것이 포함되어 있다면 그 안건의 범위에서 정기총회의 소집은 상무에 속하지 않고, 직무대행자가 정기주주총회를 소집하는 행위가 상무에 속하지 아니함에도 법원의 허가 없이 이를 소집하여 결의한 때에는 소집 절차상 하자로 결의취소사유에** 해당한다.(대판 2007.6.28. 2006다62362)(변호 21, 모의 19)

Ⅳ. 이사의 보수 [변호 19, 모의 19]

1. 의의

이사의 보수는 정관에 그 액을 정하지 아니한 때에는 주주총회의 결의로 이를 정한다(제388조).

상법이 정관 또는 주주총회의 결의로 이사의 보수를 정하도록 한 것은 이사들의 고용계약과 관련하여 사익 도모의 폐해를 방지함으로써 회사와 주주 및 회사채권자의 이익을 보호하기 위한 것이다. (대판 2016.1.28. 2014다11888)(모의 22)

2. 이사 업무수행과 보수청구권

① 명목상 이사·감사도 법인인 회사의 기관으로서 회사가 사회적 실체로서 성립하고 활동하는 데 필요한 기초를 제공함과 아울러 상법이 정한 권한과 의무를 갖고 의무 위반에 따른 책임을 부담하므로 보수청구권을 갖는다.(대판 2015.7.23. 2014다236311)

② 이사·감사가 회사와의 명시적 또는 묵시적 약정에 따라 업무를 다른 이사 등에게 포괄적으로 위임하고 실질적인 업무를 수행하지 않았더라도 이사·감사로서 상법에서 정한 법적 책임을 지므로 이사·감사를 선임하거나 보수를 정한 주주총회 결의의 효력이 무효이거나,(변호 16) 주주총회에서 한 선임 결의 및 보수지급 결의에 위배되는 배임적인 행위에 해당하는 등의 특별한 사정이 없다면, 소극적인 직무수행 사유만을 가지고 보수청구권의 효력을 부정하기는 어렵다.(대판 2015.9.10. 2015다213308)(변호 16, 20, 모의 16)

③ 보수가 합리적 수준을 벗어나서 현저히 균형성을 잃을 정도로 과다하거나 보수의 형식을 이용하여 회사자금을 개인에게 지급하기 위한 방편으로 이사·감사로 선임하였다는 등의 특별한 사정이 있는 경우에는 보수청구권의 일부 또는 전부에 대한 행사가 제한되고 회사는 합리적이라고 인정되는 범위를 초과하여 지급된 보수의 반환을 구할 수 있다.(대판 2015.9.10. 2015다213308)(변호 24)

④ 이사의 직무와 보수 사이에는 합리적 비례관계가 유지되어야 하며, 회사 채무 상황이나 영업실적에 비추어 합리적 수준을 벗어나 현저히 균형성을 잃을 정도로 과다하여서는 아니 된다. 따라서 퇴직을 앞둔 이사가 지나치게 과다하여 합리적 수준을 현저히 벗어나는 보수지급기준을 마련하고 지위를 이용하여 주주총회에 영향력을 행사함으로써 소수주주의 반대에 불구하고 주주총회결의가 성립되도록 하였다면, 회사를 위하여 직무를 충실하게 수행해야 하는 상법 제382조의3에서 정한 의무를 위반하여 회사재산의 부당한 유출을 야기함으로써 회사와 주주의 이익을 침해하는 것으로서 회사에 대한 배임행위에 해당하므로, 주주총회결의를 거쳤더라도 그러한 위법행위가 유효하다 할 수는 없다.(대판 2016.1.28. 2014다11888)(변호 24)

⑤ 이사 등의 보수청구권은 그 보수가 합리적인 수준을 벗어나서 현저히 균형을 잃을 정도로 과다하거나, 이를 행사하는 사람이 법적으로는 주식회사 이사 등의 지위에 있으나 이사 등으로서의 실질적인 직무를 수행하지 않는 이른바 명목상 이사 등에 해당한다는 등의 특별한 사정이 없는 이상 민사집행법 제246조 제1항 제4호 또는 제5호가 정하는 압류금지채권에 해당한다.(대판 2018.5.30. 2015다51968)

3. 보수의 결정

① 정관에서 보수를 정하지 않은 경우 주주총회 결의로 보수를 정해야 한다. 주주인 이사는 이사보수 결정에 관한 주주총회결의에서 특별이해관계인으로 의결권이 제한된다(제368조 제3항).

② 정관에서 이사의 보수 또는 퇴직금에 관하여 주주총회의 결의로 정한다고 되어 있는 경우에 그 금액 · 지급시기 · 지급방법 등에 관한 주주총회의 결의가 없다면 이사는 보수나 퇴직금을 청구할 수 없다. (대판 2014.5.29. 2012다98720)(변호 20)

③ ㉠ 상법 제361조는 주주총회는 본법 또는 정관에 정하는 사항에 한하여 결의할 수 있다고 규정하고 있는데, 이러한 주주총회 결의사항은 반드시 주주총회가 정해야 하고 정관이나 주주총회의 결의에 의하더라도 다른 기관이나 제3자에게 위임하지 못한다. ㉡ 정관 또는 주주총회에서 임원의 보수 총액 내지 한도액만을 정하고 개별 이사에 대한 지급액 등 구체적인 사항을 이사회에 위임하는 것은 가능하지만, 이사의 보수에 관한 사항을 이사회에 포괄적으로 위임하는 것은 허용되지 아니한다.(모의 22) ㉢ 주주총회에서 이사의 보수에 관한 구체적 사항을 이사회에 위임한 경우에도 이를 주주총회에서 직접 정하는 것도 가능하다. ㉣ 1인회사가 아닌 주식회사에서는 특별한 사정이 없는 한, 주주총회의 의결정족수를 충족하는 주식을 가진 주주들이 동의하거나 승인하였다는 사정만으로 주주총회에서 그러한 내용의 결의가 이루어질 것이 명백하다거나 그러한 내용의 주주총회 결의가 있었던 것과 마찬가지라고 볼 수는 없다.(대판 2020.6.4. 2016다241515)(변호 24)

④ 임원퇴직금지급규정에 관하여 주주총회 결의가 있거나 주주총회의사록이 작성된 적은 없으나 위 규정에 따른 퇴직금이 사실상 1인회사의 실질적 1인 주주의 결재 · 승인을 거쳐 관행적으로 지급되었다면 위 규정에 대하여 주주총회의 결의가 있었던 것으로 볼 수 있다.(대판 2004.12.10. 2004다25123)(변호 16, 24)

⑤ 유한회사에서 정관 또는 사원총회 결의로 특정 이사의 보수액을 구체적으로 정했다면, 이사가 보수의 변경에 대하여 명시적으로 동의하였거나, 적어도 직무의 내용에 따라 보수를 달리 지급하거나 무보수로 하는 보수체계에 관한 내부규정이나 관행이 존재함을 알면서 이사직에 취임한 경우와 같이 직무내용의 변동에 따른 보수의 변경을 감수한다는 묵시적 동의가 있었다고 볼 만한 특별한 사정이 없는 한, 유한회사가 이사의 보수를 일방적으로 감액하거나 박탈할 수 없다. 따라서 유한회사의 사원총회에서 임용계약의 내용으로 이미 편입된 이사의 보수를 감액하거나 박탈하는 결의를 하더라도, 이러한 사원총회 결의는 결의 자체의 효력과 관계없이 이사의 보수청구권에 아무런 영향을 미치지 못한다. (대판 2017.3.30. 2016다21643)(변호 20, 24, 모의 21)

⑥ 甲회사가 사원총회를 열어 甲 유한회사의 사원이자 이사인 乙 등의 보수를 감액하는 내용의 결의를 한 경우 乙 등이 甲 회사에 대하여 감액된 보수의 지급을 구하는 것이 甲 회사의 보수청구권을 둘러싼 분쟁을 해결하는 데에 직접적인 수단이 되는 것이므로, 보수감액 결의의 무효확인을 구하는 것이 乙 등의 불안과 위험을 제거하는 가장 유효 · 적절한 수단이라고 볼 수 없다.(대판 2017.3.30. 2016다21643)

4. 보수의 범위

① 상법 제388조에서 말하는 이사 보수에는 월급, 상여금, 퇴직금, 퇴직금 중간정산금, 퇴직위로금 등 명칭을 불문하고 이사의 직무수행에 대한 보상으로 지급되는 대가가 모두 포함된다.

② 이사와 감사는 회사로부터 사무처리의 위임을 받고 있으므로, 보수를 근로기준법상 임금이라 할 수 없고, 회사 규정으로 이사 등에게 퇴직금을 지급하는 경우에도 퇴직금은 근로기준법의 퇴직금이 아니라 재직 중 직무집행에 대한 대가로 지급되는 보수이다.(대판 2003.9.26. 2002다64681)

③ 이사의 보수에는 월급, 상여금 등 명칭을 불문하고 이사의 직무수행에 대한 보상으로 지급되는 대가가 모두 포함되고, 회사가 성과급, 특별성과급 등의 명칭으로 경영성과에 따라 지급하는 금원이나 성과 달성을 위한 동기를 부여할 목적으로 지급하는 금원도 마찬가지이다.(변호 24, 모의 23) 따라서 주주총회의 결의 없이 이사에게 지급된 특별성과급은 직무수행에 대한 보상으로 지급된 보수로서 법률상 원인 없이 이루어진 부당이득에 해당한다. 특별성과급 일부가 주주총회에서 정한 이사의 보수한도액 내에 있다는 사정만으로 그 부분의 지급을 유효하다고 볼 수도 없다.(대판 2020.4.9. 2018다290436)(변호 23, 모의 23)

④ 이사의 퇴직금은 상법 제388조에 규정된 보수에 포함되어 정관으로 정하거나 주주총회의 결의에 의하여 정할 수 있고 이러한 퇴직금 청구권은 이사가 퇴직할 때 유효하게 적용되는 정관의 퇴직금 규정에 의하거나 주주총회의 퇴직금 지급결의가 있을 때 발생한다.(대판 2006.5.25. 2003다16092,16108)

⑤ 회사가 정관에서 퇴직하는 이사에 대한 퇴직금액의 범위를 구체적으로 정한 다음 이사회가 그 금액을 결정할 수 있도록 하였다면, 이사회로서는 정관에서 정한 퇴직금액을 어느 정도 감액할 수 있을 뿐 퇴직금 청구권을 아예 박탈하는 결의를 할 수는 없으므로, 이사회가 퇴직한 이사에 대한 퇴직금을 감액하는 등의 어떠한 결의도 하지 않았을 경우 회사로서는 그와 같은 이사회 결의가 없었음을 이유로 퇴직한 이사에 대하여 퇴직금 지급을 거절할 수는 없다.(대판 2006.5.25. 2003다16092,16108)(모의 22)

⑥ 퇴직금 중간정산금은 지급시기가 일반적으로 정해져 있는 정기적 보수 또는 퇴직금과 달리 이사의 신청을 전제로 이사의 퇴직 전에 지급의무가 발생하게 되므로, 이사가 중간정산의 형태로 퇴직금을 지급받을 수 있는지 여부는 퇴직금의 지급시기와 지급방법에 관한 매우 중요한 요소이다. 따라서 정관 등에서 이사의 퇴직금에 관하여 주주총회의 결의로 정한다고 규정하면서 퇴직금의 액수에 관하여만 정하고 있다면, 퇴직금 중간정산에 관한 주주총회의 결의가 있었음을 인정할 증거가 없는 한 이사는 퇴직금 중간정산금 청구권을 행사할 수 없다.(대판 2019.7.4. 2017다17436)(변호 22, 모의 22)

⑦ 이사의 퇴직위로금은 퇴임한 자에 대하여 재직 중 직무집행의 대가로 지급되는 보수의 일종으로서 상법 제388조에 규정된 보수에 포함되고, 정관 등에서 이사의 보수 또는 퇴직금에 관하여 주주총회의 결의로 정한다고 규정되어 있는 경우 그 금액 · 지급방법 · 지급시기 등에 관한 주주총회의 결의가 있었음을 인정할 증거가 없는 한 이사의 보수나 퇴직금청구권을 행사할 수 없다.(대판 2004.12.10. 2004다25123)(변호 20, 모의 15)

⑧ 이사가 그 의사에 반하여 이사직에서 해임될 경우, 퇴직위로금과는 별도로 일정한 금액의 해직보상금을 지급받기로 약정한 경우, 그 해직보상금은 형식상으로는 보수에 해당하지 않는다 하여도 이사의 보수에 관한 상법 제388조를 준용 내지 유추적용 하여 해직보상금도 정관에서 그 액을 정하지 않는 한 주주총회 결의가 있어야만 회사에 대하여 이를 청구할 수 있다.(대판 2006.11.23. 2004다49570)(변호 20, 모의 16, 20, 23)

기출사례

★ 이사 해임 [변호 25]

A주식회사는 주식의 전자등록을 하지 않은 비상장회사이다. 甲은 A회사의 정기주주총회에서 2023. 6. 9.부터 정관에 따라 임기를 3년으로 하는 이사로 선임되었다. 2024. 11. 중순 소집된 A회사의 이사회는, 甲을 이사에서 해임하는 건을 의제로 하는 임시주주총회를 2025. 1. 10. 개최하기로 적법하게 결의하였다(의결권 행사 기준일: 2024. 12. 1.). 이후 2025. 1. 10. 개최된 임시주주총회에서 甲을 이사에서 해임하는 안(案)이 가결되었다. 이에 甲은 정당한 이유 없이 임기 만료 전에 해임되었음을 이유로 A회사를 상대로 상법 제385조 제1항 후문에 따른 손해배상을 구하는 소를 제기하였다.

상법 제385조 제1항 후문의 '정당한 이유'란 무엇이고, A회사에 대한 손해배상청구소송에서 甲과 A회사 중 누가 정당한 이유의 존부에 관한 증명책임을 부담하는가?

Ⅰ. 결론

이사 해임에 대한 정당한 이유란 주주와 이사 사이에 불화 등 단순히 주관적인 신뢰관계 상실로는 부족하고, ㉠ 이사가 법령이나 정관에 위배된 행위를 하였거나 ㉡ 정신적 · 육체적으로 경영자의 직무를 감당하기 현저하게 곤란한 경우, ㉢ 중요한 사업계획 수립이나 추진에 실패함으로써 경영능력에 대한 근본적인 신뢰관계가 상실된 경우 등 이사가 경영자로서 업무를 집행하는 데 장해가 될 객관적 상황이 발생한 경우를 의미한다. 이사 해임에 정당한 이유가 있는지는 해임결의 당시 객관적으로 존재하는 사유를 참작하여 판단할 수 있고, 주주총회에서 해임사유로 삼거나 해임결의시 참작한 사유에 한정되지 않는다. 이사 해임에 대한 정당한 이유의 존부에 관한 입증책임은 손해배상을 청구하는 이사가 부담한다. 정관에 이사 해임사유에 관한 규정이 있는 경우 이사의 중대한 의무 위반 또는 정상적인 사무집행 불능 등의 특별한 사정이 없는 이상 법인은 정관에서 정하지 않은 사유로 이사를 해임할 수 없다. 이때 정관에서 정한 해임사유가 발생하였다는 요건 외에 법인과 이사 사이의 신뢰관계가 더 이상 유지되기 어려울 정도에 이르러야 한다는 요건이 추가로 충족되어야 하는 것은 아니다.

Ⅱ. 쟁점

상법 제385조 제1항 후문에 규정된 이사 해임에 정당한 이유의 의의 및 구체적인 사유 및 정당한 이유에 대한 입증책임이 문제된다.

기출사례

★ 이사보수 [변호 19]

甲주식회사(자본금 20억 원 규모의 비상장회사, 이하 '甲'회사라 함)에는 대표이사 A, 전무이사 B, 이른 바 명목상 이사인 C가 있는데, 이들 모두 등기이사이다. 다음은 甲회사 정관의 일부이다.
甲회사 정관 (일부)
제40조(이사의 보수와 퇴직금)
① 주주총회는 이사 보수의 총액을 정하고 개인별 지급 규모에 대한 결정을 이사회에 위임한다.
② 이사의 퇴직금의 지급은 주주총회의 결의를 거쳐야 한다.

甲회사의 정기주주총회는 이사의 연간 보수 총액과 각 이사가 퇴직할 경우에 지급할 퇴직금의 액수를 정하였으며, 이사회는 주주총회가 정한 이사 보수의 총액 범위 내에서 각 이사에게 지급할 구체적 액수를 정하였다. 甲회사는 이사가 해임될 경우 퇴직금과는 별도로 회사가 일정한 금액을 해직보상금으로 지급하기로 하는 약정을 이사회의 승인만을 얻어 각 이사와 체결하였다. 甲회사의 적자가 계속 누적되자 소수주주의 소집청구에 의하여 개최된 임시주주총회는 A를 이사직에서 해임하는 결의를 하였으며, 아울러 당시 임기가 종료된 B에게 지급하기로 한 퇴직금을 박탈하는 결의를 하였다.

甲회사에 A가 해직보상금을, B가 퇴직금을, C가 보수를 청구할 수 있는가?

Ⅰ. 결론

사안의 경우 ① A의 해직보상금에 관한 甲회사 주주총회결의가 없었으므로 A는 甲회사에 대하여 해직보상금을 청구할 수 없고, ② B의 퇴직금이 甲회사의 주주총회결의에 의하여 결정된 이상 甲회사가 주주총회로도 이를 사후적으로 박탈할 수 없으므로 B는 퇴직금을 甲회사에 청구할 수 있으며, ③ C가 명목상 이사라 하더라도 이사의 보수청구권이 인정되므로 C는 甲회사에 보수를 청구할 수 있다.

Ⅱ. 쟁점

대표이사 A, 전무이사 B, 명목상 이사 C가 모두 등기이사라는 점에서 상법상 이사의 보수청구권이 문제된다. 대표이사 A의 해직보상금과 관련해서는 해직보상금이 상법상 이사 보수에 해당되는지 여부와 해직보상금에도 주주총회 결의가 요구되는지, B의 퇴직금과 관련해서는 주주총회에서 결의된 퇴직금을 사후에 박탈하는 결의가 유효한지, C의 보수와 관련해서는 명목상 이사에 대해서도 보수가 인정되는지가 문제된다.

5. 주식매수선택권

(1) 의의

주식매수선택권이란 제3자가 회사의 주식을 일정한 행사가격에 매수할 수 있는 권리를 말한다.

회사는 정관으로 정하는 바에 따라 주주총회의 특별결의로 회사의 설립·경영 및 기술혁신 등에 기여하거나 기여할 수 있는 회사의 이사, 집행임원, 감사 또는 피용자에게 행사가액으로 신주를 인수하거나 자기의 주식을 매수할 수 있는 권리를 부여할 수 있다(제340조의2 제1항).(변호 20, 모의 13)

(2) 주식매수선택권 부여의 상대방

회사의 설립·경영 및 기술혁신 등에 기여하거나 기여할 수 있는 회사의 이사, 집행임원, 감사 또는 피용자에 대해서만 주식매수선택권을 부여할 수 있다. ㉠ 의결권 없는 주식을 제외한 발행주식총수의 10% 이상 주식을 가진 주주, ㉡ 이사·집행임원·감사의 선임과 해임 등 회사 주요 경영사항에 대하여 사실상 영향력을 행사하는 자, ㉢ 제1호와 제2호에 규정된 자의 배우자와 직계존비속에게는 주식매수선택권을 부여할 수 없다(제340조의2 제2항).(모의 13)

상장회사는 관계 회사의 이사, 집행임원, 감사 또는 피용자에게 주식매수선택권을 부여할 수 있다(제542조의3 제1항).

(3) 주식매수선택권 부여절차

1) 정관의 기재

주식매수선택권을 부여하기 위해서는 아래 사항이 정관에 규정되어야 한다(제340조의3 제1항).

㉠ 일정한 경우 주식매수선택권을 부여할 수 있다는 뜻, ㉡ 주식매수선택권의 행사로 발행하거나 양도할 주식의 종류와 수, ㉢ 주식매수선택권을 부여받을 자의 자격요건, ㉣ 주식매수선택권의 행사기간, ㉤ 일정한 경우 이사회결의로 주식매수선택권의 부여를 취소할 수 있다는 뜻.

2) 주주총회 특별결의 및 특별결의로 정하여야 하는 내용

주식매수선택권을 부여하기 위해서는 아래 사항에 대한 주주총회의 특별결의를 거쳐야 한다.

㉠ 주식매수선택권을 부여받을 자의 성명, ㉡ 주식매수선택권의 부여방법, ㉢ 주식매수선택권의 행사가액과 그 조정에 관한 사항, ㉣ 주식매수선택권의 행사기간, ㉤ 주식매수선택권을 부여받을 자 각각에 대하여 주식매수선택권의 행사로 발행하거나 양도할 주식의 종류와 수.

주주총회 특별결의에 따라 대표이사에게 주식매수선택권을 부여한 계약을 체결한 이후, 다른 주주에 의한 주주총회결의 부존재확인의 소가 승소확정판결을 받은 경우, 주식매수선택권 부여계약은 무효이다.(대판 2011.10.13. 2009다2996)

3) 상장회사 특례 - 이사회 결의

상장회사는 정관으로 정하는 바에 따라 발행주식 총수의 10% 내에서 시행령으로 정하는 한도(최근 사업연도 말 현재의 자본금이 3천억 원 이상인 법인은 발행주식총수 1% 이내, 최근 사업연도 말 현재의 자본금이 3천억 원 미만인 법인은 발행주식총수 3% 이내{시행령 제30조 제4항})까지 이사회결의로 주식매수선택권을 부여하고 주주총회 승인을 받는 것이 가능하다(제542조의3 제3항).

상장회사가 이사회결의로 주식매수선택권을 부여하는 경우 관계 회사 이사에게 주식매수선택권을 부여할 수 있으나, 해당 회사 이사에게는 주식매수선택권을 부여할 수 없다(제542조의3 제3항).

(4) 행사가액 및 부여주식수의 제한

1) 행사가액의 제한

주식매수선택권의 행사가액은 ㉠ 신주를 발행하는 경우, 주식매수선택권의 부여일을 기준으로 한 주식의 실질가액과 주식의 권면액(무액면주식을 발행한 경우, 자본으로 계상되는 금액 중 1주에 해당하는 금액을 권면액으로 본다) 중 높은 금액 이상이어야 하고, ㉡ 자기의 주식을 양도하는 경우, 주식매수선택권의 부여일 기준 주식의 실질가액 이상이어야 한다(제340조의2 제4항).(모의 13)

2) 발행 또는 양도할 주식수의 제한

주식매수선택권 부여에 따라 발행할 신주 또는 양도할 자기의 주식은 비상장회사는 발행주식총수의 10%를 초과할 수 없고(제340조의2 제3항),(모의 13) 상장회사는 발행주식총수의 15%를 초과할 수 없다(제542조의3 제2항, 시행령 제30조 제3항).

(5) 재임기간 및 행사기간

① 주식매수선택권은 주식매수선택권을 부여하기로 결의한 주주총회 결의일부터 2년 이상 재임 또는 재직해야 행사할 수 있다(제340조의4 제1항).(변호 20)

② 상장회사는 사망 또는 본인의 책임이 아닌 사유로 퇴임하거나 퇴직한 경우 2년 이상 재임하지 않더라도 주식매수선택권을 행사할 수 있으나 정년퇴직으로 2년 이상 재임하지 못한 경우에는 주식매수선택권을 행사할 수 없다(제542조의3 제4항, 시행령 제30조 제5항).(모의 13)

③ 비상장회사는 상장회사와 같은 규정이 없으므로 본인의 책임이 아닌 사유로 퇴임하거나 퇴직한 경우에도 2년 이상 재임하지 않으면 주식매수선택권을 행사할 수 없다.

④ 상법 제340조의4 제1항에서 정하는 주식매수선택권에 상법 제542조의3 제4항을 적용할 수 없고, 정관이나 주주총회 특별결의를 통해서도 상법 제340조의4 제1항의 요건을 완화할 수는 없다. 따라서 **본인의 귀책사유가 아닌 사유로 퇴임 또는 퇴직하더라도 퇴임 또는 퇴직일까지 '2년 이상 재임 또는 재직' 요건을 충족하지 못하면 상법 제340조의4 제1항의 주식매수선택권을 행사할 수 없다.**(대판 2011.3.24. 2010다85027)(모의 13)

⑤ 주식매수선택권을 부여하는 회사의 주주총회 결의 이후 회사가 주식매수선택권 부여에 관한 계약을 체결할 때 주식매수선택권의 행사기간 등을 일부 변경하거나 조정한 경우 그것이 주식매수선택권을 부여받은 자, 기존 주주 등 이해관계인들 사이의 균형을 해치지 않고 주주총회 결의에서 정한 본질적인 내용을 훼손하는 것이 아니라면 유효하다. **특정인에 부여되는 주식매수선택권의 구체적인 내용은 일반적으로 회사와 체결하는 계약을 통해 정해지므로 주식매수선택권을 부여받은 자는 계약에서 주어진 조건에 따라 계약에서 정한 기간 내에 선택권을 행사할 수 있다.**(대판 2018.7.26. 2016다237714)(변호 20, 22)

[사실관계 및 판시사항] 피고 회사의 정관은 주식매수선택권을 부여받은 자는 주식매수선택권 부여에 관한 주주총회 특별결의일로부터 2년 이상 재임 또는 재직한 날로부터 5년 내에 권리를 행사할 수 있다고 정하고 있었다. 피고 회사는 2009. 3. 13. 개최된 주주총회에서 원고에게 주식매수선택권을 부여하면서 경과기간 2009. 3. 13. ~ 2011. 3. 12. 행사시간 2011. 3. 13. ~ 2016. 3. 12.로 결의하였다. 그런데 피고 회사와 원고 사이에 체결된 주식매수선택권계약에는 "행사기간 종료 시까지 행사되지 않은 주식매수선택권은 소멸한 것으로 간주한다. 다만 경과기간이 지난 후에 퇴직한 경우에는 퇴직일로부터 3개월 이내에 행사하는 것이어야 한다."는 내용이 규정되었다. 원고는 2011. 12. 6. 피고회사에서 퇴직한 이후 2015. 1. 22. 주식매수선택권을 행사한다는 의사를 피고 회사에 표시하였다. 원심은 원고의 주식매수선택권이 행사기간 내에 행사되지 않았

다는 이유로 원고의 청구를 기각하였고, 대법원도 위와 같은 정관과 주식매수선택권계약이 유효하다(변호 20)고 보아 원심의 판결을 확정하였다.

(6) 주식매수선택권 부여에 관한 계약의 체결

회사는 주주총회결의에 의하여 주식매수선택권을 부여받은 자와 계약을 체결하고 상당한 기간 내에 그에 관한 계약서를 작성하여야 한다(제340조의3 제3항). 회사는 계약을 취소할 수 있으며, 취소사유는 반드시 정관에 기재되어야 한다(제340조의3 제1항 제5호). 취소권을 행사하는 경우에도 주주총회의 결의 없이 이사회의 결의만으로 가능하다(제340조의3 제1항 제5호).

(7) 주식매수선택권의 양도 제한

주식매수선택권은 상속의 경우를 제외하고 이를 양도할 수 없다(제340조의4 제2항).

(8) 주식매수선택권의 행사

주식매수선택권을 행사하려는 자는 청구서 2통을 회사에 제출하여야 한다(제340조의5, 제516조의9 제1항). 주식매수선택권은 형성권으로 회사의 승낙을 요하지 않고 청구에 따라 효력이 발생한다. 주식의 취득 시점은 주식매수선택권 행사 이후 주식의 이전이 이루어진 때이다.

① 신주교부의 경우, 주식매수선택권자는 납입금보관은행에 행사가액을 전액 납입해야 한다.

② 자기주식교부의 경우, 행사가액을 회사에 지급하고 주식양도절차를 진행하여야 한다.

③ 차액정산의 경우에는 회사가 주식매수선택권자에게 차액을 지급하면 종결된다.

Ⅴ. 이사회

1. 의의

이사회란 이사 전원으로 구성되고 회사의 업무집행에 관한 의사를 결정하고 이사의 직무집행을 감독하는 주식회사의 필수 상설기관을 의미한다. 이사회는 의사결정기관으로 구체적인 업무집행은 대표이사가 수행한다. 자본금 10억 원 미만의 소규모회사로서 이사가 2명 이하인 경우, 각 이사가 이사회 권한을 행사하고 이사회가 구성되지 않는다(제383조 제1항 단서, 제5항).

2. 권한

(1) 업무집행에 관한 의사결정권

1) 회사의 중요 업무집행 [변호 15, 모의 21]

① 중요한 자산의 처분 및 양도, 대규모 재산의 차입, 지배인의 선임 또는 해임과 지점의 설치 · 이전 또는 폐지 등 회사의 업무집행은 이사회의 결의로 한다(제393조 제1항).

② **중요한 자산의 처분에 해당하는 경우에**는 이사회가 그에 관하여 직접 결의하지 아니한 채 대표이사에게 그 처분에 관한 사항을 일임할 수 없으므로 **이사회규정상 이사회 부의사항으로 정해져 있지 않더라도 반드시 이사회의 결의를** 거쳐야 한다.(대판 2011.4.28. 2009다47791)(변호 20, 21, 모의 16, 17, 22, 24(2))

③ 법률 또는 정관 등의 규정에 의하여 주주총회 또는 이사회의 결의를 필요로 하는 것으로 되어 있지 아니한 업무 중 **이사회가 일반적 · 구체적으로 대표이사에게 위임하지 않은 업무로서 일상 업무에 속하지 아니한 중요한 업무에 대하여는 이사회에게 그 의사결정권한이** 있다.(대판 1997.6.13. 96다48282)(변호 20, 22)

④ 파산신청은 대표이사의 업무권한인 일상 업무에 속하지 않는 중요한 업무에 해당하여 이사회결의가 필요하고, 이사에게 별도의 파산신청권이 인정되더라도 마찬가지이다. 그러나 자본금 총액이 10억 원 미만으로 이사가 1명 또는 2명인 소규모 주식회사에서는 대표이사가 특별한 사정이 없는 한 이사회결의를 거칠 필요 없이 파산신청을 할 수 있다.(대결 2021.8.26. 2020마5520)(변호 25, 모의 24)

⑤ 회생절차개시신청은 대표이사의 업무권한인 일상 업무에 속하지 아니한 중요한 업무에 해당하여 이사회 결의가 필요하다.(대판 2019.8.14. 2019다204463)(변호 21, 모의 21, 24)

2) 상법상 이사회 권한

① 주주총회 소집(제362조), ② 전자투표의 채택(제368조의4), ③ 주식양도제한에 대한 양도승인(제335조의2), ④ 이사의 경업, 사업기회유용, 자기거래 승인(제397조, 제397조의2, 제398조), ⑤ 사채의 발행(제469조), ⑥ 중간배당(제462조의3)

3) 상법상 이사회 권한이나 정관으로 주주총회 권한으로 할 수 있는 사항

① 대표이사의 선임(제389조), ② 신주발행(제416조), ③ 준비금의 자본금전입(제461조), ④ 전환사채의 발행(제513조), ⑤ 신주인수권부사채의 발행(제516조의2)

4) 상법상 주주총회 권한이나 정관으로 이사회 권한으로 할 수 있는 사항

① 재무제표의 승인(제449조의2), ② 이익배당(제462조 제2항), ③ 자기주식취득(제341조 제2항)

5) 주주총회 및 대표이사와의 관계

상법 또는 정관상 주주총회의 권한인 사항은 주주총회 결의로도 이사회로 위임할 수 없다.

상법상 이사회 권한인 사항을 정관으로 주주총회의 권한으로 할 수 있다고 본다. 다만, 정관 규정 없이 주주총회가 결정하는 것은 허용되지 않는다. 상법 또는 정관에서 이사회 권한으로 되어 있는 사항은 이사회 결의로도 대표이사에게 위임할 수 없다.

6) 위원회로의 위임

이사회는 ① 주주총회의 승인을 요하는 사항의 제안, ② 대표이사의 선임 및 해임, ③ 위원회의 설치와 그 위원의 선임 및 해임, ④ 정관에서 정하는 사항을 제외하고는 그 권한을 위원회에 위임할 수 있다(제393조의2 제2항).

(2) 이사 업무집행 감독권

이사회는 이사의 직무의 집행을 감독한다(제393조 제2항). 이사는 대표이사로 하여금 다른 이사 또는 피용자의 업무에 관하여 이사회에 보고할 것을 요구할 수 있다(제393조 제3항).(모의 14)

이사는 3월에 1회 이상 업무의 집행상황을 이사회에 보고하여야 한다(제393조 제4항).(모의 14)

3. 이사회의 소집

(1) 소집권자

1) 이사

이사회는 각 이사가 소집한다(제390조 제1항). 이사회결의로 소집할 이사를 정한 때에는 소집권자로 정해진 이사가 소집한다(제390조 제1항 단서).(모의 24) 소집권자로 지정되지 않은 다른 이사는 소집권자인 이사에게 이사회 소집을 요구할 수 있다. 소집권자인 이사가 정당한 이유 없이 이사회 소집을 거절하는 경우에는 다른 이사가 이사회를 소집할 수 있다(제390조 제2항).(모의 14, 20, 24)

대표이사가 정당한 이유 없이 다른 이사의 정당한 이사회의 소집요구를 거절한 때에는 이사회소집을 요구한 이사가 이사회를 소집할 수 있다고 보는 것이 상당하다.(대결 1975.2.13. 74마595)

2) 감사

감사는 필요하면 회의의 목적사항과 소집이유를 서면에 적어 이사(소집권자가 있는 경우에는 소집권자)에게 제출하여 이사회 소집을 청구할 수 있다(제412조의4 제1항). 이러한 청구에도 이사가 지체 없이 이사회를 소집하지 아니하면 청구한 감사가 이사회를 소집할 수 있다(제412조의4 제2항). 필요한 경우란 감사가 이사회에 출석하여 의견을 진술하거나 보고할 필요가 있는 경우를 말한다.

3) 집행임원

집행임원은 필요하면 회의의 목적사항과 소집이유를 적은 서면을 이사(소집권자가 있는 경우에는 소집권자)에게 제출하여 이사회 소집을 청구할 수 있다(제408조의7 제1항). 이러한 청구에도 이사가 지체 없이 이사회 소집하지 아니하면 집행임원은 법원의 허가를 받아 이사회를 소집할 수 있다(제408조의7 제2항). 이 경우 이사회 의장은 법원이 이해관계자의 청구에 의하여 또는 직권으로 선임할 수 있다(제408조의7 제2항).

(2) 소집절차 (변호 12, 15, 19, 모의 14, 15, 16, 17, 20, 21, 22, 23, 24)[**변호 15**]

1) 소집통지의 발송

이사회를 소집함에는 회일을 정하고 그 1주간 전에 각 이사 및 감사에 대하여 통지를 발송하여야 한다(제390조 제3항).(모의 21, 24) 그러나 그 기간은 정관으로 단축할 수 있다(제390조 제3항).(모의 20, 24) 감사에게도 이사회출석 및 의견진술권이 있으므로 감사에게도 통지하여야 한다. 서면이나 전자문서가 아닌 구두, 전화, 팩스, 문자메시지에 의한 통지도 허용된다.(모의 21)

2) 목적사항 기재 불요 (변호 19, 모의 23)

이사회 소집통지를 할 때에는, 정관에 이사들에게 회의의 목적사항을 통지하도록 정하고 있거나 회의의 목적사항을 통지하지 아니하면 이사회 심의 · 의결에 현저한 지장을 초래하는 등의 특별한 사정이 없는 한, 주주총회 소집통지의 경우와 달리 회의의 목적사항을 함께 통지할 필요는 없다.(대판 2011.6.24. 2009다35033)

3) 이사 및 감사 전원 동의에 의한 소집절차 생략

이사회는 이사 및 감사 전원의 동의가 있는 때에는 소집통지절차를 생략하고 언제든지 회의할 수 있다(제390조 제4항).(모의 22, 24)

이사 3명 중 회사의 경영에 전혀 참여하지 않고 경영에 관한 모든 사항을 다른 이사들에게 위임하여 놓고 그들의 결정에 따르며 필요시 이사회 회의록 등에 날인만 하여 주고 있는 이사에 대한 소집통지 없이 열린 이사회에서 한 결의는 위 이사가 소집통지를 받고 참석하였다 하더라도 그 결과에 영향이 없었다고 보여지므로 유효하다.(대판 1992.4.14. 90다카22698)(모의 24)

4. 이사회의 결의

(1) 이사회 일반결의요건

이사회의 결의는 이사과반수의 출석과 출석이사의 과반수로 하여야 한다.(모의 22) 그러나 정관으로 그 비율을 높게 정할 수 있다.(변호 12, 20)

이사회 의결권은 이사 1인당 1개씩 가진다. 이사회 정족수는 이사회 개최시에 충족되는 것으로 충분하지 않으며 토의 및 의결의 전 과정을 통해 유지되어야 한다.(모의 14) 감사의 출석은 이사회 결의의 유효요건은 아니다.

이사회 결의요건 충족 여부는 이사회 결의 당시를 기준으로 판단하여야 하고, 그 결의의 대상인 행위가 실제로 이루어진 날을 기준으로 판단할 것은 아니다.(대판 2003.1.24. 2000다20670)(변호 20)

(2) 상법상 이사회 결의요건의 가중

① 회사기회이용의 승인(제397조의2 제1항), ② 자기거래의 승인(제398조), ③ 감사위원의 해임(제415조의2 제3항)(변호 23)의 경우 이사 총수 3분의 2 이상의 찬성을 요한다.

(3) 가부동수 내지 결정권한 부여 여부

투표결과 가부동수인 경우, 과반수에 미달한 것이므로 부결에 해당한다. 이사회 의장 등에게 가부동수인 경우, 결정권한을 주는 것은 허용되지 않는다.

재적 6명의 이사 중 3인이 참석하여 참석이사의 전원의 찬성으로 연대보증을 의결하였다면 위 이사회의 결의는 과반수에 미달하는 이사가 출석하여 의사정족수가 충족되지 아니한 이사회에서 이루어진 것으로 무효이다.(대판 1995.4.11. 94다33903)

(4) 특별이해관계인의 의결권 제한 (변호 14, 15, 23, 모의 16)

① 이사회결의에 대한 특별이해관계인은 의결권을 행사하지 못한다(제391조 제3항, 제368조 제3항).

② 특별이해관계란 개인적 이해관계를 의미한다. 주식양도 제한의 경우 양도승인을 청구하는 이사, 이사 자기거래 이사,(모의 14) 이사 경업금지의무에 대한 승인시 이사 등은 의결권을 행사할 수 없다. 이와 달리 대표이사를 선임 또는 해임하거나 감사위원의 해임의 경우, 그 대상이 되는 이사는 특별이해관계인에 해당하지 않는다.

③ 특별이해관계인은 의사정족수 계산시에는 분모와 분자에 포함되나, 의결정족수 계산시에는 분모와 분자에 포함되지 않는다.(대판 1991.5.28. 90다20084)(변호 20, 23, 모의 22)

[사실관계 및 판시사항] 이사가 총 4명인 회사의 이사회에 대표이사 A, 이사 B, 이사 C 3명의 이사가 출석하여 전원 일치로 찬성 결의를 하였는데 C가 특별이해관계인이었던 경우, 이사 4명 중 3명이 출석하여 과반수의 이사가 출석하였고, 결의성립에 필요한 출석이사 2명 중 2명이 찬성하였으므로 위 이사회 결의가 적법하다고 판단하였다.

④ 결의요건이 가중되는 세 가지 경우 중 감사위원 해임의 경우, 해당되는 감사위원은 특별이해관계인이 아니므로 회사기회이용 및 자기거래의 승인의 경우에만 의결권 제한이 문제된다. 이 경우에도 결의요건은 특별이해관계인을 제외한 이사 총수의 3분의 2 이상으로 본다.

(5) 결의방법

정관에서 달리 정하는 경우를 제외하고 이사회는 이사의 전부 또는 일부가 직접 회의에 출석하지 아니하고 모든 이사가 음성을 동시에 송수신하는 원격통신수단에 의하여 결의에 참가하는 것을 허용할 수 있다(동영상 및 음성이 아닌 음성만으로 개정)(제391조 제2항).(변호 13, 모의 16, 21, 22)

이사는 직접 이사회에 출석해야 하므로 의결권의 대리행사는 허용되지 않는다.(변호 12, 13, 15, 모의 17, 21) 이에 위배된 이사회결의는 원칙적으로 무효이다. 이사회 결의는 서면결의가 허용되지 않는다는 것이 통설이다.(변호 12) 이사 전원이 찬성하거나 기술적인 사항인 경우, 서면결의 효력이 인정된다는 견해도 존재한다.

(6) 의사록

이사회의 의사에 관하여는 의사록을 작성하여야 한다(제391조의3 제1항). 의사록에는 의사의 안건, 경과요령, 그 결과, 반대하는 자와 그 반대이유를 기재하고 출석한 이사 및 감사가 기명날인 또는 서명하여야 한다(제391조의3 제2항).

이사회 결의에 참가한 이사로서 이의를 한 기재가 의사록에 없는 자는 그 결의에 찬성한 것으로 추정한다(제399조 제3항).(모의 24)

주주는 영업시간 내에 이사회 의사록의 열람 또는 등사를 청구할 수 있다(제391조의3 제3항). 회사는 주주의 이사회 의사록 열람 또는 등사 청구에 대하여 이유를 붙여 이를 거절할 수 있다. 이 경우 주주는 법원의 허가를 얻어 이사회 의사록을 열람 또는 등사할 수 있다(제391조의3 제4항).(변호 17, 25, 모의 14)

주주총회의사록과 달리 ① 이사회 의사록 비치의무가 없고, ② 채권자는 열람 · 등사를 청구할 수 없고, ③ 회사가 정당한 이유가 있는 경우 열람 · 등사 청구를 거부할 수 있다.

5. 이사회결의의 하자 [변호 12, 모의 15, 16, 17]

(1) 하자있는 이사회 결의의 효력

① 절차상 또는 내용상 하자가 있는 이사회결의의 효력에 관하여 상법은 규정하고 있지 않다. 따라서 이해관계인은 민법의 일반원칙에 따라 그 결의의 효력을 다툴 수밖에 없다.(변호 13) 민법의 일반원칙에 따라 절차상 또는 내용상의 하자 있는 이사회결의는 무효가 된다. 따라서 다른 소의 공격방어방법으로 이사회결의의 무효를 주장할 수 있고, 확인의 이익이 있는 자는 누구든지 이사회결의 무효의 소를 제기할 수 있다.(변호 20)

② 이사회의 결의에 하자가 있는 경우에 관하여 상법은 아무런 규정을 두고 있지 아니하나 그 결의에 **무효사유가 있는 경우에는 이해관계인은 언제든지 또 어떤 방법에 의하든지 그 무효를 주장할** 수 있다고 할 것이지만 이와 같은 무효주장의 방법으로서 **이사회결의무효확인소송이 제기되어 승소확정판결을** 받은 경우, 그 판결의 효력에 관하여는 주주총회결의무효확인소송 등과는 달리 상법 제190조가 준용될 근거가 없으므로 **대세적 효력은 없다.**(대판 1988.4.25. 87누399)(변호 13, 19, 20, 모의 14)

③ **주식회사의 이사회결의는** 회사의 의사결정이고 회사는 그 결의의 효력에 관한 분쟁의 실질적인 주체이므로 그 효력을 **다투는 사람이 회사를 상대로 하여 그 결의의 무효확인을 소구할 이익**이 있으나 그 **이사회결의에 참여한 이사들은** 이사회의 구성원에 불과하므로 특별한 사정이 없는 한 **이사 개인을 상대로 결의의 무효확인을 소구할 이익은 없다.**(대판 1982.9.14. 80다2425)(모의 19, 22)

(2) 하자있는 이사회결의에 기초한 회사 행위의 효력 [모의 15]

이사회결의가 요구되는 경우 그 결의가 없거나 무효인 경우 그 결의에 기초하여 행해진 회사 행위의 효력은 어떻게 되는지가 문제된다. 회사 행위의 효력을 다투는 방법이 별도로 존재하는 경우, 그 방법으로 다투어야 하고 별도로 이사회결의의 효력을 다툴 수 없다.

회사의 내부적인 행위인 경우, 해당 행위는 무효가 된다. 회사의 대외적 거래행위인 경우, 상대방이 이사회결의가 없거나 무효라는 것을 알았거나 중과실로 몰랐을 경우에만 무효가 되고 상대방이 선의이고 경과실이면 유효하다. 전단적 대표행위 부분에서 관련 판례를 다룬다.

기출사례

★ 이사회결의 하자, 이사 등의 자기거래, 특별이해관계인 [변호 15]

2010. 1. 설립된 甲주식회사(이하 '甲회사')는 정관상 인쇄업을 주된 영업으로 하는 비상장회사로서, 3인의 이사(대표이사 A, 이사 B와 C)가 있고, 주주는 A(지분율 2%), D(지분율 13%), E(지분율 85%)로 구성되어 있으며, 2014. 8. 1. 기준 자본금 총액 59억 원, 자산 총계 91억 원인 회사이다.
2014. 9. 1. 甲회사는 A가 의결권 있는 발행주식 총수의 53%, D가 16%, F가 31%를 보유하고 있는 丁주식회사(이하 '丁회사')와 대량의 인쇄물 발주계약을 체결하기로 하였는데, 그 납기인 2014. 9. 30. 내에 계약을 이행하기 위해서는 추가 자금을 확보하여 신속하게 새로운 인쇄 기계를 구입해야 하였다. A는 이를 위해 유상증자가 필요하다는 사실과 신속히 이사회가 개최되어야 한다는 사실을 알게 되었다.
그리하여 A는 긴급히 甲회사의 이사회를 소집하게 되었는데, 시간이 촉박하여 2014. 9. 1. 각 이사와 감사에게 전화를 걸어 이사회의 의안이 무엇인지 설명도 하지 않고 단지 신속한 의사결정이 필요하여 이사회를 소집하겠다고 통보하였고, 이러한 긴급 이사회 소집에 이사들과 감사는 모두 동의하여 2014. 9. 2. 이사회가 개최되었다. 동 이사회에서는 A, C가 참석하여 丁회사와의 인쇄물 발주계약의 체결 및 20억 원 규모의 주주배정방식의 신주발행이 참석 이사 전원 찬성으로 결의되었고, 주주배정 기준일을 2014. 9. 18.로, 납입기일은 2014. 9. 25.로 정하였다.

2014. 9. 2. 丁회사와의 인쇄물 발주계약에 관한 이사회 결의는 유효한가?

Ⅰ. 결론

A는 대표이사로서 이사회의 소집권자이다. 전화에 의한 이사회소집통지도 허용된다. 이사회 소집통지 당시 목적사항을 통지하지 않아도 적법하다. 이사회 회일 1주간 전에 소집통지를 하여야 하나 이사와 감사가 모두 동의한 경우 소집기간 단축도 허용된다. 따라서 甲회사의 이사회 소집절차는 적법하다. 그러나 丁회사는 甲회사 이사인 A가 의결권 있는 발행주식총수의 53%를 보유한 회사로서 상법 제398조 제4호에 규정된 회사에 해당하여 甲회사와 丁회사 사이의 인쇄물발주계약은 이사의 자기거래에 해당한다. A는 丁회사의 의결권 있는 발행주식총수의 53%를 보유한 주주로서 甲회사와 丁회사 사이의 인쇄물발주계약에 개인적 이해관계를 가진 특별이해관계인에 해당한다. 甲회사의 이사회는 이사 총수 3명 중 A와 C 2명이 참석하여 의사정족수는 충족되었으나, 특별이해관계인인 A는 의결정족수에 포함되지 않으므로 자기거래승인을 위한 이사회 승인요건은 충족되지 못하였다. 따라서 丁회사와의 인쇄물 발주계약에 관한 A회사의 이사회 결의는 유효하지 아니하다.

Ⅱ. 쟁점

이사회 소집통지 등 이사회 소집절차가 적법한지, 이사 A가 과반수의 지분을 보유하고 있는 丁회사와의 인쇄물발주계약이 이사의 자기거래에 해당하는지, 자기거래 승인을 위한 이사회 결의에 있어 A가 특별이해관계인에 해당하는지, 특별이해관계인이 포함된 경우 정족수 산정방식, 자기거래 승인을 위한 이사회 결의 요건 및 해당 요건이 충족되는지 등이 문제된다.

6. 위원회

(1) 의의

이사회는 정관이 정한 바에 따라 위원회를 설치할 수 있다(제393조의2 제1항).(변호 13)

① 비상장회사와 대규모 상장회사가 아닌 상장회사는 위원회 설치가 강제되는 것이 아니라 임의적이다.

② 자산총액 2조 원 이상의 대규모 상장회사는 사외이사 후보추천위원회(제542조의8 제4항), 감사위원회(제542조의11 제1항)의 설치가 강제된다. 사외이사 후보추천위원회는 과반수를 사외이사로 해야 하고, 감사위원회는 3분의 2 이상을 사외이사로 해야 한다.

(2) 구성

위원회는 2인 이상의 이사로 구성한다(제393조의2 제3항).(모의 15) 따라서 위원회의 위원이 되기 위해서는 이사의 자격이 있어야 한다.(변호 13)

감사위원회는 3명 이상 이사로 구성하고, 사외이사가 3분의 2 이상이어야 한다(제415조의2 제2항).(변호 23) 위원의 선임과 해임은 이사회가 결정하고, 위원회에 위임할 수 없다(제393조의2 제2항 제3호).

(3) 위원회 결의의 효력 및 권한

위원회의 결의는 이사회 결의와 같은 효력을 가진다.(변호 13)

① 주주총회의 승인을 요하는 사항의 제안, ② 대표이사의 선임 및 해임,(모의 15) ③ 위원회의 설치와 그 위원의 선임 및 해임, ④ 정관에서 정하는 사항을 제외하고 위원회에 위임할 수 있다.

신주발행이나 중요한 자산의 처분에 관한 사항도 위원회에 위임할 수 있다. 이사회 내 위원회 결의에 하자가 있는 경우 이사회결의와 마찬가지로 무효가 되고 누구나 그 하자를 주장할 수 있다.

(4) 이사회의 수정결의

위원회는 결의사항을 각 이사에게 통지하여야 한다. 통지받은 각 이사는 이사회 소집을 요구할 수 있으며, 이사회는 위원회가 결의한 사항에 대하여 다시 결의할 수 있다(제393조의2 제4항).(모의 22) 그러나 감사위원회의 결의에 대해서는 이사회가 다시 결의할 수 없다(제415조의2 제6항).(모의 15)

(5) 이사회 규정의 준용

법률 또는 정관에 정한 위원의 원수를 결한 경우 임기의 만료 또는 사임으로 인하여 퇴임한 위원은 새로 선임된 위원이 취임할 때까지 위원의 권리의무가 있다(제393조의2 제5항, 제386조 제1항). 이사회의 소집(제390조), 이사회 결의방법(제391조), 이사회 의사록(제391조의3), 이사회의 연기와 속행(제392조)에 관한 상법 규정은 위원회에 준용된다(제392조의2 제5항).

그 결과 위원회를 소집하기 위해서는 회일을 정하고 그 1주간 전에 각 위원에게 통지를 발송해야 한다.(변호 20) 위 기간은 정관으로 단축할 수 있고, 위원 전원의 동의가 있는 경우 위 절차 없이 회의할 수 있다.

위원회 결의에 하자가 있는 경우 이사회결의와 마찬가지로 누구나 무효를 주장할 수 있다.

Ⅵ. 대표이사

1. 선임과 종임

(1) 선임 [변호 13]

대표이사는 대내적으로 회사의 업무를 집행하고 대외적으로 회사를 대표하는 주식회사의 필요적 상설기관이다. 대표이사는 이사회의 결의로 선임하는 것이 원칙이나, 정관으로 주주총회에서 선정하는 것으로 정할 수 있다(제389조 제1항).(모의 22, 23) 대표이사의 등기는 선임의 효력발생요건이 아니므로 등기되지 않더라도 선임된 대표이사는 대표이사로서의 지위를 가진다.

정관에 다른 규정이 없으면 대표이사는 이사회 결의로 이사 중에서 선임되므로(제389조), **대표이사가 이사직을 상실하면 자동적으로 대표이사직도 상실한다. 따라서 대표이사는 이사회 결의로 대표이사직에서 해임되는 경우뿐만 아니라 주주총회 결의로 이사직에서 해임되는 경우에도 대표이사직을 상실하게 된다.** (대결 2022.9.7. 2022마5372)

(2) 종임

1) 민법상 위임 종료사유 적용, 사임, 해임결정 등

대표이사와 회사의 관계는 위임에 해당한다. 따라서 민법상 위임의 종료사유가 대표이사의 종임에도 적용된다. 대표이사는 언제든지 사임할 수 있으나 부득이한 사유 없이 회사에 불리한 시기에 사임하는 경우 회사의 손해를 배상하여야 한다(민법 제689조 제2항). 대표이사의 해임 결정은 대표이사를 이사회에서 선임한 경우 이사회에서, 주주총회에서 선임한 경우에는 주주총회의 보통결의로 결정한다. 이사의 자격을 상실하면 대표이사의 자격도 상실한다.

2) 임기 중 해임의 경우 손해배상청구 인정 여부

① 의의

대표이사를 임기 중에 해임한 경우, 이사를 임기 중에 해임한 경우에 이사가 회사에 대하여 손해배상을 청구할 수 있다는 제385조 제1항이 유추 적용되는지 문제된다.

② 학설

학설은 대표이사가 회사에 대하여 위임 관계에 있는 이상 유추 적용된다는 견해와 대표이사는 업무를 집행한다는 점에서 이사와 다르고 집행임원의 성격이 강하므로 유추 적용되지 않는다는 견해가 존재한다.

③ 판례

㉠ **상법 제385조 제1항은 주주의 회사에 대한 지배권 확보와 경영자 지위의 안정이라는 주주와 이사의 이익을 조화시키려는 규정이고, 이사의 보수청구권을 보장하는 것을 주된 목적으로 하는 규정이라 할 수 없으므로, 이를 이사회가 대표이사를 해임한 경우에도 유추 적용할 것은 아니다.** (대판 2004.12.10. 2004다25123)(변호 15, 모의 16, 22, 23)

㉡ **임기를 정한 이사를 정당한 사유 없이 주주총회 특별결의로 해임하는 경우 이사가 회사에 대하여 해임으로 인한 손해배상을 청구할 수 있다고 정한 상법 제385조 제1항 단서는 이사회가 대표이사를 해임하는 경우에 유추적용할 것이 아니고, 이는 상법 제389조 제1항 단서에 따라 정관으로 주주총회에서 대표이사를 선정할 것을 정하여 주주총회가 대표이사를 해임하는 경우에도 마찬가지다.** (대판 2024.9.13. 2020다245552)

(3) 퇴임대표이사

대표이사가 결원이 되는 경우, 임기의 만료 또는 사임으로 인하여 퇴임한 대표이사는 새로 선임된 대표이사가 취임할 때까지 대표이사의 권리의무가 있다(제389조 제3항, 제386조).(모의 23)

2. 권한

(1) 업무집행권

대표이사는 대내적, 대외적으로 회사의 업무를 집행할 업무집행권이 있다.

대표이사의 업무집행권은 이사회 결의사항을 집행하는 것만이 아니라 그에 필요한 세부사항과 일상 업무에 대한 의사결정권 및 집행권까지 가진다. 따라서 일상 업무에 속하는 거래는 대표이사가 이사회 결의 없이 결정할 수 있다.(모의 14) 대표이사가 이사회 없이 단독으로 결정할 수 있는 사항인지는 일상업무인지 여부를 기준으로 한다.

(2) 대표권

① 대표이사는 회사 영업에 관한 재판상, 재판외 모든 행위에 있어서 회사를 대표한다. 어떠한 행위가 회사 영업에 관한 것인지 여부는 행위의 객관적 성질에 비추어 판단한다. 대표이사의 대표권은 회사의 권리능력의 범위와 일치하고 사실행위와 불법행위에도 미친다. 대표이사의 대표권을 내부적으로 제한하더라도 선의의 제3자에게 대항하지 못한다(제389조 제3항, 제209조 제2항).

② 대표권한이 내부적으로 제한된 경우에는 그 대표이사는 제한 범위 내에서만 대표권한이 있는데 불과하지만 그렇더라도 그 대표권한의 범위를 벗어난 행위 다시 말하면 대표권의 제한을 위반한 행위라 하더라도 그것이 회사의 권리능력의 범위 내에 속한 행위이기만 하다면 대표권의 제한을 알지 못하는 제3자는 그 행위를 회사의 대표행위라고 믿는 것이 당연하고 이러한 신뢰는 보호되어야 한다.(대판 1997.8.29. 97다18059)

③ 주식회사의 회생절차개시신청은 대표이사의 업무권한인 일상 업무에 속하지 아니한 중요한 업무에 해당하여 이사회결의가 필요하다.(대판 2019.8.14. 2019다204463)(변호 21, 모의 21)

3. 전단적 대표행위 [변호 14, 15, 모의 14, 18, 21]

(1) 의의

전단적 대표행위란 대표이사가 법률 또는 정관 등 내부규정에 위반하여 주주총회 또는 이사회결의를 거치지 않고 대표권을 행사하는 경우를 의미한다.

(2) 주주총회의 결의가 없는 경우

1) 법률에 의하여 요구되는 주주총회결의가 없는 경우

법률에 의하여 요구되는 주주총회 결의가 없는 대표이사의 행위는 무효이다. 이러한 무효는 제3자의 선의, 악의를 불문한다.

영업양도(제374조), 사후설립(제375조), 합병(제522조 제3항, 제434조), 재무제표 승인에 의한 이익배당(제462조) 등의 경우 법률에 의하여 주주총회 결의가 요구된다.

주식회사가 영업의 전부 또는 중요한 일부를 양도한 후 주주총회의 특별결의가 없었다는 이유를 들어 스스로 그 약정의 무효를 주장하더라도 주주 전원이 그와 같은 약정에 동의한 것으로 볼 수 있는 등 특별한 사정이 없다면 위와 같은 무효 주장이 신의성실 원칙에 반하지 않는다.(대판 2018.4.26. 2017다288757)(변호 20)

2) 정관으로 요구되는 주주총회결의가 없는 경우 [모의 18]

정관으로 요구되는 주주총회 결의가 없는 대표이사 행위의 무효는 선의의 제3자에게 대항하지 못한다는 것이 통설이다. 대표이사의 권한에 대한 제한은 선의의 제3자에게 대항하지 못한다는 상법 규정(제389조 제3항, 제209조 제2항)에 의할 때 선의의 제3자에게 대항하지 못한다고 보는 견해가 타당하다.

(3) 이사회 결의가 없는 경우

1) 대외적 거래행위에 요구되는 이사회결의가 없는 경우

① 대표이사의 대외적 거래행위에 관하여 요구되는 이사회결의를 거치지 않은 경우 대표권의 내부적 제한에 해당하므로 회사는 선의, 무중과실의 제3자에게 대항할 수 없다.

② ㉠ 일정한 대외적 거래행위에 관하여 이사회결의를 거치도록 대표이사의 권한을 제한한 경우에도 이사회 결의는 회사의 내부적 의사결정절차에 불과하고, 특별한 사정이 없는 한 거래 상대방으로서는 회사의 대표자가 거래에 필요한 회사의 내부절차를 마쳤을 것으로 신뢰하였다고 보는 것이 경험칙에 부합한다. 따라서 회사 정관이나 이사회 규정 등에서 이사회결의를 거치도록 대표이사의 대표권을 제한한 경우에도 선의의 제3자는 상법 제209조 제2항에 따라 보호된다. ㉡ 이사회결의를 거치지 않은 대표이사 행위의 상대방인 제3자가 상법 제209조 제2항에 따라 보호받기 위하여 선의 이외에 무과실까지 필요하지는 않지만 중대한 과실이 있는 경우에는 제3자의 신뢰를 보호할 만한 가치가 없다고 보아 거래행위가 무효라고 해석함이 타당하다. ㉢ 제3자가 대표이사와 거래행위를 하면서 회사의 이사회결의가 없었다고 의심할 만한 특별한 사정이 없다면 일반적으로 이사회결의가 있었는지를 확인하는 등의 조치를 취할 의무까지 있다고 볼 수는 없다. ㉣ 주식회사의 대표이사가 대표이사의 대표권을 제한하는 상법 제393조 제1항에 정한 '중요한 자산의 처분 및 양도, 대규모 재산의 차입 등의 행위'에 관하여 이사회결의를 거치지 않고 거래행위를 한 경우에도 거래행위의 효력에 관해서는 위에서 본 내부적 제한의 경우와 마찬가지로 보아야 한다.(대판 2021.2.18. 2015다45451 전합)(변호 20, 22, 23, 24, 모의 14, 16, 18, 19, 21, 22, 23, 24)

③ 파산자가 상대방 회사와 그 회사의 이사회결의가 없는 거래행위를 하였다가 파산이 선고된 경우 특별한 사정이 없는 한 파산관재인은 이사회결의를 거치지 아니하고 이루어진 상대방 회사와의 거래행위에 따라 형성된 법률관계를 토대로 실질적으로 새로운 법률상 이해관계를 가지게 된 제3자에 해당한다. 그 선의 · 악의도 파산관재인 개인의 선의 · 악의를 기준으로 할 수는 없고 총파산채권자를 기준으로 하여 파산채권자 모두가 이사회결의가 없었음을 알았거나 이를 알지 못한 데 중대한 과실이 있지 않은 한 상대방 회사는 거래의 무효를 파산관재인에게 주장할 수 없다.(대판 2014.8.20. 2014다206563)

2) 이사의 자기거래에 요구되는 이사회결의가 없는 경우

이사 자기거래의 거래상대방이 이사회결의가 없었음을 알았거나 중과실인 경우가 아니라면 거래행위는 유효하다. 상대방의 악의 또는 중과실에 대한 입증책임은 무효를 주장하는 회사가 부담한다.

3) 내부적 효력을 가지는 행위에 요구되는 이사회결의가 없는 경우

지배인 선임은 내부적 효력을 가지는 행위이므로 이사회결의가 없는 지배인 선임은 무효이다.

제461조에서 요구되는 이사회결의 없이 이루어진 준비금의 자본전입은 무효이다.(모의 14) 준비금의 자본전입이 새로운 주주를 모집하는 것이 아니라 기존 주주에게 무상으로 신주를 발행하는 것이므로 통상의 신주발행보다 제3자의 이해관계가 문제될 가능성이 낮기 때문이다.

이사회결의 없이 소집된 주주총회는 원칙적으로 결의취소사유에 해당한다(제376조).

4) 신주발행에 요구되는 이사회결의가 없는 경우

신주발행은 주식회사의 업무집행에 준하는 것으로서 **대표이사가 권한에 기하여 신주를 발행한 이상 신주발행은 유효하고, 신주발행에 관한 이사회 결의가 없거나 이사회 결의에 하자가 있더라도 이사회 결의는 회사의 내부적 의사결정에 불과하므로 신주발행의 효력에는 영향이 없다.**(대판 2007.2.22. 2005다77060,77077)

4. 대표권의 남용 [변호 14, 15, 18, 모의 14, 16, 19]

(1) 의의

대표이사가 회사가 아니라 자기 또는 제3자의 이익을 위하는 주관적 의도 하에 대표권을 남용하여 행사하는 경우를 말한다. 대표권 남용의 경우에도 대표이사의 행위가 객관적으로 대표권의 범위 내에서 이루어진 이상 해당 행위는 회사의 행위로서 대표이사의 주관적 의도와 관계없이 원칙적으로 유효하다. 다만, 거래의 상대방이 대표이사의 주관적 의도를 알았거나 알 수 있었던 경우 회사가 무효를 주장할 수 있는지 여부가 문제된다.

(2) 대표권남용 행위의 효력

1) 의의

대표권남용 행위 또한 객관적으로 대표이사의 권한 범위 내의 행위로서 회사에 대하여 유효하나 상대방이 대표권 남용 사실을 알았거나 중과실로 알지 못한 경우 회사가 무효를 주장할 수 있는지 문제된다.

2) 학설

① '권리남용설'은 거래상대방이 대표이사의 주관적 의도를 알았거나 중대한 과실로 알지 못한 경우에도 대표권 남용 행위의 유효를 주장하는 것은 권리남용에 해당한다고 본다.

② '심리유보설'은 민법 제107조 제1항에 따라 거래상대방이 그 진의를 알았거나 알 수 있었을 경우에는 무효가 된다고 본다.

학설의 차이점은 경과실인 거래상대방이 보호되는지 여부에 있다. 심리유보설은 거래상대방에게 과실이 있는 경우 무효로 보므로, 심리유보설에 의하면 경과실의 거래상대방은 유효를 주장할 수 없다.

3) 판례

대표이사가 그 대표권의 범위 내에서 한 행위는 설사 대표이사가 회사의 영리목적과 관계없이 자기 또는 제3자의 이익을 도모할 목적으로 그 권한을 남용한 것이라 할지라도 일단 **회사의 행위로서 유효하고,** 다만 그 행위의 **상대방이 대표이사의 진의를 알았거나 알 수 있었을 때에는 회사에 대하여 무효가** 된다.(대판 1997.8.29. 97다18059)(변호 24, 모의 16, 18, 22, 24)

5. 표현대표이사 [변호 12, 17, 모의 16]

(1) 의의

사장, 부사장, 전무, 상무 기타 회사를 대표할 권한이 있는 것으로 인정될 만한 명칭을 사용한 이사의 행위에 대하여는 그 이사가 회사를 대표할 권한이 없는 경우에도 회사는 선의의 제3자에 대하여 그 책임을 지는데, 이를 표현대표이사라 한다(제395조).

(2) 요건

1) 표현적 명칭의 사용(외관의 존재)

① 대표권이 있는 것으로 보이는 명칭의 사용

표현대표이사가 성립하기 위해서는 대표권이 존재하는 것처럼 보이는 명칭을 사용할 것이 요구된다. 회장, 부회장, 이사장 등 거래통념상 회사를 대표할 권한이 있는 것으로 보이는 명칭이면 된다.

경리담당이사는 회사를 대표할 권한이 있는 것으로 인정될 만한 명칭에 해당한다고 볼 수 없다.(대판 2003.2.11. 2002다62029)

규모가 큰 주식회사에 있어서 대표이사 전무 또는 대표이사 상무 등의 명칭을 사용하지 아니하고, 단지 전무이사 또는 상무이사 등의 명칭을 사용하는 이사가 회사를 대표할 권한이 있다고 믿은 제3자에게 중과실이 없는지에 대해서는 신중하게 판단하여야 한다.(대판 1999.11.12. 99다19797)(모의 18)

② 이사 자격이 요구되는지 여부 [변호 17]

제395조는 이사가 표현적 명칭을 사용한 자가 이사일 것이 요구되는 것처럼 규정하고 있다. 그러나 통설은 표현대표이사의 성립에 이사의 자격을 요구하지 않는다.

회사가 이사의 자격이 없는 자에게 표현대표이사의 명칭을 사용하게 허용한 경우는 물론 이사의 자격도 없는 사람이 임의로 표현대표이사의 명칭을 사용하고 있는 것을 회사가 알면서도 아무런 조치를 취하지 아니한 채 그대로 방치하여 소극적으로 묵인한 경우에도 상법 제395조 규정이 유추적용된다.(대판 1992.7.28. 91다35816)(변호 14, 25, 모의 18(3), 20(2))

상법 제395조는 표현대표이사가 자기의 명칭을 사용하여 법률행위를 한 경우는 물론이고 자기의 명칭을 사용하지 아니하고 다른 대표이사의 명칭을 사용하여 행위를 한 경우에도 적용된다.(대판 1998.3.27. 97다34709)(변호 15, 23, 모의 18, 20)

③ 대표이사의 권한 외의 행위인 경우

표현적 명칭 사용이라는 요건이 충족되기 위해서는 대표이사의 행위가 대표이사의 권한 내의 행위이어야 한다. 따라서 표현대표이사가 성립하는 경우에도 전단적 대표행위가 적용된다.

표현대표이사의 행위와 이사회의 결의를 거치지 아니한 대표이사의 행위는 모두 본래는 회사가 책임을 질 수 없는 행위들이지만 거래의 안전과 외관이론의 정신에 입각하여 그 행위를 신뢰한 제3자가 보호된다는 점에 공통되는 면이 있으나, 표현대표이사의 행위로 인정이 되는 경우라고 하더라도 만일 그 행위에 이사회의 결의가 필요하고 거래의 상대방이 이사회의 결의가 없었음을 알았거나 알 수 있었다면 회사는 그 행위에 대한 책임을 면한다.(대판 1998.3.27. 97다34709)(변호 15, 25, 모의 18, 20)

2) 명칭사용의 허락(외관의 부여)

① 회사가 명칭사용을 명시적 또는 묵시적으로 허락하였을 것

㉠ 회사가 명칭사용을 명시적 또는 묵시적으로 허락한 경우에 표현대표이사가 성립한다. 회사가 명칭사용을 알지 못한 경우, 명칭 사용을 방치한 것에 회사의 과실이 있더라도 표현대표이사는 성립되지 않는다. 회사가 적극적으로 명칭 사용을 허락하지는 않았으나 명칭 사용을 알면서도 소극적으로 방치하여 묵인한 경우 표현대표이사가 성립한다.

㉡ 이사 또는 이사의 자격이 없는 자가 임의로 표현대표이사의 명칭을 사용하고 있는 것을 회사가 알면서도 이에 동조하거나 아무런 조치를 취하지 아니한 채 그대로 방치한 경우도 회사가 표현대표이사의 명칭사용을 묵시적으로 승인한 경우에 해당한다.(대판 1992.7.28. 91다35816)(변호 15, 25, 모의 18, 20)

㉢ 표현대표자의 행위에 회사가 책임을 지는 것은 회사가 표현대표자의 명칭 사용을 명시적으로나 묵시적으로 승인한 경우에 한하고 회사의 승인 없이 임의로 명칭을 참칭한 자의 행위에 대하여는 비록 그 명칭 사용을 알지 못하고 제지하지 못한 점에 있어 회사에 과실이 있더라도 회사의 책임으로 돌려 선의의 제3자에 대하여 책임을 지게 할 수 없다.(대판 1995.11.21. 94다50908)(모의 18, 20)

㉣ 이사 선임 권한이 없는 사람이 주주총회의사록 등을 허위로 작성하여 주주총회결의 등의 외관을 만들고 이에 터 잡아 이사를 선임한 경우, 주주총회의 개최와 결의가 존재는 하지만 무효 또는 취소사유가 있는 경우와는 달리, 이사 선임에 관한 주식회사 내부의 의사결정은 존재하지 아니하여 회사가 그 외관의 현출에 관여할 수 없었을 것이므로, 달리 회사의 적법한 대표이사가 그 대표 자격의 외관이 현출되는 것에 협조, 묵인하는 등의 방법으로 관여하였다거나 회사가 그 사실을 알고 있음에도 시정하지 않고 방치하는 등 이를 회사의 귀책사유와 동일시할 수 있는 특별한 사정이 없는 한, 회사에 대하여 상법 제395조에 의한 표현대표이사 책임을 물을 수 없고, 이 경우 위와 같이 허위의 주주총회결의 등의 외관을 만든 사람이 회사의 상당한 지분(49%)을 가진 주주라고 하더라도 그러한 사정만으로는 대표 자격의 외관이 현출된 데에 대하여 회사에 귀책사유가 있는 것과 동일시할 수 없다.(대판 2013.7.25. 2011다30574)(모의 20, 22)

[사실관계 및 판시사항] 甲이 주주총회에서 이사로 선임된 바가 없음에도 불구하고 주주총회의사록을 임의로 작성하여 자신을 대표이사로 등기한 후 회사 소유부동산을 이러한 사실을 알지 못하는 乙에게 매도하였다면, 甲이 대표이사로 등기된 사실을 회사가 과실로 알지 못하여 등기를 말소하지 않은 경우, 이 등기를 신뢰한 乙에게 부동산 소유권을 이전할 의무는 없다.(모의 20)

② 명칭사용을 허락한 주체

㉠ 명칭사용의 허락은 대표이사 또는 이사회결의에 의하여 이루어져야 한다.

㉡ 주주총회결의가 무효 또는 취소된 경우 표현대표이사의 책임을 인정하기 위해서는 진정한 대표이사가 표현대표를 허용하거나, 이사 전원이 아닐지라도 적어도 이사회결의의 성립을 위하여 회사 정관에서 정한 이사의 수, 그와 같은 정관의 규정이 없다면 최소한 이사 정원의 과반수 이사가 적극적 또는 묵시적으로 표현대표를 허용한 경우이어야 한다.(대판 1992.9.22. 91다5365)(모의 22)

㉢ 주주총회 없이 주주총회 의사록만을 작성한 주주총회결의로 대표자로 선임된 자의 행위에 대하여 상법 제395조에 따라 회사에게 그 책임을 물으려면, 의사록 작성으로 대표자격의 외관이 현출된 데에 대하여 회사에 귀책사유가 있음이 인정되어야 한다. 이 경우 의사록을 작성하는 등 주주총회결의의 외관을 현출시킨 자가 회사의 과반수주식을 보유하거나 또는 과반수의 주식을 보유하지 않더라도 사실상 회사의 운영을 지배하는 주주인 경우와 같이 주주총회결의 외관현출에 회사가 관련된 것으로 보아야 할 경우에는 전자의 경우에 준하여 회사의 책임을 인정할 여지가 있을 것이다.(대판 1992.8.18. 91다14369)(모의 18, 22)

3) 표현적 명칭의 신뢰(외관의 신뢰)

① 제3자의 범위

제3자는 표현대표이사의 행위의 직접상대방에 한정되지 않고 표현적 명칭을 신뢰한 모든 제3자를 의미한다.

표현대표이사가 다른 대표이사의 명칭을 사용하여 어음행위를 한 경우, 회사가 책임을 지는 선의의 제3자의 범위에는 표현대표이사로부터 직접 어음을 취득한 상대방뿐만 아니라, 그로부터 어음을 다시 배서양도받은 제3취득자도 포함된다.(대판 2003.9.26. 2002다65073)(변호 25, 모의 16, 18)

② 제3자의 무과실이 요구되는지 여부

통설은 제3자에게 과실이 있는 경우, 표현대표이사가 성립한다고 본다. 다만, 제3자에게 중과실이 있는 경우, 표현대표이사가 성립하지 않는다고 본다.

표현대표이사의 행위로 인한 주식회사의 책임이 성립하기 위하여 제3자의 선의 이외에 무과실까지도 필요로 하는 것은 아니지만, 제3자의 신뢰는 보호할 만한 가치가 있는 정당한 것이어야 할 것이므로 ㉠ 설령 제3자가 회사의 대표이사가 아닌 이사가 그 거래행위를 함에 있어서 회사를 대표할 권한이 있다고 믿었다 할지라도 그와 같이 믿음에 있어서 중과실이 있는 경우에는 회사는 그 제3자에 대하여는 책임을 지지 아니한다.(모의 18, 20) ㉡ 규모가 큰 주식회사에 있어서 '대표이사 전무' 또는 '대표이사 상무' 등의 명칭을 사용하지 아니하고, 단지 '전무이사' 또는 '상무이사' 등의 명칭을 사용하는 이사가 회사를 대표할 권한이 있다고 믿은 제3자에게 중과실이 없는지에 대해서는 신중하게 판단하여야 한다.(대판 1999.11.12. 99다19797)(모의 18, 20)

③ 제3자의 신뢰의 대상

표현대표이사에 있어서 제3자의 신뢰의 대상은 대표권의 존재이다.

표현대표이사와 관련된 제3자의 선의란 표현대표이사가 대표권이 없음을 알지 못한 것을 말하는 것이지 반드시 형식상 대표이사가 아니라는 것을 알지 못한 것에 한정할 필요는 없다.(대판 1998.3.27. 97다34709)(변호 25)

[사실관계 및 판시사항] 회사의 주식 전부를 보유하고 실질적으로 회사를 지배하고 경영하는 A가 등기부상 대표이사로 등기된 대표이사 명의로 금융기관과 근저당권 설정계약을 체결한 경우, 금융기관이 A가 대표이사가 아닌 것을 알고 있었다 하더라도 A에게 대표권이 있다고 신뢰한 데에 과실이 있다고 볼 수 없으므로 표현대표이사의 법리에 따라 회사의 책임을 인정한 경우이다.

(3) 효과

표현대표이사가 성립하면 회사는 표현대표이사의 행위에 대하여 진정한 대표이사가 행위를 한 것처럼 제3자에 대하여 권리를 취득하고 의무를 부담한다. 따라서 민법 제130조 이하의 무권대리 규정은 적용되지 않는다. 표현대표이사의 경우에도 전단적 대표행위의 법리가 적용되고 대표권남용의 법리 또한 적용된다.[변호 17]

표현대표이사가 회사의 영리목적과 관계없이 자기 또는 제3자의 이익을 도모할 목적으로 그 권한을 남용한 경우에도 대표권남용의 법리가 적용되어 상대방이 대표이사의 진의를 알았거나 알 수 있었을 때에는 회사에 대하여 무효가 된다.(대판 2013.7.11. 2013다5091)

(4) 표현대표이사의 책임

제3자에게 중과실이 있어서 표현대표이사의 행위로 인한 회사의 책임이 인정되지 않는 경우에도 제3자는 표현대표이사에게 손해배상책임을 물을 수 있다.(모의 20) 표현대표이사의 행위로 인정되어 회사가 제3자에게 이행책임을 부담하는 경우, 표현대표이사의 이행책임은 면제된다.(모의 20)

(5) 적용범위

① 표현대표이사는 대외적 대표행위에 적용되므로 대내적 업무집행행위에는 적용되지 않는다.
② 표현대표이사는 외관에 대한 신뢰를 보호하기 위한 것이므로 불법행위에는 적용되지 않는다.
③ 표현지배인에 관한 제14조 제1항 단서가 재판상의 행위를 제외하고 있다는 점을 근거로 표현대표이사 또한 소송행위에는 적용되지 않는다고 보는 견해가 통설이다.

(6) 표현대표이사의 유추적용

1) 선임이 무효, 취소된 대표이사의 행위

① 의의

대표이사를 선임한 이사회결의가 무효인 경우 또는 해당 이사를 선임한 주주총회 결의가 취소, 부존재, 무효로 소급하여 효력이 없어지는 경우, 해당 대표이사가 한 행위의 효력과 관련하여 표현대표이사의 규정이 유추적용 되는지 문제된다.

② 학설

학설은 선의의 제3자를 보호하기 위하여 표현대표이사의 규정을 유추적용 하는 것이 통설이다.

③ 판례

주주총회를 소집, 개최함이 없이 의사록만을 작성한 주주총회결의로 대표자로 선임된 자의 행위에 대하여 상법 제395조에 따라 회사에게 그 책임을 물으려면, 의사록 작성으로 대표자격의 외관이 현출된 데에 대하여 회사에 귀책사유가 있음이 인정되어야 한다.(대판 1992.8.18. 91다14369)

2) 표현대표이사의 무권대행

① 의의

표현대표이사가 진정한 대표이사의 명의로 행위를 한 경우에도 표현대표이사의 규정이 적용되는지 여부가 문제된다.

② 학설

㉠ '부정설'은 무권대행의 경우, 제3자는 진정한 대표이사를 대행할 권한이 있다고 오인한 것으로 신뢰 대상이 다르므로 표현대표이사가 적용될 수 없고 민법상 표현대리에 의해야 한다고 본다.

㉡ '긍정설'은 회사를 대표하는 외관이 존재한다는 점에서 표현대표이사가 유추적용 된다고 본다.

③ 판례

㉠ 상법 제395조는 표현대표이사가 자기의 명칭을 사용하지 아니하고 다른 대표이사의 명칭을 사용하여 행위를 한 경우에도 적용된다.(대판 1998.3.27. 97다34709)(변호 23)

㉡ 이사가 다른 대표이사의 명칭을 사용한 대표권 대행의 경우 제3자의 선의나 중과실은 표현대표이사의 대표권 존부에 대한 것이 아니라 대표이사를 대행하여 법률행위를 할 권한이 있느냐에 대한 것이다.(대판 2003.7.22. 2002다40432)(변호 25, 모의 18)

3) 공동대표이사의 단독대표행위

① 의의

공동대표이사가 1인 단독으로 '대표이사'라는 명칭을 사용하여 대표행위를 한 경우에도 표현대표이사의 법리가 적용되는지 문제된다. 공동대표이사는 등기사항인데 만약 표현대표이사의 법리가 적용된다고 하면 선의의 제3자에 대해서는 등기에도 불구하고 대항할 수 없게 되는 문제가 발생한다.

② 학설

㉠ '부정설'은 공동대표이사가 등기사항이라는 점에서 대표이사라는 명칭을 사용한 경우에는 표현대표이사의 법리가 적용되지 않는다고 본다.

㉡ '긍정설'은 대표이사라는 명칭은 대표권을 나타내는 대표적인 명칭이므로 표현대표이사의 법리가 적용된다고 본다.

③ 판례

회사가 공동대표이사에게 단순한 대표이사 명칭을 사용하여 법률행위를 하는 것을 용인 내지 방임한 경우 상법 제395조에 의한 표현책임을 부담한다.(대판 1992.10.27. 92다19033)(변호 15, 19, 모의 13, 18, 19, 20)

(7) 상업등기와의 관계 [변호 12, 17, 모의 22]

1) 의의

제37조 제1항에 의하여 등기사항을 등기한 경우, 회사는 선의의 제3자에게도 대항할 수 있게 된다. 그런데 표현대표이사의 법리에 의하면 대표이사의 등기를 하였더라도 회사는 선의의 제3자에게 표현대표이사의 행위에 대해 책임을 지게 된다. 이에 상업등기의 효력과 표현대표이사의 관계를 어떻게 볼 것인지 문제된다.

2) 학설

① '이차원설'은 표현대표이사는 외관보호의 법리를 바탕으로 하고 있고, 상업등기의 효력은 상업등기의 공시 효력을 바탕으로 하고 있으므로 제395조와 제37조는 서로 차원 또는 법익을 달리한다고 본다. A가 대표이사에서 해임된 이후 해임등기가 되기 이전에 B와 거래하면서 대표이사의 명칭을 사용한 경우, B는 표현대표이사를 주장하거나 해임등기가 없었다는 점을 이유로 거래의 유효를 주장할 수 있다. 만약 A가 해임등기가 된 상태에서 대표이사의 명칭을 사용하였다면 B는 표현대표이사를 주장할 수 있을 뿐이다.

② '예외규정설'은 제395조는 제37조의 예외규정으로 본다.

3) 판례

상법 제395조는 상업등기와는 다른 차원에서 회사의 표현책임을 인정한 규정이므로 제395조를 적용함에 있어 상업등기가 있는지 여부는 고려의 대상이 아니다.(대판 1979.2.13. 77다2436)

6. 공동대표이사

(1) 의의

이사회결의 등으로 대표이사를 선정하면서 수인의 대표이사가 공동으로 회사를 대표하도록 선정하는 경우 대표이사로 선정된 수인의 대표이사를 공동대표이사라 한다(제389조 제2항).(모의 19)

공동대표이사는 이사회 결의로 선정되는데, 정관으로 주주총회에서 선정할 것을 정할 수 있다(제389조 제1항, 제2항). 주주총회에서 공동대표이사를 선정하는 경우에도 주주총회 특별결의 사항은 아니다.(모의 13) 대표이사가 여러 명 선정되더라도 원칙적으로는 각자 회사를 대표하게 되나, 공동대표이사의 경우 공동으로만 회사를 대표할 수 있고 단독으로 한 대표행위는 원칙적으로 무효이다. 주식회사가 공동대표이사를 정한 때에는 그 사항을 등기해야 한다(제317조 제2항 제10호).(모의 13)

공동대표이사 제도는 대외 관계에서 수인의 대표이사가 공동으로만 대표권을 행사할 수 있게 하여 업무집행의 통일성을 확보하고, 대표권 행사의 신중을 기함과 아울러 대표이사 상호간 견제에 의하여 대표권 남용 내지는 오용을 방지하여 회사 이익을 도모하려는데 그 취지가 있다.(대판 1989.5.23. 89다카3677)

(2) 적용범위

회사에 대한 의사표시는 공동대표이사 중 1인에게만 하면 된다(제389조 제3항, 제208조 제2항).(변호 23, 모의 13, 16, 19, 21, 22, 24) 권리남용의 우려가 있는 능동대리의 경우에만 공동대표이사의 법리가 적용된다. 공동대표이사 가운데 한 명이 회사의 업무집행으로 제3자에게 손해를 가한 경우, 회사의 불법행위책임이 성립하고 회사가 연대하여 손해를 배상하여야 한다.(모의 16, 22) 공동대표이사의 행위는 반드시 동시에 표시되어야 하는 것은 아니며, 순차적으로 표시되어도 유효하다.(모의 16)

(3) 공동대표권의 위임 [변호 17]

1) 포괄위임의 허용 여부

① 의의

공동대표이사 중의 1인이 다른 공동대표이사에게 대표권을 포괄위임 할 수 있는지 문제된다.

② 학설

학설은 이사 전원의 동의가 있으면 가능하다는 견해도 있으나, 통설은 대표권의 포괄위임은 실질적으로 단독대표를 가능하게 하므로 공동대표이사 제도 취지에 반한다고 보아 포괄위임을 부정한다.

③ 판례

공동대표이사의 1인이 대표권행사를 특정사항에 관하여 개별적으로 다른 공동대표이사에게 위임함은 별론으로 하고, 일반적 · 포괄적으로 위임하는 것은 허용되지 않는다.(대판 1989.5.23. 89다카3677)(모의 13, 21)

[사실관계 및 판시사항] 회사의 공동대표이사 A가 다른 공동대표이사 B에게 권한을 포괄적으로 위임하고, B는 C에게 약속어음발행을 위임하여 C가 약속어음을 발행한 사안에서 대법원은 이러한 약속어음발행은 회사에 대하여 무효라고 판시하였다.

2) 특정위임의 허용 여부

사안별로 특정하여 다른 공동대표이사에게 대표권을 위임할 수 있는지 문제된다.

학설은 ① '소극설'은 거래의 내용에 대해서도 의사의 합치가 있어야 하고, 의사표시도 공동으로 해야 한다고 보고, ② '백지위임설'은 개별위임은 권한남용의 위험이 크지 않으므로 거래내용 결정 및 의사표시 모두 위임이 가능하다고 보며, ③ '적극설'은 공동대표이사들이 거래의 내용을 공동으로 결정한다면 의사표시는 위임이 가능하다고 보고, ④ '위임표시설'은 적극설을 취하면서 공동대표이사의 위임이 있었음을 표시해야 한다고 본다. 개별위임에 있어 거래내용을 공동으로 정한다면 권한남용의 위험을 제거할 수 있다는 점에서 적극설이 타당하다.

(4) 단독대표행위의 효력

공동대표이사 가운데 1인이 다른 공동대표이사의 동의 없이 단독으로 한 대표행위는 무효이다.

공동대표이사는 등기하여야 하므로 회사가 공동대표이사를 등기하지 아니하면 선의의 제3자에게 대항할 수 없다. 회사가 등기를 한 경우, 제3자는 선의 여부를 불문하고 보호받지 못한다.

判例는 공동대표이사의 단독대표행위에 대하여 제395조의 표현대표이사 법리를 적용하여 선의, 무중과실의 제3자를 보호하고 있다.

거래상대방은 단독대표행위를 한 공동대표이사에 대하여 제401조 제3자에 대한 손해배상책임이나 민법상 불법행위책임을 물을 수 있다. 동시에 회사에 대하여 민법상 사용자책임을 물을 수 있고, 대표이사의 직무집행으로 인한 손해임을 주장, 입증하여 제389조 제3항, 제210조의 연대책임을 물을 수 있다.

(5) 단독대표행위의 추인

공동대표이사 중 한 명의 단독대표행위의 성질은 무권대리에 해당하는 것으로 보아 나머지 공동대표이사 전원이 추인하는 방식으로 하자를 치유하여 유효하게 할 수 있다. 추인의 의사표시는 해당 행위를 한 공동대표이사나 거래상대방에게 할 수 있다.

공동대표이사가 단독으로 회사를 대표하여 제3자와 한 법률행위를 추인함에 있어 그 의사표시는 단독으로 행위한 공동대표이사나 그 법률행위의 상대방인 제3자 중 어느 사람에게 대하여서도 할 수 있다.(변호 19, 모의 16, 19, 23)

회사가 공동대표이사에게 단순한 대표이사라는 명칭을 사용하여 법률행위를 하는 것을 용인 내지 방임한 경우에도 회사는 표현책임을 면할 수 없다.(대판 1992.10.27. 92다19033)(모의 21)

기출사례

★ 대표이사 선임, 신주발행, 가장납입, 주주의결권대리, 주주총회결의하자 [변호 13]

스마트폰 부품의 제조와 판매를 업으로 하는 비상장회사인 X주식회사는 자본금이 2억 5천만 원이며 주주명부에는 동 회사의 발행주식총수 중 A가 50%, B가 30%, C가 10%, D가 10%를 각각 보유하는 것으로 기재되어 있다. 다만, D는 X주식회사의 주주명부에 주주로 기재되어 있지만 실제로는 E가 D의 승낙을 얻어 D의 명의를 차용한 것이다. A의 추천으로 甲과 乙이 이사로 선임되었으며, 그중 甲이 대표이사를 맡고 있다. 나머지 1명의 이사는 B가 추천한 사람이다.
X주식회사는 신기술 도입에 필요한 자금을 조달하기 위하여 신주를 발행하기로 하고, 이사회 결의로 기존 주주들의 지분율에 비례하여 신주를 배정하고 기존 주주 전원이 신주인수대금을 전액 납입함에 따라 자본금을 3억 원으로 변경하는 등기를 마쳤다(이하 '제1차 신주발행'이라고 함). 그런데, 제1차 신주발행 당시 A는 대표이사 甲과 공모하여 丙으로부터 금전을 차용하여 납입하고 자본금 변경등기 후 곧바로 이를 인출하여 丙에게 변제하였으며, 이러한 사실이 전혀 알려지지 않은 상태에서 제1차 신주발행 직후에 개최된 주주총회에서 A와 B, 그리고 C의 의결권 행사를 대리하는 C의 배우자 F가 출석하고 출석주주 전원이 甲의 대표이사 재선임 결의에 찬성함으로써 甲이 대표이사직을 계속 유지하게 되었다.
X주식회사의 정관에서 관련 규정을 발췌하면 아래와 같다.
정관 (일부)
제8조(주식의 종류) 이 회사가 발행할 주식은 기명식 보통주식으로 한다.
제10조(신주인수권) ① 이 회사의 주주는 신주발행에 있어서 그가 소유한 주식수에 비례하여 신주의 배정을 받을 권리를 가진다.
② 제1항의 규정에 불구하고 긴급한 자금의 조달을 위하여 국내외 금융기관이나 투자자에게 신주를 발행하거나 기술도입의 필요상 제휴회사에게 신주를 발행하는 경우에는 주주 이외의 자에게 이사회의 결의로 신주를 배정할 수 있다.
제26조(의결권의 대리행사) ① 주주는 대리인으로 하여금 그 의결권을 행사하게 할 수 있다.
② 제1항의 대리인은 이 회사의 주주에 한하며, 주주총회 개시 전에 그 대리권을 증명하는 서면(위임장)을 제출하여야 한다.
제33조(대표이사의 선임) 이 회사의 대표이사는 주주총회의 결의에 의하여 선임한다.

제1차 신주발행 직후에 개최된 주주총회에서 甲을 대표이사로 재선임한 결의는 유효한가?

Ⅰ. 결론

사안의 X주식회사는 정관으로 주주총회의 결의에 의하여 대표이사를 선임하도록 규정하고 있으므로 주주총회는 대표이사 선임의 적법한 권한이 있다. X회사가 기존 주주들의 지분율에 비례하여 신주를 배정한 신주발행은 적법, 유효하다. A가 신주인수금을 가장납입 하였더라도 이러한 사유로 주주의 지위가 상실되었다고 볼 수 없으므로 주주 A는 여전히 주주의 지위에 있다. X주식회사의 정관으로 주주 의결권 대리행사의 자격을 주주로 제한하는 것은 유효하므로 주주가 아닌 배우자 F가 대리행사한 C의 의결권행사는 위법하다. 다만 이러한 의결권 행사의 하자는 주주총회결의취소 사유에 해당하고 주주총회결의가 소에 의하여 취소되기 전까지 해당 주주총회결의는 유효하므로 사안의 경우 제1차 신주발행 직후에 개최된 주주총회에서 甲을 대표이사로 재선임한 결의는 유효하다. 이와 달리 만약 해당 주주총회결의가 소에 의하여 취소되는 경우 주주총회결의는 소급하여 무효가 된다.

Ⅱ. 쟁점

주주총회에서 甲을 대표이사로 재선임한 결의가 유효한지 여부와 관련하여 이사회가 아닌 주주총회에서 대표이사를 재선임하는 것이 적법한지, 기존주주들에 대한 신주발행이 적법한지, 가장납입한 A의 주주로서의 지위가 인정되는지, 주주의 의결권 행사 대리인을 주주로 제한하는 정관 규정이 유효한지, 이러한 정관 규정이 유효한 경우 주주가 아닌 자가 의결권 행사를 대리할 수 있는지, 주주총회결의의 하자의 정도와 유효 여부가 문제된다.

기출사례

★ 이사·대표이사의 선임, 상업등기의 효력, 표현대표이사, 부실등기, 표현이사 [변호 12]

甲주식회사(이하 '甲회사'라고 함)는 건설업을 정관상의 목적으로 하여 2010. 1. 경 설립된 비상장회사이며 B를 대표이사, C와 D를 이사로 등기하고 있었다.
주주 A는 甲회사가 발행한 전체 주식의 35%를 보유하고 있는데 평소 甲회사에 절대적인 영향력을 행사하며 B에게 업무집행을 지시하는 방법으로 甲회사를 운영하여 왔다. A는 이러한 운영방식에 불편을 느껴 대표이사직에 취임하기로 결심하고, 자신을 대표이사로 선출하여 등기할 것을 B에게 지시하였다. 이에 따라 B는 다른 모든 주주들에게 소집통지를 하지 않고 A만 참석한 주주총회에서 A를 이사로 선임한다는 결의를 거친 후 그러한 내용의 임시주주총회 의사록을 작성하였다. 그 후 B는 이사회를 개최함이 없이 A를 대표이사로 선출한다는 취지의 이사회 의사록을 작성하였고, 甲회사의 대표이사를 B에서 A로 변경하는 상업등기를 2010. 9. 1. 경료하였다.
그 후부터 A는 대내외적으로 대표이사 사장이라는 직함을 사용하면서 업무를 하였는데, 甲회사의 다른 이사들은 이를 알고도 아무런 이의를 제기하지 않았으며, A는 甲회사의 법인인감을 보관하면서 사용하였다. A는 자신을 대표이사로 믿고 거래해 온 乙주식회사(이하 '乙회사'라고 함)와 건설자재의 공급에 관한 계약을 2011. 1. 31. 체결하면서(이하 '납품계약'이라고 함) 그 계약서 서명란에 대표이사 직함과 자신의 성명을 기재하고 날인하였다. 납품계약의 주된 내용은 甲회사가 乙회사로부터 건설자재를 2011. 10. 31.까지 납품받으면서 3억 원의 대금을 지급하기로 하되, 계약체결일로부터 1개월 이내에 선급금으로 1억 원을 지급하고 건설자재 인도 후 잔금 2억 원을 지급하기로 하는 것이었다.
위 납품계약을 체결한 직후 B는 A로의 대표이사 변경 등기를 문제 삼는 다른 주주들의 항의를 받았다. 이에 B가 A를 제외하고 C와 D에게만 이사회 소집통지를 하여 개최된 이사회에서 C를 대표이사로 선출하기로 의결한 후 2011. 2. 말경 C를 대표이사로 등기하였다.
한편 乙회사는 납품계약에 따라 甲회사에 납품할 건설자재를 丙주식회사(이하 '丙회사'라고 함)로부터 구매하고 대금을 지급한 후, 2011. 3. 초순경 납품계약에 따른 선급금 1억 원의 지급을 甲회사에 요청하였다. 그런데 甲회사가 기대했던 공사의 수주가 무산되어 납품계약에 따라 공급받기로 했던 건설자재가 필요 없게 되었고, 이에 C는 위 납품계약의 효력을 인정할 수 없다는 내용의 회신을 하였다.

1. 甲회사의 대표이사로 등기된 A가 적법한 이사로서의 지위를 갖는지 여부를 검토하고, 그에 따라 C를 대표이사로 선임한 甲회사의 이사회 결의가 유효한지 논하시오.
2. 乙회사가 甲회사에 납품계약이 유효하다고 주장하며 계약 이행을 청구할 수 있는 상법상 근거를 설명하시오.
3. 乙회사는 甲회사의 납품계약상의 책임이 성립하지 않을 경우를 대비하여, 丙회사로부터 구매한 건설자재 대금 상당액을 A에게 손해배상 청구 하고자 한다. 이 경우 A의 법적 책임을 검토하시오.

Ⅰ. 문제 1.

1. 결론

甲회사 발행주식의 65%를 보유한 다른 주주들에 대해서는 주주총회 소집통지를 하지 않고 35% 주식을 보유한 A만 참석한 상태에서 주주총회 결의가 이루어졌으므로 이러한 주주총회 결의에는 부존재사유가 존재하고, 따라서 해당 주주총회 결의의 효력은 인정되지 않는다. 실제 이사회를 개최하지 않고 A를 대표이사로 선임한다는 취지의 이사회 의사록만이 작성되었으므로 A를 대표이사로 선임하는 이사회결의 또한 존재하지 아니한다. 상업등기에는 공신력이 인정되지 않으므로 A가 대표이사로 등기되었다는 이유로 A가 대표이사 지위를 취득하는 것도 아니다. 따라서 A는 甲회사의 적법한 이사로서의 지위를 갖지 못한다. 甲회사의 대표이사 B가 甲회사의 이사인 C와 D에 대하여 이사회 소집통지를 한 후 개최된 이사회에서 C를 대표이사로 선임한 이사회결의는 유효하다.

2. 쟁점

주식 35%를 보유한 주주 A에게만 주주총회 소집통지가 이루어지고, 주주 A만 출석하여 개최된 주주총회에서 주주 A를 이사로 선임한 주주총회 결의가 적법, 유효한지, 이사회를 개최하지 아니하고 이사회에서 주주 A가 대표이사로 선임된 것처럼 이사회의사록만을 작성하여 A를 대표이사로 선임한 것이 적법, 유효한지, 대표이사로 등기된 A가 적법한 이사로서의 지위를 가지는지가 문제된다.

Ⅱ. 문제 2.

1. 결론

A는 대내외적으로 대표이사 사장이라는 직함을 사용하면서 업무를 하였고 乙회사와 체결한 납품계약의 계약서 서명란에 대표이사 직함과 자신의 성명을 기재하고 날인하였으므로 비록 A에게 이사의 지위가 인정되지 않더라도 표현적 명칭의 외관이 존재하는 것으로 인정된다. A는 乙 회사와 건설자재의 공급에 관한 계약을 체결하였다. 건설자재 공급에 관한 계약은 甲회사의 목적사업인 건설업과 관련된 것으로서 대표이사의 권한 내의 행위에 해당한다. 甲회사의 다른 이사들은 A가 대내외적으로 대표이사 사장이라는 직함을 사용하면서 업무를 하는 것을 알고도 아무런 이의를 제기하지 않았으며, 甲회사의 대표이사 B는 A가 甲회사의 법인인감을 보관하면서 사용하도록 함으로써 대표 자격의 외관이 현출되는 것에 협조하는 등의 방법으로 관여하였다. 乙회사는 A를 대표이사로 믿고 거래해 왔고, 乙회사의 고의, 중과실을 인정할 사정은 존재하지 않는다. A가 甲회사의 대표이사가 아님에도 불구하고 乙회사와 甲회사의 대표이사인 것처럼 납품계약을 체결한 행위에 대하여 표현대표이사책임이 성립하기 위한 요건이 모두 인정된다. 따라서 乙회사는 표현대표이사책임을 근거로 甲회사에 납품계약이 유효하다고 주장하며 계약 이행을 청구할 수 있다.

A는 甲회사의 대표이사가 아님에도 불구하고 A가 甲회사의 대표이사로 등기되었으므로 사실과 다른 등기가 존재하는 것으로 인정된다. 甲회사의 대표이사 B가 A로의 대표이사 변경등기를 하였으므로 외관의 부여 요건은 인정된다. 乙회사는 A를 대표이사로 믿고 거래해 왔고, 乙회사의 고의, 중과실을 인정할 사정은 존재하지 않는다. 甲회사는 A를 대표이사로 등기한 부실등기에 따른 책임을 부담한다. 甲회사는 등기가 사실과 다르다는 것을 주장할 수 없고, 등기를 신뢰한 제3자에 대하여 책임을 진다. 따라서 乙회사는 상법상 부실등기를 근거로 甲회사에 납품계약이 유효하다고 주장하며 계약 이행을 청구할 수 있다.

2. 쟁점

A가 대내외적으로 대표이사 사장이라는 직함을 사용하면서 업무를 하였고, 甲회사의 다른 이사들이 이를 알고도 아무런 이의를 제기하지 않았으며, A가 甲회사의 법인인감을 보관하면서 사용하였다는 점에서 甲회사가 A의 행위에 대하여 표현대표이사 책임을 부담하는지, 甲회사의 대표이사인 B가 B로부터 A로의 대표이사 변경등기를 하였다는 점에서 甲회사에 부실등기의 책임을 물을 수 있는지 문제된다.

Ⅲ. 문제 3.

1. 결론

甲회사의 납품계약상의 책임이 성립하지 않을 경우 A는 乙회사에 대하여 상법상 표현이사책임 및 민법상 불법행위책임에 따라 乙회사의 손해를 배상하여야 한다.

2. 쟁점

A는 甲회사의 대표이사가 아님에도 대표이사 사장이라는 직함을 사용하면서 甲회사 업무를 처리하고, 乙회사와 납품계약을 체결하였다는 점에서 A에 대해 표현이사 책임이 성립하는지 문제된다.

기출사례

★ 표현대표이사, 대표권남용 [변호 17]

호텔업을 목적으로 설립된 비상장회사 甲주식회사(자본금 250억원, 이하 '甲회사')의 대표이사 A는 이사회를 소집하여 이사들의 논의를 거친 후 의사록의 안건을 적법하게 결의하고, A와 B를 공동대표이사, D를 지배인으로 등기하였다.
C는 甲회사 대주주인 회장의 아들인데 스스로 '甲회사 사장'이라는 명칭으로 甲회사의 인감을 수시로 사용하고, 공동대표이사 A와 B의 서명까지 대행하기도 하였다. 甲회사는 회장의 명에 따라 C가 한 행위를 별다른 이의 없이 이행하여 왔다. C는 '甲회사 사장'으로서 甲회사 명의로 丙주식회사로부터 금 2억 원을 차용하여 개인적으로 유용하였다. 丙회사는 차용금채권의 변제기가 도래하였음에도 불구하고 이를 변제받지 못하고 있나.

丙회사는 甲회사에게 차용금의 변제를 청구할 수 있는가?

Ⅰ. 결론

C는 '甲회사 사장'이라는 명칭을 사용하였으므로 비록 C에게 이사의 지위가 인정되지 않더라도 표현적 명칭의 외관이 존재하는 것으로 인정된다. 甲회사의 자본금이 250억 원이라는 사실에 비추어 보면, C가 丙회사로부터 2억 원을 차용한 행위는 甲회사 대표이사의 권한 내의 행위로 볼 수 있다. 甲회사는 C가 '甲회사 사장'이라는 명칭으로 甲회사의 인감을 수시로 사용하고, 공동대표이사 A와 B의 서명까지 대행하였음에도 甲회사는 회장의 명에 따라 C가 한 행위를 별다른 이의 없이 이행하여 옴으로써 대표 자격의 외관이 현출되는 것에 협조하는 등의 방법으로 관여하였다. 丙회사의 고의, 중과실을 인정할 사정은 존재하지 않는다. C가 甲회사의 대표이사가 아님에도 불구하고 甲회사의 대표이사인 것처럼 하여 丙회사로부터 금 2억 원을 차용한 행위에 대하여 표현대표이사책임이 성립하기 위한 요건이 모두 인정된다. 표현대표이사가 성립하면 회사는 표현대표이사의 행위에 대하여 진정한 대표이사가 행위를 한 것처럼 제3자에 대하여 권리를 취득하고 의무를 부담하므로 丙회사는 甲회사에게 차용금의 변제를 청구할 수 있다.
표현대표이사는 외관보호의 법리를 바탕으로 하고 있고, 상업등기의 효력은 상업등기의 공시 효력을 바탕으로 하고 있으므로 서로 다른 제도로 보는 것이 타당하다. 사안의 경우 甲회사는 공동대표이사 등기가 되어 있다는 이유로 丙회사에 대항할 수 없다.
C의 대표권남용행위에 대해서도 상대방인 丙회사가 이를 알았거나 알 수 있었다고 볼 사정이 존재하지 않으므로 권리남용설이나 심리유보설 어느 견해에 의하더라도 甲회사는 책임을 부담한다.
따라서 丙회사는 甲회사에게 차용금의 변제를 청구할 수 있다.

Ⅱ. 쟁점

표현대표이사 책임, 상업등기와의 관계 및 대표권남용이 문제된다.

기출사례

★ 이사등의 자기거래, 전단적 대표행위, 대표권남용 [변호 14]

동양주식회사(이하, '동양'이라 함)는 자본금 20억 원인 비상장회사이다. 동양의 발행주식총수는 10만주이며, 甲이 4만주, 乙이 3만주, 丙이 2만주, 丁이 1만주를 각각 보유하고 있다. 동양의 이사는 甲, 乙, 丙 3인이고 그중 甲이 대표이사로서 사실상 전권을 행사하고 있다.
동양은 기계부문과 섬유부문의 2개 사업부문으로 구성되어 있는데, 기계부문에서는 의료기계를, 섬유부문에서는 섬유원단을 생산 · 판매하고 있다. 동양의 연매출액은 100억 원이며, 매출액의 구성은 기계부문이 95억 원, 섬유부문이 5억 원이다. 동양은 각 사업부문별로 '동양기계', '동양섬유'라는 영업표지를 사용하면서 독자적인 영업활동을 하여 왔다. 동양은 기존의 의료기계 생산 · 판매 이외에도 수입 · 판매처와 계약을 체결하는 등 의료기계의 수입 · 판매 분야에도 사업확장을 준비하고 있다.
A주식회사는 동양의 섬유 사업부문에 섬유원사를 공급하여 그 대금으로 5억 원의 채권을 가지고 있다. 그 후 동양은 甲, 乙, 丙 3인의 이사가 모두 참석한 이사회에서 이사 전원의 찬성으로 회사 전체 영업의 일부로서, 실적이 부진한 섬유부문을 B주식회사에 양도하였다. 동양의 섬유부문의 가치는 회사 전체의 영업 가치에서 차지하는 비중이 크지 않고 섬유부문의 영업양도 이후에도 동양의 영업은 크게 축소되거나 변동되지 않았다. B회사는 섬유부문의 영업을 양수한 후 '동양섬유'라는 영업표지를 계속하여 사용하면서 동양의 종전 거래처를 상대로 동일하게 영업을 하고 있다.
그 후 甲은 이사회 승인 없이 동양이 생산하는 동종의 의료기계를 수입 · 판매하는 C의료기계주식회사를 설립하여 그 대표이사에 취임하였다. 甲은 C회사의 운영자금으로 20억 원이 필요하였고 D은행은 C회사에 대한 대출에 연대보증을 요구하였다. 이를 위하여 甲은 동양의 이사회를 소집하였고, 甲과 乙만이 출석한 이사회에서는 출석이사 전원의 찬성으로 동양의 연대보증을 결의하였다. 乙은 위 이사회에서 甲이 이사회의 승인 없이 C회사를 설립하여 운영하고 있다는 사정을 잘 알고 있었음에도 별다른 이의를 제기하지 아니하였다. D은행은 동양의 이사회 회의록 및 기타 대출 관련 서류를 확인한 후에 동양과 연대보증계약을 체결하고서 C회사에 대하여 20억 원을 대출해 주었다. D은행은 위와 같은 동양의 내부 사정은 전혀 알지 못하였다.
C회사의 사업이 본격화되면서 그 매출액이 급증하자 이로 인하여 동양의 매출액은 현저히 감소하였고, 동양의 주가는 50% 하락하였다.

D은행은 동양을 상대로 대여금 20억 원의 지급을 청구할 수 있는가?

Ⅰ. 결론

甲이 동양과 C회사의 대표이사를 겸하고 있는 상태에서 C회사를 위하여 동양을 대표하여 연대보증을 하는 행위는 이사의 자기거래에 해당한다. 따라서 동양의 연대보증에는 이사 3분의 2 이상의 동의에 의한 승인이 요구된다. 총 이사 3명 중 2명의 이사 甲, 乙이 출석하여 의사정족수는 인정되나, 결의성립과 관련하여 甲은 개인적 이해관계를 가진 특별이해관계인에 해당하여 결의성립에 필요한 출석이사에는 산입되지 않으므로 자기거래 승인을 위한 이사회결의는 인정되지 아니한다. 이사회 승인을 얻지 못한 이사의 자기거래는 무효이나 D은행은 동양의 이사회 회의록 및 기타 대출 관련 서류를 확인한 후에 동양과 연대보증계약을 체결하고서 C회사에 대하여 20억 원을 대출해 주었고, 동양의 내부 사정은 전혀 알지 못하였으므로, D은행의 악의 및 중과실은 인정되지 않는다. 따라서 동양은 D은행에 대하여 연대보증의 무효를 주장할 수 없다.

동양의 자본금이 20억 원이라는 점에 비추어 볼 때 20억 원 대출채무에 대한 연대보증은 이사회결의사항에 해당한다. D은행은 동양의 이사회 회의록 및 기타 대출 관련 서류를 확인한 후에 동양과 연대보증계약을 체결하고서 C회사에 대하여 20억 원을 대출해 주었고, 동양의 내부 사정은 전혀 알지 못하였으므로, D은행의 악의 및 중과실은 인정되지 않는다. 따라서 동양의 대표이사 甲이 이사회 승인 없이 한 연대보증은 D은행에 대해서는 유효하다.

대표권남용과 관련하여 D은행이 甲의 진의를 알았거나 알 수 있었다는 사정은 보이지 않으므로 동양은 D은행에 대하여 연대보증의 무효를 주장할 수 없다.

따라서 D은행은 동양을 상대로 대여금 20억 원의 지급을 청구할 수 있다.

Ⅱ. 쟁점

동양의 연대보증이 이사의 자기거래에 요구되는 이사회 승인이 존재하는지, 대표이사가 이사회 결의 없이 한 전단적 대표행위로서의 연대보증의 효력, 대표이사가 C회사를 위하여 한 보증행위와 관련하여 대표권남용행위의 효력이 문제된다.

기출사례

★ 공동대표이사의 포괄위임, 공동대표이사의 단독어음행위 효력 [변호 17]

호텔업을 목적으로 설립된 비상장회사 甲주식회사(자본금 250억 원, 이하 '甲회사')는 2016. 3. 2. 건축 내장재를 제조·판매하는 乙주식회사(이하 '乙회사')로부터 제주도 호텔신축에 필요한 전동 블라인드 470개를 구매하고 그 즉시 수령하였다. 甲회사 대표이사 A는 이사회를 소집하여 이사들의 논의를 거친 후 아래 의사록의 안건을 적법하게 결의하고, A와 B를 공동대표이사, D를 지배인으로 등기하였다.

이사회 의사록

甲주식회사는 2016. 1. 13. 서울 강남구 대치동 사옥 대회의실에서 이사회를 열고 아래의 안건을 결의하다.
안건 1 : A와 B를 공동대표이사로 선임한다. [참석 이사가 전원 찬성함]

2016. 1. 13.

갑 주식회사 대표이사 A
이사 B
이사 H
감사 K

B는 회사 경영에 전혀 관여하지 아니한 채 그의 인감 및 명판을 A에게 보관시켜둔 상태에서 A에게 대표이사로서의 권한 일체를 위임하였다. 甲회사가 乙회사로부터 블라인드의 대금독촉을 받자 A는 '발행인 甲회사 공동대표이사 A, B, 발행일 2016. 10. 5., 지급기일 2016. 12. 10., 액면금 5,000만 원'으로 된 약속어음을 작성한 후 乙회사에게 교부하였다(어음 형식요건은 모두 갖춘 것으로 함).

乙회사는 甲회사에게 약속어음금 5,000만 원을 청구할 수 있는가?

Ⅰ. 결론

甲회사의 이사회결의로 A와 B를 공동대표이사로 선임하였으므로 A와 B는 甲회사의 공동대표이사이다. 공동으로 회사를 대표하기 위한 공동대표이사 제도의 취지에 비추어 볼 때 공동대표이사의 대표권을 다른 공동대표이사에게 포괄적으로 위임하는 것은 허용되지 않는다고 보는 것이 타당하다. B가 회사 경영에 전혀 관여하지 아니한 채 그의 인감 및 명판을 A에게 보관시켜 둔 상태에서 A에게 대표이사로서의 권한 일체를 위임한 것은 공동대표권의 포괄적 위임에 해당하여 무효이다. 공동대표이사 B의 대표권 포괄적 위임은 무효이므로 A가 甲회사의 공동대표이사 B의 명의로 한 약속어음발행행위는 위조에 해당하여 효력이 없다. 따라서 乙회사는 甲회사에게 약속어음금 5,000만 원을 청구할 수 없다.

Ⅱ. 쟁점

공동대표이사 권한의 포괄적 위임의 효력 및 공동대표이사의 어음행위의 효력이 문제된다.

7. 집행임원

(1) 의의

집행임원이란 주식회사의 업무집행을 담당하는 자로 이사회에 의하여 선임된 자를 말한다(제408조의2). 집행임원은 업무집행기능과 감독기능을 분리하여 책임경영을 이루기 위하여 2011년 개정상법에서 도입되었다. 집행임원은 부사장, 전무, 상무 등으로 불리던 비등기이사나 임원과 구별된다. 현행 상법에 의하더라도 회사에 집행임원과 동시에 비등기이사를 두는 것이 가능하다.

(2) 집행임원의 설치

1) 임의적 설치

회사는 집행임원을 둘 수 있다. 집행임원을 둔 회사는 대표이사를 두지 못한다(제408조의2 제1항). 즉 집행임원의 설치 여부는 회사가 정할 수 있고, 집행임원의 설치가 강제되는 것은 아니다. 집행임원을 설치할 수 있는 회사의 범위에 대해서도 아무런 제한이 없다.

2) 설치권한 및 설치절차

상법상 집행임원 설치 여부를 결정할 권한에 관한 규정과 설치절차에 관한 규정은 존재하지 않는다. 집행임원은 회사의 지배구조와 관련된 것이라는 점에서 해석상 집행임원의 설치에 관한 사항은 정관에 규정되어야 한다고 본다.

(3) 집행임원의 선임, 임기, 종임

1) 집행임원의 선임

집행임원은 이사회가 선임하며(제408조의2 제3항 제1호),(변호 13) 그 인적사항을 등기한다.

① 집행임원을 1명만 선임하여도 무방하며, 대표이사와 달리 이사가 아닌 자도 선임될 수 있다.
② 여러 명의 집행임원이 선임되는 경우에는 각자 업무집행권을 가진다. 집행임원이 여러 명 선임되는 경우에는 이사회 결의로 대표집행임원을 선임하여야 한다.

2) 집행임원의 자격

이사가 집행임원을 겸할 수 있는지 상법은 규정하고 있지 않다.(변호 13) 명문의 금지규정이 없는 이상 해석상 겸임이 가능하다고 본다. 집행기관인 집행임원의 성격상 감사는 겸임할 수 없다고 본다. 감사위원은 회의체기관인 감사위원회의 구성원이므로 집행임원을 겸임할 수 있다고 본다. 사내이사의 경우 감사위원이 될 수 있다는 규정(제415조의2 제2항)이 존재한다.

3) 집행임원의 임기

집행임원의 임기는 정관에 다른 규정이 없으면 2년을 초과하지 못한다(제408조의3 제1항). 즉, 집행임원의 임기는 원칙적으로 2년 이내이나 정관상 2년 이상으로 할 수 있다. 집행임원의 임기는 정관으로 임기 중 최종 결산기에 관한 정기주주총회 종결 후 가장 먼저 소집하는 이사회의 종결 시까지로 정할 수 있다(제408조의3 제2항). 이사의 임기는 정관으로도 3년을 초과할 수 없다(제383조 제2항).

4) 집행임원의 보수

집행임원의 보수는 정관으로 정하거나 주주총회의 승인으로 정하되, 정관 규정이나 주주총회 승인이 없는 경우에는 이사회에서 정한다(제408조의2 제3항 제6호).

5) 집행임원의 종임

집행임원은 회사와 위임관계에 있다(제408조의2 제2항). 집행임원과 대표집행임원은 이사회의 결의로 해임될 수 있다(제408조의2 제3항 1호). 집행임원의 종임사유는 민법 위임 규정이 적용되고, 이사의 경우와 동일하다. 다만, 집행임원 해임의 경우 이사 해임에 관한 제385조가 준용되지 않는다. 따라서 집행임원이 임기 중 정당한 이유 없이 해임되더라도 회사에게 손해배상을 청구할 수 없다. 이는 제385조가 대표이사 해임에는 적용되지 않는다는 판례의 견해와 동일한 취지이다.

상법 제385조 제1항은 주주총회 특별결의에 의해 언제든지 이사를 해임할 수 있게 하는 한편, **임기가 정해진 이사가 임기 전에 정당한 이유 없이 해임당한 경우에는 회사에 손해배상을 청구**할 수 있게 하여 주주의 회사지배권 확보와 경영자지위 안정이라는 주주와 이사의 이익을 조화시키려는 규정이고, 이사의 보수청구권을 보장하는 것을 주된 목적으로 하는 규정이라 할 수 없으므로, 이를 **이사회가 대표이사를 해임한 경우에도 유추 적용할 것은 아니고, 대표이사가 그 지위의 해임으로 무보수, 비상근의 이사로 되었다고 하여 달리 볼 것도 아니다.**(대판 2004.12.10. 2004다25123)

(4) 집행임원의 권한

집행임원은 회사의 업무를 집행할 권한과 정관이나 이사회의 결의에 의하여 위임받은 업무집행에 관한 의사결정 권한을 가진다(제408조의4).(변호 13)

상법상 이사회의 권한에 속하는 사항은 집행임원에게 의사결정을 위임할 수 없다(제408조의2 제3항 4호). ① 신주발행사항 결정(제416조), ② 사채발행 결정(제469조), ③ 경업, 회사기회유용, 자기거래 승인(제397조, 제397조의2, 제398조), ④ 재무제표 승인(제447조, 제449조의2 제1항)은 집행임원에게 의사결정을 위임할 수 없다. 제393조 제1항에 규정된 ① 중요한 자산의 처분 및 양도, ② 대규모 재산의 차입, ③ 지배인의 선임 또는 해임, ④ 지점의 설치 · 이전 또는 폐지 등에 관한 사항도 집행임원에게 위임할 수 없다.

집행임원은 필요하면 회의의 목적사항과 소집이유를 적은 서면을 이사에게 제출하여 이사회 소집을 청구할 수 있다(제408조의7 제1항). 이사가 지체 없이 이사회 소집의 절차를 밟지 아니하면 소집을 청구한 집행임원은 법원의 허가를 받아 이사회를 소집할 수 있다.(모의 14) 이 경우 이사회 의장은 법원이 이해관계자의 청구에 의하여 또는 직권으로 선임할 수 있다(제408조의7 제2항).

(5) 집행임원의 의무와 책임

1) 집행임원의 의무

집행임원의 의무는 이사의 의무와 동일하다. 집행임원은 회사에 대하여 수임인으로서의 선관주의의무를 부담한다. 집행임원은 3개월에 1회 이상 업무의 집행상황을 이사회에 보고하여야 하며,(모의 14) 이사회의 요구가 있으면 언제든지 이사회에 출석하여 요구한 사항을 보고하여야 한다(제408조의6). 이사의 충실의무(제382조의3), 비밀유지의무(제382조의4), 경업금지의무(제397조), 회사기회유용금지의무(제397조의2), 자기거래 금지의무(제398조), 감사에 대한 보고의무(제412조의2) 규정이 집행임원에게 준용된다(제408조의9).

2) 집행임원의 책임

집행임원의 책임은 이사의 책임과 동일하다. 이사의 책임감면(제400조), 업무집행지시자 등의 책임(제401조의2), 유지청구권(제402조), 대표소송(제403조) 등이 집행임원에게 준용된다(제408조의9). 이사의 책임에 관한 제399조와 제401조의 내용은 별도로 제408조의8에 규정되어 있다.

집행임원이 고의 또는 과실로 법령이나 정관을 위반한 행위를 하거나 그 임무를 게을리 한 경우에는 그 집행임원은 집행임원 설치회사에 손해를 배상할 책임이 있다(제408조의8 제1항). 집행임원이 고의 또는 중대한 과실로 그 임무를 게을리 한 경우에는 그 집행임원은 제3자에게 손해를 배상할 책임이 있다(제408조의8 제2항).(변호 13)

집행임원이 회사 또는 제3자에게 손해를 배상할 책임이 있는 경우에 다른 집행임원 · 이사 또는 감사도 그 책임이 있으면 다른 집행임원 · 이사 또는 감사와 연대하여 배상할 책임이 있다(제408조의8 제3항).

(6) 대표집행임원

집행임원 설치회사는 대표이사를 둘 수 없으므로 집행임원이 2명 이상인 경우 이사회 결의로 대표집행임원을 선임한다(제408조의5 제1항 본문). 집행임원이 1명인 경우에는 그 집행임원이 대표집행임원이 된다(제408조의5 제1항 단서). 대표집행임원에 대하여 대표이사에 관한 규정이 준용된다(제408조의5 제2항). 따라서 집행임원 설치회사의 경우 대표집행임원이 회사의 영업에 관하여 재판상 · 재판외의 모든 행위를 할 권한이 있다(제408조의5 제2항, 제389조 제3항, 제209조 제1항).(변호 13) 집행임원 설치회사에 대하여는 표현대표이사에 관한 제395조가 준용된다(제408조의5 제3항).

(7) 집행임원 설치회사에서의 이사회 권한

집행임원 설치회사의 이사회는 아래와 같은 권한을 가진다(제408조의2 제3항). 집행임원 설치회사는 이사회의 회의를 주관하기 위하여 이사회 의장을 두어야 한다(제408조의2 제4항 제1문). 이 경우 이사회 의장은 정관의 규정이 없으면 이사회 결의로 선임한다(제408조의2 제4항 제2문).

① 집행임원과 대표집행임원의 선임과 해임권

② 집행임원의 업무집행 감독

③ 집행임원과 회사의 소송에서 회사를 대표할 자의 선임(변호 19, 모의 20)

④ 집행임원에게 업무집행에 관한 의사결정의 위임(상법상 이사회 권한사항으로 정한 경우 제외)

⑤ 수인의 집행임원 사이의 직무분담, 지휘 · 명령관계, 기타 집행임원 상호관계에 관한 사항

⑥ 정관에 규정이 없거나 주주총회의 승인이 없는 경우 집행임원의 보수 결정

Ⅶ. 이사의 의무

1. 선관주의의무 [변호 16, 모의 16, 19, 22]

이사는 회사와의 사이에서 위임관계에 있으므로(제382조 제2항) 선량한 관리자의 주의의무로써 사무를 처리하여야 한다.

2. 경영판단원칙 [변호 16]

(1) 의의

① 이사의 의사결정 당시에 합리적으로 결정하였다면 사후적으로 결정이 잘못된 것으로 드러나더라도 이사에게 책임을 물을 수 없다는 원칙을 의미한다. 경영판단의 원칙은 이사의 선관주의의무를 구체화한 것이므로 경영판단원칙의 요건이 충족되면 이사가 선관주의의무를 다한 것으로 본다.

② 회사의 이사회가 어떤 안건에 관하여 충분한 정보를 수집·분석하고 정당한 절차를 거쳐 의사를 결정함으로써 그 안건을 승인하거나 또는 승인하지 않았다면, 그 의사결정 과정에 현저한 불합리가 없는 한 그와 같이 결의한 이사들의 경영판단은 존중되어야 하므로, 이사회의 결의에 참여한 이사들이 이사로서 선량한 관리자의 주의의무 또는 충실의무를 위반하였다고 할 수 없다.(대판 2019.10.31. 2017다293582)

③ 회사가 소유하고 있는 비상장주식을 매도하는 업무를 담당하는 이사들이 합당한 정보를 가지고 회사의 최대이익을 위하여 거래가액을 결정하였고, 거래가액이 당해 거래의 특수성을 고려하더라도 객관적으로 현저히 불합리하지 않을 정도로 상당성이 있다면 선량한 관리자의 주의의무를 다한 것으로 볼 수 있을 것이나, 그러한 합리성과 상당성을 결여하여 회사가 소유하던 비상장주식을 적정가액보다 훨씬 낮은 가액에 매도함으로써 회사에게 손해를 끼쳤다면 그로 인한 회사의 손해를 배상할 책임이 있다.(대판 2005.10.28. 2003다69638)

④ 이사의 경영판단을 정당화할 수 있는 이익은 원칙적으로 회사가 실제로 얻을 가능성이 있는 구체적인 것이어야 하고, 일반적이거나 막연한 기대에 불과하여 회사가 부담하는 비용이나 위험에 상응하지 않는 것이어서는 아니 된다.(대판 2023.3.30. 2019다280481)

(2) 법령위반과 경영판단원칙

법령에 위반한 행위는 경영판단원칙이 적용되지 않는다. 법령에 위반한 행위는 그 자체로 이사의 선관주의의무 위반이 된다.

이사가 임무를 수행함에 있어서 위와 같은 법령에 위반한 행위를 한 때에는 그 행위 자체가 회사에 대하여 채무불이행에 해당되므로 이로 인하여 회사에 손해가 발생한 이상 특별한 사정이 없는 한 손해배상책임을 면할 수 없고, 위와 같은 법령에 위반한 행위에 대하여는 경영판단의 원칙은 적용될 여지가 없다.
(대판 2005.10.28. 2003다69638)(변호 19, 25, 모의 13, 16, 17)

(3) 주주총회 또는 이사회 결의에 따른 행위

① 이사의 업무수행이 법령 또는 정관에 위배되거나 임무해태에 해당하고 회사에 손해가 발생하였다면 이사가 주주총회 또는 이사회결의에 따랐다는 이유만으로 손해배상책임을 면할 수 없다.

② 대표이사는 이사회 또는 주주총회의 결의가 있더라도 그 결의내용이 회사 채권자를 해하는 불법한 목적이 있는 경우에는 이에 맹종할 것이 아니라 회사를 위하여 성실한 직무수행을 할 의무가 있으므로 대표이사가 임무에 배임하는 행위를 함으로써 주주 또는 회사채권자에게 손해가 될 행위를 하였다면 그 회사의 이사회 또는 주주총회의 결의가 있었다고 하여 그 배임행위가 정당화 될 수는 없다.
(대판 1989.10.13. 89도1012)

③ 회사와 회사의 대주주 겸 대표이사는 별개의 법인격을 갖고 있고, 회사의 대주주 겸 대표이사의 지시가 위법한 경우 회사의 임직원이 반드시 그 지시를 따라야 할 법률상 의무가 있다고 볼 수 없으므로, 회사 임직원이 대주주 겸 대표이사의 지시에 따라 위법한 행위를 하여 회사에 손해를 입힌 경우 회사의 그 임직원에 대한 손해배상청구가 신의칙에 반하지 않고, 이는 위법한 행위로 인하여 회사가 유형·무형의 경제적 이익을 얻은 사정이 있다고 하여 달리 볼 것은 아니다.(대판 2007.11.30. 2006다19603)

3. 보고의무 및 비밀유지의무

이사는 3월에 1회 이상 업무의 집행상황을 이사회에 보고하여야 한다(제393조 제4항). 이사는 회사에 현저하게 손해를 미칠 염려가 있는 사실을 발견한 때에는 즉시 감사 또는 감사위원회에게 이를 보고하여야 한다(제412조의2, 제415조의2 제7항).(모의 22)

이사는 재임 중 뿐만 아니라 퇴임 후에도 직무상 알게 된 회사의 영업상 비밀을 누설하여서는 아니된다(제382조의4).(모의 14, 17)

4. 감시의무 [변호 14, 모의 16, 22]

(1) 의의

이사는 다른 이사의 업무집행이 법령 또는 정관에 따라 적절하게 이루어지고 있는지 감시하고 부적절한 행위가 이루어지지 않도록 조치할 의무가 있다.

(2) 대표이사의 감시의무

① 대표이사는 모든 직원과 업무담당이사의 전반적인 업무집행을 감시할 의무가 있다. 공동대표이사는 서로의 업무집행을 감시할 의무가 있다.

② 대표이사는 모든 직원의 직무집행을 감시할 의무를 부담함은 물론, 이사회의 구성원으로서 다른 대표이사를 비롯한 업무담당이사의 전반적인 업무집행을 감시할 권한과 책임이 있다. 가격담합 등 위법행위를 방지하기 위한 합리적인 내부통제시스템이 없었고 대표이사가 이를 구축하려는 노력을 하지도 않았으며, 지속적이고 조직적인 담합이라는 중대한 위법행위가 발생하고 있음에도 대표이사가 이를 인지하지 못하여 미연에 방지하거나 발생 즉시 시정조치를 할 수 없었던 상황에서 담합행위로 인해 회사에 과징금이 부과된 경우 대표이사의 회사에 대한 손해배상책임이 인정된다.(대판 2021.11.11. 2017다222368)

③ 회사 업무의 전반을 총괄하여 다른 이사의 업무집행을 감시·감독해야 할 지위에 있는 대표이사는 회계부정이나 오류를 사전적으로 예방하고 사후적으로 적발·시정할 수 있는 내부통제시스템을 구축하고 그것이 제대로 작동하도록 노력을 다해야 한다. 만일 대표이사가 이러한 노력을 전혀 하지 않거나 위와 같은 시스템을 통한 감시·감독의무의 이행을 의도적으로 외면한 결과 다른 이사 등의 회계업무에 관한 위법한 업무집행을 방지하지 못하였다면, 대표이사로서 감시의무를 게을리 하였다고 볼 수 있다. 내부회계관리제도가 도입되거나 재무담당임원(CFO)이 임명되어 있는 경우에도 마찬가지이다.(대판 2022.7.28. 2019다202146)

(3) 업무분장과 감시의무

① 업무집행이사와 평이사의 감시의무의 내용과 이사들 사이에 업무분장이 이루어진 경우 자신의 업무가 아닌 다른 이사의 업무에 대하여 감시의무가 면제되는지 문제된다.

② 일정한 업무분장에 따라 회사의 일상적인 업무를 집행하는 업무집행이사는 회사의 업무집행을 전혀 담당하지 아니하는 평이사에 비하여 보다 높은 주의의무를 부담한다.(대판 2008.9.11. 2007다31518)

③ 대규모의 회사에서 공동대표이사와 업무담당이사들이 내부적인 사무분장에 따라 각자의 전문 분야를 전담한다고 하여 다른 이사들의 업무집행에 관한 감시의무가 면제되지 않는다.(대판 2008.9.11. 2007다31518)

(4) 비상근이사, 평이사, 사외이사의 감시의무

① 회사 업무집행을 담당하지 않는 평이사는 이사회를 통해 대표이사를 비롯한 업무담당이사의 업무집행을 감시하는 것이 통상적이나 평이사의 임무는 이사회에 상정된 의안에 대하여 찬부의 의사표시를 하는 데에 그치지 않으며 대표이사를 비롯한 업무담당이사의 전반적인 업무집행을 감시할 수 있으므로, 업무담당 이사의 업무집행이 위법하다고 의심할만한 사유가 있음에도 불구하고 평이사가 감시의무를 위반하여 이를 방치한 때에는 이로 인해 회사가 입은 손해에 대하여 배상책임을 진다.(대판 1985.6.25. 84다카1954)(변호 24, 모의 14, 17, 18)

② 이사는 이사회의 일원으로서 이사회에 상정된 안건에 관해 찬부의 의사표시를 하는 데 그치지 않고, 이사회 참석 및 이사회에서의 의결권 행사를 통해 대표이사 및 다른 이사들의 업무집행을 감시 · 감독할 의무가 있다. 이러한 의무는 사외이사라거나 비상근이사라고 하여 달리 볼 것이 아니다. 甲회사의 이사와 감사가 이사회에 출석하고 상법의 규정에 따른 감사활동을 하는 등 기본적인 직무를 이행하지 않았고, 회사를 실질적으로 운영하던 乙의 전횡과 유상증자대금 횡령 등 위법한 직무수행에 관한 감시 · 감독의무를 지속적으로 소홀히 한 경우, 이러한 이사와 감사의 임무 해태와 乙의 유상증자대금 횡령으로 인한 甲 회사의 손해 사이에 인과관계가 인정된다.(대판 2019.11.28. 2017다244115)

③ 이사는 담당업무는 물론 대표이사나 업무담당이사의 업무집행을 감시할 의무가 있으므로 스스로 법령을 준수해야 할 뿐 아니라 대표이사나 다른 업무담당이사도 법령을 준수하여 업무를 수행하도록 감시 · 감독하여야 할 의무를 부담한다. 이사의 감시 · 감독 의무는 사외이사 등 회사의 상무에 종사하지 않는 이사라고 하여 달리 볼 것이 아니다. 대규모 회사의 업무집행을 담당하지 않는 사외이사 등은 내부통제시스템 구축을 촉구하는 등의 노력을 하지 않거나 내부통제시스템이 구축되어 있더라도 제대로 운영되지 않는다고 의심할 만한 사유가 있는데도 이를 외면하고 방치한 경우에 감시의무 위반으로 인정될 수 있다.(대판 2022.5.12. 2021다279347)

5. 경업금지의무 [변호 14, 23, 모의 18, 19, 21]

(1) 의의

이사는 이사회의 승인이 없으면 자기 또는 제3자의 계산으로 회사의 영업부류에 속한 거래를 하거나(변호 13, 모의 14) 동종영업을 목적으로 하는 다른 회사의 무한책임사원이나 이사가 되지 못한다(제397조 제1항).(모의 22) 상업사용인과 달리 이사의 겸직금지의무는 동종영업을 목적으로 하는 경우로 제한된다.

(2) 경업금지 및 겸직금지

1) 경업금지

① 이사는 이사회승인이 없으면 자기 또는 제3자 계산으로 회사 영업부류에 속한 거래를 하지 못한다.(변호 13, 모의 14) 거래명의와 관계없이 자기 또는 제3자의 계산인 거래는 경업이 금지된다. 정관에 기재되어 있더라도 회사가 개시하지 않았거나 폐지된 사업은 회사의 영업부류에 해당되지 않는다.

② 어떤 회사가 이사가 속한 회사의 영업부류에 속한 거래를 하고 있다면 서로 영업지역이 다르다는 것만으로 두 회사가 경업관계에 있지 않다고 볼 것은 아니지만, 두 회사의 지분소유 상황과 지배구조, 영업형태, 동일하거나 유사한 상호나 상표의 사용 여부, 시장에서 두 회사가 경쟁자로 인식

되는지 여부 등 거래 전반의 사정에 비추어 볼 때 경업 대상 여부가 문제되는 회사가 실질적으로 이사가 속한 회사의 지점 내지 영업부문으로 운영되고 공동의 이익을 추구하는 관계에 있다면 두 회사 사이에는 서로 이익충돌의 여지가 있다고 볼 수 없다.(대판 2013.9.12. 2011다57869)

③ 경업의 대상이 되는 회사가 영업을 개시하지 못한 채 공장의 부지를 매수하는 등 영업 준비작업을 추진하고 있는 단계에 있다 하더라도 경업금지의 대상이 되고, 경업금지 대상회사의 영업활동 개시 전에 대상회사의 이사 및 대표이사직을 사임하였다고 하더라도 이사의 경업금지에 위배되고 이사 해임사유인 법령에 위반한 중대한 사실이 있는 경우에 해당한다.(대판 1993.4.9. 92다53583)(변호 12, 19)

④ 이사는 경업 대상 회사의 이사, 대표이사가 되는 경우뿐만 아니라 그 회사의 지배주주가 되어 그 회사의 의사결정과 업무집행에 관여할 수 있게 되는 경우에도 자신이 속한 회사 이사회의 승인을 얻어야 한다.(대판 2013.9.12. 2011다57869)(변호 15, 모의 16, 18)

2) 겸직금지 [모의 19]

이사는 이사회의 승인이 없으면 동종영업을 목적으로 하는 다른 회사의 무한책임사원이나 이사가 되지 못한다. 겸직금지는 동종영업으로 제한된다.

甲회사의 이사가 주주총회 승인이 없이 회사와 동종 영업을 목적으로 하는 乙회사를 설립하고 乙회사의 이사 겸 대표이사가 되었다면 설령 乙회사가 영업활동을 개시하기 전에 乙회사의 이사 및 대표이사직을 사임했다고 하더라도, 이는 경업금지의무를 위반한 행위로서 특별한 다른 사정이 없는 한 이사의 해임에 관한 법령에 위반한 중대한 사실이 있는 경우에 해당한다.(대결 1990.11.2. 90마745)

(3) 이사회의 승인

1) 이사회 승인 결의요건

이사의 경업금지 및 겸직금지에 요구되는 이사회결의는 보통결의에 의한다. 정관으로 가중할 수는 있으나 완화할 수는 없다(제391조 제1항). 자본금총액 10억 미만으로 이사가 1인 또는 2인인 경우 주주총회의 승인을 얻어야 한다(제383조 제1항 단서, 제4항). 경업 또는 겸직에 대한 이사회 승인의 대상이 되는 이사는 특별이해관계인에 해당하여 해당 이사회결의에 참여할 수 없다(제391조 제3항, 제368조 제3항).

2) 이사회 승인 시기

① 의의

경업이나 겸직을 이사회가 사후에 승인할 수 있는지 문제된다.

② 학설

㉠ '부정설'은 추인은 책임면제의 효과를 가져 오므로 총주주의 동의가 필요하다는 이유로 추인은 인정되지 않는다고 한다.

㉡ '긍정설'은 이사회가 추인할 수 있으나, 이사의 손해배상책임까지 추인으로 면제할 수 있는 것은 아니라고 한다.

③ 판례

이사회 승인 없이 회사와 거래를 한 이사의 행위는 일종의 무권대리인의 행위로 볼 수 있고, 무권대리인 행위의 추인이 가능한 점에 비추어 보면, 상법 제398조 전문이 이사와 회사 사이의 이익상반거래에 대하여 이사회의 사후 승인을 배제하고 있다고 볼 수는 없다.(대판 2007.5.10. 2005다4284)

3) 이사회에 대한 경업 및 겸직 내용의 제출

경업과 겸직 승인을 위한 이사회에 경업과 겸직에 관한 중요 내용이 제출되어야 하는지 문제된다.

상법은 이사의 자기거래의 승인을 위한 이사회와 관련해서는 해당 거래의 중요한 내용을 밝힐 것을 규정하고 있으나(제398조 제1항), 이사의 경업과 겸직에 대해서는 이에 관한 규정이 없다.

이사의 자기거래와 관련하여 **그 거래에 관한 자기의 이해관계 및 그 거래에 관한 중요한 사실들을 개시하여야 할 의무**가 있고, 만일 이러한 사항들이 이사회에 개시되지 아니한 채 **그 거래가 이익상반거래로서 공정한 것인지 여부가 심의된 것이 아니라 단순히 통상의 거래로서 이를 허용하는 이사회의 결의가** 이루어진 것에 불과한 경우 등에는 **이사회의 승인이 있다고 할 수는 없다.**(대판 2007.5.10. 2005다4284)

(4) 위반의 효과

이사가 이사회의 승인을 받지 않고 경업 또는 겸직을 하였더라도 해당 경업과 겸직은 유효하다.

거래의 상대방이나 겸직대상회사가 위반사실을 안 경우에도 마찬가지로 유효하다.

위반 이사는 법령을 위반한 경우로서 제385조에 규정된 해임의 정당한 사유가 되고, 제399조에 따른 손해배상책임을 진다.

(5) 경업금지위반과 개입권 [모의 19]

이사가 경업금지의무(겸직금지의무 ×)를 위반한 경우, 회사는 이사회의 결의로 위반 이사의 거래가 자기의 계산으로 한 것인 경우 이를 회사의 계산으로 한 것으로 볼 수 있고, 제3자의 계산으로 한 것인 경우 위반 이사에게 이로 인한 이득의 양도를 청구할 수 있다(제397조 제2항).(변호 12, 13)

개입권은 형성권으로 경업으로 인한 경제적 효과를 회사에 귀속시키는 것이지 회사가 거래 당사자가 되는 것은 아니다.

회사의 개입권 행사는 이사회 결의를 필요로 한다. 회사의 개입권 행사 제척기간은 거래가 있는 날로부터 1년이다(제397조 제3항). 상업사용인에게 적용되는 거래를 안 날로부터 2주간의 제척기간은 적용되지 않는다.

6. 자기거래 금지의무 (변호 13, 16, 모의 16, 19)[변호 14, 15, 16, 18, 모의 14, 16, 17, 18, 19, 21]

(1) 의의

2011년 개정 상법에 의해 ① 자기거래 적용대상이 이사, 주요주주, 특수관계인으로 확대되었고, ② 이사회 사전승인이 명문으로 규정되었으며, ③ 이사 3분의 2 이상의 찬성으로 이사회 결의요건이 강화되었고, ④ 거래 내용과 절차가 공정하도록 요구되고 있다.

(2) 직접거래 및 간접거래 포함

이사 등이 회사와 직접 거래를 하는 직접거래는 당연히 자기거래에 해당된다.

회사가 제3자와 거래를 하더라도 거래의 실질적인 이익이 이사 등에게 귀속되는 간접거래도 자기거래에 해당된다. 간접거래의 예로는 회사가 이사 개인의 채무를 보증하는 행위와 회사가 이사의 채무를 인수하는 경우를 들 수 있다.

주식회사의 이사가 타인에게 금원을 대여함에 있어 회사가 그 채무를 연대보증 하였다면 이는 이사와 회사 사이의 이익이 상반되는 거래행위이므로 이사회의 승인이 없는 한 연대보증은 무효이다.(대판 1980.7.22. 80다828)

(3) 자기거래의 유형

1) 이사 [모의 21]

① 이사는 거래 당시의 이사 및 이에 준하는 자를 의미한다. 퇴임이사, 임시이사, 직무대행자, 청산인도 자기거래가 제한된다.(모의 14) 이사의 지위에서 물러난 자, 이사가 아닌 사장 등은 해당되지 않는다. 집행임원에 대해서는 자기거래 관련 조항이 준용되므로 사전에 이사회 승인을 얻어야 한다(제408조의9). 제401조의2의 업무집행관여자와 표현이사는 자기거래 관련 조항이 준용되지 않으므로 자기거래가 제한되지 않는다.

② A회사 이사 甲이 B회사의 대표이사인 경우와 같이 이사가 지배하는 회사의 경우에는 이사인 甲과 B회사를 동일하다고 보아 B회사는 자기거래의 대상이 되고, A회사와 B회사의 거래는 A회사 이사회 승인을 얻어야 된다.

③ 이사회의 승인이 필요한 이사와 회사의 거래에는 **이사가 거래의 상대방이 되는 경우뿐만 아니라, 이사가 상대방의 대리인이나 대표자로서 회사와 거래를 하는 경우도 해당**한다.(대판 2017.9.12. 2015다70044)

④ **상법 제398조에서 말하는 거래에는** 이사와 회사 사이에 직접 성립하는 이해상반 행위뿐만 아니라 **이사가 회사를 대표하여 자기를 위하여 자기 개인채무의 채권자와의 사이에 자기개인채무의 연대보증을 하는 것과 같이 이사 개인에게 이익이 되고 회사에 불이익을 주는 행위도 포함하므로 별개 두 회사의 대표이사를 겸하고 있는 자가 어느 일방 회사의 채무에 관하여 나머지 회사를 대표하여 연대보증을 한 경우에**도 역시 상법 **제398조의 규정이 적용되는** 것으로 보아야 한다.(대판 1984.12.11. 84다카1591)(모의 19)

⑤ **모회사의 이사와 자회사의 거래는** 모회사와의 관계에서 구 상법 제398조가 규율하는 거래에 해당하지 아니하고, **모회사의 이사는 그 거래에 관하여 모회사 이사회의 승인을 받아야 하는 것이 아니다.**(대판 2013.9.12. 2011다57869)(모의 19)**[모의 21]**

⑥ **회사의 대표이사가 자신의 개인적인 연대보증채무를 담보하기 위하여 회사를 대표하여 자신에게 어음을 발행하는 경우, 이사회의 승인이 필요하다.**(대판 2004.3.25. 2003다64688)(모의 14)

2) 주요주주 [모의 17]

주요주주란 의결권 있는 발행주식 총수의 10% 이상을 소유하거나 회사의 주요 경영사항에 사실상의 영향력을 행사하는 주주를 의미한다(제542조의8 제2항 제6호).

A회사가 B회사의 주식을 10% 이상 소유한 경우 A회사와 B회사가 거래를 하고자 하는 경우 B회사 이사회 승인을 얻어야 한다. 모회사와 자회사 사이의 거래의 경우 자회사 이사회의 승인만 받으면 된다(제398조 제1호).(모의 19)

3) 이사 또는 주요주주의 배우자, 직계존비속, 배우자의 직계존비속

이사 또는 주요주주의 친부모, 친자녀, 시부모, 장인장모, 배우자의 친자녀와 회사 사이의 거래는 자기거래에 해당된다. 직계존비속의 배우자는 제398조 제3호에 포함되지 않으므로, 이사 또는 주요주주의 사위, 며느리, 처남, 동서 등과 회사 사이의 거래는 자기거래에 해당되지 않는다.

4) 제398조 제1호부터 제3호까지의 자가 단독 또는 공동으로 의결권 있는 발행주식 총수의 50% 이상을 가진 회사 및 그 자회사

① A회사 이사 甲이 B회사 의결권 있는 발행주식 총수의 50%를 가지고 있는 경우, B회사가 자기의 계산으로 A회사와 거래를 하기 위해서는 A회사 이사회의 승인을 받아야 한다.(변호 15, 모의 15)

A회사의 입장에서 B회사는 A회사의 이사가 50% 이상의 주식을 보유하는 회사이므로 자기거래의 대상이 되고, B회사의 입장에서 A회사는 주요주주가 이사인 회사에 불과하므로 자기거래의 대상이 아니다.

[사실관계 및 판시사항] 乙회사의 1인 주주가 甲회사의 이사인 경우 甲회사와 乙회사 사이에 이익충돌의 우려가 있는 거래를 하려면 甲회사의 이사회 승인이 필요하다.

② A회사의 주요주주(甲)가 B회사의 주식 20%를 보유하고, 주요주주(甲)의 아들(乙)이 B회사의 주식 60%를 보유하는 상황에서 A와 B가 거래를 하는 경우 A회사 이사회의 승인만 얻으면 된다.

A회사의 입장에서 B회사는 A회사의 주요주주(甲)가 그 직계비속(乙)과 합하여 50% 이상을 보유하는 회사이다. B회사의 입장에서 A회사는 주요주주 단독 또는 합하여 50% 이상을 보유하고 있지 않으므로 자기거래의 대상이 아니다.

③ A회사의 주식 50%를 보유하는 주주(甲)의 딸(乙)이 丙과 결혼하였는데 丙이 B회사의 주식 50%를 보유한 상황에서 A회사와 B회사가 거래를 하는 경우 B회사 이사회 승인만 얻으면 된다.

B회사의 입장에서 A회사는 B회사의 주요주주(丙)의 배우자(乙)와 그 배우자의 직계존속(甲)이 합하여 50%를 보유하는 회사이다. A회사의 입장에서는 주요주주(甲)의 사위(丙)는 자기거래 대상자에 해당하지 않으므로 사위(丙)가 50% 이상을 보유한 B회사는 자기거래의 대상이 아니다.

④ 甲이 A회사의 주식을 50%, B회사의 주식을 10% 보유한 상황에서 A회사와 B회사가 거래를 하는 경우 B회사의 이사회 승인을 얻어야 하고 A회사의 이사회 승인은 얻지 않아도 된다.

B회사의 입장에서 A회사는 주요주주가 50%를 보유하는 회사이므로 A회사는 자기거래의 대상이 되고, B회사의 입장에서 A회사는 주요주주가 주식을 보유한 회사이기는 하나 주식의 비율이 50%가 아닌 10%에 불과하므로 자기거래의 대상이 아니다.

⑤ A회사가 B회사의 모회사이고, C회사가 A회사의 모회사인 상황에서 모회사(A)와 자회사(B)가 거래하는 경우 모회사(A)의 이사회 승인과 자회사(B)의 이사회 승인을 얻어야 한다.

A회사의 입장에서 B회사는, A회사의 주요주주인 C회사가 50% 이상의 주식을 보유하는 회사인 A의 자회사(B)이므로, 결국 자신(A)을 매개로 하여 B회사가 자기거래의 대상에 해당하게 된다. 모회사와 자회사 및 모회사의 50% 이상을 보유하는 회사가 등장하는 경우 모회사와 자회사 사이의 거래는 두 회사 모두 이사회 승인을 받아야 한다. 이 경우 C회사와 B회사 사이의 거래는 자기거래에 해당되지 않는다.

5) 제398조 제1호부터 제3호까지의 자가 제4호의 회사와 합하여 의결권 있는 발행주식총수의 50% 이상을 가진 회사

① A회사의 이사 甲이 B회사의 의결권 있는 발행주식 총수의 60%를 가지고 있고, 甲과 B회사가 합하여 C회사의 의결권 있는 발행주식 총수의 60%를 가지고 있는 경우, C회사가 자기의 계산으로 A회사와 거래를 하기 위해서는 A회사 이사회의 승인을 받아야 한다.(변호 15)

② 甲이 두 회사(A, B)의 지분을 각각 50% 보유하고 있고, 그 중 한 회사(B)가 다른 회사(C)의 주식을 50% 보유하고 있는 상황에서 A회사와 C회사가 거래를 하는 경우 A회사의 이사회 승인만 받으면 된다.

A회사의 입장에서 C회사는 주요주주(甲)가 50% 이상을 보유하는 회사(B)와 함께 50% 이상을 보유하는 회사에 해당된다. C회사의 입장에서는 B회사의 주요주주(甲)가 C회사의 주주는 아니므로 A회사는 자기거래의 대상이 아니다.

③ A → B → C → D → E의 관계로 순차적으로 모자회사 관계인 상황에서 B와 D가 거래를 하는 경우 B의 이사회 승인을 얻어야 하고 D의 이사회 승인은 요구되지 않는다.

B의 입장에서 D는 B의 주요주주(A)가 50% 이상으로 보유하는 회사(B)와 그 자회사(C)가 보유하는 주식을 합하여 50% 이상을 보유하는 회사에 해당된다. D의 입장에서는 B가 자신의 주주가 아니므로 자기거래의 대상이 아니다.

④ A → B → C → D → E의 관계로 순차적으로 모자회사 관계인 상황에서 B와 E가 거래를 하는 경우 자기거래에 해당되지 않는다.

제398조 제4호가 자회사까지만 규정하고 있으므로 B의 입장에서도 E는 자기거래의 대상이 아니다. 여러 회사들이 순차적으로 모자회사 관계에 있을 경우 (i) 모자회사 상호간의 거래는 자회사 이사회의 승인만 얻으면 되고, (ii) 증조할아버지 회사가 존재하는 상황에서 할아버지 회사와 손자 회사가 거래를 하는 경우에는 오히려 할아버지 회사의 이사회 승인만 얻으면 된다. 두 가지 경우 이외에 순차적 모자회사 관계에 있는 회사들 사이의 거래는 자기거래에 해당되지 않는다.

(4) 적용범위

1) 어음 · 수표행위 [모의 16]

① 의의

어음 · 수표를 발행하거나 배서하는 행위가 자기거래에 포함되는지 문제된다.

② 학설

㉠ '부정설'은 어음 · 수표에 관한 행위는 수단적 행위이므로 회사와 이해상충을 가져오지 않는다는 이유로 어음 · 수표행위는 자기거래에 해당하지 않는다고 본다.

㉡ '긍정설'은 어음 · 수표행위로 회사는 원인관계보다 더 엄격한 채무를 부담하게 된다는 점에서 자기거래에 해당한다고 본다. 통설의 견해이다.

③ 판례

대표이사의 수표 배서행위는 이사의 자기거래에 해당한다.(대판 1994.10.11. 94다24626)

2) 회사에 불이익이 생길 염려가 없는 행위 [모의 17]

거래의 성질상 회사에 불이익이 생길 염려가 없는 행위는 자기거래에 해당되지 않는다.(변호 21)

① 기존 회사 채무의 조건을 회사에 유리하게 변경하는 행위, ② 회사에 대한 무이자, 무담보 대여, ③ 회사의 부담이 없는 증여, 상계, 채무변제, ④ 보험계약 등 거래의 성질상 약관에 의하여 정형적으로 체결되는 계약,(모의 15) ⑤ 회사의 주채무에 대한 대표이사의 개인 보증,(모의 15) ⑥ 회사 명의의 퇴직보험 가입, ⑦ 법령이나 주주총회의 결의를 집행하기 위한 것으로서 재량의 여지가 없는 경우(모의 14)는 자기거래에 해당되지 않는다.

3) 자본거래

자본거래 또한 자기거래의 범위에 포함되는지 문제된다.

제398조 각 호에 규정된 자에 대한 제3자 배정 방식의 유상증자를 하는 경우, 발행에 관한 이사회결의에는 자기거래 제한이 적용된다. 실권주의 배정, 자기주식의 처분 또한 자기거래의 범위에 포함된다.

제398조 각 호에 규정된 자와 회사 사이의 합병의 경우에도 합병비율의 결정, 소액주주의 축출 등이 문제될 수 있으므로 합병에 요구되는 주주이익 보호 절차 이외에 자기거래 제한이 적용된다. 주주배정에 의한 유상증자의 경우 성질상 회사에 불이익이 생길 염려가 없으므로 자기거래에 해당되지 않는다.

(5) 이사회의 승인 [변호 21, 모의 21]

1) 승인기관

① 자기거래 승인기관은 이사회이다. 이사가 1명 또는 2명인 소규모회사로서 이사회를 두지 않은 회사는 주주총회가 승인기관이다(제383조 제1항 단서, 제4항).(변호 17)**[모의 21]** 위원회에 승인결정을 위임하는 것은 허용되나, 위원회의 승인결의는 이사 전원의 3분의 2 이상의 찬성으로 하여야 한다. 주주총회에 의한 승인이나 대표이사에게 자기거래의 승인을 위임하는 것은 허용되지 않는다.

② 이사의 자기거래에 대한 승인은 주주 전원의 동의가 있다거나 그 승인이 정관에 주주총회의 권한사항으로 정해져 있는 경우 등의 특별한 사정이 없는 한 이사회의 전결사항이라 할 것이므로, 이사회의 승인을 받지 못한 자기거래에 대하여 아무런 승인 권한이 없는 주주총회에서 사후적으로 추인 결의를 하였다 하여 그 거래가 유효하게 될 수는 없다.(대판 2007.5.10. 2005다4284)(변호 12, 19, 22, 모의 19)

③ 일반적으로 주식회사에서 주주총회의 의결정족수를 충족하는 주식을 가진 주주들이 동의하거나 승인하였다는 사정만으로 주주총회에서 그러한 내용의 주주총회 결의가 있는 것과 마찬가지라고 볼 수 없다. 따라서 자본금 총액이 10억 원 미만으로 이사가 1명 또는 2명인 회사의 이사가 자기 또는 제3자의 계산으로 회사와 거래를 하기 전에 주주총회에서 해당 거래에 관한 중요사실을 밝히고 주주총회의 승인을 받지 않았다면, 특별한 사정이 없는 한 그 거래는 무효라고 보아야 한다.(대판 2020.7.9. 2019다205398)

[사실관계 및 판시사항] 甲회사 이사 2인 중 1인인 乙이 주주총회결의 없이 甲회사와 주식양수도계약을 체결하였는데, 주식양수도계약 체결 당시 乙이 대표이사로 있던 丙회사가 甲회사의 주식 65%를 보유하고 있었고, 甲회사가 乙로부터 주식양수도대금을 지급받아 이를 丙회사에 대여하였다는 사실만으로는 주주총회결의가 없는데도 주식양수도계약을 유효로 볼 만한 특별한 사정이 있다고 인정하기 부족하므로 위 주식양수도계약이 무효라고 본 사안.

2) 승인정족수

이사회 승인은 이사의 3분의 2 이상으로 하여야 한다(제391조). 이사란 재적 이사를 의미한다. 특별이해관계가 있는 이사는 분모에서 제외되고 특별이해관계 없는 이사의 2/3 이상을 의미하게 된다. 이사 중 특별이해관계인이 있다면 의사정족수에는 산입되나, 의결정족수에는 산입되지 않는다.

3) 승인시기

현행 상법은 사전승인을 명문으로 규정하고 있다(제398조).

상법 제398조는 이사 등과 회사 사이에 이익상반거래가 비밀리에 행해지는 것을 방지하고 이사회의 직무감독권 행사를 통하여 이사 등과 회사 사이에 이루어지는 거래의 공정성을 확보함으로써, 이사 등이 회사와의 거래를 통하여 자기 또는 제3자의 이익을 도모하고 회사와 주주에게 예기치 못한 손해를 입히는 것을 방지하기 위함이다. 이사 등이 자기 또는 제3자의 계산으로 회사와 거래를 하면서 사전에 상법 제398조에 따른 이사회 승인을 받지 않았다면 특별한 시정이 없는 한 그 거래는 무효이고, 사후에 이사회 승인을 받았더라도 특별한 사정이 없는 한 무효인 거래행위가 유효로 되는 것은 아니다.(대판 2023.6.29. 2021다291712)

4) 승인방법

반복적인 동종거래의 경우 기간과 한도를 정하여 합리적인 범위 내에서 포괄승인하는 것도 허용된다.

현행 상법은 자기거래의 해당 이사는 거래에 관한 자신의 이해관계와 중요사실을 밝혀야 한다고 규정하고 있다(제398조). 개시의무가 규정되기 이전의 사안과 관련하여 判例는 "자기거래와 관련된 이사는 이사회에 그 거래에 관한 자기의 이해관계 및 그 거래에 관한 중요한 사실들을 개시하여야 할 의무가 있고, 만일 이러한 사항들이 이사회에 개시되지 아니한 채 그 거래가 이익상반거래로서 공정한 것인지 여부가 심의

된 것이 아니라 단순히 통상의 거래로서 이를 허용하는 이사회의 결의가 이루어진 경우에는 이사회의 승인이 있다고 할 수 없다"고 보았다.(대판 2007.5.10. 2005다4284)

[사실관계 및 판시사항] 회사가 이익상반거래를 묵시적으로 추인하였다고 보기 위해서는 그 거래에 대하여 승인 권한을 갖고 있는 이사회가 그 거래와 관련된 이사의 이해관계 및 그와 관련된 중요한 사실들을 지득한 상태에서 그 거래를 추인할 경우 원래 무효인 거래가 유효로 전환됨으로써 회사에 손해가 발생할 수 있고 그에 대하여 이사들이 연대책임을 부담할 수 있다는 점을 용인하면서까지 추인에 나아갔다고 볼 만한 사유가 인정되어야 한다.

5) 승인의 효과

이사회 승인이 있었더라도 거래가 불공정하여 회사에 손해가 발생한 경우 거래당사자인 이사와 해당 이사회 승인에 찬성한 이사들도 제399조 제2항, 제3항에 따라 연대하여 손해배상책임을 진다. 이사회 승인이 있다고 해서 이사의 책임까지 면제되는 것은 아니다.

(6) 거래 내용과 절차의 공정

자기거래의 내용과 절차는 공정하여야 한다(제398조).

(7) 위반의 효과 [변호 15, 16, 18, 모의 16, 17, 21]

1) 이사회의 사전 승인 없는 자기거래의 효력

① 의의

이사회의 사전 승인 없는 자기거래의 효력이 문제된다.

② 학설

㉠ '무효설'은 제398조를 강행규정으로 보아 이사회 승인이 없는 거래는 무효로 본다.

㉡ '유효설'은 제398조를 단속규정으로 보아 이사회 승인이 없는 거래도 대외적으로는 유효하고 회사 내부적으로 이사의 책임만 문제된다고 본다.

㉢ '상대적 무효설'은 회사와 거래상대방 사이에서는 무효이고 제3자에 대해서는 이사회의 승인이 없었음을 제3자가 알았거나 중과실로 알지 못했음을 회사가 입증하지 못하면 유효하다고 본다.

③ 판례

회사의 대표이사가 이사회 승인 없이 한 자기거래행위는 회사와 이사 간에서는 무효이지만, 회사가 위 거래가 이사회 승인을 얻지 못하여 무효라는 것을 제3자에게 주장하기 위해서는 거래안전과 선의의 제3자를 보호할 필요상 이사회 승인을 얻지 못하였다는 것 외에 제3자가 이사회 승인 없음을 알았다는 사실을 입증해야 하고, 비록 제3자가 선의였다 하더라도 이를 알지 못한 데 중대한 과실이 있음을 입증한 경우에는 악의인 경우와 마찬가지이다.(대판 2004.3.25. 2003다64688)(모의 14, 19)

거래상대방의 악의, 중과실은 회사가 주장 · 입증하여야 한다.(대판 1996.1.26. 94다42754)

2) 자기거래의 무효를 주장할 수 있는 당사자

이사와 회사 사이의 거래가 상법 제398조를 위반하였음을 이유로 무효임을 주장할 수 있는 자는 회사에 한정되고 특별한 사정이 없는 한 거래상대방이나 제3자는 그 무효를 주장할 이익이 없다고 보아야 하므로, 거래상대방인 당해 이사 스스로가 위 규정 위반을 내세워 거래의 무효를 주장하는 것은 허용되지 않는다.(대판 2012.12.27. 2011다67651)(변호 15, 모의 19, 23)

3) 제3자의 의미와 범위

자기거래 이후 해당 이사가 다시 직접 거래한 제3자 이외에도 자기거래와 관련된 간접거래에서 회사가 거래한 제3자도 포함된다.

예) 회사가 이사의 채무를 보증한 경우 보증채권자, 회사가 이사의 채무를 인수한 경우 해당 채권자.

4) 이사 등의 책임

이사회 사전 승인이 없거나 승인이 있더라도 불공정한 자기거래를 한 이사는 회사에 손해배상책임을 진다.(변호 12, 모의 19) 해당 이사는 경영판단의 적용대상도 아니고, 책임제한 대상도 아니다(제400조 제2항 단서). 다만, 총주주 동의로 해당 이사의 책임을 면제하는 것은 가능하다.

불공정한 자기거래를 이사회에서 승인한 이사들은 제399조에 따라 회사에 손해배상책임을 진다. 다만 승인한 이사들은 경영판단의 적용대상이 되고, 책임제한의 대상도 된다(제400조 제2항).

주요주주 등 이사 이외에 자기거래를 한 자는 이사회승인이 없거나 거래가 불공정하여도 회사에 대하여 손해배상책임을 지지 않는다. 다만 주요주주 등이 업무집행지시자 등에 해당하면 제399조에 따라 회사에 손해배상책임을 진다.

(8) 상장회사의 특례

1) 상장회사 주요주주 등에 대한 신용공여의 금지 [모의 22]

① 상장회사는 주요주주와 그의 특수관계인, 이사, 집행임원, 감사를 상대방으로 하거나 그를 위하여 신용공여를 하여서는 아니 된다(제542조의9 제1항).(변호 15)

② 신용공여에 대해 이사회의 승인을 얻어야 하는 것이 아니라 신용공여 자체가 금지된다. 신용공여란 금전 등 경제적 가치가 있는 재산의 대여, 채무이행의 보증, 자금 지원적 성격의 증권 매입, 그 밖에 거래상의 신용위험이 따르는 직접적·간접적 거래를 말한다. 주요주주의 특수관계인에는 주요주주가 30% 이상 소유하거나 사실상 영향력을 행사하는 회사가 포함된다.

③ 신용공여 금지 조항은 강행규정으로 이에 위반한 신용공여의 효력은 상대적 무효설에 의한다.

④ **상장회사 신용공여금지 조항은 강행규정으로 이에 위반한 신용공여는 무효이고 누구나 무효 주장 가능하며, 이사회 사전승인이나 사후추인이 있어도 유효로 될 수 없다. 다만 선의, 무중과실인 제3자에게는 무효 주장할 수 없다.**(대판 2021.4.29. 2017다261943)(변호 25)

2) 대규모 거래에 대한 이사회 승인

자산총액 2조원 이상의 상장회사는 최대주주, 그의 특수관계인 및 그 상장회사의 특수관계인을 상대방으로 하거나 그를 위하여 단일 거래 규모가 자산총액 또는 매출총액의 1% 이상, 해당 사업연도 중에 특정인과의 해당 거래를 포함한 거래총액이 자산총액 또는 매출총액의 5% 이상인 거래를 하려는 경우 이사회의 승인을 얻어야 한다(제542조의9 제3항).

대규모 거래의 경우에는 적용기준이 주요주주가 아니라 최대주주이다. 대규모 거래의 경우에는 전면적 금지가 아니라 이사회 승인을 얻는 경우 해당 거래가 허용된다. 상장회사가 경영하는 업종에 따른 일상적인 거래로서 약관에 따라 정형화된 거래 및 이사회에서 승인한 거래총액의 범위 안에서의 거래는 제외된다.

7. 회사기회유용 금지의무 [모의 16, 19]

(1) 의의

이사는 이사회의 승인 없이 현재 또는 장래에 회사의 이익이 될 수 있는 회사의 사업기회를 자기 또는 제3자의 이익을 위하여 이용하여서는 아니 된다(제397조의2 제1항). 이 경우 이사회의 승인은 이사 3분의 2 이상의 수로써 하여야 한다.(변호 13, 21, 모의 14, 16)

대상이 되는 사업기회는 ① 직무를 수행하는 과정에서 알게 되거나 회사의 정보를 이용한 사업기회 및 ② 회사가 수행하고 있거나 수행할 사업과 밀접한 관계가 있는 사업기회를 말한다.

(2) 이사의 회사기회 이용행위

이사에게만 적용되고 자기거래의 경우와 달리 주요주주에 대해서는 적용되지 않는다. 집행임원은 적용대상에 해당한다.

이사가 회사기회를 계속적, 영업적으로 이용할 것을 요구하지 않고 비영업적으로 한 번 이용한 경우에도 이용행위에 해당된다. 이사가 이용행위에 따른 사업을 직접 수행하지 않아도 이용행위에 해당된다. 이사가 주주로 참여하는 경우에도 이용행위에 해당된다.

(3) 회사의 이익이 될 수 있는 사업기회

회사의 기회는 현재 또는 장래에 회사에 이익이 될 수 있어야 한다. 다만, 회사의 이익가능성은 잠재적 영리추구의 가능성을 포함하여 넓게 인정된다.

① 직무를 수행하는 과정에서 알게 되거나 회사의 정보를 이용한 사업기회는 회사가 수행하는 사업과 관련될 것을 요건으로 하지 않는다. ② 회사가 수행하고 있거나 수행할 사업과 밀접한 관계가 있는 사업기회는 회사의 영업부류에 속한 사업기회를 의미한다. 정관상의 사업목적에 한정되지 않고 사실상 회사가 행하는 모든 영업을 포함한다. 회사가 수행할 사업이란 적어도 회사가 사업을 위한 설비투자 등 준비행위를 개시한 경우를 말한다. 회사의 사업기회는 현재 또는 장래 회사에 이익이 될 수 있는 기회이면 되고, 반드시 유망한 사업기회가 아니어도 된다.(모의 16)

(4) 이사회 승인

1) 이사의 자기거래에 대한 이사회 승인과 동일한 사항

이사회 승인요건은 이사 3분의 2 이상이다. 특별이해관계가 있는 이사는 제외된다. 소규모회사에서는 주주총회 결의로 승인한다. 이사회가 아닌 주주 전원 동의로 승인하거나 정관에 의하여 주주총회 승인으로 할 수 있다. 이사가 사업기회에 관한 정보와 자신의 이해상충 가능성을 밝혀야 하는 것으로 상법상 규정되어 있지는 않으나 자기거래의 경우와 마찬가지로 이사는 위 의무를 이행해야 한다.

2) 이사의 자기거래에 대한 이사회 승인과 차이점

① 자기거래의 경우와 달리 사전승인을 받을 것이 명문으로 요구되지는 않는다.

② 자기거래의 경우와 달리 포괄승인은 허용되지 않고 각 사업기회에 대하여 개별적인 검토와 승인이 이루어져야 한다.

③ 이사회 승인이 해당 이사의 손해배상책임을 면제하는 것은 아니나, 자기거래의 경우와 달리 회사에 손해를 발생시킨 이사 및 승인한 이사는 연대하여 손해를 배상할 책임이 있으며 이로 인하여 이사 또는 제3자가 얻은 이익은 손해로 추정한다(제397조의2 제2항).(모의 14, 16, 22)

(5) 위반의 효과

1) 위반행위의 유효 및 개입권 불인정

이사의 자기거래의 경우와 달리 이사회 승인 없이 이루어진 회사기회 유용행위는 유효하다. 이사의 경업금지의 경우와 달리 회사기회 유용의 경우에는 회사의 개입권이 인정되지 않는다.(변호 13)

2) 이사의 책임

① 이사회의 승인이 없었던 경우는 물론 이사회의 승인이 있었더라도 이사의 회사기회 이용으로 회사가 손해를 입었다면 이사는 회사의 손해를 배상하여야 한다. 제397조의2 제2항은 이사 및 승인한 이사가 연대하여 손해를 배상할 책임이 있다고 규정하고 있다.

② 이사회가 충분한 정보를 수집 · 분석하고 정당한 절차를 거쳐 회사 이익을 위해 사업기회를 포기하거나 어느 이사가 그것을 이용할 수 있도록 승인하였다면 그 의사결정과정에 현저한 불합리가 없는 한 이사들의 경영판단은 존중되어야 하므로, 어느 이사가 그러한 사업기회를 이용하게 되었더라도 그 이사나 이사회의 승인 결의에 참여한 이사들이 이사로서 선관의무 또는 충실의무를 위반했다고 할 수 없다.(대판 2013.9.12. 2011다57869)

③ 乙회사의 이사인 甲의 경업금지의무 및 기회유용금지의무 위반에 따라 이익을 얻은 丙 회사가 해당 사업부문을 제3자에게 양도한 경우 양도대금에는 乙 회사가 상실한 사업기회의 가치도 포함되어 있으므로 이를 乙 회사의 손해로 인정하여야 하고, 乙 회사가 사업부문을 양도한 이후 수개월이 지나고 나서 해산하였다고 하여, 해산 이전에 乙 회사가 입은 손해 사이의 상당인과관계가 단절되지도 않는다.(대판 2018.10.25. 2016다16191)

3) 회사 손해의 추정

회사기회 이용으로 인하여 이사 또는 제3자가 얻은 이익은 손해로 추정한다(제397조의2 제2항).(모의 14, 16, 22)

기출사례

★ 이사의 선관의무 및 충실의무 [변호 16]

냉방기기 제조 및 판매업을 영위하는 비상장회사인 A주식회사(이하 'A회사'라 한다)는 2005. 1. 전동자전거 제조 및 판매업을 영위하는 비상장회사인 B주식회사(이하 'B회사'라 한다)를 설립하여 그 주식 100%를 보유하고 있다.
B회사는 설립 후 신제품 개발 및 마케팅에 성공하여 비약적인 성장을 거듭하고 있던 중 2012. 9. 주요 고객 중 하나인 중국 수입선의 부도로 자금조달에 일시적으로 어려움을 겪게 되었다. 이를 해소하기 위하여 2012. 10. 주주배정방식으로 총 발행가액 500억 원 규모(보통주 500만 주)의 유상증자(이하 '이 사건 유상증자'라 한다)를 실시하기로 하였다. A회사의 이사는 甲, 乙, 丙 3인인데, 이사회는 특별한 검토 없이 이 사건 유상증자 직전 B회사의 단기적 유동성 부족 문제만을 이유로 자신에게 배정된 신주를 전부 인수하지 아니하기로 전원일치로 결의하였다.
이에 B회사 이사회는 실권주 처리를 위하여 A회사 최대주주 겸 대표이사인 甲의 배우자인 丁에게 실권한 500만 주 전부를 배정하기로 결의하였다. 丁이 배정주식 전부를 인수한 결과 丁은 B회사의 주식 80%를 보유하게 되었고, 그 결과 A회사가 보유한 B회사 지분은 20%로 감소하였다.
그 후 B회사가 개발한 전동자전거가 중국시장에서 선풍적인 인기를 얻게 되면서 B회사는 유동성 위기에서 벗어남은 물론 매출 및 당기순이익은 이 사건 유상증자 시기에 비하여 수백 배로 수직 상승하였다.
한편 이 사건 유상증자 직후 A회사는 B회사와의 사이에 B회사가 요구하는 특정 기계부품 전량을 10년간 염가에 공급하는 내용의 장기물품공급계약(이하 '이 사건 물품공급계약'이라 한다)을 체결하여 지속적으로 거래를 하여왔다. B회사가 이와 같이 급속하게 성장하게 된 배경에는 이 사건 물품공급계약을 통하여 A회사로부터 핵심부품을 안정적으로 조달받게 된 것이 결정적인 영향을 미쳤다.
X는 이 사건 유상증자 이후에 처음으로 A회사 주식을 매수하여 3개월째 A회사 주식의 3%를 계속 보유하는 주주인데, 이 사건 유상증자와 관련한 이사 甲, 乙, 丙의 행위로 인하여 A회사가 큰 손해를 보았다고 믿고 이들을 상대로 책임을 묻고자 한다.

이사들이 상법상 선량한 관리자의 주의의무 및 충실의무를 위반하였는지 여부를 그 논거와 함께 서술하시오.

Ⅰ. 결론

B회사는 설립 후 신제품 개발 및 마케팅에 성공하여 비약적인 성장을 거듭하고 있던 중 일시적으로 자금조달에 어려움을 겪고 있었음에도 불구하고 A회사의 이사들은 이사회에서 특별한 검토 없이 이 사건 유상증자 직전 B회사의 단기적 유동성 부족 문제만을 이유로 자신에게 배정된 신주를 전부 인수하지 아니하기로 전원일치로 결의하였으므로, 이러한 이사들의 결의는 경영판단원칙으로 정당화될 수 없고, 이사의 선관주의의무 및 충실의무 위반에 해당한다.

Ⅱ. 쟁점

A회사는 B회사의 주주로서 A회사 이사들이 B회사가 유상증자 하면서 A회사에게 배정한 신주 전부의 인수를 포기하였다. 이러한 이사들의 결정에 이사의 선관주의의무 및 충실의무의 위배가 있었는지 여부가 문제된다.

기출사례

★ 이사 경업금지의무, 선관의무 및 충실의무 [변호 14]

동양주식회사(이하, '동양'이라 함)는 자본금 20억 원인 비상장회사이다. 동양의 발행주식총수는 10만주이며, 甲이 4만주, 乙이 3만주, 丙이 2만주, 丁이 1만주를 각각 보유하고 있다. 동양의 이사는 甲, 乙, 丙 3인이고 그중 甲이 대표이사로서 사실상 전권을 행사하고 있다.
동양은 기계부문과 섬유부문의 2개 사업부문으로 구성되어 있는데, 기계부문에서는 의료기계를, 섬유부문에서는 섬유원단을 생산 · 판매하고 있다. 동양의 연매출액은 100억 원이며, 매출액의 구성은 기계부문이 95억 원, 섬유부문이 5억 원이다. 동양은 각 사업부문별로 '동양기계', '동양섬유'라는 영업표지를 사용하면서 독자적인 영업활동을 하여 왔다. 동양은 기존의 의료기계 생산 · 판매 이외에도 수입 · 판매처와 계약을 체결하는 등 의료기계의 수입 · 판매 분야에도 사업확장을 준비하고 있다.
A주식회사는 동양의 섬유 사업부문에 섬유원사를 공급하여 그 대금으로 5억 원의 채권을 가지고 있다. 그 후 동양은 甲, 乙, 丙 3인의 이사가 모두 참석한 이사회에서 이사 전원의 찬성으로 회사 전체 영업의 일부로서, 실적이 부진한 섬유부문을 B주식회사에 양도하였다. 동양의 섬유부문의 가치는 회사 전체의 영업 가치에서 차지하는 비중이 크지 않고 섬유부문의 영업양도 이후에도 동양의 영업은 크게 축소되거나 변동되지 않았다. B회사는 섬유부문의 영업을 양수한 후 '동양섬유'라는 영업표지를 계속하여 사용하면서 동양의 종전 거래처를 상대로 동일하게 영업을 하고 있다.
그 후 甲은 이사회 승인 없이 동양이 생산하는 동종의 의료기계를 수입 · 판매하는 C의료기계주식회사를 설립하여 그 대표이사에 취임하였다. 甲은 C회사의 운영자금으로 20억 원이 필요하였고 D은행은 C회사에 대한 대출에 연대보증을 요구하였다. 이를 위하여 甲은 동양의 이사회를 소집하였고, 甲과 乙만이 출석한 이사회에서는 출석이사 전원의 찬성으로 동양의 연대보증을 결의하였다. 乙은 위 이사회에서 甲이 이사회의 승인 없이 C회사를 설립하여 운영하고 있다는 사정을 잘 알고 있었음에도 별다른 이의를 제기하지 아니하였다. D은행은 동양의 이사회 회의록 및 기타 대출 관련 서류를 확인한 후에 동양과 연대보증계약을 체결하고서 C회사에 대하여 20억 원을 대출해 주었다. D은행은 위와 같은 동양의 내부 사정은 전혀 알지 못하였다.
C회사의 사업이 본격화되면서 그 매출액이 급증하자 이로 인하여 동양의 매출액은 현저히 감소하였고, 동양의 주가는 50% 하락하였다.

상법상, 甲과 乙은 어떠한 의무를 위반하였으며, 어떠한 책임을 부담하는가?

Ⅰ. 결론

이사회 승인 없이 동양이 생산하는 동종의 의료기계를 수입 · 판매하는 C의료기계주식회사를 설립하여 그 대표이사에 취임한 甲의 행위는 동양에 대한 경업금지의무 위반에 해당한다. 甲이 동양의 대표이사로서 행한 D은행에 대한 연대보증은 이사 등의 자기거래에 해당하여 자기거래금지의무에 위배된다. 다만 상대방인 D은행은 이에 대하여 선의, 무중과실이므로 동양은 D은행에 대하여 연대보증채무를 부담한다. 甲이 이사회의 승인 없이 C회사를 설립하여 운영하고 있다는 사정을 잘 알면서도 별다른 이의를 제기하지 아니한 乙의 행위는 동양에 대하여 선관의무 및 충실의무 위반에 해당한다. 甲과 乙은 동양이 입은 매출액 감소액 상당의 손해를 연대하여 배상하여야 한다. 다만 甲과 乙은 동양의 주가 50% 하락으로 인하여 동양의 주주가 입은 손해에 대해서는 손해배상책임을 지지 아니한다.

Ⅱ. 쟁점

甲과 관련해서는 이사의 경업금지의무 및 자기거래금지의무 위반이 문제되고, 乙에 대해서는 이사의 선관주의의무 및 충실의무 위반이 문제된다. 책임과 관련해서는 회사에 대한 책임과 주가 하락을 이유로 주주에 대하여 손해배상책임을 부담하는지 문제된다.

기출사례

★ 이사의 경업금지의무 [변호 23]

A주식회사는 중고자동차 수출입업을 하는 비상장회사이다. A회사에는 대표이사 甲을 포함하여 총 7인의 이사가 있으며, 丁은 감사로 재직 중이다. 甲은 A회사의 영업이 호조를 보이자 스스로 전액 출자하여 중고자동차 수출입업을 하는 B주식회사를 설립하기로 하였다. 甲은 자신의 계획을 A회사 이사회에서 승인받기 위하여 적법한 절차를 거쳐 이사회를 소집하였다. 이사 전원이 참석한 A회사 이사회는 甲으로부터 B회사의 설립과 관련된 간단한 요약 자료에 의한 보고를 받고 이의 승인여부를 표결에 부쳤다. 이러한 보고 자료 외에 B회사 영업의 구체적인 내용이나 A회사에 미치는 영향 등에 대한 설명이나 검토는 이루어지지 않았다. 이사 乙은 B회사의 영업이 A회사와 경쟁관계에 있어 손해를 초래할 수 있으므로 이에 대해 충분한 검토를 해야 한다고 주장하며 표결에서 반대하였으나, 甲을 포함한 이사 5명은 찬성, 丙은 기권(의사록에는 이의를 했다는 기록은 없고 단지 기권한 것으로 기재되어 있음)하였다. 이사회 종료 후 甲은 B회사를 설립하고 영업을 개시하였다. B회사가 A회사와 주된 거래처를 두고 서로 경쟁하였고, 이로 인해 A회사는 매출액이 크게 감소하면서 손해를 입게 되었다.

A회사의 대표이사인 甲이 B회사를 설립하여 중고자동차 수출입업을 행하는 것은 「상법」상 요건을 갖춘 것인가?

Ⅰ. 결론

A회사의 대표이사인 甲이 A회사와 동일한 사업을 목적으로 하는 B회사를 설립하여 중고차 수출입업을 행하는 것은 이사의 경업금지의무의 대상에 해당한다. 이사의 경업에 대한 승인은 재적이사 과반수의 출석과 출석이사 과반수의 찬성에 의하게 되는데, 경업 대상자로서 개인적 이해관계를 가지는 특별이해관계인인 甲은 의사정족수 산정의 기초가 되는 이사의 수에는 포함되고, 결의성립에 필요한 출석이사에는 산입되지 아니하므로 A회사의 이사회결의는 7명 이사 전원이 출석하여 의사정족수가 충족되고, 의결권 있는 6명의 이사 중 4명의 찬성에 의하여 이사회의 승인결의가 있었던 것으로 인정된다. 그러나 위 이사회에서 B회사 영업의 구체적인 내용이나 A회사에 미치는 영향 등에 대한 설명이나 검토는 이루어지지 않았으므로 결국 甲의 경업에 대한 A회사 이사회승인이 있었다고 볼 수 없다. 따라서 A회사의 대표이사인 甲이 B회사를 설립하여 중고자동차 수출입업을 행하는 것은 「상법」상 요건을 갖추지 못하였다.

Ⅱ. 쟁점

A회사의 대표이사인 甲의 A회사와 동일한 사업을 목적으로 하는 B회사를 설립하여 중고차 수출입업을 행하는 것이 이사의 경업금지의무의 대상에 해당하는지, B회사 영업의 구체적인 내용 등에 대한 설명이나 검토 없이 이루어진 A회사 이사회결의에 의하여 경업에 대한 이사회승인이 있었다고 볼 수 있는지 문제된다.

기출사례

■ ★ 실권주의 제3자 배정 및 이사 등의 자기거래금지 [변호 16]

냉방기기 제조 및 판매업을 영위하는 비상장회사인 A주식회사(이하 'A회사'라 한다)는 2005. 1. 전동자전거 제조 및 판매업을 영위하는 비상장회사인 B주식회사(이하 'B회사'라 한다)를 설립하여 그 주식 100%를 보유하고 있다.
B회사는 설립 후 신제품 개발 및 마케팅에 성공하여 비약적인 성장을 거듭하고 있던 중 2012. 9. 주요 고객 중 하나인 중국 수입선의 부도로 자금조달에 일시적으로 어려움을 겪게 되었다. 이를 해소하기 위하여 2012. 10. 주주배정방식으로 총 발행가액 500억 원 규모(보통주 500만 주)의 유상증자(이하 '이 사건 유상증자'라 한다)를 실시하기로 하였다. A회사의 이사는 甲, 乙, 丙 3인인데, 이사회는 특별한 검토 없이 이 사건 유상증자 직전 B회사의 단기적 유동성 부족 문제만을 이유로 자신에게 배정된 신주를 전부 인수하지 아니하기로 전원일치로 결의하였다.
이에 B회사 이사회는 실권주 처리를 위하여 A회사 최대주주 겸 대표이사인 甲의 배우자인 丁에게 실권한 500만 주 전부를 배정하기로 결의하였다. 丁이 배정주식 전부를 인수한 결과 丁은 B회사의 주식 80%를 보유하게 되었고, 그 결과 A회사가 보유한 B회사 지분은 20%로 감소하였다.
그 후 B회사가 개발한 전동자전거가 중국시장에서 선풍적인 인기를 얻게 되면서 B회사는 유동성 위기에서 벗어남은 물론 매출 및 당기순이익은 이 사건 유상증자 시기에 비하여 수백 배로 수직 상승하였다.
한편 이 사건 유상증자 직후 A회사는 B회사와의 사이에 B회사가 요구하는 특정 기계부품 전량을 10년간 염가에 공급하는 내용의 장기물품공급계약(이하 '이 사건 물품공급계약'이라 한다)을 체결하여 지속적으로 거래를 하여왔다. B회사가 이와 같이 급속하게 성장하게 된 배경에는 이 사건 물품공급계약을 통하여 A회사로부터 핵심부품을 안정적으로 조달받게 된 것이 결정적인 영향을 미쳤다.

만약 이 사건 물품공급계약과 관련하여 A회사와 B회사 모두 별도의 이사회 결의나 주주총회 결의를 거치지 아니하였다면, 위 계약의 효력은?

Ⅰ. 결론

이 사건 물품공급계약은 A회사의 자기거래에 해당하여 A회사 이사회의 승인을 얻어야 한다. 이 사건 물품공급계약은 B회사에 대해서는 회사에 불이익이 생길 염려가 없는 행위에 해당하여 자기거래에 해당하지 아니 한다. A회사의 이사회 승인을 얻지 않은 이 사건 물품공급계약은 무효이나 A회사가 이러한 무효를 주장하기 위해서는 B회사의 악의, 중과실을 입증하여야 한다.

Ⅱ. 쟁점

B회사가 丁에게 신주를 발행한 것이 유효한지, A회사와 B회사 간의 거래가 이사 등의 자기거래에 해당하는지, 이사 등의 자기거래에 있어 이사회 결의나 주주총회 결의를 거치지 아니한 경우 그 거래가 유효한지가 문제된다.

Ⅷ. 이사의 책임

1. 회사에 대한 손해배상책임 [변호 14, 16, 모의 16, 19]

> 제399조 (회사에 대한 책임) ① 이사가 고의 또는 과실로 법령 또는 정관에 위반한 행위를 하거나 그 임무를 게을리한 경우에는 그 이사는 회사에 대하여 연대하여 손해를 배상할 책임이 있다.
> ② 전항의 행위가 이사회의 결의에 의한 것인 때에는 그 결의에 찬성한 이사도 전항의 책임이 있다.
> ③ 전항의 결의에 참가한 이사로서 이의를 한 기재가 의사록에 없는 자는 그 결의에 찬성한 것으로 추정한다.(모의 24)

(1) 의의 및 성질

1) 의의

이사가 고의 또는 과실로 법령 또는 정관에 위반한 행위를 하거나 그 임무를 게을리 한 경우에는 그 이사는 회사에 대하여 연대하여 손해를 배상할 책임이 있다(제399조 제1항).(모의 16)

2) 법적 성질

① 의의

제399조에 따른 이사의 회사에 대한 손해배상책임의 법적 성질이 문제된다.

② 학설

학설은 ㉠ '채무불이행설'은 위임계약의 불이행으로 인한 채무불이행책임으로 보고, ㉡ '법정책임설'은 상법에 의하여 가중된 법정책임으로 본다.

③ 판례

㉠ 이사 또는 감사의 회사에 대한 임무해태로 인한 손해배상책임은 일반불법행위 책임이 아니라 위임관계로 인한 채무불이행책임이므로 그 소멸시효기간은 일반채무와 같이 10년이다.(대판 1985.6.25. 84다카1954)(변호 13, 22)

㉡ 주식회사의 이사가 회사에 대하여 손해배상채무를 부담하는 경우 특별한 사정이 없는 한 이행청구를 받은 때부터 지체책임을 진다.(대판 2021.5.7. 2018다275888)(변호 24)

3) 불법행위책임과의 관계

이사의 행위가 민법 제750조의 불법행위책임의 요건을 충족하면 제399조의 손해배상책임과 함께 회사에 대한 불법행위책임을 부담한다. 제399조의 손해배상책임이 성립되지 않더라도 민법 제750조의 불법행위책임이 성립될 수 있다. 민법 제750조의 불법행위책임은 상법 제400조 제1항에 의한 책임면제의 대상에 해당되지 않는다.

(2) 책임 발생의 원인

1) 법령 또는 정관 위반

① 법령 또는 정관에 위반한 행위는 그 자체로 회사에 대한 채무불이행에 해당한다. 법령 또는 정관에 위반한 행위로는 재무제표를 허위 작성하여 이익배당을 한 경우, 이사회승인 없이 경업 또는 자기거래를 한 경우, 위법한 신주발행의 경우, 회사자금으로 뇌물을 제공한 경우,(변호 20, 모의 13) 불공정거래행위를 한 경우 등이 있다. 법령 또는 정관 위반의 경우 이사는 자신에게 고의 및 과실이 없었음을 입증하여야 한다. 그 결과 법령 또는 정관 위반의 경우 이사의 과실은 추정된다.

② 법령 위반 행위는 이사로서 임무수행에 있어서 준수하여야 할 의무를 개별적으로 규정하고 있는 상법 등의 규정과 회사가 기업 활동에 있어서 준수하여야 할 제반 규정을 위반한 경우를 말하고, 이사가 법령에 위반한 행위를 한 때에는 그 행위 자체가 회사에 대하여 채무불이행에 해당되므로 이로 인하여 회사에 발생한 손해를 배상할 책임이 있고, 법령에 위반한 행위에 대하여는 이사가 임무를 수행함에 있어서 선관주의의무를 위반하여 임무해태로 인한 손해배상책임이 문제되는 경우에 고려될 수 있는 경영판단의 원칙은 적용될 여지가 없다.(대판 2005.10.28. 2003다69638)

③ 법령을 위반한 행위라고 할 때 말하는 '법령'은 일반적인 의미에서의 법령, 즉 법률과 그 밖의 법규명령으로서의 대통령령, 총리령, 부령 등을 의미하는 것인바, 종합금융회사 업무운용지침, 외화자금거래취급요령, 외국환업무 · 외국환은행신설 및 대외환거래계약체결 인가공문, 외국환관리규정, 종합금융회사 내부의 심사관리규정 등과 같은 행정기관의 행정지도적 성격의 지침은 이에 해당하지 않는다.(대판 2006.11.9. 2004다41651,41668)(모의 14, 24)

④ 자본금 감소를 위한 주식소각 절차에 하자가 있다면, 주주 등은 자본금 감소로 인한 변경등기가 된 날부터 6개월 내에 소로써만 무효를 주장할 수 있다. 그러나 이사가 주식소각 과정에서 법령을 위반하여 회사에 손해를 끼친 사실이 인정될 때에는 감자무효의 판결이 확정되었는지 여부와 관계없이 상법 제399조 제1항에 따라 회사에 대하여 손해배상책임을 부담한다.(대판 2021.7.15. 2018다298744)(모의 23, 24)

2) 임무를 게을리 한 경우

① 이사가 선관주의의무에 위반한 경우, 회사의 손해를 배상할 책임을 진다. 이사가 임무를 게을리 하였는지 여부는 사안별로 구체적으로 판단하여야 한다. 임무를 게을리한 경우로는 금융기관이 충분한 담보를 확보하지 않고 대출한도를 초과한 대출을 한 경우, 이사회의 승인을 얻어 자기거래를 하였으나 거래의 내용이 불공정한 경우, 이사회에 출석하지 않은 경우 등이 있다. 이사가 수임인으로 지는 선관주의의무 위반은 법령 위반이 아닌 임무해태에 해당한다. 이사의 고의, 과실에 대한 입증책임과 관련하여 통설은 임무해태의 경우 이사의 손해배상책임을 주장하는 자에게 이사의 과실을 입증할 책임이 있다고 본다.(모의 14, 24(2))

② 회사가 대표이사를 상대로 회사에 대한 임무해태를 내세워 채무불이행으로 인한 손해배상책임을 물음에 있어서는 대표이사의 직무 수행상 채무는 미회수금 손해 등의 결과가 전혀 발생하지 않도록 하여야 할 결과채무가 아니라, 회사 이익을 위하여 선관주의의무를 가지고 필요하고 적절한 조치를 할 채무이므로, 회사에게 대출금 중 미회수금 손해가 발생하였다는 결과만을 가지고 곧바로 채무불이행사실을 추정할 수는 없다.(대판 1996.12.23. 96다30465,30472)(모의 17)

③ 이사는 이사회의 일원으로서 다른 업무담당 이사의 업무집행을 전반적으로 감시할 의무가 있고 이러한 의무는 비상근 이사라고 하여 면할 수 있는 것은 아니므로 이사가 이사회에 참석하지도 않고 사후적으로 이사회의 결의를 추인하는 등으로 실질적으로 이사의 임무를 전혀 수행하지 않은 이상 그 자체로서 임무해태가 된다.(대판 2008.12.11. 2005다51471)(변호 22)

④ 이사가 다른 업무담당이사의 업무집행이 위법하다고 의심할 만한 사유가 있음에도 불구하고 이를 방치한 때에는 이로 말미암아 회사가 입은 손해에 대하여 배상책임을 면할 수 없다.(대판 2018.3.22. 2012다74236 전합)(변호 22, 24)

⑤ 대표이사가 타인에게 회사업무 일체를 맡긴 채 자신의 업무집행에 아무런 관심도 두지 아니하여 급기야 부정행위 내지 임무해태를 간과함에 이른 경우에는 상법 제401조 제1항에서 말하는 고의 또는 중대한 과실에 의하여 그 임무를 소홀히 한 것이다.(대판 2003.4.11. 2002다70044)(모의 13)

⑥ 이사들이 이사회에서 회사의 주주 1인에 대한 기부행위를 결의하면서 기부금의 성격, 기부행위가 회사 설립목적과 공익에 미치는 영향, 회사 재정 상황에 비추어 본 기부금 액수의 상당성, 회사와 기부상대방의 관계 등에 관해 합리적인 정보를 바탕으로 충분한 검토를 하지 않았다면, 이사들이 결의에 찬성한 행위는 이사의 선량한 관리자로서의 주의의무에 위배되는 행위에 해당한다. 회사 자본이나 경영상태에 비추어 지나치게 큰 규모의 기부를 했다면 이는 이사의 충실의무에 위반되는 것으로서 이사의 손해배상책임의 원인이 된다.(대판 2019.5.16. 2016다260455)(변호 12)

(3) 회사의 손해

1) 손해의 발생

① 회사 명의의 법률행위가 무효가 되어 회사에 손해가 발생하지 않는 경우에는 이사도 손해배상책임을 지지 않는다. 다만, 거래가 무효가 되었더라도 무효인 거래에 따라 회사의 재산이 제3자에게 처분된 경우 회사가 해당 재산을 부당이득반환청구 등으로 반환받기 전까지는 회사에 손해가 발생한 것이므로 단순히 회사의 법률행위가 무효라는 이유만으로 이사의 손해배상책임이 부정될 수는 없다. 대표권남용으로 어음발행이 무효인 경우라도 소지인에게 어음금 채무를 부담할 위험이 발생하였으므로 회사에 손해가 발생한 경우에 해당한다.

② 대표이사가 대표권을 남용하는 등 임무에 위배하여 회사 명의로 의무를 부담하는 행위를 하더라도 일단 회사의 행위로서 유효하고, 상대방이 대표이사의 진의를 알았거나 알 수 있었을 때에는 회사에 대하여 무효가 된다. 따라서 상대방이 대표권남용 사실을 알았거나 알 수 있었던 경우 그 의무부담행위는 원칙적으로 회사에 대하여 효력이 없고, 경제적 관점에서 보아도 이러한 사실만으로는 회사에 현실적인 손해가 발생하였다거나 손해 발생의 위험이 초래되었다고 평가하기 어려우므로, 의무부담행위로 인하여 실제로 채무의 이행이 이루어졌다거나 회사가 민법상 불법행위책임을 부담하게 되었다는 등의 사정이 없는 이상 배임죄의 기수에 이른 것은 아니다. 그러나 이 경우에도 대표이사로서는 배임의 범의로 임무위배행위를 함으로써 실행에 착수한 것이므로 배임죄의 미수범이 된다. 그리고 상대방이 대표권남용 사실을 알지 못하였다는 등의 사정이 있어 의무부담행위가 회사에 대하여 유효한 경우에는 회사 채무가 발생하고 회사는 채무를 이행할 의무를 부담하므로, 이러한 채무의 발생은 그 자체로 현실적인 손해 또는 재산상 손해 발생의 위험이어서 채무가 현실적으로 이행되기 전이라도 배임죄의 기수에 이르렀다고 보아야 한다.(대판 2017.7.20. 2014도1104)

③ 배당가능이익이 없는데도, 당기순이익이 발생하고 배당가능한 이익이 있는 것처럼 재무제표가 분식되어 이를 기초로 주주에 대한 이익배당금의 지급과 법인세의 납부가 이루어진 경우에는, 특별한 사정이 없는 한 회사는 그 분식회계로 말미암아 지출하지 않아도 될 주주에 대한 이익배당금과 법인세 납부액 상당을 지출하게 되는 손해를 입게 되었다고 봄이 상당하다.(대판 2018.3.22. 2012다74236 전합)(모의 22)**[모의 22]**

2) 인과관계

① 회사의 손해와 인과관계가 존재하지 않으면 손해배상책임을 지지 않는다. 대표이사에 의해 이미 실행된 대출을 추인하는 이사회 결의에 대하여 이사가 선관의무에 위배하여 찬성하였다면 대출로 인한 손해 발생과 인과관계가 인정된다. 대표이사에 의해 이미 실행된 대출에 대한 이사회의 추인 결의에 찬성한 이사들의 행위와 대출금의 회수 곤란으로 인한 손해 사이의 인과관계는 이사 개개인이 선관의무를 다하였는지 여부에 의해 판단하고 다른 이사들이 선관의무를 위반하여 이사회의 추인 결의에 찬성하였는지 여부는 관계없다.

② 이사의 법령 · 정관 위반행위 혹은 임무해태행위로 인한 상법 제399조의 손해배상책임은 그 위반행위와 상당인과관계 있는 손해에 한하여 인정되므로, 손해와 상당인과관계가 없는 경우에는 이사의 손해배상책임이 성립하지 아니한다.(대판 2005.4.29. 2005다2820)

③ 부실대출 실행 후 여러 차례 변제기한이 연장된 끝에 최종적으로 대출금을 회수하지 못하는 손해가 발생한 경우, 그에 대한 손해배상책임은 원칙적으로 최초에 부실대출 실행을 결의하거나 이를 추인한 이사들만이 부담하고, 단순히 변제기한의 연장에만 찬성한 이사들은 그 기한 연장 당시에는 채무자로부터 대출금을 모두 회수할 수 있었으나 기한을 연장함으로써 채무자의 자금사정이 악화되어 대출금을 회수할 수 없게 된 경우가 아닌 한 손해배상책임을 부담하지 않는다.(대판 2007.5.31. 2005다56995)

④ 상호신용금고의 대표이사가 대출 한도를 초과하여 돈을 대출하면서 충분한 담보를 확보하지 아니하여 상호신용금고가 대출금을 회수하지 못하게 된 경우, 대표이사는 회수하지 못한 대출금 중 대출 한도를 초과한 금액에 해당하는 손해를 배상할 책임이 있다.(대판 2002.6.14. 2002다11441)

(4) 이사의 손해배상책임

결의에 찬성한 이사는 연대하여 책임을 진다. 결의에 참여하였으나 이의를 한 기재가 없는 이사는 결의에 찬성한 것으로 추정된다(제401조 제2항, 제399조 제2항, 제3항). 업무집행지시자, 무권대행자, 표현이사, 집행임원도 제3자에 대한 손해배상책임을 부담한다. 일반원칙에 따라 과실상계 또는 손익상계에 의하여 책임이 감경될 수 있다. 주주 전원 동의에 의한 책임 면제(제400조)는 제3자에 대한 책임에 대해서는 적용되지 않는다.

이사가 이사회에 출석하여 결의에 기권하였다고 의사록에 기재된 경우에 그 이사는 이의를 한 기재가 의사록에 없는 자에 해당하지 않으므로 상법 제399조 제3항에 따라 이사회 결의에 찬성한 것으로 추정할 수 없고, 따라서 같은 조 제2항의 책임을 부담하지 않는다.(대판 2019.5.16. 2016다260455)(변호 21, 22, 25, 모의 21)**[변호 23]**

수인의 이사가 연대하여 손해배상책임을 지는 경우 어느 이사가 자기의 부담부분 이상의 손해를 배상하여 이사들이 공동으로 면책된 때에는 다른 이사에게 그 부담부분의 비율에 따라 구상권을 행사할 수 있다.(대판 2006.1.27. 2005다19378)(모의 14, 24)

회사가 이사에 대한 손해배상청구 소송을 제기한 경우, 법원은 사건의 공평한 해결을 위하여 당사자의 신청이 없어도 직권으로 화해권고결정을 할 수 있다.(변호 20)

이사가 법령에 위반한 행위를 하여 회사에 대하여 손해를 배상할 책임이 있는 경우 그 손해배상의 범위를 정함에 있어서는 제반 사정을 참작하여 손해분담의 공평이라는 손해배상제도의 이념에 비추어 그 손해배상액을 제한할 수 있는데, 이때에 손해배상액 제한의 참작 사유에 관한 사실인정이나 그 제한의 비율을 정하는 것은 민법상 과실상계의 사유에 관한 사실인정이나 그 비율을 정하는 것과 마찬가지로 그것이 형평의 원칙에 비추어 현저히 불합리한 것이 아닌 한 사실심의 전권사항이다.(대판 2019.5.16. 2016다260455)(모의 13, 17)

(5) 책임의 제한

1) 의의

회사는 정관으로 이사의 손해배상책임을 이사가 그 행위를 한 날 이전 최근 1년간 보수액의 6배(사외이사의 경우는 3배)를 초과하는 금액에 대하여 면제할 수 있다(제400조 제2항).(모의 14) 책임 제한의 기준이 되는 보수액은 상여금과 주식매수선택권의 행사로 인한 이익 등을 포함한다. 주식매수선택권 행사 이익은 실제로 주식매수선택권이 행사된 경우의 이익을 말하고 주식매수선택권이 행사되지 않은 상태에서의 평가이익은 포함되지 않는다.

2) 정관 규정 및 회사의 책임 제한 의사결정

이사책임을 제한하기 위해서는 정관에 근거 조항이 존재해야 한다. 정관상 책임 제한의 정도는 상법의 제한 범위보다 큰 금액으로 할 수 있다. 이사의 책임이 확정된 후 이사의 책임을 제한하는 회사의 결정이 있어야 한다.

3) 책임 제한의 적용 배제 [모의 16]

① 이사의 고의 또는 중과실로 인한 경우, ② 경업금지 및 겸직금지(제397조) 위반, ③ 회사기회유용금지(제397조의2) 위반 및 ④ 자기거래(제398조) 위반으로 인한 경우에는 이사의 책임이 제한되지 않는다(제400조 제2항 단서). 이 경우 이사의 행위가 제3자의 계산으로 했는지 이사회 승인을 얻었는지와 관계없이 책임 제한이 허용되지 않는다.

제400조 제2항 단서가 제397조의2 제2항(회사기회 및 자산 유용금지)의 승인 이사도 책임 제한 적용배제 대상으로 규정하고 있으나 해석상 단순히 승인한 이사에 대해서는 책임 제한이 허용되고 경영판단원칙도 적용된다고 본다.

이사의 법령 또는 정관 위반 내지 임무해태에 따른 회사에 대한 손해배상의 범위는 손해분담 공평의 이념에 비추어 법원이 손해배상액을 제한할 수 있다.(대판 2008.12.11. 2006다5550)(변호 22)

(6) 책임의 면제 [모의 13]

1) 총주주의 동의에 의한 책임 면제

① 이사의 책임은 주주 전원의 동의로 면제할 수 있다(제400조 제1항). 이러한 총주주에는 의결권 없는 주주도 포함된다. 대다수 주주가 동의하더라도 주주 전원의 동의가 없는 한 이사의 책임이 면제되지 않는다. 책임면제결의에서 이사가 동시에 주주인 경우, 특별이해관계인으로서 의결권을 행사하지 못한다. 주주 전원의 동의는 주주총회 결의가 아니더라도 개별적 동의도 가능하고 묵시적 동의도 가능하다. 총주주의 동의에 의한 책임면제로 불법행위로 인한 손해배상청구권까지 소멸되는 것은 아니다. 회사 또는 주주가 이사의 손해배상책임에 대하여 화해하는 것은 이사의 책임을 일부 면제하는 결과가 되므로 총주주의 동의가 없으면 허용되지 않는다. 대표소송 절차에서 제403조 제6항에 따라 법원의 허가를 얻는 경우 회사 또는 주주가 이사와 재판상 화해를 하는 것이 허용된다.

② **상법 제399조의 이사책임을 면제할 수 있는 총주주 동의는 묵시적 의사표시의 방법으로 할 수 있고 반드시 명시적, 적극적으로 이루어질 필요는 없으며, 실질적으로는 1인에게 주식 전부가 귀속되어 있고 주주명부상으로만 일부 주식이 타인 명의로 신탁되어 있는 경우라도 사실상의 1인 주주가 한 동의도 총주주의 동의에 해당한다.**(대판 2002.6.14. 2002다11441)(변호 12, 모의 14, 24)

③ **회사의 대표이사가 개인적인 목적으로 회사 명의의 수표를 발행하거나 타인이 발행한 약속어음에 회사 명의의 배서를 하여 회사가 지급책임을 이행하고 손해를 입은 경우, 회사는 제399조 소정의 손해배상청구권을 행사할 수 있음은 물론이고, 대표권 남용에 따른 불법행위를 이유로 손해배상청구권도 행사할 수 있다. 총주주 동의를 얻어 대표이사의 행위로 손해를 입게 된 금액을 특별손실로 처리하기로 결의하였다면 상법 제400조 소정의 이사 책임소멸의 원인이 되는 면제에 해당되나 이로써 소멸되는 손해배상청구권은 상법 제399조 소정의 권리에 국한되는 것이지 불법행위로 인한 손해배상청구권까지 소멸되는 것으로는 볼 수 없다.**(대판 1989.1.31. 87누760)

④ **상법 제399조에 기한 손해배상청구의 소를 제기한 것은 일반 불법행위로 인한 손해배상청구권에 대한 소멸시효 중단의 효력은 없다.**(대판 2002.6.14. 2002다11441)

2) 재무제표 승인에 의한 면책

① 정기총회에서의 재무제표 등의 승인 후 2년 내에 다른 결의가 없으면 회사는 이사와 감사의 책임을 해제한 것으로 본다(제450조).(변호 25) 2년 내의 다른 결의란 주주총회결의, 이사회결의, 회사의 소 제기 등을 포함한다. 이사 또는 감사의 부정행위에 대하여는 재무제표 승인에 의한 이사와 감사의 책임이 해제되지 않는다(제450조 단서). 부정행위란 해당 행위가 정당화될 수 없는 경우를 말한다. 해제되는 책임은 재무제표 등에 그 책임 사유가 기재된 것만을 의미한다.

② **이사가 회사가 보유하고 있는 비상장주식을 매도하면서** 매도에 따른 회사의 손익을 제대로 따져보지 않은 채 당시 시행되던 상속세법 시행령만에 근거하여 주식 가치를 평가함으로써 **적정가격보다 현저히 낮은 가액으로 거래 가액을 결정한 것은 회사의 손해를 묵인 내지는 감수하였던** 것이므로, 이러한 **이사의 행위는 책임이 해제될 수 없는 부정행위에 해당**한다.(대판 2005.10.28. 2003다69638)

③ **상법 제450조에 따른 이사, 감사의 책임 해제는 재무제표 등에 그 책임사유가 기재되어 정기총회에서 승인을 얻은 경우에 한정된다.**(대판 2007.12.13. 2007다60080)(변호 25, 모의 17)

(7) 소멸시효

회사에 대한 이사의 손해배상책임은 채무불이행책임이므로 10년의 소멸시효기간이 적용된다.

(8) 형사책임

이사의 임무해태는 형법상 업무상배임(형법 제356조)과 상법상 특별배임(제622조)을 구성한다.

2. 제3자에 대한 손해배상책임 [변호 14, 20, 모의 14, 16, 22]

(1) 의의 및 성질

1) 의의

이사가 고의 또는 중대한 과실로 임무를 게을리 한 때에는 제3자에 대하여 연대하여 손해를 배상할 책임이 있다(제401조 제1항). 회사는 대표이사의 행위에 대하여 연대하여 불법행위책임을 진다(제389조 제3항, 제210조). 이사의 행위가 민법상 불법행위에 해당하면 민법상 불법행위책임 또한 부담한다.

2) 민법상 불법행위책임과의 관계

상법상 이사의 제3자에 대한 손해배상책임은 민법상 불법행위책임의 요건을 갖추지 못한 경우에도 이사가 제3자의 손해를 배상하도록 하고 있다는 점에서 민법상 불법행위책임과 별도로 인정되는 이사의 책임이다. 즉 민법상 불법행위책임이 성립하려면 제3자에 대하 침해행위와 고의과실이 존재해야 하는데, 이사가 임무를 게을리 한 행위가 직접 제3자와 연결되기 쉽지 않다는 점에서 민법상 불법행위책임이 성립하는데 어려움이 있다.

3) 법적 성질

이사의 제3자에 대한 손해배상책임은 회사에 대한 임무를 게을리 한 경우 그로 인한 제3자의 손해를 배상하도록 하는 독특한 구조를 가지고 있고, 제401조는 이사의 경과실을 배제하고 있는 관계로 이사의 제3자에 대한 손해배상책임의 법적 성질이 무엇인지가 문제된다.

① '법정책임설'은 제3자 보호를 위하여 상법이 특별히 인정한 책임으로 본다. 고의 · 중과실은 회사에 대한 이사의 임무해태와 관련하여 요구되고, 민법상 일반불법행위책임과 경합하고, 제3자의 손해에는 간접손해도 포함되고, 소멸시효는 10년으로 본다. 결과적으로 이사의 책임이 가중된 것으로 본다. 통설의 견해이다.

② '불법행위책임설'은 이사의 경과실을 배제한다는 점에서 특수한 불법행위책임으로 본다. 이사의 업무수행과정에서 발생할 수 있는 제3자에 대한 손해배상책임을 경감하기 위해 불법행위책임에 요구되는 경과실을 배제하였다고 본다. 소멸시효기간은 민법 제766조에 따라 3년으로 본다. 결과적으로 이사의 책임이 경감된 것으로 본다.

(2) 책임의 원인

1) 고의 또는 중과실에 의한 임무해태

이사의 제3자에 대한 손해배상책임의 경우 임무해태는 법령, 정관 위반을 포함한다. 임무해태는 제399조의 경우와 마찬가지로 결과책임을 묻는 것이 아니라 주관적 요건을 포함한다. 임무해태의 판단에 경영판단원칙이 적용된다. 임무해태에 대한 입증책임은 이사의 책임을 묻는 제3자가 부담한다.

상법 제401조 제1항에 규정된 이사의 제3자에 대한 손해배상책임은 이사가 악의 또는 중대한 과실로 인하여 그 임무를 해태한 것을 요건으로 하는 것이어서 단순히 통상의 거래행위로 인하여 부담하는 회사의 채무를 이행하지 않는 것만으로는 악의 또는 중대한 과실로 그 임무를 해태한 것이라고 할 수 없지만, 이사의 직무상 충실 및 선관의무 위반의 행위로서 위법성이 있는 경우에는 악의 또는 중대한 과실로 그 임무를 해태한 경우에 해당한다. 대표이사가 대표이사로서의 업무 일체를 다른 이사 등에게 위임하고, 대표이사로서의 직무를 전혀 집행하지 않는 것은 그 자체가 이사의 직무상 충실 및 선관의무를 위반하는 행위에 해당한다.(대판 2003.4.11. 2002다70044)(모의 13)

2) 이사의 회사에 대한 책임과의 관계

이사가 회사에 대하여 손해배상책임이 인정되면서 동시에 제3자에게도 손해가 발생한 경우 제3자에 대한 책임도 성립할 수 있다.

3) 회사의 단순한 채무불이행의 경우

① 회사의 단순한 채무불이행이나 불가피한 채무불이행은 이사의 임무해태에 해당하지 않는다. 이사의 직무상 충실 및 선관의무 위반으로 위법성이 있는 경우에는 임무해태에 해당된다.

② 이사가 제3자에 대하여 연대하여 손해배상 책임을 지는 고의 또는 중대한 과실로 인한 임무해태 행위라 함은 이사의 직무상 충실 및 선관의무 위반의 행위로서 위법한 사정이 있어야 하고 통상의 거래행위로 인하여 부담하는 회사의 채무를 이행할 능력이 있었음에도 단순히 그 이행을 지체하고 있는 사실로 인하여 상대방에게 손해를 끼치는 사실만으로는 이를 임무를 해태한 위법한 경우라고 할 수는 없다.(대판 1985.11.12. 84다카2490)

③ 부동산의 매수인인 주식회사의 대표이사가 매도인과 매매잔금의 지급방법으로 매수부동산을 금융기관에 담보로 제공하여 그 대출금으로 잔금을 지급하기로 하였으나, 대출 이후 해당 대출금 중 일부만을 잔금으로 지급하고 나머지는 다른 용도로 사용한 후 나머지 잔금이 지급되지 않은 상태에서 피담보채무도 변제하지 아니하여 그 부동산이 경매절차에서 경락되어 결과적으로 매도인이 손해를 입은 경우에는 대표이사가 악의 또는 중대한 과실로 인하여 그 임무를 해태한 경우에 해당한다고 볼 여지가 있다.(대판 2002.3.29. 2000다47316)

(3) 책임의 내용

1) 채권자 및 주주

제3자에는 채권자 및 회사의 주주도 포함된다. 손해에는 채권자의 직접손해, 채권자의 간접손해 및 주주의 직접손해가 포함된다.

2) 주주의 간접손해 포함 여부

① 의의

이사의 위법행위로 인하여 회사재산이 감소하고 그로 인하여 회사의 주식 가치가 감소한 경우와 같은 주주의 간접손해에 대해서도 이사의 제3자에 대한 손해배상책임이 인정되는지 문제된다.

② 학설

학설은 ㉠ 주주를 제3자에 포함시킨다면 주주가 채권자에 우선하여 변제를 받게 되어 부당하고, 제399조에 의한 회사의 손해배상에 의해서 간접적으로 주주의 손해를 전보받게 되며 주주에게 대표소송이 인정되므로 주주는 제3자에 포함되지 않는다는 부정설과 ㉡ 대표소송을 제소하기 위해서는 원고적격의 제한이 요구되고 이해관계인의 청구가 있는 경우 법원이 주주에게 담보제공을 명할 수 있어 제소 요건의 제한이 적지 않으므로 주주의 손해배상청구권을 인정할 필요가 있다는 점에서 주주 또한 제3자에 포함된다는 긍정설이 존재한다.

③ 판례

㉠ 이사가 회사재산을 횡령하여 회사재산이 감소함으로써 회사가 손해를 입고 결과적으로 주주의 경제적 이익이 침해되는 손해와 같은 간접적인 손해는 상법 제401조 제1항에서 말하는 손해의 개념에 포함되지 아니하므로 위 법조항에 의한 손해배상을 청구할 수 없다.(대판 2003.10.24. 2003다29661)(모의 24)**[변호 20, 모의 14, 16, 22]**

㉡ 회사의 재산을 횡령한 이사가 악의 또는 중대한 과실로 부실공시를 하여 재무구조의 악화 사실이 증권시장에 알려지지 아니함으로써 회사 발행주식의 주가가 정상주가보다 높게 형성되고, 주식매수인이 그러한 사실을 알지 못한 채 주식을 취득하였다가 그 후 그 사실이 증권시장에 공표되어 주가가 하락한 경우에는, 주주는 이사의 부실공시로 인하여 정상주가보다 높은 가격에 주식을 매수하였다가 주가가 하락함으로써 직접 손해를 입은 것이므로, 이사에 대하여 상법 제401조 제1항에 의하여 손해배상을 청구할 수 있다.(대판 2012.12.13. 2010다77743)(변호 20)**[모의 22]**

(4) 소멸시효

다수설과 判例의 견해인 법정책임설에 의하면 소멸시효는 일반채권과 같이 10년이 적용된다.

상법 제401조에 기한 이사의 제3자에 대한 손해배상책임이 제3자를 보호하기 위하여 상법이 인정하는 특수한 책임이라는 점을 감안할 때, 일반 불법행위책임의 단기소멸시효를 규정한 민법 제766조 제1항은 적용될 여지가 없고, 일반채권으로서 소멸시효기간은 10년이다.(대판 2006.12.22. 2004다63354)

기출사례

★ 이사의 회사에 대한 손해배상책임 [변호 23]

A주식회사는 중고자동차 수출입업을 하는 비상장회사이다. A회사에는 대표이사 甲을 포함하여 총 7인의 이사가 있으며, 丁은 감사로 재직 중이다. 甲은 A회사의 영업이 호조를 보이자 스스로 전액 출자하여 중고자동차 수출입업을 하는 B주식회사를 설립하기로 하였다. 甲은 자신의 계획을 A회사 이사회에서 승인받기 위하여 적법한 절차를 거쳐 이사회를 소집하였다. 이사 전원이 참석한 A회사 이사회는 甲으로부터 B회사의 설립과 관련된 간단한 요약 자료에 의한 보고를 받고 이의 승인여부를 표결에 부쳤다. 이러한 보고 자료 외에 B회사 영업의 구체적인 내용이나 A회사에 미치는 영향 등에 대한 설명이나 검토는 이루어지지 않았다. 이사 乙은 B회사의 영업이 A회사와 경쟁관계에 있어 손해를 초래할 수 있으므로 이에 대해 충분한 검토를 해야 한다고 주장하며 표결에서 반대하였으나, 甲을 포함한 이사 5명은 찬성, 丙은 기권(의사록에는 이의를 했다는 기록은 없고 단지 기권한 것으로 기재되어 있음)하였다. 이사회 종료 후 甲은 B회사를 설립하고 영업을 개시하였다. B회사가 A회사와 주된 거래처를 두고 서로 경쟁하였고, 이로 인해 A회사는 매출액이 크게 감소하면서 손해를 입게 되었다.

A회사는 乙을 제외한 나머지 이사 전부를 피고로 하여 손해배상청구소송을 제기하였다. 이 손해배상청구는 인용될 수 있는가?

Ⅰ. 결론

甲의 경업행위에 대하여 이사회결의가 존재하나 B회사로 인해 A회사 매출액이 크게 감소하면서 손해를 입었으므로 A회사는 이와 관련하여 법령 또는 정관에 위반한 행위를 하거나 임무를 게을리한 이사에게 손해배상을 청구할 수 있다. 甲의 경업금지의무 위반이 인정되고 경업금지의무는 법령에 위반한 행위에 해당하므로 이사회 사전 승인이 없거나 승인이 있더라도 경업금지의무에 위반하여 A회사에 손해를 입힌 甲은 회사에 대하여 손해배상책임을 진다. 법령에 위반한 甲은 경영판단의 적용대상도 아니고, 책임제한 대상도 아니다. 다만, 총주주 동의로 甲의 책임을 면제하는 것은 가능하다.

경업금지의무에 위반한 행위를 이사회에서 승인한 이사들 또한 선관의무 및 충실의무 위반이 인정되고 이러한 임무를 게을리한 행위로 인하여 A회사가 입은 손해를 배상할 책임을 진다. 丙은 이사회 의사록에 기권한 것으로 기재되었는바, 이는 이의를 한 기재가 없는 경우에 해당하지 않으므로, 丙은 손해배상책임을 지지 않는다. A회사의 손해배상청구는 丙을 제외하고 인용될 수 있다.

Ⅱ. 쟁점

甲과 관련해서는 경업금지의무위반에 따른 손해배상책임이 문제되고, 丙과 관련해서는 의사록에 단지 기권한 것으로 기재된 경우 이의를 한 기재가 없는 것으로 보아 선관의무 및 충실의무 위반에 따른 손해배상책임을 지는지 문제되고 이사회결의에 찬성한 다른 이사들의 경우 선관의무 및 충실의무 위반에 따른 손해배상책임이 문제된다.

기출사례

★ 이사의 제3자에 대한 손해배상책임 [변호 20]

삼광 주식회사(이하 '삼광'이라 한다)는 2000년 초에 설립된 비상장회사이며 대표이사는 甲이다. 삼광은 전기배터리사업과 태양광사업을 주된 사업으로 하고 있다.
삼광의 대표이사 甲은 분식회계를 한 다음 이를 주주들에게 제시하면서 주주들이 신주인수를 하도록 유도하였다. 주주들은 분식회계를 진정한 것으로 신뢰하고 신주인수를 하였는데 그 후 분식회계를 한 사실이 밝혀져 주식가치가 크게 하락하였다.

주주들이 신주인수로 인하여 입은 손해를 배상받기 위하여 상법상 어떠한 권리를 행사할 수 있는가?

Ⅰ. 결론

주주들은 상법상 이사의 제3자에 대한 손해배상책임을 근거로 대표이사 甲을 상대로 甲의 고의에 의한 분식회계로 인하여 취득한 주식의 가치가 하락하여 입은 손해의 배상을 청구할 수 있다.

Ⅱ. 쟁점

이사의 제3자에 대한 손해배상책임과 관련하여 주주가 제3자에 해당하는지, 분식회계를 신뢰하고 신주를 인수한 주주가 추후 주식가치가 하락함으로 인하여 입은 손해가 주주의 직접 손해에 해당하는지가 문제된다. 또한 이사에 대한 손해배상청구와 관련하여 주주들이 대표소송을 제기할 수 있는지 문제된다.

3. 업무집행지시자 등의 손해배상책임

(1) 의의 및 법적 성질

업무집행지시자 등의 손해배상책임은 회사에 대하여 사실상의 영향력을 행사하는 지배주주에게 이사에 준하여 부여되는 책임을 의미한다.

업무집행지시자 등의 손해배상책임의 법적 성질에 관하여 ① '법정책임설'은 업무집행지시자 등은 이사가 아니어서 회사에 대한 의무가 없으므로 업무집행지시자로부터 지시를 받은 이사의 업무집행이 임무해태가 되면 업무집행지시자가 책임을 지는 법정책임으로 보고, ② '기관책임설'은 업무집행지시자를 이사로 의제하여 이사의 지위에서 지는 책임으로 본다. 기관책임설은 업무집행지시자의 책임이 문제되는 한도에서 이사로서의 선관주의의무와 충실의무를 부담하고, 업무집행지시자의 지시 또는 업무집행이 임무해태가 되면 책임을 진다고 본다.

(2) 업무집행지시자

업무집행지시자란 회사에 대한 자신의 영향력을 이용하여 이사에게 업무집행을 지시한 자를 말한다.(변호 25)**[변호 22]** 업무집행지시자는 자연인에 한정되지 않고 법인인 지배회사도 포함된다.(대판 2006.8.25. 2004다26119)(변호 15, 모의 16) 업무집행지시를 받는 자는 이사, 집행임원, 부장, 과장 등 상업사용인을 포함한다. 지시의 내용은 법률행위, 사실행위, 불법행위를 포함한다.

지배주주가 주주총회에서 자신의 의결권을 행사하는 것은 정당한 주주권의 행사이므로 지배주주가 의결권 행사를 통하여 사익을 추구하더라도 업무집행지시자의 책임이 문제되지 않는다. 이사가 다른 이사와의 관계에서 영향력을 행사할 수도 있다.

(3) 무권대행자

무권대행자란 업무집행지시자가 이사의 이름으로 직접 업무를 집행한 경우를 말한다. 무권대행자의 경우에도 회사에 대해 영향력을 가질 것을 전제로 한다. 무권대행자는 업무집행지시자가 명목상의 이사를 두고 자신이 그 이사의 명의로 업무를 집행하는 경우를 의미한다.

제401조의2 제1항 제1호 및 제2호는 회사에 대해 영향력을 가진 자를 전제로 하고 있으나, 제3호(표현이사)는 직명 자체에 업무집행권이 표상되어 있기 때문에 그에 더하여 회사에 대해 영향력을 가진 자일 것까지 요건으로 하고 있는 것은 아니다.(대판 2009.11.26. 2009다39240)(변호 25)

(4) 표현이사 [변호 12]

1) 의의

표현이사란 이사가 아니면서 명예회장, 회장, 사장, 부사장, 전무, 상무, 이사 기타 회사의 업무를 집행할 권한이 있는 것으로 인정될 만한 명칭을 사용하여 회사의 업무를 집행한 자를 말한다.(변호 25) 표현이사는 비등기이사의 책임을 묻는 근거가 된다. 제408조의8은 집행임원의 책임을 이사와 동일하게 규정하고 있다. 따라서 비등기이사에게 표현이사 또는 집행임원의 규정에 따라 책임을 물을 수 있다.

2) 표현대표이사와의 비교

표현이사는 이사 개인에게 책임을 묻는 것이고, 표현대표이사는 회사에 책임을 묻는 것이다. 표현이사는 외관에 대한 제3자의 신뢰보호와 무관한 제도이나 표현대표이사는 외관에 대한 제3자의 신뢰를 보호하기 위한 제도이다. 따라서 표현이사의 손해배상책임은 외관에 대한 회사의 귀책사유 유무나 제3자의 신뢰 여부와 상관없이 발생한다. 이사선임결의가 취소된 이사가 수행한 직무에는 표현이사의 손해배상책임이 적용되지 않는다.

3) 회사에 대한 영향력이 요구되는지 여부

표현이사는 그 명칭에 이미 업무집행권한이 나타나 있으므로 회사에 대한 영향력이 있을 것까지 요구되지 않는다.(대판 2009.11.26. 2009다39240)(변호 25) 표현이사는 업무를 집행한 것으로 충분하고 이사와 동등한 권한이 있을 것이 요구되지 않는다.

(5) 업무집행지시자 등의 책임 [변호 22]

업무집행지시자는 자신이 지시한 업무에 관하여, 무권대행자와 표현이사는 자신이 집행한 업무에 관하여 책임을 진다.(변호 25) 업무집행지시자의 지시를 받아 업무를 수행한 이사와 무권대행자의 경우 명목상 이사도 업무집행지시자 등과 연대하여 손해배상책임을 진다(제401조의2 제2항).

제401조의2가 제400조를 준용하지 않고 있는 관계로 업무집행지시자 등에 대하여 책임의 감경 또는 면제가 가능한지가 문제된다. 이에 관하여 ① '이사회결의설'은 제400조가 준용되지 않으므로 이사회결의에 의하여 책임을 면제할 수 있다고 보고, ② '부정설'은 제400조가 준용되지 않으므로 주주 전원의 동의로도 책임을 면제할 수 없다고 보며, ③ '유추적용설'은 제400조를 유추적용 하여 제400조와 같은 요건으로 책임을 감면할 수 있다고 본다.

업무집행지시자 등은 대표소송의 대상이 된다. 업무집행지시자 등은 경업금지, 회사기회유용금지, 자기거래가 적용되지 않는다. 다만, 이로 인하여 회사에 손해가 발생한 경우 손해를 배상해야 한다.

상법 제399조 제1항, 제414조 제1항에서 규정하고 있는 **주식회사의 이사 또는 감사의 회사에 대한 임무해태로 인한 손해배상책임은 위임관계로 인한 채무불이행책임**이므로 그에 따른 **손해배상채권에는 민법 제766조 제1항의 단기소멸시효가 적용되지 않는다.**(대판 2023.10.26. 2020다236848)(변호 25)

Ⅸ. 소수주주권

1. 소수주주권의 개요

(1) 발행주식 총수 3% 이상 주주의 권리

① 주주제안권(제363조의2), ② 주주총회 소집청구권(제366조), ③ 집중투표청구권(제382조의2), ④ 이사·감사 해임청구권(제385조 제2항, 제415조), ⑤ 회계장부열람권(제466조), ⑥ 업무검사권(제467조)은 발행주식 총수의 3% 이상의 주식을 보유한 주주에게 인정된다.

(2) 발행주식 총수 1% 이상 주주의 권리

① 총회 검사인 선임청구(제367조 제2항),(모의 20, 22) ② 유지청구권(제402조), ③ 대표소송 제기권(제403조)은 발행주식 총수의 1% 이상의 주식을 보유한 주주에게 인정된다.

(3) 발행주식 총수 10% 이상 주주의 권리

해산판결청구권(제520조)은 발행주식 총수의 10% 이상의 주식을 보유한 주주에게 인정된다.

2. 단독주주의 열람·등사권

(1) 이사회의사록 열람·등사권

주주는 영업시간 내에 이사회의사록의 열람 또는 등사를 청구할 수 있다(제391조의3 제3항).(변호 22, 모의 13) 이에 대하여 회사는 이유를 붙여 이를 거절할 수 있고, 이 경우 주주는 법원의 허가를 얻어 이사회의사록을 열람 또는 등사할 수 있다(제391조의3 제4항).(모의 13)

(2) 정관, 주주총회 의사록, 주주명부, 사채원부 열람 · 등사권

① 이사는 회사 정관, 주주총회 의사록을 본점과 지점에, 주주명부, 사채원부를 본점에 비치해야 한다. 이 경우 명의개서대리인을 둔 때에는 주주명부나 사채원부 또는 그 복본을 명의개서대리인의 영업소에 비치할 수 있다(제396조 제1항). 주주와 회사채권자는 영업시간 내에 회사의 정관, 주주총회의 의사록, 주주명부, 사채원부를 열람 또는 등사할 수 있다(제396조 제2항).(변호 22, 모의 13, 17, 18)

② 실질주주가 실질주주명부의 열람 또는 등사를 청구하는 경우에도 상법 제396조 제2항이 유추적용된다. 열람 또는 등사청구가 허용되는 범위도 실질주주명부상의 기재사항 전부가 아니라 그 중 실질주주의 성명 및 주소, 실질주주별 주식의 종류 및 수와 같이 주주명부의 기재사항에 해당하는 것에 한정된다.(대판 2017.11.9. 2015다235841)

③ 주주 또는 회사채권자가 상법 제396조 제2항에 의하여 주주명부 등의 열람 · 등사청구를 한 경우 회사는 그 청구에 정당한 목적이 없는 등의 특별한 사정이 없는 한 이를 거절할 수 없고, 이 경우 정당한 목적이 없다는 점에 관한 증명책임은 회사가 부담한다. 이러한 법리는 상법 제396조 제2항을 유추적용하여 실질주주명부의 열람 · 등사청구권을 인정하는 경우에도 동일하게 적용된다.(대판 2017.11.9. 2015다235841)

(3) 재무제표열람권

주주와 회사채권자는 영업시간 내에 언제든지 재무제표 등의 서류를 열람할 수 있고 회사가 정한 비용을 지급하고 서류의 등본이나 초본의 교부를 청구할 수 있다(제448조 제2항). 재무제표는 대외적으로 공시되는 서류인 관계로 남용의 위험성이 적어 단독주주권으로 되어 있다.

3. 회계장부 열람·등사권 [변호 17, 24]

(1) 의의

① 비상장회사의 경우, 발행주식 총수의 3% 이상을 보유한 주주는 이유를 붙인 서면으로 회계의 장부와 서류의 열람 또는 등사를 청구할 수 있다(제466조 제1항).(변호 22)

② 상장회사의 경우, 6개월 전부터 계속하여 발행주식 총수의 0.1%(자본금 총액 1,000억 미만인 경우)(자본금 총액 1,000억 이상인 경우 0.05%) 이상을 보유한 주주(제542조의6 제4항)는 회계장부열람등사권을 행사할 수 있다.

(2) 주식의 보유 요건

회계장부 열람 · 등사를 재판상 청구하는 경우, 주식보유 요건은 소송계속 전 기간에 충족되어야 한다. 주식매수청구권을 행사한 주주도 회사로부터 대금을 지급받기 전까지는 여전히 주주이므로 회계장부열람 · 등사 신청을 할 수 있다.

발행주식총수 3% 이상에 해당하는 주식을 가진 주주는 상법 제466조 제1항에 따라 이유를 붙인 서면으로 회계의 장부와 서류의 열람 또는 등사를 청구할 수 있다. 열람과 등사에 시간이 소요되는 경우에는 열람 · 등사를 청구한 주주가 전 기간을 통해 발행주식 총수의 100분의 3 이상의 주식을 보유하여야 하고, 회계장부의 열람 · 등사를 재판상 청구하는 경우에는 소송이 계속되는 동안 위 주식 보유요건을 구비하여야 한다.(대판 2017.11.9. 2015다252037)(변호 20, 21, 모의 18, 19, 22, 24)[변호 24]

(3) 열람 · 등사 청구의 대상

장부란 재무제표 작성의 기초가 되는 원장과 분개장을 의미한다. 서류란 회계장부 기록을 위한 자료로 계약서, 영수증, 납품서 등을 의미한다. 주주의 열람 · 등사청구의 대상이 되는 '회계의 장부와 서류'에는 소수주주가 열람 · 등사를 구하는 이유와 실질적으로 관련이 있는 회계장부와 그 근거자료가 되는 회계서류가 포함된다.(모의 17)

자회사 회계장부와 관련하여 **자회사의 회계서류가 모회사에 보관되어** 있고, **모회사의 회계상황을 파악하기 위한 근거자료로서** 실질적으로 필요한 경우에는 **모회사의 회계서류로서 모회사 소수주주의 열람 · 등사청구의 대상이** 될 수 있다.(대판 2001.10.26. 99다58051)(변호 14, 모의 13, 17)

(4) 열람 · 등사 청구의 방법

1) 구체적 이유를 붙인 서면에 의한 열람등사청구

① 열람등사청구는 이유를 붙인 서면을 미리 회사에 제출하여야 한다(제466조 제1항). 열람 · 등사 청구의 이유는 구체적으로 기재하여야 한다. 열람, 등사청구권은 그 권리행사에 필요한 범위 내에서 허용되어야 하고 회수가 1회에 국한되는 등으로 제한되지 않는다.

② **회계의 장부와 서류를 열람 또는 등사시키는 것은 회계운영상 중대한 일**이므로 그 절차를 신중하게 함과 동시에 상대방인 회사에게 열람 및 등사에 응하여야 할 의무의 존부 또는 열람 및 등사를 허용하지 않으면 안 될 회계의 장부 및 서류의 범위 등의 판단을 손쉽게 하기 위하여 **그 이유는 구체적으로 기재하여야** 한다.(대판 1999.12.21. 99다137)(변호 14)

③ **소수주주의 회계장부 및 서류의 열람등사청구권**은 그 권리행사에 필요한 범위 내에서 허용되어야 할 것이지, **열람 및 등사 회수가 1회에 국한되는 등으로 사전에 제한될 성질의 것은 아니다.**(대판 1999.12.21. 99다137)(모의 17)**[변호 24]**

④ **주주가 제출하는 회계장부열람등사청구서에 붙인 이유는 회사가 열람 · 등사에 응할 의무의 존부를 판단하거나 열람 · 등사에 제공할 회계장부와 서류의 범위 등을 확인할 수 있을 정도로 기재되면 충분하고, 그 이유가 사실일지도 모른다는 합리적 의심이 생기게 할 정도로 기재하거나 이유를 뒷받침하는 자료를 첨부할 필요는 없다.**(대판 2022.5.13. 2019다270163)

2) 가처분

회계장부열람등사청구권을 피보전권리로 하는 가처분도 허용된다.

회계장부열람등사청구권을 피보전권리로 하는 가처분도 허용되고, 가처분을 허용함에 있어서는 피신청인인 회사에 대하여 직접 열람 · 등사를 허용하라는 명령을 내리는 방법뿐만 아니라, 열람 · 등사의 **대상 장부 등에 관하여 훼손, 폐기, 은닉, 개찬이 행하여질 위험이 있는 때에는 이를 방지하기 위하여 그 장부 등을 집행관에게 이전 보관시키는 가처분을** 허용할 수도 있다.(대판 1999.12.21. 99다137)(모의 13, 17, 18)

3) 회사에 대한 회생절차가 개시된 경우에도 허용

소수주주의 회계장부 등에 대한 열람 · 등사청구권은 회사에 대하여 채무자 회생 및 파산에 관한 법률에 따른 회생절차가 개시되더라도 배제되지 않는다.(대결 2020.10.20. 2020마6195)

(5) 열람 · 등사의 거부 [변호 17]

1) 회사의 열람등사 거부

회사는 주주의 청구가 부당함을 증명하여 이를 거부할 수 있다(제466조 제2항).

2) 부당성 판단기준

① 주주의 이사회의 의사록 또는 회계장부와 서류 등에 대한 열람·등사청구가 있는 경우, 회사는 그 청구가 부당함을 증명하여 이를 거부할 수 있는바, 주주의 열람·등사권 행사가 부당한 것인지 여부는 그 행사에 이르게 된 경위, 행사의 목적, 악의성 유무 등 제반 사정을 종합적으로 고려하여 판단하여야 할 것이고, 특히 주주의 이와 같은 열람·등사권의 행사가 ㉠ 회사업무의 운영 또는 주주공동의 이익을 해치거나 ㉡ 주주가 회사의 경쟁자로서 그 취득한 정보를 경업에 이용할 우려가 있거나, 또는 ㉢ 회사에 지나치게 불리한 시기를 택하여 행사하는 경우 등에는 정당한 목적을 결하여 부당한 것이라고 보아야 한다.(대결 2004.12.24. 2003마1575)(변호 14, 20, 모의 17)**[변호 17]**

② 회계장부열람등사를 청구한 주주가 제출한 이유 기재 자체로 그 내용이 허위이거나 목적이 부당함이 명백한 경우 등에는 열람 · 등사청구는 허용될 수 없고, 이른바 모색적 증거 수집을 위한 열람 · 등사청구도 허용될 수 없다.(대판 2022.5.13. 2019다270163)

3) 적대적 기업인수 시도 또는 주식매수청구권 행사의 경우

① 주주가 적대적 인수 · 합병을 시도하고 있다는 사정만으로 청구가 정당한 목적을 결하여 부당한 것이라고 볼 수 없고, 주주가 회사의 경쟁자로서 취득한 정보를 경업에 이용할 우려가 있거나 회사에 지나치게 불리한 시기를 택하여 행사하는 등의 경우가 아닌 한 허용되어야 한다.(대결 2014.7.21. 2013마657)(모의 17, 18)**[변호 24]**

② 주식매수청구권을 행사한 주주도 회사로부터 주식 매매대금을 지급받지 아니하고 있는 동안에는 주주로서의 지위를 여전히 가지고 있으므로 특별한 사정이 없는 한 주주로서의 권리를 행사하기 위해 필요한 경우에는 위와 같은 회계장부열람 · 등사권을 가진다.(대판 2018.2.28. 2017다270916)(변호 20, 24, 모의 23)

기출사례

★ 회계장부열람등사권 [변호 17]

甲주식회사(자본금 250억원, 이하 '甲회사')는 호텔업을 목적으로 설립된 비상장회사이다. F와 G는 甲회사의 발행주식 각 2%를 보유한 주주들이고 丁주식회사(이하 '丁회사')를 운영하고 있다. 丁회사는 제주도에서 새로이 호텔 및 워터파크를 개장하였으나, 이미 제주도에서 고객점유율 및 인지도를 확보하고 있는 甲회사와의 경쟁이 불가피한 상황이었다. F와 G는 甲회사가 제주도에 또 다른 호텔을 신축하고 분양하느라 자금부족을 겪고 있는 점을 기화로 고객과 구매 등에 관한 경영정보를 입수할 목적으로 甲회사에 회계장부열람을 청구하였으나 甲회사는 이를 거부하였다.

甲회사가 F와 G의 회계장부열람청구를 거부한 것은 정당한가?

Ⅰ. 결론

F와 G는 합하여 甲회사 발행주식총수의 4%의 주식을 보유하고 있으므로 이유를 기재한 서면으로 회계장부열람을 청구한 경우 회계장부열람 청구의 요건은 인정된다. 다만 F와 G는 甲회사와 경쟁관계에 있는 丁회사에 필요한 고객과 구매 등에 관한 정보를 입수하기 위해 회계장부열람청구를 한 것이므로 F와 G의 회계장부열람등사 신청의 부당성이 인정된다. 따라서 甲회사는 F와 G의 회계장부열람청구를 거부할 수 있다.

Ⅱ. 쟁점

본 사안과 관련해서는 F와 G가 회계장부열람권을 행사할 수 있는 요건을 갖추었는지 및 경영정보를 입수하기 위하여 회계장부열람을 신청한 것이 제466조 제2항의 부당한 청구에 해당하는지가 문제된다.

기출사례

★ 회계장부열람등사권 [변호 24]

甲주식회사는 비상장회사로서 아파트 건설업을 주된 영업으로 하고 있다. 甲회사는 설립 당시 의결권 있는 주식만을 100,000주 발행하였다. 무직자인 A는 甲회사로부터 아파트를 분양받은 자인데, 甲회사의 귀책으로 말미암아 아파트 건설 공사 기간이 3개월 가량 늘어남에 따라 당초 입주 예정일을 한참 지난 후에서야 입주하게 되었다. 甲회사의 발행주식총수 중 3,500주를 가진 주주 B는 이 같은 일련의 사정을 알게 되어 회계장부를 열람하였고 그 결과 B는 甲회사의 경영권을 탈취하는 데 많은 관심을 가지게 되었다.
얼마 지나지 않아 甲회사는 위 아파트를 분양하는 과정에서 대표이사의 주도로 甲회사가 거액을 들여 허위·과장광고를 하였다는 이유로 벌금형에 처해졌다. 또한 甲회사의 대표이사는 약속어음을 할인하여 주겠다는 C의 거짓말에 속아 그에게 회사 명의의 어음을 발행하여 주었으며, C는 그 어음을 D에게 배서양도하였다. 그 후 甲회사의 대표이사가 C의 사기를 이유로 어음발행 행위를 취소하였다.
위 모든 상황을 알게 된 주주 B는 甲회사의 대표이사에 대하여 대표소송을 통한 책임 추궁을 하기 위한 사전 단계로 甲회사의 회계장부에 대한 열람·등사를 이유를 붙인 서면으로 청구하였다. 그러나 甲회사는 B가 이미 회계장부를 열람한 적이 있고 B가 甲회사에 적대적이라는 근거를 들어 이를 거부하였다. 이에 B는 재판상 회계장부 열람·등사를 청구하였다. 한편 소송계속 중에 기존 주주에 대한 신주발행으로 인하여 甲회사의 발행주식총수가 140,000주로 늘어났는데, B는 그러한 신주발행에 응하지 않아 그가 소유한 주식 수에는 변화가 없었다. 甲회사는 B가 인수하지 않아 발생한 실권주를 소정의 요건과 절차를 갖추어 대표이사에게 적법하게 배정하였다. 다만, 甲회사의 정관에는 실권주를 제3자에게 배정하는 것에 관한 근거 규정이 없었다.

B의 재판상 회계장부 열람·등사 청구는 인용될 것인가?

Ⅰ. 결론

B가 재판상 회계장부 열람등사를 청구할 당시 甲회사 발행주식총수의 3% 이상을 보유하고 있었고, 사전에 이유를 기재한 서면으로 甲회사에 열람등사를 청구하였으므로 B의 열람등사 청구의 소는 일응 적법하다. B가 이전에 회계장부를 열람하였거나 B가 甲회사에 적대적이라는 점을 이유로 B의 회계장부 열람등사청구가 부당하다고 볼 수는 없다. 다만 소 제기 이후 소송계속 중 이루어진 甲회사의 유상증자 결과 B가 보유한 주식이 甲회사의 발행주식총수의 3%에 미달하게 되었으므로 결과적으로 B의 재판상 열람등사청구는 요건을 갖추지 못하여 부적법하게 되고, 결국 B의 청구는 인용될 수 없다.

Ⅱ. 쟁점

주주가 이미 회계장부를 열람한 적이 있고 회사에 적대적이라는 점에서 주주의 청구가 부당한 것으로 볼 수 있는지, 재판상 회계장부열람등사청구를 위한 주주의 주식보유 요건이 소 제기 이후에도 계속 유지되어야 하는지 주주배정방식에 의한 신주발행에 참여하지 않은 결과 주식보유 비율이 낮아진 주주가 신주발행 무효를 주장할 수 있는지 문제된다.

4. 유지청구권

(1) 의의

이사가 법령 또는 정관에 위반한 행위를 하여 이로 인하여 회사에 회복할 수 없는 손해가 생길 염려가 있는 경우, 감사 또는 발행주식의 총수의 1% 이상에 해당하는 주식을 가진 주주는 회사를 위하여 이사에 대하여 그 행위를 유지할 것을 청구할 수 있다(제402조).(변호 14, 모의 16) 사전적 구제수단에 해당한다. 주주의 유지청구권은 회사의 이익을 위한 공익권 성격을 가진다. 신주발행의 경우 주주의 이익을 위한 유지청구권이 제424조에 별도로 규정되어 있다.

(2) 요건

1) 법령 또는 정관에 위반한 이사의 행위

이사가 법령 또는 정관에 위반한 행위를 하여야 한다. 선관주의의무에 위반한 행위를 하는 경우도 포함된다는 것이 통설의 견해이다. 이사의 행위는 법률행위, 사실행위, 불법행위 모두 포함한다. 이사의 고의, 과실을 묻지 않고 이사의 권한 내의 행위인지 여부도 묻지 않는다. ① 이사가 체결한 계약이 유효한 경우, 해당 채무의 이행도 유지청구의 대상이 된다. ② 이사의 행위가 무효인 경우에도 이행되면 회복할 수 없는 손해가 발생할 수 있는 경우, 유지청구의 대상이 된다.

2) 회사에 회복할 수 없는 손해가 생길 염려

회복할 수 없는지 여부는 사회통념에 따라 판단한다. 처분된 재산의 환수를 사실상 기대하기 어려운 경우 회복할 수 없는 손해에 해당한다. 유지청구에 있어서 손해는 회사의 손해를 말한다. 주주가 아니라 회사에 회복할 수 없는 손해발생 염려가 있어야 한다.

(3) 청구권자

1) 소수주주

발행주식 총수의 1% 이상의 주식을 보유한 소수주주는 유지청구권을 행사할 수 있다(제402조).(변호 14) 상장회사는 6개월 전부터 계속하여 0.05% 이상 또는 자본금 1천억 원 이상의 회사는 0.025% 이상을 보유한 소수주주로 비율이 낮아진다(제542조의6 제5항). 다만, 상장회사는 정관에서 단기의 주식 보유기간을 정하거나 낮은 주식 보유비율을 정할 수 있다(제542조의6 제8항). 발행주식 총수에는 의결권 없는 주식도 포함된다. 1% 주식 보유는 다른 주주와 합산하여 보유하면 되고, 1% 주식 보유요건은 유지청구 당시에만 충족되면 된다.

2) 감사, 감사위원회

감사 또는 감사위원회도 유지청구권자이다(제402조, 제415조의2 제7항).(변호 14)

유지청구의 사유가 존재함에도 감사 또는 감사위원회가 이를 게을리 하면 임무해태에 해당된다.

감사 또는 감사위원회의 유지청구권 행사는 의무이나, 주주의 유지청구권 행사는 임의사항이다.

(4) 행사방법

이사에 대한 위법행위유지청구권은 소에 의할 수도 있고, 소 이외의 방법으로 이사에 대한 의사표시로 할 수도 있다.(모의 16) 해당 이사가 이에 응하지 않는 경우, 이사를 피고로 하여 유지청구의 소를 제기할 수 있다.(변호 14) 유지청구의 소를 제기하더라도 판결 이전에 이사의 행위가 종료되면 소의 이익이 없게 된다. 유지청구의 소를 본안으로 하여 가처분으로 행위의 금지를 청구할 수 있다. 판결 효과는 회사에 미치고, 대표소송에 관한 제403조 내지 제406조가 유추적용 된다는 것이 통설이다.

(5) 효과

유지청구가 제기되었다고 하여 이사가 반드시 이에 응하여야 하는 의무가 생기는 것은 아니다. 이사는 선관주의의무에 따라 그 행위를 중지할 것인지 여부를 결정하여야 한다. 결국 의사표시로 이사에게 유지청구를 하는 것은 이사로 하여금 해당 행위에 대하여 다시 한 번 검토할 것을 요구하는 정도의 의미를 가진다. 이사가 유지청구를 무시하고 행위를 한 경우에도 해당 행위는 언제나 유효하다는 것이 다수설이다.

◇ 위법행위유지청구와 신주발행유지청구 비교 ◇ (변호 14, 모의 16)

	위법행위유지청구	신주발행유지청구
목 적	회사의 손해방지	주주의 손해방지
원 인	이사의 법령, 정관위반	회사의 법령, 정관위반, 현저하게 불공정
행사자	감사, 감사위원회, 소수주주(1%)	단독주주
상대방	이사	회사

5. 대표소송 [변호 16, 22, 모의 14, 16, 17, 22]

(1) 의의

발행주식 총수의 1% 이상에 해당하는 주식을 가진 주주는 회사에 대하여 서면으로 이사의 책임을 추궁할 소의 제기를 청구할 수 있으며(제403조 제1항),(모의 24) 주주의 청구를 받은 날로부터 30일 내에 회사가 소를 제기하지 아니한 때에는 직접 소를 제기할 수 있다(제403조 제3항).(변호 12, 19, 모의 14, 16, 20) 주주 자신의 이익이 아니라 회사의 이익을 위한 것으로서 공익권에 해당한다. 대표소송에서 승소한 경우 손해배상액은 주주가 아니라 회사에 귀속된다.(모의 14, 15, 16)

(2) 대표소송의 요건

1) 이사 책임의 범위

대표소송의 대상이 되는 이사의 책임은 제399조의 책임과 제428조의 인수담보책임에 한정되지 않고 이사가 회사에 대하여 부담하는 모든 채무를 포함한다고 보는 것이 다수설이다. 그 결과 회사에 대한 이사의 대여금채무, 이사 취임 전에 회사에 대해 부담했던 채무, 상속 또는 채무인수로 승계취득 한 채무 또한 대표소송의 대상이 된다.

2) 회사에 대한 소 제기 청구 및 회사의 부제소

① 회사에 대한 소 제기 청구

주주는 먼저 회사에 대하여 이사의 책임을 추궁할 소의 제기를 청구하여야 한다(제403조 제1항). 이러한 청구는 이유를 기재한 서면으로 하여야 한다(제403조 제2항). 주주가 회사에 대하여 이유를 기재한 서면으로 이사에 대한 제소청구를 하지 않고 대표소송을 제기한 경우에는 특별한 사정이 없는 한 그 소는 부적법하여 각하해야 한다.(변호 22, 모의 16, 20)

청구의 상대방인 회사란 감사 또는 감사위원회를 의미한다(제394조 제1항, 제415조의2 제7항).(모의 19, 24) 주주가 회사에 대한 소 제기 청구를 하지 않고 대표소송을 제기한 경우 제402조 제4항에 해당하지 않는 한 소 제기를 위한 요건의 흠결로 각하된다. 다만 하급심 중 제소청구 없이 대표소송을 제기하고 사후적으로 제소청구를 한 경우 하자의 치유를 인정한 경우가 존재한다.

상법 제403조 제2항에 따른 서면에 기재되어야 하는 '이유'에는 권리귀속 주체인 책임추궁 대상 이사, 책임 발생 원인사실에 관한 내용이 포함되어야 한다. 주주가 제출한 서면에 대상 이사 성명이 기재되어 있지 않거나 책임 발생 원인사실이 다소 개략적으로 기재되어 있더라도, 회사가 서면기재 내용, 이사회의사록 등 회사 보유 자료 등을 종합하여 대상 이사, 책임 발생 원인사실을 구체적으로 특정할 수 있다면, 상법 제403조 제2항에서 정한 요건을 충족하였다고 보아야 한다.(대판 2021.5.13. 2019다291399)(모의 22)

주주가 상법 제403조 제2항에 따른 서면을 제출하지 않은 채 대표소송을 제기하거나 제소청구서를 제출하였더라도 대표소송에서 제소청구서에 기재된 책임 발생 원인사실과 무관한 사실관계를 기초로 청구를 하였다면 그 대표소송은 상법 제403조 제4항의 사유가 있다는 등의 특별한 사정이 없는 한 부적법하다. 반면 주주가 대표소송에서 주장한 이사의 손해배상책임이 제소청구서에 적시된 것과 차이가 있더라도 제소청구서의 책임 발생 원인사실을 기초로 하면서 법적 평가만을 달리한 것에 불과하다면 그 대표소송은 적법하다. 주주는 적법하게 제기된 대표소송 계속 중에 제소청구서의 책임발생 원인사실을 기초로 하면서 법적 평가만을 달리한 청구를 추가할 수도 있다.(대판 2021.7.15. 2018다298744)(변호 23, 모의 24(2))

② **회사의 부제소**

회사가 소 제기 청구를 받은 날로부터 30일 이내에 소를 제기하지 않는 경우 주주는 대표소송을 제기할 수 있다. 회사가 명시적으로 소 제기를 거절한 경우, 30일 이전이라도 소를 제기할 수 있다. 회사에 회복할 수 없는 손해가 생길 염려가 있는 경우에는 30일을 기다리지 않고 즉시 소를 제기할 수 있다(제403조 제4항). 이러한 경우 회사에 대하여 소 제기를 청구하지 않고도 소를 제기할 수 있다고 보는 견해도 있다. 주주가 30일을 기다리지 않고 대표소송을 제기하였더라도 회사가 소를 제기하지 않고 30일이 경과하면 하자가 치유된다.

회사에 회복할 수 없는 손해가 생길 염려가 없음에도 회사에 대하여 이사의 책임을 추궁할 소의 제기를 청구하지 아니한 채 발행주식 총수의 1% 이상에 해당하는 주식을 가진 주주가 즉시 회사를 위하여 소를 제기하였다면 그 소송은 부적법한 것으로서 각하되어야 한다.(모의 24) 여기서 회복할 수 없는 손해가 생길 염려가 있는 경우란 이사에 대한 손해배상청구권의 시효가 완성된다든지 이사가 도피하거나 재산을 처분하려는 때와 같이 이사에 대한 책임추궁이 불가능 또는 무익해질 염려가 있는 경우 등을 의미한다.(대판 2010.4.15. 2009다98058)

(3) 대표소송의 원고 [변호 22]

1) 주주

대표소송을 제기할 수 있는 주주인지 여부는 주주명부를 기준으로 판단한다.(변호 14, 모의 14) 회사가 부당하게 명의개서를 거절하는 경우에는 실질주주도 원고가 될 수 있다. 원고는 소 제기 당시에 주주이면 된다. 이사의 책임원인 발생 뒤에 주식을 취득한 주주도 대표소송을 제기할 수 있다.(모의 15)

주주는 이사를 상대로 그 이사의 행위에 대하여 유지청구권을 행사하여 그 행위를 유지시키거나, 또는 대표소송에 의하여 그 책임을 추궁하는 소를 제기할 수 있을 뿐 직접 제3자와의 거래관계에 개입하여 회사가 체결한 계약의 무효를 주장할 수는 없다.(대결 2001.2.28. 2000마7839)(모의 13, 16, 19)

2) 소수주주권

① 대표소송을 제기하는 주주는 비상장회사의 경우 발행주식의 총수의 1% 이상, 상장회사의 경우 6개월 전부터 계속하여 0.01% 이상의 지분을 보유하여야 한다. 의결권 없는 주식도 포함된다. 주식 보유 비율은 단독으로 또는 다른 주주와 합산하여(변호 24) 제소 당시에만 충족되면 되고, 그 이후에 1% 미만으로 감소되었다고 하더라도 제소의 효력에 영향이 없다(제403조 제5항).(변호 12, 14, 18, 19, 21, 23, 모의 16, 18, 20)[변호 22] 주식을 전혀 보유하지 않게 된 경우에는 원고 적격을 상실한다(제403조 제5항).

② 대표소송을 제기한 주주 중 일부가 주식을 처분하는 등의 사유로 주식을 전혀 보유하지 아니하게 되어 주주 지위를 상실하면, 특별한 사정이 없는 한 원고적격을 상실하여 그가 제기한 부분의 소는 부적법하게 되고, 이는 함께 대표소송을 제기한 다른 원고들이 주주 지위를 유지하고 있더라도 달리 볼 것은 아니다. (대판 2013.9.12. 2011다57869)(변호 14, 15, 16, 17, 21, 25, 모의 15, 20, 24(2))

③ 대표소송 제기 당시 다른 공동원고들과 함께 A 회사 발행주식의 약 0.7%를 보유한 주주였던 甲이 대표소송의 계속 중 A 회사와 B 회사의 주식교환으로 인하여 B 회사가 A 회사의 100% 주주가 되고 甲이 A 회사의 주주의 지위를 상실한 경우 甲은 원고적격을 상실한다.(대판 2019.5.10. 2017다279326)[변호 22]

3) 소송의 중단, 승계

대표소송을 제기한 주주가 소 제기 이후 사망하거나 합병으로 소멸한 경우 민사소송법 제233조, 제234조에 근거하여 상속인 또는 존속회사 등이 소송을 수계할 수 있다. 대표소송을 제기한 주주가 소 제기 이후 자신이 보유한 주식을 전부 양도한 경우 민사소송법 제81조, 제82조에 따라 양수인이 소송을 승계할 수 있다. 대표소송을 제기한 주주가 보유한 주식의 발행회사가 소멸한 경우에는 소의 각하사유가 된다. 대표소송을 제기한 주주가 보유한 주식의 발행회사의 파산절차 또는 회생절차가 개시된 경우에는 그 이전에 제기되어 계속 중인 대표소송은 중단된다.

신주발행무효의 소 계속 중 그 원고 적격의 근거가 되는 주식이 양도된 경우에 그 양수인은 제소기간 등의 요건이 충족된다면 새로운 주주의 지위에서 신소를 제기할 수 있을 뿐만 아니라, 양도인이 이미 제기한 기존의 위 소송을 적법하게 승계할 수도 있다.(대판 2003.2.26. 2000다42786)(모의 17, 23)

4) 소송참가

① 회사의 소송참가

회사는 주주가 제기한 대표소송에 참가할 수 있다(제404조 제1항). 대표소송을 제기한 주주는 소를 제기한 후 지체 없이 회사에 대하여 그 소송의 고지를 하여야 한다(제404조 제2항).(변호 19)

주주가 제기한 대표소송에 회사가 참가하는 것은 실질적인 주체가 참가하는 것이므로 공동소송참가에 해당한다.(변호 12, 14, 17, 18, 21, 모의 13, 14, 17, 19, 21, 22) 회사의 소송참가 이후에는 주주가 소를 취하하거나 주주의 원고적격이 없어지더라도 참가인인 회사를 당사자로 하여 소송은 계속된다. 통설은 대표소송에서 회사가 피고에 참가하는 것은 허용되지 않는다고 본다.

회사가 이사 또는 감사에 대하여 그들이 선량한 관리자의 주의의무를 다하지 못하였음을 이유로 손해배상책임을 구하는 소는 회사의 재산관계에 관한 소로서 회사에 대한 파산선고가 있으면 파산관재인이 당사자적격을 가지므로, 대표소송은 파산절차가 진행 중인 경우에는 그 적용이 없고, 주주가 파산관재인에 대하여 이사 또는 감사에 대한 책임을 추궁할 것을 청구하였는데 파산관재인이 이를 거부하였더라도 주주가 상법 제403조, 제415조에 근거하여 대표소송을 제기할 수 없으며, 이는 주주가 회사에 대하여 책임추궁의 소의 제기를 청구하였지만 회사가 소를 제기하지 않고 있는 사이에 회사에 대하여 파산선고가 있은 경우에도 마찬가지이다.(대판 2002.7.12. 2001다2617)(변호 13, 14, 17, 21, 22, 모의 16, 20)

㉠ 상법 제404조 제1항에서 규정하고 있는 회사의 참가는 공동소송참가를 의미하는 것으로 해석함이 타당하고, 이러한 해석이 중복제소를 금지하고 있는 민사소송법 제234조에 반하는 것도 아니다.(변호 21, 모의 24)

㉡ 권리관계가 이사의 재직 중에 일어난 사유로 인한 것이라 할지라도 이사가 이미 이사의 자리를 떠난 경우에 회사가 그 사람을 상대로 제소하는 것도 가능하고,(모의 13) 그 경우에는 특별한 사정이 없는 한 상법 제394조 제1항은 적용되지 않는다. 전 이사들을 상대로 하는 주주대표소송에 회사가 참가하는 경우, 상법 제394조 제1항의 적용이 배제되어 회사를 대표하는 자는 감사가 아닌 대표이사이다.(변호 19, 21, 모의 13, 17,

18, 19, 24) ㉢ 원고 주주들이 주주대표소송의 사실심 변론종결시까지 대표소송상의 원고 주주 요건을 유지하지 못하여 종국적으로 소가 각하되는 운명에 있더라도 각하 판결 선고 이전에 회사가 원고 공동소송참가를 신청하였다면 그 참가 당시 피참가소송의 계속이 없다거나 그로 인하여 참가가 부적법하게 된다고 볼 수는 없다.(변호 13, 16, 23, 모의 14, 17, 19, 20, 24(2)) ㉣ 공동소송참가는 항소심에서도 할 수 있고, 항소심절차에서 공동소송참가가 이루어진 이후에 피참가소가 소송요건의 흠결로 각하된다고 할지라도 소송의 목적이 당사자 일방과 제3자에 대하여 합일적으로 확정될 경우에 한하여 인정되는 공동소송참가의 특성에 비추어 볼 때, 심급이익 박탈의 문제는 발생하지 않는다.(변호 13, 모의 14, 19, 20, 24(2))(대판 2002.3.15. 2000다9086)

② 주주의 소송참가

주주가 제기한 대표소송에 다른 주주가 참가하거나 회사가 제기한 소송에 주주가 참가하는 것과 관련하여, 소송지연을 이유로 부정하는 견해도 있으나 다수설은 대표소송은 다른 주주에게도 영향을 미치므로 참가를 인정한다. 참가 주주에게 원고적격이 없고 대표소송의 기판력도 회사에 미칠 뿐 참가 주주에게 미치지 않는다는 점에서 위와 같은 참가는 공동소송적 보조참가로 본다.

(4) 대표소송의 피고

대표소송의 피고는 이사 또는 이사이었던 자이다. 퇴임한 이사도 재직 중 책임에 대하여 대표소송의 피고가 된다. 대표소송 계속 중에 이사가 퇴임하더라도 소송에 아무런 영향이 없다. 업무집행관여자, 집행임원 등도 대표소송의 피고가 된다.

(5) 소송법적 쟁점

1) 관할

대표소송은 회사 본점 소재지 지방법원의 전속관할이다(제403조 제7항, 제186조). 따라서 합의관할 또는 응소관할에 의해 다른 법원의 관할이 인정되지 않는다.(변호 12)

2) 주주의 담보제공의무

이사는 대표소송을 제기한 주주가 악의임을 소명하여 법원이 상당한 담보를 제공할 것을 명하도록 청구할 수 있다(제403조 제7항, 제176조 제3항, 제4항). 악의란 이사의 임무해태 등이 없었음을 안다는 것을 말한다. 담보제공가액은 법원이 재량으로 정한다. 민사소송법 제117조의 담보제공과 구별된다. 민사소송법 제117조의 담보제공가액은 소송물 가액을 기준으로 정해진다.

3) 소의 취하, 청구의 포기, 화해

회사가 주주의 청구에 따라 이사의 책임을 추궁하는 소송을 제기하거나 주주의 대표소송이 제기된 이후에는 당사자는 법원의 허가를 얻지 아니하고는 소의 취하, 청구의 포기, 인낙, 화해를 할 수 없다(제403조 제6항).(변호 12, 13, 19, 모의 17, 18, 19, 20) 대표소송은 회사의 이익을 위하여 제기하는 것이므로 처분권주의를 제한하고 있다.

주주대표소송의 주주와 같이 다른 사람을 위하여 원고가 된 사람이 받은 확정판결의 집행력은 확정판결의 당사자인 원고가 된 사람과 다른 사람 모두에게 미치므로, 주주대표소송의 주주는 집행채권자가 될 수 있다. (대결 2014.2.19. 2013마2316)(변호 21, 22, 23, 모의 21)

4) 재심의 소

회사가 주주의 청구에 따라 이사의 책임을 추궁하는 소송을 제기하거나 주주의 대표소송이 제기된 경우에 원고와 피고의 공모로 인하여 회사의 권리를 사해할 목적으로써 판결을 하게 한 때에는 회사 또는 주주는 확정한 종국판결에 대하여 재심의 소를 제기할 수 있다(제406조 제1항).(변호 14, 모의 14, 17) 재심의 소의 주주는 소수주주가 아니어도 된다.

(6) 승소 원고의 소송비용 청구 및 악의 패소 원고의 손해배상책임

1) 승소원고의 소송비용 청구

대표소송을 제기한 주주가 승소한 때에는 그 주주는 회사에 대하여 소송비용 및 그 밖에 소송으로 인하여 지출한 비용 중 상당한 금액의 지급을 청구할 수 있다(제405조 제1항). 대표소송 승소 원고가 청구하는 소송비용은 소송비용의 부담에 관한 민사소송법의 원칙과 관계없이 산정된다. 변호사 보수의 경우에도 원고가 실제로 지출한 변호사보수를 기준으로 법원이 상당하다고 인정되는 금액으로 정할 수 있다. 소송비용을 지급한 회사는 이사 또는 감사에 대하여 구상권이 있다(제405조 제1항 후단).

2) 악의의 패소 원고의 손해배상책임

주주가 대표소송에서 패소하였다고 하더라도 악의인 경우 외에는 회사에 대하여 손해배상책임을 부담하지는 않는다(제405조 제2항).(변호 16, 19, 모의 20, 24) 주주가 악의인 경우 회사에 대하여 손해배상책임을 진다. 악의란 회사를 해할 것을 알고도 부적절하게 소송을 수행한 것을 의미한다.

(7) 다중대표소송 [모의 13, 16]

1) 의의

모회사 발행주식총수의 1% 이상에 해당하는 주식을 가진 주주는 자회사에 대하여 자회사 이사의 책임을 추궁할 소의 제기를 청구할 수 있다(제406조의2 제1항).(모의 21(2), 22, 24) 자회사가 위 청구를 받은 날부터 30일 내에 소를 제기하지 아니한 때에는 위 주주는 즉시 자회사를 위하여 소를 제기할 수 있다(제406조의2 제2항). 상장회사의 경우 6개월 전부터 계속하여 상장회사 발행주식총수 0.5% 이상에 해당하는 주식을 보유한 자는 다중대표소송을 제기할 수 있다(제542조의6 제7항).

판례는 2020년 개정 상법 이전 사안과 관련하여 다중대표소송이 허용되지 않는다고 판시하였으나(대판 2004.9.23. 2003다49221),(변호 12, 13, 17, 모의 18, 19, 20) 2020년 개정 상법에 의해 다중대표소송이 도입되었다.

2) 소 제기 후 모자회사 관계가 해소된 경우

모회사가 보유한 자회사의 주식이 자회사 발행주식총수의 50% 이하로 감소한 경우(발행주식을 보유하지 아니하게 된 경우를 제외)에도 다중대표소송의 효력에는 영향이 없다(제406조의2 제4항).(모의 23, 24)

3) 관할

다중대표소송은 자회사의 본점소재지의 지방법원의 관할에 전속한다(제406조의2 제5항).

4) 대표소송 관련 규정의 준용

이상의 사항을 제외하고, 대표소송에 관한 규정이 준용된다(제406조의2 제3항).

기출사례

★ 대표소송 [변호 16]

냉방기기 제조 및 판매업을 영위하는 비상장회사인 A주식회사(이하 'A회사'라 한다)는 2005. 1. 전동자전거 제조 및 판매업을 영위하는 비상장회사인 B주식회사(이하 'B회사'라 한다)를 설립하여 그 주식 100%를 보유하고 있다.
B회사는 설립 후 신제품 개발 및 마케팅에 성공하여 비약적인 성장을 거듭하고 있던 중 2012. 9. 주요 고객 중 하나인 중국 수입선의 부도로 자금조달에 일시적으로 어려움을 겪게 되었다. 이를 해소하기 위하여 2012. 10. 주주배정방식으로 총 발행가액 500억 원 규모(보통주 500만 주)의 유상증자(이하 '이 사건 유상증자'라 한다)를 실시하기로 하였다. A회사의 이사는 甲, 乙, 丙 3인인데, 이사회는 특별한 검토 없이 이 사건 유상증자 직전 B회사의 단기적 유동성 부족 문제만을 이유로 자신에게 배정된 신주를 전부 인수하지 아니하기로 전원일치로 결의하였다.
이에 B회사 이사회는 실권주 처리를 위하여 A회사 최대주주 겸 대표이사인 甲의 배우자인 丁에게 실권한 500만 주 전부를 배정하기로 결의하였다. 丁이 배정주식 전부를 인수한 결과 丁은 B회사의 주식 80%를 보유하게 되었고, 그 결과 A회사가 보유한 B회사 지분은 20%로 감소하였다.
그 후 B회사가 개발한 전동자전거가 중국시장에서 선풍적인 인기를 얻게 되면서 B회사는 유동성 위기에서 벗어남은 물론 매출 및 당기순이익은 이 사건 유상증자 시기에 비하여 수백 배로 수직 상승하였다.
한편 이 사건 유상증자 직후 A회사는 B회사와의 사이에 B회사가 요구하는 특정 기계부품 전량을 10년간 염가에 공급하는 내용의 장기물품공급계약(이하 '이 사건 물품공급계약'이라 한다)을 체결하여 지속적으로 거래를 하여왔다. B회사가 이와 같이 급속하게 성장하게 된 배경에는 이 사건 물품공급계약을 통하여 A회사로부터 핵심부품을 안정적으로 조달받게 된 것이 결정적인 영향을 미쳤다.
X는 이 사건 유상증자 이후에 처음으로 A회사 주식을 매수하여 3개월째 A회사 주식의 3%를 계속 보유하는 주주인데, 이 사건 유상증자와 관련한 이사 甲, 乙, 丙의 행위로 인하여 A회사가 큰 손해를 보았다고 믿고 이들을 상대로 책임을 묻고자 한다.

만약 이사들의 행위로 인하여 손해를 입었음에도 불구하고 A회사가 이사들을 상대로 아무런 책임을 묻지 아니하였다면, X가 A회사를 위하여 이사들을 상대로 그 책임을 물을 수 있는가?

Ⅰ. 결론

X는 비상장회사인 A회사 발행주식총수의 3%를 보유하는 주주로서 A회사에 대하여 이사의 책임을 추궁하는 소를 제기할 것을 서면으로 청구한 후 회사가 청구를 받은 날로부터 30일 이내에 소를 제기하지 않는 경우 해당 이사를 상대로 직접 이사의 책임을 추궁하는 소를 제기할 수 있다.

Ⅱ. 쟁점

X가 A회사를 위하여 이사들을 상대로 그 책임을 묻는 주주대표소송을 제기할 수 있는지 문제된다.

기출사례

★ 주주대표 소송의 원고적격 [변호 22]

甲은 2차 전지 제조업을 영위하는 A주식회사(상장회사, 보통주만 발행, 자본금 100억 원)의 발행주식총수의 100분의 15에 해당하는 주식을 가진 주주로, 회사 운영에 깊은 관심을 가지고 있다. 甲은 인공지능을 활용한 신제품을 개발할 계획으로 이 분야의 전문가인 乙을 초빙하였고 A회사는 적법한 절차를 거쳐 乙을 대표이사로 선임하였다.
甲은 대표이사 乙에게 자신의 영향력을 이용하여 ① 자신의 고등학교 동창인 주주 丙에게만 전환사채를 발행할 것, ② 발행가액을 시가보다 현저히 낮게 할 것, ③ 이사회의 결의만으로 발행할 것을 지시하였다. A회사는 2021. 2. 1. 甲의 지시대로 丙에게 전환사채를 발행하였다. A회사의 정관에 전환사채 발행 관련 내용은 따로 두고 있지 아니하다.
A회사의 발행주식총수의 100분의 2에 해당하는 주식을 3개월간 보유하고 있는 戊(명의개서를 완료함)는 위 전환사채의 발행과 관련하여 甲이 A회사에 손해를 끼쳤다고 주장하면서 甲의 책임을 묻고자 한다.
戊는 2021. 10. 1. 대표소송을 제기한 이후 2021. 10. 15. 자기가 보유한 주식의 80%를 매각하였고 명의개서가 완료되었다. 한편 A회사는 E주식회사(상장회사)와 전략적 협정을 맺고 사실심 변론 종결 전인 2021. 11. 2. 포괄적 주식교환 절차를 완료하여 A회사가 E회사의 완전자회사가 되었고, 이로써 戊는 E회사의 발행주식총수의 10만분의 1에 해당하는 주식을 갖게 되었다.

戊가 제기한 위 대표소송이 2021. 10. 16. 및 2021. 11. 3. 기준으로 각각 유지되는가? (아무도 소송참가한 바 없음)

Ⅰ. 결론

戊가 2021. 10. 15. 자신이 보유한 주식 80%를 매각한 이후에도 여전히 A회사의 주식을 보유하고 있으므로 戊가 제기한 위 대표소송은 2021. 10. 16. 기준으로 유지된다.
A회사는 E회사 사이의 포괄적 주식교환에 따라 사실심 변론 종결 전인 2021. 11. 2. 戊는 A회사의 발행주식을 전혀 보유하지 않게 되었고, 아무도 소송에 참가한 바 없으므로, 戊가 제기한 위 대표소송은 위 일자에 더 이상 유지되지 아니한다.

Ⅱ. 쟁점

대표소송 제기 이후 ① 주식비율이 발행주식총수의 1% 미만이 된 경우 원고 적격이 유지되는지와 ② 주주의 의사와 상관없이 주식을 전혀 보유하지 않게 된 경우 원고 적격이 유지되는지 문제된다.

6. 준법지원인

(1) 준법통제기준

자산총액 5천억 원 이상의 상장회사는 법령을 준수하고 회사경영을 적정하게 하기 위하여 임직원이 직무를 수행할 때 따라야 할 준법통제에 관한 기준 및 절차를 마련하여야 한다. 이러한 기준과 절차를 준법통제기준이라 한다(제542조의13 제1항).

(2) 준법지원인

1) 의의

자산총액 5천억 원 이상의 상장회사는 준법통제기준의 준수에 관한 업무를 담당하는 준법지원인을 1명 이상 두어야 한다(제542조의13 제2항).(모의 14, 18, 19)

2) 선임, 임기 및 상근

준법지원인은 이사회 결의로 선임한다(제542조의13 제4항).(모의 14, 18, 19) 준법지원인의 임기는 3년으로 하고, 상근으로 한다(제542조의13 제6항).

3) 준법지원인의 의무

준법지원인은 준법통제기준의 준수여부를 점검하여 그 결과를 이사회에 보고해야 한다(제542조의13 제3항).(모의 18) 준법지원인은 재임 중 뿐만 아니라 퇴임 후에도 직무상 알게 된 회사의 영업상 비밀을 누설하여서는 아니된다(제542조의13 제8항).(모의 18) 준법지원인은 직무를 독립적으로 수행하고, 회사의 임직원은 준법지원인이 요구하는 자료나 정보를 성실히 제출하여야 한다(제542조의13 제9항). 회사는 준법지원인이었던 사람에 대하여 그 직무수행과 관련된 사유로 부당한 인사상의 불이익을 주어서는 아니 된다(제542조의13 제10항). 준법지원인은 업무수행의 독립성에 영향을 줄 수 있는 영업 관련 업무를 겸직할 수 없다(시행령 제42조).

제6관 감사, 감사위원회

Ⅰ. 감사

1. 의의

감사란 회사의 업무 및 회계 감사를 주된 임무로 하는 주식회사의 필요적 상설기관을 말한다. 감사와 회사의 관계에도 민법 위임의 규정이 준용된다(제415조, 제382조 제2항).

① 자본금 10억 원 미만의 소규모회사는 감사를 선임하지 않을 수 있다(제409조 제4항).(변호 23)

② 자산총액 1천억 원 이상 2조 원 미만의 상장회사가 감사를 두는 경우에는 상근이어야 한다(제542조의10 제1항).(변호 15 모의 14, 16, 19)

③ 자산총액 2조원 이상인 상장회사는 감사를 둘 수 없고 감사위원회를 설치해야 한다(제542조의11 제1항).

2. 감사의 선임, 자격, 임기, 보수, 종임

(1) 감사의 선임

1) 주주총회 보통결의에 의한 선임

감사는 주주총회의 보통결의로 선임한다(제409조 제1항).(모의 21) 다만 회사가 전자적 방법으로 의결권을 행사할 수 있도록 한 경우에는 출석한 주주의 의결권의 과반수로써 감사의 선임을 결의할 수 있다(제409조 제3항).(변호 23, 모의 21, 22) 감사는 주주총회에서 감사의 해임에 관하여 의견을 진술할 수 있다(제409조의2).

2) 의결권의 제한 [모의 18]

① 비상장회사의 경우

의결권없는 주식을 제외한 발행주식의 총수의 3%를 초과하는 수의 주식을 가진 주주는 그 초과하는 주식에 관하여 감사의 선임에 있어서는 의결권을 행사하지 못한다(제409조 제2항).(변호 15, 18, 모의 16, 19, 21, 22) 회사는 정관에서 더 낮은 주식 보유비율을 정할 수 있으며, 정관에서 더 낮은 주식 보유비율을 정한 경우에는 그 비율로 한다(제409조 제2항).(변호 23)

② 상장회사의 경우

상장회사의 감사를 선임 또는 해임할 때에는 의결권 없는 주식을 제외한 발행주식총수의 3%를 초과하는 수의 주식을 가진 주주는 그 초과하는 주식에 관하여 의결권을 행사하지 못한다.(변호 23) 회사는 정관에서 더 낮은 주식 보유비율을 정할 수 있다. 주주가 최대주주인 경우에는 특수관계인 등이 소유하는 주식을 합산한다(제542조의12 제7항, 제4항).(변호 23) 합산되는 주식은 주주가 직접 보유한 주식뿐만 아니라 의결권 행사를 위임받은 주식을 포함한다. 위임인이 의결권의 내용을 결정하고 단지 표결만을 위임한 경우에는 3% 초과 주식 산정시 합산하지 않는다.(서울중앙지방법원 2008.4.28. 2008카합1306)

3) **회사와의 임용계약 체결 여부**

주주총회에서 감사로 선임되고 피선임자가 승낙한 경우 별도의 임용계약이 요구되지는 않는다.

주주총회에서 이사나 감사를 선임하는 경우, 선임결의와 피선임자의 승낙만 있으면, 피선임자는 대표이사와 별도의 임용계약을 체결하였는지 관계없이 이사나 감사의 지위를 취득한다.(대판 2017.3.23. 2016다251215)(변호 19, 모의 18, 20)

(2) 감사의 자격

1) 비상장회사 감사의 자격

비상장회사 감사의 자격에는 제한이 없다. 제한능력자도 비상장회사의 감사가 될 수 있다.

2) 상장회사 감사자격의 제한(제542조의10 제2항, 시행령 제36조 제2항)

상장회사의 경우 ① 미성년자 등 제한능력자,(모의 14) ② 파산선고 후 복권되지 않은 자, ③ 금고 이상의 형을 선고받고 그 집행이 끝나거나 집행이 면제된 후 2년이 지나지 아니한 자,(모의 14) ④ 법률 위반으로 해임되거나 면직된 후 2년이 지나지 아니한 자, ⑤ 주요주주 및 그의 배우자와 직계 존속·비속, ⑥ 회사 또는 계열회사의 상무에 종사하거나 2년 이내에 회사의 상무에 종사하였던 이사·집행임원 및 피용자(모의 14) 등은 상근감사가 될 수 없다.

3) 감사의 겸임금지

감사는 회사 및 자회사의 이사, 지배인 기타의 사용인의 직무를 겸하지 못한다(제411조).(변호 19, 모의 16) 자회사의 감사가 모회사 감사를 겸임하거나 자회사의 감사가 모회사의 이사를 겸임하는 것은 가능하다.

감사가 회사 또는 자회사의 이사 또는 지배인 기타의 사용인에 선임되거나 반대로 회사 또는 자회사의 이사 또는 지배인 기타의 사용인이 회사의 감사에 선임된 경우에는 그 선임행위는 각각의 선임 당시에 있어 현직을 사임하는 것을 조건으로 하여 효력을 가지고, 피선임자가 새로이 선임된 지위에 취임할 것을 승낙한 때에는 종전의 직을 사임하는 의사를 표시한 것으로 해석해야 한다.(대판 2007.12.13. 2007다60080)(변호 18, 19, 모의 14, 19, 21)

(3) 감사의 임기

감사의 임기는 취임 후 3년 내의 최종의 결산기에 관한 정기총회의 종결시까지로 한다(제410조).(변호 19) 정관으로도 연장 또는 단축할 수 없다.

(4) 감사의 보수

감사의 재직 중 직무수행 대가로서의 퇴직금에 관하여 정관에 그 액을 정하지 아니한 때에는 주주총회의 결의로 이를 정한다(제415조, 제388조).(변호 16, 24)

(5) 감사의 종임

① 종임사유, 특별결의에 의한 해임, 소수주주의 해임청구권, 결원의 처리, 직무집행정지 가처분 및 직무대행자선임은 모두 이사에 관한 규정이 준용된다(제415조, 제382조 제2항, 제385조, 제386조, 제407조). 민법상 위임 종료사유 또한 감사의 종임에 적용된다. 주주총회 특별결의로 감사를 해임하는 경우, 선임의 경우와 달리 3% 초과 주식의 의결권이 제한되지 않는다.(모의 21)

② 감사가 임기만료 전에 정당한 이유 없이 주주총회 특별결의로 해임되었음을 이유로 회사를 상대로 남은 임기 동안 또는 임기 만료 시 얻을 수 있었던 보수 상당액을 해임으로 인한 손해배상액으로 청구하는 경우, 당해 감사가 그 해임으로 인하여 남은 임기 동안 회사를 위한 위임사무 처리에 들이지 않게 된 자신의 시간과 노력을 다른 직장에 종사하여 사용함으로써 얻은 이익이 해임과 사이에 상당인과관계가 인정된다면 해임으로 인한 손해배상액을 산정함에 있어서 공제되어야 한다.(대판 2013.9.26. 2011다42348)(모의 14, 15, 24)

③ 감사정보비, 업무추진비, 출장비 일부의 부적절한 집행 등 잘못이 있다 하더라도 그러한 사유들만으로는 원고가 감사로서의 업무를 집행하는 데 장해가 될 만한 객관적 상황이 발생하였다고 볼 수 없으므로 이 사건 해임에는 정당한 해임사유가 존재하지 아니한다.(대판 2013.9.26. 2011다42348)

④ 상법 제415조, 제385조 제1항에 규정된 '정당한 이유'란 주주와 감사 사이에 불화 등 단순히 주관적인 신뢰 관계가 상실된 것만으로는 부족하고, 감사가 그 직무와 관련하여 법령이나 정관에 위반된 행위를 하였거나 정신적·육체적으로 감사로서 직무를 감당하기 현저하게 곤란한 경우, 감사로서 직무수행능력에 대한 근본적인 신뢰 관계가 상실된 경우 등과 같이 당해 감사가 그 직무를 수행하는 데 장해가 될 객관적 상황이 발생한 경우에 비로소 임기 전에 해임할 수 있는 정당한 이유가 있다고 할 것이다.(대판 2004.10.15. 2004다25611)(모의 24)

3. 감사의 권한

(1) 업무 및 회계감사권

① 감사는 이사의 직무집행에 대한 감사권을 가진다(제412조 제1항). 이러한 감사의 직무집행 감사권은 회계감사도 포함한다.

② 감사의 직무감사권에 직무집행 타당성에 대한 감사권한을 포함하는지에 대해서는 견해가 나뉜다. 업무집행의 효율성과 합목적성은 경영진의 판단에 속하므로 감사의 직무감사권은 적법성 감사에 한정되고 타당성에 대한 감사는 상법상 명문 규정이 있는 경우 외에는 인정되지 않는다고 본다.

(2) 부수적 권한 - 감사 실효성 확보를 위한 권한

1) 보고요구, 조사권

감사는 언제든지 이사에 대하여 영업에 관한 보고를 요구하거나 회사의 업무와 재산상태를 조사할 수 있다(제412조 제2항).(변호 19) 감사는 회사의 비용으로 전문가의 도움을 구할 수 있다(제412조 제3항). 이사는 정기총회일의 6주간 전에 재무제표와 영업보고서를 감사에게 제출하여야 한다(제447조의3).(모의 19)

2) 자회사에 대한 보고요구, 조사권

모회사의 감사는 그 직무를 수행하기 위하여 필요한 때에는 자회사에 대하여 영업의 보고를 요구할 수 있다(제412조의5 제1항). 모회사의 감사는 자회사가 지체없이 보고를 하지 아니하거나 그 보고의 내용을 확인할 필요가 있는 경우 자회사의 업무와 재산상태를 조사할 수 있다(제412조의5 제2항).(변호 19, 20) 자회사는 정당한 이유가 없는 한 보고 또는 조사를 거부하지 못한다(제412조의5 제3항). 다만 감사의 이러한 권한이 자회사에 대한 감사권을 의미하는 것은 아니다. 즉 자회사에 대한 보고요구, 조사권은 모회사의 감사를 위하여 필요한 범위로 한정된다.

3) 이사회 출석 및 의견진술권

감사는 이사회에 출석하여 의견을 진술할 수 있다(제391조의2 제1항).(모의 22) 따라서 감사에게도 이사회 소집통지를 하여야 한다(제390조 제3항). 감사의 이사회 출석은 부수적인 권한인 관계로 감사에게 이사회 소집통지를 하지 않았다고 해서 이사회결의에 하자가 있는 것은 아니다.

감사의 이사회 출석 및 의견 진술은 감사의 본래 업무와 밀접 불가분의 관계에 있는 부수 업무로 볼 수 없다. 이사들이 공모하여 이사회에서 급여 규정 개정안에 대하여 허위로 설명한 행위는 감사의 업무에 대한 업무방해죄에 해당하지 않는다.(대판 2023.9.27. 2023도9332)

4) 이사회 소집청구권

감사는 필요하면 회의의 목적 사항과 소집이유를 적은 서면으로 이사에게 이사회 소집을 청구할 수 있다(제412조의4 제1항). 감사의 소집청구에도 이사가 지체없이 이사회를 소집하지 아니하면 그 청구한 감사가 이사회를 소집할 수 있다(제412조의4 제2항).

5) 임시주주총회 소집청구권

감사는 회의의 목적 사항과 소집의 이유를 기재한 서면을 이사회에 제출하여 임시총회의 소집을 청구할 수 있다(제412조의3 제1항). 감사의 소집청구가 있은 후 지체없이 총회소집의 절차를 밟지 아니한 때에는 청구한 감사는 법원의 허가를 받아 총회를 소집할 수 있다. 이 경우 주주총회의 의장은 법원이 이해관계인의 청구나 직권으로 선임할 수 있다(제412조의3 제2항, 제366조 제2항).

6) 위법행위유지청구권

이사가 법령 또는 정관에 위반한 행위를 하여 회사에 회복할 수 없는 손해가 생길 염려가 있는 경우에는 감사는 회사를 위하여 이사에 대하여 그 행위를 유지할 것을 청구할 수 있다(제402조).(모의 21, 24)

7) 소 제기 권한

감사는 ① 회사설립무효의 소(제328조), ② 주주총회결의 취소의 소(제376조 제1항), ③ 신주발행무효의 소(제429조), ④ 감자무효의 소(제445조), ⑤ 합병무효의 소(제529조), ⑥ 분할 · 분할합병무효의 소(제530조의11)를 제기할 수 있다.

(3) 이사와 회사 사이의 소에 관한 회사대표권

1) 감사의 회사 대표권

① 회사가 이사에 대하여 또는 이사가 회사에 대하여 소를 제기하는 경우에 감사는 그 소에 관하여 회사를 대표한다(제394조 제1항).(모의 21) 소수주주가 대표소송 제기 전에 회사에 대하여 이사의 책임을 추궁하도록 소 제기를 청구하는 경우에도 감사가 회사를 대표한다(제403조 제1항).

② **전 이사들을 상대로 하는 주주대표소송에 회사가 참가하는 경우, 상법 제394조 제1항의 적용이 배제되어 회사를 대표하는 자는 대표이사이다.**(대판 2002.3.15. 2000다9086)(변호 19, 22, 모의 13, 17, 18, 19, 21, 24)

③ **일시대표이사가 선임된 회사에서 해당 회사가 이사를 상대로 이사지위의 부존재 확인을 구하는 소송을 제기할 경우에는 감사가 회사를 대표하지 않는다.**(대판 2018.3.15. 2016다275679)(모의 19)

[사실관계 및 판시사항] 甲회사의 주주가 甲회사를 적법하게 대표할 사람이 없다는 이유로 일시대표이사 및 이사의 선임을 구하는 신청을 하여 변호사인 乙이 甲회사의 일시대표이사 및 이사로 선임된 후 일시대표이사인 乙이 甲회사를 대표하여 甲회사의 소수주주가 소집한 주주총회에서 이사로 선임된 丙을 상대로 이사선임결의의 부존재를 주장하며 이사 지위의 부존재확인을 구하는 사안에서 대법원은 이사와 회사 사이의 소에 관하여 감사로 하여금 회사를 대표하도록 규정하고 있는 상법 제394조 제1항은 위 사안에는 적용되지 않는다고 판시하였다.

2) 감사위원회의 대표권

감사위원회가 설치되어 있는 경우에는 위의 경우 감사위원회가 회사를 대표한다(제415조의2 제7항, 제394조 제1항). 감사위원회의 위원이 소의 당사자인 경우에는 감사위원회 또는 이사는 법원에 회사를 대표할 자를 선임하여 줄 것을 신청하여야 한다(제394조 제2항).(변호 20, 모의 17, 20)

감사위원회와 집행임원이 설치된 회사의 경우, 소송상대방이 사임한 또는 퇴임한 이사일 때 소송상 회사의 대표는 대표집행임원이 하며, 소송상대방이 감사위원회의 위원이 아닌 이사인 경우 소송상 회사의 대표는 감사위원회 위원이 한다.(모의 20)

3) 법원에 대한 대표자 선임 신청

① 감사를 선임하지 않은 회사가 이사에 대해 또는 이사가 회사에 대해 소를 제기하는 경우에 회사, 이사 또는 이해관계인은 법원에 회사 대표자를 선임해 줄 것을 신청해야 한다(제409조 제5항).

② 이사가 회사를 상대로 사임을 주장하면서 이사직을 사임한 취지의 변경등기를 구하는 소에서 상법 제394조 제1항은 적용되지 아니하므로 그 소에 관하여 회사를 대표할 사람은 감사가 아니라 대표이사이다.(대결 2013.9.9. 2013마1273)(변호 19, 모의 18)

③ 피고 회사의 이사인 원고가 피고 회사에 대하여 소를 제기하면서 대표이사를 대표자로 표시한 소장을 제출하고, 법원도 피고 회사의 대표이사에게 소장 부본을 송달하여 피고 회사의 대표이사로부터 위임받은 변호사들에 의하여 소송이 수행되었다면, 피고 회사를 대표할 권한이 대표이사에게 없기 때문에 소장이 피고에게 적법유효하게 송달되었다고 볼 수 없음은 물론 피고 회사의 대표이사가 피고를 대표하여 한 소송행위나 피고 회사의 대표이사에 대하여 원고가 한 소송행위는 모두 무효이다. 이러한 경우에도 피고 회사의 대표자를 감사로 표시를 정정하여 그 흠결을 보정할 수 있고 피고 회사의 감사가 위와 같이 무효인 종전의 소송행위를 추인하는지의 여부와는 관계없이 소송은 유효하게 된다. 이러한 보정은 속심제를 채택한 우리 민사소송법의 구조와 민사소송의 이념 및 민사소송법 제388조 등에 비추어 보면 항소심에서도 할 수 있다.(대판 1990.5.11. 89다카15199)(모의 22, 24)

④ 소송당사자인 법인 대표자의 대표권 여부는 소송요건으로서 법원의 직권조사사항이므로, 법원은 제출된 자료들에 의하여 대표권의 적법성에 의심이 갈 만한 사정이 있다면, 상대방이 이를 구체적으로 지적하여 다투지 않더라도 심리 · 조사할 의무가 있다. 자본금 총액 10억 원 미만으로 감사를 선임하지 아니한 주식회사가 이사에 대하여 소를 제기하는 경우에 법원이 대표이사를 소송에서 회사를 대표할 자로 선임하였다는 등의 특별한 사정이 없는 이상 대표이사는 그 소송에 관하여 회사를 대표할 권한이 없다.(대판 2023.6.29. 2023다210953)

4. 감사의 의무

(1) 선관주의의무 및 비밀유지의무

감사는 회사와 위임 관계에 있으므로 선관주의의무를 부담한다(제415조, 제382조 제2항).(모의 24) 감사는 재임 중 뿐만 아니라 퇴임 후에도 직무상 알게 된 회사의 영업상 비밀에 대한 비밀유지의무를 부담한다(제415조, 제382조의4).

비상임 감사는 감사로서의 선관주의의무 위반에 따른 책임을 지지 않는다는 주장은 허용될 수 없다.(대판 2009.11.12. 2007다53785)(모의 18)

(2) 충실의무

감사는 충실의무는 부담하지 않는다고 본다. 감사에 대해서는 제382조의3, 제397조, 제397조의2, 제398조가 준용되지 않으므로, 감사에 대해서는 경업금지,(모의 21) 회사기회유용금지, 자기거래 등에 이사회의 승인이 요구되지 않는다.(모의 24)

(3) 기타 의무

감사는 이사의 위법행위 등에 대한 이사회 보고의무(제391조의2 제2항),(모의 22) 주주총회 의안 등에 대한 조사 및 의견진술의무(제413조),(변호 18) 감사록 작성의무(제413조의2), 이사에 대한 감사보고서 제출의무(제447조의4)(모의 19)를 부담한다.

5. 감사의 책임

(1) 회사 또는 제3자에 대한 손해배상책임

감사는 이사와 동일하게 회사 또는 제3자에 대한 손해배상책임을 부담한다. 발행주식총수의 1% 이상에 해당하는 주식을 가진 주주는 회사에 대하여 감사의 책임을 추궁할 소의 제기를 청구할 수 있다(제415조, 제403조).(변호 15) 총주주의 동의로 감사의 책임이 면제될 수 있고, 정관으로 감사의 책임이 제한될 수 있다. 비상근감사의 경우에도 상근감사와 동일한 요건으로 손해배상책임이 적용된다. 다만, 감사는 업무집행기관은 아니므로 제402조의 위법행위 유지청구권은 적용되지 않는다.

(2) 감사의 중과실 여부

① 감사가 실질적으로 감사의 직무를 수행할 의사가 전혀 없으면서도 자신의 도장을 이사에게 맡기는 등 명의만을 빌려줌으로써 이사로 하여금 어떠한 간섭이나 감독도 받지 않고 재무제표 등에 허위사실을 기재한 다음 분식된 재무제표 등을 이용하여 제3자에게 손해를 입히도록 묵인하거나 방치한 경우, 감사는 악의 또는 중과실로 임무를 해태한 때에 해당하여 그로 말미암아 제3자가 입은 손해를 배상할 책임이 있다.(변호 18, 모의 22) 감사가 결산 관련 업무 자체를 수행하기는 하였으나 재무제표 등이 허위로 기재되었다는 사실을 과실로 알지 못한 경우, 분식결산이 쉽게 발견 가능한 것이어서 조금만 주의를 기울였더라면 허위로 작성된 사실을 알아내 이사가 허위의 재무제표 등을 주주총회에서 승인받는 것을 저지할 수 있었다는 등 중과실을 추단할 만한 사정이 인정되어야 제3자에 대한 손해배상의 책임을 인정할 수 있고, 분식결산이 회사의 다른 임직원들에 의하여 조직적으로 교묘하게 이루어진 것이어서 감사가 쉽게 발견할 수 없었던 때에는 분식결산을 발견하지 못하였다는 사정만으로 중과실이 있다고 할 수는 없고, 감사에게 분식결산으로 인하여 제3자가 입은 손해에 대한 배상책임을 인정할 수 없다.(모의 20)(대판 2008.2.14. 2006다82601)

② 대규모 상장기업에서 일부 임직원의 전횡이 방치되고 있거나 중요한 재무정보에 대한 감사의 접근이 조직적, 지속적으로 차단되고 있는 상황이라면, 감사의 주의의무는 경감되는 것이 아니라 오히려 현격히 가중된다.(대판 2008.9.11. 2006다68636)(모의 20)

③ 금융기관의 감사위원이 심사부의안과 대출심사자료만 선량한 관리자의 주의의무로 검토하였더라도 대출이 형식적인 신용조사만을 거쳐 충분한 채권보전조치 없이 이루어지는 것임을 쉽게 알 수 있는 경우, 감사위원은 관계 서류의 제출 요구 등을 통해 대출이 위법·부당한 것인지 여부에 관하여 추가로 조사하거나 감사위원회를 통해 이사회에 위와 같은 사실을 보고하여 위법·부당한 행위의 시정 등을 요구할 의무가 있다.(대판 2017.11.23. 2017다251694)

Ⅱ. 감사위원회

1. 의의

감사위원회란 이사회의 위원회로 감사를 대체하는 감사기관으로 도입된 위원회를 말한다. 회사는 정관이 정한 바에 따라 감사에 갈음하여 감사위원회를 설치할 수 있다(제415조의2 제1항).

감사위원회를 설치한 경우에는 감사를 둘 수 없다(제415조의2 제1항 단서).(변호 13) 자산총액 2조원 이상인 상장회사는 감사위원회를 설치해야 한다(제542조의11 제1항).

2. 감사위원의 선임, 종임

(1) 감사위원의 자격

1) 비상장회사의 감사위원회

비상장회사의 감사위원의 자격에 대한 특별한 제한은 없다. 다만, 사외이사가 감사위원의 3분의 2 이상이 되어야 한다(제415조의2 제2항 단서).(변호 15, 23)

2) 자산총액 2조 원 이상 상장회사의 감사위원회

자산총액 2조 원 이상인 상장회사는 감사위원 중 최소한 1명은 회계 또는 재무전문가이어야 하고, 감사위원회 대표는 사외이사이어야 한다(제542조의11 제2항). 상근감사의 결격사유는 사외이사가 아닌 감사위원에게도 적용된다(제542조의11 제1항, 제542조의10 제2항).

3) 자산총액 2조 원 미만 1천억 원 이상인 상장회사의 감사위원회

자산총액 2조 원 미만 1천억 원 이상인 회사가 감사위원회를 두는 경우에는 자산총액 2조원 이상인 회사의 감사위원회만 가능하다(제542조의10 제1항 단서).(변호 15)

4) 자산총액 1천억 원 미만인 상장회사의 감사위원회

자산총액 1천억 원 미만인 상장회사는 비상장회사의 감사위원회(제415조의2)를 둘 수 있으므로, 비상장회사의 감사위원회에 관한 규정이 적용된다.

(2) 감사위원의 선임과 해임

1) 비상장회사 감사위원의 선임과 해임

감사위원회는 3인 이상의 이사로 구성된다(제415조의2 제2항).(변호 23) 비상장회사 감사위원의 선임은 이사회결의로 하고, 해임은 이사 총수의 3분의 2 이상의 이사회 결의로 한다(제415조의2 제2항, 제3항).(변호 13, 20)

2) 자산총액 2조 원 이상 상장회사의 감사위원 선임과 해임

① 주주총회에 의한 감사위원의 선임

㉠ 주주총회가 감사위원을 선임, 해임한다(제542조의12 제1항).(변호 23, 모의 13, 20, 21, 22) 회사가 전자적 방법으로 의결권을 행사할 수 있도록 한 경우에는 출석한 주주의 의결권의 과반수로써 감사위원회위원의 선임을 결의할 수 있다(제542조의12 제8항).(모의 22) ㉡ 주주총회에서 이사를 선임한 후 선임된 이사 중에서 감사위원회위원을 선임하여야 한다(제542조의12 제2항).

② **분리선임**

감사위원회위원 중 1명은 주주총회 결의로 다른 이사들과 분리하여 감사위원회위원이 되는 이사로 선임하여야 한다(제542조의12 제2항).(변호 22, 모의 21, 22, 23) 이사들과 분리하여 선임하는 감사위원회위원이 되는 이사의 수는 정관에서 2명 이상으로 정할 수 있으며, 정관으로 정한 경우에는 그에 따른 인원으로 한다(제542조의12 제2항).

③ **감사위원회 위원의 해임**

감사위원회위원은 주주총회의 특별결의로 해임할 수 있다. 이 경우 분리하여 선임된 감사위원회위원은 이사와 감사위원회위원의 지위를 모두 상실한다(제542조의12 제3항).(모의 23)

④ **의결권의 제한**

㉠ 감사위원회위원을 선임 또는 해임할 때에는 의결권 없는 주식을 제외한 발행주식총수의 3%를 초과하는 수의 주식을 가진 주주는 그 초과하는 주식에 관하여 의결권을 행사하지 못한다(제542조의12 제4항).(변호 23, 모의 22) ㉡ 정관에서 더 낮은 주식 보유비율을 정할 수 있으며, 정관에서 더 낮은 주식 보유비율을 정한 경우에는 그 비율로 한다. ㉢ 최대주주인 경우에는 사외이사가 아닌 감사위원회위원을 선임 또는 해임할 때에 그의 특수관계인 등이 소유하는 주식을 합산한다.

최대주주가 아닌 주주와 그 특수관계인 등에 대하여도 일정 비율을 초과하여 소유하는 주식에 관하여 감사의 선임 및 해임에 있어서 의결권을 제한하는 내용의 정관 규정이나 주주총회결의 등은 무효이다.(대판 2009.11.26. 2009다51820)

3) 자산총액 2조 원 미만 1천억 원 이상인 상장회사의 감사위원 선임

자산총액 2조 원 미만 1천억 원 이상인 회사가 감사위원회를 두는 경우에는 자산총액 2조원 이상인 회사의 감사위원회만 가능하므로(제542조의10 제1항 단서)(변호 15, 모의 22) 위와 같은 내용이 동일하게 적용된다.

4) 자산총액 1천억 원 미만인 상장회사의 감사위원 선임

자산총액 1천억 원 미만인 상장회사는 비상장회사와 동일하게 이사회결의로 감사위원을 선임하고 이사 총수의 3분의 2 이상의 이사회결의로 감사위원을 해임한다.

(3) 감사위원의 임기

상법은 감사위원의 임기에 대하여 별도로 규정하고 있지 않다. 감사위원의 임기는 정관이나 이사회결의로 정할 수 있다고 본다. 이사회결의로도 감사위원의 임기를 정하지 않은 경우, 이사 지위가 종료되면 감사위원 지위도 종료된다고 본다.

3. 감사위원회의 운영

감사위원회의 소집과 결의방법 등은 상법상 위원회에 관한 규정이 적용된다(제393조의2 제4항, 제5항). 따라서 감사위원회를 소집하기 위해서는 회일을 정하고 그 1주일 전에 각 위원에게 통지를 발송하여야 하는데, 감사위원 전원의 동의가 있으면 이러한 절차 없이 언제든지 회의할 수 있다(제393조의2 제5항, 제390조).(변호 20) 감사위원회는 그 결의로 위원회를 대표할 자를 선정해야 한다(제415조의2 제4항). 이 경우 수인의 위원이 공동으로 위원회를 대표할 것을 정할 수 있다(제415조의2 제4항). 자산총액 2조원 이상 상장회사 감사위원회 대표위원은 사외이사이어야 한다(제542조의11 제2항). 감사위원회가 결의한 사항에 대해서는 이사회가 다시 결의할 수 없다(제415조의2 제6항, 제393조의2 제4항 후단).(변호 15)

4. 감사위원회의 권한

상법은 감사의 권한에 관한 조항을 감사위원회에 준용하고 있다(제415조의2 제7항).(모의 24) 감사위원회가 이사회의 업무집행에 대한 타당성 여부를 감사할 수 있는지에 대해서는 부정설도 존재하나 감사의 경우와 달리 감사위원은 동시에 이사회의 구성원이므로 감사위원회에서 이사회의 업무집행에 대한 타당성도 감사할 수 있다고 보는 견해가 유력하다.

5. 감사위원회의 의무와 책임

상법은 감사의 의무와 책임에 관한 조항을 감사위원회에 준용하고 있다(제415조의2 제7항). 따라서 감사위원회는 감사와 동일한 의무와 책임을 부담한다. 다만 임기 중 해임시 손해배상청구에 관한 조항(제415조, 제385조)은 준용되지 않는다.

6. 회사별 감사 또는 감사위원회

	비상근감사	상근감사	비상장회사 감사위원회	대규모상장회사 감사위원회
비상장회사	○		○	
1천억 미만 상장회사	○		○	
1천억 이상 상장회사	×	○	×	○
2조원 이상 상장회사	×	×	×	○

	구성	선임	해임
비상장회사 감사위원회	3인 이상 이사 사외이사 2/3 이상	이사회결의	이사 2/3 이상 이사회결의
대규모상장회사 감사위원회	회계 · 재무전문가 1인 이상 사외이사 대표위원	주주총회 결의 감사위원 1인 분리선임	주주총회 특별결의

제7관 상장회사 특례

1. 주식매수선택권

(1) 주식매수선택권 부여 한도

주식매수선택권 부여에 따라 발행할 신주 또는 양도할 자기의 주식은 비상장회사는 발행주식총수의 10%(제340조의2 제3항), 상장회사는 발행주식총수의 15%를 초과할 수 없다(제542조의3 제2항, 시행령 제30조 제3항).(모의 19)

(2) 이사회결의에 의한 주식매수선택권 부여

상장회사는 정관으로 정하는 바에 따라 발행주식 총수의 10% 범위 내에서 시행령으로 정하는 한도(최근 사업연도 말 현재의 자본금이 3천억 원 이상인 법인은 발행주식총수의 1% 이내, 최근 사업연도 말 현재의 자본금이 3천억 원 미만인 법인은 발행주식총수의 3% 이내)까지 이사회결의로 주식매수선택권을 부여하고 주주총회의 승인을 받는 것이 가능하다(제542조의3 제3항). 상장회사가 이사회결의로 주식매수선택권을 부여하는 경우 관계 회사의 이사에게 주식매수선택권을 부여할 수 있으나, 해당 회사의 이사에게는 주식매수선택권을 부여할 수 없다(제542조의3 제3항).

(3) 주식매수선택권 행사요건

주식매수선택권은 주식매수선택권을 부여하기로 결의한 주주총회 결의일부터 2년 이상 재임 또는 재직하여야 이를 행사할 수 있다(제340조의4 제1항). 상장회사는 사망 또는 본인의 책임이 아닌 사유로 퇴임하거나 퇴직한 경우에는 2년 이상 재임하지 않더라도 주식매수선택권을 행사할 수 있으나 정년퇴직으로 2년 이상 재임하지 못한 경우에는 주식매수선택권을 행사할 수 없다(제542조의3 제4항, 시행령 제30조 제5항).

2. 주주총회 소집공고

상장회사가 주주총회를 소집하는 경우 발행주식총수의 1% 이하의 주식을 소유하는 주주에게는 정관에 따라 주주총회일 2주 전에 주주총회를 소집하는 뜻과 회의의 목적사항을 둘 이상의 일간신문에 각각 2회 이상 공고하거나 전자적 방법으로 공고하여 개별 소집통지를 대신할 수 있다(제542조의4 제1항).(모의 19) 상장회사가 이사 · 감사의 선임에 관한 사항을 목적으로 하는 주주총회를 소집통지 또는 공고하는 경우에는 이사 · 감사 후보자의 성명, 약력, 추천인, 후보자와 최대주주와의 관계, 후보자와 해당 회사와의 최근 3년간의 거래 내역 등을 통지하거나 공고하여야 한다(제542조의4 제2항). (변호 12, 모의 14)

3. 이사·감사의 선임방법

상장회사의 이사 또는 감사는 주주총회 소집통지 또는 공고한 후보자 중에서 선임하여야 한다(제542조의5).

4. 소수주주권

(1) 임시총회 소집청구권

6개월 전부터 계속 상장회사 발행주식총수 1.5% 이상의 주식을 보유한 자는 회의 목적사항과 소집이유를 적은 서면 등을 이사회에 제출하여 임시총회의 소집을 청구할 수 있고 이러한 청구 후 지체 없이 총회소집의 절차를 밟지 않은 경우 법원의 허가를 받아 총회를 소집할 수 있고,

회사의 업무와 재산상태를 조사하게 하기 위해 법원에 검사인 선임을 청구할 수 있다(제542조의6 제1항).

(2) 주주제안권

6개월 전부터 계속 상장회사의 의결권 없는 주식을 제외한 발행주식총수 1%(사업연도 말 현재 자본금이 1천억 원 이상인 상장회사의 경우 0.5%) 이상의 주식을 보유한 자는 주주제안권을 행사할 수 있다(제542조의6 제2항).

(3) 이사, 청산인 해임 청구권

6개월 전부터 계속 상장회사 발행주식총수 0.5%(사업연도 말 현재 자본금이 1천억 원 이상인 상장회사의 경우 0.25%) 이상의 주식을 보유한 자는 이사의 직무상 부정행위 또는 법령, 정관 위반행위에도 불구하고 주주총회에서 그 해임을 부결한 때에는 총회의 결의가 있은 날부터 1월 내에 그 이사의 해임을 법원에 청구할 수 있고, 청산인이 업무 집행에 있어 현저하게 부적임하거나 중대한 임무에 위반한 행위가 있는 경우 법원에 청산인의 해임을 청구할 수 있다(제542조의6제3항).

(4) 회계장부 등 열람등사청구권

6개월 전부터 계속 상장회사 발행주식총수 0.1%(사업연도 말 현재 자본금이 1천억 원 이상인 상장회사의 경우 0.05%) 이상의 주식을 보유한 자는 회계장부 등의 열람등사를 청구할 수 있다(제542조의6 제4항).(모의 21)

(5) 유지청구권

6개월 전부터 계속 상장회사 발행주식총수 0.05%(사업연도 말 현재 자본금 1천억 원 이상인 상장회사의 경우 0.025%) 이상 주식을 보유한 자는 유지청구권을 행사할 수 있다(제542조의6 제5항).(변호 17)

(6) 대표소송

6개월 전부터 계속 상장회사 발행주식총수 0.01% 이상의 주식을 보유한 자는 주주대표소송을 제기할 수 있다(제542조의6 제6항).

(7) 다중대표소송

6개월 전부터 계속하여 상장회사 발행주식총수의 0.5% 이상에 해당하는 주식을 보유한 자는 다중대표소송을 제기할 수 있다(제542조의6 제7항).

(8) 소수주주 요건의 완화 등

상장회사는 정관에서 이상에 규정된 것보다 단기의 주식 보유기간을 정하거나 낮은 주식 보유비율을 정할 수 있다(제542조의6 제8항). 주식을 보유한 자란 주식을 소유한 자, 주주권 행사에 관한 위임을 받은 자, 2명 이상 주주의 주주권을 공동으로 행사하는 자를 말한다(제542조의6 제9항).

소수주주권에 관한 상장회사 특례 조항은 비상장회사에 관한 소수주주권의 행사에 영향을 미치지 않는다(제542조의6 제10항).

주권상장법인 내지 협회등록법인의 주주는 증권거래법 제191조의13 제5항이 정하는 6월의 보유기간 요건을 갖추지 못한 경우라 할지라도 상법 제366조의 요건을 갖추고 있으면 그에 기하여 주주총회 소집청구권을 행사할 수 있다.(대판 2004.12.10. 2003다41715)**[변호 16, 22]**

5. 집중투표 [변호 20]

(1) 집중투표 청구기한

상장회사에 대하여 집중투표의 방법으로 이사를 선임할 것을 청구하는 경우 주주총회일(정기주주총회의 경우에는 직전 연도의 정기주주총회일에 해당하는 그 해의 해당일)의 6주 전까지 서면 또는 전자문서로 회사에 청구하여야 한다(제542조의7 제1항).(모의 19)

(2) 집중투표 청구 주주

최근 사업연도 말 현재의 자산총액이 2조원 이상인 상장회사의 의결권 없는 주식을 제외한 발행주식총수 1% 이상의 주식을 보유한 자는 집중투표의 방법으로 이사를 선임할 것을 청구할 수 있다(제542조의7 제1항).

(3) 집중투표배제 정관 개정시 의결권 제한

최근 사업연도 말 현재의 자산총액이 2조원 이상인 상장회사가 정관으로 집중투표를 배제하거나 그 배제된 정관을 변경하려는 경우에는 의결권 없는 주식을 제외한 발행주식총수의 3%을 초과하는 수의 주식을 가진 주주는 그 초과하는 주식에 관하여 의결권을 행사하지 못한다.(모의 20) 다만, 정관에서 이보다 낮은 주식 보유비율을 정할 수 있다(제542조의7 제3항).

(4) 집중투표배제 정관 변경 의안의 분리 상정 및 의결

최근 사업연도 말 현재의 자산총액이 2조원 이상인 상장회사가 주주총회의 목적 사항으로 집중투표 배제에 관한 정관 변경에 관한 의안을 상정하려는 경우에는 그 밖의 사항의 정관 변경에 관한 의안과 별도로 상정하여 의결하여야 한다(제542조의7 제4항).

6. 사외이사의 선임

(1) 상장회사 사외이사의 수

상장회사는 원칙적으로 이사 총수의 4분의 1 이상을 사외이사로 하여야 한다. 최근 사업연도 말 현재의 자산총액이 2조원 이상인 상장회사의 사외이사는 3명 이상이어야 하고, 이사 총수의 과반수가 되어야 한다(제542조의8 제1항).(변호 12, 모의 13, 16, 20)

(2) 상장회사 사외이사의 결격사유 등

상장회사의 최대주주와 그 특수관계인, 주요주주와 그 배우자, 직계존비속은 상장회사의 사외이사가 될 수 없다(제542조의8 제2항). 명의를 불문하고 자기의 계산으로 의결권 있는 발행주식총수의 100분의 10 이상의 주식을 소유하거나 하거나 이사 · 집행임원 · 감사의 선임과 해임 등 상장회사의 주요 경영사항에 대하여 사실상의 영향력을 행사하는 주주 및 그의 배우자와 직계 존속 · 비속은 상장회사의 사외이사가 될 수 없다(제542조의8 제2항 제6호)(변호 12, 모의 14)

상장회사는 사외이사의 사임 · 사망 등의 사유로 인하여 사외이사의 수가 상법상 요구하는 위와 같은 이사회의 구성요건에 미달하게 되면 그 사유가 발생한 후 처음으로 소집되는 주주총회에서 상법상 요건에 합치되도록 사외이사를 선임해야 한다(제542조의8 제3항).

(3) 사외이사 후보추천위원회

최근 사업연도 말 현재의 자산총액이 2조원 이상인 상장회사는 사외이사 후보를 추천하기 위하여 사외이사 후보추천위원회를 설치하여야 한다. 사외이사 후보추천위원회는 사외이사가 총위원의 과반수가 되도록 구성하여야 한다(제542조의8 제4항).(변호 12, 모의 14, 20)

(4) 자산총액 2조원 이상 상장회사의 사외이사 선임

최근 사업연도 말 현재의 자산총액이 2조원 이상인 상장회사는 사외이사 후보추천위원회의 추천을 받은 자 중에서 사외이사를 선임하여야 한다. 이 경우 사외이사 후보추천위원회가 사외이사 후보를 추천할 때에는 제363조의2 제1항(주주제안권), 제542조의6 제1항(상장회사의 주주총회소집청구권), 같은 조 제2항(상장회사의 주주제안권)의 권리를 행사할 수 있는 요건을 갖춘 주주가 주주총회일의 6주 전에 추천한 사외이사 후보를 포함시켜야 한다(제542조의8 제5항).

7. 주요주주 등 이해관계자와의 거래

(1) 신용공여의 금지

상장회사는 원칙적으로 ① 주요주주 및 그 특수관계인, ② 이사, ③ 감사를 상대방으로 하거나 그를 위하여 신용공여(금전 등 경제적 가치가 있는 재산의 대여, 채무이행의 보증, 자금 지원적 성격의 증권 매입, 담보제공, 어음배서{무담보배서 제외}, 출자이행약정 등)를 해서는 아니 된다(제542조의9 제1항).(변호 15) 상장회사는 집행임원에 대하여 학자금, 주택자금 또는 의료비 등 복리후생을 위하여 3억 원 범위 내에서 금전적 지원을 할 수 있다(제542조의9 제2항 제1호, 상법 시행령 제35조 제2항).(모의 14)

(2) 최대주주, 특수관계인 등과의 거래에 대한 이사회 승인

최근 사업연도 말 현재의 자산총액이 2조원 이상인 상장회사로서 금융회사 등이 아닌 회사는 최대주주, 그의 특수관계인 및 그 상장회사의 특수관계인을 상대방으로 하거나 그를 위하여 ① 단일 거래규모가 최근 사업연도 말 현재의 자산총액 또는 매출총액의 100분의 1 이상인 거래를 하거나 ② 당해 사업연도 중 특정인과의 해당 거래 포함 거래총액이 자산총액 또는 매출총액의 100분의 5이상인 거래를 하려는 경우에는 이사회의 승인을 받아야 한다(제542조의9 제3항).

(3) 거래내용 등의 정기주주총회 보고

상장회사는 이사회의 승인 결의 후 처음으로 소집되는 정기주주총회에 해당 거래의 목적, 상대방, 거래의 내용, 날짜, 기간, 조건, 해당 사업연도 중 거래상대방과의 거래유형별 총거래금액 및 거래잔액을 보고하여야 한다(제542조의9 제4항).

(4) 예외

다만 상장회사의 업종에 따른 일상거래로서 약관에 따른 정형화된 거래, 이사회에서 승인한 거래총액의 범위 안에서의 거래는 이사회 승인을 받지 않고 할 수 있으며, 이사회에서 승인한 거래총액의 범위 안에서의 거래는 그 거래내용을 주주총회에 보고하지 아니할 수 있다(제542조의9 제5항).

8. 상근감사

(1) 상근감사의 의의 및 설치

상근감사란 회사에 상근하면서 감사업무를 수행하는 감사를 말한다. 최근 사업연도 말 현재의 자산총액이 1천억 원 이상인 상장회사는 주주총회 결의에 의하여 상근감사를 1명 이상 두어야 한다(제542조의10 제1항 본문).(모의 14, 16, 19)

(2) 상근감사와 감사위원회

감사위원회를 설치한 경우(감사위원회 설치 의무가 없는 상장회사가 감사위원회를 설치한 경우를 포함)에는 상근감사를 두지 아니한다(제542조의10 제1항 단서). 그 결과 ① 비상장회사와 자산총액 1천억 원 미만인 상장회사는 상근감사를 두지 않아도 되지만, ② 자산총액 1천억 원 이상 2조원 미만인 상장회사는 상근감사를 두거나 감사위원회를 두어야 하고,(모의 22) ③ 자산총액 2조원 이상인 상장회사는 감사위원회를 반드시 설치해야 한다.

(3) 상근감사의 결격사유

미성년자,(모의 14) 재직 중 금고 이상의 형의 선고가 확정된 자,(모의 14) 주요주주 및 그 배우자와 직계 존속 · 비속, 회사의 상무에 종사하는 이사 · 집행임원 및 피용자 또는 최근 2년 이내에 회사의 상무에 종사한 이사 · 집행임원 및 피용자(모의 14) 등은 자산총액이 1천억 원 이상인 상장회사의 상근감사가 되지 못한다(제542조의10 제2항).

9. 감사위원회

(1) 감사위원회의 설치 및 감사위원회위원의 자격

최근 사업연도 말 현재 자산총액이 2조 원 이상인 상장회사는 감사위원회를 설치하여야 한다(제542조의11 제1항).(변호 12) 상장회사의 감사위원회는 3명 이상의 이사로 구성하되 사외이사가 위원의 3분의 2 이상이어야 하고, 자산총액이 2조 원 이상인 상장회사 감사위원회의 위원 중 1명 이상은 회계 또는 재무전문가이어야 하며, 사외이사가 감사위원회의 대표여야 한다(제542조의11 제2항).(모의 14, 20) 상근감사가 될 수 없는 자는 사외이사가 아닌 감사위원회 위원이 될 수 없고, 이에 해당하게 된 경우에는 그 직을 상실한다(제542조의11 제3항).

(2) 감사위원회위원의 선임 등

최근 사업연도 말 현재의 자산총액이 2조 원 이상인 상장회사의 감사위원회위원을 선임하거나 해임하는 권한은 주주총회에 있다(제542조의12 제1항).(모의 13, 20) 위 상장회사는 주주총회에서 이사를 선임한 후 선임된 이사 중에서 감사위원회위원을 선임하여야 한다. 다만, 감사위원회위원 중 1명은 주주총회 결의로 다른 이사들과 분리하여 감사위원회위원이 되는 이사로 선임하여야 한다.(모의 22) 분리 선임되는 감사위원의 수는 정관에서 2명 이상으로 정할 수 있다(제542조의12 제2항).

(3) 감사위원회위원 선임 관련 3% 초과 주식의 의결권 제한

상장회사가 감사를 선임 또는 해임하는 경우 및 자산총액 2조원 이상 상장회사의 감사위원회위원을 선임 또는 해임하는 경우, 상장회사의 의결권 없는 주식을 제외한 발행주식총수의 3%를 초과하는 수의 주식을 가진 주주는 그 초과하는 주식에 관해 의결권을 행사하지 못한다.(모의 13, 22) 최대주주인 경우에는 사외이사가 아닌 감사위원회위원을 선임 또는 해임할 때에 그 특수관계인 등이 소유하는 주식을 합산한다. 위 비율은 정관에서 더 낮은 비율을 정할 수 있다(제542조의12 제4항, 제7항).

(4) 상장회사 감사선임 또는 보수결정 의안의 분리 상정

상장회사가 주주총회의 목적사항으로 감사의 선임 또는 감사의 보수결정을 위한 의안을 상정하려는 경우에는 이사의 선임 또는 이사의 보수결정을 위한 의안과는 별도로 상정하여 의결하여야 한다(제542조의12 제5항).(변호 14, 16)

기출사례

★ 대표소송 관련 상장회사 특례규정의 보충성 [변호 16]

냉방기기 제조 및 판매업을 영위하는 비상장회사인 A주식회사(이하 'A회사'라 한다)는 2005. 1. 전동자전거 제조 및 판매업을 영위하는 비상장회사인 B주식회사(이하 'B회사'라 한다)를 설립하여 그 주식 100%를 보유하고 있다.
B회사는 설립 후 신제품 개발 및 마케팅에 성공하여 비약적인 성장을 거듭하고 있던 중 2012. 9. 주요 고객 중 하나인 중국 수입선의 부도로 자금조달에 일시적으로 어려움을 겪게 되었다. 이를 해소하기 위하여 2012. 10. 주주배정방식으로 총 발행가액 500억 원 규모(보통주 500만 주)의 유상증자(이하 '이 사건 유상증자'라 한다)를 실시하기로 하였다. A회사의 이사는 甲, 乙, 丙 3인인데, 이사회는 특별한 검토 없이 이 사건 유상증자 직전 B회사의 단기적 유동성 부족 문제만을 이유로 자신에게 배정된 신주를 전부 인수하지 아니하기로 전원일치로 결의하였다.
이에 B회사 이사회는 실권주 처리를 위하여 A회사 최대주주 겸 대표이사인 甲의 배우자인 丁에게 실권한 500만 주 전부를 배정하기로 결의하였다. 丁이 배정주식 전부를 인수한 결과 丁은 B회사의 주식 80%를 보유하게 되었고, 그 결과 A회사가 보유한 B회사 지분은 20%로 감소하였다.
그 후 B회사가 개발한 전동자전거가 중국시장에서 선풍적인 인기를 얻게 되면서 B회사는 유동성 위기에서 벗어남은 물론 매출 및 당기순이익은 이 사건 유상증자 시기에 비하여 수백 배로 수직 상승하였다.
한편 이 사건 유상증자 직후 A회사는 B회사와의 사이에 B회사가 요구하는 특정 기계부품 전량을 10년간 염가에 공급하는 내용의 장기물품공급계약(이하 '이 사건 물품공급계약'이라 한다)을 체결하여 지속적으로 거래를 하여왔다. B회사가 이와 같이 급속하게 성장하게 된 배경에는 이 사건 물품공급계약을 통하여 A회사로부터 핵심부품을 안정적으로 조달받게 된 것이 결정적인 영향을 미쳤다.
X는 이 사건 유상증자 이후에 처음으로 A회사 주식을 매수하여 3개월째 A회사 주식의 3%를 계속 보유하는 주주인데, 이 사건 유상증자와 관련한 이사 甲, 乙, 丙의 행위로 인하여 A회사가 큰 손해를 보았다고 믿고 이들을 상대로 책임을 묻고자 한다.

만약 이사들의 행위로 인하여 손해를 입었음에도 불구하고 A회사가 이사들을 상대로 아무런 책임을 묻지 아니하여, X가 A회사를 위하여 이사들을 상대로 그 책임을 묻는 경우에 만약 A회사가 상장회사라면, X는 A회사를 위하여 이사들을 상대로 그 책임을 물을 수 있는가?

Ⅰ. 결론

A회사가 상장회사인 경우, 상장회사 대표소송 제기를 위한 주식보유요건이 인정되지 않더라도 비상장회사 대표소송 제기를 위한 주식보유요건이 인정되면 해당 주주는 대표소송을 제기할 수 있다. 따라서 주주 X의 A회사 주식 보유기간이 6개월에 미치지 못하여 상장회사 주주의 대표소송 제기 요건이 인정되지 않더라도 A회사 주식을 3% 보유한다는 점에서 비상장회사 대표소송 제기 요건을 충족하므로 상법 제403조에 의해 A회사를 위하여 이사들을 상대로 그 책임을 물을 수 있다.

Ⅱ. 쟁점

상장회사의 주주가 대표소송을 제기하기 위한 주식보유 요건 및 상장회사의 주식보유 요건이 인정되지 않고 비상장회사의 주식보유요건이 인정되는 경우 상장회사 대표소송의 원고적격이 인정되는지 문제된다.

기출사례

★ 상장회사 특례의 보충성, 표현이사의 책임, 전환사채발행 [변호 22]

甲은 2차 전지 제조업을 영위하는 A주식회사(상장회사, 보통주만 발행, 자본금 100억 원)의 발행주식총수의 100분의 15에 해당하는 주식을 가진 주주로, 회사 운영에 깊은 관심을 가지고 있다. 甲은 인공지능을 활용한 신제품을 개발할 계획으로 이 분야의 전문가인 乙을 초빙하였고 A회사는 적법한 절차를 거쳐 乙을 대표이사로 선임하였다.
甲은 대표이사 乙에게 자신의 영향력을 이용하여 ① 자신의 고등학교 동창인 주주 丙에게만 전환사채를 발행할 것, ② 발행가액을 시가보다 현저히 낮게 할 것, ③ 이사회의 결의만으로 발행할 것을 지시하였다. A회사는 2021. 2. 1. 甲의 지시대로 丙에게 전환사채를 발행하였다. A회사의 정관에 전환사채 발행 관련 내용은 따로 두고 있지 아니하다.
A회사의 발행주식총수의 100분의 2에 해당하는 주식을 3개월간 보유하고 있는 戊(명의개서를 완료함)는 위 전환사채의 발행과 관련하여 甲이 A회사에 손해를 끼쳤다고 주장하면서 甲의 책임을 묻고자 한다.

戊는 甲을 상대로 대표소송을 제기할 수 있는가? 그리고 해당 대표소송에서 청구는 인용될 수 있는가?

Ⅰ. 결론

戊는 A회사의 발행주식총수의 2%를 보유한 주주로서 상법상 대표소송의 절차에 따라 甲에게 대표소송을 제기할 수 있다. 甲은 A회사의 업무집행지시자로서 丙에 대한 위법한 전환사채 발행으로 인하여 A회사가 입은 손해를 배상할 책임을 부담하므로, 해당 대표소송에서 청구는 인용될 수 있다.

Ⅱ. 쟁점

甲이 업무집행지시자로서 대표소송의 상대방에 해당하는지, 戊에게 대표소송의 원고 적격이 인정되는지, A회사의 전환사채 발행과 관련하여 甲에게 손해배상책임을 물을 수 있는지 문제된다.

제8관 신주발행

Ⅰ. 주주의 신주인수권

1. 신주발행의 개요

(1) 신주발행의 의의

신주발행이란 회사의 성립 이후에 수권주식의 범위 내에서 새롭게 주식을 발행하는 것을 말한다. 신주발행의 경우 액면주식의 경우 액면가액 × 발행주식수에 해당하는 금액, 무액면주식의 경우 발행가액의 2분의 1 이상의 금액으로 이사회에서 정하는 금액이 자본금이 된다.

(2) 신주발행과 회사설립시 주식발행의 차이

① 인수 및 납입 : 회사설립의 경우 발행주식총수에 대한 인수와 납입이 이루어져야 하나 신주발행의 경우에는 인수와 납입이 이루어지지 않은 부분은 신주가 발행되지 않은 것으로 처리된다.

② 실권절차 : 회사설립의 경우 납입이 이루어지지 않으면 실권절차가 진행되나(제307조), 신주발행의 경우에는 실권절차 없이 바로 실권된다. 신주의 인수인이 납입기일에 납입 또는 현물출자의 이행을 하지 아니한 때에는 그 권리를 잃는다(제423조 제2항).

③ 현물출자 : 회사설립과 신주발행 모두 검사인의 조사를 거쳐야 하나, 신주발행의 경우에는 정관규정과 주주총회결의를 요하지 않고 이사회 결의만으로 현물출자가 가능하다.

④ 액면미달발행 : 회사설립시에는 액면미달발행이 금지되나(제330조), 회사 설립으로부터 2년이 경과한 후의 신주발행은 주주총회 특별결의와 법원의 인가를 얻어 허용된다(제417조).

⑤ 담보책임 : 회사설립시 발기인은 인수담보책임과 납입담보책임을 부담하나(제321조), 신주발행에 있어서 이사는 신주발행 등기에 대한 신뢰를 보호하기 위하여 인수담보책임을 부담한다.

⑥ 주주가 되는 시기 : 회사설립의 경우에는 회사 설립등기로 주주가 되나 신주발행의 경우에는 납입기일의 다음날 주주가 된다(제423조 제1항).

(3) 통상의 신주발행과 특수한 신주발행

1) 통상의 신주발행

주식회사가 자금조달을 위하여 신주를 발행하는 경우로 상법 제416조 이하에 규정된 신주발행을 통상의 신주발행이라 한다. 통상의 신주발행의 경우, 기존 채권자들의 이익이 침해되지 않으므로 신주발행에 있어서는 채권자보호가 문제되지 않는다. 신주발행이 기존 주주들의 지분비율대로 이루어지지 않으면 지분비율이 변경되게 되고, 신주발행가액에 따라서 기존 주주들의 부(富)가 새로운 주주에게 이전될 수 있다.

2) 특수한 신주발행

주식회사가 자금조달 목적 이외의 사유로 신주를 발행하게 되는 경우를 특수한 신주발행이라 한다. ① 준비금 자본전입(제461조), ② 종류주식 전환(제346조), ③ 전환사채 발행(제513조), ④ 신주인수권부사채의 신주인수권 행사(제516조의2), ⑤ 주식매수선택권 행사(제340조의2, 제542조의3), ⑥ 합병, 분할, 주식교환, 주식이전에 따른 신주발행, ⑦ 주식분할(제329조의2), 주식병합(제440조)에 따른 신주발행.

3) 통상의 신주발행과 특수한 신주발행의 차이

① 회사 자산 변동 : 특수한 신주발행의 경우 신주인수권부사채와 주식매수선택권 행사의 경우를 제외하고는 신주발행 당시 실제로 주금의 납입이 이루어지지 않으므로 회사의 순자산에 변동이 없다.

② 신주인수권자 : 통상의 신주발행의 경우에는 주주에게 신주인수권이 부여되나 특수한 신주발행의 경우에는 신주인수인으로 미리 정해져 있는 특정인이 신주를 인수한다.

③ 신주발행절차 : 통상의 신주발행은 이사회가 결정하나, 특수한 신주발행 중 주식배당의 경우 배당이라는 점에서 주주총회의 결의를 거쳐야 하고, 주식분할과 주식병합에 따른 신주발행의 경우에는 1주의 금액이 정관의 필요적 기재사항이라는 점에서 주주총회의 결의를 거쳐야 한다.

④ 신주발행의 효력발생시기 : 통상의 신주발행에서 주주가 되는 시기는 납입기일의 다음날이다. 다만, 특수한 신주발행의 경우에는 상법에서 개별적으로 그 시기를 정하고 있다.

구분	효력발생시기
통상의 신주발행	납입기일의 다음날
주식배당	주주총회 종결시
준비금의 자본금전입	이사회결의의 경우 이사회에서 정한 신주배정일, 주주총회결의의 경우 그 결의일
종류주식전환 및 전환사채	주주가 전환권을 갖는 경우 전환청구시, 회사가 전환권을 갖는 경우 주권제출기간 종료시, 전환사채권자가 전환권을 행사한 때
신주인수권부사채	사채권자가 신주인수권을 행사하여 납입한 때
주식병합	자본금감소 주식병합은 주권제출기간 만료시 및 채권자보호절차 종료시, 자본금감소 없는 주식병합은 주권제출기간 만료시
주식분할	주권제출기간 만료시

2. 추상적 신주인수권

(1) 의의 [모의 14, 21]

주주는 그가 가진 주식 수에 따라서 신주의 배정을 받을 권리가 있다(제418조 제1항). 추상적 신주인수권이란 다른 자에 우선하여 신주를 인수할 수 있는 권리를 의미한다. 추상적 신주인수권은 제418조 제1항에 '신주의 배정을 받을 권리'로 규정되어 있다. 주주는 그가 가진 주식 수에 따라서 신주의 배정을 받을 권리가 있다. 따라서 회사는 신주인수권자의 청약에 대하여 각 청약자가 가진 신주인수권에 비례하여 배정하여야 한다(제418조 제1항).(변호 18) 추상적 신주인수권은 법률상 인정되는 것으로 주주권의 내용을 이루므로 주식과 분리하여 양도할 수 없다.

(2) 제3자에게 신주인수권이 부여되는 경우

1) 법령에 의한 경우

① 종류주식의 전환(제346조), ② 전환사채의 발행(제513조), ③ 신주인수권부사채의 신주인수권 행사(제516조의2), ④ 주식매수선택권의 행사(제340조의2, 제542조의3)의 경우 신주인수권자로 특정된 자가 신주를 인수하게 된다. 우리사주조합에 대하여 신주를 배정하는 경우에도 주주 이외의 자에게 신주인수권이 부여된다(자본시장법 제165조의7).

2) **경영상 필요에 의한 제3자 배정** (변호 13, 18, 20)**[변호 18]**

① **의의**

회사는 신기술의 도입, 재무구조의 개선 등 회사의 경영상 목적을 달성하기 위하여 필요한 경우에 한하여 정관에 정하는 바에 따라 주주 외의 자에게 신주를 배정할 수 있다(제418조 제2항).

'주주배정'이란 주주의 지분비율대로 신주가 발행되는 경우를 의미하고, '제3자 배정'이란 주주 이외의 제3자에게 신주가 발행되는 경우를 의미한다.

② **정관 규정**

제3자 배정을 위해서는 정관에 근거 규정이 있어야 한다. 정관의 규정이 없는 경우, 주주총회의 특별결의로 정관규정을 대신할 수 있는지에 대해서는 견해가 나뉘고 있다.

③ **경영상 목적**

㉠ 제3자 배정을 위해서는 신기술의 도입, 재무구조의 개선 등 회사의 경영상 목적이 존재하여야 한다. 경영권을 방어하기 위하여 필요한 경우가 경영상 목적에 해당하는지 문제된다.

㉡ 신주 등의 발행에서 **주주배정방식과 제3자 배정방식을 구별하는 기준은 회사가 신주 등을 발행하면서 주주들에게 그들의 지분비율에 따라 신주 등을 우선적으로 인수할 기회를 부여하였는지 여부에 따라 객관적으로 결정되어야** 하고, 신주 등의 **인수권을 부여받은 주주들이 실제로 인수권을 행사하여 신주 등을 배정받았는지 여부에 좌우되는 것은 아니다.** (대판 2012.11.15. 2010다49380)(변호 15, 모의 17, 20, 24)**[변호 24]**

㉢ 회사의 **경영권 분쟁이 현실화된 상황에서 경영진의 경영권이나 지배권 방어라는 목적을 달성하기** 위하여 제3자에게 신주를 배정하는 것은 **주주의 신주인수권을 침해**하는 것이다. (대판 2009.1.30. 2008다50776)(변호 12, 15, 22, 모의 15, 17, 19, 20, 24)

④ **주주에 대한 공시**

주주 외의 자에게 신주를 배정하는 경우 회사는 신주의 종류와 수, 신주의 발행가액과 납입기일, 신주의 인수방법, 현물출자하는 자의 성명과 그 목적인 재산의 종류, 수량, 가액과 이에 대하여 부여할 주식의 종류와 수를 그 납입기일의 2주 전까지 주주에게 통지하거나 공고하여야 한다(제418조 제4항). (모의 15, 18, 24) 이러한 통지와 공고를 누락한 경우 제3자 배정의 무효 원인이 된다고 본다. 다만 상장회사는 제3자 배정이나 일반공모증자의 경우 주요사항보고서의 공시가 이루어지면 위와 같은 통지 또는 공고가 요구되지 않는다(자본시장법 제165조의9).

3) **현물출자** **[변호 13, 모의 21]**

① **의의**

현물출자의 경우 정관에 규정이 없더라도 제3자 배정이 가능하나 이 경우에도 경영상 목적이 존재하여야 한다. 즉 회사가 제3자로부터 현물출자를 받기 위해서는 긴급한 재산취득의 필요 등 경영상 목적이 존재하여야 한다. 주주에 대한 통지와 공시 절차(제418조 제4항)도 요구된다.

제416조 본문 및 제4호에 의하면 현물출자와 관련하여 정관에 규정이 없는 경우에는 이사회가 결정하도록 되어 있는 관계로 현물출자의 경우에도 주주의 신주인수권이 적용되는지, 현물출자의 경우에는 이사회결의에 의해서 제3자에게 현물출자를 허용할 수 있는지 문제된다.

② **학설**

㉠ '긍정설'은 현물출자의 경우 해당 주주가 우선 현금출자를 한 후 회사가 해당 주주로부터 현물을 매수하는 것으로 볼 수 있다는 점에서 주주의 신주인수권이 현물출자에도 적용된다고 본다.

㉡ '부정설'은 현물출자의 경우 다른 주주에게 배정될 주식수를 산정하기 쉽지 않고, 현물출자는 특정 재산의 취득이 목적이므로 다른 주주에게 출자를 강요할 이유가 없다는 점에서 주주의 신주인수권은 현물출자에는 적용되지 않는다고 본다.

③ **판례**

현물출자자에게 발행하는 신주에는 일반 주주의 신주인수권이 미치지 않는다. (대판 1989.3.14. 88누889)(변호 17, 22, 모의 19)

4) **자기주식의 처분**

회사가 자기주식을 제3자에게 처분하는 것은 회사가 자기주식을 소각한 후 제3자에게 신주를 발행하는 것과 실질적으로 동일하다는 점에서 자기주식의 처분에도 주주의 신주인수권이 적용되는지 문제된다. 학설은 적어도 경영권 분쟁이 발생한 상황에서 경영권 방어의 수단으로 자기주식을 지배주주에게 우호적인 제3자에게 처분하는 것은 주주의 신주인수권을 침해한 것으로 보아야 한다는 견해가 존재한다.

5) **종류주식 발행의 경우**

회사가 종류주식을 발행하는 때에는 정관에 다른 정함이 없는 경우에도 주식의 종류에 따라 신주의 인수에 관하여 다르게 정할 수 있다(제344조 제3항).

(3) 실권주의 처분 [변호 15, 16]

1) **의의**

주주의 신주인수권은 주주의 권리일 뿐 의무가 아니므로 주주가 이를 행사하지 않을 수 있다. 주주가 신주인수권을 포기하거나(제419조 제3항), 신주 인수를 한 뒤 납입하지 않으면(제423조 제2항) 주주는 실권하게 된다. 주주배정에 의한 신주발행의 경우, 인수나 납입이 되지 않은 주식을 실권주라 한다. 실권주가 발생하면 다시 인수인을 모집하여 배정하거나, 발행을 포기하고 미발행주식수로 남겨두고 차후에 발행할 수도 있다.

2) **이사회결의에 의한 실권주의 제3자 배정**

회사는 이사회결의로 실권된 신주를 자유로이 제3자에게 처분할 수 있고, 이 경우 실권된 신주를 제3자에게 발행하는 것에 관하여 정관에 반드시 근거 규정이 있어야 하는 것은 아니다. (대판 2012.11.15. 2010다49380)(변호 18, 22, 모의 18)[변호 24]

3) **제3자 배정시 처분조건의 변경**

① **의의**

이사회결의로 실권주를 제3자에게 배정하는 경우 발행조건을 변경하여야 하는지 문제된다.

② **학설**

학설은 실권주의 처분에 있어서도 이사는 주의의무와 충실의무를 부담하므로 당초 발행가액을 그대로 유지하여 실권주를 처분하였더라도 그러한 처분이 경영판단의 원칙으로 정당화되지 않으면 이사의 임무위배에 해당한다는 견해가 존재한다.

③ **판례**

㉠ **단일한 기회에 발행되는 전환사채의 발행조건은 동일해야 하므로, 주주배정으로 전환사채를 발행하는 경우 주주가 인수하지 않아 실권된 부분을 주주가 인수한 부분과 별도로 취급하여 전환가액 등 발행조건을 변경하여 발행할 여지가 없다.** (모의 24) ㉡ 주주배정방법으로 전환사채를 발행하는 경우 **실권주를 제3자에게**

발행하더라도 주주의 경우와 같은 조건으로 발행할 수밖에 없고, 이는 실권의 규모에 따라 달라지는 것은 아니다. **㉢ 주주배정방식으로 신주를 발행함에 있어 실권주를 제3자에게 배정한 경우, 발행가액이 시가보다 현저하게 낮아 기존 주식의 가치가 희석되었더라도 이사가 회사에 대한 관계에서 임무를 위배하여 회사에 손해를 끼친 것으로 볼 수 없다.**(대판 2009.5.29. 2007도4949)(변호 15, 모의 13, 24)**[변호 24]**

[기타 판시사항] (대법관 5인의 반대의견) 상법에 특별한 규정은 없지만, 일반적으로 동일한 기회에 발행되는 전환사채의 발행조건은 균등하여야 한다고 해석된다. 그러나 주주에게 배정하여 인수된 전환사채와 실권되어 제3자에게 배정되는 전환사채를 '동일한 기회에 발행되는 전환사채'로 보아야 할 논리필연적인 이유나 근거는 없다. 실권된 부분의 제3자 배정에 관하여는 다시 이사회 결의를 거쳐야 하는 것이므로, 당초의 발행결의와는 동일한 기회가 아니라고 볼 수 있다. 실권된 전환사채에 대하여는 발행을 중단하였다가 추후에 새로이 제3자 배정방식으로 발행할 수도 있기 때문이다. 그리고 주주 각자가 신주 등의 인수권을 행사하지 아니하고 포기하여 실권하는 것과 주주총회에서 집단적 의사결정 방법으로 의결권을 행사하여 의결하는 것을 동일하게 평가할 수는 없으므로, 대량의 실권이 발생하였다고 하여 이를 전환사채 등의 제3자 배정방식의 발행에 있어서 요구되는 주주총회의 특별결의가 있었던 것으로 간주할 수도 없다.

4) 신주인수권을 행사하지 않은 법인 주주 이사의 책임

회사의 법인 주주가 신주인수권을 행사하지 않은 경우, 그러한 의사결정을 한 법인 주주의 이사의 판단이 경영판단의 원칙으로 정당화되지 않으면 이사의 임무위배에 해당된다.

5) 상장회사의 특칙

상장회사는 실권주가 발생하는 경우, 원칙적으로 발행을 철회하여야 한다(자본시장법 제165조의6 제2항).

3. 구체적 신주인수권

(1) 의의

구체적 신주인수권이란 이사회가 신주발행과 관련하여 구체적으로 주주 배정 또는 제3자 배정을 결정함으로써 주주 또는 제3자가 취득하는 신주인수의 청약을 할 수 있는 권리를 의미한다. 구체적 신주인수권은 배정기준일에 발생하고,(모의 18) 회사에 대한 채권적 권리로서 주식과 분리하여 양도 가능하다.

(2) 구체적 신주인수권의 양도 [변호 15, 모의 19]

주주가 구체적 신주인수권을 양도하는 것은 가능하다(제416조 제5호, 제6호). 전환사채, 신주인수권부사채, 주식매수선택권 등과 같이 법령상 제3자가 신주인수권을 가지는 경우에는 관련 법령에서 정하는 바에 따라 구체적 신주인수권의 양도가 결정된다. 경영상 목적에 의하여 제3자 배정이 된 경우, 제3자가 구체적 신주인수권을 양도할 수 있는지에 대하여 긍정하는 견해도 있으나 다수설은 제3자의 신주인수권은 회사에 대한 특별한 관계에서 인정되는 권리이므로 양도할 수 없다고 본다.

주식회사가 주주총회나 이사회의 결의로 신주를 발행할 경우에 발생하는 **구체적 신주인수권은 주주의 고유권에 속하는 것이 아니고** 위 상법의 규정에 의하여 주주총회나 이사회의 결의에 의하여 발생하는 구체적 권리에 불과하므로, 그 **신주인수권은 주주권의 이전에 수반되어 이전되지 아니한다.**(대판 2016.8.29. 2014다53745)(모의 17)

(3) 주주의 구체적 신주인수권 양도요건

1) 정관 규정 또는 이사회 결의

주주의 구체적 신주인수권의 양도는 정관의 규정에 의하거나 정관 규정이 없는 경우 이사회의 결정이 있는 경우에 한하여 회사에 대한 관계에서 허용된다. 신주발행을 주주총회에서 결정하는 경우에는 주주의 구체적 신주인수권의 양도 또한 주주총회의 결의가 있어야 한다.

2) 정관 규정 또는 이사회결의가 없는 경우 [변호 15, 모의 19]

① 의의

정관의 규정이나 이사회결의가 없는 경우 주주의 신주인수권을 양도할 수 있는지 문제된다.

② 학설

㉠ '양도긍정설'은 주주의 신주인수권 양도는 주주의 이익을 보호하기 위한 것이므로 정관 규정이나 이사회 결의가 없더라도 양도가 가능하다고 본다.

㉡ '양도부정설'은 신주인수권증서 이외의 방법에 의하여 양도를 인정하는 것은 제420조의3 제1항에 반하므로 그러한 신주인수권의 양도는 회사에 대항할 수 없다고 본다.

③ 판례

㉠ 신주인수권의 양도성을 제한할 필요성은 회사의 신주발행사무의 편의를 위한 것이고, 상법이 신주인수권의 양도에 대해 정관이나 이사회 결의로 자유롭게 정할 수 있도록 한 점에 비추어 보면, **회사가 정관이나 이사회의 결의로 신주인수권의 양도에 관한 사항을 결정하지 않았다고 해서 신주인수권의 양도가 전혀 허용되지 않는 것은 아니고, 회사가 그러한 양도를 승낙한 경우에는 회사에 대하여도 그 효력이** 있다. **㉡ 신주인수권증서가 발행되지 아니한 신주인수권의 양도 또한 주권발행 전의 주식양도에 준하여 지명채권 양도의 일반원칙에 따른다. 회사가 신주인수권증서를 발행하지 아니한 경우 신주인수권자로 통지받은 주주가 신주인수권을 양도하려면 제3자에 대한 대항요건으로 확정일자 있는 증서에 의한 양도통지 또는 회사의 승낙을** 요한다.(대판 1995.5.23. 94다36421)(변호 15, 18, 19, 22, 모의 15, 17, 21, 22, 24)

(4) 구체적 신주인수권의 양도방법

정관 또는 이사회 결의로 신주인수권의 양도를 정한 경우, 신주인수권증서의 교부만으로 양도할 수 있다(제420조의3 제1항). 판례에 의하면, 지명채권 양도방법으로 신주인수권을 양도할 수 있다. 신주인수권증서가 발행되지 않은 신주인수권을 이중 양도한 경우, 지명채권양도의 일반원칙에 따른다.

(5) 신주인수권증서

1) 의의

신주인수권증서란 주주의 신주인수권을 표창하는 유가증권이다. 신주인수권증서가 작성되어야 신주인수권이 발생하는 것은 아니므로 비설권증권이고,(모의 18) 증서의 교부만으로 신주인수권이 양도되므로 무기명증권에 해당한다.

2) 발행

정관 또는 이사회 결의로 신주인수권을 양도할 수 있다고 정한 경우, 회사는 신주인수권증서를 발행해야 한다. 주주의 청구가 있는 때에만 신주인수권증서를 발행하며 그 청구기간을 정한 때에는 청구기간 내에 청구를 한 주주에 대하여 신주인수권증서를 발행해야 하고, 만약 그러한 정함이 없는 때에는 신주의 청약기일의 2주간 전에 신주인수권증서를 발행하여야 한다. 상장회사 주주배정의 경우 상장회사는 주주의 청구와 관계없이 신주인수권증서를 발행해야 한다(자본시장법 제165조의6 제3항).

회사가 주주가 제3자에게 주식을 양도하였음을 알고 있었더라도 회사 주주명부상에 명의개서가 이루어지지 않은 상태에서 회사 주주에게 신주인수권증서를 발행한 경우, 제3자는 주주에게 신주인수권증서를 발행한 것이 무효임을 회사에게 대항할 수 없다.(대판 2017.3.23. 2015다248342)(모의 17, 18)

3) 신주인수권증서의 효력

신주의 청약과 신주인수권의 양도는 신주인수권증서에 의한다. 신주인수권은 신주인수권증서의 교부에 의해서만 양도할 수 있다(제420조의3 제1항). 신주인수권증서의 선의취득이 인정된다(제420조의3 제2항, 수표법 제21조). 신주인수권증서를 발행한 경우, 신주의 청약은 신주인수권증서에 의한다(제420조의5 제1항). 다만, 신주인수권증서를 상실한 경우, 신주의 청약은 주식청약서에 의할 수 있다(제420조의5 제2항).

4) 신주인수권증서의 전자등록

회사는 신주인수권증서를 발행하는 대신 정관으로 정하여 전자등록기관의 전자등록부에 신주인수권을 등록할 수 있다(제420조의4).(모의 17) 신주인수권이 전자등록 된 경우 신주인수권의 양도, 입질은 전자등록으로 해야 하고, 전자등록에 의한 선의취득도 가능하다(제420조의4, 제356조의2 제2항, 제3항, 제4항).

Ⅱ. 신주의 발행

1. 발행사항의 결정 [모의 14]

회사가 성립 후에 주식을 발행하는 경우에는 신주발행사항 중 정관에 규정이 없는 것은 이사회가 결정한다(제416조 본문).(변호 19, 모의 18) 정관으로 주주총회에서 결정하도록 한 사항은 주주총회에서 결정한다(제416조 단서). 신주발행사항은 ① 신주의 종류와 수, ② 신주의 발행가액과 납입기일(무액면주식의 경우, 신주의 발행가액 중 자본금으로 계상하는 금액), ③ 신주의 인수방법, ④ 현물출자를 하는 자의 성명과 그 목적인 재산의 종류, 수량, 가액과 이에 대하여 부여할 주식의 종류와 수, ⑤ 주주가 가지는 신주인수권을 양도할 수 있는 것에 관한 사항, ⑥ 주주의 청구가 있는 때에만 신주인수권증서를 발행한다는 것과 그 청구기간이다.

2. 구체적인 신주발행절차

신주발행절차는 ① 신주배정일공고 → ② 청약최고 → ③ 인수 → ④ 납입 → ⑤ 변경등기의 순서로 진행된다.

(1) 신주배정일 공고

주주배정의 경우, 회사는 기준일을 정하여 그 날에 주주명부에 기재된 주주가 신주인수권을 가진다는 뜻과 신주인수권을 양도할 수 있을 경우에는 그 뜻을 기준일의 2주간 전에 공고하여야 한다(제418조 제3항). 회사가 정하여 공고한 기준일을 신주배정일이라 한다. 신주배정일이 주주명부 폐쇄기간 중이면 폐쇄기간 초일의 2주 전에 공고해야 한다(제418조 제3항). 신주배정일에 명의개서가 되지 않은 주주는 신주인수권을 취득하지 못한다. 제3자 배정의 경우에는 이사회 결의에서 신주인수권자가 확정된다.

(2) 청약최고

회사는 청약기일을 정한 후 신주인수권자에게 청약기일까지 신주인수의 청약을 하지 않으면 신주인수권을 잃는다는 것을 통지해야 한다. 이러한 통지에는 ① 신주인수권자가 신주인수권을 가지는 주식의 종류와 수, ② 청약기일까지 주식인수의 청약을 하지 아니하면 신주인수권을 잃는다는 점, ③ 신주인수권의 양도와 신주인수권증서에 관한 내용이 포함되어야 한다. 회사는 청약기일의 2주간 전에 청약최고 통지를 하여야 한다. 그 결과 신주배정일과 청약기일 사이에 2주의 간격이 있게 된다.

(3) 인수

신주인수권자의 청약과 회사의 배정에 의하여 주식인수가 이루어진다. 청약자가 가진 신주인수권에 비례하여 배정하여야 한다. 주식인수의 청약은 인수할 주식의 종류 및 수와 주소를 기재하고 기명날인 또는 서명한 주식청약서로 하여야 한다(제425조, 제302조 제1항). 신주인수권증서가 발행된 경우, 청약은 신주인수권증서로 한다(제420조의5 제1항).(변호 19, 모의 17) 신주인수권증서를 상실한 경우에는 주식청약서로 청약을 할 수 있다(제420조의5 제2항).(모의 18) 주식인수의 청약에 대하여 대표이사가 신주를 배정하면, 주식인수가 성립하고 청약자는 주식인수인이 된다.

(4) 납입

1) 인수가액 전액납입 등

이사는 신주인수인이 납입기일에 인수한 주식에 대한 인수가액의 전액을 납입하도록 하여야 한다(제421조 제1항).**[변호 15]** 납입장소, 납입금보관자 관련 내용은 모집설립의 경우와 같다. 현물출자를 하는 자는 납입기일에 지체 없이 출자의 목적인 재산을 인도하고 등기, 등록 기타 권리의 설정 또는 이전 서류를 완비하여 교부하여야 한다(제425조, 제305조 제3항, 제295조 제2항).

2) 상계에 의한 납입 [변호 13]

신주의 인수인은 회사의 동의 없이 인수가액 납입채무와 주식회사에 대한 채권을 상계할 수 없다(제421조 제2항).(변호 15, 18, 모의 13, 19, 20, 21, 22) 반대로 회사가 동의하면 상계가 가능하다.

3) 납입의무 불이행시 실권

신주인수인이 납입기일에 납입 또는 현물출자의 이행을 하지 아니한 때에는 실권절차 없이 바로 그 권리를 잃는다(제423조 제2항).(모의 21)

(5) 현물출자에 대한 검사인의 검사

1) 검사인 검사절차

현물출자의 경우, 법원에 의하여 선임된 검사인의 검사절차가 진행되어야 한다(제422조 제1항). 이 경우 공인된 감정인의 감정으로 검사인의 조사에 갈음할 수 있다.(변호 17)

2) 검사인 조사절차의 생략

회사 설립시의 경우와 달리 신주발행시에는 변제기가 도래한 회사에 대한 금전채권을 현물출자하는 경우 검사인의 조사가 면제된다. 그러나 변제기가 도래하지 않은 채권은 신주발행의 경우에도 여전히 검사인의 조사가 이루어져야 한다. 아래에 해당하는 경우 검사인 조사 없이 현물출자에 의한 신주발행이 가능하다(제422조 제2항).

① 현물출자 재산의 가액이 자본금의 5분의 1을 초과하지 아니하고 5천만 원 이하인 경우(모의 19)

② 현물출자 재산이 거래소의 시세 있는 유가증권인 경우, 현물출자 재산의 가액이 1개월 평균종가, 1주일 평균종가, 직전일 종가의 산술평균 금액 및 직전일 종가 중 낮은 금액 이하인 경우

③ 변제기가 도래한 회사에 대한 금전채권을 출자하는 경우로서 그 가액이 회사장부에 적혀 있는 가액 이하인 경우

주식회사의 현물출자에 있어서 이사는 법원에 검사인의 선임을 청구하여 일정한 사항을 조사하도록 하고 법원은 그 보고서를 심사하도록 되어 있으나 이와 같은 절차를 거치지 아니한 신주발행 및 변경등기가 당연 무효가 된다고 볼 수 없다. (대판 1980.2.12. 79다509)(모의 24)

(6) 변경등기

1) 신주발행에 따른 변경등기사항

신주가 발행되면 회사의 발행주식총수, 주식의 종류와 수, 자본금이 변경되므로 그에 관한 변경등기를 하여야 한다(제317조 제4항, 제183조).

2) 변경등기의 부수적 효과

신주 발행으로 인한 변경등기를 한 날로부터 1년을 경과한 후에는 신주를 인수한 자는 주식청약서 또는 신주인수권증서의 요건의 흠결을 이유로 하여 그 인수의 무효를 주장하거나 사기, 강박 또는 착오를 이유로 하여 그 인수를 취소하지 못한다(제427조).(모의 24) 이사의 인수담보책임은 신주의 발행으로 인한 변경등기를 전제로 한다(제428조 제1항).

3. 신주발행의 효력발생

신주의 인수인은 납입 또는 현물출자의 이행을 한 때에는 납입기일의 다음 날로부터 주주의 권리의무가 있다(제423조 제1항).(변호 19, 모의 18, 19) 납입기일의 다음날이 공휴일인 경우에도 그날부터 신주발행의 효력이 발생한다.

4. 이사의 인수담보책임

신주 발행으로 인한 변경등기 후에 아직 인수하지 아니한 주식이 있거나 주식인수의 청약이 취소된 때에는 이사가 이를 공동으로 인수한 것으로 본다(제428조 제1항).(모의 19, 21) 신주발행에 대한 이사의 인수담보책임은 신주발행에 따른 변경등기에 대한 신뢰를 보호하기 위한 것이다. 이사의 인수담보책임은 무과실책임으로 총주주의 동의로도 면책되지 않는다.(모의 21) 상법은 납입이 되지 않은 경우에 대해서는 규정하고 있지 않으나, 이사는 인수 후 납입이 되지 않은 경우에도 담보책임을 진다고 본다.

5. 액면미달발행

(1) 의의

회사의 설립시에는 액면미달발행이 엄격히 금지되나(제330조), 회사가 성립한 날로부터 2년을 경과한 후에 주식을 발행하는 신주발행의 경우에는 회사는 주주총회의 특별결의와 법원의 인가를 얻어서 주식을 액면미달의 가액으로 발행할 수 있다(제417조 제1항).(모의 18, 19, 20, 24)

(2) 요건

1) 시기

회사가 성립한 날로부터 2년이 경과하여야 한다.

2) 주주총회 특별결의

주주총회 특별결의가 있어야 한다. 주주총회 특별결의는 액면미달발행 여부 및 최저발행가액도 정하여야 한다(제417조 제2항).

3) 법원의 인가

회사는 액면미달발행에 대한 법원의 인가를 얻어야 한다.

법원은 회사의 현황과 제반사정을 참작하여 최저발행가액을 변경하여 인가할 수 있다. 이 경우에 법원은 회사의 재산상태 기타 필요한 사항을 조사하기 위하여 검사인을 선임할 수 있다(제417조 제3항).

4) 신주의 발행기한

회사는 법원의 인가를 얻은 날로부터 1월 이내에 신주를 발행하여야 한다. 법원은 이 기간을 연장하여 인가할 수 있다(제417조 제4항).

(3) 주권상장법인의 액면미달발행

주권상장법인은 법원의 인가 없이 주주총회 특별결의만으로 주식을 액면미달의 가액으로 발행할 수 있다. 이러한 주주총회의 결의에서는 주식의 최저발행가액을 정하여야 한다. 주권상장법인은 주주총회에서 다르게 정하는 경우를 제외하고는 주주총회의 결의일로부터 1개월 이내에 신주를 발행하여야 한다(자본시장법 제165조의8).

(4) 무액면주식의 액면미달발행

무액면주식의 경우 액면이 없으므로 액면미달발행에 관한 규정이 적용되지 않는다. 무액면주식의 경우 발행가액의 1/2 이상의 금액으로 이사회에서 자본금으로 정한 금액이 자본금으로 계상되므로 무액면주식의 발행가액은 항상 자본금으로 계상되는 금액보다 높게 된다(제451조 제2항). 따라서 무액면주식의 경우 항상 무액면주식의 발행으로 증가하는 자본금 이상으로 회사의 순자산이 증가하게 된다. 발행가액 중 자본금으로 계상되지 않는 금액은 자본준비금으로 계상된다.

Ⅲ. 신주발행 하자 관련 구제수단

1. 신주발행유지청구권 [모의 14]

(1) 의의

회사가 법령 또는 정관에 위반하거나 현저하게 불공정한 방법에 의하여 주식을 발행함으로써 주주가 불이익을 받을 염려가 있는 경우에는 그 주주는 회사에 대하여 그 발행을 유지할 것을 청구할 수 있다(제424조).(변호 12, 17, 24, 모의 13, 22)

(2) 위법행위유지청구권과의 차이

신주발행유지청구권은 위법행위유지청구권과 아래와 같은 차이가 있다.

① 자익권 : 위법행위유지청구권은 회사 손해를 방지하기 위한 것으로 공익권에 해당하나, 신주발행유지청구권은 주주 개인의 손해를 방지하기 위한 것으로 자익권에 해당한다.

② 단독주주권 : 위법행위유지청구권은 소수주주권이나 신주발행유지청구권은 단독주주권이다.

③ 상대방 : 위법행위유지청구의 상대방은 이사이나 신주발행유지청구의 상대방은 회사이다.

④ 현저히 불공정한 주식발행 : 신주발행유지청구의 사유는 법령 또는 정관 위반 외에 현저하게 불공정한 주식 발행도 포함한다.

(3) 신주발행유지청구 사유 [모의 14]

1) 신주발행의 법령, 정관 위반 또는 현저한 불공정

신주발행이 법령 또는 정관에 위반하거나 현저하게 불공정한 방법으로 신주가 발행되어야 한다.

신주발행이 유효인지 무효인지에 관계없이 신주발행유지청구가 가능하다.

발행이 위법한 경우의 예 : ㉠ 수권주식을 초과하여 신주가 발행된 경우, ㉡ 이사회결의 없이 신주가 발행된 경우, ㉢ 주주의 추상적 신주인수권을 침해하여 신주가 발행된 경우, ㉣ 발행가액이 법령에 위배하여 산정된 경우, ㉤ 경영권을 방어하기 위하여 제3자 배정이 이루어진 경우 등

발행이 현저히 불공정한 경우 : 특정인에게 부당하게 많은 신주를 배정, 현물출자 과대평가 등

2) 주주의 불이익

해당 주주가 불이익을 받을 염려가 있어야 한다. 회사에 발생한 손해로 인한 주주의 간접손해는 주주의 불이익에 해당되지 않는다.

(4) 청구권자

불이익을 받을 염려가 있는 주주이면 1주만 보유한 주주라도 청구권자가 된다.(모의 19) 의결권 없는 주주도 가능하다. 주주가 아닌 채권자 등 제3자는 청구권자가 아니다.

(5) 행사방법

신주발행유지청구는 사전적 구제수단이므로 신주발행의 효력이 발생하기 전에 청구해야 한다. 신주발행의 효력이 발생한 이후에는 신주발행무효의 소를 제기하여야 하고, 유지청구는 허용되지 않는다.

회사에 대한 의사표시로도 가능하고 회사를 피고로 신주발행유지청구의 소를 제기할 수도 있다.

신주발행유지청구의 소를 본소로 하여 가처분을 신청하는 것도 가능하다.

(6) 효과

신주발행유지청구는 회사에게 신주발행에 대해서 다시 한번 검토할 기회를 주는 것이다. 주주가 신주발행유지청구를 하였음에도 회사가 신주를 발행한 경우, 신주발행유지청구를 하였다는 사정만으로 신주발행이 무효가 되지는 않는다.(모의 21) 신주발행유지청구를 인용하는 본소 판결이나 가처분 결정에 위반하여 회사가 신주를 발행한 경우 신주발행 무효사유에 해당될 수 있다.

2. 신주발행무효의 소 [변호 13, 18, 모의 21]

(1) 의의

주주, 이사 또는 감사에 한하여 신주를 발행한 날로부터 6월내에 소로써 신주발행의 무효를 주장할 수 있다(제429조).(변호 12, 15, 18, 23, 모의 17, 18, 24) 신주발행무효의 소는 형성의 소이다.

신주발행의 부존재는 신주발행이 사실상 존재한다고 보기도 어려울 정도로 신주발행의 내용 또는 절차에 중대한 하자가 존재하는 경우를 말한다. 신주발행 부존재확인의 소는 누구나 제기할 수 있고, 제소기간에도 제한이 없다. 개별적인 주식인수와 관련된 주식청약서 등의 흠결을 이유로 한 주식인수의 무효나 회사나 인수인의 의사표시 하자와 관련된 주식인수의 취소 또한 신주발행무효와 구별된다. 개별적 주식인수의 무효와 취소는 신주발행으로 인한 변경등기일로부터 1년이 경과한 후에는 인정되지 않는다(제427조).

(2) 무효원인

신주발행의 내용이나 절차가 단순히 법령이나 정관에 위배된다는 것만으로 무효가 되지는 않는다. 주주의 신주발행유지청구의 요건으로 규정하는 '법령이나 정관의 위반 또는 현저하게 불공정한 방법에 의한 주식의 발행'을 신주발행의 무효원인으로 일응 고려할 수 있다.(모의 13) 그러나 신주발행 무효의 원인은 신주발행유지청구의 사유보다 좁고 엄격하게 인정된다. 구체적인 경우로는 ① 발행예정주식 초과 신주발행, ② 액면미달발행의 절차를 거치지 않은 액면미달발행, ③ 회사의 계산으로 자기주식 인수 방식으로 이루어진 신주발행, ④ 경영상 목적이 인정되지 않는 제3자 배정 신주발행(예: 경영권 방어만을 위한 제3자 배정)은 무효이다.

신주발행의 무효원인은 가급적 엄격하게 해석해야 하고, 법령이나 정관의 중대한 위반 또는 현저한 불공정이 있어 주식회사의 본질이나 회사법의 기본원칙에 반하거나 기존 주주들의 이익과 회사의 경영권 내지 지배권에 중대한 영향을 미치는 경우로서 신주와 관련된 거래의 안전, 주주 기타 이해관계인의 이익 등을 고려하더라도 도저히 묵과할 수 없는 정도라고 평가되는 경우에 한하여 신주의 발행을 무효로 할 수 있다.(대판 2010.4.29. 2008다65860, 대판 2019.4.3. 2018다289542)(변호 15, 모의 17)

(3) 대표이사의 전단적 신주발행의 효력

1) 의의

대표이사가 이사회결의를 거치지 않는 등 전단적으로 발행한 신주발행이 유효한지 문제된다.

2) 학설

① '무효설'은 대표이사의 전단적 신주발행은 업무집행으로 볼 수 없으므로 무효라고 본다.

② '유효설'은 대표이사의 전단적 신주발행도 업무집행에 해당하므로 유효하다고 본다.

3) 판례

주식회사의 신주발행은 주식회사의 업무집행에 준하는 것으로서 대표이사가 그 권한에 기하여 신주를 발행한 이상 신주발행은 유효하고, 설령 신주발행에 관한 이사회의 결의가 없거나 이사회의 결의에 하자가 있더라도 이사회의 결의는 회사의 내부적 의사결정에 불과하므로 신주발행의 효력에는 영향이 없다.(대판 2007.2.22. 2005다77060,77077)(변호 12, 15, 18, 모의 13, 20, 24)

(4) 현저하게 불공정한 방법에 의한 신주발행의 효력

1) 의의

현저하게 불공정한 방법에 의하여 신주발행이 된 경우 그 효력이 문제된다.

2) 학설

① '유효설'은 거래의 안전을 중시하여 그 경우 신주발행은 유효하다고 본다.

② '무효설'은 주주의 이익을 중시하여 그 경우 신주발행은 무효라고 본다.

③ '절충설'은 현저하게 불공정한 신주발행의 결과 지배권의 변동을 가져오게 되면 무효라고 본다.

3) 판례

① 회사 자산을 처분한 자금을 횡령하여 설립한 다른 회사의 명의로 회사의 신주를 인수한 경우 현저히 불공정한 방법에 의한 신주발행이므로 무효이다.(대판 2003.2.26. 2000다42786)

② 신주발행을 결의한 이사들을 이사로 선임한 주주총회결의가 취소되고 신주발행금지가처분이 되었음에도 문제된 이사들에 의하여 이사회를 진행하고 신주를 인수한 경우 현저히 불공정한 방법에 의한 신주발행이므로 무효이다.(대판 2010.4.29. 2008다65860)(모의 21)

[사실관계 및 판시사항] 甲이 회사 주식을 57.9% 보유하고 乙이 회사 주식을 41.1% 보유한 상황에서 甲과 乙 사이에 경영권 분쟁이 발생하자 甲이 임시주주총회를 개최하여 丙과 丁을 이사로 선임한 후 위 이사들로 구성된 이사회에서 신주발행절차를 진행하였다. 이에 대하여 乙은 丙과 丁을 이사로 선임한 임시주주총회결의에 하자가 있다고 주장하여 임시주주총회결의 취소의 소를 제기하였고, 위 취소소송에서 승소하여 해당 판결이 확정되었다. 나아가 乙은 위와 같은 임시주주총회의 하자를 주장하여 신주발행금지가처분을 신청하였고 가처분신청 또한 받아들여졌다. 그럼에도 甲은 丙과 丁이 참여하는 이사회를 개최하여 신주발행절차를 진행하여 신주를 발행하였고 이러한 신주를 자신이 인수하였다. 그 결과 甲의 지분비율이 73.6%, 乙의 지분비율이 26.4%로 변경되었다. 이러한 사실관계를 바탕으로 대법원은 위 신주발행을 무효로 판시하였다.

③ **주주가 회사로부터 신주배정 통지를 받고도 그 주식대금을 납입하지 아니하여 실권된** 경우, 발행주식 총수를 현저하게 증가시키는 신주발행이 이루어짐으로써 **회사에 대한 그 주주의 지배력이 현저하게 약화되고**, 그로 인하여 그 **주주가 대표이사에게 적정한 주식대금을 받고 주식을 양도하는 것이 더욱 어려워지게 되었다고** 하더라도, 그러한 사유만으로는 신주발행이 현저하게 불공정한 방법에 의한 신**주발행으로서 무효라고 볼 수 없다.**(대판 1995.2.28. 94다34579)[**변호 24**]

[사실관계 및 판시사항] 피고 회사는 1991.9.16. 임시주주총회를 열어 발행할 주식 총수를 67,200주에서 268,800주로 증가하는 정관 변경 특별결의를 하였다. 위 특별결의 이전 피고 회사 주식은 甲이 40%, 乙과 丙이 각 30%를 소유하고 있었고, 甲은 위 주식 중 일부를 甲-1과 甲-2에게, 乙은 주식 중 일부를 乙-1에게, 丙은 주식 중 일부를 丙-1에게 명의신탁하고 있었다. 甲, 乙, 丙은 오랫동안 피고 회사를 공동으로 경영해 왔기에 서로의 명의신탁 관계를 잘 알고 있었고 그동안 3명만 모여 주주총회결의를 해 왔다. 甲, 甲-1, 甲-2는 위 임시주총 개최를 통보받고 1991.9.10. 변호사인 丁에게 의결권 대리행사를 위임한 후, 피고 회사에 대리인 선임사실을 통보하였다. 丁은 위 임시주총에 참석해 의결권을 대리행사하려 했으나 피고 회사의 대표이사인 乙과 丙은 丁이 지참한 위임장 중 甲의 위임장은 원본이지만 甲-1과 甲-2의 위임장 및 그에 첨부된 인감증명서는 모두 사본이고, 甲-1의 인감증명서사본은 용도가 위임용이 아닌 주식양도용이라는 이유로 甲-1과 甲-2의 의결권대리행사를 불허하였다. 이에 丁은 甲의 주주명부상 소유주식에 대한 의결권조차 대리행사하지 않은 채 위 주주총회결의에 참여하지 않았다. 위 임시주총에서는 피고 회사의 발행주식 총수의 30%씩을 소유하고 있던 주주들인 乙과 丙이 출석하여 전원 찬성으로 위 정관변경을 의결하였고, 피고 회사 이사회는 위 변경된 정관에 근거하여 신주발행결의를 하고 같은 해 10. 26. 신주를 발행함으로써 피고 회사의 발행주식 총수가 188,160주로 증가하였다. 甲, 甲-1 및 甲-2는 위 신주발행 전에 피고 회사로부터 신주인수권배정 및 신주청약요령을 통지받았으나 신주대금을 납입하지 않아 실권되었다. 이에 甲, 甲-1 및 甲-2는 신주발행무효의 소를 제기하였다. 이에 대하여 대법원은 주주의결권의 대리권을 증명하는 서면은 위조나 변조 여부를 쉽게 식별할 수 있는 원본이어야 하고 특별한 사정이 없는 한 사본은 그 서면에 해당하지 않으나, 피고 회사의 주주는 甲, 乙, 丙 3인 뿐이었고, 甲-1과 甲-2는 甲의 단순한 명의수탁자에 불과하다는 사실을 잘 알면서 오랜 기간 피고 회사를 공동으로 경영해 왔으며, 甲의 위임장 원본을 제출하였고 또 미리 의결권을 丁으로 하여금 대리행사하게 하겠다는 의사를 임시주주총회 개최 전에 피고 회사에 통보까지 하였다면, 위 주식을 소유하고 있는 甲이 그 소유주식 전부에 대한 의결권을 위 丁에게 위임하였다는 사실은 충분히 증명되었으므로, 피고 회사의 대표이사들인 乙과 丙은 丁의 의결권대리행사를 제한해서는 안 되고, 따라서 甲의 소유주식 중 주주명부상에 甲-1과 甲-2의 명의로 되어 있는 전체 발행주식의 17.6%에 대해 의결권 대리행사를 부당하게 제한하여 이루

어진 위 임시주주총회의 정관변경결의에는 결의방법상의 하자가 있다고 판단하였다. 다만 대법원은 위 임시주주총회가 정당한 소집권자에 의해 소집되었고 정족수가 넘는 주주의 출석으로 출석주주 전원의 찬성에 의해 결의가 이루어졌다면, 위와 같은 정도의 결의방법상의 하자는 주주총회결의의 부존재 또는 무효사유가 아니라 단순한 취소사유가 될 수 있을 뿐이고 주주총회결의취소의 소는 결의의 날로부터 2개월 내에 제기해야 하므로, 임시주주총회결의일로부터 2개월 이상 경과한 후에 제기된 신주발행무효의 소에서는 위와 같은 취소사유에 해당하는 하자를 들어 위 임시주주총회결의의 효력을 다툴 수는 없고, 위와 같은 주주총회결의의 하자만으로 위 신주발행이 무효라고 볼 수 없다고 판시하였다.

④ **회사가 직원들을 유상증자에 참여시키면서 퇴직시 출자 손실금을 전액 보전해 주기로 약정**한 경우, 직원들의 신주인수의 동기가 된 위 **손실보전약정이 주주평등의 원칙에 위배되어 무효라는 이유로 신주인수까지 무효로 보아 신주인수인들로 하여금 그 주식인수대금을 부당이득으로서 반환받을 수 있도록 한다**면 이는 사실상 다른 주주들과는 달리 그들에게만 투하자본의 회수를 보장하는 결과가 되어 오히려 **강행규정인 주주평등의 원칙에 반하는 결과를 초래**하게 될 것이므로, 위 **신주인수계약까지 무효라고 보아서는 아니 된다.**(대판 2007.6.28. 2006다38161,38178)

(5) 소의 제기 및 소의 절차

1) 제소권자

① 신주발행무효의 소는 주주, 이사, 감사만이 제기할 수 있고(제429조), 회사는 피고가 된다. 주주는 주식을 1주만 가지더라도 소 제기가 가능하다. 신주발행 무효의 소가 제기된 이후 주주가 자신의 주식을 전부 양도한 경우, 양수인은 기존의 소를 승계할 수도 있고, 제소기간 경과 전이라면 새로운 소를 제기할 수도 있다.

② ㉠ **신주발행무효의 소 계속 중 주식이 양도된 경우에 양수인은 제소기간 등의 요건이 충족된다면 새로운 주주의 지위에서 신소를 제기**할 수 있을 뿐만 아니라, **양도인이 제기한 기존소송을 승계**할 수도 있다.(변호 12, 모의 17, 22) ㉡ 승계참가가 인정되는 경우 참가시기에 불구하고 소가 제기된 당초에 소급하여 기간준수의 효력이 발생하므로, **신주발행무효의 소에 승계참가하는 경우 제소기간 준수 여부는 승계참가시가 아닌 원래의 소 제기시**를 기준으로 판단해야 한다.(변호 12, 15, 모의 22) ㉢ 주식양수인이 이미 제기된 신주발행무효의 소에 승계참가하는 것을 피고 회사에 대항하기 위해서는 주주명부에 명의개서를 해야 하는데, **주식양수인이 명의개서를 거치지 않은 채 승계참가를 신청**하여 피고 회사에 대항할 수 없는 상태로 소송절차가 진행되었더라도, **사실심 변론종결 이전에 명의개서를 마친 후 소송관계를 표명하고 증거조사 결과에 대해 변론함으로써 이전의 소송절차를 그대로 유지**하고 있다면 명의개서 이전의 소송행위를 추인한 것으로 보아 소송절차상 하자는 치유되었다고 보아야 한다.(변호 12, 모의 17)(대판 2003.2.26. 2000다42786)

2) 제소기간

① 신주를 발행한 날로부터 6개월 이내에 제기하여야 한다.(변호 23) 신주를 발행한 날이란 신주발행의 효력발생일로서 납입기일의 다음날을 의미한다. 항소심에서 신주발행의 무효를 청구원인으로 추가하고자 하는 경우 추가시점이 제소기간 이내이어야 한다. 제소기간 내에 소를 제기하였으나, 제소기간이 경과한 이후 소제기 당시 적시하지 아니하였던 새로운 사유를 주장할 수 없다.

② 상법 제429조는 신주발행의 무효는 주주 · 이사 또는 감사에 한하여 신주를 발행한 날부터 6월 내에 소만으로 주장할 수 있다고 규정하고 있는 것은 신주발행에 수반되는 복잡한 법률관계를 조기에 확정하고자 하는 것으로서, 새로운 무효사유를 출소기간 경과 후에도 주장할 수 있도록

하면 법률관계가 불안정하게 되어 위 취지가 몰각된다는 점에 비추어, 위 규정은 무효사유의 주장시기도 제한하고 있는 것이라고 해석함이 타당하므로, **신주발행무효의 소에서 신주를 발행한 날부터 6월의 출소기간이 경과한 후에는 새로운 무효사유를 추가하여 주장할 수 없다.**(대판 2012.11.15. 2010다49380)(변호 12, 15, 모의 17, 19, 20, 24(2))

③ 주주 아닌 자들이 모여서 개최한 임시주주총회에서 발행예정주식총수에 관한 정관변경결의와 이사선임결의를 하고, 그와 같이 선임된 이사들이 모인 이사회에서 대표이사 선임 및 신주발행결의를 하였다면 그 이사회는 부존재한 주주총회에서 선임된 이사들로 구성된 부존재한 이사회에 지나지 않고 그 이사들에 의하여 선임된 대표이사도 역시 부존재한 이사회에서 선임된 자이어서 그 이사회의 결의에 의한 **신주발행은 의결권한이 없는 자들에 의한 부존재한 결의와 회사를 대표할 권한이 없는 자에 의하여 이루어진 것으로서 그 발행에 있어 절차적, 실체적 하자가 극히 중대하여 신주발행이 존재하지 않으므로 회사의 주주는 위 신주발행에 관한 이사회결의에 대하여 상법 제429조 소정의 신주발행무효의 소의 제기기간에 구애되거나 신주발행무효의 소에 의하지 않고 부존재확인의 소를 제기할 수 있다.**(대판 1989.7.25. 87다카2316)(변호 25, 모의 17, 19, 24)

④ **정관에 근거하여 주주총회에서 신주 발행을 결의하였는데 그 주주총회 결의에 취소사유가 있는 경우, 주주는 신주발행 결의일로부터 2개월 이후에 신주발행무효의 소를 제기하면서 주주총회 결의 취소사유를 신주발행의 무효사유로 주장할 수 없다.**(대판 1995.2.28. 94다34579)(모의 18, 24)

3) 소의 절차

회사법상 소송에 관한 전속관할(제186조), 소제기 공고(제187조), 소의 병합(제188조), 하자의 보완 등(제189조), 패소원고의 손해배상책임(제191조), 무효판결의 등기(제192조), 원고의 담보제공의무(제377조) 등이 준용된다(제430조).

(6) 신주발행무효소송과 주주총회결의 하자소송 [변호 20]

신주발행을 위한 주주총회 결의에 하자가 있는 경우, 주주총회결의하자소송과 신주발행무효소송을 선택적으로 제기할 수 있는지 문제된다. 신주의 효력이 발생 전에는 신주발행무효의 소를 제기하지 못하나, 신주의 효력이 발생한 경우 주주총회결의의 하자는 신주 발행 절차의 하자로 흡수된다는 점을 근거로 신주발행무효의 소만을 제기할 수 있다는 견해가 타당하다.

(7) 재량기각

신주발행무효의 소가 그 심리 중에 원인이 된 하자가 보완되고 회사의 현황과 제반사정을 참작하여 신주발행을 무효 또는 취소하는 것이 부적당하다고 인정한 때에는 법원은 그 청구를 기각할 수 있으며, 신주발행무효의 판결은 제3자에 대하여도 그 효력이 있으나 소급효는 인정되지 않는다(제430조, 제189조, 제190조 본문).(모의 17)

(8) 신주발행무효 판결의 효력 [모의 14]

1) 무효 판결의 장래효

신주발행무효의 판결이 확정된 때에는 신주는 장래에 대하여 그 효력을 잃는다(제431조 제1항). 즉, 신주발행무효 판결은 소급효가 없다. 따라서 신주발행 이후 무효판결이 확정될 때까지 이루어진 의결권행사, 주식양도, 입질, 이익배당 등은 영향을 받지 않는다.(모의 22)

2) 무효 판결에 따른 원상회복

신주발행무효 판결이 확정되면 회사는 지체 없이 그 사실을 공고하고 3개월 이상의 기간을 정하여 해당 기간 내에 신주의 주권을 회사에 제출할 것을 공고해야 하고, 주주명부에 기재된 주주와 질권자에 대하여는 별도로 통지해야 한다(제431조 제2항). 신주발행무효 판결이 확정되면 회사는 신주의 주주가 납입한 금액을 반환하여야 한다(제432조 제1항). 신주의 질권자는 신주의 주주가 반환받을 납입대금에 질권을 행사할 수 있다(제432조 제3항, 제339조). 회사는 신주발행에 따라 이루어진 변경등기를 경정하는 등기를 하여야 하고, 회사의 미발행주식수는 신주발행 전으로 회복된다.

3. 불공정한 가액으로 주식을 인수한 자의 책임

(1) 의의

이사와 통모하여 현저하게 불공정한 발행가액으로 주식을 인수한 자는 회사에 대하여 공정한 발행가액과의 차액에 상당한 금액을 지급할 의무가 있다(제424조의2).(모의 24)

주식을 인수한 자가 추가로 회사에 출자의무를 부담한다는 점에서 주주유한책임의 예외에 해당한다. 주식인수인이 이사와 통모하여야 한다. 주식인수인이 발행가액이 현저히 불공정하다는 사실을 알았다는 사정만으로는 주식인수인의 차액 지급의무가 인정되지 않는다. 발행가액은 주식인수인이 실제 회사에 납입한 금액을 기준으로 한다. 이사회가 결정한 발행가액이 현저히 불공정했더라도 실제 발행가액이 공정하였다면 주식인수인의 의무가 성립되지 않는다.

(2) 의무의 내용

통모주식인수인은 공정한 발행가액과 실제 발행가액의 차액을 회사에 지급할 의무를 부담한다. 통모주식인수인이 해당 주식을 양도하더라도 차액 지급 의무는 양수인에게 이전되지 않는다. 통모한 이사도 회사에 대한 손해배상책임을 부담한다(제399조). 통모인수인과 통모한 이사는 부진정연대책임을 진다는 것이 통설이다.

(3) 주주배정에의 적용여부

1) 의의

주주배정의 경우에도 제424조의2가 적용되는지 문제된다.

2) 학설

① 제424조의2를 회사의 자본충실을 위한 규정으로 보는 견해는 주주배정의 경우에도 회사의 자본충실을 기하기 위하여 통모 주주에게 책임이 인정된다고 본다.

② 제424조의2를 기존 주주의 이익을 보호하기 위한 규정으로 보는 견해는 주주배정의 경우 기존 주주가 불이익을 입은 것은 아니므로 통모 주주는 책임을 부담하지 않는다고 본다.

3) 판례

주주배정방식에서는 모든 주주가 평등하게 취급되므로 어느 주주가 다른 주주에 대하여 회사에 대한 차액 지급을 청구할 여지가 없고 따라서 주주배정방식에는 상법 제424조의2가 적용되지 않는다고 보아야 할 것이다. 주주 중 일부에게만 신주를 배정, 발행하거나 주주들 사이에 발행조건에 차등을 두어 발행하는 것은 여기에서의 주주배정방식에 해당하지 않는다.(대판 2009.5.29. 2007도4949)

(4) 주주대표소송

주주는 이사의 고의 또는 중과실을 입증하여 이사에게 손해배상을 청구할 수 있다(제401조). 주주대표소송에 관한 규정이 준용되므로 발행주식 총수의 1% 이상의 주식을 보유한 주주는 회사에 대하여 책임을 추궁하는 소를 제기할 것을 청구할 수 있고, 회사가 소를 제기하지 않는 경우 직접 소를 제기할 수 있다(제424조의2 제2항, 제403조 내지 제406조). 불공정한 가액으로 주식을 인수한 자를 상대로 대표소송을 제기한 주주가 패소한 경우 해당 주주가 악의인 때에는 회사에 대하여 연대하여 손해를 배상할 책임이 있다(제424조의2 제2항, 제403조 내지 제406조).(모의 17)

4. 주주의 손해배상청구

주주는 자신의 신주인수권을 침해하여 신주를 발행한 대표이사와 회사에 대하여 손해배상을 청구할 수 있다(제389조 제3항, 제210조).

기출사례

★ 실권주, 신주인수권의 양도 [변호 15]

2010. 1. 설립된 甲주식회사(이하 '甲회사')는 정관상 인쇄업을 주된 영업으로 하는 비상장회사로서, 3인의 이사(대표이사 A, 이사 B와 C)가 있고, 주주는 A(지분율 2%), D(지분율 13%), E(지분율 85%)로 구성되어 있으며, 2014. 8. 1. 기준 자본금 총액 59억 원, 자산 총계 91억 원인 회사이다. 한편, 2014. 9. 1. 甲회사는 丁주식회사와 대량의 인쇄물 발주계약을 체결하기로 하였는데, 그 납기인 2014. 9. 30. 내에 계약을 이행하기 위해서는 추가 자금을 확보하여 신속하게 새로운 인쇄기계를 구입해야 하였다. A는 이를 위해 유상증자가 필요하다는 사실과 신속히 이사회가 개최되어야 한다는 사실을 알게 되었다.
그리하여 A는 긴급히 甲회사의 이사회를 소집하여 2014. 9. 2. 이사회가 개최되었다. 동 이사회에서는 A, C가 참석하여 丁회사와의 인쇄물 발주계약의 체결 및 20억 원 규모의 주주배정방식의 신주발행이 참석 이사 전원 찬성으로 결의되었고, 주주배정 기준일을 2014. 9. 18.로, 납입기일은 2014. 9. 25.로 정하였다.

1. D가 자신이 배정받은 신주에 대하여 인수가액을 납입하지 않은 경우 甲회사가 상법상 어떠한 조치를 취할 수 있는가?
2. 甲회사의 이사회가 신주발행시 신주인수권 양도에 관한 사항을 결정하지 않은 경우 신주인수권 증서의 발행 없이 한 신주인수권 양도의 효력은?

Ⅰ. 문제 1. 해결

1. 결론

甲회사는 D가 인수가액을 납입하지 않은 주식을 이사회결의에 따라 D에게 배정된 것과 동일한 조건으로 제3자에게 배정하거나 해당 주식에 대한 발행을 포기하고 미발행주식수로 남겨둘 수 있다. 또한 甲회사는 D에 대하여 D가 인수금액을 납입하지 않음으로 인하여 甲회사에 발생한 손해의 배상을 청구할 수 있다.

2. 쟁점

신주를 배정받은 주주가 인수가액을 납입하지 않는 경우 실권절차 및 실권주 처리방법이 문제된다.

Ⅱ. 문제 2. 해결

1. 결론

신주인수권의 양도는 신주인수권증서에 의하는 것이 원칙이고, 신주인수권의 양도에 관한 사항은 정관이나 이사회의 결의로 정하여야 하나, 그러한 정관이나 이사회결의가 없는 경우에도 구체적 신주인수권의 양도는 지명채권양도의 방법으로 가능하다. 따라서 甲회사 이사회가 신주발행시 신주인수권 양도에 관한 사항을 결정하지 않은 경우에도 신주인수권증서의 발행 없이 한 신주인수권 양도는 유효하다.
다만 판례에 의하면 회사에 대하여 신주인수권의 양도가 유효하기 위해서는 회사가 이러한 양도를 승낙할 것이 요구된다.

2. 쟁점

이사회가 신주발행시 신주인수권 양도에 관한 사항을 결정하지 않은 경우 신주인수권의 양도가 가능한지, 신주인수권증서가 발행되지 않은 경우 신주인수권의 양도방법과 효력이 문제된다.

기출사례

★ 실권주의 제3자 배정 [변호 24]

甲주식회사는 비상장회사로서 아파트 건설업을 주된 영업으로 하고 있다. 甲회사는 설립 당시 의결권 있는 주식만을 100,000주 발행하였다. 주주 B는 甲회사의 발행주식총수 중 3,500주를 가지고 있었다. 그러던 중 기존 주주에 대한 신주발행으로 인하여 甲회사의 발행주식총수가 140,000주로 늘어났는데, B는 그러한 신주발행에 응하지 않아 그가 소유한 주식 수에는 변화가 없었다. 甲회사는 B가 인수하지 않아 발생한 실권주를 소정의 요건과 절차를 갖추어 대표이사에게 적법하게 배정하였다. 다만, 甲회사의 정관에는 실권주를 제3자에게 배정하는 것에 관한 근거 규정이 없었다.

甲회사가 실권주를 대표이사에게 적법하게 배정하기 위해 갖춘 소정의 요건과 절차는 무엇인가?

Ⅰ. 결론

실권주를 대표이사에게 배정한 것이 적법하기 위해서는 먼저 甲회사가 주주의 지분비율에 따라 주주에게 우선적으로 신주를 인수할 기회를 부여해야 하고, 주주에게 배정한 것과 동일한 조건으로 대표이사에게 실권주를 배정해야 한다. 그 경우 甲회사는 정관의 근거 규정이 없더라도 이사회 결의로 실권주를 대표이사에게 배정할 수 있다.

Ⅱ. 쟁점

주주배정에 따라 발생한 실권주를 일부 주주나 주주가 아닌 제3자에게 배정하기 위해 신주의 제3자 배정에 요구되는 경영상 필요와 정관의 근거 규정이 요구되는지 및 실권주 배정의 조건을 주주배정의 조건과 달리 할 수 있는지가 문제된다.

기출사례

★ 제3자에 대한 신주발행, 신주발행무효의 소 [변호 18]

甲주식회사(이하 '甲회사')는 자동차부품과 건설기계부품의 제조·판매업을 목적으로 하고 있다. 甲회사 발행주식총수의 40%를 A(甲회사 대표이사), 35%를 B, 25%를 C가 각각 소유하고 있다. 甲회사의 정관에는 "이사회는 새로운 기술의 도입이나 긴급한 경영자금의 조달이라는 경영목적을 위해서는 주주가 아닌 제3자에게 신주를 배정할 수 있다."라고 규정되어 있다.
A는 기존 사업의 규모를 축소하고 새로운 사업인 휴대전화부품 제조업에 투자하려는 사업계획을 마련하였다. B와 C는 이에 반대하고 A를 대표이사에서 해임하고자 논의하였다. 이에 대응하기 위하여 A는 이사회의 신주발행결의를 거쳐 A의 고교동창인 D에게 신주를 발행하였다.

주주 B가 위 신주발행의 효력을 다툴 수 있는 사유와 방법은 무엇인가?

Ⅰ. 결론

사안의 경우 D에 대한 신주발행은 신주발행절차는 적법하나 주주가 아닌 제3자인 D에게 A의 경영권을 방어하기 위한 목적으로 신주를 발행한 것은 경영상 목적에 해당하지 않아 위법하고, 이러한 위법의 정도는 주주의 신주인수권을 침해하는 것으로 무효에 해당하므로, 주주인 B는 신주발행일로부터 6개월 이내에 甲회사의 본점소재지 지방법원에 신주발행무효의 소를 제기하여 제3자에 대한 위법한 신주발행의 효력을 다툴 수 있다.

Ⅱ. 쟁점

甲회사의 주주가 아닌 대표이사 A의 고교동창인 D에게 신주가 발행되었다는 점에서 제3자 D에 대한 甲회사의 신주의 발행이 적법한지 문제되고, D에게 신주가 발행되었다는 점에서 발행된 신주의 효력을 신주발행무효의 소에 의하여 다툴 수 있는지 여부가 문제된다.

기출사례

★ 신주인수대금, 제3자 신주발행, 현물출자, 신주발행무효의 소 [변호 13]

스마트폰 부품의 제조와 판매를 업으로 하는 비상장회사인 X주식회사는 자본금이 2억 5천만 원이며 주주명부에는 동 회사의 발행주식총수 중 A가 50%, B가 30%, C가 10%, D가 10%를 각각 보유하는 것으로 기재되어 있다. 다만, D는 X주식회사의 주주명부에 주주로 기재되어 있지만 실제로는 E가 D의 승낙을 얻어 D의 명의를 차용한 것이다. A의 추천으로 甲과 乙이 이사로 선임되었으며, 그중 甲이 대표이사를 맡고 있다. 나머지 1명의 이사는 B가 추천한 사람이다.
X주식회사는 신기술 도입에 필요한 자금을 조달하기 위하여 신주를 발행하기로 하고, 이사회 결의로 기존 주주들의 지분율에 비례하여 신주를 배정하고 기존 주주 전원이 신주인수대금을 전액 납입함에 따라 자본금을 3억 원으로 변경하는 등기를 마쳤다(이하 '제1차 신주발행'이라고 함). 그 후 X주식회사가 스마트폰 부품 제조분야에서 선도적인 지위를 차지함에 따라 X주식회사에 투자하기를 희망하거나 X주식회사의 경영권을 탐내는 기업이 많이 생겨났다. 이에 대표이사 甲은 이사 및 감사 전원에게 이사회 소집을 통지하고, 이에 따라 개최된 이사회에서 신주를 발행하여 甲에게 우호적인 Y주식회사에 그 전부를 배정하기로 결의하였다. Y주식회사는 신주인수대금 중 일부는 현금으로 납입하고 나머지는 시가 3천만 원 상당의 공장부지를 X주식회사에 양도하되 검사인의 검사절차는 거치지 않았으며, X주식회사는 자본금을 3억 5천만 원으로 변경하는 등기를 마쳤다(이하 '제2차 신주발행'이라고 함). X주식회사는 제2차 신주발행 당시 공장의 증축과 노후된 시설의 교체를 위하여 자금이 필요하였으나 금융기관으로부터의 차입 등을 통한 자금조달이 불가능한 상태는 아니었다.
X주식회사의 정관에서 관련 규정을 발췌하면 아래와 같다.

정관 (일부)
제8조(주식의 종류) 이 회사가 발행할 주식은 기명식 보통주식으로 한다.
제10조(신주인수권) ① 이 회사의 주주는 신주발행에 있어서 그가 소유한 주식수에 비례하여 신주의 배정을 받을 권리를 가진다.
② 제1항의 규정에 불구하고 긴급한 자금의 조달을 위하여 국내외 금융기관이나 투자자에게 신주를 발행하거나 기술도입의 필요상 제휴회사에게 신주를 발행하는 경우에는 주주 이외의 자에게 이사회의 결의로 신주를 배정할 수 있다.
제26조(의결권의 대리행사) ① 주주는 대리인으로 하여금 그 의결권을 행사하게 할 수 있다.
② 제1항의 대리인은 이 회사의 주주에 한하며, 주주총회 개시 전에 그 대리권을 증명하는 서면(위임장)을 제출하여야 한다.
제33조(대표이사의 선임) 이 회사의 대표이사는 주주총회의 결의에 의하여 선임한다.

1. B가 제1차 신주발행에서 X주식회사의 수락 하에 신주인수대금 중 일부를 X주식회사에 대한 어음금채권 1천만 원으로 납입하고 나머지는 현금으로 납입한 경우, 그러한 납입은 유효한가?
2. A가 제2차 신주발행의 효력을 다투고자 한다면 그 방법과 이유는 무엇인가?

Ⅰ. 문제 1. 해결

1. 결론

B는 원칙적으로 현금으로 자신이 인수한 주금을 납입하여야 한다. 그러한 B가 신주인수대금 중 일부를 X주식회사에 대한 어음금채권 1천만 원으로 납입한다는 의미는 B의 어음금채권과 자신의 주금납입채무를

상계한다는 것으로 볼 수 있고, 이러한 상계에 X주식회사가 동의하였으므로, B의 이러한 주금납입도 유효하다. 따라서 B의 주금납입은 유효하다.

2. 쟁점

어음금채권과 주금납입채무를 X회사의 동의하에 상계하는 것이 허용되는지 문제된다.

Ⅱ. 문제 2. 해결

1. 결론

A는 Y주식회사에 대한 제2차 신주배정 중 현금납입 부분이 주주의 신주인수권을 침해하는 위법한 제3자에 대한 신주발행이라는 무효사유를 주장하여 회사를 상대로 회사의 본점소재지 지방법원에 제2차 신주발행에 따른 납입기일의 다음날부터 6개월 이내에 신주발행무효의 소를 제기하는 방법으로 신주발행의 효력을 다툴 수 있다.

2. 쟁점

제3자에 대한 신주발행이 적법한지, 현물출자가 적법한지, 위법한 신주발행을 다투기 위한 방법으로 신주발행무효의 소가 문제된다.

제9관 사 채

Ⅰ. 사채의 발행과 유통

1. 사채의 개요

(1) 사채의 의의

사채란 회사가 자금을 조달하기 위해 유가증권인 채권을 발행하여 부담하는 채무를 말한다. 상법상 주식회사에만 사채에 관한 규정이 존재한다. 유한회사의 경우, 상법상 채권자보호 규정이 존재하지 않으므로 사채를 발행할 수 없다. 제600조 제2항, 제604조 제1항 또한 이를 전제로 한다.

(2) 사채와 주식의 차이

주식은 사채보다 후순위로 배당가능이익이 있는 경우에 한하여 배당을 받으나 사채는 배당가능이익과 관계없이 확정이자를 지급받는다. 주주는 회사의 사원으로 회사의 운영에 관여할 수 있으나, 사채권자는 회사의 운영에 관여할 수 없고 사채권자집회 또한 회사의 기관이 아니다. 회사가 자기주식을 취득하는 것은 배당가능이익 등 제한이 있으나 회사가 사채를 취득하는 것은 허용된다. 주식은 인수대금이 전액 납입되어야 하나 사채는 분할납입이 허용된다.

(3) 다양한 종류의 사채 발행

회사가 발행하는 사채는 ① 이익배당에 참가할 수 있는 사채, ② 주식이나 그 밖의 다른 유가증권으로 교환 또는 상환할 수 있는 사채, ③ 유가증권이나 통화 또는 그 밖에 자산이나 지표 등의 변동과 연계하여 미리 정하여진 방법에 따라 상환 또는 지급금액이 결정되는 사채를 포함한다(제469조 제2항). 따라서 주식의 발행을 내용으로 하는 사채는 주주의 이해와 관련되므로 상법에 규정된 경우에 한하여 발행이 가능하나 주식의 발행을 내용으로 하지 않는 사채의 경우에는 상법에 근거규정이 없더라도 회사가 자유로이 발행할 수 있다고 본다.

2. 사채의 발행과 유통

(1) 사채의 발행

1) 공모발행과 총액인수

상법은 사채를 모집하는지 아니면 총액이나 일부를 계약에 의해 특정인이 인수하는지 여부에 따라 공모발행(제474조)과 총액인수(제475조)로 나누어 규정한다. ① 공모발행이란 사채를 공개적으로 모집하여 발행하는 것을 의미한다. 사채청약서를 작성하여야 한다. ② 총액인수란 특정인이 회사와의 계약에 의하여 사채의 총액을 인수하는 경우를 말한다(제475조). 총액인수의 경우에는 발행의 상대방이 특정되므로 사채청약서 작성이 요구되지 않는다. 사채모집의 위탁을 받은 회사가 사채의 일부를 인수하는 경우 그 일부에 대해서도 사채청약서 작성이 요구되지 않는다(제475조).

2) 사채발행의 절차

① 이사회결의

사채의 발행은 이사회의 결의에 의한다(제469조 제1항).(모의 14, 20) 정관으로 정하는 바에 따라 이사회는 대표이사에게 사채의 금액 및 종류를 정하여 1년을 초과하지 아니하는 기간 내에 사채를 발행할 것을 위임할 수 있다(제469조 제4항).(모의 14, 24)

상법은 사채발행의 위임과 관련하여 집행임원을 포함하고 있지 않고, 이사회의 권한인 사항은 이사회가 집행임원에게 위임할 수 없으므로 집행임원에 대한 사채발행 위임은 허용되지 않는다.

② 수탁계약

상법은 사채관리회사에 관한 규정과 함께 사채모집을 위탁받은 회사에 관한 내용을 규정하고 있다(제474조 제2항 제13호). 회사는 증권회사 등과 수탁계약을 체결하고 증권회사를 통하여 사채를 발행하는 것이 일반적이다.

③ 사채계약

회사와 사채권자 사이의 사채계약은 청약과 배정에 의하여 성립한다. 투자자가 사채인수의 청약을 하고 발행회사 또는 수탁회사가 배정을 하면 인수가 확정되고 사채계약이 성립한다. 사채 총액 중 일부에 대한 청약이 없는 경우, 사채발행 전부가 무효인지 여부와 관련하여 통설은 신주발행과 마찬가지로 청약이 있는 범위 내에서 사채발행이 유효하다고 본다.

④ 납입

사채의 모집이 완료한 때에는 이사는 지체 없이 인수인에 대하여 각 사채의 전액 또는 제1회의 납입을 시켜야 한다(제476조). 납입이 지체되더라도 실권절차는 존재하지 않는다. 상법은 사채의 납입과 관련하여 상계를 금지하고 있지 않으므로 상계에 의한 납입도 가능하다.

(2) 사채의 유통

1) 채권(債券)

채권은 사채를 표창하는 유가증권이다. 채권은 채권의 번호와 회사의 상호, 사채총액 등 법정사항을 기재하고 대표이사가 기명날인 또는 서명해야 한다(제478조 제2항). 사채전액 납입 후가 아니면 채권을 발행하지 못한다(제478조 제1항). 그러나 이에 위반하여 채권이 발행되더라도 유효하다.

2) 사채원부, 사채등록부

사채원부란 기명사채와 관련하여 사채와 사채권자에 관한 사항을 기재하는 장부를 말한다. 사채원부 기재의 효력은 주주명부와 동일하다. 기명사채의 이전은 취득자의 성명과 주소를 사채원부에 기재하고 성명을 채권에 기재하지 아니하면 회사 기타의 제3자에게 대항하지 못한다(제479조 제1항). 등록사채의 경우, 기명사채이든 무기명사채이든 전자등록계좌부가 만들어지고, 전자등록계좌부의 기재는 등록사채 양도, 입질의 대항요건이다.

3) 사채의 양도와 입질

① 무기명사채의 양도와 입질

무기명사채의 양도와 입질은 민법상 무기명채권의 양도와 입질에 관한 규정이 적용된다. 무기명사채의 양도와 입질은 채권의 교부로서 효력이 발생한다(민법 제523조, 제351조). 등록무기명사채의 경우, 전자등록계좌부에 기재되어야 회사에 대항할 수 있다.

② 기명사채의 양도와 입질

기명사채의 양도와 입질은 민법상 지명채권의 양도와 입질에 관한 규정이 적용된다. 다만, 권리가 채권에 표창되어 있으므로 채권의 교부가 있어야 양도의 효력이 발생한다. 사채원부에 명의개서를 하지 않으면 회사에 대항할 수 없다. 등록기명사채의 경우, 양도 사실이 전자등록계좌부에 기재되어야 회사에 대항할 수 있다.

기명사채의 입질은 민법의 권리질에 관한 규정이 적용된다(민법 제346조, 제347조). 질권설정의 의사표시와 채권의 교부에 의하여 질권이 설정되고, 질권설정자의 발행회사에 대한 통지나 발행회사의 승낙이 있어야 발행회사에 대항할 수 있다. 등록기명사채는 전자등록계좌부에 등록하여야 회사에 대항할 수 있다.

Ⅱ. 특수한 사채

1. 전환사채

(1) 의의

전환사채란 발행회사의 주식으로 전환할 수 있는 권리가 부여된 사채를 의미한다. 전환사채는 주식으로 전환될 수 있다는 점에서 발행회사 주주의 이익에 영향을 미치게 된다. 그러한 관계로 전환사채의 인수권은 원칙적으로 주주가 가지고 제3자에게 전환사채를 발행하는 경우 주주총회의 특별결의를 거쳐야 한다. 전환사채권자는 자신이 취득한 전환사채에 질권을 설정할 수 있고, 질권설정 후 전환에 따라 전환사채권자가 주식을 받는 경우 질권자는 그 주식에 대해 질권을 행사할 수 있다.(변호 21) 전환사채 인수 과정에서 그 납입을 가장하였더라도 상법 제628조 제1항의 납입가장죄는 성립하지 아니한다.(변호 21)

(2) 주주의 전환사채인수권

제513조 제3항에서 제3자에 대한 전환사채 발행에 정관의 규정 또는 주주총회 특별결의를 요구하고 있다는 점에서 전환사채 발행회사의 주주에게 전환사채의 추상적 인수권이 인정되는지 문제된다. 학설은 ① 제513조 제3항을 근거로 주주의 추상적 인수권이 인정된다고 보는 긍정설과 ② 명문의 규정이 없는 이상 주주에게 추상적 인수권이 인정되는 것은 아니라고 보는 부정설이 존재한다.

(3) 제3자에 대한 전환사채 발행 [변호 20, 모의 14, 17]

1) 의의

정관에 주주 외의 자에 대하여 전환사채를 발행할 수 있다는 규정이 있는 경우, 그 발행할 수 있는 전환사채의 액, 전환의 조건, 전환으로 인하여 발행할 주식의 내용과 전환을 청구할 수 있는 기간에 관한 사항은 정관의 규정이 없으면 주주총회의 특별결의로 이를 정하여야 한다(제513조 제3항).(변호 21, 25, 모의 22(2)) 이 경우 신기술의 도입, 재무구조의 개선 등 회사의 경영상 목적을 달성하기 위하여 필요한 경우에 한한다(제513조 제3항).(변호 12, 모의 17, 18, 20)

2) 요건

① 정관의 규정 또는 주주총회 특별결의

정관이나 주주총회의 특별결의로 각 사항의 일정한 기준이나 범위를 정하고 구체적인 사항은 이사회에서 정하도록 하는 것도 가능하다. 다만, 그 기준이나 범위가 지나치게 넓어 사실상 이사회에 포괄위임을 하는 정도로 볼 수 있는 경우에는 제513조 제3항에 위반된다고 본다.

정관에 일응의 기준을 정해 놓은 다음 실제로 발행할 전환사채의 구체적인 전환의 조건 등은 그 발행시마다 정관에 벗어나지 않는 범위에서 이사회에서 결정하도록 위임하는 방법을 취하는 것도 허용된다. 전환사채의 전환가액은 주식의 액면금액 또는 그 이상의 가액으로 사채발행시 이사회가 정한다는 정관 조항은 전환가액 등 전환의 조건의 결정방법과 관련하여 고려되어야 할 특수성을 감안할 때 상법 제513조 제3항이 요구하는 최소한도의 요건을 충족하는 것으로 유효하다.(대판 2004.6.25. 2000다37326)(모의 22(2))

② **경영상 목적**

제3자에게 전환사채를 발행하기 위해서는 회사의 경영상 목적이 존재하여야 한다.

判例는 **"회사의 경영권 분쟁이 현실화된 상황에서 경영진의 경영권이나 지배권 방어라는 목적을 달성하기 위하여 제3자에게 신주를 배정하는 것은 주주의 신주인수권을 침해하는 것이다."**라고 판시하여(대판 2009.1.30. 2008다50776),(모의 22) 경영권이나 지배권 방어는 경영상 목적에 해당하지 않는다고 본다.

(4) 전환사채 발행절차

전환사채의 발행절차는 일반사채의 발행절차와 대부분 동일하다.

1) 발행사항의 결정 [모의 14]

① 발행사항 중 정관 규정이 없는 것은 이사회에서 결정한다. 다만, 정관으로 주주총회에서 결정하기로 한 사항은 주주총회에서 결정한다(제513조 제2항).

② **회사의 정관에 신주발행 및 인수에 관한 사항은 주주총회에서 결정하고 자본의 증가 및 감소는 발행주식 총수의 과반수에 상당한 주식을 가진 주주의 출석과 출석주주가 가진 의결권의 2/3 이상의 찬성으로 의결하도록 규정**되어 있는 경우, **전환사채는 전환권의 행사에 의하여 장차 주식으로 전환**될 수 있어 이를 발행하는 것은 **사실상 신주발행**으로서의 의미를 가지므로, 회사가 전환사채를 발행하기 위해서는 **주주총회의 특별결의**를 요한다.(대판 1999.6.25. 99다18435)(모의 14, 17)

③ 회사가 주주 배정의 방법, 즉 **주주가 가진 주식 수에 따라 신주, 전환사채나 신주인수권부사채의 배정을 하는 방법으로 신주 등을 발행하는 경우에는 발행가액 등을 반드시 시가에 의하여야 하는 것은 아니다.** 따라서 회사의 이사로서는 주주 배정의 방법으로 신주를 발행하는 경우 원칙적으로 액면가를 하회하여서는 아니 된다는 제약 외에는 **시가보다 낮게 발행가액 등을 정하였다고 하여 배임죄의 구성요건인 임무위배, 즉 회사의 재산보호의무를 위반하였다고 볼 것은 아니다.**(대판 2009.5.29. 2007도4949)

[사실관계 및 판시사항] ㉠ 전환사채를 주주배정 방식으로 발행하는 경우에도 **주주가 인수권을 잃은 때에는 회사는 이사회결의로 인수가 없는 부분을 자유로이 제3자에게 처분**할 수 있다.(모의 17, 18) ㉡ 주주배정 방법으로 주주에게 전환사채인수권을 부여하였지만 **주주들이 인수청약하지 아니하여 실권된 부분을 제3자에게 발행하더라도 주주의 경우와 같은 조건으로 발행**할 수밖에 없고, 이는 주주들이 전환사채의 인수청약을 하지 아니함으로써 발생하는 실권의 규모에 따라 달라지는 것은 아니다. ㉢ 이사가 회사의 지배권을 기존 주주의 의사에 반하여 제3자에게 이전하는 것은 기존 주주의 이익을 침해하는 행위일 뿐 지배권의 객체인 주식회사의 이익을 침해하는 것으로 볼 수는 없고, 회사 지분비율의 변화가 기존 주주 자신의 선택에 기인한 것이라면 지배권 이전과 관련하여 이사에게 임무위배가 있다고 할 수 없다.(모의 17)

2) 발행사항

발행사항은 아래와 같다(제513조 제2항).

① 전환사채의 총액, ② 전환의 조건, ③ 전환으로 인하여 발행할 주식의 내용, ④ 전환청구기간, ⑤ 주주에게 전환사채 인수권을 준다는 뜻과 인수권의 목적인 전환사채의 액, ⑥ 주주외의 자에게 전환사채를 발행하는 것과 이에 대하여 발행할 전환사채의 액.

3) 주주배정 관련 청약 최고 및 청약

전환사채의 인수권을 가진 주주는 그가 가진 주식의 수에 따라서 전환사채의 배정을 받을 권리가 있다(제513조의2 제1항).(모의 18) 회사는 배정기준일을 정하여 공고하여야 한다(제513조의2 제2항, 제418조 제3항). 주주가 전환사채의 인수권을 가진 경우에는 각 주주에 대하여 그 인수권을 가지는 전환사채의 액, 발행가액, 전환의 조건, 전환으로 인하여 발행할 주식의 내용, 전환을 청구할 수 있는 기간과 일정한 기일까지 전환사채의 청약을 하지 아니하면 그 권리를 잃는다는 뜻을 통지하여야 한다(제513조의3 제1항).(모의 18) 이러한 통지는 청약 기일의 2주간 전에 하여야 한다. 통지에도 불구하고 그 기일까지 주식인수의 청약을 하지 아니한 때에는 신주의 인수권을 가진 자는 그 권리를 잃는다(제513조의3 제2항, 제419조 제2항, 제3항).

4) 인수와 납입 및 등기

인수 및 납입 절차는 일반사채와 동일하다. 일반사채와 달리 전환사채를 발행한 때에는 납입이 완료된 날로부터 2주간 이내에 본점의 소재지에서 전환사채의 등기를 하여야 한다(제514조의2 제1항).

(5) 수권주식과의 관계

전환사채는 발행예정주식총수의 잔여 수량 내에서만 발행할 수 있다. 회사는 전환청구에 따라 발행되는 주식수에 대해서는 전환청구기간 동안 신주를 발행할 수 없다(제516조 제1항, 제346조 제4항).

(6) 전환가액 [모의 14]

1) 전환가액의 제한

전환으로 신주식을 발행하는 경우에는 전환사채의 발행가액총액을 전환으로 발행되는 신주식의 발행가액총액으로 한다(제516조 제2항, 제348조).(모의 21) 주식의 액면미달발행이 제한되므로, 전환가액은 주식의 액면가액 이상이어야 한다.

2) 전환가액의 조정

전환사채 발행 이후 회사의 주식이 분할되는 경우, 현금배당이나 신주의 저가발행을 실시하는 경우, 실적감소나 경기하락으로 주식가치가 하락하는 경우(refixing 사유) 등 사채권자의 이익에 영향을 미치는 사정이 발생하는 경우 사채권자의 이익을 보호하기 위하여 전환가액을 조정할 필요가 발생하게 된다. Refixing 사유에 따른 전환사채권자의 보호는 전환사채권자의 이익을 절대적으로 보장한다는 점에서 주주들의 이익을 침해할 수 있다. 判例는 refixing 조항이 유효하다고 판시하고 있다.

(7) 전환사채 발행 하자에 대한 구제수단 [모의 17]

1) 신주발행 관련 규정의 준용

회사가 법령 또는 정관에 위반하거나 현저하게 불공정한 방법으로 전환사채를 발행하는 경우, 불이익을 받을 염려가 있는 주주는 회사에 발행유지를 청구할 수 있다(제516조 제1항, 제424조).(변호 25) 전환사채발행유지청구는 전환사채발행의 효력이 생기기 전 즉, 전환사채의 납입기일까지 행사할 수 있다.(변호 21, 모의 13) 이사와 통모하여 현저하게 불공정한 발행가액으로 전환사채를 인수한 자는 회사에 대하여 공정한 발행가액과의 차액에 상당한 금액을 지급하여야 한다(제516조 제1항, 제424조의2 제1항). 이사는 회사 또는 주주에게 손해배상책임을 진다(제516조 제1항, 제424조의2 제3항).(모의 22) 대표소송의 대상이 된다(제516조 제1항, 제424조의2, 제403조 내지 제406조).

2) 전환사채발행 무효의 소

① 상법상 전환사채발행 무효의 소는 별도로 규정되어 있지 않으나, 判例는 신주발행무효의 소에 관한 규정이 전환사채의 발행에 유추적용 된다고 본다. 전환사채가 발행된 이후에는 일반적인 확인의 소송이나 다른 소송에서의 공격방어방법으로 전환사채발행의 무효를 주장할 수 없고, 전환사채 발행 무효의 소를 제기해야 한다.(변호 25)

② 전환사채의 발행은 주식회사의 물적 기초와 기존 주주들의 이해관계에 영향을 미친다는 점에서 사실상 신주를 발행하는 것과 유사하므로, **전환사채의 발행의 경우에도 신주발행무효의 소에 관한 상법 제429조가 유추적용 된다.**(대판 2004.6.25. 2000다37326)(변호 21, 25, 모의 22, 24)**[변호 20]**

[기타 판시사항] ㉠ 정관에 전환조건 등을 미리 획일적으로 확정하여 규정하도록 요구할 것은 아니며, **정관에 일응의 기준을 정해 놓은 다음 실제로 발행할 전환사채의 구체적인 전환조건 등은 발행시마다 정관에 벗어나지 않는 범위에서 이사회에서 결정하도록 위임하는 방법을 취하는 것도 허용된다.**(모의 19) ㉡ 정관이 전환사채의 발행에 관하여 "전환가액은 주식의 액면금액 또는 그 이상의 가액으로 사채발행시 이사회가 정한다."라고 규정하고 있는 경우, 이는 정관에서 규정될 것을 요구하는 최소한도의 요건을 충족하고 있는 것이고, 그 기준 또는 위임방식이 지나치게 추상적이거나 포괄적이어서 무효라고 볼 수는 없다. ㉢ 상법 제429조의 유추적용에 의한 **전환사채발행무효의 소에 있어서도 전환사채를 발행한 날로부터 6월의 출소기간이 경과한 후에는 새로운 무효사유를 추가하여 주장할 수 없다.**(변호 25, 모의 20) ㉣ 전환사채가 일단 발행되면 인수인의 이익을 고려할 필요가 있고 거래안전을 보호하여야 할 필요가 크다고 할 것인데, 전환사채발행유지청구권은 위법한 발행에 대한 사전 구제수단임에 반하여, 전환사채발행무효의 소는 사후에 이를 무효로 함으로써 거래의 안전과 법적 안정성을 해칠 위험이 큰 점을 고려할 때, 무효원인은 가급적 엄격하게 해석하여야 하고, **따라서 법령이나 정관의 중대한 위반 또는 현저한 불공정이 있어 그것이 주식회사의 본질이나 회사법의 기본원칙에 반하거나 기존 주주들의 이익과 회사의 경영권 내지 지배권에 중대한 영향을 미치는 경우로서 전환사채와 관련된 거래의 안전, 주주 기타 이해관계인의 이익 등을 고려하더라도 도저히 묵과할 수 없는 정도라고** 평가되는 경우에 한하여 **전환사채의 발행 또는 그 전환권의 행사에 의한 주식의 발행을 무효로 할 수 있을 것이며,**(모의 22) ㉤ 그 무효원인을 회사의 경영권 분쟁이 현재 계속중이거나 임박해 있는 등 오직 지배권의 변경을 초래하거나 이를 저지할 목적으로 전환사채를 발행하였음이 객관적으로 명백한 경우에 한정할 것은 아니다. ㉥ **전환사채 인수인이 회사의 지배주주와 특별한 관계에 있는 자라거나 전환가액이 발행시점의 주가 등에 비추어 다소 낮은 가격이라는** 사유는 일반적으로 전환사채발행유지청구의 원인이 될 수 있음은 별론으로 하고 이미 **발행된 전환사채 또는 전환권의 행사로 발행된 주식을 무효화할 만한 원인이 되지는 못한다.**(변호 23, 모의 24)**[변호 22]**

③ **전환권의 행사나 그로 인한 신주발행에 대해서는 제429조를 유추적용하여 신주발행무효의 소로써 다툴 수 있지만,** 이 때에는 특별한 사정이 없는 한 **전환권 행사나 그에 따른 신주발행에 고유하거나 그에 준하는 무효사유만 주장할 수 있고, 전환사채의 발행이 무효라거나 그를 전제로 한 주장은 제기할 수 없고** 전환권 행사나 그에 따른 신주발행에 고유한 무효사유가 있다면 이를 주장할 수 있을 뿐이다.(대판 2022.11.17. 2021다205650)(모의 23, 24)

④ **대주주 등이 전환사채를 양수한 다음 전환사채 발행일로부터 6월이 지난 후 전환권을 행사하여 신주를 취득하였다면,** 이는 실질적으로 회사가 **경영상 목적 없이 대주주 등에게 신주를 발행한 것과 동일하므로 전환권 행사나 그에 따른 신주 발행에 고유한 무효 사유에 준하여 신주발행무효의 소로도 신주 발행의 무효를 주장할 수 있다.** 이 경우 제소기간의 기산점은 신주의 발행일이다.(대판 2022.11.17. 2021다205650)(변호 25, 모의 24)

(8) 전환사채의 전환

1) 전환청구

전환을 청구하는 자는 청구서 2통에 채권을 첨부하여 회사에 제출하여야 한다(제515조 제1항).(모의 17) 전자등록의 경우 채권을 증명할 수 있는 자료를 첨부하여 회사에 제출하는 방법으로 한다(제515조 제1항). 주주명부폐쇄기간에도 전환청구가 가능하나, 전환된 주식은 그 기간 중의 총회결의에서 의결권을 행사할 수 없다(제516조 제2항, 제350조 제2항).

2) 전환의 효력발생시기

전환청구는 형성권이므로 사채권자가 전환을 청구한 때에 효력이 발생한다.(모의 21, 22) 전환의 효력이 발생하면 사채권자는 사채권자로서의 지위를 상실하고 주주가 된다. 전환사채권자가 전환권을 행사하면 주금의 납입 없이 전환을 청구한 때에 주주로서의 지위를 취득한다.(모의 14, 20, 21, 22) 전환사채권자가 전환권을 행사한 경우에는 회사의 자본금이 증가하나 회사 자산에는 변동이 없다.(모의 16)

전환사채권자가 전환 청구를 하면 회사는 주식을 발행해 주어야 하는데, 전환권은 형성권이므로 전환을 청구한 때에 당연히 전환의 효력이 발생하여 전환사채권자는 그 때부터 주주가 되고 사채권자로서의 지위를 상실하게 되므로 그 이후에는 주식전환의 금지를 구할 법률상 이익이 없다.(대판 2004.8.16. 2003다9636)

2. 신주인수권부사채

(1) 의의

신주인수권부사채란 발행회사의 주식을 인수할 수 있는 권리가 부여된 사채를 의미한다. 이러한 신주인수권은 회사에 대하여 신주발행을 청구할 수 있는 구체적 신주인수권이다. 신주인수권부사채는 신주인수권 행사로 발행되는 신주의 인수대금을 별도로 납입하여야 한다. 신주인수권부사채는 신주인수권을 분리하여 신주인수권증권을 별도로 발행하는지 여부에 따라 분리형 신주인수권부사채와 비분리형 신주인수권부사채로 나뉜다. 상장회사의 경우, 분리형 신주인수권부사채를 사모의 방식으로 발행할 수 없다(자본시장법 제165조의10 제2항).

(2) 전환사채와의 차이점

1) 신주의 발행가액총액

전환사채는 사채발행총액이 신주 발행가액총액과 동액이어야 하나(제516조 제2항), 신주인수권부사채는 주식인수대금이 별도로 납입되므로 이러한 제한이 적용되지 않는다. 신주인수권부사채의 경우, 신주의 발행가액총액은 신주인수권부사채의 총액을 초과할 수 없다.(변호 24, 모의 14, 17, 20, 22)

2) 신주 효력 발생시점

전환사채는 전환청구 시점에 신주의 효력이 발생하나, 신주인수권부사채는 인수대금을 납입한 때에 신주의 효력이 발생한다.(변호 25, 모의 20, 21, 22)

3) 물상대위권 여부

전환사채의 질권자는 전환으로 인해 발행된 신주에 물상대위권을 행사할 수 있으나, 신주인수권부사채의 질권자는 대용납입이 이루어지지 않은 이상 물상대위권을 행사할 수 없다.(모의 20)

4) 신주인수권증권의 유통

분리형 신주인수권부사채의 신주인수권증권이 제3자에게 유통된 경우, 사채권자는 신주인수권을 행사할 수 없고 신주인수권증권의 소지인이 신주인수권을 행사할 수 있다.

(3) 신주인수권증권

1) 의의

신주인수권증권이란 회사가 정관의 규정 또는 이사회 결의로 신주인수권만을 양도할 수 있는 것으로 정한 경우, 회사가 사채와 함께 발행하는 신주인수권을 표창하는 증권을 의미한다(제516조의5 제1항). 신주인수권증권은 무기명으로 발행되는 무기명증권이다.

2) 신주인수권증권의 양도, 점유의 추정력, 제권판결 및 선의취득

신주인수권은 신주인수권증권의 교부에 의하여 양도된다(제516조의6 제1항). 신주인수권증권의 점유자는 적법한 소지인으로 추정된다(제516조의6 제2항, 제336조 제2항). 신주인수권증권에는 주권의 제권판결과 재발행 규정이 준용된다(제516조의6 제2항, 제360조). 그 결과 신주인수권증권은 공시최고 절차에 의하여 이를 무효로 할 수 있고, 신주인수권증권을 상실한 자는 제권판결을 얻지 아니하면 회사에 대하여 재발행을 청구하지 못한다. 신주인수권증권에 대해서는 수표의 선의취득에 관한 규정이 준용된다(제516조의6 제2항, 수표법 제21조).

(4) 신주인수권의 행사

신주인수권을 행사하려는 자는 신주의 발행가액의 전액을 납입하여야 한다(제516조의9 제1항). 즉, 신주인수권의 행사는 신주의 발행가액 전액을 납입할 것을 요건으로 한다. 신주인수권부사채의 상환에 갈음하여 그 발행가액으로 신주 발행가액의 납입이 있는 것으로 보는 이른바 대용납입의 경우에는 별도의 납입이 요구되지 않는다(제516조의2 제2항 제5호). 분리형은 신주인수권증권을 첨부하여야 하고, 비분리형은 사채권을 제시하여야 한다. 분리형 신주인수권부사채의 경우 사채권자가 아닌 신주인수권증권의 정당한 소지인이 신주인수권을 행사할 수 있다.(모의 20)

신주인수권 분리형 신주인수권부사채를 발행한 회사가 발행조건으로 주식의 시가하락 시 신주인수권의 행사가액을 하향조정하는 조항을 둔 경우 신주인수권자는 그 발행회사를 상대로 신주인수권 행사가액 조정 절차의 이행을 구하는 소를 제기할 수 있다. 신주인수권 행사가액 조정절차의 이행을 구하는 소는 신주인수권의 행사 여부와 관계없이 허용된다.(대판 2014.9.4. 2013다40858)(모의 17)

(5) 신주의 효력발생

신주인수권을 행사한 자는 신주의 발행가액을 납입한 때에 주주가 된다(제516조의10).(변호 25, 모의 20, 21, 22) 신주인수권은 형성권이므로 회사의 승낙 여부와 무관하게 효력이 발생한다.(모의 22) 대용납입의 경우에는 신주발행 청구서를 회사에 제출한 시점에 주주가 된다. 신주인수권부사채의 질권자는 신주에 대하여 대용납입이 이루어지지 않는 이상 원칙적으로 물상대위권이 인정되지 않는다.(모의 20) 주주명부폐쇄기간에도 신주발행 청구가 가능하나, 발행된 주식은 그 기간 중의 총회의 결의에서 의결권을 행사할 수 없다(제516조의10, 제350조 제2항).

(6) 신주인수권부사채 발행 하자에 대한 구제수단

① 신주인수권부사채의 발행은 주식회사의 물적 기초와 기존 주주들의 이해관계에 영향을 미친다는 점에서 신주를 발행하는 것과 유사하므로, **신주인수권부사채 발행의 경우에 신주발행무효의 소에 관한 상법 제429조가 유추적용**되고 신주발행의 무효원인에 관한 법리 또한 마찬가지로 적용된다.(대판 2015.12.10. 2015다202919)(모의 13, 17, 19, 21, 22)[변호 20]

[기타 판시사항] 회사가 제3자에게 신주를 배정할 사유가 없음에도 경영권 분쟁이 현실화된 상황에서 경영진의 경영권이나 지배권 방어라는 목적을 달성하기 위하여 제3자에게 신주를 배정하는 것은 상법 제418조 제2항을 위반하여 주주의 신주인수권을 침해하는 것이다. 그리고 이러한 법리는 신주인수권부사채를 제3자에게 발행하는 경우에도 마찬가지로 적용된다.

② 원칙적으로 신주인수권부사채의 신주인수권이 행사되어 신주가 발행되더라도 사채는 그대로 존속한다. **신주인수권부사채의 인수대금이 대여금이나 투자금 명목으로 인출되어 회사가 인수인이나 그와 이해관계가 있는 제3자 등에 대해 외형적으로 인수대금 상당의 금전채권을 취득**하게 되었더라도, 그러한 거래가 정상적이고 합리적인 회사의 영업활동으로 인한 것이 아니라 궁극적으로는 **인수인 등이 인수자금을 조달하는 과정에서 부담하게 된 차용금 채무를 변제하기 위한 것이라면 인수대금이 회사에 실질적으로 납입되었다고 볼 수 없다.**(대판 2022.6.30. 2022도3784)

[기타 판시사항] 신주인수권부사채 발행업무 담당자와 신주인수권부사채 인수인이 사전 공모하여 제3자로부터 차용한 돈으로 인수대금을 납입하고 신주인수권부사채 발행절차를 마친 직후 곧바로 이를 인출하여 직·간접적으로 차용금 변제에 사용하는 등 실질적으로 인수대금이 납입되지 않았음에도 신주인수권부사채를 발행한 경우, 특별한 사정이 없는 한 신주인수권부사채 발행업무 담당자는 회사에 대하여 신주인수권부사채 인수대금이 모두 납입되어 실질적으로 회사에 귀속되도록 조치할 업무상의 임무를 위반하였다. 이 경우 신주인수권부사채 인수인은 인수대금을 납입하지 않고서도 신주인수권부사채를 취득하여 인수대금 상당의 이득을 얻게 되고, 회사는 사채상환의무를 부담하면서도 그에 상응하여 취득하여야 할 인수대금 상당의 돈을 취득하지 못하여 같은 금액 상당의 손해를 입게 된다. 설령 회사가 실질적으로 사채상환의무를 부담하지 않게 되었더라도 이러한 사정은 범죄 후의 정황에 불과하며, 업무상배임죄로 인한 손해액은 인수대금 상당액으로 보아야 한다.

③ ㉠ 신주인수권부사채 발행의 경우에도 신주발행무효의 소에 관한 상법 제429조가 유추적용된다. **신주인수권부사채 발행일로부터 6월 내에 신주인수권부사채발행무효의 소가 제기되지 않거나 6월 내에 제기된 소가 적극적 당사자의 패소로 확정된** 경우, 이후 **신주인수권부사채 발행의 무효를 주장할 수 없다.**(변호 24) ㉡ 이 경우에도 **신주인수권부사채에 부여된 신주인수권의 행사나 그로 인한 신주발행**에 대해서는 상법 제429조를 유추적용하여 **신주발행무효의 소로써** 다툴 수 있다. 그 경우 **신주인수권부사채 발행의 무효나 이를 전제로 한 주장은 할 수 없다.** ㉢ 주식회사가 정관이 정한 사유가 없는데도 대주주 등의 경영권이나 지배권을 방어할 목적으로 제3자에게 신주를 배정하여 회사의 지배구조에 심대한 변화가 초래된 경우, 신주발행이 무효이다. 이러한 법리는 신주인수권부사채를 제3자에게 발행하는 경우에도 마찬가지로 적용된다. ㉣ 주식회사가 대주주 등의 경영권이나 지배권을 방어할 목적으로 제3자에게 신주인수권부사채를 발행한 경우, 발행일로부터 6월 이내에 신주인수권부사채발행무효의 소로써 다툴 수 있다. ㉤ **대주주 등이 위와 같은 경위로 발행된 신주인수권부사채나 그에 부여된 신주인수권을 양수한 다음 신주인수권부사채 발행일부터 6월이 지난 후 신주인수권을 행사하여 신주를 취득한 경우, 신주발행무효의 소로 신주 발행의 무효를 주장할 수 있다. 이 경우 제소기간의 기산점은 신주의 발행일이다.**(대판 2022.10.27. 2021다201054)(변호 24, 25 모의 24(2))

[기타 판시사항] 피고 회사가 제3자에게 분리형 신주인수권부사채를 발행한 후 피고 회사의 대표이사 겸 대주주가 제3자로부터 신주인수권을 취득한 다음 신주인수권부사채 발행일로부터 6월이 지난 후 신주인수권을 행사하여 신주를 취득한 경우, 대법원은 신주인수권부사채가 대주주의 경영권이나 지배권 방어 목적으로 발행된 것이라면 그 신주인수권 행사로 인한 신주 발행에 대해서는 신주 발행일부터 6월 내에 신주발행무효의 소로써 다툴 수 있다고 보아, 이와 달리 신주인수권부사채의 발행일로부터 제소기간을 기산하여 이사건 신주발행무효의 소가 부적법하다고 본 원심을 파기 · 환송한 사안이다.

3. 이익참가부사채

이익참가부사채란 사채권자가 사채의 이자 이외에 회사의 이익배당에도 참가할 수 있는 사채를 말한다(제469조 제2항 제1호). 이익참가부사채는 사채의 이율에 따른 확정이자를 받는 것을 요건으로 하지 않으므로 배당가능이익이 없는 경우에는 사채 원금에 대한 반환의무만이 존재하는 이익참가부사채를 발행할 수 있다.(모의 16) 이익배당은 주주의 이해와 관계되므로 주주가 사채인수권을 가진다. 제3자에게 이익참가부사채를 발행하려면 정관의 규정 또는 주주총회의 특별결의에 의해야 한다.

4. 교환사채, 상환사채

(1) 교환사채

교환사채란 주식이나 그 밖의 다른 유가증권으로 교환할 수 있는 사채를 말한다(제469조 제2항 제2호). 회사가 보유하는 자기주식을 대상으로 하는 교환사채의 발행도 가능하다.(모의 16)

(2) 상환사채

상환사채란 주식이나 그 밖의 유가증권으로 상환할 수 있는 사채를 말한다(제469조 제2항 제2호). (모의 16) 상환사채는 회사의 선택으로 상환을 결정하는 것으로 발행할 수도 있고, 일정한 조건의 성취나 기한의 도래에 따라 주식이나 그 밖의 다른 유가증권으로 상환하는 것으로 발행할 수도 있다(시행령 제23조 제1항 제3호).

(3) 교환사채와 상환사채의 비교

교환사채는 사채권자가 교환을 청구할 수 있는 권리를 가지고, 상환사채는 회사가 사채를 상환할 수 있는 권리를 가진다.

(4) 주주 외의 자에 대한 교환사채 또는 상환사채의 발행

주주 외의 자에게 발행회사의 자기주식으로 교환하거나 상환할 수 있는 사채를 발행하는 경우에는 사채를 발행할 상대방에 관하여 정관에 규정이 없으면 이사회가 결정한다(시행령 제22조 제2항, 제23조 제2항).

5. 파생결합사채

파생결합사채란 유가증권이나 통화 또는 그 밖의 자산이나 지표 등의 변동과 연계하여 미리 정하여진 방법에 따라 상환 또는 지급금액이 결정되는 사채를 말한다(제469조 제2항 제3호). 파생결합사채의 발행에 관한 사항은 이사회가 결정한다(시행령 제24조).

6. 담보부사채

담보부사채란 사채에 물상 담보가 제공된 사채를 의미한다. 담보부사채와 관련해서는 담보부사채신탁법이 제정되어 있다. 사채에 물상담보를 붙이려면 그 사채를 발행하는 회사와 신탁업자 간의 신탁계약에 의하여 사채를 발행하여야 한다(담보부사채신탁법 제3조).

Ⅲ. 사채관리회사와 사채권자집회

1. 사채관리회사

(1) 의의

회사는 사채를 발행하는 경우에 사채관리회사를 정하여 변제의 수령, 채권의 보전, 그 밖에 사채의 관리를 위탁할 수 있다(제480조의2).(모의 14) 사채관리회사는 사채에 관한 변제의 수령, 보전조치 등 사채의 관리에 필요한 재판상 또는 재판 외의 모든 행위를 할 권한을 보유한다(제484조 제1항). 2011년 개정상법으로 채권자보호를 위하여 도입된 제도이다.

(2) 선임과 해임

1) 사채관리회사의 지정

사채관리회사는 회사가 지정한다(제480조의2). 회사가 사채관리회사에 사채의 관리를 위탁할 것이 강제되는 것은 아니다. 회사는 사채관리회사를 두지 않을 수도 있다.

2) 사채관리회사의 자격

사채관리회사는 은행, 신탁회사, 투자매매업자, 한국예탁결제원, 증권금융회사 등 금융기관으로 제한된다. 사채의 인수인은 그 사채의 사채관리회사가 될 수 없다(제480조의3 제2항). 사채발행회사의 최대주주, 주요주주 등 사채발행회사와 특수한 이해관계가 있는 자는 사채관리회사가 될 수 없다(제480조의3 제3항, 시행령 제27조).

3) 사채관리회사의 사임, 해임

사채관리회사는 사채발행회사와 사채권자집회의 동의를 받아 사임할 수 있다. 부득이한 사유가 있는 경우에는 법원의 허가를 받아 사임할 수 있다(제481조). 사채관리회사는 사무 처리에 적임이 아니거나 그 밖에 정당한 사유를 이유로 사채발행회사 또는 사채권자집회가 청구하는 경우 법원에 의하여 해임될 수 있다(제482조). 사채관리회사가 사임하거나 해임된 경우, 사채발행회사는 사무를 승계할 사채관리회사를 정하여야 한다. 이 경우 회사는 지체 없이 사채권자집회의 동의를 받아야 한다(제483조 제1항).

(3) 사채관리회사의 권한

1) 변제의 수령, 보전조치 등 관리 행위 권한

사채관리회사는 사채에 관한 채권을 변제받거나 채권의 실현을 보전하기 위하여 필요한 재판상 또는 재판 외의 모든 행위를 할 수 있다(제484조 제1항). 사채관리회사는 사채의 변제를 받으면 지체 없이 공고하고 알고 있는 사채권자에게 통지하여야 한다(제484조 제2항). 사채관리회사가 사채의 변제를 받은 경우, 사채권자는 사채관리회사에 사채 상환액 및 이자 지급을 청구할 수 있다(제484조 제3항). 사채권자도 사채관리회사와 별도로 자신의 권리를 행사할 수 있다.

2) 사채 전부에 대한 지급유예, 면제 등

사채관리회사는 사채권자집회의 결의를 얻어 사채 전부에 대한 지급유예, 책임면제, 화해, 사채 전부에 관한 소송행위, 채무자회생 및 파산절차 관련 행위를 할 수 있다(제484조 제4항). 사채권자 다수결에 의해 부동의 사채권자에게도 채무조정의 효과가 생기게 된다.

3) 회사의 불공정한 행위에 대한 취소의 소 제기

회사가 어느 사채권자에게 한 변제, 화해, 그 밖의 행위가 현저하게 불공정한 때에는 사채관리회사는 소로써 그 행위의 취소를 청구할 수 있다(제511조 제1항). 위 소송은 사채관리회사가 취소의 원인인 사실을 안 때부터 6개월, 행위가 있은 때부터 1년 내에 제기하여야 한다(제511조 제2항).

4) 회사 업무와 재산 상태에 대한 조사권

사채관리회사는 그 관리를 위탁받은 사채에 관하여 필요한 경우 법원의 허가를 받아 사채를 발행한 회사의 업무와 재산 상태를 조사할 수 있다(제484조 제7항).

5) 사채권자집회의 소집과 출석 등

사채관리회사는 사채권자집회를 소집할 수 있다(제491조 제1항). 사채관리회사는 사채권자집회에 출석하거나 서면으로 의견을 제출할 수 있다(제493조 제1항). 사채관리회사는 사채권자집회의 결의를 집행한다(제501조).

(4) 사채관리회사의 의무와 책임

사채관리회사는 사채권자를 위하여 공평하고 성실하게 사채를 관리하여야 하고(제484조의2 제1항), 선량한 관리자의 주의로 사채를 관리하여야 한다(제484조의2 제2항). 사채관리회사가 상법 또는 사채권자집회결의를 위반한 행위를 한 경우, 사채권자에 대하여 연대하여 손해를 배상하여야 한다(제484조의2 제3항).

2. 사채권자집회

(1) 의의 및 권한

사채권자집회란 사채권자들의 집단적 의사결정을 위한 회의를 의미한다. 사채권자집회는 ① 자본금 감소 결의와 합병 결의에 대한 사채권자의 이의제기에 대한 결의(제439조 제3항, 제530조 제2항), ② 회사의 불공정행위에 대한 대표자 등의 취소의 소 제기에 대한 결의(제512조), ③ 사채권자의 이해관계 사항에 대한 결의(제490조)의 권한을 가진다. 사채권자집회의 권한에 속하는 사항은 사채권자가 단독으로 행사할 수 없다.

(2) 소집

사채권자집회는 사채를 발행한 회사 또는 사채관리회사가 소집한다(제491조 제1항). 사채의 종류별로 해당 종류의 미상환 사채 총액의 10% 이상 사채권자는 목적사항과 소집 이유를 적은 서면 또는 전자문서를 사채발행회사 또는 사채관리회사에 제출하여 사채권자집회의 소집을 청구할 수 있다(제491조 제2항). 사채발행회사나 사채관리회사가 지체 없이 총회소집의 절차를 밟지 아니한 때에는 청구한 사채권자는 법원의 허가를 받아 사채권자집회를 소집할 수 있다(제491조 제3항, 제366조 제2항). 2011년 개정상법은 사채의 종류별로 사채권자집회를 소집하고 결의하는 것으로 규정하고 있다.

(3) 결의

1) 사채권자의 의결권

각 사채권자는 그가 가지는 해당 종류의 미상환 사채 금액의 합계액에 따라 의결권을 가진다(제492조 제1항).(모의 20) 무기명식 사채권자는 회일로부터 1주간 전에 채권을 공탁하지 아니하면 그 의결권을 행사하지 못한다(제492조 제2항).

2) 결의방법

사채권자집회는 출석 의결권의 3분의 2 이상, 전체 의결권의 3분의 1 이상의 동의로 결의한다(제495조 제1항). 사채관리회사의 사임, 해임, 승계, 회사 대표자의 사채권자집회 출석 청구는 사채권자 의결권의 과반수로 결정할 수 있다(제495조 제2항). 서면 의결권 행사도 인정된다(제495조 제3항).

3) 주주총회 의결권 행사 규정의 준용

사채권자집회의 결의에는 주주총회 의결권행사에 관한 규정이 준용된다(제510조 제1항). ① 의결권 대리행사(제368조 제2항), ② 자기사채의 의결권 제한(제369조 제2항), ③ 특별이해관계인의 의결권 제한(제368조 제3항), ④ 정족수, 의결권수의 계산(제371조)에 관한 규정이 준용된다.

4) 결의의 효력

사채권자집회의 결의는 법원의 인가를 받아야 효력이 생긴다(제498조 제1항). 다만 그 종류의 사채권자 전원이 동의한 결의는 법원의 인가가 필요 없다(제498조 제1항 단서). 사채권자집회 소집자는 결의일로부터 1주 내에 법원에 인가를 청구하여야 한다(제496조). 사채권자집회의 결의는 그 종류의 모든 사채권자에게 효력이 있다(제498조 제2항).

(4) 결의의 집행

사채권자집회의 결의는 사채관리회사가 집행하고, 사채관리회사가 없는 때에는 대표자가 집행한다(제501조). 사채권자집회 결의로써 따로 집행자를 정한 때에는 그 집행자가 집행한다(제501조 단서).

기출사례

★ 신주인수권부사채발행무효 [변호 20]

삼광 주식회사(이하 '삼광'이라 한다)는 2000년 초에 설립된 비상장회사이며 대표이사는 甲이다. 삼광은 전기배터리사업과 태양광사업을 주된 사업으로 하고 있나.
삼광의 발행주식총수 70%를 소유하고 있는 대표이사 甲은 자녀인 P에게 경영권을 승계시키기 위한 목적으로 P 앞으로 신주인수권부사채를 발행하기로 하였다. 삼광의 정관에는 "회사는 신주인수권부사채를 발행할 수 있다."라고만 규정되어 있다. 삼광은 주주총회를 개최하여 P 앞으로 신주인수권부사채를 발행하는 안건을 甲의 찬성으로 승인하였다. P는 신주인수권부사채를 발행받은 직후에 신주인수권을 행사하여 삼광의 발행주식총수 20%를 확보하게 되었다. 그 후 삼광은 임시주주총회를 개최하여 P를 이사로 선임하였는데, 그 선임결의 시에 P는 자신이 소유한 20%의 주식에 관하여 의결권을 행사하였다.

1. 위와 같이 신주인수권부사채를 발행함에 있어 무효사유가 존재하는가?
2. 삼광의 주주들이 위 신주인수권부사채에 대하여 신주인수권부사채발행무효의 소를 제기하였고, 그에 대한 원고승소판결이 P가 위와 같이 이사로 선임된 후에 확정되었다고 가정한다. 이러한 경우 삼광의 주주들은 신주인수권부사채발행이 무효라는 이유를 들어 P를 이사로 선임한 주주총회의 결의에 대하여 다툴 수 있는가?

Ⅰ. 문제 1. 해결

1. 결론

P에 대하여 신주인수권부사채를 발행한 것은 경영상 목적 달성을 위하여 필요한 경우에 해당하지 않아 위법하고, 그러한 신주인수권부사채 발행으로 인하여 주주의 신주인수권이 침해되고 삼광의 지배구조에 심대한 변화가 초래되었으므로 무효사유가 존재한다.

2. 쟁점

주주가 아닌 제3자인 P에 대한 신주인수권부사채 발행이 적법한지 신주인수권부사채의 발행절차 및 제3자 발행의 요건이 문제되고, 발행요건에 위배된 제3자 발행의 효력이 문제된다.

Ⅱ. 문제 2. 해결

1. 결론

신주인수권부사채발행무효 판결은 장래효를 가지므로 판결 확정 이전에 P를 이사로 선임하는 주주총회의 결의에는 영향이 없고 P를 이사로 선임하는 결의에 대하여 P는 특별이해관계인이 아니므로 해당 주주총회 결의에서 P가 의결권을 행사한 것도 적법하다. 따라서 삼광의 주주들은 신주인수권부사채발행이 무효라는 이유를 들어 P를 이사로 선임한 주주총회의 결의에 대하여 다툴 수 없다.

2. 쟁점

신주인수권부사채발행무효 판결이 대세효와 소급효를 가지는지 및 P가 자신을 이사로 선임하는 주주총회와 관련하여 특별이해관계인에 해당하는지 문제된다.

제10관 회사의 회계

Ⅰ. 재무제표 등

1. 재무제표의 의의

재무제표란 회사의 재무상태와 경영성과를 표시하는 것으로 대차대조표, 손익계산서, 자본변동표, 이익잉여금처분계산서를 의미한다(제447조 제1항, 시행령 제16조 제1항). 주식회사 등의 외부감사에 관한 법률(이하, '외감법')에 따른 외부감사대상회사의 경우 현금흐름표와 주석이 추가된다.

2. 재무제표의 구성요소

① '**대차대조표**'란 특정 시점의 회사의 자산, 부채, 자본을 기재한 것을 말한다.

② '**손익계산서**'란 회계연도 동안의 기업의 비용과 수익을 바탕으로 산정한 순손익 즉, 영업성적을 기재한 것을 말한다.

③ '**자본변동표**'란 회계연도 동안의 회사의 자본의 변동을 기재한 것을 말한다.

④ '**이익잉여금처분계산서**'란 회사의 이월 이익잉여금의 처분에 관한 내용을 기재한 것을 말한다. 손익계산서는 당기순손익만 표시되므로 이익잉여금 또는 결손금의 처분 또는 경과를 표시하기 위하여 작성된다.

⑤ '**현금흐름표**'란 회계연도 동안의 회사의 현금흐름을 기재한 것을 말한다.

⑥ '**주석**'이란 재무제표의 각 보고서에 대한 이해를 돕기 위하여 추가적인 설명을 기재한 것을 말한다.

3. 재무제표의 작성

이사는 결산기마다 대차대조표, 손익계산서 등을 작성하여 이사회 승인을 받아야 한다(제447조 제1항). 상법은 이사로 규정하고 있으나, 재무제표 작성은 업무집행에 해당하므로 대표이사가 재무제표를 작성하여야 하는 것으로 본다.

4. 영업보고서

영업보고서란 회사의 해당 영업연도의 영업의 경과와 성과 등 영업에 관한 중요한 사항을 기재한 것을 말한다(제447조의2, 시행령 제17조). 이사는 매결산기에 영업보고서를 작성하여 이사회의 승인을 얻어야 한다(제447조의2 제1항).(모의 14, 17) 이사는 영업보고서를 주주총회에 보고하여야 한다(제449조 제2항). 즉, 영업보고서는 주주총회 보고사항일 뿐 승인사항은 아니다.

5. 재무제표의 승인

(1) 재무제표에 대한 감사

이사는 정기총회회일의 6주간 전에 재무제표 및 영업보고서를 감사에게 제출하여야 한다(제447조의3). 감사는 위 서류를 받은 날부터 4주 내에 감사보고서를 이사에게 제출하여야 한다(제447조의4). 외감법이 적용되는 회사는 외부감사를 받아야 한다.

(2) 감사절차를 거친 재무제표의 승인

1) 주주총회의 승인

재무제표의 승인은 주주총회 결의에 의한다(제449조 제1항).(모의 14, 17) 이사 또는 감사의 부정행위를 제외하고, 정기총회에서 재무제표의 승인을 한 후 2년 내에 다른 결의가 없으면 회사는 이사와 감사의 책임을 해제한 것으로 본다(제450조).

2) 이사회의 승인

회사는 정관으로 정하는 바에 따라 이사회 결의로 재무제표를 승인할 수 있다(제449조의2 제1항).(모의 14, 17) 다만, 이 경우에는 재무제표가 적정하다는 외부감사인의 의견이 있어야 하고, 감사(감사위원회 설치회사의 경우에는 감사위원) 전원의 동의가 있어야 한다(제449조의2 제1항).(모의 19, 22) 이사회에 의한 재무제표 승인의 경우 이사는 재무제표와 손익계산서의 내용을 주주총회에 보고하여야 한다(제449조의2 제2항).(모의 19) 이사회에 의한 재무제표 승인의 경우, 이사와 감사의 책임은 면제되지 않는다. 정관의 규정에 의해 재무제표를 이사회가 승인하는 회사에서는 이익배당도 이사회가 결정할 수 있지만, 이는 주식배당에는 적용되지 않으므로 이사회가 결정한 이익배당을 주식배당으로 하고자 할 경우에는 다시 주주총회의 결의가 있어야 한다.(모의 14)

(3) 책임해제

책임해제는 책임면제와 구별되는 것으로 '재무제표에 드러난 사항'에 한하여 책임이 면제되며, 책임해제를 주장하는 주식회사 이사는 회사의 정기총회에 제출 승인된 서류에 그 책임사유가 기재되어 있다는 사실을 입증하여야 한다.

상법 제450조에 따른 이사의 책임해제는 재무제표 등에 기재되어 정기총회에서 승인을 얻은 사항에 한정된다.(모의 17) 상호신용금고의 대표이사가 충분한 담보를 확보하지 아니하고 동일인 대출 한도를 초과하여 대출한 것은 재무제표 등을 통하여 알 수 있는 사항이 아니므로, 상호신용금고의 정기총회에서 재무제표 등을 승인한 후 2년 내에 다른 결의가 없었다고 하여 대표이사의 손해배상책임이 해제되었다고 볼 수 없다.(대판 2002.2.26. 2001다76854)

6. 공시

이사는 정기총회회일의 1주간 전부터 재무제표 및 영업보고서와 감사보고서를 본점에 5년간, 그 등본을 지점에 3년간 비치하여야 한다(제448조 제1항). 주주 및 회사채권자에게 영업시간 내에 언제든지 위 서류의 열람이 가능하고, 회사가 정한 비용을 지급하고 그 서류의 등본이나 초본의 교부를 청구할 수 있다(제448조 제2항).(변호 17, 모의 13, 14)

Ⅱ. 준비금

1. 의의

준비금이란 회사가 순재산에서 자본금을 제외한 금액 가운데 주주에게 배당하지 않고 회사에 유보하여 두는 금액을 말한다. 준비금은 회사의 계정으로 분류되는 것일 뿐 별도로 특정되어 보관되는 것은 아니다. 준비금과 자본금은 모두 배당가능이익을 계산할 때의 공제항목이고 준비금의 자본금 전입은 계정을 재분류하는 것에 불과하다. 전입으로 인하여 동액만큼 준비금이 줄고, 자본금이 늘어난 경우 배당가능이익의 변화는 생기지 않는다.(모의 18)

2. 법정준비금과 임의준비금

준비금은 법률에 의하여 적립이 강제되는 준비금인 '**법정준비금**'과 회사가 정관 또는 주주총회 결의 등으로 임의로 적립하는 '**임의준비금**'으로 나뉜다. 법정준비금은 배당의 재원이 될 수 없으나, 임의준비금은 배당이 가능하다. 법정준비금은 제458조의 '**이익준비금**'과 제459조의 '**자본준비금**'으로 구성된다. 임의준비금은 적립한도에 제한이 없지만, 자본금의 전입으로 사용하지 못한다.

3. 이익준비금

회사는 자본의 1/2에 달할 때까지 매결산기 이익배당액의 1/10 이상의 금액을 이익준비금으로 적립해야 한다(제458조 본문). 다만, 주식배당의 경우에는 적립할 필요가 없다(제458조 단서).(모의 22) 따라서 이익준비금과 관련된 이익배당액이란 금전배당액과 현물배당액을 의미한다.(변호 18, 모의 14, 17, 19, 20) 자본금의 1/2을 초과하여 이익배당액이 적립되는 경우 초과금액은 임의적립금이 된다.

4. 자본준비금

자본준비금이란 자본거래에서 발생한 잉여금을 의미한다. 회사는 자본거래에서 발생한 잉여금을 대통령령으로 정하는 바에 따라(이사회결의 ×) 자본준비금으로 적립하여야 한다(제459조 제1항).(모의 20) 자본준비금은 이익준비금과 달리 적립한도가 없다.

5. 법정준비금의 사용

(1) 결손보전

이익준비금과 자본준비금은 자본금의 결손 보전에 충당하는 경우 외에는 처분하지 못한다(제460조).(변호 18, 21, 모의 19, 22, 23) '**결손**'이란 회사 손실이 누적되어 회사의 순재산을 초과하는 경우를 말한다. 법정준비금에 의한 결손보전은 회계 계정상의 이동에 불과하다.

(2) 자본금전입

1) 자본금전입과 신주의 발행

준비금의 자본금전입은 준비금 계정에서 자본금 계정으로 금액을 이전하는 것을 의미한다.

준비금의 자본금전입에 의하여 액면주식의 경우 전입금액을 주식의 액면금액으로 나눈 만큼 신주가 발행되게 된다. 회사는 이사회 결의에 의하여 준비금의 전부 또는 일부를 자본금에 전입할 수 있다(제461조 제1항 본문).

정관으로 준비금의 자본금 전입을 주주총회에서 결정하기로 정한 경우에는 주주총회 결의에 의한다(제461조 제1항 단서).(변호 16, 모의 19, 20) 준비금의 자본금전입의 경우, 주주가 가진 주식 수에 따라 주식을 발행하여야 하고(제461조 제2항), 주주는 별도의 인수절차 없이 신주의 주주가 된다. 법정준비금의 자본금 전입에 따라 발행되는 신주에 대하여도 종전의 주식을 목적으로 한 질권을 행사할 수 있다(제461조 제6항, 제339조).(모의 20, 21)

2) 신주의 효력발생일

이사회 결의로 준비금의 자본금전입을 결정하는 경우, 이사회 결의로 정한 배정기준일에 신주의 효력이 발생한다(제461조 제3항).(모의 18, 20) 주주총회결의로 준비금의 자본금전입을 결정하는 경우, 주주총회 결의가 있는 때로부터 신주의 주주가 된다(제461조 제4항).(변호 21, 모의 23)

(3) 준비금의 감소

회사는 적립된 자본준비금 및 이익준비금의 총액이 자본금의 1.5배를 초과하는 경우에 주주총회의 결의에 따라 그 초과한 금액 범위에서 자본준비금과 이익준비금을 감액할 수 있다(제461조의2).(변호 18, 21, 모의 14, 17, 19, 20, 22, 23) 결손이 있는 경우에는 준비금에서 결손을 차감한 금액이 자본금의 1.5배를 초과해야 한다. 준비금이 감소되는 경우, 감액된 준비금의 금액만큼 배당가능이익이 증가하게 된다. 준비금 감소의 주주총회 결의는 주주총회 보통결의에 의한다.

정관상 이사회가 재무제표를 승인하는 경우에도 준비금 감소는 주주총회 결의에 의해야 한다. 준비금 감소에는 채권자보호절차가 요구되지 않는다.(모의 22)

Ⅲ. 이익배당

1. 의의

회사의 이익을 주주에게 배당의 형식으로 지급하는 것을 이익배당이라 한다. 이익배당과 자기주식취득은 회사의 이익을 주주에게 지급한다는 점에서 동일하다. 즉, 배당가능이익의 범위 내에서 주주평등원칙에 따라 이루어지는 자기주식취득은 주주나 채권자에게 미치는 경제적 효과가 이익배당과 동일하다. 2011년 개정상법에서도 배당가능이익으로 하는 자기주식취득을 허용하고 있다.

2. 배당가능이익

배당가능이익이란 이익배당을 할 수 있는 이익의 한도를 말한다. 회사는 대차대조표의 순자산액으로부터 자본금의 액, 그 결산기까지 적립된 자본준비금과 이익준비금의 합계액, 그 결산기에 적립하여야 할 이익준비금의 액, 미실현이익을 공제한 액을 한도로 하여 이익배당을 할 수 있다(제462조 제1항). [변호 25].

배당가능이익은 일정 기간 동안 발생한 이익이 아니라 특정 시점에 회사에 존재하는 이익을 의미한다. 따라서 수년 동안 결손이 누적되어 당해 연도 이익으로 누적결손을 모두 충당할 수 없는 경우 배당가능이익은 존재하지 않는다. 이익배당은 배당가능이익이 있을 것이 요구되므로 “이익배당에 관한 우선주에 대해서는 상법 제462조 제1항에 따른 배당가능이익이 없는 경우에도 배당한다.”라는 정관 규정은 허용되지 않는다.(변호 17, 20)

3. 이익배당

(1) 이익배당의 기준

1) 주주평등원칙에 따른 이익배당

이익배당은 각 주주가 가진 주식의 수에 따라 한다(제464조).

2) 종류주식에 대한 이익배당

이익배당에 관하여 내용이 다른 종류주식을 발행한 경우에는 정관의 규정으로 종류주식에 대하여 배당을 달리 할 수 있다(제464조 단서).(모의 20) 다만, 같은 종류주식에 대해서는 각 종류주주가 가진 주식 수에 따라야 한다.

3) 대주주와 소액주주 사이의 차등배당

대주주가 자신이 배당받을 금액의 일부를 소액주주들에게 주기로 결의하는 것은 가능하다. 이와 달리 대주주가 반대하거나, 대주주에게 더 많은 배당을 하거나, 이사회 결의로 이익배당을 하는 경우에는 이러한 차등배당은 허용되지 않는다.

회사 모든 대주주가 참석하여 자기들이 배당 받을 몫의 일부를 스스로 떼 내어 소액주주들에게 나눠주기로 한 주주총회 결의는 주주가 스스로 배당받을 권리를 포기하거나 양도하는 것과 마찬가지로서 이익배당에 있어서 주주평등 원칙을 규정한 상법 제464조의 규정에 위반되지 않는다.(서울고등 1980.4.14. 79다3882)(모의 20)

4) 일할배당과 동액배당

일할배당이란 영업연도 중간에 신주가 발행된 경우, 신주의 효력발행일부터 결산일까지의 일수를 계산해서 영업연도 전체 일수로 나눈 비율로 이익배당을 하는 것을 의미한다. 동액배당이란 신주와 구주 모두에게 동일하게 이익배당을 하는 것을 의미한다.

(2) 이익배당의 결정기관

1) 주주총회 결의

이익배당은 주주총회의 결의로 정한다(제462조 제2항). 주주총회의 결의로 각 주주에게 구체적 이익배당청구권이 발생한다.

2) 이사회 결의

① 이사회 결의에 의한 이익배당

정관으로 재무제표의 승인을 이사회가 하도록 정한 경우에는 이익배당을 이사회 결의로 정한다(제462조 제2항).(변호 22, 24, 모의 19, 20, 22, 24) 재무제표의 승인을 이사회가 하기 위해서는 외부감사인의 감사를 받아야 하며, 감사 전원의 동의가 있어야 한다(제449조의2 제1항).

② 이사회 결의 내용의 주주총회 보고

이사회 결의로 이익배당을 결정할 수 있는 경우, 이사회 결의 내용을 주주총회에 보고하여야 한다(제449조의2 제2항). 그러나 주주총회가 이러한 이사회 결의를 변경할 수는 없다.

③ 현금, 현물배당 vs 주식배당

이사회 결의로 재무제표를 승인하는 경우는 현금, 현물배당에 국한하며, 주식배당에는 적용되지 않는다.

(3) 현물배당

1) 의의

현물배당이란 금전 이외에 회사가 보유하고 있는 자산으로 하는 배당을 의미한다. 현물배당을 하기 위해서는 정관으로 현물배당에 관해 정해야 한다(제462조의4 제1항).(변호 13, 18, 23, 모의 18, 24) 현물배당의 대상이 되는 자산은 가분적이어야 하므로 회사가 보유하는 다른 회사의 주식이나 사채 등이 그 대상이 된다. 회사가 보유하는 자기주식으로 현물배당을 할 수 있는지는 견해가 나뉘고 있다.

2) 자회사 주식의 현물배당과 인적 분할

회사가 자회사 주식을 현물배당 하는 경우, 인적분할과 같은 효과가 발생한다. 인적 분할은 주주총회 특별결의를 거쳐야 하고, 신설회사는 분할전 회사와 연대채무를 지는데 반하여, 현물배당은 주주총회 보통결의 또는 이사회 결의 절차에 의하여 가능하고 배당회사와 연대채무를 부담하지 않는다.

3) 현물배당의 결의

현물배당은 이익배당을 결정하는 주주총회 또는 이사회 결의로 정한다. 회사는 ① 주주가 현물배당 대신 금전배당을 회사에 청구할 수 있도록 한 경우에는 그 금액 및 청구할 수 있는 기간과 ② 일정 수 미만의 주식을 보유한 주주에게 현물배당 대신 금전배당을 하기로 한 경우에는 그 일정 수 및 금액을 정할 수 있다(제462조의4 제2항).(변호 18) 주주가 현물배당 대신 금전배당을 요구할 수 있기 위해서는 회사가 주주총회 결의 또는 이사회 결의로 주주에게 이러한 선택권을 부여하여야 한다.

(4) 이익배당금의 지급시기

회사는 이익배당 결의일부터 1개월 내에 이익배당금을 지급해야 한다(제464조의2 제1항).(모의 22) 다만, 주주총회 또는 이사회에서 지급시기를 따로 정할 수 있다(제464조의2 제1항 단서). 주주의 이익배당금 지급청구권의 소멸시효기간은 5년이다(제464조의2 제2항).(변호 23)

(5) 이익배당청구권

① 주주의 이익배당청구권은 재무제표승인의 결의에 의하여 구체적 권리로 변하게 된다. 이러한 이익배당청구권은 주주권과는 독립된 채권적 권리이어서 독립적인 양도성이 긍정된다. 구체적 이익배당청구권으로 변하기 전의 상태를 추상적 이익배당청구권이라 한다. 이러한 추상적 이익배당청구권은 지분적 일부에 불과한 것으로서 독립적인 양도성은 부정되고, 회사에 대하여도 이익배당금의 지급을 청구할 수 없다. 그 결과 당기순이익이 발생하였음에도 불구하고 지배주주가 주주총회결의를 통하여 이를 사내유보 시키는 경우, 소액주주들은 이익배당에 관한 권리를 침해받는 문제가 발생한다.

② 사원총회의 계산서류 승인에 의한 배당금의 확정과 배당에 관한 결의가 없는 경우에는 이익배당금 청구가 이유 없으므로, 유한회사의 사원총회에서 이익배당결의가 없이는 사원들은 이익배당청구권을 행사할 수 없다.(대판 1983.3.22. 81다343)

③ ㉠ **주주의 이익배당청구권은 장차 이익배당을 받을 수 있다는 의미의 권리에 지나지 아니하여 이익잉여금처분계산서가 주주총회에서 승인됨으로써 이익배당이 확정될 때까지는 주주에게 구체적이고 확정적인 배당금지급청구권이 인정되지 아니한다.**(변호 13, 모의 20) ㉡ 다만 정관에서 회사에 배당의무를 부과하면서 **배당금의 지급조건이나 배당금액을 산정하는 방식 등을 구체적으로 정하고 있어 그에 따라 개별주주에게 배당할 금액이 일의적으로 산정되고,** 대표이사나 이사회가 경영판단에 따라 배당금 지급 여부나 시기, 배당금액 등을 달리 정할 수 있도록 하는 규정이 없다면, 예외적으로 **정관에서 정한 지급조건이 갖추어지는 때에 주주에게 구체적이고 확정적인 배당금지급청구권이 인정될** 수 있다.(변호 24) ㉢ **이러한 경우 회사는 주주총회에서 이익배당에 관한 결의를 하지 않았다거나 정관과 달리 이익배당을 거부하는 결의를 하였다는 사정을 들어 주주에게 이익배당금의 지급을 거절할 수 없다.**(대판 2022.8.19. 2020다263574)(모의 24)

[사실관계 및 판시사항] 피고 주식회사의 정관에 우선주주에 관한 이익배당에 관하여 배당의무, 배당액 산정기준(1주당 당기순이익 중 106,000분의 1), 지급방법(현금), 지급시기(정기주주총회일로부터 7일 이내) 등이 구체적으로 정해져 있는데, 피고 주식회사가 정기주주총회에서 당기순이익이 포함된 재무제표를 승인하면서도 이익배당에 관해 아무런 결의를 하지 않은 사안에서, 대법원은 정관에 기재된 배당금지급청구권에 관한 규정이 구체적으로 정하여 이를 달리 해석할 여지가 없는 경우에는 예외적으로 주주가 정관의 기재만으로도 구체적 이익배당청구권을 가진다고 판단하여, 이와 달리 배당에 관한 주주총회 결의가 없는 이상 우선주주에게 구체적 이익배당청구권이 없다고 판단한 원심을 파기하였다.

4. 중간배당

(1) 의의

년 1회의 결산기를 정한 회사는 영업년도 중 1회에 한하여 이사회의 결의로 일정한 날을 정하여 그 날의 주주에 대하여 이익을 배당할 수 있음을 정관으로 정할 수 있다.(변호 13, 23, 24, 모의 18, 19, 20)

중간배당이란 영업연도의 중간에 실시하는 배당을 말한다. 중간배당은 ① 결의 기관이 주주총회가 아니라 이사회이고, ② 주식배당이 허용되지 않고, ③ 직전 결산기의 재무제표를 기준으로 한다는 점에서 이익배당과 차이가 있다. 중간배당 또한 특정 시점에 회사에 존재하는 이익의 배당이라는 점은 이익배당과 동일하다.

(2) 중간배당의 요건

중간배당은 재무제표의 승인과 무관하므로 이익배당을 주주총회에서 결정하는 회사도 중간배당은 이사회 결의에 의한다.(모의 20) 이는 직전 결산기의 미처분 이익을 재원으로 하는 배당으로서 당해 연도의 손익이 확정되기 전에 회사재산이 유출되는 것임에도 이사회 결의만에 의하여 가능하므로 자본충실을 해할 위험이 높다.

중간배당에 관한 이사회의 결의가 성립하면 추상적으로 존재하던 중간배당청구권이 구체적인 중간배당금 지급청구권으로 확정되므로, 중간배당에 관한 이사회 결의가 있으면 중간배당금이 지급되기 전이라도 당해 영업연도 중 1회로 제한된 중간배당은 이미 결정된 것이고, 같은 영업연도 중 다시 중간배당에 관한 이사회 결의를 하는 것은 허용되지 않는다. 이사회 결의로 중간배당금 지급청구권이 구체적으로 확정된 이상 청구권의 내용을 수정 내지 변경하는 내용의 이사회 결의도 허용될 수 없다.(대판 2022.9.7. 2022다223778)

(3) 상장회사의 분기배당

연 1회 결산기를 정한 상장회사는 3월, 6월, 9월 말일을 기준으로 금전으로 분기배당을 하는 것이 허용된다(자본시장법 제165조의12 제1항). 상장회사는 분기배당 이외에 중간배당을 추가로 할 수는 없다고 본다.

(4) 배당가능이익의 판단 기준

중간배당의 경우, 배당가능이익은 직전 결산기의 대차대조표를 기준으로 계산한다(제462조의3 제2항). 상법은 이익배당의 경우와 달리 중간배당에 대한 배당가능이익 산정에 있어서는 미실현 이익을 공제하지 않고 있다(제462조의3 제2항). 당해 결산기 재무제표상 배당가능이익이 없을 우려가 있으면 중간배당은 허용되지 않는다(제462조의3 제3항).(모의 20)

(5) 이사의 책임

당해 결산기에 배당가능이익이 없음에도 중간배당을 한 경우, 이사는 회사에 연대하여 손해를 배상할 책임이 있다(제462조의3 제4항). 회사가 중간배당을 하였으나 당해 결산기에 회사에 배당가능이익이 없는 것으로 확정되어 중간배당을 행한 이사에게 손해배상책임을 묻는 경우에는 해당 이사의 과실을 증명하지 않아도 된다(제462조의3 제4항).(모의 18) 이사가 자신의 무과실을 증명한 경우 책임을 면하나 이사에게 무과실의 입증책임이 있다는 점에서 제399조에 따른 손해배상책임보다 책임이 가중된다. 회사채권자는 배당을 받은 주주에게 그 배당금을 회사에 반환하도록 청구할 수 있다(제462조의3 제6항, 제462조 제3항). 직전 결산기의 대차대조표상 배당가능이익이 없음에도 중간배당을 한 경우는 위법배당에 따른 책임이 문제된다.

(6) 이익배당 관련 규정의 준용

회사는 중간배당에 관하여 내용이 다른 종류주식을 발행할 수 있다(제462조의3 제5항, 제344조 제1항). 중간배당의 경우에도 이익배당액의 10% 이상을 이익준비금으로 적립하여야 한다(제462조의3 제5항, 제458조). 등록질권자는 회사로부터 중간배당에 따른 금전의 지급을 받아 다른 채권자에 우선하여 자기채권의 변제에 충당할 수 있다(제462조의3 제5항, 제340조 제1항).

5. 위법배당 [변호 16]

(1) 의의

위법배당이란 법령과 정관을 위반한 이익배당을 의미한다. 위법배당의 예로는 배당가능이익을 초과한 배당, 배당가능이익이 없음에도 실시된 배당, 이익배당에 관한 이사회나 주주총회 결의에 하자가 존재하는 경우, 정관의 근거 없이 실시된 중간배당, 주주평등원칙에 반하는 차등배당 등이 존재한다.

(2) 위법배당의 효과

배당가능이익 없이 이익배당을 하는 것은 강행법규 위반으로 무효이다. 배당가능이익이 없음에도 장부상으로 이익이 있는 것으로 해서 하는 이익배당도 무효라는 것이 일반적인 견해이다.

(3) 배당가능이익에 관한 제한을 위반한 배당에 대한 반환청구

1) 회사의 반환청구

배당가능이익에 관한 제한을 위반한 배당은 무효이므로 회사는 그러한 배당을 받은 주주에게 배당금의 반환을 청구할 수 있다.(변호 23)

이익의 배당이나 중간배당은 회사가 획득한 이익을 내부적으로 주주에게 분배하는 행위로서 회사가 영업으로 또는 영업을 위하여 하는 상행위가 아니므로 **배당금지급청구권은 상법 제64조가 적용되는 상행위로 인한 채권이라고 볼 수 없다.** 이에 따라 위법배당에 따른 부당이득반환청구권 역시 근본적으로 상행위에 기초하여 발생한 것이라고 볼 수 없다. 특히 배당가능이익이 없는데도 이익의 배당이나 중간배당이 실시된 경우 회사나 채권자가 주주로부터 배당금을 회수하는 것은 회사의 자본충실을 도모하고 회사 채권자를 보호하는 데 필수적이므로, 회수를 위한 부당이득반환청구권 행사를 신속하게 확정할 필요성이 크다고 볼 수 없다. 따라서 **위법배당에 따른 부당이득반환청구권**은 민법 제162조 제1항이 적용되어 **10년의 민사소멸시효**에 걸린다고 보아야 한다.(대판 2021.6.24. 2020다208621)(변호 23, 모의 22)

2) 채권자의 반환청구

배당가능이익에 관한 제한을 위반한 경우 채권자도 배당한 이익을 회사에 반환할 것을 청구할 수 있다(제462조 제3항).(변호 13, 22, 24, 모의 18, 19, 2, 24) 채권자의 반환청구권은 회사의 권리를 대신 행사하는 것이 아니라 자신의 권리를 직접 행사하는 것이다. 채권자는 위법배당 당시의 채권자가 아니어도 된다. 채권자가 회사에 대한 반환을 청구할 수 있는 금액은 배당한 이익 전부이다. 회사가 주주에게 위법배당금의 반환을 청구하지 않으면 회사채권자는 채권자대위권을 행사하여 반환청구를 할 수 있다. 회사채권자가 채권자대위권의 요건을 충족시키지 못할 때에도 회사채권자는 위법배당금을 자신이 아니라 회사에 반환할 것을 청구할 수 있다.

(4) 기타 절차 또는 내용이 위법한 배당에 대한 반환청구

이익배당에 관한 절차나 내용이 위법한 경우에도 위법배당에 따라 그 효력이 부정된다. 다만, 제462조 제3항에서 배당가능이익에 대한 제한을 위반한 경우에만 채권자의 반환청구권을 인정하고 있으므로, 배당가능이익의 범위 내에서 배당이 이루어진 경우에는 다른 위법배당의 사유가 존재한다고 하더라도 채권자의 반환청구권은 인정되지 않는다.(변호 24, 모의 24)

(5) 이사 등의 책임

위법배당에 찬성한 이사 등은 회사에 대하여 제399조에 따른 손해배상책임을 지고, 주주 또는 채권자에 대하여 제401조에 따른 손해배상책임을 진다. 이사가 법령 또는 정관에 위반하여 이익배당을 한 때에는 상법상 벌칙 조항에 따라 처벌될 수 있다(제625조 제3호).(모의 19)

6. 주식배당

(1) 의의 및 법적 성질

1) 의의

회사는 주주총회의 결의에 의하여 이익의 배당을 새로이 발행하는 주식으로써 할 수 있다. 그러나 주식에 의한 배당은 이익배당총액의 1/2에 상당하는 금액을 초과하지 못한다(제462조의2 제1항). 주식배당이란 금전 대신 회사가 발행하는 주식으로 하는 이익배당을 의미한다(제462조의2 제1항). (변호 14) 주식배당은 회사가 이미 가지고 있는 자기주식으로써는 할 수 없고, 신주를 발행해서만 할 수 있다.(변호 24, 모의 24) 주식배당의 경우, 신주가 발행되므로 회사의 자본금은 증가하나 주주의 지분비율에 따라 주식배당이 이루어지므로 주주의 지분비율은 그대로 유지된다. 주식배당의 경우 회사재산이 유출되는 것은 아니므로 이익준비금을 적립하는 것은 요구되지 않는다.(모의 20)

2) 법적 성질

주식배당의 법적 성질에 대하여 ① '이익배당설'은 주식배당은 배당가능이익이 있어야 하고, 상법이 주식배당을 이익배당의 하나로 규정하고 있다는 이유로 이익배당으로 보고, ② '주식분할설'은 주식배당은 배당가능이익을 자본금으로 전입하는 주식분할로 본다.

3) 주식분할 및 무상증자와의 비교

주식배당은 이익잉여금 계정에서 자본금 계정으로 금액이 변동되고, 무상증자는 이익준비금 계정에서 자본금 계정으로 금액이 변동되고, 주식분할은 계정 변동 없이 주식의 액면이 분할된다. 주식배당, 무상증자, 주식분할 모두 회사 자산에 실질적인 변동은 발생하지 않는다. 따라서 주식배당의 경우, 채권자보호는 문제되지 않는다.

(2) 요건

1) 배당가능이익의 존재

주식배당은 이익배당을 주식으로 하는 것이므로 이익배당에 관한 제462조 제1항이 적용된다. 따라서 주식배당은 배당가능이익이 존재해야 한다.(모의 24) 이익준비금 적립의무는 적용되지 않는다(제458조 단서).(모의 21)

2) 주식배당의 제한

주식배당은 이익배당총액(배당가능이익 ×)의 1/2을 초과할 수 없다(제462조의2 제1항 단서).(변호 13, 18, 21, 22, 24) 주식배당을 하는 경우, 이익배당도 함께 이루어져야 하고 주식배당만 할 수는 없다.(모의 22) 다만 상장회사는 주식의 시가가 액면금액 이상일 것을 조건으로 이익배당 전부를 새로 발행하는 주식으로 할 수 있다(자본시장법 제165조의13 제1항).

3) 미발행수권주식의 존재

주식배당으로 발행되는 신주 이상의 미발행수권주식이 존재해야 한다.

4) 권면액에 의한 배당(제462조의2 제2항)

주식배당은 주식의 권면액으로 한다.

(3) 주식배당의 절차

1) 주식배당의 결정

주식배당은 주주총회의 결의에 의한다(제462조의2 제1항).(변호 22, 24, 모의 24) 이익배당은 정관 규정에 의하여 이사회 결의로 할 수 있는데 반하여 주식배당에 대하여 상법은 이사회 결의에 관하여 규정하지 않고 있다. 주주총회의 보통결의에 의해 주식배당을 함에 있어서는 발행하는 주식의 가액은 권면액으로 하며,(모의 21) 회사가 종류주식을 발행한 때에는 각각 그와 같은 종류의 주식으로 할 수 있다(제462조의2 제2항).(모의 14, 18, 19, 24) 주식배당 또한 주주평등의 원칙에 따라야 한다.

2) 주주에 대한 통지

이사는 주식배당의 결의가 있는 때에는 지체 없이 배당을 받을 주주와 주주명부에 기재된 질권자에게 그 주주가 받을 주식의 종류와 수를 통지하여야 한다(제462조의2 제5항).

3) 신주의 발행

주식배당의 결의가 이루어지면 이익잉여금을 자본금에 전입하고 신주를 발행한다. 주식배당을 받은 주주는 주식배당 결의가 있는 주주총회가 종결한 때(주주총회 결의시 ×)부터 주주가 된다(제462조의2 제4항).(변호 18, 21, 모의 21, 24) 준비금의 자본전입을 주주총회 결의로 하는 경우 주주가 되는 시점은 주주총회 결의시이다(제461조 제4항).

4) 변경등기

주식배당에 따른 신주발행으로 발행주식총수와 자본금이 증가하므로 그에 대한 변경등기도 요구된다.

(4) 종류주식과 주식배당

회사가 종류주식을 발행한 때에는 각각 그와 같은 종류의 주식으로 할 수 있다(제462조의2 제2항). 위 조항의 해석과 관련하여 회사가 종류주식을 발행한 경우 종류가 다른 주식 사이에 주식배당을 어떻게 하여야 하는지 문제된다. 학설은 ① 모두 단일한 종류의 주식으로 배당할 수도 있고, 기존의 주식과 같은 종류의 주식으로 배당할 수도 있다는 견해, ② 기존의 주식과 같은 종류의 주식으로만 배당하여야 한다는 견해, ③ 모두 보통주로만 배당할 수 있다는 견해가 존재한다.

(5) 자기주식과 주식배당

자기주식에 대해서도 주식배당이 가능한지 문제된다. 학설은 ① **'이익배당설'**은 자기주식에 대한 이익배당청구권이 없으므로 주식배당도 받을 수 없다고 보고, ② **'주식분할설'**은 자기주식도 주식분할의 대상이 되므로 주식배당도 가능하다고 본다.

(6) 약식질의 효력

상법은 등록질과 관련해서는 주식배당으로 발행된 신주에 효력이 미치는 것으로 규정하면서(제462조의2 제6항) 약식질에 대해서는 규정하고 있지 않은 관계로, 약식질의 효력이 주식배당에 미치는지 여부가 문제된다. 학설은 ① **'이익배당설'**은 약식질의 효력이 이익배당청구권에 미치는지에 관한 견해에 따라 결정된다고 보고, ② **'주식분할설'**은 주식배당으로 발행된 신주는 종전의 주식의 변형물이므로 약식질의 효력이 미친다고 본다.

(7) 무액면주식에 대한 주식배당

제462조의2 제2항이 주식배당은 주식의 권면액으로 한다고 규정하고 있는 관계로 무액면주식의 경우에는 주식배당이 허용되지 않는지 문제된다. 학설은 ① '**부정설**'은 상법상 주식배당은 액면주식을 전제로 하고 무액면주식은 주식분할로 동일한 효과를 얻을 수 있으므로 무액면주식에 대한 주식배당은 허용되지 않는다고 보고, ② '**긍정설**'은 제462조 제2항이 무액면주식에 대해서도 적용 또는 유추적용될 수 있다고 본다.

(8) 위법한 주식배당

1) 위법한 이익배당에 관한 내용의 적용

주식배당의 경우에도 이익배당과 동일하게 위법배당에 관한 내용이 적용된다. 주식배당의 경우 회사의 재산이 유출되지 않으므로 채권자보호가 문제되지 않는다.

2) 배당가능이익 제한에 위배한 주식배당

주식배당의 경우 신주가 발행된다는 점에서 위법한 주식배당에 따라 발행된 신주의 효력이 문제된다. 학설은 ① '**무효설**'은 배당가능이익이 없음에도 주식배당이 이루어진 경우, 이러한 신주발행은 납입이 없이 이루어진 주식발행이므로 자본금충실원칙에 반하여 무효로 보고, ② '**유효설**'은 신주발행무효의 소는 주주, 이사, 감사가 제기할 수 있을 뿐이고, 주식배당은 회사재산이 유출되지 않아 채권자에게 불이익이 없으므로 유효하다고 본다.

3) 신주발행 무효의 효력

위법한 주식배당에 따른 신주발행이 무효가 되더라도 주주에 대한 주금반환은 문제되지 않고, 제462조 제3항에 따른 채권자의 반환청구도 문제되지 않으며, 주주가 회사에 반환할 부당이득도 존재하지 않는다. 회사가 발행한 신주가 무효로 되더라도 신주발행의 무효는 소급효가 없으므로 무효가 확정되기 전의 행위는 유효하다.

기출사례

★ 명의개서의 효력, 배당절차 및 위법배당, 주식배당 [변호 25]

A주식회사는 건설업을 하는 비상장회사(대표이사 甲)로서 감사를 두고 있으며, 설립된 지 5년이 경과하였지만 주권을 발행하지 않고 있고, 주식을 전자등록하고 있지도 않다. A회사는 보통주만을 10만 주(1주 액면금액: 2만 원) 발행하였는데, 乙은 그중 1천5백 주를 소유하고 있으며 주주명부에 주주로 기재되어 있다. A회사의 2023년 영업년도 말 대차대조표상 순자산액은 35억 원, 기적립이익준비금은 12억 원, 기적립자본준비금은 0원, 미실현이익은 0원이었다. 한편, 주주총회 소집통지 권한이 없는 A회사의 평이사가 정기주주총회 소집통지를 하여 2024. 3. 15. 정기주주총회가 개최되었다. 위 정기주주총회에서는 2023년 영업년도의 재무제표 및 이익배당안(1주당 2천원)에 대한 승인 결의가 이루어졌다(2023년 결산기에 이익준비금을 추가로 적립하지 않는 내용을 포함함). 乙은 위 정기주주총회 종료 후 이익배당의 기준일이 도래하기 전에 A회사 주식 1천5백주 전부를 丙에게 양도하였으나, 이후에도 丙은 계속하여 주주명부의 명의개서를 청구하지 않고 있다.

1. 甲이 A회사를 대표하여 乙의 A회사 주식 1천5백 주 양도 행위를 양도일에 승낙한 경우, 乙과 丙 중 누가 A회사에 대하여 3백만 원의 배당금 지급을 청구할 권리를 가지는가?

2. A회사가 2억 원의 이익배당금을 주주들에게 지급한 경우, 이러한 배당은 배당가능이익을 초과한 위법배당 또는 배당절차상 하자가 있는 위법배당이라고 할 수 있는가? 만약 위 배당이 위법하다면, A회사는 지급한 배당금을 주주들로부터 반환받기 위해서 어떠한 절차를 거쳐야 하는가?

3. 만약 A회사가 이사회 결의만으로 자신이 유효하게 취득하여 보유하고 있는 자기주식으로 A회사 자신을 제외한 주주들에게 각자의 주식 보유 비율에 따라 배당하려면, 어떠한 요건을 갖추어야 하는가? (자기주식에 의한 배당은 허용되는 것으로 전제함)

문제 1.

Ⅰ. 결론

회사 설립일로부터 6개월이 지나도록 주권을 발행하지 않은 경우 지명채권양도방식에 의하여 주권발행 전 주식양도가 가능하고, A회사가 주식양도를 승인하였으므로 주식양도의 효력은 A회사에 대하여 유효하다. 다만 丙이 이익배당 기준일 이전에 乙로부터 A회사 주식을 양수하였다고 하더라도 명의개서를 마치지 않은 이상 A회사에 대하여 주주로서의 권리를 행사할 수 있는 자는 乙이고, 회사가 실질주주가 丙이라는 사실을 안 경우에도 마찬가지이다. 따라서 A회사에 대하여 배당금을 청구할 수 있는 자는 乙이다.

Ⅱ. 쟁점

주권미발행 주식양도가 유효한지와 주식양도를 회사가 승인하였으나 양수인이 명의개서를 마치지 않은 경우 회사에 대하여 주주권을 행사할 수 있는 자는 누구인지 문제된다.

문제 2.

Ⅰ. 결론

A회사의 배당가능이익은 대차대조표의 순자산액 35억원에서 자본금 20억원, 2023년 결산기까지 적립된 자본준비금과 이익준비금의 합계액 12억원, 그 결산기에 적립하여야 할 이익준비금 0원(자본금 20억 원의 1/2인 10억원을 초과한 12억원이 이익준비금으로 적립되어 있으므로 이익준비금의 추가 적립은 요구되지 않음), 미실현이익 0원을 공제한 금액인 3억원으로 산정되므로, 2억 원은 배당가능이익을 초과하지 않는다. 배당에 관한 주주총회가 소집권한 없는 자에 의하여 소집되어 결의취소사유가 존재한다는 점에서 배당절차상 하자가 존재하나 2개월의 제소기간 내에 결의취소의 소가 제기되지 않는 한 주주총회결의의 하자를 이유로 배당절차에 하자가 있다고 볼 수는 없다. 배당가능이익에 관한 제한을 위반한 배당은 무효이므로 회사는 그러한 배당을 받은 주주에게 배당금의 반환을 청구할 수 있다. 배당절차상 하자를 이유로 하는 위법배당의 경우에도 회사는 배당을 받은 주주에게 배당금의 반환을 청구할 수 있다. 다만 이를 위해서는 배당을 결의한 주주총회결의 취소의 소를 제소기간 내에 제기하여야 한다.

Ⅱ. 쟁점

A회사의 배당금액 2억원이 배당가능금액의 범위 내에 있는지, 이익준비금의 추가 적립이 요구되는지, 소집권한 없는 자에 의하여 소집된 주주총회에 의한 배당결의가 가능한지, 배당절차상 위법을 이유로 한 회사의 주주에 대한 배당금반환청구가 가능한지 문제된다.

문제 3.

Ⅰ. 결론

주식배당을 위해서는 배당가능이익이 존재하여야 하고, 이익배당총액 2억 원의 1/2인 1억 원을 초과할 수 없다. 주식배당과 함께 이익배당도 이루어져야 하며, 주식배당으로 발행되는 신주 이상의 미발행수권주식이 존재해야 한다. 주식배당은 주주총회의 결의에 의한다. 상법은 이사회 결의에 의한 주식배당에 관하여 규정하지 않고 있다. 주주총회 결의로 주식배당을 함에 있어서는 발행하는 주식의 가액은 권면액으로 하며 주주평등원칙에 따라야 한다.

Ⅱ. 쟁점

주식배당의 요건이 문제된다.

기출사례

★ 위법배당의 효과 [변호 16]

냉방기기 제조 및 판매업을 영위하는 비상장회사인 A주식회사(이하 'A회사'라 한다)는 2005. 1. 전동자전거 제조 및 판매업을 영위하는 비상장회사인 B주식회사(이하 'B회사'라 한다)를 설립하여 그 주식 100%를 보유하고 있다.
A회사는 최근 투자 실패로 인하여 거액의 손실을 보아 배당가능이익이 없음에도 불구하고, 대표이사 甲은 이를 감추고 사옥매각대금으로 확보한 2억 원을 재원으로 하여 주주들에게 현금배당하기로 하는 내용의 배당안을 작성하였다. A회사 이사회는 전원찬성 결의로 이 배당안을 승인하였고, A회사는 주주총회의 승인을 거쳐 배당을 실시하였다. 이로 인하여 A회사의 채권자 Y는 5천만 원의 채권을 변제기에 변제받지 못하였다.

Y는 위 배당금 지급과 관련하여 A회사 주주들 및 이사에 대하여 상법상 어떠한 권리를 갖는가?

Ⅰ. 결론

채권자 Y는 배당을 받은 A회사 주주들을 상대로 배당받은 이익의 전부를 A회사에 반환할 것을 청구할 권리가 있고, 대표이사 甲과 다른 이사들을 상대로 Y가 입은 5천만 원을 연대하여 배상할 것을 청구할 수 있는 권리를 가진다.

Ⅱ. 쟁점

이익배당이 적법한지, 위법배당의 경우 회사 채권자의 주주들에 대한 반환청구권 및 이사에 대한 손해배상청구권이 문제된다.

제11관 회사의 구조조정

Ⅰ. 합병

1. 의의

(1) 합병의 개념

합병이란 두 회사가 청산절차를 거치지 않고 합쳐지면서 존속회사 또는 신설회사가 소멸하는 회사의 권리의무를 포괄적으로 승계하는 것을 말한다.

① '**흡수합병**'이란 어느 회사가 존속하면서 소멸하는 회사의 권리의무를 승계하는 경우를 말한다.

② '**신설합병**'이란 모든 회사가 소멸하면서 새로운 회사를 설립하여 설립되는 새로운 회사가 소멸하는 회사들의 권리의무를 승계하는 경우를 말한다.

A회사가 B회사의 권리의무를 포괄적으로 승계하는 흡수합병이 이루어지게 되면 A회사는 B회사의 주주에게 A회사의 주식을 새로 발행해 주거나 A회사가 보유하고 있었던 자기주식 또는 현금 등 대가를 지급하게 된다. 위 예에서 A회사를 '**존속회사**', B회사를 '**소멸회사**'라 하고, A회사가 B회사의 주주에게 발행하는 신주를 '**합병신주**'라 한다.

(2) 법적 성질

합병의 법적 성질과 관련하여 ① 소멸회사의 영업 전부를 존속회사 또는 신설회사에 현물출자하는 것이라는 현물출자설과 ② 합병에 의하여 법인격이 합병되고 권리의무의 이전은 인격합일에 따른 것이라고 보는 인격합일설(다수설)이 존재한다. 현물출자설에 의하는 경우 자본금이 증가하지 않는 합병이 설명되지 않고, 소멸회사의 주주가 존속회사 또는 신설회사의 주주가 되는 점이 설명되지 않는 문제가 있다. 판례도 인격합일설을 취하고 있다고 볼 수 있다.

(3) 합병 관련 상법의 규정

합병과 관련하여 상법은 ① 제3편 회사의 제1장 통칙에서 제174조와 제175조를 규정하고 있고, ② 합명회사에서 제230조부터 제240조까지 합병에 관하여 규정한 뒤 주식회사에서도 위 규정을 대부분 준용하고 있으며(제527조의5 제3항, 제530조 제2항), ③ 주식회사에서 제522조부터 제530조까지 규정하고 있다.

(4) 합병과 자산양수 및 주식양수의 비교

1) 자산양수

자산양수의 경우 ① 원칙적으로 대상회사의 부채를 승계할 위험이 없고, ② 채권자보호절차가 요구되지 않으나, ③ 주주총회의 특별결의를 거쳐야 하고, ④ 반대주주의 주식매수청구권이 인정되며, ⑤ 자산의 이전을 위해서 개별적인 이전행위가 이루어져야 한다.

2) 주식양수

주식양수의 경우 ① 대상회사가 자회사의 형태로 존속하게 되므로 사실상 부채를 승계하게 되나, ② 채권자보호절차가 요구되지 않고, ③ 주주총회의 특별결의도 요구되지 않으며, ④ 반대주주의 주식매수청구권 또한 인정되지 않고, ⑤ 자산이전 절차가 필요하지 않다.

3) 합병

합병의 경우 ① 존속회사가 소멸회사의 채무를 포괄승계하고, ② 채권자보호절차가 요구되며, ③ 주주총회의 특별결의도 요구되고, ④ 반대주주의 주식매수청구권 또한 인정되나, ⑤ 소멸회사의 자산은 포괄이전 되므로 별도의 자산이전 절차가 요구되지 않는다.

2. 합병절차

합병은 ① 합병계약 → ② 합병계약서 등의 공시 → ③ 합병결의 → ④ 반대주주의 주식매수청구 / 채권자보호절차 → ⑤ 주주총회에 대한 합병 보고{흡수합병의 경우} / 창립총회{신설합병의 경우} [각각 이사회 공고로 대체 가능] → ⑥ 합병등기의 절차를 거쳐 진행된다. 합병은 합병등기에 의하여 효력이 발생하게 된다.

(1) 합병계약

1) 흡수합병 계약서의 기재사항

흡수합병 계약서에는 합병비율에 관한 사항을 포함하여 아래와 같은 사항을 기재하여야 한다(제523조).

① 존속회사의 발행주식이 증가하는 경우 증가할 주식의 총수, 종류와 수

② 존속회사의 자본금 또는 준비금이 증가하는 경우 증가할 자본금 또는 준비금

③ 존속회사가 발행하는 신주 또는 이전하는 자기주식의 총수, 종류와 수 및 소멸회사 주주에 대한 신주의 배정 또는 자기주식의 이전에 관한 사항 ← 합병비율에 관한 사항

④ 교부금합병의 경우 존속회사가 소멸회사의 주주에게 제공하는 금전이나 재산의 내용 및 배정에 관한 사항

⑤ 각 회사의 합병승인 주주총회 기일

⑥ 합병을 할 날

⑦ 존속회사의 정관변경에 관한 사항

⑧ 각 회사가 합병으로 하는 이익배당의 한도액

⑨ 합병으로 인하여 존속회사에 취임할 이사와 감사(감사위원)의 성명 및 주민등록번호

2) 신설합병 계약서의 기재사항

신설합병 계약서에는 합병비율에 관한 사항을 포함하여 아래와 같은 사항을 기재하여야 한다(제524조).

① 신설회사의 목적, 상호, 발행할 주식 총수, 주식 액면금액, 종류주식의 종류와 수 및 본점소재지

② 신설회사가 합병당시에 발행하는 주식의 총수와 종류, 수 및 각 회사의 주주에 대한 주식배정에 관한 사항 ← 합병비율에 관한 사항

③ 신설회사의 자본금과 준비금의 총액

④ 각 회사의 주주에게 금전이나 그 밖의 재산을 주는 경우 그 내용 및 배정에 관한 사항

⑤ 각 회사의 합병승인 주주총회 기일

⑥ 합병을 할 날

⑦ 신설회사 이사와 감사(감사위원)의 성명 및 주민등록번호

3) 합병을 할 날

합병계약서의 기재사항인 '합병을 할 날'이란 소멸회사 주주에게 주식을 발행하고 재산 및 주주에 관한 서류를 인도하고 이사회를 개최하여 합병을 공고하는 등의 실무절차를 완료하는 날로 본다.

4) 정관변경

존속회사가 합병으로 인하여 정관을 변경하기로 한 때에는 그 내용을 합병계약서에 기재하여야 하고(제523조 제7호), 정관변경에 관한 결의절차를 거쳐야 한다. 다만, 존속회사의 합병계약서에 대한 승인결의를 정관변경 결의로 본다.

(2) 합병계약서 등의 공시

1) 합병계약서 등의 비치

이사는 합병결의를 위한 주주총회의 2주 전부터 합병을 한 날 이후 6개월이 지나는 날까지 아래 서면을 본점에 비치하여야 한다(제522조의2 제1항).(변호 21, 모의 19)

① 합병계약서, ② 소멸회사 주주에 대한 신주 배정 또는 자기주식 이전에 관한 서면

③ 각 회사의 최종의 대차대조표와 손익계산서

2) 주주 및 채권자의 열람 및 등본 등 교부 청구

주주와 회사채권자는 영업시간 내에 위 서류의 열람 또는 그 등본 또는 초본의 교부를 청구할 수 있다(제522조의2 제2항).(모의 19)

(3) 합병승인결의

합병계약서는 주주총회 특별결의에 의한 승인을 얻어야 한다(제522조 제1항, 제3항).(변호 12) 합명, 합자, 유한책임회사에서는 총사원의 동의에 의한 승인이, 물적 회사에서는 주주총회(사원총회)의 특별결의에 의한 승인이 있어야 한다. 합병계약서 승인을 위한 주주총회 소집통지에는 합병계약의 요령을 기재해야 한다(제522조 제2항). 회사가 종류주식을 발행한 경우 합병으로 인하여 어느 종류의 주주에게 손해를 미치게 될 경우에는 종류주주총회의 결의를 거쳐야 한다(제436조, 제435조). 간이합병이나 소규모합병의 경우 주주총회 결의는 이사회의 승인으로 할 수 있다.

(4) 반대주주의 주식매수청구권

1) 서면에 의한 반대의사통지 및 주식매수청구

① 합병계약서에 대한 주주총회 결의사항에 관하여 이사회의 결의가 있는 때에 그 결의에 반대하는 주주(의결권이 없거나 제한되는 주주를 포함(변호 23, 모의 20))는 주주총회 전에 회사에 대하여 서면으로 그 결의에 반대하는 의사를 통지한 경우 그 총회의 결의일로부터 20일 이내에 주식의 종류와 수를 기재한 서면으로 회사에 대하여 자기가 소유하고 있는 주식의 매수를 청구할 수 있다(제522조의3 제1항).(변호 12, 16, 23, 24, 모의 21)

② 상장회사 합병 등에 반대하는 주주가 상장주식의 매수를 청구하고 주주와 회사 간에 매수가격에 대한 협의가 이루어지지 아니하여 **주주 또는 해당 회사가 법원에 매수가격의 결정을 청구한 경우, 법원은 원칙적으로 시장주가를 참조하여 매수가격을 산정하여야** 한다. 법원은 공정한 매수가격을 산정한다는 매수가격 결정 신청사건의 제도적 취지와 개별 사안의 구체적 사정을 고려하여 합리적으로 결정할 수 있다. **법원으로서는 당사자의 주장에 구애되지 아니하고 주식의 공정한 가격이 얼마인지 직권으로 사실조사를 하여 산정할** 수 있다.(대결 2022.4.14. 2016마5394)

③ 회사의 합병 등에 반대하는 주주가 회사에 대하여 비상장주식의 매수를 청구하는 경우, 그 주식에 대하여 회사의 객관적 가치가 적정하게 반영된 것으로 볼 수 있는 **정상적인 거래의 실례가 있으면 그 거래가격을 주식의 공정한 가액으로 보아 매수가액을** 정하여야 한다. 그러나 그러한 거래사례가 없으면 비상장주식의 평가에 관하여 보편적으로 인정되는 시장가치방식, 순자산가치방식, 수

익가치방식 등 여러 가지 평가방법을 활용하되, 회사의 상황이나 업종의 특성 등을 종합적으로 고려하여 공정한 가액을 산정하여야 한다. 만일 비상장주식에 관한 거래가격이 회사의 객관적 가치를 적정하게 반영하지 못한다고 판단되는 경우에는 법원은 그와 같이 판단되는 사유 등을 감안하여 그 거래가격을 배제하거나 그 거래가격 또는 이를 합리적인 기준에 따라 조정한 가격을 순자산가치나 수익가치 등 다른 평가 요소와 함께 주식의 공정한 가액을 산정하기 위한 요소로서 고려할 수 있다.(대결 2018.12.17. 2016마272)

2) **간이합병의 경우**

간이합병의 경우, 간이합병에 대한 공고 또는 주주에 대한 통지일로부터 2주 내에 회사에 대하여 서면으로 합병에 반대하는 의사를 통지한 주주는 그 기간이 경과한 날부터 20일 이내에 주식의 종류와 수를 기재한 서면으로 회사에 대하여 자기가 소유하고 있는 주식의 매수를 청구할 수 있다(제522조의3 제2항).(모의 19, 20)

3) **소규모합병의 경우**

소규모합병의 경우에는 존속회사의 주주에게 주식매수청구권이 인정되지 않는다(제527조의3 제5항).(변호 21, 모의 20)

4) **주식매수청구권 행사의 효력**

반대주주의 주식매수청구권은 형성권으로 반대주주의 청구에 의하여 계약이 체결된다. 다만 실제 주식의 이전은 제360조 제3항을 유추하여 매매대금의 지급이 있어야 한다고 본다.

영업양도에 반대하는 주주의 주식매수청구권은 형성권으로서 그 행사로 회사의 승낙 여부와 관계없이 주식에 관한 매매계약이 성립한다.(대판 2011.4.28. 2010다94953)

5) **회사의 통지의무 위반과 주식매수청구권**

회사가 주주총회 소집통지시 주식매수청구권의 내용과 행사방법을 미리 통지해야 하는데,(변호 20) 이를 해태하고, 주주도 서면통지를 안한 경우, 주식매수청구권이 인정된다.

甲 주식회사가 주주들에게 합병반대주주의 주식매수청구권에 관한 내용과 행사방법을 명시하지 않은 소집통지서를 발송하여 임시주주총회를 개최한 다음 乙 주식회사와의 합병 승인 안건을 통과시켰는데, 총회 전 서면으로 합병에 반대하는 의사를 통지하지 않은 주주 丙이 위 안건에 대하여 기권을 한 후 총회 결의일로부터 20일 내에 甲 회사에 내용증명을 발송하여 주식매수청구를 한 경우, 丙은 주식매수청구권을 행사할 수 있다.(서울고등법원 2011.12.9. 2011라1303)(변호 20)

(5) 채권자보호절차 [변호 19]

회사는 합병계약에 대한 주주총회의 승인결의가 있은 날부터 2주 내에 채권자에 대하여 합병에 이의가 있으면 1월 이상의 기간 내에 이를 제출할 것을 공고하고 알고 있는 채권자에 대하여는 따로 최고하여야 한다(제527조의5 제1항).(변호 18, 22) 간이합병과 소규모합병의 경우에도 채권자보호절차를 거쳐야 하고, 이 경우 이사회 승인결의를 주주총회 승인결의로 본다(제527조의5 제2항).(변호 23) 채권자가 위 기간 내에 이의를 제출하지 아니한 때에는 합병을 승인한 것으로 본다(제527조의5 제3항, 제232조 제2항). 이의를 제출한 채권자가 있는 경우 회사는 그 채권자에 대하여 변제 또는 상당한 담보를 제공하거나 상당한 재산을 신탁하여야 한다(제527조의5 제3항, 제232조 제3항). 위 절차는 합병결의 후의 채권자보호절차로서 이에 위반하는 경우 합병무효사유가 된다.

개별 최고가 필요한 '회사가 알고 있는 채권자'란 채권자가 누구이고 채권이 어떠한 내용의 청구권인지가 대체로 회사에게 알려져 있는 채권자로서, 회사의 장부 기타 근거에 의하여 성명과 주소가 회사에 알려져 있는 자는 물론이고 회사 대표이사 개인이 알고 있는 채권자도 포함된다.(대판 2011.9.29. 2011다38516)

(6) 합병보고

1) 흡수합병 보고

흡수합병의 경우 존속회사의 이사는 채권자보호절차 종료 후 합병 관련 사항을 보고하기 위한 주주총회를 지체 없이 소집하여 보고하여야 한다(제526조 제1항). 소규모합병의 경우, 소규모합병 공고 또는 통지 절차를 종료한 후 지체 없이 주주총회를 소집하고 합병에 관한 사항을 보고하여야 한다(제526조 제1항).

2) 신설합병 보고

신설합병의 경우 설립위원이 채권자보호절차 종료 후 창립총회에 합병 관련 사항을 보고하여야 한다(제527조 제1항).

3) 주주총회 보고를 대신하는 공고

이사회는 공고로써 주주총회에 대한 보고에 갈음할 수 있다(제526조 제3항, 제527조 제4항).

상법 제527조 제4항은 신설합병의 창립총회 자체를 이사회의 공고로써 갈음할 수 있음을 규정한 조항이라고 해석된다. 이 경우 **신설합병의 창립총회를 개최하여 합병으로 인하여 설립되는 회사의 이사와 감사 등을 선임하는 절차를 거칠 필요가 없고 이사회의 공고로 갈음할 수 있다.**(대판 2009.4.23. 2005다22701,22718)

(7) 합병등기

합병보고 주주총회가 종결한 날 또는 이사회 공고일, 창립총회가 종결한 날 또는 이사회 공고일로부터 본점소재지에서는 2주내에 존속회사는 변경등기, 소멸회사는 해산등기, 신설회사는 설립등기를 해야 한다(제528조). 합병은 존속회사 또는 설립회사가 합병에 관한 등기를 함으로써 효력이 생긴다(제530조 제2항, 제234조).

3. 합병비율 [모의 16]

(1) 의의

합병비율이란 합병의 대가로 소멸회사의 주식 1주에 대해 지급되는 존속회사의 주식의 비율을 의미한다. 합병비율은 합병계약의 핵심적인 사항으로 비상장회사의 합병비율은 당사자간의 협상에 의하여 결정된다. 상장회사의 경우에는 자본시장법에서 합병시 기업가치를 평가하는 기준을 정하고 있다. 합병비율은 자산가치 이외에 시장가치, 수익가치, 상대가치 등의 다양한 요소를 고려하여 결정되어야 하므로 유일한 수치로 확정할 수 없고, 제반 요소의 고려가 합리적인 범위 내에서 이루어졌다면 결정된 합병비율이 현저하게 부당하다고 할 수 없다. **합병당사자 회사의 전부 또는 일부가 주권상장법인인 경우 관련 법령이 정한 요건과 방법 및 절차 등에 기하여 합병가액을 산정하고 그에 따라 합병비율을 정하였다면**, 그 합병가액 산정이 허위자료에 의한 것이라거나 터무니없는 예상 수치에 근거한 것이라는 등의 특별한 사정이 없는 한, **합병비율이 현저하게 불공정하여 합병계약이 무효로 된다고 볼 수 없다.**(대판 2008.1.10. 2007다64136)

(2) 존속회사 증가 자본금의 제한

존속회사의 자본금 증가액이 소멸회사로부터 승계하는 순자산가액으로 제한되는지 문제된다. 주식의 포괄적 교환, 이전의 경우에는 이러한 제한이 규정되어 있으나(제360조의7, 제360조의18), 합병과 관련해서는 이러한 규정이 없는 관계로 합병의 경우 이러한 제한이 적용되지 않는다고 보게 되는 경우 액면미달발행 내지 현물출자의 과대평가와 같은 문제가 발생하게 되어 존속회사의 자본충실에 반한다는 문제가 있으나 명문의 규정이 없는 한 이러한 제한이 적용된다고 보기는 어렵다고 본다.

상법 제523조 제2호가 흡수합병계약서의 절대적 기재사항으로 '존속하는 회사의 증가할 자본'을 규정한 것은 자본충실을 위하여 존속회사의 증가할 자본액(즉, 소멸회사의 주주들에게 배정·교부할 합병신주의 액면총액)이 소멸회사의 순자산가액 범위 내로 제한되어야 한다는 취지라고 볼 여지가 있기는 하나, **소멸회사가 주권상장법인이든 주권비상장법인이든 어느 경우나 존속회사가 발행할 합병신주의 액면총액이 소멸회사의 순자산가액을 초과할 수 있으므로 존속회사의 증가 자본액이 반드시 소멸회사의 순자산가액 범위 내로 제한된다고 할 수 없다.** (대판 2008.1.10. 2007다64136)(모의 13, 18)

(3) 채무초과회사와의 합병

자본금충실의 원칙상 채무초과회사를 소멸회사로 하는 합병이 허용되는지 문제된다. 채무초과회사도 회사의 잠재적 가치를 고려한다면 기업가치가 없다고 할 수 없으므로 채무초과회사의 주주에게 합병신주를 제공하더라도 자본충실의 원칙에 반한다고 볼 수 없다. 존속회사의 반대주주는 주식매수청구권에 의하여 보호되고, 채권자는 채권자보호절차에 의하여 보호될 수 있다고 본다. 상업등기선례도 채무초과회사를 합병 소멸회사로 할 수 있는 것으로 규정하고 있다.

(4) 불공정한 합병비율에 대한 구제수단 [모의 16]

1) 합병무효의 소

① 의의

합병비율이 불공정한 경우 합병무효의 원인이 되는지 문제된다.

② 학설

학설은 ㉠ 주주총회결의로 합병비율이 승인된 이상 합병비율의 불공정을 이유로 합병무효를 주장할 수 없다는 부정설과 ㉡ 합병비율은 합병계약의 가장 중요한 요소이고 소액주주의 권리를 보호하기 위하여 합병비율의 불공정을 이유로 합병무효를 주장할 수 있다는 긍정설(다수설)이 존재한다.

③ 판례

합병비율은 합병계약의 가장 중요한 내용으로 공정해야 하므로 그 비율이 어느 회사의 일방에게 불리한 경우에는 회사의 주주가 합병 전 회사재산에 대해 가지고 있던 지분비율을 합병 후에 유지할 수 없게 되어 실질적으로 주식 일부를 상실케 되는 결과가 되므로, **현저하게 불공정한 합병비율을 정한 합병계약은 신의성실의 원칙이나 공평의 원칙 에 비추어 무효**이고, 따라서 **합병비율이 현저하게 불공정한 경우 합병할 각 회사의 주주 등은 소로써 합병의 무효**를 구할 수 있다. (대판 2008.1.10. 2007다64136)(변호 22, 모의 21)

2) 이사의 책임

존속회사 또는 소멸회사의 주주에게 불리하게 합병비율이 정해진 경우 그 의사결정에 참여한 존속회사 또는 소멸회사의 이사는 회사에 대하여 손해배상책임 또는 배임죄의 책임을 진다. 존속회사 또는 소멸회사 주주총회의 승인이 있었다는 이유로 이러한 책임이 면제되지 않는다.

4. 자기주식

(1) 존속회사가 보유하던 소멸회사 발행 주식

1) 의의

존속회사가 보유하던 소멸회사 발행주식을 '**포합주식**'이라고 한다. 이러한 포합주식에 대하여 합병신주를 배정하게 되면 존속회사의 입장에서는 합병으로 인하여 자기주식을 취득하게 되는 결과가 된다는 점에서 포합주식에 대해서도 합병신주가 배정되는지 문제된다.

2) 학설

긍정설은 합병신주의 배정에 따른 자기주식취득은 통상의 자기주식취득으로 볼 수 없고, 존속회사의 자산이 합병으로 인하여 다른 자산으로 변경된 것으로 이해하여 포합주식에 대해서도 합병신주를 배정할 수 있다고 본다.

3) 판례

존속회사가 보유하던 소멸회사의 주식에 대하여 반드시 신주를 배정하여야 한다고 볼 수 없다.(대판 2004.12.9. 2003다69355)(모의 24(2)) ☞ 당사자들이 자유롭게 합병신주 배정을 정할 수 있다는 견해.

(2) 기타 자기 주식

① 존속회사가 보유하던 자기주식은 합병대가로 소멸회사 주주에게 배정할 수도 있고, 존속회사가 그대로 보유할 수도 있다.

② 소멸회사가 보유하던 자기주식은 합병으로 소멸하고, 소멸회사에 대하여 존속회사의 주식을 배정할 수도 없으므로 그에 대해서 존속회사의 주식이 배정되지도 않는다.

③ 존속회사는 합병에 의하여 소멸회사가 보유하던 존속회사 발행주식을 승계 취득하게 된다. 존속회사의 입장에서는 이러한 자기주식의 취득은 제341조의2 제1호에 해당된다.(모의 18, 24)

5. 합병의 효과

(1) 권리의무의 포괄승계

존속회사 또는 신설회사는 합병으로 인하여 소멸된 회사의 권리의무를 포괄승계 한다(제530조 제2항, 제235조). 합병의 경우, 자산양수와 달리 자산에 대한 별도의 이전행위 없이 자산이 이전된다. **합병의 경우 피합병회사의 권리 · 의무는 사법상, 공법상의 관계를 불문하고 성질상 이전을 허용하지 않는 것 이외에는 모두 합병으로 존속한 회사에 승계되는 것으로 보아야 한다.**(대판 2019.12.12. 2018두63563)(모의 24)

(2) 소멸회사의 소멸

흡수합병의 경우 소멸회사가, 신설합병의 경우 각 회사가 청산절차 없이 소멸한다.(모의 20)

(3) 합병대가의 제공

1) 존속회사의 신주 또는 자기주식의 제공

존속회사는 소멸회사의 주주에게 합병대가로 합병신주 또는 자기주식을 제공한다(제523조 제3호).(모의 24) 합병신주는 합병등기를 한 때에 효력이 발생한다. 합병대가의 전부를 자기주식으로 제공하게 되면 신주가 발행되지 않는 무증자 합병이 된다.(모의 18, 20)

회사가 합명회사를 흡수합병하게 되면 소멸회사의 사원은 합병계약상의 합병비율과 배정방식에 따라 존속회사 또는 신설회사의 사원권(주주권)을 취득하여, 존속회사 또는 신설회사의 사원(주주)이 되기 때문에, 지분환급청구권은 행사할 수 없다.(대판 2003.2.11. 2001다14351)(모의 14)

2) 교부금합병

합병 후 존속하는 회사는 합병으로 소멸하는 회사의 주주에게 합병의 대가의 전부를 주식 이외의 금전이나 기타의 재산을 제공할 수 있다(제523조 제4호).(변호 22, 모의 13, 14, 16, 18) 이를 교부금합병이라 한다. 합병대가의 전부를 금전으로 지급하게 되면 신주가 발행되지 않는 무증자 합병이 된다.

발행주식 총수의 95% 이상을 자기의 계산으로 보유하고 있는 주주는 회사의 경영상 목적을 달성하기 위하여 필요한 경우 다른 주주가 보유하는 주식의 매도를 청구할 수 있는데(제360조의24 제1항), 교부금합병을 이용하면 95%의 지분을 보유하지 않더라도 소액주주를 축출할 수 있게 된다.

3) 삼각합병(Triangular Merger)

① 의의

'삼각합병'이란 존속회사가 보유하는 모회사 발행 주식을 합병의 대가로 소멸회사 주주에게 제공하는 방식의 합병을 말한다.(모의 24) 삼각합병을 위하여 자회사가 모회사의 주식을 취득하는 것은 자회사의 모회사 주식 취득금지(제342조의2)의 예외로서 허용된다(제523조의2 제1항).(변호 25, 모의 24)

삼각합병은 실질적으로 모회사가 합병하는 것과 동일한 효과가 있지만, 삼각합병의 경우 모회사는 소멸회사의 책임이나 의무를 승계하지 않아도 되고, 주주총회 특별결의 절차, 채권자보호절차를 거치지 않고 합병의 효과를 얻게 된다.(모의 18) 상법상 모회사가 직접 소멸회사의 주주에게 신주를 발행하는 방식은 허용되지 않는다.(모의 13, 18)

② 존속회사의 6개월 이내 처분의무

존속회사가 삼각합병을 위해 취득한 모회사 주식을 합병 후에도 계속 보유하고 있는 경우 합병 효력이 발생하는 날부터 6개월 이내에 그 주식을 처분하여야 한다(제523조의2 제2항).(모의 18, 19, 22)

③ 모회사의 권리의무 승계여부 등

모회사는 합병의 당사자 회사가 아니므로 소멸회사의 의무와 책임을 승계하지 않고 모회사 반대주주의 주식매수청구도 문제되지 않는다.

④ 역삼각합병

'역삼각합병'이란 삼각합병의 경우와 달리 모회사의 자회사가 대상회사와의 합병으로 소멸하고 대상회사가 존속회사가 되면서 대상회사의 주주에게 모회사의 주식을 제공하는 방식의 합병을 말한다. 상법상 역삼각합병은 아직 도입되지 않았다. 다만, 모회사가 자회사를 설립하여 자회사와 합병대상회사 사이의 주식교환을 진행한 후 자회사가 합병대상회사에 흡수합병 되는 방식에 의하여 역삼각합병의 결과를 얻을 수 있다. 2011년 개정상법은 삼각주식교환을 규정함으로써 위 방식에 의한 합병을 허용하고 있다(제360조의3 제3항 제4호, 제6항). 이 경우 모회사의 주주총회 특별결의는 요구되지 않고 반대주주의 주식매수청구권도 발생하지 않는다.

4) 주식의 병합 및 분할 절차의 준용

소멸회사의 주식에 대하여 존속회사 또는 신설회사의 주식이 적게 배정되는 경우에는 주식병합의 절차가 준용되고, 존속회사 또는 신설회사의 주식이 많이 배정되는 경우에는 주식분할의 절차가 준용된다(제530조 제3항).

(4) 존속회사 이사, 감사의 퇴임

존속회사의 이사와 감사 중 합병 전에 취임한 자는, 합병계약서에 달리 정한 경우를 제외하고, 합병 후 최초로 도래하는 결산기의 정기총회가 종료하는 때에 퇴임한다(제527조의4).(모의 18, 20)

6. 간이합병

합병할 회사의 일방이 합병 후 존속하는 경우에 합병으로 인하여 소멸하는 회사의 총주주의 동의가 있거나 그 회사의 발행주식총수의 100분의 90이상을 합병 후 존속하는 회사가 소유하고 있는 때에는 합병으로 인하여 소멸하는 회사의 주주총회의 승인은 이를 이사회의 승인으로 갈음할 수 있다.(제527조의2 제1항).(변호 12, 16, 17, 모의 16, 18, 20, 24(2)) 이를 간이합병이라 한다.

존속회사는 주주총회 승인을 얻어야 하는 등 간이합병으로 인해 달라지는 것은 없다. 신설합병에서는 간이합병을 할 수 없다.(모의 14) 소멸회사는, 총주주의 동의가 있는 때를 제외하고, 합병계약서를 작성한 날부터 2주 내에 간이합병 사실을 공고하거나 주주에게 통지하여야 한다(제527조의2 제2항). 소멸회사의 반대주주에게는 주식매수청구권이 인정된다.

7. 소규모합병 [모의 16]

(1) 의의

합병 후 존속하는 회사가 합병으로 인하여 발행하는 신주의 총수 및 합병으로 이전하는 자기주식의 총수가 존속회사의 발행주식 총수의 100분의 10을 초과하지 아니하는 때에는 존속회사의 주주총회의 승인은 이를 이사회의 승인으로 갈음할 수 있다(제527조의3 제1항).(변호 23, 모의 13, 20, 21) 이를 소규모합병이라 한다. 소규모합병의 경우 존속회사의 반대주주에게 주식매수청구권이 인정되지 않는다.(변호 21, 23) 소멸회사는 주주총회 승인을 얻어야 하는 등 소규모합병으로 달라지는 것은 없다.

소규모합병에서 '합병으로 인하여 발행하는 신주'란 합병 당시에 실제로 발행하는 신주를 말하는 것으로, 존속회사가 그에 갈음하여 이미 보유하고 있던 자기주식을 이전하는 경우 이를 '합병으로 인하여 발행하는 신주'에 해당한다고 볼 수는 없다.(대판 2004.12.9. 2003다69355)(모의 13)

(2) 포합주식과 소규모합병

존속회사가 소멸회사의 주식을 보유하고 있는 경우, 이러한 포합주식에 합병신주 및 자기주식을 배정하지 않음으로써 합병신주와 자기주식의 비율을 10% 이하가 되도록 하여 소규모합병을 할 수 있게 된다.

(3) 합병계약서의 기재 및 소규모합병의 통지

소규모합병의 경우 존속회사의 합병계약서에는 주주총회의 승인을 얻지 아니하고 합병을 한다는 뜻을 기재하여야 한다(제527조의3 제2항).(변호 21, 23) 존속회사는 합병계약서를 작성한 날부터 2주 내에 소규모합병 사실을 공고하거나 주주에게 통지하여야 한다(제527조의3 제3항).(변호 21)

(4) 소규모합병의 제한

1) 합병교부금 등이 존속회사 순자산액의 5% 초과

소멸회사의 주주에게 지급하는 합병교부금 기타 재산의 가액이 존속회사의 순자산액의 5%를 초과하는 경우에는 소규모합병을 할 수 없다(제527조의3 제1항 단서).(모의 13, 19, 20, 21) 이와 관련하여 존속회사가 합병 이전에 미리 소멸회사의 주주로부터 주식을 취득하면서 지급한 주식대금이 있는 경우 이러한 주식대금도 합병교부금에 포함되는지가 문제된다.

합병교부금은 합병결의로 실제로 소멸회사 주주에게 지급된 금전을 말하고 존속회사가 미리 소멸회사의 주식을 취득하면서 지급한 매매대금은 이에 해당하지 않는다.(대판 2004.12.9. 2003다69355)

2) 20% 주주의 반대

존속회사 발행주식 총수의 20% 이상 주식을 소유한 주주가 공고 또는 통지일로부터 2주 내에 회사에 대하여 서면으로 소규모합병에 반대하는 의사를 통지한 때에는 소규모합병을 할 수 없다(제527조의3 제4항).

8. 회사 간 합병에 대한 제한

① 합병 회사의 일방 또는 쌍방이 주식회사, 유한회사 또는 유한책임회사인 경우에는 존속회사나 신설회사는 주식회사, 유한회사 또는 유한책임회사이어야 한다(제174조 제2항).(모의 13, 14)

② 해산 후 회사는 존립 중의 회사를 존속회사로 하는 경우에 한해 합병을 할 수 있다(제174조 제3항).(모의 13, 14)

③ 유한회사가 주식회사와 합병하는 경우에 존속회사 또는 신설회사가 주식회사이면 법원의 인가를 얻어야 합병의 효력이 있다(제600조 제1항).

④ 합병을 하는 회사의 일방이 사채의 상환을 완료하지 아니한 주식회사인 때에는 존속회사 또는 신설회사는 유한회사로 하지 못한다(제600조 제2항).(모의 13)

9. 합병무효의 소 [모의 15, 16]

(1) 합병무효의 소에 의한 합병의 무효

합병무효는 각 회사의 주주·이사·감사·청산인·파산관재인 또는 합병을 승인하지 아니한 채권자에 한하여 소만으로 이를 주장할 수 있다(제529조 제1항).

합병무효는 합병무효의 소로써만 주장할 수 있다(제529조 제1항). 합병무효의 소는 형성의 소이다.

(2) 합병무효의 원인

1) 합병무효 원인의 개요

상법은 합병무효의 원인에 대해서 규정하고 있지는 않으므로, 합병무효원인은 해석에 의하게 된다.

합병무효의 원인은 ① 합병제한에 관한 법률 규정 위반, ② 합병계약의 하자, ③ 합병비율의 불공정, (변호 22) ④ 주주총회 승인결의 하자, ⑤ 반대주주 주식매수청구권 침해, ⑥ 채권자보호절차 불이행 등이다.

2) 반대주주의 주식매수권을 침해한 경우

① 의의

반대주주에게 주식매수청구권이 부여되지 않거나 주식매수청구절차가 제대로 이행되지 않은 경우 합병무효의 사유가 되는지 문제된다.

② 학설

학설은 ㉠ 주식매수청구권은 합병에 반대하는 주주의 이익을 보호하기 위한 것이고 합병의 단체법적 성격에 비추어 볼 때 주식매수청구권에 관한 하자는 합병무효의 원인이 되지 않는다고 보는 부정설과 ㉡ 반대주주의 주식매수청구권은 주주이해에 중대한 사항이므로 합병무효의 원인이 된다고 보는 긍정설이 존재한다.

③ **판례**

주식매수청구권은 분할합병에 반대하는 주주가 투하자본을 회수할 수 있도록 하기 위한 것인데 **분할합병무효의 소를 제기한 소수주주가 자신이 보유하고 있던 주식을 제3자에게 매도하여 투하자본을 이미 회수**하였다고 볼 수 있고, 분할합병의 목적이 상호출자관계 해소를 위한 것이어서 **분할합병을 무효로 하더라도 회사와 주주들에게 이익이 되지도 않으므로 분할합병무효청구를 기각하는 것이 타당하다.**(대판 2010.7.22. 2008다37193)

(3) 소의 당사자

인적회사 또는 유한책임회사의 경우 사원, 청산인, 파산관재인 또는 합병을 승인하지 아니한 채권자가 합병무효의 소를 제기할 수 있다(제236조 제1항, 제269조, 제287조의18). 주식회사와 유한회사의 경우 주주(사원), 이사, 감사, 청산인, 파산관재인 또는 합병을 승인하지 아니한 채권자가 합병무효의 소를 제기할 수 있다(제529조 제1항, 제603조).(변호 20, 모의 14, 18, 19)

합병무효의 소는 존속회사 또는 신설회사만이 피고가 된다.

(4) 제소기간

합병무효의 소는 합병등기가 있은 날로부터 6월 이내에 제기하여야 한다(제529조 제2항, 제236조 제2항).(변호 20, 모의 14, 18, 19)

(5) 회사설립무효, 취소의 소 관련 규정의 준용

합병무효의 소의 관할, 판결의 효력 등에 관한 사항은 회사설립무효, 취소의 소에 관한 규정이 준용된다(제530조 제2항, 제240조, 제186조 내지 제191조).

청구인낙은 당사자의 자유로운 처분이 허용되는 권리에 관하여만 허용되는 것으로서 **회사법상 주주총회결의의 하자를 다투는 소나 회사합병무효의 소 등에 있어서는 인정되지 아니하므로 법률상 인정되지 아니하는 권리관계를 대상으로 하는 청구인낙은 효력이 없다.**(대판 1993.5.27. 92누14908)

(6) 합병무효판결의 효력

1) 원고승소판결의 효력

① **대세효 및 장래효(제530조 제2항, 제240조, 제190조)**

합병무효의 판결은 제3자에 대하여도 그 효력이 있다. 그러나 판결확정 전에 생긴 회사와 주주 및 제3자 간의 권리의무에 영향을 미치지 아니한다.(변호 22)

② **권리의무의 귀속(제530조 제2항, 제239조 제1항, 제2항)**

합병무효 판결이 확정되면, 존속회사 또는 신설회사는 장래를 향하여 합병 이전의 회사로 회복된다. 합병을 한 회사는 존속회사 또는 신설회사가 합병 후에 부담한 채무에 대하여 연대책임을 부담한다. 존속회사 또는 신설회사가 합병 후에 취득한 재산은 합병을 한 회사의 공유로 한다.

③ **합병무효에 따른 등기**

합병무효 판결이 확정되면 존속회사는 변경등기, 신설회사는 해산등기, 소멸회사는 회복등기를 하여야 한다(제530조 제2항, 제238조).

2) 원고패소판결의 효력

원고패소판결은 대세효가 없고 당사자 사이에서만 효력이 미친다. 악의 또는 중과실이 있는 패소원고는 연대하여 회사의 손해를 배상해야 한다(제530조 제2항, 제240조, 제191조).

(7) 합병승인 결의의 하자와 합병무효의 소 [모의 15]

합병결의는 합병이 효력이 발생하기 위한 요소에 불과하므로 합병결의를 다투는 소는 합병무효의 소에 흡수된다고 보는 흡수설에 의하면, 합병등기 이전에는 합병결의 자체를 다투는 소를 제기한 뒤 합병등기 이후 합병무효의 소로 변경해야 한다. 이와 달리 합병등기 이후에는 합병무효의 소를 제기하여야 한다. 주주총회결의의 하자는 합병절차의 하자에 흡수되므로, 합병무효의 소와 별개로 총회결의의 하자를 다투는 소를 제기할 수는 없다.

회사합병에 있어서 **합병등기에 의하여 합병의 효력이 발생한 후에는 합병무효의 소를 제기하는 외에 합병결의 무효확인청구만을 독립된 소로서 구할 수 없다.**(대판 1993.5.27. 92누14908)(변호 21, 23, 모의 21)

1) 주주총회결의 취소 사유에 해당하는 경우

주주총회결의 취소 사유에 해당하는 경우, 취소의 소 제기기간 내에 합병등기가 되지 않았다면 제소기간 내에 결의취소의 소를 제기하여 합병등기 이후 합병무효의 소로 변경해야 하는데, 이 경우에는 6개월 이내에 소를 변경할 것이 요구되지는 않는다.

2) 주주총회결의 무효 · 부존재 사유에 해당하는 경우

주주총회 결의무효 · 부존재 사유에 해당하는 경우, 합병무효의 소의 제기기간만 문제된다. 합병무효의 소 제기기간 이후에는 결의무효 · 부존재 소도 제기할 수 없다.

Ⅱ. 주식의 포괄적 교환과 이전

1. 주식의 포괄적 교환

(1) 의의

1) 개념

주식의 포괄적 교환이란 완전자회사가 되는 회사의 주주가 가지는 주식 전부를 완전모회사가 되는 회사에 이전하고, 완전자회사가 되는 회사의 주주는 완전모회사가 되는 회사가 발행하는 신주를 배정받거나 그 회사의 자기주식을 이전받아 그 회사의 주주가 되는 방법으로 완전모자관계를 형성하는 것을 의미한다(제360조의2 제2항).(변호 17, 20, 모의 14, 18) 주식의 포괄적 교환은 완전모회사가 되는 회사는 자산 변동이 없고, 완전자회사가 되는 회사 또한 주주만 변동될 뿐 회사 자산변동이 없어 채권자를 해할 염려가 없으므로, 채권자보호절차가 요구되지 않는다.(변호 18, 24, 모의 14, 21, 22, 23)

2) 주식의 포괄적 이전과의 비교

① 완전모자회사 관계 형성

완전모자회사 관계가 만들어진다는 점에서 주식 포괄적 교환과 주식 포괄적 이전은 동일하다. 다만, 주식 포괄적 교환은 기존 회사 사이에서 완전모자회사 관계를 형성하는데 반하여 주식 포괄적 이전은 완전자회사가 될 회사가 완전모회사가 될 회사를 설립하여 완전모자관계를 형성한다.

② 회사신설 여부

그 결과 주식 포괄적 교환의 경우에는 회사 신설 절차가 진행되지는 않으나, 주식 포괄적 이전의 경우에는 회사 신설 절차가 진행되고 그에 따른 법률관계가 발생하게 된다.

③ 신주발행 여부

주식의 포괄적 교환은 완전모회사로 되는 회사의 주식을 신주발행 또는 구주이전의 방법으로 배정하여줌으로써 완전모자관계를 창설하기 때문에 반드시 신주발행절차가 진행되어야 하는 것은 아니나,

주식의 포괄적 이전은 완전모회사를 새로이 설립하면서 모든 구주를 완전모회사에 이전하여 주고 그 대가로 완전모회사가 발행하는 신주를 배정받으므로 신주발행절차가 진행되어야 한다.

(2) 절차

1) 주식교환 절차의 개요

주식의 포괄적 교환은 ① 주식교환계약 → ② 주식교환계약서 등의 공시 → ③ 주식교환계약서 승인결의 → ④ 반대주주의 주식매수청구 → ⑤ 주권실효절차 → ⑥ 등기의 절차를 거쳐 진행된다.

주식의 포괄적 교환은 등기가 효력발생요건이 아니고, 주식교환계약서에 기재된 주식교환을 할 날에 효력이 발생한다.

2) 주식교환계약

① 주식교환 계약서의 기재사항 개요

상법은 주식교환 계약서에 기재할 사항에 대하여 규정하고 있는데(제360조의3 제3항), 내용은 합병계약서에 기재할 내용과 유사하다.

② 교환을 할 날

주식교환의 경우, 주식교환계약서의 기재사항인 '주식교환을 할 날'에 주식교환의 효력이 발생한다. 회사의 주주 전체가 소유한 주식은 주식교환계약서에서 정한 주식을 교환할 날에 이전되며,(모의 21) 주권의 교부는 필요하지 않다.(모의 18) 주식이전의 경우에는 주식이전을 할 날이 아니라 주식이전으로 설립되는 회사의 설립등기일에 주식이전의 효력이 발생하는 것과 차이가 있다.

3) 주식교환계약서 등의 공시

① 주식교환계약서 등의 비치

이사는 주식교환 결의를 위한 주주총회의 2주 전부터 주식교환의 날 이후 6월이 지나는 날까지 아래 서면을 본점에 비치하여야 한다(제360조의4 제1항).

㉠ 주식교환계약서

㉡ 완전자회사 주주에 대한 신주 배정 또는 자기주식 이전에 관한 서면

㉢ 각 회사의 최종의 대차대조표와 손익계산서

② 주주의 열람 또는 등사 청구

주주(채권자 ×)는 영업시간 내에 위 서류의 열람 또는 등사를 청구할 수 있다(제360조의4 제2항, 제391조의3 제3항).

4) 주식교환계약 승인결의

주식교환계약서는 주주총회의 특별결의에 의한 승인을 얻어야 한다(제360조의3 제1항, 제2항).(모의 18) 주식교환계약서 승인을 위한 주주총회 소집통지에는 주식교환계약의 주요내용을 기재해야 한다(제360조의3 제4항). 주식교환으로 인하여 주식교환에 관련되는 각 회사의 주주의 부담이 가중되는 경우에는 그 주주 전원의 동의가 있어야 한다(제360조의3 제5항).(변호 24, 모의 14) 회사가 종류주식을 발행한 경우 주식교환으로 인하여 어느 종류의 주주에게 손해를 미치게 될 경우에는 종류주주총회의 결의를 거쳐야 한다(제436조, 제435조). 간이주식교환이나 소규모주식교환의 경우 주주총회 결의는 이사회의 승인으로 할 수 있다.

5) 반대주주의 주식매수청구권

① 서면에 의한 반대의사통지 및 주식매수청구

주식교환계약서에 대한 주주총회 결의사항에 관하여 이사회의 결의가 있는 때에 그 결의에 반대하는 주주(의결권이 없거나 제한되는 주주를 포함)는 주주총회 전에 회사에 대하여 서면으로 그 결의에 반대하는 의사를 통지한 경우 그 총회의 결의일로부터 20일 이내에 주식의 종류와 수를 기재한 서면으로 회사에 대하여 자기가 소유하고 있는 주식의 매수를 청구할 수 있다(제360조의5 제1항).(변호 18, 모의 16, 21)

② 소규모주식교환

소규모주식교환의 경우 완전모회사 주주에게 주식매수청구권이 인정되지 않는다(제360조의10 제7항).

③ 간이주식교환의 경우

간이주식교환에 대한 공고 또는 주주에 대한 통지일로부터 2주 내에 회사에 대하여 서면으로 주식교환에 반대하는 의사를 통지한 주주는 그 기간이 경과한 날부터 20일 이내에 주식의 종류와 수를 기재한 서면으로 회사에 대하여 자기가 소유하고 있는 주식의 매수를 청구할 수 있다(제360조의5 제2항).

④ 주식매수청구의 효과

반대주주의 주식매수청구권은 형성권으로 반대주주의 청구에 의하여 계약이 체결된다. 다만 실제 주식의 이전은 제360조 제3항을 유추하여 매매대금의 지급이 있어야 한다고 본다.

영업양도에 반대하는 주주의 주식매수청구권은 형성권으로서 그 행사로 회사의 승낙 여부와 관계없이 주식에 관한 매매계약이 성립한다.(대판 2011.4.28. 2010다94953)

6) 주권실효

주식교환에 의하여 완전자회사가 되는 회사는 주주총회의 승인결의 이후 주식교환의 날 1월 전에 ① 주식교환의 날의 전날까지 주권을 회사에 제출할 것과 ② 주식교환의 날에 주권이 무효가 된다는 사실을 공고하고, 주주명부에 기재된 주주와 질권자에 대하여 따로 통지를 하여야 한다(제360조의8 제1항). 즉 완전자회사가 되는 회사의 주권은 주식교환의 날에 실효된다.

7) 등기

주식교환으로 완전모회사의 자본금이 증가하게 되면 이를 등기하여야 한다. 완전자회사의 경우 등기사항의 변동이 없으므로 등기를 요하지 않는다.

(3) 교환비율

주식교환계약서에는 완전모회사가 되는 회사가 주식교환을 위하여 발행하는 신주 또는 이전하는 자기주식의 총수 · 종류, 종류별 주식의 수 및 완전자회사가 되는 회사의 주주에 대한 신주의 배정비율 또는 자기주식의 이전비율 등을 규정하여야 한다(제360조의3 제3항 제2호).

(4) 완전모회사의 자본금 증가 한도

포괄적 주식 교환에 따라 신주가 발행되는 경우 액면미달발행이나 현물출자의 과대평가가 이루어지지 않도록 아래와 같이 완전모회사의 자본금 증가액이 제한된다. 이에 비추어 보면 완전자회사가 되는 회사가 채무초과상태에 있는 경우 주식교환은 허용되지 않는다고 본다.

1) 완전모회사 자본금 증가 한도

완전모회사가 되는 회사의 자본금 증가액은 주식교환의 날에 완전자회사가 되는 회사에 현존하는 순자산액에서 ① 완전자회사가 되는 회사의 주주에게 제공할 금전이나 그 밖의 재산의 가액 및

② 완전자회사가 되는 회사의 주주에게 이전하는 자기주식의 장부가액의 합계액을 뺀 금액을 초과할 수 없다(제360조의7 제1항).

2) 완전모회사가 주식교환 이전에 완전자회사 발행 주식을 소유하고 있는 경우(제360조의7 제2항)

완전모회사가 되는 회사가 주식교환 이전에 완전자회사가 되는 회사의 주식을 이미 소유하고 있는 경우에는 완전모회사가 되는 회사의 자본금 증가액은 주식교환의 날에 완전자회사가 되는 회사에 현존하는 순자산액에 그 회사의 발행주식 총수에 대한 주식교환으로 인하여 완전모회사가 되는 회사에 이전하는 주식의 수의 비율을 곱한 금액에서 위 ① 및 ②의 금액의 합계액을 뺀 금액을 초과할 수 없다.

(5) 자기주식

① 완전모회사가 되는 회사가 보유하던 자기주식은 그대로 보유할 수도 있고 완전자회사의 주주에게 교환대가로 지급할 수도 있다(제360조의3 제3항 제2호).(모의 18)

② 완전자회사가 되는 회사가 보유하던 자기주식의 경우 완전모회사가 되는 회사의 주식으로 교환되더라도 상호주에 해당하게 되므로 6개월 이내 처분의무가 발생하게 된다(제342조의2 제2항).

③ 완전모회사가 되는 회사가 보유하던 완전자회사가 되는 회사 발행 주식에 대해서는 신주가 발행될 수 없다(제360조의7 제2항).

④ 완전자회사가 되는 회사가 보유하던 완전모회사가 되는 회사 발행 주식은 그대로 유지되어 상호주에 해당하게 되고, 6개월 이내 처분의무가 발생하게 된다(제342조의2 제2항).(모의 18, 21, 23)

(6) 주식교환의 효과 [변호 22]

1) 완전모자회사 관계의 형성

완전모회사는 완전자회사의 주식 전부를 소유하게 되어 완전모자회사관계가 형성된다.

2) 완전자회사 주권의 실효

주식교환의 결과, 완전자회사의 기존 주권은 실효된다.

3) 완전모회사 자본금과 주주의 변동

① 신주발행의 경우

완전모회사가 완전자회사의 주주에게 주식교환의 대가로 신주를 발행해 주는 경우, 발행되는 신주의 액면총액에 해당하는 만큼 완전모회사의 자본금이 증가하고 주주의 구성이 변경된다. 완전모회사의 자본금 증가액은 앞서 살펴본 바와 같은 제한이 적용된다(제360조의7).

② 기존주식 이전의 경우

완전모회사가 보유하고 있던 자기주식을 완전자회사의 주주에게 주식교환의 대가로 지급하는 경우 완전모회사의 자본금은 증가하지 않고 주주의 구성이 변경된다. 주식교환의 대가를 전부 완전모회사의 자기주식으로 제공하게 되면 신주가 발행되지 않는 무증자 주식교환이 된다. 대가 전부를 금전 등 교부금으로 제공하는 경우에도 무증자 주식교환이 이루어지게 된다.

4) 완전모회사의 이사·감사의 퇴임

주식교환에 의하여 완전모회사가 되는 회사의 이사 및 감사로서 주식교환 전에 취임한 자는 주식교환계약서에 다른 정함이 있는 경우를 제외하고는 주식교환 후 최초로 도래하는 결산기에 관한 정기총회가 종료하는 때에 퇴임한다(제360조의13).(변호 20)

5) 교환대가의 지급

① **교환교부금**

주식교환의 대가로 완전자회사가 되는 회사의 주주에게 금전이나 그 밖의 재산을 제공하는 것도 인정된다(제360조의3 제3항 제4호).

② **삼각주식교환**

㉠ **삼각주식교환 규정**

2015년 개정상법은 삼각주식교환을 규정하였다(제360조의3 제3항 제4호, 제6항, 제7항).

삼각주식교환의 경우 A회사가 자회사인 B회사를 만든 다음 B회사가 취득한 A회사 주식을 교환대가로 하여 C회사 주주와 주식교환을 하는 거래가 이루어진다. 그 결과 B회사는 C회사 주식을 100% 보유하게 되고, C회사 주주는 A회사 주식을 보유하게 된다.

㉡ **모회사 주식 취득의 허용**

완전자회사가 되는 회사의 주주에게 제공하는 재산이 완전모회사가 되는 회사의 모회사 주식을 포함하는 경우에는 완전모회사가 되는 회사는 그 지급을 위하여 그 모회사의 주식을 취득할 수 있다(제360조의3 제6항).(변호 24, 모의 16, 18) 삼각주식교환에서는 주식교환 당사 회사의 주주총회승인만 있으면 되고, 모회사의 주주총회승인은 필요하지 않다.(모의 16)

㉢ **모회사 주식의 처분**

완전모회사가 되는 회사는 위에 따라 취득한 모회사 주식을 주식교환 후에도 계속 보유하고 있는 경우 주식교환의 효력발생일로부터 6개월 이내에 그 주식을 처분하여야 한다(제360조의3 제7항).

(7) 간이주식교환

완전자회사가 되는 회사의 총주주의 동의가 있거나 그 회사의 발행주식총수의 100분의 90 이상을 완전모회사가 되는 회사가 소유하고 있는 때에는 완전자회사가 되는 회사의 주주총회의 승인은 이를 이사회의 승인으로 갈음할 수 있다(제360조의9 제1항).(변호 15, 20, 24, 모의 14) 이를 간이주식교환이라 한다. 완전모회사가 되는 회사는 주주총회 승인을 얻어야 하는 등 간이주식교환으로 달라지는 것은 없다.

완전자회사가 되는 회사는, 총주주의 동의가 있는 때를 제외하고, 주식교환계약서를 작성한 날부터 2주 내에 간이주식교환 사실을 공고하거나 주주에게 통지하여야 한다(제360조의9 제2항). 완전자회사가 되는 회사의 반대주주에게는 주식매수청구권이 인정된다.(모의 22)

(8) 소규모주식교환

1) 의의

완전모회사가 되는 회사가 주식교환을 위하여 발행하는 신주 및 이전하는 자기주식의 총수가 그 회사의 발행주식총수의 100분의 10을 초과하지 아니하는 경우에는 주주총회의 승인은 이를 이사회의 승인으로 갈음할 수 있다(제360조의10 제1항).(변호 17, 20, 모의 14, 22) 이를 소규모주식교환이라 한다. 따라서 신주와 구주의 규모가 합하여 모회사 발행주식총수의 10%를 초과하면 소규모주식교환을 할 수 없다. 완전자회사가 되는 회사는 주주총회 승인을 얻어야 하는 등 소규모주식교환으로 달라지는 것은 없다.

2) 소규모주식교환의 통지

완전모회사가 되는 회사는 주식교환계약서를 작성한 날부터 2주 내에 소규모주식교환 사실을 공고하거나 주주에게 통지하여야 한다(제360조의10 제4항).

3) 소규모주식교환의 제한

① 교부금 등 재산가액이 순자산액의 5% 초과

완전자회사가 되는 회사의 주주에게 지급하는 교부금 기타 재산의 가액이 완전모회사가 되는 회사의 순자산액의 5%를 초과하는 경우에는 소규모주식교환을 할 수 없다(제360조의10 제1항 단서).

② 20% 주주의 반대

완전모회사가 되는 회사 발행주식 총수의 20% 이상 주식을 소유한 주주가 공고 또는 통지일로부터 2주 내에 회사에 대하여 서면으로 소규모주식교환에 반대하는 의사를 통지한 때에는 소규모주식교환을 할 수 없다(제360조의10 제5항).

(9) 주식교환의 무효

1) 주식교환무효의 소에 의한 주식교환의 무효

주식교환의 무효는 각 회사의 주주 · 이사 · 감사 · 감사위원회의 위원 또는 청산인에 한하여 주식교환의 날부터 6월내에 소만으로 이를 주장할 수 있다(제360조의14 제1항).(변호 20, 21, 모의 22)

주식의 포괄적 교환 · 이전의 무효원인은 교환계약의 하자, 주주총회 승인결의의 하자, 교환비율의 불공정 등을 생각할 수 있다(채권자보호절차 불이행 ×).(변호 24, 모의 18, 22)

2) 주식교환무효 판결의 효력

① 원고승소판결의 대세효 및 장래효

주식교환 무효의 판결은 제3자에 대하여도 그 효력이 있다(제360조의14 제4항, 제190조 본문).(변호 24, 모의 14) 주식교환 무효의 판결이 확정되면 주식교환은 장래를 향하여 그 효력을 잃는다(제360조의14 제4항, 제431조).(모의 14, 21) 주식교환을 무효로 하는 판결이 확정된 때에는 완전모회사가 된 회사는 주식교환을 위하여 발행한 신주 또는 이전한 자기주식의 주주에 대하여 그가 소유하였던 완전자회사가 된 회사의 주식을 이전하여야 한다(제360조의14 제3항).

② 원고패소판결의 효력

원고패소판결은 대세효가 없고 당사자 사이에서만 효력이 미친다. 악의 또는 중과실이 있는 패소원고는 연대하여 회사의 손해를 배상해야 한다(제360조의14 제4항, 제191조).

2. 주식의 포괄적 이전

(1) 의의

주식이전에 의하여 완전자회사가 되는 회사의 주주가 소유하는 그 회사의 주식은 주식이전에 의하여 설립하는 완전모회사에 이전하고, 그 완전자회사가 되는 회사의 주주는 그 완전모회사가 주식이전을 위하여 발행하는 주식의 배정을 받음으로써 그 완전모회사의 주주가 된다(제360조의15 제2항).(변호 21, 모의 14, 18) 이를 주식의 포괄적 이전이라 한다. 주식의 포괄적 이전은 완전모회사가 되는 회사는 신설되는 회사이고, 완전자회사가 되는 회사 또한 주주만 변동될 뿐 회사 자산의 변동이 없는 관계로 채권자를 해할 염려가 없으므로, 채권자보호절차가 요구되지 않는다.(변호 18, 모의 22) 주식의 포괄적 이전은 지주회사 설립을 쉽게 하기 위하여 도입된 제도로, 우리금융지주와 신한금융지주가 여러 금융기관들이 참여한 주식의 포괄적 이전에 의하여 설립되었다.

(2) 절차

주식의 포괄적 이전은 ① 주식이전계획서 → ② 주식이전계획서 등의 공시 → ③ 주식이전계획서 승인결의 → ④ 반대주주의 주식매수청구 → ⑤ 주권실효절차 → ⑥ 등기의 절차를 거쳐 진행된다. 주식의 포괄적 이전은 완전모회사가 신설되므로 주식의 포괄적 교환의 경우와 달리 계약서가 작성되는 것이 아니라 주식이전계획서가 작성된다(제360조의16 제1항). 주식 이전의 효력은 주식이전계획서에 기재된 주식이전일이 아니라 완전모회사의 설립등기 경료일에 효력이 발생한다(제360조의21). 주식의 포괄적 이전의 경우 주식발행절차가 진행되어야 한다(제360조의15 제2항).(모의 14) 나머지 주식의 포괄적 이전 절차에 관한 사항은 주식의 포괄적 교환과 유사하다.

(3) 완전모회사 자본금 증가 한도

주식이전에 의하여 설립하는 완전모회사의 자본금은 주식이전의 날에 완전자회사가 되는 회사에 현존하는 순자산액에서 그 회사의 주주에게 제공할 금전 및 그 밖의 재산의 가액을 뺀 액을 초과하지 못한다(제360조의18).(모의 18)

(4) 주식의 포괄적 이전의 효과

① 주식의 포괄적 이전의 경우에는 완전모회사가 신설된다. 따라서 주식교환에 있어서의 간이주식교환이나 소규모주식교환과 같은 법리가 적용되지 않는다.

② 주식의 포괄적 이전의 효력은 포괄적 이전으로 설립된 완전모회사가 그 본점소재지에서 상법 제360조의20에 의한 설립등기를 한 날에 발생한다(제360조의21).(모의 14, 21)

③ 주식의 포괄적 이전으로 완전자회사가 되는 회사 주식의 등록질권자는 완전모회사에 대하여 포괄적 이전으로 발행하는 주식의 주권을 자신에게 교부해줄 것을 청구 할 수 있다.(모의 14)

(5) 주식이전무효의 소

1) 원고 및 제소기간

주식이전의 무효는 각 회사의 주주 · 이사 · 감사 · 감사위원회의 위원 또는 청산인에 한하여(채권자 ×) 주식이전의 날부터 6월내에 소만으로 이를 주장할 수 있다(제360조의23 제1항).(모의 22)

2) 주식이전무효 판결의 효력

① 원고승소판결의 대세효 및 장래효

주식이전 무효의 판결은 제3자에 대하여도 그 효력이 있다. 그러나 주식이전 무효의 판결은 판결확정전에 생긴 회사와 사원 및 제3자간의 권리의무에 영향을 미치지 아니한다(제360조의23 제4항, 제190조).(모의 21) 주식이전을 무효로 하는 판결이 확정된 때에는 완전모회사가 된 회사는 주식이전을 위하여 발행한 주식의 주주에 대하여 그가 소유하였던 완전자회사가 된 회사의 주식을 이전하여야 한다(제360조의23 제3항).

② 원고패소판결의 효력

원고패소판결은 대세효가 없고 당사자 사이에서만 효력이 미친다. 악의 또는 중과실이 있는 패소원고는 연대하여 회사의 손해를 배상해야 한다(제360조의23 제4항, 제191조).

Ⅲ. 회사분할

1. 의의

(1) 회사분할의 개념

회사분할이란 하나의 회사의 영업이 둘 이상의 회사로 분리하여 분리된 영업재산으로 회사를 신설하거나 다른 회사와 합병시키는 방법으로 그 영업에 관한 권리의무를 신설회사 또는 승계회사에 승계시키는 것을 목적으로 하는 회사의 행위를 말한다.

(2) 회사의 분할과 분할합병

주식회사는 분할에 의하여 ① 1개 또는 수개의 회사를 설립할 수 있고, ② 1개 또는 수개의 존립 중의 회사와 분할합병 할 수 있고, ③ 1개 또는 수개의 회사를 설립함과 동시에 분할합병 할 수 있다(제530조의2). 다만, 해산 후의 회사는 존립 중의 회사를 존속하는 회사로 하거나 새로 회사를 설립하는 경우에 한하여 분할 또는 분할합병 할 수 있다(제530조의2 제4항). 회사분할은 주식회사에 대해서만 인정된다.

(3) 분할의 유형

1) 단순분할과 분할합병 [변호 18, 20]

① 단순분할

단순분할이란 회사의 영업을 수개로 분리 후 분리된 영업을 출자하여 회사를 설립하는 것과 같이 분리된 영업이 독립하여 신설회사로 남는 것을 의미한다(제530조의2 제1항). 단순분할에서 영업을 분리하는 회사를 '**분할회사**'라 하고, 분리된 영업으로 설립되는 회사를 '**신설회사**'라 한다. 단순분할은 분할회사가 소멸하는 '**소멸분할**'과 존속회사가 소멸하지 않는 '**존속분할**'로 나눌 수 있다.

② 분할합병 [모의 13]

분할합병이란 회사에서 분리된 영업을 다른 회사가 승계하는 것과 같이 분리된 영업이 다른 회사에 흡수되는 것을 의미한다(제530조의2 제2항).(변호 17) 분할합병에서 영업을 분리하는 회사를 분할회사라 하고, 분리된 영업을 승계하는 회사를 '**승계회사**'라 한다. 분할합병도 분할회사가 소멸하는 소멸분할합병과 분할회사가 존속하는 존속분할합병으로 나눌 수 있다. 또한 분할합병은 분할회사에서 분리된 영업을 승계회사에 흡수합병 시키는 '**흡수분할합병**'(제530조의6 제1항)과 분할회사에서 분리된 영업을 가지고 다른 회사와 별도의 회사를 설립하는 '**신설분할합병**'(제530조의6 제2항)으로 나눌 수 있다.

2) 인적 분할과 물적 분할 (변호 13, 17, 19, 20, 모의 14, 17)

① '**인적 분할**'이란 신설회사 또는 승계회사가 발행하는 분할신주를 분할회사의 주주에게 교부하는 회사분할을 의미한다. ② '**물적 분할**'이란 신설회사 또는 승계회사가 발행하는 분할신주를 분할회사에게 교부하는 회사분할을 의미한다(제530조의12). 상법은 제530조의2 이하에서 인적 분할에 대해 규정한 후 이를 물적 분할에 준용하고 있다(제530조의12).

3) 교부금분할합병과 삼각분할합병

① 교부금분할합병

교부금분할합병이란 승계회사가 분할대가로 승계회사의 주식 대신 분할교부금 또는 기타 재산을 교부하는 분할합병을 의미한다(제530조의6 제1항 제4호). 교부금분할합병은 2015년 개정상법에 의하여 도입되었다.

② 삼각분할합병

삼각분할합병은 승계회사가 자신의 모회사의 주식을 분할대가로 지급하는 분할합병을 의미한다(제530조의6 제4항). 삼각분할합병 또한 2015년 개정상법에 의하여 도입되었다. 분할승계회사는 분할

회사의 주주에게 제공하는 재산이 분할승계회사의 모회사 주식을 포함하는 경우 모회사 주식을 취득할 수 있다(제530조의6 제4항).(변호 25) 분할승계회사가 위에 따라 취득한 모회사의 주식을 분할합병 후에도 계속 보유하고 있는 경우 분할합병의 효력이 발생하는 날부터 6개월 이내에 그 주식을 처분하여야 한다(제530조의6 제5항).(모의 20)

4) 현물출자 또는 현물배당과의 비교

① 분할회사가 영업을 현물출자 하여 완전자회사를 설립하면 물적 분할과 동일한 효과를 얻을 수 있다.

② 분할회사가 영업을 현물출자 하여 완전자회사를 설립한 후 그 주식을 분할회사의 주주에게 현물배당하면 인적분할과 동일한 효과를 얻을 수 있다. 현물배당의 경우 채권자보호절차가 요구되지 않고 제530조의9에 규정된 연대책임도 적용되지 않으므로, 위 방식을 통하여 회사분할의 규제를 회피할 가능성이 있다.

③ 분할회사가 영업을 분할승계회사에 현물출자한 후 분할승계회사로부터 지급받은 신주를 분할회사의 주주에게 현물배당 하는 경우 분할합병과 동일한 효과를 얻을 수 있다. 현물배당의 경우 채권자보호절차가 요구되지 않고 제530조의9에 규정된 연대책임도 적용되지 않으므로, 위 방식을 통하여 회사분할의 규제를 회피할 가능성이 있다.

2. 분할의 절차

(1) 분할계획서 또는 분할합병계약서의 작성

회사분할을 위해서는 분할계획서(제530조의5) 또는 분할합병계약서(제530조의6)를 작성해야 한다.

(2) 분할계획서 등의 공시

1) 분할계획서 등의 비치

분할회사의 이사는 분할계획서 또는 분할합병계약서의 승인을 위한 주주총회 회일의 2주 전부터 분할의 등기를 한 날 또는 분할합병을 한 날 이후 6개월 간 아래 서면을 본점에 비치하여야 한다.

① 분할계획서 또는 분할합병계약서

② 분할되는 부분의 대차대조표

③ 분할합병의 경우 분할합병의 상대방 회사의 대차대조표

④ 분할 또는 분할합병을 하면서 신주가 발행되거나 자기주식이 이전되는 경우에는 분할회사의 주주에 대한 신주의 배정 또는 자기주식의 이전에 관하여 그 이유를 기재한 서면

2) 주주 및 채권자의 열람 및 등본 등 교부 청구

주주 및 회사채권자는 영업시간 내에는 언제든지 위 서류의 열람을 청구하거나, 회사가 정한 비용을 지급하고 그 등본 또는 초본의 교부를 청구할 수 있다(제530조의7 제3항, 제522조의2 제2항).

(3) 분할결의

1) 주주총회의 승인결의 [모의 13]

회사가 분할 또는 분할합병을 하는 때에는 분할계획서 또는 분할합병계약서를 작성하여 주주총회의 특별결의에 의한 승인을 얻어야 한다(제530조의3 제1항, 제2항).(변호 17) 의결권 없는 주주도 의결권이 인정된다(제530조의3 제3항).(변호 13, 19, 23, 모의 14, 16, 17, 18, 19, 20) 회사의 분할 또는 분할합병으로 인해 분할 또는 분할합병에 관련되는 각 회사의 주주의 부담이 가중되는 경우에는 주주총회 특별결의 이외에 그 주주 전원의 동의가 있어야 한다(제530조의3 제6항).(변호 13, 19)

회사의 분할 또는 분할합병으로 인하여 그에 관련되는 주주의 부담이 가중되는 경우에는 주주총회의 승인결의 외에 그 주주 전원의 동의가 있어야 하는데, 이 규정은 주주를 보호하기 위한 규정으로 회사 채권자는 이 규정을 근거로 분할로 인하여 신설된 회사가 분할 전 회사의 채무를 연대하여 변제할 책임이 있음을 주장할 수는 없다.(대판 2010.8.19. 2008다92336)(모의 19)

[사실관계 및 판시사항] 대우중공업을 분할하여 조선해양 사업부문을 승계하는 피고 대우조선해양과 종합기계 사업부문을 승계하는 피고 두산인프라코어를 신설하며, 잔존 사업부문은 존속회사인 대우중공업에게 귀속시킨다는 내용의 분할계획서가 작성하여 대우중공업의 출석한 주주의 의결권의 3분의 2 이상의 수와 발행주식총수의 3분의 1 이상의 수로써 주주총회의 승인을 얻은 결의로 분할에 의하여 회사를 설립한 사안에서, 원고는 위 회사분할 과정에서 원고들을 포함한 주주 전원의 동의가 없었으므로 대우중공업으로부터 분할된 신설회사인 피고 대우조선해양, 두산인프라코어가 대우중공업의 손해배상채무를 연대하여 이행할 책임이 있다고 주장한 사안에서 대법원은 원고들의 주장을 배척하였다.

2) 간이분할합병

분할합병의 경우 간이합병과 소규모합병에 관한 규정이 준용된다. 그 결과 분할합병의 경우에도 간이분할합병과 소규모분할합병이 인정된다.

흡수분할합병의 경우, 승계회사가 분할회사 발행주식총수의 90% 이상을 소유하고 있거나 분할회사 총주주의 동의가 있는 경우 분할회사의 주주총회 승인은 이사회의 승인으로 갈음할 수 있다(제530조의11 제2항, 제527조의2).(모의 16, 18)

3) 소규모분할합병

흡수분할합병의 경우, 승계회사가 분할합병으로 인하여 발행하는 신주가 승계회사 발행주식총수의 10% 이하인 경우 승계회사의 주주총회 승인은 이사회의 승인으로 갈음할 수 있다(제530조의11 제2항, 제527조의3).

(4) 반대주주의 주식매수청구 [모의 13]

분할합병에 반대하는 주주에게 주식매수청구권이 인정된다(제530조의11 제2항, 제522조의3).(변호 20, 모의 16) 다만, 단순분할의 경우에는 주식매수청구권이 인정되지 않는다.(변호 13, 23, 모의 17, 18) 단순분할의 경우에는 분할전회사의 주주가 분할후회사의 주식을 주주평등의 원칙에 따라 취득하는 관계로 주주의 이익이 침해되지 않기 때문이다. 소규모합병의 경우와 마찬가지로 소규모분할합병의 경우에도 승계회사의 주주에게 주식매수청구권이 인정되지 않는다(제530조의11 제2항, 제527조의3 제5항).

(5) 채권자보호절차 [변호 18, 모의 13]

1) 단순분할의 경우

① 원칙

단순분할의 경우 단순분할 신설회사는 분할 전 분할회사의 채무에 대하여 연대책임을 부담하므로(제530조의9 제1항)(모의 21) 채권자의 입장에서는 책임재산의 변동이 없고 이익이 침해되지 않으므로 채권자보호절차가 요구되지 않는다.

② 예외

단순분할을 함에 있어서 단순분할신설회사가 분할회사의 채무 중에서 분할계획서에 승계하기로 정한 채무에 대해서만 책임을 부담하는 것으로 정할 수 있다(제530조의9 제2항). 이 경우 분할회사가 분할 이후에도 존속하는 경우 단순분할신설회사가 부담하지 아니하는 채무에 대한 책임만을 부담한다(제530조의9 제2항). 단순분할의 경우라 하더라도 위와 같은 경우에는 채권자보호절차가 요구된다(제530조의9 제4항, 제527조의5).(변호 23, 모의 21)

분할되는 회사와 신설회사의 채무관계가 분할채무관계로 바뀌는 것은 분할되는 회사가 자신이 알고 있는 채권자에게 개별적인 최고절차를 제대로 거쳤을 것을 요건으로 하는 것이라고 보아야 하며, 만약 그러한 개별적인 최고를 누락한 경우에는 그 채권자에 대하여 분할채무관계의 효력이 발생할 수 없고 원칙으로 돌아가 신설회사와 분할되는 회사가 연대하여 변제할 책임을 지게 된다.(대판 2004.8.30. 2003다25973)(변호 23)

개별 최고가 필요한 '회사가 알고 있는 채권자'란 채권자가 누구이고 채권이 어떠한 내용의 청구권인지가 대체로 회사에게 알려져 있는 채권자를 말하는 것이고, 회사에 알려져 있는지 여부는 개개의 경우에 제반 사정을 종합적으로 고려하여 판단하여야 하는데, 회사의 장부 기타 근거에 의하여 성명과 주소가 회사에 알려져 있는 자는 물론이고 회사 대표이사 개인이 알고 있는 채권자도 이에 포함된다고 봄이 타당하다.(대판 2011.9.29. 2011다38516)(모의 17)

2) 분할합병의 경우

분합합병의 경우, 분할회사와 분할합병승계회사 모두 채권자보호절차를 거쳐야 한다(제530조의11 제2항, 제527조의5).(모의 14, 16, 18)

(6) 보고총회, 창립총회

분할합병의 경우, 흡수합병의 보고총회에 관한 규정이 준용된다(제530조의11 제1항, 제526조).

단순분할로 회사가 신설되는 경우 회사설립에 관한 규정이 준용되나 창립총회에 관해서는 신설합병의 창립총회에 관한 규정이 준용된다(제530조의11 제1항, 제527조).

(7) 회사설립

분할로 인한 신설회사의 설립에 관하여는 회사설립에 관한 규정이 준용된다(제530조의4). 분할회사의 출자만으로 회사가 설립되는 경우, 현물출자에 대한 검사절차가 적용되지 않는다.

(8) 분할등기

회사의 분할은 분할회사 또는 합병신설회사가 그 본점소재지에서 분할등기를 하여야 효력이 발생한다(제530조의11, 제234조). 분할회사는 변경등기, 신설회사는 설립등기, 소멸회사는 해산등기를 해야 한다.

3. 회사분할의 효과

(1) 권리의무의 부분적 포괄승계

단순분할신설회사, 분할승계회사 또는 분할합병신설회사는 분할회사의 권리와 의무를 분할계획서 또는 분할합병계약서에서 정하는 바에 따라 승계한다(제530조의10). 회사분할에 따른 재산이전은 개별적인 이전절차 없이 분할등기일에 자동으로 이전된다.

(2) 주식의 배정

인적 분할의 경우 분할회사의 주주가 단순분할신설회사, 분할승계회사, 분할합병신설회사의 주식을 배정받게 된다. 물적 분할의 경우 분할회사가 단순분할신설회사, 분할승계회사, 분할합병신설회사의 주식을 배정받게 된다.

(3) 분할 전 분할회사 채무에 대한 연대책임 [모의 13]

1) 연대책임의 주체

분할회사, 단순분할신설회사, 분할승계회사 또는 분할합병신설회사는 분할 또는 분할합병 전의 분할회사 채무를 연대하여 변제할 책임이 있다(제530조의9 제1항).(모의 21)

2) 연대책임의 대상이 되는 채무의 범위

① 분할 전이란 분할등기 전을 의미한다. 따라서 회사분할에 대한 주주총회 특별결의 이후 분할등기 전에 발생한 분할 전 회사의 채무 또한 연대책임의 대상이 된다.

② 채무가 분할 전에 발생한 이상 변제기가 분할 이후에 도래하더라도 연대책임이 인정된다.(모의 19) 분할 전에 단순히 채무발생의 가능성 또는 기초적 사실관계만 있고 분할 이후에 채무가 구체적으로 발생한 경우에는 연대책임이 인정되지 않는다. 분할회사의 위법행위가 분할 전에 있었으나 과징금이 분할등기 이후 부과된 경우 判例는 분할 후 신설회사에 대해서는 분할 전의 위법행위를 이유로 과징금을 부과할 수 없다고 하였다(대판 2007.11.29. 2006두18928). 다만 2012년 개정된 공정거래법 제55조의3 제3항은 위의 경우 신설회사 또는 승계회사에 과징금을 부과할 수 있도록 규정하였다.

③ 회사의 분할 또는 분할합병으로 인하여 설립되는 회사와 존속하는 회사가 회사 채권자에게 연대하여 변제할 책임이 있는 분할 또는 분할합병 전의 회사 채무에는 분할 또는 분할합병의 효력발생 전에 발생하였으나 분할 또는 분할합병 당시에는 아직 그 변제기가 도래하지 아니한 채무도 포함된다.(대판 2008.2.14. 2007다73321)(변호 23, 25, 모의 19)

3) 연대책임의 법적 성질

① 연대책임의 법적 성질에 대하여 판례는 부진정연대책임으로 본다.

② 분할 또는 분할합병으로 인해 설립되는 회사 또는 존속하는 회사(이하 '분할당사회사'라고 한다)가 분할계획서나 분할합병계약서에 부담하기로 정한 채무 이외의 채무에 대하여 부담하는 연대책임은 채권자에 대하여 개별 최고를 거쳤는지 여부와 관계없이 부담하게 되는 법정책임이므로, 채권자에 대하여 개별 최고를 하였는데 채권자가 이의제출을 하지 아니하였다거나 채권자가 분할 또는 분할합병에 동의하였기 때문에 개별 최고를 생략하였다는 등의 사정은 상법 제530조의9 제1항이 규정하는 분할당사회사의 연대책임의 성부에 영향을 미치지 못한다.(대판 2010.8.26. 2009다95769)

③ 분할합병에 따른 출자를 받는 존립 중의 회사가 분할되는 회사의 채무 중에서 출자한 재산에 관한 채무만을 부담한다는 취지가 기재된 분할합병계약서를 작성하여 이에 대한 주주총회의 승인을 얻어야 분할 또는 분할합병으로 인하여 설립되는 회사 또는 존속하는 회사가 연대책임을 면하고 각자 분할합병계약서에 본래 부담하기로 정한 채무에 대한 변제책임만을 지는 분할채무관계를 형성하게 된다. 이러한 요건이 충족되었다는 점에 관한 주장 · 증명책임은 분할당사회사가 연대책임관계가 아닌 분할채무관계에 있음을 주장하는 측에게 있다.(대판 2010.8.26. 2009다95769)

④ 신설회사 또는 승계회사가 부담하는 채무는 분할 이전의 분할회사의 채무와 동일성을 유지하는 것으로서 그 소멸시효나 기산점도 본래 채무를 기준으로 판단하여야 한다.(변호 19) 상법상 분할회사와 분할합병 신설회사 등이 동일한 분할회사 채무에 관해 부담하는 연대책임은 회사분할로 채무자의 책임재산에 변동이 생겨 채권 회수에 불리한 영향을 받는 채권자를 보호하기 위하여 부과된 법정책임으로, 분할회사와 분할합병신설회사와 분할 또는 분할합병 전의 회사가 부담하는 연대책임은 부진정연대책임이다.(대판 2017.5.30. 2016다34687)(변호 23)

[기타 판시사항] 채권자가 분할 또는 분할합병이 이루어진 후에 분할회사를 상대로 분할 또는 분할합병 전의 분할회사 채무에 관한 소를 제기하여 분할회사에 대한 관계에서 시효가 중단되거나 확정판결을 받아 소멸시효 기간이 연장되는 경우 그와 같은 소멸시효 중단이나 연장의 효과는 다른 채무자인 분할 또는 분할합병으로 인하여 설립되는 회사 또는 존속하는 회사에 효력이 미치지 아니한다.(변호 25)

4) 연대책임의 배제 [모의 13]

① 분할회사가 주주총회 특별결의로 분할로 회사를 설립하는 경우 단순분할신설회사는 분할회사의 채무 중 분할계획서 또는 분할계약서에서 승계하기로 정한 채무에 대한 책임만을 부담하는 것으로 정할 수 있다(제530조의9 제2항).(변호 19, 23, 모의 14, 17, 18, 19, 20, 21, 23)

② 이 경우 분할회사가 분할 후에 존속하는 경우에는 단순분할신설회사, 분할승계회사 또는 분할합병신설회사가 부담하지 않는 채무에 대한 책임만을 부담한다(제530조의9 제2항, 제3항). 분할회사는 채권자보호절차를 거쳐야 한다(제530조의9 제4항, 제530조의11 제2항, 제527조의5).(변호 13, 18, 23, 모의 14, 20, 23)

③ 채권자가 회사분할에 관여되어 있고 회사분할을 미리 알고 있는 지위에 있으며, 사전에 회사분할에 대한 이의제기를 포기하였다고 볼만한 사정이 있는 등 예측하지 못한 손해를 입을 우려가 없다고 인정되는 경우에는 개별적인 최고를 누락하였다고 하여 그 채권자에 대하여 신설회사와 분할되는 회사가 연대하여 변제할 책임이 되살아난다고 할 수 없다.(대판 2010.2.25. 2008다74963)

④ 분할합병 설립되는 회사 또는 존속하는 회사(이하 '분할당사회사'라고 한다)가 상법 제530조의9 제1항에 의한 연대책임을 면하고 각자 분할합병계약서에 본래 부담하기로 정한 채무에 대한 책임만 지는 분할채무관계를 형성하기 위해서는, 분할합병에 따른 출자를 받는 존립 중의 회사가 분할되는 회사의 채무 중에서 출자한 재산에 관한 채무만을 부담한다는 취지가 기재된 분할합병계약서를 작성하여 이에 대한 주주총회의 승인을 얻어야 하고, 이러한 요건에 관한 주장 · 증명책임은 분할당사회사가 분할채무관계에 있음을 주장하는 측에게 있다. 단순히 분할합병계약서에 '분할되는 회사가 분할합병의 상대방 회사에 이전할 재산과 그 가액'의 사항 등을 기재하여 주주총회의 승인을 얻었다는 사정만으로는 위와 같이 분할책임관계를 형성하기 위한 요건이 충족되었다고 할 수 없으므로, 분할당사회사는 각자 분할합병계약서에 본래 부담하기로 정한 채무 이외의 채무에 대하여 연대책임을 면할 수 없다.(대판 2010.8.26. 2009다95769)

4. 회사분할무효의 소 [모의 13]

(1) 원고, 제소기간 및 효력

회사분할의 무효는 각 회사의 주주 · 이사 · 감사 · 청산인 · 파산관재인 또는 합병을 승인하지 아니한 채권자에 한하여 소만으로 이를 주장할 수 있다(제530조의11 제1항, 제529조).(변호 20) 따라서 주식 전부를 양도한 주주는 분할합병무효의 소를 제기할 원고적격이 없다.(변호 20, 모의 22)

(2) 피고

피고적격에 대하여는 명시적인 규정이 없으나 분할무효의 소의 승소판결에 대세적 효력이 있으므로 분할 회사를 공동피고로 하여야 한다.(변호 13, 19, 모의 13)

(3) 제소기간

분할무효의 소는 분할등기의 날로부터 6월내에 제기하여야 한다(제530조의11 제1항, 제529조).(변호 13, 19, 모의 13, 22)

(4) 대세효 및 장래효

회사분할무효의 판결은 제3자에 대하여도 그 효력이 있다. 그러나 판결확정 전에 생긴 회사와 사원 및 제3자간의 권리의무에 영향을 미치지 아니한다(제530조의11 제1항, 제240조, 제190조). 즉 대세효 및 장래효를 가진다.

(5) 입증책임

주주가 회사를 상대로 제기한 분할합병무효의 소에서 당사자 사이에 분할합병계약을 승인한 주주총회결의 자체가 있었는지 및 그 결의에 이를 부존재로 볼 만한 중대한 하자가 있는지 등 주주총회결의의 존부에 관하여 다툼이 있는 경우, **주주총회결의 자체가 있었다는 점에 관해서는 회사가 증명책임을 부담하고 그 결의에 이를 부존재로 볼 만한 중대한 하자가 있다는 점에 관해서는 주주가 증명책임을 부담한다.** (대판 2010.7.22. 2008다37193)(변호 20, 23)

(6) 재량기각

법원이 분할합병무효의 소를 재량기각하기 위해서는 원칙적으로 **그 소 제기 전이나 그 심리 중에 원인이 된 하자가 보완되어야** 할 것이나, **그 하자가 추후 보완될 수 없는 성질의 것인 경우에는 그 하자가 보완되지 아니하였다고 하더라도 회사의 현황 등 제반 사정을 참작하여 분할합병무효의 소를 재량기각**할 수 있다. (대판 2010.7.22. 2008다37193)(변호 20, 23, 모의 22)

[기타 판시사항] 분할합병계약의 승인을 위한 주주총회를 개최하면서 소수주주들에게 소집통지를 하지 않음으로 인하여 위 주주들이 주식매수청구권 행사 기회를 갖지 못하였더라도, 분할합병무효의 소를 제기한 소수주주가 자신이 보유하고 있던 주식을 제3자에게 매도하였고 위 분할합병을 무효로 함으로 인하여 당사자 회사와 그 주주들에게 이익이 되지 않는 경우 분할합병무효청구를 재량기각할 수 있다.

기출사례

★ 합병과 채권자보호절차, 융통어음 [변호 19]

주식회사(자본금 20억 원 규모의 비상장회사, 이하 '甲'회사라 함)에는 대표이사 A, 전무이사 B, 이른바 명목상의 이사인 C가 있는데, 이들 모두 등기이사이다.
甲회사는 관계회사인 乙주식회사(이하, '乙회사'라 함)의 자금을 융통하기 위하여 약속어음(어음금액:5,000만 원, 만기:2018. 3. 31.)을 발행하여 乙회사에 교부하였으며, 乙회사는 동 어음이 자금융통의 목적으로 발행된 것임을 알고 있는 D에게 이 어음을 배서양도하였다. 그 후 甲회사의 이사회는 丙주식회사(이하 '丙회사'라 함)와 합병하기로 결의하였다. 이윽고 2017. 11. 30. 개최된 甲회사의 주주총회는 甲회사를 소멸회사, 丙회사를 존속회사로 하는 합병을 승인하였다.

甲회사는 D에 대하여 합병절차상 어떠한 조치를 취하여야 하는가?

Ⅰ. 결론

甲회사는 D가 융통어음이라는 사실을 알고 융통어음을 취득하였더라도 융통어음의 항변으로 어음의 정당한 권리자인 D의 어음금청구를 거절할 수 없으므로 D는 甲회사에 대한 어음금 채권자이다. 따라서 甲회사가 D의 어음 취득을 알고 있는 경우 甲회사는 합병승인결의 이후 D에 대하여 이의를 제기할 것인지 여부를 최고하고 D가 이의를 제기하는 경우 변제, 상당한 담보제공, 상당한 재산의 신탁 등 채권자보호절차를 거쳐야 한다.

Ⅱ. 쟁점

융통어음인 사실을 알고서 융통어음을 취득한 D가 어음상 권리자인지, 합병 주주총회결의와 관련된 채권자보호절차의 내용이 문제된다.

기출사례

★ 회사분할 [변호 20]

삼광 주식회사(이하 '삼광'이라 한다)는 2000년 초에 설립된 비상장회사이며 대표이사는 甲이다. 삼광은 전기배터리사업과 태양광사업을 주된 사업으로 하고 있다.
丙은 삼광으로부터 태양광사업 부문을 인수하고자 한다. 다만 丙은 인수방식과 관련하여 삼광이 장차 가지게 될 주식을 매수하는 방식을 원하고 있다.

丙의 위와 같은 요구에 부합하기 위하여 삼광은 회사를 어떻게 분할해야 하는가?

Ⅰ. 결론

丙이 삼광이 장차 가지게 될 주식을 매수하는 방식으로 삼광의 태양광사업을 인수하고자 한다면 삼광은 태양광사업 부문을 삼광에서 분리하여 분리된 태양광사업으로 단순분할 방식에 의하여 신설회사를 설립하고 이러한 신설회사가 발행하는 주식 전부를 삼광이 취득하는 물적 분할 방식으로 회사를 분할하여야 한다.

Ⅱ. 쟁점

회사 분할의 유형 중 하나인 물적 분할이 문제된다.

기출사례

★ 회사분할과 책임 [변호 18]

甲주식회사(이하 '甲회사')는 자동차부품과 건설기계부품의 제조·판매업을 목적으로 하고 있다. 甲회사 발행주식총수의 40%를 A(甲회사 대표이사), 35%를 B, 25%를 C가 각각 소유하고 있다. X회사는 甲회사와 체결한 차세대 브레이크 납품계약을 甲회사가 위반하였다고 주장하면서 위 계약에 따른 위약금을 甲 회사에 청구하였다.
그 후 甲회사는 자동차부품 제조·판매업을 새로이 신설되는 '금강자동차부품 주식회사'로 분할하였다. 甲회사는 분할계획서에 "분할에 의하여 설립되는 회사는 분할회사의 채무 중에서 [첨부:승계채무목록]에 기재된 채무만을 승계한다. 분할 후 존속하는 분할회사는 신설회사가 부담하지 아니하는 채무에 대한 책임만을 부담한다."라는 내용을 기재하였다. 이 분할계획서는 주주총회에서 특별결의요건을 갖추어 승인되었고 甲회사는 채권자보호절차를 이행하였다. 위 차세대 브레이크 납품계약불이행 위약금 채무는 [첨부:승계채무목록]에 기재되어 있지 않았다.

X회사가 위 납품계약불이행 위약금채무가 자동차부품 제조·판매업과 직접 관련되는 채무라고 주장하면서 '금강자동차부품 주식회사'에 이를 이행하도록 청구하는 소를 제기하는 경우 인용될 수 있는가?

Ⅰ. 결론

사안의 경우 분할계획서상 금강자동차부품 주식회사가 승계하는 채무에 X회사에 대한 채무가 기재되어 있지 않으므로 금강자동차부품 주식회사는 위 채무에 대한 책임을 지지 않는다. 따라서 비록 납품계약불이행 위약금채무가 자동차부품 제조판매업과 직접 관련되는 채무에 해당한다고 하더라도 X회사는 금강자동차부품 주식회사에 이의 이행을 청구하는 소를 제기하더라도 인용될 수 없다.

Ⅱ. 쟁점

분할계획서에 甲회사의 X회사에 대한 채무가 기재되어 있지 않다는 점에서 분할신설회사인 금강자동차부품 주식회사가 위 채무에 대한 책임을 지지 않는지 문제된다.

제3장 주식회사 이외의 회사

제1관 합명회사

Ⅰ. 의의

합명회사는 인적회사로서 2인 이상의 무한책임사원으로만 구성되는 회사를 말한다. 회사재산으로 회사채권자에 대한 책임을 우선적으로 부담하나, 모든 사원이 보충적으로 회사채무에 대하여 직접, 연대, 무한책임을 진다. 상법상 합명회사는 회사의 하나로 법인격을 가지지만, 경제적 실질은 개인사업 또는 조합이라고 볼 수 있다.

Ⅱ. 설립

1. 개관

합명회사는 인적회사이므로 설립 과정에서 회사의 재산적 기초를 마련할 것이 요구되지 않는다는 특징을 가진다. 합명회사에는 물적회사의 자본금에 해당하는 개념이 없으며, 합명회사의 설립절차도 정관의 작성 및 설립등기만으로 이루어진다. 사원의 출자의무의 이행과 상관없이 정관의 작성만으로 회사의 실체가 형성된다. 회사의 설립에 관한 사원 개인의 주관적 하자로 인해 회사 설립이 취소, 무효가 될 수 있다.

2. 합명회사의 사원자격 및 출자

회사는 합명회사의 사원이 될 수 없다(제173조). 사원이 무한책임을 지기 때문에 출자의 목적도 금전 또는 현물에 한하지 않고, 노무와 신용의 출자도 인정된다.

3. 정관작성

사원이 되고자 하는 2인 이상이 정관을 작성해야 한다(제178조). 합명회사에서는 정관에서 사원과 출자가 확정되고, 기관의 선임절차 없이 사원이 당연히 회사의 업무집행기관과 대표기관이 된다. 따라서 합명회사는 정관의 작성만으로 사원, 출자, 기관이 모두 확정된다.

정관의 필수적 기재사항은 ① 사원의 업무집행권의 제한(제200조 제1항), ② 대표사원(제207조), ③ 공동대표(제208조 제1항), ④ 사원의 퇴사사유(제218조 제1항), ⑤ 퇴사한 사원의 지분환급의 제한(제222조), ⑥ 임의청산(제247조) 등이다.

4. 설립등기

합명회사는 설립등기를 함으로써 성립한다(제172조).

5. 설립의 취소와 무효

(1) 설립 무효, 취소 사유

정관의 절대적 기재사항의 흠결, 법령위반, 설립등기 무효 등 객관적 무효원인은 설립무효사유이다.(변호 21) 사원의 의사무능력, 상대방이 알고 있는 비진의 표시, 통정허위표시 등 사원 개인의 설립행위의 주관적 무효원인도 설립무효사유에 해당한다.

피성년후견인의 설립행위, 미성년자 또는 피한정후견인의 법정대리인 동의 없는 설립행위,(모의 17) 사기 또는 강박에 의한 설립행위 등 사원개인의 설립행위에 취소사유가 존재하는 경우에는 설립취소의 소가 인정된다.

(2) 설립취소, 무효의 소

1) 당사자 및 제소기간

① 사원 또는 취소권자에 의한 설립무효, 취소의 소

회사 설립의 무효는 그 사원에 한하여, 설립의 취소는 그 취소권 있는 자에 한하여 회사성립의 날로부터 2년 내에 소로써만 주장할 수 있다(제184조 제1항).(변호 21, 모의 14, 17, 24)

② 채권자에 의한 설립취소의 소

채무자가 강제집행을 면하거나 재산을 은닉하기 위해서 재산을 출자하여 회사를 설립하는 경우, 채권자가 사원과 회사를 상대로 설립취소의 소를 제기할 수 있다(제185조).(모의 24) 채권자가 설립취소의 소를 제기하는 대신 민법상 채권자취소권을 행사하는 것은 허용되지 않는다. 피고는 사해행위를 한 사원과 회사가 공동피고가 된다.

2) 본점소재지 지방법원 전속관할 및 공고

설립무효 또는 취소의 소는 본점소재지의 지방법원의 관할에 전속한다(제186조). 설립무효의 소 또는 설립취소의 소가 제기된 때에는 회사는 지체없이 공고하여야 한다(제187조).

3) 재량기각

설립무효, 취소의 소의 심리 중에 원인이 된 하자가 보완되고 회사의 현황과 제반사정을 참작하여 설립을 무효 또는 취소하는 것이 부적당하다고 인정한 때에는 법원은 청구를 기각할 수 있다. 이를 재량기각이라 한다(제189조).

4) 청산

설립무효의 판결 또는 설립취소의 판결이 확정된 때에는 해산의 경우에 준하여 청산하여야 한다(제193조 제1항).(변호 21)

(3) 회사의 계속

설립무효의 판결 또는 설립취소의 판결이 확정된 경우에 그 무효나 취소의 원인이 특정한 사원에 한한 것인 때에는 다른 사원 전원의 동의로써 회사를 계속할 수 있다. 이때 그 무효 또는 취소의 원인이 있는 사원은 퇴사한 것으로 본다(제194조 제1항, 제2항).(모의 17) 사원의 퇴사로 사원이 1인으로 된 경우 새로 사원을 가입시킬 수 있다.

Ⅲ. 지분

1. 의의

합명회사 사원은 각자 1개의 지분을 가지되, 그 지분의 크기가 서로 다를 수 있다.

2. 지분의 양도

(1) 지분양도의 제한

합명회사의 사원은 다른 사원의 동의를 얻지 아니하면 그 지분의 전부 또는 일부를 타인에게 양도하지 못한다(제197조). 지분 양도로 사원이 변동되지 않는 경우에도 다른 사원의 동의를 얻어야 한다.

(2) 지분양도에 따른 정관변경

사원의 성명은 정관기재사항이므로(제179조 제3호), 지분의 양도로 사원이 변동되면 정관변경절차를 거쳐야 한다. 지분양도에 관한 총사원의 동의는 이러한 정관변경 결의를 포함하는 것으로 본다.

(3) 정관변경등기

지분양도를 제3자에게 대항하기 위해서는 지분양도에 따른 정관변경의 등기를 하여야 한다. 지분양도와 정관변경이 있었더라도 등기가 경료 되지 않았다면, 선의의 채권자는 종전의 사원인 양도인에게 여전히 무한책임을 물을 수 있다.

(4) 양도인의 무한책임

양도인은 등기 후 2년간 등기 이전의 회사 채무에 대하여 무한책임을 진다(제225조 제2항).

3. 지분의 상속

원칙적으로 지분의 상속은 인정되지 않는다. 합명회사의 사원이 사망한 경우 그 지분은 원칙적으로 상속인에게 상속되지 않고 그 사원은 퇴사된다(제218조 제3호).(변호 19) 상속인이 지분환급청구권을 상속할 뿐이다. 다만 정관으로 지분을 상속할 수 있다고 정할 수 있다(제219조).

4. 지분의 압류

채권자는 사원의 지분을 압류할 수 있지만, 압류로 사원이 변경되는 것은 아니다. 사원이 이익배당청구권, 지분환급청구권을 행사하면 압류권자는 전부명령 또는 추심명령을 받아 채권의 만족을 얻을 수 있다(제223조). 사원의 지분을 압류한 채권자는 영업 년도 말에 그 사원을 퇴사시킬 수 있다(제224조 제1항). 다만, 채권자는 회사와 그 사원에게 6월 전에 예고를 해야 하는데, 사원이 그 예고를 받고 6월 내에 변제를 하거나 담보를 제공하는 경우에는 퇴사시킬 수 없다(제224조 제2항). 회사가 임의청산을 하는 경우에는 압류채권자의 동의를 얻어야 한다(제247조 제4항).

Ⅳ. 내부관계

1. 사원의 출자의무

출자란 사원이 회사재산을 구성할 금전 기타 재산을 회사에 제공하는 것을 말한다. 합명회사 사원의 출자의무는(제179조 제4호) 정관으로도 달리 정할 수 없다. 합명회사의 사원은 무한책임을 지므로 노무 또는 신용도 출자할 수 있고(제222조),(모의 17) 상계도 허용된다. 출자의무는 사원이 회사의 설립 또는 입사에 의하여 사원자격 취득과 동시에 발생하고 사원자격 상실과 동시에 소멸한다.

사원이 회사의 최고에도 불구하고 출자의무를 이행하지 않은 경우, 채무불이행의 일반적인 효과 이외에 제명, 업무집행권 상실, 대표권 상실 사유가 된다. 합명회사의 사원이 출자한 채권이 변제기에 변제되지 아니한 때에는 그 사원은 그 채권액을 변제할 책임을 지며, 이 경우 이자를 지급하는 이외에 이로 인하여 생긴 손해를 배상하여야 한다(제196조).(모의 20)

2. 의사결정

(1) 중요사안에 대한 사원 결의

회사의 일상적인 업무에 대한 의사결정은 업무집행기관인 사원 각자 또는 업무집행사원이 하지만, 중요한 사안에 대해서는 사원의 결의가 필요하다. 합명회사에 있어서 사원총회는 필수기관이 아니다. 따라서 사원의 결의가 필요한 경우에도 각 사원의 의사를 파악할 수 있는 방법에 의하면 충분하고 반드시 사원총회의 형식을 거쳐야 하는 것은 아니다. 사원결의의 절차 또는 내용에 하자가 있는 경우, 민사소송법에 따라 회사를 상대로 무효확인의 소를 제기할 수밖에 없다.

(2) 사원의 의결권 및 의사결정

사원의 의결권은 출자와 상관없이 1인 1의결권에 의한다. 의사결정은 의결권의 과반수로 정하는 것이 원칙이다(제195조).

(3) 총 사원 동의사항

지분의 양도(197조), 정관의 변경(제204조), 회사의 해산(제227) 등 회사의 기본구조를 변경하거나 사원 전체의 중대한 이해관계가 걸린 사안에 대해서는 총 사원의 동의를 요한다.

3. 업무집행

(1) 업무집행기관

합명회사의 업무집행기관은 원칙적으로 각 사원이다(제200조 제1항). 각 사원은 특별한 선임절차 없이 당연히 업무집행기관이 된다. 합명회사에서는 정관이나 총사원의 동의로도 사원 아닌 자에게 업무집행을 하도록 할 수 없다. 예외적으로, 정관으로 업무집행사원을 둘 수 있다(제201조 제1항). 이 경우 업무집행사원만 업무집행권을 가지고, 다른 사원은 감시권을 가진다. 업무집행사원은 정당한 사유가 없이는 사임할 수 없으며, 다른 사원의 일치가 아니면 해임할 수 없다(제195조).

(2) 업무집행방법

① 사원은 각자 독립하여 회사의 업무를 집행한다. 각 사원의 업무집행에 관한 행위에 대하여 다른 사원의 이의가 있는 경우, 총사원 과반수의 결의에 의한다(제200조 제2항).

② 지배인의 선임과 해임은 정관에 다른 정함이 없으면 업무집행사원이 있는 경우에도 총사원 과반수의 결의에 의하여야 한다(제203조).

③ 수인의 업무집행사원을 둔 경우에는 업무집행사원의 과반수 결의에 의한다.

④ 정관으로 수인의 사원을 공동업무집행사원으로 정한 때에 전원의 동의가 없으면 업무집행에 관한 행위를 하지 못한다. 그러나 지체할 염려가 있는 때에는 그러하지 아니하다(제202조).(모의 24)

(3) 업무집행감독 및 업무집행사원의 권한상실선고

① 합명회사는 따로 감사를 두지 않는다. 합명회사는 각 사원이 회사 업무와 재산상태를 검사할 권한을 가진다(제195조). 사원의 감독권한은 당연히 부여되는 것이고, 정관으로도 배제할 수 없다.

② 사원이 업무를 집행함에 현저하게 부적임하거나 중대한 의무에 위반한 행위가 있는 때에는 법원은 사원의 청구에 의하여 업무집행권한의 상실을 선고할 수 있다(제205조 제1항). 이러한 판결이 확정된 때에는 본점 소재지에서 등기하여야 한다.

③ 상법 제195조에 비추어 볼 때, **합명회사의 내부관계에 관한 상법 규정은 원칙적으로 임의규정이고, 정관에서 상법 규정과 달리 정하는 것이 허용된다.**(모의 17) 상법상 합명회사의 사원 또는 업무집행사원의 업무집행권한을 상실시키는 방법으로는 다음의 두 가지를 상정할 수 있다. 첫째, 상법 제205조 제1항에 따라 **다른 사원의 청구에 의하여 법원의 선고로써 권한을 상실시키는** 방법이다. 둘째, 상법 제195조에 의하여 준용되는 민법 제708조에 따라 **법원의 선고절차를 거치지 않고 총사원이 일치하여 업무집행사원을 해임함으로써 권한을 상실시키는** 방법이다. 두 가지 방법은 요건과 절차가 서로 다르므로, 상법 제205조 제1항이 민법 제708조의 준용을 배제하고 있다고 보기 어렵다. 따라서 **정관에서 달리 정하고 있지 않는 이상, 합명회사의 사원은 두 가지 방법 중 어느 하나의 방법으로 다른 사원 또는 업무집행사원의 업무집행권한을 상실시킬 수 있다.**(대판 2015.5.29. 2014다51541)(변호 25)

4. 사원의 경업 및 자기거래 금지

합명회사의 각 사원은 경업과 자기거래가 금지된다(제198조, 제199조). 경업의 승인기관은 다른 모든 사원, 자기거래의 승인기관은 다른 모든 사원의 과반수이다.

5. 이익의 분배

합명회사에서는 사원이 무한책임을 부담하기 때문에, 회사 이익을 사원에게 어떻게 분배하고 손실을 어떻게 부담시킬 것인지의 문제는 전적으로 사원 사이의 내부관계에 불과하다. 따라서 이익분배 및 손실부담은 정관 또는 총사원의 동의로 정하는 바에 따른다.

6. 사원의 변동

(1) 입사

입사란 회사성립 후 지분을 신규로 취득하는 것을 말한다. 지분의 신규 취득으로 인해 사원이 변동되게 되면 정관기재사항이 변경되게 되므로(제179조 제3호), 이러한 입사에는 총사원의 동의가 있어야 한다(제204조). 회사성립 후에 가입한 사원은 가입 전에 생긴 회사 채무에 대하여 다른 사원과 동일한 책임을 진다(제213조).(모의 17, 22)

(2) 퇴사

1) 의의

퇴사란 회사가 존속하는 중에 특정사원이 사원의 지위를 절대적으로 상실하는 것을 말한다. 사원의 입장에서는 지분을 환급받아 투하자금을 회수하게 된다.

2) 퇴사의 원인

정관으로 회사의 존립기간을 정하지 아니하거나 어느 사원의 종신까지 존속할 것을 정한 때에는 사원은 영업연도 말에 한하여 퇴사할 수 있으나, 6월 전에 예고해야 한다(제217조 제1항). 다만, 사원이 부득이한 사유가 있을 때에는 언제든지 퇴사할 수 있다(제217조 제2항).(변호 22) 강제퇴사는 사원의 압류채권자가 그 사원을 퇴사시키는 것을 말한다. 당연퇴사 사유에는 정관에 정한 사유의 발생, 총사원의 동의, 사망, 성년후견개시, 파산, 제명이 있다(제218조).

3) 제명

① 제명의 의의

제명이란 사원의 의사에 반하여 사원의 지위를 박탈하는 것을 말한다. 제명 결과 사원이 1인만 남게 되는 등 해산사유가 발생하는 경우에는 제명이 허용되지 않는다.

② 제명사유

상법상 제명사유는 아래와 같다(제220조 제1항). 제명사유 중 기타 중요한 사유라 함은 다른 사유와 같은 정도로 사원간의 신뢰를 파괴하는 행위를 의미한다. 정관으로 제명사유 중 일부를 배제하는 것은 허용되지만, 반대로 정관으로 새로운 제명사유를 추가할 수는 없다.

㉠ 출자의무 불이행, ㉡ 경업금지의무 위반, ㉢ 회사의 업무집행 또는 대표에 관한 부정행위,
㉣ 권한 없는 업무집행 또는 회사대표행위, ㉤ 기타 중요한 사유

③ 제명청구와 제명선고

제명사유가 있는 경우 자동으로 제명되는 것은 아니고, 다른 사원 과반수의 결의에 의한 제명청구와 법원의 제명선고가 있어야 한다(제220조 제1항).

④ **수인의 사원에 대한 일괄 제명 허용 여부**

수인의 사원을 일괄 제명하는 것이 허용되는지 문제된다. 이와 관련하여, 제220조 제1항의 다른 사원이 누구인지에 대하여 다수설과 판례는 제명은 당해 사원의 개인적 사정을 고려하여 이루어지는 것이므로 일괄제명은 할 수 없고, 사원 1인씩 개별적으로 제명하는 것이므로, 다른 사원이란 제명의 대상이 되는 사원 1인을 제외한 나머지 사원 전부를 말한다고 본다.

4) 퇴사의 효과

① **퇴사 등기 전 회사 채무에 대한 책임**

퇴사한 사원은 본점소재지에서 퇴사등기를 하기 전에 생긴 회사 채무에 대하여는 등기 후 2년 내에는 다른 사원과 동일한 책임이 있다(제225조 제1항).

② **지분 환급 청구**

퇴사한 사원은 회사에 대해 지분 환급을 청구할 수 있다. 사원은 노무 또는 신용을 출자한 경우에도 지분을 환급받을 수 있으며(제222조), 출자의 종류가 무엇이든 지분의 환급은 금전으로 한다.

③ **손실분담**

퇴사 당시 회사가 손실이 많이 누적되어 있다면 지분이 음으로 나올 수 있는데, 음의 경우에는 손실분담의무에 따라 회사에 그 전액을 납입하여야 한다.

④ **상호변경청구권**

퇴사한 사원의 성명이 회사의 상호 중에 사용된 경우에는 그 사원은 회사에 대하여 그 사용의 폐지를 청구할 수 있다(제226조).

Ⅴ. 외부관계

1. 회사의 대표

(1) 대표기관

각 사원이 업무집행권을 가진 대표기관이다. 정관으로 수인의 업무집행사원을 정한 경우에는 원칙적으로 각 업무집행사원이 대표권을 가진다. 이 경우 대표권을 가지는 대표사원을 따로 정할 수도 있고(제207조), 수인의 사원이 공동으로만 대표할 수 있도록 공동대표사원을 정할 수도 있다(제208조 제1항).

(2) 대표권

회사를 대표하는 사원은 회사의 영업에 관하여 재판상 또는 재판외의 모든 행위를 할 권한이 있다(제209조 제1항). 대표권의 제한을 가지고 선의의 제3자에게 대항할 수 없다(제209조 제2항).

(3) 대표사원의 불법행위

회사를 대표하는 사원이 그 업무집행으로 인하여 타인에게 손해를 가한 때에는 회사는 그 사원과 연대하여 배상할 책임이 있다(제210조).

2. 사원의 책임

(1) 직접, 연대, 무한책임

회사의 재산으로 회사의 채무를 완제할 수 없는 때에는 각 사원은 연대하여 변제할 책임이 있다(제212조 제1항).(변호 13, 모의 13, 20) 합명회사의 사원은 회사채권자에게 직접, 연대, 무한책임을 진다(제212조). 사원의 책임은 정관이나 총사원의 동의로도 면제할 수 없다. 합명회사 사원으로서 제242조 제1항의 규정에 의하여 유한책임사원이 된 자는 전조의 규정에 의한 본점등기를 하기 전에 생긴 회사 채무에 대하여는 등기 후 2년 내에는 무한책임사원의 책임을 면하지 못한다(제244조).

(2) 책임의 부종성, 보충성

① 합명회사 사원의 책임에 부종성과 보충성이 있다. ㉠ '**부종성**'이란 사원이 회사가 회사채권자에게 가지는 항변사유를 원용할 수 있으며, 회사가 상계권, 취소권, 해제권을 가지고 있는 경우, 사원이 그 권리를 직접 행사할 수는 없지만, 이를 근거로 채무이행을 거절할 수 있다는 것을 의미한다. ㉡ '**보충성**'이란 회사채권자는 회사재산이 채무의 변제에 부족하거나 회사재산에 대한 강제집행으로 만족을 얻지 못할 경우에만 보충적으로 사원에게 채무이행을 청구할 수 있다는 것을 의미한다. 그 입증책임은 사원에게 채무이행을 구하는 회사채권자에게 있다.

② 합명회사의 채무는 실질적으로 각 사원의 공동채무이므로, **합명회사 사원의 책임은 회사가 채무를 부담하면 법률 규정에 기해 당연히 발생하는 것이고, 회사의 재산으로 회사의 채무를 완제할 수 없는 때 또는 회사재산에 대한 강제집행이 주효하지 못한 때에 비로소 발생하는 것은 아니다.**(대판 2009.5.28. 2006다65903)(모의 17, 21)

[**기타 판시사항**] 회사의 재산으로 회사의 채무를 완제할 수 없는 때 또는 회사재산에 대한 강제집행이 주효하지 못한 때에 각 사원이 연대하여 변제할 책임이 있다는 상법 제212조는 회사 채권자가 그와 같은 경우에 해당함을 증명하여 합명회사의 사원에게 보충적으로 책임의 이행을 청구할 수 있다는 책임이행의 요건을 정한 것으로 봄이 타당하다. 그리고 합자회사의 장에 다른 규정이 없는 사항은 합명회사에 관한 규정을 준용하므로(상법 제269조), 합자회사의 무한책임사원의 회사채권자에 대한 책임은 합명회사의 사원의 책임과 동일하다

(3) 책임의 대상이 되는 채무

1) 모든 회사 채무

책임의 대상이 되는 채무는 회사 모든 채무이다. 대체성이 없는 채무라 하더라도 회사가 채무를 이행하지 않아 손해배상채무로 된 경우에는 사원이 손해배상책임을 진다.

2) 회사가 사원에게 부담하는 채무

회사가 사원에게 부담하는 채무에 대해서도 다른 사원이 책임을 부담하는지에 관하여는 ① 제212조가 적용되는 것이 아니라 각 사원이 손실분담비율에 따라 책임을 진다고 하는 견해, ② 매매 또는 소비대차와 같이 사원관계와 무관한 원인으로 발생한 채무에 대하여는 사원관계라는 것이 아무 의미가 없으므로 제212조가 적용되지만 사원관계를 원인으로 한 채무에 대하여는 제212조가 적용되지 않고 각 사원이 손실분담비율에 따라 책임을 진다고 하는 견해가 있다.

(4) 사원의 구상권

회사의 채무를 이행한 사원은 민법 제481조의 변제자대위의 법리에 따라 회사에 대하여 구상권을 가진다. 회사에 대한 구상권은 사원이 제3자의 지위에서 회사에 대하여 가지는 채권이므로 각 사원이 손실분담비율에 따라 책임을 진다. 이 경우 다른 사원은 회사에 자력이 있음을 이유로 이행을 거부할 수 없다.

(5) 사원범위의 확대

사원으로서의 책임은 모든 사원에게 인정된다. 입사 · 퇴사한 사원, 자칭사원도 사원으로 본다. 입사한 사원은 입사 전에 생긴 회사 채무에 대해서도 무한책임을 진다(제213조).(모의 17, 22) 퇴사 또는 지분을 전부 양도한 사원도 2년간 동일한 책임을 부담한다(제225조). 자칭사원도 같은 책임을 지는데(제215조), 이는 외관법리에 따른 표현책임에 해당한다.

(6) 책임의 소멸

사원의 책임은 해산의 경우에는 해산등기로부터 5년, 퇴사 또는 지분양도의 경우에는 그 등기로부터 2년의 제척기간이 경과함으로써 소멸한다(제267조, 제225조).

제2관 합자회사

Ⅰ. 의의와 설립

합자회사는 무한책임사원과 유한책임사원으로 구성된 인적회사이다. 합자회사의 조직과 운영은 무한책임사원을 중심으로 이루어진다. 합자회사의 법률관계는 합명회사와 유사하고, 합명회사에 관한 규정이 준용된다(제269조).(변호 21)

합자회사는 무한책임사원이 존재하므로 회사 설립 단계에서 재산적 기초를 요구하지 않는다. 합자회사는 합명회사와 마찬가지로 정관작성과 설립등기만으로 회사가 설립된다. 합자회사가 설립등기를 할 때에는 각 사원의 무한책임 또는 유한책임인 것을 등기하여야 한다(제271조 제1항).(모의 14)

합자회사의 설립의 무효는 그 사원에 한하여, 설립의 취소는 그 취소권 있는 자에 한하여 회사성립의 날로부터 2년 내에 소만으로 이를 주장할 수 있다(제269조, 제184조 제1항).(모의 24)

Ⅱ. 내부관계

1. 사원의 출자의무

유한책임사원은 신용 또는 노무를 출자의 목적으로 하지 못한다(제272조).(변호 22, 모의 20) 무한책임사원은 합명회사의 사원과 같이 노무와 신용도 출자 할 수 있다.

2. 업무집행

(1) 업무집행기관

1) 무한책임사원의 업무집행권

① 합자회사의 업무집행권은 무한책임사원만 가질 수 있다(제273조, 제278조). 원칙적으로 각 무한책임사원이 업무집행을 담당하지만, 정관으로 무한책임사원 가운데 업무집행사원을 정하는 것도 가능하다.

② ㉠ 합자회사 업무집행사원의 권한상실을 선고하는 판결은 형성판결로서 판결 확정으로 업무집행권이 상실되면 대표권도 함께 상실된다. ㉡ 합자회사에서 무한책임사원이 업무집행권한 상실 판결로 업무집행권 및 대표권을 상실하였다면, 그 후 어떠한 사유로 그 무한책임사원이 합자회사의 유일한 무한책임사원이 되었다는 사정만으로는 형성판결인 업무집행권한의 상실을 선고하는 판결의 효력이 당연히 상실되고 해당 무한책임사원의 업무집행권 및 대표권이 부활한다고 볼 수 없다. ㉢ 합자회사에서 업무집행권한 상실을 선고받은 무한책임사원이 다시 업무집행권이나 대표권을 갖기 위해서는 정관이나 총사원의 동의로 새로 그러한 권한을 부여받아야 한다.(변호 24, 25) ㉣ 합자회사에서 무한책임사원들만으로 업무집행사원이나 대표사원을 선임하도록 정한 정관의 규정은 유효하고, 그 후 무한책임사원이 1인이 된 경우에도 특별한 사정이 없는 한 여전히 유효하다. ㉤ 유한책임사원의 청구에 따른 업무집행권한상실 판결로 업무집행권 및 대표권을 상실한 무한책임사원이 이후 다른 무한책임사원이 사망하여 퇴사하는 등으로 유일한 무한책임사원이 된 경우 업무집행권한을 상실한 무한책임사원이 위 정관을 근거로 단독으로 의결권을 행사하여 자신을 업무집행사원이나 대표사원으로 선임할 수는 없다.(대판 2021.7.8. 2018다225289)

2) 유한책임사원의 감시권

유한책임사원은 업무집행권이 없고, 회사의 재산 및 영업상태에 대한 감시권을 가진다(제277조 제1항). 유한책임사원은 중요한 사유가 있는 경우 언제든지 법원의 허가를 얻어 열람과 검사를 할 수 있다.

3) 유한책임사원의 업무집행권

① 정관 또는 총사원의 동의로 유한책임사원에게 업무집행권을 부여할 수 있는지에 대하여 업무집행은 회사의 내부관계이므로 가능하다는 것이 통설이며 판례의 입장이다.

② 유한책임사원의 업무집행이나 대표행위를 인정하지 않고 있는 상법 제278조에 불구하고 정관 또는 내부규정으로서 **유한책임사원에게 업무집행권을 부여할 수는 있는 것이라고 하더라도 유한책임사원에게 대표권까지를 부여할 수는 없다.**(대판 1977.4.26. 75다1341)(모의 22)

4) 업무집행사원에 대한 권한상실

① 상법 205조가 규정하고 있는 합자회사의 업무집행 사원의 권한상실선고 제도는 회사의 운영에 있어서 장애 사유를 제거하는데 목적이 있고 회사를 해산상태로 몰고 가자는데 목적이 있는 것이 아니므로 **무한책임사원 1인뿐인 합자회사에서 업무집행사원에 대한 권한상실선고는 회사의 업무집행사원 및 대표사원이 없는 상태로 돌아가게 되어 권한상실제도의 취지에 어긋나게 되어 회사를 운영할 수 없으므로 이를 할 수 없다.**(대판 1977.4.26. 75다1341)(모의 21)

② **합자회사의 경우 무한책임사원뿐만 아니라 유한책임사원도 각자 업무집행사원에 대한 권한상실선고를 청구할 수 있다고 해석하는 것이 타당하다.**(대판 2012.12.13. 2010다82189)(모의 17)

(2) 경업 또는 자기거래 금지

무한책임사원에게 합명회사 사원의 경업 또는 자기거래의 금지가 적용된다(제269조, 제198조, 제199조). 유한책임사원은 다른 사원의 동의 없이도 자기 또는 제3자의 계산으로 회사의 영업부류에 속하는 거래를 할 수 있고 동종영업을 목적으로 하는 다른 회사의 무한책임사원 또는 이사가 될 수 있다(제275조).(모의 20) 유한책임사원은 업무집행권이 없기 때문이다. 자기거래제한 역시 업무집행권을 전제로 하므로 유한책임사원에게 적용되지 않는다.

3. 손익의 분배

유한책임사원에게도 각 사원의 출자액에 비례하여 이익이 분배된다(제269조, 제195조). 유한책임사원은 원칙적으로 출자액을 한도로 손실을 분담한다. 유한책임사원이 대외적으로 유한책임을 부담하면서, 내부관계에서는 정관으로 출자액 이상의 손실분담의무를 지는 것은 무방하다.

4. 지분의 양도

① 무한책임사원 지분의 양도는 총사원의 동의를 요하므로 유한책임사원의 동의도 필요하다(제269조, 제197조).(변호 19, 모의 21) 유한책임사원 지분의 양도는 무한책임사원 전원의 동의만 있으면 된다(제276조).(모의 16, 20, 21) 지분의 양도에 따라 정관을 변경하여야 할 경우에도 같다.

② **합자회사의 무한책임사원으로 甲이 등재되어 있는 상태에서 총사원의 동의로 乙을 무한책임사원으로 가입시키기로 합의하였으나 그에 관한 변경등기가 이루어지기 전에 甲이 등기부상의 총사원의 동의를 얻어 제3자에게 자신의 지분 및 회사를 양도하고 사원 및 지분 변경등기까지 마친 경우,** 총사원의 동의로 乙이 무한책임사원으로서의 지위를 취득하였다고 하더라도 그에 관한 등기가 마쳐지기 전에는 등기 당사자인 회사나 乙로서는 선의의 제3자에게 乙이 무한책임사원이라는 사실을 주장할 수 없으므로, 만약 **제3자가 甲만이 유일한 무한책임사원이라고 믿은 데 대하여 선의라면, 회사나 乙로서는 제3자**

가 乙의 동의를 받지 아니하였음을 주장하여 그 지분양도계약이 효력이 없다고 주장할 수 없다.(대판 1996.10.29. 96다19321)

③ 상법 제270조는 합자회사 정관에는 각 사원이 무한책임사원인지 또는 유한책임사원인지를 기재하도록 규정하고 있으므로, **정관에 기재된 합자회사 사원의 책임 변경은 정관변경의 절차에 의하여야 하고**, 이를 위해서는 정관에 그 의결정족수 내지 동의정족수 등에 관하여 별도로 정하고 있다는 등의 특별한 사정이 없는 한 **상법 제269조에 의하여 준용되는 상법 제204조에 따라 총 사원의 동의가 필요하다. 합자회사의 유한책임사원이 한 지분양도가 합자회사의 정관에서 규정하고 있는 요건을 갖추지 못한 경우에는 그 지분양도는 무효이다.**(대판 2010.9.30. 2010다21337)(모의 17)

[사실관계] 합자회사인 피고 회사의 정관은 정관변경의 절차나 사원의 책임 변경 등의 절차에 관하여는 별도의 규정을 두고 있지 않았다. 피고 회사의 유한책임사원이던 甲은 2003.1.1. 원고인 乙에게 출자지분을 양도하였는데, 이러한 양도에 대하여 피고 회사 무한책임사원회의의 의결이나 대표자의 승낙을 받지 않았다. 甲은 지분양도 이후 피고 회사의 사원총회 결의에 계속 참석하지 않았고, 乙이 피고 회사의 사원총회에 참석하였다. 그러던 중 피고 회사는 2006.12.29.자 사원총회를 개최하여 원고인 乙을 유한책임사원에서 무한책임사원으로 변경하는 결의를 하였는데, 위 사원총회 또한 甲은 참석하지 않았고 乙이 참석하였다. 사원총회 이후 乙이 사원변경등기를 하고자 하였으나 피고 회사가 이를 거부하였고, 이에 乙이 피고 회사를 상대로 사원변경등기의 소를 제기한 사안.

[판시사항] 해당 사안에서 대법원은 甲과 乙 사이의 유한책임사원 출자지분 양도는 피고 회사 무한책임사원의 동의가 없어 무효이고, 이처럼 지분양도가 무효인 이상 피고 회사의 유한책임사원인 甲의 동의 없이 이루어진 乙의 지위를 유한책임사원에서 무한책임사원으로 변경하는 사원총회결의는 효력이 없다고 보았다. 위 사안에서 乙은 甲이 지분양도 이후 피고 회사의 사원총회 결의에 계속 참석하지 않았다는 것은 乙에 대한 의결권의 묵시적 · 포괄적 위임이 있었던 것이라고 주장하였으나, 대법원은 단체법적 법률관계는 명확성과 안정성 등을 중시하여 해석할 필요가 있으므로 甲이 지분양도 후 피고 회사의 사원총회 결의에 계속 참석하지 아니하였다는 사정만으로 무효인 지분양도행위가 원고 乙에 대한 의결권의 묵시적 · 포괄적 위임계약으로 유효하게 전환된 것이라고 단정할 수 없다고 판시하였다.

5. 사원의 변동

새로운 사원이 입사한 경우 정관변경의 절차를 거쳐야 한다(제270조, 제179조). 합자회사 유한책임사원의 사망 또는 성년후견개시는 당연퇴사의 원인이 되지 않는다(제283조, 제284조). 합자회사 유한책임사원이 사망하면 상속인이 사원의 지위를 승계하고, 성년후견이 개시되면 계속 사원의 지위를 유지한다.

Ⅲ. 외부관계

1. 대표권

합자회사는 각 무한책임사원이 회사를 대표한다.(모의 21) 유한책임사원은 어떠한 경우에도 대표권을 가질 수 없다(제278조). 유한책임사원에게 정관 또는 총사원의 동의로 업무집행권을 부여할 수 있다고 보는 통설, 판례도 유한책임사원은 대표권을 가질 수 없다고 본다.(모의 22)

유한책임사원은 설사 정관 또는 총사원의 동의로써 회사 대표자로 지정되어 그와 같은 등기까지 경유되었다 하더라도 회사 대표권을 가질 수 없다.(대판 1966.1.25. 65다2128)

2. 사원의 책임

(1) 무한책임사원의 책임

합자회사에 관하여 다른 규정이 없는 사항은 합명회사에 관한 규정을 준용하므로(제269조), 합자회사의 무한책임사원의 회사채권자에 대한 책임은 합명회사의 사원의 책임과 동일하다. 따라서 무한책임사원은 회사채무에 대하여 합명회사 사원과 같이 직접, 연대, 무한책임을 부담한다.(모의 17, 21)

(2) 유한책임사원의 책임

① 유한책임사원은 직접, 유한책임을 부담한다. 유한책임사원은 출자의무를 부담하는 금액 중에서 아직 회사에 출자하지 않은 금액을 한도로 채권자에 대하여 직접 변제할 책임을 부담한다(제279조 제1항).(모의 13, 24) 회사에 이익이 없음에도 불구하고 유한책임사원이 배당을 받은 금액은 변제책임을 정함에 있어서 이를 가산한다(제279조 제2항). 유한책임사원의 책임도 부종성과 보충성을 가진다고 본다.

② **합자회사의 무한책임사원 책임은 회사가 채무를 부담하면 법률의 규정에 기해 당연히 발생하는 것이고, 회사의 재산으로 회사의 채무를 완제할 수 없는 때 또는 회사재산에 대한 강제집행이 주효하지 못한 때에 비로소 발생하는 것은 아니다.**(대판 2012.4.12. 2010다27847)(모의 21, 22)

[기타 판시사항] 회사의 재산으로 회사의 채무를 완제할 수 없는 때란 회사의 부채 총액이 회사의 자산 총액을 초과하는 상태, 즉 채무초과 상태를 의미하는데, 이는 회사가 실제 부담하는 채무 총액과 실제 가치로 평가한 자산 총액을 기준으로 판단하여야 하고, 대차대조표 등 재무제표에 기재된 명목상 부채 및 자산 총액을 기준으로 판단할 것은 아니며, 나아가 회사의 신용 · 노력 · 기능(기술) · 장래 수입 등은 원칙적으로 회사의 자산 총액을 산정하면서 고려할 대상이 아니다.

제3관 유한책임회사

Ⅰ. 의의

유한책임회사는 2011년 상법 개정 당시 도입된 것으로, 출자금액을 한도로 유한책임을 지는 사원만으로 구성된 회사를 말한다. 유한책임회사는 업무집행, 지분양도, 손익분배, 사원의 가입과 퇴사 등 내부관계는 인적회사와 유사하면서 대외적으로는 유한책임을 부담하는 형태이다.

사원이 모두 유한책임사원으로만 구성되므로 채권자의 보호를 위하여 회사재산의 확보가 중요하다. 인적회사와 달리 설립절차에서 출자의 이행이 강제된다(제287조의4). 사원이 출자한 금전이나 그 밖의 재산의 가액을 유한책임회사의 자본금으로 한다(제287조의35). 대차대조표상의 순자산액으로부터 자본금의 액을 뺀 금액인 잉여금을 한도로 하여 잉여금을 분배할 수 있다(제287조의37).

Ⅱ. 설립

1. 개관

유한책임회사는 정관의 작성으로 사원이 특정된다(제287조의2, 제287조의3). 유한책임회사는 내부법률관계에서 합명회사와 마찬가지로 민법상 조합의 법리에 따라 운영되나, 유한책임회사 설립시 1인의 사원도 가능하며, 법인도 사원이 될 수 있고, 사원의 총수에 제한이 없다.(변호 13) 기관의 구성이 요구되지 않으므로 유한회사보다 설립절차가 간소하다. 유한책임회사에서도 사원의 개성이 중요하므로 설립의 무효 이외에 사원의 주관적 하자로 인한 설립의 취소가 인정된다.

2. 설립절차

(1) 정관의 작성

사원의 인적사항을 정관에 기재함으로써 사원이 확정된다. 합명회사와 달리 정관에 자본금의 액을 기재한다(제287조의3 제3호). 유한책임회사에서는 주식회사와 달리 따로 출자된 재산 전부를 자본금으로 하기 때문에(제287조의35), 실제로 출자된 금액과 정관에 기재된 자본금의 액이 동일하게 된다.

(2) 출자의 이행

사원은 신용이나 노무를 출자의 목적으로 하지 못한다.(변호 22, 모의 13, 14, 20) 사원은 정관의 작성 후 설립등기를 하는 때까지 금전이나 그 밖의 재산의 출자를 전부 이행하여야 한다(제287조의4).(모의 20) 사원의 현물출자도 가능하다.(모의 20) 다만 상법은 현물출자 관련 원칙만을 정하고 있을 뿐 검사인의 조사, 현물출자 불이행시 설립관여자의 책임에 대해서는 규정하지 않고 있다.(모의 20) 사원이 출자의무를 이행하지 않은 경우 제명사유가 된다(제287조의27, 제220조 제1항 제1호).

(3) 설립등기

유한책임회사는 본점 소재지에서 등기함으로써 성립한다(제287조의5). 사원은 등기사항이 아니지만, 업무집행자 또는 대표자의 인적사항은 등기사항이다(제287조의5 제1항 제4호, 제5호).(모의 20)

(4) 설립의 무효와 취소

유한책임회사의 설립의 무효와 취소에 관하여는 제184조부터 제194조까지의 규정을 준용한다. 이 경우 제184조 중 사원은 사원 및 업무집행자로 본다(제287조의6).(모의 24)

Ⅲ. 내부관계

1. 지분의 양도와 사원의 변동

(1) 지분의 양도

사원은 다른 사원의 동의를 받지 아니하면 그 지분의 전부 또는 일부를 타인에게 양도하지 못한다. 다만 정관에서 다르게 정할 수 있다(제287조의8 제1항, 제3항).(변호 19, 모의 20) 업무를 집행하지 아니한 사원은 업무를 집행하는 사원 전원의 동의가 있으면 지분의 전부 또는 일부를 타인에게 양도할 수 있다.(변호 19, 모의 22) 다만, 업무를 집행하는 사원이 없는 경우에는 사원 전원의 동의를 받아야 한다(제287조의8 제2항).(변호 19) 지분양도에 따라 사원이 변동되는 경우 별도의 정관변경 절차가 요구되지 않기 때문에 지분의 양도로 정관은 자동적으로 변경된다고 본다.

(2) 입사

사원은 정관의 기재사항이므로, 새로운 사원을 가입시키기 위해서는 정관을 변경해야 한다(제287조의23 제1항). 정관 변경은 총사원의 동의에 의하지만 정관으로 다르게 정할 수 있다(제287조의16). 새로운 사원의 가입은 정관을 변경한 때에 효력이 발생한다. 다만, 정관을 변경한 때에 해당 사원이 출자에 관한 납입 또는 재산의 전부 또는 일부의 출자를 이행하지 아니한 경우에는 그 납입 또는 이행을 마친 때에 사원이 된다(제287조의23 제2항). 사원이 설립시에 출자를 완납하지 않더라도 정관에 기재된 이상 사원의 지위를 가진다.

(3) 퇴사

유한책임회사 사원의 퇴사에 관한 사항은 대부분 합명회사의 규정을 준용한다(제287조의24, 제287조의25). 다만 유한책임회사 사원의 임의퇴사절차나 제명요건은 정관으로 달리 정할 수 있다(제287조의24, 제287조의27).

(4) 사원의 사망

사원이 사망한 경우, 지분이 상속되지 않고 사망한 사원은 퇴사하게 된다(제287조의26, 제219조). 정관으로 사원이 사망한 경우 상속인이 회사에 대한 피상속인의 권리의무를 승계하여 사원이 될 수 있음을 정한 때에는, 상속인은 상속의 개시를 안 날로부터 3월내에 회사에 대하여 승계 또는 포기의 통지를 발송해야 한다. 상속인이 통지 없이 3월을 경과하면 사원이 될 권리를 포기한 것으로 본다(제287조의26, 제219조).

2. 지분환급과 채권자보호

유한책임회사는 지분의 전부 또는 일부를 양수할 수 없다(제287조의9 제1항).(변호 24) 유한책임회사가 지분을 취득하는 경우에 그 지분은 취득한 때에 소멸한다(제287조의9 제2항).(변호 24)

유한책임회사의 채권자는 퇴사하는 사원에게 환급하는 금액이 잉여금을 초과한 경우에는 그 환급에 대하여 회사에 이의를 제기할 수 있다(제287조의30 제1항). 회사채권자가 이의를 하게 되면 회사는 변제 또는 담보제공 등의 채권자보호절차를 진행해야 한다(제287조의30 제2항). 다만, 잉여금을 초과하여 환급하더라도 채권자에게 손해를 끼칠 우려가 없는 경우에는 채권자보호 조치를 취하지 않아도 된다(제287조의30 제2항 단서).

사원 지분의 압류는 잉여금의 배당을 청구하는 권리에 대하여도 효력이 있다(제287조의37 제6항). 사원의 지분을 압류한 채권자의 권리는 이익배당청구권과 지분환급청구권에 미친다.

3. 업무집행자

(1) 업무집행자의 선임

유한책임회사는 정관으로 사원 또는 사원이 아닌 자를 업무집행자로 정하여야 한다(제287조의12 제1항).(변호 13, 22, 모의 17) 사원의 전부를 업무집행자로 할 수도 있다. 법인이 업무집행자인 경우 그 법인은 업무집행자의 직무를 행할 자를 선임하고, 그 자의 성명과 주소를 다른 사원에게 통지해야 한다(제287조의15 제1항).(변호 18) 업무집행권을 가지지 못한 사원은 그 대신 업무집행자에 대한 감시권을 가진다(제287조의14, 제277조).

(2) 업무집행자의 변경 및 공동업무집행자

업무집행자는 정관의 필수적 기재사항이다(제287조의3 제4호). 정관에 기재된 업무집행자를 변경하는 경우 정관 기재사항을 변경해야 하므로 총사원의 동의가 있어야 한다(제287조의16). 정관으로 둘 이상을 공동업무집행자로 정한 경우에는 전원의 동의가 없으면 업무집행에 관한 행위를 하지 못한다(제287조의12 제3항).

(3) 업무집행자의 의무와 책임

1) 선관주의의무, 경업 및 자기거래 승인

업무집행자는 회사와 위임 관계에 있으므로 회사의 수임인으로서 선관주의의무를 진다.

업무집행자는 사원 전원의 동의를 받지 아니하고는 자기 또는 제3자의 계산으로 회사의 영업부류에 속한 거래를 하지 못하며, 같은 종류의 영업을 목적으로 하는 다른 회사의 업무집행자 · 이사 또는 집행임원이 되지 못한다(제287조의10 제1항).(변호 18)

업무집행자는 다른 사원 과반수의 결의가 있는 경우에만 자기 또는 제3자의 계산으로 회사와 거래를 할 수 있다(제287조의11).(변호 18) 법인이 업무집행자인 경우 선임된 직무수행자에 대하여 자기거래 승인 규정과 업무집행자에 관한 규정이 준용된다(제287조의15 제2항).

2) 대표소송 및 업무집행권한 상실선고

유한책임회사의 사원에 대해서도 대표소송이 인정된다(제287조의22). 유한책임회사의 사원에게 인정되는 대표소송은 단독사원권이다(제287조의22 제1항). 유한회사의 사원에게 인정되는 대표소송은 자본금 총액의 3% 이상이 요구되는 소수사원권이다.

업무집행사원이 업무를 집행함에 현저하게 부적임하거나 중대한 업무 위반행위가 있는 경우 법원은 사원의 청구에 의해 업무집행권한의 상실을 선고할 수 있다(제287조의17, 제205조).(변호 18)

4. 의사결정

(1) 총사원 동의사항

① 업무집행자의 경업승인(제287조의10 제1항), ② 대표자의 선임(제287조의19 제2항, 제3항), ③ 자본금의 감소(제287조의36 제1항) 등은 총사원의 동의로 정한다. 또한 정관에 다른 규정이 없는 경우 정관을 변경하려면 총사원의 동의가 있어야 한다(제287조의16). 따라서 아래와 같은 정관 규정 사항의 경우 총사원의 동의가 있어야 한다.

㉠ 업무집행자의 선임(제287조의12 제1항), ㉡ 대표자의 선임(제287조의19 제2항, 제3항), ㉢ 사원의 가입(제287조의23), ㉣ 사원의 사망시 상속인의 승계에 관한 사항(제287조의26, 제219조), ㉤ 제명의 결의방법(제287조의27), ㉥ 잉여금의 분배(제287조의37 제5항) 등

(2) 과반수 결의사항

① 업무집행자의 자기거래의 승인(제287조의11), ② 사원과의 소에서 회사대표의 선정(제287조의21)(변호 25)등은 다른 사원 과반수의 결의로 할 수 있다.

(3) 사원 동의의 방식

총 사원의 동의 등은 별도로 사원총회를 개최하여야 하는 것은 아니고, 어떠한 방법으로든 사원의 의사가 파악되면 된다. 사원 과반수의 동의 여부 등은 상법에 달리 규정을 두고 있지 않으므로 합명회사의 법리에 따라 사원수를 기준으로 하나(제287조의18, 제195조), 정관으로 달리 정할 수 있다.

5. 자본금과 잉여금 분배

(1) 출자와 자본금

유한책임회사는 사원이 출자한 재산 전부를 자본금으로 한다(제287조의35). 유한책임회사에는 준비금의 개념이 존재하지 않는다. 사원이 새로 가입하거나 추가로 출자하게 되면 자본금이 증가하는데, 자본금은 정관의 필요적 기재사항이므로(제287조의3 제3호), 이러한 가입 또는 추가 출자는 원칙적으로 총사원의 동의사항이다(제287조의16). 자본금의 감소도 정관변경사항이고(제287조의36 제1항), 책임재산을 감소시키므로 채권자보호절차를 거쳐야 한다(제287조의36 제2항, 제232조).

(2) 잉여금 분배

유한책임회사는 대차대조표상의 순자산액으로부터 자본금의 액을 뺀 액인 잉여금을 한도로 하여 잉여금을 분배할 수 있다(제287조의37 제1항).(모의 20) 잉여금은 정관에 다른 규정이 없으면 각 사원이 출자한 가액에 비례하여 분배한다(제287조의37 제4항). 잉여금의 분배를 청구하는 방법이나 그 밖에 잉여금의 분배에 관한 사항은 정관으로 정할 수 있다(제287조의37 제5항).(모의 24)

Ⅳ. 외부관계

1. 업무집행자

업무집행자는 유한책임회사를 대표한다(제287조의19 제1항). 업무집행자가 둘 이상인 경우 정관 또는 총사원의 동의로 유한책임회사를 대표할 업무집행자를 정할 수 있다(제287조의19 제2항).(변호 18) 업무집행자가 아닌 자를 대표자로 선임할 수 없다. 유한책임회사는 사원이 아닌 자를 업무집행자로 선임할 수 있다(제287조의12). 그 결과 사원이 아닌 자가 업무집행자가 되면 대표자로 될 수 있다. 정관 또는 총사원의 동의로 둘 이상의 업무집행자가 공동으로 회사를 대표할 것을 정할 수 있다(제287조의19 제3항). 유한책임회사를 대표하는 업무집행자가 업무집행으로 타인에게 손해를 입힌 경우에는 회사는 그 업무집행자와 연대하여 배상할 책임이 있다(제287조의20).(변호 18)

2. 사원의 책임

유한책임회사의 사원은 회사채권자에 대하여 간접, 유한책임을 진다(제287조의7). 유한회사의 사원이 부담하는 출자전보책임도 없고, 합자회사의 유한책임사원이 출자를 이행하지 않은 범위에서 직접, 연대책임을 지는 것과도 다르다(제279조 제1항). 유한책임회사 사원의 유한책임은 주식회사의 주주와 같이 단순히 회사에 대한 출자의무만을 의미할 뿐이다.

제4관 유한회사

Ⅰ. 유한회사의 개요

1. 의의

유한회사는 사원이 균등액 단위로 출자하여 자본금을 형성하고, 사원은 회사에 대해 출자금액을 한도로 유한책임을 부담하며, 채권자에 대해 직접적으로 어떠한 책임도 부담하지 않는 회사를 말한다. 유한회사의 사원은 출자전보책임(제550조, 제551조, 제593조)을 진다는 점, 설립이 용이하고 기관구조가 간소화되어 있는 등 소규모 폐쇄적 회사에 적합한 형태라는 점에서 주식회사와 차이가 있다.

2. 물적회사

유한회사도 물적회사이므로 사원이 출자한 재산이 회사채권자의 보호를 위한 책임재산을 형성한다. 주식회사와 마찬가지로 자본금확정, 자본금충실, 자본금불변의 원칙이 적용된다.

유한회사의 자본금은 정관의 기재사항이고(제543조 제2항 제2호), 자본금 증감은 사원총회 결의에 의한 정관변경 절차를 요한다. 다만 주식회사의 수권주식과 같은 개념은 존재하지 않는다. 설립 이후 출자는 정관변경 절차를 거쳐야 하므로 자본금확정 · 자본금불변의 원칙은 주식회사보다 더 강하게 적용된다. 출자 1좌의 금액은 100원 이상으로 균일해야 한다(제546조).

Ⅱ. 설립

1. 사원의 확정 및 개요

주식회사의 경우와 같이 발기인이 별도로 존재하지 않고 정관을 작성함으로써 사원이 확정된다. 1인 회사의 설립이 가능하다. 사원의 자격과 수에는 아무 제한이 없다.

모집설립은 인정되지 않고(제589조 제2항), 발기설립만 가능하다. 설립경과에 대한 검사인의 조사절차가 없다.

2. 설립절차

(1) 정관의 작성

유한회사를 설립하기 위해서는 사원이 정관을 작성하여 기명날인 또는 서명 후 공증을 받아야 한다(제543조, 제292조). 현물출자 또는 재산인수와 같은 변태설립사항의 경우에도 법원이 선임한 검사인의 조사가 없다는 점에서 주식회사의 설립보다 간소화되어 있다. 다만 이를 회피하기 위한 사후설립의 경우 사원총회의 특별결의를 거쳐야 한다(제576조 제1항).

(2) 이사 · 감사의 선임

유한회사의 이사는 정관으로 직접 정할 수 있으나, 정관에서 따로 정하지 않은 경우에는 사원총회에서 선임한다(제547조 제1항).(모의 14) 사원총회는 각 사원이 소집할 수 있다(제547조 제2항). 감사는 임의기관이다(제568조 제1항).(모의 20)

(3) 출자의 이행

정관에 사원의 출자좌수를 기재하여야 하므로(제543조 제2항 제4호), 정관을 작성하면 바로 사원이 인수할 출자좌수가 확정된다. 출자는 전액 납입되어야 하는데(제548조 제1항), 그 취지상 노무출자나 신용출자는 허용되지 않는 것으로 해석한다.

(4) 설립등기

출자 이행일로부터 2주 이내에 설립등기 해야 한다(제549조). 설립등기로 유한회사가 성립한다.

3. 출자에 관한 책임

유한회사는 사원 등에게 출자전보책임을 두고 있다(제550조, 제551조).

현물출자 또는 재산인수 목적 재산이 과대평가된 경우, 사원은 연대하여 부족분을 납입해야 한다. 사원의 이러한 책임은 무과실 책임이며 어떤 경우에도 면제하지 못한다(제550조).

회사성립 후에 출자금액의 납입 또는 현물출자의 이행이 완료되지 않았음이 발견된 때에는 회사성립 당시의 사원, 이사와 감사는 회사에 대하여 납입되지 아니한 금액 또는 이행되지 아니한 현물의 가액을 연대하여 지급할 책임이 있다(제551조 제1항). 무과실책임이며, 사원은 어떤 경우에도 책임이 면제되지 않지만, 이사 · 감사는 유한회사의 수임자에 불과하므로 총사원의 동의가 있으면 면책된다(제551조 제2항).

4. 설립의 하자

유한회사의 설립무효도 2년 내에 소로써만 주장할 수 있다(제552조 제1항). 제552조 제1항은 설립의 무효뿐만 아니라 취소도 인정하고 있다. 설립취소의 소 역시 제186조 이하의 일반 규정이 준용된다.(모의 24) 유한회사의 경우 설립무효의 소 이외에 설립취소의 소가 인정된다는 점에서 인적회사와 유사한 점이 존재하다.

Ⅲ. 지분의 양도와 입질

1. 지분의 양도

(1) 지분의 양도, 상속

사원은 그 지분의 전부 또는 일부를 양도(모의 22)하거나 상속할 수 있다.

지분의 이전은 취득자의 성명, 주소와 그 목적이 되는 출자좌수를 사원명부에 기재하지 아니하면 이로써 회사와 제3자에게 대항하지 못한다(제557조). 지분양도는 당사자의 의사표시만으로 이루어지지만, 양수인이 사원명부에 명의개서를 하지 않으면 회사에 대하여 사원권을 주장할 수 없다.

(2) 정관에 의한 지분양도 제한

정관으로 지분의 양도를 제한할 수 있다(제556조). 따라서 정관으로 정하기만 하면 사원의 지분 양도에 다른 사원의 동의를 얻어야 하는 것으로도 할 수 있다.(변호 13, 22, 모의 13, 22)

상법 제556조에 의하면 사원의 지분양도는 정관변경의 절차 없이 가능하다. 이와 관련하여 사원의 지분이 양도되면 정관은 자동적으로 변경된 것으로 본다.

(3) 지시식 또는 무기명식 증권의 발행 금지 및 자기지분취득 금지

유한회사는 사원 지분에 관해 지시식 또는 무기명식 증권을 발행하지 못한다(제555조).(모의 16, 22) 유한회사는 자기지분취득이 원칙적으로 금지된다(제560조, 제341조의2). 유한회사의 경우 배당가능이익에 의한 자기 지분 취득도 인정되지 않는다.

2. 지분의 입질

사원은 정관에 제한이 없는 한 자유롭게 지분에 질권을 설정할 수 있다(제559조 제1항).(변호 19) 이러한 질권의 설정을 회사에 대항하기 위해서는 질권의 내용이 사원명부에 기재되어야 한다. 주식의 입질과 달리 유한회사 지분의 경우 약식질은 인정되지 않고 등록질만 인정된다.

Ⅳ. 사원의 권리와 의무

1. 사원의 권리

(1) 자익권

사원은 자익권으로 이익배당청구권(제580조),(변호 22) 잔여재산분배청구권(제612조), 증자시의 출자인수권(제588조)을 가진다. 정관변경 또는 사원총회 특별결의로 제3자에게 출자인수권을 부여할 수 있다(제586조 제3호, 제587조).

(2) 공익권

1) 단독사원권

사원은 공익권 중 단독사원권으로 ① 의결권(제575조), ② 사원총회결의의 무효 · 취소 · 변경의 소 제기권(제578조, 제376조 내지 제381조), ③ 회사설립 무효 · 취소(제552조), 증자무효(제595조), 감자무효(제597조, 제445조), 합병무효(제603조, 제529조) 등의 소 제기권을 가진다.

2) 소수사원권

사원은 공익권 중 소수사원권으로 ① 사원총회의 소집청구권(제572조), ② 이사의 위법행위에 대한 유지청구권(제564조의2), ③ 대표소송 제기권(제565조), ④ 이사 해임청구의 소 제기권(제567조, 제385조 제2항), ⑤ 회계장부열람권(제581조), ⑥ 회사의 업무 · 재산상태에 대한 검사청구권(제582조 제1항), ⑦ 해산청구권(제613조 제1항, 제520조 제1항)을 가진다. 소수사원권은 자본금의 3% 이상에 해당하는 출자좌수를 가진 사원에게 인정된다.

2. 사원의 출자의무 및 출자전보책임

사원은 자신이 인수한 출자에 대한 출자의무를 부담한다. 유한회사의 사원은 회사 설립시(제550조, 제551조), 증자시(제593조 제1항), 유한회사의 주식회사로의 조직변경시(제607조 제4항) 출자가 납입되지 않거나 재산의 실제가액이 평가액에 현저히 미달하는 경우, 그 부족액을 연대하여 납입할 책임을 진다. 유한회사의 재산으로 유한회사의 채무를 변제하기에 부족한 경우에도 유한회사의 채권자는 출자금액의 납입을 완료하지 아니한 사원에 대하여 납입부족액을 한도로 자신에게 직접 변제할 것을 청구할 수 없다.(모의 16)

Ⅴ. 기관

1. 개관

유한회사에는 1인 또는 수인의 이사를 두어야 한다(제561조). 원칙적으로 대표이사가 없고 각 이사가 업무를 집행하고 회사를 대표한다(제562조 제1항). 유한회사에는 이사회가 없다. 다만, 이사가 여러 명이면 다수결로 업무를 집행한다(제564조 제1항). 감사는 임의기관이다(제568조 제1항).

유한회사의 의사결정기관은 사원총회이다. 사원총회의 소집절차는 주식회사보다 간소하고, 사원총회의 결의는 서면결의로 가능하다(제577조 제1항).

2. 사원총회

(1) 의의

사원총회는 사원으로 구성된 유한회사의 필요적 최고의사결정기관이다. 사원총회의 권한에는 제한이 없으므로 법령 또는 정관에 위반하지 않는 한 구체적인 업무집행을 포함한 모든 사항에 관하여 의사결정을 할 수 있다. 이사회가 없고 감사도 임의기관이므로, 사원총회가 이사의 업무집행을 직접적으로 감독한다.

(2) 소집

사원총회는 원칙적으로 이사가 소집한다(제571조 제1항). 이사가 수인인 경우에도, 개별이사가 단독으로 결정하여 집행할 수 있다. 감사(제571조 제1항 단서), 자본금총액의 3% 이상을 가진 소수사원(제572조 제1항), 법원(제582조 제3항)등도 임시총회를 소집할 권한을 가진다.

사원총회를 소집할 때에는 사원총회일의 1주 전에 각 사원에게 서면으로 통지서를 발송하거나 각 사원의 동의를 받아 전자문서로 통지서를 발송하여야 한다(제571조 제2항). 총사원의 동의가 있을 때에는 소집절차 없이 총회를 열 수 있다(제573조).

(3) 의결권

각 사원은 출자1좌마다 1개의 의결권을 가진다. 그러나 정관으로 의결권의 수에 관하여 다른 정함을 할 수 있다(제575조). 정관으로 1사원 1의결권을 택하거나, 일정 좌수 이상의 사원에 대해서는 의결권을 제한하거나, 출자 1좌에 대하여 복수의결권을 부여하는 것도 가능하다. 다만, 사원의 의결권을 완전히 박탈하는 것은 허용되지 않는다.

사원총회에서의 의결권과 관련하여, 주주총회의 의결권의 대리행사(제368조 제2항), 특별이해관계인의 의결권제한(제368조 제3항), 자기지분의 의결권제한(제369조 제2항)등의 규정을 준용하고 있다. 다만 지분의 상호보유의 경우에도 의결권이 제한되지 않는다.

(4) 결의

1) 보통결의

보통결의는 총사원의 의결권의 과반수를 가지는 사원이 출석하고 그 의결권의 과반수로써 하여야 한다(제574조). 의결권이 없거나 제한되는 경우, 정족수와 의결권의 수를 산정함에 있어서는 제371조 제1항이 준용된다고 해석한다.

2) 특별결의

특별결의는 총사원의 반수 이상, 총사원의 의결권의 4분의 3 이상을 가지는 자의 동의로 한다(제585조 제1항). 특별결의 요건을 적용함에 있어서는 의결권을 행사할 수 없는 사원은 이를 총사원의 수에, 그 행사할 수 없는 의결권은 이를 의결권의 수에 산입하지 아니한다(제585조 제2항). 주식회사에서의 특별결의사항과 같으나, 유한회사의 경우 증자시 제3자에 대한 출자인수권을 부여함에 있어 사원총회의 특별결의를 요한다(제587조).

3) 특수결의

특수결의는 총사원의 동의로 하는 결의를 말한다. 특수결의는 조직변경의 경우 요구된다(제607조 제1항). 이사와 감사의 출자전보책임을 면제하기 위한 경우에도 총사원의 동의가 필요하다.

4) 결의방법

총회의 결의를 하여야 할 경우에 총사원의 동의가 있는 때에는 서면에 의한 결의를 할 수 있다(제577조 제1항). 위 서면결의는 사원총회 자체를 개최하지 않아도 된다. 서면결의의 경우 동의는 특정사항에 관한 것이어야 하고, 사전에 일반적으로 서면결의에 의한다고 동의하는 것은 허용되지 않는다. 다만, 결의의 목적사항에 대하여 총사원이 서면동의를 한 경우에는 서면결의가 가능하다(제577조 제2항).

5) 결의의 하자

사원총회결의의 하자에 대하여는 주주총회결의의 하자에 관한 규정을 준용하고 있다.

3. 이사

(1) 선임 · 종임

유한회사의 이사는 회사의 업무집행기관이며 동시에 대표기관이다. 이사의 선임은 원칙적으로 사원총회의 결의에 의한다(제567조, 제382조 제1항). 다만, 초대이사는 정관으로 정할 수 있다(제547조 제1항). 이사의 자격과 임기에 관하여는 아무 제한이 없다. 이사의 해임에 관해서는 주식회사의 규정을 준용하고 있다.

(2) 업무집행권

이사는 유한회사의 업무집행기관이다. 주식회사와 달리 업무집행의 의사결정과 현실적인 집행이 분리되어 있지 않다. 이사가 수인인 경우 정관에 다른 규정이 없으면, ① 회사 업무집행, ② 지배인의 선임 또는 해임과 ③ 지점의 설치 · 이전 또는 폐지는 이사 과반수의 결의로 정한다(제564조 제1항).

(3) 대표권

이사는 각자 회사를 대표한다(제562조 제1항). 사원총회에서 회사를 대표할 이사를 선정할 수 있고, 수인의 이사를 공동대표로 정할 수도 있다(제562조 제2항, 제3항). 회사가 이사에 대하여 또는 이사가 회사에 대하여 소를 제기하는 경우에는 사원총회는 그 소에 관하여 회사를 대표할 자를 선정하여야 한다(제563조). [모의 21]

(4) 의무와 책임

① **경업금지 및 자기거래금지의무** : 주식회사의 이사와 마찬가지로 경업금지의무(제567조, 제397조), 자기거래금지의무(제564조 제3항) 등을 부담한다. 유한회사에는 이사회가 없기 때문에 경업 승인은 사원총회(제567조 후문)가, 자기거래 승인은 감사 또는 사원총회(제564조 제3항)가 한다.

② **손해배상책임** : 유한회사 이사의 손해배상 책임에 관하여 주식회사의 규정을 준용하고 있다(제567조). 유지청구권(제564조의2), 대표소송(제565조) 관련 규정도 주식회사와 같다.

③ **출자전보책임** : 회사의 설립(제551조 제1항), 자본금의 증가(제594조), 조직변경(제607조 제4항)등에서 이사의 출자전보책임이 부여된다.

4. 감사

유한회사에서 감사는 주식회사와 달리 임의기관이다. 그러나 감사를 두는 경우 그 내용은 주식회사와 큰 차이가 없다. 유한회사에서 감사는 언제든지 회사의 업무와 재산상태를 조사할 수 있고 이사에 대하여 영업에 관한 보고를 요구할 수 있다(제569조).(모의 20) 유한회사의 감사는 회사의 설립, 자본금의 증가, 조직변경 등의 경우 출자전보책임을 지고(제551조 제1항), 임시총회를 소집할 권한이 있으며(제571조 제1항), 이사의 자기거래를 승인할 수 있다(제564조 제3항).

Ⅵ. 유한회사의 재무

1. 자본금의 증가

(1) 출자인수권

사원은 증가할 자본금에 대하여 그 지분에 따라 출자를 인수할 권리가 있다(제588조). 정관변경의 사원총회에서 제3자에게 출자인수권을 부여하기로 한 경우(제586조 제3호) 또는 미리 사원총회의 특별결의로 장래의 출자시 특정한 제3자에게 출자인수권을 부여하기로 한 경우(제587조) 등에는 제3자가 출자하는 것도 허용된다. 정관에 규정이 없어도 제3자 출자가 가능하다는 것과 제3자 출자에 신기술의 도입 등 회사의 경영상 목적이 요구되지 않는다는 점에서 주식회사와 차이가 있다.

(2) 자본금 증가 절차 및 효력 발생

1) 사원총회 특별결의

자본금증가는 정관변경에 해당하므로 사원총회의 특별결의를 요한다(제584조, 585조).

2) 제3자 배정

정관에 정함이 없더라도 현물출자, 재산인수, 제3자 배정이 가능하다(제586조). 자본금증가의 경우 출자를 인수하고자 하는 자는 인수를 증명하는 서면에 인수할 출자의 좌수와 주소를 기재하고 기명날인 또는 서명하여야 한다(제589조 제1항). 유한회사는 광고 기타의 방법에 의하여 인수인을 공모하지 못한다(제589조 제2항).(변호 25, 모의 24) 이러한 출자방식에 의하지 않는 출자 인수는 무효이다.

3) 인수와 납입

유한회사의 증자는 증자결의로 정관상 자본금총액이 변경되기 때문에 증자액에 해당하는 출자좌수의 인수와 납입이 반드시 이루어져야 한다. 이사는 출자인수인으로 하여금 출자전액을 납입시켜야 한다(제596조, 제548조). 유한회사의 납입에는 회사가 동의하는 경우 상계도 허용된다(제596조, 제421조 제2항). 자본금 증가의 경우에 출자의 인수를 한 자는 출자의 납입의 기일 또는 현물출자의 목적인 재산의 급여의 기일로부터 이익배당에 관하여 사원과 동일한 권리를 가진다(제590조).

4) 자본금 증가의 효력발생

자본금증가의 효력은 변경 등기시에 발생한다(제592조).

(3) 자본금 증가에 관한 책임

자본금증가의 경우, 사원, 이사, 감사는 출자전보책임을 진다(제593조, 제594조). 설립시와 마찬가지로 사원의 책임은 면제되지 않으나(제593조 제2항), 이사, 감사의 책임은 총사원의 동의로 면제될 수 있다(제594조 제3항).

2. 자본금의 감소

유한회사의 자본금 감소는 정관의 변경에 관한 사원총회의 특별결의가 필요하다(제584조, 제585조). 회사의 책임재산을 감소시키는 것이므로 채권자보호절차를 거쳐야 한다(제597조, 제439조 제2항). 유한회사의 자본금 감소도 변경등기사항이다(제549조 제4항, 제183조). 자본금 감소는 자본금 감소절차가 종료함으로써 효력이 발생한다. 자본금 감소등기는 자본금 증가등기와 달리 효력발생요건이 아니라 대항요건에 불과하다.

3. 자본금 증가와 감소의 무효

자본금의 증가와 감소의 무효는 소로써만 다툴 수 있다. 자본금증가의 무효는 사원, 이사 또는 감사에 한하여 본점 소재지에서의 등기를 한 날로부터 6월 내에 소만으로 이를 주장할 수 있다(제595조 제1항). 주식회사의 신주발행무효의 소에 관한 규정과 감자무효의 소에 관한 규정이 준용된다.

4. 회사의 계산

유한회사에서도 주식회사의 계산에 관한 대부분의 규정이 준용된다. 이익배당은 배당가능이익이 있는 경우에만 가능하고(제583조 제1항, 제462조), 출자의 환급을 의미하는 자기지분취득이 금지되며(제560조, 제341조의2), 준비금 제도(제583조 제1항), 재무제표의 작성 및 보고의무(제579조) 모두 존재한다.

Ⅶ. 합병

1. 합병의 상대회사

유한회사는 어떠한 회사와도 합병할 수 있다. 유한회사가 주식회사, 유한책임회사 이외의 회사와 합병을 하는 경우, 합병 후 존속회사 또는 신설회사는 유한회사가 되어야 한다. 유한회사가 주식회사, 유한책임회사와 합병을 하는 경우, 합병 후 존속회사 또는 신설회사가 유한회사이든 주식회사, 유한책임회사이든 상관없다. 합병 후 존속회사 또는 신설회사가 주식회사가 될 경우 법원의 인가를 얻어야 한다(제600조 제1항). 합병 후 존속회사 또는 신설회사가 유한회사가 될 경우 주식회사의 사채를 모두 상환해야 한다(제600조 제2항).

2. 합병 절차 및 합병에 따른 물상대위

합병 절차 등은 주식회사의 합병 절차와 비슷하다. 유한회사 합병의 경우 사원총회 특별결의가 요구된다(제598조). 유한회사가 주식회사와 합병하는 경우에 합병 후 존속하는 회사 또는 합병으로 인하여 설립되는 회사가 유한회사인 경우 질권자는 존속 또는 신설된 유한회사의 지분에 대하여 물상대위를 할 수 있다(제601조 제1항, 제339조). 질권자가 질권으로써 회사 기타 제3자에 대항하기 위해서는 질권의 내용을 사원명부에 기재하여야 한다(제601조 제2항).

제 4 편

보험법

- 제1장 보험과 보험법
- 제2장 보험계약
- 제3장 손해보험
- 제4장 인보험

제1장 보험과 보험법

Ⅰ. 보험계약의 의의 및 개념요소

1. 보험계약의 의의

보험계약은 당사자 일방이 약정한 보험료를 지급하고 재산, 생명 또는 신체에 불확정한 사고가 발생할 경우에 상대방이 일정한 보험금이나 급여를 지급할 것을 약정하는 계약을 말한다(제638조).

2. 보험계약의 개념요소

> **제664조 (보험사고의 객관적 확정의 효과)** 보험계약당시에 보험사고가 이미 발생하였거나 또는 발생할 수 없는 것인 때에는 그 계약은 무효로 한다. 그러나 당사자 쌍방과 피보험자가 이를 알지 못한 때에는 그러하지 아니하다.

(1) 사고발생의 불확실성

보험계약 당시에 보험사고가 이미 발생하였거나 또는 발생할 수 없는 것인 때에는 그 계약은 무효로 한다(제644조 본문).(모의 14, 18, 23, 24)

보험계약은 우연히 발생한 사고를 대상으로 하는 것으로 사고 발생의 불확실성이 존재해야 한다. 사고 발생 여부가 불확실한 경우뿐 아니라 사고 발생시기가 불확실한 때에도 불확실성이 인정된다.

(2) 계약당사자의 인지 여부

보험계약 체결 당시에 보험사고가 이미 발생하였거나 또는 발생할 수 없는 것인 때에도 계약당사자가 이를 알지 못한 경우 계약은 유효하다(제644조 단서).(변호 12, 모의 23, 24)

보험계약 체결 당시 객관적으로 이미 발생한 사건 또한 계약당사자가 알지 못했다면 보험계약의 대상이 될 수 있다. 다만, 계약당사자 중 어느 일방이 위험을 인지한 경우 보험계약은 무효다.

(3) 위험의 동질성과 독립성

보험계약의 대상이 되는 사고의 위험은 동질적이어야 한다. 보험은 다수의 동질적인 위험을 결합하고 분석한 결과를 바탕으로 평균적인 손실을 산정한 후 이를 토대로 개인 또는 기업의 우연한 사고로부터 발생하는 실제 손실에 대해 보험금이나 급여를 지급하는 것이다. 보험이 적용되기 위해서는 개개의 위험이 독립적이어야 한다.

따라서 보험사고가 전쟁 기타의 변란으로 인하여 생긴 때에는 당사자 간에 다른 약정이 없으면 보험자는 보험금액을 지급할 책임이 없다(제660조).

Ⅱ. 보험에 적용되는 원칙

1. 불이익변경금지의 원칙

보험법의 규정은 당사자 간의 특약으로 보험계약자 또는 피보험자나 보험수익자의 불이익으로 변경하지 못한다(제663조 본문). 그러나 재보험 및 해상보험 기타 이와 유사한 보험의 경우에는 그러하지 아니하다(제663조 단서).

당사자 간의 특약으로도 보험계약자 등에게 불리한 내용을 규정하는 것이 금지되는데, 이를 불이익변경금지의 원칙이라 한다. 이러한 불이익변경금지의 원칙은 재보험과 해상보험과 같은 기업보험에는 적용되지 않는다.

2. 보험계약당사자의 선의성의 원칙

보험계약자의 고지의무(제651조), 위험변경증가의 통지의무(제652조), 보험자의 면책(제659조), 보험사고 발생시 보험계약자의 통지의무(제657조), 초과보험 보험금 감액(제669조 제1항), 중복초과보험 비례적 보상(제672조), 보험계약자와 피보험자의 손해방지의무(제680조), 타인의 사망보험 피보험자의 동의요건(제731조), 15세 미만자 등에 대한 보험계약의 금지(제732조)는 보험계약 당사자의 선의성을 확보하기 위한 것이다.

Ⅲ. 보험의 종류

1. 정액보험과 손해보험(비정액보험)

정액보험이란 재산상 손해의 규모와 관계없이 사전에 일정하게 약정된 금액을 지급하는 보험을 말하고 손해보험이란 보험사고로 인한 재산상 손해에 비례하여 금액을 지급하는 보험을 말한다.

2. 물건보험과 인보험

물건보험이란 보험사고가 발생하는 객체가 재산 또는 특정한 물건인 보험을 말하고, 인보험이란 보험사고가 발생하는 객체가 사람의 생명 또는 신체인 보험을 말한다.

3. 상법상 손해보험과 인보험

손해보험은 사고발생시 지급되는 금액이 정액인지 여부를 기준으로 한 분류이고, 인보험은 보험사고가 발생하는 객체를 기준으로 한 분류이므로 상법상 손해보험과 인보험은 분류기준이 혼합되어 있다고 볼 수 있다. 특히 상해보험의 경우에는 치료비라는 손해의 전보를 목적으로 한다는 점에서 손해보험에 해당하면서 동시에 사고발생의 객체가 사람이라는 점에서 인보험에 해당한다.

4. 가계보험과 기업보험

가계보험은 일반 대중이 이용하는 보험을 말하고 기업보험이란 기업이 기업경영과 관련된 위험에 대비하기 위하여 이용하는 보험을 말한다. 상법 제663조 보험계약자 등의 불이익변경금지의 원칙은 가계보험의 경우에만 적용된다고 본다.

判例 또한 보험계약자 등의 불이익변경 금지원칙은 보험계약자와 보험자가 서로 대등한 경제적 지위에서 계약조건을 정하는 이른바 기업보험에 있어서의 보험계약의 체결에 있어서는 그 적용이 배제된다고 판시하였다.(대판 2000.11.14. 99다52336)

5. 특정보험과 총괄보험

특정보험이란 보험의 객체가 특정되어 있는 보험을 말하고, 총괄보험이란 보험 객체의 전부 또는 일부가 특정되어 있지 않고, 정해진 특정 방법이나 표준 안에서 집합된 물건을 일괄하여 보험의 목적으로 하는 보험을 말한다. 총괄보험의 경우, 그 목적에 속한 물건이 보험기간 중에 수시로 교체된 경우에도 보험사고의 발생 시에 현존한 물건은 보험의 목적에 포함된 것으로 한다(제687조).

Ⅳ. 보험약관

1. 약관에 의한 보험계약의 체결

보험계약은 대부분 보험자가 미리 작성한 약관에 의하여 체결된다.

2. 약관의 효력근거

(1) 학설

이러한 약관의 효력근거에 대해서 학설은 규범설과 의사설(통설)이 존재한다.

(2) 판례

判例는 의사설을 취하고 있다. 判例는 의사 합의를 넓게 인정하여 당사자가 구체적으로 약관조항을 배제하겠다는 의사표시를 하지 않는 한 약관조항에 대한 의사 합의를 인정하고 있다. 다만 약관과 다른 개별합의가 존재하는 경우 개별합의가 우선한다고 본다.

① **보통보험약관이 계약당사자에 대하여 구속력을 갖는 것은** 그 자체가 법규범 또는 법규범적 성질을 가진 계약이기 때문이 아니라 **보험계약당사자 사이에서 계약내용에 포함시키기로 합의하였기 때문**이라고 볼 것인바, 일반적으로 당사자 사이에서 보통보험약관을 계약내용에 포함시킨 보험계약서가 작성된 경우에는 계약자가 그 보험약관의 내용을 알지 못하는 경우에도 그 약관의 구속력을 배제할 수 없는 것이 원칙이나 다만 **당사자 사이에서 명시적으로 약관에 관하여 달리 약정한 경우에는 위 약관의 구속력은 배제된다.**(대판 1985.11.26. 84다카2543)

② 동일한 보험계약당사자가 일정한 기간마다 주기적으로 동종계약을 반복 체결하는 계속적 거래관계에 있어서 종전계약의 내용이 된 보험약관을 도중에 가입자에게 불리하게 변경하였다면 **보험자는 새로운 보험계약 체결시 그와 같은 약관변경사실 및 내용을 가입자인 상대방에게 고지하여야 할 신의칙상의 의무**가 있고, 이러한 **고지 없이 체결된 보험계약**은 과거와 마찬가지로 **종전약관에 따라 체결된 것으로 봄이 타당하다.**(대판 1986.10.14. 84다카122)

③ 일반적으로 보통보험약관을 계약내용에 포함시킨 보험계약서가 작성되면 **약관의 구속력은 계약자가 약관의 내용을 알지 못하더라도 배제할 수 없으나 당사자가 명시적으로 약관의 내용과 달리 약정한 경우에는 배제된다**고 보아야 하므로 **보험회사를 대리한 보험대리점 내지 보험외판원이 보험계약자에게 보통보험약관과 다른 내용으로 설명하고 이에 따라 보험계약이 체결되었으면 설명된 내용이 보험계약의 내용이 되고 그와 배치되는 약관의 적용은 배제된다.**(대판 1989.3.28. 88다4645)

Ⅴ. 보험계약 관련자

1. 보험계약의 당사자

(1) 보험자

보험계약은 보험자와 보험계약자 사이에 체결된다. 보험자는 보험사고 발생 시 보험금 지급의무를 진다. 보험인수는 기본적 상행위이므로 보험자는 당연상인에 해당한다(제4조, 제46조 제17호).

(2) 보험계약자

보험계약자는 자기명의로 보험계약을 체결하고 보험료의 지급의무를 지는 자이다. 보험계약자가 타인의 위임을 받지 않고 타인을 위하여 보험계약을 체결하는 것도 가능하다.

2. 피보험자 및 보험수익자

(1) 손해보험에서의 피보험자

손해보험에 있어 피보험자는 피보험이익의 주체로서 보험사고 발생 시 보험금을 지급받을 자이다. 손해보험에서 보험계약자와 피보험자가 동일한 경우 자기를 위한 손해보험, 그렇지 않은 경우 타인을 위한 손해보험에 해당하게 된다. 손해보험의 경우 피보험자가 보험금을 청구하게 되므로 별도로 보험수익자라는 개념이 적용되지 않는다.

(2) 인보험에서의 피보험자와 보험수익자

1) 피보험자

인보험에서의 피보험자는 보험사고의 객체로서 자신의 생명 또는 신체를 보험에 붙인 자연인을 말한다. 인보험에서 보험계약자와 피보험자가 동일한 경우 자기의 보험, 그렇지 않은 경우 타인의 보험에 해당하게 된다.

2) 보험수익자

인보험에서 보험수익자란 피보험자에게 보험사고가 발생한 경우 보험금을 지급받을 자로 지정된 자를 말한다.

3. 보험대리상

(1) 보험대리상의 의의

보험대리상이란 일정한 보험자를 위해서 계속적으로 보험계약의 체결을 대리하거나 중개하는 독립된 상인을 말한다. 보험자가 상법상 보험대리상의 권한 중 일부를 제한할 수 있으나, 보험자는 그러한 권한 제한을 이유로 선의의 보험계약자에게 대항하지 못한다(제646조의2 제2항).

(2) 보험대리상의 권한

보험대리상은 ㉠ 보험료 수령권한,(변호 21) ㉡ 보험증권 교부권한, ㉢ 보험계약자로부터 청약, 고지, 통지, 해지, 취소 등 보험계약에 관한 의사표시를 수령할 수 있는 권한, ㉣ 보험계약자에게 보험계약의 체결, 변경, 해지 등 보험계약에 관한 의사표시를 할 수 있는 권한을 가진다(제646조의2 제1항).(모의 16)

보험자의 대리인이 보험회사를 대리하여 보험계약자와 사이에 보험계약을 체결하고 그 **보험료수령권에 기하여 보험계약자로부터 1회분 보험료를 받으면서 2, 3회분 보험료에 해당하는 약속어음을 함께 교부**받았다면 위 대리인이 그 **약속어음을 횡령하였다**고 하더라도 그 **변제수령의 효과는 보험자에 미친다.**(대판 1987.12.8. 87다카1793,1794)

보험회사 대리점이 평소 거래가 있는 자로부터 그 구입한 차량에 관한 자동차보험계약의 청약을 받으면서 그를 위하여 그 보험료를 대납하기로 전화상으로 약정하였고, 그 다음날 **실제 보험료를 지급받으면서는 그 전날 이미 보험료를 납입 받은 것으로 하여 보험약관에 따라 보험기간이 그 전날 24:00 이미 시작된 것으로 기재된 보험료영수증을 교부**한 경우 위 **약정일에 보험계약이 체결되어 보험회사가 보험료를 영수한 것으로 보아야** 한다.(대판 1991.12.10. 90다10315)(모의 20)

4. 보험중개사

보험중개사는 보험계약의 체결을 중개하는 점에서는 중개대리상과 같으나 특정한 보험자가 아닌 다수의 보험자를 위해 중개하면서 그들로부터 완전히 독립되어 있다는 점에서 중개대리상과 구별된다. 보험중개사는 보험자의 대리인이 아니므로 계약 체결권한, 고지 수령권한, 보험료 수령권한 등 보험자를 대리할 어떠한 권한도 인정되지 않는다.(변호 21)

5. 보험설계사

(1) 보험설계사의 의의

보험설계사란 보험대리상이 아니면서 특정한 보험자를 위하여 계속적으로 보험계약의 체결을 중개하는 자를 말한다(제646조의2 제3항). 보험설계사는 계약체결 권한이 없고 독립된 상인도 아니다.

보험모집인은 소속 보험회사와의 고용계약이나 도급적 요소가 가미된 위임계약에 바탕을 둔 소속 보험회사의 사용인으로서 보험계약의 체결대리권이나 고지수령권이 없는 중개인에 불과하다.(대판 1989.11.28. 88다카33367)

(2) 보험설계사의 권한

1) 체약대리권한 여부

보험설계사에게 체약대리권한은 인정되지 않는다(제646조의2 제3항).

보험설계사가 약관과 다른 내용으로 보험계약을 설명하고 그에 따라 보험계약이 체결된 경우 설명된 내용이 보험계약의 내용이 되고 그와 배치되는 보험약관의 적용은 배제된다.(대판 1991.9.10. 91다20432)(변호 13)

2) 고지수령권한 부존재

보험설계사에게 고지수령권한이 인정되는지에 대하여 判例와 통설은 부정하고 있다.(변호 13)

보험계약자가 보험모집인에게 피보험차량에 크레인 장착예정 사실을 알려주었을 뿐이라면, 보험모집인이 보험자를 대리하여 보험계약을 체결할 권한이 없을 뿐만 아니라 고지 내지 통지 수령권한도 없는 점에 비추어 볼 때 피보험차량의 구조변경에 관한 통지의무를 다한 것이라고 할 수 없다.(대판 1998.11.27. 98다32564)

보험모집인이 통지의무의 대상인 '보험사고발생의 위험이 현저하게 변경 또는 증가된 사실'을 알았다고 하더라도 이로써 곧 보험자가 위와 같은 사실을 알았다고 볼 수는 없다.(대판 1998.11.27. 98다32564)

3) 보험료 수령권한

2014년 개정 상법은 보험자가 작성한 영수증을 보험계약자에게 교부하는 경우에만 보험료 수령권한을 인정하고 있다(제646조의2 제3항).(모의 24)

4) 제1회 보험료 수령권한

判例는 생명보험의 모집인이 보험계약자로부터 제1회 보험료로서 선일자 수표를 발행받고 보험료 가수증을 해준 사안에서, "보험모집인이 보험회사와의 고용계약이나 도급적 요소가 가미된 위임계약에 바탕을 둔 보험회사의 사용인으로서 보험계약의 체결대리권이나 고지수령권이 없는 중개인에 불과하다 하여도 보험업계의 실정에 비추어 제1회 보험료 수령권이 있음을 부정할 수는 없다"는 취지로 판시하여 보험모집인의 제1회 보험료 수령권을 인정하고 있다(대판 1989.11.28. 88다카33367).

5) 명시설명의무

보험자 및 보험계약의 체결 또는 모집에 종사하는 자는 보험계약의 체결에 있어서 보험계약자 또는 피보험자에게 보험약관에 기재되어 있는 보험상품의 내용, 보험료율의 체계 및 보험청약서상 기재사항의 변동 사항 등 보험계약의 중요한 내용에 대하여 구체적이고 상세한 명시·설명의무를 진다.(대판 1996.3.8. 95다53546)

[기타 판시사항] 보험자가 이러한 보험약관의 명시·설명의무에 위반하여 보험계약을 체결한 때에는 그 약관의 내용을 보험계약의 내용으로 주장할 수 없으므로, 보험계약자나 그 대리인이 그 약관에 규정된 고지의무를 위반하였다 하더라도 이를 이유로 보험계약을 해지할 수는 없다.

(3) 보험자의 책임

1) 보험업법상 책임 및 민법상 사용자책임

보험회사는 그 임직원·보험설계사 또는 보험대리점이 모집을 하면서 보험계약자에게 손해를 입힌 경우 배상할 책임을 진다. 다만, 보험회사가 보험설계사 또는 보험대리점에 모집을 위탁하면서 상당한 주의를 하였고 이들이 모집을 하면서 보험계약자에게 손해를 입히는 것을 막기 위하여 노력한 경우에는 그러하지 아니하다(보험업법 제102조).

위와 같은 보험업법에 따른 보험회사의 책임 외에도 학설은 민법 제756조의 사용자책임이 성립할 수 있다고 본다. 다만, 보험업법에 따른 책임은 보험회사가 상당한 주의를 하였다는 것을 입증하여야 한다는 점에서 민법상 사용자책임보다 더 무거운 책임이 보험회사에 적용된다고 본다.

2) 판례

① 직원의 소속 보험사업자의 배상책임을 규정하고 있는 보험업법의 규정이 사용자의 배상책임에 관한 일반규정인 민법 제756조에 우선하여 적용되어야 한다.(대판 1994.11.22. 94다19617)

② 보험모집인의 모집행위 자체는 아니더라도 외형적으로 볼 때 객관적으로 보험모집인의 모집행위와 밀접한 관련이 있거나 유사하여 모집행위의 범위에 속하는 것처럼 보이는 행위도 포함한다.(대판 2006.11.23. 2004다45356)

③ **보험모집인의 보험료수령행위가 외형상 보험모집과 상당한 관련성이 있는 것으로서 모집행위 범위 내에 속하는 것과 같이 보이는 행위라는** 이유로 **보험사업자의 배상책임이 인정된다.**(대판 2006.11.23. 2004다45356)

[사실관계 및 판시사항] 보험모집인이 자신의 아내로부터 보험료로 1억 원을 수령한 이후 아내를 대리하여 보험에 가입하면서 4천만 원만 보험료로 납입하고 나머지 6천만 원을 횡령한 후 횡령 사실을 숨기기 위해 보험증권을 변조하여 자신의 아내에게 교부한 경우 대법원은 비록 보험모집인의 아내가 보험청약서를 작성하지 않았고, 보험료영수증을 수령하지 않았더라도 보험회사의 책임이 인정된다고 보았다.

Ⅵ. 보험계약 관련 용어

1. 보험의 목적

보험사고 발생의 객체가 되는 재산·생명·신체 등을 보험의 목적이라고 한다. 손해보험은 피보험자의 재산이 보험의 목적이 되고, 인보험은 피보험자의 생명 또는 신체가 보험의 목적이 된다. 보험의 목적은 보험계약 당시 확정되지 않더라도 보험사고 당시에 확정될 수 있으면 된다.

2. 보험사고

(1) 보험사고의 의의

보험사고는 보험계약에서 정한 위험이 현실화된 것으로 보험사고의 발생으로 보험자의 보험금 지급의무가 구체화된다. 보험사고는 불확실성과 특정성이 인정되어야 한다.

(2) 보험사고의 불확실성

보험사고는 그 발생여부가 불확실해야 한다. 보험계약 당시에 보험사고가 이미 발생하였거나 또는 발생할 수 없는 것인 때에는 그 계약은 무효로 한다(제644조 본문).(모의 14, 18, 23, 24) 다만 당사자 쌍방과 피보험자가 이를 알지 못한 때에는(모두가 선의인 경우) 계약이 유효하다(제644조 단서).(변호 12, 모의 23, 24)

보험사고의 발생여부는 확실하지만 발생시기가 불확실한 경우(사망보험)도 보험사고의 불확실성이 인정된다. 이러한 보험사고의 우연성에 대한 입증책임은 보험금 청구자에게 있다.

상법 제644조의 규정은, 보험사고는 불확정한 것이어야 한다는 보험의 본질에 따른 강행규정으로, 당사자 사이의 합의로 **이에 반하는 보험계약을 체결하더라도 무효**이다.(대판 2002.6.28. 2001다59064)(변호 12, 모의 14)

상법 제644조는 보험계약 당시 이미 보험사고가 발생하였을 경우에는 그 보험계약을 무효로 한다고 규정하고 있고, **암 진단의 확정 및 확진된 암을 직접적인 원인으로 한 사망을 보험사고의 하나로 하는 보험계약에서 피보험자가 보험계약일 이전에 암 진단이 확정되어 있는 경우 보험계약을 무효로 한다는 약관조항은 보험계약 체결 이전에 보험사고의 하나인 암 진단의 확정이 있었던 경우에 보험계약을 무효**로 한다는 것으로서 상법 제644조의 규정 취지에 따른 것이므로, 상법 제644조의 규정 취지나 보험계약은 원칙적으로 보험가입자의 선의를 전제로 한다는 점에 비추어 볼 때, **그 약관 조항은 그 조항에서 규정하고 있는 사유가 있는 경우에 보험계약 전체를 무효로 한다는 취지**이고, 단지 보험사고가 암과 관련하여 발생한 경우에 한하여 보험계약을 무효로 한다는 취지라고 볼 수는 없다.(대판 1998.8.21. 97다50091)(모의 14)

(3) 보험사고의 특정성

보험사고는 보험계약에서 보험사고로 특정된 사고를 의미한다. 보험계약에서 특정된 사고에 해당하지 않는 경우 해당 보험계약상 보험사고에 해당되지 않는다. 그러한 관계로 발생한 사고가 보험계약상 규정된 보험사고에 해당하는지 여부가 문제된다.

승용차를 운행하기 위해 시동과 히터를 켜 놓고 대기하고 있었던 것이 아니라 잠을 자기 위한 공간으로 이용하면서 방한 목적으로 시동과 히터를 켜놓은 상태에서 잠을 자다 질식사한 경우, **자동차 운행 중의 사고에 해당하지 않는다**.(대판 2000.1.21. 99다41824)

술을 마시고 잠을 자다 구토를 하여 기도폐색으로 질식 사망한 경우에도 보험약관상의 보험사고인 '**급격하고도 우연한 외래의 사고**'에 해당한다.(대판 1998.10.13. 98다28114)

3. 보험기간

(1) 보험기간의 의의

보험기간이란 보험자의 책임이 발생하는 기간을 말한다. 보험자는 보험기간 내에 발생한 보험사고에 대하여 책임을 진다. 보험사고가 보험기간 내에 발생한 경우 그로 인한 손해가 보험기간 종료 이후에 발생하였다고 하더라도 보험자의 책임이 인정된다.

(2) 보험기간의 시기(始期)

보험자의 책임은 당사자 간에 다른 약정이 없으면 최초의 보험료의 지급을 받은 때로부터 개시한다(제656조). 보험자가 보험기간 중에 발생한 보험사고에 대해서만 책임을 진다. 당사자는 보험계약의 성립시점과 별도로 보험기간의 개시시점을 달리 정할 수 있다.

(3) 소급보험

보험계약은 그 계약전의 어느 시기를 보험기간의 시기로 할 수 있다(제643조).

소급보험이란 보험기간의 시기(始期)를 보험계약 성립 전으로 하는 보험계약을 말한다. 보험계약 성립 당시에 이미 보험사고가 발생하였다 하더라도 당사자들이 이러한 사실을 알지 못하고 보험기간의 시기를 보험계약 전으로 합의한 경우 보험계약은 유효하다.

4. 보험료불가분의 원칙

(1) 보험료불가분의 원칙의 의의

보험료불가분의 원칙이란 보험료기간 중에 보험계약이 소멸하더라도 보험자는 그 기간 전부에 대한 보험료 전액을 취득할 수 있고, 미경과 기간에 대한 보험료를 반환할 의무가 없다는 원칙을 말한다. 보험료기간이란 보험료를 산출하기 위한 위험을 측정하는 단위가 되는 기간이다. 예를 들어 보험료기간 초반에 보험사고가 발생하여 보험계약자가 보험금액을 지급받은 후 보험계약을 해지하고 나머지 기간의 보험료의 반환을 청구하는 경우 보험료불가분의 원칙에 의하면 보험계약자의 반환청구는 인정되지 않는다.

(2) 보험료불가분의 원칙의 인정 여부

통설과 判例는 보험료불가분의 원칙을 인정하지 않는다. 다만 判例는 반환대상인 미경과기간 보험료의 산정과 관련하여 이미 보험금이 지급된 부분에 대하여는 미경과기간의 보험료를 반환할 의무가 없고, 실제로 보험자가 위험의 인수를 면하게 된 부분에 상응하는 보험료를 기준으로 산정된 미경과기간 보험료가 반환대상이라고 본다.

㉠ 상법은 보험료불가분원칙에 관한 규정, 즉 보험자는 보험료기간 전부의 보험료를 취득할 수 있고 미경과 기간에 대한 보험료를 반환할 의무가 없다는 규정을 두고 있지 않으며, 오히려 상법 제649조 제1항과 제3항에서는 보험료불가분원칙과 달리 보험사고 발생 전에는 보험계약자가 언제든지 보험계약을 해지하고 미경과기간에 대한 보험료의 반환을 청구할 수 있도록 규정하고 있다. ㉡ 보험료불가분원칙에 관한 우리 상법의 태도를 고려할 때, 보험자가 피보험자 등으로부터 사고발생위험 변경증가 통지를 받고 이를 이유로 보험계약을 해지하는 경우, 보험약관에서 미경과 기간에 대한 보험료를 반환하도록 정하고 있다면 그 보험약관은 유효하고, 이는 보험기간 중에 보험사고가 발생하였으나 보험계약이 종료되지 않고 원래 약정된 보험금액에서 위 보험사고에 관하여 지급한 보험금액을 감액한 잔액을 나머지 보험기간에 대한 보험금액으로 하여 보험계약을 존속시키는 경우에도 마찬가지이다. ㉢ 보험계약 해지 전에 보험사고가 발생하여 보험금이 일부 지급되고, 원래 약정된 보험금액에서 이미 발생한 보험사고에 관하여 지급한 보험금액을 감액한 잔액을 나머지 보험기간에 대한 보험금액으로 하여 보험계약을 존속시키는 경우, 이미 발생한 보험사고로 인하여 보험자가 담보하는 위험의 크기가 감소하게 되었다고 할 것이므로, 그 후 **보험계약이 해지됨으로써 미경과 기간에 대한 보험료를 반환하여야 한다고 하더라도, 보험자는 이미 보험금을 지급한 부분에 대하여는 미경과 기간의 보험료를 반환할 의무가 없고, 실제로 보험자가 위험의 인수를 면하게 된 부분에 상응하는 보험료를 기준으로 하여 미경과기간의 보험료를 산정 · 반환할 의무가 있다.**(대판 2008.1.31. 2005다57806)

[사실관계 및 판시사항] 원고는 2001. 6. 12. 금융기관의 영업 과정에서 발생할 수 있는 금융사고로 인한 손해를 담보할 목적으로 보험회사와 보험계약기간을 2001. 6. 12.부터 2002. 6. 12.까지 1년, 보험료를 약 10억 원, 보험사고에 따른 보상한도액 총 40억 원, 보험사고 1건당 보상한도액 10억 원으로 하고, 보험사고 발생으로 보상을 할 경우 40억 원의 보상한도액은 그만큼 감액되는 내용의 보험계약을 체결하고, 같은 날 피고에게 보험료 9억 3,200만 원을 지급하였는데, 보험계약 기간 중

에 2건의 보험사고가 발생하여 피고가 원고에게 약 5억4천만 원과 4억6천만 원 합계 10억 원을 지급하였다. 그 이후 원고가 다른 금융기관과 합병을 하자 보험회사는 위험증가를 이유로 보험료 인상을 요구하였는데 이에 원고가 동의하지 않자 계약조항을 근거로 2001. 12. 1. 보험계약을 해지하였다. 이 경우 원고에게 반환되어야 하는 미경과 기간 보험료 산정과 관련하여 대법원은 보험료가 지급된 부분에 대한 미경과 기간 보험료를 제외한 나머지 부분(총보상액 40억 원에서 실제 지급한 보험금 10억 원을 제외한 30억 원에 상응하는 보험료 7억5천만 원)을 기준으로 산정한 미경과 기간 보험료가 반환대상이 된다고 판시하였다.

제2장 보험계약

제1관 보험계약의 체결

Ⅰ. 보험자의 낙부통지의무 및 승낙 전 보험사고

1. 보험자의 낙부통지의무

보험자가 보험계약자로부터 보험계약의 청약과 함께 보험료 상당액의 전부 또는 일부의 지급을 받은 때에는 다른 약정이 없으면 30일 내에 그 상대방에 대하여 낙부의 통지를 발송하여야 한다(제638조의2 제1항 본문).(모의 18, 23, 24)

다만 인보험계약의 피보험자가 신체검사를 받아야 하는 경우에는 그 기간은 신체검사를 받은 날부터 기산한다(제638조의2 제1항 단서).(변호 12, 모의 18, 23)

보험자가 30일 내에 낙부 통지를 해태한 경우 승낙한 것으로 본다(제638조의2 제2항).(모의 18, 21, 24)

2. 승낙 전 보험사고 발생의 경우

보험자가 보험계약자로부터 보험계약의 청약과 함께 보험료 상당액의 전부 또는 일부를 받은 경우 청약을 승낙하기 전에 보험계약에서 정한 보험사고가 생긴 때에는 청약을 거절할 사유가 없는 한 보험자는 보험계약상의 책임을 진다(제638조의2 제3항 본문).(모의 23, 24)

인보험계약의 피보험자가 받아야 하는 신체검사를 받지 아니한 때에는 보험자가 보험계약자로부터 보험계약의 청약과 함께 보험료 상당액의 전부 또는 일부를 받은 뒤 그 청약을 승낙하기 전에 보험사고가 발생한 경우 보험자는 책임을 지지 않는다(제638조의2 제3항 단서).(모의 21)

보험계약자는 최초 보험료 납부일로부터 30일 동안은 승낙 전 보험 조항에 의해 보험계약상 책임을 물을 수 있고, 그 이후에는 승낙의제 조항에 의하여 보험계약상 책임을 물을 수 있게 된다.

청약거절사유란 보험계약의 청약이 이루어진 보험에 관한 보험회사의 **객관적인 보험인수기준에 의해 인수할 수 없는 위험상태 또는 사정이 있는 것**으로서 통상 피보험자가 보험약관에서 정한 적격피보험체가 아닌 경우를 말하고, **청약거절사유의 존재에 대한 증명책임은 보험자**에게 있고, 승낙 전 보험사고에 대하여 청약거절사유가 없어서 보험자의 책임이 인정되면, 그 사고발생사실을 보험자에게 고지하지 않았다는 사정은 청약거절사유가 될 수 없고, 보험계약 당시 보험사고가 이미 발생하였다는 이유로 보험계약이 무효로 된다고 볼 수도 없다.(대판 2008.11.27. 2008다40847)

Ⅱ. 보험약관 교부·설명의무

1. 의의

보험자는 보험계약을 체결할 때에 보험계약자에게 보험약관을 교부하고 그 약관의 중요한 내용을 설명하여야 한다(제638조의3 제1항). 보험자가 보험약관 교부 및 설명의무를 위반한 경우 보험계약자는 보험계약이 성립한 날부터 3개월 이내에 그 계약을 취소할 수 있다(제638조의3 제2항).(변호 19, 21, 모의 17, 23)

2. 교부설명의무의 상대방

보험자가 부담하는 보험약관 명시 · 설명의무의 상대방은 반드시 보험계약자 본인에 국한되지 않고, 보험자가 보험계약자의 대리인과 보험계약을 체결하면서 그 **대리인에게 보험약관을 설명하는 경우에도 명시 · 설명의무를 이행한 것으로 인정된다.**(대판 2001.7.27. 2001다23973)(모의 17)

[사실관계] 차량구입자로부터 보험계약을 체결할 권한을 위임받은 차량판매자가 보험사로부터 26세 이상 한정운전 특약에 대한 설명을 듣고 26세 이상 한정운전 특약 보험을 체결한 후 차량구입자의 직원 중 26세가 되지 않은 자에 의하여 보험사고가 발생한 사안.

[판시사항] 차량구입자가 차량판매자에게 부여한 권한은 통상적인 자동차보험계약의 체결권한만 수여한 것으로 단정할 수 없고, 보험계약자에게 적합한 보험계약을 체결할 권한을 포괄적으로 위임한 것으로 보아야 하므로, 차량판매자에 대한 26세 한정운전 특약을 설명한 경우 보험자의 명시 · 설명의무를 이행한 것으로 보아야 한다.

3. 교부·설명의무의 대상

(1) 약관의 중요한 내용에 대한 설명의무

1) 설명의무의 대상인 중요한 내용의 의미

중요한 내용이란 보험료와 지급방법, 보험기간, 보험금액, 보험사고의 내용, 보험계약의 해지사유, 보험자의 면책사유 등 사회통념상 보험계약자의 보험계약 체결 여부에 영향을 줄 수 있는 사항을 의미한다. 설명의무의 대상이 아니라는 점에 대하여 보험자가 입증하여야 한다.

2) 판례

㉠ 보험회사 또는 보험모집종사자는 고객과 보험계약을 체결하거나 모집할 때 보험료의 납입, 보험금 · 해약환급금 지급사유와 그 금액 산출기준 등 개별 보험상품의 특성과 위험성을 알 수 있는 보험계약의 중요사항을 명확히 설명함으로써 고객이 그 정보를 바탕으로 보험계약 체결 여부를 합리적으로 판단할 수 있도록 고객을 보호할 의무가 있다. ㉡ 보험회사 또는 보험모집종사자가 고객에게 보험계약의 중요사항에 관하여 어느 정도의 설명을 하여야 하는지는 보험상품의 특성 및 위험도 수준, 고객의 보험가입경험 및 이해능력 등을 종합하여 판단하여야 한다. ㉢ **보험계약의 중요사항은 반드시 보험약관에 규정된 것에 한정된다고 할 수 없으므로, 보험약관만으로 보험계약의 중요사항을 설명하기 어려운 경우**에는 보험회사 또는 보험모집종사자는 **상품설명서 등 적절한 추가 자료를 활용**하는 등의 방법을 통하여 개별 보험상품의 특성과 위험성에 관한 보험계약의 중요사항을 고객이 이해할 수 있도록 설명해야 한다.(대판 2018.4.12. 2017다229536)(변호 19)

3) 설명의무를 인정한 판례

① 상법상 보험자 책임 개시시기와 다른 내용의 책임개시 시기를 정한 조항

보험자의 책임은 당사자 간에 다른 약정이 없으면 최초의 보험료를 지급받은 때로부터 개시한다고 규정하고 있는 **상법의 일반 조항과 다른 내용으로 보험자의 책임개시시기를 정한 경우, 그 약관 내용은 보험자가 구체적이고 상세한 명시 · 설명의무를 지는 보험계약의 중요한 내용**이고, 그 약관의 내용이 거래상 일반적이고 공통된 것이어서 보험계약자가 별도의 설명 없이도 충분히 예상할 수 있었던 내용이라 할 수 없다.(대판 2005.12.9. 2004다26164,26171)(변호 19)

② **상대방 차량이 가입한 보험에 따른 보상금을 공제한 액수만이 보험금으로 지급된다는 조항**

보험약관에 정한 보험금에서 상대방 차량이 가입한 자동차보험의 대인배상으로 보상받을 수 있는 금액을 공제한 액수만을 자기신체사고 보험금으로 지급한다는 약관 조항은 자기신체사고보험에 있어서 구체적인 보험금 산정방식에 관한 사항이 아니라 다른 차량과의 보험사고에 있어서 보험금의 지급 여부 및 지급 내용에 관한 사항으로서, 보험계약의 중요한 내용이 되는 사항이고, 보험계약자가 별도의 설명이 없더라도 충분히 예상할 수 있었던 사항이라고는 볼 수 없으므로 보험자가 보험계약 체결시에 위 약관 조항에 관하여 설명하지 않았다면 보험자로서는 위 약관 조항에 의한 보험금의 공제를 주장할 수 없다.(대판 2004.11.25. 2004다28245)

③ **피보험차량을 유상운송에 제공할 경우 보험자가 면책될 수 있다는 조항**

업무용자동차보험약관에 따로 유상운송특약이 있고, 이에 가입할 경우의 보험요율이나 거기에 가입하지 아니하고 피보험차량을 유상운송에 제공할 경우에는 보험자가 면책될 수 있다는 약관조항에 대하여는 원고가 아무런 설명도 하지 않았고, 피고가 위와 같은 면책약관 등의 내용에 대하여 알고 있었다거나 위 약관조항이 거래상 일반적이고 공통된 것이어서 별도의 설명이 없더라도 충분히 예상할 수 있었던 사항이거나 이미 법령에 의하여 정하여진 것을 되풀이하거나 부연하는 정도에 불과한 사항이라고 볼 수도 없으므로, 원고가 위 면책약관에 대하여 피고에게 구체적이고 상세하게 명시·설명하지 아니한 이상 원고는 위 약관을 근거로 면책을 주장할 수 없다.(대판 1999.5.11. 98다59842)

(2) 설명의무가 인정되지 않는 경우

1) 판례

보험약관의 중요한 내용이더라도 ㉠ 보험계약자나 그 대리인이 그 내용을 충분히 잘 알고 있거나, ㉡ 거래상 일반적이고 공통된 것이어서 보험계약자가 별도의 설명 없이도 충분히 예상할 수 있었거나, ㉢ 법령에 정하여진 것을 되풀이하거나 부연하는 정도에 불과한 사항이라면 보험자에게 명시·설명의무가 인정되지 않는다.(대판 2006.1.26. 2005다60017,60024)(변호 19)

2) 설명의무를 부정한 판례

① **무보험자동차 상해보험특약에서 보험금액 산정기준이나 방법에 관한 조항**

무보험자동차에 의한 상해보상특약에 있어서 보험금액의 산정기준이나 방법은 보험약관의 중요한 내용이 아니어서 명시·설명의무의 대상에 해당하지 아니한다.(대판 2004.4.27. 2003다7302)

② **보험계약자가 주운전자의 개념과 주운전자에 따라 보험료율이 달라진다는 것을 안 경우**

보험계약자나 그 대리인이 주운전자의 개념이 무엇인지 또 주운전자의 나이나 보험경력 등에 따라 보험료율이 달라진다는 사실에 대하여 잘 알고 있었다면 보험자는 이를 설명할 필요가 없다.(대판 1998.4.14. 97다39308)

[사실관계] 보험계약자가 주운전자의 연령에 따라 보험료 액수가 차이가 난다는 사실을 알고서 실제로 트럭을 운전할 자인 甲이 아닌 乙을 주운전자로 하여 보험계약을 체결하기 위하여 乙의 운전면허증을 빌려 보험계약자의 대리인에게 교부하고, 위 대리인은 乙의 운전면허증을 제시하며 乙을 주운전자로 지정하여 보험계약을 체결하여 1,006,700원이 감액된 보험료로 보험계약을 체결한 사안.

③ **보험계약 체결 후 자동차의 구조변경 등 변동이 있는 경우 보험자에게 알려야 한다는 조항**

보험계약을 체결한 후 피보험자동차의 구조변경 등의 중요한 사항에 변동이 있을 때 또는 위험이 뚜렷이 증가하거나 적용할 보험료에 차액이 생기는 사실이 발생한 때에는 보험계약자 또는 피보험자는 지체 없이 이를 보험자에게 알릴 의무를 규정하고 있다고 하더라도 이는 상법 제652조에서 이미 정하여 놓은 통지의무를 자동차보험에서 구체적으로 부연한 정도의 규정에 해당하여 그에 대하여는 보험자에게 별도의 설명의무가 인정된다고 볼 수가 없다.(대판 1998.11.27. 98다32564)

④ **화재보험계약 체결 후 건물의 구조변경 · 개축 · 증축을 보험자에게 알릴 의무에 관한 조항**

화재보험계약 체결 후 뚜렷한 위험의 변경 또는 증가와 관련된 건물의 구조 변경 · 개축 · 증축 등의 경우 보험계약자 또는 피보험자는 지체 없이 이를 보험자에게 알릴 의무를 규정하고 있더라도 이는 상법 제652조 제1항의 통지의무를 구체적으로 부연한 정도의 규정에 해당하여 그에 대하여는 보험자에게 별도의 설명의무가 인정된다고 볼 수가 없다.(대판 2000.7.4. 98다62909,62916)

⑤ **비사업용자동차를 유상운송에 사용하는 경우에 발생한 사고에 대한 면책 조항**

보험계약자가 이전에 비사업용자동차의 공동사용 등에 관한 특별약관에 가입한 일도 있어 비사업용자동차를 유상운송에 사용하는 경우 보험 혜택을 받을 수 없다는 점을 알고 있었고 비사업용자동차로서 보험에 가입한 차량을 계속적, 반복적으로 유상운송행위에 사용하는 경우에 발생된 사고에 관한 면책조항은 자동차종합보험 보통약관에 있어서 일반적이고 공통되는 규정으로서 보험업자의 설명을 요할 정도의 중요한 것이라고 보기도 어렵다면 보험회사가 위 면책조항을 주지시키지 않았다는 이유로 보험금 지급책임이 있다고 할 수 없다.(대판 1992.5.22. 91다36642)

4. 명시설명의 정도 및 시기

(1) 설명의무의 현실적 이행

설명의무의 이행은 현실적으로 이루어져야 하는 것이고, 단순히 중요한 내용에 대한 안내장을 우송하는 것만 가지고는 설명의무를 이행하였다고 보기 어렵다. 보험자는 보험계약 체결 당시 설명의무를 이행하여야 하고, 보험계약이 양도되는 경우 보험계약승계자에게도 설명의무를 이행해야 한다.

(2) 판례

① **안내문에 보험약관의 내용을 기재하여 송부한 것은 설명의무 이행에 해당하지 않는다.**

보험계약 안내문에 보험약관 내용이 추상적 · 개괄적으로 소개되어 있을 뿐 그 약관 내용이 보험계약에 일반적이고 공통된 것이어서 보험계약자가 충분히 예상할 수 있거나 법령 규정에 의하여 정하여진 것을 부연하는 것과 같은 것이 아닌 이상, 안내문의 송부만으로 약관에 대한 설명의무를 다하였다거나 보험계약자가 그 내용을 알게 되어 설명의무를 인정할 필요가 없다고는 할 수 없으며, 이와 같은 보험약관의 명시 · 설명의무는 보험료율이 낮다거나 보험계약 체결 방식이 통신판매방식이었다 해도 동일하다.(대판 1999.3.9. 98다43342,43359)(변호 19)

[사실관계] 상해사망보험안내문에 전문등반, 행글라이더 등 이와 비슷한 위험한 운동이 보상받지 못하는 손해의 일종으로 기재되어 있고, 상해보험청약서 양식의 뒷면에 '보험청약자가 보험에 가입하고자 할 때에 꼭 알아야 할 사항으로서 보상받을 수 있는 경우와 보상받을 수 없는 경우를 확인하시기 바랍니다.'라고 기재되어 있었을 뿐 보험계약자에게 구체적인 내용을 설명하지 않은 상태에서 통신판매방식으로 보험계약이 체결되고 보험계약자가 보험기간 중 스킨스쿠버 다이빙으로 사망한 경우, 통신판매 방식으로 체결된 상해보험계약에서 보험자가 약관 내용의 개요를 소개한 것이라는 내용과 면책사고에 해당하는 경우를 확인하라는 내용이 기재된 안내문과 청약서를 보험계약자에게 우송한 것만으로는 보험자의 면책약관에 관한 설명의무를 다한 것으로 볼 수 없다고 한 사안.

② **보험약관만으로 중요사항 설명이 어려운 경우 추가 자료 통해 설명해야 한다.**

보험계약의 중요사항은 반드시 보험약관에 규정된 것에 한정된다고 할 수 없으므로, 보험약관만으로 보험계약의 중요사항을 설명하기 어려운 경우에는 보험회사 또는 보험모집종사자는 상품설명서 등 적절한 추가 자료를 활용하는 등의 방법으로 개별 보험상품의 특성과 위험성에 관한 보험계약의 중요사항을 고객이 이해할 수 있도록 설명해야 한다.(대판 2014.10.27. 2012다22242)(변호 19)

③ 보험약관과 함께 안내문을 보낸 것으로 주운전자 부실신고 내용을 설명했다고 볼 수 없다.

보험자가 보험계약자에게 보험약관을 우송하면서 주운전자를 허위로 기재하면 보험금을 받지 못하므로 기존 계약 내용 중 잘못된 부분이 있으면 이를 즉시 수정 신고해야 한다는 취지의 안내문을 동봉하여 우송한 사정만으로 보험계약자가 주운전자제도 관련 보험약관의 구체적인 내용을 알고 있었다거나, 보험자가 보험계약자에게 주운전자 부실 신고의 경우 입게 되는 계약해지 불이익에 관해 구체적이고도 상세한 설명을 하였음을 추인하기에 부족하다.(대판 1997.9.26. 97다4494)(변호 19)

5. 명시·설명의무 위반의 효과

(1) 계약의 취소

보험자가 보험약관 교부 및 설명의무를 위반한 경우 보험계약자는 보험계약이 성립한 날부터 3개월 이내에 그 계약을 취소할 수 있다(제638조의3 제2항).(변호 19, 21, 모의 17)

보험회사 또는 보험모집종사자가 설명의무를 위반하여 고객이 보험계약의 중요사항에 관하여 제대로 이해하지 못한 채 착오에 빠져 보험계약을 체결한 경우, 그러한 착오가 동기의 착오에 불과하더라도 그러한 착오가 없었다면 보험계약을 체결하지 않았거나 적어도 동일한 내용으로 보험계약을 체결하지 않았을 것이 명백하다면, 위와 같은 착오는 보험계약 내용의 중요부분에 관한 것이므로 이를 이유로 보험계약을 취소할 수 있다.(대판 2018.4.12. 2017다229536)

(2) 약관규제법 제3조 제4항과의 관계

약관규제법은 사업자가 약관의 교부 · 설명의무에 위반하여 계약을 체결한 경우에는 해당 약관을 계약의 내용으로 주장할 수 없다고 규정하고 있다(약관규제법 제3조 제4항).

보험자가 보험약관 교부 · 설명의무를 위반하였으나 보험계약자가 3개월 이내에 보험계약을 취소하지 않은 경우 해당 약관의 내용이 약관규제법에 따라 계약에 편입되지 않는지 문제된다.

상법 제638조의3 제2항은 약관규제법의 적용을 배제하는 특별규정이 아니므로 보험약관이 상법 제638조의3 제2항의 적용 대상이더라도 약관규제법 역시 적용된다.(대판 1998.11.27. 98다32564)

(3) 약관을 잘못 설명한 경우

약관에서 정하고 있는 사항에 관하여 사업자와 고객이 약관의 내용과 다르게 합의한 사항이 있을 때에는 그 합의 사항은 약관보다 우선한다(약관규제법 제4조).

당사자가 명시적으로 약관의 내용과 달리 약정한 경우에는 약관이 배제된다고 보아야 하므로 보험회사를 대리한 보험대리점 내지 보험외판원이 보험계약자에게 보통보험약관과 다른 내용으로 보험계약을 설명하고 이에 따라 계약이 체결되었으면 그때 설명된 내용이 보험계약의 내용이 되고 그와 배치되는 약관의 적용은 배제된다.(대판 1989.3.28. 88다4645)

(4) 고지의무 위반과의 관계

보험자가 교부 · 설명의무를 위반하고 보험계약자는 고지의무를 위반한 경우 보험자가 보험계약자의 고지의무위반을 이유로 보험계약을 해지할 수 있는지 문제된다.

보험자 및 보험계약의 체결 또는 모집에 종사하는 자가 보험약관의 명시 · 설명의무에 위반하여 보험계약을 체결한 때에는 그 약관의 내용을 보험계약의 내용으로 주장할 수 없다 할 것이므로, 보험계약자나 그 대리인이 그 약관에 규정된 고지의무를 위반하였다 하더라도 이를 이유로 보험계약을 해지할 수는 없다.(대판 1998.4.10. 97다47255)(변호 21, 모의 18, 19, 21)

Ⅲ. 고지의무

1. 고지의무의 의의

보험계약 당시에 보험계약자 또는 피보험자가 고의 또는 중대한 과실로 인하여 중요한 사항을 고지하지 아니하거나 부실의 고지를 한 때에는 보험자는 그 사실을 안 날로부터 1월 내에, 계약을 체결한 날로부터 3년 내에 한하여 계약을 해지할 수 있다(제651조 본문).(변호 16, 24, 25, 모의 21, 23) 그러나 보험자가 계약 당시에 그 사실을 알았거나 중대한 과실로 인하여 알지 못한 때에는 그러하지 아니하다(제651조 단서).(모의 21)

2. 고지의무자 및 고지수령권자

(1) 고지의무자

고지의무자는 보험계약자와 피보험자이다. 인보험의 보험수익자는 고지의무자가 아니다.(변호 22)

대리인도 고지의무를 이행할 수 있다. 대리인에 의하여 보험계약을 체결한 경우에 대리인이 안 사유는 그 본인이 안 것과 동일한 것으로 하므로(제646조) 대리인이 알고 있는 사실도 고지해야 한다.(변호 12, 모의 18, 23)

(2) 고지수령권자

고지는 보험자 또는 고지의 수령권한이 있는 자에게 하여야 한다. 보험대리상과 보험의는 고지수령권이 있으나, 보험중개사, 보험설계사는 고지수령권이 없다. 判例 또한 보험설계사는 고지수령권한을 가지지 않는다고 본다.(대판 1979.10.31. 79다1234)

3. 고지시기

고지의 시기는 보험계약 청약시가 아니라 보험계약 성립시이다.(모의 18, 23)

보험계약자 또는 피보험자는 상법 제651조에서 정한 '중요한 사항'이 있는 경우 이를 보험계약의 성립 시까지 보험자에게 고지하여야 하고, 고지의무 위반 여부는 보험계약 성립 시를 기준으로 하여 판단하여야 한다.(대판 2012.8.23. 2010다78135,78142)

[사실관계] 甲이 乙주식회사에 피보험자를 丙으로 하는 보험계약을 청약하고 보험청약서 질문표에 丙이 최근 5년 이내에 고혈압 등으로 의사에게 진단을 받았거나 투약을 받은 적이 없다고 기재하여 乙 회사에 우송하였는데, 사실은 청약 당일 丙이 의사에게서 고혈압 진단을 받은 경우 보험계약을 청약한 이후 보험계약이 성립하기 전에 丙이 고혈압 진단을 받았음에도 甲은 청약서의 질문표에 고의 또는 중과실로 그러한 사실이 없다고 기재하여 乙 회사에 우송하는 등 고지의무를 위반하였고 이를 이유로 한 乙 회사의 해지에 따라 보험계약이 적법하게 해지되었으므로, 보험계약에 기한 乙 회사의 보험금 지급의무는 존재하지 아니한다고 본 사안.

4. 고지의무의 대상

(1) 중요한 사항

보험계약과 관련된 모든 사항이 고지사항이 되는 것이 아니라 보험계약 체결에 있어서 중요한 사항이 고지사항이 된다.

① 보험자가 보험사고 발생과 그로 인한 책임부담 개연율을 측정하여 보험계약 여부 또는 보험료나 특별한 면책조항의 부가와 같은 보험계약 내용을 결정하기 위한 표준이 되는 사항으로 객관적으로 보험자가 그 사실을 안다면 계약을 체결하지 않든가 적어도 동일한 조건으로 계약을 체결하지 않으리

라고 생각되는 사항을 말하고,(모의 18, 19) 어떤 사실이 이에 해당하는가는 보험 종류에 따른 사실인정의 문제로서 보험 기술에 비추어 객관적으로 판단되어야 한다.(대판 2001.11.27. 99다33311)

② 보험자가 서면으로 질문한 사항은 보험계약에 있어서 중요한 사항에 해당하는 것으로 추정되고, 여기의 서면에는 보험청약서도 포함될 수 있으므로, 보험청약서에 일정한 사항에 관하여 답변을 구하는 취지가 포함되어 있다면 그 사항은 상법 제651조에서 말하는 중요한 사항으로 추정된다.(대판 2004.6.11. 2003다18494)(변호 13, 21, 24, 모의 14, 18, 19, 21, 23(2))

③ 차량 소유자가 누구인지에 관해 보험자가 서면으로 질문하지 않았고, 보험청약서에 차량소유자에 관한 기재가 있지도 않으며, 차량이 기명피보험자 소유인지 여부는 보험약관상 고지의무 대상이 아니고, 보험료율 산정은 차량 소유 여부에 따라 달라지는 것이 아니라 기명피보험자의 사고경력에 따라 달라지므로 차량이 기명피보험자 소유인지 여부는 중요한 사항이라고 단정할 수 없다.(대판 2005.7.14. 2004다36215)

④ 보증보험상 고지의무의 대상이 되는 중요한 사항은 주계약상 거래조건, 금액, 기간, 보험계약자의 신용이나 자력에 관한 사항이고, 보증인이 누구인가는 보험사고 발생 가능성과 관계없이 보험사고 발생 후에 보험자가 구상권을 행사하기 위한 것이므로, 보증인에 관한 사항은 일반적으로는 고지의무 대상이 되지 않는다.(대판 2001.2.13. 99다13737)

(2) 질문표 기재사항

보험자가 서면으로 질문한 사항은 중요한 사항으로 추정한다(제651조의2).(변호 13, 21, 24, 모의 14, 18, 19, 21, 23(2))

① 보험자가 생명보험계약을 체결함에 있어 다른 보험계약의 존재 여부를 청약서에 기재하여 질문한 경우 다른 보험계약의 존재 여부가 고지의무 대상이 된다.(대판 2001.11.27. 99다33311)

② 보험자가 고지의무 사항에 관하여 보험청약서 양식을 사용하여 질문하고 있는 경우 보험청약서에 기재되지 않은 사항에 관하여는 원칙적으로 고지의무 위반이 문제되지 않으므로, 보험자가 제공한 보험청약서에 차량이 지입차량으로서 지입차주에 의하여 유상운송에 제공되고 있는지에 관한 사항이 없었다면 그 사실을 부기하지 않았다고 하여 보험계약자인 렌터카 회사에게 중과실이 있다고 볼 수 없다.(대판 1996.12.23. 96다27971)

③ 암 치료 종료 후 5년이 지난 검사 결과 의사로부터 암 재발 가능성을 고지받고 확진을 위한 재검사 요구를 받은 상태에서 5년 내 암을 앓거나 치료받은 적이 없다고 신고하면서 생명공제계약을 체결한 경우, 피공제자의 병력 내지 자각증세, 의사의 암 재발 가능성 고지사실 등은 청약서상의 질문사항에 포함되어 있지 않더라도 피공제자의 생명위험 측정상 중요한 사실로서 고지할 중요 사항에 포함된다.(대판 1999.11.26. 99다37474)

(3) 다수계약통지의무

동일한 보험계약의 목적과 동일한 사고에 관하여 수개의 보험계약을 체결하는 경우에는 보험계약자는 각 보험자에 대하여 각 보험계약의 내용을 통지하여야 한다(제672조 제2항). 손해보험에 있어 다수계약통지의무에 위반한 경우를 고지의무위반으로 볼 수 있는지 문제된다.

손해보험에 있어 다수 보험계약의 체결사실을 고지 및 통지하도록 한 취지는 부당한 이득을 얻기 위한 사기 보험계약의 체결을 방지하고 보험자로 하여금 보험사고 발생시 손해조사 또는 책임범위의 결정을 다른 보험자와 공동으로 할 수 있도록 하기 위한 것일 뿐 보험사고 발생 위험을 측정하여 계약을 체결할 것인지 또는 어떤 조건으로 체결할 것인지 판단할 수 있는 자료를 제공하기 위한 것이라고 볼 수는 없으므로 중복보험을 체결한 사실은 상법 제651조의 고지의무의 대상이 되는 중요한 사항에 해당되지 아니한다.(대판 2003.11.13. 2001다49623)(변호 25, 모의 14, 18, 21(2))

5. 고지의무자의 고의 또는 중과실

① 보험계약자 또는 피보험자가 고의 또는 중대한 과실로 인하여 중요한 사항을 고지하지 아니하거나 부실의 고지를 하였어야 한다(제651조 단서). 보험계약자의 고의, 중과실에 대한 입증책임은 보험자에게 있다.(대판 2013.6.13. 2011다54631,54648)(변호 13)

② 보험자가 다른 생명보험계약의 존재 여부에 관한 고지의무위반을 이유로 생명보험계약을 해지하기 위하여는 보험계약자 또는 피보험자가 ㉠ 그러한 사항에 관한 고지의무의 존재와 ㉡ 다른 보험계약의 존재에 관하여 이를 알고도 고의로, 또는 중대한 과실로 인하여 이를 알지 못하여, 고지의무를 다하지 않은 사실이 입증되어야 한다.(대판 2001.11.27. 99다33311)(모의 19)

③ 중대한 과실이란 고지하여야 할 사실은 알고 있었지만 현저한 부주의로 인하여 그 사실의 중요성의 판단을 잘못하거나 그 사실이 고지하여야 할 중요한 사실이라는 것을 알지 못하는 것을 말한다.(대판 2012.11.29. 2010다38663,38670)

④ 사실 자체를 알지 못한 경우에는 중과실로 그러한 사실을 알지 못했다고 하더라도 고지의무 위반과 관련된 중과실에 해당되지 않는다.

⑤ 피보험자와 보험계약자가 다른 경우에 피보험자 본인이 아니면 정확하게 알 수 없는 개인적 신상이나 신체상태 등에 관한 사항은 보험계약자도 이미 그 사실을 알고 있었다거나 피보험자와의 관계 등으로 보아 당연히 알았을 것이라고 보이는 등의 특별한 사정이 없는 한 보험계약자가 피보험자에게 적극적으로 확인하여 고지하는 등의 조치를 취하지 아니하였다는 것만으로 바로 중대한 과실이 있다고 할 것은 아니다. 보험계약서의 형식이 보험계약자와 피보험자가 각각 별도로 보험자에게 중요사항을 고지하도록 되어 있고 피보험자 본인의 신상에 관한 질문에 대하여 '예'와 '아니오' 중에서 택일하는 방식으로 고지하도록 되어 있다면, 보험계약자가 '아니오'로 표기하여 답변하였더라도 이는 그러한 사실의 부존재를 확인하는 것이 아니라 사실 여부를 알지 못한다는 의미로 답하였을 가능성도 배제할 수 없으므로, 그러한 표기사실만으로 쉽게 고의 또는 중대한 과실로 고지의무를 위반한 경우에 해당한다고 단정할 수 없다.(대판 2013.6.13. 2011다54631,54648)(변호 16)

⑥ 피보험자가 보험계약 체결 당시 갑상선결절 사실을 고지하지 않았더라도, 건강검진결과 통보 내용 상 피보험자가 어떠한 질병을 확정적으로 진단받은 것으로 인식하였다고 보기 어렵고, 검진 이후 2년 동안 별다른 건강상 장애나 이상 증상이 없었고 갑상선 결절 관련 추가 검사나 치료도 받지 않았다면, 피보험자가 고의, 중과실로 중요한 사실을 고지하지 아니한 것으로 단정하기 어렵다.(대판 2011.4.14. 2009다103349,103356)

⑦ 甲이 냉동창고건물에 관한 보험계약 체결 당시 건물이 완성되지 않은 사정을 고지하지 않은 경우, 냉동창고건물에 대한 잔여공사로 완성된 냉동창고 건물에 비하여 현저히 높은 화재 위험에 노출되어 있었고, 위험의 정도나 중요성에 비추어 甲은 보험계약 체결 당시 이러한 사정을 고지해야 함을 충분히 알았거나 적어도 현저한 부주의로 알지 못하였다고 봄이 타당하다.(대판 2012.11.29. 2010다38663,38670)

⑧ 甲이 자신이 운영하는 노래방에서 근무하던 乙을 피보험자로 하여 보험계약을 체결하면서 질병사망담보 특별약관에 가입하였는데, 乙이 보험계약 체결일로부터 이틀 후 고도의 폐결핵으로 사망한 경우, 제반 사정에 비추어 보험계약자인 甲과 피보험자인 乙은 보험계약 체결 당시 정확한 병명을 알지는 못하였더라도 乙이 질병에 걸려 신체에 심각한 이상이 생긴 사실을 인식하고 있었던 것으로 보이고, 乙의 위와 같은 증상은 생명의 위험 측정에 영향을 주는 것으로서 상법 제651조에서 정한 '중요한 사항'에 해당할 뿐만 아니라 甲과 乙은 보험계약 체결 당시 이러한 사정을 고지하여야 한다는 것을 충분히 알고 있었거나 적어도 현저한 부주의로 인하여 이를 알지 못하였다고 봄이 타당하다.(대판 2019.4.23. 2018다281241)

6. 고지의무 위반의 효과

(1) 보험계약의 해지

1) 보험자의 보험계약 해지권

보험계약 당시에 보험계약자 또는 피보험자가 고의 또는 중대한 과실로 인하여 중요한 사항을 고지하지 아니하거나 부실의 고지를 한 때에는 보험자는 그 사실을 안 날로부터 1월 내에, 계약을 체결한 날로부터 3년 내에 한하여 계약을 해지할 수 있다(제651조).(변호 16, 24, 모의 21, 23) 보험자는 보험사고의 발생 전후를 불문하고 보험계약을 해지할 수 있다.(변호 25) 보험자의 해지권은 형성권이다.

2) 일부 물건에 대한 고지의무위반과 보험계약의 해지

하나의 화재보험계약의 대상인 수개의 물건 중 일부 물건에 대한 고지의무 위반이 존재하는 경우 보험자는 원칙적으로 계약 전체를 해지할 수 없고 고지의무 위반이 있는 물건에 대해서만 보험계약을 해지할 수 있다.(모의 19)

여러 물건에 대하여 화재보험계약을 체결함에 있어 물건 전체에 단일 보험금액으로써 계약을 체결하거나 물건을 집단별로 나누어 따로 보험금액을 정하거나 간에, **수개의 물건 중 일부에 대하여만 고지의무 위반이 있는 경우** 보험자는 나머지 부분에 대하여도 동일한 조건으로 그 부분만 보험계약을 체결하지 아니하였으리라는 사정이 없는 한 **고지의무 위반이 있는 물건에 대하여만 보험계약을 해지할 수 있고 나머지 부분에 대하여는 보험계약의 효력에 영향이 없다.**(대판 1999.4.23. 99다8599)

3) 보험계약 해지의 상대방

보험계약 해지의 상대방은 계약당사자인 보험계약자나 그의 상속인이다.

생명보험계약에 있어서 고지의무위반을 이유로 한 해지의 경우에는 계약의 상대방인 보험계약자나 그의 상속인(또는 그들의 대리인)에 대하여 해지의 의사표시를 하여야 하고, 타인을 위한 보험에 있어서도 보험금 수익자에게 해지의 의사표시를 하는 것은 특별한 사정(보험약관상의 별도기재 등)이 없는 한 **효력이 없다.**
(대판 1989.2.14. 87다카2973)(변호 13, 16)

4) 보험계약 해지권의 제척기간

보험자는 고지의무 위반 사실을 안 날로부터 1월 내에, 보험계약을 체결한 날로부터 3년 내에 한하여 계약을 해지할 수 있다(제651조). 위 기간은 제척기간이다.

5) 보험계약 해지의 장래효

보험계약 해지의 효과는 장래에 대해 발생하는 것이 원칙이므로 보험자는 해지시점까지의 보험료를 청구할 수 있다. 다만 보험사고 발생 후라도 보험자가 계약을 해지하는 경우 보험자는 보험금 지급책임이 없고 이미 지급한 보험금의 반환을 청구할 수 있다(제655조 본문).(모의 18) 보험계약자는 해지 이후 기간의 위험인수 대가로 지급한 보험료 즉 미경과보험료의 반환을 청구할 수 있다(제649조 제3항).

(2) 보험계약 해지의 제한

1) 보험자의 악의 · 중과실

보험자가 계약 당시에 고지의무 위반의 사실을 알았거나 중대한 과실로 인하여 알지 못한 때에는 보험자는 보험계약을 해지할 수 없다(제651조 단서). 보험자가 이미 알고 있는 사실은 중요한 사항이라도 고지의무의 대상이 되지 않는다. 보험대리상이나 보험의와 달리 보험설계사는 고지수령권이 없으므로 보험설계사의 악의, 중과실을 이유로 보험자의 보험계약 해지가 제한되지 않는다.

2) 보험자의 설명의무 위반과의 관계

보험자가 약관 교부 · 설명의무를 위반한 경우 고지의무 위반을 이유로 보험계약을 해지할 수 없다.

보험자가 보험약관 명시 · 설명의무에 위반하여 보험계약을 체결한 경우 그 약관의 내용을 보험계약의 내용으로 주장할 수 없으므로, 보험계약자나 그 대리인이 그 약관에 규정된 고지의무를 위반하였다 하더라도 이를 이유로 보험계약을 해지할 수는 없다.(대판 1998.4.10. 97다47255)

(3) 인과관계 부존재 및 보험계약 해지

고지의무 위반과 보험사고 발생 사이에 인과관계가 존재하지 않더라도 보험자는 고지의무 위반을 이유로 보험계약을 해지할 수 있다.(변호 25)

보험자는 고지의무 위반과 보험사고의 발생 사이의 인과관계를 불문하고 고지의무 위반을 이유로 계약을 해지할 수 있다. 그러나 보험금액청구권에 관해서는 보험사고 발생 후에 고지의무 위반을 이유로 보험계약을 해지한 때에는 고지의무 위반과 보험사고 발생 사이의 인과관계에 따라 보험금액 지급책임이 달라지고, 그 범위 내에서 계약해지의 효력이 제한될 수 있다.(대판 2010.7.22. 2010다25353)(변호 13, 16, 24, 25)

(4) 보험금지급의무의 면제

보험자는 보험료 지급지체(제650조), 고지의무위반(제651조), 위험변경증가 통지해태(제652조), 보험계약자의 고의, 중과실로 인한 위험증가(제653조)에 따라 계약을 해지하였을 때에는 보험금을 지급할 책임이 없고 이미 지급한 보험금의 반환을 청구할 수 있다(제655조 본문).(모의 18)

다만, 고지의무를 위반한 사실 또는 위험이 현저하게 변경되거나 증가된 사실이 보험사고 발생에 영향을 미치지 아니하였음이 증명된 경우 보험자는 보험금을 지급할 책임이 있다(제655조 단서).(변호 16, 25, 모의 23) 인과관계가 존재하지 않는다는 점에 대한 입증책임은 보험계약자에게 있다.(모의 19)

고지의무 위반사실이 보험사고의 발생에 영향을 미치지 아니하였다는 점, 즉 보험사고의 발생이 보험계약자가 불고지하였거나 부실고지 한 사실에 의한 것이 아니라는 고지의무 위반사실과 보험사고 발생과의 인과관계 부존재에 관한 입증책임은 보험계약자에게 있다.(대판 1994.2.25. 93다52082)

(5) 고지의무 위반과 착오 · 사기

고지의무 위반으로 인한 계약해지의 제척기간이 경과하거나 고지의무 위반과 보험사고 사이에 인과관계가 없어서 보험자가 보험금을 지급할 책임을 부담하는 경우에 민법상 착오 또는 사기를 이유로 보험계약을 취소하고 보험금 지급책임을 면할 수 있는지에 관하여 판례는 이를 긍정한다.

민법상 착오, 사기를 이유로 한 보험계약의 취소가 인정되는 경우, 취소의 소급효로 인하여 보험자는 취득한 보험료를 보험계약자에게 반환하여야 한다. 이러한 점에서 민법상 착오, 사기를 이유로 한 보험계약의 취소는 고지의무 위반으로 인한 보험계약 해지의 경우보다 보험자에게 불리하다.

보험계약을 체결함에 있어 중요한 사항에 관하여 보험계약자의 고지의무 위반이 사기에 해당하는 경우에는 보험자는 상법의 규정에 의하여 계약을 해지할 수 있음은 물론 민법의 일반원칙에 따라 그 보험계약을 취소할 수 있다.(대판 1991.12.27. 91다1165)(변호 25)

계약상 중요사항으로서 수급인 측에서 이를 허위로 고지함으로 말미암아 보험자가 그 실제 공사의 진행상황을 알지 못한 채 보증보험계약을 체결한 경우에는 이는 법률행위의 중요한 부분에 관한 착오로 인한 것으로서 민법의 일반원칙에 따라 보험자가 그 보험계약을 취소할 수 있다.(대판 2002.7.26. 2001다36450)

제2관 보험계약자의 의무

Ⅰ. 보험료지급의무

1. 보험료의 의의

보험료는 보험자가 지급하는 보험금에 대하여 보험계약자 등이 지급하는 대가이다. 보험자의 책임은 당사자 간에 다른 약정이 없으면 최초의 보험료의 지급을 받은 때로부터 개시한다(제656조).(모의 18)

2. 보험료 지급의무자

보험계약자는 보험자에게 보험료를 지급할 의무가 있다(제639조 제3항 본문).

보험계약자가 파산선고를 받거나 보험료 지급을 지체한 때에는 손해보험에서의 피보험자 또는 인보험에서의 보험수익자는 보험계약상 자신의 권리를 포기하지 않는 한 보험료를 지급할 의무가 있다(제639조 제3항 단서).

3. 어음수표에 의한 보험료 지급

어음 · 수표로 보험료를 지급하였는데 어음 · 수표의 결제가 이루어지기 전에 보험사고가 발생한 경우 보험자가 보험금을 지급할 의무를 부담하는지 문제가 된다.

학설은 어음 · 수표의 교부시에 보험료채무가 대물변제로 인해 소멸되었다고 보거나(해제조건부 대물변제설), 어음 · 수표 채무와 보험료채무가 병존하되 보험료 채무의 이행이 어음 · 수표 결제시 또는 부도시까지 유예되었다고 보아(유예설) 어느 경우나 어음 · 수표의 교부시에 보험자의 책임이 개시되지만 어음 · 수표가 지급되지 않는 경우 부도의 효과가 어음 · 수표의 교부시로 소급된다고 보고 있다.

선일자수표는 대부분의 경우 당해 발행일자 이후의 제시기간 내의 제시에 따라 결제되는 것이라고 보아야 하므로 **제1회 보험료로서 선일자수표를 발행받고 보험료 가수증을** 해주었더라도 그가 **선일자수표를 받은 날을 보험자의 책임발생 시점이 되는 제1회 보험료의 수령일로 보아서는 안 된다.**(대판 1989.11.28. 88다카33367)(변호 17)

4. 보험료 청구권의 소멸시효

보험료청구권의 소멸시효는 2년이다(제662조). 최초보험료는 보험계약의 성립일로부터, 계속보험료는 그 지급기일부터 소멸시효기간이 기산한다(제650조 제1항, 제2항).

5. 최초보험료와 계속보험료

(1) 최초보험료 미지급의 효과

보험계약자는 계약 체결 후 지체 없이 보험료의 전부 또는 제1회 보험료를 지급해야 하며, 보험계약자가 이를 지급하지 아니하는 경우에는 계약 성립 후 2월이 경과하면 그 계약은 해제된 것으로 본다(제650조 제1항).(변호 17, 모의 20, 21)

최초보험료는 보험계약 체결 후 지체 없이 지급해야 한다. 최초보험료 미지급의 경우 계약성립 후 2개월이 지나면 계약은 보험자의 별도 최고 없이 자동 해제된다.

(2) 계속보험료 미지급의 효과

계속보험료가 약정한 시기에 지급되지 아니한 때에는 보험자는 상당한 기간을 정하여 보험계약자에게 최고하고 그 기간 내에 지급되지 아니한 때에는 그 계약을 해지할 수 있다(제650조 제2항).

타인을 위한 보험의 경우에 보험계약자가 보험료의 지급을 지체한 때에는 보험자는 그 타인에게도 상당한 기간을 정하여 보험료의 지급을 최고한 후가 아니면 그 계약을 해제 또는 해지하지 못한다(제650조 제3항).(변호 17, 모의 20, 22) 계속보험료 미지급의 경우 보험자는 보험계약 해지를 위해 보험계약자 등에게 사전 최고해야 한다.

피보험자가 주소 변경이나 전화번호 변경을 보험회사에 통지하지 아니하였다는 사유만으로는 보험계약의 해지에 필요한 최고절차가 면제되는 것으로 볼 수 없으므로 보험회사가 보험계약 실효 처리에 있어 최고절차를 취하지 않은 경우, **보험회사의 보험계약에 대한 실효 처리는 무효**이다.(대판 1997.7.25. 97다18479)

계속보험료 연체로 인해 보험계약이 해지된 경우 보험자는 계약 해지시로부터 보험금 지급의무만을 면할 뿐, **계속보험료의 연체가 없었던 기간에 발생한 보험사고에 대하여 보험계약자에게 이미 지급한 보험금의 반환을 구할 수 없다**.(대판 2001.4.10. 99다67413)

6. 보험계약의 부활

계속보험료 미지급으로 인해 보험계약이 해지되고 해지환급금이 지급되지 않은 경우 보험계약자는 일정한 기간 내에 연체보험료에 약정이자를 붙여 보험자에게 지급하고 그 계약의 부활을 청구할 수 있다(제650조의2).(변호 17, 모의 22) 최초보험료 미지급의 경우 보험계약의 부활이 인정되지 않는다.

보험계약 부활의 경우 새로운 고지의무가 부과된다. 보험자는 종전 보험계약에서의 고지의무 위반을 주장할 수 없다. 보험계약이 해지된 다음부터 부활되기 전에 발생한 보험사고에 대해서는 보험자가 책임지지 않는다.

보험자가 부활 청약과 함께 연체보험료와 약정이자를 받은 경우 승낙 전 보험이 성립하므로 부활 청약 이후 승낙 전에 발생한 보험사고에 대해서도 보험자가 책임을 진다(제638조의2 제3항).

7. 실효약관의 효력

실효약관이란 보험료 미지급이 일정 기간 계속되는 경우 보험자의 별도의 최고나 해지의 의사표시 없이 보험계약이 실효 또는 해지되는 것을 내용으로 하는 보험약관의 규정을 말한다. 이러한 실효약관은 상법 제650조 제2항과 제3항에 규정된 보험자의 최고 및 해지통지를 생략하는 것으로서, 당사자 간의 특약으로 보험계약자 또는 피보험자나 보험수익자에게 불리하게 상법 규정을 변경하지 못한다는 상법 제663조에 위배되어 무효가 아닌지 문제된다.

상법 제650조는 보험료가 적당한 시기에 지급되지 아니한 때에는 보험자는 상당한 기간을 정하여 보험계약자에게 최고하고 그 기간 내에 지급하지 아니한 경우 계약을 해지할 수 있도록 규정하고 있고, 상법 제663조는 위 규정을 보험당사자 간 특약으로 보험계약자 또는 보험수익자의 불이익으로 변경하지 못한다고 규정하고 있으므로, **분납 보험료가 소정의 시기에 납입되지 않았다는 이유로 위 절차 없이 바로 보험계약이 해지되거나 실효되는 것으로 규정하고 보험자가 보험금지급 책임을 면하도록 규정한 보험약관은 상법 규정에 위배되어 무효이다**.(대판 1995.11.16. 94다56852)(변호 17, 모의 18, 22)

Ⅱ. 위험변경 · 증가의 통지의무

1. 의의

보험기간 중에 보험계약자 또는 피보험자가 사고발생의 위험이 현저하게 변경 또는 증가된 사실을 안 때에는 지체 없이 보험자에게 통지하여야 한다. 이를 해태한 때에는 보험자는 그 사실을 안 날로부터 1월 내에 한하여 계약을 해지할 수 있다(제652조 제1항).

2. 통지의 대상

통지의 대상인 보험기간 중 '사고발생의 위험이 현저하게 변경 또는 증가된 사실'은 고지의무에 있어서의 중요한 사항과 같이 그러한 사항이 계약 체결 당시에 존재하고 있었다면 보험자가 보험계약을 체결하지 않았거나 적어도 그 보험료로는 보험을 인수하지 않았을 것으로 인정되는 사실을 말한다.

(1) 통지의무의 대상인 경우

① 화재보험계약 체결 후 건물구조와 용도변경 증개축공사를 한 경우.(대판 2000.7.4. 98다62909,62916)

② 자동차보험계약 체결 후 자동차의 구조가 현저히 변경된 경우.(대판 1998.11.27. 98다32564)

③ 보험계약자가 보험모집인에게 크레인 장착예정 사실을 알려주었을 뿐이라면, 보험모집인은 보험자를 대리하여 보험계약을 체결할 권한이 없고 고지와 통지 수령권한도 없으므로 그로써 피보험차량의 구조변경에 관한 통지의무를 다한 것이라고 할 수 없으므로, **보험계약자가 보험계약 체결 후 보험자에게 크레인 장착 사실을 통지하지 않은 이상, 보험계약자가 상법 제652조 소정의 통지의무를 해태한** 것이어서, 보험자가 보험약관상 규정된 보험계약 체결 후 자동차 구조변경 사실에 관한 보험계약자의 통지의무에 관한 규정을 보험계약자에게 설명하였는지 여부와 상관없이(해당 규정은 상법 제652조에서 이미 정하여 놓은 통지의무를 자동차보험에서 구체적으로 부연한 규정에 해당하여 보험자에게 별도의 설명의무가 인정된다고 볼 수가 없다) 상법 제652조에 의해 **보험계약을 해지**할 수 있다.(대판 1998.11.27. 98다32564)

[사실관계] 보험계약자가 보험계약 체결 당시 보험모집인에게 장차 트럭에 크레인을 장착할 예정임을 알려주었으나 그 후 크레인 장착을 완료한 사실을 보험자에게 통지하지 않았고, 보험모집인 역시 위 보험계약 체결 당시 보험계약자에게 구조변경 후 그 사실을 보험자에게 서면으로 알리고 보험증권에 보험자의 승인을 받아 할증된 보험료를 추가로 납입하여야 한다는 약관의 내용을 제대로 설명하지 않은 사안. ☞ 위 판례 사안은 ㉠ 보험모집인의 고지수령권한 여부, ㉡ 보험자의 설명의무의 대상, ㉢ 보험계약자의 위험변경증가 통지의무의 쟁점을 포함하고 있다.

④ 화재보험목적인 공장건물에 대한 근로자들의 점거, 농성이 장기간 계속되고 있는 사실.(대판 1992.7.10. 92다13301,13318)

(2) 통지의무의 대상이 아닌 경우

① 생명보험계약 체결 후 다른 생명보험에 다수 가입한 사정.(대판 2001.11.27. 99다33311)

② 지입차주가 승합차를 렌터카회사에 지입 후 통학생들의 등하교에 제공한 경우.(대판 1996.12.23. 96다27971)

③ 피보험자가 서적도매상에서 일당을 받고 다른 차량과 함께 가끔 자신 소유의 피보험자동차를 이용하여 서적을 배달한 경우.(대판 1999.1.26. 98다48682)

3. 통지의무 위반의 효과

보험계약자가 통지의무를 위반한 경우, 보험자는 그 사실을 안 날로부터 1개월 내에 계약을 해지할 수 있다(제652조 제1항 후단). 제652조 통지의무의 해태에 대해서는 보험계약자 또는 피보험자의 고의 또는 중과실이 요구되지 않는다. 보험사고가 발생한 후라도 보험자는 보험계약을 해지할 수 있고, 보험자는 보험금을 지급할 책임이 없으며 이미 지급한 보험금의 반환을 청구할 수 있다(제655조 본문). 다만, 고지의무를 위반한 사실 또는 위험이 현저하게 변경되거나 증가된 사실이 보험사고 발생에 영향을 미치지 아니하였음이 증명된 경우에는 보험금을 지급할 책임이 있다(제655조 단서).

화재보험보통약관에서 보험계약자가 계약 후 위험의 현저한 증가가 있음에도 보험자에게 그 사실을 지체 없이 통지할 의무를 이행하지 않았을 때를 보험계약의 해지사유로 규정하는 한편 **보험자가 그러한 사실을 안 날부터 1개월이 지났을 때에는 계약을 해지할 수 없도록 규정한** 경우, **해지권 행사기간의 기산점은** 보험자가 계약 후 위험의 현저한 증가가 있는 사실을 안 때가 아니라 **보험계약자가 위와 같은 통지의무를 이행하지 아니한 사실을 보험자가 알게 된 날**이라고 보아야 한다. 보험계약자가 보험자에 대하여 위험의 현저한 증가가 없었다거나 그러한 사실을 알지 못하였다고 주장하면서 통지의무 위반이 없다고 다투는 경우, **보험자가 보험계약자의 통지의무 위반에 관하여 조사·확인절차를 거쳐 보험계약자의 통지의무 위반에 대한 객관적인 근거를 확보하여 통지의무 위반을 안 때에 비로소 해지권의 행사기간이 진행한다.**(대판 2011.7.28. 2011다23743,23750)

4. 위험변경증가 통지 및 보험자의 보험료증액 청구권 등

보험자가 보험계약자로부터 위험변경증가의 통지를 받은 때에는 1개월 내에 보험료의 증액을 청구하거나 계약을 해지할 수 있다(제652조 제2항).

Ⅲ. 위험유지의무

보험기간 중에 보험계약자, 피보험자 또는 보험수익자의 고의 또는 중대한 과실로 인하여 사고발생의 위험이 현저하게 변경 또는 증가된 때에는 보험자는 그 사실을 안 날부터 1월 내에 보험료의 증액을 청구하거나 계약을 해지할 수 있다(제653조).

보험가입시의 위험상태를 유지하라는 의미에서 위 의무를 위험유지의무라 한다. 위험유지의무 위반의 경우 통지 여부에 관계없이 보험자는 보험료의 증액을 청구하거나 계약을 해지할 수 있다.

피보험자의 직업, 직종에 따라 보험금 가입 한도에 차등이 있는 **생명보험계약에서 피보험자가 직업이나 직종을 변경하는 경우 통지하도록 하면서 통지의무를 해태한** 경우 직업, 직종이 변경되기 전에 적용된 보험요율과 직업, 직종이 변경된 후에 적용해야 할 보험요율의 비율에 따라 보험금을 삭감 지급하는 것은 **실질적으로 약정된 보험금 중에서 삭감한 부분에 관하여 보험계약을 해지하는 것이므로 그 해지에 상법 제653조에서 규정하고 있는 해지기간 등에 관한 규정이 적용되어야** 한다.(대판 2003.6.10. 2002다63312)

Ⅳ. 보험사고 발생 통지의무

보험계약자 또는 피보험자나 보험수익자는 보험사고 발생을 안 경우 지체 없이 보험자에게 통지를 발송해야 한다(제657조 제1항). 보험계약자 또는 피보험자나 보험수익자가 위 통지의무를 해태함으로 인해 손해가 증가된 경우 보험자는 증가된 손해를 보상할 책임이 없다(제657조 제2항).(변호 12) 위 통지의무를 불이행하더라도 보험자는 보험금 지급을 거부하거나 보험계약을 해지할 수는 없다.

제3관 보험자의 의무

Ⅰ. 보험증권 교부의무

1. 보험증권의 의의

보험자는 보험계약이 성립한 때에는 지체 없이 보험증권을 작성하여 보험계약자에게 교부해야 한다(제640조 제1항 본문).(모의 18) 그러나 보험계약자가 보험료의 전부 또는 최초의 보험료를 지급하지 아니한 때에는 그러하지 아니하다(제640조 제1항 단서).(모의 18)

보험증권은 보험계약의 성립과 내용을 증명하기 위하여 보험자가 계약의 내용을 기재하고 기명날인, 서명하여 보험계약자에게 교부하는 증권을 말한다. 보험증권은 증거증권의 성격을 가진다. 보험증권은 유가증권이 아니고, 설권증권, 면책증권 또는 상환증권도 아니다.

보험계약은 당사자 사이의 의사합치에 의하여 성립되는 낙성계약으로서 별도의 서면을 요하지 아니하므로 **보험계약을 체결할 때 작성·교부되는 보험증권이나 보험계약의 내용을 변경하는 경우에 작성·교부되는 배서증권**은 하나의 증거증권에 불과한 것이어서 **보험계약의 성립 여부라든가 보험계약의 당사자, 보험계약의 내용 따위는 그 증거증권만이 아니라 계약체결의 전후 경위, 보험료의 부담자 등에 관한 약정, 그 증권을 교부받은 당사자 등을 종합하여 인정할** 수 있다.(대판 1996.7.30. 95다1019)

2. 보험증권에 대한 이의, 재교부 등

기존의 보험계약을 연장하거나 변경한 경우 보험자는 보험증권에 그 사실을 기재함으로써 보험증권의 교부에 갈음할 수 있다(제640조 제2항).(모의 18) 보험계약의 당사자는 보험증권의 교부가 있은 날로부터 일정한 기간 내에 한하여 그 증권 내용의 정부에 관한 이의를 할 수 있음을 약정할 수 있다. 이 기간은 1월을 내리지 못한다(제641조).(모의 18) 보험증권을 멸실 또는 현저하게 훼손한 경우 보험계약자는 보험자에게 증권의 재교부를 청구할 수 있다. 그 증권작성 비용은 보험계약자 부담으로 한다(제642조).(모의 18)

Ⅱ. 보험금 지급의무

1. 의의

보험자는 보험사고가 발생한 경우 면책사유가 존재하지 않는 한 피보험자 또는 보험수익자에게 보험금을 지급하여야 한다.

2. 보험금 지급의무의 발생요건

보험자의 보험금 지급의무가 인정되기 위해서는 보험계약이 존재하여야 한다. 보험자의 책임은 당사자 간에 다른 약정이 없으면 최초의 보험료의 지급을 받은 때로부터 개시한다(제656조).
한편 상법 제638조의2 제3항에 따른 승낙 전 보험의 경우에는 보험계약 체결 전에도 보험자의 보험금 지급의무가 발생하게 된다. 승낙 전 보험의 경우에도 최초 보험료가 납부되어야 한다. 또한 보험자의 보험금 지급의무는 보험사고가 보험기간 내에 발생한 경우에 인정되고, 보험자의 면책사유가 존재하지 않아야 한다.

3. 보험자의 면책사유

(1) 의의

면책사유란 보험자의 보험금 지급의무가 면제되는 사유를 말한다. 상법은 보험계약자 등의 고의 또는 중과실로 인한 보험사고 발생과 전쟁 기타의 변란으로 인한 보험사고 발생을 보험자의 면책사유로 규정하고 있다.

(2) 보험계약자 등의 고의 또는 중과실로 인한 보험사고

1) 의의

보험사고가 보험계약자 또는 피보험자나 보험수익자의 고의 또는 중대한 과실로 인하여 생긴 경우 보험자는 보험금액을 지급할 책임이 없다(제659조). 보험계약자 등의 고의 또는 중과실에 대한 입증책임은 보험자가 진다.

보험사고에 복수의 원인이 존재하는 경우, 그 중 하나가 피보험자 등의 고의행위임을 주장하여 보험자가 면책되기 위해서는 그 행위가 단순히 공동원인의 하나라는 점을 입증하는 것으로는 부족하고 **피보험자 등의 고의행위가 보험사고 발생의 유일하거나 결정적 원인이었음을 입증해야 한다.** 자신이 유발한 교통사고로 중상해를 입은 동승자를 병원으로 후송하였으나 동승자에 대한 수혈을 거부하여 사망에 이르게 한 경우, **수혈거부가 사망의 유일하거나 결정적인 원인이었다고 단정할 수 없다면 수혈거부행위가 사망의 중요한 원인 중 하나이었다는 점만으로는 보험회사가 보험금의 지급책임을 면할 수 없다.**(대판 2004.8.20. 2003다26075)(모의 13)

2) 보증보험에 대한 보험계약자의 고의·중과실 면책사유 적용 제외

보증보험은 보험계약자의 채무불이행을 보험사고로 한다는 점에서 보험계약자의 고의 또는 중과실로 인한 보험사고의 경우에도 보험자가 면책되지 않는다. 2014년 개정상법은 보증보험계약의 경우 보험계약자의 사기, 고의 또는 중대한 과실이 있는 경우에도 이에 대하여 피보험자에게 책임이 있는 사유가 없으면 제659조 제1항을 적용하지 않는 것으로 규정하였다(제726조의6 제2항).

보증보험은 보험금액의 한도 내에서 리스이용자의 채무불이행으로 인한 손해를 담보하는 것으로서 보험자는 리스이용자의 채무불이행이 고의에 의한 것이든 과실에 의한 것이든 그 손해를 보상할 책임을 지는 보증에 갈음하는 기능을 가지고 있어 **보험자의 보상책임의 법률적 성질은 본질적으로 보증책임과 같다고** 할 것이므로, **상법 제659조 제1항은 원칙적으로 그 적용이 없다.**(대판 1995.7.14. 94다10511)

3) 사망보험 및 상해보험에 대한 중과실 면책사유 적용 제외

사망보험 및 상해보험의 경우 사고가 보험계약자 또는 피보험자나 보험수익자의 중대한 과실로 인하여 발생한 경우에도 보험자는 보험금을 지급할 책임을 진다(제732조의2 제1항, 제739조).

4) 피보험자가 자살한 경우

사망을 보험사고로 하는 보험계약에서 자살을 보험자의 면책사유로 규정하고 있는 경우에, 자살은 자기의 생명을 끊는다는 것을 의식하고 의도적으로 자기의 생명을 절단하여 사망의 결과를 발생케 한 행위를 의미하고, 피보험자가 정신질환 등으로 자유로운 의사결정을 할 수 없는 상태에서 사망의 결과를 발생케 한 경우까지 포함하는 것은 아니므로, **피보험자가 자유로운 의사결정을 할 수 없는 상태에서 사망의 결과를 발생케 한 직접적인 원인행위가 외래의 요인에 의한 것이라면, 그 사망은 피보험자의 고의에 의하지 않은 우발적인 사고로서 보험사고인 사망에 해당할** 수 있다.(대판 2015.9.24. 2015다30398)

(3) 전쟁 기타 변란으로 인한 보험사고에 대한 면책

보험사고가 전쟁 기타의 변란으로 인하여 생긴 때에는 당사자 간에 다른 약정이 없으면 보험자는 보험금액을 지급할 책임이 없다(제660조).

4. 대표자책임이론

대표자책임이론이란 보험계약자, 피보험자, 보험수익자의 동거가족 또는 동거피용자 등과 같이 특수관계에 있는 자의 고의 · 중과실로 보험사고가 발생한 경우 보험자를 면책시켜야 한다는 이론이다.

보험계약의 보통약관 중 "피보험자에게 보험금을 받도록 하기 위하여 피보험자와 세대를 같이 하는 친족 또는 고용인이 고의로 사고를 일으킨 손해에 대해서는 보험자가 보상하지 아니 한다"는 면책조항은 제3자가 일으킨 보험사고에 피보험자의 고의 또는 중대한 과실이 개재되지 않은 경우에도 면책하고자 한 취지라면 상법 제659조, 제663조에 저촉되어 무효이나, 동 조항은 피보험자와 밀접 생활관계를 가진 친족이나 고용인이 피보험자를 위하여 보험사고를 일으킨 때에는 피보험자가 이를 교사 또는 공모하거나 감독상 과실이 큰 경우가 허다하므로 보험사고 발생에 피보험자의 고의 또는 중과실이 개재된 것으로 추정하여 보험자를 면책하는 취지로 해석함이 타당하며, 이러한 추정 규정으로 보는 이상 피보험자가 보험사고 발생에 자신의 고의 또는 중과실이 개재되지 아니하였음을 입증하여 추정을 번복할 때에는 면책조항의 적용은 배제될 것이므로 위 면책조항은 상법 제663조의 강행규정에 저촉된다고 볼 수 없다. 위 면책조항을 추정 규정이라고 본 이상, 그에 열거된 친족 또는 고용인이라 함은 그들의 행위가 피보험자의 고의 또는 중대한 과실에 기인한 것이라고 추정케 할 만큼 피보험자와 밀접한 생활관계를 가진 자에 국한된다고 보아야 하므로 고용인도 세대를 같이 하는 자임을 요한다고 해석함이 타당하다.(대판 1984.1.17. 83다카1940)

5. 법인 이사 또는 업무집행기관의 고의·중과실 적용 대상

보험계약자 또는 피보험자 등이 법인인 경우에는 법인의 이사 또는 그 업무를 집행하는 기타의 기관의 고의 또는 중과실에 의한 손해에 대하여 보험자가 면책되는 것으로 규정한 보험약관에 있어서 '법인의 이사 또는 그 업무를 집행하는 기타의 기관'이 누구를 의미하는지 문제된다.

보험계약자 또는 피보험자가 법인인 경우에는 '법인의 이사 또는 그 업무를 집행하는 기타의 기관'의 고의 또는 중과실에 의한 손해에 대하여 보험자가 면책되도록 한 면책약관에 있어 주식회사의 대표권이 없는 이사의 경우에는 해당 이사가 회사를 실질적으로 지배하거나 해당 이사가 보험금 수령에 의한 이익을 직접 받을 수 있는 지위에 있는 등 해당 이사의 고의나 중과실에 의한 보험사고 유발이 회사의 행위와 동일한 것이라고 평가할 수 있는 경우에 여기의 이사에 해당된다고 보아야 한다.(대판 2005.3.10. 2003다61580)

6. 보험금 지급시기

보험자는 보험금액의 지급에 관하여 약정기간이 있는 경우에는 그 기간 내에, 약정기간이 없는 경우에는 보험사고 발생통지를 받은 후 지체 없이 지급할 보험금액을 정하고 그 정하여진 날부터 10일 내에 피보험자 또는 보험수익자에게 보험금액을 지급하여야 한다(제658조).

보험금 지급시기는 보험사고 발생통지 이후 보험금액을 정하는데 소요되는 기간 및 그로부터 10일 내의 기간으로 연장 된다. 다만 보험금청구권의 소멸시효는 위와 같이 연장된 기간이 경과한 다음날이 아니라 보험사고가 발생한 때로부터 진행한다.(대판 2005.12.23. 2005다59383)

7. 보험금청구권의 소멸시효

(1) 소멸시효기간

보험금청구권은 3년간 행사하지 아니하면 시효완성으로 소멸한다(제662조).(변호 12, 13, 14, 모의 20)

(2) 소멸시효의 기산점

보험금의 지급시기를 정한 경우에는 해당 지급시기가 소멸시효의 기산점이 된다. 보험금 지급시기를 정하지 않은 경우에는 원칙적으로 보험사고가 발생한 때로부터 소멸시효가 진행된다.

① 원칙적으로 보험금액청구권의 소멸시효는 보험사고가 발생한 때로부터 진행한다고 해석하는 것이 상당하지만, **객관적으로 보아 보험사고가 발생한 사실을 확인할 수 없는 사정이 있는 경우에는, 보험금액청구권자가 보험사고의 발생을 알았거나 알 수 있었던 때로부터 보험금액청구권의 소멸시효가 진행**한다고 해석하는 것이 타당하다.(대판 1993.7.13. 92다39822)(변호 14)

[사실관계] 보험사고가 1988.3.11. 발생하였지만, 乙이 교통사고를 일으킨 것으로 공소제기되어 1990.7.4. 제1심 법원에서 무죄 판결을 받을 때까지 피보험자 甲이 운전하다가 교통사고를 일으켜 사망하는 보험사고가 발생한 사실이 객관적으로 확인되지 않다가 1990.7.4. 보험사고 발생이 객관적으로 확인되었다면 보험금액청구권자도 그때에야 보험사고의 발생을 알 수 있게 되었다고 보아야 할 것이므로, 원고들의 보험금액청구권의 소멸시효는 1990.7.4.부터 진행한다고 본 사안.

② 보험약관 또는 상법 제658조에서 보험금 지급유예기간을 정하고 있더라도 **보험금청구권의 소멸시효는 보험사고가 발생한 때로부터 진행하고**, 위 지급유예기간이 경과한 다음날부터 진행한다고 볼 수는 없다.(대판 2005.12.23. 2005다59383)

③ 재해장해보장을 받을 수 있는 기간 중에 장해상태가 더 악화된 경우 악화된 장해상태를 기준으로 장해등급을 결정한다고 보험약관이 규정한 경우, **보험사고가 발생 당시의 장해상태에 따라 산정한 보험금을 지급받은 후 당초의 장해상태가 악화된 경우 추가로 지급받을 수 있는 보험금청구권의 소멸시효는** 그와 같은 **장해상태의 악화를 알았거나 알 수 있었을 때부터 진행**한다.(대판 2009.11.12. 2009다52359)

Ⅲ. 보험료 반환의무

1. 보험계약의 무효와 보험료 반환

보험계약의 전부 또는 일부가 무효인 경우에 보험계약자와 피보험자가 선의이며 중대한 과실이 없는 때에는 보험자에 대하여 보험료의 전부 또는 일부의 반환을 청구할 수 있다. 보험계약자와 보험수익자가 선의이며 중대한 과실이 없는 때에도 같다(제648조). 보험료 반환청구권은 3년의 소멸시효가 적용된다(제662조).(변호 12, 13, 14, 모의 20)

2. 보험사고 발생 전 계약의 해지와 보험료 반환

보험계약자는 보험사고가 발생하기 전에는 언제든지 보험계약의 전부 또는 일부를 해지할 수 있다. 타인을 위한 보험계약의 경우에는 보험계약자는 그 타인의 동의를 얻거나 보험증권을 소지하여 보험계약을 해지할 수 있다(제649조 제1항). 이 경우 보험계약자는 당사자 간에 다른 약정이 없으면 미경과보험료의 반환을 청구할 수 있다(제649조 제3항).(모의 20)

제4관 타인을 위한 보험계약

Ⅰ. 의의

1. 개념

타인을 위한 보험계약이란 보험계약자가 타인의 이익을 위해서 자기명의로 체결한 보험계약을 말한다. 타인을 위한 보험계약에서 타인이란 손해보험에서는 피보험자를, 생명보험에서는 보험수익자를 말한다.

보험계약자는 위임을 받거나 위임을 받지 아니하고 특정 또는 불특정의 타인을 위하여 보험계약을 체결할 수 있다.(모의 24) 그러나 손해보험계약의 경우에 그 타인의 위임이 없는 때에는 보험계약자는 이를 보험자에게 고지하여야 하고, 고지가 없는 때에는 타인이 그 보험계약이 체결된 사실을 알지 못하였다는 사유로 보험자에게 대항하지 못한다(제639조 제1항).(변호 24, 모의 16, 18, 19, 20, 22, 24)

2. 법적 성질

통설과 判例는 타인을 위한 보험계약을 민법상의 제3자를 위한 계약으로 보고 있다. 다만 민법상 제3자를 위한 계약의 경우 제3자는 채무자에 대하여 수익의 의사표시를 하여야 권리를 취득하는데 반하여 타인을 위한 보험계약의 경우 타인은 수익의 의사표시 여부와 관계없이 보험계약의 이익을 받는다(제639조 제2항).

3. 책임보험과의 구별

운송주선인, 창고업자, 운송인 등이 타인 소유 물건의 멸실, 훼손 등으로 인해 손해배상책임을 지는 경우를 대비하여 타인 소유 물건에 대하여 보험계약을 체결하는 경우와 같이 자신의 이익을 위해 타인의 물건을 부보하는 보험은 타인을 위한 보험이 아니라 보험계약자의 책임보험에 해당한다.

타인을 위한 보험의 경우 보험자는 피보험자에게 보험사고에 관한 책임이 없는 경우에도 손해를 보상해야 하지만, 책임보험의 경우 피보험자에게 책임이 없다면 보험자는 보상의무가 없다.

① **임차인이 임차건물과 그 안에 있는 시설 및 집기비품에 대하여 피보험자에 대하여는 명확한 언급이 없이 자신을 보험목적의 소유자로 기재하여 화재보험을 체결한** 경우, 이러한 화재보험은 다른 특약이 없는 한 피보험자가 그 목적물의 소유자인 타인에게 손해배상의무를 부담하게 됨으로써 입게 되는 손해까지 보상하기로 하는 **책임보험의 성격을 갖는다고는 할 수 없다.**(대판 2009.12.10. 2009다56603,56610)(모의 13, 19)

② 공장을 경영하는 임차인이 임차건물과 그 안에 있는 동산 및 기계 등에 대하여 피보험자에 대하여는 명확한 언급 없이 자신을 보험목적의 소유자로 기재하여 체결한 사업장종합보험은 화재보험의 성격을 가지는데, 화재보험은 다른 특약이 없는 한 피보험자가 그 목적물의 소유자인 타인에게 손해배상의무를 부담하게 됨으로써 입게 되는 손해까지 보상하기로 하는 책임보험의 성격을 갖는다고 할 수 없으며, **보험계약 중 건물에 관한 부분은 보험계약자인 임차인이 그 소유자를 위하여 체결한 것으로서, 보험회사는 보험사고가 발생한 경우에 보험계약자인 임차인이 건물 소유자에 대하여 손해배상책임을 지는지 여부를 묻지 않고 건물의 소유자에게 보험금을 지급하기로 하는 제3자를 위한 보험계약을 체결하였다고 봄이 상당하다.**(대판 1997.5.30. 95다14800)

③ 임가공업자가 소유자로부터 공급받은 원 · 부자재 및 이를 가공한 완제품에 대하여 동산종합보험을 체결한 경우, 그 보험계약은 임가공업자가 자신이 보관하고 있는 그 보험목적물의 멸실 · 훼손으로 인하여 손해가 생긴 때의 손해배상책임을 담보하는 소극적 이익을 피보험이익으로 한 책임보험의 성격을 가진 것으로 봄이 상당하므로, 소유자가 동일한 목적물에 대한 소유자의 이익을 부보하기 위하여 체결한 동산종합보험계약과는 피보험이익이 서로 달라 중복보험에 해당하지 않는다.(대판 1997.9.5. 95다47398)(모의 19)

Ⅱ. 타인을 위한다는 합의

1. 합의의 존재

보험자와 보험계약자 사이에 타인을 위한다는 합의가 존재하여야 한다. 이러한 합의는 명시적 또는 묵시적 합의가 가능하다.

손해보험에 있어서 피보험자와 피보험이익이 명확하지 않은 경우 보험계약이 보험계약자 자신을 위한 것인지 타인을 위한 것인지는 보험계약서 및 당사자가 보험계약 내용으로 삼은 약관의 내용, 당사자가 보험계약을 체결하게 된 경위와 과정, 보험회사 실무처리 관행 등 제반 사정을 참작하여 결정하여야 한다.(대판 1997.5.30. 95다14800)

2. 타인이 불특정인 계약

보험계약 체결 당시 타인이 불특정인 보험계약도 유효하다. 타인은 보험사고 확정 전까지만 존재하면 된다(제639조 제1항).

타인을 위한 상해보험에서 보험수익자는 지정행위 시점에 반드시 특정되어야 하는 것은 아니고 보험사고 발생시에 특정될 수 있으면 충분하므로, 보험계약자는 특정인을 보험수익자로 지정할 수 있음은 물론 '배우자' 또는 '상속인'과 같이 보험금을 수익할 자의 지위나 자격 등을 통하여 불특정인을 보험수익자로 지정할 수도 있고, 보험수익자를 추상적 또는 유동적으로 지정한 경우 보험계약자의 의사를 합리적으로 추측하여 보험사고 발생시 보험수익자를 특정할 수 있다면 그 지정행위는 유효하다.(대판 2006.11 9. 2005다55817)

3. 타인의 위임 여부

타인을 위한 보험계약은 타인의 위임과 관계없이 유효하게 성립한다.(모의 22) 손해보험계약의 경우 그 타인의 위임이 없는 때에는 보험계약자는 이를 보험자에게 고지하여야 하고, 그 고지가 없는 때에는 타인이 그 보험계약이 체결된 사실을 알지 못하였다는 사유로 보험자에게 대항하지 못한다(제639조 제1항 단서).

Ⅲ. 피보험자 또는 보험수익자의 권리의무

1. 보험금청구권

피보험자 또는 보험수익자는 수익의 의사표시 없이 보험금청구권을 가진다(제639조 제2항).

피보험자 또는 보험수익자의 보험금청구권은 피보험자 또는 보험수익자 자신의 권리로서 취득하는 것이고, 보험계약자의 권리를 승계취득하는 것이 아니다.

보험자는 보험료부지급으로 인한 계약해지(제650조 제2항, 제3항), 고지의무 위반으로 인한 계약해지(제651조), 보험자의 면책사유(제659조, 제660조) 등 보험계약자와의 관계에 따른 사유로 피보험자 또는 보험수익자에게 대항할 수 있다.

타인을 위한 보험계약에 있어서 피보험자는 직접 자기 고유의 권리로서 보험자에 대한 보험금지급청구권을 취득하는 것이므로 특별한 사정이 없는 한 **피보험자는 보험계약자의 동의가 없어도 임의로 권리를 행사하고 처분할** 수 있다.(대판 1992.11.27. 92다20408)(모의 24)

생명보험의 보험계약자가 스스로를 피보험자로 하면서, 수익자는 만기까지 자신이 생존할 경우에는 자기 자신을, 자신이 사망한 경우에는 '상속인'이라고만 지정하고 그 피보험자가 사망하여 보험사고가 발생한 경우, **보험금청구권은 상속인들의 고유재산으로 보아야 할 것이고, 이를 상속재산이라 할 수 없**다.(대판 2001.12.28. 2000다31502)

2. 보험료 지급 의무

보험계약자가 파산선고를 받거나 보험료의 지급을 지체한 때에는 그 타인이 그 권리를 포기하지 아니하는 한 그 타인도 보험료를 지급할 의무가 있다(제639조 제3항 단서).(모의 19) 이 경우 피보험자 또는 보험수익자도 보험료 납입 의무가 있다.

특정한 타인을 위한 보험의 경우에 보험계약자가 보험료의 지급을 지체한 때에는 보험자는 그 타인에게도 상당한 기간을 정하여 보험료의 지급을 최고한 후가 아니면 그 계약을 해제 또는 해지하지 못한다(제650조 제3항).

Ⅳ. 보험계약자의 권리의무

보험계약자는 원칙적으로 보험금청구권을 가지지 못한다. 다만 타인을 위한 손해보험계약의 경우에 보험계약자가 그 타인에게 보험사고의 발생으로 생긴 손해의 배상을 한 때에는 보험계약자는 그 타인의 권리를 해하지 아니하는 범위 안에서 보험자에게 보험금액의 지급을 청구할 수 있다(제639조 제2항 단서).(모의 16, 19)

보험계약자는 보험금청구권 이외의 보험계약에 따른 모든 권리를 가지고 의무를 부담한다. 보험계약의 해지의 경우 보험계약자는 보험사고가 발생하기 전에 언제든지 계약의 전부 또는 일부를 해지할 수 있으나, 타인을 위한 보험계약의 경우, 보험계약자는 그 타인의 동의를 얻지 아니하거나 보험증권을 소지하지 아니하면 그 계약을 해지하지 못한다(제649조 제1항).(모의 16, 22)

제3장 손해보험

제1관 의의

Ⅰ. 이득금지의 원칙

손해보험계약이란 우연한 사고로 인한 피보험자의 재산상의 손해를 보험자가 보상하기로 하고 보험계약자는 약정한 보험료를 보험자에게 지급하기로 하는 것을 내용으로 하는 계약을 말한다.

손해보험은 실제 발생한 손해만을 보상하고 실제 발생한 손해 이상을 보상하지 않는 것을 기본원칙으로 한다. 즉 피보험자가 손해보험을 통하여 재산상의 이익을 보는 것은 허용되지 않으며 이를 이득금지의 원칙이라 한다. 그 결과 손해보험계약은 원칙적으로 비정액보험계약이 된다. 상법상 손해보험은 화재보험, 운송보험, 해상보험, 책임보험, 자동차보험, 보증보험이 규정되어 있다.

Ⅱ. 피보험이익

피보험이익이란 피보험자가 보험의 목적에 대하여 가지는 경제적 이익 또는 보험사고로 인하여 피보험자가 손해를 입을 염려가 있는 경제적 이익을 말한다. 피보험이익은 반드시 법률상 이익이어야 하는 것은 아니다.(모의 13, 19) 상법상 피보험이익은 보험계약의 목적으로 규정되어 있고(제668조, 제669조 제1항), 보험사고의 대상을 의미하는 보험의 목적과 구별된다(제679조). 피보험이익은 손해보험에만 존재하고 인보험에서는 피보험이익이 문제되지 않는다. 피보험이익이 존재하지 않는 손해보험계약은 당연 무효이다. 피보험이익은 ① 적법해야 하고, ② 금전으로 산정할 수 있어야 하며(제668조), ③ 이미 확정되었거나 적어도 보험사고의 발생시까지는 확정될 수 있어야 한다.

① **부동산을 매수인이 그 부동산에 관하여 자신을 피보험자로 하여 화재보험계약을 체결하였다면**, 특별한 사정이 없는 한 **자기를 위한 보험계약**이라고 봄이 상당하다.(대판 2011.2.24. 2009다43355)

[사실관계] 매수인이 2005. 8. 26. 목욕탕 건물 매매계약을 체결하고, 2005. 8. 29.경 목욕탕 건물을 인도받아 내부 시설 전부에 대한 공사를 한 뒤 2005. 9. 17. 목욕탕 영업을 시작하였는데 매수인이 목욕탕 건물에 대한 소유권이전등기를 하기 전인 2005. 9. 23. 보험회사와 보험계약자, 소유자 및 피보험자를 모두 매수인으로 하는 화재보험계약을 체결하였다가, 2006. 1. 23. 보험계약자 및 소유자를 甲(이 사건 원고)으로 변경한 뒤 목욕탕 건물에서 화재가 발생하였다. 이에 보험회사가 보험금을 채권자 불확지 공탁을 하였고, 甲이 보험회사와 매도인을 상대로 보험금의 지급 등을 청구한 사안.

② **임차인이 임차건물과 시설 및 집기비품에 대하여 피보험자에 대하여는 명확한 언급 없이 자신을 보험목적의 소유자로 기재하여 보험계약을 체결하였고**, 보험계약상 보험회사는 보험에 가입한 물건이 입은 화재에 따른 손해, 소방손해, 피난손해 등을 보상하도록 되어 있는 경우, **보험계약은 손해보험의 일종인 화재보험의 성격**을 갖고, **화재보험은 다른 특약이 없는 한 피보험자가 목적물의 소유자인 타인에게 손해배상의무를 부담하게 됨으로써 입게 되는 손해까지 보상하기로 하는 책임보험의 성격을 갖는다고는 할 수 없다.**(대판 2003.1.24. 2002다33496)(모의 13, 19)

[사실관계] 보험계약 중 건물에 관한 부분은 임차인인 원고가 그 소유자를 위하여 체결한 타인을 위한 보험계약이므로, 원고는 이 사건 건물 부분에 관한 보험금을 청구할 권리가 없다고 본 사안.

③ 동산 양도담보 설정자는 물건에 대한 사용, 수익권을 가지고 변제기에 채무 전액을 변제하고 소유권을 돌려 받을 수 있으므로, 물건에 대한 보험사고가 발생하는 경우 물건에 대한 사용 · 수익 등의 권능을 상실하게 될 뿐 아니라 양도담보권자에 대하여는 피담보채무를 면하지 못하고 채무를 변제하더라도 물건의 소유권을 회복하지 못하는 경제적인 손해를 입게 된다. 따라서 양도담보설정자에게 그 목적물에 관하여 체결한 화재보험계약의 피보험이익이 없다고 할 수 없다.(대판 2009.11.26. 2006다37106)(모의 13)

Ⅲ. 보험가액과 보험금액

1. 의의

보험가액은 손해보험에 있어서 피보험이익을 금전적으로 평가한 것을 말한다. 보험가액은 보험금액의 최고한도에 해당한다.(모의 16)

보험금액이란 보험사고 발생시 보험자가 지급하기로 약정한 최고한도액을 말한다.(모의 16)

2. 보험가액과 보험금액의 관계

전부보험이란 보험가액과 보험금액이 일치하는 보험을, 초과보험이란 보험금액이 보험가액을 초과하는 보험을, 일부보험이란 보험금액이 보험가액에 미달하는 보험을 말한다.

3. 기평가보험과 미평가보험

(1) 기평가보험

기평가보험이란 당사자 사이에 보험가액을 미리 정한 보험을 말한다.

당사자 간에 보험가액을 정한 때에는 그 가액은 사고발생시의 가액으로 정한 것으로 추정한다(제670조 본문).(모의 14, 16) 그러나 그 가액이 사고발생시 가액을 현저하게 초과할 때에는 사고발생시 가액을 보험가액으로 한다(제670조 단서).(변호 23, 모의 20)

기평가보험으로 인정되기 위한 보험가액에 대한 합의는, 명시적인 것이어야 하기는 하지만 반드시 협정보험가액 혹은 약정보험가액이라는 용어 등을 사용해야만 하는 것은 아니고 보험계약을 체결하게 된 제반 사정과 보험증권 기재 내용 등을 통해 당사자가 보험가액을 미리 합의하는 것으로 인정할 수 있으면 충분하다. 자기차량손해보험계약에서 차량가액을 정하고 보험금액을 정한 경우, 당사자 사이에 보험목적물인 차량에 관하여 보험가액을 미리 약정한 것이므로 기평가보험에 해당한다. 상법 제670조 단서는 기평가보험에서 협정보험가액이 사고발생시 가액을 현저하게 초과할 경우 사고발생시 가액을 보험가액으로 하도록 규정하고 있는바, 현저한 차이가 있는지 여부는 거래통념이나 사회통념에 따라 판단하고, 보험자는 협정보험가액이 사고발생시 가액을 현저하게 초과한다는 점에 대한 입증책임을 부담한다.
(대판 2002.3.26. 2001다6312)

[사실관계] 보험계약자 소유 트럭에 관하여 자기차량손해보험계약을 체결하면서 보험증권상에 차량가액을 9,867만 원으로 정하여 기재하고, 위 금액에 기초하여 자기차량손해금 9,867만 원의 보험금액을 정한 경우, 보험개발원의 차량기준가액표상 해당 트럭의 차량가액이 명시되어 있지 않고 다른 유사 차량의 가액이 6천만 원 내외로 명시된 경우 협정보험가액이 사고발생시의 가액을 현저하게 초과하였다고 볼 수 없다고 판시한 사안.

(2) 미평가보험

미평가보험은 당사자 사이에 보험가액을 미리 정하지 않은 보험을 말한다.

당사자 간에 보험가액을 정하지 아니한 때에는 사고발생시 가액을 보험가액으로 한다(제671조).(변호 23, 모의 20) 따라서 보험가액의 약정이 없는 경우에도 보험금액이 보험가액으로 되는 것은 아니다.

예외적으로 운송보험이나 해상보험의 경우에는 보험기간이 단기간이고 사고발생의 때와 장소를 확인하는 것이 어렵다는 사정을 고려하여 선적시나 발송시의 가액을 보험가액으로 한다. 즉 운송물의 보험에 있어서는 발송한 때와 곳의 가액과 도착지까지의 운임 기타의 비용을 보험가액으로 하고(제689조 제1항), 적하의 보험에 있어서는 선적한 때와 곳의 적하의 가액과 선적 및 보험에 관한 비용을 보험가액으로 한다(제697조).

Ⅳ. 초과보험

1. 단순초과보험

단순초과보험이란 보험계약자가 사기의 의도 없이 체결한 초과보험을 말한다. 보험금액이 보험계약의 목적의 가액을 현저하게 초과한 때에는 보험자 또는 보험계약자는 보험료와 보험금액의 감액을 청구할 수 있다(제669조 제1항).(모의 14, 16) 이러한 감액청구권은 형성권이다.

보험료 감액은 장래에 대하여서만 효력이 있다(제669조 제1항 후문).(모의 14, 16) 보험목적의 가액은 계약 당시 가액에 의한다(제669조 제2항).(모의 14, 16) 보험계약 체결 당시에는 초과보험이 아니었으나 보험가액이 감소하여 결과적으로 초과보험이 된 경우 보험계약은 유효하고, 보험자와 보험계약자는 보험금액과 보험료의 감액을 청구 할 수 있다(제669조 제3항).(모의 20)

2. 사기적 초과보험

보험계약이 보험계약자의 사기로 인하여 체결된 때에는 그 계약은 무효로 한다(제669조 제4항).(모의 14) 그러나 보험자는 그 사실을 안 때까지의 보험료를 청구할 수 있다(제669조 제4항).

무효에 대한 입증책임은 보험자가 부담한다.(모의 14)

보험계약자가 보험계약 체결 시 보험금액이 목적물가액을 현저하게 초과하는 초과보험 상태를 의도적으로 유발한 후 보험사고가 발생하자 **초과보험 사실을 알지 못하는 보험자에게 목적물가액을 묵비하고 보험금을 청구하여 보험금을** 받은 경우, 보험자가 보험금액이 목적물가액을 현저하게 초과한다는 것을 알았더라면 같은 조건으로 보험계약을 체결하지 않았을 뿐만 아니라 협정보험가액에 따른 보험금을 그대로 지급하지 않았을 관계가 인정되면, **보험계약자가 초과보험 사실을 알지 못하는 보험자에게 목적물가액을 묵비한 채 보험금을 청구한 행위는 사기죄의 기망행위에** 해당한다.(대판 2015.7.23. 2015도6905)

Ⅴ. 중복보험

1. 의의

중복보험이란 수인의 보험자와 동일한 피보험자가 동일한 피보험이익에 대하여 보험사고와 보험기간을 공통으로 하는 수개의 보험계약을 체결하여 그 보험금액의 합계가 보험가액을 초과하는 보험을 말한다. 수개의 보험계약을 체결하더라도 모두 단일한 보험자와 체결하였다면 초과보험에 불과하고 중복보험에 해당되지 않는다. 또한 각 보험계약의 피보험이익, 보험사고, 보험기간이 다른 경우 중복보험에 해당되지 않는다.

임가공업자가 소유자로부터 공급받은 원·부자재 및 이를 가공한 완제품에 대하여 동산종합보험을 체결한 경우, 그 보험계약은 임가공업자가 자신이 보관하고 있는 보험목적물의 멸실·훼손으로 인한 손해배상책임을 담보하는 소극적 이익을 피보험이익으로 한 책임보험의 성격을 가진 것이므로, 소유자가 동일한 목적물에 대한 소유자의 이익을 부보하기 위하여 체결한 동산종합보험계약과는 피보험이익이 서로 달라 중복보험에 해당하지 않는다.(대판 1997.9.5. 95다47398)(모의 19)

2. 보험자의 비례보상 및 연대책임

(1) 비례보상 및 연대책임

중복보험의 각 보험자는 각자의 보험금액의 한도에서 연대책임을 지며,(모의 21) 각 보험자의 보상책임은 각자의 보험금액의 비율에 따른다(제672조 제1항).(모의 21(2))

즉 각 보험자는 보험금액의 비율에 따른 보상한도를 초과하더라도 자신의 보험금액의 한도 내에서는 보험금을 지급하여야 하고, 자신의 보상한도를 초과하여 지급한 부분에 대하여 다른 보험자에게 구상권을 행사할 수 있다. 예컨대, 보험가액이 27억 원의 건물에 대하여 A보험회사와 20억 원, B보험회사와 10억 원을 보험금액으로 하는 화재보험을 체결한 후 화재로 건물이 전부 멸실된 경우 A보험회사는 18억 원, B보험회사는 9억 원을 분담하게 되나, A보험회사가 보험금을 지급하지 않는 경우 B보험회사는 자신의 보험금액인 10억 원을 한도로 피보험자에게 보상하여야 하고, 그 중 자신의 분담금액인 9억 원을 초과한 1억 원에 대해서는 A보험회사에게 구상권을 행사할 수 있다.

(2) 임의규정

각 보험계약의 당사자가 각개의 보험계약이나 약관을 통하여 중복보험에 있어서의 피보험자에 대한 보험자의 보상책임 방식이나 보험자들 사이의 책임 분담방식에 대하여 상법의 규정과 다른 내용으로 규정할 수 있다.(대판 2002.5.17. 2000다30127)(모의 15)

(3) 중복보험에 따른 구상금채권의 소멸시효

중복보험의 보험자가 다른 보험자에 대하여 그 부담비율에 따른 구상권을 행사하는 경우, 각각의 보험계약은 상행위에 속하고, 보험자와 다른 보험자는 상인이므로 중복보험에 따른 구상관계는 가급적 신속하게 해결할 필요가 있는 점 등에 비추어 그 **구상금채권은 상법 제64조가 적용되어 5년의 소멸시효가 적용된다.**(대판 2006.11.10. 2005다35516)(모의 15)

3. 일부 보험자에 대한 포기의 효과

수개의 보험계약을 체결한 경우, 보험자 1인에 대한 권리의 포기는 다른 보험자의 권리의무에 영향을 미치지 아니한다(제673조).(모의 14, 15, 21) 위 예에서 피보험자가 B보험회사로부터 10억 원을 지급받은 후 A보험회사에 대한 권리를 포기하더라도 B보험회사는 A보험회사에게 1억 원의 구상권을 행사할 수 있다.

4. 보험계약자의 다수계약통지의무

동일한 보험계약의 목적과 동일한 사고에 관하여 수개의 보험계약을 체결하는 경우에는 보험계약자는 각 보험자에 대하여 각 보험계약의 내용을 통지하여야 한다(제672조 제2항). 이를 다수계약통지의무라 한다. 다수계약통지의무는 이득금지원칙과 관련되는 것으로 손해보험에만 규정되어 있으며, 인보험에는 적용되지 않는다.

손해보험 보험계약자에게 다수의 보험계약의 체결사실에 관하여 통지하도록 규정하는 취지는 사기에 의한 보험계약 체결을 사전에 방지하고 보험자로 하여금 보험사고 발생시 손해의 조사 또는 책임범위의 결정을 다른 보험자와 공동으로 할 수 있도록 하기 위한 것일 뿐, 보험사고발생 위험을 측정하여 계약을 체결할 것인지 또는 어떤 조건으로 체결할 것인지 판단할 수 있는 자료를 제공하기 위한 것이라고 볼 수 없으므로, 손해보험에 있어서 다른 보험계약을 체결한 것은 상법 제652조 및 제653조의 통지의무의 대상이 되는 사고발생 위험이 현저하게 변경 또는 증가된 때에 해당되지 않는다.(대판 2003.11.13. 2001다49630)

5. 사기적 중복보험

중복보험계약이 보험계약자의 사기로 인하여 체결된 때에는 그 계약은 무효로 한다. 그러나 보험자는 그 사실을 안 때까지의 보험료를 청구할 수 있다(제672조 제3항, 제669조 제4항).(모의 15, 20)

사기로 인하여 체결된 중복보험계약이란 보험계약자가 보험가액을 넘어 위법하게 재산적 이익을 얻을 목적으로 중복보험계약을 체결한 경우를 말하는 것이므로, 통지의무의 해태로 인한 사기의 중복보험을 인정하기 위해서는 보험계약자 등이 통지의무를 이행하였다면 보험자가 청약을 거절하였거나 다른 조건으로 승낙할 것이라는 것을 알면서도 정당한 사유 없이 위법하게 재산상 이익을 얻을 의사로 통지의무를 이행하지 않았음을 보험자가 입증하여야 하고, 단지 통지의무를 게을리 하였다는 사유만으로 사기로 인한 중복보험계약이 체결되었다고 추정할 수는 없다.(대판 2000.1.28. 99다50712)(모의 15)

Ⅵ. 일부보험

일부보험이란 보험금액이 보험가액에 미치지 못하는 경우를 말한다.

보험가액의 일부를 보험에 붙인 경우에는 보험자는 보험금액의 보험가액에 대한 비율에 따라 보상할 책임을 진다(제674조 본문).(모의 14, 16, 20, 21) 이를 비례보상의 원칙이라고 한다. 당사자 사이에 다른 약정이 있는 경우 보험자는 보험금액 한도 내에서 손해를 보상할 책임을 진다(제674조 후문).(모의 14, 16, 20)

예컨대, 보험가액이 10억 원인 건물에 대하여 보험금액 8억 원의 화재보험계약이 체결된 경우 건물이 보험사고로 전부 멸실되었다면 보험자는 약정한 보험금액인 8억 원을 지급하면 되고, 만약 건물의 손해액이 6억 원이라면 6억 원의 10분의 8인 4억8천만 원을 지급하면 된다. 다만 당사자 사이의 약정으로 이 경우에도 보험자가 실제 손해액 6억 원을 지급하는 것으로 하는 것도 가능하다.

Ⅶ. 사고발생 후의 목적 멸실과 보상책임

보험의 목적에 관하여 보험자가 부담할 손해가 생긴 경우에는 그 후 그 목적이 보험자가 부담하지 아니하는 보험사고의 발생으로 인하여 멸실된 때에도 보험자는 이미 생긴 손해를 보상할 책임을 면하지 못한다(제675조).(변호 23, 모의 19)

Ⅷ. 손해액의 산정 기준

보험자가 보상할 손해액은 그 손해가 발생한 때와 곳의 가액에 의하여 산정한다. 그러나 당사자간에 다른 약정이 있는 때에는 그 신품가액에 의하여 손해액을 산정할 수 있다(제676조 제1항).(변호 23)
손해액의 산정에 관한 비용은 보험자의 부담으로 한다(제676조 제2항).

Ⅸ. 보험목적의 양도

1. 의의

피보험자가 보험의 목적을 양도한 때에는 양수인은 보험계약상의 권리와 의무를 승계한 것으로 추정한다(제679조 제1항).(모의 13, 14) 그 경우에 보험의 목적의 양도인 또는 양수인은 보험자에 대하여 지체 없이 그 사실을 통지하여야 한다(제679조 제2항).

보험 목적이란 보험사고의 대상이 되는 객체를 말하고, 보험계약의 목적이란 피보험이익을 말한다.(모의 13) 손해보험에서 피보험자의 채권이나 책임도 보험목적이 될 수 있으므로 양도대상이 되는 보험목적이 반드시 유체물이어야 하는 것은 아니다.(모의 13) 상법상 보험목적의 양도에 관한 규정은 손해보험에 대하여 적용되는 것이 원칙이다.(모의 13) 자동차보험의 경우 피보험자가 보험기간 중에 자동차를 양도한 때에는 양수인은 보험자의 승낙을 얻은 경우에 한하여 보험계약으로 인하여 생긴 권리와 의무를 승계한다(제726조의4 제1항).(모의 14) 선박을 보험에 붙인 경우에 선박을 양도한 경우 보험자의 동의가 있는 경우를 제외하고 보험계약은 종료한다(제703조의2).(모의 14)

2. 보험계약상 권리의무의 승계

자기를 위한 보험의 경우 피보험자의 지위만 변경되는지 아니면 보험계약자의 지위까지 함께 변경되는지와 관련하여 통설은 보험계약자의 지위까지 모두 양수인에게 이전된다고 본다. 다만 이미 연체된 보험료 지급의무는 승계되지 않는다고 본다.

양도인의 권리와 의무가 양수인에게 이전되는 것으로 추정되는 것이므로, 당사자가 반대의 증명을 하는 경우 추정은 번복된다.

상법 제679조의 추정은 보험목적의 양수인에게 보험승계가 없다는 것이 증명된 경우에는 번복되는데, **보험목적의 양수인이 보험목적에 대한 1차 보험계약과 피보험이익이 동일한 보험계약을 체결한** 사안에서, **제1차 보험계약에 따른 보험금청구권에 질권이 설정되어 있어 보험사고가 발생할 경우에도 보험금이 질권자에게 귀속될 가능성이 많아 1차 보험을 승계할 이익이 거의 없고,** 양수인이 보험목적에 관해 손해 전부를 지급받을 수 있는 보험계약을 체결한 경우, **양수인에게는 보험승계 의사가 없었다고 봄이 상당하**고, 1차 보험은 양수인에게 승계되지 않았으므로 **양수인이 체결한 보험은 중복보험이 아니다.**(대판 1996.5.28. 96다6998)

[사실관계] 甲이 1993. 3. 11. 乙로부터 乙의 소유이던 기계시설을 매수하면서 1993. 3. 19. A보험회사와 공장 건물 및 기계시설과 원·부자재 일체에 관하여 보험계약을 체결하였는데, 위 보험계약 체결 이전인 1992. 10. 31. 위 공장 건물의 근저당권자였던 丙이 B보험회사와 이미 위 공장 건물 및 기계자재에 대하여 화재보험계약(이하, '1차 보험계약')을 체결하고 해당 화재보험계약에 따른 乙의 보험금지급청구권에 질권을 설정한 상태였음. 甲은 A보험회사와 보험계약을 체결하면서 1차 보험계약을 알리지 않았는데, 공장건물에 1993. 3. 25. 전기합선으로 화재가 발생하여 甲이 A보험회사에 대하여 보험금을 청구하자 A보험회사는 甲이 중복보험사실을 알리지 않았으므로 상법 제651조, 제672조 및 보험약관 관련 규정에 의하여 보험계약이 무효이거나 해지되었다고 항변하였으나 원심과 대법원은 모두 A보험회사의 항변을 배척한 사안.

3. 통지의무

보험의 목적의 양도인 또는 양수인은 보험자에 대하여 지체 없이 그 사실을 통지하여야 한다(제679조 제2항).(모의 14) 이러한 통지는 권리의무 승계의 대항요건은 아니며, 통지를 게을리 하였다는 이유로 보험계약을 해지할 수도 없다.(모의 13, 14)

화재보험 목적물이 양도되었으나 소유자만 변경되었을 뿐 보험요율의 결정요소인 영위직종과 영위작업, 건물구조 및 작업공정이 양도 전후에 동일한 경우, 보험목적물 양도로 인해 위험의 현저한 증가 또는 변경이 있었다고 볼 수 없으므로 **통지의무위반을 이유로 보험계약을 해지할 수 없다.**(대판 1996.7.26. 95다52505)

X. 보험계약자와 피보험자의 손해방지 · 경감의무

1. 의의

보험계약자와 피보험자는 손해의 방지와 경감을 위하여 노력하여야 한다(제680조). 피보험자도 위 의무를 부담한다는 점에서 손해방지의무는 계약상의 의무가 아니라 법률상의 의무에 해당한다.

2. 손해방지의무의 대상

① 손해방지의무는 보험자의 보상책임을 전제로 하므로 보험자가 보상책임을 지지 않는 사고의 경우에는 손해방지의무가 적용되지 않는다.

② **'손해방지비용'이란 보험자가 담보하고 있는 보험사고가 발생한 경우에 보험사고로 인한 손해 발생을 방지하거나 손해의 확대를 방지함은 물론 손해를 경감할 목적으로 하는 행위에 필요하거나 유익하였던 비용을** 말하는 것으로서, 원칙적으로 보험사고의 발생을 전제로 한다. **피보험자의 책임 있는 사유로 제3자에게 발생한 손해를 보상하는 책임보험에서는** 건축물 등에 **누수가 발생하더라도 그것이 피보험자의 책임 있는 사유로 제3자에게 손해를 입힌 경우에 비로소 보상 대상**이 된다. 누수 부위나 원인은 즉시 확인하기 어려운 경우가 많고, 그로 인한 피해의 형태와 범위도 다양하다. 또한 누수와 관련하여 실시되는 방수공사에는 누수 부위나 원인을 찾는 작업에서부터 누수를 임시적으로 막거나 이를 제거하는 작업, 향후 추가적인 누수를 예방하기 위한 보수나 교체 작업 등이 포함된다. 따라서 방수공사의 세부 작업 가운데 누수가 발생한 후 **누수 부위나 원인을 찾는 작업과 관련된 탐지비용,** 누수를 직접적인 원인으로 해서 **제3자에게 손해가 발생하는 것을 미리 방지하는 작업**이나 **이미 제3자에게 발생한 손해의 확대를 방지하는 작업과 관련된 공사비용** 등은 **손해방지비용에 해당할** 수 있다.(대판 2022.3.31. 2021다201085,201092)

③ **피보험자의 손해방지의무의 내용에는 손해를 직접적으로 방지하는 행위는 물론이고 간접적으로 방지하는 행위도 포함된다.** 그러나 그 손해는 **피보험이익에 대한 구체적인 침해의 결과로서 생기는 손해만을** 뜻하는 것이고, **보험자의 구상권과 같이 보험자가 손해를 보상한 후에 취득하게 되는 이익을 상실함으로써 결과적으로 보험자에게 부담되는 손해까지 포함된다고** 볼 수는 **없다.**(대판 2018.9.13. 2015다209347)

[사실관계] A건설회사가 B와 체결한 공사계약상 의무불이행의 경우 B에게 부담하는 채무를 보증하는 것을 내용으로 하는 계약보증을 C와 체결한 후 A건설회사가 의무를 불이행하였고 이에 B가 C에게 계약보증금의 지급을 청구하자 C는 A건설회사와 B 사이의 공사계약에 따라 B가 A건설회사에 부담하는 공사대금채무를 위 손해배상채권과 상계하지 않은 것이 손해방지의무를 정한 상법 제680조 제1항에 위배되는 것이어서 자신이 면책되어야 한다고 주장하였으나, 위와 같은 판시이유 및 상계는 단독행위로서 상계를 할지는 채권자의 의사에 따른 것이고 상계적상에 있는 자동채권이 있다고 하여 반드시 상계를 해야 할 것은 아니며 채권자가 주채무자에 대하여 상계적상에 있는 자동채권을 상계하지 않았다고 하여 이를 이유로 보증채무자가 보증한 채무의 이행을

거부할 수 없으며 나아가 보증채무자의 책임이 면책되는 것도 아니라는 이유로 C의 주장을 받아들이지 않은 사안.

3. 의무위반의 효과

(1) 의무위반으로 인한 책임의 범위

손해방지 · 경감의무 위반으로 손해가 확대되어 보험자가 지급할 보험금이 늘어난 경우 보험계약자에게 책임을 물을 수 있는 범위가 문제된다. 보험자가 면책되어 전체 보험금을 지급할 의무를 면한다는 견해도 있으나 다수설은 확대된 손해에 해당하는 금액을 보험금에서 공제할 수 있다고 본다.

보험계약자와 피보험자가 고의 또는 중과실로 손해방지의무를 위반한 경우 보험자는 손해방지의무 위반과 상당인과관계가 있는 손해, 의무 위반이 없다면 방지 또는 경감할 수 있으리라고 인정되는 손해액에 대하여 배상을 청구하거나 지급할 보험금과 상계하여 나머지 금액만을 보험금으로 지급할 수 있으나, 경과실로 위반한 경우에는 그러하지 아니하다. 재보험의 경우에도 마찬가지로 적용된다.(대판 2016.1.14. 2015다6302)(모의 20)

(2) 의무위반과 손해의 인과관계

보험계약자 등이 손해방지 · 경감의무를 위반한 경우에도 그러한 위반이 손해의 확대와 인과관계가 없는 경우 그러한 손해는 보험금에서 공제되지 않는다.

4. 손해방지비용의 부담

(1) 의의

손해방지 · 경감을 위해 노력하는 경우, 이를 위하여 필요 또는 유익하였던 비용과 보상액이 보험금액을 초과한 경우라도 보험자가 부담한다(제680조 제1항 단서).(변호 15, 모의 20) 손해방지비용을 보험금액의 한도 내에서만 보험자가 부담한다는 내용의 약관은 위와 같은 손해방지비용 부담에 관한 상법 조항에 위배되므로 상법 제663조의 불이익변경금지원칙에 따라 무효가 된다. 피보험자가 손해방지의무를 위반하였더라도 보험자는 계약을 해지할 수 없다.(모의 20)

(2) 책임보험의 경우

책임보험과 관련하여 피보험자가 지출한 손해방지비용을 보험자에게 부담시킬 수 있는지 문제된다. 예컨대 교통사고 발생시 피보험자가 지출한 치료비를 보험사고로 인한 손해로 보는 경우에는 보험금액 한도에서 보험자가 해당 금액을 부담하는데 반하여, 이를 손해방지비용으로 보는 경우에는 보험자가 전액을 부담하게 된다.

또한 손해방지비용의 지출 당시 해당 비용이 보험자가 보상책임을 지는 보험사고인지 여부가 명확하지 않은 경우도 존재한다. 만약 피보험자의 책임 없는 사유로 사고가 발생하였다면 이는 책임보험의 보험사고가 아니므로 보험자가 보험금을 지급할 의무가 없고 피보험자의 손해방지의무도 문제되지 않게 되므로 결국 피보험자가 사고 당시 지출한 비용을 보험자의 부담으로 할 수 없게 된다.

손해보험의 일종인 책임보험에 있어서 보험자가 보상책임을 지지 않는 사고에 대하여는 손해방지의무가 없으므로 이로 인한 보험자의 비용부담의 문제도 발생할 수 없으나, **사고발생시 피보험자의 법률상 책임 여부가 판명되지 아니한 상태에서 피보험자가 손해확대방지를 위한 긴급한 행위를 하였다면 이로 인하여 발생한 필요 · 유익한 비용도 보험자가 부담하는 것으로 해석함이** 상당하다.(대판 1993.1.12. 91다42777)(변호 15, 18, 모의 20, 21)

(3) 계약관계 없는 다른 공동불법행위자의 보험자의 손해방지비용 부담

공동불법행위자들이 각각 다른 보험자와 책임보험계약을 체결한 경우 어느 공동불법행위자가 지출한 손해방지비용에 대하여 해당 공동불법행위자와 계약관계가 없는 다른 공동불법행위자의 보험자 또한 상환의무를 부담한다.

공동불법행위로 말미암아 공동불법행위자 중 1인이 손해방지와 경감을 위하여 비용을 지출한 경우 이러한 손해방지비용은 자신의 보험자뿐 아니라 다른 공동불법행위자의 보험자에게도 손해방지비용에 해당하므로, 공동불법행위자들과 각각 보험계약을 체결한 보험자들은 그 피보험자 또는 보험계약자에 대한 관계에서뿐 아니라 보험계약관계가 없는 다른 공동불법행위자에 대한 관계에서도 그들이 지출한 손해방지비용 상환의무를 부담한다. 또한 보험자들 상호간에는 손해방지비용 상환의무에 관하여 공동불법행위에 기한 손해배상채무와 마찬가지로 부진정연대채무의 관계에 있으므로, 공동불법행위자 1인과 보험계약을 체결한 보험자가 그 피보험자에게 손해방지비용을 모두 상환하였다면, 손해방지비용을 상환한 보험자는 다른 공동불법행위자의 보험자가 부담할 부분에 대하여 직접 구상권을 행사할 수 있다.(대판 2007.3.15. 2004다64272)

(4) 손해방지비용과 방어비용의 구별

상법 제680조 제1항의 손해방지비용과 상법 제720조 제1항에 규정된 방어비용은 서로 구별되는 것으로서 보험약관상 손해방지비용에 관한 규정이 방어비용에도 당연히 적용된다고 볼 수는 없다.

손해방지비용은 보험자가 담보하고 있는 보험사고가 발생한 경우에 보험사고로 인한 손해발생을 방지하거나 손해확대를 방지함은 물론 손해를 경감할 목적으로 행하는 행위에 필요하거나 유익하였던 비용을 말하는 것이고, 방어비용은 피해자가 보험사고로 인적 · 물적 손해를 입고 피보험자를 상대로 손해배상청구를 한 경우 그 방어를 위하여 지출한 재판상 또는 재판 외의 필요비용을 말하는 것으로서, 두 비용은 서로 구별되는 것이므로, 보험계약에 적용되는 보통약관에 손해방지비용과 관련한 별도의 규정을 두고 있다고 하더라도, 그 규정이 당연히 방어비용에 대하여도 적용된다고 할 수는 없다.(대판 2006.6.30. 2005다21531)(변호 15, 모의 20)

[사실관계] A주식회사와 B보험회사가 체결한 보험약관에 B보험회사의 동의 없이 지출한 손해방지비용을 B보험회사가 부담하지 않는 것으로 규정되어 있었는데, A주식회사가 C의 불법행위를 이유로 한 손해배상청구소송에서 B보험회사의 동의를 받지 않고 변호사비용을 지출한 후 B보험회사에 위 변호사비용을 청구하는 소송을 제기하자, B보험회사는 A주식회사가 청구한 금액은 위 약관 규정에 위반하여 B보험회사의 동의를 받지 않은 것이므로 B가 부담할 책임이 없다고 항변하였고, 이에 대하여 A주식회사는 위 약관 조항은 상법 제663조에 규정된 '보험계약자 등의 불이익변경 금지원칙'에 반하여 무효라고 주장한 사안.

[판시사항] 대법원은 기업보험에 있어서는 보험계약자 등의 불이익변경 금지원칙이 적용되지 않아 위 약관 조항은 유효하나 위 약관 조항이 손해방지비용이 아닌 방어비용에도 적용된다고 볼 수 없고, 방어비용에 대하여 보험약관에서 별도로 규정하고 있지 않은 경우 약관에 규정되지 않은 사항은 대한민국 법령에 의한다는 약관 규정에 따라 방어비용에 대해서는 상법 제720조 제1항이 적용되므로 A주식회사가 B보험회사의 동의 없이 지출한 방어비용에 대해서도 B보험회사가 지급할 의무를 부담한다고 판시하였다.

제2관 보험자대위

Ⅰ. 의의

보험자대위란 보험자가 보험사고로 인한 보험금을 피보험자에게 지급한 경우 보험자가 피보험자의 지위에 서서 보험의 목적이나 제3자에 대하여 피보험자 또는 보험계약자가 가지는 권리를 법률상 당연히 취득하는 것을 말한다(제681조, 제682조). 인보험의 경우 보험자는 보험사고로 인하여 생긴 보험계약자 또는 보험수익자의 제3자에 대한 권리를 대위하여 행사하지 못한다(제729조 본문). 그러나 상해보험계약의 경우에 당사자 간에 다른 약정이 있는 때에는 보험자는 피보험자의 권리를 해하지 아니하는 범위 안에서 그 권리를 대위하여 행사할 수 있다(제729조 단서).(변호 20, 모의 24)

Ⅱ. 보험목적에 관한 보험대위 - 잔존물대위

1. 의의

보험의 목적의 전부가 멸실한 경우 보험금액의 전부를 지급한 보험자는 그 목적에 대한 피보험자의 권리를 취득한다(제681조 본문).(모의 14, 20) 보험가액의 일부를 보험에 붙인 경우에는 보험자가 취득할 권리는 보험금액의 보험가액에 대한 비율에 따라 이를 정한다(제681조 단서).

2. 요건

잔존물대위는 ① 보험목적의 전부멸실 및 ② 보험금액 전부지급을 요건으로 한다.

잔존물대위는 보험의 목적이 전부 멸실된 경우에 한정되며, 일부 멸실의 경우에는 성립하지 않는다. 보험자가 보험금액을 전부 지급하였을 때 잔존물에 대한 대위권이 성립한다. 보험의 목적에 입은 손해 뿐 아니라 보험자가 부담하여야 하는 손해방지비용까지 모두 지급한 경우에 보험금 전부지급이 인정된다.

3. 효과

보험자는 보험 목적에 대한 피보험자의 권리를 취득한다. 보험자의 권리 취득시기는 보험사고 발생 시가 아니라 보험금을 전부 지급한 때이다. 잔존물대위는 보험금 지급으로 바로 권리이전의 효과가 발생하고, 별도의 의사표시나 물권변동을 위한 행위가 요구되지 않는다. 일부 보험의 경우에는 권리의 일부가 이전되고 보험자와 피보험자가 보험 목적을 공유하게 된다.

Ⅲ. 제3자에 대한 보험대위 - 청구권대위

1. 의의

손해가 제3자의 행위로 인하여 발생한 경우에 보험금을 지급한 보험자는 지급한 금액의 한도에서 제3자에 대한 보험계약자 또는 피보험자의 권리를 취득한다(제682조 제1항 본문).(변호 16, 모의 14, 18) 다만, 보험자가 보상할 보험금의 일부를 지급한 경우에는 피보험자의 권리를 침해하지 않는 범위에서 그 권리를 행사할 수 있다(제682조 제1항 단서). 이를 청구권대위라 한다. 이러한 청구권대위는 피보험자가 보험금을 지급받은 후 제3자에게 권리를 행사하여 이중의 이익을 얻는 것을 방지하고, 제3자의 면책을 방지하기 위해 인정된다.

2. 요건

(1) 제3자의 행위에 의한 보험사고 발생

1) 의의

제3자의 행위로 인하여 보험사고가 발생하여야 한다. 제3자의 모든 행위를 포함하고 제3자의 고의, 과실에 의한 행위로 제한되지 않는다.

보험사고로 손해가 발생하고 피보험자가 손해에 관하여 제3자에게 손해배상 청구권을 갖게 되면 **보험금을 지급한 보험자는 제3자에게 귀책사유가 있음을 입증할 필요 없이 법률 규정에 의해 손해배상청구권을** 취득하게 되므로, 상법 제682조 소정의 **'제3자의 행위'란 '피보험이익에 대하여 손해를 일으키는 행위'를 뜻하는 것으로서 고의, 과실에 의한 행위만 해당하는 것은 아니다.**(대판 1995.11.14. 95다33092)(변호 20, 모의 15)

2) 피보험자의 경과실에 의한 보험사고 발생의 경우

피보험자의 경과실로 보험사고가 발생한 경우 보험자대위를 인정하게 되면 결과적으로 피보험자에 대한 보험이익을 박탈하게 되므로 피보험자는 제3자에 포함되지 않는다는 것이 통설 · 判例이다.(모의 16, 24) 判例는 자동차보험의 경우 기명피보험자뿐만 아니라 기명피보험자의 승낙을 받아 차량을 직접 운전하거나 임차하여 이용하는 승낙피보험자 또한 청구권대위에 있어서 피보험자에 해당하고 제3자가 아니라고 판시하고 있다.

자동차종합보험 보통약관에 피보험자가 기명피보험자 외에 기명피보험자의 승낙을 얻어 자동차를 사용 또는 관리 중인 자 및 위 각 피보험자를 위하여 자동차를 운전 중인 자(운행보조자를 포함함) 등도 포함되어 있다면, **승낙피보험자의 행위로 인하여 보험사고가 발생한 경우 피보험자가 승낙피보험자에 대하여 손해배상채무부담에 관한 약정에 기하여 청구권을 갖는다 하여도 보험자가 보험자대위의 법리에 의하여 그 권리를 취득할 수 없다.**(대판 1993.1.12. 91다7828)(모의 16)

자동차종합보험에서 보험증권에 기재된 피보험자 이외에 피보험자를 위하여 자동차를 운전 중인 자도 위의 피보험자의 개념에 포함시키고 있으므로 **자동차종합보험에 가입한 차주가 고용한 운전사는 피보험자일 뿐 상법 제682조에서 말하는 제3자에 포함되는 자가 아니다.**(대판 1991.11.26. 90다10063)(모의 16)

3) 보험계약자의 동거가족에 의한 보험사고 발생의 경우

보험계약자나 피보험자의 제3자에 대한 권리가 그와 생계를 같이 하는 가족에 대한 것인 경우 보험자는 그 권리를 취득하지 못한다(제682조 제2항 본문).(모의 14, 16, 21, 22, 24) 다만, 손해가 그 가족의 고의로 인하여 발생한 경우에는 그러하지 아니하다(제682조 제2항 단서).(변호 16, 20, 모의 14)

운전자 연령 한정운전 특별약관 보험계약에서 연령 미달의 동거가족의 경우 특별한 사정이 없는 한 상법 **제682조 소정의 제3자의 범위에 포함되지 않는다.**(대판 2000.6.23. 2000다9116)

상법 제682조의 보험자대위는 보험사고로 인한 손해가 제3자의 행위로 인하여 생긴 경우에 보험금액을 지급한 보험자가 보험계약자 또는 피보험자의 그 제3자에 대한 권리를 취득하는 제도로서, 보**험자가 취득하는 권리에는 상법 제724조 제2항에 의하여 피해자에게 인정되는 직접청구권도 당연히 포함되**나,(모의 20) 보험계약의 해석상 **보험사고를 일으킨 자가 법에서 정한 제3자가 아닌 피보험자에 해당될 경우에는 보험자는 그 보험사고자에 대하여 보험자대위권을 행사할 수 없다.**(대판 2016.5.27. 2015다237618)

[**사실관계**] A보험회사는 아파트입주자대표회의와 아파트 14개 동과 부속 건물 등 및 아파트 내 집기에 대하여 아파트화재보험계약(이하 '이 사건 화재보험'이라고 한다)을 체결하였는데 이 사건 화재보험에서 피보험자를 별도로 특정하지 않았고, 보험증권의 '보험목적 소유자'란에 '입주자대표회의'가 기재되어 있었다. 이 사건 아파트 114동 1204호의 소유자인 甲은 2010. 9. 28. B보험회사와 피보험

자를 남편인 乙로 하여 생활보장보험계약(이하 '이 사건 책임보험'이라고 한다)을 체결하였는데, 위 보험계약에는 보장금액 1억 원 내에서 주택의 소유, 사용, 관리 또는 일상생활 중에 기인한 우연한 사고로 타인의 신체장해 또는 재물손해에 대한 배상책임을 담보하는 일상생활배상책임이 포함되어 있었고, 이 사건 책임보험의 피보험자로는 기명피보험자와 그의 배우자 및 미혼 자녀, 생계를 같이 하는 주민등록상 동거친족이 포함되어 있었다. 다만 이 사건 책임보험의 면책약관에는 '피보험자 등의 고의로 생긴 손해'에 대해서는 보상하지 않는다고 규정하고 있었다. 丙은 甲과 乙의 자녀로서 이 사건 아파트 114동 1204호에서 같이 생활하였는데, 2013. 10. 5. 01:35경 이 사건 아파트 114동 1층 통로부분에 주차되어 있던 오토바이 적재함에 불을 놓아 화재가 발생하였고, 이로 인해 위 통로부분이 전소되고 공용부분을 포함하여 58세대의 건물 및 가재도구가 훼손되었으나, 甲 소유의 위 114동 1204호에는 아무런 피해가 없었다. A보험회사는 이 사건 화재보험에 따라 손해액 511,709,198원의 보험금을 지급하면서, 공용부분에 대한 보험금은 입주자대표회의에게, 전유부분에 대한 보험금은 각 구분소유자들에게, 가재도구에 대한 보험금은 각 세대에 속하는 사람 중 그 소유자에게 지급한 후 B보험회사에 대하여 구상금을 청구한 사안.

[판시사항] 대법원은 이 사건 화재보험의 피보험자는 이 사건 아파트의 각 구분소유자 및 세대에 속한 사람 중 가재도구의 소유자이고, 그 피보험이익은 이들이 각자 자신 소유의 이 사건 아파트의 각 전유부분, 공용부분 및 가재도구에 대하여 가지는 재산상 이익으로 보아야 하고, 114동 1204호의 **거주자에 불과한 丙은 이 사건 화재로 전소되거나 훼손된 각 전유부분, 공용부분 및 가재도구에 대하여 아무런 피보험이익이 없으므로 피보험자에 해당한다고 볼 수 없고, 따라서 상법 제682조에서 정한 제3자에 해당하며, 이 사건 책임보험의 피보험자의 범위에는 기명피보험자인 乙뿐만 아니라 미혼 자녀이자 동거 친족인 丙도 포함되므로**, 이 사건 화재로 인한 손해를 모두 보상한 A보험회사는 丙의 책임보험자인 B보험회사를 상대로 보장금액 범위 내에서 피해자들을 대위해서 직접청구권을 행사할 수 있는데, 다만 丙이 고의로 방화를 하여 이 사건 화재가 발생하였다는 사실은 이 사건 책임보험의 면책사유에 해당하므로 결국 B보험회사에게는 보험금 지급의무가 없고, 乙의 감독의무위반에 따른 불법행위책임이 인정되지도 않으므로 B보험회사에게는 보험금 지급의무가 없다고 판시하였다.

4) 타인을 위한 보험계약의 보험계약자에 의한 보험사고 발생의 경우

① 의의

타인을 위한 보험계약에서 보험계약자가 제3자에 포함되는지 문제된다. 예컨대 운송인이 송하인을 위하여 운송보험계약을 체결한 후 운송인의 경과실로 운송물이 멸실된 경우 송하인에게 보험금을 지급한 보험자가 송하인이 운송인에게 가지는 손해배상청구권을 대위할 수 있는지 여부가 문제된다.

② 학설

학설은 보험계약자가 제3자에 포함되지 않는다는 불포함설과 보험계약자도 제3자에 포함된다는 포함설이 존재한다.

③ 판례

타인을 위한 손해보험계약은 타인의 이익을 위한 계약으로서 피보험이익의 주체가 아닌 보험계약자는 비록 보험자와의 사이에서는 계약당사자이고 약정된 보험료를 지급할 의무자이지만 그 지위의 성격과 보험자대위 규정의 취지에 비추어 보면 **보험자대위에 있어서 보험계약자와 제3자를 구별하여 취급할 법률상의 이유는 없는 것이며 따라서 타인을 위한 손해보험계약자가 당연히 제3자의 범주에서 제외되는 것은 아니다.**(대판 1989.4.25. 87다카1669)(변호 20, 모의 16, 24)

(2) 보험자의 보험금 지급

보험자가 보험금을 지급하여야 한다. 보험자가 보상할 보험금의 일부를 지급한 경우에는 피보험자의 권리를 침해하지 아니하는 범위에서 그 권리를 행사할 수 있다(제682조 제1항 단서).(모의 15) 보험자가 피보험자에게 지급한 보험금은 보험계약에 따라 정당하게 지급해야 하는 것이어야 한다. 보험자가 면책되어 지급의무가 없음에도 보험자가 임의로 보험금을 지급하였다면 보험자대위권이 발생하지 않는다. 다만 보험자가 면책약관에 대한 설명의무를 위반하여 면책약관을 계약의 내용으로 주장하지 못하게 된 결과 보험금을 지급하게 된 경우에도 보험자대위가 가능하다.

① **보험약관상 보험자가 면책되는 무면허운전 사고에 대한 보험회사의 보험금지급은 보험약관을 위배하여 이루어진 것으로 적법하지 아니하므로,** 보험자대위의 법리상 **보험회사는 구상권을 대위행사 할 수 없다.** (대판 1994.4.12. 94다200)(모의 15)

② 상법 제682조에서 정한 제3자에 대한 보험자대위가 인정되기 위하여는 보험자가 피보험자에게 보험금을 지급할 책임이 있는 경우여야 하므로, 보험자가 보험약관에 따라 면책되거나 피보험자에게 보험사고에 대한 과실이 없어 **보험자가 피보험자에게 보험금을 지급할 책임이 없는 경우에는 보험자대위를 할 수 없다.**(대판 2009.10.15. 2009다48602)(모의 14, 22)

[사실관계] 甲차량이 乙차량을 들이받아 그 충격으로 乙차량이 밀려나가 발생한 丙의 손해를 乙차량의 보험자가 대물보상보험금을 지급하여 배상한 사안에서, 위 사고에 대하여 乙차량의 운전자에게 아무런 과실도 인정되지 않는다면 보험자가 피보험자에게 보험금을 지급할 책임이 없으므로 보험자대위를 할 수 없다고 한 사안.

③ **제3자에 대한 보험자대위가 인정되기 위해서는 보험자가 피보험자에게 보험금을 지급할 책임이 있어야 한다.** 보험자가 보험약관상 면책약관에 대한 설명의무를 위반하여 약관규제법에 따라 해당 면책**약관을 계약의 내용으로 주장하지 못하고 보험금을 지급하게** 되었더라도, 이는 **보험자가 피보험자에게 보험금을 지급할 책임이 있는 경우에 해당하므로 보험자는 보험자대위를 할 수 있다.**(대판 2014.11.27. 2012다14562)

(3) 제3자에 대한 보험계약자 또는 피보험자의 권리 존재

보험자가 보험금을 지급하기 전에, 보험계약자나 피보험자가 그 권리를 행사 또는 처분하였거나 소멸시효 등으로 그 권리가 소멸한 경우 보험자대위가 인정되지 않는다.(모의 22) 책임보험에 있어 직접청구권의 전제가 되는 손해배상청구권은 혼동으로 소멸하지 않는다. 책임보험에서 피보험자가 공동불법행위의 가해자인 경우 피해자에게 보험금을 지급한 보험자는 피보험자가 다른 공동불법행위자에 대하여 가지는 구상권을 보험자대위에 의하여 행사할 수 있다.(모의 14)

① 상법 제682조의 **보험자대위에 의하여 보험자가 취득하는 권리는 당해 사고의 발생자체로 인하여 피보험자가 제3자에 대하여 가지는 불법행위로 인한 손해배상청구권이나 채무불이행으로 인한 손해배상청구권**에 한한다.(대판 1988.12.13. 87다카3166)(모의 15)

[사실관계] 甲이 A보험회사에 대하여 갖는 보험금청구권을 乙에게 양도하였고 그로 인하여 乙은 A보험회사에 대한 보험금청구권을 취득하였는데, 乙과 B 보험회사 사이에 체결된 보험계약의 대상인 선박의 충돌사고가 발생하여 B보험회사가 乙에게 보험금을 지급한 후 乙이 A보험회사에 대하여 가지는 보험금청구권을 보험자대위로 행사한 데 대하여 乙이 A보험회사에 대하여 보유하는 보험금청구권은 이 사건 선박충돌사고의 발생 자체로 인하여 생긴 것이 아니라 A보험회사와 甲 사이의 보험계약 및 甲과 乙 사이의 채권양도계약에 의하여 생긴 것이어서 보험자 대위의 목적이 될 수 없다고 판단한 사안.

② 승용차 운전자인 甲과 乙회사 소유 화물차 운전자의 과실이 경합하여 丙회사의 버스 승객들이 상해를 입은 사고에서, 丙회사는 그 운전자의 과실이 없더라도 버스의 운행자로서 피해자들에 대하여 자동차손해배상보장법상의 배상책임을 부담하고, 乙회사와 甲 역시 화물차 및 승용차의 운행자 또는 공동불법행위자로서 피해자들에게 손해배상책임을 부담하며, 丙회사와 乙회사 및 甲의 책임은 부진정연대채무의 관계에 있으므로 이러한 경우 丙회사의 보험자가 丙회사와 체결한 보험계약에 따라 피해자들에게 손해배상금을 보험금으로 모두 지급함으로써 乙회사와 甲도 공동면책이 되었다면, 丙회사는 乙회사에게 그 부담 부분에 대한 구상권을 행사할 수 있다.(대판 1998.12.22. 98다40466)

[기타 판시사항] ㉠ 丙회사는 상법 제724조 제2항에 의하여 乙회사의 보험자에게 직접 乙회사의 부담 부분에 대한 구상권을 행사할 수 있고, ㉡ 丙회사의 보험자는 보험자대위의 법리에 따라 丙회사의 乙회사의 보험자에 대한 직접적인 구상권을 乙회사의 보험자에게 행사할 수도 있고, ㉢ 丙회사의 보험자가 보험자대위의 법리에 의하여 취득한 丙회사의 乙회사의 보험자에 대한 직접적인 구상권을 乙회사의 보험자에게 행사하는 경우에는 그 소멸시효기간은 10년이며 그 기산점은 구상권이 발생한 시점, 즉 구상권자가 현실로 피해자에게 지급한 때이다.

3. 효과

(1) 권리의 이전

보험자의 보험금 지급과 동시에 보험계약자 또는 피보험자가 제3자에 대하여 가지는 권리는 보험자에게 이전된다.(모의 14, 17, 18) 이러한 권리이전은 법률에 의한 이전이므로 별도의 의사표시나 대항요건이 필요하지 않다.(모의 21)

보험자대위에 의하여 피보험자 등의 제3자에 대한 권리는 동일성을 잃지 않고 그대로 보험자에게 이전되는 것이므로, 이 때에 보험자가 취득하는 채권의 소멸시효 기간과 그 기산점 또한 피보험자 등이 제3자에 대하여 가지는 채권 자체를 기준으로 판단하여야 한다.(대판 1999.6.11. 99다3143)(변호 16, 모의 14, 18, 21)

(2) 피보험자의 권리행사

1) 보험자의 보험금 지급 이후

보험자가 보험금을 지급한 이후에는 보험계약자 또는 피보험자는 권리를 행사하거나 처분할 수 없다. 이 경우 피보험자가 제3자에 대한 손해배상청구권을 포기하더라도 이러한 포기는 무권한자의 처분행위로서 효력이 없다.(변호 16, 모의 18, 22) 보험자는 여전히 제3자에 대하여 대위권을 행사할 수 있다. 따라서 보험자의 피보험자에 대한 부당이득반환청구는 인정되지 않는다. 다만 제3자가 선의·무과실로 피보험자에게 손해를 배상하여 채권의 준점유자에 대한 변제로서 유효한 경우, 보험자는 피보험자를 상대로 부당이득반환청구 또는 손해배상청구를 할 수 있다.(변호 16, 모의 18)

① 화재보험의 피보험자가 보험금을 지급받은 후 화재에 대한 책임 있는 자로부터 손해배상을 받으면서 나머지 손해배상청구권을 포기하였다 하더라도, 피보험자의 화재에 대한 책임 있는 자에 대한 손해배상청구권은 피보험자가 보험자로부터 보험금을 지급받음과 동시에 보험금액의 범위 내에서 보험자에게 당연히 이전되므로, 이미 이전된 보험금 상당 부분에 관한 손해배상청구권의 포기는 무권한자의 처분행위로서 효력이 없고, 따라서 보험자가 이로 인하여 손해를 입었다고 볼 수 없다.(대판 1997.11.11. 97다37609)

② 보험금을 지급한 보험자가 피보험자를 상대로 보험자대위권 침해를 이유로 부당이득반환 또는 손해배상청구를 하기 위해서는 ㉠ 보험자가 피보험자에게 보험금을 지급한 사실, ㉡ 피보험자가 보험금 수령 후 무권한자임에도 불구하고 제3자로부터 손해배상을 받은 사실(피보험자가 보험자로부터 받은 보험

금이 실제 발생된 손해액에 미치지 못한 경우에는 피보험자는 차액 부분에 관하여는 제3자에 대하여 권리를 가지고 있으므로 피보험자가 이를 초과하여 제3자로부터 손해배상을 받은 사실), ⓒ **제3자의 피보험자에 대한 손해배상이 채권의 준점유자에 대한 변제로서 유효한 사실을 주장, 입증하여야** 할 것이고, 이 경우 채권의 준점유자에 대한 변제가 유효하기 위한 요건으로서의 **선의란 준점유자에게 변제수령의 권한이 없음을 알지 못하는 것뿐만 아니라 적극적으로 진정한 권리자라고 믿었음을** 요하는 것이고, **무과실이란 그렇게 믿는 데에 과실이 없음을** 의미하므로, **제3자가 피보험자가 보험에 가입하여 보험금을 수령한 사실을 전혀 모르고 과실이 없이 피보험자에게 손해배상을** 한 경우, 또는 **제3자가 피보험자가 보험에 가입하여 이미 보험금을 수령한 사실을 알고 있었던 경우에는 피보험자가 입은 손해액과 피보험자가 보험자로부터 보험금을 수령함으로써 보험자대위권의 대상이 된 금액을 살펴, 피보험자에게 아직도 자신에 대한 손해배상청구권이 남아 있다고 믿고 손해배상을 한 경우에만 선의, 무과실에 해당되고,** 위 **요건의 주장, 입증책임도 보험자에게 있다.**(대판 1999.4.27. 98다61593)

2) 보험자의 보험금 지급 이전

보험자가 보험금을 지급하기 전에는 피보험자는 자유로이 제3자로부터 손해배상을 받을 수 있고, 권리를 처분할 수도 있다. 이 경우 보험자는 자신이 제3자에게 그 권리를 행사하였더라면 취득할 수 있었던 금액을 공제하고 보험금을 지급하면 된다.

보험자가 보험금액을 지급하여 대위효과가 발생하기 전에 피보험자 등이 제3자에 대한 권리를 행사하거나 처분한 경우에는 그 부분에 대하여는 보험자가 대위할 수 없다.(대판 1981.7.7. 80다1643)(모의 22)

4. 대위권행사와 피보험자의 권리

(1) 쟁점

보험금을 지급한 보험자는 그 지급한 금액의 한도에서 그 제3자에 대한 보험계약자 또는 피보험자의 권리를 취득하되(제682조 제1항 본문), 보험자가 보상할 보험금의 일부를 지급한 경우에는 피보험자의 권리를 침해하지 아니하는 범위에서 그 권리를 행사할 수 있다(제682조 제1항 단서).(변호 16, 모의 14, 15, 18)

이와 관련하여 일부보험에서 피보험자의 권리와 보험자대위권의 관계가 문제된다. 예컨대 보험가액 10억 원, 보험금액 7억 원인 보험에서 전손이 발생하였는데 제3자의 자력이 8억 원인 경우 피보험자와 보험자 사이에 어떻게 8억 원을 나눌 것인지 문제된다.

(2) 학설

① '절대설'은 보험자가 전액 지급받은 뒤 잔액 범위 내에서 피보험자가 지급받는다고 본다. 위 예에서 보험자가 7억 원, 피보험자가 1억 원을 지급받게 된다.

② '차액설'은 피보험자가 보험가액과 보험금의 차액에 해당하는 부분을 보험자보다 먼저 지급받는다고 본다. 위 예에서 피보험자가 3억 원, 보험자가 5억 원을 지급받게 된다.

(3) 판례 [차액설]

① 손해보험의 보험자대위권은 피보험자의 이중이득을 방지하기 위해 정책적으로 인정되는 것이므로, '일부보험'의 경우 보험자가 대위할 수 있는 피보험자의 제3자에 대한 권리의 범위는 보험약관 등에 명시적인 규정이 있다면 이에 따라야 할 것이나, 그렇지 않다면 약관 해석 일반원칙에 따라 고객에게 유리하게 해석하여, 피보험자가 실제로 입은 손해 이상의 이득을 취하는 것이 아닌 이상, 피보험자의 권리를 해하지 않는 범위 내로 제한된다고 봄이 타당하다. 따라서 보험사고

가 피보험자와 제3자의 과실이 경합되어 발생한 경우 피보험자가 제3자에 대하여 그 과실분에 상응하여 청구할 수 있는 손해배상청구권 중 피보험자의 전체 손해액에서 보험자로부터 지급받은 보험금을 공제한 금액만큼은 여전히 피보험자의 권리로 남는 것이고, 그것을 초과하는 부분의 청구권만이 보험자가 보험자대위에 의하여 제3자에게 직접 청구할 수 있게 된다.(대판 2012.8.30. 2011다100312)(모의 17, 21)

② 피보험자는 보험자로부터 수령한 보험금으로 전보되지 않고 남은 손해에 관하여 제3자를 상대로 그의 배상책임(다만 과실상계 등에 의하여 제한된 범위 내의 책임)을 이행할 것을 청구할 수 있는바, 전체 손해액에서 보험금으로 전보되지 않고 남은 손해액이 제3자의 손해배상책임액보다 많을 경우에는 제3자에 대하여 그의 손해배상책임액 전부를 이행할 것을 청구할 수 있고, 위 남은 손해액이 제3자의 손해배상책임액보다 적을 경우에는 그 남은 손해액의 배상을 청구할 수 있다. 후자의 경우 보험자는 제3자의 손해배상책임액과 위 남은 손해액의 차액 상당액을 보험자대위에 따라 취득한다. 동일 당사자 사이에 수 개의 채권관계가 성립되어 있는 경우 채무자가 특정채무를 지정하여 변제를 한 때에는 그 특정채무에 대한 변제의 효과가 인정된다. 이때 그 변제액수가 지정한 특정채무의 액수를 초과하더라도, 초과액수 상당의 채권이 부당이득관계에 따라 다른 채권에 대한 상계의 자동채권이 될 수 있음은 별론으로 하고, 당사자 사이에 다른 채권의 변제에 충당하거나 공제의 대상으로 삼기로 하는 합의가 있는 등 특별한 사정이 없는 한 초과액수가 다른 채권의 변제에 당연 충당된다거나 공제의 대상이 된다고 볼 수 없다.(대판 2021.1.14. 2020다261776)(모의 17, 21)

5. 손해보험계약에 따른 피보험자의 보험금과 제3자의 손해배상책임의 관계

피보험자가 손해보험계약에 따라 받게 되는 보험금은 보험자에게 납입한 보험료의 대가적인 성질을 지니는 것으로서 제3자의 손해배상책임과는 별개이다. 따라서 피보험자에 대한 제3자의 손해배상책임액에서 피보험자가 수령한 보험금은 공제되지 않는다.

① 손해보험의 보험사고에 관하여 동시에 불법행위나 채무불이행에 기한 손해배상책임을 지는 제3자가 있어 피보험자가 그를 상대로 손해배상청구를 하는 경우에, 피보험자가 손해보험계약에 따라 보험자로부터 수령한 보험금은 보험계약자가 스스로 보험사고의 발생에 대비하여 그때까지 보험자에게 납입한 보험료의 대가적 성질을 지니는 것으로서 제3자의 손해배상책임과는 별개의 것이므로 이를 그의 손해배상책임액에서 공제할 것이 아니다.(모의 17) 따라서 위와 같은 피보험자는 보험자로부터 수령한 보험금으로 전보되지 않고 남은 손해에 관해 제3자를 상대로 배상책임(다만 과실상계 등에 의하여 제한된 범위 내의 책임이다. 이하 같다)을 이행할 것을 청구할 수 있는바, 전체 손해액에서 보험금으로 전보되지 않고 남은 손해액이 제3자의 손해배상책임액보다 많을 경우에는 제3자에 대하여 그의 손해배상책임액 전부를 이행할 것을 청구할 수 있고, 위 남은 손해액이 제3자의 손해배상책임액보다 적을 경우에는 그 남은 손해액의 배상을 청구할 수 있다. 후자의 경우에 제3자의 손해배상책임액과 위 남은 손해액의 차액 상당액은 보험자대위에 의하여 보험자가 제3자에게 이를 청구할 수 있다.(대판 2015.1.22. 2014다46211)

[사실관계] 甲이 화재로 인하여 7억 원의 손해를 입었고 화재에 대한 乙의 책임을 실화책임에 관한 법률에 따라 60%로 감경하여 乙의 손해배상책임액이 4억2천만 원인데 甲이 A보험회사로부터 화재로 인한 손해보험금 3억 원을 수령한 경우, 화재로 인한 甲의 손해액 7억 원에서 甲이 A보험회사로부터 수령한 3억 원을 공제한 잔액 4억 원이 乙의 손해배상책임액 4억2천만 원 이내이므로 乙은 甲에게 4억 원을 지급하여야 한다고 본 사안. 원심은 乙의 손해배상책임액 4억2천만 원에서 甲이 A보험회사로부터 지급받은 보험금 3억 원을 공제한 잔액 1억2천만 원을 乙의 손해배상액으로 판단하였다.

② 손해보험의 보험사고에 관하여 동시에 손해배상책임을 지는 제3자가 있어 피보험자가 그를 상대로 손해배상청구를 하는 경우, 피보험자는 보험자로부터 수령한 보험금으로 전보되지 않고 남은 손해에 관하여 제3자를 상대로 손해배상을 청구할 수 있다. 이 경우 전체 손해액에서 보험금으로 전보되지 않고 남은 손해액이 제3자의 손해배상책임액보다 많을 경우에는 제3자에게 손해배상책임액 전부를 청구할 수 있고, 남은 손해액이 제3자의 손해배상책임액보다 적을 경우에는 남은 손해액을 청구할 수 있다. 피보험자의 전체 손해액에서 보험금으로 전보되지 않고 남은 손해액이 제3자의 손해배상책임액보다 적을 경우에는 보험자가 제3자의 손해배상책임액과 위 남은 손해액의 차액 상당액을 보험자대위에 의하여 제3자에게 청구할 수 있다. 이는 일부보험의 경우에도 마찬가지이다. 하나의 사고로 보험목적물과 보험목적물이 아닌 재산에 손해가 발생한 경우, 보험목적물이 아닌 재산상 손해에는 보험자대위가 적용될 수 없으므로, 보험목적물 부분으로 한정하여 보험자가 보험자대위에 의하여 제3자에게 청구할 수 있는 권리의 범위를 결정하여야 한다.(대판 2019.11.15. 2019다240629)(모의 17)

③ 제3자의 행위로 발생한 사고로 인하여 피보험자에게 보험목적물과 보험목적물이 아닌 재산에 모두 손해가 발생하여, 피보험자가 보험목적물에 관하여 보험금을 수령한 경우, 피보험자가 제3자에게 해당 사고로 인한 손해배상을 청구할 때에는 보험목적물에 대한 손해와 보험목적물이 아닌 재산에 대한 손해를 나누어 그 손해액을 판단하여야 하고, 보험목적물이 아닌 재산에 대한 손해액을 산정할 때 보험목적물에 관하여 수령한 보험금액을 고려하여서는 아니 된다.(대판 2020.10.15. 2018다213811)

6. 상해보험의 적용 여부

상해보험의 경우 보험금을 지급한 보험자가 피보험자의 제3자에 대한 권리를 대위할 수 있는지에 대해 判例는 "보험자와 보험계약자 또는 피보험자 사이에 그러한 약정이 없는 한 보험자가 피보험자의 제3자에 대한 권리를 대위하여 행사할 수 없다"고 본다(대판 2002.3.29. 2000다18752,18769).

제3관 각종 손해보험

Ⅰ. 화재보험

화재보험계약의 보험자는 화재로 인하여 생긴 손해를 보상할 책임이 있다(제683조).

화재로 인하여 손해가 발생한 이상 보험자는 원인 여하에 불구하고 보상책임을 진다. 화재보험은 전형적인 손해보험에 해당한다.

집합된 물건을 일괄하여 보험의 목적으로 한 때에는 피보험자의 가족과 사용인의 물건도 보험의 목적에 포함된 것으로 한다(제686조). 집합된 물건을 일괄하여 보험의 목적으로 한 때에는 그 목적에 속한 물건이 보험기간 중에 수시로 교체된 경우에도 보험사고의 발생 시에 현존한 물건은 보험의 목적에 포함된 것으로 한다(제687조).

Ⅱ. 운송보험

1. 의의

제688조 이하에서 말하는 운송보험이란 육상운송에서 운송물에 대한 사고로 생긴 손해를 보상하는 보험을 말한다.

2. 보험가액

운송물의 보험에 있어서는 발송한 때와 곳의 가액과 도착지까지의 운임 기타의 비용을 보험가액으로 한다(제689조 제1항). 운송물의 도착으로 인하여 얻을 이익은 약정이 있는 때에 한하여 보험가액 중에 산입한다(제689조 제2항). 운송물의 도착으로 인하여 얻을 이익을 희망이익이라고 한다.
보험가액불변주의에 따라 운송보험의 보험가액은 출발지 가격을 기준으로 하며, 희망이익을 보상받기 위해서는 당사자 사이에 특약이 있어야 한다.

3. 운송의 중지, 변경

운송의 필요에 의하여 일시운송을 중지하거나 운송의 노순 또는 방법을 변경한 경우에도 그 효력을 잃지 아니한다(제691조).

4. 보험자의 면책

보험사고가 송하인 또는 수하인의 고의 또는 중대한 과실로 인하여 발생한 때에는 보험자는 이로 인하여 생긴 손해를 보상할 책임이 없다(제692조). 송하인과 수하인이 실질적으로 피보험이익을 누린다고 보아 송하인과 수하인의 고의, 중과실이 보험자의 면책사유가 된다.

Ⅲ. 해상보험

1. 의의

해상보험계약의 보험자는 해상사업에 관한 사고로 인한 손해를 보상할 책임이 있다(제693조).

해상보험의 종류는 보험의 목적에 따라 ① 선박을 보험목적으로 하는 선박보험(제696조), ② 운송물을 보험목적으로 하는 적하보험(제697조), ③ 운송인의 운임을 보험목적으로 하는 운임보험(제706조 제1호), ④ 운송물이 목적지에 도착한 이후 기대되는 이익을 보험목적으로 하는 희망이익보험(제698조),(모의 19) ⑤ 선박의 운항에 관한 비용을 보험목적으로 하는 선비보험으로 나눌 수 있다. 해상보험은 전형적인 기업보험으로 사적자치의 원칙이 적용되고, 불이익변경금지원칙이 적용되지 않는다(제663조 단서).

2. 보험자의 손해보상책임

(1) 전손 및 보험위부

1) 전손의 의의

전손이란 피보험이익 전부에 손해가 발생한 경우를 말한다. 전손은 실제로 전손이 입증된 현실전손과 실제 전손이 입증되지는 않았으나 현실전손으로 추정하는 추정전손으로 나뉜다. 선박의 존부가 2월간 분명하지 아니한 때에는 그 선박의 전손으로 추정한다(제711조).(모의 23) 이 경우 현실전손으로 추정되므로 보험위부의 경우와 달리 별도의 절차 없이 바로 보험금을 청구할 수 있다.

2) 보험위부

보험위부란 현실전손이 입증되지 않은 추정전손의 상태에서 피보험자가 보험목적물에 대한 권리를 무조건 보험자에게 위부하고 보험자에게 보험금액 전부를 청구하는 것을 말한다(제710조).(모의 23)

3) 보험위부의 원인

보험위부의 원인은 ① 선박 또는 적하의 점유상실, ② 선박의 훼손으로 인한 수선비용의 수선 후 가액 초과,(모의 20, 23) ③ 적하의 훼손으로 인한 수선비용과 운송비용 합계액의 도착시 적하 가액 초과이다(제710조).

4) 위부권의 행사와 보험자의 승인

피보험자의 위부권은 형성권으로 일방적 의사표시로 효력이 발생한다. 보험자의 승인 여부는 위부의 효력 자체에 영향이 없다. 보험자의 이의는 피보험자로 하여금 위부의 원인을 증명하도록 하는 효과만을 가진다. 보험자가 위부를 승인한 경우 피보험자는 위부의 원인을 증명할 필요가 없으나, 보험자가 위부를 승인하지 않은 경우 피보험자는 위부의 원인을 증명하지 못하면 보험금을 청구할 수 없다(제717조). 보험자가 위부를 승인한 후에는 그 위부에 대하여 이의를 하지 못한다(제716조).(모의 23)

5) 보험위부의 효과

보험자는 위부로 인하여 그 보험의 목적에 관한 피보험자의 모든 권리를 취득한다(제718조 제1항). 보험위부에 의하여 피보험자가 가지는 보험목적물의 소유권 등 권리가 보험자에게 이전된다.

피보험자가 제3자에 대하여 가지는 손해배상청구권도 보험자에게 이전하는지 문제된다.

학설은 ① 제718조가 모든 권리를 취득한다고 규정되었다는 이유로 제3자에 대한 손해배상청구권도 이전한다고 보는 긍정설과 ② 보험자는 보험금을 지급한 때에 보험자대위에 의하여 피보험자의 제3자에 대한 손해배상청구권을 취득하므로 보험위부에 의한 이전을 부정하는 부정설이 존재한다.

(2) 분손

1) 선박 일부손해의 보상

선박의 일부가 훼손되어 ① 훼손된 부분을 전부 수리한 경우 1회의 사고당 보험금액을 한도로 수선비용을 보상하고(제707조의2 제1항), ② 훼손된 부분의 일부를 수선한 경우에는 수선비용과 수선을 하지 아니함으로써 생긴 감가액을 보상하고(제707조의2 제2항), ③ 수선하지 아니한 경우에는 감가액을 보상한다(제707조의2 제3항).

2) 적하의 일부손해의 보상

보험의 목적인 적하가 훼손되어 양륙항에 도착한 때에는 보험자는 그 훼손된 상태의 가액과 훼손되지 아니한 상태의 가액과의 비율에 따라 보험가액의 일부에 대한 손해를 보상할 책임이 있다(제708조).

3) 적하매각으로 인한 손해의 보상

항해도중에 불가항력으로 보험의 목적인 적하를 매각한 때에는 보험자는 그 대금에서 운임 기타 필요한 비용을 공제한 금액과 보험가액과의 차액을 보상하여야 한다(제709조 제1항). 매수인이 대금을 지급하지 아니한 때에는 보험자는 그 금액을 지급하여야 하고, 보험자가 그 금액을 지급한 때에는 피보험자의 매수인에 대한 권리를 취득한다(제709조 제2항).

(3) 손해보상의 범위

보험자는 ① 피보험자가 지급할 공동해손의 분담액(제694조), ② 피보험자가 보험사고로 인한 손해를 방지하기 위하여 지급할 구조료(제694조의2), ③ 보험의 목적의 안전이나 보존을 위하여 지급할 특별비용(보험금액의 한도 내)을 추가로 보상하여야 한다(제694조의3).

(4) 면책사유

1) 일반적 면책사유

해상보험의 경우에도 ① 보험계약자 또는 피보험자의 고의 또는 중과실에 의한 보험사고(제659조), ② 전쟁 기타 변란으로 인한 보험사고, ③ 보험의 목적의 성질, 하자 또는 자연소모로 인한 손해(제678조)에 대한 보험자 면책이 적용된다.

2) 감항능력주의의무 위반

선박 또는 운임을 보험에 붙인 경우, 발항 당시 안전하게 항해를 하기에 필요한 준비를 하지 아니하거나 필요한 서류를 비치하지 아니함으로 인하여 생긴 손해에 대하여 보험자는 면책된다(제706조 제1호). 감항능력주의의무 위반으로 인한 면책이 인정되기 위해서는 감항능력의 결여와 손해의 발생 사이에 인과관계가 있어야 한다.

한편 감항능력에 관한 사항을 보험약관상 면책사유로 규정하지 않고 보험자의 위험인수 조건으로 규정한 경우에는 보험자가 감항능력 부존재 사실만 증명하면 인과관계를 증명하지 않더라도 보험금 지급책임을 부담하지 않게 된다.(대판 1995.9.29. 93다53078)

상법 제706조 제1호는 선박 또는 운임을 보험에 붙인 경우 보험자의 면책에 관한 규정으로서 적하를 보험에 붙인 경우에는 적용되지 않는다.(대판 1986.11.25. 85다카2578)

Ⅳ. 자동차보험

1. 의의

자동차보험계약의 보험자는 피보험자가 자동차를 소유, 사용 또는 관리하는 동안에 발생한 사고로 인하여 생긴 손해를 보상할 책임이 있다(제726조의2). 자동차보험은 ① 자기신체사고 손해보험, ② 차량보험, ③ 대인배상 책임보험, ④ 대물배상 책임보험으로 구성된 종합보험이다.

2. 자동차의 양도 및 보험계약의 승계

피보험자가 보험기간 중에 자동차를 양도한 때에는 양수인은 보험자의 승낙을 얻은 경우에 한하여 보험계약으로 인하여 생긴 권리와 의무를 승계한다(제726조의4 제1항). 보험자가 양수인으로부터 양수사실을 통지받은 때에는 지체없이 낙부를 통지하여야 하고 통지받은 날부터 10일내에 낙부의 통지가 없을 때에는 승낙한 것으로 본다(제726조의4 제2항).

Ⅴ. 보증보험

1. 의의

보증보험은 채무자인 보험계약자가 채권자인 피보험자에게 계약상의 채무불이행 또는 법령상의 의무불이행으로 손해를 입힌 경우 보험자가 그 손해를 보상하는 보험을 말한다(제726조의5). 보증보험계약에 관하여는 그 성질에 반하지 아니하는 범위에서 보증 채무에 관한 민법의 규정을 준용한다(제726조의7). 보증보험은 피보험자가 채권자라는 점에서 전형적인 타인을 위한 보험에 해당한다. 보증보험은 책임보험이 아니므로 보험자는 채권자에게 보험금을 지급하는 것이지 채권자의 손해를 보상해 주는 것이 아니다. 즉 책임보험의 피보험자는 손해배상의무를 부담하는 자이나 보증보험의 피보험자는 손해배상채권자이다. 그 소멸시효기간은 보험금청구권의 소멸시효 3년이 적용된다.

2. 보증보험 약관에 따른 보험금액 범위 내에서의 보상

보증보험계약이 실질적으로는 보증의 성격을 가지고 보증계약과 같은 효과를 목적으로 하는 것이어서 보험자는 보험계약자가 주계약에 따른 채무를 이행하지 아니하여 피보험자가 입게 되는 손해를 보상하는 것이라 할지라도 그 **보상은 보험약관이 정하는 바에 따라 보험금액의 범위 내에서 하는 것이므로**, 보증보험계약의 보증성에서 곧바로 **공탁보증보험의 피보험자가 보험약관이 정한 채무명의 없이도 보험자에 대하여 직접청구권을 취득한다고 볼 수는 없다.**(대판 1999.4.9. 98다19011)

3. 면책사유

보증보험계약에서는 보험계약자의 사기, 고의 또는 중대한 과실이 있는 경우에도 이에 대하여 피보험자에게 책임이 있는 사유가 없으면 ① 고지의무위반으로 인한 계약해지(제651조), ② 위험변경증가통지와 계약해지(제652조), ③ 보험계약자 등의 고의나 중과실로 인한 위험증가와 계약해지(제653조) 및 ④ 보험계약자 등의 고의 · 중과실로 인한 사고에 대한 보험자 면책(제659조 제1항)을 적용하지 아니한다(제726조의6 제2항).

4. 구상권

(1) 민법상 보증인의 구상권 인정 여부

보증보험계약에 관하여는 그 성질에 반하지 아니하는 범위에서 보증 채무에 관한 민법의 규정을 준용하므로 보험금을 지급한 보험자에게 민법상 보증인의 구상권이 인정되는지 문제된다. 이에 대하여 통설과 判例는 보증인의 구상권을 인정하고 있다.

보험계약자인 **채무자의 채무불이행으로 인하여 채권자가 입게 되는 손해의 전보를 보험자가 인수하는 것을 내용으로 하는 보증보험계약은 손해보험으로,** 형식적으로는 채무자의 채무불이행을 보험사고로 하는 보험계약이나 **실질적으로는 보증의 성격을 가지고 보증계약과 같은 효과를** 목적으로 하므로, 민법의 보증에 관한 규정, 특히 민법 제441조 이하에서 정한 **보증인의 구상권에 관한 규정이 보증보험계약에도 적용된다.**(대판 1997.10.10. 95다46265)

(2) 다른 보증인에 대한 구상권 인정 여부

보험자 외에 다른 보증인이 있는 경우 민법 제448조의 공동보증인의 구상권을 행사할 수 있는지 문제된다. 判例는 보증보험계약상 보험자와 보증계약상의 보증인이 동일한 지위에 있는 공동보증인의 관계에 있으므로 다른 보증인에 대한 구상권을 행사할 수 있다고 본다.

건설공제조합이 조합원으로부터 보증수수료를 받고 **조합원이 다른 조합원 또는 제3자와의 도급계약에 따라 부담하는 하자보수의무를 보증하기로 하는 내용의 보증계약**은 실질상 보증의 성격을 가지므로, 민법의 보증에 관한 규정, 특히 **보증인의 구상권에 관한 민법 제441조 이하의 규정이 준용된다.** 따라서 건설공제조합과 주계약상 보증인은 채권자에 대한 관계에서 채무자의 채무이행에 관하여 공동보증인의 관계에 있으므로, 그들 중 **어느 일방이 변제 기타 자기의 출재로 채무를 소멸**하게 하였다면 민법 제448조에 의하여 **상대방에 대하여 구상권을 행사할** 수 있다.(대판 2008.6.19. 2005다37154)

(3) 변제자대위권

일반적으로 보험자가 피보험자에게 보험금을 지급하더라도 이는 타인의 채무를 변제한 것이 아니라 자신의 보험계약상 의무를 이행한 것이므로 민법 제481조의 변제자대위권을 행사할 수 없다. 그러나 보증보험은 보증의 성격을 가지고 있는 관계로 보증인과 같이 채권자대위를 통해 다른 보증인이나 물상보증인에 대한 담보권을 행사할 수 있는지 문제된다. 判例는 변제자대위권을 인정하고 있다.

리스이용자의 계약상 채무불이행으로 인한 손해의 보상을 목적으로 한 리스보증보험은 보험금액의 한도 내에서 리스이용자의 채무불이행으로 인한 손해를 담보하는 것으로서 보증에 갈음하는 기능을 가지고 있어 보험자의 보상책임은 본질적으로 보증책임과 같으므로, 그 보증성에 터잡아 **보험금을 지급한 리스보증보험의 보험자는 변제자대위의 법리에 따라 피보험자인 리스회사가 리스이용자에 대하여 가지는 채권 및 그 담보에 관한 권리를 대위하여 행사할** 수 있다.(대판 1997.11.14. 95다11009)

제4관 책임보험

Ⅰ. 의의

1. 책임보험의 의미와 기능

책임보험이란 피보험자가 보험기간 중의 사고로 인하여 제3자에게 배상할 책임을 진 경우 보험자가 이를 보상하는 손해보험을 말한다(제719조). 책임보험은 사고로 인한 피보험자의 배상책임에 따른 부담을 완화하는 기능과 사고 손해로부터 피해자를 구제하는 기능을 가진다.

2. 피보험이익

통설은 피보험자가 제3자에게 책임을 지는 사고가 발생하지 않음으로 인하여 피보험자가 가지는 경제적 이익 또는 이해관계를 책임보험의 피보험이익으로 본다. 그런데 얼마의 손해가 발생할지 미리 확정할 수 없기 때문에 일반적으로 책임보험 한도액을 정하여 보험금액을 제한한다.

책임보험에서는 보험가액을 정할 수 없는 관계로 보험가액의 개념이 존재하지 않고 초과보험, 일부보험의 문제가 발생하지 않는다. 다만 중복보험과 관련해서는 피보험자가 동일한 사고로 제3자에게 배상책임을 짐으로써 입은 손해를 보상하는 수개의 책임보험계약이 동시 또는 순차로 체결된 경우에 그 보험금액의 총액이 피보험자의 제3자에 대한 손해배상액을 초과하는 때에는 각자의 보험금액의 비율에 따른 보상책임을 연대하여진다(제725조의2).(변호 18)

두 개의 책임보험계약이 **피보험이익과 보험사고 내용 및 범위가 상당 부분 중복되고, 발생사고가 중복되는 피보험이익에 관련된 보험사고**에 해당되면, 이러한 두 개의 책임보험계약에 가입한 것은 **피보험자, 피보험이익과 보험사고 및 보험기간이 중복되는 범위 내에서 중복보험**에 해당하고, 각 보험자는 상법 제672조 제1항에 따라 **각자 보험금액의 비율에 따른 보상책임을 연대하여** 진다.(대판 2014.1.29. 2013다65901)

하나의 사고에 관하여 여러 개의 무보험자동차특약보험계약이 체결되고 보험금액의 총액이 피보험자가 입은 손해액을 초과하는 때에는 손해보험에 관한 상법 제672조 제1항이 준용되어 **보험자는 각자의 보험금액의 한도에서 연대책임**을 지고, 각 보험자 사이에서는 **각자의 보험금액의 비율에 따른 보상책임**을 진다. 위와 같은 연대책임의 경우 각 보험자 사이에 주관적 공동관계가 있다고 보기 어려우므로, 각 **보험자는 부진정연대관계**에 있다.(대판 2016.12.29. 2016다217178)(모의 13)

3. 보험사고

① 의의

책임보험은 제3자에게 발생한 손해를 보상하는 것이 아니라, 그 손해발생으로 인하여 피보험자가 지게 되는 배상책임을 보상하는 것이다. 따라서 제3자에게 손해가 발생했더라도 피보험자가 배상책임을 부담하지 않는 경우에는 보험자가 보험금을 지급할 의무가 없다.

책임보험의 보험사고와 관련하여 사고는 보험기간 중에 발생하였으나 피보험자의 제3자에 대한 배상책임이 보험기간이 지나서 확정되는 경우 보험사고가 발생한 것으로 볼 수 있는지가 문제된다.

② 학설

㉠ '**손해배상청구설**'은 피보험자가 제3자로부터 현실적으로 손해배상 청구를 받은 것을 보험사고로 본다.

㉡ '**책임부담설**'은 피보험자에게 법률상 책임이 발생하여 배상책임을 지게 되는 것을 보험사고로 본다.

㉢ '사고발생설'(다수설)은 제3자가 손해를 입는 사고가 발생한 것을 보험사고로 본다.

사고발생설에 의하면 보험기간 중에 사고가 발생하면 되고 보험기간이 지난 뒤에 피보험자의 배상책임이 확정되더라도 보험자는 보험금을 지급하여야 한다.

Ⅱ. 책임보험계약의 효과

1. 보험자의 보상의무

(1) 보상의무의 요건

책임보험계약의 보험자는 피보험자가 보험기간 중의 사고로 인하여 제3자에게 배상할 책임을 진 경우에 이를 보상할 책임이 있다(제719조).

보험자의 보상의무는 ① 보험기간 중 보험사고 발생, ② 제3자에 대한 피보험자의 손해배상책임을 요건으로 한다. 피보험자의 무과실 등 피보험자의 책임이 아닌 사유로 인한 사고 내지 제3자의 손해에 대해서는 보험자가 보상의무를 부담하지 않는다.

(2) 보상의무의 범위

보험자의 보상의무는 약정된 보험금액의 범위 내에서 피보험자가 제3자에게 지급한 손해배상액을 한도로 한다. 손해배상 원금은 물론 지연손해금도 보상의 범위에 포함된다. 제3자에 대한 손해배상액은 확정되어야 한다. 다만 손해배상액의 확정은 판결이 아니더라도 변제, 승인, 화해의 경우에도 배상액이 확정된 것으로 본다(제723조 제1항).

책임보험계약의 피보험자의 과실로 발생한 화재에 의해 다수 피해자가 손해를 입었으나 책임보험 한도액이 다수 피해자의 손해 합계액에 미치지 못하는 경우, 피해자들은 책임보험자에 대하여 직접청구권을 행사하여 책임보험 한도액의 범위 내에서 각자 전보받지 못하고 남은 손해의 배상을 청구할 수 있다. 피해자와 체결한 화재보험계약에 따라 보험금으로 피해자의 손해를 전부 보상한 화재보험자가 책임보험자에게 보험자대위로 직접청구를 하는 경우, 화재보험자는 직접청구권을 행사하는 다른 피해자들보다 우선하여 책임보험금을 지급받을 수 없고 특별한 사정이 없는 한 피해자들에 대한 책임보험금 지급이 이루어진 다음 책임보험 한도액에 남은 금액이 있다면 이에 대해서 지급받을 수 있을 뿐이다.(대판 2023.4.27. 2017다239014)

2. 방어비용

(1) 의의

피보험자가 제3자의 청구를 방어하기 위하여 지출한 재판상 또는 재판 외의 필요비용 즉 방어비용은 보험의 목적에 포함된 것으로 한다(제720조 제1항).(변호 15) 피보험자는 보험자에 대하여 그 비용의 선급을 청구할 수 있다(제720조 제1항 후문).

방어비용은 손해방지비용과 구별된다. 손해방지비용은 보험사고로 인한 손해의 발생을 방지하거나 손해의 확대를 방지함은 물론 손해를 경감할 목적으로 행하는 행위에 필요하거나 유익하였던 비용으로서 피보험자의 부수의무를 이행하는 과정에서 생기는 것이고, 방어비용은 보험자가 지출할 비용을 피보험자가 대신 부담한 것이다.

보험자의 지시에 의하여 방어비용이 지출된 경우에는 그 금액에 손해액을 가산한 금액이 보험금액을 초과하는 때에도 보험자가 이를 부담하여야 한다(제720조 제3항).(모의 14) 보험자의 지시에 의하지 않은 경우에는 손해액과 방어비용의 합계액 중 보험금액을 초과하는 부분은 보험자가 부담하지 않는다.

(2) 판례

① 방어비용은 피해자가 보험사고로 인적, 물적 손해를 입고 피보험자를 상대로 손해배상 청구를 한 경우에 그 방어를 위하여 지출한 재판상 또는 재판 외의 필요비용을 말하는 것이므로, 피해자로부터 아직 손해배상 청구가 없는 경우 방어비용이 인정될 여지가 없지만, 피해자가 반드시 재판상 청구한 경우에 한하여 방어비용이 인정된다고 볼 것은 아니다. 그러나 피해자가 피보험자에게 재판상 청구는 물론 재판 외의 청구조차 하지 않은 이상, 제3자를 상대로 제소하였다 하여 그 소송의 변호사 비용이 상법 제720조 소정의 방어비용에 포함된다고 볼 수 없다.(대판 1995.12.8. 94다27076)

[사실관계] 원고 회사는 1987. 10. 16. 소유 버스에 관하여 피고 회사와 대인 및 대물배상 자동차 종합보험계약을 체결하였는데, 그 보험기간 중 원고 회사의 피용자인 甲이 버스를 운전하다가 사고를 내어 승객인 외국인 乙이 부상을 입었다. 이에 乙이 원고 회사와 호텔 경영에 관한 기술원조계약을 체결하고 있는 A회사를 상대로 교통사고로 인한 손해배상 청구 소송을 제기하자 A회사는 위 소송에서 패소할 가능성이 높다고 보아 1991. 12. 23. 위 피해자 乙과 배상금을 합의하는 화해를 하여 소송을 종결시켰고, 그 화해금은 A회사가 가입한 B보험회사가 지급하였다. 이에 원고 회사가 A회사가 피고가 된 위 소송 과정에서 변호사 비용을 지출하였다고 주장하면서 피고 회사에 대하여 그 보상을 구하는 소송을 제기한 사안.

[판시사항] 대법원은 원고 회사가 지출한 변호사 비용은 이 사건 보험사고로 인한 손해배상 의무를 확정하는 데 아무런 의미가 없는 소송에 원고가 자의로 개입하여 지출한 비용이므로 원고 회사의 손해방지와 경감을 위하여 필요한 손해방지 비용이라고 볼 수 없다고 판시하였다.

② 보험자에게 보상책임이 없는 사고에 대하여 피보험자가 지출한 방어비용은 보험자와는 무관한 자기 자신의 방어를 위한 것에 불과하여 피보험자가 보험자에 대하여 보상을 청구할 수는 없으나, 사고발생시 피보험자 및 보험자의 법률상 책임 여부가 판명되지 아니한 상태에서 피해자라고 주장하는 자의 청구를 방어하기 위하여 피보험자가 재판상 또는 재판 외의 필요비용을 지출하였다면 이로 인한 방어비용은 보험자가 부담하여야 하고, 이러한 방어비용은 현실적으로 지출한 경우뿐만 아니라 지출할 것이 명백히 예상되는 경우에도 상법 제720조 제1항 후단에 의하여 보험자에게 비용의 선급을 청구할 수 있다. 보험약관상 피보험자가 지급한 소송비용, 변호사비용, 중재, 화해 또는 조정에 관한 비용 중에서 피보험자가 미리 보험자의 동의를 받아 지급한 경우에만 보험금을 지급하도록 한 규정은 보험자의 사전 동의가 없으면 어떤 경우에나 피보험자의 방어비용을 전면적으로 부정하는 것으로 해석하는 한에서는 상법 제663조에 반하여 무효이다.(대판 2002.6.28. 2002다22106)

③ 보험계약에 적용되는 보통약관에 손해방지비용과 관련한 별도의 규정을 두고 있다고 하더라도, 그 규정이 당연히 방어비용에 대하여도 적용된다고 할 수는 없다.(대판 2006.6.30. 2005다21531)

3. 피보험자의 의무

(1) 통지의무

1) 제3자 배상청구의 통지

피보험자가 제3자로부터 배상청구를 받았을 때에는 보험자에게 그 통지를 발송하여야 한다(제722조 제1항). 피보험자가 위 통지를 게을리하여 손해가 증가된 경우 보험자는 그 증가된 손해를 보상할 책임이 없다(제722조 제2항 본문). 다만, 피보험자가 보험사고 발생통지를 발송한 경우에는 그러하지 아니하다(제722조 제2항 단서).

2) 채무확정의 통지

피보험자가 제3자에 대하여 변제, 승인, 화해 또는 재판으로 인하여 채무가 확정된 때에는 보험자에게 그 통지를 발송하여야 한다(제723조 제1항). 보험자는 특별한 기간의 약정이 없으면 전항의 통지를 받은 날로부터 10일내에 보험금액을 지급하여야 한다(제723조 제2항).

(2) 협의의무

피보험자가 보험자의 동의 없이 제3자에 대하여 변제, 승인 또는 화해를 한 경우에는 보험자가 그 책임을 면하게 되는 합의가 있는 때에도 그 행위가 현저하게 부당한 것이 아니면 보험자는 보상할 책임을 진다(제723조 제3항).(변호 18)

피보험자가 보험자의 동의 없이 확정판결에 의하지 않고 피해자와 서면합의로 손해배상액을 결정한 경우 보험자는 전부 면책되는 것이 아니라 보험약관에 따라 **산출된 금액의 한도 내에서 보험금을** 지급할 의무가 있다.(대판 1994.4.12. 93다11807)

Ⅲ. 제3자의 직접청구권

1. 의의

보험자는 피보험자가 책임을 질 사고로 인하여 생긴 손해에 대하여 제3자가 그 배상을 받기 전에는 보험금액의 전부 또는 일부를 피보험자에게 지급하지 못한다(제724조 제1항).(모의 14) 제3자는 피보험자가 책임을 질 사고로 입은 손해에 대하여 보험금액의 한도 내에서 보험자에게 직접 보상을 청구할 수 있다(제724조 제2항). 보험자가 직접청구를 받은 때에는 지체없이 피보험자에게 이를 통지하여야 한다.(모의 14, 17)

2. 법적 성질

① 학설

㉠ 손해배상청구권설은 피해자가 피보험자에게 행사할 수 있었던 손해배상청구권을 보험자에게 행사하는 것으로 본다. 피해자 보호를 위한 견해로 다수설의 입장이다. 소멸시효기간은 손해배상청구권의 소멸시효가 적용되어 민법 제766조에 따라 3년 또는 10년의 기간이 적용된다고 본다.

㉡ 보험금청구권설은 피해자가 피보험자의 보험금청구권을 대위행사 하는 것으로 본다. 보험자의 관점을 중시하는 견해이다. 소멸시효기간은 제662조에 따라 3년의 기간이 적용된다고 본다.

② 판례

㉠ 피해자의 **직접청구권의 법적 성질은** 보험자가 피보험자의 피해자에 대한 손해배상채무를 병존적으로 인수한 것으로서 **피해자가 보험자에 대하여 가지는 손해배상청구권이고**, 피보험자의 보험자에 대한 보험금청구권의 변형 내지는 이에 준하는 권리가 아니다. 그러나 피해자의 직접청구권에 따라 보험자가 부담하는 손해배상채무는 보험계약을 전제로 하는 것으로서 보험계약에 따른 보험자의 책임 한도액의 범위 내에서 인정되어야 한다.(대판 2017.5.18. 2012다86895,86901)(변호 18, 모의 13)

㉡ 상법 제724조 제2항에 의하여 **피해자가 보험자에게 갖는 직접청구권은 보험자가 피보험자의 피해자에 대한 손해배상채무를 병존적으로 인수한** 것으로서 **피해자가 보험자에 대하여 가지는 손해배상청구권이므로** 민법 제766조 제1항에 따라 **피해자 또는 그 법정대리인이 그 손해 및 가해자를 안 날로부터 3년간 이를 행사하지 아니하면 시효로 인하여 소멸한다.**(대판 2005.10.7. 2003다6774)(변호 14)

㉢ **피해자 직접청구권에 대한 지연손해금은 연 5%의 민사법정이율이 적용된다.**(대판 2019.5.30. 2016다205243)

3. 직접청구의 범위

① 보험자가 제3자에게 직접 보상하여야 하는 범위는 피보험자가 제3자에게 부담하는 법률상의 손해배상책임액을 한도로 한다.(대판 1988.6.14. 87다카2276)(모의 14, 21)

② 피해자의 직접청구권에 따라 보험자가 부담하는 손해배상채무는 보험계약을 전제로 하는 것으로서 보험계약에 따른 보험자의 책임 한도액의 범위 내에서 인정되어야 한다.(대판 2019.1.17. 2018다245702)

③ 책임보험 보험자의 보상한도는 책임보험금 원본의 한도일 뿐 지연손해금은 보상한도액과 무관하다.(대판 2011.9.8. 2009다73295)

④ 피해자의 직접청구권에 따라 보험자가 부담하는 손해배상채무는 보험계약을 전제로 하는 것으로서 보험계약에 따른 보험자의 책임 한도액의 범위 내에서 인정되어야 한다는 취지일 뿐이고, 대물배상 지급기준 관련 약관 조항은 보험자의 책임 한도액을 정한 것이 아니라 보험금 지급기준에 불과하여 법원이 보험자가 피해자에게 보상하여야 할 손해액을 산정하면서 자동차종합보험약관의 지급기준에 구속될 것을 의미하는 것은 아니므로, 피고는 원고에게 상법 제724조 제2항에 따라 교환가치 감소의 손해를 배상할 의무가 있다.(대판 2019.4.11. 2018다300708)

4. 직접청구권과 손해배상청구권

보험자에 대한 제3자의 직접청구권과 피보험자에 대한 제3자의 손해배상청구권은 서로 독립된 별개의 청구권이다. 제3자는 각 청구권을 임의로 선택하여 행사할 수 있다. 제3자가 어느 하나의 청구권을 행사하면 그 행사범위 내에서 다른 청구권은 소멸한다. 제3자가 직접청구권을 행사하여 보험자로부터 지급을 받으면 피보험자는 보험자의 지급으로 제3자에게 항변할 수 있다.

① 보험자가 제3자에 대하여 반대채권으로 상계한 경우 상계로 인한 손해배상청구권의 소멸은 피보험자에게도 미친다.(대판 1999.11.26. 99다34499)

② 피해자의 직접청구권에 따라 보험자가 부담하는 손해배상 채무는 보험계약을 전제로 하는 것으로서 보험계약에 따른 보험자의 책임 한도액의 범위 내에서 인정되어야 하므로, 자기부담금을 보험자가 지급할 보험금에서 공제하기로 보험약관에서 정하였다면 보험자는 손해배상금에서 자기부담금을 공제한 금액에 대하여 피해자에게 직접 지급의무를 부담한다.(대판 2014.9.4. 2013다71951)

③ 피해자의 직접청구권의 법적 성질은 보험자가 피보험자의 피해자에 대한 손해배상채무를 병존적으로 인수한 것으로서 피해자가 보험자에 대하여 가지는 손해배상청구권인 점에 비추어, 보험자가 피보험자에게 보험금을 지불하지 아니하고 직접 피해자에게 그 손해를 보상하였다면 이는 보험자가 병존적으로 인수하여 부담하는 피해자에 대한 자신의 손해배상채무를 변제할 의사로 한 것으로 보아야 하고, 타인의 채무인 피보험자의 피해자에 대한 손해배상채무를 변제할 의사로 한 것이라고 볼 것은 아니다. 보험자가 피해자에게 지급한 금원은 보험자가 보험계약에 기초하여 병존적으로 인수한 피해자에 대한 자신의 손해배상채무의 변제를 위하여 출연한 것인데, 그 출연의 목적 내지 원인이라고 할 보험계약이 이 사건 사고에 효력이 미치지 아니하는 이상 보험자가 피보험자에 대하여 보험금 지급채무를 부담하는지 여부와 관계없이 그 출연의 목적 내지 원인을 결여하였다고 할 것이므로, 피해자는 법률상의 원인 없이 그 금액 상당의 이득을 얻고 이로 인하여 보험자에게 동액 상당의 손해를 가하였다고 보아야 할 것이다.(대판 2000.12.8. 99다37856)

[사실관계] 甲이 소유 자동차에 관하여 A보험회사와 26세 이상 한정운전특약의 자동차종합보험계약을 체결하였는데, 보험계약기간 중인 1997. 2. 26. 23세인 乙이 자동차를 운전하다가 중앙선을 침범하는 사고를 내어 丙에게 상해를 입히자 보험금을 지급받기 위해 A보험회사의 보험모집인인 丁과 공모하여 교통사고 이전인 1997. 2. 25.에 21세 이상 한정운전특약으로 보험계약의 내용을 변경한 것처럼 가장하기로 하고 같은 날 19:30경 그에 따른 차액보험료 금 15,000원을 지급한 것처럼 허위영수증을 만든 후 다음날 15:38경 A보험회사에게 보험료 금 12,520원을 입금하고 배서승인신청청구서를 작성하였는데 배서승인청구서에는 배서기준일이 1997. 2. 26.로 배서승인일이 1997. 3. 4.로 기재되어 있었다. 이러한 사정을 모르는 A보험회사는 배서기준일 24:00부터 보험계약 내용 변경에 따른 A보험회사의 책임이 개시된다는 점을 이유로 甲을 상대로 보험금채무부존재 확인청구소송을 제기하였으나 패소판결을 선고받아 확정되자, 丙을 위하여 치료비를 지불하고, 甲을 대리하여 丙과 손해배상합의를 한 다음 합의금을 丙에게 지급하였다. 이후 보험계약의 위조사실을 알게 된 A보험회사가 丙을 상대로 자신이 지급한 보험금의 반환을 부당이득으로 청구한 사안.

[판시사항] 원심은 A보험회사가 甲을 상대로 제기한 채무부존재 확인소송에서 원고 패소판결이 선고되고 확정됨으로써 A보험회사가 甲에게 보험금 지급채무를 부담하게 되었다는 것과 A보험회사의 丙에 대한 금원 지급이 甲의 丙에 대한 손해배상채무를 변제한 것임을 전제로 하여 A보험회사가 손해를 입지 않았고 丙이 법률상의 원인 없이 이득을 얻었다고 할 수 없다는 이유로 A보험회사의 청구를 기각하였다. 그러나 대법원은 위 확정판결의 효력이 A보험회사와 丙 사이에도 미치지 않고, A보험회사의 丙에 대한 지급은 자신의 채무를 변제한 것이라고 보아 A보험회사의 부당이득반환청구가 인정된다고 판시하였다.

④ **피해자가 보험자를 상대로 하여 손해배상금을 직접 청구**하는 사건의 경우에 있어서는, 특별한 사정이 없는 한 피해자와 피보험자 사이의 전소판결과 관계없이 **피해자의 보험자에 대한 손해배상청구권의 존부 내지 범위를** 다시 따져보아야 한다.(대판 2000.6.9. 98다54397)

5. 직접청구권과 보험금청구권의 관계

제3자의 직접청구권과 피보험자의 보험금청구권이 동시에 행사된 경우 어느 청구권이 우선하는지 문제된다. 통설과 判例는 제3자의 직접청구권이 우선한다고 본다.(변호 18, 모의 17) 보험자는 제3자가 피보험자로부터 배상을 받기 전에는 제3자의 직접청구를 거절할 수 없다. 보험자가 피보험자와의 관계에서 보험금을 변제공탁한 경우에도 변제공탁으로 직접청구권자에게 대항할 수 없다.

보험자는 피보험자가 사고에 관해 가지는 항변으로써 제3자에게 대항할 수 있다(제724조 제2항 단서).(모의 13, 14, 17) 또한 보험자가 보험계약자나 피보험자에게 대항할 수 있는 사유로 제3자에게 대항할 수 있다.(모의 13, 14, 17) 예컨대 보험계약자의 고지의무위반으로 보험자가 면책되는 경우 보험자는 이를 이유로 피해자에 대해 면책을 주장할 수 있다.

① 상법 제724조 제1항은 피보험자가 상법 제723조 제1, 2항의 규정에 의하여 보험자에 대하여 갖는 보험금청구권과 제3자가 상법 제724조 제2항의 규정에 의하여 보험자에 대하여 갖는 직접청구권의 관계에 관하여, **제3자의 직접청구권이 피보험자의 보험금청구권에 우선**한다는 것을 선언하는 규정이므로, 보험자는 제3자가 피보험자로부터 배상을 받기 전에는 피보험자에 대한 보험금 지급으로 직접청구권을 갖는 피해자에게 대항할 수 없고, 따라서 **보험자는 제3자가 피보험자로부터 배상을 받기 전에는 상법 제724조 제1항의 규정을 들어 피보험자의 보험금지급 청구를 거절할 권리를 갖게 된다.**(대판 1995.9.26. 94다28093)

② 피보험자가 보험계약에 따라 보험자에게 가지는 보험금청구권에 관한 가압류의 경합을 이유로 한 집행공탁은 피보험자에 대한 변제공탁의 성질을 가질 뿐이므로, 이러한 집행공탁에 의하여 상법 제724조 제2항에 따른 제3자의 보험자에 대한 직접청구권이 소멸된다고 볼 수는 없고, 따라서 집행공탁으로써 상법 제724조 제1항에 의하여 직접청구권을 가지는 제3자에게 대항할 수 없다.(대판 2014.9.25. 2014다207672)

③ 상법 제724조 제2항에 의하여 피해자가 보험자에게 갖는 직접청구권과 피보험자의 보험자에 대한 보험금청구권은 별개의 청구권이므로, 피해자의 보험자에 대한 손해배상청구에 의하여 피보험자의 보험자에 대한 보험금청구권의 소멸시효가 중단되는 것은 아니다.(대판 2006.4.13. 2005다77305,77312)(모의 17, 18, 20)

④ 甲이 술에 취한 상태로 차량을 운전하던 중 乙이 운전하던 개인택시를 들이받는 사고를 일으켜 乙에게 폐쇄성 골절 등의 상해를 입게 하였고, 이에 甲과 자동차책임보험계약을 체결한 丙회사가 乙에게 치료비 등을 책임보험금으로 지급한 사안에서, 丙회사가 보험자로서 상법 제724조 제2항에 따라 乙에게 부담하는 손해배상채무와 甲이 가해자(피보험자)로서 乙에게 부담하는 손해배상채무는 연대채무관계에 있고, 丙회사가 乙에게 치료비로 책임보험금 일부를 지급함으로써 채무승인 사유가 발생하여 乙의 丙회사에 대한 직접청구권의 소멸시효가 중단되었더라도, 그 사유만으로는 乙의 甲에 대한 손해배상채권까지 소멸시효가 중단되었다고 볼 수 없다.(대판 2018.10.25. 2018다234177)

Ⅳ. 재보험

보험자는 보험사고로 인하여 부담할 책임에 대하여 다른 보험자와 재보험계약을 체결할 수 있다(제661조). 재보험이란 보험자가 인수한 보험계약상의 책임의 전부 또는 일부를 다른 보험자에게 인수시키는 보험계약을 말한다. 재보험은 원보험자를 재피보험자로 하여 재피보험자의 책임을 보상해주는 보험이므로 책임보험에 해당한다.

재보험은 원보험과 법률상 별개의 독립된 계약으로 재보험계약은 원보험계약의 효력에 영향을 미치지 않는다(제661조 단서). 재보험자가 재보험금을 지급하지 않는다는 이유로 원보험자가 피보험자에게 보험금의 지급을 거절할 수 없다. 원보험자도 원보험료를 지급받지 못했다는 이유로 재보험료의 지급을 거절할 수 없다.

제4장 인보험

제1관 의의

Ⅰ. 인보험의 개념

인보험이란 피보험자의 생명이나 신체를 보험사고로 하는 보험을 말한다.

인보험계약의 보험자는 피보험자의 생명이나 신체에 관하여 보험사고가 발생할 경우에 보험계약으로 정하는 바에 따라 보험금이나 그 밖의 급여를 지급할 책임이 있다(제727조 제1항).

Ⅱ. 인보험의 특성

1. 정액보험

생명보험은 보험계약에서 정하는 일정한 보험금액을 지급해야 하는 정액보험이다.

보험자는 보험사고로 인하여 생긴 보험계약자 또는 보험수익자의 제3자에 대한 권리를 대위하여 행사하지 못한다(제729조 본문). 그러나 상해보험계약의 경우에 당사자 간에 다른 약정이 있는 때에는 보험자는 피보험자의 권리를 해하지 아니하는 범위 안에서 그 권리를 대위하여 행사할 수 있다(제729조 단서).(변호 20, 모의 24)

인보험의 경우 손해보험에 적용되는 상법 제680조의 손해방지 · 경감의무가 적용되지 않는다고 본다. 다만 인보험 중 부정액보험의 특성을 가지는 상해보험과 질병보험에 대해서는 손해방지 · 경감의무가 적용될 수 있다.

2. 피보험이익 산정 불가

인보험의 보험목적인 사람의 생명과 신체의 가치를 계산할 수 없는 관계로 인보험에는 피보험이익의 개념이 존재하지 않는다. 그 결과 보험가액의 개념이 존재하지 않으며, 초과보험, 일부보험, 중복보험이 문제되지 않는다. 수 개의 보험계약 체결 사실에 대한 통지의무 규정도 존재하지 않는다.(모의 14) 동일한 위험에 대하여 여러 개의 생명보험이 체결된 경우에도 보험자는 각각 약정된 보험금 전부를 지급해야 한다. 생명보험에는 이득금지의 원칙이 적용되지 않는다.

3. 면책사유

인보험의 경우 보험사고가 보험계약자 또는 피보험자나 보험수익자의 중대한 과실로 인하여 발생한 경우에도 보험자는 보험금을 지급할 책임을 면하지 못한다(제732조의2 제1항, 제739조). 둘 이상의 보험수익자 중 일부가 고의로 피보험자를 사망하게 한 경우 보험자는 다른 보험수익자에 대한 보험금 지급 책임을 면하지 못한다(제732조의2 제2항).(변호 22) 손해보험의 경우 보험사고가 보험계약자 또는 피보험자나 보험수익자의 고의 또는 중과실로 인한 때에는 보험자는 면책된다(제659조).

4. 피보험자와 보험수익자

손해보험에서 피보험자는 피보험이익의 주체로서 손해보상을 받을 권리를 가진 자를 말하나, 인보험의 피보험자는 자신의 생명, 신체가 보험에 붙여진 자를 말한다. 보험수익자는 인보험에만 존재하는 개념으로 보험금을 지급받을 자로 지정된 자를 말한다.

제2관 생명보험

Ⅰ. 의의

생명보험계약의 보험자는 피보험자의 사망, 생존, 사망과 생존에 관한 보험사고가 발생할 경우에 약정한 보험금을 지급할 책임이 있다(제730조). 생명보험의 보험사고는 사망 및 생존도 포함한다.

Ⅱ. 타인을 위한 생명보험과 보험수익자의 지정 · 변경

1. 타인을 위한 생명보험의 의미

타인을 위한 생명보험이란 보험계약자와 보험수익자가 다른 생명보험을 말한다. 보험계약자와 피보험자가 다른 생명보험인 타인의 생명보험과 구별된다. 상법은 생명보험의 보험계약자에게 보험기간 중 보험수익자를 지정, 변경할 수 있는 권리를 부여하고 있다(제733조 제1항).

2. 보험수익자의 지정·변경

(1) 보험계약자의 보험수익자 지정 · 변경권

보험계약자는 보험수익자를 지정 또는 변경할 권리가 있다(제733조 제1항). 보험계약자의 보험수익자 지정 · 변경권은 형성권으로, 일방적 의사표시만으로 효력이 발생한다. 보험수익자의 동의는 필요 없다.(변호 22) 다만 보험자에게 통지하지 아니하면 보험자에게 대항하지 못한다(제734조 제1항).

보험수익자 변경권은 형성권으로서 보험계약자가 보험자나 보험수익자의 동의를 받지 않고 자유로이 행사할 수 있고 행사에 의해 변경의 효력이 즉시 발생한다. 보험수익자 변경은 상대방 없는 단독행위라고 봄이 타당하므로, 보험수익자 변경의 의사표시가 객관적으로 확인되는 이상 그 의사표시가 보험자나 보험수익자에게 도달하지 않았더라도 보험수익자 변경의 효과는 발생한다.(대판 2020.2.27. 2019다204869)

(2) 보험계약자 사망의 경우

보험계약자가 지정권을 행사하지 아니하고 사망한 때에는 피보험자를 보험수익자로 하고, 보험계약자가 변경권을 행사하지 아니하고 사망한 때에는 보험수익자의 권리가 확정된다(제733조 제2항 본문).(모의 16) 그러나 보험계약자가 사망한 경우에는 그 승계인이 지정 · 변경권을 행사할 수 있다는 약정이 있는 때에는 그러하지 아니하다(제733조 제2항 단서). 보험계약자가 지정권을 행사하기 전에 보험사고가 생긴 경우에는 피보험자를 보험수익자로 한다(제733조 제4항).

(3) 보험수익자 사망의 경우

보험수익자가 보험존속 중에 사망한 때에는 보험계약자는 다시 보험수익자를 지정할 수 있다(제733조 제3항).(모의 16) 이 경우에 보험계약자가 지정권을 행사하지 아니하고 사망한 때에는 보험수익자의 상속인을 보험수익자로 한다(제733조 제3항). 보험계약자가 지정권을 행사하기 전에 보험사고가 생긴 경우에는 피보험자 또는 보험수익자의 상속인을 보험수익자로 한다(제733조 제4항).(모의 16)

(4) 보험자에 대한 통지 등

보험계약자가 계약 체결 후에 보험수익자를 지정 또는 변경할 때에는 보험자에 대하여 그 통지를 하지 아니하면 이로써 보험자에게 대항하지 못한다(제734조 제1항). 타인의 사망보험의 경우, 보험계약 체결시 그 타인의 동의를 얻어야 하고, 피보험자 이외의 제3자를 보험수익자로 지정, 변경할 때에는 피보험자의 서면 동의를 얻어야 한다(제734조 제2항).(모의 16)

Ⅲ. 타인의 생명보험

1. 의의

보험계약자와 피보험자가 다른 계약을 타인의 생명보험이라 한다. 타인의 생명보험계약을 체결하는 경우 그 타인의 서면에 의한 동의를 얻어야 한다(제731조 제1항). 상법은 타인의 생명보험과 관련된 도덕적 위험을 방지하기 위하여 그 타인의 동의를 얻도록 규정하고(제731조), 15세 미만자 등의 사망보험을 무효로 규정하고 있다(제732조).

2. 서면동의

(1) 의의

타인의 동의는 서면으로 이루어져야 한다(제731조 제1항). 타인의 생명보험계약으로 인하여 생긴 권리를 피보험자가 아닌 자에게 양도하는 경우 피보험자의 서면동의가 요구된다(제731조 제2항). 피보험자의 서면동의가 없는 타인의 생명보험계약은 무효이다. 다만 생존보험의 경우에는 피보험자의 동의를 요하지 않는다. 보험수익자의 지정 · 변경의 경우에도 피보험자의 서면동의가 요구된다(제734조 제2항, 제731조 제1항).(모의 16)

타인의 사망을 보험사고로 하는 보험계약 체결시 타인의 서면에 의한 동의를 얻어야 한다는 규정은 **강행법규이다.**(변호 24) **상법 제731조 제1항을 위반하여 피보험자의 서면 동의 없이 타인의 사망을 보험사고로 하는 보험계약을 체결한 자가 스스로 무효를 주장하는 것이 신의성실 또는 금반언의 원칙에 반한다고 볼 수는 없다.**(대판 1996.11.22. 96다37084)(변호 24, 모의 17)

[사실관계] 원고와 피고의 보험모집인 사이에 원고의 남편 甲을 피보험자로 하는 보험계약을 체결하면서 甲의 서면동의 없이 당시 보험모집인이 원고에게 보험의 종류와 내용만을 설명하여 주고 원고의 선택에 따라 이 사건 보험계약을 체결하기로 약정한 후 보험모집인이 보험청약서를 스스로 작성하면서 피보험자의 자필서명란에 甲의 이름을 서명하였는데, 甲이 사망하자 원고가 피고에게 보험금을 청구한 사건에서 甲의 서면동의가 없었으므로 보험계약이 무효라는 피고의 주장을 받아들여 원고의 청구를 기각한 사안.

甲과 乙 보험회사가 피보험자를 만 7세인 甲의 아들 丙으로 하고 보험수익자를 甲으로 하여, 丙이 재해로 사망하였을 때는 사망보험금을 지급하고 재해로 장해를 입었을 때는 소득상실보조금 등을 지급하는 내용의 보험계약을 체결하였는데 丙이 교통사고로 보험약관에서 정한 후유장해진단을 받은 경우, 甲이 보험계약을 체결한 목적 등에 비추어 甲과 乙회사는 **보험계약 중 재해로 인한 사망을 보험금 지급사유로 하는 부분이 무효라는 사실을 알았더라도 나머지 보험금 지급사유 부분에 관한 보험계약을 체결하였을 것으로 보이는 경우 보험계약은 그 부분에 관하여는 여전히 유효하다.**(대판 2013.4.26. 2011다9068)

(2) 동의의 방식

동의는 각 보험계약에 대해서 개별적으로 이루어져야 한다. 포괄적 동의, 묵시적 동의, 추정적 동의는 유효한 동의로 인정되지 않는다.

상법 제731조 제1항은 타인의 사망을 보험사고로 하는 보험계약에 있어서 도박보험의 위험성과 피보험자 살해의 위험성 및 공서양속 침해의 위험성을 배제하기 위하여 마련된 강행규정이고, 보험계약 체결시에 피보험자인 타인의 서면에 의한 동의를 얻도록 규정한 것은 그 동의의 시기와 방식을 명확히 함으로써 분쟁의 소지를 없애려는데 그 취지가 있으므로, **피보험자인 타인의 동의는 각 보험계약에 대하여 개별적으로 서면으로 이루어져야 하며, 포괄적 또는 묵시적이거나 추정적 동의만으로는 부족하다.**(대판 2003.7.22. 2003다24451)

피보험자인 타인의 서면동의가 그 타인이 보험청약서에 자필 서명하는 것만을 의미하지는 않으므로 피보험자인 타인이 참석한 자리에서 보험계약을 체결하면서 보험계약자나 보험모집인이 타인에게 보험계약의 내용을 설명한 후 타인으로부터 명시적으로 권한을 수여받아 보험청약서에 타인의 서명을 대행하는 경우와 같이, **타인으로부터 특정한 보험계약에 관하여 서면동의를 할 권한을 구체적 · 개별적으로 수여받았음이 분명한 사람이 권한 범위 내에서 타인을 대리 또는 대행하여 서면동의를** 한 경우에도 그 **타인의 서면동의는 적법한 대리인에 의하여 유효하게 이루어진 것이다.**(대판 2006.12.21. 2006다69141)

(3) 동의의 시기

피보험자가 동의 의사표시를 해야 하는 시점은 보험계약 체결 시까지이다(제731조 제1항).(변호 24, 모의 17)

피보험자의 서면동의 없이 체결된 타인의 생명보험을 피보험자가 사후에 추인하는 것이 가능한지에 대하여 사후추인이 가능하다고 보는 긍정설과 사후추인을 허용하면 피보험자의 사전 서면동의가 강제될 수 없다는 점에서 사후추인은 인정되지 않는다는 부정설이 존재한다.

타인의 생명보험에서 피보험자가 서면으로 동의의 의사표시를 하여야 하는 시점은 '보험계약 체결시까지'이고, 이는 강행규정으로서 이에 위반한 보험계약은 무효이므로, **타인의 생명보험계약 성립 당시 피보험자의 서면동의가 없다면 그 보험계약은 확정적으로 무효가** 되고, **피보험자가 이미 무효가 된 보험계약을 추인하였다고 하더라도 그 보험계약이 유효로 될 수는 없다.**(대판 2006.9.22. 2004다56677)

(4) 설명의무

보험설계사가 피보험자의 사전 서면동의에 대한 설명을 제대로 하지 않은 경우에도 피보험자의 사전 서면동의 없는 타인의 생명보험은 무효이다. 다만 보험계약자는 보험업법에 의하여 보험자에게 보험금 상당의 손해배상을 청구할 수 있다.

타인의 사망을 보험사고로 하는 보험계약의 체결에 있어서 **보험모집인은 보험계약자에게 피보험자의 서면동의 등의 요건에 관하여 구체적이고 상세하게 설명하여 보험계약자로 하여금 그 요건을 구비할 수 있는 기회를 주어 유효한 보험계약이 체결되도록 조치할 주의의무**가 있고, 보험모집인이 위와 같은 설명을 하지 아니하는 바람에 위 **요건의 흠결로 보험계약이 무효가 되고 그 결과 보험사고의 발생에도 불구하고 보험계약자가 보험금을 지급받지 못하게 되었다면** 보험자는 보험업법에 기하여 **보험계약자에게 그 보험금 상당액의 손해를 배상할 의무**가 있다.(대판 2006.4.27. 2003다60259)

3. 타인의 생명보험의 금지

15세 미만자, 심신상실자 또는 심신박약자의 사망을 보험사고로 한 보험계약은 무효로 한다(제732조 본문). 다만, 심신박약자가 보험계약을 체결하거나 단체보험의 피보험자가 될 때에 의사능력이 있는 경우에는 그러하지 아니하다(제732조 단서). 15세미만자, 심신상실자 또는 심신박약자의 상해를 보험사고로 한 보험계약은 유효하다(제739조, 제732조).

4. 보험료반환청구권 소멸시효의 기산점

상법 제731조 제1항을 위반하여 무효인 보험계약에 따라 납부한 보험료에 대한 반환청구권은 특별한 사정이 없는 한 보험료를 납부한 때에 발생하여 행사할 수 있다고 할 것이므로, **보험료반환청구권의 소멸시효는 특별한 사정이 없는 한 각 보험료를 납부한 때부터** 진행한다.(대판 2011.3.24. 2010다92612)(변호 14)

5. 보험수익자에 대한 보험자의 부당이득반환청구

判例는 타인을 보험수익자로 하는 생명보험계약이 선량한 풍속 기타 사회질서 위반으로 무효가 되는 경우 보험자는 보험계약의 무효를 이유로 보험수익자를 상대로 이미 지급한 보험금의 반환을 구할 수 있다고 본다.

보험계약자가 다수의 보험계약을 통하여 보험금을 부정취득 할 목적으로 보험계약을 체결한 경우, 이와 같은 보험계약은 **민법 제103조 소정의 선량한 풍속 기타 사회질서에 반하여 무효**이다. 보험계약자가 그 보험금을 부정취득 할 목적으로 다수의 보험계약을 체결하였는지는 이를 직접적으로 인정할 증거가 없더라도, 보험계약자의 직업 및 재산상태, 다수의 보험계약의 체결 경위, 보험계약의 규모, 보험계약 체결 후의 정황 등 제반 사정에 기하여 그와 같은 목적을 추인할 수 있다. 보험계약자가 타인의 생활상의 부양이나 경제적 지원을 목적으로 보험자와 사이에 타인을 보험수익자로 하는 생명보험이나 상해보험 계약을 체결하여 보험수익자가 보험금 청구권을 취득한 경우, **보험자의 보험수익자에 대한 급부는 보험수익자에 대한 보험자 자신의 고유한 채무를 이행한 것**이다. 따라서 보험자는 보험계약이 무효이거나 해제되었다는 것을 이유로 **보험수익자를 상대로 하여 그가 이미 보험수익자에게 급부한 것의 반환을 구할 수 있고**, 이는 타인을 위한 생명보험이나 상해보험이 제3자를 위한 계약의 성질을 가지고 있다고 하더라도 달리 볼 수 없다.(대판 2018.9.13. 2016다255125)

Ⅳ. 면책사유

사망을 보험사고로 한 보험계약에서는 사고가 보험계약자 또는 피보험자나 보험수익자의 중대한 과실로 인하여 발생한 경우에도 보험자는 보험금을 지급할 책임을 면하지 못한다(제732조의2 제1항). 사망보험에서는 오직 고의에 의한 사망만이 면책사유가 된다.

둘 이상의 보험수익자 중 일부가 고의로 피보험자를 사망하게 한 경우, 보험자는 다른 보험수익자에 대한 보험금 지급 책임을 면하지 못한다(제732조의2 제2항).(변호 22)

判例는 ① 부부싸움 중 극도의 흥분되고 불안한 정신적 공황상태에서 베란다 밖으로 몸을 던져 사망한 경우(대판 2006.3.10. 2005다49713), ② 피보험자가 정신질환 등으로 자유로운 의사결정을 할 수 없는 상태에서 사망의 결과를 발생케 한 경우(대판 2011.4.28. 2009다97772)(모의 13)는 고의에 의한 사망으로 보지 않는다.

사망을 보험사고로 하는 보험계약에서 **자살을 보험자의 면책사유로 규정**하고 있는 경우에도 **피보험자가 정신질환 등으로 자유로운 의사결정을 할 수 없는 상태에서 사망의 결과를 발생케 한 경우**까지 포함하는 **것은 아니므로**, 피보험자가 자유로운 의사결정을 할 수 없는 상태에서 **사망의 결과를 발생케 한 직접적인 원인행위가 외래의 요인**에 의한 것이라면, 그 사망은 **피보험자의 고의에 의하지 않은 우발적인 사고로서 보험사고인 사망에 해당**할 수 있다.(대판 2021.2.4. 2017다281367)(모의 13)

V. 단체보험

1. 의의

단체보험이란 단체가 규약에 따라 구성원의 전부 또는 일부를 피보험자로 하여 체결한 생명보험계약을 말한다. 단체보험은 구성원이 단체에 가입하거나 탈퇴하면 자동적으로 피보험자의 자격을 취득하거나 상실하고 피보험자가 교체되더라도 보험계약의 동일성이 유지된다. 단체보험에 해당하는지 여부는 규약에 따라 보험계약이 체결되었는지 여부가 기준이 된다.

상법 제735조의3에서 단체보험의 유효요건으로 요구하는 규약의 의미는 단체협약, 취업규칙, 정관 등 그 형식을 막론하고 단체보험의 가입에 관한 단체내부의 협정에 해당하는 것으로서, 반드시 보험가입과 관련한 상세한 사항까지 규정하고 있을 필요는 없고 **보험가입에 관하여 대표자가 구성원을 위하여 일괄하여 계약을 체결할 수 있다는 취지를 담고 있는 것이면 충분**하지만, 위 규약이 강행법규인 상법 제731조 소정의 피보험자의 서면동의에 갈음하는 것인 이상 **취업규칙이나 단체협약에 근로자의 채용 및 해고, 재해부조 등에 관한 일반적 규정을 두고 있다는 것만으로는 이에 해당한다고 볼 수 없다.**(대판 2006.4.27. 2003다60259)

2. 단체보험의 특칙

단체가 규약에 따라 구성원의 전부 또는 일부를 피보험자로 하는 생명보험계약을 체결하는 경우에는 사전 서면동의를 받지 않아도 된다(제735조의3 제1항). 단체보험계약에서 보험계약자가 피보험자 또는 그 상속인이 아닌 자를 보험수익자로 지정할 때에는 단체의 규약에서 명시적으로 정하는 경우 외에는 그 피보험자의 서면 동의를 받아야 한다(제735조의3 제3항).

단체보험과 관련하여 고용주가 자신을 보험수익자로 하여 단체보험을 체결하는 경우 고용주가 안전관리에 소홀할 수 있다는 점에서 이러한 단체보험이 유효한지 문제된다. 判例는 보험계약자 자신을 보험수익자로 하는 단체보험의 효력을 인정한다.

① 단체보험의 경우 보험수익자의 지정에 관하여는 상법 등 관련 법령에 별다른 규정이 없으므로 **보험계약자는 단체의 구성원인 피보험자를 보험수익자로 하여 '타인을 위한 보험계약'으로 체결할** 수도 있고, **보험계약자 자신을 보험수익자로 하여 '자기를 위한 보험계약'으로 체결할** 수도 있을 것이며, 단체보험이라고 하여 당연히 타인을 위한 보험계약이 되어야 하는 것은 아니므로 보험수익자를 보험계약자 자신으로 지정하는 것이 단체보험의 본질에 반하는 것이라고 할 수 없다.(대판 2006.4.27. 2003다60259)

② 단체의 규약으로 피보험자 또는 그 상속인이 아닌 자를 보험수익자로 지정한다는 명시적인 정함이 없음에도 **피보험자의 서면동의 없이 단체보험계약에서 피보험자 또는 그 상속인이 아닌 자를 보험수익자로 지정**하였다면 그 보험수익자의 지정은 구 상법 제735조의3 제3항에 반하는 것으로 **효력이 없고**, 이후 **적법한 보험수익자 지정 전에 보험사고가 발생한 경우 피보험자 또는 그 상속인이 보험수익자**가 된다. 보험계약자가 피보험자의 상속인을 보험수익자로 하여 맺은 생명보험계약이나 상해보험계약에서 **피보험자의 상속인은 피보험자의 사망이라는 보험사고가 발생한 때에는 보험수익자의 지위에서 보험자에 대하여 보험금 지급을 청구**할 수 있고, 이 권리는 보험계약의 효력으로 당연히 생기는 것으로서 **상속재산이 아니라 상속인의 고유재산**이다. 이때 **보험수익자로 지정된 상속인 중 1인이 자신에게 귀속된 보험금청구권을 포기**하더라도 **그 포기한 부분이 당연히 다른 상속인에게 귀속되지는 아니한다**. 이러한 법리는 **단체보험에서 피보험자의 상속인이 보험수익자로 인정된 경우에도 동일하게 적용된다.**(대판 2020.2.6. 2017다215728)(변호 22)

제3관 상해보험 및 질병보험

Ⅰ. 상해보험

1. 의의

상해보험계약이란 피보험자의 신체의 상해에 관한 보험사고가 생길 경우에 보험자가 보험금을 지급하기로 하는 보험계약을 말한다(제737조). 사망보험과 달리 상해보험의 경우 ① 15세 미만자, 심신상실자, 심신박약자의 상해를 보험사고로 하는 계약도 유효하고, ② 당사자 사이에 약정이 있는 경우 보험대위가 인정되고(제729조 단서), ③ 상해보험은 정액보험과 부정액보험으로 구성된다.

계약자유의 원칙상 **태아를 피보험자로 하는 상해보험계약은 유효**하고, 그 보험계약이 정한 바에 따라 보험기간이 개시된 이상 **출생 전이라도 태아가 보험계약에서 정한 우연한 사고로 상해를** 입었다면 이는 **보험기간 중에 발생한 보험사고에** 해당한다.(대판 2019.3.28. 2016다211224)

2. 보험사고

상해보험의 보험사고는 피보험자의 신체의 상해와 그 상해를 원인으로 하는 사망이다.

상해보험의 보험사고인 상해가 무엇을 의미하는지와 관련하여 判例는 외부로부터의 우연한 돌발적인 사고로 인한 신체의 손상 또는 급격하고 우연한 외래의 사고로 인한 신체의 손상으로 보고 있다. 상해는 신체의 결함이 아닌 외부적 요인의 작용으로 발생한 것이어야 한다. 判例는 만취상태에서 발생한 사고의 경우 외부적 요인에 의한 사고로 인정하였으나, 겨드랑이 악취제거 수술 중 급성심부전증으로 사망한 경우(대판 1980.11.25. 80다1109), 평소 고혈압과 간질환이 있는 사람이 만취하여 외부에서 자다가 심장마비로 사망한 경우에서는 외부적 요인에 의한 사고로 인정하지 않았다.

① 상해보험에서 담보되는 위험으로서 **상해란 외부로부터의 우연한 돌발적인 사고로 인한 신체의 손상을** 말하는 것이므로, 그 사고의 원인이 피보험자의 신체의 외부로부터 작용하는 것을 말하고 **신체의 질병 등과 같은 내부적 원인에 기한 것은 제외되며**, 이러한 **사고의 외래성 및 상해 또는 사망이라는 결과와 사이의 인과관계에 관해서는 보험금청구자에게 그 입증책임이** 있다.(대판 2001.8.21. 2001다27579)

② 상해보험은 피보험자가 급격한 외부적인 우연의 사고로 인하여 신체에 손상을 입는 것을 보험사고로 하는 것이므로 피보험자가 겨드랑이 밑의 악취제거를 위한 수술 중에 급성심부전증으로 사망한 경우에는 상해보험사고에 해당되지 아니 한다.(대판 1980.11.25. 80다1109)

③ 피보험자가 욕실에서 페인트칠 작업을 하다가 뇌출혈을 일으켜 장애를 입게 되었으나, 뇌출혈이 페인트나 시너의 흡입으로 발생한 것이 아니라 **피보험자가 평소 가지고 있던 고혈압증세로 인하여 발생한 경우에는 우발적 사고에 해당하지 아니한다.**(대판 2001.7.24. 2000다25965)

3. 기왕증 감액약관

피보험자가 계약체결 전 이미 존재하던 신체장애나 질병의 영향으로 상해가 중하게 된 경우 그 영향이 없었을 때에 상당하는 금액으로 보험금을 지급하는 내용의 감액약관이 유효한지 문제된다.

기왕증 감액 약관 규정이 없는 경우에는 신체장애나 질병으로 보험사고가 확대되었다는 이유로 감액할 수 없으나, 해당 약관 규정이 있는 경우에는 약관 조항에 따라 보험금의 감액이 가능하다.(대판 2007.10.11. 2006다42610)

4. 중복보험

하나의 사고에 관하여 여러 개의 무보험자동차 상해담보특약보험이 체결되고 그 보험금액의 총액이 피보험자가 입은 손해액을 초과하는 때에는, 중복보험에 관한 상법 제672조 제1항의 법리가 적용되어 **보험자는 각자의 보험금액의 한도에서 연대책임**을 지고 **피보험자는 각 보험계약에 의한 보험금을 중복하여 청구할 수 없다.**(대판 2007.10.25. 2006다25356)

5. 면책사유

判例는 무면허 · 음주운전 면책약관은 고의로 평가되는 행위로 인한 경우에 면책된다고 해석하는 한도 내에서 유효하고, 중과실로 평가되는 행위로 인한 경우까지 보상하지 아니한다는 취지라면 불이익변경금지의 원칙에 반하여 무효로 보고 있다.(대판 1996.4.26. 96다4909)

6. 소멸시효

보험금액의 청구권 등의 소멸시효기간에 관하여 규정한 상법 제662조는 달리 특별한 규정이 없는 한 모든 손해보험과 인보험에 적용되는 규정이고, 무보험자동차에 의한 상해담보특약에 의한 보험금청구권은 상법 제662조에 의한 보험금액의 청구권에 다름 아니어서 이를 2년간(현행 상법은 3년) 행사하지 아니하면 소멸시효가 완성되고, 보험금청구권은 보험사고의 발생으로 인하여 구체적으로 확정되어 그때부터 그 권리를 행사할 수 있게 되는 것이므로 그 **소멸시효**는 달리 특별한 사정이 없는 한 민법 제166조 제1항의 규정에 의하여 **보험사고가 발생한 때로부터 진행**한다.(대판 2000.3.23. 99다66878)

7. 보험자대위 인정 여부

상해보험의 보험금을 지급한 보험자가 피보험자의 제3자에 대한 권리를 대위할 수 있는지에 대하여 判例는 "보험자와 보험계약자 또는 피보험자 사이에 그러한 취지의 약정이 없는 한 보험자가 피보험자의 제3자에 대한 권리를 대위하여 행사할 수 없다"고 본다.(대판 2002.3.29. 2000다18752,18769)

Ⅱ. 질병보험

질병보험계약의 보험자는 피보험자의 질병에 관한 보험사고가 발생할 경우 보험금이나 그 밖의 급여를 지급할 책임이 있다(제739조의2). 질병보험에 관하여는 그 성질에 반하지 아니하는 범위에서 생명보험 및 상해보험에 관한 규정을 준용한다(제739조의3).

상해보험은 보험사고인 상해가 외부적 요인에 의하여 발생하여야 하므로 질병과 같은 내부적 원인에 의한 경우는 상해보험으로 보상받지 못한다. 질병보험은 이러한 문제를 해결하기 위하여 피보험자의 내부적 원인에 의한 질병을 보험사고로 하고 있다. 질병보험은 사람의 신체에 관한 것이라는 점에서 인보험의 성격을 가진다. 암보험진단금의 경우 보험사고가 발생하면 약정된 보험금을 지급한다는 점에서 정액보험의 성격을 가지기도 한다. 의료실비보상보험은 발생한 치료비를 보상한다는 점에서 부정액보험의 성격을 가진다.

상해보험에서 담보되는 위험으로서 상해란 외부로부터의 우연한 돌발적인 사고로 인한 신체의 손상을 뜻하므로, 그 사고의 원인이 피보험자의 신체의 외부로부터 작용하는 것을 말하고, **신체의 질병 등과 같은 내부적 원인에 기한 것은 상해보험에서 제외되고 질병보험 등의 대상이** 된다.(대판 2014.4.10. 2013다18929)

제 5 편

어음법 및 수표법

• 제1장 어음법 총칙
• 제2장 어음상 권리의무의 발생
• 제3장 어음상 권리의 이전
• 제4장 어음상 권리의 행사
• 제5장 어음말소, 훼손, 상실, 어음권리소멸
• 제6장 수표

제1장 어음법 총칙

제1관 어음의 의의

Ⅰ. 환어음

1. 환어음의 의의

환어음이란 발행인이 일정한 금액의 지급을 지급인에게 위탁하는 유가증권을 말한다. 즉 지급위탁증권이다. 환어음의 경우 발행인이 수취인에게 어음을 발행하면서 수취인 또는 수취인으로부터 어음상의 권리를 이전받은 자에게 어음금을 지급해 줄 것을 지급인에게 위탁하게 된다.

2. 환어음의 주채무자

환어음의 지급인이 어음을 인수하면 지급인은 인수인으로 전환되고, 적법한 어음소지인에게 어음금을 지급할 의무, 즉 어음상의 주채무를 부담하게 된다. 환어음의 발행인은 어음금 지급을 위탁하였을 뿐 자신이 어음금을 지급하겠다고 하지는 않았으므로 주채무를 부담하지 않고 상환의무만을 부담한다.

3. 환어음의 실질관계

환어음의 발행인과 지급인 사이에서 지급의 위탁이 이루어지게 된 내부적인 관계를 자금관계라고 한다. 환어음의 발행인과 수취인 사이에서 어음을 발행하게 된 내부적인 관계를 원인관계라고 한다. 환어음의 원인관계와 자금관계를 합하여 어음의 실질관계라고 한다. 이는 어음상의 권리의무에 대한 어음관계와 구별된다.

Ⅱ. 약속어음

약속어음은 어음의 발행인 자신이 수취인 또는 그로부터 어음상의 권리를 이전받은 자에게 어음금을 지급할 것을 약속하는 유가증권을 말한다, 즉 지급약속증권이다. 약속어음은 환어음과 달리 지급인의 인수제도가 없다. 약속어음의 발행인이 어음금을 지급하는 관계로 발행인이 어음상의 주채무를 부담한다. 어음법은 환어음에 관하여 규정한 다음 어음법 제77조에서 약속어음에 환어음의 규정을 준용하고 있다.

Ⅲ. 어음의 유가증권으로서의 특성

어음은 유가증권으로서 ① 지시증권성, ② 문언증권성, ③ 무인증권성, ④ 설권증권성, ⑤ 요식증권성, ⑥ 제시증권성, ⑦ 상환증권성, ⑧ 면책증권성의 특성을 가진다.

① **'지시증권성'**이란 배서에 의해 권리를 양도할 수 있는 것을 말한다. 어음은 어음에 권리자가 지정되어 있더라도 배서에 의해 양도할 수 있는 법률상 당연한 지시증권이다(어음법 제11조 제1항).

② **'문언증권성'**이란 증권상에 기재된 바에 따라 권리의무의 내용이 결정되는 것을 말한다.

③ **'무인증권성'**이란 어음 · 수표의 원인관계에 무효, 취소, 부존재 등의 사유가 있더라도 어음상의 권리의 발생이나 이전에 영향을 미치지 않는 것을 말한다.

④ **'설권증권성'**이란 증권의 작성에 의하여 어음의 권리가 발생하는 것을 말한다.

⑤ '**요식증권성**'이란 어음이 효력을 가지기 위해서는 법률에 규정된 일정한 사항이 기재되어야 하고(어음법 제1조), 이러한 기재가 누락된 어음은 효력이 없다는 것을 말한다(어음법 제2조 본문).

⑥ '**제시증권성**'이란 소지인이 증권을 제시하여야만 적법한 이행청구가 되고 증권의 제시가 없는 한 채무자가 변제하지 않더라도 이행지체가 되지 않는 것을 말한다(어음법 제38조).

⑦ '**상환증권성**'이란 어음의 권리자가 그 권리를 행사하기 위해서는 증권을 채무자의 변제와 상환해야 한다는 것을 말한다(어음법 제39조 제1항).

⑧ '**면책증권성**'이란 어음상의 채무자가 형식적 자격을 가진 자에게 변제를 하면 그가 무권리자라 하더라도 채무자에게 악의·중과실이 없는 한 책임을 면하게 된다는 것을 말한다(어음법 제40조 제3항). 수표 또한 이러한 어음의 유가증권으로서의 특성을 동일하게 가진다.

제2관 어음행위

Ⅰ. 어음행위의 의의

1. 어음행위의 개념

어음행위란 어음상의 권리의무에 관한 어음 행위자의 의사표시를 요소로 하여 형식적으로는 기명날인 또는 서명을 불가결의 요소로 하는 증권적 법률행위를 의미한다. 기명날인 또는 서명이 흠결된 행위는 절대적으로 무효가 된다.

2. 어음행위의 종류

(1) 약속어음과 환어음의 어음행위

약속어음의 어음행위는 발행, 배서, 보증이 있고, 환어음의 어음행위는 약속어음과 달리 지급인이 존재하기 때문에 발행, 배서, 보증 이외에 지급인의 인수와 참가인수가 있다.

(2) 기본적 어음행위 및 부속적 어음행위

어음의 발행은 다른 어음행위를 위한 전제가 되기 때문에 기본적 어음행위라고 하고, 배서 · 보증 · 인수 · 참가인수는 부속적 어음행위라고 한다. 기본적 어음행위가 형식적 하자로 무효가 되면 그 이후의 부속적 어음행위도 모두 무효가 된다.

3. 어음행위자의 의무

(1) 주채무자의 의무

약속어음의 발행인과 환어음의 인수인은 주채무자로서 만기로부터 3년 동안 어음상의 채무를 부담한다.(모의 18)**[모의 21]** 주채무자의 의무는 무조건적 의무이다.

(2) 상환의무자의 상환의무

약속어음, 환어음의 배서인 및 환어음의 발행인은 지급거절의 경우 상환의무를 부담한다. 환어음의 발행인은 어음의 주채무자가 아닌 상환의무자에 해당한다.

(3) 합동책임

환어음, 약속어음의 발행, 인수, 배서 또는 보증을 한 자는 소지인에 대하여 합동으로 책임을 진다. 소지인은 채무부담의 순서에도 불구하고 그 중 1명, 여러 명 또는 전원에 대하여 청구할 수 있다(어음법 제47조, 제77조).(변호 15, 모의 17)

Ⅱ. 어음행위의 특성

1. 문언성

어음채무는 어음에 기재된 내용이 실질관계와 다르다 하더라도 어음에 기재된 내용에 따라 결정되는 문언성을 가진다.

2. 무인성

(1) 의의

어음행위는 그 행위를 하게 된 원인관계의 부존재, 무효, 취소에 영향을 받지 않는다. 이를 어음행위의 무인성 또는 추상성이라고 한다. 무인성은 어음상 권리의 효력에 관한 것이고, 문언성은 어음상 권리의 내용에 관한 것이라는 점에서 구분된다. 예컨대 공사대금채무 담보를 위해 어음이 교부된 경우 원인채무인 공사대금채무가 변제되어도 어음채무는 소멸되지 않고 존속한다.(모의 20)

(2) 직접 당사자 사이의 법률관계

원인관계가 실효된 경우에도 어음소지인은 어음상 권리를 적법하게 행사할 수 있는 자로 추정되므로 어음채무자가 원인관계가 실효되었음을 입증하여야 한다. 그 결과 직접당사자 사이에서는 입증책임이 어음채무자에게로 전환된다.

어음행위는 무인행위로서 어음 수수의 원인관계로부터 분리하여 다루어져야 하고 **어음은 원인관계와는 상관없이 일정한 어음상의 권리를 표창하는 증권이므로, 어음소지인은 소지인이라는 사실만으로 어음상 권리를 행사할** 수 있고 그가 어떠한 실제적 이익을 가지는지 입증하여야 하는 것은 아니다.(대판 1998.5.22. 96다52205).

(3) 제3자와의 법률관계

원인행위가 실효된 경우에도 어음행위의 무인성으로 인하여 어음행위자는 제3자에 대하여 어음상의 책임을 부담한다. 어음행위자는 원인행위의 상대방에게 대항할 수 있는 사유로 제3자에게 대항하지 못한다(어음법 제17조 본문). 그러나 제3자가 어음채무자를 해할 것을 알고 어음을 취득한 경우에는 제3자에게 대항할 수 있다. 즉 제3자의 해의가 인정되는 경우에는 인적항변이 절단되지 않는다.

3. 독립성

(1) 의의

어음행위의 독립성이란 연속하는 여러 어음행위에 있어서 선행어음행위가 형식적으로 유효한 이상 선행어음행위가 무효가 되더라도 후행어음행위는 이와 무관하게 독립적으로 효력을 가지고, 후행어음행위자는 자신의 어음행위에 따른 책임을 진다는 것을 말한다.

예를 들어, 甲이 乙에게 어음을 발행한 후 丙과 丁으로 어음이 배서되어 丁이 어음을 소지하고 있는 상태에서 甲이 제한능력을 이유로 발행행위를 취소하거나 甲의 인장이 도용되어 어음이 위조된 것으로 드러나는 등 甲의 발행행위에 하자가 존재한다고 하더라도 해당 어음이 형식적으로 유효한 이상 乙과 丙은 자신의 배서행위에 따라 어음상의 채무를 부담하게 된다. 그 결과 丁은 甲에게는 어음금을 청구할 수 없으나 乙과 丙에게는 어음금을 청구할 수 있다.

(2) 근거

환어음에 ① 어음채무를 부담할 능력이 없는 자의 기명날인 또는 서명, ② 위조된 기명날인 또는 서명,(변호 21) ③ 가공인물의 기명날인 또는 서명, ④ 그 밖의 사유로 환어음에 기명날인 또는 서명을 한 자나 그 본인에게 의무를 부담하게 할 수 없는 기명날인 또는 서명이 있는 경우 다른 기명날인 또는 서명을 한 자의 채무는 그 효력에 영향을 받지 아니한다(어음법 제7조).

(3) 적용범위

1) 일반원칙

어음행위 독립의 원칙은 선행하는 어음행위에 형식적 흠결이 있을 경우에는 적용되지 않는다. 어음의 발행에는 선행행위가 존재하지 않으므로 어음행위 독립의 원칙이 적용되지 않는다.

2) 인수

어음행위 독립의 원칙이 환어음의 인수에도 적용되는지에 대하여 ① 인수인의 책임은 어음법 제28조에 의하여 독립적으로 발생하는 법정책임이므로 어음행위독립의 원칙이 적용되지 않는다는 적용부정설과 ② 인수 또한 발행을 전제로 하는 어음행위이므로 어음행위독립의 원칙이 적용된다는 적용긍정설(다수설)이 존재한다. 어느 견해에 의하든 인수인은 인수한 어음의 문면에 따라 주채무를 지고, 발행행위의 실질적 하자는 인수인의 주채무에 영향을 미치지 않는다.

3) 배서

어음에 배서를 한 자는 그 이전에 이루어진 발행 · 인수 · 배서의 효력에 상관없이 배서 이후의 권리자에 대해서 독립적으로 책임을 진다.(모의 21)

위조 발행된 어음이라도 어음행위독립의 원칙상 **그 뒤에 유효하게 배서한 배서인에 대하여는 소구권을 행사**할 수 있으므로 **이를 보관 중 분실한 자에 대하여는 손해배상을 청구**할 수 있다.(대판 1977.12.13. 77다1753) (변호 21)

배서는 권리이전적 효력, 자격수여적 효력, 담보적 효력을 가지는데 어음행위독립의 원칙은 담보적 효력과 관계된다. 또한 어음행위독립의 원칙은 어음채무의 부담과 관련된 것으로서 어음의 선의취득과 같이 어음상 권리의 취득과 관련된 쟁점과 구별된다.

위 예에서 어음소지인인 丁이 악의인 경우 丁은 악의의 취득자이므로 어음을 반환하여야 하는데(어음법 제16조 제2항 단서) 이는 丁에게 어음행위독립의 원칙이 적용되지 않기 때문이 아니라 丁이 어음상의 권리를 취득하지 못하였다는 것을 이유로 한다.

Ⅲ. 어음행위의 형식적 요건

1. 법정기재사항의 기재

어음행위는 종류에 따라 규정된 법정기재사항을 기재해야 한다. 환어음은 8가지 어음 사항을 기재해야 하고(어음법 제1조), 배서는 원칙적으로 피배서인의 성명과 배서문구를 적어야 하며(어음법 제13조 제1항), 보증은 보증 또는 이와 같은 뜻이 있는 문구를 표시해야 한다(어음법 제31조 제2항).

2. 기명날인 또는 서명

(1) 기명

기명이란 어음행위자의 명칭을 기재하는 것을 말한다. 유효한 기명인지 여부는 행위자가 누구인지 특정될 수 있는지에 따라 정해진다. 반드시 자필로 기명할 것이 요구되지 않으며, 인쇄, 타이핑, 고무인 등으로 된 경우도 유효하다.

행위자 본인의 성명이 아닌 상호, 통칭, 예명 등을 기재해도 무방하다.(모의 17) 명칭 기재상의 실수로 인해 기명과 날인이 일치하지 않더라도 어음행위자를 특정할 수 있는 한 유효하다.(변호 14, 모의 19)

수표에 기재되어야 할 수표행위자의 명칭은 반드시 수표행위자의 본명에 한하는 것은 아니고 **상호, 별명 그 밖의 거래상 본인을 가리키는 것으로 인식되는 칭호라면 어느 것이나 다 가능**하다고 볼 것이므로, 비록 그 칭호가 본명이 아니라 하더라도 **통상 그 명칭을 자기를 표시하는 것으로 거래상 사용**하여 그것이 그 **행위자를 지칭하는 것으로 인식되어** 온 경우에는 그것을 수표 상으로도 자기를 표시하는 칭호로 사용할 수 있다.(대판 1996.5.10. 96도527)(변호 16)

(2) 날인

날인이란 어음행위자의 인장을 찍는 것을 말한다. 날인은 은행에 신고 된 인감이 아니더라도 어음행위자가 사용하는 도장이면 무방하다. 어음행위자의 기명만 있고 날인이 없거나(대판 1999.10.8. 99다30367), 날인만 있고 기명이 없는 경우는 모두 무효이다. 다만, 자필 기명이 있고 날인이 없는 경우는 서명으로서의 유효성이 인정될 여지가 있다. 무인 또는 지장을 찍는 것은 유효한 날인이 될 수 없다는 것이 통설과 判例이다. 어음행위자의 진정한 의사에 기해 기명날인이 이루어진 이상 기명과 날인이 서로 일치하지 않더라도 유효하다.

어음행위자가 자신의 이름을 기명한 후 다른 제3자의 인장을 날인한 경우에도 외관상 날인이 존재하므로 어음의 법정요건을 구비한 것으로 본다.(대판 1978.2.28. 77다2489)

배서날인에는 기명무인은 포함되지 않으므로 **기명무인으로서 한 어음행위는 무효**라 할 것이어서 약속어음에 수차 배서가 될 경우에 시초에만 배서가 기명무인이 되었다면 그 어음에는 본조가 규정한 배서의 연속이 없고 위 **무효인 배서이후의 어음취득자는 배서의 연속에 의하여 그 권리를 증명한 자라 할 수 없다**.(대판 1962.11.1. 62다604)(변호 14, 모의 19)

(3) 서명

서명이란 자필로 성명을 기재하는 것을 말한다. 서명은 어음행위자가 누구인지 식별이 가능하여야 한다. 따라서 사인이 어음행위자의 성명을 식별할 수 없는 방식으로 된 경우 이러한 사인은 서명에 해당하지 않는다.

(4) 법인의 기명날인

법인의 어음행위는 법인 명칭, 대표자격, 대표기관 기명날인의 세 가지 요소가 갖추어져야 한다. 'A 주식회사 대표이사 甲'이라고 기재하고, 甲의 인장을 찍거나 서명을 하는 방식으로 해야 한다.(모의 19, 24)

1) 법인의 명칭이 기재되지 않은 경우

법인 명칭을 기재하지 않은 경우에는 법인의 어음행위로 인정되지 않는다. 단순히 '대표이사 甲'이라고 기재하고 甲의 인장을 찍은 경우에는 甲의 개인적 어음행위가 되고 법인은 책임을 지지 않는다. 날인된 인영에 법인 명칭이 기재되어 있더라도 이를 이유로 법인 명칭이 기재되었다고 할 수 없다.(모의 19)

약속어음의 발행인 명의가 회사 대표이사인 개인 甲으로만 되어 있고, 동인이 회사를 위하여 발행하였다는 뜻이 표시되어 있지 아니한 이상, 그 명하에 날인된 인영이 회사의 대표이사 직인이라 할지라도 그 어음은 동인이 회사를 대표하여 발행한 것이라고 볼 수 없다.(대판 1979.3.27. 78다2477)

2) 대표자격이 기재되지 않은 경우

'A 주식회사 甲'이라고 기명하고 甲의 인장을 날인한 경우와 같이 대표자격이 기재되지 않은 경우 법인의 어음행위로서는 효력이 없다.(모의 14) 이 경우 甲의 개인적인 어음행위가 된다.

다만 判例는 'A 주식회사 이사 甲'이라고 기재한 경우, 대표기관의 행위로 볼 수는 없으나 법인에 대한 대리관계 표시로 유효하다고 보아 법인의 책임을 인정하였다.(대판 1973.12.26. 73다1436)

법인이 어음행위를 하려면 대표기관이 법인을 위하여 하는 것임을 표시하고 자기성명을 기재해야 하는 것은 대표기관 자신이 직접 어음행위를 하는 경우이고 대리인이 어음행위를 하려면 어음상에 대리관계를 표시하여야 하는바, 그 표시방법에 특별한 규정이 없으므로 어음상에 대리인 자신을 위한 어음행위가 아니고 본인을 위해 어음행위를 한다는 취지를 인식할 수 있을 정도의 표시가 있으면 된다.(대판 1973.12.26. 73다1436)

甲 회사의 대표이사인 乙이 재직기간 중 수표에 배서함에 있어서 회사 대표이사의 자격으로 "甲 주식회사, 乙"이라고만 기재하고, 그 기명 옆에는 "甲 주식회사 대표이사"라고 조각된 인장을 날인하였다면 그 수표의 회사 명의의 배서는 乙이 甲 회사를 대표한다는 뜻이 표시되어 있다고 판단함이 정당하다.(대판 1994.10.11. 94다24626)(모의 19, 24)

3) 대표기관의 기명날인이 없는 경우

대표기관의 기명이 없이 법인의 명칭만을 기재하고 대표기관의 날인만 있는 배서는 무효이다.(대판 1999.3.9. 97다7745)(모의 22) 법인이 어음행위를 함에 있어서는 대표기관이 법인을 위하여 하는 것이라는 취지 즉 대표자격이 있다는 것을 표시하고 그 사람이 기명날인 하여야 하므로 회사의 명칭을 기재하고 회사인을 날인하고 그 대표자의 기명날인이 없는 배서는 무효이다.(대판 1964.10.31. 63다1168) 이 경우에는 회사는 물론 대표자 개인의 어음행위로도 인정되지 않는다.

법인의 어음행위는 어음행위의 서면성 · 문언성에 비추어 법인 대표자 또는 대리인이 법인의 대표자 또는 대리권자임을 어음면상에 표시하고 기명날인하는 대리방식에 의하던가, 법인의 대표자로부터 대리권을 수여받고 법인의 대표자 명의로 서명할 수 있는 권한이 주어져 있는 자의 대행방식에 의하여 이루어져야 한다. 은행 지점장이 약속어음 배서인란에 지점 주소와 지점 명칭이 새겨진 명판을 찍고 기명을 생략한 채 자신의 사인을 날인하는 방법으로 배서한 경우, 그 배서는 행위자인 대리인의 기명이 누락되어 요건을 갖추지 못한 무효의 배서이므로 배서연속에 흠결이 있다.(대판 1999.3.9. 97다7745)(변호 14)

(5) 조합의 어음행위

조합의 어음행위는 전 조합원이 어음상에 서명을 한 것은 물론 대표조합원이 대표자격을 밝히고 조합원 전원을 대리하여 서명하였을 경우에도 유효하다. 조합의 어음행위가 성립하는 경우 조합원들은 합동책임을 부담한다.(변호 14, 모의 17, 21) 조합의 **대표조합원이 대표자격을 밝히고 어음상 서명을** 하는 경우에는 **조합 대표자격을 밝히기만 하면 유효**하고 반드시 어음행위의 본인이 되는 **모든 조합원을 표시할 필요는 없다.**(대판 1970.8.31. 70다1360)(모의 23, 24)

(6) 기명날인 또는 서명의 대행

어음행위자가 대리(대행)권한 없이 대리(대행)방식에 의하지 아니한 어음행위를 하였다면 무권대리인의 어음행위가 된다.(대판 1987.4.14. 85다카1189)

무권대행은 본질적으로 위조와 동일하므로, 무권대행자의 책임은 위조자의 책임에 관한 법리에 의해서 해결된다.

Ⅳ. 어음행위의 실질적 요건

1. 어음능력

(1) 자연인과 법인의 어음능력

어음권리능력은 어음행위에 따른 권리의무의 주체가 될 수 있는 능력을 의미하고, 어음행위능력은 민법의 일반적인 행위능력의 법리가 적용된다. 따라서 미성년자가 법정대리인의 동의 없이 어음행위를 한 경우 취소의 대상이 된다. 이는 물적 항변사유로서 해당 어음행위의 직접 상대방뿐만 아니라 그 이후의 취득자에게도 취소할 수 있다.

(2) 제한능력자의 어음행위

제한능력자의 어음행위는 취소할 수 있고 취소된 경우 처음부터 어음행위가 무효인 것으로 된다. 제한능력자의 어음행위의 취소는 직접 상대방뿐만 아니라 이후의 취득자에 대해서도 할 수 있다. 제한능력을 이유로 한 어음행위의 취소는 취득자의 선의·악의를 따지지 않고 절대적으로 대항할 수 있고, 물적 항변으로서 모든 어음관계자에게 주장할 수 있다. 어음행위를 취소한 제한능력자는 자신의 어음행위에 따른 책임을 면하면서, 어음소지인에 대해서는 어음의 반환을 청구할 수 있다. 다만 어음소지인이 어음을 선의취득 한 경우 반환청구가 허용되지 않는다(어음법 제16조 제2항).

(3) 권리능력 없는 사단

① 의의

종중, 교회, 사찰 등과 같이 권리능력 없는 사단의 대표자가 사단의 명칭을 기재하고 대표관계를 표시하여 어음행위를 한 경우 누가 책임을 지는지가 문제된다.

② 학설

㉠ '대표자책임설'은 대표자가 개인적으로 책임을 진다고 본다.

㉡ '구성원공동책임설'은 권리능력 없는 사단의 구성원이 공동하여 책임을 진다고 본다.

㉢ '사단책임설'은 권리능력 없는 사단의 재산만으로 책임을 진다고 본다.

③ **판례 [사단책임설]**

비법인사단인 선어중매조합의 대표자의 위임에 따른 어음행위로 인한 어음금의 지급책임은 독립한 권리의무의 주체인 위 조합에게 귀속되는 것이지 그 구성원들이 이를 부담하는 것은 아니다.(대판 1992.7.10. 92다2431)

(4) 조합

① **의의**

대표조합원이 'A 조합 대표자 甲'이라는 방식으로 조합의 명칭과 대표자격을 표시하고 날인하여 조합원 전원을 대리하여 어음행위를 한 경우 누가 책임을 지는지가 문제된다.

② **학설**

㉠ **'대표자책임설'**은 대표자가 개인적으로 책임을 진다고 본다.

㉡ **'조합원합동책임설'**은 모든 조합원이 합동책임을 진다고 본다.

㉢ **'조합 및 조합원책임설'**은 1차적으로 조합재산으로 책임을 지고 부족할 경우 각 조합원이 부담 부분의 범위 내에서 개인재산으로 책임을 진다고 본다.

③ **판례**

법인격 없는 **조합이 어음행위를 하였을 경우**에는 조합 자체가 아닌 모든 조합원이 위 어음행위로 권리를 취득하거나 의무를 부담한다. **모든 조합원은 어음의 공동발행인으로서 합동책임**을 부담한다.(대판 1970.8.31. 70다1360)

2. 어음이론

(1) 쟁점

어음행위가 성립하기 위하여 어음의 교부가 요구되는지 문제된다. 예를 들어 어음발행인이 어음의 법정사항을 기재하고 기명, 날인한 후 상대방에게 어음을 교부하지 않고 보관하던 중 도난 또는 분실되어 해당 어음이 유통된 경우 어음발행인이 책임을 지는지 어음발행인이 책임을 진다면 책임의 성립시점은 언제인지 등이 문제된다.

(2) 학설

① **'창조설'**은 어음행위를 채무자가 불특정다수자에게 일방적으로 채무부담의 의사표시를 함으로써 성립하는 단독행위로 보아 증권의 작성만으로 충분하고 증권의 교부는 필요하지 않다고 본다.

② **'발행설'**은 증권의 작성 이외에 기명날인 또는 서명을 한 자의 의사에 기하여 증권의 점유를 이전하였을 때 성립한다고 본다. 상대방의 어음 수령의사나 수령능력은 필요하지 않다고 본다.

③ **'교부계약설'**은 어음행위를 계약으로 보아 어음이 상대방에게 교부되었을 때 성립한다고 본다. 상대방이 수령의사와 수령능력을 가지고 있어야 한다고 본다.

④ **'권리외관설'**은 증권의 작성과 교부계약으로 어음상의 채무가 발생하는 것이지만, 교부계약이 없었더라도 어음행위자가 어음상의 채무를 부담하는 것과 같은 외관을 창출하였으면 외관을 신뢰한 제3자에 대해서 책임을 진다고 본다.

(3) 판례 [교부계약설을 권리외관설로 보충]

判例는 교부계약 흠결을 인적 항변으로 보지 않고, 외관법리에 따라 항변을 제한하여 어음행위자와 어음유통성 사이의 조화를 꾀하고 있다.

법인이 약속어음에 피배서인을 백지로 한 배서를 하여 보관하던 중 분실하였는데 甲이 법인의 직원이라고 자칭하는 무권리자로부터 약속어음을 단순히 교부받은 경우 이 같은 어음은 단순한 교부만으로도 양도가 가능한 점과 무권대리인의 어음행위 법리에 비추어 보면 甲의 약속어음 취득은 권한 없는 직원이 한 무권대리인의 어음행위로 인한 것으로는 볼 수 없고, 어음행위자의 의사에 기하지 아니하고 유통된, 즉 교부행위가 흠결된 어음으로서 무권리자로부터 양도받은 것으로 보아야 하므로 어음법 제16조에 따라 甲이 약속어음을 취득할 당시 악의 또는 중과실이 있었는지를 심리 판단하여야 한다.(대판 1987.4.14. 85다카1189)

어음을 유통시킬 의사로 어음상에 발행인으로 기명날인하여 외관을 갖춘 어음을 작성한 자는 어음이 도난·분실 등으로 인하여 그의 의사에 의하지 아니하고 유통되었다고 하더라도, 배서가 연속되어 있는 그 어음을 외관을 신뢰하고 취득한 소지인에 대하여는 소지인이 악의 내지 중과실에 의하여 어음을 취득하였음을 주장·입증하지 아니하는 한 발행인으로서의 어음상의 채무를 부담한다.(대판 1999.11.26. 99다34307)

Ⅴ. 어음행위의 대리

1. 어음행위 대리의 요건

(1) 의의

어음행위도 법률행위이므로 대리에 의한 어음행위도 가능하다. 다만 어음법은 대리의 방식이나 효과에 대해서 아무런 규정을 두지 않고, 어음법 제8조에서 무권대리에 관한 규정만을 두고 있다. 그 결과 어음행위의 대리에는 민법의 대리에 관한 규정이 적용된다.

(2) 형식적 요건

1) 대리인의 기명날인 또는 서명

어음행위의 대리의 경우 대리인이 어음에 자신의 기명날인 또는 서명을 하여야 한다. 본인의 기명날인만 있고 대리인의 기명날인이 없으면 대행의 문제가 된다.

2) 본인의 표시

① 절대적 현명주의

어음행위의 대리에 있어 대리인이 본인을 표시하지 않은 경우 상대방이 이를 알았든 몰랐든 대리행위로서의 효력이 없다.(변호 20)

민법상 대리인이 본인을 표시하지 않았다고 하더라도 상대방이 대리행위임을 알았거나 알 수 있었을 경우에는 대리행위로서의 효력이 있다(민법 제115조 단서). 그러나 어음행위에는 위와 같은 민법 제115조 단서는 적용되지 않는다는 것이 통설이다. 이를 절대적 현명주의라고 한다.

나아가 상행위의 대리인이 본인을 위한 것임을 표시하지 아니하여도 그 행위는 본인에 대하여 효력이 있다는 상법 제48조 또한 어음행위의 대리에는 적용되지 아니한다. 어음행위가 보조적 상행위가 되는 경우가 많지만 어음행위에 있어서는 문언증권으로서의 특성이 더 중시된다.

② 본인을 표시하지 않은 대리인의 책임

어음행위 대리인이 본인을 표시하지 않은 경우 어음소지인은 대리사실을 안 경우에도 본인에게 어음금을 청구할 수 없다. 어음소지인이 대리사실을 알지 못한 경우에는 대리인에게 어음금을 청구할 수 있다. 어음소지인이 대리사실을 안 경우 대리인에게 어음금을 청구할 수 있는지 문제된다.

어음소지인이 대리행위의 직접 상대방인 경우 대리인은 자신의 어음행위가 대리행위였다는 점을 인적 항변으로 제출하여 직접 상대방에 대한 어음상의 책임을 면할 수 있다는 견해가 다수설이다.

어음소지인이 대리행위의 직접 상대방이 아닌 경우 소지인이 채무자를 해할 것을 알고 어음을 취득한 경우가 아닌 한 어음법 제17조 본문에 따라 인적 항변이 단절되므로 대리인은 어음소지인에 대한 책임을 면할 수 없다.

3) 대리관계의 표시

대리인은 대리관계를 표시해야 한다. 대리관계가 어음의 문면에 나타나지 않으면 본인은 어음상 채무를 부담하지 않는다. 대리관계의 표시는 대리관계를 직접 나타내는 문자가 아니더라도 지배인, 지점장, 영업소장 등 대리자격을 나타내는 표시나 대리인이 본인을 위해서 어음행위를 한다는 취지를 인식할 수 있는 정도의 표시가 있으면 된다.(변호 20)

判例는 'A 주식회사 이사 甲'이라고 기재한 경우, 대표기관의 행위로 볼 수는 없으나 법인에 대한 대리관계의 표시로는 유효하다고 보아 법인의 책임을 인정하였다.(대판 1973.12.26. 73다1436)

법인이 어음행위를 하려면 대표기관이 법인을 위한 것임을 표시하고 자기성명을 기재해야 하는 것은 대표기관 자신이 직접 어음행위를 하는 경우이고 대리인이 어음행위를 하려면 어음상에 대리관계를 표시해야 하는바, 그 표시방법에 대하여 특별한 규정이 없으므로 **어음상에 대리인 자신을 위한 어음행위가 아니고 본인을 위하여 어음행위를 한다는 취지를 인식할 수 있을 정도의 표시가 있으면 된다.**(대판 1973.12.26. 73다1436)

[사실관계] 피고 회사가 A주식회사에 약속어음을 발행하고 A회사는 원고에게 배서 양도하면서 "A주식회사 이사 甲" 이라는 명판과 인장만을 날인하여 어음 문면에 A주식회사의 대표이사 표시가 없고 대표이사의 기명날인이 없었던 사안.

[판시사항] 원심은 법인이 어음행위를 함에 있어서는 대표자격이 있다는 것을 표시하고 그 사람이 기명날인하여야 한다는 이유로 위 배서를 무효로 보았으나, 대법원은 "A주식회사 이사 甲"이라는 표시는 대리관계의 표시로써 적법한 표시이므로 배서가 대리에 의한 것으로서 유효하다고 보았다.

(3) 실질적 요건

1) 대리권의 존재

대리인에게 어음행위에 대한 대리권이 있어야 한다. 대리권이 없는 경우 무권대리 또는 위조가 된다.

2) 대리권의 제한

본인이 대리인의 권한을 제한할 수 있다. 대리인이 대리권 제한에 위반하게 되면 무권대리가 되거나 일정한 경우 표현대리가 된다. 상법상 지배인 권한의 제한(제11조 제3항), 대표이사 권한의 제한(제389조 제3항, 제209조 제2항)은 선의의 제3자에게 대항할 수 없는데, 判例는 어음행위의 직접 상대방뿐만 아니라 그로부터 다시 어음을 취득한 제3취득자도 제3자에 포함된다고 본다.

3) 자기계약과 쌍방대리

민법상 대리인은 본인의 허락이 없으면 본인을 위하여 자기와 법률행위를 하거나 동일한 법률행위에 관하여 당사자 쌍방을 대리하지 못한다(민법 제124조).

다수설은 어음행위에도 민법 제124조가 적용된다고 본다. 그 결과 민법 제124조에 위반한 대리인의 어음행위는 당사자 사이에서는 무효가 된다. 다만 제3자에 대한 관계에서는 다수설은 어음의 유통성을 보호하기 위해서 선의의 제3자에게 무효를 주장할 수 없다고 본다.

4) 이사의 자기거래

이사와 회사 사이에 어음행위가 이루어지는 경우, 이사의 자기거래에 관한 상법 제398조가 적용되는지 문제된다. 어음행위는 원인관계상 채무보다 더 엄격한 채무를 발생시키므로 원인관계에 대한 승인과 별도로 어음행위에 대한 이사회 승인이 필요하다는 것이 통설이다. 判例 또한 **회사 이사의 어음 발행 또는 배서행위가 상법 제398조에 저촉되는** 경우 **회사는 어음취득자의 악의를 주장 입증하여 어음 발행의 무효를 주장**할 수 있다고 본다.(대판 1978.3.28. 78다4) 이사의 자기거래에 위반한 어음행위는 내부적으로는 무효이나 선의, 무중과실의 제3자에 대해서는 대항할 수 없다.

[**사실관계**] 회사의 이사 甲이 회사의 어음을 자신에게 발행한 뒤 원고에게 배서양도 하였고, 원고가 회사에게 약속어음금 지급을 청구하였는데, 회사는 어음이 甲에 의해 위조되었다는 항변과 甲의 어음 발행은 이사 자기거래에 해당함에도 이사회 승인이 없었고 甲이 회사의 이사임을 원고가 알고서 거래하였다면 회사 이사회 승인이 필요하다는 법률 규정을 몰랐다고 할 수 없다는 항변을 제기한 사안.

[**판시사항**] 원심은 약속어음 위조 사실은 인정하면서도 표현대리가 성립하여 회사의 책임이 인정된다고 판시하였을 뿐 이사 자기거래에 대해 판단하지 않았으나, 대법원은 원심의 판단누락을 인정하면서도 이러한 누락이 판결 결과에 영향을 미치지 않았다는 이유로 회사의 상고를 기각하였다.

2. 표현대리

(1) 의의

어음행위의 무권대리의 경우에도 본인에게 귀책사유가 존재한다면 표현책임의 법리에 따라 본인이 책임을 부담하게 된다. 어음법은 무권대리에 관한 규정만 두고 있을 뿐 표현책임에 대해서는 별도로 규정하고 있지 않으므로 표현책임에 관한 내용은 민법과 상법에 의하게 된다.

(2) 요건

무권대리인의 어음행위가 민법상 표현대리 관련 규정(민법 제125조 내지 제129조) 또는 상법상의 표현지배인(제14조), 표현대표이사(제395조) 규정의 요건이 충족되는 경우 어음행위의 표현대리가 성립된다. 어음행위의 표현대리에 있어서 선의의 상대방은 민법에 의한 표현대리의 경우 선의 · 무과실이어야 하나, 상법의 외관주의법리에 의한 경우에는 선의 · 무중과실이어야 한다.

(3) 본인의 책임

1) 의의

어음행위에 대해서 표현책임이 성립하게 되면 본인은 그 외관을 신뢰한 제3자에 대해서 어음상 책임을 진다. **본인의 책임은 어음상의 채무**에 관한 것이기 때문에 **상대방의 과실이 있더라도 과실상계를 할 수 없고, 어음금 전부를 지급**해야한다.(대판 1994.12.22. 94다24985)

2) 제3자의 범위 [모의 22]

제3자의 범위를 거래의 직접상대방으로 한정할 것인가 아니면 그 이후의 제3취득자까지 확대할 것인지가 문제된다. 통설은 상법상의 외관주의법리에 의한 경우뿐만 아니라 민법상 표현대리규정에 의한 경우에도 어음의 유통성을 보호하기 위하여 어음소지인을 기준으로 선의 여부를 판단하여야 한다고 보아 제3취득자를 제3자에 포함시키고 있다(제3취득자 포함설).

判例는 민법상 표현대리규정에 의하는 경우에는 어음행위의 직접 상대방만 제3자에 포함시키는 직접상대방한정설을 취하고 있다. 다만 민법상 표현대리규정에 의하는 경우에는 직접 상대방에게 표현대리 요건이 성립되는 경우 제3취득자가 이를 원용하는 것은 가능하다고 판시하고 있다. 이와 달리 상법상 표현대표이사가 문제된 경우에는 어음을 취득한 직접 상대방뿐만 아니라 제3취득자도 제3자의 범위에 포함시키는 제3취득자 포함설을 취하고 있다. 또한 지배권의 내부적 제한에 대항할 수 있는 제3자의 범위에 어음의 제3취득자를 포함시키고 있다.

① 표현대리에 관한 민법 제126조의 규정에서 제3자라 함은 당해 표현대리행위의 직접 상대방이 된 자만을 지시하는 것이고, 약속어음의 지급보증은 발행인을 위하여 그 어음금채무를 담보할 목적으로 하는 보증인의 단독행위이므로 그 행위의 구체적, 실질적인 상대방은 어음의 제3취득자가 아니라 발행인이라 할 것이어서 약속어음의 지급보증 부분이 위조된 경우, 동 약속어음을 배서, 양도받는 제3취득자는 위 지급보증행위가 민법 제126조 소정의 표현대리행위로서 지급보증인에게 그 효력이 미친다고 주장할 수 있는 제3자에 해당하지 않는다.(대판 1986.9.9. 84다카2310)(변호 20)

② 권한을 넘은 표현대리에 관한 민법 제126조 규정에서 제3자란 표현대리행위의 직접 상대방이 된 자만을 지칭하는 것이고, 이는 위 규정을 배서와 같은 어음행위에 적용 또는 유추적용 하는 경우에 있어서도 마찬가지이며, 약속어음 배서행위의 직접 상대방은 그 배서에 의하여 어음을 양도받은 피배서인만을 가리키고 그 피배서인으로부터 다시 어음을 취득한 자는 민법 제126조 소정의 제3자에는 해당하지 아니한다.(대판 1994.5.27. 93다21521)

③ 수표발행의 직접 상대방에게 표현대리의 요건이 갖추어져 있는 이상 그로부터 수표를 전전양수한 소지인으로서는 표현대리에 의한 위 수표행위의 효력을 주장할 수 있으므로 본인은 표현대리의 법리에 따라 그 책임을 부담한다.(대판 1991.6.11. 91다3994)

[사실관계] 피고의 처 甲이 피고가 경영하는 가스상회에서 경리업무를 보면서 1988년경부터 약 2년간 피고의 인장을 사용하여 모두 100여장의 피고 명의 수표 및 어음을 발행하였고 피고도 이를 알면서 방치하였으며 대부분의 어음과 수표가 정상적으로 지급되어 온 상황에서 甲이 1989년 9월 무렵 피고의 인감도장을 사용하여 수표를 발행하였다면, 피고는 위 수표를 교부받은 자로 하여금 甲이 피고 명의의 수표를 발행할 권한이 있다고 믿게 할 만한 외관을 조성하였고, 상대방으로서는 甲이 피고를 대리하여 피고 명의의 수표를 발행할 권한이 있다고 믿을 만한 충분한 사정이 있었다고 본 사안.

④ 어음행위의 위조에 관하여도 민법상의 표현대리에 관한 규정이 적용 또는 유추적용되고, 그 규정의 적용을 주장할 수 있는 자는 어음행위의 직접 상대방에 한하므로, 어음의 제3취득자는 어음행위의 직접 상대방에게 표현대리가 인정되는 경우에 이를 원용하여 피위조자에 대하여 자신의 어음상의 권리를 행사할 수가 있다.(대판 1999.1.29. 98다27470)

⑤ 회사를 대표할 권한이 없는 표현대표이사가 다른 대표이사의 명칭을 사용하여 어음행위를 한 경우, 회사가 책임을 지는 선의의 제3자의 범위에는 표현대표이사로부터 직접 어음을 취득한 상대방뿐만 아니라, 그로부터 어음을 다시 배서양도 받은 제3취득자도 포함된다.(대판 2003.9.26. 2002다65073)

⑥ 지배인이 내부적인 대리권 제한 규정에 위배하여 어음행위를 한 경우, 이러한 대리권의 제한에 대항할 수 있는 제3자의 범위에는 그 지배인으로부터 직접 어음을 취득한 상대방뿐만 아니라 그로부터 어음을 다시 배서양도받은 제3취득자도 포함된다.(대판 1997.8.26. 96다36753)

(4) 표현대리인의 책임 [모의 22]

대리권 없이 타인의 대리인으로 환어음에 기명날인하거나 서명한 자는 그 어음에 의하여 의무를 부담한다. 그 자가 어음금액을 지급한 경우에는 본인과 같은 권리를 가진다. 권한을 초과한 대리인의 경우도 같다(어음법 제8조).

민법상 표현대리가 성립하면 민법 제135조의 무권대리인 책임이 적용되지 않지만, 어음행위의 경우에는 표현대리인 또한 어음법 제8조에 따른 무권대리인의 책임을 지게 된다.

(5) 표현대행

어음행위자가 대리문구를 기재하지 않고 본인의 명칭을 사용하는 대행의 방식으로 어음행위를 한 경우 이러한 무권대행은 원칙적으로 위조의 문제가 될 뿐이지만, 判例는 이러한 무권대행에 본인의 귀책사유가 있는 경우 표현대리의 규정을 유추적용 하여 본인의 책임을 인정하고 있다.

본인을 위한다는 대리문구를 어음상에 기재하지 않고 본인 명의로 기명날인을 하는 어음행위가 권한 없는 자에 의하여 행하여졌다면 이는 어음행위의 무권대리가 아니라 어음 위조에 해당하나, 그 경우에도 제3**자가 어음행위를 실제로 한 자에게 그와 같은 어음행위를 할 수 있는 권한이 있다고 믿을 만한 사유가 있고, 본인에게 책임을 질 만한 사유가 있는 때에는** 대리방식에 의한 어음행위의 경우와 마찬가지로 민법상 표현대리 규정을 유추적용하여 **본인에게 그 책임을 물을 수 있다.** (대판 2000.3.23. 99다50385)(변호 20)

3. 무권대리

(1) 의의

대리권 없이 타인의 대리인으로 환어음에 기명날인하거나 서명한 자는 그 어음에 의하여 의무를 부담한다(어음법 제8조).

어음행위자가 타인을 대리하여 어음행위를 할 대리권이 없음에도 대리인 자격을 표시하여 어음행위를 한 경우를 어음행위의 무권대리라 한다. 어음행위의 무권대리 중 본인에게 귀책사유가 없어 표현책임도 성립하지 않는 경우를 협의의 무권대리라 한다. 그 결과 어음행위의 상대방은 어음행위자인 무권대리인에게 본인이 부담하였을 어음상의 책임을 물을 수 있다. 무권대리 역시 대리의 방식으로 행위가 이루어져야 하므로, 무권대리인은 대리인으로서 기명날인 또는 서명을 해야 한다. 이와 달리 무권대리인이 본인 명의의 기명날인 또는 서명을 하는 무권대행은 어음행위의 위조가 될 뿐 무권대리의 문제는 발생하지 않는다.

(2) 본인의 책임

무권대리의 경우 본인은 어음의 문면에 본인으로 기재되어 있지만 아무런 귀책사유가 없기 때문에 어음상의 책임을 지지 않는다. 이는 물적 항변으로서 모든 소지인에게 대항할 수 있다.

다만 ① 본인이 추인하는 경우에는 민법 제133조에 따라 무권대리행위가 처음부터 유효한 대리행위가 되므로 본인이 어음상 책임을 부담한다. ② 본인의 귀책사유가 존재하는 경우 민법상 표현대리 규정 또는 상법상 표현지배인과 표현대표이사의 규정에 따른 표현책임에 의하여 본인이 어음상 책임을 부담한다. ③ 무권대리를 주장하는 것이 신의성실의 원칙에 반하는 경우에도 본인이 어음상 책임을 부담할 수 있다. ④ 한편 무권대리인의 행위에 대해서 본인에게 민법상 사용자책임(민법 제756조)이 인정되는 경우에도 본인이 책임을 부담하게 된다. 그러나 이는 어음상의 책임이 아니므로 손해배상액은 어음금이 아니라 실제 손해액을 대상으로 하고 과실상계 또한 허용된다.

(3) 무권대리인의 책임

1) 의의

무권대리인은 그 어음에 의하여 본인의 의무를 부담한다(어음법 제8조). 무권대리인은 본인의 항변을 원용할 수 있으나, 무권대리인 자신이 가지는 항변은 원용할 수 없다.

2) 책임의 요건

① 무권대리인의 기명날인 또는 서명 : 무권대리인이 어음상에 대리인으로서 기명날인 또는 서명을 해야 한다. 무권대리인이 대리의 방식이 아니라 대행의 방식으로 본인의 기명날인 또는 서명을 한 경우에는 위조자의 책임이 문제된다.

② 수권 및 추인의 부존재 : 무권대리인에게 대리권이 부여되지 않았어야 하고, 무권대리인의 행위를 본인이 추인하지 않아야 한다.

③ 상대방의 선의, 무과실 : 무권대리인의 상대방 또는 어음의 취득자가 선의, 무과실이어야 한다. 무권대리인에게 대리권이 없다는 사실을 상대방이 알았거나 알 수 있었을 경우 무권대리인은 민법 제135조 제2항을 근거로 상대방에게 어음채무의 이행을 거절할 수 있다.

3) 입증책임

무권대리인이 무권대리에 따른 책임을 면하기 위해서는 대리권의 존재를 입증하여야 한다.

(4) 책임을 이행한 무권대리인의 권리

어음법 제8조는 무권대리인이 책임을 이행한 경우 본인과 동일한 권리를 가지도록 규정하고 있다. 책임을 이행한 무권대리인으로부터 청구를 받은 채무자는 무권대리인에 대한 항변뿐만 아니라 본인에 대한 항변으로 무권대리인에게 대항할 수 있다.

4. 월권대리

(1) 의의

월권대리란 어음행위의 대리인이 자신의 대리권한을 초과하여 어음행위를 한 경우를 말한다. 권한을 넘은 대리행위에 대하여 표현대리가 성립하는 경우 본인은 수권범위를 넘어선 어음금 전액에 대해서 책임을 진다. 이와 달리 월권대리는 권한을 넘은 대리행위에 대하여 표현대리가 성립하지 않는 경우로서 본인은 자신이 대리권을 부여한 범위 내에서만 책임을 부담하게 된다.

(2) 월권대리인의 책임

① 의의

월권대리인에게 대리권이 수여된 부분에 대해서도 책임을 물을 수 있는지 문제된다.

② 학설

㉠ '본인무책임설'은 대리인이 책임 전부를 부담하고, 대리인이 소지인에게 전부를 상환한 경우 대리권이 있는 부분에 대해서는 본인에게 구상할 수 있다고 본다.

㉡ '책임분담설'은 대리권이 있는 부분은 본인이 책임을 부담하고, 권한을 넘은 부분에 대해서는 대리인이 책임을 부담한다고 본다.

㉢ '책임병행설'(통설)은 대리권이 있는 부분에 대해서는 본인과 대리인이 병존적으로 책임을 부담하고, 권한을 넘은 부분에 대해서는 대리인이 책임을 부담한다고 본다.

③ 판례

어음행위의 대리 또는 대행권한을 수여받은 자가 그 수권의 범위를 넘어 어음행위를 한 경우에 본인은 그 수권의 범위 내에서는 대리 또는 대행자와 함께 어음상의 채무를 부담한다.(대판 2001.2.23. 2000다45303,45310)

5. 어음행위의 대행

행위자가 명의인의 기관으로서 명의인의 기명날인을 대행하는 경우(예컨대 직원이 영업주의 지시에 따라 영업주 명의로 어음에 기명날인을 대신하는 경우)와 같이 전형적인 대행의 경우 명의인이 어음행위자로서 어음상의 책임을 진다. 대리적 대행이란 행위자가 명의자로부터 일정한 범위의 대행권을 부여받고 그 범위 내에서 스스로 결정하여 명의자의 명의로 기명날인을 하는 경우를 말한다. 이 경우에도 명의인이 어음행위의 주체로서 어음상의 책임을 진다.

무권대행이란 행위자가 권한 없이 타인의 기명날인 또는 서명을 하는 것을 말한다. 무권대행은 위조에 해당한다.

6. 명의대여에 의한 어음행위

영업에 대하여 명의대여가 존재하는 경우 어음행위에도 상법 제24조가 적용된다. 따라서 명의대여자는 상법 제24조에 따라 어음상의 책임을 부담하고, 명의차용자는 자기를 표시하는 명칭으로 명의대여자의 상호를 사용한 것이므로 어음상의 책임을 부담한다.

보험회사로부터 보험회사의 상호를 사용하여 보험계약 체결을 알선할 것을 허락받은 어음발행인이 보험회사의 지사장의 자격을 표시하여 어음을 발행한 경우 보험회사는 어음소지인에 대하여 상법 제24조에 의한 책임을 부담한다.(대판 1969.3.31. 68다2270)

Ⅵ. 어음의 위조

1. 어음위조의 의의

위조란 권한 없는 자가 타인의 기명날인 또는 서명을 하여 마치 그 타인이 어음행위를 한 것과 같은 외관을 만드는 것을 말한다.(모의 16) 어음행위의 무권대리는 대리의 방식을 취하나, 위조는 타인의 명의로 기명날인 또는 서명을 하는 대행의 방식을 취한다. 그 결과 무권대리의 대리인은 어음의 문면에 드러나지만, 위조자는 어음의 문면에 드러나지 않는다.

2. 피위조자의 책임 [변호 21, 모의 17]

(1) 물적 항변

피위조자는 자신이 어음행위를 하지 않았고 타인에게 그러한 권한을 부여한 바도 없으므로 원칙적으로 누구에 대해서도 어음상의 책임을 지지 않는다. 위조의 항변은 물적 항변이기에 소지인의 선의·악의를 불문하고 모든 소지인에 대하여 대항할 수 있다.(변호 14, 16, 모의 13, 15, 16, 18, 19)

따라서 어음을 선의취득한 자에 대해서도 원칙적으로 책임을 지지 않는다.

(2) 위조의 입증책임

1) 학설

위조의 입증책임에 관하여는 ① 소지인에게 입증책임을 부담시키는 것은 어음의 유통성의 보호에 반하고, 어음법 제16조 제1항, 수표법 제19조는 배서가 연속된 어음의 점유자를 적법한 소지인으로 추정하고 있으므로 피위조자가 위조를 입증해야 한다고 보는 견해와 ② 피위조자에게 아무 귀책사유가 없음에도 불구하고 위조를 입증하지 못하면 어음상의 책임을 지도록 하는 것은 가혹하고, 입증책임의 일반원칙에 따라 권리를 주장하는 자가 권리발생의 요건사실을 입증해야 한다는 점에서 어음의 소지인이 위조의 입증책임을 부담한다는 견해가 존재한다.

2) 판례

어음에 어음채무자로 기재되어 있는 사람이 자신의 기명날인이 위조된 것이라고 주장하는 경우에는 그 사람에 대하여 **어음채무의 이행을 청구하는 어음의 소지인이 그 기명날인이 진정한 것임을 증명**하여야 한다.(대판 1993.8.24. 93다4151)(변호 13, 15, 16, 21, 모의 16(2), 17, 18, 19)

(3) 위조의 추인

1) 학설

① 위조된 어음행위는 절대적으로 무효이므로 추인할 수 없으나, 추인을 피위조자의 새로운 어음행위로 볼 수 있으므로 피위조자가 추인한 때로부터 효력이 생긴다는 견해와 ② 위조와 무권대리는 방식의 차이만 있을 뿐 실질적인 차이는 없으므로 무권대리 추인 규정을 유추 적용하여 위조된 어음행위의 추인이 가능하다고 보는 견해(다수설)가 있다.

2) 판례

무권대리행위가 범죄가 되는 사실을 알고도 장기간 형사고소를 하지 않았다는 사실만으로 무권대리행위에 대한 묵시적 추인이 있었다고 할 수는 없다. **권한 없이 기명날인을 대행하는 방식으로 약속어음을 위조한** 경우 피위조자가 묵시적으로 추인했다고 인정하려면 **추인의사가 표시되었다고 볼 만한 사유**가 있어야 한다.(대판 1998.2.10. 97다31113).(변호 21)

(4) 표현책임

피위조자에게 외관 형성에 대한 귀책사유가 존재하는 경우 민법상 표현대리나 상법상 표현지배인 또는 표현대표이사의 법리를 유추 적용하여 피위조자가 책임을 질 수 있다.

민법상 표현대리 규정의 유추적용을 인정하면서 **피위조자의 책임이 인정되기 위해서는 상대방이 위조자에게 어음행위를 할 권한이 있다고 믿거나** 피위조자가 **진정하게 당해 어음행위를 한 것으로 믿은 것만으로는 부족**하고, 그와 같이 **믿은 데에 정당한 사유**가 있어야 한다.(대판 2000.2.11. 99다47525)

[기타 판시사항] 대법원은 정당한 사유는 어음행위 당시에 존재한 여러 사정을 객관적으로 관찰하여 보통인이면 유효한 행위가 있었던 것으로 믿는 것이 당연하다고 보이면 긍정할 수 있지만, 어음 자체에 위조자의 권한이나 어음행위의 진정성을 의심하게 할 만한 사정이 있는데도 불구하고 그 권한 유무나 본인의 의사를 조사·확인하지 않았다면 상대방의 믿음에 정당한 사유가 있다고 하기 어렵다고 하면서, 액면금 30억 원의 위조어음의 발행인 인영 부분에 인영 전사 수법으로 종종 사용되는 스카치테이프가 붙어 있고 어음용지책에서 어음용지를 떼어낼 때 통상적으로 하는 꼭지 간인이 되어 있지 않았음에도 발행인에게 아무런 확인을 하지 않은 경우, 위조어음이 진정한 것이라고 믿은 데에 정당한 사유가 있다고 할 수 없어 민법상 표현대리의 규정이 유추 적용되지 않는다고 판시하였다.

제3자의 신뢰에 정당한 사유가 있는지와 관련하여 判例는 **위조자가 평소 피위조자의 인장을 사용하여 일상적인 업무를 처리하여 왔다거나, 어음이 계속 지급되어 온 경우에는 정당한 이유**가 인정될 수 있다고 판시하였다.(대판 1989.3.28. 87다카2152,2153)

(5) 사용자책임

위조자가 피위조자의 지휘·감독을 받는 피용자이고 어음 위조가 사무집행과 관련된 경우 피위조자는 사용자책임을 지게 된다. 위조어음에 대한 사용자책임이 인정되기 위해서 소지인이 상환청구권 보전절차를 거칠 것이 요구되지 않고, 손해액은 어음금 전액이 아니라 소지인이 위조어음 취득에 현실적으로 출연한 금액을 의미한다. 어음소지인의 과실이 인정되는 경우 과실상계도 허용된다.

① 어음이 위조된 경우에 피용자가 어음위조로 인한 불법행위에 관여한 경우에 그것이 사용자의 업무집행과 관련한 위법한 행위로 인하여 이루어졌으면 사용자는 민법 제756조에 의한 손해배상책임을 지는 경우가 있고, 이 경우에 사용자가 지는 책임은 어음상의 책임이 아니라 민법상의 불법행위책임이므로 그 책임의 요건과 범위가 어음상의 그것과 일치하는 것이 아니다.(변호 21, 모의 15, 20) 어음소지인이 적법한 지급제시기간 내에 지급제시를 하지 아니하여 소구권 보전의 절차를 밟을 것이 요구되지 않고, 소지인의 적법한 지급제시가 요구되는 것도 아니다.(변호 13, 모의 17)(대판 1994.11.8. 93다21514)

② 위조된 수표를 할인에 의하여 취득한 사람이 그로 인하여 입게 되는 손해액은 특별한 사정이 없는 한 그 위조수표를 취득하기 위하여 현실적으로 출연한 할인금에 상당하는 금액이지, 그 수표가 진정한 것이었더라면 그 수표의 소지인이 지급받았을 것으로 인정되는 그 수표의 액면에 상당하는 금액이 아니다.(대판 1992.6.23. 91다43848)(변호 16, 모의 16, 20, 24)

3. 위조자의 책임 [변호 21, 모의 17]

(1) 어음상 책임

① 의의

위조자가 어음채무를 부담하는지에 관하여 명시적인 어음법 규정은 존재하지 않는다.(모의 18)

어음행위의 위조자가 어음상에 자신의 기명날인 또는 서명을 한 사실이 없다는 점에서 위조자에 대하여 어음상의 책임을 물을 수 있는지가 문제된다.

② 학설

㉠ '부정설'은 어음행위의 문언성에 비추어 어음 위조자의 책임을 물을 수 없다고 본다.

㉡ '긍정설'은 위조는 무권대행으로서 무권대리와 방식의 차이만 있을 뿐 기본적으로 권한 없는 자의 행위라는 점은 동일하므로 무권대리를 유추적용하여 위조자의 책임을 물을 수 있다고 본다.

(2) 불법행위책임

위조자는 어음소지인에 대하여 민법상 불법행위책임을 진다.

4. 위조된 어음에 기명날인 또는 서명한 자의 책임 [변호 21]

위조된 어음이라 하더라도 어음에 형식적인 하자가 없는 한 위조 이후의 어음행위를 한 자는 어음행위독립의 원칙에 따라 어음상 채무를 부담한다(어음법 제7조 제2호).(변호 13, 16, 모의 15, 16, 18)

위조발행 된 어음이라도 어음행위독립의 원칙상 그 뒤에 유효하게 배서한 배서인에 대하여는 상환청구권을 행사할 수 있다.(대판 1977.12.13. 77다1753)

5. 위조어음 지급은행의 책임

(1) 지급은행의 고의 또는 과실이 존재하는 경우

어음의 지급담당자가 은행으로 되어 있는 은행도어음에 있어서 지급은행이 고의 또는 과실로 위조된 어음을 식별하지 못하고 지급을 한 경우 민법상 불법행위책임을 부담하고, 이 경우 경과실만으로도 책임이 인정된다.

(2) 지급은행의 고의 또는 과실이 없는 경우

1) 학설

지급은행에 고의 또는 과실이 없는 경우 발행인과 지급은행의 책임과 관련하여 ① 위조된 어음의 경우 은행에 대하여 유효한 지급위탁이 없었다는 점에서 지급은행은 발행인의 계산으로 지급할 권한이 없으므로 지급은행이 그 손실을 부담해야 한다는 견해와 ② 외관의 존재나 지급은행의 사실상 업무부담을 고려하여 발행인에게 손실을 부담시키는 것이 타당하다는 견해가 존재한다.

2) 판례

다른 사람이 위조한 무효의 수표에 대한 은행의 변제가 유효로 되는 것은 특별법규, 면책 약관 또는 상관습이 있는 경우에 한하고 이 경우 채권의 준점유자에 대한 변제의 법리는 적용되지 않는다.(대판 1971.3.9. 70다2895)

기출사례

★ 어음위조, 어음 선의취득 [변호 21]

甲주식회사는 건설업을 목적으로 2010년 설립된 비상장회사이다. 甲회사의 총무부장 F는 甲회사가 丁회사로부터 발행받아 보관 중이던 약속어음(어음금액: 1억 원)을 자신의 개인채무 지급을 위하여 사용하기로 마음먹고, 이를 위해 F는 자신이 업무상 보관 중이던 甲회사 대표이사 인감을 사용하여 甲회사 명의로 배서한 후 G에게 위 약속어음을 교부하였다. G는 그 약속어음을 다시 어음 취득에 선의 · 무과실인 H에게 배서 · 교부하였고, H는 만기에 丁회사에게 어음금 1억 원의 지급을 청구하였으나 그 지급을 받지 못하였다(지급거절증서 작성은 면제됨).

H는 甲회사, F, G에 대하여 어음상 권리를 행사할 수 있는가?

Ⅰ. 결론

선의취득에 의하여 어음상 권리를 취득한 H는 피위조자인 甲회사와 위조자인 F에 대해서는 어음상 권리를 행사할 수 없고, 위조된 어음에 배서한 G에 대해서는 어음행위독립의 원칙에 따라 어음상 권리를 행사할 수 있다.

Ⅱ. 쟁점

F는 甲회사의 대표이사 인감을 사용하여 甲회사 명의로 약속어음에 배서하였고, F가 甲회사 명의의 약속어음을 발행할 권한이 존재하지 않으므로 이러한 F의 배서행위는 위조에 해당한다. 연속된 배서 중 일부에 위조된 배서가 존재하는 경우 H에게 선의취득이 인정되는지 문제되고, 피위조자인 甲회사와 관련해서는 어음위조항변이, 약속어음을 위조한 F에 대해서는 어음위조자의 책임이, 위조된 어음에 배서한 G에 대해서는 어음행위독립의 원칙에 따라 자신의 배서에 대하여 어음상 채무를 부담하는지가 문제된다.

기출사례

★ 어음위조

甲은 乙을 수취인으로 하고 X를 지급인으로 하여 환어음을 발행하였다. 어음면에는 「거절증서작성면제」 라는 문구가 인쇄되어 있고, X는 이를 인수하였다. 丙이 乙로부터 이 어음을 절취하여 乙, 丙 사이의 배서를 위조한 후 丁에게 배서 · 양도하였다. 어음취득 당시 丁은 丙이 절취자임을 알고 있었다. 그 이후 이와 같은 사실을 알지 못하는 戊는 丁에게 물건을 매도하고 그로부터 어음을 배서 · 양도 받았다.

X가 만기에 어음금의 지급을 거절하여 戊가 甲, 乙, 丙, 丁을 상대로 상환청구권을 행사하는 경우 甲, 乙, 丙, 丁의 어음채무 부담 여부를 설명하시오

Ⅰ. 결론

甲은 환어음의 발행인으로서 어음채무를 부담하고, 乙은 위조된 배서의 피배서인으로서 원칙적으로 어음채무를 부담하지 않으며, 丙과 丁은 어음행위독립의 원칙에 따라 어음채무를 부담한다.

Ⅱ. 쟁점

戊의 상환청구에 대하여 甲은 발행인의 책임, 乙은 피위조자의 책임, 丙과 丁은 위조 후 배서한 자의 책임이 어음행위독립의 원칙과 관련하여 문제된다.

Ⅶ. 어음의 변조

1. 어음변조의 의의

(1) 개념

어음의 변조란 권한 없는 자가 기명날인 또는 서명 이외의 어음 기재사항을 변경하는 것을 말한다. 어음의 기존 문언을 제거하거나 새로운 문언을 추가하는 것을 모두 포함한다. 무익적 기재사항을 추가·말소·변경하는 것은 어음의 효력에 영향이 없으므로 변조에 해당하지 않는다. 필요적 기재사항을 삭제하는 경우 변조가 아니라 어음요건을 흠결시키는 것으로 어음의 효력이 상실된다. 기재내용의 변경이 당초 어음행위의 목적에 부합하고 이해관계자의 권리의무에 영향을 미치지 않는 경우 단순히 착오로 기재된 것을 정정한 것으로 보아 변조에 해당하지 않는다.(모의 20) 어음발행 후 발행인의 상호가 변경되어 어음소지인이 발행인 기명 부분 중 발행인의 구 상호를 지우고 신 상호를 기재한 경우 변조에 해당하지 않는다.(변호 12)

(2) 구별 개념

1) 기명날인 또는 서명의 변경

이미 존재하는 甲의 기명날인 또는 서명을 권한 없이 乙로 변경하는 것은 지워진 甲에 대해서는 변조가 되고, 乙에 대해서는 위조가 된다. 甲은 변조의 법리에 따라 그 이전의 기명날인 또는 서명에 의해서 어음상의 책임을 지고, 乙은 위조의 법리에 따라 피위조자의 책임을 지게 된다.

2) 자신이 기재한 내용의 변경

자신이 기재한 내용을 변경하는 경우에도 변조에 해당하는지 여부는 이미 어음상에 따른 권리 또는 의무가 발생하였는지 여부 및 그러한 변경이 이미 발생한 이해관계에 영향을 주는가에 따라 판단하게 된다. 원칙적으로 어음행위를 한 자가 자신이 기재한 내용을 변경하기 위해서는 그러한 변경의 영향을 받는 모든 권리자와 의무자의 동의를 받아야 한다.

① **어음의 발행 이후 어음보증이** 이루어진 경우, 수취인에게 어음을 교부하기 전이라고 하더라도 **발행인은 어음보증인의 동의 없이 어음상의 기재를 변경할 수 없다.**(대판 1981.11.24. 80다2345)

② 어음발행인이더라도 **어음상에 권리의무를 가진 자가 있는 경우에는 이러한 자의 동의 없이 어음 기재내용에 변경을** 가하였다면 **변조에 해당하고** 약속어음에 배서인이 있는 경우 **배서인은 어음행위를 할 당시의 문언에 따라 어음상 책임을** 지는 것이지 **변조된 문언에 의한 책임을 지울 수 없다.**(대판 1987.3.24. 86다카37)(변호 12, 모의 19)

③ 甲이 어음 수취인란을 공란으로 乙회사 대표이사 丙에게 발행·교부하였고, 乙회사가 丁에게 어음을 배서양도 한 경우, **丁이 수취인을 "丙"이라고 보충하였다가 "乙주식회사 대표이사 丙"이라고 정정하는 것은 발행인인 甲이나 제1배서인인 乙회사 등 어음행위자들의 당초의 어음행위의 목적에 부합하고,** 어음 효력이나 어음관계자의 권리의무 내용에 영향을 미치지 않으므로, 이는 단순히 **착오로 기재된 것을 정정한** 것이고 **어음을 변조한 경우에 해당한다고 볼 수 없다.**(대판 1995.5.9. 94다40659)(모의 20)

④ **제3자가 고의로 인지를 약속어음에 기재된 지시금지 문구 위에 첨부한** 경우 어음 기재내용의 일부 변조**에 해당한다.** 어음발행인은 변조 전의 문구에 따라서만 책임을 부담한다.(대판 1980.3.25. 80다202)(변호 12, 21)

2. 변조 전에 기명날인 또는 서명한 자의 책임 [모의 14, 21, 23]

(1) 원문언에 따른 책임 - 물적 항변

변조 전에 기명날인 또는 서명을 한 자는 원래 자신이 행위 할 당시의 원문언에 따라 책임을 진다(어음법 제69조).(변호 12, 16, 모의 15, 16, 17, 18, 19, 21, 23) 변조 전에 기명날인 또는 서명을 한 자는 변조된 문언 가운데 원문언을 넘는 부분에 대해서는 책임이 없다는 항변을 할 수 있다. 이러한 변조의 항변은 물적 항변이므로 누구에게든지 대항할 수 있다. 원문언에 따라 책임을 진다는 것은 어음의 만기와 같은 사항 또한 원문언을 기준으로 한다는 것을 말한다. 예를 들어 어음의 만기가 변조된 경우 변조 전에 어음행위를 한 자는 원래의 만기에 따른 지급제시가 이루어진 경우에만 책임을 진다.

약속어음의 최종 소지인이 배서인에 대하여 변개 전의 원문언에 따른 소구의무자로서의 책임을 묻기 위하여서는 소지인이 변개 전의 원문언에 따른 적법한 지급제시를 하였음이 인정되어야 할 것인바, 소지인이 약속어음이 변개된 후에야 비로소 그 어음을 취득하였고 변개 전의 원문언에 따른 지급제시기간 내에 그 약속어음을 지급제시하지 않은 경우, 그 최종소지인의 배서인에 대한 소구권은 요건 흠결로 상실되어 배서인에 대하여 변개 전의 원문언에 따른 책임도 물을 수 없다.(대판 1996.2.23. 95다49936)(모의 20)

(2) 변조사실의 입증책임

1) 학설

변조사실에 대한 입증책임과 관련해서는 ① 입증책임분배의 일반원칙에 따라 어음소지인이 입증책임을 진다는 견해와 ② 변조 사실이 어음문면상 명백한 경우에는 어음소지인이 입증책임을 지나 변조 사실을 식별하기 어려운 경우에는 어음채무자가 입증책임을 진다는 견해가 존재한다.

2) 판례

① 변조 사실이 분명한 경우 어음소지인이 변조 후에 어음채무자가 기명날인을 하였거나 변조에 동의하였다는 사실을 입증해야 한다.(대판 1987.3.24. 86다카37)

[사실관계] 어음의 문언에 변개(개서)가 되었음이 명백한 경우에 어음소지인이 기명날인자(배서인 등)에게 그 변개 후의 문언에 따른 책임을 지우자면 그 기명날인이 변개 후에 있은 것 또는 기명날인자가 그 변개에 동의하였다는 것을 입증해야 하고 그 입증을 못하면 그 불이익은 어음소지인이 입어야 한다고 판시한 사안.

② 변조 사실이 입증되지 않은 경우에는 어음채무자가 어음의 문언에 따른 책임을 져야 한다고 본다.(대판 1990.2.9. 89다카14165)(변호 12, 모의 19)

[사실관계] 어음 액면금액을 변조하는 경우에는 원래 기재되어 있는 숫자를 이용하는 것이 통상이므로, 어음 발행인이 어음액면의 변조를 주장하려면 자기가 발행할 때에 어떤 방법(필기냐, 타자냐)으로 어떤 문자(국한문이냐, 아라비아 숫자냐)로 써주었다는 점을 밝혀야 하는데 피고는 그저 어음액면이 40만 원이었는데 9,845,004원으로 변조되었다고 추상적인 주장을 할 뿐 구체적인 해명이 없을 뿐 아니라, 감정소견에 의하면 어음 액면기재가 화학약품으로 원래 기재를 지우고 다시 쓴 것이 아니고 액면기재는 변조된 것이 아니라고 함에도, 원심이 피고의 주장에 관해 좀 더 석명하지 아니한 채 증인의 증언만으로 어음면상 기재와 다른 어음금액을 인정한 것은 심리를 다하지 아니하고 불확실한 증거에 의하여 사실을 인정한 위법이 있다고 판시한 사안.

(3) 예외

변조 전 기명날인 또는 서명자가 변조에 동의하거나 변조를 사후에 추인하거나, 표현책임이 인정되는 경우 변조 후 문언에 따른 어음상 책임을 진다. 어음위조와 같이 사용자책임이 문제될 수도 있다.

3. 변조 후에 기명날인 또는 서명한 자의 책임

변조 후에 기명날인 또는 서명한 자는 변조된 문언에 따라 책임을 진다(어음법 제69조).(변호 12, 16, 모의 15, 16, 17, 18, 19) 변조로 어음요건이 흠결되었다면 그 뒤에 기명날인 또는 서명을 한 자는 어음상의 책임을 지지 않는다.

4. 변조자의 책임

(1) 변조자가 기명날인 또는 서명을 한 경우

변조자가 변조와 함께 자신의 기명날인 또는 서명을 한 경우 변조자는 변조 후의 문언에 따라 책임을 진다.

(2) 변조자가 기명날인 또는 서명을 하지 않은 경우

변조자가 변조만 하고 기명날인 또는 서명을 하지 않은 경우 변조자가 변조 후의 문언에 따라 책임을 지는지 문제된다. 예를 들어 백지식배서를 받은 피배서인이 어음을 변조한 다음 단순교부의 방식으로 어음상 권리를 이전한 경우에는 배서인이 어음 문면상 드러나지 않게 된다. 이처럼 변조자가 어음 문면에 드러나지 않더라도 어음법 제8조를 유추적용 하여 변조자의 책임을 인정하는 견해가 유력하다.

(3) 민법상 불법행위책임

어음 위조의 경우와 마찬가지로 변조자는 민법상 불법행위책임을 진다.

5. 어음 당사자와의 합의에 의한 변경

어음 일부 당사자와 합의에 의하여 어음문구가 변경된 경우 합의 당사자가 아닌 다른 당사자에 대한 관계에서는 어음 변조가 되어 합의 당사자가 아닌 당사자는 원문언에 따라 책임을 진다.(모의 18) 이와 달리 변경에 합의한 당사자 및 그 이후의 당사자는 적법하게 변경된 어음 문구에 따라 책임을 부담하게 된다.

제3관 어음의 실질관계

Ⅰ. 의의

어음 당사자 사이에서 어음이 수수되는 배후의 관계를 어음의 실질관계라고 한다. 실질관계는 어음이 수수되는 직접 당사자 사이의 대가관계인 원인관계와 환어음의 발행인과 지급인 사이의 대가관계인 자금관계가 존재한다. 약속어음의 경우 지급인이 없으므로 원인관계만 존재한다.

Ⅱ. 원인관계

1. 원인관계가 어음관계에 미치는 영향

어음관계는 원칙적으로 원인관계의 유효 여부에 영향을 받지 않는다. 어음상 권리와 원인관계상 채권은 서로 별개로 존속한다. 원인관계상 채무의 지급을 위해 어음을 교부한 경우 기존채무가 지급되더라도 어음채무는 소멸하지 않는다.(모의 15) 또한 원인채권을 행사한 것으로 어음상 권리의 소멸시효가 중단되지도 않는다. 예외적으로 ① 당사자 사이에서는 원인관계에서 생기는 인적 항변이 인정되고, ② 이득상환청구권이 인정되는 경우 원인관계에서 발생한 채무자의 이득을 소지인에게 반환해야 한다.

2. 어음관계가 원인관계에 미치는 영향

어음관계는 원인관계에 영향을 미친다. 이와 관련하여 어음의 교부로 원인채무가 소멸되는지 문제되는데, 이는 어음을 교부한 당사자의 의사가 무엇인지에 따라 달라진다. 어음을 교부한 당사자의 의사는 ① '지급에 갈음하여', ② '지급을 위해서', ③ '지급을 담보하기 위해서'로 나누어 볼 수 있다.

(1) 지급에 갈음한 교부

어음이 원인채무의 지급에 갈음하여 교부된 경우 원인채무는 소멸하고 어음채무만 존재한다. 원인채무에 설정된 담보물권이나 보증 등도 효력을 잃게 된다. 원인채무의 지급에 갈음한 어음교부의 법적 성질에 대해서는 경개설과 대물변제설(통설)이 존재한다.

(2) 지급을 위한 교부

1) 원인채무와 어음채무의 병존

어음이 원인채무의 지급을 위해서 교부된 경우 원인채무는 소멸하지 않고 원인채무와 어음채무가 함께 존재한다.(변호 20)

2) 어음상 권리의 행사

① 권리의 행사순서 [변호 22]

통설과 判例는 어음이 원인채무의 지급을 위해서 교부된 경우 채권자는 어음채권을 먼저 행사해야 하고 어음채권으로 만족을 얻을 수 없는 경우에 한하여 원인채권을 행사할 수 있다고 본다.(변호 20)
어음채권을 행사한다는 것은 어음상 주채무자에게 지급을 청구하는 것을 의미한다. 채권자가 상환청구권까지 먼저 행사할 것이 요구되지는 않으나 상환청구권 보전절차는 이행해야 한다.

채무자가 기존 채무의 이행에 관하여 채권자에게 어음을 교부하는 경우 당사자 사이에 특별한 의사표시가 없고, 어음상 주채무자가 원인관계상 채무자와 동일하지 아니한 때에는 제3자인 어음상 주채무자에 의한 지급이 예정되고 있으므로, '지급을 위하여' 교부된 것으로 추정된다.(대판 1995.10.13. 93다12213)(변호 20, 24)

어음이 지급을 위해 교부된 경우 채권자가 어음채권과 원인채권 중 어음채권을 먼저 행사하는 것을 당사자가 예정하였다고 할 것이므로 채권자로서는 어음채권을 우선 행사하고, 그에 의해 만족을 얻을 수 없을 때 비로소 채무자에 대하여 기존의 원인채권을 행사할 수 있다고 해야 하며, 이러한 목적으로 어음을 배서양도 받은 채권자는 특별한 사정이 없는 한 채무자에게 원인채권을 행사하기 위해서는 어음을 채무자에게 반환해야 하므로, 채권자가 채무자에게 자기의 원인채권을 행사하기 위한 전제로서 지급기일에 어음을 적법하게 제시하여 소구권 보전절차를 취할 의무가 있다고 보는 것이 형평에 맞다.(대판 1996.11.8. 95다25060)(변호 15, 20, 21, 24, 모의 18, 23, 24)

[기타 판시사항] 기존 채무의 이행에 관하여 채무자가 채권자에게 어음을 교부할 때의 당사자의 의사는 '지급에 갈음하여', '지급을 위하여' 및 '담보를 위하여' 교부하는 경우로 나누어 볼 수 있는데, 당사자 사이에 특별한 의사표시가 없으면 어음의 교부가 있다고 하더라도 이는 기존 원인채무는 여전히 존속하고 단지 그 '지급을 위하여' 또는 그 '담보를 위하여' 교부된 것으로 추정되고, 어음상의 주채무자가 원인관계상의 채무자와 동일하지 아니한 때에는 제3자인 어음상의 주채무자에 의한 지급이 예정되고 있으므로 이는 '지급을 위하여' 교부된 것으로 추정하여야 한다.

② 어음 만기와 원인채무 변제기의 유예약정

원인채무의 지급을 위하여 교부된 어음의 만기가 원인채무의 변제기보다 나중인 경우 원인채무의 변제기를 어음의 만기까지 유예하기로 하는 묵시적 합의가 있었다고 해석한다. 다만 원인채무의 변제기에 변제가 되지 않은 상태에서 채무자가 어음을 발행한 경우에는 변제기 유예의 합의가 있었다고 보기 어렵다.

채권자가 기존 채무의 지급을 위해 그 채무의 변제기보다 후의 일자가 만기로 된 어음의 교부를 받은 경우에는 묵시적으로 기존 채무의 지급을 유예하는 의사가 있었다고 보는 것이 상당하므로 기존 채무의 변제기는 어음에 기재된 만기일로 변경된다고 볼 것이다.(대판 1999.8.24. 99다24508)(변호 20, 21, 24, 모의 18)

매수인이 물품대금 지급방법에 관한 약정에 따라 대금 지급을 위해 매도인에게 지급기일이 물품공급일자 이후로 된 약속어음을 발행·교부한 경우, 물품대금 지급채무의 이행기는 다른 특별한 사정이 없는 한 약속어음의 지급기일이고, 약속어음이 발행인에게 발생한 지급정지사유로 지급기일이 도래하기 전에 지급거절 되었더라도 지급거절 된 때에 물품대금 지급채무의 이행기가 도래하는 것은 아니다.(대판 2014.6.26. 2011다101599)

③ 원인채권 행사와 어음의 반환

어음의 주채무자가 지급을 거절하는 등의 사유로 채권자가 원인채권을 행사하는 경우 원인채권의 채무자가 어음의 반환을 청구할 수 있는지와 관련하여 통설과 判例는 채무자가 동시이행으로 어음의 반환을 청구할 수 있다고 본다.(모의 14)

따라서 채무자가 발행 또는 배서한 어음을 채권자가 제3자에게 양도하였다면, 채권자는 제3자에게 상환의무를 이행하고 어음을 환수하지 않는 이상 자신의 원인채권을 행사할 수 없게 된다.(변호 21)

이는 채무자의 이중지급 위험을 방지하기 위한 것으로 쌍무계약상 동시이행의 항변권과는 성격을 달리한다. 그 결과 채무자는 원인채무의 이행기가 도과되면 어음을 반환받지 못하더라도 이행지체의 책임을 진다. 다만 소멸시효가 완성된 경우와 같이 어음이 유통되더라도 이중지급의 위험이 없는 경우에는 채권자는 어음을 반환하지 않고 원인채권을 행사할 수 있다.

㉠ 기존채무와 어음, 수표채무가 병존하는 경우 원인채무의 이행과 어음, 수표의 반환이 동시이행의 관계에 있다 하더라도 채권자가 어음, 수표의 반환을 제공 하지 아니하면 채무자에게 적법한 이행의 최고를 할 수 없다고 할 수는 없고, **채무자는 원인채무의 이행기를 도과하면 원칙적으로 이행지체의 책임**을 지고, 채권자로부터 어음, 수표의 반환을 받지 않았더라도 **어음, 수표를 반환하지 않음을 이유로 위와 같은 항변권을 행사하여 그 지급을 거절하고 있는 것이 아닌 한 이행지체책임을 면할 수 없다.**(대판 1993.11.9. 93다11203)

㉡ 채무자가 어음 반환이 없음을 이유로 원인채무의 변제를 거절할 수 있는 것은 채무자로 하여금 이중지급의 위험을 면하게 하려는 데에 목적이 있는 것이지, 기존 원인채권에 터 잡은 이행청구권과 상대방의 어음 반환청구권이 민법 제536조에 정하는 쌍무계약상의 채권채무관계나 그와 유사한 대가관계가 있어서 그러는 것은 아니므로, **원인채무 이행의무와 어음 반환의무가 동시이행의 관계에 있더라도** 이는 어음의 반환과 상환으로 하지 아니하면 지급을 할 필요가 없으므로 이를 거절할 수 있다는 것을 의미하는 것뿐이다. 따라서 **채무자가 어음의 반환이 없음을 이유로 원인채무의 변제를 거절할 수 있는 권능을 가진다고 하여 채권자가 어음을 반환하지 않으면 채무자에게 적법한 이행최고를 할 수 없다고 할 수는 없고, 채무자는 원인채무의 이행기를 도과하면 원칙적으로 이행지체의 책임을 진다.**(대판 1999.7.9. 98다47542,47559)(모의 14)

㉢ **어음상 권리가 시효완성으로 소멸**하여 채무자에게 이중지급의 위험이 없고 채무자가 다른 어음상 채무자에 대하여 권리를 행사할 수도 없는 경우에는 **채권자의 원인채권 행사에 대하여 채무자에게 어음상환의 동시이행항변을 인정할 필요가 없으므로 채무자의 동시이행항변권은 부인된다.**(대판 1999.8.24. 99다24508)(변호 24)

④ 채권자 귀책사유에 의한 어음상 권리의 소멸과 원인채권의 행사

㉠ 의의

원인채무의 지급을 위하여 어음을 교부받은 채권자의 귀책사유로 어음의 상환청구권보전절차가 이행되지 못하거나 어음상 권리가 소멸시효로 소멸한 경우, 귀책사유 있는 채권자가 채무자에게 원인채권을 행사할 수 있는지 문제된다.

㉡ 학설

i) **'긍정설'**은 어음채권과 원인채권은 분리되므로 원인채권을 행사할 수 있다고 본다.

ii) **'부정설'**은 어음채권 소멸에 귀책사유 있는 채권자가 원인채권을 행사하는 것은 선행행위와 모순되는 것이라는 이유로 원인채권을 행사할 수 없다고 본다.

㉢ 판례

채권자가 상환청구권 보전의무를 위반하였더라도 약속어음 주채무자인 발행인이 자력이 있는 한 어음**을 반환받은 채무자가 발행인에 대한 어음채권이나 원인채권을 행사하여 채권의 만족**을 얻을 수 있기 때문에 아직 **손해는 발생하지 않은 것이고,**(모의 24) **지급기일 후에 어음발행인이 무자력이 되어 채무자가 어음을 반환받더라도 발행인에 대한 어음채권과 원인채권 어느 것도 받을 수 없게 된 때에야** 비로소 자신의 채권**에 대하여 만족을 얻지 못하게 되는 손해를 입게 되고,**(변호 24, 모의 24) 이러한 손해는 **어음 주채무자인 발행인의 자력악화라는 특별 사정으로 인한 손해로서** 상환청구권 보전의무를 불이행한 어음소지인이 **채무불이행 당시인 어음 지급기일에 장차 어음발행인의 자력이 악화될 것임을 알았거나 알 수 있었을 때에만 배상채권으로 상계할** 수 있다.(대판 1996.11.8. 95다25060)

⑤ **어음상 권리의 행사와 원인채권의 소멸시효 중단**

채권자의 어음상 권리 행사는 원인채권의 소멸시효 중단의 효력이 있다. 判例 또한 어음상 권리의 행사로 원인채권의 소멸시효가 중단된다고 본다.

㉠ **시효로 소멸된 어음채권을 청구채권으로 하여 채무자 소유 재산을 압류하더라도 원인채권의 시효가 중단되지 않는다고** 본다.(대판 2010.5.13. 2010다6345)(모의 18, 23)

㉡ 원인채권의 지급을 확보하기 위한 방법으로 어음이 수수된 경우, 어음채권의 행사는 원인채권을 실현하기 위한 것일 뿐만 아니라, 원인채권의 소멸시효는 어음금 청구소송에 있어서 채무자의 인적항변 사유에 해당하는 관계로 채권자가 어음채권의 소멸시효를 중단하여 두어도 채무자의 인적항변에 따라 그 권리를 실현할 수 없게 되는 불합리한 결과가 발생하게 되므로, **채권자가 원인채권에 기하여 청구를 한 것이 아니라 어음채권에 기하여 청구를 하는 반대의 경우에는 원인채권의 소멸시효를 중단시키는 효력이 있고,** 이러한 법리는 채권자가 어음채권을 피보전권리로 하여 채무자의 재산을 가압류함으로써 그 권리를 행사한 경우에도 마찬가지로 적용된다.(대판 1999.6.11. 99다16378)(변호 17, 20, 21, 22, 모의 13, 16, 18, 23, 24)

㉢ 상사채무인 약속어음의 **원인채무가 5년의 상사시효기간이 지나서 시효 소멸하였다면,** 원인채무의 지급확보를 위하여 발행된 약속어음의 발행인은 **위 사유를 들어 약속어음의 수취인에 대하여 약속어음금의 지급을** 거절할 수 있다.(대판 1993.11.9. 93다16390)(모의 20, 24)

⑥ **어음채무의 이행으로 인한 원인채무의 소멸과 원인채권의 양도**

채권자가 어음채권을 행사하여 만족을 얻게 되면 원인채무도 소멸한다.(모의 23)

㉠ **채권자가 수표를 타인에게 양도한 경우 수표 양도만으로 원인채무가 소멸하지는 않고, 채권자가 수표상의 상환의무를 최종적으로 면하게 될 때 원인채무가 소멸**한다.(대판 2002.12.24. 2001다3917)

㉡ **원인채무의 이행에 관하여 기존의 수표가 채권자에게 교부된** 경우 지급을 위하여 **교부된** 것으로서 수표를 교부받은 **채권자가 원인채권만을 제3자에게 양도한 이후 수표금이 지급된** 경우에는 **원인채권도 수표금의 지급으로 소멸**한다.(대판 2003.5.30. 2003다13512)

㉢ 원인채무의 지급을 위해 어음을 배서양도 한 경우 **원인채무와 어음상 채무가 병존하고 있다가 나중에 어음금이 지급되어 어음상 채무가 소멸하면 원인채무도 함께 소멸한다. 어음금 지급행위가 부인되어 어음소지인인 상대방이 어음금을 반환한** 때에는 채무자회생법 제109조 **제1항**에 따라 소멸했던 **어음상 채권이 회복되고 어음상 채권의 소멸로 인해 함께 소멸했던 원인채권도 회복된다.** 어음발행인(어음채무자)이 어음소지인(원고)에게 어음금을 변제한 이후, **어음발행인인 회생회사의 관리인이 그 어음금변제에 관하여 부인권을 행사**함으로써 **변제받은 어음금을 반환**하게 된 어음소지인이, 어음배서인 겸 자신의 물품대금채무자였던 피고를 상대로, 위 **부인권 행사로 어음상 채권(소구권)과 원인채권(물품대금채권)이 모두 회복되었다고** 주장하며 **원인채권(물품대금)의 지급을 구하는 경우 어음상 채권과 함께 그 원인채권도 회복된다.**(대판 2022.5.13. 2018다224781)

(3) 지급을 담보하기 위한 교부

원인채무에 대한 지급을 담보하기 위하여 어음이 교부된 경우 원인채무와 어음채무가 병존한다. 지급을 담보하기 위하여 어음이 교부된 경우는 지급을 위하여 어음이 교부된 경우와 대부분 동일한 법리가 적용된다. 다만 권리의 행사순서와 관련하여 지급을 담보하여 어음이 교부된 경우에는 어음채권을 먼저 행사할 것이 요구되지 않고, 채권자가 임의로 선택할 수 있다고 본다.(변호 15, 모의 14)

(4) 교부 목적의 판단

어음 교부의 목적에 대하여 당사자 사이에 특별한 합의가 없는 경우 지급을 위하여 또는 지급을 담보하기 위하여 교부된 것으로 본다. 判例는 대금지급을 위해 어음을 교부하면서 계약서에 대금이 지급되었다는 사실을 기재한 경우, 영수증을 교부한 경우 등에도 지급에 갈음하여 어음이 교부된 것으로 단정할 수 없다고 보았다. 또한 判例는 채무자가 채권자에게 제3자가 발행한 어음을 교부하거나 은행도어음을 교부한 경우에는 지급을 위하여 교부한 것으로 보았다. 다만 判例는 자기앞수표가 수수된 경우에는 지급에 갈음하여 교부된 것으로 본다.

① 기존 채무에 관하여 채무자가 타인 발행의 약속어음을 교부하면서 금전 수령의 뜻으로 계약서의 대금 분할지급액 기재를 정정 · 날인하였어도 그것만으로 기존 채무를 소멸시키는 의사가 있었다고 단정할 수 없다.(대판 1997.3.28. 97다126,133)

② 기존채무에 관하여 채무자가 약속어음을 발행하거나 타인이 발행한 약속어음을 교부한 경우 당사자 간에 특별한 의사표시가 없는 한 기존채무의 변제확보를 위하여, 또는 그 지급방법으로 한 것으로 추정해야 하고, 채권자는 금전채권 지급방법으로 약속어음을 교부받으면서 어음이 장차 결제될 것을 예상하여 미리 금전을 수령하였다는 영수증을 교부하는 경우도 있는 것이므로, 어음 수령과 상환으로 영수증을 작성 교부하였다거나 채권자가 어음을 제3자에게 양도하면서 채무자에게 자기 채무의 이행을 하였다고 하더라도 그것만으로 어음금의 지급 이전에 어음 수수만으로 대금지급이 완결된 것으로 단정할 수는 없다.(대판 1995.10.13. 93다12213)

③ 채무자가 채권자에게 교부한 어음이 이른바 '은행도 어음'으로서 어음할인 등의 방법으로 타에 유통시킬 수도 있는 경우라면 '지급을 위하여' 교부된 것으로 추정된다.(대판 2001.7.13. 2000다57771)

기출사례

★ 어음채권과 원인채권 [변호 22]

甲은 2차 전지 제조업을 영위하는 A주식회사(상장회사, 보통주만 발행, 자본금 100억 원)의 발행주식총수의 100분의 15에 해당하는 주식을 가진 주주로, 회사 운영에 깊은 관심을 가지고 있다. 甲은 인공지능을 활용한 신제품을 개발할 계획으로 이 분야의 전문가인 乙을 초빙하였고 A회사는 적법한 절차를 거쳐 乙을 대표이사로 선임하였다.
B주식회사는 인공지능 관련 제품을 개발 · 판매하고 있는 비상장회사이다. A회사는 B회사로부터 2억 원 상당의 인공지능 관련 제품을 구입하는 계약을 B회사와 2021. 3. 5. 체결하였다. A회사는 보유 중이던 丁 발행 약속어음(액면금 2억 원)을 제품 구입 대가로 B회사에 배서양도하였다. 이후 B회사는 어음에 "추심하기 위하여"라는 문구를 적어 배서하여 C주식회사에 교부하였다. C회사는 丁에게 어음을 만기에 적법하게 지급 제시하였으나 丁은 자금 사정이 어렵다는 이유로 지급을 거절하였다. 이후 C회사는 해당 어음에 관한 상환청구 요건을 적법하게 구비하였다.

B회사는 A회사에 대한 채권을 행사하고자 한다. B회사는 위 제품 구입 계약에 따른 매매대금을 청구하는 경우와 약속어음에 기한 청구를 하는 경우를 고려 중이다. B회사는 A회사에 대하여 어떠한 방법으로 자신의 채권을 청구할 수 있는가? (매매대금채권과 어음채권 중 무엇을 행사할지에 관한 A회사와 B회사의 의사는 명확하지 않음)

Ⅰ. 결론

채무자인 A회사가 매매대금채무의 이행에 관하여 특별한 의사표시 없이 채권자인 B회사에게 어음을 교부하였고, 매대대금 채무자인 A회사와 어음상 주채무자인 丁이 동일하지 않으므로, 어음은 지급을 위하여 교부된 것으로 추정된다. 따라서 B회사는 매매대금채권보다 어음상 채권을 먼저 행사하여야 하고, 이를 위하여 지급기일에 어음을 적법하게 제시하여 상환청구권 보전절차를 취할 의무가 있다. B회사는 추심위임배서의 피배서인인 C회사를 통하여 어음상 권리를 먼저 행사하였으나, 어음상 주채무자인 丁의 지급거절로 인하여 어음상 채무가 이행되지 않았다.
따라서 B회사는 A회사에 대하여 어음상 상환청구권을 행사하거나 A회사에게 어음을 반환함과 동시에 매매대금의 지급을 청구할 수 있다.

Ⅱ. 쟁점

원인채권과 어음채권의 관계와 원인채권과 어음채권의 행사순서 및 추심위임배서의 효력이 문제된다.

Ⅲ. 자금관계

자금관계는 환어음의 발행인과 지급인 사이에 존재하는 실질관계, 즉 환어음의 지급인이 인수 또는 지급을 하는 원인이 되는 법률관계를 말한다. 약속어음에는 자금관계가 없다.

Ⅳ. 어음할인

1. 의의

어음할인이란 아직 만기가 도래하지 않은 어음의 소지인이 상대방에게 어음을 양도하고 상대방으로부터 어음금액으로부터 만기까지의 이자 기타 비용을 공제한 금액을 교부받는 거래를 말한다.

통상 어음할인이라 함은 아직 만기가 도래하지 아니한 어음의 소지인이 은행 등 금융업자에게 어음을 양도하고 은행 등이 어음금액으로부터 만기까지의 이자 기타 비용을 공제한 금액을 할인의뢰자에게 수여하는 거래를 말하므로(일람출급성인 수표의 경우에도 만기가 없으므로 엄격한 의미에서의 수표할인은 성립할 수 없으나, 특정 기일 전까지 지급제시를 하지 않기로 하여 그 기간까지의 이자를 공제하는 의미에 있어서의 수표할인은 가능하다), **액면금 전액을 지급하고 어음을 취득하는 것은 특별한 사정이 없는 한 어음할인의 성질이나 거래관행에 맞지 않는다.**(대판 1994.11.22. 94다20709)

2. 법적성질

(1) 학설

어음할인의 법적 성질에 대하여 ① 소비대차설과 ② 매매설(통설)이 존재한다. 매매설은 어음할인을 어음의 배서 양도로 본다.

(2) 판례

判例는 어음할인의 법적 성질은 당사자의 의사에 의하여 결정된다고 보면서 전형적인 어음할인은 매매의 성질을 가지나 은행거래약정이 수반되는 경우에는 소비대차의 성질을 가진다고 보기도 한다.

금융기관의 어음할인이란 어음소지인이 어음에 기재된 지급기일 이전에 돈을 융통받고자 할 때 금융기관이 그 기일까지의 이자 등을 액면금에서 공제한 돈을 지급하고 어음을 매입하는 것을 말하므로(금융기관 아닌 시중에서 일반적으로 행해지는 어음할인은 이와 성격을 달리할 수도 있다) **어음할인이 있으면 어음을 할인매입하여 소지인이 된 금융기관과 어음 발행인(약속어음의 경우) 간에 어음 채권채무관계가 발생할 뿐 어음을 할인 매도한 어음소지인이었던 자가 어음채무의 보증인이 되는 것은 아니다.**(대판 1985.2.13. 84다카1832)

3. 환매청구권

환매청구권이란 어음의 주채무자 또는 할인의뢰인의 신용이 악화되는 경우, 금융기관이 할인의뢰인에 대하여 할인어음의 환매를 청구할 수 있는 권리를 말한다. 환매청구의 경우 금융기관은 할인의뢰인에 대하여 어음의 상환청구 요건을 갖추지 않아도 된다. 금융기관이 환매청구를 하는 경우 할인의뢰인의 환매대금지급의무는 어음의 교부와 동시이행의 관계에 있다. 다만 금융기관이 환매청구권으로 할인의뢰인의 예금채권과 상계하는 경우 할인의뢰인이 어음교부 동시이행항변권을 배제하여 어음을 반환하지 않고도 유효한 상계가 가능하도록 약정하고 있는데, 判例는 이러한 상계필어음유치특약도 유효하다고 보고 있다.

은행이 어음할인을 해주었다가 지급거절 사유로 환매권을 행사한 다음 환매대금채권과 채무자의 은행에 대한 예금반환채권을 상계한 경우 원칙적으로 어음을 채무자에게 반환해야 하나, 채무자에게 곧 이행하여야 할 나머지 채무가 있고 어음에 채무자 이외의 다른 어음상 채무자가 있는 경우 은행은 어음을 계속 점유하고 추심 또는 처분하여 임의로 채무 변제에 충당할 수 있다는 이른바 **상계필 어음 유치특약은 은행이 채무자의 위임에 의해 채무자를 대신하여 어음을 추심 또는 처분하는 권한을 부여받는 약정으로 유효하다.** 채무자가 어음할인 당시 한 양도배서는 추심위임배서로 유용되어 은행은 숨은 추심위임배서의 피배서인 지위에 서게 되므로, 어음채무자는 배서인(채무자)에 대한 인적 항변사유로서 은행에 대항할 수 있다.(대판 1994.11.22. 94다30201)

제4관 어음항변

Ⅰ. 의의

어음항변이란 어음상의 채무자가 소지인의 권리행사에 대하여 그 채무의 이행을 거절하기 위해서 제출할 수 있는 일체의 주장을 말한다. 어음항변은 어음채무자가 ① 모든 어음소지인에게 대항할 수 있는 물적 항변과 ② 어음채무자가 특정 어음소지인에 대한 관계에서 어음채무의 이행을 거절하기 위해 주장할 수 있는 인적항변으로 나눌 수 있다.

Ⅱ. 물적 항변

1. 증권상의 항변

증권상의 항변이란 어음의 기재에서 항변사유를 명백하게 알 수 있는 항변을 말한다. 어음소지인이 어음 문면으로부터 항변사유를 알 수 있으므로 어음의 유통성을 해하지 않는다. 따라서 어음채무자는 모든 어음소지인에게 대항할 수 있다.

증권상의 항변으로는 ① 어음요건 흠결의 항변, ② 만기 미도래의 항변, ③ 무담보문언 기재의 항변, ④ 배서불연속의 항변, ⑤ 어음면상 지급필 또는 일부지급의 항변, ⑥ 배서금지문언의 항변, ⑦ 소멸시효완성의 항변이 있다.

2. 비증권상의 항변

어음의 기재로부터 항변사유를 알 수는 없으나 어음채무자의 이익보호가 더 중요하다고 판단되어 물적 항변으로 인정되는 사유를 비증권상의 항변이라 한다.

비증권상의 항변으로는 ① 의사무능력 또는 제한능력의 항변,(모의 13, 18, 21) ② 위조 · 변조의 항변, ③ 무권대리의 항변, ④ 권리보전절차 흠결의 항변, ⑤ 강행법규 위반의 항변이 있다.

Ⅲ. 어음법 제17조의 인적 항변 [변호 24, 모의 19, 21]

1. 의의

어음에 의하여 청구를 받은 자는 발행인 또는 종전의 소지인에 대한 인적 관계로 인한 항변으로써 소지인에게 대항하지 못한다(어음법 제17조 본문).(변호 14, 24) 그러나 소지인이 그 채무자를 해할 것을 알고 어음을 취득한 경우에는 그러하지 아니하다.

어음법 제17조의 인적 항변에는 ① 원인관계 부존재, 무효, 취소, 해제의 항변,(변호 14, 24)**[변호 24, 모의 21]** ② 숨은 추심위임배서의 항변, ③ 어음 외에서의 어음금 지급유예특약의 항변, ④ 원인관계의 공서양속 또는 강행규정 위반의 항변, ⑤ 어음과 상환하지 않고 이루어진 지급, 면제, 상계 등의 항변 등이 있다.

2. 배서 또는 교부에 의한 어음의 이전

어음법 제17조의 인적 항변 절단이 인정되기 위해서는 어음소지인이 배서 또는 교부에 의해 어음을 취득해야 한다.

① 상속, 합병, 전부명령 등으로 어음이 이전된 경우, ② 어음법상의 이전방법이 아닌 지명채권양도 방법이나 기한후배서와 같이 지명채권양도의 효력만 있는 방법으로 어음이 이전된 경우, ③ 추심위임배서, 숨은 추심위임배서와 같이 독립된 경제적 이익이 없이 어음이 이전된 경우 인적 항변이 절단되지 않는다.

3. 악의의 항변

(1) 의의

소지인이 그 채무자를 해할 것을 알고 어음을 취득한 경우에는 인적 항변이 절단되지 않는다(어음법 제17조 단서).

(2) 해의의 개념

1) 학설

'채무자를 해할 것을 알고'의 의미에 대하여 통설은 항변의 존재사실을 단순히 아는 것만으로는 부족하고 자신이 어음을 취득함으로써 항변이 절단되어 채무자를 해하게 된다는 사실을 아는 것을 의미한다고 본다(해의설). 즉 악의의 존재와 손해의 인식이 요구된다고 본다.

2) 판례 [해의설]

악의의 항변이란 항변사유의 존재를 인식하는 것만으로는 부족하고 자기가 어음을 취득함으로써 항변이 절단되고 채무자가 해를 입는다는 사실까지도 알아야 한다.(대판 1996.5.14. 96다3449)(변호 14, 18, 모의 13)

어음 채무자는 소지인이 그 채무자를 해할 것을 알고 어음을 취득한 경우가 아닌 한, 소지인이 중대한 과실로 그러한 사실을 몰랐다고 하더라도 종전 소지인에 대한 인적항변으로써 소지인에게 대항할 수 없다.(대판 1996.3.22. 95다56033)

(3) 해의의 인정 여부

항변에 대하여 알면서 어음을 취득한 소지인으로서는 자신의 어음 취득으로 항변이 절단된다는 것도 알았다고 볼 수 있을 것이라는 점에서 소지인이 항변의 존재에 대해 알고 있었다면 소지인의 해의도 인정되는 것이 아닌지 문제된다.

학설은 일반적으로 소지인이 항변의 존재를 알았다면 특별한 사정이 없는 한 해의가 인정된다고 보고 있다. 해의가 부정되는 특별한 사정이란 어음의 만기에 항변사유가 소멸할 것이라고 믿은 경우 또는 만기에 항변이 성립할지 여부가 불확실한 경우 등을 들 수 있다.

(4) 해의의 입증책임

소지인의 해의는 어음채무자가 입증해야 한다. 다만 위에서 살펴본 바와 같이 소지인이 항변의 존재에 대하여 악의라는 사실이 입증되면 소지인의 해의가 사실상 추정되므로, 항변사실에 대한 소지인의 악의가 입증된 경우 손해의 인식이 없었다는 점에 대해서는 소지인이 입증책임을 부담하게 된다.

(5) 해의의 존재시기

소지인의 해의의 존재시기는 어음의 취득시이다. 다만 항변사유가 반드시 취득시에 존재해야 하는 것은 아니다. 소지인이 어음 취득시에 항변사유의 원인사실을 알고 있었고 어음상의 권리행사시까지 항변사유가 발생할 것으로 예상하였다면 악의의 항변이 인정될 수 있다.

(6) 선의취득자로부터의 취득과 악의의 항변

1) 문제점

선의취득은 원시취득이므로 선의취득자로부터 어음을 취득한 자는 선의취득 이전의 항변사유에 대하여 악의가 있더라도 선의취득자의 권리를 승계하게 된다. 이와 관련하여 선의취득자로부터 권리를 승계한 악의의 소지인에 대하여 어음채무자가 인적 항변으로써 대항할 수 없는지 문제된다. 예를 들어 甲이 발행한 어음이 乙 → 丙 → 丁으로 양도되고 丙이 어음을 선의취득 하였는데 丁이 甲과 乙 사이의 인적 항변에 대하여 악의인 경우 甲은 丁에게 인적 항변으로 대항할 수 없는지 문제된다.

2) 학설

학설은 선의취득이 인정되는 이상 선의취득자로부터 어음을 취득한 자의 주관적 사정과 관계없이 어음소지자는 권리를 취득하고 어음채무자는 인적 항변으로 대항할 수 없다고 본다.

3) 판례

判例 또한 어음채무자는 선의취득자로부터 어음을 취득한 자에 대하여 인적 항변으로 대항할 수 없다고 판시하였다. 또한 判例는 어음소지인이 지급거절증서 작성 후 또는 지급거절증서작성기간 경과 후에 어음을 양도받은 경우에도 인적 항변이 절단된다고 판시하였다.

백지식 배서에 의하여 어음을 양수한 사람은 백지를 보충하지 아니하고 인도에 의하여 어음을 양도하면 배서인으로서의 소구의무를 부담하지 아니하지만 현재의 어음소지인의 앞사람으로서 권리를 양도한 어음상의 권리자였다는 지위에는 변함이 없으므로, 어음상 배서인으로 나타나 있지는 않지만 **현재의 어음소지인에게 어음을 양도한 사람이 어음취득 당시 선의였기 때문에 그에게 대항할 수 없었던 사유에 대하여는 현재의 어음소지인이 비록 어음취득 당시 그 사유를 알고 있었다고 하여 그것으로써 현재의 어음소지인에게 대항할 수 없고,** 현재의 어음소지인이 지급거절증서 작성 후 또는 지급거절증서작성기간 경과 후에 어음을 양도받았다고 하더라도 마찬가지이다.(대판 2001.4.24. 2001다5272)

기출사례

★ 해의의 항변 [변호 24]

甲회사의 대표이사는 약속어음을 할인하여 주겠다는 C의 거짓말에 속아 그에게 회사 명의의 어음을 발행하여 주었으며, C는 그 어음을 D에게 배서양도하였다. 그 후 甲회사의 대표이사가 C의 사기를 이유로 어음발행 행위를 취소하였다.

D가 어음의 만기일에 甲회사에 어음금을 청구하는 경우 甲회사는 어음금을 지급하여야 하는가?

Ⅰ. 결론

약속어음의 발행인으로서 주채무자인 甲회사는 약속어음을 배서에 의하여 적법, 유효하게 취득한 소지인 D에 대하여 어음상 채무를 부담한다. 할인을 위해 발행된 약속어음은 원인관계 없이 발행된 어음에 해당하고, 사기를 이유로 어음발행인이 발행 행위를 취소했더라도 이는 인적 항변사유에 불과하여 이에 대하여 어음소지인 D가 채무자를 해할 것을 알고 어음을 취득한 것임을 甲회사가 입증하지 못하는 한 어음소지인 D에게 대항할 수 없다.

Ⅱ. 쟁점

할인을 위하여 발행된 어음이 융통어음인지, 어음발행인이 사기를 이유로 한 어음발행 행위 취소로 어음소지인에게 대항할 수 있는지 문제된다

기출사례

★ 해의의 항변 [변호 25]

乙은 2024. 10. 5. 甲으로부터 사과를 구입하고, 그 매매대금의 지급을 위하여 어음금액 10,000,000원, 만기 2024. 12. 16.인 약속어음을 甲에게 발행하였다. 乙은 3개월 보관이 가능한 품종의 사과라는 甲의 말을 믿고 이를 구입하였으나, 수령한 날로부터 1주일 만에 사과가 썩기 시작하여 절반 이상의 사과가 상품 가치를 상실하게 되었다. 이에 乙은 2024. 10. 25. 위 사과 매매계약을 적법하게 해제하였다. 甲은 위 사과 매매계약이 해제된 사실을 알고 있는 丙에게 2024. 10. 27. 위 약속어음을 배서·교부하였다.

丙이 위 약속어음을 계속 소지하고 있다가 2024. 12. 16. 위 약속어음 발행인인 乙에게 지급제시한 경우, 乙은 丙에게 어음금을 지급하여야 하는가?

Ⅰ. 결론

악의의 항변이란 항변사유의 존재를 인식하는 것만으로는 부족하고 자기가 어음을 취득함으로써 항변이 절단되고 채무자가 해를 입는다는 사실까지도 알아야 한다. 다만 소지인이 항변의 존재를 알았다면 특별한 사정이 없는 한 해의가 인정된다고 볼 수 있다. 이러한 소지인의 해의는 어음채무자가 입증해야 한다. 소지인이 항변의 존재에 대하여 악의라는 사실이 입증되면 소지인의 해의가 사실상 추정된다고 볼 수 있으므로, 항변사실에 대한 소지인의 악의가 입증된 경우 사안의 경우 丙이 입증책임을 부담하게 된다. 소지인의 해의의 존재시기는 어음의 취득시이다.

Ⅱ. 쟁점

어음주채무자인 乙과 甲 사이의 원인관계인 사과 매매계약이 해제된 사실을 丙이 자신에 대한 배서 당시 알고 있었다는 점에서 丙에게 해의가 인정되는지 문제된다.

Ⅳ. 어음법 제17조 이외의 항변

1. 백지어음 부당보충의 항변(어음법 제10조)

백지어음에 미리 합의한 사항과 다른 내용을 보충한 경우에는 그 합의를 위반한 자에게는 대항할 수 있으나 그 후에 어음을 취득한 소지인에게는 부당보충으로 대항하지 못한다. 그러나 소지인이 악의 또는 중대한 과실로 어음을 취득한 경우에는 그러하지 아니하다. 백지어음 부당보충의 항변의 경우 소지인의 악의 또는 중과실을 요구할 뿐 어음법 제17조와 같은 해의는 요구되지 않는다.

2. 이사회 승인 없는 이사 자기거래 또는 본인 허락 없는 대리인의 자기계약, 쌍방대리

주식회사의 이사가 이사회 승인 없이 자기거래에 해당하는 어음행위를 하거나, 대리인이 본인의 허락 없이 자기계약 또는 쌍방대리로 어음행위를 한 경우 회사나 본인이 어음소지인에게 이러한 사유의 항변을 주장할 수 있는지 문제된다. 이에 대하여 학설은 일반적으로 선의의 소지인에 대해서는 항변을 주장할 수 없으나, 악의 또는 중과실의 소지인에게는 항변을 주장할 수 있다고 본다. 이 또한 소지인의 악의 또는 중과실이 요구될 뿐 어음법 제17조와 같은 해의는 요구되지 않는다.

3. 교부흠결의 항변

어음이론에서 살펴본 바와 같이 어음의 교부가 흠결되었음에도 어음이 유통된 경우 어음상의 채무가 발생하는지에 대하여 창조설, 발행설, 교부계약설, 권리외관설의 학설이 존재하고, 判例는 "소지인이 악의 내지 중과실에 의하여 그 어음을 취득하였음을 주장 · 입증하지 아니하는 한 발행인으로서의 어음상의 채무를 부담한다"(대판 1999.11.26. 99다34307)(모의 24)고 본다.

이러한 判例에 의하는 경우 소지인의 악의 또는 중과실이 입증되면 어음법 제17조의 해의가 입증되지 않더라도 어음채무자는 교부흠결의 항변을 주장할 수 있다.

4. 의사표시 하자의 항변

(1) 문제점

어음의 발행 또는 배서와 같은 어음행위 자체에 의사표시의 하자(착오, 사기, 강박 등)가 존재하고 이러한 의사표시의 하자를 이유로 어음행위가 무효, 취소된 경우 어음채무자가 제3자인 어음소지인에게 대항할 수 있는지 문제된다. 이는 어음의 원인관계에 하자가 있는 것이 아니라는 점에서 앞서 살펴본 다른 항변들과 구별된다. 어음법은 이러한 의사표시 하자의 경우에 대해서는 별도로 규정하고 있지 않다.

(2) 학설

학설은 민법의 일반 원칙에 따라 악의의 제3자에게 대항할 수 있다고 보면서 악의의 제3자에 중과실의 제3자도 포함된다고 보아, 어음채무자는 악의, 중과실의 어음소지인에게 대항할 수 있다고 본다.

(3) 판례

어음행위에 착오 · 사기 · 강박 등 의사표시의 하자가 있다는 항변은 어음행위 상대방에 대한 인적항변에 불과한 것이므로, 어음채무자는 소지인이 채무자를 해할 것을 알고 어음을 취득한 경우가 아닌 한, 소지인이 중대한 과실로 그러한 사실을 몰랐다고 하더라도 종전 소지인에 대한 인적 항변으로써 소지인에게 대항할 수 없다.(대판 1997.5.16. 96다49513)(변호 15, 모의 14, 18, 20, 21)**[변호 24]**

[사실관계] 피고는 약속어음을 할인하여 주겠다는 甲의 거짓말에 속아 1994. 11. 5. 乙에게 액면 금 5천만 원, 지급기일 1995. 1. 20.로 된 약속어음 1장을 발행하였고, 乙은 어음의 지급기일을 1995. 4. 20.로 변조한 다음 지급거절증서 작성 의무를 면제하여 원고에게 백지식 배서의 방법으로 양도하였으며, 변조된 어음의 최종 소지인이 된 뒤 원고가 피고에게 어음금을 청구하였다. 이에 피고는 자신이 甲의 사기를 이유로 어음발행행위를 취소하였으므로 원고의 어음금 청구에 응할 수 없다고 항변한 사안.

[판시사항] 원심은 피고가 甲의 사기에 의하여 어음을 발행했다 하더라도 이는 수취인에 대한 인적항변사유에 지나지 않는데, 이 사건 어음은 그 지급기일 중 '1'이 '4'로 변조된 것에 불과하여 그 변조사실이 외관상 명백하다고 볼 수 없고, 원고가 변조된 어음을 취득할 당시 피고에게 직·간접적으로 피고의 신용상태, 소외인의 신분, 어음이 편취된 것인지 여부 등에 관하여 확인하지 않았다 하더라도, 그와 같은 사유만으로는 원고에게 변조된 어음의 취득 당시 중대한 과실이 있었다고 단정하기 미흡하고 그 밖에 이를 인정할 증거도 없다고 판단하였다. 이에 대해 대법원은 원심의 판단은 불필요한 판단이나 판결 결과에 영향이 없다는 이유로 원심을 확정하였다.

Ⅴ. 특수한 항변

1. 융통어음의 항변 [변호 15, 19, 24]

(1) 융통어음의 의의

융통어음이란 어음발행의 원인관계가 되는 거래가 없음에도 타인의 자금융통을 위해 발행된 어음을 말한다.

융통어음이라 함은 타인으로 하여금 어음에 의하여 제3자로부터 금융을 얻게 할 목적으로 수수되는 어음을 말하는 것이고, (중략) 융통어음에 해당하는지 여부는 당사자의 주장만에 의할 것은 아니고 구체적 사실관계에 따라 판단하여야 하는데, **어음의 발행인이 할인을 의뢰하면서 어음을 교부한** 경우, 이는 **원인관계 없이 교부된 어음에 불과할** 뿐이고, 악의의 항변에 의한 대항을 인정하지 아니하는 이른바 **융통어음이라고 할 수는 없다.**(대판 1996.5.14. 96다3449)(모의 13)**[변호 24]**

(2) 융통어음항변의 대항력 여부

1) 융통어음항변의 대항력 부정

학설은 어음채무자는 어음소지인의 주관적 요건에 상관없이 융통어음이라는 항변으로 대항할 수 없다고 본다.

융통어음의 발행자는 피융통자로부터 그 어음을 양수한 제3자에 대하여는 선의이거나 악의이거나, 또한 그 취득이 기한 후 배서에 의한 것이라 하더라도 대가 없이 발행된 융통어음이라는 항변으로 대항할 수 없다.
(대판 2001.8.24. 2001다28176)(변호 23, 24, 모의 13)

2) 근거

그 근거에 대하여 ① '인적항변설'은 융통어음의 항변은 어음법 제17조의 인적 항변에 해당하나 어음소지인이 융통어음이라는 사실을 알았다는 것만으로 어음소지인의 해의를 인정할 수 없으므로 결국 어음소지인에게 대항할 수 없다고 보고, ② '절단불요설'은 융통어음 발행자는 피융통자의 자금융통을 위해 어음을 발행한 자이므로 제3자에 대한 항변의 절단이 필요하지 않다고 본다.

(3) 융통자와 피융통자의 법률관계

1) 융통어음의 항변 및 입증책임

융통자는 피융통자에 대해서는 융통어음의 항변으로 어음금 지급을 거절할 수 있다.

융통어음의 발행자는 피융통자에 대하여는 어음상의 책임을 부담하지 아니하고, 약속어음금 청구에 있어 어음의 발행인이 그 어음이 융통어음이므로 피융통자에 대하여 어음상의 책임을 부담하지 아니한다고 항변하는 경우 융통어음이라는 점에 대한 입증책임은 어음의 발행자가 부담한다.(대판 2001.8.24. 2001다28176)(변호 17, 모의 13)

2) 융통자의 구상권 인정 여부 및 내부관계

① 융통어음을 발행한 융통자는 피융통자 이외의 제3자에게 어음금채무를 부담하는 데 그치고 융통어음의 발행으로 피융통자의 보증인이 되는 것은 아니므로, 융통자가 융통어음의 어음금을 지급했다 하더라도 이는 융통어음의 발행인으로서 자신의 어음금채무를 이행한 것에 불과하고, 피융통자의 보증인의 지위에서 피융통자의 채무를 대신 변제한 것으로는 볼 수 없다.(모의 13) ② 융통자와 피융통자 사이의 내부관계에서는 피융통자가 어음금 결제를 책임지는 것을 전제로 하여 수수되는 것이므로, 융통어음의 수수 당시 당사자 사이에서는 어음만기 전에 피융통자가 어음을 회수하여 융통자에게 반환하거나, 융통어음의 결제자금으로 액면금에 상당한 금액을 융통자에게 지급하기로 하는 약정이 있었던 것으로 봄이 상당하다.(대판 1999.10.22. 98다51398)

[기타 판시사항] 대법원은 위와 같은 이유로 융통자의 피융통자에 대한 어음금 상당액의 구상금 청구는 인정될 수 없으나, 융통자가 어음금으로 지급한 금원의 지급을 피융통자에게 청구하는 것은 인정된다고 판시하였다.

(4) 융통계약위반의 항변

융통어음의 융통자는 소지인이 악의인 경우에도 융통어음 항변으로 대항할 수 없으나,(모의 21) 判例는 예외적으로 아래의 경우 융통자가 소지인에게 융통어음 관련 항변으로 대항할 수 있다고 본다.

피융통자가 융통어음과 교환하여 그 액면금과 같은 금액의 약속어음을 융통자에게 담보로 교부한 경우에 있어서는 융통어음을 양수한 제3자가 양수 당시 그 어음이 융통어음으로 발행되었고 이와 교환으로 교부된 담보어음이 지급거절 되었다는 사정을 알고 있었다면, 융통어음의 발행자는 그 제3자에 대하여도 융통어음의 항변으로 대항할 수 있다.(대판 1995.1.20. 94다50489)

피융통인이 당해 수표를 사용하여 금융의 목적을 달성한 다음 이를 반환받은 때에는 위 합의의 효력에 의하여 피융통인은 융통인에 대하여 융통인의 배서를 말소할 의무를 부담하고, 이것을 다시 금융의 목적을 위하여 제3자에게 양도하여서는 아니 됨에도 불구하고, 피융통인이 이를 다시 제3자에게 사용한 경우, 융통인이 당해 수표가 융통수표이었고, 제3자가 그것이 이미 사용되어 그 목적을 달성한 이후 다시 사용되는 것이라는 점에 관하여 알고 있었다는 것을 입증하면, 융통인이 피융통인에 대하여 그 재사용을 허락하였다고 볼 만한 사정이 없는 한, 융통인은 위 융통수표 재도사용의 항변으로 제3자에 대하여 대항할 수 있다.(대판 2001.12.11. 2000다38596)(변호 24, 모의 13, 16)

2. 무권리의 항변

무권리의 항변이란 소지인이 어음의 형식적 자격을 가지고 있더라도 실제로 어음상 권리를 가지지 못한 무권리자인 경우 어음채무자가 그 실질적 무권리를 주장하여 지급을 거절할 수 있는 항변을 말한다. 어음소지인이 어음을 주웠거나 절취했거나 횡령한 경우, 어음이 압류된 경우 등이 이에 해당한다. 무권리의 항변은 어음소지인이 어음을 선의취득하지 못한 경우에 성립한다.

기출사례

★ 정관상 목적범위에 의한 회사 권리능력제한, 이사회 결의사항, 전단적 대표행위, 대표권남용, 융통어음항변 [변호 15]

2010. 1. 설립된 甲주식회사(이하 '甲회사')는 정관상 인쇄업을 주된 영업으로 하는 비상장회사로서, 3인의 이사(대표이사 A, 이사 B와 C)가 있고, 주주는 A(지분율 2%), D(지분율 13%), E(지분율 85%)로 구성되어 있으며, 2014. 8. 1. 기준 자본금 총액 59억 원, 자산 총계 91억 원인 회사이다. 乙주식회사(이하 '乙회사')는 2014년에 이르러 구조적, 재무적 위기에 봉착하였는데 당장의 현안으로 2014. 8. 18.까지 丙은행으로부터 차입한 단기대여금 7억 원을 상환하여야 할 입장에 놓여 있다. 乙회사는 丙은행에게 위 단기대여금 상환기간 연장을 신청하였다. 그러나 丙은행은 상환기간 연장의 조건으로 대표이사의 개인 보증, 물적 담보의 제공 및 제3자 발행의 약속어음(액면금액은 은행 대여금과 동일)이 필요하다고 하였고, 이에 乙회사 대표이사 X는 A에게 개인 보증과 물적 담보는 준비되어 있으니 甲회사가 담보 목적으로 약속어음만 발행해 주면 乙회사가 부도위기를 모면할 수 있다면서 도움을 호소하였다. A는 예전에 X로부터 받은 개인적 도움을 갚아야 한다는 생각에 이사회 결의 없이 甲회사 명의의 액면금액 7억 원인 약속어음을 수취인 丙은행으로 하여 2014. 8. 18. 담보 목적으로 발행해 주었고, 이로써 乙회사는 무사히 단기대여금의 상환기간을 연장할 수 있었다.

甲회사가 약속어음의 만기일에 丙은행의 어음금 청구에 대하여 지급을 거절하려고 할 때 어떤 주장이 가능한가?

Ⅰ. 결론

甲회사는 약속어음 발행이 ① 甲회사의 정관상 목적범위 내의 행위에 해당하지 않는다는 점, ② 이사회승인 없이 이루어진 것으로서 무효라는 점, ③ 乙회사를 위해 발행된 것으로 대표권남용에 해당한다는 점, ④ 융통어음이라는 점을 주장할 수 있으나, 甲회사의 약속어음 발행은 甲회사의 정관상 목적범위에 속하는 행위에 해당하고, 甲회사가 丙은행이 이사회 결의 없음을 알았거나 중과실로 알지 못하였다는 사실을 입증하지 못하는 한 丙은행에 대항할 수 없고, 丙은행이 A의 진의를 알았거나 알 수 있었다는 점을 입증하지 못하는 한 丙은행에 대하여 약속어음 발행의 무효를 주장할 수 없다. 甲회사는 약속어음이 융통어음이라는 이유로 丙은행에 대하여 어음금의 지급을 거절할 수 없다.

Ⅱ. 쟁점

甲회사의 권리능력이 정관상 목적범위로 제한되는지, 약속어음 발행이 이사회 결의사항인지, 이사회 결의를 거치지 않은 대표이사 A의 전단적 대표행위가 유효한지, 대표이사 A의 대표권남용 행위가 유효한지, 융통어음의 항변이 문제된다.

Ⅵ. 제3자의 항변

1. 의의

제3자의 항변이란 어음채무자가 자신의 항변사유가 아니라 다른 어음채무자의 항변사유를 원용하여 소지인에게 대항하는 것을 말한다. 어음항변은 무권리의 항변이나 물적 항변을 제외하고 해당 항변사유의 당사자만이 주장할 수 있다는 점에서 제3자의 항변이 인정되는지 문제된다.

2. 유형

(1) 후자의 항변

어음채무자가 자신의 후자가 어음소지인에 대하여 가지는 인적 항변을 원용하는 것을 후자의 항변이라 한다. 예를 들어 甲이 발행한 어음이 乙 → 丙으로 양도된 경우 甲이 乙이 丙에 대해 가지는 항변 사유로 丙에게 대항하는 것을 말한다. 어음소지인에 대한 배서의 원인관계가 소멸하거나 부존재하는 경우에 문제된다.

(2) 전자의 항변

어음채무자가 자신의 전자가 어음소지인에 대하여 가지는 인적 항변을 원용하는 것을 전자의 항변이라 한다. 예를 들어 甲이 발행한 어음이 乙 → 丙으로 양도된 후 丙이 甲에게 어음금을 청구하자 甲이 지급유예를 요청하였고 이에 丙이 동의한 후 丙이 乙에게 어음금을 상환청구하는 경우 乙이 甲과 丙 사이의 지급유예합의를 항변으로 주장하는 것을 말한다.

3. 제3자의 항변의 인정 여부

(1) 학설

① '인적항변개별성설'은 인적항변은 직접 당사자 사이에서만 대항할 수 없다는 이유로 제3자의 항변을 부정한다.

② '권리남용설'은 소지인이 어음을 소지할 실질적 권한이 없음에도 권리를 행사하는 것은 권리남용에 해당한다는 이유로 제3자의 항변을 인정한다.

(2) 판례 [권리남용설]

장래 채무의 담보를 위해 발행된 어음에 발행인을 위한 어음보증이 된 약속어음을 수취한 사람은 어음발행의 원인관계상의 채무가 존속하지 않게 된 때에는 특별한 사정이 없는 한 그때부터는 어음발행인뿐만 아니라 어음보증인에게도 어음상 권리를 행사할 실질적인 이유가 없어졌으므로 **어음이 자기수중에 있음을 기화로 어음보증인으로부터 어음금을 받는 것은 신의성실의 원칙에 비추어 부당한 권리남용이고, 어음보증인은 수취인에 대하여 어음금 지급을 거절할 수 있다.** 따라서 위 수취인으로부터 배서양도를 받은 어음소지인이 어음법 제17조 단서의 요건에 해당되는 때에는 어음보증인은 그러한 악의의 소지인에 대해서도 권리남용의 항변으로 대항할 수 있다.(대판 1988.8.9. 86다카1858)

4. 이중무권의 항변

(1) 의의

이중무권의 항변이란 ① 어음채무자와 그 후자 사이에 인적 항변사유가 존재하고 ② 그 후자와 어음소지인 사이에도 인적항변사유가 존재하는 경우 어음채무자가 어음소지자에게 위 ① 및 ②의 항변사유를 자신의 항변사유로 주장하는 것을 말한다. 이중무권의 항변은 후자의 항변과 유사하나 후자의 항변과 달리 이중무권의 항변을 자신의 항변으로 주장한다는 점에서 구별된다.

(2) 이중무권 항변의 인정 여부

1) 학설

학설은 일반적으로 이중무권의 항변사유가 존재하는 경우 어음소지인에게 어음금의 지급을 구할 경제적 이익이 없다는 점을 이유로 이중무권의 항변을 인정한다.

2) 판례 [이중무권 항변 인정]

어음채무자의 인적항변 제한은 어음거래 안전을 위해 어음취득자를 보호하기 위한 것이므로 자기에 대한 배서의 원인관계가 흠결됨으로써 어음을 소지할 정당한 권원이 없어지고 어음금의 지급을 구할 경제적 이익이 없게 된 경우에는 인적항변 절단의 이익을 향유할 지위에 있지 아니한다. 따라서 **어음 배서인이 발행인으로부터 지급받은 어음금 중 일부를 어음소지인에게 지급한 경우, 어음소지인은 배서인과 사이에 소멸된 어음금에 대하여는 지급을 구할 경제적 이익이 없게 되어 인적항변 절단의 이익을 향유할 지위에 있지 않으므로 어음 발행인은** 그 범위 내에서 **배서인에 대한 인적항변으로써 소지인에게 대항하여** 그 부분 어음금의 지급을 거절할 수 있다.(대판 2003.1.10. 2002다46508)(변호 20, 모의 15, 16)

제2장 어음상 권리의무의 발생

제1관 어음의 발행

Ⅰ. 발행의 의의

1. 발행의 의의 및 발행인의 책임

어음의 발행이란 법정요건을 갖춘 어음이라는 증권을 작성하여 이를 수취인에게 교부하는 어음행위를 말한다. 어음발행은 기본적 어음행위이다.

2. 약속어음

(1) 약속어음 발행의 법적 성질

약속어음의 발행은 어음의 정당한 소지인에 대해서 만기에 지급을 약속하는 의사표시로서, 약속어음의 발행인은 환어음의 인수인과 같이 확정적으로 어음금 지급채무를 부담한다(어음법 제78조 제1항).

약속어음의 발행인이 어음금의 지급 책임을 지지 않겠다는 내용을 약속어음에 기재하면 약속어음 전부가 무효가 된다.

(2) 약속어음 발행인 의무의 성격

① 약속어음의 발행인은 제1차적 의무를 부담한다. 상환의무는 발행인이 지급을 거절한 경우에 발생하는 제2차적 의무이다. ② 약속어음 발행인은 절대적 의무를 부담한다. 상환의무는 원칙적으로 어음소지인이 적법한 지급제시 등으로 상환청구권을 보전한 경우에만 인정되지만, 약속어음 발행인은 상환청구권 보전과는 상관없이 만기로부터 3년의 시효기간까지 지급의무가 있다.(모의 18)**[모의 21]** 소지인이 상환청구권을 보전하지 못하였더라도 약속어음 발행인에 대한 어음금 청구는 가능하다. ③ 약속어음 발행인은 최종적 의무를 부담한다. 발행인이 어음금을 지급한 경우에는 어음상의 권리의무는 소멸한다.

3. 환어음

환어음의 발행이란 지급인에게 지급을 위탁하는 의사표시를 말한다. 지급위탁이란 지급인에 대해서는 지급인의 명의와 발행인의 계산으로 어음금을 지급하는 권한을 수여하는 것을 의미하고, 동시에 수취인에 대해서는 수취인의 명의와 발행인의 계산으로 어음금을 수령할 수 있는 권한을 수여하는 것을 의미한다. 지급인은 인수를 한 경우에만 지급의무를 부담한다. 따라서 환어음의 발행만으로는 확정적인 주채무가 발생하지는 않는다.

환어음의 발행인은 지급인이 인수나 지급을 거절하는 경우 담보책임을 진다(어음법 제9조 제1항).

환어음의 발행인은 인수를 담보하지 아니한다는 내용을 어음에 적을 수 있다. 발행인이 지급을 담보하지 아니한다는 뜻의 모든 문구는 적지 아니한 것으로 본다(어음법 제9조 제2항).(모의 16, 19)

Ⅱ. 필수적 기재사항

1. 어음요건 및 그 흠결의 효과

어음법 제1조, 제75조는 어음채무가 성립하기 위한 일정한 형식적 요건을 정하고 있으며, 이를 어음요건 또는 어음의 필수적 기재사항이라고 한다. 어음요건을 갖추지 못한 어음은 원칙적으로 어음으로서의 효력을 가지지 못한다(어음법 제2조 본문, 제76조 본문).

어음발행행위에는 어음행위 독립의 원칙이 적용되지 않으므로, 어음발행행위에 형식적 흠결이 있으면 배서나 보증과 같은 어음행위도 모두 무효가 된다. 다만 어음요건 흠결이 있다는 이유로 어음이 바로 무효가 되는 것은 아니고, 어음법 제2조 후단 등의 보충규정도 적용되지 않고 백지어음에도 해당하지 않는 경우 무효가 된다.

환어음은 약속어음에는 없는 지급인이 존재하므로 지급위탁 문언이 존재하나 약속어음에는 지급위탁의 문언이 없다. 이외에는 환어음과 약속어음의 필수적 기재사항은 동일하다.

2. 어음문구

어음의 본문 중에 그 어음의 작성에 사용하는 국어로 환어음 또는 약속어음임을 표시하는 문자를 적어야 한다.(변호 22) 일반적으로 "위 금액을 이 환어음(약속어음)과 상환하여"라는 식으로 본문에 기재한다. 이를 어음문구라고 한다. 약속어음인지 환어음인지 여부를 기재하지 않고 단순히 "어음", "어음증서", "증권" 등의 문구를 기재하는 것은 무효이다. 어음문구는 본문 중에 적어야 하므로 표제에 "환어음" 또는 "약속어음"이라고 적고 본문에는 단순히 "이 어음과 상환하여"라고만 적는 것은 무효이다.

3. 일정 금액의 지급약속 또는 지급위탁

(1) 일정하고 단일한 금액

지급약속 또는 지급위탁의 대상은 금액이어야 한다. 금전 이외에 현물을 지급대상으로 기재하는 경우 그 어음은 무효이다.(모의 14) 금액은 일정하고, 단일해야 한다.

(2) 이자

이자는 일람출급 또는 일람후정기출급어음을 제외하고 무익적 기재사항에 해당한다(어음법 제5조 제1항). 일람출급 또는 일람후정기출급어음은 만기까지의 기간을 미리 알 수 없어 이자금액을 사전에 산정할 수 없으므로, 원금과 이자를 분리하여 적을 수 있다.

이율은 어음에 적어야 하고, 이율이 적혀 있지 아니하면 이자를 약정한다는 내용이 적혀 있더라도 이자를 약정하지 아니한 것으로 본다(어음법 제5조 제2항).

특정한 날짜가 적혀 있지 아니한 경우에는 어음 발행일부터 이자를 계산한다(어음법 제5조 제3항).(변호 22)

(3) 무조건적 지급약속 또는 지급위탁

지급약속 또는 지급위탁은 무조건이어야 한다. 여기서 조건이란 민법 제147조에 규정된 조건을 말하는 것이 아니라 이를 포함하여 어음금 지급의 단순성을 해치는 모든 제약을 의미한다. 조건이 어음에 결합된 부전에 기재된 경우에도 그 어음발행은 무효이다.

약속어음 이면에 '소외인 발행의 어음금 1억이 지급되었을 때 즉시 지급키로 한다'는 문언이 기재된 것은 어음금의 지급을 제한하는 조건에 해당하므로 어음은 무효이다.(대판 1994.6.14. 94다6598)

약속어음의 지급약속문언은 단순하여야 하므로 그 어음면에 지급에 관한 어떤 조건을 붙였다면 그 어음 자체가 무효이고, 약속어음에 결합된 부전은 법률상 어음면의 연장으로 취급받는 지면이므로 이에 기재된 지급 조건에 관한 문언도 그 어음의 발행을 무효로 하는 것이다.(대판 1971.4.20. 71다418)

(4) 어음금액 기재에 차이가 있는 경우

어음의 금액을 글자와 숫자로 적은 경우에 그 금액에 차이가 있으면 글자로 적은 금액을 어음금액으로 한다(어음법 제6조 제1항).(모의 14) 어음의 금액을 글자 또는 숫자로 중복하여 적은 경우에 그 금액에 차이가 있으면 최소금액을 어음금액으로 한다(어음법 제6조 제2항).

4. 지급인

(1) 지급인의 자격

지급인은 약속어음에는 존재하지 않으며, 환어음의 경우에만 필수적 기재사항이다. 환어음의 지급인에는 특별한 자격이 요구되지 않으므로 자연인과 법인 모두 지급인이 될 수 있다. 사망하거나 존재하지 않는 자가 지급인으로 기재된 경우도 환어음 지급인의 기재로 유효하다. 환어음의 발행인에 의해 일방적으로 지급인으로 기재된 자는 원칙적으로 어음금채무가 없으므로 어음의 주채무자도 아니고 상환의무자도 아니다. 환어음과 달리 수표의 지급인은 은행에 한정된다(수표법 제3조 본문).

지급인을 "甲 또는 乙"이라고 기재하는 것은 무효이다. 지급인을 "甲과 乙"처럼 중첩적으로 적거나, "甲을 제1지급인, 乙을 제2지급인"이라고 순차적으로 기재하는 것은 유효하다. 중첩적으로 기재된 지급인이 모두 인수한 경우 인수인 각자가 어음금 전부의 지급의무를 부담하는 합동책임을 부담한다.

(2) 자기앞환어음, 위탁환어음

환어음은 발행인 자신을 지급인으로 할 수 있는데, 이를 자기앞환어음이라고 한다(어음법 제3조 제2항). 환어음은 제3자의 계산으로 발행할 수 있는데, 이를 위탁어음이라고 한다(어음법 제3조 제3항).

5. 만기

(1) 의의

1) 개념 및 만기의 유효요건

만기란 어음금액이 지급될 날로 어음상에 기재된 날을 말한다. 만기는 단일하고, 확정적이고, 가능해야 한다. 어음의 만기는 가능한 날이어야 한다.

어음의 만기는 단일해야 하므로 어음금액을 나누어 서로 다른 만기를 정하는 분할출급의 환어음은 무효이다(어음법 제33조 제2항).

① 만기는 확정적이어야 하므로 만기를 선택적으로 기재된 만기 또는 원인관계 또는 기타 어음 외의 사정을 바탕으로 만기가 결정되는 경우 모두 무효이다.(대판 1997.5.7. 97다4517)

[기타 판시사항] 어음의 만기는 확정가능 하여야 하므로 어음 자체에 의하여 알 수 있는 날이어야 하고 어음 이외의 사정에 의하여 좌우될 수 있는 불확정한 날을 만기로 정할 수 없는 것인바, 불확정한 날을 만기로 정한 어음은 무효이다.

② 확정일출급 약속어음의 만기가 발행일보다 앞서는 경우 그 약속어음은 무효이다.(대판 2000.4.25. 98다59682)(모의 14)

[기타 판시사항] 어음의 요식증권 내지 문언증권으로서의 성질상 어음요건의 성립 여부는 어음상 기재만에 의해 판단하여야 하고, 어음요건의 기재가 그 자체로 불가능한 것이거나 각 어음요건

이 서로 명백히 모순되어 함께 존립할 수 없는 경우에는 그와 같은 어음은 무효이고, 약속어음의 발행일은 어음요건의 하나로서 그 기재가 없는 상태에서는 어음상의 권리가 적법하게 성립할 수 없는 것이므로, 확정된 날을 만기로 하는 확정일출급 약속어음의 경우에 있어서 **만기의 일자가 발행일보다 앞선 일자로 기재되어 있다면 그 약속어음은 어음요건의 기재가 서로 모순되는 것으로서 무**효라고 해석하여야 한다.

③ 1978. 2. 30로 발행일이 기재된 약속어음은 같은 해 2월 말일을 발행일로 하는 약속어음으로서 유효하다고 본다.(대판 1981.7.28. 80다1295)(모의 17, 21, 23)

2) 어음법상의 만기

어음의 만기는 어음법에 규정된 ① 일람출급, ② 일람 후 정기출급, ③ 발행일자 후 정기출급, ④ 확정일출급의 4가지만 인정되고 이와 다른 만기를 기재하는 것은 무효이다(어음법 제33조 제2항).

3) 구별되는 표현

① "지급을 할 날"(어음법 제38조 제1항)은 만기와 보통 일치하나, 만기가 법정휴일이면 그 다음의 제1거래일이 지급을 할 날이 되므로(어음법 제72조 제1항), 이 경우에는 서로 차이가 난다.

② "지급하는 날"(어음법 제41조 제1항)은 현실적으로 지급이 행하여진 날을 말하는 것으로 지급이 예정된 날을 의미하는 만기와 차이가 있다.

(2) 만기의 종류

1) 일람출급(어음법 제33조 제1항 제1호)

일람출급의 어음은 제시된 때를 만기로 한다. 이 어음은 발행일부터 1년 내에 지급을 받기 위한 제시를 하여야 한다. 발행인은 이 기간을 단축하거나 연장할 수 있고 배서인은 그 기간을 단축할 수 있다(어음법 제34조 제1항). 발행인은 일정한 기일 전에는 일람출급의 어음의 지급을 받기 위한 제시를 금지한다는 내용을 적을 수 있다. 이 경우 제시기간은 그 기일부터 시작한다(어음법 제34조 제2항). 일람이란 지급을 위한 제시를 말하고, 환어음의 인수를 위한 제시는 포함되지 않는다.

2) 일람 후 정기출급(어음법 제33조 제1항 제2호)

일람 후 정기출급은 ① 환어음의 경우 인수한 날짜 또는 거절증서의 작성일자로부터 일정한 기간이 경과한 날을 만기로 하고, ② 약속어음의 경우 발행인이 어음에 일람의 뜻을 기재하면서 부기한 일자로부터 일정한 기간이 경과한 날을 만기로 한다(어음법 제78조 제2항).

일람 후 정기출급에서의 일람은 인수제시를 의미한다. 그 결과 인수일이 적혀 있지 아니하고 거절증서도 작성되지 않은 환어음의 경우 인수인에 대해서는 인수제시기간의 말일에 인수한 것으로 본다(어음법 제35조 제2항). 약속어음의 경우 어음법 제78조 제2항에 규정된 일람은 지급제시가 아니므로 소지인은 약속어음의 만기가 되면 지급을 위한 제시를 다시 해야 상환청구권을 보전할 수 있다.

3) 발행일자 후 정기출급(어음법 제33조 제1항 제3호)

발행일자 후 정기출급은 발행일자로부터 어음에 기재된 일정한 기간이 경과한 날을 만기로 한다.

4) 확정일출급(어음법 제33조 제1항 제4호)

확정일출급이란 확정된 일자를 만기로 하는 것을 말한다.

(3) 지급제시기간과 인수제시기간

1) 지급제시기간

일람출급의 경우 지급제시기간을 정해야 한다. 지급제시기간은 발행일자로부터 1년이다. 이 기간을 경과하여 지급제시하면 거절되더라도 상환청구권을 행사할 수 없다. 발행일은 실제로 발행된 날이 아니라 어음상 기재된 발행일을 말한다. 발행인은 이 기간을 단축하거나 연장할 수 있는데, 이러한 변경은 채무자 전원에게 효력이 있다(어음법 제34조 제1항, 제53조 제2항). 단축 또는 연장된 제시기간 내에 소지인이 어음을 지급제시하지 않으면 모든 채무자에 대하여 상환청구권을 잃는다.

배서인도 지급제시기간을 단축할 수 있다(어음법 제34조 제1항). 다만 연장할 수는 없다. 어느 배서인이 단축한 기간은 그 배서인만 원용할 수 있으므로(어음법 제53조 제3항), 배서인이 단축한 기간이 지났더라도 원래의 제시기간 내에 지급제시 한 소지인은 그 배서인을 제외한 다른 채무자에 대하여는 여전히 상환청구권을 행사할 수 있다.

2) 인수제시기간

일람 후 정기출급의 경우에는 인수제시기간을 정해야 한다. 인수제시기간은 발행한 날부터 1년이다(어음법 제23조 제1항). 지급제시기간과 달리 어음에 기재된 발행일이 아니라 실제로 어음이 발행된 날을 기준으로 한다. 지급제시기간과 마찬가지로 발행인은 이 기간을 단축 또는 연장할 수 있고, 배서인은 이를 단축할 수만 있다(어음법 제23조 제2항, 제3항).

(4) 만기 흠결

만기가 기재되지 않은 경우 일람출급어음으로 본다(어음법 제2조 제1호).(모의 18) 만기는 절대적 어음요건이 아니기 때문에 만기가 적혀 있지 않더라도 어음은 무효가 되지 않는다. 추후 보충을 예정하고 만기를 백지로 해서 어음을 발행한 경우에는 일람출급어음이 아니라 백지어음이 된다. 이와 달리 분할출급이나 발행일 이전의 날짜 등 만기가 부적법하게 기재된 어음은 무효이다.

지급기일을 공란으로 하여 약속어음을 발행하였거나 또는 사후에 지급기일을 당사자의 합의로 삭제한 경우에는 특별한 사정이 없는 한 그 어음은 일람출급의 어음으로 볼 것이 아니라 **백지어음으로 보아야 할 것이고** 이와 같은 백지어음을 교부하여 이를 보관시킨 때에는 후일 그 소지인으로 하여금 임의로 그 지급기일의 기재를 보충시킬 의사로서 교부·보관시킨 것이라고 추정할 것이다.(대판 1976.3.9. 75다984)

(5) 만기일의 결정 및 기간의 계산(어음법 제36조)

발행일자 후 또는 일람 후 1개월 또는 수개월이 될 때 지급할 환어음은 지급할 달의 대응일을 만기로 한다. 대응일이 없는 경우에는 그 달의 말일을 만기로 한다. 발행일자 후 또는 일람 후 1개월 반 또는 수개월 반이 될 때 지급할 환어음은 먼저 전월(全月)을 계산한다. 월초, 월중 또는 월말로 만기를 표시한 경우에는 그 달의 1일, 15일 또는 말일을 말한다. 8일 또는 15일이란 1주 또는 2주가 아닌 만 8일 또는 만 15일을 말한다. 반월(半月)이란 만 15일을 말한다.

(6) 세력(歲曆)(어음법 제37조)

발행지와 세력(歲曆)을 달리하는 장소에서 확정일에 지급할 어음의 만기일은 지급지의 세력에 따라 정한 것으로 본다. 세력을 달리하는 두 장소 간에 발행한 발행일자 후 정기출급 어음은 발행일을 지급지 세력의 대응일로 환산하고 이에 따라 만기를 정한다. 다만 어음의 문구나 그 밖의 기재사항에 의하여 다른 의사를 알 수 있는 경우에는 그러한 의사에 의한다(어음법 제37조).

6. 지급지

(1) 의의

지급지는 어음금이 지급될 지역을 말한다. 지급지는 인수제시, 지급제시의 지역이 되고, 어음소송의 경우 지급지 법원이 배타적 관할권을 가진다.(대결 1973.11.26. 73마910) 존재하지 않는 장소를 지급지로 기재한 어음은 무효이다. 지급지를 선택적, 중첩적으로 기재한 경우도 무효이다.

약속어음은 어음상에 표시된 지급지가 의무이행지라 할 것이며 소송이 어음금청구인 이상 지급기일에 지급장소에서 어음이 제시되어 지급거절이 된 경우에도 그 의무이행지에 무슨 변동이 생기는 것도 아니다. 그러므로 **약속어음금 청구사건에 대한 관할법원**은 채권자의 주소지를 관할하는 서울민사지방법원이 아니고 그 **지급지의 소재지를 관할**하는 부산지방법원 마산지원이다.(대결 1973.11.26. 73마910)

(2) 지급장소와의 구별

지급지는 지급지 내에서 지급이 행해질 특별한 장소를 말하는 지급장소와 구별된다. 예를 들어, "서울특별시"는 지급지이고, "서울특별시 관악구 관악로 145" 또는 "국민은행 관악구청지점"은 지급장소 또는 지급담당자이다. 지급장소는 어음요건이 아니고 유익적 기재사항이다.

약속어음에서 지급처소는 필요적 기재사항이 아니므로 지급지는 포항시로 되어 있는데 **지급처소를 서울특별시로 기재하**였다고 해서 그 약속어음을 **무효라 할 수 없다**.(대판 1970.7.24. 70다965)(모의 17)

(3) 지급지 흠결의 보충

지급지는 절대적 어음요건이 아니다. ① 환어음의 경우 지급지가 적혀 있지 않은 경우 지급인의 명칭에 부기한 곳을 지급지로 보고(어음법 제2조 제2호), ② 약속어음의 경우 지급지가 적혀 있지 아니한 경우 발행지를 지급지로 보며(어음법 제76조 제2호),(변호 18, 모의 18) 발행지가 기재되지 않은 경우 발행인의 명칭에 부기한 곳으로 발행지를 보충한 다음 그 보충된 발행지로 다시 지급지를 보충하게 된다(어음법 제76조 제3호).(변호 22) 判例는 지급장소에 의해서 지급지를 보충할 수 있다고 본다.

어음면상 지급지에 관한 특별한 표시가 없다 할지라도 거기에 **지급장소의 기재가 있고 그것이 지(地)의 표시를 포함**하고 있어 그로부터 **지급지에 해당하는 일정 지역이 추지될 수 있는 경우에**는 **지급지의 기재가 이에 의하여 보충**되는 것으로 볼 수 있다.(대판 2001.11.30. 2000다7387)

7. 수취인

(1) 의의

수취인은 어음금의 지급을 받을 자 또는 지급받을 자를 지시할 자로 어음에 기재된 자를 말한다. 수취인은 필요적 기재사항이므로 어음은 소지인출급식으로 발행할 수 없다. 수취인은 특정이 가능한 정도의 명칭만 기재하면 되고, 법인의 경우 상호만 기재해도 된다. 사망한 자나 존재하지 않는 자라도 상관없다. 수취인을 중첩적, 순차적, 선택적으로 기재하는 것도 가능하다. 수취인이 중첩적으로 기재된 경우 수취인 전원이 공동으로 권리를 행사해야 하므로 배서도 전원 명의로 이뤄져야 한다.

(2) 자기지시어음

발행인이 자신을 수취인으로 발행하는 어음을 자기지시어음이라고 한다(어음법 제3조 제1항).(모의 14, 18, 21) 약속어음의 경우에도 자기지시어음이 허용된다고 본다. 어음을 자기지시어음으로 발행하고 백지식배서 또는 소지인출급식 배서를 하여 교부하는 경우 사실상 어음을 소지인출급식으로 발행하는 효과를 얻을 수 있다.

8. 발행일

(1) 의의

발행일이란 어음이 발행된 날로 어음에 기재된 날을 말한다. 실제로 어음이 발행된 날이 아니어도 된다. 발행일은 발행일자 후 정기출급어음에서는 만기를 정하는 기준이 되고, 일람출급어음의 경우에는 지급제시기간의 기산점이 되고, 일람후 정기출급어음의 경우에는 인수제시기간의 기산점이 된다.

(2) 선일자어음

선일자어음이란 어음이 실제로 발행된 날 이후의 날짜로 발행일이 기재된 어음을 말한다. 선일자어음의 경우 실제 발행일에 어음이 사실상 존재하고 있음에도 어음 문면 상으로는 존재하지 않는다.

선일자수표의 경우 문면상의 발행일 이전이라도 수표금을 청구 할 수 있도록 규정하고 있으나(수표법 제28조 제2항), 선일자어음에 대해서는 별도의 규정이 존재하지 않는다. 선일자어음은 어음에 기재된 만기에 따라 어음금을 청구할 수 있으므로 선일자어음도 유효하고 그 기재된 바에 따라 법률관계가 형성된다. 실무상으로는 어음만기를 우회적으로 연장하는데 선일자어음이 이용되고 있다.

9. 발행지

발행지는 어음이 발행된 장소로 어음에 기재되어 있는 장소를 말한다. 발행지는 어음이 실제 발행된 장소가 아니어도 상관없다. 判例는 발행지가 기재되지 않은 어음도 유효하다고 본다.

어음면의 기재 자체로 보아 국내어음으로 인정되는 경우에 있어서는 그 어음면상 발행지의 기재가 없는 경우라고 할지라도 이를 무효의 어음으로 볼 수는 없다.(대판 1998.4.23. 95다36466)(변호 15, 모의 19)

10. 발행인의 기명날인 또는 서명

(1) 의의

어음의 발행에는 발행인의 기명날인 또는 서명이 반드시 존재해야 한다. 발행인의 기명날인 또는 서명은 어음 자체에 해야 하고 보충지나 등본에 하는 것은 무효이다. 다만 형식적으로 발행인의 기명날인 또는 서명이 된 이상 발행인이 실재하지 않거나 기명날인이나 서명이 위조된 경우에도 어음의 형식적 유효성은 인정된다.

(2) 어음의 공동발행

1) 의의

어음발행인이 복수로 어음에 기재된 경우 중첩적 기재만이 유효로 인정되고, 선택적 및 순차적 기재는 무효이다.(모의 21) 어음 공동발행의 경우 공동발행인들은 어음법 제47조에 따라 합동책임을 진다.(변호 16)

2) 기재방법

공동발행의 경우 발행인란에 공동발행인이 모두 발행인임을 명시하고 기명날인 또는 서명을 한다.

발행인임을 명시하지 않고 발행인란에 여러 명의 기명날인 또는 서명이 기재된 경우 첫머리에 기재된 자를 제외한 나머지 기명날인 또는 서명을 어음보증으로 볼 것인지 여부가 문제된다.

통설은 발행인란은 발행인의 기명날인 또는 서명을 위한 곳이므로 각 기명날인 또는 서명에 외관상 큰 차이가 없는 이상 공동발행으로 보고 있다.

한편 어음의 앞면에 지급인의 단순한 기명날인 또는 서명이 있으면 인수로 본다(어음법 제25조 제1항 후문). 즉 지급인란이 아니더라도 어음 앞면에 지급인의 기명날인 또는 서명이 있으면 인수가 된다. 이상을 종합하면 발행인란 이외의 어음 앞면에 지급인 이외의 자가 기명날인 또는 서명을 한 경우에는 어음보증에 해당되게 된다.

3) 공동발행과 보증의 구별실익

甲과 乙이 공동발행인으로 기명날인 또는 서명한 경우 ① 甲의 기명날인 또는 서명에 형식적 하자가 있더라도 乙은 여전히 어음상 책임을 부담하고, ② 乙이 어음금을 지급하더라도 甲에 대해서 어음관계에서 아무 구상을 할 수 없고, ③ 공동발행은 서로 독립적인 어음행위를 한 것이므로 乙은 甲의 항변사유를 원용할 수 없다.

이와 달리 甲은 발행인이 되고 乙은 보증인이 되는 경우, ① 甲의 기명날인 또는 서명에 형식적 하자가 있다면 어음이 무효가 되므로 乙은 책임을 지지 않게 되고, ② 乙이 어음금을 지급한 경우 甲에 대한 구상권을 가지게 되고(어음법 제32조 제3항), ③ 乙은 甲의 항변사유를 원용할 수 있다.

Ⅲ. 유익적 기재사항 및 유해적 기재사항

1. 지급인 또는 발행인의 명칭에 부기한 지

지급지가 적혀 있지 아니한 경우 지급인의 명칭에 부기한 지(地)를 지급지 및 지급인의 주소지로 보고, 발행지가 적혀 있지 아니한 경우 발행인의 명칭에 부기한 지(地)를 발행지로 본다(어음법 제2조 제2호, 제3호). 지급인의 명칭에 부기한 지와 발행인의 명칭에 부기한 지는 어음법에 따른 효력이 부여되는 유익적 기재사항에 해당한다.

2. 제3자방지급문언

(1) 의의

제3자방지급이란 발행인 또는 지급인의 영업소 또는 주소가 아닌 다른 제3자의 주소에서 어음금을 지급하는 것을 말한다. 예컨대 어음에 제3자방으로 “우리은행 관악구청지점”이라고 기재하면 어음소지인이 위 지점에 가서 어음금을 지급받게 된다. 어음은 지급인의 주소지에 있든 다른 지에 있든 관계없이 제3자방에서 지급하는 것으로 할 수 있다(어음법 제4조, 제27조, 제77조 제2항).(모의 18)

은행도어음이란 은행이 제3자방으로 기재된 어음을 말한다. 제3자방지급과 관련하여 지급담당자는 지급사무를 담당하는 자를 의미하는 인적 개념이고 지급장소는 어음금이 지급되어야 하는 장소적 개념인데 어음법은 이를 엄격하게 구분하지 않고 있다.

(2) 지급지와 다른 제3자방

제3자방이 지급지로 이외의 지역인 경우 지급지와 다른 지급장소의 기재는 그 기재가 없는 것으로 되므로 어음의 효력에는 아무 영향이 없다.

약속어음에서 지급처소는 필요적 기재사항이 아니므로 지급지는 포항시로 되어 있는데 그 지급처소를 서울특별시로 기재하였다 하여 그 약속어음을 무효라 할 수 없다.(대판 1970.7.24. 70다965)

따라서 소지인은 제3자방이 아닌 지급지에서 지급제시를 하여야 한다.

제3자방이 지급지와 다름에도 어음소지인이 제3자방에서 지급제시를 한 경우 ① 발행인은 자신이 기재한 제3자방에서의 지급을 거절할 수 없으나 ② 상환청구권 보전을 위한 지급제시와 관련해서는 형식적 요소가 중요하므로 상환청구권 보전을 위한 유효한 지급제시에 해당하지 않는다.

(3) 제3자방에서의 지급의 효과

제3자방으로 기재된 지급담당자가 어음금을 지급한 경우 어음관계가 종국적으로 소멸되고, 지급을 거절한 경우 지급거절증서의 작성과 함께 상환청구가 가능해진다.

어음의 지급제시기간이 경과한 후에도 제3자방지급문언의 효력이 유지되는지와 관련하여 ① 지급제시기간이 지나면 지급장소에 관한 제3자방지급문언은 효력을 상실한다는 견해와 ② 주채무자에 대한 청구는 계속 지급장소에서 이루어져야 한다는 점에서 주채무자에 대한 관계에서는 제3자방지급문언의 효력이 유지된다는 견해가 있다. 어느 견해에 의하든 상환청구권의 보전을 위한 지급제시와 관련해서는 지급제시기간 경과 후에는 제3자방지급문언은 그 효력을 상실한다고 본다.

3. 이자문언

일람출급 또는 일람 후 정기출급의 환어음에는 발행인이 어음금액에 이자 약정 내용을 적을 수 있다(어음법 제5조 제1항 전문).(모의 14) 이율은 어음에 적어야 한다(어음법 제5조 제2항).

확정일출급어음과 발행일자 후 정기출급어음은 어음금을 지급받을 시점이 확정되어 있으므로 어음발행시점에 이자를 포함하여 어음금액을 기재하면 되므로 이자의 약정을 적어도 이를 적지 아니한 것으로 본다(어음법 제5조 제1항 후문). 수표는 일람출급임에도 이자문구는 무익적 기재사항이다.

4. 발행인의 인수무담보문언

환어음의 발행인은 인수를 담보하지 않는다는 뜻을 기재할 수 있다(어음법 제9조 제2항 전문). 이는 유익적 기재사항이다. 이와 달리 환어음 또는 수표의 발행인이 지급을 담보하지 않는다는 문언을 기재하더라도 이는 무익적 기재사항이다(어음법 제9조 제2항 후문, 수표법 제12조 후문).

환어음의 인수인 또는 약속어음의 발행인이 지급무담보문언을 기재하면 어음이 무효가 된다.

5. 배서금지문언(어음법 제15조 제2항)

배서인은 자기의 배서 이후에 새로 하는 배서를 금지할 수 있다. 이 경우 그 배서인은 어음의 그 후의 피배서인에 대하여 담보의 책임을 지지 않는다.

6. 인수제시의 명령 및 금지문언(어음법 제22조)

환어음의 발행인은 환어음에 기간을 정하거나 정하지 아니하고, 인수를 위하여 어음을 제시하여야 한다는 내용을 적을 수 있다(제22조 제1항). 발행인은 인수를 위한 어음의 제시를 금지한다는 내용을 어음에 적을 수 있다. 그러나 어음이 제3자방에서 또는 지급인의 주소지가 아닌 지에서 지급하여야 하는 것이거나 일람 후 정기출급 어음인 경우에는 그러하지 아니하다(제22조 제2항). 발행인은 일정한 기일 전에는 인수를 위한 어음의 제시를 금지한다는 내용을 적을 수 있다(제22조 제3항). 각 배서인은 기간을 정하거나 정하지 않고, 인수를 위해 어음을 제시해야 한다는 내용을 적을 수 있다. 그러나 발행인이 인수를 위한 어음의 제시를 금지한 경우 그러하지 아니하다(제22조 제4항).

7. 인수제시기간의 단축 또는 연장문언(어음법 제23조)

일람 후 정기출급의 환어음은 그 발행한 날부터 1년 내에 인수를 위한 제시를 하여야 한다. 발행인은 위 기간을 단축하거나 연장할 수 있다. 배서인은 인수제시 기간을 단축할 수 있다.

8. 지급제시기간의 단축, 연장문언(어음법 제34조 제1항)

일람출급의 환어음은 발행일부터 1년 내에 지급을 받기 위한 제시를 하여야 한다.

발행인은 이 기간을 단축하거나 연장할 수 있고 배서인은 그 기간을 단축할 수 있다.

9. 일정기일 전 지급제시 금지문언(어음법 제34조 제2항)

발행인은 일정한 기일 전에는 일람출급의 환어음의 지급을 받기 위한 제시를 금지한다는 내용을 적을 수 있다. 이 경우 제시기간은 그 기일부터 시작한다.

10. 거절증서작성면제의 문언

발행인, 배서인 또는 보증인은 ① 무비용상환, ② 거절증서 불필요, ③ 기타 같은 뜻을 가진 문구를 어음에 적고 기명날인하거나 서명함으로써 소지인의 상환청구권 행사를 위한 인수거절증서 또는 지급거절증서의 작성을 면제할 수 있다(어음법 제46조 제1항).

11. 약속어음의 유익적 기재사항

약속어음과 관련해서는 ① 발행인이 명칭에 부기한 지(地)(어음법 제76조 제3호), ② 제3자방지급문언(어음법 제77조 제2항), ③ 이자문언(어음법 제77조 제2항), ④ 배서금지문언(어음법 제77조 제1항), ⑤ 지급제시기간의 단축 또는 연장문언(어음법 제77조 제1항), ⑥ 일정 기일 전 지급제시 금지문언(어음법 제77조 제1항) 등이 유익적 기재사항이다.

12. 유해적 기재사항

환어음과 약속어음 모두 ① 어음법에 규정된 4가지 만기 이외의 만기를 기재한 문구(어음법 제33조 제2항), ② 어음금의 분할출급문구(어음법 제33조 제2항), ③ 어음채권이 원인관계에 영향을 받는다는 기재, ④ 어음금액 지급에 조건을 붙이는 기재는 어음을 무효로 하는 유해적 기재사항이다. 수표법은 수표의 유해적 기재사항을 규정하고 있지 않다.

Ⅳ. 복본과 등본

1. 복본

(1) 의의

복본은 하나의 어음상의 권리를 표창하는 수통의 어음증권을 말한다. 복본은 환어음과 수표에만 인정되고 약속어음은 인수가 없는 관계로 복본이 인정되지 않는다.

(2) 복본의 발행

환어음은 같은 내용으로 여러 통을 복본으로 발행할 수 있다(어음법 제64조 제1항). 복본을 발행할 때에는 그 증권의 본문 중에 번호를 붙여야 하며, 번호를 붙이지 않은 경우에는 그 여러 통의 복본은 별개의 환어음으로 본다(어음법 제64조 제2항). 어음에 한 통만 발행한다는 내용을 적지 않은 경우 소지인은 자기의 비용으로 복본의 교부를 청구할 수 있다. 이 경우 소지인은 자기에게 직접 배서한 배서인에게 교부를 청구하고 그 배서인은 다시 자기의 배서인에게 청구를 함으로써 차례로 발행인에게 그 청구가 미치게 한다. 각 배서인은 새 복본에 배서를 다시 해야 한다(어음법 제64조 제3항).

(3) 복본의 효력

1) 복본일체

각 복본은 완전한 어음이며 그 사이에 주종관계가 없다. 복본 중 한 통에 대해서 지급하면 그 지급으로 다른 복본이 무효가 된다는 내용이 복본에 적혀 있지 않아도 의무를 면하게 된다.

그러나 지급인은 인수한 각 복본 중 반환받지 않은 복본에 대하여 책임을 진다(어음법 제65조 제1항). 여러 명에게 각각 복본을 양도한 배서인과 그 후의 배서인은 그가 기명날인하거나 서명한 각 통의 복본 중 반환받지 않은 것에 대하여 책임을 진다(어음법 제65조 제2항).

2) 인수를 위한 복본의 송부 및 교부

복본 중 한 통을 인수를 위해 지급인에게 송부한 자는 다른 복본에 지급인에게 송부한 복본을 보유하는 자의 명칭을 적어야 한다. 송부된 복본을 보유하는 자는 다른 복본의 정당한 소지인에게 그 복본을 교부할 의무가 있다.

송부된 복본을 보유한 자로부터 복본 교부를 거절당한 소지인은 거절증서로써 ① 인수를 위해 송부한 복본의 소지인으로부터 해당 복본을 교부받지 못했다는 사실과 ② 다른 한 통의 복본으로는 인수 또는 지급을 받을 수 없었다는 사실을 증명하여 상환청구권을 행사할 수 있다(어음법 제66조).

2. 등본

(1) 의의

등본은 어음의 원본을 복사한 것을 말한다. 환어음과 약속어음에만 인정되고 수표에는 인정되지 않는다. 등본은 그 자체로는 어음이 아니고 그 위에 배서 또는 보증이 가능할 뿐이다.

(2) 등본의 작성

어음소지인은 누구나 등본을 작성할 수 있다(어음법 제67조 제1항). 등본에는 배서된 사항이나 그 밖에 원본에 적힌 모든 사항을 정확히 다시 적고 끝부분임을 표시하는 기재를 해야 한다(어음법 제67조 제2항). 등본에는 원본 보유자를 표시하여야 한다. 등본이 발행된 경우 원본 보유자는 등본의 정당한 소지인에 대하여 그 원본을 교부할 의무가 있다(어음법 제68조 제1항).

(3) 등본의 효력

등본은 원본과 같은 방법에 의하여 배서 또는 보증을 할 수 있으나(어음법 제67조 제3항), 원본을 환수하지 않은 등본 보유자는 등본만으로는 인수 또는 지급을 청구할 수 없다. 원본 교부를 거절당한 등본의 소지인은 원본의 교부를 청구하였음에도 불구하고 받지 못하였음을 거절증서로 증명하지 아니하면 등본에 배서하거나 보증한 자에 대하여 상환청구권을 행사하지 못한다(어음법 제68조 제2항). 등본 작성 전에 원본에 한 최후의 배서의 뒤에 "이 후의 배서는 등본에 한 것만 효력이 있다"는 내용의 문구를 적은 경우에는 원본에 한 그 후의 배서는 효력이 없다(어음법 제68조 제3항).

제2관 백지어음

Ⅰ. 의의

1. 개념

백지어음이란 기명날인 또는 서명 이외의 어음요건의 전부 또는 일부를 추후 타인으로 하여금 보충시킬 의사로 의도적으로 공백으로 남겨두고 발행한 미완성의 어음을 말한다. 백지어음과 관련해서는 어음법 제10조(환어음), 어음법 제77조 제2항(약속어음)의 규정이 존재한다.

2. 법적성질

백지어음은 어음요건이 갖추어지지 않았기 때문에 어음으로서의 효력이 없고, ① 장차 백지가 보충되면 완전한 어음이 될 수 있다는 기대권과 ② 백지 부분을 보충할 수 있는 권한인 백지보충권을 표창하는 특수한 유가증권이라고 본다.

그러한 관계로 보충되기 전의 백지어음인 상태에서는 어떤 어음법적 법률관계도 생기지 않는다. 백지를 보충하지 않은 어음으로 지급제시나 인수제시를 하더라도 효력이 발생하지 않는다.(모의 18)

수취인은 어음요건의 하나로서 그 기재를 결한 어음은 완성된 어음으로서의 효력이 없어 어음상의 권리가 적법하게 성립되지 않으므로, 이러한 **미완성어음으로 지급제시**를 하였다고 하여도 **적법한 지급제시의 효력이 없어 발행인을 이행지체에 빠뜨릴 수 없다.**(대판 1992.3.10. 91다28313)

Ⅱ. 요건

1. 어음요건의 흠결

백지어음은 기명날인 또는 서명을 제외한 어음요건의 일부 또는 전부가 흠결되어야 한다. 따라서 어음요건이 아닌 사항이 흠결된 어음은 백지어음이 아니라 완전한 어음이다. 判例는 명문의 규정에도 불구하고 발행지는 어음요건이 아니라고 보고 있으므로 발행지가 백지인 어음은 백지어음이 아니다. 통설은 확정일출급어음의 발행일을 어음요건으로 본다. 따라서 확정일출급어음의 경우에도 발행일을 기재하지 않으면 백지어음이 된다. 어음요건이 흠결되더라도 상법상 보충규정이 있는 경우가 있는데, 이러한 보충규정이 있는 어음요건의 경우에도 발행인이 추후 보충할 의사로 의도적으로 기재하지 않은 경우에는 백지어음으로 보는 것이 타당하다.

지급기일을 공란으로 하여 약속어음을 발행하였거나 또는 사후에 지급기일을 당사자의 합의로 삭제한 경우에는 특별한 사정이 없는 한 그 어음은 (어음법 제2조 제1호에 따라) 일람출급의 어음으로 볼 것이 아니라 **백지어음으로 보아야 할 것**이고 이와 같은 백지어음을 교부하여 이를 보관시킨 때에는 후일 그 소지인으로 하여금 임의로 그 지급기일의 기재를 보충시킬 의사로서 교부·보관시킨 것이라고 추정할 것이다.(대판 2003.5.30. 2003다16214)(모의 23)

일람후 정기출급 환어음은 지급인이 그 환어음 원본에 인수 기타 이와 동일한 의미가 있는 문자로 표시하고 인수일자를 기재하거나 또는 기재하지 아니한 채 기명날인하여 인수제시인에게 교부, 반환하면 인수가 되고 위와 같이 **인수일자를 기재하지 아니할 때에** 장차 그 **소지인에게 그 제1의 인수제시** 일자 또는 **인수일자의 보충권을 수여하는 이른바 백지인수도 가능하다.**(대판 1980.2.12. 78다1164)

2. 백지보충권의 존재

(1) 문제점

백지어음과 어음요건이 흠결되어 무효인 어음은 외관상 차이가 없고 보충권이 수여되어 있는지 여부가 구별기준이 된다. 그런데 보충권 여부는 어음문면에 드러나지 않기 때문에 어떤 기준에서 보충권 수여 여부를 판단할 것인지 문제된다.

(2) 학설

① 주관설은 백지어음행위자와 그 상대방 사이에 보충권 수여의 합의가 있었는지 여부를 기준으로 판단한다고 본다. 주관설은 어음소지인이 보충권이 수여되었음을 입증해야 한다고 본다.

② 객관설은 백지어음행위자의 의사와 무관하게 어음의 외관상 보충이 예정되어 있다고 볼 수 있는지를 기준으로 판단한다고 본다. 인쇄된 어음용지를 사용한 경우 보충이 예정되어 있다고 본다.

③ 권리외관설(통설)은 발행인의 의사를 기준으로 보충권 수여 여부를 판단하지만 백지어음의 외관을 만들어 유통시킨 것에 귀책사유가 있는 발행인은 그러한 외관을 믿은 선의의 취득자에 대해서는 백지어음이 불완전하다는 항변을 할 수 없다고 본다. 권리외관설에 의하면 발행인이 보충권의 수여가 없었음을 입증하더라도 선의의 어음소지인에 대해서는 책임을 면하지 못하게 된다. 발행인이 불완전어음으로서 무효라는 점을 입증하여야 한다.(모의 22)

(3) 판례

① **발행인이 백지어음이 아니라 불완전어음이라는 점에 대한 입증책임을 부담한다.**(대판 1984.5.22. 83다카1585)(변호 15, 17, 23, 모의 22)

② **만기공란으로 발행된 어음은 만기 백지 어음으로 추정된다.**(대판 2003.5.30. 2003다16214)(모의 14, 23)

3. 기명날인 또는 서명의 존재

백지어음에는 기명날인 또는 서명이 있어야 한다. 다만 기명날인 또는 서명은 발행인의 것이 아니더라도 인수인, 배서인, 보증인 등 어음행위자 가운데 누구의 것이라도 있으면 된다.

Ⅲ. 백지어음의 권리행사

1. 보충 전 권리행사의 제한

백지어음은 백지가 보충되기 전까지는 어음요건을 갖춘 어음이 아니므로 어느 누구에게도 어음상의 권리를 행사하지 못한다.(변호 12, 17, 19, 모의 14, 22) 백지를 보충하지 아니한 상태에서의 권리행사는 적법한 지급제시로 인정되지 않기 때문에 이로써 상환청구권을 보전하거나 어음채무자의 지체책임을 발생시키는 효과는 없다. 判例는 ① 약속어음 발행일의 보충 없이 지급제시 한 경우는 적법한 지급제시가 되지 못하여 상환청구권을 상실한다고 보고,(대판 1993.11.23. 93다27765)(변호 23) ② 백지의 보충 없이 백지어음을 제시한 경우 채무자는 이행지체의 책임을 지지 않는다고 본다.(대판 1992.3.10. 91다28313)(변호 12, 17, 25, 모의 14, 21, 23)

한편 어음금청구소송에서 백지를 보충할 수 있는 시점은 변론종결시이므로 백지어음인 상태로 소를 제기한 경우에도 변론종결시까지 백지를 보충하면 되나,(변호 25, 모의 22) **변론종결시까지 백지를 보충하지 않아 패소한 경우에는** 그 이후 **백지를 보충하여 또 다시 소송을 제기하더라도 전소판결의 기판력에 위배되어 백지보충권 행사 주장이 허용되지 않는다.**(대판 2008.11.27. 2008다59230)(변호 19, 22, 모의 22)

2. 시효의 중단

백지어음인 상태로 청구를 하거나 백지어음인 상태의 어음소지인에 대하여 승인을 하는 경우 소멸시효중단의 효력을 인정할 수 있을 것인지 문제된다.

학설은 백지를 보충하지 않고 지급제시를 하는 경우에도 권리자가 권리 위에 잠자고 있다고 볼 수 없다는 점에서 시효중단의 효력이 인정된다고 본다.

만기 이외의 어음요건이 백지인 약속어음의 소지인이 **백지 부분을 보충하지 않은 상태에서 어음금을 청구하는 것은 어음상의 청구권에 관하여 잠자는 자가 아님을 객관적으로 표명한 것**이라고 할 수 있고 그 청구로써 **어음상의 청구권에 관한 소멸시효는 중단되고,**(변호 12, 15, 17, 19, 22, 23, 모의 13, 14, 18, 22, 23) **백지에 대한 보충권**은 그 행사에 의하여 어음상의 청구권을 완성시키는 것에 불과하여 그 보충권이 어음상의 청구권과 별개로 독립하여 시효에 의하여 소멸한다고 볼 것은 아니므로 **어음상의 청구권이 시효중단에 의하여 소멸하지 않고 존속하고 있는 한 이를 행사할** 수 있다.(모의 23)(대판 2010.5.20. 2009다48312)

[기타 판시사항] 백지약속어음(이하 '백지어음'이라고 한다)은 백지에 대한 보충권과 백지보충을 조건으로 한 어음상의 청구권을 표창하는 유가증권으로서 후일 어음요건이 보충되어야 비로소 완전한 어음이 되고 그 보충이 있기까지는 미완성어음에 지나지 아니한다. 그렇지만 어음법 제77조 제1항 제8호, 제70조 제1항, 제78조 제1항은 약속어음의 발행인에 대한 어음상의 청구권은 만기의 날로부터 3년간 행사하지 아니하면 소멸시효가 완성된다고 규정하고 있으므로, **만기가 기재된 백지어음은** 일반적인 조건부 권리와는 달리 그 백지 부분이 보충되지 않은 미완성어음인 상태에서도 **만기의 날로부터 어음상의 청구권에 대하여 소멸시효가 진행한다.** 따라서 만기는 기재되어 있으나 지급지, 지급을 받을 자 등과 같은 **어음요건이 백지인 약속어음의 소지인은 그 백지 부분을 보충하지 않은 상태에서 시효가 진행함에 대응하여 발행인을 상대로 어음상의 청구권에 대한 시효진행을 중단시킬 수 있는 조치를 취할 수 있**다고 봄이 상당하다. 또한 백지어음상의 백지보충을 조건으로 하는 어음상의 청구권은 그 소지인이 언제라도 백지 부분을 보충하기만 하면 어음이 완성되어 완전한 어음상의 청구권으로 성립하게 되고, **백지 부분을 보충하지 않은 상태의 어음금청구라도 그 백지어음의 발행인이 어음금채무를 승인하고 어음금을 지급하여 어음에 관한 법률관계를 소멸시키는 것도 얼마든지 가능하므로, 백지어음의 소지인이 어음요건의 일부를 오해하거나 그 흠결을 알지 못하는 등의 사유로 백지 부분을 보충하지 아니한 채 어음금을 청구**하더라도, 이는 완성될 어음에 기한 **어음금청구와 동일한 경제적 급부를 목적으로 하는 실질적으로 동일한 법률관계에 관한 청구**로서 **어음상의 청구권을 실현하기 위한 수단**이라고 봄이 상당하다.

3. 백지어음의 양도

(1) 백지어음의 양도가능성 및 배서에 의한 양도

백지어음도 백지보충권과 조건부 어음금 청구권을 표창하고 있으므로 백지 보충 전에도 백지어음을 양도하는 것은 가능하다.(변호 17, 23, 모의 14, 21)

수취인이 백지인 채로 발행된 어음은 인도에 의하여 어음법적으로 유효하게 양도될 수 있고 어음이 인도에 의하여 양도된 경우 어음법 제17조가 적용되는 것이므로, **어음이 전전양도된 후 그 어음을 인도받은 최종 소지인이 수취인으로서 자기를 보충하**였다고 하더라도 그 소지인이 발행인을 해할 것을 알고 취득한 경우가 아니면, 어음문면상의 기재와는 관계없이, **발행인으로부터 원인관계상의 항변 등 인적 항변의 대항을 받지 아니한다**고 할 것이다.(대판 1994.11.18. 94다23098)(변호 23)

(2) 백지어음의 선의취득 및 인적 항변의 절단

배서에 의한 백지어음의 양도가 인정되므로 백지어음의 선의취득도 가능하다. 따라서 백지어음을 선의취득한 자는 어음과 함께 백지보충권도 취득하고 백지를 보충하여 어음상 채무자에게 어음상 권리를 행사할 수 있다.(모의 23) 배서에 의한 백지어음의 양도가 인정되므로 인적 항변의 절단, 담보적 효력 등 배서와 관련된 효력 또한 인정된다.

Ⅳ. 백지보충권

1. 백지보충권의 의의

(1) 개념 및 법적 성질 등

백지보충권이란 백지어음의 흠결된 어음요건을 보충하여 완전한 어음으로 만드는 권리를 의미한다. 백지보충권의 법적 성질에 대하여 다수설은 소지인의 일방적인 행위에 의해 백지보충권의 효력이 발생한다는 점에서 형성권으로 본다. 백지보충권의 발생근거에 관해서는 어음외계약설(다수설)은 백지어음행위자가 상대방과의 계약으로 보충권을 수여한 것이라고 본다.

(2) 백지보충권의 양도

백지보충권은 백지어음과 별도로 양도될 수 없고, 백지어음에 체화되어 어음법적 양도방법에 의하여 양도될 수 있다.

약속어음 발행인의 어음반환청구권을 피보전권리로 하여 약속어음의 배서양도, 점유이전 기타 일체 처분을 금지하는 가처분은 약속어음이 제3자에게 이전되는 것을 방지하기 위한 것이고, 약속어음은 일정한 권리행사기간이 있어 그 기간이 도과하면 본래의 효력을 가질 수 없으므로, **약속어음 백지보충과 지급제시 등 소구권 보전을 위한 조치는 위 가처분에서 금지하는 처분행위에 해당하지 않는다.**(대판 2002.6.25. 2002다13720)

2. 보충권의 행사기간

백지보충권은 어음상 권리의 소멸시효 완성 전에 행사되어야 한다. 그런데 어음상 권리의 소멸시효는 만기로부터 진행하므로 만기가 백지인지 여부에 따라 백지보충권의 소멸시효도 다르게 판단된다.

(1) 만기 이외의 사항이 백지인 어음

1) 주채무자에 대한 권리의 소멸시효

어음의 주채무자에 대한 권리는 만기로부터 3년의 소멸시효에 걸리므로(어음법 제70조 제1항), 백지의 보충도 이 기간 내에 이루어져야 한다.

백지약속어음 보충권 행사에 의하여 생기는 채권은 어음금 채권이고, 약속어음 발행인에 대한 어음금 채권은 만기의 날로부터 3년간 행사하지 아니하면 소멸시효가 완성되므로, 발행일을 백지로 하여 발행된 약속어음의 **백지보충권의 소멸시효기간은 백지보충권을 행사할 수 있는 때로부터 3년**으로 봄이 상당하다.(대판 2002.2.22. 2001다71507)(변호 17, 18, 19, 20, 모의 23)

일람출급어음은 발행일로부터 1년의 제시기간(어음법 제34조 제1항) 경과 후 3년이 지나야 소멸시효가 완성되고, 일람 후 정기출급어음은 인수한 날짜 또는 거절증서의 날짜 또는 인수제시기간의 말일로부터 정해진 기간(어음법 제35조, 제78조 제2항) 경과 후 3년이 지나야 시효가 완성된다.

2) 상환의무자에 대한 권리의 소멸시효

어음의 배서인 등 상환의무자에 대한 권리는 주채무자에 대한 권리의 소멸시효와 상관이 없다. 상환의무자에게 어음상의 권리를 행사하기 위해서는 지급제시기간(어음법 제38조 제1항) 내에 지급제시를 해야 하고, 지급제시는 완전한 어음으로 하여야 하므로 백지보충권은 지급제시기간(지급을 할 날 또는 이에 이은 2거래일)이 경과하기 전에 보충되어야만 한다.

(2) 만기가 백지인 어음

1) 문제점

어음 소멸시효가 어음의 만기로부터 기산한다는 점에서, 만기가 백지인 어음의 경우 백지보충권을 언제까지 행사할 수 있는지 문제된다. 다만 보충권의 소멸시효기간은 어음관계가 보충권의 소멸시효기간 내에 종결된다는 것을 의미하지는 않는다. 즉 보충권의 소멸시효기간 내에 백지인 만기가 보충되는 경우 해당 어음의 어음관계는 보충된 만기에 따라 결정된다.

2) 학설

학설은 보충권의 성질이 형성권이므로 20년의 제척기간에 걸린다는 견해, 보충권은 특정인에 대한 권리로서 일반채권과 동일하므로 민사채권의 소멸시효인 10년이 적용된다는 견해, 어음에 관한 행위이므로 상사시효인 5년이 적용된다는 견해도 있으나, 일반적으로 어음상 권리의 소멸시효기간인 3년이 적용된다고 보면서 3년의 기산점과 관련하여 ① 보충권을 행사하는 것이 가능한 시점인 백지어음의 발행일로부터 소멸시효가 기산한다고 보아 백지어음 발행일로부터 3년으로 보는 견해(3년설)와 ② 만기가 백지인 어음은 일람출급어음과 유사하다는 점에서 일람출급어음의 지급제시기간인 발행일로부터 1년이 경과한 시점부터 소멸시효가 기산한다고 보아 백지어음 발행일로부터 4년으로 보는 견해(4년설)가 존재한다.

3) 판례

判例는 만기를 백지로 하여 발행된 약속어음의 백지보충권의 소멸시효기간은 백지보충권을 행사할 수 있는 때로부터 3년으로 판시하고 있다.(변호 20) 判例는 소멸시효의 기산점을 어음의 발행일이 아니라 원인관계에 비추어 백지보충권을 행사할 수 있는 시점으로 보고 있다.

① **만기를 백지로 한 약속어음의 경우, 그 보충권의 소멸시효**는 다른 특별한 사정이 없는 한 **어음발행의 원인관계에 비추어 어음상의 권리를 행사하는 것이 법률적으로 가능하게 된 때부터 진행**하고, **백지약속어음의 보충권 행사에 의하여 생기는 채권은 어음금 채권이며 어음법상 약속어음 발행인에 대한 어음금 채권은 만기의 날로부터 3년간 행사하지 아니하면 소멸시효가 완성**되는 점 등을 고려하면, **만기를 백지로 하여 발행된 약속어음의 백지보충권의 소멸시효기간은 백지보충권을 행사할 수 있는 때로부터 3년으로 보아야 한다**.(대판 2003.5.30. 2003다16214)(변호 20, 23)

[사실관계] 피고는 원고에게 1993. 1. 26. 액면금 1억 원, 지급일 1993. 7. 30. 지급지 및 발행지 각 인천시, 지급장소 경기은행 주안지점인 약속어음 1매를 발행·교부하였는데, 피고는 1993. 8. 18. 뇌물공여죄로 구속되자 원고에게 위 어음을 은행에 지급제시하면 부도날 우려가 있으니 지급제시를 유예해 달라고 부탁하였고, 이에 원고는 어음상 지급일을 변경해 달라고 요청하여 원고가 어음 지급일란에 두 줄의 횡선을 긋고 그 위에 피고의 인장을 날인하였다. 피고는 1994. 1. 26. 석방되었는데 원고는 2000. 4.경 위 어음의 지급일을 2000. 4. 4.로 기재하여 지급제시하였으나 지급거절되자 피고를 상대로 어음금의 지급을 청구한 사안.

[판시사항] 원심과 대법원은 백지어음 보충권은 피고가 석방된 날인 1994. 1. 26.로부터 시효가 진행되어 그 시점으로부터 3년이 경과한 1997. 1. 26.에 시효로 소멸되었다고 판시하였다.

② 장래의 계속적인 물품거래로 발생할 채무의 지급을 위하여 만기를 백지로 한 약속어음을 발행한 경우, 그 보충권의 소멸시효는 다른 특별한 사정이 없는 한 그 물품거래가 종료하여 어음상의 권리를 행사하는 것이 법률적으로 가능하게 된 때부터 진행한다.(대판 1997.5.28. 96다25050)

[사실관계] A주식회사는 1980. 10.경부터 원고로부터 섬유류 제품을 구입하여 왔는데, 물품대금 채무를 담보하기 위하여 1981. 9. 5.경, 지급기일, 어음금액, 수취인, 발행일, 발행지, 지급지 등을 모두 백지로 한 약속어음을 원고에게 발행하였고, 피고는 A회사의 대표이사로서 위 어음 발행과 동시에 위 어음에 제1배서인으로 배서하였다. 원고와 A회사 사이의 물품거래는 1994. 10. 8. 종료되었는데, 원고는 같은 해 11. 1. 위 어음의 백지 부분을 보충하여 같은 날 A회사에게 지급제시 후 지급거절 당하자 피고에게 어음금지급을 청구하였다. 피고는 위 어음은 1982년도 물품대금 채무만을 담보하는 것이라고 항변한 사안.

[판시사항] 원심과 대법원은 위 어음은 기간을 정하지 아니한 원고와 A회사 간의 장래 물품거래의 모든 채무를 담보하기 위하여 발행된 것으로 보고 피고는 상환의무자로서 어음금을 지급할 의무가 있다고 판시하였다.

3. 보충의 효과

(1) 백지보충의 효력발생시기

소지인이 보충권의 범위 내에서 백지를 보충하면 백지어음은 완전한 어음이 된다. 보충의 효력은 장래에 향하여 발생하고, 소급하지 않는다.(변호 18)

(2) 보충 전 어음행위의 성립시기

1) 문제점

백지어음이 보충되기 전에 인수, 배서, 보증 등 어음행위가 이루어진 다음 백지어음이 보충된 경우 백지의 보충 이전에 이루어진 어음행위는 해당 어음행위의 시점에 이루어진 것으로 본다. 어음행위의 성립 뿐만 아니라 그 행위자의 권리능력, 행위능력, 대리권의 유무 등도 백지어음상에 행위를 한 시점을 기준으로 판단한다. 이와 관련하여 보충이 이루어지기 전의 어음행위의 성립시점을 어음행위 당시로 보는 근거가 무엇인지 문제된다.

2) 학설

학설은 ① 백지보충의 효력이 어음행위의 시점으로 소급하기 때문이라는 견해와 ② 백지보충의 효력은 어음행위의 시점으로 소급하지 않으나 어음행위는 해당 행위 시점에 성립하고 다만 그 효력이 정지되어 있다가 백지보충시점에 효력이 발생한다고 보는 견해가 존재한다.

3) 판례

백지어음 백지의 보충시와 어음행위 자체의 성립시기는 엄격히 구별해야 하고, 백지의 보충 없이는 어음상의 권리를 행사할 수 없으나 어음행위의 성립시기를 곧 백지의 보충시기로 의제할 수는 없고, 그 성립시기는 어음행위 자체의 성립시기로 결정해야 하므로 백지어음에 만기 전에 한 배서는 만기 후에 백지가 보충된 때에도 기한후 배서가 아니다.(대판 1971.8.31. 68다1176)(변호 14, 25, 모의 14)

[사실관계] 피고가 甲에게 금액 50,000원, 만기 1966. 1. 20. 지급지와 발행지 모두 대전시, 지급장소, 한일은행 대전지점, 지급받을 자는 공백, 발행일 1965. 12. 13.인 백지약속어음 1장을 발행교부하고, 甲은 乙에게, 乙은 丙에게 그 무렵 인도양도하고 1966. 1. 10. 丙은 원고에게 배서양도하고, 소지인이 된 원고가 1967. 8. 24. 공백 부분에 지급받을 자의 성명을 丙으로 보충하고 피고에게 어음금 지급을 청구하자 피고는 원고가 기한후배서로 어음을 취득하였다고 항변한 사안.

[판시사항] 원심과 대법원은 백지보충이 1967.8.24.에 된 위 어음에 1966.1.10. 이루어진 배서를 만기 후 배서가 아니라고 보았다.

4. 백지어음의 부당보충

(1) 부당보충 항변의 내용

미완성으로 발행한 환어음에 미리 합의한 사항과 다른 내용을 보충한 경우에는 그 합의의 위반을 이유로 소지인에게 대항하지 못한다(어음법 제10조 본문).(변호 23, 모의 21, 22) 그러나 소지인이 악의 또는 중대한 과실로 인하여 환어음을 취득한 경우에는 그러하지 아니하다(어음법 제10조 단서).(변호 18, 23, 모의 13, 18)

즉 소지인에게 악의 또는 중과실이 없는 한 어음채무자는 보충권의 남용을 이유로 소지인에게 대항할 수 없다.(변호 25) 소지인의 악의 또는 중대한 과실에 대한 입증책임은 채무자가 부담한다. 소지인에게 악의 또는 중과실이 있는 경우에도 발행인은 원래 수여한 보충권의 범위에서는 어음상의 책임을 진다.

소지인이 악의 또는 중과실로 부당 보충된 어음을 취득한 경우에도 **발행인은 자신이 유효하게 보충권을 수여한 범위 안에서는 당연히 어음상의 책임을** 진다.(대판 1999.2.9. 98다37736)(모의 22, 23, 24)

(2) 부당보충 항변의 성질

부당보충의 항변은 어음법 제10조에 따라 인정되는 것으로, 어음항변의 하나인 인적항변과 다르다. 인적 항변은 행위의 직접 상대방이 아닌 어음소지인에게 대항할 수 없으나 어음소지인이 그 채무자를 해할 것을 알고 어음을 취득한 경우에는 대항할 수 있게 된다(어음법 제17조). 부당보충의 항변은 어음소지자가 중과실의 경우에도 대항할 수 있다는 점에서 구별된다.

다만 判例는 부당보충의 항변과 관련된 '악의'의 의미에 대하여 "소지인이 백지어음의 부당보충사실을 알고 있고 이를 취득할 경우 어음채무자를 해하게 된다는 것을 인식하면서도 어음을 양수"하는 것이라고 판시하고 있다.(대판 1995.6.30. 95다10600)

(3) 보충권의 범위를 잘못 알고 취득한 경우

부당하게 보충된 어음을 취득한 것이 아니라 보충권의 범위를 잘못 알고 아직 백지 상태인 어음을 취득한 후 백지를 보충한 제3자에게도 어음법 제10조가 적용되는지 문제된다.

학설은 양도인이 백지를 보충하는 것과 양도인으로부터 보충의 범위를 듣고 양수인이 스스로 보충하는 것은 본질적으로 동일하다는 이유로 이 경우에도 어음법 제10조가 적용된다고 본다.

어음소지자가 백지어음 부분에 대한 보충권한을 부여받은 자의 지시에 의하여 백지어음 금액란을 **실제 부여된 보충권의 범위를 초과하여 보충한 사안에서 어음소지자가 어음을 악의 또는 중대한 과실 없이 취득하였다면 어음법 제10조에 의해 보호된다**.(대판 1978.3.14. 77다2020)

(4) 중과실의 판단기준

1) 부당하게 보충된 어음을 취득한 경우

부당하게 보충된 어음은 외관상 완전한 어음과 차이가 없으므로 이를 취득하는 소지인은 통상의 거래에 요구되는 주의를 기울이면 된다. 判例 또한 **조금만 주의를 기울였어도 부당보충사실을 알 수 있었음에도 만연히 부당 보충된 어음을 취득한 경우에 소지인의 중과실이 인정된다고** 본다.(대판 1995.6.30. 95다10600)

[사실관계] 은행이 상업어음만을 할인하여야 하는 규정에 위반하여 담보용으로 발행된 어음이나 융통어음을 잘못 할인하였다는 사실만으로 곧바로 악의 또는 중대한 과실로 부당 보충된 어음을 취득한 때에 해당한다고 볼 수 없다고 판시한 사안.

2) **보충권의 범위를 잘못 알고 백지 어음을 취득하여 보충한 경우**

判例는 보충권의 범위를 잘못 알고 백지 어음을 취득하여 보충한 경우 어음금액이 백지인 경우와 어음 금액 이외의 사항이 백지인 경우를 나누어, 어음금액이 백지인 경우에 보충권의 내용에 관하여 어음의 보충권 수여자에게 직접 조회하지 않았다면 중대한 과실이 인정된다고 본다.

백지어음의 백지 부분의 유형은 어음금액이 백지로 된 경우와 같이 가장 중요한 사항인 어음금액에 관하여 또 그 범위가 한정되는 것이 통상적인 사항이 백지로 된 경우와 그다지 중요하지 아니한 사항으로서 한정되지 않는 것이 통상적인 그 밖의 사항 특히 수취인이 백지로 된 경우 등인바, **어음금액이 백지로 된 백지어음을 원고가 취득할 당시 소외인의 지시에 의하여 원고 자신이 어음금액란을 보충**한 경우 **원고가 보충권의 내용에 관해 어음의 기명날인자인 피고에게 직접 조회하지 않았다면** 특별한 사정이 없는 한 취득자인 **원고에게 중과실이 있는 것**이라고 보아야 한다.(대판 1978.3.14. 77다2020)(변호 12, 14, 19, 모의 14, 18, 21, 22, 23, 24)

제3관 환어음의 인수

Ⅰ. 인수의 의의

1. 개념

환어음의 인수란 환어음의 지급인이 어음금의 지급채무를 부담한다는 의사를 어음상에 표시하는 어음행위를 말한다. 환어음의 발행으로 지급인이 주채무를 부담하지는 않고 지급인이 인수를 함으로써 지급인은 인수인이 되고 제1차적 어음금지급의무를 부담하게 된다. 인수는 환어음에만 존재하며 약속어음과 수표에는 존재하지 않는다.

2. 법적성질

인수의 법적 성질에 대해 다수설은, 환어음에 인수를 기재한 지급인이 어음 반환 전에 인수의 기재를 말소한 경우에는 인수를 거절한 것으로 본다는 어음법 제29조 제1항을 근거로, 인수를 지급인과 소지인 사이의 계약으로 이해하여 인수인이 단순히 기명날인 또는 서명하는 것만으로는 인수에 따른 어음채무를 부담하지 않고, 상대방의 승낙의 의사표시가 있어야 인수의 효과가 발생한다고 본다.

Ⅱ. 인수제시

1. 의의

인수제시란 환어음의 소지인 또는 점유자가 지급인에게 환어음을 제시하여 인수를 청구하는 것을 말한다. 지급인은 인수 여부를 자유로이 결정할 수 있다. 일람 후 정기출급 어음의 경우 일람은 인수제시를 의미하므로 위 어음의 경우 인수제시는 만기를 확정한다는 별도의 의미를 가진다. 인수제시에 대해 지급인이 인수를 거절하면 다른 어음 채무자에게 상환청구를 할 수 있게 된다.

2. 당사자

(1) 환어음의 소지인 또는 단순한 점유자

환어음의 소지인 또는 단순한 점유자는 인수제시를 할 수 있다(어음법 제21조). 어음의 소지인이란 적법하게 어음상의 권리가 있다고 추정되는 자를 말하고, 어음의 단순한 점유자란 어음상의 권리 유무와 상관없이 단순히 현재 어음을 점유하고 있는 자를 말한다. 인수제시의 경우와 달리 단순한 점유자는 지급제시를 할 수 있는 권한이 없다(어음법 제38조 제1항).

(2) 인수제시의 상대방

인수제시의 상대방은 환어음의 지급인 또는 그 대리인이다. 지급담당자가 정해져 있는 경우에도 인수제시는 지급인에게 해야 한다(어음법 제21조). 지급제시는 지급담당자에게 해야 효력이 발생하고 지급인에 대한 지급제시는 효력이 없다. 지급인이 중첩적으로 기재된 경우 어느 한 지급인에게만 인수제시를 해도 되고 중첩적 지급인 중 한 명만 인수거절을 하더라도 만기 전 상환청구가 가능하다.

3. 인수제시의 시기 및 유예

(1) 인수제시의 시기

1) 인수제시기간

인수제시는 발행일로부터 만기의 전날까지 해야 한다(어음법 제21조). 일람 후 정기출급의 환어음은 그 발행한 날부터 1년 내에 인수를 위한 제시를 하여야 한다(어음법 제23조 제1항). 발행인은 위 기간을 단축하거나 연장할 수 있고, 배서인은 이를 단축할 수 있다(어음법 제23조 제2항, 제3항). 일람출급환어음은 지급인에게 제시하는 시점에 만기가 도래하므로 인수제시가 별도의 의미를 가지기 어렵다고 본다.

2) 인수제시기간 이후의 인수제시

인수제시기간 이후의 인수제시는 적법한 인수제시의 효력이 없으므로 소지인에게 인수거절로 인한 상환청구권이 인정되지 않는다.

(2) 인수제시의 유예기간

1) 지급인의 유예 청구

지급인은 첫 번째 제시일의 다음 날에 두 번째 제시를 할 것을 청구할 수 있다(어음법 제24조 제1항 제1문).(모의 14) 어음법은 인수제시에 대하여 하루의 유예기간을 주고 있다. 지급인이 유예를 청구하게 되면 소지인은 다음 날 다시 인수제시를 하여야 한다. 다음 날 인수제시가 거절되는 경우 소지인은 상환청구권을 행사할 수 있다.

2) 거절증서에의 유예 기재

이해관계인은 유예 청구가 거절증서에 적혀 있는 경우에만 그 청구에 응한 두 번째 제시가 없었음을 주장할 수 있다(어음법 제24조 제1항 제2문). 즉 지급인의 유예청구에 대하여 소지인이 제1의 제시에 관하여 거절증서를 작성하면 지급인은 여기에 유예청구를 한 뜻을 기재하여야 한다. 지급인이 거절증서에 이를 기재하지 않으면 소지인은 제1의 거절증서를 가지고서도 자신의 전자에게 상환 청구를 할 수 있게 된다(어음법 제24조 제1항 후문).

4. 인수제시의 자유와 예외

(1) 인수제시의 자유

환어음의 소지인 또는 단순한 점유자는 만기에 이르기까지 인수를 위하여 지급인에게 그 주소에서 어음을 제시할 수 있다(어음법 제21조).(모의 18)

인수제시는 소지인의 이익을 위한 것이므로 원칙적으로 인수제시는 소지인의 자유이다. 소지인은 인수제시 없이 만기에 바로 지급제시를 할 수도 있다.

(2) 인수제시의무

1) 인수제시가 요구되는 경우

① 일람 후 정기출급 환어음

일람후 정기출급의 환어음은 그 발행한 날부터 1년 내에 인수를 위한 제시를 하여야 한다(어음법 제23조 제1항).(모의 14, 18, 20) 발행인은 위 기간을 단축하거나 연장할 수 있고, 배서인은 이를 단축할 수 있다(어음법 제23조 제2항, 제3항).(모의 14, 18, 20)

② **발행인 또는 배서인의 인수제시명령**

발행인 또는 배서인은 환어음에 기간을 정하거나 정하지 아니하고, 인수를 위하여 어음을 제시하여야 한다는 내용을 적을 수 있다(어음법 제22조 제1항, 제4항).(모의 13, 16, 18) 이를 인수제시명령이라고 한다.

2) 위반의 효과

① **일람 후 정기출급 환어음의 경우**

일람 후 정기출급 환어음의 경우 인수제시기간 내에 인수제시를 하지 않으면 인수거절로 인한 상환청구권뿐만 아니라 지급거절로 인한 상환청구권까지 잃는다(어음법 제53조 제1항 제1호, 제2항).

그러나 그 기재한 문구에 의하여 발행인에게 인수에 대한 담보의무만을 면할 의사가 있었음을 알 수 있는 경우에는 인수거절로 인한 상환청구권만 잃는다(어음법 제53조 제2항).

② **발행인의 인수제시명령 위반의 경우**

발행인이 기재한 기간 내에 인수를 위한 제시를 하지 아니한 소지인은 모든 상환의무자에 대하여 지급거절과 인수거절로 인한 상환청구권을 잃는다.(모의 14) 그러나 그 기재한 문구에 의하여 발행인에게 인수에 대한 담보의무만을 면할 의사가 있었음을 알 수 있는 경우에는 인수거절로 인한 상환청구권만 잃는다(어음법 제53조 제2항).

③ **배서인의 인수제시명령 위반의 경우**

배서에 제시기간이 적혀 있는 경우에는 그 배서인만이 이를 원용할 수 있다(어음법 제53조 제3항). 즉 배서인의 인수제시명령을 위반한 경우에는 그 배서인에 대한 상환청구권만 잃는다.

5. 인수제시금지

(1) 발행인에 의한 인수제시금지

환어음의 발행인은 인수를 위한 어음의 제시를 금지한다는 내용 또는 일정한 기일 전에는 인수를 위한 어음의 제시를 금지한다는 내용을 어음에 적을 수 있다(어음법 제22조 제2항, 제3항).(모의 13, 18, 20) 환어음의 발행인만이 환어음의 인수제시를 금지하거나 제한할 수 있다.(모의 13, 16) 이는 인수거절로 인하여 상환청구가 발생하는 것을 방지하기 위한 것이다.

즉 발행인으로서는 지급인과의 자금관계가 아직 발생하지 않은 경우 인수거절로 인한 자신의 신용하락을 방지하기 위하여 인수제시를 금지시킬 필요가 있게 된다.

(2) 위반의 효과

인수제시의 금지에 위반하여 인수제시를 한 경우에는 인수가 거절되더라도 상환청구를 할 수 없다. 다만 지급인이 인수를 하는 경우에는 인수의 효력이 인정된다.(모의 13, 16)

(3) 인수제시금지의 제한

발행인이라 하더라도 ① 제3자방지급어음, ② 타지지급어음, ③ 일람 후 정기출급 어음인 경우에는 인수제시를 금지할 수 없다(어음법 제22조 제2항 단서).

제3자방지급어음의 경우 지급인 몰래 지급담당자로부터 어음금이 지급되는 것을 방지하기 위하여, 타지지급어음의 경우 지급인이 지급장소나 지급담당자를 기재할 수 있도록 하기 위하여, 일람 후 정기출급 어음의 경우 만기를 정하기 위하여 인수제시가 요구되기 때문이다.

다만 위 경우에도 일정한 기일 전의 인수제시금지는 가능하다(어음법 제22조 제3항).

Ⅲ. 인수의 방식

1. 지급인의 기명날인 또는 서명

(1) 정식인수 및 약식인수

환어음의 인수는 ① 환어음에 "인수" 또는 그 밖에 이와 같은 뜻이 있는 글자로 표시하고 지급인이 기명날인하거나 서명하는 방식으로 하는 정식인수(어음법 제25조 제1항 전문) 또는 ② 어음의 앞면에 지급인이 단순히 기명날인 또는 서명하는 방식으로 하는 약식인수(어음법 제25조 제1항 후문)(모의 16)로 한다. 정식인수는 어음자체에 하는 이상 어음의 앞면이나 뒷면에 해도 무방하나 약식인수는 백지식 배서와 혼동되지 않도록 어음의 앞면에 해야 한다.

(2) 지급인과 인수인의 동일성

1) 문제점

지급인과 인수인은 동일해야 한다. 그런데 어음에 기재된 지급인과 인수인의 표기가 다른 경우 지급인과 인수인이 동일한지 여부를 무엇을 기준으로 판단할 것인지 문제된다.

2) 학설

① '형식적 동일설'은 어음의 기재로부터 형식적으로 판단해야 한다고 본다.

② '실질적 동일설'은 지급인과 인수인이 실질적으로 동일한지 여부를 근거로 판단해야 한다고 본다.

③ '절충설'은 지급인과 인수인이 형식적으로 다를 때에는 인수거절로 보아 상환청구권이 인정되지만, 소지인이 실질적 동일성을 입증하여 인수인으로서의 책임을 물을 수 있다고 본다.

(3) 인수의 말소(어음법 제29조)

환어음에 인수를 기재한 지급인이 그 어음을 반환하기 전에 인수의 기재를 말소한 경우에는 인수를 거절한 것으로 본다.(모의 14) 말소는 어음 반환 전에 한 것으로 추정한다.

인수의 기재를 말소한 경우에도 지급인이 소지인이나 어음에 기명날인 또는 서명을 한 자에게 서면으로 인수를 통지한 경우에는 그 상대방에 대하여 인수의 문구에 따라 책임을 진다.

어음법 제29조 제2항은 **환어음에 인수를 기재한 지급인이** 그 어음을 반환하기 전에 **인수의 기재를 말소하였음에도 소지인 등에게 서면으로 인수의 통지**를 한 때에는 어음에 기재된 **말소 전의 인수문언에 따라 책임을 진다**는 취지를 규정한 것이므로, 만일 **지급인이 환어음에 인수문언의 기재 및 기명날인 등을 하지 않은 채 소지인 등에게 인수 통지를 한 경우에는** 그 **지급인에게 어음법 제29조 제2항에 따른 어음상 책임을 물을 수 없다.**(대판 2008.9.11. 2007다74683)

2. 인수일자와 제3자방지급문구

(1) 인수일자

1) 인수일자의 기재

일람 후 정기출급의 어음 또는 특별한 기재에 의하여 일정한 기간을 정한 인수제시명령이 기재된 어음은 인수한 날짜를 적어야 하고, 만약 소지인이 제시한 날짜를 기재할 것을 청구한 경우에는 소지인이 제시한 날짜를 기재해야 한다(어음법 제25조 제2항).(모의 13)

이러한 일자의 기재는 인수의 요건은 아니므로 인수일자를 기재하지 않았더라도 인수의 효력에는 영향이 없다. 따라서 인수인은 주채무를 부담한다.

일람 후 정기출급 환어음은 지급인이 환어음 원본에 인수 기타 이와 동일한 의미가 있는 문자로 표시하고 인수일자를 기재하거나 또는 기재하지 아니한 채 기명날인하여 이를 인수제시인에게 교부, 반환하면 인수가 되는 것이고 위와 같이 **인수일자를 기재하지 아니할 때에 장차 그 소지인에게 그 제1의 인수제시일자 또는 인수일자의 보충권을 수여하는 이른바 백지인수도 가능하다.**(대판 1980.2.12. 78다1164)(모의 13)

2) 인수일자의 기재가 없는 경우

인수일자의 기재가 없는 경우 소지인은 거절증서를 작성하지 않는 한 상환청구권을 상실하게 된다(어음법 제25조 제2항 후문).

지급인이 인수를 하지 않은 경우 소지인은 바로 상환청구가 가능한데 인수가 되었음에도 인수일자를 적지 않은 경우에는 소지인이 상환청구권을 상실하게 되는 불이익을 입게 되므로 소지인으로서는 이 경우 인수는 있었으나 일자를 기재하지 않았다는 거절증서를 작성함으로써 상환청구권을 보전할 수 있다. 즉 향후 인수인의 지급거절시 다른 채무자에게 상환청구권을 행사할 수 있게 된다.

(2) 제3자방지급문구

발행인이 지급인의 주소지와 지급지가 다른 환어음(타지지급어음)을 발행하면서 어음에 제3자방에서 지급한다는 내용을 적지 아니하였으면 지급인은 인수를 하면서 그 제3자를 정할 수 있다.

이 경우 인수인이 제3자를 기재하지 않고 인수를 하면 인수인이 지급지에서 직접 지급할 의무를 부담한 것으로 본다(어음법 제27조 제1항).

지급인의 주소에서 지급될 어음의 경우 지급인은 인수를 함에 있어 지급지 내에 위치한 지급장소를 정할 수 있다(어음법 제27조 제2항).

3. 부단순인수

(1) 의의

부단순인수란 지급인이 어음의 기재사항을 변경하여 인수하거나 어음의 기재사항과 일치하지 않는 문언을 기재하면서 인수하는 것을 말한다.

어음법상 인수는 조건 없이 하여야 하고(어음법 제26조 제1항),(모의 13, 14, 16, 18) 환어음의 다른 기재사항을 변경하여 인수하였을 때에는 인수를 거절한 것으로 본다(어음법 제26조 제2항). 다만 부단순인수의 효력이 인정되는 예외적인 경우가 존재한다.

(2) 일부인수

지급인은 어음금액의 일부만을 인수할 수 있다(어음법 제26조 제1항 제2문).(모의 13, 14, 16, 18) 이처럼 지급인이 어음금의 일부만을 인수하는 것을 일부인수라 한다.

예를 들어 액면금액 1억 원의 어음에 대하여 지급인이 4,000만원만 인수하겠다고 하면, 4,000만원에 한하여 인수의 효력이 발생하고 나머지 6,000만원에 대해서는 인수거절이 된다.

지급인이 인수한 4,000만원에 대해서는 상환청구권이 발생하지 않으나, 인수되지 않은 6,000만원에 대하여는 인수거절로 인한 상환청구권을 행사할 수 있다(어음법 제43조 제1호).

(3) 초과인수

어음금액을 초과하여 인수한 경우에는 어음금액의 한도에서 유효한 인수가 된다고 본다.

(4) 변경인수

환어음의 다른 기재사항을 변경하여 인수하였을 때에는 인수를 거절한 것으로 보나, 인수인은 그 인수 문구에 따라 책임을 진다(어음법 제26조 제2항).(모의 16) 예를 들어 만기가 2020. 3. 30.인 환어음을 인수하면서 만기를 2020. 6. 30.로 변경한 경우, 인수인은 2020. 6. 30.을 만기로 하는 어음에 대한 주채무를 부담한다.

그러나 다른 상환의무자에 대해서는 인수가 거절된 것으로 보아 상환청구권을 행사할 수 있는데 이 경우 어음의 만기는 변경 전의 만기인 2020. 3. 30.이다

(5) 조건부인수

1) 문제점

조건부인수는 인수거절에 해당하므로 상환청구권이 발생한다(어음법 제26조 제1항).(모의 13, 14, 16, 18) 다만 조건부인수의 경우 어음법 제26조 제2항 단서를 유추적용 하여 인수인에게 조건부로 어음상 책임을 물을 수 있는지 문제된다.

2) 학설

① **'부정설'**은 조건부인수를 유효하다고 하면 어음채무의 성립을 원인관계와 결부시킬 수도 있어 어음채무의 추상성에 반하고 어음 외의 사정에 의하여 어음관계가 결정되므로 어음행위의 문언성에 반한다고 본다.

② **'긍정설'**은 조건부인수를 그대로 인정하더라도 인수인의 의사에 반하지 않을 뿐만 아니라 주채무자가 증가하여 어음관계자에게도 이익이 된다고 본다.

3) 판례

判例는 조건부어음보증의 유효성을 인정하면서 방론으로 "환어음 인수에 조건을 붙인 경우 일단 인수거절로 보되 인수인으로 하여금 인수의 문언에 따라 책임을 지도록 하고 있다"고 판시한 바 있다. 어음법상 보증의 경우에는 발행 및 배서의 경우와 같이 단순성을 요구하는 명문 규정이 없고, 주채무를 전제로 하는 부수적 채무부담행위인 점에서 보증과 유사한 **환어음의 인수에 조건을 붙인 경우 일단 인수거절로 보되 인수인으로 하여금 인수문언에 따라 책임을 지도록 하여 불단순 인수를 인정하고** 있음에 비추어 볼 때 어음보증에 환어음 인수의 경우보다 더 엄격하게 단순성을 요구함은 균형을 잃은 해석이고 조건부 보증을 유효로 본다고 하여 어음거래의 안전성이 저해되는 것도 아니므로, **조건을 붙인 불단순보증은 조건부 보증문언대로 보증인의 책임이 발생한다고** 보는 것이 타당하다.(대판 1986.3.11. 85다카1600)

Ⅳ. 인수 및 인수거절의 효력

1. 인수의 효력

지급인은 인수를 함으로써 만기에 환어음을 지급할 의무를 부담하는 어음상의 주채무자가 된다.(모의 16, 18) 인수인의 의무는 제1차적, 무조건적 의무이다. 또한 인수인은 채무를 이행한 경우에도 어음상의 권리를 가지지 못한다는 점에서 최종적 의무를 진다.

지급을 받지 못한 소지인은 상환청구 할 수 있는 모든 금액을 인수인에게 직접 청구할 수 있다(어음법 제28조 제2항 전문). 발행인이 인수인인 경우에도 마찬가지이다(어음법 제28조 제2항 후문).

2. 인수거절의 효력

인수거절이 있은 경우 소지인은 배서인, 발행인, 그 밖의 어음채무자에 대하여 만기 전에도 상환청구권을 행사할 수 있다(어음법 제43조 제1호).(모의 16)

소지인이 상환청구권을 행사하기 위해서는 인수거절증서를 작성해야 한다. 그러나 발행인이 인수제시를 금지한 어음은 인수가 거절되더라도 상환청구권이 발생하지 않는다.

Ⅴ. 수표 지급보증과의 구별

① 환어음의 인수인은 주채무를 부담한다. 그러나 수표의 지급보증인은 수표소지인이 지급제시기간 경과 전에 수표를 제시한 경우에만 지급의무를 부담한다(수표법 제55조 제1항). 즉 수표의 지급보증인은 수표의 제시 없이 제시기간이 경과하면 채무가 없어진다.

② 환어음의 소지인은 인수제시의 권한이 있으므로 지급인이 인수를 거절하면 상환청구권이 발생하나, 수표의 소지인에게는 그러한 권한이 없으므로 지급인이 지급보증을 거절하더라도 상환청구권이 발생하지 않는다(수표법 제39조). 수표 소지인의 상환청구권은 지급거절의 경우에만 인정된다.

③ 환어음은 약식인수, 일부인수 등이 인정되나, 수표 지급보증은 인정되지 않고 수표 지급보증에 의해 수표 기재사항을 변경한 부분은 이를 변경하지 아니한 것으로 본다(수표법 제54조).

④ 인수인의 어음채무의 소멸시효기간은 만기로부터 3년이나(어음법 제70조 제1항), 지급보증을 한 지급인에 대한 수표상의 청구권의 소멸시효기간은 제시기간이 지난 후 1년이다(수표법 제58조).

제4관 어음보증

Ⅰ. 의의

1. 어음보증의 개념

어음보증은 주된 어음행위에 의하여 발생한 어음상의 채무를 담보할 목적으로 어음상에 하는 부수적 어음행위를 말한다. 어음보증인은 피보증채무의 존재를 전제로 종된 채무를 부담한다.

2. 법적성질

어음보증은 일반적인 민법상의 보증이 아니라 어음법상 인정되는 어음행위이다. 어음보증은 단독행위로서 어음보증의 상대방은 어음의 제3취득자가 아니라 피보증인이다.

표현대리에 관한 민법 제126조의 규정에서 제3자라 함은 표현대리행위의 직접 상대방이 된 자만을 의미하는바, **약속어음 지급보증은 발행인을 위하여 어음금채무를 담보할 목적으로 하는 보증인의 단독행위** 이므로 그 행위의 **상대방은 어음의 제3취득자가 아니라 발행인이다.** 따라서 약속어음의 지급보증 부분이 위조된 경우, 동 **약속어음을 배서, 양도받는 제3취득자는** 위 **지급보증행위가 민법 제126조 소정의 표현대리행위로서 지급보증인에게 그 효력이 미친다고 주장할 수 있는 제3자에 해당하지 않는다.**(대판 1986.9.9. 84다카2310)

3. 구별개념

(1) 숨은 어음보증

보증의 목적으로 어음의 발행, 배서, 인수 등을 하는 경우와 같이 보증의 의도로 어음행위가 이루어지나 외관상으로는 보증이 드러나지 않는 경우를 숨은 어음보증이라 한다. 외관을 중시하는 어음법의 논리상 숨은 어음보증은 어음법상 어음보증으로 볼 수 없다.

(2) 민사보증과의 차이

어음보증은 피보증인과 합동하여 동일한 책임을 진다는 점에서 일반적인 민사보증과 차이가 있다.

① 민사보증은 계약이나, 어음보증은 단독행위이다.(모의 13, 14)

② 피보증인이 특정되지 않은 민사보증은 무효이나 피보증인이 특정되지 않은 어음보증은 발행인을 위한 보증으로 본다(어음법 제31조 제4항).(변호 20, 모의 13, 14, 23)

③ 민사보증은 채권자가 특정되어 있으나, 어음보증은 채권자가 소지인인 관계로 채권자가 특정되지 않는다(어음법 제47조 제1항).(모의 14)

④ 어음보증은 주채무가 방식의 하자 이외의 사유로 무효, 취소되더라도 유효하게 성립한다(어음법 제32조 제2항).(모의 14, 17, 19)

⑤ 어음보증인은 피보증인과 동일 책임을 지므로 최고, 검색 항변권이 없다(어음법 제32조 제1항).(모의 13, 14)

⑥ 수인의 공동보증인 사이에서 분별의 이익이 인정되지 않는다.

⑦ 어음보증인이 채무를 이행한 경우 어음상의 권리를 취득하므로 피보증인뿐만 아니라 피보증인의 전자들에 대해서도 상환청구권을 행사할 수 있다(어음법 제32조 제3항).

⑧ 어음상 채무에 보증을 하였다고 해서 원인관계에 대한 민사보증을 한 것으로 볼 수는 없다.(변호 20)

다른 사람이 발행하는 약속어음에 명시적으로 어음보증을 하는 사람은 그 어음보증으로 인한 어음상의 채무만을 부담하는 것이 원칙이고, 특별히 채권자에 대하여 자기가 그 약속어음 발행의 원인이 된 채무까지 보증하겠다는 뜻으로 어음보증을 한 경우에 한하여 그 원인채무에 대한 보증책임을 부담하게 되므로, 타인이 물품공급계약을 맺은 공급자에게 물품대금 채무의 담보를 위하여 발행 · 교부하는 약속어음에 어음보증을 한 경우에도 달리 민사상의 원인채무까지 보증하는 의미로 어음보증을 하였다고 볼 특별한 사정이 없는 한, 단지 어음보증인으로서 어음상의 채무를 부담하는 것에 의하여 신용을 부여하려는 데에 지나지 아니하는 것이고, 어음보증 당시 그 어음이 물품대금 채무의 담보를 위하여 발행 · 교부되는 것을 알고 있었다 하여도 이와 달리 볼 수가 없다.(대판 1998.6.26. 98다2051)(변호 20)

4. 어음보증의 당사자

(1) 어음보증인의 자격

어음보증인의 자격에는 제한이 없다(어음법 제30조 제1항). 제3자는 물론이고 어음에 기명날인 또는 서명을 한 채무자도 보증을 할 수 있다(어음법 제30조 제2항).(모의 14)

어음과 달리 수표의 경우에는 수표의 신용증권화를 방지하기 위하여 지급인(지급은행)이 수표보증인이 되는 것은 금지된다(수표법 제25조 제2항).

(2) 피보증인의 자격

어음채무자는 누구나 피보증인이 될 수 있다.

다만 어음채무자가 아닌 지급담당자, 환어음의 지급인, 무담보배서인을 위한 어음보증은 무효이다.

Ⅱ. 어음보증의 방식

1. 기재사항

어음보증에는 ① 피보증인, ② 보증의 의사표시를 나타내는 문구 및 ③ 보증인의 기명날인 또는 서명이 요구된다(어음법 제31조 제2항).(모의 13) 이를 정식보증이라고 한다.

피보증인이나 보증문구는 생략될 수 있다. 피보증인 및/또는 보증문구가 없는 보증을 약식보증이라고 한다. 보증문구는 기재하되 피보증인을 기재하지 않은 약식보증을 '통상의 약식보증'이라 하고, 보증문구와 피보증인 모두를 기재하지 않은 보증을 '간략약식보증'이라 한다.

2. 기재위치

(1) 통상의 약식보증

통상의 약식보증은 어음의 앞면과 뒷면 어디에든 할 수 있다. 피보증인을 기재하지 않은 보증은 발행인을 위한 보증으로 본다(어음법 제31조 제4항).(변호 20, 모의 13, 14, 23)

(2) 간략약식보증

간략약식보증의 경우에는 지급인과 발행인을 제외한 자가 어음 앞면에 한 경우에만 보증으로 본다(어음법 제31조 제3항).(변호 13, 14, 22, 모의 23) 발행인의 기명날인 또는 서명은 발행이 되고, 지급인의 기명날인 또는 서명은 인수가 되기 때문이다.

3. 일부보증

어음보증은 피보증인의 어음채무의 일부만을 담보할 수도 있다(어음법 제30조 제1항).(모의 14)

4. 조건부보증

(1) 문제점

어음보증을 하면서 어음 면에 조건을 기재하는 경우 보증으로서의 효력이 인정되는지 문제된다.

(2) 학설

① '유해적 기재사항설'은 어음행위는 원칙적으로 조건에 친하지 않는 법률행위이므로 명문의 규정이 없는 한 보증 전체가 무효가 된다고 본다.

② '무익적 기재사항설'은 조건부 배서와 마찬가지로 조건만 무효가 된다고 본다.

③ '유익적 기재사항설'(다수설)은 보증에 조건을 붙이더라도 어음채무의 지급을 보다 확실하게 만드는 것에 불과하므로 어음의 유통을 해하지 않고, 환어음 인수의 경우보다 더 엄격한 단순성을 보증에 요구할 이유가 없으므로 유효하다고 본다.

(3) 판례 [유익적 기재사항설]

어음법상 보증에 대해 발행 및 배서의 경우와 같이 단순성을 요구하는 규정이 없고, 어음보증에 대해 환어음 인수보다 더 엄격하게 단순성을 요구함은 균형을 잃은 것이고 조건부 보증을 유효로 보아도 어음거래의 안전성이 저해되는 것도 아니므로 **조건을 붙인 불단순 보증은 그 조건부 보증문언대로 보증인의 책임이 발생한다고** 보는 것이 타당하다.(대판 1986.3.11. 85다카1600).(변호 20, 모의 14, 17, 20, 22)

Ⅲ. 어음보증의 효력

1. 합동책임

보증인은 피보증인과 함께 소지인에 대해서 합동책임을 진다(어음법 제47조 제1항). 소지인은 피보증인과 보증인 중 1명, 여러 명 또는 전원에 대하여 청구할 수 있다(어음법 제47조 제2항).

보증인은 민법상 최고, 검색의 항변권이 없다. 따라서 소지인은 피보증인에게 먼저 청구할 필요 없이 보증인에게 바로 어음금의 지급을 청구할 수 있다.(변호 20)

2. 보증채무의 부종성

어음보증채무의 존부 및 범위는 주채무에 종속되어 부종성을 가진다.

① 보증인은 피보증인과 같은 책임을 진다(어음법 제32조 제1항).

② 피보증인의 채무가 지급, 면제, 상계, 시효완성, 상환청구권 보전절차의 흠결 등으로 소멸하면 보증인의 채무도 소멸한다.

③ 피보증인에 대한 시효중단 또는 상환청구권 보전은 보증인에 대해서도 동일한 효력이 있으므로 다시 보증인에 대하여 절차를 밟지 않아도 된다. 보증인의 책임은 피보증인이 누구인지에 따라 범위가 달라지는데, 약속어음의 발행인을 위한 보증인은 어음의 적법한 지급제시 여부와 상관없이 어음채무를 부담하지만, 배서인을 위한 보증인은 소지인이 상환청구권 보전절차를 거친 경우에 한하여 책임을 진다.

약속어음의 발행인은 어음금을 절대적으로 지급할 의무를 부담하므로 어음소지인이 발행인에 대하여 지급을 위한 제시를 하지 않았다 해도 발행인에게 어음금액을 청구할 수 있고, 발행인을 위한 어음보증인은 보증된 자와 동일한 책임을 지므로 어음보증인에게도 **소지인은 지급을 위한 제시 없이도 어음금청구권을 행사할 수 있다.**(대판 1988.8.9. 86다카1858)

④ 피보증인에 대한 권리가 양도되는 경우 어음보증인에 대한 권리도 수반하여 이전된다.(대판 1989.10.24. 88다카20774)(모의 16, 17)

3. 보증채무의 독립성

어음보증인의 책임은 피보증채무가 그 방식에 하자가 있는 경우 외에는 어떠한 사유로 무효가 되더라도 그 효력이 있다(어음법 제32조 제2항).(모의 14, 17, 19) 어음보증 또한 어음행위 독립의 원칙에 따라 독립성을 가진다. 어음보증의 부종성은 피보증채무의 성립을 전제로 보증채무가 피보증채무에 종속된다는 것을 말하고, 어음보증의 독립성은 피보증채무가 성립되지 않거나 소급하여 그 효력이 상실되는 경우에도 보증채무는 독립하여 효력을 가진다는 것을 의미한다.

4. 피보증인이 가지는 항변의 원용

(1) 문제점

피보증인이 어음소지인에 대하여 가지는 항변을 어음보증인이 원용할 수 있는지 문제된다.

예를 들어 어음발행인이 어음수취인과 체결한 매매계약에 따른 매매대금의 지급을 위해서 약속어음을 발행하고 어음보증인이 보증을 하였는데, 어음발행인과 어음수취인 사이의 매매계약이 적법 · 유효하게 해제되었음에도 어음수취인이 어음보증인에게 어음금을 청구하는 경우 어음보증인이 매매계약이 해제되었다는 항변을 할 수 있는지가 문제된다.

(2) 학설

① '부정설'은 어음행위 독립의 원칙에 따라 피보증인의 채무와 보증인의 채무는 독립적이므로 보증인이 피보증인의 항변을 원용하는 것은 허용되지 않는다고 본다.

② '긍정설'(다수설)은 어음금을 청구할 실질적인 근거가 없어진 소지인의 청구는 신의성실원칙에 비추어 부당한 권리남용에 해당하므로 보증인은 피보증인의 항변을 원용할 수 있다고 본다.

(3) 판례 [긍정설]

장래의 채무를 담보하기 위하여 발행된 어음에 발행인을 위하여 어음보증이 된 약속어음을 수취한 사람은 어음을 발행한 원인관계상 채무가 존속하지 않기로 확정된 때에는 특별한 사정이 없는 한 그때부터는 어음발행인 뿐만 아니라 어음보증인에 대해서도 어음상 권리를 행사할 실질적인 이유가 없어졌다 할 것이므로 어음이 자기수중에 있음을 기화로 하여 어음보증인으로부터 어음금을 받으려고 하는 것은 신의성실의 원칙에 비추어 부당한 것으로서 권리남용이라 할 것이고, 어음보증인은 수취인에 대하여 어음금의 지급을 거절할 수 있다고 할 것이니, 수취인으로부터 배서양도를 받은 어음소지인이 어음법 제17조 단서의 요건에 해당되는 때에는 어음보증인은 그러한 악의의 소지인에 대하여서도 권리남용의 항변으로 대항할 수 있다.(대판 1988.8.9. 86다카1858)(모의 17, 21)

5. 어음보증과 원인채무에 대한 민사보증

(1) 문제점

어음보증은 원칙적으로 원인채무에 대한 민사보증과 구별된다. 다만 실제로는 채권자가 어음상의 책임뿐만 아니라 원인채무에 대한 보증 책임을 보증인에게 묻고자 하는 경우가 많고, 원인채무에 대한 보증의 의사로 어음보증을 하는 경우도 존재한다. 그러한 관계로 어떠한 경우에 어음보증을 원인채무에 대한 민사보증으로 인정할 수 있는지 여부가 문제된다.

(2) 판례

① 어음발행인의 신용상태를 보충하기 위해 배서를 한 경우 원칙적으로 배서인이 원인채무까지 보증한 것으로 볼 수 없다.(대판 1994.8.26. 94다5397)

② 금전의 대여계약을 체결하면서 그 대여금채무의 지급을 확보하기 위하여 채무자가 발행하는 약속어음에 배서인이 그러한 사실을 알면서 보증의 취지로 배서하였다고 하더라도 그러한 사실만으로는 원인채무인 대여금채무에 대하여 보증계약이 성립된 것으로 볼 수 없다.(대판 1997.12.9. 97다37005)

③ 어음보증인에게 민사보증책임이 인정되려면 대주가 배서인에게 배서를 요구할 때 어음 발행의 원인이 된 대여금채무까지도 보증할 것을 요구하는 의사가 있었고 배서인도 대주의 그러한 의사를 인식하면서 배서에 응하였다는 사실이 인정되어야 한다.(대판 1997.12.9. 97다37005)

④ 甲이 乙의 신용상태를 보충하기 위하여 乙이 물품대금의 지급을 위하여 丙에게 교부하는 약속어음에 배서하였더라도 달리 甲이 민사상의 원인채무까지 보증하는 의미로 배서하였다고 볼 자료가 없는 이상 배서인으로서 어음상 채무를 부담함에 의하여 신용을 부여하려는 것에 불과하다.(대판 1994.8.26. 94다5397)(변호20)

⑤ 금전 대여계약을 체결함에 있어서 대여금채무의 지급을 확보하기 위해 채무자가 발행하는 약속어음에 배서인이 그러한 사실을 알면서 보증의 취지로 배서하였더라도 그러한 사실만으로는 원인채무인 대여금채무에 대한 보증계약이 성립된 것으로 볼 수 없고, 이 경우 대주가 배서인과 직접 교섭하여 배서를 요구하였기 때문에 배서인이 약속어음 발행의 원인이 된 소비대차계약의 내용을 상세히 알게 되었고 또 대주의 면전에서 직접 대주의 요구에 응하여 배서하였다 하더라도, 이러한 사실들은 배서인이 원인관계상의 채무에 대하여도 보증할 의사가 있었다고 인정하는 데 유력한 증거가 될 수 있을 뿐 그러한 사실들로 인해 원인관계 채무에 대한 보증계약의 성립이 추정된다고 볼 수 없다.(대판 1997.12.9. 97다37005)

6. 보증인의 구상권

(1) 의의

보증인이 어음의 지급을 하면 보증된 자와 그 자의 어음상의 채무자에 대하여 어음으로부터 생기는 권리를 취득한다(어음법 제32조 제3항).(모의 14, 17) 어음보증인의 구상권은 피보증인 및 피보증인의 전자인 어음채무자에 대해서만 미치고 피보증인의 후자에 대해서는 미치지 않는다. 보증인은 보증채무의 지급과 동시에 소지인에게 어음의 반환을 청구할 수 있다.

보증인의 구상권에 관하여 ① '원시취득설'은 어음보증인의 구상권은 법률 규정에 의해 어음보증인이 원시취득하는 것으로 본다. 원시취득설에 의하면 구상권의 취득에 어음의 교부가 요구되지 않고, 피보증채무에 설정된 담보권이 어음보증인에게 이전되지 않게 된다. 한편 ② '승계취득설'은 어음소지인의 어음상 권리를 승계취득하는 것으로 본다. 승계취득설에 의하면 구상권 취득에 어음의 교부가 요구되고, 피보증채무에 설정된 담보권 또한 보증인에게 이전된다.

(2) 일부보증

어음법상 일부보증도 허용된다(어음법 제30조 제1항). 일부보증인이 채무를 이행한 경우 이행한 부분에 대하여 구상권을 취득한다. 다만 보증인은 어음을 환수할 수 없어 구상권을 행사할 수 없게 된다. 이 경우 일부보증인은 ① 어음상의 채무자가 잔액을 지급하고 어음을 환수한 후에 자신의 구상권을 행사하거나, ② 어음금 전액을 임의로 지급하고 어음을 환수하여 구상권을 행사하거나, ③ 소지인에게 일부 지급의 어음상 기재와 영수증의 교부를 요청한 후 자신의 권리를 행사하게 된다.

제3장 어음상 권리의 이전

Ⅰ. 어음상 권리의 이전방법

어음상 권리는 ① 배서, 교부와 같은 어음법상의 방식에 의한 승계취득, ② 지명채권양도방식에 의한 승계취득, ③ 선의취득, ④ 상속, 합병과 같은 포괄승계에 의하여 취득될 수 있다.

1. 지명채권양도방식에 의한 어음상 권리 이전

어음상 권리가 민법상의 지명채권양도방식에 의해 양도될 수 있는지와 관련하여 학설은 유가증권의 일반원리에 반한다는 이유로 부정하는 부정설과 증권의 교부와 함께 지명채권양도방식에 의한 이전을 인정하는 긍정설이 존재한다.

배서금지의 문언을 기재한 약속어음은 양도성 자체까지 없어지는 것이 아니고 **지명채권의 양도에 관한 방식에 따라서 양도할** 수 있는데 이 경우에는 민법 제450조의 **대항요건(통지 또는 승낙)을 구비하는 외에 약속어음을 인도(교부)하여야** 하고 **지급을 위하여서는 어음을 제시해야** 하며 어음금을 지급할 때에는 이를 환수하게 되는 것이다.(대판 1989.10.24. 88다카20774)

2. 교부에 의한 어음상 권리 이전

(1) 교부에 의한 권리의 이전

기명식 또는 지시식 어음은 단순한 교부에 의하여 양도할 수 없다. 또한 어음은 소지인출급식으로 발행할 수 없다. 다만 수취인란이 백지로 된 어음과 최후의 배서가 소지인출급식 또는 백지식으로 배서된 어음의 소지인은 배서를 하지 않고 피배서인을 보충하지도 않고 어음의 교부만으로 어음상 권리를 양도할 수 있다(어음법 제12조 제3항, 제14조 제2항 제3호).

어음법상 유효한 권리이전방법으로 인정된 **백지식배서라 함은 피배서인을 지정하지 않는 배서를** 말하는 것이지 **배서인을 기재하지 아니한 채 교부하는 방법까지를 포함하는 것은 아니다.**(대판 1997.7.22. 96다12757)

[사실관계] 피고 회사는 1994. 3.경 A회사가 시공하는 전기공사에 관하여 A회사와 노무하도급계약을 체결하면서 공사에서 발생하는 안전사고에 대한 손해배상책임을 부담하기로 약정하고, 담보조로 1994.3.24. A회사에게 액면금 23,320,000원, 지급기일 1994.7.30., 발행지 및 지급지 각 부산시, 지급장소 부산은행 용호동지점으로 된 약속어음 1장을 발행하였고, A회사는 1994.4. 초경 甲을 통하여 원고로부터 약속어음을 금 22,000,000원에 할인받으면서 어음에 별도 배서를 하지 않고 원고에게 어음을 교부하였다. 원고는 지급제시기간 내인 1994.8.1. 1 배서의 연속을 위하여 제1배서인란에 A회사 명의의 배서를 하지 않고 잘못하여 원고 명의의 배서를 한 후 같은 날 지급제시를 하였으나 피사취어음이라는 이유로 거절을 당하였다. 이에 원고는 1994.8.11.경 甲을 통하여 A회사의 대표이사로부터 위와 같이 잘못된 배서를 말소하고 배서인란에 A회사의 기명·날인을 받아 피고 회사에게 어음금을 청구하였다. 이에 대하여 피고는 위 어음은 노무하도급상의 안전사고에 대한 배상책임을 담보하기 위해 발행되었던 것인데 노무하도급의 종료시까지 아무런 손해배상책임도 발생하지 않았으므로 어음은 A회사로부터 반환되어야 하고, 원고는 어음을 그 지급거절증서 작성기간 경과 후인 1994.8.11.에 A회사로부터 배서 받았으므로 원고로서는 기한후배서에 해당하는 위 배서에 의하여 A회사의 피고에 대한 지명채권을 양수한 것에 불과하고, 따라서 피고는 A회사에 대한 인적 항변사유를 가지고 원고에게 대항할 수 있다고 항변한 사안.

[판시사항] 원심은 원고가 어음을 A회사로부터 지급기일 전에 백지식으로 교부받아 소지하고 있었으므로 원고가 위와 같이 어음상의 권리를 적법하게 취득하였고, 만기 전의 어음상의 권리이전에 대하여 어음면상의 기재를 정정 내지 보완하는 의미에서 A회사 명의의 기명 · 날인을 받은 경우 이를 기한후배서라고 볼 것은 아니라고 판단하여 피고의 항변을 배척하고 원고의 청구를 인용하였다. 대법원은 수취인란이 백지로 된 어음과 기명식 혹은 지시식으로 발행되었으나, 최후의 배서가 소지인출급식 또는 백지식으로 배서된 어음 이외에는 어음의 단순한 교부에 의하여 어음상 권리가 이전될 수 없으므로 원고가 어음을 단순히 교부받은 시점에 어음을 취득하였다고 볼 수 없고 원고가 지급거절증서 작성기간 경과 후에 받은 배서는 지명채권양도의 효력만이 있어 피고는 A회사에 대한 어음채무 불발생의 항변으로서 원고에게 대항할 수 있다고 판시하였다.

(2) 교부의 효력

교부에 의한 어음의 양도는 ① 어음상 권리가 양도되는 권리이전적 효력과 인적 항변의 절단이 인정되고, ② 소지인이 적법한 소지인으로 추정되는 자격수여적 효력이 인정되므로 선의취득, 선의지급도 인정된다. 다만 배서가 존재하지 않으므로 담보적 효력은 인정되지 않는다.

Ⅱ. 배서의 의의

1. 어음상 권리의 양도방법으로서의 배서

어음은 당연한 지시증권이기 때문에 어음이 지시식으로 발행되지 않은 경우에도 배서로 양도할 수 있다(어음법 제11조 제1항). 배서란 어음의 뒷면에 권리양도의 취지를 적고 기명날인 또는 서명을 하여 상대방에게 교부하는 것을 말한다.

배서는 ① 채무자에 대한 통지 또는 승낙이라는 대항요건 없이 배서에 의해 간편하고 신속하게 양도가 이루어질 수 있고, ② 인적항변이 절단되므로 종전 거래의 유효 여부에 영향을 받지 않고, ③ 배서의 연속에 의하여 적법한 소지인으로 추정받아 어음상의 권리를 행사할 수 있고, ④ 자신의 이전 배서인들의 담보책임에 의해 변제가능성을 높일 수 있다.

2. 배서금지어음

(1) 배서금지어음의 개념

배서금지어음이란 발행인이 어음에 "지시 금지"라는 글자 또는 이와 같은 뜻이 있는 문구를 적은 어음을 말한다(어음법 제11조 제2항). 지시금지어음이라고도 한다.

배서금지어음은 지명채권 양도방법에 의하여 양도할 수 있다.(변호 22) 배서금지어음은 발행인이 수취인에 대항할 수 있는 항변사유를 유보해 두기 위해 발행되는 경우가 많다.

배서금지어음도 유가증권이므로 소지인이 어음상의 권리를 행사하기 위해서는 어음을 제시해야하고 어음과 상환해서만 어음금을 지급받을 수 있다.

(2) 인수인의 배서금지문구 기재

학설은 일반적으로 환어음의 인수인은 배서금지문구를 기재할 수 없다고 본다.

환어음의 인수인이 배서금지 문구를 기재하면 부단순인수가 되어 어음법 제26조 제2항에 따라 인수를 거절한 것으로 본다. 다만 인수인은 배서금지의 문구에 따른 책임을 진다. 따라서 인수인은 인수 이후의 소지인에 대해서는 인수 당시의 소지인에 대한 항변사유를 가지고 대항할 수 있다.

(3) 배서금지배서와의 구별

배서금지배서는 배서인이 배서금지의 뜻을 기재하는 것을 말한다. 배서금지배서는 해당 배서인의 담보책임만 제한한다. 배서금지배서 이후에도 어음은 여전히 배서로 양도할 수 있다.(모의 22)

(4) 기재방법

배서금지어음은 일반인이 보통의 주의로 쉽게 알 수 있도록 어음상에 지시금지의 표시를 분명히 기재하여야 한다. 어음상에 지시금지를 기재하지 않고 발행인과 수취인 사이에 배서금지의 합의를 하는 것만으로는 배서금지의 효력이 없다.

인쇄된 어음용지의 지시문구를 말소하는 것만으로는 배서금지어음에 해당하지 않는다. 어음상에 단지 '견질용' 또는 '보관용' 등으로 기재하는 것만으로는 배서금지어음에 해당되지 않는다.

인쇄된 어음용지의 지시문구를 말소하지 않고 배서금지의 문구를 기재한 경우 배서금지어음에 해당하는지 여부에 대하여 학설은 지시문구는 부동문자로 인쇄된 것이나 배서금지의 문구는 발행인이 특별히 기재한 것이라는 점에서 배서금지어음에 해당한다고 본다.

어음의 발행인이 어음용지에 부동문자로 인쇄된 지시문구를 말소하지 아니한 채 그 지시문구 다음에 '지시금함'이라고 기재한 지시금지문구를 병기하였다면 특단의 사정이 없는 한 지시금지문구의 효력이 우선한다. (대판 1987.4.28. 86다카2630)

(5) 효과

배서금지어음은 배서에 의한 양도가 금지된다. 배서금지어음의 양도는 지명채권 양도방법에 의하여야 하므로(변호 22) 민법 제450조의 대항요건이 갖추어져야 하고, 어음의 교부도 이루어져야 한다.

배서금지의 문언을 기재한 약속어음은 양도성 자체까지 없어지는 것이 아니고 지명채권의 양도에 관한 방식에 따라서, 그리고 그 효력으로써 이를 양도할 수 있는 것인데 이 경우에는 민법 제450조의 대항요건(통지 또는 승낙)을 구비하는 외에 약속어음을 인도(교부)하여야 하고 지급을 위하여서는 어음을 제시하여야 하며 또 어음금을 지급할 때에는 이를 환수하게 되는 것이다.(대판 1989.10.24. 88다카20774)

[기타 판시사항] 배서금지어음을 지명채권 양도방법으로 양도하는 경우, 주채무자인 발행인에 대하여 그 대항 요건을 갖추었으면 보증인에 대하여 별도의 대항요건(통지, 승낙)을 갖추지 아니하였어도 주된 채권양도의 효력으로써 보증인에 대하여 이를 주장할 수 있다.

추심위임배서는 어음의 양도를 위한 배서가 아니고 인적 항변 절단의 효과도 없으므로 배서금지어음의 경우에도 추심위임배서는 가능하다. 입질배서 또한 가능하다고 보는 견해도 있으나 입질배서는 인적항변 절단의 효과가 있으므로 배서금지어음에는 입질배서가 허용되지 않는다고 본다.

배서금지어음이 지명채권 양도방법으로 양도된 경우 어음상 권리가 이전되는 효력은 발생하나 배서에 인정되는 인적항변 절단, 선의취득, 자격수여적 효력, 담보적 효력이 인정되지 않는다.

Ⅲ. 배서의 방식

1. 기명식배서

배서는 환어음이나 이에 결합한 보충지[보전]에 적고 배서인이 기명날인하거나 서명하여야 한다(어음법 제13조 제1항).

일반적으로 어음 뒷면에 아래와 같은 인쇄된 배서문언에 피배서인을 기재하고 배서일자와 기명날인 부분을 기재하고 날인하는 방식으로 이루어진다. 이러한 배서를 기명식배서라 한다. 피배서인은 여러 사람을 중첩적, 선택적, 순차적으로 기재할 수 있다.

"앞면에 적힌 금액을 ______ 또는 그 지시인에게 지급하여 주십시오"

즉 기명식배서는 ① 배서문언, ② 피배서인, ③ 배서인의 기명날인 또는 서명으로 이루어진다.

배서일자는 배서요건이 아니고, 배서일자를 기재하지 않더라도 아무 문제가 없다.

배서일자가 어음의 발행일자보다 앞서는 경우에도 배서가 무효가 되지 않는다.

기한후배서는 실제 배서일자를 기준으로 하므로, 어음 문면에 기재된 배서일자는 실제 배서일자를 추단케 하는 정도의 의미밖에 없다.

배서일자의 기재는 어음 배서의 요건이 아니므로 **발행일자 보다 앞선 배서일자가 기재되어** 있다 하더라도, 그 **배서가 무효로 되는 것은 아니다**.(대판 1968.6.25. 68다243)

2. 소지인출급식배서

소지인출급식배서란 피배서인을 '소지인'이라고 기재한 배서를 말한다.

어음의 발행은 소지인출급식으로 할 수 없으나, 배서는 소지인출급식배서가 가능하고, 이러한 소지인출급식배서는 백지식배서로서의 효력이 있다(어음법 제12조 제3항).(모의 19)

3. 백지식배서

(1) 의의

백지식배서란 피배서인을 기재하지 않고 이루어진 배서를 말한다. 약식배서라고도 한다.

어음법은 피배서인만을 기재하지 않는 백지식배서와 피배서인과 배서문언을 모두 기재하지 않고 배서인의 기명날인 또는 서명만으로 하는 간략백지식배서를 규정하고 있다(어음법 제13조 제2항).

간략백지식배서는 어음 뒷면이나 보충지에 하지 않으면 효력이 없다(어음법 제13조 제2항 제2문).

기명날인 또는 서명이 어음의 앞면에 있으면 인수 또는 보증으로 보기 때문에 배서의 의사로 한 것임을 입증하더라도 간략백지식배서로 인정되지 않는다.

(2) 백지식 배서의 효력

1) 권리이전적 효력

백지식배서에 의하여 어음상 권리가 이전하고 인적항변의 절단 또한 인정된다.

어음채무자는 백지식배서인에게 대항할 수 있었던 인적항변사유로써 백지식배서의 피배서인에게 원칙적으로 대항할 수 없다.

2) 자격수여적 효력

백지식배서인에게 형식적 자격이 인정되는 경우 피배서인에게도 형식적 자격이 인정된다.

최후의 배서가 백지식인 경우 그 어음의 소지인은 적법하게 어음상 권리를 취득한 것으로 추정된다(어음법 제16조 제1항 제2문).(변호 22, 모의 16)

백지식배서에 의하여 어음을 취득한 자의 선의취득이 인정되고, 백지식배서의 피배서인에게 어음금을 지급한 자도 사기 또는 중과실이 없는 한 면책된다.

3) 담보적 효력

백지식배서인도 배서인으로서의 기명날인 또는 서명이 존재하므로 담보책임을 진다.

백지식배서의 피배서인이 어음 교부의 방법으로 어음상 권리를 이전한 경우 담보책임을 지지 않는다.

(3) 백지식배서에 의한 어음취득자의 지위

1) 어음상 권리의 행사

백지식배서에 의하여 어음을 취득한 소지인이 피배서인란을 보충하거나 피배서인란을 보충하지 않고 백지의 상태로 어음상의 권리를 행사할 수 있다.(변호 19, 모의 14, 20)

약속어음을 배서하면서 피배서인을 백지로 한 경우에 그 어음의 소지인이 어음상의 권리를 행사하려면 반드시 자기를 피배서인으로 기재할 필요는 없고 이를 보충하지 아니한 채로 청구한다 할지라도 적법하다.(대판 1968.12.24. 68다2050)

2) 어음상 권리의 양도

백지식배서에 의한 어음의 소지인은 아래의 방식으로 어음상 권리를 양도할 수 있다.

① 피배서인란에 자신의 명칭을 기재한 후 정식배서 또는 백지식배서로 양도

② 피배서인란에 어음상 권리의 양수인의 명칭을 기재한 후 배서하지 않고 단순 교부로 양도

③ 피배서인란을 보충하지 않고 정식배서 또는 백지식배서로 양도

④ 피배서인란을 보충하지 않고 배서 없이 단순 교부로 양도

위 방법 가운데 어음상 권리의 양도인이 어음문면에 나타나지 않는 ② 및 ④의 경우에는 어음상 권리의 양도인은 후자에 대하여 담보책임을 지지 않는다.

Ⅳ. 배서의 효력

1. 권리이전적 효력

배서는 환어음으로부터 생기는 모든 권리를 이전한다(어음법 제14조 제1항). 배서의 이러한 효력을 권리이전적 효력이라 한다. 배서의 권리이전적 효력과 관련하여, 어음채무자는 배서인에게 대항할 수 있었던 인적항변사유로써 피배서인에게 대항하지 못한다(어음법 제17조). 인적항변의 절단으로 인해 피배서인은 배서인보다 더 강한 어음상 권리를 취득하는 결과가 된다.

배서로 어음채권에 대한 종된 권리인 담보물권이나 보증채권도 피배서인에게 이전되는지에 관하여 ① 담보물권이나 보증채권의 부종성 내지 수반성을 이유로 긍정하는 긍정설도 있으나 ② 다수설은 담보물권이나 보증채권 등 종된 권리는 당사자 사이의 계약에 의한 권리일 뿐 어음상 권리가 아니라는 이유로 배서에 의하여 이전되지 않는다고 본다.

2. 자격수여적 효력

어음의 점유자가 배서의 연속에 의하여 그 권리를 증명할 때에는 그를 적법한 소지인으로 추정한다(어음법 제16조 제1항 제1문). 이를 배서의 자격수여적 효력이라 한다. 배서의 자격수여적 효력이 인정되기 위해서는 배서의 연속과 어음의 형식적 유효성이 인정되어야 한다.

배서의 자격수여적 효력에 의하여 어음소지인은 적법상 어음상 권리자로 추정되므로 ① 소지인이 어음상 권리의 취득사실을 증명하여야 하는 것이 아니라 어음채무자가 소지인의 무권리를 증명하여야 하고, ② 어떤 사유로든 어음의 점유를 잃은 자가 있는 경우에 배서 연속에 의하여 적법한 권리자로 추정되는 자로부터 어음을 취득한 자는 어음상의 권리를 취득하며(어음법 제16조 제2항 본문), ③ 배서연속에 의해 적법한 권리자로 추정을 받는 소지인에게 어음금을 지급한 지급인은 소지인이 무권리자였다고 하더라도 책임을 면한다(어음법 제40조 제3항).

3. 담보적 효력

(1) 의의

배서의 담보적 효력이란 환어음의 지급인이 어음의 인수 또는 지급을 거절하거나 약속어음의 발행인이 어음의 지급을 거절하는 경우, 배서인이 피배서인과 그 후자 전원에 대해서 인수 또는 지급을 담보하는 것을 말한다(어음법 제15조 제1항, 제77조 제1항 제1호).(모의 20)

소지인이 배서인에게 담보책임을 묻는 것을 상환청구라 한다. 담보적 효력은 어음 유통을 위해 어음법상 인정되는 효력으로 본다.

(2) 담보적 효력의 배제

1) 무담보배서

배서인이 담보책임을 지지 않겠다는 문언을 기재하는 것을 무담보배서라고 한다. 무담보배서를 한 배서인은 자신 이후의 모든 후자에 대해서 담보책임을 지지 않는다.

2) 배서금지배서

배서인은 자기의 배서 이후에 새로 하는 배서를 금지할 수 있다. 이 경우 그 배서인은 어음의 그 후의 피배서인에 대하여 담보의 책임을 지지 아니한다(어음법 제15조 제2항). 이러한 배서를 배서금지배서라 한다. 배서금지배서의 경우 배서인이 자신의 피배서인에 대해서는 담보책임을 진다는 점에서 무담보배서와 차이가 있다.

3) 기한후배서

기한후배서인은 어음법상 배서인의 담보책임을 지지 않는다.

4) 추심위임배서

추심위임배서의 피배서인 또한 배서인에게 담보책임을 물을 수 없다.

(3) 담보배서

1) 의의

담보배서란 어음 양도의 의사 없이 담보책임을 질 목적으로 이루어지는 배서를 말한다.

① 甲이 乙에게 발행하는 약속어음에 대하여 인적 담보를 제공하기 위하여 甲이 丙을 수취인으로 하여 어음을 발행하고 丙이 배서로 乙에게 어음을 양도하는 경우 또는 ② 최후의 배서가 백지식으로 되어 있는 어음의 소지인인 甲이 乙에게 어음을 교부하기 전에 자력이 있는 丙에게 백지식배서를 하도록 한 후 이러한 丙의 백지식배서가 된 어음을 乙에게 교부하는 경우 등을 들 수 있다.

2) 담보배서의 법적 성질

양도배서설은 담보배서 또한 보통의 양도배서에 해당한다고 보고, 특수배서설은 담보배서인은 어음상 권리자가 아니고 어음상 채무만을 부담하는 의사가 있다는 점에서 특수배서에 해당한다고 본다.

3) 담보배서의 효력

담보배서에 권리이전적 효력이 인정되는지에 대하여 양도배서설은 권리이전적 효력을 인정하나, 특수배서설은 권리이전적 효력을 부정한다. 담보배서의 경우에도 담보의 목적으로 배서를 하였다는 것은 당사자 사이의 인적항변에 불과하고 담보배서도 형식적으로 완전한 배서로서의 효력을 가지므로 배서의 자격수여적 효력과 담보적 효력이 인정된다.

4) 담보배서와 원인채무에 대한 보증 여부

담보배서에 의하여 원인채무에 대한 보증이 인정되는지 문제된다. 어음상 권리가 소멸한 경우 민사상의 보증책임을 배서인에게 물을 수 있을지 여부와 관계된다.

判例는 단순한 담보배서에 의해서는 민사상 보증책임이 성립하지 않는다고 보고 있다.

약속어음 배서인에게 특정인의 채무를 담보하기 위한 것이라는 약속어음의 사용목적에 대한 인식이 있었더라도 그러한 사실이 배서인에게 민사상 보증채무까지 부담할 의사가 있었다고 인정할 수 있는 하나의 요소가 될 수 있음은 별론으로 하고, **그 사실로부터 바로 배서인과 채권자 사이에 민사상 보증계약이 성립한다고 추단할 수는 없다.** 채권자의 입장에서 배서 당시 원인채무에 대한 민사상 보증채무를 부담할 것까지도 배서인에게 요구하는 의사가 있었고 배서인도 채권자의 그러한 의사 및 채무의 내용을 인식하면서 배서하였다는 사실, 즉 배서인이 단순히 어음법상 상환의무를 부담한다는 형태로 채권자에게 신용을 공여한 것이 아니라 민사상 보증의 형태로도 신용을 공여한 것이라는 점이 채권자 및 채무자와 배서인 사이의 관계, 배서의 동기, 배서인과 채권자 사이의 교섭 과정 및 방법, 약속어음 발행으로 인한 실질적 이익의 귀속 등 배서를 전후한 제반 사정과 거래 실정에 비추어 인정될 수 있어야만 배서인과 채권자 사이의 민사상 보증계약의 성립을 인정할 수 있고, 그렇지 않은 경우에는 **배서인은 원칙적으로 약속어음의 채무자로서 약속어음이 지급거절 된 경우 소지인의 상환청구에 응해야 하는 어음법상 채무만을 부담할 뿐이다.**(대판 2009.10.29. 2009다44884)

[기타 판시사항] 약속어음의 **배서인이 채무자(어음발행인)와 채권자의 대여관계의 내용을 알고 배서하였다는 점**이나 **채권자가 배서인의 보증이 없었다면 대여금을 대여하지 않았을 것**이며 이러한 **사정을 배서인이 잘 알고 있었다**는 점은 배서인에게 **민사상 보증채무까지 부담지우는 근거가 되기에 부족**하다.

Ⅴ. 배서의 연속

1. 의의

배서의 연속이란 어음의 수취인이 제1배서인이 되고, 제1배서의 피배서인이 다시 제2배서인이 되는 식으로 이어져서 현재의 소지인에 이르기까지 배서가 중단됨이 없이 연속되어 있는 것을 말한다. 배서의 연속 여부는 기재의 순서에 따라 판단되는 것은 아니므로 어음 뒷면의 상단에 乙 → 丙, 甲 → 乙 순서로 기재되어 있는 경우에도 甲 → 乙, 乙 → 丙으로 배서가 연속된 것으로 본다.

2. 배서연속의 판단

(1) 형식적 기재의 연속

배서가 연속되었는지는 어음 문면상 기재된 내용을 기준으로 판단한다.(변호 13, 16, 19) 배서가 실질적인 권리자에 의해서 이루어졌는지 여부와 관계없이 형식적 기재를 기준으로 판단하므로, 연속된 배서의 중간에 허무인이나 제한능력자 명의의 배서가 있거나 위조 · 변조된 배서가 있더라도, 배서가 문면상 연속되어 있는 경우 배서의 연속이 인정된다.(변호 19, 모의 17)

약속어음의 **배서가 위조된 경우**에도 배서의 연속이 흠결된 것이라고 할 수 없으므로 **피배서인은 배서가 위조되었는지의 여부에 관계없이 배서의 연속이 있는 약속어음의 적법한 소지인으로 추정**되며 다만 발행인은 소지인이 악의 또는 중대한 과실로 취득한 사실을 주장 입증하여 발행인으로서의 어음채무를 면할 수 있을 뿐이다.(대판 1974.9.24. 74다902)

정당한 어음소지인이 자신의 **배서 앞뒤에 임의의 사람을 중간 배서인으로 기재하여 어음을 양도한** 경우, 약속어음을 양도한 자가 정당한 소지인인 이상 **양수인은 적법하게 어음상 권리를 이전받는다.**(대판 1995.9.15. 94다54856)

[사실관계] 피고가 수취인 백지의 약속어음을 甲에게 발행하고 甲이 乙에게 어음을 교부하고, 乙이 수여받은 보충권의 범위 내에서 액면금 등과 수취인을 '삼진기계 丙'으로 보충한 다음, 자신을 피배서인으로 하는 위 丙 명의의 제1배서를 임의로 기재하고, 丁을 피배서인으로 하는 자신의 제2배서를 한 다음, 戊를 피배서인으로 하는 위 丁 명의의 제3배서 및 원고를 피배서인으로 하는 戊 명의의 제4배서를 임의로 기재하여 원고에게 이를 양도한 사안에서 乙이 양도 당시 정당한 소지인인 이상 그 양수인인 원고는 적법하게 어음상의 권리를 이전받는다고 본 사안. (위 어음의 문면상 배서 등을 정리하면 다음과 같다. 피고 → 삼진기계 丙 → 乙 → 丁 → 戊 → 원고)

(2) 명칭의 동일성 여부

피배서인과 다음 배서의 배서인이 동일한지 여부 또한 실제로 동일한지 여부와 상관없이 문면상의 기재만으로 판단한다. 피배서인과 다음 배서 배서인의 명칭이 완전히 일치하지 않더라도 주요한 점에서 일치하여 사회통념상 동일인을 표시한 것이라고 인정될 수 있다면 배서가 연속된 것으로 본다.

피배서인	다음 배서의 배서인	배서연속 여부	비고
A회사	A회사 대표이사 甲	인정	
甲	A회사 대표이사 甲	부정	
A회사	A회사 甲	부정	대표자격 표시의 흠결
甲	A회사 甲 (甲인장)	인정	

수취인을 "甲"으로 하여 발행된 약속어음의 제1 배서인이 "주식회사 甲 대표이사 乙"이라면 양자의 표시는 형식적으로 동일인이라고 인정함이 상당하고, 따라서 이 약속어음의 배서는 연속되어 있다.(대판 1995.6.9. 94다33156)

은행 지점장이 수취인이 은행인 약속어음 배서인란에 지점 주소와 지점 명칭이 새겨진 명판을 찍고 기명을 생략한 채 자신의 사인을 날인하여 배서한 경우, 그 배서는 행위자인 대리인의 기명이 누락되어 요건을 갖추지 못한 무효의 배서이므로 배서 연속에 흠결이 있다 할 것이다.(대판 1999.3.9. 97다7745)

(3) 백지식배서

연속된 배서의 최후의 배서가 백지식인 경우 어음의 점유자가 배서의 연속에 의하여 그 권리를 증명할 때에는 그를 적법한 소지인으로 추정한다(어음법 제16조 제1항).(변호 22, 모의 16, 22) 최후의 배서가 백지식인 경우에도 같다. 말소한 배서는 배서의 연속에 관하여는 배서를 하지 아니한 것으로 본다. 백지식 배서의 다음에 다른 배서가 있는 경우에는 그 배서를 한 자는 백지식 배서에 의하여 어음을 취득한 것으로 본다(어음법 제16조 제1항).(모의 15) 그 결과 백지식배서가 있는 경우에는 그 백지를 보충하지 않은 배서도 인정되며, 최후의 배서가 백지식인 경우에는 현재의 어음의 점유자를 그 피배서인으로 추정한다.(모의 22)

중간의 배서가 백지식이면 그 다음 배서의 배서인이 백지식배서에 의하여 어음을 취득한 것으로 간주한다. 배서의 연속을 간주한다는 의미일 뿐 소지인의 권리 취득까지 간주하지는 않는다. 따라서 어음채무자는 소지인이 어음상 권리를 취득하지 못하였음을 입증하여 책임을 면할 수 있다.

(4) 말소된 배서

1) 전부말소

말소된 배서는 배서의 연속을 판단함에 있어서는 없는 것으로 본다(어음법 제16조 제1항 제3문). 말소의 방법에는 아무 제한이 없다. 정당한 권한 없는 자에 의하여 배서가 말소된 경우 어음의 변조가 된다. 배서의 말소에 의하여 불연속된 배서가 연속되기도 하고 반대로 연속된 배서가 불연속될 수 있다. 배서의 연속은 형식적 기재에 의해서만 판단하기 때문에, 말소할 권한이 있는지, 실수로 말소가 된 것인지, 거절증서작성기간이 경과한 후에 말소되었는지 등은 상관이 없다.

배서의 말소는 배서의 연속 또는 자격수여적 효력에만 영향을 주고, 말소로 인하여 권리이전적 효력이나 담보적 효력이 달라지지는 않는다. 따라서 소지인은 배서의 말소에도 불구하고 자신이 실질적 권리자임을 입증하여 어음상의 권리를 행사할 수 있고, 원래의 배서에 따른 담보책임도 부담한다.

2) 일부말소

① 배서인의 기명날인, 서명의 말소 및 배서문언의 말소

배서인의 기명날인, 서명이 말소된 경우에는 배서 전부가 말소된 것으로 보고, 배서문언만 말소된 경우에는 배서의 효력에 영향을 미치지 않는다고 본다.

② 피배서인의 말소

피배서인의 명칭만 말소된 경우 ① '백지식배서설'은 피배서인이 말소된 경우에도 배서인의 기명날인, 서명에 의해 배서 의사가 문면상 존재하므로 백지식배서에 해당한다고 보고, ② '전부말소설'은 피배서인의 말소는 배서 전부의 말소에 해당한다고 본다.

3. 배서연속의 효과

① 자격수여적 효력에 따라 소지인은 적법한 권리자로 추정되어(어음법 제16조 제1항), 자신이 실질적 권리자임을 입증하지 않고도 어음상 권리를 행사 할 수 있고, ② 어음 선의취득이 인정되며(어음법 제16조 제2항), ③ 소지인의 형식적 자격을 신뢰한 채무자는 면책된다(어음법 제40조 제3항).

4. 배서불연속의 효과

(1) 어음소지인의 지위

배서가 불연속된 경우 어음소지인은 자신이 실질적 권리자임을 증명하여야 어음상 권리를 행사할 수 있다. 어음소지인에게 어음을 양도한 양도인이 무권리자인 경우 소지인의 선의취득이 인정되지 않고, 소지인에게 지급을 한 자도 면책되지 않는다.

(2) 배서가 불연속된 어음에 대하여 실질적 권리를 승계한 자의 배서

1) 배서의 권리이전적 효력

불연속된 배서 이후에 새로운 배서에 의해 어음을 취득한 소지인은 자신이 어음상 권리를 실질적으로 승계했음을 증명하여 어음상 권리를 행사할 수 있다. 이처럼 배서의 권리이전적 효력은 배서의 연속을 전제로 하지 않는다.

불연속된 배서 이후에 다시 배서가 이루어진 경우 이러한 배서에 대해서도 인적항변 절단의 효과가 인정된다. 다만 배서가 단절된 부분에 대해서는 인적항변 절단의 효과가 인정되지 않는다.

예를 들어 甲 → 乙, 丙 → 丁, 丁 → 戊의 배서가 이루어진 경우 甲은 乙에 대한 항변사유로써 丙에게 대항할 수 있다.

2) 배서의 담보적 효력

불연속된 배서 이후에 새로운 배서를 한 자는 자신의 배서에 대하여 상환의무를 부담한다. 배서의 담보적 효력 또한 배서의 연속을 전제로 하지 않는다.

乙을 수취인으로 발행한 어음에 甲이 담보 목적으로 (乙을 피배서인으로 하는) 배서를 한 나머지 배서가 단절된 경우, 乙이 실질적 권리자임이 증명되고 甲의 배서가 배서 유효요건을 구비하고 있다면 배서의 담보적 효력은 인정되고, 그 경우에는 배서가 단절된 채로 지급제시를 하여 지급거절 되었더라도 그 지급제시는 적법한 것으로 보아 어음소지인은 배서인에게 소구권을 행사할 수 있다.(대판 1995.9.29. 94다58377)

[사실관계] A회사는 1992. 3. 17. 원고에게 영업피해보상비로 금 1억3천만 원을 지급하기로 한 후 원고에게 1억3천만 원의 지급을 위하여 액면 금 1억3천만 원의 약속어음 공정증서를 작성하여 주었는데, 그 후 A회사는 1992. 6. 19. 다시 원고에게 위 금 130,000,000원의 지급을 위하여 액면 금 130,000,000원, 발행일 1992. 6. 19., 수취인 원고, 지급기일 같은 해 8. 30., 지급지 강화군으로 된 약속어음 1매를 발행하였고, A회사 공동대표이사이던 甲은 어음의 제1배서인란에 지급거절증서 작성을 면제한 채 원고를 피배서인으로 하여 어음을 배서양도 하였다. 그 후 원고가 1992. 9. 1. 지급제시 하였으나 인감서명 상이를 이유로 지급 거절되자 甲을 상대로 상환청구를 한 사안. 어음의 발행과 배서는 "A회사 → 원고, 甲 → 원고"로 되어 있어 불연속되어 있었다.

3) 배서의 자격수여적 효력 부정

① 문제점

불연속된 배서에 대해서는 자격수여적 효력이 인정되지 않으므로 어음소지인은 자신이 권리자임을 증명하여야 한다. 이와 관련하여 어음소지인이 증명하여야 하는 범위가 어디까지인지 문제된다.

② 학설

㉠ '전과정입증설'은 수취인으로부터 소지인까지 모든 과정의 실질적 권리승계를 증명하여야 한다고 본다.

㉡ '불연속이후입증설'은 불연속된 배서 이후의 권리이전 과정을 증명하여야 한다고 본다.

㉢ '흠결부분입증설'은 배서연속이 단절된 부분의 권리이전만 증명하면 된다고 본다.

③ 판례 [흠결부분입증설]

어음에 있어서 **형식상 배서연속이 끊어진 경우 딴 방법으로 중단된 부분에 관해 실질적 관계가 있음을 증명한 소지인이 한 어음상 권리행사는 적법하다.**(대판 1995.9.15. 95다7024)(변호 17, 19, 모의 14)

[사실관계] 약속어음의 배서와 관련하여 전 배서의 피배서인은 피고로 기재되어 있었고 그 다음 배서의 배서인은 주식회사 우전상사 대표이사 피고로 기재되어 있었다. 피고는 전 배서의 피배서인인 피고와 그 다음 배서의 배서인 주식회사 우전상사 대표이사 피고의 기재는 형식상 동일성이 인정되지 아니하여 배서의 연속이 없다고 주장하였다. 이에 원고는 甲이 피고의 승낙을 얻어 상호를 우전상사, 대표자를 피고 명의로 하여 사업자등록을 하고 그 명의를 사용하여 영업을 하면서 거래처와의 관계에 있어서 피고 또는 甲의 명칭을 실재하지도 아니하는 "주식회사 우전상사 회장 피고" 또는 "대표이사 甲"으로 사용하여 왔다는 점에 비추어 보면 배서인을 "주식회사 우전상사 대표이사 피고"라고 기명·날인하여 한 위 배서는 피고를 표시하는 것이라고 봄이 상당하므로 이 사건 약속어음의 배서는 개인 명의로 연속된다고 주장하였고, 원심과 대법원이 원고의 주장을 인정한 사안이다.

4) 선의취득의 인정 여부

배서가 불연속된 경우 자격수여적 효력이 인정되지 않으므로 선의취득 또한 인정되지 않는다.

불연속된 배서 부분의 실질적 권리승계가 입증되는 경우 선의취득이 인정되는지에 대해서는 실질적 권리가 증명된 경우 선의취득을 긍정하는 견해도 있으나, 불연속배서의 자격수여적 효력이 인정되지 않으므로 선의취득 또한 인정되지 않는다고 본다.

(3) 배서가 불연속된 어음에 대하여 실질적 권리를 승계하지 못한 자의 배서

1) 배서의 권리이전적 효력

어음의 실질적 권리를 승계하지 못한 자의 배서에 권리이전적 효력이 인정되지 않는다. 따라서 그로부터 배서를 받은 자는 어음상 권리를 승계취득하지 못한다.

2) 배서의 담보적 효력

배서의 연속이 단절되고 그 뒤의 배서인이 무권리자라고 하더라도 자신의 배서에 대한 담보적 효력은 인정된다.

3) 배서의 자격수여적 효력

배서 연속이 이미 단절된 상태이므로 그 이후 배서에 대해서도 자격수여적 효력이 인정되지 않는다. 따라서 어음소지인이 적법한 권리자로 추정되지 않고, 선의취득과 면책력도 인정되지 않는다.

기출사례

★ 배서의 연속 [변호 25]

乙은 2024. 10. 5. 甲으로부터 사과를 구입하고, 그 매매대금의 지급을 위하여 어음금액 10,000,000원, 만기 2024. 12. 16.인 약속어음을 甲에게 발행하였다. 乙은 3개월 보관이 가능한 품종의 사과라는 甲의 말을 믿고 이를 구입하였으나, 수령한 날로부터 1주일 만에 사과가 썩기 시작하여 절반 이상의 사과가 상품 가치를 상실하게 되었다. 이에 乙은 2024. 10. 25. 위 사과 매매계약을 적법하게 해제하였다. 甲은 위 사과 매매계약이 해제된 사실을 알고 있는 丙에게 2024. 10. 27. 위 약속어음을 배서·교부하였다.

만약 丙이 위 약속어음을 소지하던 중 사망한 후 유일한 상속인인 丁이 2024. 12. 1. 위 약속어음을 戊에게 배서·교부하였다면, 戊가 乙에게 어음상 권리를 행사하고자 할 때 적법한 어음의 소지인으로 추정되는가?

Ⅰ. 결론

배서가 연속되었는지는 어음 문면상 기재된 내용을 기준으로 판단한다. 불연속된 배서 이후에 새로운 배서에 의해 어음을 취득한 소지인은 자신이 어음상 권리를 실질적으로 승계했음을 증명하여 어음상 권리를 행사할 수 있다. 이처럼 배서의 권리이전적 효력은 배서의 연속을 전제로 하지 않는다. 어음에 있어서 형식상 배서연속이 끊어진 경우 다른 방법으로 중단된 부분에 관해 실질적 관계가 있음을 증명한 소지인이 한 어음상 권리행사는 적법하다. 따라서 丙의 사망 후 유일한 상속인인 丁으로부터 배서를 받은 사실을 증명하는 경우 戊는 적법한 어음의 소지인으로 추정된다.

Ⅱ. 쟁점

배서의 연속과 관련하여 배서의 형식적 연속이 단절되었으나 실질적 권리승계가 존재하는 경우 어음소지인이 적법한 어음소지인으로 추정되는지 문제된다.

Ⅵ. 특수한 배서

1. 무담보배서

무담보배서는 배서인이 배서란에 어음법 제15조 제1항에 규정된 "반대의 문구" 즉 해당 배서의 피배서인을 포함하여 모든 후자에 대하여 담보책임을 지지 않는다는 문구를 기재한 배서를 말한다.

무담보배서의 배서인은 어떠한 어음소지인에 대해서도 상환의무를 지지 않는다.(모의 13) 그 결과 무담보배서는 물적 항변에 해당한다. 어음금액의 일부나 인수담보책임과 지급담보책임 가운데 일부에 대해서만 담보책임을 배제하는 것도 가능하다.

어음매매의 이행으로 이루어진 배서의 배서란에 기재된 "지급을 책임지지 않음" 문구가 기재된 경우, 단자회사가 할인매수 한 어음을 다시 일반 제3자에게 어음할인의 방식으로 매출한 것은 그 성질이 어음의 매매라고 볼 것이므로 그 매매의 이행으로 어음을 배서양도 함에 있어 배서란에 "지급을 책임지지 않음" 이라는 문언을 기재한 것은 특단의 사정이 없는 한 어음상 배서인으로서의 담보책임 뿐만 아니라 매매계약상의 채무불이행 책임이나 하자담보책임까지 배제하기로 한 취지라고 보아야 한다.(대판 1984.11.15. 84다카1227)

무담보배서는 배서의 담보적 효력만 인정되지 않을 뿐 배서의 권리이전적 효력과 자격수여적 효력은 인정된다. 그 결과 인적항변의 절단과 선의취득도 인정된다.

2. 배서금지배서

배서금지배서는 피배서인이 다시 배서를 하지 못하도록 배서인이 자신의 배서란에 배서금지의 기재를 한 배서를 말한다(어음법 제15조 제2항 제1문). 이 경우 배서인은 어음의 그 후의 피배서인에 대하여 담보책임을 지지 않는다(어음법 제15조 제2항 제2문).(모의 13, 14, 16, 19, 22) 배서금지배서 이후에도 여전히 배서에 의하여 어음을 양도할 수 있다.(변호 22)

배서금지의 문언으로는 "배서금지", "지시금지" 등의 표현이 사용된다. 배서금지배서는 배서인이 피배서인에게 가지는 인적항변 사유가 제3자에 대하여 절단되는 것을 방지하기 위하여 이용되는 경우가 많다. 배서금지배서는 해당 배서의 피배서인에 대하여 담보책임을 진다는 점 이외에는 무담보배서와 효력이 동일하다. 배서금지배서에 대해서도 권리이전적 효력과 자격수여적 효력은 인정된다.

3. 환배서

(1) 의의

어음채무자를 피배서인으로 하는 배서를 환배서 또는 역배서라고 한다(어음법 제11조 제3항).

환배서를 하게 되면 어음상의 권리와 의무가 동일인에게 귀속되어 혼동으로 채권과 채무가 소멸한다고 생각할 수 있으나, 어음법은 환배서를 인정하고 환배서의 피배서인은 다시 어음에 배서할 수 있다고 규정하여 혼동에 의한 채권채무의 소멸을 명시적으로 배제하고 있다.(모의 13)

(2) 효력

1) 일반적 효력

환배서도 양도배서이므로 권리이전적 효력과 자격수여적 효력이 인정되고, 선의취득도 인정된다.

2) 배서인에 대한 환배서의 효력

① 권리행사의 인정 여부

甲 → 乙 → 丙 → 丁 → 乙의 순서로 환배서가 된 경우 乙은 甲에 대해서는 어음상 권리를 행사할 수 있으나, 丙과 丁에 대해서는 원칙적으로 어음상 권리를 행사할 수 없다. 왜냐하면 丙, 丁이 다시 상환의무자인 乙에게 상환청구를 하는 것이 가능하고 이 경우 乙이 상환의무를 불이행하면 형평에 반하기 때문이다. 다만 乙이 丙과 丁에 대하여 상환의무를 부담하지 않는 경우에는 乙이 丙과 丁에 대하여 상환청구를 할 수 있다.

예를 들어 ① 乙이 무담보배서를 한 경우에는 丙과 丁에게 모두 상환청구를 할 수 있고, ② 乙이 배서금지배서를 한 경우에는 丙에게는 상환청구를 할 수 없으나 丁에게는 상환청구를 할 수 있으며, ③ 乙과 丙 사이의 원인관계가 해제되는 경우 적어도 丙에 대해서는 상환청구를 할 수 있게 된다.

② 인적 항변 절단의 배제

甲 → 乙 → 丙 → 乙의 순서로 환배서가 이루어졌는데 甲과 乙의 원인관계가 乙의 사기로 취소되었음에도 乙이 선의의 丙에게 어음을 배서하고 丙이 乙에게 다시 배서한 경우 甲이 乙에 대한 항변사유로써 어음소지인 乙에게 대항할 수 있는지와 관련하여, 判例는 "**약속어음 발행인으로부터 인적항변의 대항을 받는 어음소지인은 당해 어음을 제3자에게 배서·양도한 후 환배서에 의하여 이를 다시 취득하여 소지하게 되었다고** 할지라도 **발행인으로부터 여전히 위 항변의 대항을 받는다**"고 판시하여 인적항변이 절단되지 않는다고 보았다.(대판 2002.4.26. 2000다42915)(변호 22)

[**사실관계**] 피고는 甲과의 동업계약을 원인관계로 하여 甲에게 약속어음을 발행하였고, 원고는 甲으로부터 이를 배서·양도받은 후 피배서인을 백지로 한 배서를 하여 보관하다 지급기일에 지급제시를 하였으나 지급이 거절되자 약속어음을 乙에게 피배서인 백지 상태로 교부하였고, 乙은 이를 다시 甲에게 교부하였다. 이에 甲은 별소로 피고를 상대로 약속어음금을 청구하였으나 약속어음의 원인관계인 재동업계약이 해제되었다는 피고의 주장이 받아들여져 甲의 청구가 기각되었고 그 판결은 확정되었다. 한편 원고는 甲이 피고를 상대로 위 약속어음금청구의 소를 제기한 이후 甲으로부터 약속어음을 교부받아 이를 소지하다 피고를 상대로 약속어음금을 청구하는 소송을 제기하였다.

[**판시사항**] 원심과 대법원은 원고는 지급기일에 이미 부도가 된 약속어음을 甲으로부터 교부받은 것인데 피고는 甲에 대하여 원인관계 해제의 항변으로 원고에게 대항할 수 있다고 판시하였다. 아울러 대법원은 "**기한후배서**는 보통의 배서와는 달리 지명채권양도의 효력밖에 없어 그것에 의하여 이전되는 권리는 배서인이 배서 당시 가지고 있던 범위의 권리라 할 것이므로 **어음채무자는 그 배서 당시 이미 발생한 배서인에 대한 모든 항변사실을 피배서인에 대하여도 대항할 수 있고,**(변호 23) 이러한 이치는 **환배서인 기한후배서라도 마찬가지다**"고 판시하였다.

③ 어음상 주채무자에 대한 환배서의 효력

환어음의 인수인이나 약속어음의 발행인이 환배서를 통해 어음을 취득하더라도 원칙적으로 누구에 대해서도 어음상 권리를 행사할 수 없다. 왜냐하면 어음상 주채무자는 최종적으로 어음금을 지급할 채무를 부담하기 때문이다. 다만 ① 주채무자가 환배서의 전자에게 대항할 수 있는 항변사유가 있는 경우에는 그에게 상환청구권을 행사할 수 있고, ② 환어음의 인수인이 일부 인수를 한 경우 자신이 인수하지 않은 부분에 대해서 상환청구권을 행사할 수 있다.

4. 기한후배서 [모의 19, 22]

(1) 의의

기한후배서란 지급거절증서가 작성된 후에 한 배서 또는 지급거절증서 작성기간이 지난 후에 한 배서를 말한다(어음법 제20조 제1항).(모의 19, 23) 즉 기한후배서란 어음법이 예정하고 있는 어음의 유통기간 이후에 이루어진 배서에 해당한다. 이처럼 기한후배서는 어음의 유통기간 이후에 이루어진 배서인 관계로 어음법상 통상의 배서에 부여되는 효력은 인정되지 않고 지명채권양도의 효력만 인정된다(어음법 제20조 제1항).(변호 23, 모의 19, 22)

기한후배서는 만기후배서와 구별된다. 만기후배서는 어음의 만기 후 지급거절증서 작성 전 또는 지급거절증서 작성기간 경과 전에 이루어진 배서를 말한다. 따라서 만기후배서는 기한후배서가 아니고, 만기 전에 이루어진 일반적인 배서와 동일한 효력을 가진다(어음법 제20조 제1항).(변호 14, 22)

(2) 기한후배서 여부의 판단

1) 배서시기 판단기준 및 입증책임

기한후배서의 배서 시기는 어음상 기재된 배서일자가 아니라 실제로 배서가 이루어진 시점을 기준으로 한다.(대판 1964.5.26. 63다967)

날짜를 적지 않은 배서는 지급거절증서 작성기간이 지나기 전에 한 것으로 추정한다(어음법 제20조 제2항). 따라서 실제로 배서가 이루어진 시점이 지급거절증서 작성 후 또는 지급거절증서 작성기간 경과 후라는 사실에 대한 입증책임은 기한후배서를 주장하는 어음채무자가 부담한다.

2) 지급거절증서 작성이 면제된 어음의 경우

① 문제점

지급거절증서 작성이 면제된 어음은 지급제시기간 내의 지급제시에 대한 지급거절이 있는 경우에도 지급거절증서가 작성되지 않으므로 어음 문면 상으로 지급거절사실이 드러나지 않는다. 이러한 이유로 지급거절증서 작성이 면제된 어음의 소지인이 어음에 대한 지급거절이 있었음에도 아직 지급거절증서 작성기간이 경과하지 않았다는 사정을 이용하여 해당 어음을 타인에게 배서한 경우 이러한 배서가 기한후배서에 해당하는지 문제된다.

② 학설

㉠ 지급거절이 있는 경우 바로 상환청구가 가능하다는 점을 이유로 기한후배서에 해당한다고 보는 견해와 ㉡ 기한후배서의 피배서인을 보호하지 않는 이유는 어음이 유통성을 상실하였다는 사정이 어음 문면으로 명확하다는 것을 근거로 하는데 이 경우에는 어음 문면으로 지급거절 여부가 분명하지 않고, 어음법상 기한후배서는 지급거절증서가 작성된 후에 한 배서 또는 지급거절증서 작성기간이 지난 후에 한 배서를 의미하므로 지급거절증서 작성기간이 지나기 전의 배서는 이에 해당하지 않는다는 이유로 기한후배서에 해당하지 않는다고 보는 견해가 존재한다.

3) 지급거절이 어음 문면상 분명한 어음의 경우

① 문제점

지급거절증서 작성이 면제되지 않은 어음과 관련하여, 지급거절증서가 작성되지는 않았지만 어음문면에 금융기관의 부도문언이 기재되어 있는 등 어음의 문면상으로 지급거절 사실이 분명히 드러나 있는 어음에 대하여 이루어진 배서를 기한후배서로 볼 것인지 문제된다.

수표의 경우 수표법 제24조 제1항에서 "거절증서나 이와 같은 효력이 있는 선언"으로 규정하고 있는데 반하여 어음의 경우 어음법상 이러한 규정이 존재하지 않는다.

② 학설

㉠ 지급거절이 문면상 명백히 드러나 있으므로 수표법을 유추적용하여 기한후배서로 보아야 한다는 견해와 ㉡ 어음법에 규정된 경우에 해당하지 않으므로 기한후배서로 볼 수 없다는 견해가 존재한다.

③ 판례

만기후배서도 그것이 지급거절증서 작성 전 또는 지급거절증서 작성기간 경과 전에 이루어진 것이면 만기 전의 배서와 동일한 효력을 가지고,(변호 23) 비록 만기에 지급제시된 어음에 교환필이라는 스탬프가 압날되고 피사취 또는 예금부족 등의 사유로 지급거절한다는 취지의 지급은행의 부전이 첨부되어 있는 등 지급거절의 사실이 어음면에 명백하더라도 적법한 지급거절증서가 작성되었다고는 할 수 없으므로, 어음에 한 배서도 지급거절증서 작성 전으로서 지급거절증서 작성기간 경과 전이기만 하면 기한후 배서가 아닌 만기후배서로서 만기 전의 배서와 동일한 효력이 있다.(대판 2000.1.28. 99다44250)(변호 22)

4) 환어음의 인수거절

환어음에 대하여 인수거절증서가 작성된 후에 이루어진 배서가 기한후배서인지와 관련하여 어음법상 이에 대한 명문의 규정은 없으나 환어음이 인수거절되면 바로 상환청구가 가능하고 어음법상의 유통이 불가능하다는 점에서 지급거절된 어음과 차이가 없으므로 기한후배서에 해당한다고 보는 견해가 일반적이다. 다만 이 경우에도 인수거절증서가 작성되어야 하고, 단순한 인수거절이 있었다는 사실만으로는 그 이후의 배서가 기한후배서에 해당되지 않는다.

5) 백지어음과 기한후배서

判例는 "백지보충시가 아니라 배서행위시를 기준으로 한다고 보아 만기 이전에 배서가 이루어진 경우에는 기한후배서에 해당하지 않는다"고 본다. 따라서 만기 전에 배서로 백지어음을 취득하였다면 기한 후에 백지를 보충했더라도 기한후배서가 되지 않는다.

백지의 보충 없이는 어음상의 권리를 행사할 수 없으나 어음행위의 성립시기를 곧 백지의 보충시기로 의제할 수는 없는 것이며 그 성립시기는 그 어음행위 자체의 성립시기로 결정하여야 할 것이므로 백지어음에 만기 전에 한 배서는 만기 후에 백지가 보충된 때에도 기한후 배서로 볼 것이 아니다.(대판 1971.8.31. 68다1176)(변호 23, 25)

(3) 효력

1) 권리이전적 효력

기한후배서가 있는 경우 양도인의 통지 또는 채무자의 승낙과 같은 민법상 지명채권 양도절차 없이 기한후배서에 의하여 배서인의 권리가 피배서인에게 이전된다.(변호 14, 16, 18, 모의 23) 이러한 점에서 기한후배서는 지명채권양도방식을 요구하는 배서금지어음(어음법 제11조 제2항)과 구별된다.

어음법 제20조 제1항 후단에서 지급거절증서 작성 후 또는 지급거절증서 작성기간 경과 후의 배서는 지명채권 양도의 효력만이 있다고 규정하고 있는 것은 단지 그 효력이 지명채권 양도와 같다는 취지일 뿐이므로, 지명채권의 양도·양수절차인 채권양도인의 통지 또는 채무자의 승낙을 필요로 하는 것은 아니다.(대판 1997.11.14. 97다38145)(변호 14, 16, 18, 모의 23)

2) 인적항변 절단의 부적용

① 어음법 제17조의 인적항변

인적항변의 절단은 기한후배서에는 적용되지 않는다. 따라서 채무자는 배서인에게 대항할 수 있었던 인적항변으로 피배서인에게 대항할 수 있다.(변호 14, 18, 23, 모의 24)

기한후배서에 의하여 절단되지 않는 인적항변은 어음법 제17조가 적용되는 항변을 말한다. 이와 달리 교부흠결의 항변, 의사표시 하자의 항변, 백지어음 부당보충의 항변, 상법 제398조 또는 민법 제124조 위반의 항변 등과 같이 다른 규정에 의하여 절단되는 항변은 해당 규정에 따라 피배서인에 대한 대항 여부가 결정된다.

② 기한후배서 이후 발생한 인적항변의 절단

기한후배서 이후에 발생한 배서인에 대한 항변 사유로써 피배서인에게 대항할 수는 없다. 따라서 기한후배서 이후에 발행인이 배서인에게 어음금을 지급한 사실로써 피배서인에게 대항할 수 없고, 기한후배서 이후에 발행인이 배서인에 대하여 취득한 채권으로 피배서인에 대하여 상계할 수 없다.

'기한 후 배서에 지명채권양도의 효력만이 있다' 함은 그 **배서 당시 이미 발생한 배서인에 대한 항변사실을 피배서인에 대하여도 대항할 수 있다는 것이고 배서 후 비로소 발생한 배서인에 대한 사유까지도 피배서인에 대하여 이를 주장할 수 있다는 것은 아니다.**(대판 1982.4.13. 81다카353)

③ 기한후배서인의 전자에 대한 인적항변의 절단 여부

채무자가 기한후배서인의 전자에 대하여 가지고 있던 인적항변으로 배서인에게는 절단된 인적항변을 가지고 피배서인에게 대항할 수 있는가에 대해서 ㉠ 이미 절단된 인적항변이 피배서인 단계에서 다시 살아날 수 없다는 이유로 기한후배서의 피배서인에게도 여전히 대항할 수 없다고 보는 견해와 ㉡ 피배서인은 인적항변이 있는 권리를 배서인으로부터 취득 한 것이고, 배서인에 대해서 인적항변을 절단한 것은 어음의 유통보호를 위한 것인데 기한후배서의 경우에는 어음법상 유통보호를 인정할 필요가 없으므로 기한후배서의 피배서인에게는 대항할 수 있다고 보는 견해가 존재한다.

3) 자격수여적 효력

기한후배서도 권리이전적 효력이 있고 양도배서의 형식을 취한다는 점에서 기한후배서에 대해서도 자격수여적 효력이 인정된다고 본다. 따라서 기한후배서에 의하여 배서연속이 인정되는 피배서인도 어음의 적법한 소지인으로 추정되고, 이러한 자에게 지급한 선의의 채무자도 면책된다.(모의 13)

4) 선의취득

어음의 선의취득은 어음의 유통을 보호하기 위한 것이라는 점에서 이러한 유통성을 보호할 필요가 없는 기한후배서의 피배서인에 대해서는 어음상 권리의 선의취득이 인정되지 않는다고 본다.

5) 담보적 효력

기한후배서는 담보적 효력이 인정되지 않는다. 다만 기한후배서 전에 배서인이 지급제시와 함께 거절증서를 작성하여 상환청구권을 취득한 경우 이러한 상환청구권은 기한후배서에 의해 피배서인에게 양도될 수 있으므로 피배서인은 기한후배서로 배서인의 전자에 대하여 상환청구를 할 수 있다.

5. 추심위임배서

(1) 의의

추심위임배서란 배서인이 피배서인에게 어음상 권리를 행사할 대리권을 부여할 목적으로 하는 배서를 말한다. 어음법 제18조 제1항은 "회수하기 위하여", "추심하기 위하여", "대리를 위하여" 등과 같은 추심위임문언을 기재하는 공연한 추심위임배서에 대하여 규정하고 있다.

피배서인은 배서인의 대리인으로서 재판상, 재판외의 모든 행위를 할 수 있는 권한을 가진다.

추심위임배서에는 ① 추심위임문언이 드러나는 공연한 추심위임배서와 ② 추심위임문언이 드러나지 않는 숨은 추심위임배서가 존재한다.

(2) 공연한 추심위임배서 [변호 22]

1) 방식

공연한 추심위임배서는 어음상의 권리를 이전하는 것이 아니므로 배서금지어음에도 할 수 있다.(변호 22)

추심위임문언이 기재되는 경우 피배서인의 성명이 기재되지 않아도 추심위임배서에 해당한다.

이 경우에는 어음을 점유하는 자가 적법한 대리인으로 추정된다(어음법 제16조 제1항).

2) 대리권의 부여

추심위임배서는 피배서인에게 어음으로부터 생기는 모든 권리를 행사할 수 있는 대리권을 부여한다. 피배서인은 ① 주채무자에 대한 어음금지급청구권이나 상환의무자에 대한 상환청구권과 같은 어음상 권리뿐만 아니라 ② 백지보충권이나 이득상환청구권과 같은 어음법상 권리도 행사할 수 있으며, ③ 배서인 명의로 소를 제기하거나 제권판결을 위한 공시최고신청 등 재판상 행위도 할 수 있다.(모의 14)**[변호 22]**

배서와 관련하여 피배서인은 대리를 위한 배서만 할 수 있다.(모의 14) 피배서인이 갖는 대리권은 배서인이 사망하거나 무능력자가 되는 경우에도 소멸하지 않는다(어음법 제18조 제3항).

3) 권리이전적 효력 여부

추심위임배서는 권리이전의 효력이 없다. 피배서인은 양도배서를 할 수 없다. 추심위임배서 이후에도 배서인이 여전히 어음상 권리를 가진다. 따라서 배서인은 추심위임배서 이후에도 어음을 회수하여 추심위임배서의 말소 없이 어음상 권리를 행사할 수 있다.**[변호 22]** 배서인이 추심위임배서를 말소하지 않고 양도배서를 하더라도 배서가 연속된다.

4) 인적항변의 절단 여부

추심위임배서는 권리이전적 효력이 없으므로 인적항변도 절단되지 않는다. 어음채무자는 배서인에게 대항할 수 있는 항변으로써만 소지인에게 대항할 수 있다(어음법 제18조 제2항).(모의 19)

반대로 어음채무자는 피배서인에 대한 항변으로 대항하지 못한다.

5) 담보적 효력 부존재

추심위임배서의 배서인은 피배서인에게 상환의무를 부담하지 않는다. 즉 담보적 효력이 없다.(모의 16)

6) 자격수여적 효력

추심위임배서도 자격수여적 효력을 가지나 이러한 자격수여적 효력은 피배서인이 적법한 대리인임을 추정하는 것을 의미한다. 따라서 피배서인에게 어음금을 지급한 채무자는 피배서인이 진정한 대리인이 아니었더라도 사기 또는 중과실이 없으면 면책된다. 추심위임배서는 대리인으로서의 자격을 추정하는 것이므로 피배서인이나 제3자의 선의취득은 인정되지 않는다.

(3) 숨은 추심위임배서

1) 의의

숨은 추심위임배서란 배서의 당사자 사이에서 추심위임을 목적으로 배서를 하면서 형식상으로는 추심위임문언을 기재하지 않고 양도배서의 방식으로 하는 배서를 말한다.

약속어음의 숨은 추심위임배서가 소송행위를 하게 하는 것을 그 주된 목적으로 하는 경우에는 신탁법 제7조에 위반하는 권리이전행위이므로 무효이다.(대판 1982.3.23. 81다540)

자신의 구좌에 제3자 발행 어음을 예금으로 입금시키려고 어음을 거래은행에 양도배서하는 경우에는 추심의 위임이나, 은행 채무자가 채무의 변제를 위해 제3자 발행 어음을 교부하는 것은 단순한 추심위임이 아니라 어음상 권리의 양도에 해당한다.(대판 1988.1.19. 86다카1954)

2) 법적성질

① 의의

숨은 추심위임배서는 그 실질은 추심위임이나 그 형식은 양도배서라는 점에서 그 법적 성질이 무엇인지 문제된다.

② 학설

㉠ '**신탁적양도설**'은 배서의 형식을 중시하여 대외적으로는 어음상의 권리가 양도되고, 대내적으로 피배서인은 추심의 목적범위 내에서만 그 권리를 행사할 수 있다고 본다.

㉡ '**자격수여설**'은 실질을 중시하여 어음상의 권리는 배서인이 보유하고 피배서인은 자신의 명의로 그 권리를 행사할 자격을 취득할 뿐이라고 본다.

자격수여설에 의하면 인적 항변이 절단되지 않고 신탁적양도설에 의하면 인적 항변이 절단되게 되나, 신탁적양도설 또한 인적 항변이 절단되지 않는다고 보고 있는 관계로 인적 항변의 절단 여부에 대해서는 학설에 따른 차이가 없다.

③ 판례

추심위임 목적으로 하는 통상의 양도배서 즉 숨은 추심위임배서도 유효하고 이 경우 **어음법 제18조에 의하여 인적항변이 절단되지 아니한다.**(대판 1990.4.13. 89다카1084)(모의 13, 16, 19, 22)

3) 권리이전적 효력

신탁적양도설에 의하면 숨은 추심위임배서도 권리이전적 효력이 있다. 따라서 피배서인으로부터 어음을 양수한 자는 어음상 권리를 승계취득하게 된다.

자격수여설에 의하면 숨은 추심위임배서의 권리이전적 효력이 인정되지 않으므로 외관을 믿고 피배서인으로부터 어음을 양수한 자는 선의취득이 인정되지 않는 한 어음상 권리를 승계취득하지 못한다.

4) 인적항변의 절단

① 학설

자격수여설은 어음상 권리자는 배서인으로 보므로 숨은 추심위임배서의 경우 인적항변은 절단되지 않는다고 본다.(모의 22) 신탁적양도설은 숨은 추심위임배서의 피배서인이 독립적인 경제적 이익을 갖지 않는다는 점을 이유로 인적항변이 절단되지 않는다고 본다. 判例도 같은 견해를 밝히고 있다.

채무자가 피배서인에 대한 항변으로 피배서인에게 대항할 수 있는지 여부와 관련하여, 자격수여설은 채무자가 피배서인에 대한 항변으로 피배서인에게 대항할 수 없다고 보고, 신탁적양도설은 양도배서 형식을 중시하여 채무자가 피배서인에 대한 항변으로 피배서인에게 대항할 수 있다고 본다.

② 판례

상계필 어음의 유치특약은, 은행이 채무자의 위임에 의해 채무자를 대신하여 어음을 추심, 처분하는 권한을 부여받는 약정으로 유효하다. 이러한 경우 채무자가 어음할인 의뢰시 행한 양도배서는 추심위임을 위한 배서로 유용되어 은행은 숨은 추심위임배서의 피배서인의 지위에 서게 되므로, 어음채무자는 배서인(즉 채무자)에 대한 인적 항변사유로서 은행에 대항할 수 있다고 보아야 한다.(대판 1994.11.22. 94다30201)

5) 자격수여적 효력과 선의취득

신탁적양도설과 자격수여설 어느 학설에 의하더라도 숨은 추심위임배서의 자격수여적 효력은 인정된다. 따라서 채무자가 선의로 피배서인에게 지급한 경우에는 면책된다.

다만, 숨은 추심위임배서의 피배서인은 어음상의 권리를 선의취득하지 못한다.

6) 담보적 효력

자격수여설은 배서인의 담보책임을 부정한다. 신탁적양도설은 견해가 나누어진다.

담보책임을 인정하는 견해에 의하더라도 피배서인에 대해서는 배서인이 숨은 추심위임배서라는 인적항변으로 대항할 수 있기 때문에 담보책임을 부담하지 않는 결과가 된다.

다만 피배서인이 다시 제3자에게 양도배서한 경우 숨은 추심위임배서의 배서인은 이러한 제3자에 대해서는 담보책임을 지게 된다.

6. 입질배서

(1) 의의

입질배서란 배서인이 어음상 권리에 질권을 설정할 목적으로 하는 배서를 말한다(어음법 제19조). 어음법 제19조 제1항은 "담보하기 위하여", "입질하기 위하여" 등 질권설정의 문구가 어음상에 기재된 공연한 입질배서에 대하여 규정하고 있다. 입질배서 또한 ① 질권설정의 문언이 드러나는 공연한 입질배서와 ② 질권설정의 문언이 드러나지 않는 숨은 입질배서가 존재한다.

(2) 공연한 입질배서

1) 방식

공연한 입질배서도 피배서인의 성명을 기재하지 않는 백지식으로 가능하나, 질권설정문구가 없는 백지식배서는 입질배서로 인정되지 않는다.

배서금지어음에 입질배서가 가능한지에 대해 ① 입질배서에는 권리이전적 효력이 없으므로 배서금지어음에도 가능하다는 긍정설과 ② 질권 설정도 어음의 유통에 해당하므로 어음유통을 금지하는 배서금지어음에는 입질배서를 할 수 없다는 부정설이 존재한다.

부정설은 배서금지어음에 대한 질권 설정은 민법상 지명채권 입질방법에 의해야 한다고 본다.

2) 어음상 권리에 대한 질권

입질배서의 피배서인은 어음상 권리에 대한 질권을 취득한다. 입질배서의 피배서인이 어음상 권리를 가지는 것은 아니므로 피배서인이 다시 양도배서를 할 수 없고, 추심위임배서를 할 수 있을 뿐이다. 피배서인이 양도배서를 한 경우 추심위임배서 효력만 인정된다(어음법 제19조 제1항 단서).(모의 14, 19)

3) 권리이전적 효력 및 인적항변의 절단

입질배서는 질권 설정을 목적으로 하므로 권리이전적 효력은 발생하지 않는다. 다만 피배서인은 어음상 권리행사와 관련하여 독립적인 경제적 이익을 가지기 때문에 인적항변의 절단의 효력이 있다(어음법 제19조 제2항).(모의 20)

4) 자격수여적 효력

입질배서에는 자격수여적 효력도 인정되므로 피배서인은 배서의 연속에 의하여 적법한 질권자로 추정되고, 채무자도 악의 또는 중대한 과실 없이 지급하면 면책된다. 입질배서에 의하여 질권의 선의취득도 인정된다.

5) 담보적 효력

입질배서의 피배서인은 어음금의 추심과 관련하여 우선변제를 받는 독립적인 경제적 이익이 있고, 배서인은 반대의 문언이 없는 한 인수와 지급을 담보한다는 점에서(어음법 제15조 제1항), 학설은 일반적으로 입질배서의 담보적 효력을 인정한다.

6) 질권의 행사

입질배서의 피배서인은 어음으로부터 생기는 모든 권리를 행사할 수 있다(어음법 제19조 제1항). 입질배서의 피배서인은 어음금 지급청구, 상환청구 등을 위해서 재판상, 재판외의 모든 행위를 할 수 있는 관계로 실질적으로는 어음상의 권리를 취득하는 것과 차이가 없게 된다. 다만, 입질배서의 피배서인은 변제에 충당하고 남은 잔액을 배서인에게 반환하여야 한다. 학설은 일반적으로 잔액 반환 이외에 질권의 행사와 관련된 민법 제353조의 나머지 조항들은 적용되지 않는다고 본다.

(3) 숨은 입질배서

숨은 입질배서는 입질을 목적으로 하면서 양도배서의 형식으로 이루어진 배서를 말한다. 학설은 숨은 입질배서의 법적 성질을 신탁적 양도로 본다. 숨은 입질배서는 권리이전적 효력, 인적항변의 절단, 자격수여적 효력, 선의취득, 담보적 효력이 모두 인정된다. 입질배서의 배서인과 피배서인 사이의 입질 합의는 배서인이 피배서인에게만 대항할 수 있는 인적 항변이므로 배서인은 피배서인 이후의 제3자에 대해서는 제3자의 악의의 항변이 성립하지 않는 한 입질 합의로 대항할 수 없다.

기출사례

★ 배서금지배서 [변호 23]

E주식회사는 외상채무의 지급을 위하여 甲에게 약속어음(어음금 2억 원)을 발행하였고, 甲은 어음을 다시 乙에게 배서양도 하면서 "배서를 금지함"이라는 문구를 기재하였다. 乙은 어음을 다시 丙에게 배서양도 하였다. 丙은 지급제시기간 내에 E회사에 적법한 지급제시를 하였으나 거절되었다.

丙은 甲과 乙에 대하여 상환청구권을 행사할 수 있는가? (상환청구권 보전절차는 모두 이행하였음)

Ⅰ. 결론

배서금지배서는 피배서인을 비롯하여 그 이후의 피배서인에 대하여 담보적 효력을 부담하지 아니하므로 丙은 甲에 대하여 상환청구권을 행사할 수 없다. 乙은 배서금지배서 이후에 배서한 배서인으로서 자신의 배서에 따라 丙에 대하여 상환의무를 부담한다.

Ⅱ. 쟁점

배서금지배서 배서인의 책임과 관련하여 배서금지배서에 담보적 효력이 인정되는지 문제되고, 어음행위독립의 원칙에 따라 배서금지배서 이후의 배서의 배서인이 상환의무를 부담하는지 문제된다.

Ⅶ. 어음상 권리의 선의취득 [변호 21, 모의 17]

1. 의의

어떤 사유로든 환어음의 점유를 잃은 자가 있는 경우에 그 어음의 소지인이 제1항에 따라 그 권리를 증명할 때에는 그 어음을 반환할 의무가 없다. 그러나 소지인이 악의 또는 중대한 과실로 인하여 어음을 취득한 경우에는 그러하지 아니하다(어음법 제16조 제2항).

선의취득이란 배서의 연속이라는 형식적 자격을 신뢰하여 어음을 양수한 경우 어음의 양도인이 무권리자이거나 양도행위에 하자가 있더라도 이러한 사정에 대하여 선의, 무중과실인 양수인이 적법하게 어음상의 권리를 취득하는 것을 말한다(어음법 제16조 제2항).

어음상 권리와 같은 채권은 선의취득의 대상이 될 수 없으나 어음법은 어음의 유통보호를 위한 정책적 이유에서 선의취득을 인정하고 있다. 민법상 동산 선의취득의 경우 취득자에게 경과실이 있으면 선의취득이 성립하지 않으나 어음법상 양수인에게 경과실이 있는 경우에는 선의취득이 가능하다.

2. 요건

(1) 어음법적 양도방법에 의한 취득

선취득자가 어음을 배서나 교부의 방식으로 취득한 경우에만 선의취득이 인정된다. 지명채권양도방법, 전부명령으로 어음을 취득하였거나 상속, 합병에 의하여 어음을 취득한 경우에는 선의취득이 인정되지 않는다.(변호 25) 배서에 의한 경우라 하더라도 배서금지어음, 기한후배서, 추심위임배서의 경우에는 선의취득이 인정되지 않는다. 입질배서의 경우 질권의 선의취득이 가능하다. 백지어음은 백지 상태로 유통되더라도 선의취득이 인정된다.

(2) 어음의 형식적 유효성과 배서의 연속

선의취득이 성립하기 위해서는 어음의 형식적 유효성이 인정되어야 하고, 소지인에게 이르기까지 배서가 연속되어야 한다. 배서가 불연속된 경우, 어음의 점유자가 불연속된 부분의 실질적 권리승계를 입증하여 선의취득을 주장할 수 있는가에 대하여 법조문에서 형식적인 배서의 연속을 규정하고 있다는 점에서 이러한 외관이 결여된 경우 선의취득이 인정되지 않는다.

(3) 양도인의 무권리 및 양도행위의 하자

1) 문제점

어음의 양도인이 무권리자인 경우 선의취득이 인정된다. 이와 관련하여 권리자인 양도인의 양도행위에 하자가 있는 경우에도 선의취득이 인정되는지가 문제된다.

2) 학설

① '무권리자한정설'은 양도인이 무권리자인 경우에만 선의취득이 인정된다고 본다.

② '무제한설'은 어음법 제16조 제2항이 "어떠한 사유로든"으로 규정하고 있으므로 어음의 선의취득은 양도인의 제한능력, 의사표시의 하자, 대리권이나 처분권의 흠결, 양도인의 인적 동일성의 흠결 등 양도행위와 관련된 제반 하자가 존재하는 경우 인정된다고 본다.

③ '부분적 제한설'은 양도인이 제한능력자인 경우, 의사표시에 하자가 있는 경우에는 선의취득이 인정되지 않으나 대리권이나 처분권의 흠결, 인적 동일성의 흠결의 경우에는 선의취득이 인정된다고 본다.

3) 판례

어음의 선의취득으로 인하여 치유되는 하자의 범위 즉, 양도인의 범위는 양도인이 무권리자인 경우뿐 아니라 대리권 흠결이나 하자 등의 경우도 포함된다.(대판 1995.2.10. 94다55217).(변호 14, 25, 모의 16)

[사실관계] 피고는 A회사에게 액면 금 86,200,000원, 발행일 1993.3.3., 지급기일 같은 해 6.25. 발행지 및 지급지 각 서울로 된 약속어음 1매를 발행 · 교부하였는데, A회사의 부장으로 근무하던 甲은 원고로부터 어음할인을 받기 위하여 A회사 대표이사의 이름을 기재하고 대표이사의 인감도장을 날인하는 방식으로 A회사 배서를 위조하는 방식으로 피배서인을 원고의 가명인 홍길동으로 기재하여 어음을 배서양도 하였고 위 어음은 다시 원고에게 배서양도 되었다. 원고는 甲으로부터 위 어음을 교부받을 당시 A회사의 경리담당인 장길산에게 전화하여 甲이 A회사에 근무하는지와 위 어음이 사고어음인지 여부를 확인하고 위 어음 이면 좌측 상단에 위 장길산의 이름과 그 확인 일시를 기재하였다. 한편 원고와 A회사는 이전에는 어음거래를 한 적이 없었다. 이를 바탕으로 원심과 대법원은 대리권의 흠결이나 하자 등의 경우에도 어음의 선의취득이 인정되고 원고에게 중과실이 있다고 보기 어렵다는 이유로 원고의 선의취득을 인정하였다.

(4) 선의 · 무중과실

1) 선의, 무중과실의 대상

선의취득이 성립하기 위해서는 취득자에게 악의 또는 중과실이 없어야 한다(어음법 제16조 제2항 단서). 선의, 무중과실 여부는 직전의 양도인이 무권리자였다는 사실에 대하여 선의, 무중과실이면 되고 양도인 이전의 양도인이 무권리자였다는 사실을 알았다고 하더라도 선의취득에는 문제가 없다.

2) 선의, 무중과실의 기준시점

악의 또는 중과실 유무는 어음의 취득시를 기준으로 한다. 따라서 어음의 취득 이후에 양도인의 무권리 등의 사정을 알게 되었더라도 선의취득에는 아무 영향이 없다.

백지어음의 경우에도 어음수표를 취득하는 시점을 기준으로 하므로, 백지 보충시 사정을 알았더라도 아무 상관이 없다.

3) 악의 또는 중과실의 입증책임 및 중과실의 판단

취득자의 악의 또는 중과실은 선의취득을 부정하는 자가 입증책임을 부담한다는 것이 통설이다.

거래의 통념상 양도인의 무권리가 의심될 수 있는 객관적인 사정이 있음에도 불구하고, 이에 대하여 상당하다고 인정될 만한 조사를 하지 않고 만연히 양수한 경우 중과실이 있는 것으로 인정된다.

중과실 여부가 문제된 판례를 살펴보면 다음과 같다.

① 어음 · 수표를 취득함에 있어서 통상적인 거래기준으로 볼 때 양도인이나 어음. 수표 자체에 양도인의 실질적 무권리를 의심할 만한 사정이 있는데도 불구하고 이에 대하여 상당하다고 인정될 만한 조사를 하지 않고 만연히 양수한 경우에는 중대한 과실이 있다고 하여야 한다.(대판 1988.10.25. 86다카2026)

② 회사 직원이 약속어음의 회사 명의 배서를 위조하면서 날인한 회사의 인장이 대표자의 직인이 아니라 대표자 개인의 목도장이고, 어음금액이 상당히 고액인 경우 위 약속어음을 할인의 방법으로 취득한 자가 배서의 진정 여부를 확인하지 않았다면 중과실이 인정된다.(대판 1993.9.24. 93다32118)

③ 은행이 담보로 취득한 어음이 ㉠ 개인 발행 어음이고, ㉡ 발행인이나 배서인이 은행과 아무런 거래실적이 없으며, ㉢ 지급은행 소재지와 다른 곳에 거주하는 배서인이 타지에서 담보제공 하는 것이었고, ㉣ 개인이 발행한 어음으로서는 비교적 고액이었으며, ㉤ 특히 당시 어음의 지급기일 등 어음요건이 대부분 흠결되어 있는데다가, ㉥ 배서인이 어음을 발행인으로부터 공사대금조로 교부받았다고 하였다

면 경험칙상 발행인이 지급기일조차도 기재하지 않는다는 것은 극히 이례에 속하는 경우인 점에서 그 양도인의 실질적 무권리를 의심하게 할 만한 사정이 있었음에도 불구하고 어음의 발행인에게 그 발행 경위에 관하여 확인하거나 지급 은행에 구체적인 정보조회를 하지 않은 경우 중과실이 인정된다.(대판 1997.5.28. 97다7936)

④ 甲이 수표거래가 처음인 잡화상 乙에게 시계를 판매하고 자기앞수표 2장 액면 합계 8,000,000원을 교부받음에 있어 이미 발행은행에 도난신고가 되어 있어 수표의 진정여부에 대하여 전화확인 등 간단한 방법으로 이를 확인할 수 있었음에도 불구하고 이를 하지 않았고 수표 뒷면에 乙의 명판만을 압날해 받았는데 乙의 사업자등록이 그 다음날 직권말소된 것으로 밝혀진 경우 甲의 위 수표 취득에 중과실이 인정된다.(대판 1990.12.21. 90다카28023)

⑤ 가계수표 취득자가 발행인 이외의 자에 의하여 백지 가계수표의 표면 기재 한도액을 넘는 금액으로 보충된 점을 알면서도 그 보충권을 확인하지 아니한 채 그 가계수표를 취득하는 경우, 중과실이 인정된다.(대판 1995.12.8. 94다18959)

⑥ 상호신용금고가 상업어음만을 할인해야 하는 규정에 위반하여 담보용으로 발행된 어음이나 융통어음을 잘못 할인하였다고 하여 곧바로 악의 또는 중과실로 어음을 취득하였다고 볼 수 없다.(대판 1996.11.26. 96다30731)

(5) 취득자의 독립한 경제적 이익

선의취득이 성립하기 위해서는 어음의 취득자에게 독립적인 경제적 이익이 있어야 한다. 따라서 단순히 추심권한만을 부여하는 추심위임배서 또는 숨은 추심위임배서의 피배서인에게는 선의취득이 인정되지 않는다. 입질배서의 피배서인은 질권 취득의 이익이 있으므로 어음상 권리에 대한 질권을 선의취득할 수 있다.

3. 효과

(1) 어음상 권리의 취득

어음법 제16조 제2항은 "어음을 반환할 의무가 없다"고 규정하고 있다.

통설은 위 규정의 내용을 어음소지인이 어음상 권리를 취득하는 것으로 본다. 그 반사적 효과로서 어음의 점유를 잃은 자는 어음상 권리를 상실한다. 선의취득자로부터 어음상 권리를 양수한 자는 선의취득자가 원시취득한 권리를 승계 취득하는 것이므로, 선의취득자 이전의 무권리에 대해서 악의 또는 중과실이 인정된다고 하더라도 완전한 권리를 취득한다.(변호 25) 이를 "엄폐물의 법칙"이라고 한다.

(2) 어음항변과의 관계

선의취득이 원시취득이라는 점에서 그 이전의 모든 어음항변이 제거되는지에 대하여 통설은 선의취득은 권리의 귀속에 관한 문제이고 인적 항변은 채무의 부담에 관한 문제로 그 관점을 달리한다는 점에서 선의취득으로 어음항변까지 절단되는 것은 아니라고 본다.

그 결과 선의취득자가 채무자의 항변사실에 대해서는 해의가 있었으나 양도인의 무권리에 대해서는 선의였던 경우에는 인적 항변이 붙은 어음상의 권리를 취득하게 된다.(변호 25)

기출사례

★ 어음상 권리의 선의취득

甲은 乙을 수취인으로 하고 X를 지급인으로 하여 환어음을 발행하였다. 어음면에는 「거절증서작성면제」 라는 문구가 인쇄되어 있고, X는 이를 인수하였다. 丙이 乙로부터 이 어음을 절취하여 乙, 丙 사이의 배서를 위조한 후 丁에게 배서 · 양도하였다. 어음취득 당시 丁은 丙이 절취자임을 알고 있었다. 그 이후 이와 같은 사실을 알지 못하는 戊는 丁에게 물건을 매도하고 그로부터 어음을 배서 · 양도 받았다.

戊는 X에게 어음금의 지급을 청구할 수 있는가?

Ⅰ. 결론

戊는 환어음의 선의취득자로서 환어음의 인수인인 X에게 어음금을 청구할 수 있다.

Ⅱ. 쟁점

戊가 어음상 권리를 승계취득 또는 선의취득에 의하여 취득하였는지 여부 및 환어음의 인수인인 X가 어음금 지급채무를 부담하는지가 문제된다.

제4장 어음상 권리의 행사

제1관 지급제시 및 지급

Ⅰ. 지급제시

1. 지급제시의 의의

지급제시란 어음소지인이 어음금을 지급받기 위해서 어음의 주채무자(환어음의 인수인과 약속어음의 발행인), 지급인 또는 지급담당자에게 어음을 제시하는 것을 말한다. 지급제시는 주채무자에 대한 이행청구보다 상환청구권 보전에 의미가 있다. 어음의 주채무자는 절대적으로 어음금 지급채무를 부담하므로 주채무자에 대해서는 지급제시가 없더라도 어음금을 청구할 수 있다.

2. 지급제시의 요건

(1) 지급제시의 당사자

1) 지급제시인

지급제시를 할 수 있는 자는 어음의 소지인이다(어음법 제38조 제1항). 소지인이란 배서의 연속에 의하여 형식적 자격을 가지고 있는 자와 배서가 연속되지 않았더라도 실질적 권리를 입증한 자를 말한다. 추심위임배서를 받은 소지인도 지급제시를 할 수 있다. 인수제시와 달리 단순한 점유자는 지급제시를 할 수 없다.

2) 지급제시의 상대방

지급제시의 상대방은 어음의 주채무자(환어음의 인수인, 약속어음 발행인), 환어음의 지급인 또는 지급담당자이다. 환어음의 지급인은 인수를 하기까지는 주채무를 부담하지 않으므로 환어음의 지급인에 대한 지급제시는 단순히 지급을 할 것인지를 묻는 정도의 의미를 가진다.

(2) 지급제시기간

1) 상환청구권보전기간

확정일출급, 발행일자 후 정기출급 또는 일람 후 정기출급의 어음 소지인은 지급을 할 날 또는 그날 이후의 2거래일 내에 지급을 받기 위한 제시를 해야 한다(어음법 제38조 제1항).(모의 19)

보통 만기가 "지급을 할 날"이 되지만 만기가 휴일인 경우 그 직후 거래일이 "지급을 할 날"이 되고(어음법 제72조 제1항), 그에 따라 계산한 지급제시기간의 마지막 날이 휴일이면 그 다음 제1거래일까지 연장된다(어음법 제72조 제2항). 일람출급어음은 어음을 제시한 시점이 바로 지급을 할 날이 되는 관계로 일람출급어음은 발행일로부터 1년이 지급제시기간이 된다(어음법 제34조 제1항).(모의 20)

2) 주채무자에 대한 청구기간

지급제시기간이 주채무자에 대하여 어음금을 청구할 수 있는 기간을 의미하는 경우에는 어음상 권리의 소멸시효기간인 만기로부터 3년의 기간이 지급제시기간이 된다. 즉 어음 소지인은 만기로부터 3년 이내의 기간 동안 언제든지 주채무자에 대하여 이행을 청구할 수 있다.(변호 20)

(3) 지급제시 장소

어음채무는 추심채무이므로 지급제시의 장소는 원칙적으로 지급지에 있는 발행인 등의 영업소, 주소 등이 된다. 지급지 내에 이러한 장소가 없는 경우 지급지 내에서 지급거절증서를 작성해야 한다. 다만 지급장소 또는 지급담당자가 기재되어 있는 제3자방지급어음의 경우에는 그 지정된 장소에서 지급제시를 해야 한다. 지급지 내에 있지 않는 지급장소를 기재한 제3자방지급문구는 무효이므로 그 경우에는 지급지에 있는 발행인 등의 영업소, 주소 등이 지급제시 장소가 된다.

어음교환소에 어음을 제시하는 것은 지급제시로서의 효력이 있다(어음법 제38조 제2항).

(4) 지급제시 방법

지급제시는 어음요건이 갖추어진 완전한 어음을 제시해야 한다.

어음요건이 흠결된 불완전어음이나 백지어음과 같은 미완성어음으로 지급제시를 하는 경우 지급제시의 효력이 없다.(변호 12, 17, 모의 14, 21) 등본의 제시 또한 마찬가지이다. 그 경우 채무자는 이행지체가 되지 않고, 상환청구권 보전의 효력도 주어지지 않는다.(변호 12, 17, 모의 14)

백지어음을 **백지 보충없이 제시한 경우** 채무자는 **이행지체 책임을 지지 않는다.**(대판 1970.3.10. 69다2184)

백지미보충어음은 그 지급제시기간 내에 지급을 위한 제시가 있다 하더라도 **적법한 지급제시로서의 효력이 없고** 그로 인하여 **상환청구권을 보전할 수는 없다.**(대판 1992.10.27. 91다24724)

재판상 청구의 경우 어음 자체가 제시되지 않더라도 소장이 송달된 경우 적법한 지급제시가 있는 것으로 본다. 어음소지인으로부터 어음추심을 위임받은 금융기관이 환어음의 기재사항을 정보처리 시스템에 의하여 전자적 정보의 형태로 작성하여 어음교환소에 송신하여 해당 기재사항이 어음교환소의 정보처리시스템에 입력된 때에는 지급제시가 된 것으로 본다(어음법 제38조 제3항).

3. 지급제시의 효과

(1) 이행청구 및 이행지체책임의 발생

어음채무자는 지급제시일에 어음금을 지급하여야 한다. 즉 어음채무자가 이행지체책임을 지는 것은 만기 이후가 아니라 지급제시일 이후이다. 따라서 지급제시일 다음날부터 상사이율인 연 6%의 지연이자가 발생한다. 이와 달리 상환청구금액은 연 6% 이율에 의한 이자를 포함하는데 위 이자는 법정이자로 기산일 또한 지급제시일 다음날이 아니라 만기의 다음날이다(어음법 제48조 제1항 제2호).

(2) 지급제시기간 내에 제시하지 않은 경우의 효과

지급제시기간 내에 지급제시를 하지 않은 어음 소지인은 상환의무자에 대한 상환청구권을 잃는다(어음법 제53조 제1항).(모의 19) 환어음의 지급제시기간 내에 지급제시가 이루어지지 않은 경우 인수하지 않은 지급인은 발행인의 계산으로 어음금을 지급할 수 없다. 수표의 경우 지급제시기간인 10일 이내에 지급제시가 없으면 수표상 권리는 소멸하고 이득상환청구권이 문제된다.

4. 지급제시의 면제

(1) 의의

어음법상 ① 환어음에 대하여 인수거절증서가 작성된 경우(어음법 제44조 제4항), ② 법정기간 내에 어음을 제시하거나 거절증서를 작성하기 어려운 불가항력이 만기부터 30일이 지나도 계속되는 경우(어음법 제54조 제4항)에는 지급제시 또는 거절증서의 작성이 면제되고, 어음소지인은 지급제시 또는 거절증서의 작성 없이 상환청구권을 행사할 수 있다.

(2) 학설

통설은 유효한 지급장소의 기재도 없고 지급지 내에서 지급인의 영업소, 주소, 거소를 발견할 수 없는 경우 지급제시 없이도 상환청구권을 행사할 수 있다고 본다. 또한 상환의무자와 어음소지인 간에 지급제시 면제의 합의를 하는 것도 당사자 사이에서 유효하다고 본다.

(3) 판례

判例는 어음배서인이 거절증서작성을 면제한 경우에는 적법한 지급제시가 있는 것으로 추정된다고 본다.

약속어음 소지인은 특단의 사정이 없는 한 적법한 지급제시를 한 경우에만 배서인에 대한 소구권을 행사할 수 있으되, **어음배서인이 지급거절증서작성을 면제한 경우에는 어음소지인은 적법한 지급제시를 한 것으로 추정되어 적법한 지급제시가 없었다는 사실은 이를 원용하는 자에게 주장 · 입증책임**이 있고, 어음배서인에 대한 지급제시는 적법한 지급제시의 요건이 아니므로 **어음소지인이 그 배서인에게 지급제시하지 않았다 하여 적법한 지급제시가 없었으므로 소구권이 상실되었다고는 할 수 없다.**(대판 1984.4.10. 83다카1411)

[사실관계] 피고는 1980.5.15. 약속어음 1매를 지급거절증서의 작성을 면제하여 원고에게 배서양도하였고, 그 이후 원고는 피고에 대하여 약속어음금의 지급을 청구하였다. 이에 대하여 피고는 원고가 적법한 지급제시를 하지 않았다고 항변하였고 원고는 자신이 배서인인 피고에게 지급제시를 하지 않은 사실은 자인한 사안.

[판시사항] 원심은 원고가 피고에게 지급제시를 하지 않았다는 이유로 피고에 대한 원고의 상환청구권이 상실되었다고 판단하였으나 대법원은 이러한 원심을 파기하였다.

Ⅱ. 지급

1. 지급의 의의

주채무자가 어음금을 지급하면 어음관계는 완전히 소멸된다. 환어음의 지급인은 주채무자가 아니지만 지급권한이 있으므로 유효한 지급을 할 수 있고 환어음의 지급인이 어음금을 지급한 경우에도 어음관계가 완전히 소멸된다. 보증인 또는 상환의무자가 지급을 한 경우에는 보증인과 상환의무자 및 그 후자의 채무만 소멸되고, 그 전자에 대한 어음관계는 여전히 존속한다.

2. 지급의 시기

(1) 만기 지급

만기지급은 지급제시기간 내에 적법하게 이루어진 어음소지인의 지급제시에 따라 어음채무자가 어음금을 지급하는 것을 말한다. 따라서 만기지급은 만기 이후라도 지급제시기간 중이면 이루어질 수 있다. 만기에 지급하는 지급인은 사기 또는 중대한 과실이 없으면 면책된다(어음법 제40조 제3항).

(2) 만기 전 지급

어음 소지인은 만기 전에는 지급을 받을 의무가 없다(어음법 제40조 제1항). 따라서 어음 소지인이 만기 전에 어음금의 수령을 거절하더라도 수령지체에 해당하지 않는다. 어음 소지인이 동의하는 경우 만기 전에도 지급할 수 있으나 이 경우 지급인은 자기의 위험부담으로 지급하게 되고, 어음법 제40조 제3항의 면책이 적용되지 않는다. 따라서 소지인이 정당한 권리자가 아닌 경우 만기 전에 지급한 지급인은 선의, 무중과실로 지급한 경우에도 면책되지 않는다.

(3) 만기 후 지급

만기 후 지급이란 지급제시기간이 지난 뒤에 지급하는 것을 말한다. 환어음의 인수인, 약속어음의 발행인과 같은 주채무자가 지급제시기간 경과 후에 지급하는 경우 만기 지급과 같은 효과가 있고, 어음법 제40조 제3항에 따라 면책된다.

환어음을 인수하지 않은 단순한 지급인이 만기 후에 지급하는 것은 지급위탁의 취지에 반하므로, 그 지급을 발행인의 계산으로 돌릴 수 없고 어음법 제40조 제3항의 면책도 적용되지 않는다.

환어음의 발행인은 지급제시기간이 경과하기 전에 지급위탁을 취소 할 수 있는데, 지급위탁이 취소되면 지급인은 발행인의 계산으로 어음금을 지급하지 못한다.

수표의 지급위탁의 취소는 제시기간이 지난 후에만 효력이 생기고, 지급위탁의 취소가 없으면 지급인은 제시기간이 지난 후에도 지급을 할 수 있다(수표법 제32조). 따라서 수표의 지급인은 지급제시기간이 지난 후에도 지급위탁이 취소되기 전까지는 발행인의 계산으로 수표금을 유효하게 지급할 수 있다.

(4) 지급의 유예

만기 이후 채무자의 요청으로 소지인의 권리행사가 정지되는 기간을 은혜일이라 하는데, 은혜일은 법률상으로든 재판상으로든 인정되지 않는다(어음법 제74조).

어음채무자와 소지인이 지급유예의 특약을 하더라도 이는 인적 항변에 불과하다. 지급유예의 특약이 있었다 하더라도 어음의 만기가 연장되지 않으므로 소지인은 원래의 지급제시기간을 기준으로 지급제시를 하여 거절증서를 작성하지 않으면 상환청구권을 상실한다. 지급을 유예하기 위하여 어음의 만기를 변경하여 기재하는 것은 어음의 변조에 해당하여 어음관계자 전원의 동의가 있는 경우에만 유효하다. 이에 동의하지 않은 자에 대해서는 변조의 법리에 따라 변경 전의 만기를 기준으로 상환청구권을 보전해야 한다.

(5) 어음개서

1) 의의

어음개서란 어음 만기를 연장하는 방법으로서 만기를 변경한 새로운 어음을 발행하는 것을 말한다. 어음개서는 신어음을 발행하고 구어음을 회수하는 방식으로 이루어진다.

2) 법적성질

어음개서의 법적성질에 대하여 ① '경개설'은 발행인이 신어음상의 채무를 부담함으로써 구어음상의 채무가 소멸한다고 보고, ② '대물변제설'은 신어음의 교부를 구어음상 채무에 대한 변제로 본다.

3) 어음개서의 효력

발행인이 구어음을 회수하면 구어음상의 채무는 소멸하고, 실질적으로는 동일한 채무가 신어음상의 채무로 존속하게 된다. 발행인이 구어음을 회수하지 않으면 신어음과 구어음상의 채무가 병존한다. 소지인은 구어음과 신어음 어느 것으로도 권리를 행사할 수 있고, 다만 신어음 만기 전에 구어음의 지급 청구를 하는 경우 채무자는 지급유예의 인적 항변을 제기할 수 있다.

구어음에 배서한 배서인은 신어음에 다시 배서를 하지 않는 이상 담보책임을 지지 않는다. 구어음의 보증인 역시 신어음에 다시 보증의 취지를 기재하지 않는 한 보증 채무를 부담하지 않는다. 어음의 문언성과 무관한 구어음상의 채무에 대한 담보나 민사보증은 신어음상의 채무에 그대로 존속한다.

구어음상의 인적항변도 그대로 신어음에 승계된다. 악의의 항변에서 주관적 요건의 판단시점도 구어음의 취득 시점이다.

단순히 어음상 채무의 만기를 연기하기 위한 당사자 사이의 어음개서계약에 따라 구어음을 회수하고 신어음을 발행하여 교부하는 경우 구어음상의 채무는 소멸한다고 할 것이지만 구어음상의 채무와 신어음상의 채무가 실질적으로 동일한 때에는, 특별한 사정이 없는 한, 구어음상의 채무에 대한 담보나 민사상 보증은 신어음상의 채무에 대하여도 그대로 존속한다.(대판 2003.10.24. 2001다61456)

기존채무의 이행을 위하여 교부된 약속어음의 소지인인 은행이 어음 되막기 방법에 의하여 그 약속어음을 결제된 것으로 처리하는 경우 외관상 은행에 어음금 상당의 금액이 입금된 것으로 보이고, 또 어음 발행인 등은 종전의 어음금채무 대신 새로운 어음에 의하여 또 다른 어음금채무를 부담하게 되는 것이므로 은행은 이미 결제된 것으로 처리되어 소멸된 종전 어음 자체의 어음금청구는 할 수 없을 것이고, 새로운 어음에 기한 어음금청구만을 할 수 있을 것이나, 기존채무는 쌍방 간의 약정에 따라 새로운 어음의 지급기일까지 그 지급을 유예해 준 것일 뿐 기존채무가 소멸되는 것은 아니고, 새로운 어음이 만기에 지급되어야만 기존채무가 소멸되는 것이다.(대판 1992.2.25. 91다14192)

3. 지급의 방법

(1) 지급통화

어음금액이 내국통화로 기재된 경우에는 지급인의 선택에 따라서 자유롭게 각종의 통화를 선택할 수 있다. 예를 들어 "만원권으로 지급"이라는 문구를 기재하는 경우 이는 지급에 조건을 붙인 것에 해당하여 어음이 무효가 된다.

(2) 상환증권성

어음상 권리자가 어음금을 지급받기 위해서는 어음 자체를 제시하여야 하고, 어음과 상환해서만 지급받을 수 있다(어음법 제39조 제1항). 어음의 상환증권성은 일반적인 지급뿐만 아니라, 상계, 면제 등으로 권리가 소멸되거나, 강제집행에 의하여 지급이 이루어지는 경우에도 적용된다. 주채무자에 대해서도 어음의 상환증권성은 동일하게 적용된다.

어음채무자가 어음채무를 지급하는 경우 어음의 상환증권성에 의하여 임의변제의 경우뿐만 아니라 강제집행에 의한 경우에도 상환을 필요로 하는 것이므로 채무자에게 이중변제의 위험이 있을 수 없다.(대판 1991.12.24. 90다카28405)

(3) 일부지급

어음금액의 일부만 지급하는 것도 유효하고 소지인은 이를 거절하지 못한다(어음법 제39조 제2항). 소지인이 거절하지 못한다는 것은 소지인이 거절하더라도 그 부분에 대해서는 지급거절이 되지 않아 상환청구권이 발생하지 않는다는 의미이다.

일부지급의 경우 지급인은 소지인에게 지급 사실을 어음에 적고 영수증을 교부할 것을 청구할 수 있다(어음법 제39조 제3항).(모의 14) 일부만 지급받은 어음소지인은 다른 채무자에게 상환청구를 해야 하므로 지급인은 어음 소지인에게 어음의 반환을 청구할 수 없고 대신 일부 지급 사실을 어음에 적고 영수증을 받을 수 있도록 한 것이다. 일부지급의 사실이 어음에 기재된 경우 물적 항변사유가 된다.

4. 지급인의 조사의무

(1) 의의

만기에 지급하는 지급인은 배서의 연속이 제대로 되어 있는지를 조사할 의무가 있으나 배서인의 기명날인 또는 서명을 조사할 의무는 없다(어음법 제40조 제3항). 배서의 연속성이 인정되는 경우 만기에 지급하는 지급인은 소지인이 실질적인 무권리자인 경우에도 책임을 면한다.

(2) 지급인의 면책 요건

1) 지급인의 지급

어음법 제40조 제3항은 “지급인”으로 규정하고 있으나, 환어음의 인수인, 약속어음의 발행인과 같은 주채무자, 지급담당자, 인수를 하지 않은 환어음의 지급인도 포함된다.

2) 지급제시기간

어음법 제40조 제3항에 규정된 “만기”는 지급제시기간을 의미한다. 지급제시기간 이후에도 지급의무가 인정되는 경우 그에 따라 지급한 지급인에 대해서도 면책이 적용된다.

① 환어음의 인수인, 약속어음의 발행인과 같은 주채무자는 지급제시기간 이후에도 어음채무를 부담하고, ② 상환의무자 또한 상환청구권이 보전된 경우 지급제시기간 이후에도 상환의무를 부담하고, ③ 수표의 지급인은 지급위탁이 취소되지 않는 한 지급제시기간 경과 후에도 발행인의 계산으로 지급할 수 있으므로 위 각각의 경우에는 지급제시기간 이후에 지급이 되더라도 만기에 지급된 것과 같이 면책이 인정된다.

3) 지급인의 조사대상

학설은 일반적으로 지급인이 면책되기 위해 조사해야 하는 사항은 ① 배서의 연속, ② 어음의 형식적 유효성 및 ③ 지급인 자신의 기명날인 또는 서명의 진실성을 포함한다고 본다.

지급인 자신 이외의 기명 또는 서명은 그 존재 여부만 조사하면 된다. 소지인의 인적 동일성 여부는 어음법상 근거 규정이 없으므로 지급인의 조사의무 범위에 포함되지 않는다고 본다.

4) 사기 및 중과실의 부존재

지급인이 면책되기 위해서는 사기 또는 중과실이 없어야 한다. 사기라 함은 단순히 소지인이 무권리자임을 알고 있고 나아가 소지인이 무권리자라는 사실을 용이하게 입증할 증거방법을 보유하고 있음에도 불구하고 지급하는 것을 말한다.

중과실은 지급인이 보통의 조사를 한다면 소지인이 무권리자임을 알 수 있고 이를 증명할 수 있는 용이한 증거방법을 확보할 수 있음에도 불구하고 이러한 조사를 하지 않고 지급하는 것을 말한다.

(3) 실질적 권리의 조사

어음법 제40조 제3항은 지급인이 소지인의 실질적 자격에 대한 조사권을 가지는지에 대해서는 규정하고 있지 않다. 중과실이 있는 경우에도 지급인이 면책되지 않는다는 점에서 지급인이 소지인의 실질적 자격을 조사할 수 있다고 본다.

학설은 일반적으로 소지인의 실질적 자격에 대한 조사는 지급인의 위험부담으로 한다고 보고 있다. 따라서 지급인의 조사로 인하여 지급이 지체되는 경우 소지인이 적법한 권리자인 경우 지급인은 지급제시를 받은 때로부터 이행지체책임을 지게 된다.

(4) 면책의 효과

지급인의 면책이 인정되는 경우 지급인은 권리가 없는 자에게 지급한 경우에도 책임을 면하게 된다. ① 지급인이 주채무자인 경우에는 이중지급의 위험을 면하게 되고, ② 지급인이 환어음이나 수표의 지급인 또는 어음의 지급담당자인 경우에는 그 지급을 발행인의 계산으로 할 수 있고, ③ 지급인이 상환의무자의 경우에는 자신의 전자에게 재상환청구권을 행사할 수 있다.

(5) 위조 · 변조된 어음의 지급

1) 문제점

지급인이 어음금을 지급하였으나 그 어음이 위조된 경우 위조로 인한 손실을 발행인과 지급인 중 누가 부담하여야 하는지 문제된다.

어음법 제40조 제3항의 지급인 면책규정은 어음 자체가 진정하고 소지인이 무권리자인 경우에만 적용된다고 보므로, 위조된 어음의 정당한 소지인에게 지급인이 지급한 경우에는 적용되지 않는다.

2) 학설

① **'지급인부담설'**은 어음의 발행인은 자금관계상 어음이 진정할 것을 전제로 하여 지급인에게 지급위탁을 하였으므로, 지급인의 과실 여부를 불문하고 지급인이 손실을 부담한다고 본다.

② **'발행인부담설'**은 지급인에게 과실이 없는 경우에는 민법 제470조 채권의 준점유자에 대한 변제로 보아 발행인이 손실을 부담해야 한다고 본다.

3) 판례

다른 사람이 위조한 무효의 수표에 대한 은행의 변제가 유효로 되는 것은 특별법규, 면책 약관 또는 상관습이 있는 경우에 한하고 이 경우 채권의 준점유자에 대한 변제의 법리는 적용되지 않는다.(대판 1971.3.9. 70다2895)

지급인이 위험을 부담하는 것으로 보고 있다.

(6) 면책약관의 효력

은행 등 금융기관은 약관상 어음에 찍힌 인영, 서명과 신고된 인감, 서명을 육안으로 비교하여 동일한 것으로 처리한 경우 위조 · 변조에 따른 손해를 책임지지 않는다는 면책규정을 두는 경우가 보통인데 判例는 이러한 면책규정이 유효하다고 본다. 그 결과 은행이 위조 · 변조된 어음을 선의 · 무과실로 지급한 경우 면책된다. 이 경우 발행인은 지급받은 소지인에 대해 부당이득반환을 청구할 수 있다.

제2관 상환청구

Ⅰ. 의의

상환청구란 어음 소지인이 자신의 전자에 대하여 어음금액과 기타 비용의 상환을 청구하는 것을 말한다. 과거에는 "소구"라는 용어를 사용하였으나 "상환청구"로 변경되었다.

'만기후 상환청구'는 만기에 어음금 지급이 거절된 경우 어음소지인이 자신의 전자에게 상환청구를 하는 것을 말하고, '만기전 상환청구'는 만기 전에 상환청구가 허용되는 예외적인 경우를 의미하며, '재상환청구'는 상환의무를 이행한 자가 자신의 전자에게 다시 상환을 청구하는 것을 의미한다.

Ⅱ. 상환청구의 당사자

1. 상환청구권자

최초의 상환청구권자는 어음의 최후 소지인이다. 일반적인 상환청구는 어음 소지인이 주채무자에게 지급을 청구하여 거절된 다음 행사하는 것이다. 자신의 상환의무를 이행하고 어음을 환수한 자는 자신의 전자에게 상환청구를 할 수 있다.

2. 상환의무자

(1) 상환의무자의 범위

환어음과 수표의 발행인, 배서인, 약속어음의 배서인, 어음 보증인이 상환의무자가 된다. 즉 어음행위자 가운데 주채무자를 제외한 채무자가 상환의무자가 된다.

상환의무자의 무권대리인도 상환의무자가 된다(어음법 제8조). 환어음의 인수인과 약속어음의 발행인은 주채무자이고 상환의무자는 아니다. 수표의 지급보증인은 주채무자도 아니고 상환의무자도 아닌 특별한 수표상 채무자이다.

백지식배서를 받아 교부에 의하여 양도한 자, 수취인이 백지인 어음을 받아 교부에 의하여 양도한 자와 같이 어음 문면에 드러나지 않는 자는 상환의무자가 아니다.

추심위임배서, 기한후배서와 같이 담보적 효력이 인정되지 않는 배서의 배서인 또한 상환의무자가 아니다. 배서인은 무담보배서 또는 배서금지배서를 통하여 담보책임을 전부 또는 일부 배제할 수 있다. 주채무가 소멸하면 상환의무도 소멸된다.

(2) 상환의무자의 합동책임

상환의무자는 합동책임을 진다(어음법 제47조). 상환의무자 1인의 이행은 자신 및 그 후자의 채무만 소멸시킬 뿐이고, 그 전자 및 주채무자의 채무에는 영향을 미치지 않는다.

채무를 이행한 상환의무자가 채무를 면한 자에 대하여 구상권을 행사할 수도 없다. 상환의무자 1인에 대한 청구는 다른 상환의무자에 대해서는 아무 효력도 가지지 않는다.

약속어음의 발행인과 배서인이 소지인에 대하여지는 합동책임은 연대채무와는 달라 배서인의 채무이행이나 배서인에 대한 권리의 포기는 발행인에 대하여는 영향을 미치지 않는다. (대판 1989.2.28. 87다카1356,1357)

Ⅲ. 만기 후 상환청구의 요건

1. 실질적 요건

(1) 요건의 개요

만기 후 상환청구는 ① 실질적인 어음상 권리자인 정당한 어음소지인이 ② 지급제시기간 내에 ③ 적법한 지급제시를 하였으나 ④ 지급이 거절되었을 것을 요건으로 한다.(모의 23)

(2) 지급제시

지급인 또는 발행인이 미리 지급거절의 의사를 밝혔더라도 지급제시를 해야 한다. 지급거절증서의 작성이 면제되어 있다고 하더라도 지급제시는 요구된다. 만기후배서의 배서인이 이미 지급제시를 하였다고 하더라도 그 피배서인이 상환청구권을 행사하기 위해서는 다시 스스로 지급제시를 해야 한다. 인수거절증서를 작성한 경우, 불가항력의 경우에만 지급제시 없이 상환청구권을 보전할 수 있다.

만기 전의 배서와 동일한 효력을 갖는 **만기후배서의 피배서인이 어음의 최종소지인의 지위에서 어음의 배서인 등 소구의무자에 대한 소구권을 보전**하기 위해서는 그에게 만기후배서를 한 배서인이 지급제시를 하였는지 여부와 관계없이 **다시 스스로 적법한 지급제시기간 내에 지급제시를** 하여야 한다.(대판 2000.1.28. 99다44250)

(3) 지급거절

지급거절이란 적극적 지급거절뿐만 아니라 지급인의 부재 또는 소재불명과 같은 소극적 지급거절도 포함된다. 여러 명의 지급인이 기재된 환어음의 경우 여러 명의 지급인 전원이 지급을 거절해야 상환청구권이 보전되고, 약속어음의 공동발행의 경우에도 공동발행인 전원에 대하여 지급제시를 한 후 전원이 지급을 거절해야 상환청구권이 보전된다.

2. 형식적 요건

(1) 지급거절증서의 작성

지급거절증서가 작성되어야 한다.(모의 21) 지급거절증서란 지급제시를 하였음에도 지급이 거절되었다는 사실을 증명하는 공정증서를 말한다. 지급거절증서작성기간은 원칙적으로 지급을 할 날에 이은 2거래일 내이다. 일람출급어음의 경우 발행일로부터 1년 이내이다. 인수거절 또는 지급거절의 사실이 확인되는 경우에도 지급거절증서가 작성되지 않으면 상환청구권을 행사할 수 없다. 다만 지급거절증서의 작성이 면제된 경우에는 지급거절증서를 작성하지 않아도 상환청구권이 보전된다.

(2) 지급거절증서 작성의 면제

1) 의의

발행인, 배서인 또는 보증인은 ① 무비용상환, ② 거절증서 불필요, ③ 기타 같은 뜻을 가진 문구를 어음에 적고 기명날인하거나 서명함으로써 소지인의 상환청구권 행사를 위한 인수거절증서 또는 지급거절증서의 작성을 면제할 수 있다(어음법 제46조 제1항). 거절증서작성면제는 보편화되어 있고, 어음용지에 거절증서작성면제라는 문구가 인쇄되어 있는 경우도 많다.

2) 작성면제권자

상환의무자만 작성면제권자가 될 수 있다. 어음법 제46조에 규정된 발행인은 환어음의 발행인을 의미한다. 약속어음 발행인도 작성면제권자에 해당하는지에 대해서는 긍정설과 부정설이 존재한다.

3) 면제방법

상환의무자가 ① 무비용상환, ② 거절증서 불필요 또는 ③ 기타 같은 뜻을 가진 문구를 어음에 적고 기명날인하거나 서명하여야 한다. 환어음에 단순히 '거절증서불요'라고 기재되어 있는 경우 인수거절증서 및 지급거절증서의 작성이 모두 면제된 것으로 본다.

4) 면제의 효력

환어음 또는 수표의 발행인이 면제를 한 경우에는 모든 상환의무자에게 효력이 발생한다.

배서인 또는 보증인이 면제한 경우에는 해당 당사자에 대해서만 효력이 발생한다. 지급거절증서의 작성이 면제되었더라도 지급제시는 요구된다.

약속어음의 배서인이 지급거절증서작성을 면제한 경우 소지인은 상환청구권을 행사하기 위하여 법정기간 내에 발행인에게 지급제시를 한 것으로 추정을 받는 것이므로 적법한 지급제시가 없었다는 사실은 이를 원용하는 자에게 주장 및 입증책임이 있다. (대판 1985.5.28. 84다카2425)

(3) 불가항력으로 인한 경우

지급제시기간은 불변기간으로 기간이 중단되지 않는다. 다만 어음법은 불가항력으로 인한 경우에 예외를 규정하고 있다.

① 불가항력으로 인하여 법정기간 내에 어음을 제시하거나 거절증서를 작성하기 어려운 경우에는 그 기간을 연장한다(어음법 제54조 제1항). ② 불가항력이 사라지면 소지인은 지체 없이 인수 또는 지급을 위하여 어음을 제시하고 필요한 경우에는 거절증서를 작성시켜야 한다(동조 제3항). ③ 불가항력이 만기부터 30일이 지나도 계속되는 경우에는 어음의 제시 또는 거절증서의 작성 없이 상환청구권을 행사할 수 있다(동조 제4항). 수표의 경우에는 불가항력의 통지일로부터 15일을 적용한다(수표법 제47조 제4항). 불가항력이란 전쟁, 지진, 홍수, 폭동, 유행병과 같은 천재지변 및 법령에 의한 지급유예 등과 같이 소지인이 최고의 주의를 다하더라도 피할 수 없었던 경우를 의미한다.

소지인이나 소지인으로부터 어음의 제시 또는 거절증서 작성을 위임받은 자의 단순한 인적 사유는 불가항력으로 보지 아니한다(어음법 제54조 제6항).

Ⅳ. 만기 전 상환청구의 요건

1. 실질적 요건

(1) 환어음

환어음의 만기 전이라 하더라도 지급이 거절될 가능성이 높아진 경우 상환청구권이 인정된다.

어음법은 ① 인수의 전부 또는 일부가 거절되는 경우, ② 지급인의 파산, 지급정지 또는 재산에 대한 강제집행이 주효하지 않은 경우,(모의 20) ③ 인수제시를 금지한 어음의 발행인이 파산한 경우 만기 전 상환청구를 인정하고 있다(어음법 제43조).

(2) 약속어음

약속어음에는 만기 전 상환청구에 관한 어음법의 규정이 존재하지 않으나, 학설과 判例는 약속어음의 경우에도 만기에 지급이 거절될 가능성이 높아진 경우 만기 전 상환청구가 인정된다고 본다.

약속어음에 있어서도 발행인의 파산, 지급정지 기타 그 자력을 불확실하게 하는 사유로 인해 만기에 지급거절이 될 것이 예상되는 경우에는 만기 전의 소구가 가능하다. (대판 1993.12.28. 93다35254)

2. 형식적 요건

상환청구권자는 ① 인수거절의 경우 인수거절증서를 작성하여야 하고(어음법 제44조 제1항, 제2항), ② 지급인의 파산의 경우 파산결정서를 제시하여야 하고(동조 제6항), ③ 지급정지, 강제집행 부주효의 경우에는 만기 전이라도 지급제시를 하고 지급거절증서를 작성하여야 한다(동조 제5항).

Ⅴ. 상환청구의 절차

1. 상환청구통지

(1) 상환청구통지의무

소지인은 지급이 거절된 경우 거절증서 작성일 이후 4거래일 내에 자기의 배서인과 발행인(환어음의 경우)에게 인수거절 또는 지급거절 사실을 통지하여야 하고, 각 배서인은 그 통지를 받은 날 이후 2거래일 내에 전 통지자 전원의 명칭과 처소를 표시하고 자기가 받은 통지를 자기의 배서인에게 통지하여 차례로 발행인에게 미치게 하여야 한다(어음법 제45조 제1항). 이러한 통지를 '상환청구통지' 또는 '거절통지'라 한다. 이러한 통지를 하지 않더라도 상환청구권을 잃지는 않으나 과실로 인하여 손해가 생긴 경우에는 어음금액의 한도 내에서 배상할 책임을 진다(동조 제6항).

거절증서작성이 면제된 경우에도 통지면제의 특약이 없는 이상 통지의무를 이행하여야 한다(어음법 제46조 제2항).

(2) 통지의 방식과 대상

통지는 어음이 유통된 역순으로 이루어진다. 이를 순차통지주의라고 한다. 환어음의 소지인은 자신의 직접 전자 이외에 발행인에게도 통지해야 한다. 통지와 달리 상환청구는 반드시 그 전자에 대해서만 할 수 있는 것은 아니고 상환청구는 자신의 전자 가운데 임의로 선택하여 행사할 수 있다.

2. 상환청구금액

(1) 만기 후 상환청구

소지인은 상환청구권에 의하여 ① 인수 또는 지급되지 않은 어음금액과 이자, ② 연 6퍼센트의 이율로 계산한 만기 이후의 이자 및 ③ 거절증서의 작성비용, 통지비용 및 그 밖의 비용을 청구할 수 있다. 즉 소지인은 어음금액, 이자 및 비용을 청구할 수 있다. 위 이자는 만기일에 지급제시를 하지 않았더라도 만기로부터 이자가 발생하므로 지연이자가 아닌 법정 이자에 해당한다.

(2) 만기 전 상환청구

만기 전 상환청구의 경우에는 법정 이자가 가산되지 않고 오히려 할인에 의하여 어음금액을 줄인다(어음법 제48조 제2항).

3. 상환청구방법

(1) 청구의 상대방 및 순서(어음법 제47조)

소지인은 상환의무자에 대하여 채무부담의 순서에 상관없이 상환청구권을 행사 할 수 있다. 상환의무자 1명, 여러 명 또는 전원에 대하여 청구하는 것도 가능하다. 어음채무자 중 1명에 대한 청구는 다른 채무자에 대한 청구에 영향을 미치지 않는다. 이미 청구를 받은 자의 후자에 대해서도 같다.

(2) 역어음의 발행(어음법 제52조)

역어음이란 상환청구권자가 상환의무자를 지급인, 그 자의 주소지를 지급지로 하여 새로이 발행한 일람출급어음을 말한다. 상환청구권자는 이러한 역어음을 발행하여 상환청구권을 행사할 수 있다(어음법 제52조 제1항). 역어음의 만기는 일람출급이어야 하고, 다른 만기는 인정되지 않는다.

지급지 또한 지급인의 주소지로 해야 하고 제3자방지급으로 할 수 없다. 역어음은 본어음에 역어음의 발행을 금지하는 문구가 있는 경우 발행할 수 없다.

4. 상환의무의 이행

상환의무자는 지급과 상환하여 어음, 거절증서, 영수를 증명하는 계산서의 교부를 청구할 수 있다(어음법 제50조 제1항). 일부인수 후에 상환청구권을 행사하는 경우에 인수되지 아니한 어음금액을 지급하는 자는 이를 지급한 사실을 어음에 적을 것과 영수증을 교부할 것을 청구할 수 있다(어음법 제51조 제1문). 소지인은 그 후의 상환청구를 할 수 있게 하기 위하여 어음의 증명등본과 거절증서를 교부하여야 한다(어음법 제51조 제2문).

상환의무를 이행하고 어음을 환수한 자는 자기와 후자의 배서를 말소할 수 있다(어음법 제50조 제2항). 배서를 말소하지 않더라도 재상환청구 등 어음상 권리를 행사할 수 있다.

Ⅵ. 재상환청구

1. 의미

재상환청구란 상환의무를 이행하고 어음을 환수한 상환의무자가 자신의 전자에 대하여 상환청구를 하는 것을 의미한다(어음법 제49조).

2. 법적성질

재상환청구권의 법적 성질에 대하여 ① '권리회복설'은 재상환청구권자가 자신의 후자에게 배서하기 전에 가지고 있었던 어음상 권리를 회복하는 것으로 보고, ② '권리재취득설'(통설)은 재상환청구권자가 상환의무를 이행함으로써 법률 규정에 의해 어음상 권리를 재취득한 것으로 본다. 다만 어느 견해에 의하거나 인적 항변과 관련하여 재상환청구권자에게 배서한 자는 재상환청구권자에 대한 항변사유로 대항할 수 있으나, 재상환청구권자 이후의 자에 대한 항변사유로 대항할 수는 없다.

3. 실질적 요건

(1) 실질적 요건의 개요

재상환청구권이 발생하려면 ① 상환의무자가 ② 상환청구권자에게 ③ 상환의무를 이행해야 한다.

(2) 상환의무자

환어음의 인수인과 약속어음의 발행인과 같은 주채무자는 상환의무자가 아니므로, 주채무자에 대해서는 재상환청구권이 성립되지 않는다. 상환을 하는 자는 상환의무 즉 어음상의 채무를 부담하고 있어야 한다. 백지식배서를 받은 후 교부의 방법으로 어음을 양도한 자, 수취인이 백지인 어음을 교부에 의하여 양도한 자와 같이 어음채무를 부담하지 않는 자는 소지인에게 상환을 했더라도 재상환청구권을 취득하지 못한다. 다만 어음채무자가 아닌 자라도 상환을 한 이후 상환을 받은 소지인이 그 전의 배서인에게 가지는 상환청구권을 민법상 지명채권 양도방법에 따라 취득하여 행사하는 것은 가능하다. 그 경우 재상환청구권 취득과 달리 상환을 받은 소지인에 대한 항변사유가 승계된다.

백지식 배서에 의하여 어음을 양수한 다음 단순히 교부에 의하여 이를 타인에게 양도한 자가 소지인의 소구에 응하여 상환을 하고 어음을 환수한 경우, 그 전의 배서인에 대하여 당연히 재소구권을 취득하는 것은 아니라고 하더라도, 그 상환을 받은 소지인이 그 전의 배서인에 대하여 가지는 소구권을 민법상의 지명채권 양도의 방법에 따라 취득하여 행사할 수 있는 것으로 보아야 하고, 다만 그 소구의무자는 이에 대하여 양도인에 대한 모든 인적 항변으로 대항할 수 있을 뿐이다.(대판 1998.8.21. 98다19448)

(3) 상환청구권자

상환의무자는 상환청구권을 가지는 자에게 의무를 이행해야 한다. 무권리자에게 상환을 한 경우에는 재상환청구권을 취득하지 못한다. 상환청구권을 보전하지 못한 소지인에게 상환을 한 경우에는 재상환청구권을 갖지 못한다.

다만 判例는 거절증서작성을 면제한 배서인은 후자가 거절증서의 작성 없이 상환의무를 이행한 경우에도 이를 탓할 수 없으므로, 후자가 거절증서 없이 상환청구에 응한 경우에도 후자의 상환청구에 응하여야 한다고 본다.

지급거절증서작성의무를 면제하고 약속어음을 배서양도한 배서인 甲은 거절증서 작성이 없다는 이유로 어음소지인의 상환청구를 거절할 수 없으므로, 甲으로부터 어음을 취득한 乙이 지급거절증서작성의무를 면제하지 않고 최후소지인인 丙에게 어음을 배서양도 했음에도 丙에 대하여 거절증서작성 유무를 확인하지 않고 상환청구에 응했다 하더라도 이를 탓할 수 없으므로 乙의 상환청구를 거절할 수 없고, 어음의 배서인은 어음소지인의 상환청구에 응하였거나 기타 사유로 어음을 회수한 경우 자기의 배서를 말소할 수 있고 그 경우 그 배서는 배서의 연속에 관해 없는 것으로 보게 되므로 丙이 적기에 거절증서를 작성하지 않았더라도 甲의 乙에 대한 소구의무에 영향을 미친다고 할 수 없다.(대판 1990.10.26. 90다카9435)

4. 형식적 요건

재상환청구를 하기 위해서는 자신의 전자에게 어음, 거절증서, 영수를 증명하는 계산서를 교부해야 하고 또한 상환사실을 입증해야 하므로, 상환청구권자로부터 위와 같은 서류를 교부받아 소지하고 있어야 한다(어음법 제50조 제1항).

한편 상환의무자가 거절증서의 작성을 면제한 경우에는 거절증서 없는 상환청구에도 응할 수밖에 없는데 이 경우 상환의무자는 자신이 거절증서의 작성을 면제한 것으로 자신의 전자에게 대항할 수는 없다. 그 결과 배서인이 거절증서의 작성을 면제하는 경우 자신의 재상환청구권을 행사할 수 없게 될 수 있는 위험이 발생하게 된다.

제5장 어음 말소, 훼손, 상실, 어음권리소멸

Ⅰ. 어음의 말소, 훼손

1. 의의

어음의 기명날인, 서명 또는 기타 기재 사항을 삭제하는 것을 말소라 하고, 어음 증권 자체를 물리적으로 손상시키는 것을 훼손이라 한다.

2. 권한 없는 자에 의한 말소 또는 훼손

어음이 권한 없는 자에 의하여 말소 또는 훼손된 경우 어음의 변조에 해당한다. 어음이 말소 또는 훼손되기 전에 기명날인 또는 서명한 자는 그 문언에 따라, 어음이 말소 또는 훼손된 다음에 기명날인 또는 서명한 자는 말소 또는 훼손 후의 문언에 따라 책임을 진다(어음법 제69조).

3. 권한 있는 자에 의한 말소 또는 훼손

권한 있는 자에 의하여 말소나 훼손이 된 경우 말소 또는 훼손된 부분이 없는 채로 효력이 발생한다. 배서 말소와 관련해서는 ① 배서의 연속에 있어서 말소된 배서는 기재되지 않은 것으로 보고, ② 기명식 배서의 피배서인만 말소된 경우 배서 전부가 말소된 것으로 보고, ③ 환배서 또는 상환의무의 이행으로 어음을 환수한 자는 자신과 후자의 배서를 말소할 수 있고, ④ 환배서 대신 종전 배서인의 배서와 그 후의 배서를 말소하여 단순한 교부로 어음상 권리를 양도할 수 있다고 본다.

Ⅱ. 어음의 상실, 공시최고, 제권판결

1. 어음의 상실

어음의 상실이란 어음의 멸실, 분실, 도난, 어음으로 인정될 수 없을 정도인 말소, 훼손 등을 말한다. 어음이 상실되어도 어음상의 권리가 소멸된 것이 아니나 어음의 제시증권성, 상환증권성으로 인해 어음상 권리자는 어음 증권이 없이는 어음상 권리를 행사할 수 없게 된다. 어음을 상실한 어음상 권리자는 공시최고와 제권판결 제도를 통해 어음상 권리를 행사할 수 있게 된다.

2. 공시최고

공시최고란 도난, 분실되거나 없어진 어음의 최종소지인 등 권리자의 신청에 의하여, 법원이 불특정 다수인을 상대로 공시최고기일까지 권리 또는 청구의 신고를 하고 그 증서를 제출하도록 최고하고, 이를 게을리 하면 권리를 잃게 되어 증서의 무효가 선고된다는 것을 공고하는 것을 말한다(민사소송법 제492조, 제493조, 제495조). 공시최고기간 중이라도 어음상 권리의 선의취득은 가능하고, 채무자가 형식적 자격을 갖춘 소지인에게 선의로 지급한 경우에는 면책된다.

공시최고는 어음의 도난과 분실과 같이 권리자의 의사에 반하여 어음의 점유를 잃은 자가 현재의 점유자를 알지 못하는 경우에 인정된다.

따라서 ① 사기, 강박 등으로 어음을 교부한 경우나 어음이 횡령된 경우 같이 권리자의 의사에 기하여 어음을 교부하였거나 ② 어음상 권리자가 현재 어음을 소지하고 있는 자를 알고 있는 경우에는 공시최고가 허용되지 않는다.

3. 제권판결

(1) 제권판결의 선고 및 효력

공시최고기간이 종료할 때까지 아무런 권리신고가 없고 제권판결신청에 정당한 이유가 있는 것으로 인정되는 경우 법원은 제권판결을 선고한다(민사소송법 제487조).

제권판결에서는 어음의 무효를 선고하여야 하고(민사소송법 제496조), 제권판결이 내려진 경우 신청인은 어음상 채무자에게 어음에 따른 권리를 주장할 수 있다(민사소송법 제497조).

그 결과 제권판결 이후에는 어음의 선의취득이 인정되지 않는다. 이처럼 제권판결은 소극적으로는 대상 어음을 무효로 하고, 적극적으로는 신청인이 제권판결로써 어음상 권리를 주장할 수 있게 하는 효력을 가진다. 다만 제권판결에 의하여 신청인이 실질적인 어음상 권리자가 되는 것은 아니다.(변호 20)

즉 제권판결 이후에도 실질적인 어음상 권리자는 제권판결에 대한 불복의 소를 제기하여 자신이 실질적인 어음상 권리자임을 주장할 수 있고 채무자는 제권판결을 얻은 자가 무권리자임을 입증하여 이행을 거부할 수 있다.

약속어음에 관하여 제권판결이 있으면 제권판결의 소극적 효과로서 그 약속어음은 약속어음으로서의 효력을 상실하고 약속어음의 정당한 소지인이라 할지라도 약속어음상의 권리를 행사할 수 없고, 일단 제권판결이 선고된 이상 약속어음상의 실질적 권리자는 제권판결의 효력을 소멸시키기 위하여 불복의 소를 제기하여 취소판결을 얻지 않는 한 약속어음상의 권리를 주장할 수 없다.(대판 1982.10.26. 82다298)(변호 25, 모의 16)

(2) 제권판결과 선의취득

1) 문제점

공시최고기일이 끝난 뒤에도 제권판결에 앞서 권리 또는 청구의 신고가 있는 때에는 그 권리를 잃지 아니한다(민사소송법 제482조). 이와 관련하여 제권판결 전에 어음상 권리를 선의취득한 자가 권리신고를 하지 못한 경우 선의취득자와 제권판결취득자 중 누가 어음상 권리를 행사할 수 있는지가 문제된다.

2) 학설

① **'제권판결취득자 우선설'**은 제권판결의 취지상 권리신고를 하지 않은 자는 보호되지 않으므로 제권판결취득자가 어음상 권리를 행사할 수 있다고 본다.

② **'선의취득자 우선설'**은 제권판결은 형식적 자격을 회복시키는 것에 그치고 실질적 권리자를 결정하는 것이 아니고, 공시최고는 충분한 공시효과가 없으므로 선의취득자가 어음상 권리를 행사할 수 있다고 본다.

3) 판례

判例는 제권판결취득자가 우선한다는 견해를 취하고 있다.

약속어음 제권판결의 효력은 판결 이후에 있어서 어음을 무효로 하고 공시최고 신청인에게 어음을 소지함과 동일한 지위를 회복시키는 것에 그치고, 공시최고 신청인이 실질상 권리자임을 확정하는 것은 아니나, (변호 20) 취득자가 소지하고 있는 약속어음은 제권판결의 소극적 효과로서 약속어음으로서의 효력이 상실되므로 소지인은 무효로 된 어음을 유효한 어음이라고 주장하여 어음금청구를 할 수 없다.(대판 1993.11.9. 93다32934)

(3) 증권의 재발행

어음을 상실하여 제권판결을 받은 자가 어음의 발행인에게 그 재발행을 청구할 수 있는지에 대하여 어음의 경우 주권과 같은 상법상 규정(상법 제360조 제2항)이 없고 어음 없이도 제권판결로써 그 지급을 청구 할 수 있기 때문에 어음의 재발행은 인정되지 않는다고 본다.

(4) 백지어음에 대한 제권판결과 백지보충권의 행사

1) 문제점

학설은 백지어음을 상실한 경우에도 공시최고에 의한 제권판결이 가능하다고 본다. 이와 관련하여 백지어음에 대한 제권판결이 선고된 경우 백지보충권을 어떻게 행사할 것인지 문제된다.

2) 학설

학설은 ① 제권판결취득자가 어음 외의 의사표시에 의해 백지를 보충할 수 있다는 견해, ② 제권판결에 백지보충의 의사를 기재한 서면을 첨부하는 방식으로 보충할 수 있다는 견해, ③ 제권판결취득자가 발행인에게 백지어음의 재발행을 청구할 수 있다는 견해가 존재한다.

3) 판례

判例는 "백지어음의 제권판결을 받은 자는 **발행인에 대하여 백지 부분에 대하여 어음 외의 의사표시에 의하여 보충권을 행사하고** 그 **어음금의 지급을 구할 수 있다**"고 본다.

제권판결 제도는 증권 또는 증서를 상실한 자에게 이를 소지하고 있는 것과 같은 형식적 자격을 부여하여 그 권리를 실현할 수 있도록 하려는 것인 점, 백지어음의 발행인은 백지보충을 조건으로 하는 어음금지급채무를 부담하게 되고, 백지에 대한 보충권과 백지보충을 조건으로 한 어음상의 권리는 백지어음의 양도와 더불어 양수인에게 이전되어 그 소지인은 언제라도 백지를 보충하여 어음상의 권리를 행사할 수 있으므로 백지어음은 어음거래상 완성어음과 같은 경제적 가치를 가지면서 유통되고 있는 점을 함께 고려하여 보면, **백지어음에 대한 제권판결을 받은 자는 발행인에 대하여 백지보충권과 백지보충을 조건으로 한 어음상 권리까지를 모두 민사소송법 제468조에 규정된 '증서에 의한 권리'로서 주장할 수 있다**고 봄이 상당하고, 따라서 **백지어음의 제권판결을 받은 자는** 발행인에 대하여 백지 부분에 대하여 **어음 외의 의사표시에 의하여 보충권을 행사하고 그 어음금의 지급을 구할 수 있다**.(대판 1990.4.27. 89다카16215)(변호 25)

Ⅲ. 어음상 권리의 소멸

1. 일반적 소멸원인

어음상의 권리도 채권이므로 원칙적으로 민법상 채권의 일반적 소멸원인에 의하여 소멸한다. 다만 어음에는 환배서가 인정되므로 민법상 혼동에 의해서는 어음상 권리가 소멸되지 않는다. 어음은 상환증권이므로 어음채권을 자동채권으로 하여 재판 외에서 상계하는 경우에는 어음의 교부가 없으면 상계의 효력이 생기지 않는다. 어음채권을 수동채권으로 하거나 재판상의 상계의 경우에는 당사자 사이에서는 어음상 권리가 소멸하나, 어음이 다시 유통되는 경우에는 인적항변사유에 해당된다.

어음채권을 자동채권으로 하여 상계의 의사표시를 하는 경우에 있어 **재판외의 상계의 경우에는 어음채무자의 승낙이 없는 이상 어음의 교부가 필요불가결**하고 어음의 교부가 없으면 상계의 효력이 생기지 아니한다 할 것이지만, **재판상의 상계의 경우에는 어음을 서증으로써 법정에 제출하여 상대방에게 제시되게 함으로써 충분하다**.(대판 1991.4.9. 91다2892)

2. 어음소멸시효

(1) 주채무자에 대한 청구권의 소멸시효

환어음의 인수인, 약속어음의 발행인과 같은 주채무자에 대한 청구권의 소멸시효는 만기일로부터 3년이다.(변호 20) 만기가 공휴일이면 그 다음 첫 거래일이 지급할 날이 되지만, 소멸시효는 지급할 날이 아니라 만기일로부터 기산한다(어음법 제70조 제1항). 장래 발생할 채권의 담보용으로 발행된 어음의 경우에는 피담보채무가 발생한 시점을 소멸시효의 기산점으로 한다.

발행인에 대한 약속어음상의 청구권의 소멸시효는 만기의 날로부터 진행하는 것이 원칙이나, 그 약속어음이 수취인 겸 소지인의 발행인에 대한 장래 발생할 구상채권을 담보하기 위하여 발행된 것이라면, 소지인은 발행인에 대하여 구상채권이 발생하지 않은 기간 중에는 약속어음상의 청구권을 행사할 수 없고, 구상채권이 현실로 발생한 때에 비로소 이를 행사할 수 있게 되는 것이므로, 그 약속어음의 소지인의 발행인에 대한 약속어음상의 청구권의 소멸시효는 위 구상채권이 현실적으로 발생하여 그 약속어음상의 청구권을 행사하는 것이 법률적으로 가능하게 된 때부터 진행된다고 봄이 상당하고 이러한 결과가 민법 제184조 제2항의 규정에 반하여 소멸시효를 가중하는 것이라고 할 수는 없다.(대판 2004.12.10. 2003다33769)

(2) 상환청구권의 소멸시효

상환청구권은 거절증서작성일 또는 그 작성이 면제된 경우 만기일로부터 1년이다(어음법 제70조 제2항). 만기 전 상환청구도 같다. 재상환청구권은 어음환수일 또는 제소된 날로부터 6개월이다(어음법 제70조 제3항).(변호 15, 모의 21)

어음법은 환어음의 경우 만기 전 소구와 만기 후 소구에 관한 규정을 모두 두고 있고, 환어음 소지인의 배서인, 발행인에 대한 청구권의 소멸시효에 관한 어음법 제70조 제2항은 만기 후 소구권의 행사의 경우에만 위 조항을 적용한다고는 규정하고 있지 않으므로 위 규정은 환어음의 만기 전 소구권 행사에도 당연히 적용된다고 보아야 하고, 어음법상 약속어음에 관하여는 환어음과 같은 만기 전 소구에 관한 규정을 두고 있지 않으나 약속어음에 있어서도 발행인의 파산이나 지급정지 기타 그 자력을 불확실하게 하는 사유로 말미암아 만기에 지급거절이 될 것이 예상되는 경우에는 만기 전의 소구가 가능하다고 할 것이므로 만기 전의 소구가 가능한 약속어음의 경우에도 만기 전 · 후의 소구권 행사 여부를 불문하고 소멸시효에 관해 모두 어음법 제77조 제1항 제8호에 의하여 준용되는 같은 법 제70조 제2항이 적용된다고 해석해야 한다.(대판 2003.3.14. 2002다62555)

(3) 보증인 또는 무권대리인에 대한 권리의 소멸시효

보증인 또는 무권대리인에 대한 권리의 시효기간은 각 주채무자, 상환의무자, 재상환의무자에 대한 시효기간과 동일하다.

(4) 소멸시효의 중단

1) 소멸시효 중단사유

어음상 권리의 소멸시효는 민법 제168조 이하의 중단사유인 청구, 압류 · 가압류 · 가처분, 승인에 의하여 중단된다. 압류 · 가압류 · 가처분과 승인의 경우 시효중단에 어음의 제시를 요하지 않는다.

청구의 경우, 학설은 채권자가 권리 위에 잠자고 있지 않음을 표시하는 것으로 충분하므로 어음의 제시는 필요하지 않다고 본다.

判例는 백지어음을 보충하지 않고 어음금을 청구하더라도 어음상 청구권에 관한 소멸시효가 중단된다고 본다.

2) 소송고지에 의한 소멸시효 중단

① 의의

배서인의 다른 배서인과 발행인에 대한 환어음상과 약속어음상의 청구권의 소멸시효는 그 자가 제소된 경우에는 전자에 대한 소송고지를 함으로 인하여 중단한다(어음법 제80조). 위 규정은 배서인이 소지인으로부터 상환청구소송을 제기당하는 경우 이러한 소송기간 동안 배서인의 전자에 대한 소멸시효기간이 완성되는 것을 방지하기 위한 것이다.

이와 관련하여 환어음의 인수인과 약속어음의 발행인과 같은 주채무자에 대한 청구권의 소멸시효도 소송고지에 의하여 중단되는지 문제된다.

② 학설

㉠ '부정설'은 어음법의 규정이 주채무자를 포함하지 않고 있고 주채무자에 대한 소멸시효는 3년이므로 소송고지의 시효중단 효력이 인정되지 않는다고 본다.

㉡ '긍정설'은 주채무자에 대한 경우에도 소송고지에 의한 시효중단 효력을 인정할 필요성이 동일하게 존재한다는 이유로 소송고지의 시효중단 효력이 인정된다고 본다.

3) 소멸시효 중단의 범위

어음상의 채무는 서로 독립하여 존재하기 때문에 시효중단은 그 중단사유가 생긴 자에 대해서만 효력을 발생한다(어음법 제71조). 공동발행인 중 1인에 대하여 생긴 시효중단은 다른 발행인에게는 영향이 없고, 주채무자에 대한 시효중단은 다른 상환의무자에게는 영향이 없다.

(5) 소멸시효 완성의 효과

어음상의 채무는 서로 독립하여 존재하므로, 소멸시효 완성의 효과도 각 채무자에게 독립적으로 발생한다. 보증채무는 부종성에 따라 피보증채무가 시효로 소멸하는 경우 함께 소멸한다.

상환청구권은 주채무가 시효로 소멸하는 경우 함께 소멸한다.

Ⅳ. 이득상환청구권

1. 의의

이득상환청구권이란 어음소지인의 어음상 권리가 절차의 흠결 또는 소멸시효 완성으로 소멸한 경우 소지인이 발행인, 인수인 또는 배서인에 대하여 그가 받은 이익의 한도 내에서 상환을 청구하는 권리를 말한다(어음법 제79조).(모의 13, 14, 16) 이득상환청구권은 어음상 권리가 소멸한 경우에 어음법에 따라 인정되는 권리이므로 어음상 권리가 아니라 어음법상의 권리이다.

2. 법적성질

이득상환청구권의 법적 성질에 대하여, ① '잔존물설'은 어음상 권리의 잔존물 또는 변형물로 보고, ② '지명채권설'은 형평의 관점에서 법이 특별히 인정한 청구권으로서 민법상 지명채권의 하나라고 보고 있다. 判例는 "이득상환청구권은 지명채권양도의 방법에 의해 양도할 수 있고 약속어음상 권리가 소멸된 이후 배서양도만으로는 양도의 효력이 없다"고 판시하여(대판 1970.3.10. 69다1370), 지명채권설을 취하고 있다.

3. 발생요건

(1) 어음상 권리자

완전한 어음상 권리를 가지고 있던 어음 소지인의 어음상 권리가 소멸해야 한다. 백지어음을 보충하지 않은 상태에서 어음상 권리가 소멸된 어음소지인은 이득상환청구권을 취득할 수 없다.(모의 13, 14, 16)

수표의 지급제시기간 경과 후에 수표를 취득한 자는 수표상의 권리가 소멸한 당시의 정당한 소지인이 아니므로 이득상환청구권을 행사할 수 없다.(대판 1983.9.27. 83다429)

소지인이 정당한 권리자인 이상 어음상 권리의 취득사유는 문제되지 않는다.

따라서 상속, 합병, 상환의무 이행 후 어음의 환수, 어음상 권리의 선의취득으로 어음상 권리를 취득한 자도 이득상환청구권을 취득할 수 있다. 배서가 연속되지 않거나 기한후배서에 의한 경우에도 어음상 권리를 행사할 수 있는 경우 이득상환청구권을 행사할 수 있다.(모의 16)

(2) 어음상 권리의 소멸사유

어음상 권리가 ① 보전절차 흠결 또는 ② 소멸시효의 완성으로 소멸한 경우에만 인정된다.(모의 16)

위 2가지 경우 이외에 제3자의 선의취득, 어음행위의 무효, 취소, 채무면제 등의 사유로 어음소지인이 권리를 잃은 경우에는 이득상환청구권이 인정되지 않는다.

(3) 다른 구제수단의 부존재

1) 문제점

소지인에게 다른 구제수단이 있는 경우에는 이득상환청구권이 인정되지 않는다. 어떠한 경우에 소지인에게 다른 구제수단이 없는 것으로 볼 것인지 문제된다.

2) 학설

① 이득상환청구의 상대방에 대한 어음상 권리만 소멸하면 된다고 보는 견해, ② 모든 어음채무자에 대한 어음상 권리가 소멸하면 원인관계에 대한 민법상 구제수단이 존재하더라도 인정된다고 보는 견해, ③ 모든 어음상 권리가 소멸하고 원인관계에 대한 민법상 구제수단까지 소멸해야 한다고 보는 견해가 존재한다.

3) 판례

어음법에 의한 이득상환청구권이 발생하기 위하여는 모든 어음상 또는 민법상의 채무자에 대하여 각 권리가 소멸되어야 하는 것인바, 원인관계에 있는 채권의 지급을 확보하기 위하여 발행된 약속어음이 전전 양도되어 최후의 소지인이 어음상의 권리를 상실한 경우라도 **원인채무는 그대로 존속하는 것이므로 발행인이 바로 어음금액 상당의 이득을 얻고 있다고는 할 수 없다.**(대판 1970.3.10. 69다1370)

원인관계에 있는 채권의 지급을 담보하기 위해 어음이 발행된 경우 그 **어음상의 권리가 소멸한 후에 원인관계에 있는 채권이 소멸되었다면 이득상환청구권이 생길 수 없다.**(대판 1963.5.15. 63다155)(변호 17, 모의 16)

(4) 어음채무자의 이득

어음채무자가 이득을 얻어야 한다. 이득이란 어음상의 채무를 면하는 것이 아니라 실질관계에서 채무자가 현실로 받은 이익을 말한다.

예를 들어 약속어음의 발행인이 소멸시효의 완성으로 지급을 면하는 경우 약속어음의 발행인은 약속어음 발행 당시 수취인과의 원인관계에서 취득한 급부의 이득을 얻게 된다. 한편 소지인이 이득상환의무자에게 가지는 원인채권이 어음상 권리보다 먼저 시효로 소멸한 경우에는 그 후에 어음상의 권리가 소멸하더라도 채무자가 그로 인하여 이득을 얻은 것은 아니므로 이득상환청구권은 발생하지 않는다. 判例도 동일하다.

결국 判例에 의하면 어음이 지급을 위해서 교부되어 원인채권과 함께 존재하는 경우에는 이득상환청구권이 발생하지 않게 된다. 어음상 권리의 소멸 당시 원인채권이 존재하는 경우에는 구제수단의 부존재라는 요건이 인정되지 않고, 원인채권이 먼저 소멸하는 경우에는 채무자의 이득이라는 요건이 인정되지 않기 때문이다.

어음법 제79조에서 말하는 "받은 이익"이라는 것은 어음채무자가 어음상의 권리의 소멸에 의하여 어음상의 채무를 면하는 것 자체를 말하는 것이 아니라 어음수수의 원인관계 등 실질관계(기본관계)에 있어서 현실로 받은 재산상의 이익을 말하는 것이다. (대판 1993.7.13. 93다10897)(모의 13, 14, 20)

원인채권의 지급을 확보하기 위해 어음이 발행된 경우 어음채권이 시효로 소멸하더라도 이득상환청구권이 발생하지 않는 것이고 이러한 이치는 어음채권이 시효소멸하기 전에 먼저 원인관계에 있는 채권이 시효 등 별개의 원인으로 소멸했더라도 마찬가지이다. (대판 1992.3.31. 91다40443)(변호 21, 모의 13, 14, 16)

4. 이득상환청구권의 행사

(1) 어음의 소지

이득상환청구권의 행사를 위해서 어음의 소지가 필요한가와 관련하여 지명채권설은 이득상환청구권 행사에 어음의 소지가 요구되지 않는다고 본다.

(2) 입증책임

지명채권설에 의하면 입증책임의 일반 원칙에 따라 이득상환청구권을 행사하는 자가 이득상환청구권의 제반 요건을 입증해야 한다.

어음채무자에게 어음법 제79조 소정의 **받은 이익이 있음과 그 한도**에 관하여는 어음소지인인 **이득상환청구자가 이를 주장 입증**하여야 한다. (대판 1994.2.25. 93다50147)(모의 13)

(3) 채무자의 항변

이득상환의무자는 소지인에 대하여 종래 대항할 수 있었던 모든 항변사유를 가지고 이득상환청구에 대항할 수 있다고 본다. 지명채권설의 입장에서도 채무자가 어음상의 권리가 소멸되었음에도 불구하고 종전보다 불리한 지위에 선다는 것은 형평에 어긋난다는 이유로 동일하게 보고 있다.

이득상환청구권자가 이득상환청구권을 제3자에게 양도한 경우 이득상환의무자가 양도인에게 대항할 수 있었던 사유로 양수인이 제3자에게 대항할 수 있는지에 대하여 지명채권설은 지명채권양도의 법리에 따라 이득상환의무자는 양도의 통지를 받기까지 양도인에게 대항할 수 있었던 사유로 양수인에게 대항할 수 있다고 본다.

5. 소멸시효

지명채권설에 의하면 이득상환청구권에는 민법상 일반채권과 같이 10년의 소멸시효가 적용된다.

6. 이득상환청구권의 양도

이득상환청구권이 발생한 후 이를 양도하는 것은 가능하다. 지명채권설은 이득상환청구권의 양도는 지명채권 양도방법에 의한다고 본다. 따라서 어음의 교부가 요구되지 않는다.

나아가 이득상환청구권 발생 후 어음을 배서하여 교부하였더라도 이득상환청구권 양도의 효력은 없다. 이득상환청구권의 선의취득도 인정되지 않는다.(모의 13, 14, 16)

이득상환청구권은 지명채권양도의 방법에 의하여 양도할 수 있고 약속어음상의 권리가 소멸된 이후 배**서양도만으로서는 양도의 효력이 없다.**(대판 1992.3.31. 91다40443)(모의 13, 14, 16)

정당한 수표소지인이 수표를 양도한 것이 아니라, **수표상의 권리가 소멸할 당시의 정당한 소지인이 누구인지를 확인할 자료가 없는 수표를 제시기간 경과 후에 양수한 자는 지명채권양도의 절차를 거치지 않은 한 이득상환청구권을 양도받았음을 발행인에게 주장할 수 없다.**(대판 1983.3.8. 83다40)

제6장 수 표

Ⅰ. 수표의 의의

1. 수표의 개념

수표는 발행인이 일정한 금액을 수취인에게 지급할 것을 지급인인 은행에 위탁하는 유가증권을 말한다. 수표는 환어음과 같이 지급위탁증권이나, 지급인이 은행으로 한정된다는 점에서 환어음과 다르다(수표법 제3조).

2. 수표의 지급기능

어음은 만기까지의 신용기능을 중요한 기능으로 하고, 수표는 지급기능을 중요한 기능으로 한다. 수표법은 수표를 어음처럼 신용증권화하는 것을 방지하기 위한 규정을 두고 있다.

① 수표는 발행인의 계좌에 자금이 있는 경우에만 발행할 수 있다(수표법 제3조). ② 수표는 어음과 달리 만기가 없고 일람출급으로 발행된다. 즉 수표는 발행 즉시 수취인이 은행에서 현금으로 바꿀 수 있다. ③ 수표는 인수제도가 없으므로 환어음의 인수인과 같은 주채무자가 존재하지 않는다.(변호 15) 수표의 지급인은 인수를 하지 못하고, 수표에 적은 인수의 문구는 적지 않은 것으로 본다(수표법 제4조). 수표의 인수를 허용하는 경우 지급인이 주채무를 부담하게 되어 수표가 신용증권화 될 수 있기 때문이다. ④ 수표의 지급인이 한 배서는 효력이 없다(수표법 제15조 제3항). ⑤ 지급인은 수표보증도 할 수 없다(수표법 제25조 제2항). ⑥ 수표에 적은 이자 약정은 적지 않은 것으로 본다(수표법 제7조).

Ⅱ. 수표의 발행

1. 수표발행의 의의

수표의 발행과 관련된 당사자는 발행인, 수취인, 지급인이 존재한다. 수표 지급인은 은행에 제한된다(수표법 제3조). 은행의 지급보증은 수표가 지급제시기간 내에 제시된 경우에 한하여 수표금을 지급할 의무를 부담하는 것으로, 지급제시기간 내의 제시 여부와 상관없이 채무를 부담하는 환어음 인수인의 주채무와 다르다. 수표 발행인은 수표법 제12조에 따라 지급을 담보하는 법정담보책임을 진다. 수표의 발행인은 인수담보책임은 지지 않는다.

2. 수표요건

(1) 의의

수표는 만기가 없고 언제나 일람출급이며, 수표에 만기를 기재하더라도 기재하지 않은 것으로 보기 때문에 수표의 만기는 무익적 기재사항이다(수표법 제28조 제1항).(모의 18, 19)

수표는 수취인 없이 소지인출급식으로 발행할 수 있다(수표법 제5조 제1항 제3호).(변호 15)

수표의 수취인은 유익적 기재사항이다.

(2) 개별수표요건

1) 수표문구

증권의 본문 중에 그 증권의 작성에 사용하는 국어로 수표임을 표시하는 문자를 적어야 한다.

일반적으로 "위 금액을 이 수표와 상환하여"라는 식으로 본문에 기재한다. 이를 수표문구라고 한다.

2) 일정금액의 지급약속 또는 지급위탁

수표의 경우 이자의 기재는 원칙적으로 무익적 기재사항으로서, 이자를 기재하더라도 효력이 없다(수표법 제7조).

3) 수취인

수표는 수취인을 기재하지 않고 ① 소지인출급식(수표법 제5조 제1항 제3호), ② 지명소지인출급식(동조 제2항), ③ 무기명식(동조 제3항)으로 발행할 수 있다. 이처럼 수표는 수취인을 기재하지 않고 소지인출급식으로 발행될 수 있다. 수취인이 기재되는 수표는 원칙적으로 배서에 의해 양도되고, 수취인이 기재되지 않은 소지인출급식수표는 단순한 교부에 의하여 양도할 수 있다.

4) 지급인

지급인은 수표의 필수적 기재사항이다. 수표의 지급인은 은행으로 제한된다(수표법 제3조).(모의 22)

수표관계에서 동일인이 발행인, 수취인, 지급인의 여러 자격을 겸병할 수 있다. 수표의 발행인은 발행인 자신을 지급인으로 할 수 있는데, 이를 자기앞수표라고 한다(수표법 제6조 제3항).

수표의 지급인은 은행에 국한되므로 자기앞수표의 발행인은 은행이 된다. 수표는 제3자의 계산으로 발행할 수 있는데, 이를 위탁수표라 한다(수표법 제6조 제2항).

5) 만기

수표는 일람출급으로 한다. 따라서 만기는 무익적 기재사항이다(수표법 제28조 제1항).

국내에서 발행하고 지급할 수표는 발행일로부터 10일이 지급제시기간이다(수표법 제29조 제1항).

10일의 계산에 있어 초일은 산입하지 않는다(수표법 제61조). 발행일이란 수표에 적힌 발행일을 말하는 것이고, 실제로 발행된 날이 아니다(수표법 제29조 제4항).

수표를 지급제시기간 내에 제시하지 않는 경우, 상환청구권을 잃게 되고(수표법 제39조), 이득상환청구권을 취득할 뿐이다. 지급제시기간이 지나면 소지인이 수표금을 청구할 수는 없으나, 지급위탁의 취소가 없는 한 지급인이 임의로 발행인의 계산에서 지급하는 것은 허용된다(수표법 제32조 제2항).

6) 지급지

수표의 지급지는 절대적 수표요건이 아니다. 수표에 지급지가 적혀 있지 않은 경우에는 지급인의 명칭에 부기한 지를 지급지로 보고, 이러한 기재가 없는 경우에는 발행지에서 지급할 것으로 한다(수표법 제2조 제1호, 제2호). 한편 발행지가 적혀 있지 아니한 경우에는 발행인의 명칭에 부기한 지를 발행지로 본다(수표법 제2조 제3호).(모의 17)

7) 발행일

수표 문면에 기재된 발행일이 실제 발행한 날과 일치할 필요가 없으며, 실제 발행한 날이 아니라 수표 문면에 발행일로 기재된 일자를 기준으로 한다.(모의 17, 21, 24) 선일자수표의 경우 수표는 실제 발행일에 사실상 존재하고 있으나 수표의 문면 상으로는 존재하지 않는다.

선일자수표상에 기재된 발행일 전에 지급을 받기 위하여 선일자수표가 제시되는 경우 그 제시된 날에 지급하여야 한다(수표법 제28조 제2항).

수표상 발행일의 기재는 수표요건이므로 그 발행일의 기재가 없으면 요건 흠결의 수표이거나 백지식 수표로 볼 수밖에 없지만, **수표의 표면의 "자기앞수표"라는 표기 바로 옆에 고딕체로 "1989.4.15."이라고 선명하게 기재되어 있는 경우**에는 어음과는 달리 수표상에는 발행일 이외에 다른 날짜가 기재될 수 없는 점에 비추어 위 일자기재를 **수표의 발행일의 기재**로 보아야 할 것이다.(대판 1990.12.21. 90다카29023)

3. 발행일 백지 수표

(1) 문제점

수표의 배서인 등 상환의무자에게 수표상의 권리를 행사하기 위해서는 지급제시기간(수표법 제29조 제1항) 내에 지급제시를 해야 하고, 지급제시를 하기 위해서는 완전한 수표가 필요하기 때문에, 백지수표의 경우 백지보충권은 지급제시기간이 경과하기 전에 보충되어야만 한다.

그런데 수표의 지급제시기간은 발행일을 기준으로 정해지므로, 발행일이 백지인 수표의 경우 백지보충권을 언제까지 행사해야 하는지 문제가 된다.

(2) 학설 및 판례

학설은 발행일 이외의 사항이 백지인 수표의 경우 10일 이내에 그 백지를 보충하여 지급제시하면 6개월간(수표법 제51조 제1항) 상환청구권을 행사할 수 있는데, 발행일이 백지라는 이유로 6개월보다 짧은 기간에 보충권을 소멸시키는 것은 부당하다는 이유로 발행일 백지인 수표의 경우 그 보충권의 행사기간도 6개월로 본다.

백지수표의 보충권 행사에 의하여 생기는 채권은 수표금 채권이고, 수표법 제51조에 의하면 **수표의 발행인에 대한 소구권은 제시기간 경과 후 6개월간 행사하지 아니하면 소멸시효가 완성**되는 점 등을 고려하면 **발행일을 백지로 하여 발행된 수표의 백지보충권의 소멸시효기간은 백지보충권을 행사할 수 있는 때로부터 6개월**로 봄이 상당하다.(대판 2001.10.23. 99다64018)(모의 22)

4. 수표의 지급보증

(1) 지급보증의 개념

수표의 지급보증은 지급인이 지급제시기간 내에 수표가 제시된 경우 수표의 문언에 따라 지급할 것을 약속하는 수표행위를 말한다. 수표는 인수가 금지되고, 지급인의 배서와 보증도 무효이다(수표법 제15조 제3항, 제25조 제2항). 실무상으로는 자기앞수표가 이용되고 있다.

(2) 지급보증의 방식

지급보증은 수표의 앞면에 지급보증의 뜻을 기재하고 일자를 부기하여 기명날인 또는 서명을 하는 방식으로 한다(수표법 제53조 제2항). 지급보증은 무조건이어야 한다(수표법 제54조 제1항). 수표의 기재사항을 변경하는 것은 이를 기재하지 않은 것으로 본다(수표법 제54조 제2항).

수표의 뒷면에 한 지급보증은 무효이다. 백지식 지급보증은 인정되지 않으므로 지급인이 단순히 수표의 앞면에 기명날인 또는 서명을 한 경우 지급보증으로 인정되지 않는다. 일자 기재가 없는 지급보증은 무효이다. 수표금액 일부에 대해서 지급보증을 하는 경우 전액에 대한 지급보증에 해당한다.

(3) 지급보증의 효력

지급보증인은 수표금의 1차 지급의무를 진다. 다만 지급보증인의 의무는 환어음 인수인과 달리 제시기간 경과 전에 지급제시가 있을 것을 조건으로 한다.(모의 22) 소지인이 제시기간 경과 후에 지급보증인에게 책임을 물으려면 거절증서 등으로 적법한 제시를 증명해야 한다(수표법 제55조 제2항).

(4) 지급보증과 인수의 비교

① 환어음의 인수에는 약식인수가 인정되나 수표의 지급보증에는 약식지급보증이 인정되지 않는다.

② 환어음의 인수인은 주채무자이나 수표의 지급보증인은 주채무자가 아니다.

③ 환어음의 지급인이 인수를 거절하는 경우 상환청구사유가 되나, 수표의 지급보증인이 지급보증을 거절하더라도 상환청구사유가 되지 않는다.

④ 인수인에 대한 권리의 소멸시효기간은 3년이나 지급보증인에 대한 권리의 소멸시효는 1년이다.

Ⅲ. 수표상 권리의 양도

1. 수표상 권리

수표상 권리는 지급보증인에 대한 수표금지급청구권과 상환청구권이 존재한다.

수표에는 만기가 존재하지 않으므로 만기전 상환청구도 존재하지 않는다. 수표에는 지급제시기간 내에 지급제시를 하였으나 지급이 거절된 경우의 상환청구권만 존재한다.

수표는 ① 수표에 제시된 날을 적고 날짜를 부기한 지급인의 선언 또는 ② 적법한 시기에 수표를 제시하였으나 지급받지 못하였음을 증명하고 날짜를 부기한 어음교환소의 선언으로 지급거절의 사실을 증명할 수 있다(수표법 제39조). 수표의 지급제시기간은 발행일로부터 10일 이내이다. 위 발행일은 실제의 발행일이 아니라 수표에 기재된 발행일을 기준으로 하고 그 익일부터 기산한다.

2. 수표상 권리의 양도

(1) 배서

기명식 또는 지시식 수표는 배서에 의하여 양도할 수 있다(수표법 제14조). 배서에는 조건을 붙여서는 아니 된다. 배서에 붙인 조건은 적지 아니한 것으로 본다(수표법 제15조 제1항).

일부의 배서는 무효로 한다(수표법 제15조 제2항). 지급인의 배서도 무효로 한다(수표법 제15조 제3항). 소지인출급식의 배서는 백지식배서와 동일한 효력이 있다(수표법 제15조 제4항). 지급인에 대한 배서는 영수증의 효력만 있다(수표법 제15조 제5항).

(2) 교부

소지인출급식으로 발행된 수표는 단순히 교부만으로 양도된다. 소지인출급식 수표를 교부받아 점유하는 자는 적법한 소지인으로 추정된다. 다만, 교부에는 담보적 효력이 인정되지 않으므로 수표의 양도인이 담보책임을 지지는 않는다. 소지인출급의 수표에 배서한 자는 상환청구 규정에 따라 책임을 진다(수표법 제20조). 그러나 이로 인하여 그 수표가 지시식 수표로 변하지 아니한다(수표법 제20조). 즉 소지인출급식 수표에 배서가 되더라도 여전히 교부에 의하여 수표상의 권리가 양도된다.

Ⅳ. 수표의 지급

1. 지급위탁의 취소

수표의 발행인은 지급인에 대한 지급위탁을 취소할 수 있다. 다만 지급위탁의 취소는 제시기간이 지난 후에만 그 효력이 생긴다(수표법 제32조 제1항).(모의 18)

지급위탁의 취소가 없으면 지급인은 제시기간 후에도 지급을 할 수 있다(동조 제2항).(모의 19)

2. 지급제시

(1) 의의

수표의 소지인이 지급을 청구하기 위해서 지급인 등에게 수표를 제시하는 것을 지급제시라고 한다. 지급제시를 할 수 있는 자는 수표의 소지인이다. 지급제시의 상대방은 수표의 지급인 또는 지급보증인이다. 일반적으로 지급제시는 채무의 이행을 청구하는 것이지만, 수표의 지급인은 인수를 하지 않았기 때문에 단순히 지급할 것인지를 묻는 의미 밖에는 없다.

(2) 지급제시기간 및 장소

수표의 지급제시기간은 발행일로부터 10일이다(수표법 제29조 제1항).(모의 21) 발행일이란 수표가 실제로 발행된 날이 아니라 수표에 발행일이라고 기재된 날을 의미한다(수표법 제29조 제4항).(모의 24)

수표는 주채무자가 없으므로 지급제시기간이 경과하게 되면 상환청구권을 보전하지 못하게 되고, 결국 수표상의 권리가 소멸하는 결과가 된다. 지급보증인 또한 제시기간이 지나기 전에 수표가 제시된 경우에만 지급할 의무를 부담하므로(수표법 제55조 제1항), 지급제시기간 내에 지급제시를 하지 못하면 소지인의 권리가 소멸된다.

어음교환소에서 한 수표의 제시는 지급을 받기 위한 제시로서의 효력이 있다(수표법 제31조 제1항). 소지인이 자신의 거래은행에 수표를 입금하면, 그 거래은행이 어음교환소에서 지급장소로 지정된 은행으로부터 수표금을 추심하는 경우에 관한 규정이다.

(3) 지급제시기간 내에 제시하지 않은 경우의 효과

수표를 지급제시기간 내에 제시하지 않으면 소지인은 상환의무자에 대한 상환청구권을 상실한다(수표법 제39조). 수표는 주채무자가 없고, 수표법 제55조 제1항에 따라 지급보증인에 대한 권리도 소멸하기 때문에, 결국 수표상의 권리가 모두 소멸하는 결과가 된다.

다만 지급위탁의 취소가 없는 한 지급인이 발행인의 계산으로 지급할 수 있다(수표법 제32조 제2항). 따라서 지급제시기간 경과 후에도 선의지급이 인정된다.

(4) 지급인의 조사의무

수표법 제35조 제1항은 어음법 제40조 제3항과 달리 사기 또는 중과실에 관하여 규정하지 않고 있으나, 학설은 일반적으로 이를 입법상의 착오로 보아, 어음법과 마찬가지로 해석해야 한다고 본다.

V. 특수한 수표

1. 선일자수표 [모의 21]

선일자수표란 수표의 발행일자를 실제 발행일보다 나중의 날짜로 기재한 수표를 말한다.

선일자수표의 경우 수표가 실제로 발행된 날과 수표에 기재된 발행일 사이의 기간 동안 지급제시기간이 연장되는 효과가 있다.

선일자수표에 기재된 발행일 전에 지급을 받기 위하여 제시된 수표는 그 제시된 날에 이를 지급하여야 한다(수표법 제28조 제2항).(변호 15, 모의 18, 24)**[모의 21]** 이 경우 수표의 지급이 거절되면 소지인은 바로 상환청구를 할 수 있다.

수표소지인이 선일자 수표의 추심을 위임하면서 발행일자 이전의 지급제시를 금하는 외에 별다른 조건을 붙이지 않았다면 그 위임을 받은 은행으로서는 그 수표의 **지급제시기간 내에 지급을 위한 제시를** 한 이상 수임인으로서 **위임의 본지에 따라 위임사무를 처리한 것이**다.(대판 1985.5.28. 84다카2451)**[모의 21]**

2. 횡선수표

(1) 의의

횡선수표란 수표의 표면에 두 줄의 평행선을 그은 수표로서 수표의 지급 또는 취득에 일정한 제한이 가해진 수표를 말한다(수표법 제37조, 제38조). 수표의 분실이나 도난의 경우 부정한 소지인이 지급을 받을 위험을 방지하기 위해 수표의 지급과 취득에 일정한 제한을 가하는 제도이다.

(2) 일반횡선수표와 특정횡선수표

일반횡선수표는 두 줄의 평행선만 있거나 평행선 안에 단순히 "은행"이라고만 적은 수표를 말하고 특정횡선수표는 평행선 안에 특정한 은행의 명칭을 기재한 수표를 말한다. 수표를 일반횡선수표로 하는 것과 일반횡선수표를 특정횡선수표로 하는 것은 가능하나 그 반대는 허용되지 않는다(수표법 제37조 제4항, 제5항).(모의 21) 즉 횡선 또는 지정된 은행의 명칭의 말소는 하지 않은 것으로 본다.

(3) 효력

1) 지급의 제한

일반횡선수표의 지급인은 은행 또는 자신의 거래처에 대해서만 지급한다(수표법 제38조 제1항).(변호 15, 모의 21)

거래관계가 있고 지급은행이 거래관계를 통해서 신원을 확인할 수 있는 자를 의미한다.

특정횡선수표의 지급인은 횡선 속에 지정된 은행에 대해서만 지급할 수 있고 지정된 은행이 지급인인 경우 자신의 거래처에 한하여 지급할 수 있다(수표법 제38조 제2항).(모의 21, 24)

2) 지급제한 위반의 효과

위와 같은 제한에 위반한 지급인이나 은행은 이로 인하여 생긴 손해에 대하여 수표금액의 한도 내에서 배상할 책임을 진다(수표법 제38조 제5항).(모의 24) 이러한 책임은 수표 거래의 안전을 위한 법정책임이다. 민법상 손해배상책임을 배제하지 않으며, 손해가 수표금액을 초과하는 경우 이를 입증하여 민법상 손해배상을 청구할 수 있다.

3. 자기앞수표

(1) 자기앞수표의 의의

발행인이 자신을 지급인으로 하여 발행하는 수표를 자기앞수표라 한다(수표법 제6조 제3항).

자기앞수표를 발행한 은행은 발행인과 지급인의 지위를 겸한다. 은행이 지급인의 지위에서 지급을 거절하더라도 다시 발행인으로서 상환의무를 부담하므로 결과적으로는 지급의무를 지게 된다.(모의 24)

예금의 출급으로서 은행이 자기를 지급인으로 하여 소지인출급식 수표를 발행한 경우에는 동일인이 발행인과 지급인의 두 자격을 겸하게 되며, **지급인의 자격으로서는 단순히 지급위탁을 받은 것이고** 수표상의 채무를 부담하는 것은 아니므로 **언제든지 지급청구에 응할 의무가 있는 것이라고는 할 수 없으나, 발행인의 자격으로서는 소지인이 소구권을 행사할 수 있는 요건을 구비하여 상환청구를 한 때에는 언제든지 이에 응할 의무가** 있다.(대판 1987.5.26. 86다카1559)(모의 24)

(2) 자기앞수표의 이득상환청구권

1) 발생요건

자기앞수표의 경우에는 이득상환청구권의 발생요건 중 권리소멸 요건 이외의 다른 요건은 대부분 추정된다. 권리소멸 요건은 10일의 지급제시기간의 경과로 입증될 수 있다.(모의 16)

구제수단의 부존재가 추정되고, 금전채무의 이행으로 자기앞수표가 교부된 경우에는 지급에 갈음하여 교부된 것으로 추정된다. 발행은행은 수표금 상당액의 이득을 보유하고 있는 것으로 추정되어 채무자의 이익 또한 추정된다.

2) 자기앞수표 교부의 효력

지급제시기간이 지난 자기앞수표를 양도하는 경우 수표 교부에 의하여 이득상환청구권을 양도함과 동시에 상환의무자인 발행은행에 대하여 채권양도통지를 할 권능을 함께 이전하는 합의가 있는 것으로 본다.(모의 24) 결과적으로 지급제시기간 이후 이득상환청구권은 수표의 교부에 의하여 양도되게 된다.

① 금융기관 발행의 자기앞수표 소지인이 **제시기간을 도과하여 수표상 권리가 소멸한 수표를 양도하는** 행위는 수표금액의 지급, 수령권한과 특별한 사정이 없는 한 **수표상의 권리의 소멸로 인하여 소지인에게 발생한 이득상환청구권까지도 이를 양도하는 동시에** 그에 수반하여 이득을 한 **발행은행에 대하여 그 소지인을 대신하여 양도에 관한 통지를 할 수 있는 권능을 부여하는** 것으로 보아야 한다.(대판 1981.3.10. 81다220)

② **수표법에 따른 이득상환청구권은** 법률 규정에 의해 수표의 효력 소멸 당시 정당한 소지인에게 부여된 **지명채권**에 속하고, 이는 자기앞수표의 경우에도 마찬가지이다. **지급제시기간이 경과한 자기앞수표**는 이득상환청구권이 화체된 유가증권이 아니라 **증거증권**의 의미를 갖는다. 그러므로 **자기앞수표를 소지하지 않은 상태에서 이득상환청구권을 행사하는 사람은 다른 증거에 의하여 이득상환청구권자임을 증명하여 이득상환청구권을 행사할** 수 있다. **자기앞수표의 정당한 소지인이 지급제시기간을 경과하여 수표상 권리가 소멸된 자기앞수표를 교부하는** 경우, **이득상환청구권을 양도함과 동시에 그 양도에 관한 통지를 할 수 있는 권능을 부여하는 것**으로 볼 수 있다. 자기앞수표의 이득상환청구권 역시 일반 지명채권과 마찬가지로 **양도통지 또는 채무자의 승낙이 확정일자 있는 증서에 의하여 이루어지지 않는** 이상, 위 채권에 대한 **압류채권자 등 양수인의 지위와 양립할 수 없는 법률상 지위를 취득한 사람에게 대항할 수 없다.**(대판 2023.11.30. 2019다203286)(모의 24)

3) 자기앞수표의 선의취득과 이득상환청구권의 취득

① 소지인의 정당한 취득 추정

소지인이 제시기간 경과 후에 자기앞수표를 취득한 경우에도 정당하게 취득한 것으로 추정되므로, 자기앞수표가 소지인의 주장과 달리 유통되었다는 점은 채무자인 발행은행이 입증책임을 진다.

② 지급제시기간 종료 시점에 선의취득자가 존재하는 경우

지급제시기간 경과 전에 자기앞수표를 상실하고 제3자가 이를 선의취득 한 경우 지급제시기간 경과 당시 수표를 소지한 선의취득자가 정당한 소지인이 된다.

따라서 제시기간 이후 선의취득자로부터 수표를 양수한 자는 이득상환청구권 및 그 양도통지의 권한을 양수한 것이 되어 발행은행에 수표금 상당액을 청구할 수 있다. 지급제시기간 전에 정당한 소지인이 있었다는 점에 대한 입증책임은 이득상환청구자에게 있다.

③ 지급제시기간 종료 시점에 선의취득자가 부존재하는 경우

지급제시기간 종료 시점에 선의취득자가 없는 경우에는 이득상환청구권자가 존재하지 않는 결과가 된다. 그 이후 제3자가 선의로 수표를 취득하더라도 어떠한 권리도 승계취득하지 못하고, 또한 이득상환청구권은 선의취득이 허용되지 않기 때문에 결국 그 이후에는 이득상환청구권이 유통될 여지가 없다. 자기앞수표를 지급제시기간 경과 후에 분실하였다면, 이득상환청구권의 선의취득은 인정되지 않으므로 그 이후 수표를 취득한 자는 이득상환청구권을 취득할 수 없다.(모의 24)

Ⅵ. 수표 소멸시효

수표소지인의 채무자에 대한 상환청구권은 지급제시기간 경과 후로부터 6개월이다(수표법 제51조 제1항). 지급제시기간 내에 지급제시를 하지 않은 경우에는 6개월과 상관없이 바로 수표상의 권리가 소멸된다. 수표를 상환한 자의 재상환청구권도 수표를 환수한 날 또는 제소된 날로부터 6개월의 시효기간이 적용된다(수표법 제51조 제2항).

수표소지인의 지급인에 대한 수표금지급청구권은 지급제시기간(발행일로부터 10일) 경과일로부터 1년이다. 지급보증인의 시효기간은 1년으로 연장되어 있다(수표법 제58조). 지급제시기간 내에 지급보증인에게 지급제시 자체를 하지 않은 경우에는 바로 수표상의 권리가 소멸한다.

판 례 색 인

[대법원 결정]

대결 1973.11.26. 73마910 569
대결 1975.2.13. 74마595 261
대결 1987.3.6. 87마1 121
대결 1990.11.2. 90마745 247, 291
대결 1994.3.28. 93마1916 128
대결 2000.8.16. 99그1 157
대결 2000.11.17. 2000마5632 249
대결 2001.2.28. 2000마7839 325
대결 2004.12.24. 2003마1575 192, 320
대결 2006.11.24. 2004마1022 170, 225
대결 2007.6.19. 2007마311 244
대결 2007.7.26. 2006마334 7
대결 2009.10.29. 2009마1311 249
대결 2013.9.9. 2013마1273 336
대결 2014.2.19. 2013마2316 327
대결 2014.7.11. 2013마2397 216
대결 2014.7.21. 2013마657 320
대결 2017.7.14. 2016마230 185
대결 2018.12.17. 2016마272 401
대결 2020.6.11. 2020마5263 159
대결 2020.10.20. 2020마6195 319
대결 2021.8.26. 2020마5520 260
대결 2022.4.14. 2016마5394 400
대결 2022.4.19. 2022그501 200
대결 2022.9.7. 2022마5372 201, 266
대결 2022.12.16. 2022그734 201

[대법원 판결]

대판 1959.9.10. 4291민상835 4
대판 1962.11.1. 62다604 526
대판 1963.5.15. 63다155 639
대판 1963.5.30. 63다188 100
대판 1964.4.28. 63다518 248
대판 1964.5.26. 63다967 609
대판 1964.10.31. 63다1168 527
대판 1965.12.7. 65다2069 176
대판 1966.1.25. 65다2128 436
대판 1967.10.25. 66다2362 30
대판 1967.10.31. 67다1102 45
대판 1968.6.25. 68다243 598
대판 1968.12.24. 68다2050 599
대판 1969.3.25. 68다1560 42
대판 1969.3.31. 68다2270 32, 536
대판 1969.7.8. 69다688 214
대판 1970.3.10. 69다1370 638, 639
대판 1970.3.10. 69다2184 622
대판 1970.7.24. 70다965 569, 571
대판 1970.8.31. 70다1357 137, 138
대판 1970.8.31. 70다1360 528, 529, 548
대판 1971.3.9. 70다2895 539, 627
대판 1971.4.20. 71다418 566
대판 1971.4.30. 71다392 219
대판 1971.8.31. 68다1176 580, 610
대판 1972.2.22. 71다2500 91
대판 1973.12.26. 73다1436 527, 531
대판 1974.2.12. 73다1070 37
대판 1974.9.24. 74다902 602
대판 1975.5.27. 74다1366 38
대판 1975.5.27. 75다120 251
대판 1976.2.24. 73다1238 24
대판 1976.3.9. 75다984 568
대판 1976.9.28. 76다955 29
대판 1977.3.8. 76다1292 180
대판 1977.4.12. 76다2766 164
대판 1977.4.12. 76다943 129
대판 1977.4.26. 75다1341 435
대판 1977.9.28. 76다2386 228
대판 1977.12.13. 75다107 95
대판 1977.12.13. 77다1753 525, 538
대판 1978.2.28. 77다2489 526
대판 1978.3.14. 77다2020 581, 582
대판 1978.3.28. 78다4 532
대판 1978.6.13. 78다236 29
대판 1978.9.26. 78다1376 102
대판 1978.12.13. 78다1567 17
대판 1978.12.26. 78누167 35
대판 1979.2.13. 77다2436 36, 274

대판 1979.3.27. 78다2477 527
대판 1979.3.27. 79다19 204, 227
대판 1979.10.31. 79다1234 465
대판 1979.11.13. 79다1453 56
대판 1980.2.12. 78다1164 575, 587
대판 1980.2.12. 79다509 130, 356
대판 1980.3.25. 80다202 542
대판 1980.7.22. 80다828 292
대판 1980.10.27. 79다2267 233
대판 1980.11.25. 80다1109 516
대판 1981.1.27. 79다1618,1619 37
대판 1981.3.10. 81다220 648
대판 1981.7.7. 80다1643 495
대판 1981.7.28. 80다1295 567
대판 1981.7.28. 80다2745,2746 203, 227
대판 1981.9.8. 80다2511 249
대판 1981.9.8. 81다141 167
대판 1981.11.24. 80다2345 542
대판 1982.2.9. 80다2424 249
대판 1982.2.23. 81도2619 87
대판 1982.3.23. 81다540 613
대판 1982.4.13. 81다카353 611
대판 1982.4.27. 81다358 251
대판 1982.9.14. 80다2425 263
대판 1982.9.28. 82다카21 172
대판 1982.10.26. 82다298 635
대판 1982.12.28. 82다카887 30
대판 1983.3.8. 83다40 641
대판 1983.3.22. 81다343 389
대판 1983.3.22. 82다카1810 230, 233, 234
대판 1983.3.22. 82다카1852 31
대판 1983.5.10. 81다650 75
대판 1983.8.23. 83도748 227
대판 1983.9.27. 83다429 639
대판 1983.12.13. 82도735 142
대판 1984.1.17. 83다카1940 476
대판 1984.4.10. 83다카1411 623
대판 1984.5.22. 83다카1585 576
대판 1984.7.10. 84다카424,425 14, 245
대판 1984.11.15. 84다카1227 607
대판 1984.12.11. 84다카1591 293
대판 1985.1.29. 84다카1823,1824 134
대판 1985.2.13. 84다카1832 551
대판 1985.5.28. 84다카2425 630
대판 1985.5.28. 84다카2451 647
대판 1985.5.28. 84다카966 58, 63
대판 1985.6.25. 84다카1954 290, 306
대판 1985.11.12. 84다카2490 312
대판 1985.11.26. 84다카2543 453
대판 1986.3.11. 85다카1600 588, 592
대판 1986.6.25. 84다카1954 58
대판 1986.9.9. 84다카2310 533, 590
대판 1986.10.14. 84다카122 453
대판 1986.11.25. 85다카2578 500
대판 1987.3.24. 85다카2219 28
대판 1987.3.24. 86다카37 542, 543
대판 1987.4.14. 85다카1189 528, 530
대판 1987.4.28. 86다카2630 597
대판 1987.4.28. 86다카553 203, 219, 227
대판 1987.5.26. 86다카1559 647
대판 1987.5.26. 86다카982,983 172
대판 1987.6.23. 86다카2107 94
대판 1987.6.23. 86다카633 64
대판 1987.7.21. 86다카2446 68
대판 1987.9.8. 86다카1349 109
대판 1987.10.13. 85다카1080 88
대판 1987.12.8. 87다카1793,1794 454
대판 1988.1.19. 86다카1954 613
대판 1988.1.19. 87다카1295 28
대판 1988.2.9. 87다카1304 30
대판 1988.3.22. 85누884 248
대판 1988.4.12. 87다카1662 219
대판 1988.4.25. 87누399 263
대판 1988.6.14. 87다카2276 507
대판 1988.8.9. 86다카1858 562, 592, 593
대판 1988.10.25. 86다카2026 618
대판 1988.12.13. 87다카3166 493
대판 1989.1.31. 87누760 310
대판 1989.2.14. 87다카2973 468
대판 1989.2.28. 87다카1356,1357 628
대판 1989.3.14. 88누889 351
대판 1989.3.28. 87다카2152,2153 537
대판 1989.3.28. 88다4645 453, 464
대판 1989.4.25. 87다카1669 492
대판 1989.5.23. 89다카3677 274, 275
대판 1989.7.25. 87다카2316 362
대판 1989.9.12. 87다카2691 250, 251
대판 1989.9.12. 88다카26390 32
대판 1989.9.12. 89누916 134
대판 1989.10.10. 88다카8354 29

대판 1989.10.13. 89도1012 288
대판 1989.10.24. 88다카20774 593, 595, 597
대판 1989.11.28. 88다카33367 455, 470
대판 1989.12.26. 88다카10128 44
대판 1990.2.9. 89다카14165 543
대판 1990.4.13. 89다카1084 613
대판 1990.4.27. 89다카16215 636
대판 1990.5.11. 89다카15199 336
대판 1990.10.26. 90다카9435 633
대판 1990.12.21. 90다카28023 619
대판 1990.12.21. 90다카28498,28504(반소) 69
대판 1990.12.21. 90다카29023 644
대판 1991.1.11. 90다8947 93
대판 1991.4.9. 91다2892 636
대판 1991.5.28. 90다20084 262
대판 1991.5.28. 90다6774 167, 232
대판 1991.6.11. 91다3994 533
대판 1991.8.23. 91다15409 95
대판 1991.9.10. 91다20432 455
대판 1991.10.8. 91다22018,22025 39
대판 1991.11.22. 91다22131 232
대판 1991.11.26. 90다10063 491
대판 1991.12.10. 90다10315 454
대판 1991.12.10. 91다14123 3
대판 1991.12.13. 90다카1158 232
대판 1991.12.24. 90다카28405 625
대판 1991.12.24. 91다4355 251
대판 1991.12.27. 91다1165 469
대판 1991.12.27. 91다4409,4416 36
대판 1992.2.11. 91다21800 99
대판 1992.2.25. 91다14192 625
대판 1992.2.25. 91다30026 92
대판 1992.3.10. 91다28313 575, 576
대판 1992.3.31. 91다40443 640, 641
대판 1992.5.12. 92다5638 250
대판 1992.5.22. 91다36642 463
대판 1992.5.26. 92다84 159
대판 1992.6.23. 91다19500 116
대판 1992.6.23. 91다43848 538
대판 1992.7.10. 92다13301,13318 472
대판 1992.7.10. 92다2431 529
대판 1992.7.28. 91다35816 270
대판 1992.8.14. 91다45141 232
대판 1992.8.18. 91다14369 219, 271, 273
대판 1992.9.14. 91다33087 127, 138
대판 1992.9.14. 92도1564 118
대판 1992.9.22. 91다5365 231, 271
대판 1992.10.27. 91다24724 622
대판 1992.10.27. 92다19033 274, 276
대판 1992.11.27. 92다20408 480
대판 1993.1.12. 91다42777 488
대판 1993.1.12. 91다7828 491
대판 1993.1.26. 92다11008 203
대판 1993.3.9. 92다44329 9
대판 1993.3.12. 92다32906 91
대판 1993.4.9. 92다53583 247, 291
대판 1993.5.27. 92누14908 236, 408, 409
대판 1993.6.11. 93다7174,7181(반소) 6, 68
대판 1993.6.11. 93다8702 117, 204
대판 1993.7.13. 92다39822 477
대판 1993.7.13. 92다40952 193
대판 1993.7.13. 92다49492 23, 24
대판 1993.7.13. 93다10897 640
대판 1993.8.24. 93다4151 537
대판 1993.9.10. 93다21705 6
대판 1993.9.10. 93도698 227
대판 1993.9.14. 93다21569 56
대판 1993.9.24. 93다32118 618
대판 1993.10.12. 92다28235,28242 229
대판 1993.11.9. 93다11203 547
대판 1993.11.9. 93다32934 635
대판 1993.11.23. 93다27765 576
대판 1993.12.10. 93다36974 17
대판 1993.12.28. 93다35254 630
대판 1994.1.28. 93다43590 100
대판 1994.1.28. 93다49703 17
대판 1994.1.28. 93다50215 137
대판 1994.2.25. 93다50147 640
대판 1994.2.25. 93다52082 469
대판 1994.4.12. 93다11807 506
대판 1994.4.12. 94다200 493
대판 1994.4.29. 93다54842 8
대판 1994.5.13. 94다323 126
대판 1994.5.27. 93다21521 533
대판 1994.6.14. 94다6598 565
대판 1994.8.26. 94다5397 594
대판 1994.9.30. 94다20884 18
대판 1994.10.11. 94다24626 295, 527
대판 1994.11.8. 93다21514 538
대판 1994.11.18. 94다23098 577

대판 1994.11.22. 94다19617 456
대판 1994.11.22. 94다20709 551
대판 1994.11.22. 94다30201 552, 614
대판 1994.12.22. 94다24985 532
대판 1995.1.20. 94다50489 560
대판 1995.2.10. 94다55217 618
대판 1995.2.28. 94다34579 215, 360, 362
대판 1995.3.24. 94다47728 190
대판 1995.4.11. 94다33903 262
대판 1995.5.9. 94다40659 542
대판 1995.5.12. 93다44531 112
대판 1995.5.23. 94다36421 174, 353
대판 1995.6.9. 94다33156 603
대판 1995.6.13. 92다19293 90
대판 1995.6.30. 95다10600 581
대판 1995.7.14. 94다10511 475
대판 1995.7.14. 94다20198 40
대판 1995.7.14. 94다38342 68
대판 1995.7.25. 95다7987 40
대판 1995.7.28. 94다25735 194
대판 1995.9.9. 94다54245 40
대판 1995.9.15. 94다54856 602
대판 1995.9.15. 95다7024 605
대판 1995.9.26. 94다28093 508
대판 1995.9.29. 93다53078 500
대판 1995.9.29. 94다31365 23
대판 1995.9.29. 94다58377 604
대판 1995.10.13. 93다12213 546, 549
대판 1995.11.14. 95다33092 491
대판 1995.11.16. 94다56852 471
대판 1995.11.21. 94다50908 17, 270, 271
대판 1995.12.8. 94다18959 619
대판 1995.12.8. 94다27076 505
대판 1996.1.23. 95다39854 57, 85
대판 1996.1.26. 94다24039 164
대판 1996.1.26. 94다42754 297
대판 1996.2.23. 95다49936 543
대판 1996.3.8. 95다53546 455
대판 1996.3.22. 95다56033 554
대판 1996.4.26. 96다4909 517
대판 1996.5.10. 96도527 526
대판 1996.5.14. 96다3449 554, 559
대판 1996.5.28. 96다6998 486
대판 1996.5.31. 95다33238 40
대판 1996.7.9. 96다13767 46
대판 1996.7.12. 95다41161,41178 65
대판 1996.7.26. 95다52505 487
대판 1996.7.30. 95다1019 474
대판 1996.8.23. 95다39472 18
대판 1996.8.23. 95다51915 103, 104
대판 1996.10.11. 96다24309 204
대판 1996.10.29. 96다19321 37, 436
대판 1996.11.8. 95다25060 546, 547
대판 1996.11.22. 96다37084 512
대판 1996.11.26. 96다30731 619
대판 1996.12.23. 96다27971 466, 472
대판 1996.12.23. 96다30465,30472 307
대판 1996.12.23. 96다32768,32775,32782 202
대판 1996.12.23. 96다37985 42
대판 1997.3.28. 97다126,133 549
대판 1997.5.7. 97다4517 566
대판 1997.5.16. 96다49513 558
대판 1997.5.23. 95다5790 133
대판 1997.5.28. 96다25050 580
대판 1997.5.28. 97다7936 619
대판 1997.5.30. 95다14800 478, 479
대판 1997.6.13. 96다48282 259
대판 1997.6.24. 96다2644 39
대판 1997.7.22. 96다12757 595
대판 1997.7.25. 97다18479 471
대판 1997.8.26. 96다36753 15, 533
대판 1997.8.26. 97다9260 56
대판 1997.8.29. 97다18059 267, 269
대판 1997.9.5. 95다47398 479, 484
대판 1997.9.9. 97다12167 250
대판 1997.9.26. 97다4494 464
대판 1997.10.10. 95다46265 502
대판 1997.11.11. 97다37609 494
대판 1997.11.14. 95다11009 502
대판 1997.11.14. 97다38145 610
대판 1997.12.9. 97다37005 594
대판 1997.12.12. 95다49646 165
대판 1998.2.10. 97다31113 537
대판 1998.3.24. 97다55621 30, 32
대판 1998.3.27. 97다34709 270, 272, 273
대판 1998.4.10. 97다47255 464, 469
대판 1998.4.10. 97다50619 220
대판 1998.4.14. 97다39308 462
대판 1998.4.23. 95다36466 570
대판 1998.5.22. 96다52205 524

대판 1998.6.26. 98다2051 591
대판 1998.7.10. 98다10793 8
대판 1998.8.21. 97다50091 457
대판 1998.8.21. 97다6704 15, 17
대판 1998.8.21. 98다19448 633
대판 1998.9.4. 96다6240 97
대판 1998.10.13. 98다28114 457
대판 1998.11.27. 98다32564 455, 462, 464, 472
대판 1998.12.8. 98다37507 99
대판 1998.12.22. 98다40466 494
대판 1998.12.23. 97다20649 133
대판 1999.1.26. 98다48682 472
대판 1999.1.29. 98다1584 9, 69
대판 1999.1.29. 98다27470 533
대판 1999.2.9. 98다37736 581
대판 1999.3.9. 97다7721,7738 16
대판 1999.3.9. 97다7745 527, 603
대판 1999.3.9. 98다43342,43359 463
대판 1999.4.9. 98다19011 501
대판 1999.4.23. 99다8599 468
대판 1999.4.27. 98다61593 495
대판 1999.5.11. 98다59842 462
대판 1999.6.11. 99다16378 548
대판 1999.6.11. 99다3143 59, 494
대판 1999.6.25. 99다18435 373
대판 1999.7.9. 98다47542,47559 547
대판 1999.7.9. 99다12376 56
대판 1999.7.23. 99다14808 167
대판 1999.8.24. 99다24508 546, 547
대판 1999.10.8. 98다2488 109
대판 1999.10.8. 99다30367 526
대판 1999.10.22. 98다51398 560
대판 1999.11.12. 99다19797 270, 272
대판 1999.11.26. 99다34307 530, 558
대판 1999.11.26. 99다34499 507
대판 1999.11.26. 99다37474 466
대판 1999.12.10. 99다14433 159
대판 1999.12.21. 99다137 319
대판 2000.1.21. 99다41824 457
대판 2000.1.28. 99다35737 137
대판 2000.1.28. 99다44250 610, 629
대판 2000.1.28. 99다50712 485
대판 2000.2.11. 99다47525 537
대판 2000.2.11. 99다53292 8
대판 2000.3.23. 99다50385 534
대판 2000.3.23. 99다66878 517
대판 2000.3.23. 99다67529 175
대판 2000.4.25. 98다59682 566
대판 2000.6.9. 98다54397 508
대판 2000.6.23. 2000다9116 491
대판 2000.7.4. 98다62909,62916 463, 472
대판 2000.9.26. 99다48429 169, 172
대판 2000.10.10. 2000다28506,28513 78
대판 2000.11.14. 99다52336 452
대판 2000.11.24. 99다12437 3
대판 2000.12.8. 99다37856 507
대판 2001.1.19. 97다21604 111
대판 2001.2.13. 99다13737 466
대판 2001.2.23. 2000다45303,45310 536
대판 2001.4.10. 2000다46795 92
대판 2001.4.10. 99다67413 471
대판 2001.4.13. 2000다10512 31
대판 2001.4.24. 2001다5272 555
대판 2001.4.24. 2001다6237 58
대판 2001.5.15. 2001다12973 208, 210
대판 2001.6.15. 2001다23928 244
대판 2001.7.13. 2000다57771 549
대판 2001.7.24. 2000다25965 516
대판 2001.7.27. 2001다23973 461
대판 2001.8.21. 2001다27579 516
대판 2001.8.24. 2001다28176 559, 560
대판 2001.9.7. 2001도2917 213, 215
대판 2001.10.23. 99다64018 644
대판 2001.10.26. 99다58051 319
대판 2001.11.27. 99다33311 466, 467, 472
대판 2001.11.30. 2000다7387 569
대판 2001.12.11. 2000다38596 560
대판 2001.12.28. 2000다31502 480
대판 2001.12.28. 2001다49111 217
대판 2002.2.22. 2001다71507 578
대판 2002.2.26. 2001다73879 24, 26
대판 2002.2.26. 2001다76854 385
대판 2002.3.15. 2000다9086 327, 335
대판 2002.3.15. 2000두1850 173
대판 2002.3.26. 2001다6312 482
대판 2002.3.29. 2000다18752,18769 497, 517
대판 2002.3.29. 2000다47316 312
대판 2002.4.26. 2000다42915 608
대판 2002.5.17. 2000다30127 484

대판 2002.6.14. 2002다11441 309, 310
대판 2002.6.25. 2002다13720 578
대판 2002.6.28. 2000다5862 43
대판 2002.6.28. 2001다59064 457
대판 2002.6.28. 2002다22106 505
대판 2002.7.12. 2001다2617 326
대판 2002.7.12. 2002다20544 117, 200
대판 2002.7.26. 2001다36450 469
대판 2002.12.24. 2001다3917 548
대판 2002.12.24. 2002다54691 209
대판 2003.1.10. 2002다46508 563
대판 2003.1.24. 2000다20670 262
대판 2003.1.24. 2002다33496 481
대판 2003.2.11. 2001다14351 404
대판 2003.2.11. 2002다62029 270
대판 2003.2.26. 2000다42786 326, 359, 361
대판 2003.3.14. 2002다62555 637
대판 2003.4.8. 2002다64957,64964 55, 59
대판 2003.4.11. 2002다70044 307, 312
대판 2003.5.16. 2001다44109 134, 178, 180
대판 2003.5.30. 2003다13512 548
대판 2003.5.30. 2003다16214 575, 576, 579
대판 2003.6.10. 2002다63312 473
대판 2003.7.11. 2001다45584
202, 231, 233, 234
대판 2003.7.22. 2002다40432 273
대판 2003.7.22. 2003다24451 512
대판 2003.9.26. 2002다64681 253
대판 2003.9.26. 2002다65073 271, 533
대판 2003.10.24. 2001다61456 625
대판 2003.10.24. 2003다29661 173, 313
대판 2003.11.13. 2001다49623 466
대판 2003.11.13. 2001다49630 485
대판 2004.2.13. 2002두7005 131
대판 2004.2.27. 2002다19797 37
대판 2004.3.25. 2003다64688 293, 297
대판 2004.3.26. 2001다72081 24, 26
대판 2004.3.26. 2002다29138 135
대판 2004.4.23. 2003다6781 158
대판 2004.4.27. 2003다29616 164, 215
대판 2004.4.27. 2003다7302 462
대판 2004.6.11. 2003다18494 466
대판 2004.6.17. 2003도7645 134
대판 2004.6.25. 2000다37326 372, 375
대판 2004.7.8. 2004다13717 219
대판 2004.8.16. 2003다9636 376
대판 2004.8.20. 2003다26075 475
대판 2004.8.30. 2003다25973 419
대판 2004.9.23. 2003다49221 328
대판 2004.9.24. 2004다28047 234
대판 2004.10.15. 2004다25611 246, 334
대판 2004.11.12. 2002다66892 113
대판 2004.11.25. 2004다28245 462
대판 2004.12.9. 2003다69355 404, 406
대판 2004.12.10. 2003다33769 637
대판 2004.12.10. 2003다41715 342
대판 2004.12.10. 2004다25123
253, 254, 266, 286
대판 2005.2.18. 2003후2218 4
대판 2005.3.10. 2003다61580 476
대판 2005.3.24. 2003다5535 96
대판 2005.4.29. 2005다2820 309
대판 2005.5.27. 2005다480 109
대판 2005.7.14. 2004다36215 466
대판 2005.7.22. 2005다602 39
대판 2005.10.7. 2003다6774 506
대판 2005.10.28. 2003다69638 288, 307, 311
대판 2005.11.10. 2004다222742 58
대판 2005.12.9. 2004다26164,26171 461
대판 2005.12.23. 2005다59383 476, 477
대판 2006.1.26. 2005다60017,60024 462
대판 2006.1.27. 2004다44575,44582 236, 237
대판 2006.1.27. 2005다19378 309
대판 2006.2.10. 2004다70475 8
대판 2006.3.10. 2005다49713 514
대판 2006.4.13. 2005다77305,77312 509
대판 2006.4.27. 2003다60259 513, 515
대판 2006.4.27. 2006다1381 57
대판 2006.5.25. 2003다16092,16108 254
대판 2006.6.2. 2006도48 135
대판 2006.6.15. 2006다13117 18
대판 2006.6.30. 2005다21531 489, 505
대판 2006.8.25. 2004다26119 111, 316
대판 2006.8.25. 2005다16959 4
대판 2006.9.14. 2005다45537 174, 176
대판 2006.9.22. 2004다56677 513
대판 2006.11.9. 2004다41651,41668 307
대판 2006.11.10. 2005다35516 484
대판 2006.11.23. 2004다45356 456
대판 2006.11.23. 2004다49570 246, 254

대판 2006.12.21. 2006다69141 513
대판 2006.12.22. 2004다63354 313
대판 2006.11 9. 2005다55817 479
대판 2007.2.22. 2005다73020 204
대판 2007.2.22. 2005다77060,77077 269, 359
대판 2007.3.15. 2004다64272 489
대판 2007.3.15. 2006다73072 63
대판 2007.4.26. 2005다5058 88
대판 2007.4.27. 2007다4943 88
대판 2007.5.10. 2005다4284
199, 291, 292, 296, 297
대판 2007.5.10. 2005다60147 147, 181
대판 2007.5.31. 2005다56995 309
대판 2007.5.31. 2006다63150 57
대판 2007.6.1. 2005다5812,5829,5836 40
대판 2007.6.28. 2006다38161,38178 144, 361
대판 2007.6.28. 2006다62362 124, 251
대판 2007.8.23. 2007다23425 18, 19
대판 2007.9.6. 2007다27755 148, 191
대판 2007.9.6. 2007다40000 211
대판 2007.9.20. 2006다15816 65
대판 2007.10.11. 2006다42610 516
대판 2007.10.25. 2006다25356 517
대판 2007.11.29. 2006두18928 420
대판 2007.11.30. 2006다19603 289
대판 2007.12.13. 2007다60080 4, 311, 333
대판 2008.1.10. 2007다64136 402, 403
대판 2008.1.24. 2006다21330 30
대판 2008.1.31. 2005다57806 458
대판 2008.2.14. 2006다82601 337
대판 2008.2.14. 2007다73321 420
대판 2008.2.28. 2007다37394,37400 137
대판 2008.3.14. 2007다11996 61
대판 2008.4.11. 2007다89722 44
대판 2008.5.15. 2008다3671 69
대판 2008.5.29. 2008다4537 250
대판 2008.6.19. 2005다37154 502
대판 2008.6.26. 2008도1044 204
대판 2008.7.10. 2006다43767 19
대판 2008.7.24. 2006다24100 38
대판 2008.8.11. 2008다33221 232
대판 2008.8.21. 2006다24438 113
대판 2008.9.11. 2006다68636 337
대판 2008.9.11. 2007다31518 289, 290
대판 2008.9.11. 2007다74683 586
대판 2008.11.27. 2008다40847 460
대판 2008.11.27. 2008다59230 576
대판 2008.12.11. 2005다51471 307
대판 2008.12.11. 2006다54378 53
대판 2008.12.11. 2006다5550 310
대판 2008.12.11. 2007다66590 5, 53
대판 2009.1.15. 2007다17123,17130 44
대판 2009.1.30. 2006다31269 209
대판 2009.1.30. 2008다50776 350, 373
대판 2009.1.30. 2008다79340 54
대판 2009.3.26. 2007도8195 203
대판 2009.4.23. 2005다22701,22718
213, 214, 215, 402
대판 2009.5.28. 2006다65903 432
대판 2009.5.29. 2007도4949 352, 363, 373
대판 2009.7.9. 2009다23696 45
대판 2009.8.20. 2008다58978 94
대판 2009.9.10. 2009다38827 46
대판 2009.9.10. 2009다41786 63
대판 2009.10.15. 2009다48602 493
대판 2009.10.29. 2009다44884 601
대판 2009.11.12. 2007다53785 336
대판 2009.11.12. 2009다52359 477
대판 2009.11.26. 2006다37106 482
대판 2009.11.26. 2009다39240 316, 317
대판 2009.11.26. 2009다51820
208, 228, 229, 339
대판 2009.12.10. 2009다56603,56610 478
대판 2009.12.24. 2008다15520 160
대판 2010.1.14. 2009다77327 114
대판 2010.2.11. 2009다83599 163, 236
대판 2010.2.25. 2007다85980 112
대판 2010.2.25. 2008다74963 421
대판 2010.3.11. 2007다51505 233
대판 2010.4.15. 2009다98058 325
대판 2010.4.29. 2007다12012 163
대판 2010.4.29. 2007도6553 118
대판 2010.4.29. 2008다65860 359
대판 2010.4.29. 2009다88631 175
대판 2010.5.13. 2010다6345 548
대판 2010.5.20. 2009다48312 577
대판 2010.6.24. 2010다13541 244
대판 2010.7.22. 2008다37193
224, 230, 407, 422
대판 2010.7.22. 2010다25353 469

대판 2010.8.19. 2008다92336 418
대판 2010.8.26. 2009다95769 420, 421
대판 2010.9.30. 2010다21337 436
대판 2010.9.30. 2010다35138 43, 44
대판 2010.9.30. 2010다35985 247
대판 2010.9.30. 2010다41089 41
대판 2010.10.14. 2009다89665 190
대판 2010.10.14. 2010다32276 59
대판 2010.11.25. 2010다56685 68
대판 2011.2.24. 2009다43355 481
대판 2011.3.24. 2010다85027 258
대판 2011.3.24. 2010다92612 513
대판 2011.4.14. 2009다103349,103356 467
대판 2011.4.14. 2010다91886 31
대판 2011.4.28. 2009다23610 178
대판 2011.4.28. 2009다47791 259
대판 2011.4.28. 2009다97772 514
대판 2011.4.28. 2010다94953 224, 401, 411
대판 2011.6.24. 2009다35033 203, 235, 261
대판 2011.7.14. 2011다31645 84, 87
대판 2011.7.28. 2011다23743,23750 473
대판 2011.9.8. 2009다73295 507
대판 2011.9.29. 2011다38516 401, 419
대판 2011.10.13. 2009다2996 257
대판 2011.11.24. 2010도5014 75
대판 2011.12.27. 2010다20754 25
대판 2012.2.9. 2011다62076,62083 160, 173
대판 2012.4.12. 2010다27847 437
대판 2012.4.13. 2011다104246 10
대판 2012.5.10. 2012다4633 58
대판 2012.7.26. 2011다43594 10, 58
대판 2012.8.23. 2010다78135,78142 465
대판 2012.8.23. 2012다34764 156
대판 2012.8.30. 2011다100312 496
대판 2012.9.27. 2012다37176 60
대판 2012.11.15. 2010다49380 350, 351, 362
대판 2012.11.29. 2010다38663,38670 467
대판 2012.11.29. 2012다38780 176
대판 2012.12.13. 2010다77743 313
대판 2012.12.13. 2010다82189 435
대판 2012.12.13. 2011다69770 19
대판 2012.12.27. 2011다67651 297
대판 2013.2.14. 2011다109708 174
대판 2013.2.14. 2011다28342 81
대판 2013.2.14. 2012다77969 110
대판 2013.2.28. 2010다57350 61
대판 2013.4.11. 2011다112032 8
대판 2013.4.11. 2012다64116 43, 45
대판 2013.4.26. 2011다9068 512
대판 2013.5.24. 2012다39769,39776 60
대판 2013.6.13. 2011다54631,54648 467
대판 2013.6.27. 2011다50165 110
대판 2013.7.11. 2013다5091 272
대판 2013.7.25. 2011다30574 271
대판 2013.9.12. 2011다57869 291, 293, 300, 326
대판 2013.9.26. 2011다42348 247, 334
대판 2013.12.12. 2011다112247,112254 167
대판 2014.1.23. 2013다56839 214
대판 2014.1.29. 2013다65901 503
대판 2014.3.27. 2013다39551 251
대판 2014.4.10. 2013다18929 517
대판 2014.5.29. 2012다98720 253
대판 2014.6.12. 2011다76105 59
대판 2014.6.26. 2011다101599 546
대판 2014.7.24. 2013다214871 57
대판 2014.7.24. 2013다55386 173
대판 2014.8.20. 2014다206563 268
대판 2014.8.26. 2014다28305 63
대판 2014.9.4. 2013다40858 377
대판 2014.9.4. 2013다71951 507
대판 2014.9.25. 2014다207672 509
대판 2014.10.27. 2012다22242 463
대판 2014.11.27. 2012다14562 63, 493
대판 2014.12.24. 2014다221258 176
대판 2014.12.24. 2014다221258,221265 171
대판 2015.1.22. 2014다46211 496
대판 2015.3.20. 2013다88829 127
대판 2015.5.29. 2014다51541 429
대판 2015.6.11. 2012다10386 4
대판 2015.6.24. 2013다522 69
대판 2015.7.23. 2014다236311 252
대판 2015.7.23. 2015도6905 483
대판 2015.9.10. 2014다80440 42
대판 2015.9.10. 2015다213308 252
대판 2015.9.15. 2015다210811 57
대판 2015.9.24. 2015다30398 475
대판 2015.10.29. 2013다53175 121
대판 2015.11.12. 2013다44645 110
대판 2015.12.10. 2013다84162 39

대판 2015.12.10. 2015다202919 378
대판 2016.1.14. 2015다6302 488
대판 2016.1.28. 2013다76635 23, 24
대판 2016.1.28. 2014다11888 252
대판 2016.5.27. 2015다237618 491
대판 2016.7.14. 2015다233098 64
대판 2016.7.22. 2015다66397 231
대판 2016.8.17. 2016다222996 212, 220
대판 2016.8.24. 2014다9212 46
대판 2016.8.29. 2014다53745 352
대판 2016.12.29. 2016다217178 503
대판 2017.1.12. 2016다217741 217, 243
대판 2017.3.22. 2016다258124 55
대판 2017.3.23. 2015다248342 149, 190, 193, 202, 354
대판 2017.3.23. 2016다251215 244, 333
대판 2017.3.30. 2016다21643 253
대판 2017.4.7. 2016다47737 46
대판 2017.5.18. 2012다86895 86901 506
대판 2017.5.30. 2016다254658 56
대판 2017.5.30. 2016다34687 420
대판 2017.7.18. 2017다207499 61
대판 2017.7.20. 2014도1104 308
대판 2017.8.18. 2015다5569 157
대판 2017.8.23. 2015다70341 120, 122
대판 2017.9.12. 2015다70044 293
대판 2017.9.26. 2014다27425 110
대판 2017.10.26. 2016다23274 192
대판 2017.11.9. 2015다235841 318
대판 2017.11.9. 2015다252037 318
대판 2017.11.23. 2017다251694 337
대판 2017.12.5. 2016다265351 148
대판 2018.2.8. 2015도7397 216
대판 2018.2.28. 2017다270916 320
대판 2018.3.15. 2016다275679 201, 335
대판 2018.3.22. 2012다74236 전합 307, 308
대판 2018.4.12. 2016다39897 64
대판 2018.4.12. 2017다229536 461, 464
대판 2018.4.24. 2017다205127 53
대판 2018.4.26. 2017다288757 218, 267
대판 2018.5.30. 2015다51968 252
대판 2018.6.15. 2017다248803,248810 57
대판 2018.6.19. 2017도21783 229
대판 2018.7.12. 2015다251812 165
대판 2018.7.26. 2016다237714 258
대판 2018.9.13. 2015다209347 487
대판 2018.9.13. 2016다255125 514
대판 2018.9.13. 2018다9920,9937 144
대판 2018.10.12. 2017다221501 174, 191
대판 2018.10.25. 2018다234177 509
대판 2018.10.25. 2016다16191 300
대판 2018.10.25. 2016다42800,42817, 42824,42831 175
대판 2019.1.17. 2018다245702 507
대판 2019.2.14. 2015다255258 244
대판 2019.2.14. 2016다245418,245425, 245432 103
대판 2019.3.28. 2016다211224 516
대판 2019.4.3. 2018다289542 359
대판 2019.4.11. 2018다300708 507
대판 2019.4.23. 2018다281241 467
대판 2019.5.10. 2017다279326 326
대판 2019.5.16. 2016다240338 190, 191, 192
대판 2019.5.16. 2016다260455 308, 309
대판 2019.5.30. 2016다205243 506
대판 2019.7.4. 2017다17436 254
대판 2019.7.10. 2018다292975 171
대판 2019.7.10. 2019다213009 94
대판 2019.8.14. 2017다231980 190
대판 2019.8.14. 2019다204463 260, 267
대판 2019.9.10. 2016다271257 59
대판 2019.10.31. 2017다293582 288
대판 2019.11.15. 2019다240629 497
대판 2019.11.28. 2017다244115 290
대판 2019.12.12. 2018두63563 404
대판 2019.12.13. 2017다271643 113
대판 2020.2.6. 2017다215728 515
대판 2020.2.6. 2019다270217 43, 45
대판 2020.2.27. 2019다204869 511
대판 2020.4.9. 2017다251564 154
대판 2020.4.9. 2018다290436 254
대판 2020.5.28. 2017다265389 9
대판 2020.6.4. 2015도6057 176
대판 2020.6.4. 2016다241515 253
대판 2020.6.11. 2017다278385 191
대판 2020.6.11. 2018다224699 185, 186, 187
대판 2020.7.9. 2019다205398 296
대판 2020.8.13. 2018다236241 145
대판 2020.8.20. 2018다249148 249
대판 2020.10.15. 2018다213811 497

대판 2020.11.5. 2018두54705 41
대판 2020.11.26. 2018다283315 160
대판 2021.1.14. 2020다261776 496
대판 2021.2.4. 2017다281367 514
대판 2021.2.18. 2015다45451 전합 268
대판 2021.3.11. 2020다253430 145
대판 2021.3.25. 2020다275942 113
대판 2021.4.15. 2019다293449 113
대판 2021.4.29. 2017다261943 110, 298
대판 2021.5.7. 2018다275888 306
대판 2021.5.13. 2019다291399 325
대판 2021.6.24. 2020다208621 59, 391
대판 2021.7.8. 2018다225289 434
대판 2021.7.15. 2018다298744 307, 325
대판 2021.7.22. 2019다277812 전합 57
대판 2021.7.22. 2020다284977 전합 231
대판 2021.7.29. 2017다3222,3239 174
대판 2021.7.29. 2017두63337 179
대판 2021.8.19. 2018다258074 57
대판 2021.8.19. 2018다270876 58
대판 2021.8.19. 2019다269354 58
대판 2021.8.19. 2020다285406 246
대판 2021.9.9. 2020다299122 57
대판 2021.10.28. 2018다223023 40
대판 2021.10.28. 2020다208058 180, 223
대판 2021.11.11. 2017다222368 289
대판 2021.11.25. 2018다304007 61
대판 2021.12.10. 2020다295359 53
대판 2021.12.10. 2021후10855 118
대판 2022.3.31. 2019다274639 171
대판 2022.3.31. 2021다201085,201092 487
대판 2022.4.28. 2019다272053 56
대판 2022.4.28. 2021다305659 45
대판 2022.5.12. 2021다279347 290
대판 2022.5.13. 2018다224781 548
대판 2022.5.13. 2019다270163 319, 320
대판 2022.5.26. 2020다239366 174
대판 2022.5.26. 2021다300791 105
대판 2022.5.26. 2022다200249 7
대판 2022.6.9. 2018다228462,228479 218
대판 2022.6.16. 2018다301350 60
대판 2022.6.16. 2022다207967 248
대판 2022.6.30. 2022도3784 378
대판 2022.7.14. 2017다242232 56
대판 2022.7.14. 2019다271661 56
대판 2022.7.28. 2019다202146 289
대판 2022.8.19. 2020다263574 389
대판 2022.8.25. 2021다311111 7
대판 2022.9.7. 2022다223778 390
대판 2022.10.27. 2021다201054 378
대판 2022.11.10. 2021다271282 203, 229, 248
대판 2022.11.17. 2021다205650 375
대판 2022.11.30. 2021다227629 42
대판 2022.12.1. 2022다258248 63
대판 2023.2.2. 2022다276703 112
대판 2023.3.30. 2019다280481 288
대판 2023.4.27. 2017다239014 504
대판 2023.6.1. 2020도2884 164
대판 2023.6.29. 2021다291712 296
대판 2023.6.29. 2023다210953 336
대판 2023.7.13. 2021다293213 144
대판 2023.7.13. 2022다224986 144
대판 2023.7.13. 2023다210670 144
대판 2023.7.27. 2022다290778 143
대판 2023.7.27. 2023다227418 7
대판 2023.8.31. 2018다289825 97
대판 2023.8.31. 2023다220639 246
대판 2023.9.27. 2023도9332 335
대판 2023.10.26. 2020다236848 317
대판 2023.11.2. 2023다244895 100
대판 2023.11.30. 2019다203286 648
대판 2023.12.7. 2020다225138 43
대판 2024.1.4. 2023다263537 246
대판 2024.3.12. 2021다309927 53
대판 2024.3.28. 2023다265700 114
대판 2024.6.13. 2018다261322 191, 229
대판 2024.6.27. 2022다302022 123
대판 2024.7.11. 2020다258824 145
대판 2024.7.11. 2024다222861 232
대판 2024.7.25. 2020다273403 164
대판 2024.9.13. 2020다245552 266

[기타 판례]

서울고등 1980.4.14. 79다3882 388
서울고등법원 2011.12.9. 2011라1303 401
서울민사지방법원 1985.5.1. 84나1190 100
서울북부지법 2023.10.26. 2023가단132791 41
서울중앙지방법원 2008.4.28. 2008카합1306 332
전주지법 2020.10.29. 2017가합2297 219

사 항 색 인

(1)
1인 회사 116
1인주주 이사의 자기거래 117
1인회사 115

(3)
3% 주식의 발행주식총수 산입 여부 212

(ㄱ)
가도, 92
가맹업 105
가설인 명의 주식인수 148
감사 332
감사 권한 334
감사 선임 332
감사 의무 336
감사 자격 333
감사 종임 333
감사 책임 337
감사선임시 의결권 제한 211
감사위원회 338
감사의 회사대표권 335
감자무효의 소 163
개입권 85, 88
개입의무 83
견품보관의무 82
결약서 82
결의취소의 소 227
경영상 필요에 의한 제3자 배정 350
경영판단원칙 288
계산서승인 74
계속보험료 470
고가물책임 93
고지의무 465
고지의무 위반의 효과 468
공동대표권의 위임 275
공동대표이사 274
공동대표이사의 단독대표행위 273, 275
공동지배인 13
공법인 상인자격 8
공시최고 634
공중접객업 99
공중접객업자의 고가물책임 99
공중접객업자의 면책특약 99
관습법 6, 11, 23
교부금분할합병 416
교부금합병 404
교부시설 164
교부흠결의 항변 558
교환교부금 412
교환비율 411
교환사채 379
구체적 신주인수권 352
구체적 신주인수권의 양도 352
권리이전적 효력 599
권리주 176
권리주 양도제한 176
금융리스업 103
금융리스이용자 104
기명식배서 598
기본적상행위 53
기왕증 감액약관 516
기준일 198
기평가보험 482
기한후배서 609

(ㄴ)
낙부통지의무 65
납입 128
누적적 우선주 152

(ㄷ)
다수계약통지의무 466
다수당사자 연대책임 64
다중대표소송 328
단기소멸시효 94
단독주주 열람등사권 317
단순분할 416
단순초과보험 483
단주처리 160
단체보험 515
담보부사채 380
담보적 효력 600
당연상인 3, 5

대리상 80
대리상의 겸직금지의무 80
대리상의 경업금지의무 80
대리상의 보상청구권 81
대리상의 영업비밀준수의무 80
대리상의 의무 80
대리상의 통지수령권 81
대리상의 특별상사유치권 81

대표권남용 269
대표소송 324, 342
대표이사 266
대표이사 결원 267
대표이사 선임 266
대표이사의 권한 267
대표이사의 종임 266
대표자책임이론 476
대화자간 청약구속력 65
등기배척권 25
등록질 157

(ㅁ)
말소된 배서 603
매도인의 목적물 공탁경매권 67
매수인의 검사통지의무 68
명의개서 190
명의개서미필주주 192
명의개서의 부당거절 193
명의개서의 효력 191
명의대여에 의한 어음행위 536
명의대여자 28
명의대여주주의 책임 135
모집설립 128
모회사 115
목적물 보관공탁의무 67
무권대행자 316
무담보배서 607
무상주 158
무액면주식 145
무액면주식에 대한 주식배당 394
무액면주식의 액면미달발행 357
물건보관의무 65
물건판매점포사용인 19
물상대위 158
물적분할 416
미평가보험 483
민사회사 7

(ㅂ)
반대주주의 주식매수청구권 223
발기설립 128, 129, 130
발기인 123
발기인 권한외 행위의 효력 138
발기인 주식인수 129
발기인 특별이익 125
발기인보수 128
발기인의 책임 138
발행시설 164
발행일백지수표 644
발행일자 후 정기출급 567
방어비용 489, 504
배당가능이익 자기주식취득 178
배서금지문언 572
배서금지배서 607
배서금지어음 596
배서의 연속 602
배서의 효력 599
백지보충권 578
백지보충권 행사기간 578
백지식배서 598, 603
백지어음 558, 575
백지어음 부당보충의 항변 558
백지어음의 부당보충 581
백지어음의 양도 577
법인격부인론 111
법인격부인의 역적용 112
법정이자청구권 63
법정준비금 386
법정책임설 311
변태설립사항 124
변태설립사항의 조사 130
병존설 235
보고적 등기사항 34
보상청구권 81
보조적 상행위 53
보증도 92
보증보험 501
보증보험의 구상권 502
보증인 연대책임 64
보통결의 217

보험 사고발생의 불확실성 451
보험 위험의 동질성과 독립성 451
보험가액 482
보험계약 고지사항 465
보험계약 고지수령권자 465
보험계약 고지의무자 465
보험계약당사자의 선의성 452
보험계약의 부활 471
보험계약자의 보험료지급의무 470
보험계약자의 의무 470
보험금 지급의무 474
보험금액 482
보험금청구권의 소멸시효 477
보험기간 457
보험대리상 454
보험료 반환의무 477
보험료불가분의 원칙 458
보험목적의 양도 486
보험사고 456
보험사고 발생 통지의무 473
보험설계사 455
보험설계사의 권한 455
보험수익자의 지정과 변경 511
보험약관 453
보험약관 교부설명의무 460
보험의 목적 456
보험자대위 490
보험자의 낙부통지의무 460
보험자의 면책사유 475
보험자의 비례보상 484
보험자의 의무 474
보험중개사 454
보험증권 교부의무 474
부단순인수 587
부당결의 취소변경의 소 230
부분운송 97
부분적 포괄대리권을 가진 상업사용인 18
부실등기 36
부진정채권매입 106
분운송주선 89
분할합병 416
불법행위책임설 312
비누적적 우선주 152
비상근이사 감시의무 290
비참가적 우선주 152
비현명주의 54

(ㅅ)
사기적 초과보험 483
사채 370
사채 발행 370
사채관리회사 380
사채권자보호 380
사채권자집회 381
사채등록부 371
사채원부 371
삼각분할합병 416
삼각주식교환 413
삼각합병 405
상대적 등기사항 34
상사매매 67
상사법정이율 63
상사소멸시효 55
상사시효 55
상사임치 65
상업등기 34
상업등기의 소극적 효력 34
상업등기의 적극적 효력 35
상업등기의 특수적 효력 36
상업등기의 효력 34
상업사용인 13
상업사용인의 겸직금지의무 20
상업사용인의 경업금지의무 20
상업사용인의 의무 20
상인 3
상인의 보수청구권 65
상장회사 115
상장회사의 감사위원회 345
상장회사의 분기배당 390
상장회사의 사외이사 선임 343
상장회사의 상근감사 344
상장회사의 소수주주권 341
상장회사의 액면미달발행 357
상장회사의 이사감사 선임 341
상장회사의 주식매수선택권 341
상장회사의 주요주주 등과의 거래 344
상장회사의 주주총회 소집공고 341
상장회사의 집중투표 343
상장회사특례 341
상해보험 516

상해보험의 면책사유 517
상해보험의 보험사고 516
상호 22
상호가등기 23
상호계산 73
상호계산기간 73
상호등기 22
상호역혼동 26
상호의 단일성 22
상호의 선정 22
상호의 양도 28
상호의 폐지 28
상호주 209
상호주 의결권제한 209
상호주식 156
상호폐지청구권 23
상환사채 379
상환주식 153
상환청구 628
생명보험 511
생명보험의 면책사유 514
서면투표 215
선등기자의 등기배척권 25
선일자수표 646
선일자어음 570
설립 중의 회사 137
설립등기사항 132
설립비용 127
설비상인 6
성명상호 묵비의무 83
세력 568
소규모분할합병 418
소규모주식교환 413
소규모합병 406
소규모회사 115
소급보험 458
소송참가 326
소수주주권 317
소수주주의 매수청구권 187
소수주주의 이사해임청구 247
소수주주의 임시주주총회 소집청구권 200, 341
소지인출급식배서 598
손해방지비용의 부담 488
손해방지의무 487
손해보험의 피보험이익 481
손해보험의 피보험자 454
수권자본제도 146
수표 소멸시효 649
수표요건 642
수표의 지급보증 644
순차운송 97
순차운송주선 89
승낙 전 보험사고 460
신주 발행사항결정 354
신주발행 348
신주발행무효의 소 358
신주발행유지청구권 357
신주발행의 효력발생시기 349
신주배정일 공고 354
신주의 발행 354
신주인수권 349
신주인수권부사채 376
신주인수권증권 377
신주인수권증서 353
실권절차 131
실권제도 129, 131
실권주 처분 351
실효약관 471
쌍면적 구속설 192
쌍방적상행위 54

(ㅇ)
악의의 항변 554
액면미달발행 356
약속어음 521
약속어음의 유해적 기재사항 573
약식질 157
약식질과 주식배당 393
어음 기명날인 또는 서명의 대행 528
어음 등본 574
어음 복본 573
어음 환매청구권 551
어음개서 624
어음능력 528
어음문구 565
어음법 제17조 이외의 항변 558
어음법 제17조의 인적항변 553
어음변조 변조자의 책임 544
어음변조 전 기명날인자의 책임 543
어음변조 후 기명날인자의 책임 544

어음보증 590
어음보증의 효력 592
어음소멸시효 637
어음위조 위조자의 책임 538
어음위조 피위조자의 책임 536
어음의 만기 566, 567
어음의 발행 564
어음의 발행일 570
어음의 발행지 570
어음의 변조 542
어음의 수취인 569
어음의 실질관계 545
어음의 원인관계 545
어음의 위조 536
어음의 자금관계 551
어음의 지급지 569
어음의 특성 521
어음의 필수적 기재사항 565
어음이론 529
어음할인 551
어음항변 553
어음행위 523
어음행위의 대리 530
어음행위의 독립성 524
어음행위의 무권대리 534
어음행위의 무인성 524
어음행위의 문언성 524
어음행위의 월권대리 535
어음행위의 특성 524
어음행위의 표현대리 532
업무집행조합원의 경업금지 78
업무집행지시자 316
업무집행지시자의 책임 317
여객운송 98
여객운송인의 손해배상책임 98
역삼각합병 405
연대책임 64
영업보고서 384
영업비밀준수의무 80
영업양도 39
영업양도인의 경업금지의무 41
영업양도인의 채무자보호 46
영업양수인의 책임 42
영업전부 또는 중요일부의 양도 218
우선주 152
운송보험 498
운송업 90
운송인의 고가물책임 93
운송인의 손해배상책임 92
운송인의 운송물인도청구권 90
운송인의 의무 92
운송인의 특별상사유치권 91
운송인의 화물상환증 발행의무 92
운송인이 권리 90
운송주선업 88
운송주선인의 개입권 88
운송주선인의 보수청구권 88
운송주선인의 손해배상책임 89
운송주선인의 특별상사유치권 88
운임청구권 91
원고 승소판결 효력 235
원시생산업자 5
위법배당 391
위법한 자기주식취득 180
위법한 주식배당 394
위원회 265
위장납입 133
위탁매매업 84
위탁매매인의 개입권 85
위탁매매인의 지정가격준수의무 85
위탁매매인의 특별상사유치권 86
위험변경 · 증가의 통지의무 472
위험유지의무 473
유사발기인의 책임 140
유지청구권 323, 342
유질계약 61
유한책임회사 438
유한회사 442
유한회사 사원의 권리 444
유한회사 사원의 의무 444
유한회사 설립책임 443
유한회사 지분양도 443
유한회사의 사원총회 445
유한회사의 이사 446
융통어음 559
융통어음의 항변 559
의결권 대리행사 213
의결권 배제 제한에 관한 종류주식 152
의결권 불통일행사 212
의사표시 하자의 항변 558

이득상환청구권 638
이사 감시의무 289
이사 보고의무 289
이사 보수 252
이사 선관주의의무 288
이사 선임 242
이사 손해배상책임의 제한 309
이사 인수담보책임 356
이사 임기 244
이사 자기거래금지의무 292
이사 정원 241
이사 종임 244
이사 지위 241
이사 책임의 면제 310
이사 해임 246
이사 회사기회유용금지의무 299
이사의 경업금지의무 290
이사의 의무 288
이사의 자격 241
이사의 제3자에 대한 손해배상책임 311
이사의 책임 306
이사의 회사에 대한 손해배상책임 306
이사이 겸직금지의무 291
이사직무대행자선임가처분 249
이사직무집행정지가처분 249
이사해임청구 247
이사회 259
이사회 의결권의 제한 262
이사회 의사록 263
이사회결의의 하자 263
이사회의 결의 261
이사회의 권한 259
이사회의 사전승인 없는 자기거래의 효력 297
이사회의 소집 260
이익공여금지 216
이익배당 387
이익배당 잔여재산분배에 관한 종류주식 151
이익배당청구권 389
이익준비금 386
이익참가부사채 379
이중무권의 항변 563
익명조합 75
인보험 510
인보험의 보험수익자 454
인보험의 특성 510
인보험의 피보험자 454
인수 128
인수제시 583
인수제시기간 568
인적분할 416
일기장 83
일람 후 정기출급 567
일람출급 567
일반상사유치권 60
일방적상행위 54
일부보험 485
임시이사 248
입질배서 614

(ㅈ)
자격수여적 효력 600
자기거래금지의무 292
자기앞수표 647
자기앞수표의 이득상환청구권 648
자기주식 156, 403, 412
자기주식과 주식배당 393
자기주식취득 178
자본금 146
자본금감소 162
자본금충실의 원칙 147
자본준비금 386
자연인의 상인자격 취득시점 9
자회사 115
자회사의 모회사주식 취득제한 184
작성시설 164
잔존물대위 490
재량기각 234
재무제표 384
재무제표의 승인 384
재보험 509
재산인수 126
재상환청구 632
전단적 대표행위 267
전문직의 상인성 여부 7
전액납입주의 129
전자의 항변 562
전자투표 215
전환사채 372
전환사채 전환 376
전환사채의 전환가액 374

전환주식 154
절대적 등기사항 34
정관 상대적 기재사항 124
정관 임의적 기재사항 124
정관상 목적에 의한 권리능력 제한 109
정관에 의한 주식양도제한 169
정관의 기재사항 124
정관의 효력발생 124
제1회 보험료 수령권한 455
제3자방지급문언 571
제3자의 직접청구권 506
제3자의 항변 562
제권판결 166, 635
조건부인수 588
조합의 어음행위 528
종류주식 151
종류주식과 주식배당 393
종류주주총회 151, 236
주권 발행 164
주권발행 전 주식양도 172
주권불소지제도 166
주권의 효력발생시기 164
주식교환 반대주주의 주식매수청구권 410
주식교환의 무효 414
주식교환의 효과 412
주식매수선택권 257
주식매수청구 170
주식매수청구권 223
주식배당 392
주식병합 159
주식분할 161
주식불가분의 원칙 142
주식사채등의 전자등록에 관한 법률 197
주식소각 162
주식양도제한약정 171
주식의 공유 142
주식의 담보 156
주식의 불가분성 142
주식의 양도담보 158
주식의 이중양도 176
주식의 입질 156
주식의 전자등록 197
주식의 포괄적 교환 409
주식의 포괄적 이전 414
주식이전의 무효 415
주식취득 통지의무 210
주식회사 123
주식회사 설립경과조사 130
주식회사 설립등기 132
주식회사 설립무효의 소 141
주식회사 설립의 무효 141
주식회사 창립총회 132
주식회사의 부존재 141
주식회사의 불성립 141
주주명부 190
주주명부폐쇄 198
주주의 유한책임 142
주주의 의결권 208
주주의 의결권 제한 209
주주전원동의결의 200
주주제안권 205, 342
주주총회 결의무효확인의 소 228
주주총회 결의방법 하자 227
주주총회 결의부존재확인의 소 229
주주총회 결의요건 산정 220
주주총회 권한 199
주주총회 보통결의 217
주주총회 소집 200
주주총회 소집절차 하자 227
주주총회 소집절차의 하자 203
주주총회 소집통지 202
주주총회 소집통지생략 202
주주총회 의안 204
주주총회 의장 208, 217
주주총회 의제 204
주주총회 특별결의 217
주주총회 특수결의 219
주주총회결의 하자 227
주주총회권한 199
주주평등의 원칙 143
준법지원인 331
준법지원인 겸직금지의무 291
준법지원인 경업금지의무 290
준법통제기준 331
준비금 385
준비금의 자본금전입 158
준상행위 53
준위탁매매 87
중간배당 390
중간운송 97

중간운송주선 89
중개업 82
중개인의 개입의무 83
중개인의 견품보관의무 82
중개인의 결약서교부의무 82
중개인의 묵비의무 83
중복보험 483
중요재산의 처분 219
지급인 566
지급제시 621
지급제시기간 568, 621
지배권남용 16
지배인 13
지배인 권한 14
지배인 권한의 제한 15
지배주주 185
지배주주 매도청구권 185
지정가격준수의무 85
직접청구권 506
진정채권매입 106
질병보험 517
집중투표제 242
집행임원 285

(ㅊ)
차등배당 387
참가적 우선주 152
창고업 100
창고업자의 권리 102
창고업자의 의무 101
창고증권 100
창설적 등기사항 34
채권매입업 106
채권자보호절차 401, 418
책임보험 503
청구권대위 490
체당금 64
초과보험 483
초다수결의제 219
최저자본금제의 폐지 147
최초보험료 470
추심위임배서 612

(ㅌ)
타인 명의 주식인수 148
타인을 위한 보험계약 478
타인을 위한 생명보험 511
타인의 생명보험 512
퇴임이사 248
특별결의 217
특별상사유치권 81, 86, 88, 91
특별이해관계인 211
특수결의 219
특수상사유치권 61
특수한 사채 372
특정목적 자기주식취득 179

(ㅍ)
파생결합사채 379
편면적 구속설 192
평이사의 감시의무 290
표현대표이사 269
표현대표이사의 무권대행 273
표현이사 316
표현지배인 16

(ㅎ)
하수운송 97
하수운송주선 89
합명회사 426
합명회사 대표기관 431
합명회사 사원의 책임 432
합명회사 사원의 출자 428
합명회사 사원의 퇴사 430
합명회사 설립무효 426
합명회사 설립취소 426
합명회사 업무집행 429
합명회사 의사결정 428
합명회사 지분양도 427
합병 398
합병 반대주주 주식매수청구권 400
합병계약서 기재사항 399
합병등기 402
합병무효판결의 효력 408
합병보고 402
합병비율 402
합병승인결의 400
합병을 할 날 399
합병의 무효 407
합병의 채권자보호절차 401

합병의 효과 404
합병절차 399
합자조합 78
합자조합의 유한책임조합원 79
합자회사 434
합자회사 대표권 436
합자회사 사원의 책임 437
합자회사 사원지분의 양도 435
합자회사 업무집행기관 434
해산명령 120
해산판결 120
해상보험 499
현물배당 388
현물출자 125
현물출자 부당평가 126
현물출자의 불이행 126
현물출자의 조사 125
화물상환증 92, 95
화물상환증의 물권적효력 96
화물상환증의 채권적효력 96
화재보험 498
확정기매매 67
확정일출급 567
환배서 607
환어음 521
환어음의 부단순인수 587
환어음의 인수 583
환어음의 인수제시 583
환어음의 조건부인수 588
회계장부 열람등사권 318
회계장부열람등사청구권 342
회사기회유용금지의무 299
회사분할 415
회사분할 반대주주의 주식매수청구권 418
회사분할의 무효 421
회사분할의 채권자보호절차 418
회사분할의 효과 419
회사의 개입권 292
회사의 계속 121
회사의 권리능력 109
회사의 능력 109
회사의 불법행위능력 110
회사의 자기주식 처분 351
회사의 조직변경 118
회사의 청산 119
회사의 해산 119
회사의 해산명령 120
회사의 해산판결 120
회사의 회계 384
회사자금에 의한 주식취득 134
횡선수표 647
후자의 항변 562
흡수설 235

편저자 **공 태 용**

- 서울대학교 법과대학 졸업
- 제41회 사법시험 합격(사법연수원 제31기)
- 현 | 해커스변호사 상법 대표강사
  법무법인 예건 대표변호사
  서울중앙지방법원 조정위원
  제이와이피엔터테인먼트 사외이사 및 감사위원 외 상장회사와 비상장회사 법률고문
- 전 | 법무법인 광장 변호사(금융팀)
  이화여대로스쿨 법률상담 및 법률구조 자문위원
  서울시 계약심의위원회 위원장
  용인시 법률고문 등 공공기관 법률고문
  합격의 법학원 상법 전임

- 해커스변호사 상법의 맥(해커스변호사)
- 해커스변호사 핵심상법의 맥(해커스변호사)
- 해커스변호사 민사 기록의 맥(윤동환 공저, 해커스변호사)
- 해커스변호사 상법 핵심 正지문의 맥(해커스변호사)
- 해커스변호사 변호사시험 기출문제집 상법 사례형(해커스변호사)
- 해커스변호사 변호사시험 핵심기출 400제 민사법 선택형(윤동환 공저, 해커스변호사)
- 해커스변호사 상법 최근 3개년 판례의 맥(해커스변호사)
- 해커스변호사 민사법 최근 1개년 판례의 맥(윤동환 공저, 해커스변호사)

해커스변호사 상법의 맥

개정2판 1쇄 발행 2025년 3월 26일

지은이	공태용
펴낸곳	해커스패스
펴낸이	해커스변호사 출판팀
주소	서울특별시 강남구 강남대로 428 해커스변호사
고객센터	1588-4055
교재 관련 문의	해커스 법아카데미 사이트(law.Hackers.com) 1:1 고객센터
학원 강의 및 동영상강의	law.Hackers.com
ISBN	979-11-7244-884-4 (13360)
Serial Number	02-01-01